08/15

GESAMTAUSGABE

HANS HELLMUT KIRST

08/15

IN DER KASERNE
IM KRIEG
BIS ZUM ENDE

GESAMTAUSGABE DER TRILOGIE

VERLEGT BEI

KAISER

Berechtigte Ausgabe für den Neuen Kaiser Verlag – Buch und Welt,
Hans Kaiser, Klagenfurt, mit Genehmigung der C. Bertelsmann
Verlag GmbH., München

08/15 in der Kaserne

08/15 im Krieg
08/15 bis zum Ende

Schutzumschlag: Volkmar Reiter
Reproduktion: Schlick KG., Graz
Druck: Ebner Ulm
Bindearbeit: Kaiser, Klagenfurt

Inhalt

08/15 in der Kaserne

Das sogenannte Unglück des Kanoniers Vierbein, aus dem sich die abenteuerliche Revolte des Gefreiten Asch entwickeln sollte, begann an einem strahlenden Samstagnachmittag in den ersten Tagen des Monats August 1938. Innerhalb einer Woche war alles erledigt.

»Eingeteilte links 'raus!« rief Hauptwachtmeister Schulz, allgemein nur »der Spieß« genannt. Seine Stimme dröhnte über den Appellplatz und flackerte von den Wänden der Kasernenbauten wider. Es war eine mächtige, satte, selbstzufriedene Stimme; Bierdunst und Zigarrenrauch hatten sie eingeölt und angerauht. Schulz hörte sie gerne.

Die Eingeteilten trabten zufrieden nach links; die Nichteingeteilten schlossen mechanisch rechts auf. Der Kanonier Vierbein geriet kurz ins Gedränge, versuchte vorsichtig seine Ellenbogen zu gebrauchen, gab dann nach, stand still; wie ein Pfahl.

»Wie die Denkmäler!« rief der Spieß zufrieden. »Wie die Ölgötzen! Kein Schwanz rührt sich.« Und er blinzelte kurz hinüber zu den Fenstern seiner Dienstwohnung, die weit geöffnet waren, und er bemerkte seine Frau Lore hinter den Gardinen und war überzeugt davon, daß sie ihn bewunderte.

Die Funktionsunteroffiziere, die sich hinter ihrem Spieß versammelt hatten, bemühten sich, nicht zu grinsen. Es gelang ihnen gut, denn sie hatten viel Gelegenheit gehabt, das zu üben.

Der Kanonier Vierbein starrte geradeaus. Er visierte ein Fensterkreuz im Kasernengebäude an. Sein Blick klammerte sich an dem Holz fest. Dort wurde der Kopf von Lore Schulz sichtbar, aber der Kanonier zwang sich dazu, nur Holz zu sehen. Der Hauptwachtmeister schob sich an ihm vorbei, und es war, als rollte er vorüber wie auf einem Fließband. Er geriet kurz in das Blickfeld des Kanoniers hinein, gleich einem Fremdkörper, der in das Scheinwerferlicht eines Autos hineingerät; schwebte dann wieder hinaus, andere Blickfelder durchkreuzend.

Der Hauptwachtmeister stellte sich vor seinen Untergebenen im Mannschaftsrang breitbeinig auf. Er war ein Mann wie ein Schrank, der auf Säulen ruhte. Sein rundes, gesundes, glänzendes Gesicht zog sich in die Länge, und ein großer Mund wurde aufgerissen.

»Dann wollen wir mal!« rief der Spieß dröhnend.

Jeden Samstagnachmittag verzeichnete der Dienstplan »Revierreinigen« und sah dafür eine Zeit von drei Stunden vor, die Schulz, wenn er dazu Lust hatte, mühelos auf fünf Stunden auszudehnen vermochte. Meistens hatte er Lust dazu.

Jeden Samstagnachmittag beherrschte er die Kaserne. Hauptmann Derna, der Chef, anläßlich des Anschlusses von Österreich großmütig der großdeutschen Wehrmacht zur Verfügung gestellt, widmete sich seiner werdenden Familie; Leutnant Wedelmann, der Batterieoffizier, seiner jeweiligen Braut. Selbst »Knollengesicht« Luschke, Major und Abteilungskommandeur, pflegte das Wochenende zu heiligen. Der Spieß aber veranstaltete dann ungestört »Abschlußfeiern«, wobei er zäh und nicht ohne Erfolg bemüht war, der Batterie klarzumachen, »wer eigentlich Chef im Laden ist«.

»Rührt euch!« rief der Hauptwachtmeister. Die Soldaten in den Drillichanzügen setzten automatisch den linken Fuß weg. Der Spieß lauerte kurz darauf, ob es einer wagen würde, zu sprechen, denn bei ihm war »Rührt euch« nicht gleichbedeutend mit Sprecherlaubnis, die er stets gesondert zu erteilen pflegte. Keiner sprach.

»Es darf gesprochen werden«, rief er gönnerhaft.

Die Soldaten zogen es vor, zu schweigen. Einige grinsten lautlos und ausgedehnt; einige sahen den Spieß dienstbereit an. Nur der Gefreite Asch, der mitten unter den Eingeteilten stand, schob den Gefreiten Wagner, Richard mit Vornamen, kräftig zur Seite und sagte: »Mach dich nicht so breit, du Armleuchter!«

»Brüllen Sie hier nicht, Asch!« rief der Spieß sofort. »Wenn hier einer brüllt, bin ich das.«

»Jawohl, Herr Hauptwachtmeister!« trompetete Asch zustimmend.

Hauptwachtmeister Schulz beschloß in einer Anwandlung von Großmut, sich nicht herausgefordert zu fühlen. Er rief die Funktionsunteroffiziere an seine Seite und übergab ihnen die Eingeteilten, die sofort eilig verschwanden, um auf Kammern und in Schuppen die Zeit totzuschlagen. Der Gefreite Asch bezog im Altmännertempo seinen Stammplatz auf der Bekleidungskammer, wo er gewöhnlich mit Wachtmeister Werktreu, dem zuständigen Funktionsunteroffizier, »Siebzehnundvier« zu spielen pflegte und sich dabei Mühe gab, nicht sonderlich zu gewinnen.

Der stattliche Rest aber, als »Nichteingeteilte« bezeichnet, reinigte das Revier, vom Boden bis zum Keller, von der Schreibstube bis zum Waschraum. Der Kanonier Vierbein befand sich inmitten des Haufens, der die untere Latrine reinigen sollte. Er fand das ganz in Ordnung; er hatte nichts anderes erwartet. Latrinen reinigen war eine Spezialität von ihm; solange er bei dieser Batterie war, wurde er regelmäßig dazu eingeteilt.

Ergeben, fast teilnahmslos, stand Vierbein da; in automatischer Bereitschaft, zusammenzufahren und Haltung anzunehmen, wenn abschließend »Stillgestanden« ertönen würde, hierauf »Wegtreten!« Worauf sie, die Nichteingeteilten, auf ihre Stuben sausten, Besen, Eimer und Lappen ergriffen und sich unverzüglich in der Nähe des zu reinigenden Objektes einfanden. Hier pflegte dann bereits ein jüngerer Unteroffizier oder ein älterer, für vertrauenswürdig gehaltener Gefreiter auf sie zu warten.

Während sich Vierbein auf diesen normalen Ablauf vorbereitete, bemerkte er, wie des Hauptwachtmeisters Blick nachdenklich auf ihm ruhte. Und Vierbein erschrak, als er gelindes Wohlwollen zu wittern glaubte, wußte er doch aus Erfahrung, daß es nie gut zu enden pflegte, wenn sich Vorgesetzte allzu intensiv mit ihren Untergebenen beschäftigten. Wie ein strapazierter, ausgebleichter Film zogen alle sich hieraus eventuell ergeben könnenden Möglichkeiten an ihm vorüber: Ausdehnung des Reviérreinigens bis in die späten Abendstunden hinein; Zorn der Ungerechten: Entzug des heutigen Sonntagsurlaubsscheines; Aufzeichnung seines Namens im Spießbuch, mit Unterstreichungen, was automatisch Urlaubssperre bedeutete. Und alles das hieß: Ingrid nicht sehen!

»Vierbein – ganz links 'raus!« rief der Spieß. Und Vierbein lief an das linke Ende, setzte sich ab und stand verlassen da.

Hauptwachtmeister Schulz fegte mit einem Kommandowort den Appellplatz leer. Nagelschuhe prasselten über das Pflaster. Im Kasernenblock rauschten kurz danach hundert Schuhe über die Korridore und Treppen. Einsam stand Vierbein auf dem zementierten Platz.

Schulz drehte sich langsam um und schaukelte sich verheißungsvoll auf ihn zu. »Vierbein«, sagte er, und er hatte seine kräftige Stimme mit Wohlwollen eingefettet, »wollen Sie mir einen Gefallen tun?«

Vierbein glaubte zu erblassen. »Jawohl, Herr Hauptwachtmeister!« rief er mutig.

»Sie brauchen nicht, wenn Sie nicht wollen. Das ist kein Befehl, Vierbein. Ich kann das nicht befehlen. Wenn Sie keine Lust haben, sagen Sie es mir ruhig. Dann gehen Sie eben Latrinen reinigen. Wollen Sie?«

»Jawohl, Herr Hauptwachtmeister.«

»Was? Latrinen reinigen?«

»Was Herr Hauptwachtmeister befehlen!«

»Na schön«, sagte der Spieß zufrieden. »Ich habe es auch nicht anders erwartet. Melden Sie sich bei meiner Frau zum Teppichklopfen.«

Der Hauptwachtmeister Schulz wanderte durch die Korridore des Batterieblocks; und wo er hinkam, nahm der Arbeitseifer sichtlich zu. Das bereitete ihm gelinde Genugtuung, obwohl er im Grunde seiner Kasernenhofseele eine derartige Reaktion als selbstverständlich empfand. Ungewöhnlich nur, wenn sie ausbliebe.

Für Dreck in jeder Form hatte er einen sechsten Sinn. Er sah auf zehn Meter Entfernung, ob die Rillen der Fliesen schmutzfrei waren. Waren sie es nicht, pflegte er mit dem Daumennagel prüfend in sie hineinzufahren und das so zusammengescharrte Häuflein Dreck dem nachlässigen Soldaten unter die Nase zu reiben, was dann natürlich auch eine Notiz in seinem Merkbuch, dem »Kohlenkasten«, zur Folge hatte.

So also schritt er, mit gelindem Genuß Unruhe verbreitend, durch sein Batterierevier. Aber tiefe Freude empfand er diesmal dabei nicht, obwohl es ihm doch nahezu spielend gelungen war, bereits in kurzer Zeit ein volles dutzendmal sogenannte »grobe Nachlässigkeit« festzustellen. Damit sollte es, für diesen Tag, genug sein. Klug, wie er war, hatte er in nur sieben Dienstjahren erkannt, daß ein Übermaß an Strafe, und somit eine zu hohe Zahl an Bestraften, lediglich abstumpft. Die feine Dosierung war das Geheimnis des Erfolges!

Er blieb in der Nähe des Schwarzen Brettes stehen, bewunderte kurz seine schwungvolle Unterschrift, die einen dort aushängenden Batteriebefehl zierte — gezeichnet: Derna, Hauptmann und Batteriechef; für die Richtigkeit: Schulz (sehr kühn, sehr energisch, kurvenreich und doch markig), Hauptwachtmeister. Er löste sich fast mühelos von diesem Anblick, zog sein Notizbuch hervor, schlug es auf und zählte noch einmal, sicherheitshalber, die Zahl der aufgeschriebenen, also aufgefallenen Soldaten nach. Es waren elf Mann; mithin also einer weniger als vorgesehen. Genau, geradezu peinlich genau, wie er nun einmal veranlagt war und wie das auch sein Amt von ihm forderte, zählte er abermals nach. Aber er hatte sich, was ja auch selbstverständlich war, nicht verzählt.

Ein wenig unzufrieden klappte er sein Notizbuch wieder zu und überlegte, ohne sich sonderlich dabei anzustrengen, welche Örtlichkeit wohl in Frage käme, um den fehlenden zwölften Mann aufzuspüren. Er beschloß, auf die Latrine zu gehen und also das Angenehme mit dem Nützlichen zu verbinden.

Er wußte sich respektiert, aber dennoch war er nicht restlos glücklich. Im Dienst war er eine Eiche, unerschütterlich; aber privat — privat hatte er seine Sorgen. Nicht etwa, daß sein Konto beim Kantinenpächter, das unnormal hoch war, ihn besorgt machte. Der durfte sich glücklich schätzen, daß der Spieß der 3. Batterie überhaupt bei ihm trank und so durch sein persönliches Erscheinen das Ansehen von Kantine und Pächter förderte, was sich gewiß im Umsatz bemerkbar machte.

Was sein Glück beeinträchtigte, und zwar erheblich, war das Verhalten seiner Frau. Er hatte doch Lore, die früher Blumen verkaufte, und zwar am Friedhofseingang, zu sich emporgehoben. Das geschah vor fast zwei Jahren, und er war damals noch Wachtmeister gewesen. Im Anfang war alles bestens in Ordnung: wie die Tauben! Aber seitdem er hier Hauptwachtmeister geworden war, die Dienstwohnung im Batterieblock zugewiesen erhalten hatte, war immer dicke Luft im Stall! Warum eigentlich?

»Ziehen Sie gefälligst Ihre Säbelbeine ein, wenn ich Ihren Weg kreuze«, rief er einem Soldaten zu, der kniend das Wasser im Korridor auftrocknete.

Das mit Lore war einfach nicht zu verstehen. Richtig kalt war die in der letzten Zeit; kalt wie jenes Eis, mit dem in der Kantine Bier gekühlt wird. Früher war das anders gewesen; er besann sich noch genau. Aber das hatte in letzter Zeit stark nachgelassen. Und er mußte sich betrübt fragen, wie es wohl kam, daß er, der sich doch allgemeiner Wertschätzung erfreute, von seiner eigenen Frau am allerwenigsten respektiert wurde.

Schulz stieß die Tür zur Latrine auf und sah sich prüfend um. Der Kanonier Hermann schrubbte eine Lokusbrille. Sofort wußte der Spieß, daß das sein Mann war. Hermann war seit fast drei Wochen überhaupt nicht mehr aufgeschrieben worden: er war also fällig.

»Na, Sie Wurzelsau!« rief der Spieß betont munter. Dachte: Das werden wir gleich haben! Und er streckte den Zeigefinger seiner rechten Hand aus und fuhr mit ihm auf der hellgrün gekachelten Rinne entlang. Er lächelte. Seine Demonstration war überzeugend. Hermann wußte, was die Uhr geschlagen hatte.

»Haben Sie Sonntagsurlaub eingereicht?«

»Jawohl, Herr Hauptwachtmeister.«

»Aber Ihren Urlaubsschein haben Sie noch nicht, was?«

»Nein, Herr Hauptwachtmeister.«

»Eben«, sagte der Spieß, klappte sein Buch auf, schrieb einen Namen hinein und entfernte sich wieder.

Früher hatte ihm das alles reine Freude bereitet, jetzt tat er nur noch seine Pflicht. Er erfüllte sein Pensum. Und zwischendurch dachte er an seine Frau, speziell daran, daß sie ihn nicht verstand. Sie war offenbar nicht einmal dazu fähig, ihm ein Kind, einen strammen Knaben, zu schenken. Und er hatte sie sogar im Verdacht, daß sie ihn — ihn! — betrog.

Und nicht nur das! Wenn sie es tat, was er ihr nach Lage der Dinge, Erfahrung und Menschenkenntnis glatt zutraute, dann tat sie es vermutlich sogar mit Angehörigen seiner Batterie. Und nicht nur mit Unteroffizieren, was immerhin noch einigermaßen standesgemäß gewesen wäre, sondern möglicherweise sogar mit Untergebenen. Und das, dachte Schulz, geschüttelt von Empörung, wirft selbst den stärksten Mann um!

Er hatte ihr bisher nichts beweisen können, aber er glaubte seiner Sache absolut sicher zu sein. Da war einmal ihre aufregende Gleichgültigkeit bei der Erfüllung der primitivsten ehelichen Obliegenheiten. Das war mehr als verdächtig. So was konnte man einem Droschkenkutscher bieten, aber doch nicht ihm, einem verdienstvollen Hauptwachtmeister der deutschen Wehrmacht.

Vor zwei Wochen, als er vorzeitig vom Kegeln zurückkam, hat er diese seine ihm angetraute Ehefrau — »du sollst deinem Manne untertan sein!« — mit dem Wachtmeister Werktreu erwischt, seinem Kameraden und sogenannten Freund; sie saßen auf dem Sofa, eng nebeneinander, um elf Uhr abends. Und Werktreu stotterte etwas von wegen vorzeitiger Bestandsaufnahme. Hätte er nicht dringend von Werktreus Bekleidungskammer drei neue Garnituren Unterwäsche gebraucht, er hätte ihn nach allen Regeln der Kunst »fertiggemacht wie einen nassen Sack« — so nannte er das —, ja, wie den letzten Dreck, wie den jüngsten Rekruten.

Und vorige Woche mußte er erleben, wie ein Gefreiter, den er seiner Frau zum Fensterputzen zugeteilt hatte, den offensichtlich von ihr geduldeten Versuch unternahm, ihr die Hand in die Bluse zu schieben. Er hatte ihr kräftig ein paar 'runtergehauen, trat dann den Kerl in den Hintern, sperrte ihm jeglichen Urlaub und sorgte dafür, daß er nach Schafsnase versetzt wurde, dem langweiligsten Übungsplatz der Artillerie: eine schäbige Kaserne mit Baracken, ein noch schäbigeres Dorf, so drei bis fünf weibliche Wesen und regelmäßig sechs- bis siebenhundert Soldaten.

Das sind so seine Probleme; unter anderem. Und so was muß ausgerechnet ihm passieren, der in seinen Glanzzeiten vier Bräute kurz nacheinander glücklich gemacht hatte, was ihm sogar schriftlich bestätigt worden war. Als er dann heiratete, wurden serienweise Taschentücher naß, und sogar ein Selbstmordversuch lag in der Luft. Lore sollte sich glücklich schätzen, ihn bekommen zu haben. Er ist doch wer! Was, zum Teufel, denkt sich dieses Weib eigentlich! Sie hat einen strebsamen und angesehenen Soldaten geheiratet, an dessen Leistungen selbst Major Luschke, das Knollengesicht, nichts auszusetzen fand — also, warum war sie dann nicht glücklich und zufrieden? Ihr fehlte wohl der Sinn für das Höhere!

Wachtmeister Platzek, der Schleifer-Platzek, anerkannt erfolgreichster Rekrutenausbilder des Regiments, überquerte elastisch den Korridor, fertig zum Ausgang. Er trug weiße Handschuhe und hatte sich sogar einen neuen Kragen umgelegt; er grüßte freundlich. — »Na?« fragte der Spieß, »wohin heute?«

Platzek grinste unternehmungslustig. »Kommst du abends nach Bismarckshöh? Heute wieder großer Ringelpietz! Du warst schon volle zwei Wochen nicht mehr in unserem Stammlokal.«

»Habe Lust«, sagte der Spieß.

»Wer nicht Lust hat, ist kein Kerl«, stellte Platzek mit dem ihm eigenen Humor fest, grüßte und entfernte sich mit forschen Schritten.

Schulz sah ihm nach. So ist das Leben, dachte er ein wenig verbittert. Der ist nicht verheiratet, der kann machen, was er will. Aber ich bin verheiratet, und ich mache auch, was ich will, denn ich bin doch ein Kerl, ein ganzer Kerl.

Im Augenblick, so folgerte er nicht ohne Genugtuung, bestand für seine persönliche Ehre keine sonderliche Gefahr. Übel erkennen, heißt schon, sie beseitigen. Bei Lore ist jetzt der Kanonier Vierbein, und Vierbein ist ein Armleuchter . . . Ein Milchknabe, mit Angst in den Hosen. Ein Muttersöhnchen. Der läßt sich lieber die Eselsohren abreißen, als daß er ein Auge auf Lore riskiert.

Also, folgerte Schulz weiter, konnte er es sich jetzt leisten, nachdem er sein Tagespensum erfüllt, also zwölf Eierköpfe namentlich erfaßt hatte, mit Wachtmeister Werktreu auf der Bekleidungskammer ein paar Runden »Siebzehnundvier« zu spielen; falls er gewann, auch noch ein paar Runden mehr.

Der Gefreite Herbert Asch war durch nichts mehr zu erschüttern; jedenfalls glaubte er das. Er tat nur noch das, was sich unter keinen Umständen vermeiden ließ. Er liebte den Schweiß nicht; und er hatte so ziemlich genau herausgefunden, was geschehen mußte, um eine vergleichsweise ruhige Kugel zu schieben.

Die Kasernenweisheit des Gefreiten Asch lautete: Vermeide jedes Risiko. Volkstümlich ausgedrückt: Gehe nicht zu deinem Fürscht, wenn du nicht gerufen würscht! Es darf aber sogar gesagt werden, daß es die Fürsten waren, die zum Gefreiten Asch kamen.

Denn Asch hatte einen bemerkenswerten Vater, und der besaß ein »Restaurant-Café«, und dort pflegte das Unteroffizierkorps der I. Abteilung des Artillerieregiments zu verkehren. Vater Asch war als großzügig bekannt, und sein Sohn, der Gefreite, schien ihm nacheifern zu wollen: Wenn er, was stillschweigend geduldet wurde, an betriebsamen Abenden im väterlichen Restaurant den Rock, den feldgrauen, auszog und in die weiße Kellnerjacke schlüpfte und Bier abzapfte, dann sorgte er verläßlich dafür, daß die Gläser für die Unteroffiziere seiner Batterie prima gefüllt waren, was Wohlwollen erregte. Hinzu kam, daß Asch Extraschnäpse ohne jedes Aufheben spendierte, gern Kredit gewährte und sogar Geld auslieh, das mit hoher Diskretion, unter strenger Einhaltung der von Untergebenen jederzeit und in jeder Situation zu erwartenden Dienstbereitschaft und Disziplin.

Zu seinen besonders bevorzugten Kunden gehörte auch der Wachtmeister Werktreu, der Kammerbulle. Der revanchierte sich für die ihm laufend bewiesene Großzügigkeit dadurch, daß er den Gefreiten Asch regelmäßig beim Arbeitsdienst für die Bekleidungskammer anforderte. Beide pflegten sich dann einzuschließen und wochentags während der offiziellen Dienstzeit leicht zu arbeiten oder schwer zu schlafen. An Samstagen spielten sie, auf Werktreus Drängen, »Siebzehnundvier«.

Hierbei mogelte der Gefreite Asch schamlos. Er nannte falsche Zahlen, addierte schnell und fehlerhaft, schob sich fette Karten unter und hätte, wenn er nur gewollt hätte, Werktreu an den Rand des Ruins bringen können. Das wollte er aber nicht. Denn nicht selten kam es vor, daß er sogar zugunsten des Wachtmeisters mogelte: er hielt ihn kunstvoll in Stimmung. Bevor sie zu spielen begannen, pflegte sich der Gefreite Asch zu überlegen, wie hoch er den Gewinn anzusetzen habe, den er dem Wachtmeister zukommen lassen wollte. Der lag dann, je nach der Anzahl der ruhigen Stunden, die Werktreu dem Asch in der soeben vergangenen Woche besorgt hatte, zwischen zwei und fünf Mark.

Wachtmeister Werktreu wäre nie in seinem Leben auf die Idee gekommen, daß jemand, noch dazu ein Untergebener, versuchen würde, ihn beim Kartenspiel zu betrügen. Denn, erstens, hielt er sich für einen unvergleichlichen Beherrscher aller Finten, die das beliebte »Siebzehnundvier« aufzuweisen hatte, was ja schon allein dadurch bewiesen wurde, daß er fast regelmäßig gewann. Ferner, zweitens, war er fest davon überzeugt, ein Glückspilz zu sein; seine militärische Laufbahn, die ihn nahezu ohne Umwege bis zum König der Bekleidungskammer hinaufgeführt hatte, mußte als außerordentlich erfolgreich bezeichnet werden. Darüber hinaus aber, drittens, betrog er selbst. Ebenfalls reichlich schamlos und nicht einmal sonderlich geschickt.

Der Gefreite Asch duldete das mit gelindem Grinsen. Er reichte Werktreu eine vierte Karte hinüber und wußte genau, welche Karte das war. Nach seinen Berechnungen mußte jetzt der Wachtmeister mehr als einundzwanzig haben, genau: fünfundzwanzig; und damit war das Spiel für ihn verloren.

Wachtmeister Werktreu bekam kleine Augen. Er zog den Inhalt seiner Nase geräuschvoll hoch und spuckte ihn sodann im hohen Bogen und ziemlich zielsicher in den drei Meter entfernt stehenden Kasten mit Feuersand. Er überlegte angestrengt, ob er das Spiel einfach aufgeben oder ob er eine Karte verschwinden lassen sollte.

Der Gefreite Asch ließ seine Zigarette aufglühen und betrachtete angeregt eins der üblichen Schilder, auf denen geschrieben stand: Rauchen verboten. Er ließ dem Wachtmeister Zeit. Und als er merkte, daß der eine Karte verschwinden lassen wollte, fragte er freundlich: »Brauchen Herr Wachtmeister mehr als vier Karten?«

Werktreu wurde sofort klar, daß der Gefreite die ausgegebenen Karten gezählt hatte; das ärgerte ihn mächtig, aber er konnte es sich nicht leisten, das offen zu zeigen. Er fahndete angestrengt nach anderen Betrugsmöglichkeiten, fand aber im Augenblick keine. Einfach zugeben, daß er das Spiel verloren hatte, wollte er immer noch nicht.

Da polterte es heftig an der blechbeschlagenen Tür.

Werktreu benutzte die Gelegenheit, alle Karten unkontrollierbar auf einen Haufen zusammenzuwerfen. »Wer ist da?« rief er. »Ich habe jetzt keine Zeit. Ich bin mitten in der Arbeit!«

»Mach auf!«

Der Gefreite erkannte sofort die Stimme des Hauptwachtmeisters, aber er dachte nicht daran, Werktreu darauf aufmerksam zu machen. »Wer gibt das nächste Spiel?« fragte er geschäftig.

»Mensch, mach doch auf!« brüllte der Spieß.

Wachtmeister Werktreu beeilte sich, nachdem er ebenfalls die Stimme von Schulz vornehmlich an ihrer Lautstärke erkannt hatte, diesem Gebrüll ein Ende zu machen. »Komm doch herein!« sagte er kameradschaftlich und schloß auf. »Wir sortieren gerade Socken.«

Spieß Schulz nickte verständnisinnig. Er blickte überlegen auf den Gefreiten Asch hinunter, der die Karten in die Tasche gesteckt hatte und sämtliches Geld dazu, und der jetzt tatsächlich Socken zu sortieren schien. »Na«, fragte er, »und wer gewinnt dabei?«

»Ich natürlich«, erklärte Werktreu stolz, ohne zu zögern.

»Ein Spielchen«, sagte der Spieß gönnerhaft, »könnte ich mitmachen.« Und er setzte sich auf einen Stapel Mäntel, dicht neben dem Gefreiten Asch, und rieb sich unternehmungslustig die Hände.

Der Wachtmeister schloß die Tür wieder ab, der Gefreite zog die Karten aus der Tasche, und der Hauptwachtmeister begann das Spiel. »Wenn Sie mich bescheißen, Asch«, sagte er dabei gemütlich, »dann sind wir die längste Zeit Freunde gewesen.«

»Jawohl, Herr Hauptwachtmeister!« sagte der Gefreite. Er war wenig erfreut über diesen Besuch und machte sich klar, daß ihn dieses verdächtig lautstarke Wohlwollen des Spießes etwa zwei Mark kosten würde; mindestens zwei Mark.

Der Hauptwachtmeister gewann das erste Spiel und auch das zweite Spiel. Nach dem fünften Spiel hatte er bereits vier Mark gewonnen. Sein Wohlwollen nahm bedrückenderweise immer mehr zu. Beim sechsten Spiel verlor er, nachdem Asch zwei Karten ausgetauscht hatte, auf Anhieb drei Mark. Im Handumdrehen war er wieder ein normaler Vorgesetzter.

»Mein lieber Asch«, fragte er mit sanfter Drohung, »haben Sie schon Ihren Sonntagsurlaubsschein?«

»Nein, Herr Hauptwachtmeister«, sagte der bemerkenswert korrekt und ließ Schulz schleunigst zwei Mark gewinnen.

»Was macht deine Frau?« fragte Wachtmeister Werktreu den Spieß. Er war böse geworden, weil er nicht mehr richtig zum Zug kam. Schulz machte Spiel um Spiel. Werktreu war entschlossen, sich an dieser Glückssträhne zu beteiligen, und unerfahren genug, zu glauben, das erreichen zu können, indem er das Gespräch auf die Frau des Hauptwachtmeisters brachte.

Der Spieß Schulz gab das Spiel nicht aus der Hand. Aber er überhörte auch die Anspielung des Wachtmeisters Werktreu nicht. Mein lieber

Freund und Kupferstecher, dachte er grimmig und maßlos überlegen zugleich, meine Frau geht dich doch einen Dreck an; daß du scharf auf sie bist, weiß ich, aber in meine Schußlinie wirst du nicht kommen: ich werde mein holdes Weib einfach isolieren. Und wenn ich das Luder einsperren muß! Ich kann es mir nicht leisten, daß mir jemand Hörner aufsetzt; schon gar keiner aus meiner Batterie, und erst recht kein Untergebener.

Er fluchte laut vor sich hin, denn er hatte soeben zwei Mark verspielt. Er beschloß, eine kleine Atempause einzulegen, aber das Spiel gab er immer noch nicht aus der Hand. »Sagen Sie mal, Asch, dieser Vierbein, dieser Säugling, der ist doch in Ihrer Korporalschaft?«

»Jawohl, Herr Hauptwachtmeister.« Der Gefreite blickte neugierig auf. Die Zusammenhänge, die zu dieser Frage geführt hatten, waren ihm nicht ganz klar. Wie wohl, wollte er gerne wissen, kommt der Mann vom Kartenspiel auf seine Frau und von seiner Frau auf den Kanonier Vierbein?

»Ein Muttersöhnchen, was? Ein armseliger Milchknabe, wie? Ob der wohl schon ahnt, was Liebe ist?« Und ganz überzeugt, tief aus der Fülle seiner Erfahrungen schöpfend, sagte der Spieß: »Wetten, daß der noch nicht einmal weiß, daß es zweierlei Geschlechter gibt? Der glaubt noch an den Storch, vermute ich.«

Wachtmeister Werktreu wieherte freudig und mit Ausdauer; es war, als habe er soeben einen köstlichen Witz gehört. Auch der Gefreite Asch zog es vor, zu lachen. Der Spieß gefiel sich in seiner Rolle als Spaßmacher sehr.

»Nehmen wir einmal an«, sagte er genußvoll, »ich lege ein leichtbekleidetes Mädchen neben ihn. Was wird er wohl mit ihr anfangen? Na? Zudecken wird er sie!«

»Ich weiß nicht«, sagte der Gefreite vorsichtig, »ich glaube, der ist ganz normal.« Er beschloß, den Kanonier Vierbein ein wenig in Schutz zu nehmen. Der tat ihm leid. Der war im Grunde ein armes Schwein und offenbar überzeugt davon, eines Tages abgeschlachtet zu werden. Und der Gefreite Asch kannte seine Pappenheimer; er wußte genau, worauf sie reagierten; ihm war bekannt, was ihnen imponierte: das, was sie Männlichkeit nannten!

Also legte er behutsam los: »Dieser Vierbein ist bestimmt kein unbeschriebenes Blatt. Stilles Wasser, aber tief. Der hat es faustdick hinter den Ohren. Der macht das auf die sanfte Tour, das gefällt den Weibern!«

Der Spieß legte langsam seine Karten weg. Er war zunächst nur verwundert; dann jedoch begann er, Folgerungen aus dem soeben Gehörten zu ziehen, Folgerungen, die ihn stark verstimmten. »Sie schneiden auf, Asch«, sagte er vage und ohne die für ihn typische Lautstärke. »Sie saugen sich das aus Ihren dreckigen Pfoten, Sie Wurzelsau.«

Der Gefreite überhörte die »dreckigen Pfoten« und die »Wurzelsau« automatisch. Er war nicht zu beleidigen, weil er grundsätzlich beschlossen hatte, sich nicht beleidigen zu lassen. Er fühlte nur das Bedürfnis, den Kanonier Vierbein, das arme Schwein, herauszustreichen. Er schnitt daher unbedenklich auf und ließ sich pikante Geschichten einfallen, kurz: er ließ eine der beliebten ordinären Kasernenhofplaudereien vom Stapel.

Er erzählte: »Wozu der Kanonier Wagner, unser rassereiner germanisch-arischer Heldensohn, volle drei Wochen brauchte, das schaffte Vierbein in knapp drei Stunden: er eroberte sich die Dame im Handstreich. Tatsache. Wir haben zugesehen, durch das Schlüsselloch, denn es handelte sich um eine Wette.« Wachtmeister Werktreu nickte nicht ohne Anerkennung. Aber Spieß Schulz war bemerkenswert unruhig geworden. Den Gefreiten wunderte diese durchschlagende Wirkung seiner frei erfundenen Erzählung sehr, aber er kam nicht dazu, seine Verwunderung auszukosten.

Der Hauptwachtmeister erhob sich entschlossen. »Ich muß mal schnell«, sagte er, »in meine Wohnung!«

Der Kanonier Vierbein war weder ein Trottel noch ein »armes Schwein«; er war ein ganz normaler Mensch mit kleinen Eigenheiten. Er hatte sogar etwas von dem, was gewöhnlich gesunder Menschenverstand genannt wird, und auch seine körperlichen Kräfte waren dem Wehrdienst gewachsen. Was ihm zu schaffen machte, war sein Gemüt.

Sein Vater, primitiv und gutmütig, ein verläßlicher Polizeibeamter, hatte das kommen sehen. Sohn Johannes Vierbein war aus der Art geschlagen; zwar nur ein wenig, aber doch unverkennbar. Denn: Er las Bücher! Und Vater Vierbein entsann sich nicht, jemals in seiner Familie oder in der seiner Frau ein Buch gesehen zu haben, es sei denn, es habe sich um Bibel, Gesangbuch oder Flottenkalender gehandelt.

Ansonsten war Sohn Johannes Vierbein ein durchaus vielversprechender Knabe gewesen: stets fleißig und fast immer diszipliniert; er half der Mutter bei der Wäsche und trug seinem Deutschlehrer, den er liebte, die Aktentasche nach Hause. Allzeit ritterlich war auch sein Benehmen weiblichen Wesen gegenüber, wobei er niemals Unterschiede in den Altersstufen machte. Er prügelte sich mit seinen Schulkameraden, war im Rechnen schwach und in Religion mittelmäßig, Singen bereitete ihm Qual, Sport ungetrübtes Vergnügen, und in Deutsch war und blieb er allzeit mit Abstand der Beste der Klasse. Das war es, was seine Umgebung leicht beunruhigte: Vierbein Johannes leistete sich den Luxus, ureigene Gedanken zu haben.

Beim Kommiß, auch Barras genannt, begriff er innerhalb vierundzwanzig Stunden, daß das, was er bisher gelernt hatte, »ein Dreck« war. Jetzt aber hieß es, werde er endlich »ein Mensch« werden. Er hatte Verstand genug, sich über eine derartig primitive Erziehungstheorie für erwachsene menschliche Wesen vorsichtig zu amüsieren, und sein kräftiger Körper erlaubte ihm diese Großzügigkeit auch. Aber bald erlag er einem mechanisch funktionierenden System, dem Kasernenhofgeist; und zwar hellwach, bei vollem Verstand.

Er erkannte schnell: Sich unterordnen brachte Vorteile mit sich, körperliche zumeist nur. Er erkannte aber auch: Ordnung war notwendig, wenn eine Masse Menschen auf einen geringen Raum zusammengepreßt wurden. Worunter er litt, war der Zwang, der zumeist sinnlos erscheinende Zwang, der abgezirkeltes Grüßen durchsetzte, einheitliche Kleidung, gleichmäßiges Gehen, gemeinsame Lieder, geschraubte Sprache. Er, der Schiller seitenlang auswendig zitieren konnte, war fürwahr ein glühender, Idealist, aber er wollte diesen Idealismus mit freiem Willen verströmen und ihn nicht stupide aus sich herauspressen lassen.

So wurde Johannes Vierbein ein zwar jederzeit williger, aber doch niemals glücklicher Soldat. Er war gehorsam. Er tat, was von ihm verlangt wurde; nicht mehr, nicht weniger. Er war bemüht, nicht aufzufallen. Er hatte viele Kameraden, aber keinen Freund; und es war nur einer da, den er hätte zum Freund haben wollen: der Gefreite Asch. Denn der Gefreite Asch hatte eine Schwester, und die gefiel ihm sehr. Sie hieß Ingrid.

Er klopfte den Teppich der Frau Schulz, deren Mann der Hauptwachtmeister seiner Batterie war. Er tat das mit mechanischer Gründlichkeit. Er führte auch hier einen Befehl aus. Sein Drillichrock war ihm zu groß und schlotterte heftig. Die Hose war ihm ein wenig zu eng und saß dicht auf seiner Haut. Er transpirierte, und sein junges, leicht gerötetes, betont ernstes Gesicht glänzte.

Lore Schulz lag im Fenster der Dienstwohnung und sah ihm zu. Sie hatte ein leichtes Waschkleid an und so gut wie nichts darunter; denn ihr war heiß. Schuld daran war der Hochsommer oder die viele Arbeit, die sie hatte, oder ihr überhitztes Blut oder wer weiß was. Vielleicht war sie auch nur sparsam und wollte ihre Wäsche schonen.

»Es ist gut!« rief sie dem Kanonier Vierbein zu. »Bringen Sie jetzt den Teppich herein.«

»Jawohl«, sagte Vierbein – Befehl ist Befehl! –, zog den Teppich von der Stange und rollte ihn zusammen. Er war tätig; still, zäh, pausenlos, immer unter dem Motto: Nur nicht auffallen! Und hier, auf dem Rasen vor dem Batterieblock, starrte ein halbes Hundert Fenster auf ihn, und hinter jeder Fensterscheibe konnte ein Vorgesetzter stehen – es mußte nicht sein, aber es konnte doch sein! Irgendeiner. Möglicherweise sogar Knollengesicht, der Major, der dafür berühmt war, daß er Überraschungen liebte.

Johannes Vierbein legte sich den Teppich über die Schulter und ging mit ruhigen, nicht zu langsamen, nicht zu schnellen Schritten auf den Eingang des Batterieblocks zu, in denselben hinein und gedachte, auf der unteren Treppenstufe eine kleine Verschnaufpause einzulegen. Aber Lore Schulz stand in der offenen Tür ihrer Wohnung und wartete dort auf ihn.

Er überquerte den kurzen Korridor, betrat das Wohnzimmer und ließ hier umständlich den Teppich zur Erde gleiten.

»Helfen Sie mir«, sagte Lore Schulz, »ihn aufzurollen.« Sie kniete sich dicht vor ihm nieder, und er konnte tief in das Kleid hineinsehen.

»Jawohl«, sagte er und kniete sich neben sie hin.

Lore Schulz war nicht entgangen, wo er hingesehen hatte; und da sie genau wußte, daß sie viel besaß, das sich sehen lassen konnte, hatte sie nichts dagegen. Von Männern angestarrt zu werden, war ihr nichts Neues. Es bereitete ihr Vergnügen; ein seltsames, heimliches, prickelndes Vergnügen. Nicht selten forderte sie das bewußt heraus. Sie zog sich sorgfältig an und verließ dann, wenn die Batterie draußen angetreten war, den Block und ging, mit leicht wiegendem Schritt, an der versammelten Mannschaft vorbei. Aber neuerdings war ihr das von ihrem Mann, dem Hauptwachtmeister, verboten worden; früher war er stolz auf sie, jetzt versuchte er, sie zu verstecken.

Lore war wesentlich anders, als sie aussah. Sie war im Grunde ihres Wesens ein kleines Mädchen mit großer Sehnsucht. Sie hatte sieben Geschwister gehabt, und mit zwei von ihnen schlief sie zehn Jahre lang im gleichen Bett. Dann wurde sie Verkäuferin in einem Blumenladen, dicht neben dem Eingang zum Friedhof. Sie liebte Filme und Führerreden. Und immer hatte sie Sehnsucht: nach einer Italienreise, nach einem Mann mit einem Auto, nach einer eigenen Wohnung. Sie las sogar den Frauenteil in der Zeitung und lieh sich Modehefte aus.

Der Mann Schulz, damals noch Wachtmeister, brach ihr das kleine Herz am ersten Abend. Er war einfach unwiderstehlich, und er preßte sie beim Tanz an sich, daß sie vergaß, an Italien und das Auto zu denken. Natürlich war er nicht der erste Mann in ihrem Leben; aber so rückhaltlos war sie noch in keinen verliebt gewesen, Schulz wußte das zu schätzen. Er liebte sie sehr und besonders das Vergnügen, das sie ihm bereitete. Er heiratete sie und wurde Hauptwachtmeister. Und sie bekam ihre eigene Wohnung.

Es war ihm aber nicht gegeben, ihre Sehnsüchte vergessen zu machen oder zu befriedigen. Doch seine Befriedigung schien ihm zu genügen. Bald schien er sie auswendig zu kennen wie ein Geschütz, und da er ein Mann mit Ehrgeiz war, wollte er, wie er es nannte, nicht ewig nur Geschützführer bleiben. Er war eben eine vitale Natur und offenbar daran gewöhnt, Menschen auszubilden und sie dann abzuschieben ... Und so suchte er fast automatisch nach »neuem Übungsgelände«. Denn schließlich war er doch, wie er oft und gerne bekanntgab, ein ganzer Kerl!

Ihre heimlichen Sehnsüchte aber blühten erneut auf. Italien und Auto waren gleichbedeutend mit Liebe und Erfüllung. Sie suchte sie in Romanen und fand sie nicht. Sie versuchte dann, ihren Mann vorsichtig mit einigen Unteroffizieren seiner Batterie zu betrügen und fand sie alle eilig, gierig und gefühlsarm. In ihrer Uniform ähnelten sie einander wie Geschosse des gleichen Kalibers.

Aber wenn sie junge Menschen wie diesen Kanonier Vierbein ansah, packte sie Wehmut, die nicht ohne Sentimentalität war. Auch ich, dachte sie, war jung wie er; vor zwei, drei Jahren war ich noch genauso jung wie er; jetzt bin ich eine verheiratete Frau, fast verbraucht, ohne Frische. Mein Körper hat keine Spannkraft mehr; meine Lippen sind nicht mehr weich und voll, und meine Haut wird schlaff jetzt schon. Schon jetzt.

»Wie heißen Sie?« fragte sie mit leiser Stimme und näherte sich dem jungen Mann im Drillichanzug.

»Vierbein«, sagte der vorsichtig. »Kanonier Vierbein.«

Lore rückte noch ein wenig näher. Sie knieten jetzt dicht nebeneinander auf dem Teppich. Er konnte deutlich die Konturen ihres Körpers sehen. Und sie stellte fest, daß sein Drillichanzug nach Kernseife roch.

»Sie sind anders«, sagte sie mit fast kindlicher Verwunderung. »Ihr Haar ist anders, viel weicher. Und Ihre Hände sind schmaler, zarter. Zeigen Sie mir Ihre Hände.«

Johannes zögerte. Er sah aufmerksam in ihre Augen, die sanft glänzten, die klein waren und traurig aussahen. Dann reichte er ihr seine Hand hinüber und sagte behutsam: »Sie halten mich von der Arbeit ab.«

Lore lächelte zaghaft. »Ist das so schlimm?« fragte sie.

»Eigentlich nicht«, sagte er. Und er fügte, automatisch fast, hinzu: »Wenn Sie das verantworten wollen.«

Sie dachte nach, was sie darauf sagen sollte. Sie fand nicht die rechten Worte. Sie wollte sagen: Verantwortung – für wen? Wozu Verantwortung? Was haben Sie denn zu verantworten und wem gegenüber? Aber sie sprach kein Wort. Sie betrachtete sein blutjunges Gesicht, seine hellen, guten Augen, die Stirn, die ohne Falten war, und das Kinn, das keine Brutalität verriet.

Lore ließ seine Hand los, setzte sich ganz auf den Teppich, streckte die Beine aus und dehnte ihren Oberkörper. »Haben Sie eine Braut?« fragte sie.

Das verwirrte Johannes Vierbein. Sein Gesicht rötete sich ein wenig, und er dachte an Ingrid, an die Schwester des Gefreiten Asch. Und sofort wurde ihm klar, daß er so, in diesem Zusammenhang, nicht an sie denken dürfte. Er sagte entschieden: »Nein.«

Lore Schulz schien diese Antwort zu gefallen. Sie hatte die Lippen leicht geöffnet, und zwischen ihren ein wenig großen, aber sehr gesunden Zähnen erschien neugierig eine rote Zunge. Sie wollte lachen, aber sie lachte nicht. Denn die Tür hatte sich geöffnet, und Hauptwachtmeister Schulz stand auf der Schwelle.

»Vierbein«, sagte der Spieß, und seine Stimme klang beängstigend leise. »Sie verschwinden hier sofort und melden sich bei Unteroffizier Lindenberg zum Reinigen der Latrine im unteren Korridor.«

»Jawohl, Herr Hauptwachtmeister«, sagte der und erhob sich gehorsam.

»Hauen Sie ab!« sagte Schulz rauh. »Wir sprechen uns noch!«

Unteroffizier Lindenberg, Führer der 2. Korporalschaft, zu der auch der Gefreite Asch und der Kanonier Vierbein gehörten, war ein Mann mit Energie und Ehrgeiz und daher mit Zukunft. Dieser Ehrgeiz jedoch war durchaus nicht gewöhnlicher, also zivilistischer Natur, sondern hatte nahezu historisches Format: Lindenberg war fest entschlossen, Vaterlandsverteidiger zu produzieren! Und das sprach er offen aus, was selbst wohlwollende Vorgesetzte mit einem vorsichtigen Kopfschütteln quittierten.

Lindenberg, vierundzwanzig Jahre alt, mit schwarzem, seidigem, gewelltem Haar ausgestattet, nicht sonderlich groß, nicht auffallend breit, aber drahtig und voller Energie, dieser Lindenberg lebte genau das vor, was er verlangte: Er war der erste beim ersten Antreten und der letzte beim letzten Dienst; sein Anzug war stets tadellos, sämtliche Vorschriften kannte er auswendig; er putzte – auf dem Korridor, demonstrativ vor aller Augen – seine Stiefel selbst, und deren Glanz war einzigartig.

Aber Lindenberg war nicht nur eiserner Vorgesetzter, er war auch hartnäckiger Kamerad zugleich. Höchste Korrektheit fand er erstrebenswert. Dienst war ihm Lebenselixier. Es gab nichts, wozu er sich nicht freiwillig meldete. Und er erwartete, verlangte und forderte, daß diesem seinem Beispiel von »seinen« Soldaten nachgeeifert werde. Er war sogar bereit, sich übertreffen zu lassen und das mit Würde zu tragen, wozu es natürlich nie kam. Denn er sprang einen Meter fünfzig hoch, konnte fünfunddreißig Kilometer mit vollem Gepäck marschieren, ohne auch nur im geringsten an Stimmkraft einzubüßen, war Divisionsmeister im Brustschwimmen und der zweitbeste Schütze des Regiments. Und an Bierabenden pflegte er, auf einem Stuhl stehend, das »Wolgalied« zu singen, in Richard-Tauber-Manier, mit einer Tenorstimme, die jedem mittleren Stadttheater zur Ehre gereicht hätte.

Daß Lindenberg einmal Offizier werden würde, stand einwandfrei fest. Seine hohen Qualitäten waren nicht zu übersehen. Und seine nie ermüdende Dienstbereitschaft wurde dann auch weidlich, zumeist unter

Anrufung der Kameradschaft, ausgenutzt. Da er zudem kein ausgesprochenes Verlangen nach weiblichen Reizen verspürte, nach Alkohol natürlich auch nicht, sich Filme nur dann ansah, wenn ihm versichert wurde, es handle sich dabei einwandfrei um heldenhaftes Durchhalten mit anschließend heroisch-glücklichem Ende, war er jederzeit bereit, in dringenden Fällen seine Unteroffizierskameraden auch über das Wochenende zu vertreten.

Er war ein Unteroffizier vom Dienst, wie ihn sich keine auch noch so ausgeklügelte Vorschrift vollkommener hätte ausdenken können. Ihm waren wirkliche Befehle heilig. Er führte sie aus nach bestem Wissen und Gewissen; sein militärisches Wissen aber war groß, und das, was er sein soldatisches Gewissen nannte, ausgeprägt. Er war stets peinlich genau und allzeit fest entschlossen, fragwürdige Wesen in anständige Soldaten zu verwandeln, streng im Sinne von Volk, Führer und Reich. Aber er vergaß auch nie, an das zu denken, was er sich unter Ehre vorstellte.

Als sich der Kanonier Vierbein bei ihm befehlsgemäß zum Reinigen der Latrine im unteren Korridor meldete, musterte ihn Lindenberg, selbst in tadelloser Haltung, zunächst nur vom Kopf bis zu den Fußspitzen. Er hatte nicht sonderlich viel auszusetzen; war zwar kurz bereit, zu rügen, daß die Haare nicht sorgfältig genug durchgekämmt waren, unterließ das aber, da ihm sein ausgeprägtes Gerechtigkeitsgefühl gebot, zu bedenken, daß der Kanonier soeben eine Arbeit beendet hatte.

»Was haben Sie bisher getan, Kanonier?«

»Teppiche geklopft, Herr Unteroffizier. Für Herrn Hauptwachtmeister.«

Der Unteroffizier verriet mit keinem Wimperzucken, daß er diese Tätigkeit mißbilligte, zumindest sich zugestand, nicht genau zu wissen, wo hier der allein erstrebenswerte tiefere Sinn zu suchen sei. Aber korrekt, wie er nun einmal war, dachte er nicht im entferntesten daran, seine Mißbilligung zu zeigen, geschweige denn auszusprechen. Vorgesetzte, sagte er sich, unterstehen nicht meiner Kritik; und geradezu Untergrabung der Disziplin wäre es, selbst noch so berechtigte Kritik in Gegenwart von Untergebenen auszusprechen. Ganz genau betrachtet, wäre das nämlich eine indirekte Aufforderung zur Meuterei, woran ein guter Soldat nicht einmal im Traum zu denken wagt.

Er ging voran, in die Latrine hinein, sah sich dort um. Der vielbenutzte Raum glänzte vor Sauberkeit. Der Zutritt war während des Revierreinigens für jedermann, mit Ausnahme der Unteroffiziere, versteht sich, gesperrt. Nur solche mit überaus dringendem Bedürfnis mußten, laut Batteriebefehl 104/38, eingelassen werden. Denn leichtfertige, undisziplinierte, trotz eingehender Nachforschungen nicht zu ermittelnde Batterieangehörige hatten, wohl aus unsoldatischem Protest, an einem Samstagnachmittag einen großen Haufen vor die Bekleidungskammer gepflanzt, in welcher sich zur gleichen Zeit der Hauptwachtmeister aus Anlaß eines Zählappells aufhielt.

Unteroffizier Lindenberg jedenfalls bemerkte mit Genugtuung Sauberkeit. Er überprüfte mit sachverständigen Griffen Fenster, Lokusbrillen, Abzugkanal und den Hahn des Wasserbeckens. Letzterer glänzte nur matt, und so befahl er dem Kanonier Vierbein, »selbigen auf Hochglanz« zu bringen.

Er selbst begab sich zurück in das Zimmer, das dem Unteroffizier vom Dienst zur Verfügung stand. Dort wartete der Gefreite Asch auf ihn und brachte eine derartig vorschriftsmäßige Ehrenbezeigung an, daß Lindenberg nur noch zufrieden nicken konnte, sich dann zusammenriß und die Ehrenbezeigung straff erwiderte.

Asch wußte haargenau, wie Unteroffizier Lindenberg zu behandeln war. Er rief laut: »Bitte um die Erlaubnis, Herrn Unteroffizier sprechen zu dürfen.« — »Bitte«, sagte Lindenberg korrekt.

Der Gefreite Asch betrachtete die vorbildlich einexerzierten Reaktionen seines unmittelbaren Vorgesetzten, ohne die geringste Verwunderung zu zeigen. Er hatte sich völlig abgewöhnt, erstaunt zu sein. Er hatte feierlich beschlossen: Es wird und kann sich nichts ereignen, das mich aus der Fassung zu bringen vermag! Seine Worte klangen kräftig, kernig und befehls-empfangsbereit zugleich, abgehackt: »Bitte Herrn Unteroffizier fragen zu dürfen, ob ich Herrn Unteroffizier um meinen Sonntagsurlaubsschein bitten darf!«

»Sind Sie mit Ihrer Arbeit fertig, Gefreiter Asch?«

»Jawohl, Herr Unteroffizier. Herr Wachtmeister Werktreu hat mich entlassen.«

Der Unteroffizier nahm das zur Kenntnis. »Und Ihre Sachen, Gefreiter Asch? Ihre Schrankordnung? Ihr Karabiner? Ihr Koppelzeug?«

»Bitte Herrn Unteroffizier melden zu dürfen: Alles in Ordnung!« Der Gefreite Asch log unbekümmert seinen Vorgesetzten an. Er wußte genau, daß nichts in Ordnung war, jedenfalls nicht so in Ordnung, als daß es vor den unbestechlichen Augen Lindenbergs Gnade gefunden hätte. Er wußte aber auch, daß der Unteroffizier zur Zeit hier unabkömmlich war und es sich rein zeitlich gar nicht leisten konnte, bei jedem, der einen Urlaubsschein haben wollte, einen Schrankappell mit der ihm eigenen Gründlichkeit durchzuführen.

Der Unteroffizier schien, in gerader Haltung, nachzudenken. Das beunruhigte den Gefreiten Asch nicht wenig. Und er beschloß, sofort wirksam nachzustoßen. »Bitte Herrn Unteroffizier darauf aufmerksam machen zu dürfen«, sagte er mit scheinbarer Begeisterung, »daß heute die Auswahlmannschaft unseres Regiments gegen den Sportklub Hansa antritt!«

Das stimmte keineswegs. Das Handballspiel war erst in vierzehn

Tagen. Aber er rechnete damit, daß Lindenberg, dem diese Sportart wenig lag, das nicht genau wissen würde. Würde der das aber trotzdem wissen, konnte immer noch gesagt werden, man habe sich geirrt.

Aber Lindenberg wußte das nicht. Er nickte zustimmend, mit einer kurzen, straffen Bewegung. Er sagte: »Ausgezeichnet, Gefreiter Asch. Ich schätze Anteilnahme an sportlichen Ereignissen. Sport ist eine gesunde Voraussetzung für den Dienst mit der Waffe. Außerdem fördert die allgemeine Begeisterung den Kampfeswillen. Und ich hoffe, wir sind den Zivilisten auch auf diesem Gebiet überlegen.«

»Bestimmt, Herr Unteroffizier!«

Lindenberg setzte sich und schlug das Sonntagsurlaubsbuch auf. Er entnahm ihm die Urlaubsscheine und begann sie durchzublättern. Als das Telefon klingelte, nahm er, ohne seine Haltung zu verändern, die einwandfrei wie immer war, den Hörer ab. Er meldete sich: »Dritte Batterie. Unteroffizier vom Dienst. Unteroffizier Lindenberg.«

Der Gefreite Asch betrachtete seinen superstrammen Unteroffizier gönnerhaft. Er knickte leicht in den Knien ein und stand bequem da, aber es sah aus, als stehe er nach wie vor prachtvoll stramm. Der Gefreite konnte stundenlang so stehen, ohne zu ermüden. Das gehörte zu seinen Tricks, die er sich nach und nach ausgedacht hatte.

»Jawohl, Herr Hauptwachtmeister«, sagte der Unteroffizier in den Hörer hinein. »Herr Hauptwachtmeister befinden sich in der Kantine, jawohl! Ich komme sofort, Herr Hauptwachtmeister, mit dem Urlaubsbuch!« Er legte den Hörer ab und durchblätterte, mit erhöhter Schnelligkeit, den Stoß Urlaubsscheine.

»Bitte Herrn Unteroffizier«, sagte der Gefreite stramm, einer Eingebung folgend, »auch um den Urlaubsschein des Kanoniers Vierbein.« Und als er merkte, daß Lindenberg zögerte, fügte er hinzu: »Bitte Herrn Unteroffizier melden zu dürfen, daß es der Kanonier Vierbein war, der mich auf das Handballspiel aufmerksam gemacht hat.«

»So?« fragte der Unteroffizier Lindenberg erstaunt; und er vermied es nicht, sein Erstaunen zu zeigen. »Der Kanonier Vierbein hat Sie darauf aufmerksam gemacht? Das freut mich. Ich habe dem Kanonier Vierbein derartige Interessen nicht zugetraut. Also gut, Sie sollen auch seinen Urlaubsschein haben.«

»Ich danke Herrn Unteroffizier!« rief der Gefreite spontan aus. Und kaum hatte er das gesagt, merkte er auch schon, daß er sich hier, impulsiv und daher unbedacht, vermutlich einen nicht ungefährlichen Fehler geleistet hatte.

Und Lindenberg sah ihn, wie zu erwarten gewesen war, tierisch ernst und tadelnd an. »Gefreiter Asch«, sagte er mit seiner unpersönlichen, gleichmäßig starken, immer reserviert klingenden Stimme, »Sie haben mir nicht zu danken. Ich tue hier nur meine Pflicht. Und das ist selbstverständlich.«

Doch dann übergab er, wider Erwarten, dem Gefreiten Asch die beiden erbetenen Urlaubsscheine, kassierte sachlich zwanzig Pfennig dafür ein und sagte abschließend kühl: »Sie können abtreten! Und ich erwarte, daß Sie heute beim Wettkampf als Uniformträger den Zivilisten ein gutes Beispiel geben.«

Der Kantinenpächter Bandurski war selbst Zwölfender gewesen. Er hatte noch in der Reichswehr gedient und kannte die Unteroffiziere genau. Er liebte sie daher nicht sonderlich, obwohl er selbst einmal die Unteroffizierstressen getragen hatte. Jetzt jedenfalls war er nur noch Geschäftsmann; und gleich in den ersten Wochen hatte er erkannt, daß die besten Geschäfte mit den Mannschaften zu machen waren.

Im Anfang war er noch kurzsichtig genug, den Unteroffizieren deutlich zu verstehen zu geben, wie gering das Interesse war, das er an ihnen hatte. Sie spielten Karten, führten große Reden, soffen Bier und machten Schulden. Die Masse der Mannschaften aber kaufte ein, und ihr ganzer Sold ging dabei drauf. Das Verhältnis der Reingewinne bei Mannschaften und Unteroffizieren stand fünf zu eins.

Bandurski hatte aber ganz schnell gemerkt, daß es für seine Bilanz gefährlich werden konnte, wenn die Unteroffiziere sein Geschäft planmäßig und heimlich sabotierten. Der Erfinder derartig hinterhältiger Kampfmethoden war Hauptwachtmeister Schulz gewesen; Bandurski hatte das bald herausgefunden, und der Spieß der 3., unter Alkohol gesetzt, leugnete das nicht einmal. Er arbeitete nach folgendem höchst primitiven, aber gefährlich wirksamen Prinzip: Er forderte mit Strenge Einheitlichkeit auch in der persönlichen Ausrüstung; und er verstand es, deutlich zu machen, daß der Kantinenpächter Bandurski nicht fähig sei, diese unbedingt notwendige Einheitlichkeit zu garantieren. Also schickte er Aufkäufer in das Städtchen, worüber sich die einheimische Kaufmannschaft ehrlich freute. Die anderen Batterien eiferten der Methode Schulz nach, und nicht viel fehlte, und er, Bandurski, hätte seinen Konkurs anmelden können.

Die Erfahrung, die er so gewonnen hatte, ließ er sich einiges kosten. Er gab einen Versöhnungs-Bierabend mit Eisbeinessen für das gesamte Unteroffizierskorps, was ihn nahe an den Rand des Ruins brachte. Aber von da an blühte sein Geschäft auf. Fortan waren die Unteroffiziere seine bevorzugten Gäste. Er richtete ihnen einen stattlichen Extraraum ein und sorgte für höchst attraktive weibliche Bedienung. Hauptwachtmeister Schulz wurde — was den Konsum anbelangte, nicht die Bezahlung — sein weitaus bester Gast.

Kantinenpächter Bandurski konnte Schulz nie vergessen, was der ihm einstmals angetan hatte. Aber er behandelte ihn bevorzugt und zögerte nie, ihm, je nach Stimmung, Freibier oder geistigen Zuspruch in ausreichendem Maße zukommen zu lassen. Auch Elisabeth, die Kellnerin für die Unteroffizierskantine, hatte entsprechende Weisungen, die sie zwar getreulich, aber doch nicht sonderlich begeistert befolgte.

»Was trinken Sie, Herr Hauptwachtmeister?« fragte sie sachlich. »Herr Bandurski wird sich freuen, wenn Sie sein Gast sind.«

Schulz betrachtete sie wohlwollend. Diese Elisabeth war größer als seine Frau Lore, auch schlanker, mit nicht sonderlich ausgeprägten Konturen, was aber auch seine Reize hatte. Busen war nicht unbedingt Mode, höchstens noch auf Postkarten von der großen deutschen Kunstausstellung. Viele vom BDM waren platt wie die Bretter und stolz darauf, daß sie mit Knaben verwechselt werden konnten. Oder irrt er sich da? Aber das alles ist doch Quatsch! Was heißt denn hier schon Schönheitsideal! Auf die günstige Gelegenheit kommt es an. Und ein echter Mann ist kein Einsiedler – schon gar nicht, wenn er Soldat ist. Kämpfen und erobern, besonders letzteres ...

Und was seine Frau anbelangt, diese Lore, dieses Luder, wer weiß, was in die gefahren sein mag, dachte Schulz mißmutig. Kein Standesbewußtsein hat das Weib, keinen Korpsgeist; mit einem schäbigen Kanonier wälzt die sich auf dem Teppich. Mit einem Kanonier! Wenn sich das herumspricht, bin ich moralisch erledigt, sagte sich Schulz verärgert. Ob wohl dieser traurige Kuhfladen noch so viel Ehrgefühl im Leib hat, daß er die Schnauze hält? Möglich. Wahrscheinlich. Und der wird, beschloß Schulz, schon noch merken, was ich von ihm erwarte!

»Also, was wollen Sie trinken, Herr Hauptwachtmeister?« fragte Elisabeth und sah ihn mit ihren jetzt grünlich schimmernden Augen lächelnd an.

Kein übles Frauenzimmer, dachte Schulz. Ob die wohl Temperament hat? Bestimmt. Sie hat eine ganz helle Hautfarbe, und diese Sorte soll unter Umständen wahre Ringkämpfe aufführen. Das hat er gelesen, in einem Roman, den der Chef bei der letzten Spindkontrolle bei einem Landser beschlagnahmt hat. Ein Schweinekerl! Der hatte so was im Spind! Einbuchten hätte ihn der Chef sollen.

»Bringen Sie mir«, sagte er, »einen Weißen, aber Dänischen, doppelt. Und dann ein Bier, Starkbier, ein großes Glas!«

Elisabeth brachte es ihm. Und er weidete sich an ihren breiten, vollen Schultern, an ihren festen Hüften, an den langen, gutgewachsenen Beinen. Lore, dachte er, meine Frau Lore ist kleiner, gedrungener, griffiger; heute nachmittag, wo sie so leicht bekleidet war und es sich leistete, mitten auf dem Teppich, seinem Teppich, mit diesem Kanonier ...

Er erhob sich eilig. »Ich muß mal telefonieren«, sagte er. »Ich komme gleich wieder zurück.« Und dann ließ er sich mit dem Unteroffizier vom Dienst seiner Batterie verbinden.

Elisabeth Freitag füllte inzwischen die leeren Gläser nach. Sie hatte ihre eigenen Gedanken über die Männer; und diese Gedanken waren weder gut noch schlecht. Sie wußte genau um Unterschiede. Um Unterschiede, die es überall gab; überall, selbstverständlich auch dort noch, wo nicht ohne Erfolg versucht wurde, Menschen körperlich und geistig zu uniformieren.

Das wußte sie, weil sie den Gefreiten Asch kannte. Herbert Asch war ihr aufgefallen, oder besser wohl: er hatte dafür gesorgt, daß er ihr auffiel. Er war anders als viele, wesentlich anders, er war kein Durchschnitt, keine Nummer, besaß kein Einheitsgesicht, auch unter der Feldmütze nicht. Er hatte einen intakten Verstand und gebrauchte ihn auch. Sie hatte ihn oft und mit stiller Freude beobachtet, und ihr war aufgefallen, daß er kaum jemals das sagte, was er wirklich meinte, und dennoch fast immer genau das erreichte, was er erreichen wollte.

Hauptwachtmeister Schulz hatte sein Telefongespräch beendet und setzte sich wieder an seinen Tisch, betrachtete die nachgefüllten Gläser mit Wohlwollen und dann Elisabeth mit verwandten Gefühlen.

»Was machen Sie eigentlich heute abend?« fragte er sie.

»Warum? Wollen Sie mit mir ausgehen?«

»Warum nicht?« Schulz fand nichts dabei. »Wie wär's?«

»Und Ihre Frau?« erkundigte sich Elisabeth erwartungsvoll.

Schulz winkte ab. »Die braucht dringend Ruhe. Die schließe ich zu Hause ein.«

Elisabeth verzog den Mund, und es sah fast so aus, als wollte sie lachen. Aber sie lachte nicht. Sie sagte nur: »Ich bin für heute abend schon verabredet. Im Lokal Bismarckshöh.«

Hauptwachtmeister Schulz wollte ihr gerne erklären, daß es durchaus möglich sei, daß sie sich dort treffen könnten. Bismarckshöh war das Verkehrslokal für die I. Abteilung des Artillerieregiments. Zwar dominierten dort die älteren Mannschaftsdienstgrade, die Gefreiten und die Obergefreiten, aber in den Morgenstunden fanden sich dort auch viele Unteroffiziere ein, sogar vereinzelte Offiziere in Zivil. Denn Bismarckshöh lag dicht vor der Kaserne, und wer auf dem Heimweg war, aber den Kanal noch nicht restlos voll hatte, der kehrte dort ein.

Schulz wollte also erklären: Vielleicht treffen wir uns in Bismarckshöh! Aber er kam nicht dazu. Unteroffizier Lindenberg pflanzte sich vor ihm auf, gereckt, knallte die Hacken zusammen und sagte: »Unteroffizier Lindenberg wie befohlen zur Stelle.«

Der Spieß kannte Lindenberg genau und liebte ihn nicht. Der, meinte er, stinke geradezu vor Korrektheit. Aber er respektierte ihn, wenn auch nur widerwillig. Er wußte, daß mit diesem uniformierten Eisberg jedes privatähnliche Gespräch völlig sinnlos war. Er kam daher, ohne jede Umschweife, sofort zum Kern seines Anliegens. — »Haben Sie bereits Urlaubsscheine ausgegeben?«

»Jawohl, Herr Hauptwachtmeister. Siebzehn Stück.«

»Etwa auch an den Saukerl Vierbein?«

Lindenberg zeigte keinerlei persönliche Anteilnahme. »Kanonier Vierbein«, sagte er, und selbst die Ablösung von »Saukerl« durch »Kanonier« geschah, ohne daß auch nur der geringste Vorwurf hörbar gewesen wäre — hörbar, wohlgemerkt; denn spürbar war der Vorwurf schon, und selbst Schulz, dessen dickes Fell eine gewisse Berühmtheit besaß, war das nicht entgangen. »Kanonier Vierbein hat seinen Urlaubsschein über den Gefreiten Asch erhalten.«

Der Hauptwachtmeister hatte Mühe, nicht loszubrüllen. Aber er wußte, daß das bei Unteroffizier Lindenberg völlig sinnlos war. Dem mußte man anders, ganz anders kommen. »Ich denke«, sagte er und gab sich erstaunt, »der Kanonier Vierbein reinigt die untere Toilette.«

»Er ist damit fertig, Herr Hauptwachtmeister«, berichtete Lindenberg ungerührt. »Da keine anderen Befehle oder Weisungen vorlagen, sah ich keinen Grund, dem Kanonier Vierbein den Urlaubsschein nicht auszuhändigen. Um so weniger, da Kanonier Vierbein das Handballspiel zwischen der Auswahlmannschaft des Regiments und dem Sportklub Hansa besuchen will.«

»Aber das ist doch erst in vierzehn Tagen!« rief der Spieß triumphierend aus; er war genau im Bilde, denn er hatte gerade heute vormittag einen Regimentsbefehl darüber gelesen. »Sie haben sich über das Ohr hauen lassen, Lindenberg! Der Bengel hat Sie auf den Arm genommen. Ausgerechnet Sie, Lindenberg. Wie den dümmsten Rekruten!«

Der Unteroffizier stand da wie aus Erz. Unbeweglich. Sein Gesicht war knallrot, hatte fast die Farbe von reifen Tomaten. »Was befehlen Herr Hauptwachtmeister?« fragte er mit gepreßter Stimme.

Der Spieß fühlte sich grenzenlos überlegen. Die offizielle Blamage seines Musterknaben Lindenberg, den die Unteroffiziere den »ewigen Soldaten« nannten, tat ihm gut. Er schlug mit der Faust auf den Tisch und schien, soweit das bei ihm zu erkennen war, glücklich zu sein.

»Wann«, fragte er dann, »haben Sie die Urlaubsscheine ausgegeben?«

»Soeben, Herr Hauptwachtmeister ... Vor etwa fünf Minuten.«

»Waren die Saukerle schon im Ausgehanzug?«

»Nein, Herr Hauptwachtmeister. Im Drillichzeug. Der Kanonier Vierbein hat sogar vor drei Minuten erst seinen Arbeitsplatz in der Latrine verlassen dürfen.«

»Na schön, Lindenberg.« Der Spieß erhob sich unternehmungslustig. »Sie haben da zwar großen Bockmist fabriziert, aber ich werde die Sauerei wieder bereinigen. Überlassen Sie alles andere mir. Sonst machen Sie nur noch mehr Dummheiten. Ich halte einfach Parade ab.«

Hauptwachtmeister Schulz begab sich unverzüglich zu seinem »Paradeplatz«. Das war eine Bank, die unmittelbar neben dem einzigen Ein- und Ausgang des Batterieblocks stand: Jeder, der die Unterkunft verlassen wollte, mußte hier an ihm vorüber. Es führte kein anderer direkter Weg zum Kasernentor.

Der Spieß setzte sich breit hin, legte sein Notizbuch neben sich und begann erwartungsvoll nach dem Schützen Vierbein Ausschau zu halten. Inzwischen vertrieb er sich die Zeit damit, die ausgehfertigen Soldaten zu kontrollieren, und zwar nach allen Regeln der Kunst: Sauberkeit der Fingernägel, der Socken, des Hemdes, der Ohren, der Füße.

Diese Arbeiten erledigte er mit sichtlichem Genuß, und es bereitete ihm einiges Vergnügen, so zu tun, als hätte er nicht bemerkt, wie große Teile der Mannschaft hinter den Fensterscheiben hervorlugten, um sich an seiner Tätigkeit, die er mit schlechthin großartigen Einfällen zu variieren verstand, zu weiden.

Aber wer nicht kam, waren der Gefreite Asch und der Kanonier Vierbein. Langsam wurde Schulz ungeduldig. Schließlich wurde er sichtlich nervös. Dann ließ er den Gefreiten Asch und den Kanonier Vierbein suchen. Aber beide waren trotz intensiver Suchaktion im Batterierevier nicht aufzufinden.

Beide hätten, so wurde ihm schließlich gemeldet, bereits die Kaserne verlassen. Und Hauptwachtmeister Schulz fragte sich hoch verwundert und nahezu bebend vor Empörung, auf welchem Wege das wohl geschehen sein könnte. Denn den normalen Weg, der an ihm vorbeiführte, den konnten sie doch unmöglich benutzt haben!

Sie hatten, und zwar am hellen Tage, genau das getan, was sonst nur während der Nacht gewagt wird: Sie stiegen über den Zaun. Auf Anraten von Asch, der immer auf alles gefaßt war und gelernt hatte, nur die Wege des geringsten Widerstandes zu gehen, stiegen sie durch ein Kellerfenster der rückwärtigen Hauswand in den schmalen Garten; und von hier aus schwangen sie sich auf die Mauer.

Als sie oben waren und die Straße übersehen konnten, bemerkten sie erschrocken einen Unteroffizier einer anderen Batterie, der gemächlich seines Weges ging und der Stadt zustrebte. Er sah sie sofort. Aber er wollte sie nicht sehen! Er drehte ihnen eilig seinen breiten Rücken zu und schien angeregt die spärliche Landschaft zu bewundern, die die Artilleriekaserne umgab. Ein Obergefreiter, der sich zufällig in der Nähe befand, sprang eifrig hinzu und gab ihnen Hilfestellung.

Sie bedankten sich und luden den Obergefreiten zu einem Bier ein, was dieser nicht abschlug. Sie grüßten besonders stramm, als der Unteroffizier, der die Besteigung der Kasernenhofmauer am hellen Tage nicht hatte sehen wollen, an ihnen vorüberging. Der grinste mächtig, und das tat ihnen wohl.

Sie strebten dem Hause Asch zu, denn dort waren sie zum Kaffee eingeladen, und zwar auf besonderen, vorsichtig geäußerten Wunsch des Kanoniers Vierbein. Er hielt den Gefreiten für seinen Freund, als dieser die ersehnte Einladung verschaffte. Aber Asch war innerlich davon überzeugt, daß es sich hier gar nicht um einen Freundschaftsdienst handelte, denn er hielt nicht sonderlich viel von seiner Familie; und seine Schwester Ingrid, derentwegen Vierbein kam, paßte prächtig in diese Familie hinein.

»Mir wird nie klarwerden«, sagte der Gefreite Asch kopfschüttelnd, »was du an meiner Schwester findest. Sie ist ein kleines Naziweib. So was liebt und verehrt man doch nicht: mit dieser Sorte betreibt man höchstens rassische Aufzüchtung.«

»Du übertreibst«, sagte Vierbein eifrig und wußte doch genau, daß Asch nicht ganz unrecht hatte. »Was kümmert mich die politische Gesinnung deiner Schwester, oder vielmehr: Ich finde sie ganz in Ordnung! In dieser Zeit, in der wir jetzt leben . . .«

»Heil Hitler!« rief der Gefreite Asch und grüßte einen Baum betont stramm.

Das amüsierte Vierbein; er kam auf die Idee, daraus zu folgern, daß sein Freund, der Gefreite, ausgezeichneter Stimmung sein müsse. Er versprach sich daher eine angenehme Kaffeestunde am späten Nachmittag, mit Ingrid, den Freund zur Seite, den Vater gegenüber, im engsten Familienkreise also. Hochoffiziell sozusagen!

»Deine Schwester«, sagte Vierbein aufrichtig, ehrlich bemüht, nur Gutes über Ingrid zu sagen, »hat dieselbe aufrechte Gesinnung wie dein Vater. Ich finde das fabelhaft.«

»Ich finde das idiotisch«, sagte Asch freundlich. »Der Herr bewahre uns vor der Gesinnung unserer Väter! Ich liebe meinen Alten, verstehst du, aber nicht mit eingetrocknetem Hirn. Wer den nämlich aufmerksam beobachtet, kriegt bald heraus, daß der nur ein Geschäftsmann ist, nichts weiter; und seine sogenannte politische Überzeugung ist lediglich eine Spielart seiner Geschäftsmethoden.«

Vierbein fühlte sich veranlaßt, den Kameraden Asch behutsam und sehr freundlich zu rügen. »Du solltest nicht so von deinem Vater sprechen!«

Herbert Asch winkte ab. »Dir fehlt das Gefühl für die Zeit«, sagte er ungekränkt. »Was ich da soeben über meinen Vater sagte, war ein indirektes Lob. Ich glaube, der Alte hat genau erkannt, was hier eigentlich gespielt wird: Gesinnung als großes Geschäft — er will nicht einsehen, warum er nicht auch daran verdienen soll!«

»Deine Schwester denkt bestimmt nicht so!«

»Ganz bestimmt nicht!« Asch nickte zustimmend. »Die ist viel gefährlicher. Die glaubt noch an jede Dummheit, die verzapft wird. Sie wandelt auf dem schmalen Pfad der Pseudoidealisten und Vollidioten. Sie kommt sich dabei heroisch vor; ihre Kurzsichtigkeit macht sie dazu.«

Der Kanonier Vierbein grüßte stramm einen Feldwebel der Infanterie, der ihnen entgegenkam. Der Gefreite Asch hatte ihn, im Eifer seiner bewußt übersteigerten Ausführungen, übersehen. Er kam automatisch und sehr lässig seiner Grußpflicht mit erheblicher Verspätung nach; und als er die Hand hob, war es, als winkte er uninteressiert ab.

Der Feldwebel der Infanterie, den eine Art Braut begleitete, erfaßte die Situation nicht sofort. Es dauerte geraume Zeit, sechs bis acht Sekunden etwa, ehe er sich klar darüber wurde, daß er, wenn überhaupt, soeben höchst mangelhaft — unvorschriftsmäßig — gegrüßt worden war. Er war eine »gute Haut«, seine Rekruten, meinte er, könnten das jederzeit bezeugen; aber Respektlosigkeit, zumal solche in der Öffentlichkeit, durfte er nicht durchgehen lassen. Er hatte sich zu fragen, was wohl seine Vorgesetzten dazu sagen würden, was die Zivilisten und was seine Braut, die ihn, doch wahrlich nicht zu unrecht, für einen bedeutenden Mann hielt. Er grüßte jederzeit vorbildlich, und er mußte und durfte verlangen, daß auch er jederzeit vorbildlich gegrüßt wurde.

Er stand mitten auf der verkehrsreichen Goethestraße entschlossen da und rief: »Heh!«

Einige Passanten blieben stehen. Die beiden Soldaten gingen weiter. Wohl versuchte der Kanonier Vierbein, Asch zu bewegen, anzuhalten; aber der sah keine Veranlassung dazu. Auch erklärte er, daß er nicht »Heh!« heiße und sich durch das Kasernenhofgebrüll in seinem Rücken nicht angesprochen fühle. Er wußte aus Erfahrung, daß nur sehr wenige Unteroffiziere das Verlangen spürten, ihre Exerzierplatzgelüste auf der Straße fortzusetzen. Meistens erfolgten Reaktionen wie diese ganz spontan. Sie regten sich automatisch auf, und es kam nur darauf an, ihnen reichlich Gelegenheit zu geben, sich wieder abzuregen. Nur die ganz Hartnäckigen bestanden dann noch auf einer Fortsetzung.

Der Feldwebel der Infanterie gehörte zu diesen ganz besonders Hartnäckigen. Er ließ seine Braut stehen und eilte den beiden Soldaten mit langen Schritten nach. Er überholte sie und pflanzte sich breitbeinig vor ihnen auf.

Der Kanonier Vierbein erschrak mächtig. Der Gefreite Asch war durch nichts mehr zu überraschen. Auch diese Situation war ihm nicht neu. Und er kannte genau die Methode, die jetzt angewendet werden mußte, um den Karren aus dem Dreck zu ziehen.

Der Feldwebel wies auf den Gefreiten. »Warum haben Sie nicht gegrüßt?« fragte er streng.

Der Gefreite Asch spielte das allseits beliebte Spiel mit Meisterschaft: Er stand stramm wie auf dem Kasernenhof, seine Stimme klang ergeben und kernig zugleich; stolz, treu und bieder blickten seine Augen in die des Vorgesetzten. »Bitte Herrn Feldwebel melden zu dürfen«, rief er markig, »daß ich Herrn Feldwebel gegrüßt habe!« Und er winkelte den rechten Arm ein, legte die flache, leicht durchgedrückte Hand an den Mützenrand und produzierte so eine Ehrenbezeigung, die selbst dem gestrengsten Ausbilder, dem Unteroffizier Lindenberg etwa, ein anerkennendes Lächeln abgezwungen hätte.

Der Feldwebel war mehr als nur erstaunt, er war verblüfft – und er war unsicher geworden. Seine reichhaltigen Erfahrungen sagten ihm, daß er es hier zweifellos mit einem ganz vorzüglichen Soldaten zu tun habe, mit einem Musterexemplar sozusagen. Aber er wußte doch genau – mit eigenen Augen hatte er es gesehen! –, daß er nicht vorschriftsmäßig gegrüßt worden war, von einem dieser beiden. Und er hätte einen Eid darauf ablegen können, daß es bestimmt der Gefreite war.

Asch spürte deutlich, wie vorzüglich sich seine Methode auszuwirken begann. Er hatte es auch nicht anders erwartet; es machte nie sonderliche Mühe, diesen staatlich organisierten Zwangserziehungsklub mit seinen eigenen Waffen zu schlagen. Nun gut, mit der Dummheit des Feldwebels hatte er gerechnet, mit dessen Gemeinheit, die der Verantwortungsbewußtsein nannte, nicht.

Denn der Feldwebel sagte sich: Der Gefreite war es also nicht, soviel steht fest, denn der ist ein ganz ausgezeichneter Soldat, aber einer von beiden war es bestimmt; und wenn das nicht der Gefreite war, dann war das eben der Kanonier. Also wandte er sich an Vierbein und fragte mit Schärfe und nicht ohne Ungeduld: »Warum haben Sie nicht vorschriftsmäßig gegrüßt? Was denken Sie sich eigentlich, Sie krummer Kerl! Wie heißen Sie?«

»Kanonier Vierbein«, sagte er gehorsam und völlig überrascht. Er vermochte kaum zu denken. Er vermochte nicht einmal, wie sonst immer, sich darüber den Bruchteil einer Sekunde lang zu amüsieren, daß irgendein lächerlicher Befehl ihn dazu zwang, anzugeben, er heiße »Kanonier«. Wie kann ein normaler Mensch Kanonier heißen! Aber daran dachte er jetzt nicht. Er kam sich vor wie überfahren.

Das hatte der Gefreite Asch natürlich nicht beabsichtigt; nicht einmal er hatte das kommen sehen können. Nicht, daß ihm Vierbein sonderlich leid tat, nicht, daß er den Feldwebel übermäßig verachtete – die ganze Angelegenheit war ihm einfach zu dumm geworden. Und er sagte, weit weniger stramm als vorher: »Der Kanonier hat vor mir gegrüßt, das kann ich bezeugen. Ich selbst kam ein wenig nach.«

Die Passanten, die sie umstanden, wurden unruhig. Einige scharten sich um den Feldwebel, es war die Mehrheit; und sie sahen zumeist so aus, als hätten sie erfolgreich gedient oder seien doch prädestiniert dafür, erfolgreich zu dienen. Die anderen, die Minderheit, begannen erheblich laut zu werden. Eine Frau sagte böse: »Was sind das für Schikanen! Lassen Sie die Jungens doch laufen!« Auch die Braut des Feldwebels hatte sich zögernd genähert und sagte jetzt: »Komm doch schon!«

Der Feldwebel spürte deutlich, daß es gut wäre, schnell Schluß zu machen. Er verspürte nicht die geringste Lust, schäbige Zivilisten über dienstliche Belange aufzuklären. Aber er wußte auch, daß er nicht weichen durfte, ohne nicht wenigstens einen sichtbaren, unverkennbaren Erfolg zu zeitigen. Und so fragte er: »Wie heißen Sie?«

Der Gefreite Asch erfaßte sofort, daß es der Feldwebel jetzt eilig hatte. Und unbekümmert gab er Auskunft: »Gefreiter Kasprowitz, erste Batterie, Artillerieregiment.«

Der Feldwebel nickte grimmig und schrieb sich das auf. Er sah keinen Grund, das Soldbuch zu verlangen; er hatte auch keine Zeit mehr dazu. »Wir sprechen uns noch!« sagte er und ging.

»Das könnte dir so passen!« rief Asch unterdrückt und sah ihm freundlich grinsend nach.

Asch senior war Restaurateur und als solcher von Beruf aus duldsam. Er schenkte Schnäpse aus; aus welchem Grunde sie getrunken wurden, war ihm gleich. Er sah gleichmütig auf Liebende und Leidtragende, auf Politisierende und Pädagogen, auf Menschen, die aus Gewohnheit tranken, und solche, die das für eine Art gesellschaftliche Verpflichtung hielten.

Asch senior war prinzipiell für die Wehrmacht, denn dadurch erhöhte sich automatisch sein Umsatz; er hatte nichts gegen die Partei, denn die störte ihn in seinen Geschäften nicht. Er war sogar ausgesprochen parteifreundlich, denn allein der Initiative des Kreisleiters war es doch zu verdanken, daß dieses Nest hier Garnisonsstadt wurde. Zuerst wurde die Kaserne gebaut; die Architekten verkehrten bei ihm im Lokal, und für die Arbeiter lieferte er Getränke an die Baustelle. Dann zogen das Infanteriebataillon und die Artillerieabteilung hier ein. Die Errichtung von Kantinen grämte ihn sehr; aber als es ihm gelang, Teile des Unteroffizierskorps in sein Lokal zu ziehen, versöhnte er sich wieder.

Er duldete alles, was nicht gegen die zur Zeit gültigen Gesetze verstieß. Ihm war völlig gleichgültig, ob in seinem Lokal in fortgeschrittener Stimmung »Morgenrot« gesungen wurde oder das Horst-Wessel-Lied oder »Ich weiß nicht, was soll es bedeuten«. Er wußte sogar, daß der Text des letzten Liedes von Heinrich Heine war; aber offiziell wußte er das nicht. Ihm war alles gleich; die Hauptsache: der Konsum hielt an!

Aber Asch senior war zäh und erfolgreich bemüht, seinen Geschäftsbetrieb von seinem Privatleben ganz eindeutig zu trennen. In den oberen Räumen, in seiner Wohnung, herrschte eine gemütliche, gutbürgerliche Atmosphäre: die Möbel waren gediegen und sahen immer leicht verstaubt aus, obwohl peinliche Sauberkeit herrschte. Ein Ölbild, die vor langen Jahren verstorbene Frau Asch darstellend, hing im Wohnzimmer, und wenn es der alte Asch betrachtete, zeigte er Wohlwollen und einen Hauch gediegener Trauer. Doch meistens setzte er sich so, daß seine Frau in seinem Rücken hing.

»Warum«, fragte er seinen Sohn Herbert, »hast du deine Uniform nicht anbehalten?«

Sie saßen am Kaffeetisch. Die Schwester von Asch senior bediente. Sie führte ihrem Bruder den Haushalt, und sie führte ihn gut und mit verbissenem Arbeitseifer, denn Restaurateur Asch drohte regelmäßig einmal im Monat, zumeist um den Fünften herum, sie an die frische Luft zu setzen; das war zwar nie ernsthaft gemeint, erwies sich aber immer als sehr wirkungsvoll. Asch gegenüber saß Ingrid; zu seiner Rechten hatte der Kanonier Vierbein Platz genommen, zu seiner Linken der Sohn. Und der Sohn hatte seinen Uniformrock abgelegt und fühlte sich in aufgekrempelten Hemdsärmeln sichtlich wohl.

»Lieber Vater«, erkundigte sich Asch gemütlich, »hast du schon mal in deinem Leben eine Uniform getragen?«

»Natürlich«, sagte der. »Schließlich bin ich Deutscher. Paß auf: Vor 1914 gehörte ich zur Kaiser-Wilhelm-Jugend. Dann wurde ich Soldat; mein Dienstleistungszeugnis hängt, wie du weißt, neben der Theke.«

Herbert Asch bestätigte das: »Ich weiß — du hast es 1933 dort hingehängt.«

Asch senior überhörte diese freundliche Anspielung. »1920«, sagte er, »wurde ich Mitglied im Verein Kyffhäuser, und mein Restaurant war Vereinslokal. Dann ließ ich mich für den ›Stahlhelm, Bund deutscher Frontsoldaten‹ anwerben.«

»Ich denke, du warst im Krieg Kasinoordonnanz?«

Diese Verleumdung empörte Vater Asch sehr. »Natürlich war ich *auch* Kasinoordonnanz, aber doch erst, nachdem ich verwundet worden war. Zweimal! Vorher lag ich sogar an der Westfront, Verdun und so!«

»Du bist ein Held, Vater!« sagte Herbert Asch, und das klang fast so, als meinte er es sehr ehrlich. »Ein Heldenvater!«

Asch senior wußte nicht recht, was hierauf zu erwidern war. Er zog es vor, anzunehmen, ihm sei soeben eine Huldigung dargebracht worden. Und er berichtete weiter von seinen Uniformen:

»Das war also der Stahlhelm! Dann sollte ich in die SA eintreten.«

Herbert Asch nickte. »Ich weiß. Aber das war wohl nicht nötig, denn die SA verkehrte bereits in deinem Lokal.«

»Klar«, sagte Asch senior nicht ohne Stolz, und er blinzelte seinem Sohn veständnisinnig zu. »Schließlich bin ich ja kein Idiot!«

»Und ich bin eben dein Sohn«, sagte Herbert.

»Ihr solltet euch schämen!« Ingrid Asch war hell empört. Sie hatte mit wachsender Erregung zugehört und ganz vergessen, sich ihrem Gast, nein, nicht ihrem Gast, dem Gast ihres Bruders, zu widmen. Der starrte sie voll Begeisterung an und fand sie hinreißend schön.

»Ihr solltet euch schämen!« rief sie abermals. »Ihr vergeßt, in welcher Zeit wir leben.«

»Eben nicht!« sagte Herbert Asch, ohne auch nur im geringsten ungemütlich zu werden.

»Wenn der Führer nicht wäre«, sagte Ingrid überzeugt, »hätten wir nicht das Saargebiet befreit, auch Österreich nicht. Wir wären ein kleines Volk geblieben.«

»Ja, ja«, sagte der alte Asch zustimmend. »Das ist nicht unrichtig. Ich sehe das an meinen Umsätzen. Seit 33 werden die Reingewinne von Jahr zu Jahr größer. Heute verdiene ich nahezu das Vierfache.«

Ingrid ereiferte sich immer mehr. »Und die Jugend! Wir werden ernst genommen und sind ein wichtiger Teil des Staates. Die Arbeiter verreisen mit KdF nach Norwegen und Italien.«

»Das ist nicht unbedingt nötig«, gab der alte Asch zu bedenken, »sie können ihren Lohn auch hier versaufen.«

»Und ohne den Führer«, sagte Ingrid mit unvermindertem Eifer, »hätten wir auch keine Wehrmacht. Das stimmt doch, Herr Vierbein.«

»Ja«, sagte der. »Das stimmt. Sie haben recht.« Er war begeistert, aber diese Begeisterung galt alleine dem Mädchen Ingrid; sie hätte sagen können, was sie wollte, er hätte nie gezögert, dem zuzustimmen. Denn was sie im einzelnen sagte, wurde ihm nicht klar, er hörte einfach nicht zu; er sah sie immer nur an.

»Dumme Gans!« sagte Herbert Asch überzeugt und warf die Serviette auf den Tisch.

Vater Asch entzog sich weiteren Diskussionen. »Ich muß ins Lokal«, sagte er. »Heute ist dort Hochbetrieb. Am Nachmittag trifft sich die Frauenschaft bei mir, und abends werden die Unteroffiziere kommen. Der Samstag ist für mich der anstrengendste Tag der Woche.«

Er verabschiedete sich von Vierbein. »Kommen Sie ruhig wieder, wenn es Ihnen bei uns gefallen hat«, sagte er. Und er betrachtete dabei mit sorgenvoller Miene seine Kinder, die so befremdend wenig Verständnis für seinen gesunden Geschäftsgeist zeigten. Dann ging er.

Johannes Vierbein blieb mit den Geschwistern Asch zurück; er kam sich hilflos vor, fast überflüssig. Die Atmosphäre war unbehaglich; die Luft im Raum schien heiß und drückend zu sein. Ingrid saß wie unbeweglich auf ihrem Stuhl; sie war schwer gekränkt worden, und das zeigte sie deutlich. Herbert kümmerte sich nicht darum; er konfiszierte eine von seines Vaters Renommierzigarren und setzte sie umständlich in Brand.

»Kommen Sie«, sagte Ingrid zu Johannes, »ich zeige Ihnen einige Fotos. Wollen Sie sie sehen?«

»Sehr gerne!« sagte Johannes Vierbein bereitwillig. »Sehr gerne!«

»Paß auf!« rief Herbert Asch warnend. »Sie wird dir Bilder vom BDM-Lager zeigen. Diese Hyänen machen in Wehrertüchtigung mit der gleichen Begeisterung, wie die Rotzkinder Räuber und Gendarm spielen!«

Ingrid würdigte ihren mißratenen Bruder keines Blickes. Sie zog Johannes auf das Sofa in der Ecke des Wohnzimmers und griff nach einem Album, das dort lag. Sie schlug es auf. Die Bilder zeigten Mädchen, »Mädels«, beim Turnen, Wandern, Kartoffelschälen, am Lagerfeuer, beim Rundgesang und während des Volkstanzes.

»Das Lager«, sagte Ingrid, »stand unter dem Motto: Gesunder Körper – gesunder Geist.«

Johannes Vierbein betrachtete die Masse Weiblichkeit mit steigender Verwunderung. Viele sahen nett aus, sehr nett sogar; aber Ingrid war die Schönste von allen. Wie unvergleichlich schön sie war, zeigte vor allem ein Bild besonders deutlich, auf dem gesehen werden konnte, wie sie im Badeanzug aus dem Wasser stieg. Er beschloß, dieses Bild in günstiger Stunde von ihr zu erbitten; aber er verwarf diesen Entschluß sofort wieder, denn er war überzeugt, sie würde es ihm nicht geben. Dann dachte er: Ich nehme es mir einfach; wenn sie nicht zusieht, stecke ich es mir in die Tasche, denn ich möchte dieses Bild doch so gerne haben!

»Wie gefällt es Ihnen?« fragte Ingrid neugierig. »Wie gefällt Ihnen mein Album?«

Vierbein war sich klar darüber, daß sie begierig war, seine Zustimmung zu hören, und er war auch entschlossen, sich begeistert zu äußern. Aber dennoch fragte er sehr vorsichtig: »Sagen Sie, Fräulein Ingrid, hat Ihnen das viel Freude gemacht, ich meine: waren Sie glücklich dabei?«

»Glücklich?« fragte sie verwundert zurück; und sie sah nicht, daß sich ihr Bruder erwartungsvoll vorbeugte. »Aber darauf kommt es doch gar nicht an!« sagte sie sodann. »Es geht doch um die Gemeinschaft, um das gemeinsame Erlebnis!«

»Ich verstehe das«, sagte Johannes eifrig. »Ich verstehe das sehr gut. Das gemeinsame Erleben. Auch ich finde das wunderbar!«

Herbert Asch lachte schallend auf. »Ich weiß genau, alter Freund, was du unter ›gemeinsames Erleben‹ verstehst! Werde nur nicht rot. In diesem Punkt sind unsere Ansichten gleich. Was zwei Menschen gemeinsam erleben, kann sehr schön sein. Auch Freunde können gemeinsame Erlebnisse haben, auch eine Familie. Was aber mein holdes Schwesterchen meint, das ist etwas anderes. Das ist die Uniformierung der Weiber!«

»Sprich nicht so darüber!« rief Ingrid wütend. »Du hast kein Recht, so darüber zu sprechen!«

»Wer will mir das verbieten?« fragte Herbert robust. »Ich will ein Mädchen, das mir gefällt, ein ganz besonderes Mädchen, aber doch nicht eine von der Stange! Uniformierte Mädchen, du lieber Himmel! Das gleiche Schrittmaß, ähnliche Haartracht, nackte, überanstrengte Gesichter, gleiche Röcke, gleiche Blusen, und in allen Köpfen dieselben Gedanken! Der Herr beschütze mich vor dieser großdeutschen Einheitsware!«

Die schönen Augen von Ingrid waren weit aufgerissen. Sie schimmerten feucht. Langsam rollten ihr ein paar Tränen über das gerötete Gesicht. Sie sagte nichts. Sie weinte lautlos.

Herbert Asch betrachtete seine Schwester ungerührt. Er liebte sie sehr, aber er sah nicht die geringste Veranlassung, es ihr zu zeigen. Ich werde sie schon aufrütteln, dachte er grimmig; ich werde ihr diese Lagerfeuerromantik schon austreiben. Sie müßte einen Mann haben – keinen Kerl und auch keinen Schwächling –, einen richtigen Mann, der sie in die Arme nimmt und sie an sich preßt, daß sie endlich das Gefühl hat: Nur noch zwei Menschen gibt es auf dieser Welt – er und ich! Und dieser Mann müßte die Kraft haben, sie zu halten, ein ganzes Leben lang.

»Bitte, nicht weinen«, sagte Johannes zart und recht unbeholfen. Er war furchtbar verlegen und wußte nicht, was er tun sollte, tun durfte, tun mußte.

Herbert Asch schüttelte langsam den Kopf. Nein, dachte er betrübt, dieser Johannes Vierbein ist wohl nicht der Mann, den er meinte. Der ist noch kein Mann. Der ist ein Knabe, den sie mit Gewalt erwachsen machen wollen. Er ist zu weich. Es fehlt nicht viel, und er heult mit. Der ist wie Wachs, und ehe er sich's versieht, werden sie ihn zu einem Spielzeugsoldaten zurechtgeknetet haben.

»Bitte, weinen Sie nicht«, sagte Johannes leise. Und noch leiser, kaum vernehmbar, fügte er hinzu: »Sie sind doch ein besonderes Mädchen. Bestimmt. Ein ganz besonderes Mädchen!«

Der Leutnant Wedelmann, Rekrutenoffizier der 3. Batterie, stand kurz vor seiner Beförderung zum Oberleutnant. Er war Berufsoffizier, kam irgendwoher aus Süddeutschland und diente bereits sechs Jahre.

Wedelmann hatte ursprünglich Jurist werden wollen, aber er war aktiver Offizier geworden, da der Vater ihn gebeten hatte, das aus finanziellen Gründen in Erwägung zu ziehen, weil der Ausbildungsgang kürzer und billiger war. Außerdem schien Vater Wedelmann nicht abgeneigt, dermaleinst den Sohn als General in Bronze auf einem Sockel in seiner Heimatstadt stehen zu sehen.

Der Leutnant hatte von Anfang an vom gepriesenen Soldatenleben instinktiv nicht sonderlich viel erwartet, und also konnte er auch kaum enttäuscht werden. Seine guten körperlichen Qualitäten wurden mit Wohlgefallen registriert, sein hellwacher Verstand störte nicht sonderlich. Am ersten Tag war er noch restlos begeistert. In der ersten Woche bereits fiel er haltlos aus dem Himmel des Ruhmes, des Glanzes und der Unsterblichkeit, in den bekanntlich die markantesten Helden stolzer Nationen hineingelangen und von dem die Unreifen in aller Herren Ländern frühzeitig und ausgedehnt zu träumen pflegen. Sechs Jahre später besaß er einen leisen, fast vornehm zu nennenden Zynismus, weshalb ihn seine Umgebung für geistreich hielt.

Wedelmann hatte frühzeitig das vertikale System entdeckt: Auf sieben Soldaten ein Unteroffizier, auf sieben Unteroffiziere ein Offizier, auf sieben Offiziere ein Kommandeur, auf sieben Kommandeure ein General. Diese Zahlen waren nicht überall die gleichen, sie wechselten auch laufend, aber das war das ungefähre Prinzip. Die Pyramide der Disziplin. Und Vorgesetzter sein hieß, dafür zu sorgen, daß sieben andere ständig »unter Druck« waren. Dann lief die Maschine. Dann war das standfeste Gebilde der Mathematik und der Menschheit nicht so leicht umzuwerfen.

Was Wedelmann ebenfalls frühzeitig entdeckte, war das: Die Mannschaft war das Schwungrad; und die Unteroffiziere setzten es in Bewegung. Ein General konnte es sich mühelos leisten, leutselig zu allen zu sein, außer vielleicht zu seinen Kommandeuren. Offiziere taten gut daran, die Unteroffiziere ein wenig kurzzuhalten; sich bei den Mannschaften beliebt zu machen, war empfehlenswert, praktisch erprobt und eine Kleinigkeit. Derartig bewährte Methoden gingen zwar zumeist auf Kosten der Unteroffiziere, waren aber immer außerordentlich wirkungsvoll. Die Dümmsten jedenfalls waren die Unteroffiziere: sie mußten immer wieder 'ran! Das taten sie denn zumeist auch in wünschenswerter Weise. Und daher wurden sie von den Oberen das Rückgrat, von den Unteren das verlängerte Rückgrat der Armee genannt.

Da also der Leutnant erkannt hatte, daß sein Dienst vorwiegend darin bestand, Öl in die Maschine zu träufeln, damit sie lief, kam er zu folgendem Ergebnis: Nichts tun, was das Schwungrad bremst; gelegentlich einiges tun, um es zu beschleunigen — das heißt schon Vorgesetzter sein.

Es dauerte nicht übermäßig lange und ihm wurde klar, daß ein derartiger Dienstbetrieb für einen Mann, der nicht gerade auf den Kopf gefallen war, mancherlei Möglichkeiten zum Ausspannen bot. Er war bereit, sie auszunutzen; aber die verhältnismäßig kleine Garnisonstadt war kein rechter Tummelplatz für flotte Freizeitgestaltung. Im Kasino sah er stets die gleichen Gesichter, und die meisten davon gehörten Vorgesetzten. In der Stadt gab es höchstens zwei Dutzend Familien, in denen er standesgemäß verkehren konnte; er war dort auch willkommen, als »Herr Leutnant«, als Aushängeschild, als besserer Gigolo für ältere Semester oder als Heiratskandidat für vornehme Gänse mit blanken Augen.

Das behagte dem Leutnant nicht; zu sagen, daß er es »zum Kotzen« fand, wäre leicht übertrieben. Es blieben ihm immerhin noch einige Möglichkeiten: Er konnte über das Wochenende in die Gau- und Landeshauptstadt fahren; aber eine einzige dieser Reisen kostete fast das ganze Monatsgehalt. Er konnte im Kasino mit gleichfalls sich langweilenden Offizierskameraden Skat oder Billard spielen und danach trachten, sich zu besaufen; aber das ödete ihn an. Er konnte seine Langeweile durch dienstliche Eskapaden, durch Wachkontrollen, Schrankrevisionen, improvisierte Besichtigungen, jederzeit bekämpfen; aber er war selbst einfacher Soldat gewesen und hatte immer noch nicht, in den ganzen sechs Jahren nicht, vergessen, wie ihm damals zumute gewesen war. Er hielt das für selbstverständlich und wußte nicht, daß ein derartiges Gedächtnis, ein solch ungetrübtes Erinnerungsvermögen beim Militär geradezu als phänomenal bezeichnet werden mußte.

Auch an jenem Samstagnachmittag tat er das, was er jeden Samstagnachmittag tat: er schlief zunächst einmal; dann zog er sich seinen keinesfalls elegant zu nennenden Zivilanzug an und begann zu bummeln. Er suchte ein Mädchen, aber er fand keins. Seit drei Jahren ging ihm das so. Dabei sah er doch recht gut aus, fast wie ein erster Verkäufer in einem renommierten Geschäft, der eifrig Sport treibt. Aber irgend etwas stimmte bei ihm nicht, und die meisten Mädchen spürten das sofort. Sie witterten die Uniform! Und diejenigen, die Uniformen nicht liebten, liebten ihn dann auch nicht; die anderen aber, die Uniformen schätzten, hätten ihn auch in Uniform sehen wollen, und das konnte er sich natürlich nicht leisten.

So trank er in der Konditorei Liedtke Kaffee und ging dann in ein Kino, wo es den angeblich erhebenden Film »Reitet für Deutschland« zu sehen gab. Der dort als Offizier auftretende Schauspieler erregte sein gelindes Mißfallen; Offiziere wie dieser waren eigentlich nur bei Kasinofestlichkeiten zu gebrauchen. Er roch nach Puder und Parfüm, nicht nach Schweiß und Leder. Und das Mädchen war doch höchstens ein Ausstellungsstück; nie könnte er sich in deren Gegenwart die Stiefel ausziehen und seine durchgelaufenen Socken betrachten. Doch als der Film zu Ende war und es wieder hell wurde, spürte er, wie sehr die Besucher mit ihren Offizieren zufrieden waren, und das tat ihm wohl; es wäre ihm sogar recht gewesen, wenn er in diesem Augenblick seine Uniform angehabt hätte.

Langsam schlenderte er zum Weinhaus Zehner, bestellte sich ein umfangreiches Abendessen und eine Flasche Bodenheimer. Er ließ sich viel Zeit, blätterte einige Zeitungen durch, die alle die gleichen Meldungen im gleichen Wortlaut brachten, betrachtete gelangweilt die Wandbemalung und vertiefte sich in einen dort stehenden Spruch, der da lautete: Deutsches Essen, deutscher Wein – gibt's in der Welt bei uns allein! Warum nicht, dachte der Leutnant und gähnte herzhaft. Dann ließ er sich seine Rechnung bringen, unterschrieb sie und erklärte beiläufig, sie am Ersten bezahlen zu wollen, was der Kellner, der ihn kannte, völlig in Ordnung fand; erstaunt wäre er nur gewesen, wenn der Leutnant bezahlt hätte.

Bargeldlos war der Leutnant Wedelmann nicht. Er hatte nur keine Lust, sich frühzeitig zu verausgaben, denn das vor ihm liegende Wochenende war lang; und unklar war immer noch, wie er es verbringen würde. Außerdem hatte er beschlossen, zunächst einmal in die Exzelsior-Bar zu gehen. Und dort bekam er keinen Kredit, obwohl er mit Inge, die in dieser Prunkbude hinter der Theke stand, vor noch nicht allzu langer Zeit sehr intim befreundet gewesen war. Jetzt war Inge böse auf ihn und verlangte Barzahlung.

Das »Exzelsior« war so ziemlich das einzige Unternehmen am Ort, das barähnlichen Charakter trug. Inge und Erika bedienten, und Paul, der Inhaber, kassierte. Paul stand in dem Verdacht, homosexuell zu sein; aber das minderte seinen Umsatz nicht im geringsten. Die Männer, die in seinem Lokal verkehrten, kamen zumeist wegen Inge oder Erika; und sie fanden es wohltuend bei ihren fast immer erfolgreichen Bemühungen, nicht mit seiner Eifersucht rechnen zu müssen.

Für den Leutnant Wedelmann hatte Paul eine besondere Schwäche, womit zart angedeutet werden soll, daß der ihm sympathisch war. Paulchen näherte sich seinem lieben Gast erfreut und gab sich kameradschaftlich; denn auch er hatte gedient, war ein brauchbarer Soldat gewesen und behauptete oft und gern, sich sehr wohl dabei gefühlt zu haben.

Wedelmann übersah den öligen Schleicher und setzte sich vor Inge auf einen Barhocker.

»Na, mein kleiner Leutnant«, sagte die, »läßt dich auch mal wieder bei mir sehen?«

»Nikolaschka«, forderte der, »mach mir einen Nikolaschka zurecht.«

»Auf meine Kosten, bitte«, warf Paul geschmeidig ein. »Ich freue mich, wenn Sie sich hier wohl fühlen, Herr Leutnant.«

Wedelmann fixierte Paul kühl, aber der grinste überaus freundlich. Inge lächelte spöttisch. Und der Leutnant schüttelte sich ein wenig: dieser Bursche von der anderen Fakultät war ihm reichlich zuwider.

Er beugte sich über den Bartisch und fragte Inge, und zwar so laut, daß Paul es hören mußte: »Wie ist es mit uns beiden heute nacht?«

Wedelmann sah, daß selbst Inge derartig massive Deutlichkeit mit unverkennbarem Erstaunen zur Kenntnis nahm. Auch er wunderte sich über eine so unmißverständliche Konversationsführung, die ihm sonst wahrlich nicht lag. Aber er fühlte sich durch diesen schleimigen Kerl herausgefordert. Und es bereitete ihm Genugtuung zu sehen, wie sich Paulchen konsterniert zurückzog.

Inge musterte den Leutnant unfreundlich. »Was ist mit dir los?« fragte sie. »Hast du den Kasernenhofkoller? Warum schaffst du dir nicht ein Mädchen an, das immer für dich da ist, wenn du vor lauter Kraft nicht mehr laufen kannst? Ich bin heute abend besetzt. Und außerdem habe ich keine Lust, mich wie ein Freudenmädchen von dir behandeln zu lassen. Du bist schließlich nicht der einzige Mann in diesem Nest — und Uniform tragen viele.«

Wedelmann trank seinen Nikolaschka aus und bestellte sich einen neuen. »Was willst du eigentlich?« fragte er. »Willst du geheiratet werden?«

»Aber doch nicht von einem Leutnant! Unter einem Major mache ich es nicht.«

Wedelmann winkte angewidert ab. »Schon gut«, sagte er, »schon gut!« Der Kopf war ihm schwer geworden, und er fühlte das dringende Bedürfnis nach frischer Luft. Er zahlte und ging.

Er ging durch die kühle Nacht und wußte nicht, wohin. Er war müde geworden, gleichgültig, kam sich vor wie ausgepreßt. Er hatte keine Freunde, er hatte nur Kameraden, und die wieder bestanden aus Untergebenen und Vorgesetzten. Er hatte kein Mädchen; denn die, die er kannte, waren entweder langweilig und wollten geheiratet werden, oder sie hatten Temperament und waren teuer. Aber Liebe? Wer liebt schon einen Leutnant! Entweder sie lieben die Uniform mit, und das will er nicht, oder sie lieben die Uniform nicht, und dann können sie ihn auch nicht lieben.

Langsam schlenderte er auf die Artilleriekaserne zu. In einer Stehkneipe machte er Station, trank ein Bier und einen Korn in sich hinein. Er sah sich wie hilfesuchend um; aber niemand beachtete ihn. Er warf Geld auf den Tisch und ging weiter. Er erwog, sich eine Flasche Schnaps zu kaufen und sie zu Hause auszusaufen, bis er steif und leblos wie ein Brett in sein

Bett fiel. Er zog auch in Erwägung, noch einen Blick in das Kasino zu werfen. Aber alles das befriedigte ihn nicht, denn er wollte nicht allein sein; und er wollte auch nicht mit Vorgesetzten zusammen sein, die dann automatisch zu bestimmen pflegten, was und wann er trinken durfte, und was und wann nicht.

Das Lokal »Bismarckshöh«, an dem er vorbeikam, war hell erleuchtet. Tanzmusik klang durch die Nacht und laute, lärmende Stimmen verkündeten, daß sich die Gäste sauwohl fühlten. Irgendwo lachte ein Mädchen hellauf. Eine kräftige Stimme rief »Prost«. Dann verstummte die Musik und das Geschleife der Tanzenden. Applaus setzte ein, heftig und fordernd. Sofort spielte die Musik weiter, und noch einmal von der Schwalbe, die nach Helgoland fliegt, um der Liebsten einen Gruß zu bringen.

Kurz entschlossen ging der Leutnant Wedelmann auf das Lokal zu und betrat es neugierig. Er wurde, obwohl er in Zivil war, von dem Wirt, dessen Stammtisch sich in der Nähe des Eingangs befand, sofort erkannt. Der Wirt begrüßte ihn freundlich; aber er ließ geschickt durchblicken, daß er die Anwesenheit von Offizieren nicht gerade als stimmungsfördernd betrachtete. Er lud den Leutnant ein, an seinem Stammtisch Platz zu nehmen, wo bereits einige höhere Dienstgrade, unter ihnen Hauptwachtmeister Schulz, auf Kosten des Hauses tranken.

Wedelmann lehnte verbindlich ab. Er ging durch das Vorzimmer hindurch und betrat den Saal. Er sah in das rhythmische Gewoge der Tanzenden und spürte laue Zufriedenheit in sich aufkommen. Er blickte um sich und suchte einen Platz. Und dabei sah er den Gefreiten Asch allein an einem Tisch sitzen und den Tanzenden zuschauen.

Er ging auf den Gefreiten zu. »Ist hier noch ein Platz frei, Asch?« fragte er; und er gab sich Mühe, diese Frage mit großer Freundlichkeit zu stellen, was ihm fast mühelos gelang.

Asch sah zu ihm hoch, musterte kurz den Zivilanzug seines Vorgesetzten und schien zu überlegen, wie er sich zu verhalten habe. Dann sagte er sich, daß es das richtige sei, einfach sitzen zu bleiben und den vor ihm stehenden Mann in Zivil wie einen Zivilisten zu behandeln.

»Es ist Platz genug vorhanden«, sagte der Gefreite Asch und nahm einen kräftigen Schluck aus seinem Bierglas.

Das Restaurant »Bismarckshöh«, mit Kaffeegarten und Tanzsaal, war das anerkannte Verkehrslokal der I. Abteilung des Artillerieregiments. Es hatte mehrere Vorzüge, darunter einige rein örtlicher Natur: es lag am Rande der kleinen Stadt, dort, wo die Hauptstraße zu Ende ging; es lag etwa vierhundert Meter vom Tor der Artilleriekaserne entfernt. Wer in der Stadt gewesen war und wieder in die Kaserne zurück wollte, mußte automatisch am Restaurant »Bismarckshöh« vorbei. Dieses Restaurant beherrschten die höheren Mannschaftsdienstgrade, die Gefreiten und die Obergefreiten. Kanoniere wurden wohlwollend geduldet, auch die Unteroffiziere durften sich hier ungestört aufhalten; beide Gruppen jedoch nur dann, wenn sie spürbar bestrebt waren, die Kreise der verdienstvollen Gefreiten und Obergefreiten nicht zu stören. Brachen sie dieses Gewohnheitsrecht, flogen sie unbarmherzig hinaus. Bei den Kanonieren besorgten das die Gefreiten und Obergefreiten handgreiflich. Bei störenden Unteroffizieren wurde der Wirt beauftragt, sie zu entfernen; und der zögerte nie, diesen Auftrag unverzüglich auszuführen. Er gab ihn an Emil, seinen Rausschmeißer, weiter; und Emil wurde mit jedem fertig, denn er war Preisringer von Beruf und immer froh, wenn er trainieren durfte.

Doch Zwischenfälle dieser Art waren verhältnismäßig selten, kaum mehr als zwei oder drei ereigneten sich an einem Abend. Nur am Samstag war erhöhter Betrieb und damit automatisch erhöhte Alarmbereitschaft, denn am Samstag wurde getanzt; Mädchen strömten aus allen Himmelsrichtungen herbei, Männer folgten ihnen, die lange Nacht lockte, und das Bewußtsein, am nächsten Tag keinen Dienst zu haben, machte unternehmungslustig. An diesen Samstagen hatten die Gefreiten und die Obergefreiten alle Hände voll zu tun, um ihre Position zu wahren: denn sie hatten nicht nur auf die niederen und die höheren Dienstgrade zu achten, sondern auch auf das Benehmen der allerdings zumeist recht lahmen Zivilisten, und vor allem: auf das Verhalten Angehöriger fremder Truppenteile, hier Infanterie.

Die Gefreiten und Obergefreiten standen auf dem Standpunkt, daß ihnen ihr Stammlokal in gewisser Weise heilig sei. Sie waren gar nicht einmal organisiert, sie handelten hier ganz instinktiv. Sie kannten sich kaum, sie konnten sich zumeist nicht sonderlich leiden, aber wenn es darum ging, sich ihr Lokal zu sichern, hielten sie eisern zusammen. Sie fanden das ganz selbstverständlich: die Offiziere hatten ihr Kasino, die Unteroffiziere verkehrten im Café Asch, und ihnen gehörte Bismarckshöh! Der Wirt hatte das zu respektieren, und der zögerte nicht eine Sekunde, auch die speziellsten Wünsche seiner Stammgäste zu erfüllen.

An jenem Samstag lag eine wüste Keilerei in der Luft, denn Infanterie in nicht unerheblicher Anzahl war in den Wirkungsbereich der Artilleristen eingesickert. Der Obergefreite Kowalski, der berühmteste Schläger des Standortes, durchkreuzte unruhig die Räume; er hatte seine derzeitige Braut unter Bewachung an seinem Tisch zurückgelassen und sammelte Kampfgenossen.

»Los, Asch«, sagte er, »mach dich fertig. Einige müssen an die frische Luft!«

Asch nickte nur. Er saß mit Elisabeth und mit Johannes Vierbein an einem Seitentisch. Elisabeth, dieselbe Elisabeth, die gewöhnlich in der Unteroffizierskantine bediente, hatte ihren freien Abend. Vierbein begleitete nur seinen Freund, den Gefreiten Asch. Und immer, wenn Herbert Asch mit Elisabeth tanzte, bewachte er die Biergläser; er war ganz zufrieden dabei und kümmerte sich nicht um die vielen Mädchen, die gekommen waren, um einen flotten Abend zu verleben. Er sah sie kaum; er dachte an Ingrid. Und wenn Elisabeth und Herbert tanzten und sich weit genug von ihm weg bewegten, dann holte er jenes Bild hervor, das er Ingrid entwendet, das er sich von Ingrid ausgeliehen hatte: ein graziöses Mädchen steigt im Badeanzug aus dem Wasser; es dehnt sich und legt eine Hand in den Nacken.

Nachdem sich Kowalski, der schlagkräftige Obergefreite, entfernt hatte, fragte Johannes Vierbein interessiert: »Was wollte er von dir?«

Elisabeth, ein wenig erhitzt vom Tanzen, mit großen, strahlenden Augen, lachte Asch zu: »Ich kann mir denken, was er will! Sie haben Durst und wollen ihn gemeinsam löschen.«

»Nehmen Sie das ruhig an«, sagte Herbert Asch und lächelte ihr zu. »Und während ich weg bin, wird mein Freund Johannes Vierbein mit Ihnen tanzen.«

»Kann ich dich nicht begleiten?« Vierbein schien gemerkt zu haben, daß sich irgend etwas zusammenbraute, und er wollte sich, kameradschaftlich veranlagt wie er war, Asch zur Verfügung stellen.

»Nein«, sagte der entschieden. »Du bleibst hier.« Und er fügte hinzu: »Wir können Fräulein Elisabeth nicht allein lassen!«

Vierbein forderte sie gehorsam zum Tanz auf. Und während sie tanzten, schaute Asch, allein zurückgeblieben, ihnen noch ein wenig zu. Er fand, daß Elisabeth eine prachtvolle Person war; prachtvoller als alle, die er bisher getroffen hatte. Dann, durch ihren Anblick gestärkt, wollte er sich erheben, um dem Obergefreiten Kowalski die geforderte Waffenhilfe zu gewähren.

In diesem Augenblick erschien der Leutnant Wedelmann in Zivil, erkundigte sich, ob noch ein Platz frei sei, erhielt nach einigem Zögern eine positive Antwort und setzte sich dann.

Der Leutnant fingerte an dem ein wenig eng sitzenden Kragen seines blauen Sporthemdes herum. »Was ich noch sagen wollte, Asch – ich bin hier privat, ganz privat. Das wollte ich Ihnen sagen. Machen Sie also kein Aufsehen.«

»Ich hatte auch nicht die Absicht, Herr Leutnant«, sagte Asch ruhig.

»In Ordnung«, sagte Wedelmann. Und irgendwie war ihm diese Situation ein wenig peinlich: ein Leutnant in Zivil biedert sich bei einem Gefreiten an und bittet um dessen Verständnis. Aber man könnte ja auch sagen: Ein Leutnant in Zivil beweist seine Verbundenheit — Kameradschaftsgeist! — mit den Mannschaftsdienstgraden und versucht, Verständnis zu finden. Aber alles das ist Quatsch! Und das allein ist die Wahrheit: Er hat sich einsam gefühlt und will unter Menschen sein. Er hat jetzt nur noch nötig, zu vergessen, daß er sich unter Untergebenen befindet.

»Herr Leutnant«, sagte der Gefreite Asch, nachdem er dem Obergefreiten Kowalski zugenickt hatte, der wartend am Saaleingang stand, »ich würde Ihnen raten, sich in Zivil auch entsprechend zu benehmen.«

»Wie soll ich das verstehen, Asch?« Der Leutnant Wedelmann war wirklich ehrlich bemüht, das hier dringend notwendig erscheinende Verständnis aufzubringen. Leicht fiel ihm das aber nicht. Die verteufelte Situation war schuld daran! Er war in Zivil und doch Leutnant; er wollte Zivilist sein und konnte dennoch seinen Leutnant nicht vergessen machen. Er gab sich aufrichtig Mühe, nicht darauf zu achten, daß sich der Gefreite völlig unvorschriftsmäßig mit ihm unterhielt; aber er vermochte dennoch nicht, es zu überhören.

»Ich will damit folgendes sagen, Herr Leutnant. Es ist nicht gut, sich in irgend etwas einzumischen, wenn man Zivil trägt. Man sollte lieber froh darüber sein, daß man gerade keine Uniform anhat, sich aus allem heraushalten und so tun, als ginge einem das Ganze nichts an.«

»Das verstehe ich nicht, Asch.«

»Noch nicht, Herr Leutnant. Aber sicherlich dauert das nicht lange. Mein Rat ist bestimmt nicht schlecht: Bier trinken, tanzen, sich als Zivilist benehmen! Man erspart sich einiges dadurch, möglicherweise!«

Der Leutnant verstand den Gefreiten wirklich nicht; aber er glaubte deutlich zu spüren, daß er ihm wohlgesinnt war. Das erfreute Wedelmann. Auch er war dem Gefreiten wohlgesinnt. Netter Kerl, dachte er, ist nicht ganz so wie die anderen; der ist kein Automat, keine Nummer, kein Kamerad Schnürschuh; der ist eine richtige Persönlichkeit. Vielleicht brauchbares Offiziersmaterial! Kann man das so genau wissen? Jedenfalls, beschloß er, werde ich in Zukunft auf ihn achten. Die Zeit tendiert dazu, auch Offiziere zu dulden, ja geradezu zu fördern, die, ohne Abitur, Unteroffiziers- und Mannschaftskreisen entstammten.

Der Gefreite Asch entfernte sich. Der Leutnant saß nicht lange allein. Als der Tanz zu Ende war, kehrte Vierbein mit Elisabeth an den Tisch zurück. Der Kanonier war verlegen, als er seinen Leutnant erkannte. »Erlauben, Herr Leutnant«, wollte er beginnen.

Aber Elisabeth sah nicht ein, warum kompliziert geschehen sollte, was mit einer kurzen Erklärung zu erledigen war. »Es ist unser Tisch«, sagte sie. »Wir sitzen hier mit Herrn Asch.«

Der Leutnant hatte sich erhoben; er benahm sich fast so wie im Kasino, verbeugte sich vor Elisabeth und sagte: »Selbstverständlich. Aber der

Gefreite Asch hat mir auf meine Bitte diesen Stuhl überlassen, und ich hoffe, Sie haben nichts dagegen.«

»Nein«, sagte Elisabeth gedehnt und sehr hoheitsvoll.

Wedelmann wollte Konversation machen; aber ehe er noch so richtig damit anfangen konnte, kam im Vorraum, dort, wo sich der Ausschank befand, mächtiger Lärm auf: die Schlägerei hatte begonnen! Sofort setzte die Musik mit übergroßer Lautstärke ein, und die restlichen Gefreiten und Obergefreiten verließen eilig den Saal.

Der Leutnant wollte aufspringen. Aber dann fiel ihm ein, was gerade vorhin der Gefreite Asch zu ihm gesagt hatte. Er überlegte ein wenig, was zu geschehen habe. Dann stand er entschlossen auf. Aber er begab sich nicht auf das Wochenend-Schlachtfeld, er verbeugte sich vor Elisabeth und fragte an, ob er um den nächsten Tanz bitten dürfe. Elisabeth sagte ihm: er dürfe bitten. Und das tat er dann auch.

Inzwischen hatte der Obergefreite Kowalski seine Streitkräfte nahe an den Sieg herangeführt. Und seine Hilfstruppen, bestehend aus Wirt, Rausschmeißer und Garderobenfrau, taten alles, was in ihrer Macht stand, damit der Kampf so schnell wie möglich beendet werden konnte.

Es hatte, wie immer, recht harmlos begonnen. Kowalski und die Seinen versammelten sich in Gruppen, umkreisten die ahnungslosen Infanteristen, genehmigten sich zwischendurch zur Stärkung schnell noch ein Schnäpschen. Einige, sofern sie einen Gürtel trugen, zogen sich vorsorglich die Hosen hoch. Andere öffneten die Haken am Uniformkragen.

Dann begann der Obergefreite Kowalski mit den diplomatischen Vorbereitungen für seinen Blitzkrieg. Er eckte den ersten besten Infanteristen an: »Von dir lasse ich mich nicht beleidigen, du Fußlappensoldat!«

Nach diesen einleitenden Worten war für Eingeweihte schlagartig klar, daß sich ein Gewitter zu entladen drohte. Sofort wurden die notwendig gewordenen vorbeugenden Maßnahmen allerseits getroffen: die anwesenden Unteroffiziere strebten eilig, je nach Temperament oder nach Dringlichkeit, in den Tanzsaal oder in die Toilette; das ungeschriebene Gesetz des Stammlokals für Gefreite und Obergefreite verbot ihnen jede Beteiligung, und ferner war es aus Gründen der Disziplin ratsam, hier nicht Zeuge zu werden. Der Wirt räumte schleunigst die Theke ab und brachte seine wertvollsten Flaschen in Sicherheit. Der Rausschmeißer öffnete die Flügel der Ausgangstür weit und riegelte sie fest. Die Garderobenfrau schichtete alles auf, was der Infanterie gehörte.

Nur der angepöbelte Infanterist und seine Kameraden hatten noch nicht ganz gemerkt, was hier gespielt werden sollte. »Wer beleidigt dich denn?« fragte er zurück und wollte an Kowalski vorbei.

»Du beleidigst mich!« schrie Kowalski in Kampfesstimmung. »Deine Fresse beleidigt mich!«

Der Infanterist schüttelte den Kopf und unternahm einen erneuten Versuch, an Kowalski vorbeizukommen. Ein anderer Infanterist schob sich auf die beiden zu. »Was ist hier los?« fragte er drohend. »Sucht ihr etwa Streit, ihr Pferdeäpfelsammler?«

»Das verbitte ich mir!« rief Kowalski in heiligem Zorn. »Wir sind motorisiert!«

Weitere Infanteristen mischten sich ein, die Artilleristen drängten sich in Stoßkeilen zwischen sie. Langsam bildete sich ein gefährlicher Knäuel.

Einer von der Infanterie erfaßte plötzlich, worum es ging. »Ihr wollt uns hier 'rausschmeißen!« sagte er; und er hatte sogar noch Geistesgegenwart genug, so zu tun, als verwundere ihn das sehr.

Kowalski strahlte. »Du hast es erfaßt!« sagte er und ging auf ihn zu. »Und deshalb fliegst du auch als erster!«

Einer versuchte einzulenken. »Kameraden«, rief er, »seid doch vernünftig! Was soll das? Wir können doch hier genausogut Bier trinken wie ihr auch.«

Kowalski stellte sich in Positur. »Was ihr könnt und was ihr nicht könnt«, rief er, »das bestimmen in diesem Lokal allein wir. Aber wenn ihr eine Aufklärung braucht, dann sollt ihr sie haben: Vor genau drei Wochen wurde einer von unseren Gefreiten in eurem Lokal am Hirschgraben blutig geschlagen und 'rausgeworfen.«

»Er hat sich auch entsprechend benommen!«

»Und wir lassen es erst gar nicht dazu kommen, daß ihr euch entsprechend benehmt!« Und der bärenstarke Kowalski hob den ersten besten Infanteristen hoch und schleuderte ihn auf die Tür zu. Dort übernahm ihn Emil, der Rausschmeißer, und transportierte ihn weiter wie ein Postpaket.

Das war das Signal! Und sofort brodelte die Schlacht im Schankraum auf. Holz splitterte, Männer keuchten, Mädchen kreischten, Kommandostimmen ertönten, Füße trampelten über das Parkett, und von Zeit zu Zeit schlug irgendwo ein Körper dumpf auf. Im Tanzsaal produzierte die Musik Lärm.

In knapp zehn Minuten war alles erledigt. Das Stammlokal der Artillerie war frei von Infanteristen. Die Gefreiten und Obergefreiten genossen ihren Sieg nicht ohne männliche Würde; daß sie eindeutig in der Übermacht gewesen waren, hatten sie einfach übersehen oder doch sehr schnell vergessen. Und die Unteroffiziere, die wieder zurückkehrten, sparten nicht mit Anerkennung.

Nur der Hauptwachtmeister Schulz schaute grimmig drein und nahm keinen Anteil an dem Sieg seiner Waffenfarbe; er hatte sich schwer ärgern müssen und legte Wert darauf, das deutlich zu zeigen. Als er vor Ausbruch der Schlägerei den Stammtisch des Wirtes verließ, hatte er das

Tanzbein schwingen wollen. Er wußte auch schon, mit wem. Doch bevor es ihm noch gelang, Elisabeth aufzufordern, war die schon mit dem Kanonier Vierbein — ausgerechnet mit diesem Kanonier Vierbein! — auf der Tanzfläche.

Und dann besann er sich darauf, daß ihm der Unteroffizier Lindenberg eine Meldung gemacht hatte, wonach der Gefreite Asch behauptet haben soll, der Kanonier Vierbein hätte erklärt, daß heute ein Handballspiel stattfinde. Aber das Handballspiel fand erst in zwei Wochen statt! Somit war eine Irreführung von Vorgesetzten durch einen Untergebenen einwandfrei erwiesen; worauf er diesen Kanonier Vierbein sofort in die Kaserne zurückschickte. Auf der Stelle. Vom Tanzboden weg!

Peinlich war nur, daß Elisabeth sich trotzdem weigerte, mit ihm zu tanzen. Und noch peinlicher war, daß an ihrem Tisch der Leutnant Wedelmann in Zivil saß und ihn reichlich kühl fixierte.

Ja, zum Teufel, hatte denn niemand von diesen Leuten Verständnis für Disziplin!

Elisabeth Freitag war ein hellwaches Menschenkind, ausgestattet mit einer tüchtigen Portion gesunden Mißtrauens. Sie war zweiundzwanzig Jahre alt und hatte gelernt, daß Männer viel unterschiedlicher sind, als Frauen gemeinhin in Erfahrung bringen; das selbst dann noch, wenn sie alle ein und dieselbe Uniform trugen. Elisabeth sah auf das Gesicht und die Hände, auf den Gang und auf die Handschrift. Aus diesen und vielen anderen Einzelheiten setzten sich die Bilder zusammen, die sie sich von den Männern machte. Doch in ihre Galerie gelangten nur wenige, sorgfältig ausgesuchte Exemplare.

Ihr Vater war Werkmeister bei der Eisenbahn; ein kleiner Mann mit fuchsklugem Gesicht, ein Spezialist mit langjährigen Erfahrungen, ein Sozialist aus Einsicht, ein Bastler aus Leidenschaft. Ihre Mutter war Hebamme; eine große, robuste Frau, voller Güte und Ergebenheit ihrem Mann gegenüber. Beide hatten sich mit viel Zähigkeit und nicht wenigen Entbehrungen ein Häuschen zusammengespart. So manch eine Lokomotive im Reichsbahnausbesserungswerk verdankte Vater Freitag ihr langes Dasein; fast die gesamte junge Generation des aufblühenden Provinzstädtchens hatte Frau Freitag aus Mutterleibern hervorgeholt.

Die ältere Schwester Elisabeths hatte vor zwei Jahren geheiratet; einen soliden Möbeltischler, der nicht nur ein Meister in seinem Fach, sondern auch ein vorbildlicher Ehemann war. Der jüngere Bruder diente sein zweites Jahr bei den Panzertruppen in Königsberg ab. So kam es, daß Elisabeth ein Zimmer für sich alleine besaß. Es wurde ihr, gemeinsam von Vater und Mutter, leer übergeben; sie durfte es ausstatten, wie sie es wollte. »Denn«, pflegte der alte Freitag zu sagen, »du mußt früh genug lernen, dir dein Leben nach deiner Fasson zu gestalten. Niemand bleibt ewig ein Kind.«

Die Eltern ließen ihr jede erdenkliche Freiheit. »Ich weiß, du wirst sie nie mißbrauchen!« hatte der Vater, wie beiläufig, gesagt. Er und Mutter, beide hatten unermüdlich dafür gesorgt, daß ihre Tochter mit gesunden und klug gezügelten Gedanken aufwuchs. »Das Leben, Elisabeth, ist kein Kinderspiel; es kann brutal sein, und es ist gut, das zu wissen. Gewiß, das Leben kann auch schön sein; aber damit wird man immer fertig!«

Sie hatten nichts dagegen, als Elisabeth eines Tages erklärte, sie beabsichtige, eine Stellung in der Kantine I des Artillerieregiments zu übernehmen. Der Lohn sei gut, die Arbeit nicht übermäßig schwer, die Arbeitszeit genau geregelt, und außerdem befinde sich der Arbeitsplatz nicht allzuweit vom Freitag-Haus entfernt. »Warum nicht«, sagte der alte Eisenbahner. »Mit den Männern wirst du fertig!«

Sie wurde mit den Männern fertig, indem sie sich nicht mit ihnen einließ. Den Kantinenpächter Bandurski befriedigte das sehr. In seiner Praxis hatte es sich herausgestellt, daß es eigentlich immer nur zwei Möglichkeiten in diesem Gewerbe gab: Mit jedem ins Bett gehen oder mit keinem. Nur das niemals: Einen oder zwei bevorzugen und damit den stattlichen Rest verstimmen!

Elisabeth tat ihre Arbeit genauso unbeirrt und mit unpersönlicher Zuverlässigkeit, wie andere Wäsche wuschen oder Fließarbeit verrichteten. Sie hielt ihre Augen auf und sich zurück. Und wenn sie näher hinsah, sah sie stets den Menschen und niemals die Uniform. Genauso war das auch mit dem Gefreiten Herbert Asch: Der erinnerte sie teilweise an den Vater und auch teilweise an die Mutter; von dem einen hatte er die versteckte Intelligenz, von der anderen die gesunde Robustheit.

Sie hatte sich in ihn verliebt; ganz einfach, ganz klar, völlig unkompliziert. Sie sagte ohne jede Ziererei »ja«, als er fragte, ob sie mit ihm ausgehen wolle. Sie hatten einen Spaziergang gemacht und dann zusammen Abendbrot gegessen. Später fuhren sie im Boot eine Stunde lang auf dem Schloßteich herum und sprachen dabei vom Wetter, von ihrer Kindheit und von der Liebe im allgemeinen.

Dann trafen sie mit Johannes Vierbein zusammen. Der kam aus dem Kino, wo er den »Maulkorb« gesehen hatte. Gemeinsam gingen sie dann in das Lokal »Bismarckshöh«. Hier tanzten sie und tranken Bier; redeten reichlich dummes Zeug, um nicht zu verraten, wie ernsthaft sie aneinander dachten. Ihre Stimmung war prachtvoll.

Elisabeth fand das ganz selbstverständlich. Es war ihr gleich, wo sie sich aufhielt, wenn sich nur Herbert Asch in ihrer Nähe befand. Die vielen Uniformen störten sie nicht; sie sah sie kaum. Sie sah junge, lachende Gesichter; sie hörte helle Stimmen, die versuchten, männlich zu klingen.

Um sie war Heiterkeit; aber diese Heiterkeit kannte die glückliche und still zufriedene Gelassenheit nicht, wie sie etwa bei Vater Freitag üblich war. Das Leben, das sie jetzt, in diesem Augenblick, um sich spürte, pulste schnell und stoßweise und war heiß und drohte hemmungslos überzuschäumen.

Asch umgab sie mit einer rauh zu nennenden Zärtlichkeit; unbeholfen war er und heftig. Doch an ihm störte sie das nicht. Sie zögerte nicht, zu zeigen, wie sehr sie ihm zugetan war. Sie lag fest in seinem Arm, und ihre Augen blickten ihn an ohne Scheu.

Sie tanzte auch mit Johannes Vierbein, als Asch dem Rufe Kowalskis gefolgt war und sich in den Vorraum begab. Sie wußte auch von Herbert Asch, daß Vierbein, offenbar hoffnungslos und sehr unglücklich, in Ingrid, die Schwester des Gefreiten, verliebt war, über die sie wenig schmeichelhafte Dinge gehört hatte. Und sie fühlte sich veranlaßt, nett zu Vierbein zu sein, Herberts wegen.

Der Leutnant in Zivil, der dann an ihrem Tisch saß, störte sie wenig. Sie kannte ihn flüchtig von der Kaserne her und fand ihn nicht unsympathisch. Und als Wedelmann keine Anstalten machte, den unterhaltsamen Abend durch dienstliche Redensarten zu trüben, wurde er mit Wohlwollen geduldet.

Anders, ganz anders, war das mit Schulz, dem Hauptwachtmeister. Sie hatte bisher nicht übermäßig viel gegen ihn einzuwenden gehabt; er war ihr sogar herzlich gleichgültig gewesen. Aber als er sie und Vierbein mitten im Tanz aufhielt, sich vor sie stellte und ungeniert Forderungen vortrug, wurde sie unwillig. Und als er gar Vierbein von ihrer Seite weg mit groben Worten in die Kaserne schickte und obendrein wagte, sie übergangslos zum Tanz aufzufordern, wurde sie wütend. Sie funkelte ihn wild an und ließ ihn stehen.

Sie ging an den Tisch zurück, an dem Wedelmann und Asch saßen. Herbert fragte: »Wo haben Sie Vierbein gelassen, Elisabeth?«

Und sie sagte empört: »Er wurde in die Kaserne zurückgeschickt. Auf der Stelle. Von Hauptwachtmeister Schulz. Was sind das für Methoden!«

Der Leutnant Wedelmann gab sich ehrlich Mühe, sie zu beruhigen. »Das ist doch weiter nicht schlimm«, sagte er. »Das kommt jeden Tag vor!«

»Leider«, sagte Asch.

»Ach, das soll man nicht so tragisch nehmen!« Der Leutnant machte eine wegwerfende Handbewegung.

Der Gefreite schloß sich dieser Meinung nicht an. Er sagte: »Wir nehmen es zu leicht.«

»Es ist eine Frage der Disziplin«, sagte der Leutnant.

»Der Anständigkeit!«

Wedelmann sah unwillig auf. Er fand, daß diese Formulierung ein wenig zu weit ging. Er besann sich auf seinen Rang; das geschah mühsam, und es war deutlich zu merken, wie unangenehm ihm das war. »Wollen Sie etwa damit sagen«, fragte er, »daß sich der Hauptwachtmeister unanständig benommen hat?«

»Nein, Herr Leutnant!« das kam prompt und mit der gewohnten Kasernenhofdeutlichkeit. Asch zog es vor, keine irgendwie gearteten Dienstgespräche mit dem Leutnant in Zivil zu führen. Denn es zeigte sich doch immer wieder erstaunlich schnell, wie sinnlos derartige Versuche waren. Sie können nicht vergessen, was sie darstellen sollen — man muß Nachsicht mit ihnen haben!

Der Gefreite Herbert Asch erhob sich, machte eine knappe Verbeugung vor Elisabeth und bat sie, mit ihm zu tanzen. Die stand sofort auf. Sie ließen den Leutnant allein.

Wedelmann blieb leicht verärgert zurück; und zwar ärgerte er sich über sich selbst. Und je mehr er sich darüber klar wurde, um so heftiger wurde dieser Ärger. Er fühlte, daß er unrecht hatte. Nicht seine Gedanken waren unrichtig, die nicht, aber die wenig verbindliche, fast schon fordernde Form, in der er mit dem Gefreiten gesprochen hatte, hätte vermieden werden müssen. Schließlich war er außer Dienst, obendrein hatte er Zivil an, und dann saß er hier mit Menschen an einem Tisch, die ihn freundlich aufgenommen hatten. Das alles verpflichtete ihn zu einer gewissen Großzügigkeit.

Außerdem, so fand er, hatte sich diesmal der Hauptwachtmeister Schulz tatsächlich eine Eigenmächtigkeit besonderer Art geleistet, die er zwar als Vorgesetzter decken mußte, schon um die Disziplin nicht zu gefährden, die er aber entschieden mißbilligte. Gründe hin und Gründe her — das macht man nicht! Das kann in der Kaserne bereinigt werden; der Tanzboden ist wahrlich nicht der richtige Ort dafür.

Natürlich hat auch der Gefreite Asch von seinem Standpunkt aus nicht ganz unrecht. Aber etwas mehr Hang zum bedingungslosen Gehorsam würde ihm bestimmt nicht schaden. Schließlich ist der Hauptwachtmeister sein Vorgesetzter und untersteht keinesfalls seiner Kritik, ob sie nun berechtigt sein mag oder nicht. Das ist schon eher, sagte sich Wedelmann, meine Angelegenheit!

Der Leutnant erhob sich entschlossen, schob sich durch das Gewühl der Tanzenden hindurch und begab sich in den großen Vorraum, in dem die Theke stand. Und dort sah er auch, am Stammtisch des Wirtes, den Hauptwachtmeister Schulz mißgelaunt dasitzen. Er winkte ihn zu sich.

Schulz baute sich vor ihm auf und sah ihn fragend an.

»Hören Sie«, sagte der Leutnant, »mir scheint, Sie haben etwas zuviel getrunken. Es wird langsam Zeit, daß Sie nach Hause gehen.«

»Jawohl«, sagte der Hauptwachtmeister konsterniert, und seine Augen begannen böse zu funkeln. »Jawohl, Herr Leutnant!«

Wedelmann wandte sich ab und ging in den Saal zurück. Er fühlte sich gar nicht wohl und kam sich keinesfalls vor wie ein Held. Er verspürte nicht die geringste Erleichterung. Er hatte den Hauptwachtmeister unmißverständlich in seine Schranken zurückgewiesen; nach alter Erfahrung war das von Zeit zu Zeit nötig. Aber diesmal befriedigte ihn dieses Unternehmen noch weit weniger als sonst. Gewiß, er hatte den Spieß mit seinen ureigenen Methoden geschlagen – doch gerade das war ihm peinlich. Und er hatte sich überdies sogar zu fragen, ob das nicht vielleicht sogar gefährlich werden könnte.

Er begab sich mit leicht gesenktem Kopf an seinen Tisch zurück, zu Elisabeth und Herbert Asch. Er trank in langen Zügen sein Bier aus. Nette Leute, diese beiden, fand er. Fast könnte man sie beneiden. Bei mir ist alles so fürchterlich kompliziert – die aber verstehen es, sich das Leben mit Selbstverständlichkeit angenehm zu gestalten. Bei ihnen ist alles klar und einfach – wer weiß, ob sie mich verstehen werden? Und dann machte er Anstalten, sich zu erklären.

»Sehen Sie, lieber Asch«, sagte er, »eine Wehrmacht kann doch nur dann funktionieren, wenn Befehle, gleich welcher Art, respektiert werden, und zwar bedingungslos.«

»Auch sinnlose Befehle?« fragte Asch.

»Natürlich«, sagte der Leutnant. Doch war er nicht ganz überzeugt von dem, was er sagte. Und so führte er, um seine Unsicherheit zu überspielen, eifrig aus: »Es gibt gar keine sinnlosen Befehle, bestimmt nicht. Aber es gibt Befehle, die sinnlos erscheinen! Aber das kann der, der die Befehle empfängt, niemals beurteilen. Sehen Sie: Prinzip ist, daß Vorgesetzte Befehle erteilen, aber es nicht nötig haben, sie zu erklären – ich bitte Sie, lieber Asch, wo kämen wir denn da hin! Unbedingter Gehorsam wird immer die erste Forderung sein. Jeder Befehl wird ausgeführt!«

»Und wenn ein Befehl eine glatte Schikane ist?«

»Dann muß er trotzdem ausgeführt werden!« Wedelmann war ganz in seinem Element; es war, als halte er Unterricht und verspürte deutlich, daß er allein schon deshalb überzeugen müsse, um letzten Endes nicht lächerlich zu wirken. »Befehl ist Befehl! Und wenn er wirklich eine Schikane war, was gelegentlich durchaus möglich sein kann, dann hat der Soldat immer noch das Recht, sich nachher – nachher, lieber Asch! – darüber zu beschweren.«

»Haben Sie schon einmal eine Beschwerde erlebt, Herr Leutnant? Oder gar eine Beschwerde, der stattgegeben wurde?«

»Nein«, gestand Wedelmann. Und er fügte eifrig hinzu: »Aber überlegen Sie doch mal, an wem das liegt. An uns etwa? Bestimmt nicht. Es beschwert sich keiner! Und das zeigt doch deutlich, daß zumeist gar kein Grund zu einer Beschwerde vorliegt.«

Asch schüttelte den Kopf. »Ich sehe das ein wenig anders, Herr Leutnant. Aber ich habe im Augenblick keine rechte Lust, Mißverständnisse zu vergrößern.«

Elisabeth hielt es für richtig, diese nicht unbedenklichen Gespräche zu unterbrechen. »Wozu sind wir eigentlich hier?« fragte sie vorwurfsvoll. »Ich finde, ein Tanzlokal ist nicht der richtige Ort für Kasernenhofplaudereien. Oder gibt es für Sie alle nur dieses eine Thema?«

»Natürlich nicht«, sagte der Leutnant liebenswürdig.

»Gott sei Dank nicht!« sagte Asch. »Wollen wir tanzen?«

»Gerne!«

»Und ich will nicht weiter stören. Ich muß in die Kaserne zurück.« Wedelmann erhob sich. »Wie recht Sie haben«, sagte er zu Elisabeth, und seine Stimme klang resigniert und war durchwoben von Traurigkeit. »Mir scheint, Sie haben instinktiv erkannt, was wir gerne vergessen wollen. Und auch manchmal vergessen müssen. Amüsieren Sie sich gut!«

Die Kaserne schlief nie. Des Nachts war sie wie ein riesiges, unruhiges Tier, das jederzeit seine Augen aufschlagen und zuspringen konnte. Langgestreckt lag sie da, die Artilleriekaserne: sechs Blöcke aus Stein, Fenster darin, von denen einige erleuchtet waren. Das Licht zeigte nicht nur die Stuben an, in denen sich nach Zapfenstreich heimgekehrte – heimgekehrte? – Soldaten auszogen, noch schnell etwas aßen, Erlebnisse austauschten, Reste Alkohol in sich hineingossen. Das Licht lag auch auf den langen Korridoren, brannte noch in den Zimmern der Unteroffiziere vom Dienst und im Wachlokal. Und eine Laterne leuchtete am Kasernentor, wo ein Posten die Urlaubsscheine kontrollierte.

Der Kanonier Vierbein ging langsam auf die Kaserne zu. Er fragte sich, ob er wütend zu sein habe, wütend auf diesen Kerl von Hauptwachtmeister, der ihn mitten vom Tanzboden weg in die Kaserne geschickt hatte. Dann fragte er sich, ob er Angst haben müsse, eben weil der Hauptwachtmeister Schulz etwas Derartiges getan hatte. Aber er vermochte nicht, sich eine dieser beiden Fragen richtig zu beantworten. Er dachte: Heute ist Samstag, morgen ist Sonntag, und erst übermorgen wieder ist Dienst. Wer weiß, was Montag ist! Er wunderte sich über derartige Gedanken – sie hätten von Asch sein können.

Er grüßte jeden, der ihm begegnete, jeden, den er überholte, jeden, den er stehen sah. Er wollte nicht riskieren, noch einmal wegen »Mißachtung eines Vorgesetzten« scharf gerügt oder gar aufgeschrieben zu werden. Vorbildlich grüßte er einen Unteroffizier, der an einem Baum stand und dessen Tressen nur noch matt durch das Dunkel schimmerten. Der Unteroffizier erwiderte den Gruß nicht; vermutlich hatte er ihn gar nicht bemerkt, und wenn er ihn bemerkt hatte, war er gar nicht in der Lage, ihn zu erwidern. Denn der Unteroffizier hatte sich gegen ein Mädchen gedrückt, und seine Hände tasteten es entdeckungsfreudig ab.

Vierbein tat, als sehe er so etwas nicht. Er wollte es seinen Gedanken nicht gestatten, sich damit zu beschäftigen. Das widerte ihn an! Er zwang sich, an Ingrid zu denken, an Ingrid Asch, an jenes Bild, das er in seiner Brusttasche trug: Wie rein alles war, was mit ihr zusammenhing, wie klar, wie sauber; wie Wasser und Sonne, wie der See, in dem Ingrid gebadet hatte, und wie die Wälder, die ihn umstanden und die Ingrid gesehen hatten. Und darüber war ein Himmel wie ein Tuch; und er wünschte, dieser Himmel würde nur sie beide zudecken.

»Soll ich dir Beine machen!« rief der Posten am Tor. »Immer kleckerweise kommt ihr Kerle! Kein Schwanz nimmt Rücksicht!«

»Hier ist mein Urlaubsschein«, sagte Vierbein. »Sonntagsurlaub.«

»Quatsch keine Opern, Mensch!« sagte der Posten unwillig. »Daß das ein Sonntagsurlaubsschein ist, sehe ich. Was willst du noch? Hau ab!«

»Ich will«, sagte Vierbein verlegen, »daß mir der Wachunteroffizier die Uhrzeit meines Eintreffens aufschreibt.«

»Warum?«

»Ich habe Befehl bekommen, mich sofort in die Kaserne zurückzubegeben.«

Der Posten, ein Gefreiter, sah ihn mitleidig an. »Mensch!« sagte er bloß. »Schön ist das nicht. Komm mit.«

Der Wachunteroffizier schlief im Sitzen. Der Gefreite weckte ihn, und Kanonier Vierbein äußerte erneut seinen Wunsch, die genaue Uhrzeit seines Eintreffens auf dem Urlaubsschein nachweisen zu können. Der Unteroffizier nickte ungehalten, sah nach der Uhr, schrieb eine Zahl, schrieb seinen Namen und Dienstgrad dazu, dann legte er den Kopf wieder auf den Tisch und schlief nahezu übergangslos im Sitzen weiter.

Johannes Vierbein ging auf den Block der 3. Batterie zu. Er ging jetzt noch langsamer als vorher. Was ist das doch für ein Leben, dachte er: Der Vorgesetzte befiehlt, und du hast zu gehorchen; wie sein Befehl lautet, ist gleichgültig; führst du ihn nicht aus, so ist das Befehlsverweigerung. Und auf Befehlsverweigerung steht Kriegsgericht. Aber gut, er hat den Befehl ausgeführt, das Kriegsgericht vermieden, vorerst wenigstens — denn wer weiß schon, was noch nachkommt? Jetzt befindet er sich in der Kaserne!

Im übrigen ist es gut, sagte er sich, daß er das Lokal verließ. Er hätte es nie betreten dürfen; Ingrids wegen nicht. Er hätte, als er Ingrid verließ, sofort nach Hause — sofort in die Kaserne gehen müssen. Ingrid schläft jetzt; er durfte sich nicht während dieser Zeit in Vergnügungslokalen aufhalten. Und wie hatte doch der Vater immer gesagt? Wer weiß, wozu es gut ist! – das hat er gesagt. Und er hatte recht! Es war gut, daß er durch den Hauptwachtmeister Schulz ganz einfach aus dem Tanzlokal gejagt worden war.

Welch eine Nacht! Der Himmel stand hoch und schimmerte blau, wie ein behutsam angestrahltes Tuch aus dunkler schwerer Seide. Die Luft war hauchzart und wehte ihn an wie der Atem eines geliebten Mädchens. Das Kasernentor klirrte. In der Ferne grölten ein paar Betrunkene. Eine Spülung wurde in Tätigkeit gesetzt.

»Sind Sie das, Herr Vierbein?« Die Stimme, die ihn zögernd anrief, kam aus dem Fenster der Hauptwachtmeisterwohnung.

Johannes, der vor dem Eingang zum Batterieblock stand, sah hoch. Er konnte die Umrisse einer Frau erkennen, die sich weit aus dem Fenster lehnte. Es war Lore Schulz, die Frau des Hauptwachtmeisters.

»Guten Abend«, sagte Johannes Vierbein. Er wußte nicht recht, ob er weitergehen sollte. Die Stimme der Frau hatte sehr freundlich geklungen; und nicht nur das, auch behutsam, vorsichtig und so, als gehe es ihr nicht gut. »Es ist eine sehr schöne Nacht.«

»Kommen Sie doch ein wenig näher«, sagte Lore, »wenn Sie noch Zeit haben; für mich Zeit haben.«

Vierbein, eingewoben von den Gedanken an die Nacht und an ein Mädchen, an die Haut und den Atem dieses Mädchens, an Mädchenhaut überhaupt, kam dieser Aufforderung nach. Er verließ den Zementweg, der von der Fahrbahn zum Batterieblock führte. Er begab sich auf den Rasenstreifen, der um das ganze Gebäude herumlief. Er sah hoch, auf das weit geöffnete Parterrefenster, durch das sich Lore verlangend zu ihm herunterbeugte.

Lore zitterte nach Zärtlichkeit; und in dieser Nacht war Zärtlichkeit für sie schon eine Stimme, die ihr gefiel, ein Mensch, der zu ihr aufsah, ein Körper, den sie riechen konnte, wenn sie tief einatmete. Und sie atmete ganz tief ein.

»Waren Sie tanzen?« fragte sie. »Mit Ihrem Mädchen!«

»Aber nein!« sagte Johannes.

»Das glaube ich Ihnen!« Lore war glücklich, daß sie jemanden gefunden hatte, der sich mit ihr unterhielt. »Sonst wären Sie ja auch nicht so früh zurückgekommen. Oder haben Sie überhaupt kein Mädchen?«

Lore Schulz war nicht beleidigt, als ihr Vierbein hierauf keine Antwort gab. Sie fand sogar, daß diese nicht gegebene Antwort eine gute Antwort sei. Sie lachte leicht auf. Und verwundert horchte sie ihrem Lachen nach. Ich kann noch lachen, sagte sie sich, obwohl ich keinen Grund dazu habe. Nicht den geringsten Grund, froh zu sein, habe ich.

Schulz, ihr Mann, hatte sie eingeschlossen, einfach eingeschlossen. Sie hatte versucht zu trinken, aber das bekam ihr nicht. Dann hörte sie Radio, aber das Programm war eintönig, und alle Sender hatten das gleiche Programm. Hierauf gab sie sich Mühe, den seit Wochen fälligen Brief nach Hause zu schreiben, aber über »Meine Lieben, es geht mir, wie immer, gut«, kam sie nicht hinaus. Sie hatte den angefangenen Brief zerknüllt und in den Papierkorb geworfen; dann hatte sie ihn in den Küchenherd gesteckt und angezündet. Lange lag sie dann im offenen Fenster; das Licht hinter ihr war gelöscht, und ihre Augen gewöhnten sich schnell an die Dunkelheit.

Sie wartete; worauf sie wartete, vermochte sie nicht zu sagen. Soldaten trafen ein, die sie nicht kannte; einige waren angetrunken, viele waren nur müde. Gegen Mitternacht sah sie den Unteroffizier Lindenberg, der mit straffer Haltung durch das Kasernement ging und offenbar das Urlaubsbuch zur Wache brachte. Mit der gleichen straffen, einwandfreien Haltung kehrte er kurz darauf zurück. Dann kam der Kanonier Vierbein, und sie erkannte ihn sofort.

»Geben Sie mir Ihre Hand«, verlangte sie; und das klang, als drohe sie in einem Nebelmeer von Traurigkeit zu versinken und suche nun nach einem Halt. Außerdem hatte sie ihre sentimentale Stunde; wimmernde Geigen hätten jetzt Tränen bei ihr ausgelöst und eine heiße Hand auf ihrem Rücken wonniges Erschauern verursacht. Wenn sie den Mond zu lange ansah, drohten ihre Augen feucht zu werden. »Geben Sie mir Ihre Hand.«

Johannes Vierbein streckte, ohne zu zögern, ohne zu überlegen, seine Hand hoch und fühlte, wie sie ergriffen wurde.

Lore Schulz beugte sich weit vor. Sie griff mit beiden Händen zu; und es war, als klammere sie sich an einen Rettungsring. Sie betastete die Finger des Mannes, des Jungen, der unter ihr stand, behutsam. Dann sagte sie: »Wie jung Sie sind!« Und das klang sehr verlegen, fast mutlos; tiefe Hilflosigkeit schwang mit und ein großes Bedauern.

Vierbein erspürte instinktiv die wehmütige Verlorenheit des Menschen, der seine Hand hielt. Er spürte, daß hier Luftschlösser gewoben wurden, aus Sehnsucht, aus Mißverständnis, aus Einsamkeit und Eigenliebe – und er besaß nicht Willen genug, diese Gefühlsgespinste mit einem harten Zugriff zu zerstören. Er empfand plötzlich zärtliche Zuneigung für sie wie für eine Schwester. Er hatte sich immer eine Schwester gewünscht, die so groß war wie er; eine Schwester, die ihm gefiel, um die ihn seine Umgebung beneidete, auf die er stolz sein konnte. Ausgehen wollte er mit ihr, zeigen wollte er sie, glücklich wollte er durch sie werden. Aber er war immer allein. Immer.

Die beiden Menschen, versponnen in die seidige Nacht und die Dunkelheit ihrer Sehnsüchte, bemerkten nicht, daß sich ihnen eine große, breite Gestalt näherte. Und die Gestalt begann aufzubrüllen.

»Was ist hier los!« rief der Hauptwachtmeister Schulz. »Das sind ja ganz neue Methoden!«

Seine kräftige Stimme schallte durch die Nacht, hallte von den Mauern des Kasernenblocks wider, schien bis zu den Sternen zu reichen. Es war eine Stimme, die eine Welt mühelos zu füllen schien. Sie war schwer von Bier und von Zorn.

»Sie Lümmel!« rief der Hauptwachtmeister Vierbein entgegen. »Scheren Sie sich zum Teufel! Wir sprechen uns noch!«

Vierbein machte eine Ehrenbezeigung und ging mit schnellen Schritten auf den Batterieblock zu. Er verschwand im Eingang. Und durch die herrschende lauernde, drohende Stille war zu vernehmen, wie er eilig, wie gejagt, die Treppen hochlief.

Hauptwachtmeister Schulz horchte diesen entfliehenden Schritten nach. Sein Gesicht war nicht zu erkennen. Sein Kopf war leicht vorgebeugt, und die mächtigen Schultern hingen herab. Er richtete sich auf, denn er hörte Schritte.

Der Leutnant Wedelmann ging an ihm vorüber. »Brüllen Sie nicht so fürchterlich, Hauptwachtmeister«, sagte er gemütlich, »mitten in der Nacht!«

»Jawohl, Herr Leutnant!« rief der Hauptwachtmeister und nahm höchst widerwillig dienstliche Haltung an. Jetzt war er kaum noch zu halten, jetzt kochte er vor Wut, drohte zu zerbersten: Dieser . . . dieser . . . Aber er zog es vor, seine überraschend umstürzlerischen Gedanken für sich zu behalten und sich nicht gefährlich deutlich darüber klarzuwerden, was schon immer in seinem Unterbewußtsein schlummerte: diese Scheißoffiziere! Einen Dreck verstehen sie vom Militär, aber immer quatschen sie dazwischen! Dieser besonders.

Der Hauptwachtmeister vermochte sich nur mühsam von diesen wild brodelnden Gedanken zu lösen. Es war nicht das erstemal, daß sie ihn packten. Er verfiel ihnen immer wieder, immer wieder, aber er hütete sich davor, sie jemals zu zeigen. Von der Berechtigung dieser Gedanken aber war er überzeugt. Die Praxis bescheinigte sie ihm tagtäglich: Er und seine Unteroffiziere erledigten alle Arbeiten. Die Offiziere kontrollierten lediglich, und fast immer mußten sie dann bestätigen, daß sie erst gar nicht hätten zu kontrollieren brauchen: es war alles in Ordnung — eben weil er, der Hauptwachtmeister, und der Unteroffizier dafür sorgten, daß alles in Ordnung war. Und warum, so fragte er sich immer wieder, quatschten dann diese Scheißoffiziere, diese Nichtstuer, diese Tagediebe, ständig dazwischen? Nur um zu zeigen, daß sie da sind.

Diesen Leutnant Wedelmann hatte der Hauptwachtmeister nie recht geschätzt – weiß der Teufel, warum! Heute aber sind ihm endlich die Gründe dafür klargeworden: Dieser Wedelmann schmeißt sich an die Mannschaft heran, und zwar auf Kosten der Unteroffiziere! Er setzt sich in Zivil mit Untergebenen zusammen, poussiert mit deren Mädchen und fixiert dabei mit unmißverständlicher Ablehnung die Dienstgrade. Und nicht nur das – der Kerl kriegt es sogar fertig und pöbelt verdienstvolle Unteroffiziere an! In einem Mannschaftslokal! Das ist eine glatte Umgehung der soliden Ordnung. Das ist nicht mehr die gewachsene Selbstverständlichkeit der Respektierung der Rangstufen. Ach, was doch heutzutage so alles Offizier wird! Der Hauptwachtmeister Schulz blickt verächtlich auf die Tür, hinter der der Leutnant verschwunden war. Wenn ich erst einmal Offizier bin, beschloß er überzeugt, passiert so was nicht!

Doch seine ihm ungemein wohltuende Überlegenheit hielt nicht lange vor. Er blickte zu den Fenstern seiner Wohnung auf, durch die jetzt Licht fiel. Tiefe, persönliche Verbitterung überkam ihn sofort. Diese Lore war ein Kreuz! Sie hatte ihn nicht verdient. Aus der Gosse, sozusagen, hatte er sie aufgelesen, zu seiner Frau gemacht, ihr eine Wohnung beschafft – jetzt also war sie die Frau eines Hauptwachtmeisters. Eines Hauptwachtmeisters! Frau eines Mannes, dem zweiundzwanzig Unteroffiziere und hundertdreißig Mannschaften direkt unterstanden und bedingungslos gehorchten. Frau eines Mannes, den einige hunderttausend – wer weiß wie viele insgesamt! – Unteroffiziere und Mannschaften in ganz Großdeutschland zuerst grüßen mußten!

Aber alles das bedachte Lore nicht! Er hat es ihr klargemacht, mehrfach und ausführlich, aber sie hatte nie die rechte Folgerung daraus gezogen oder es einfach vergessen. Sie war unwürdig! Er hatte die Pflicht, sie so zu bezeichnen. Das war bedauerlich, aber es ließ sich nicht vermeiden.

Umständlich angelte er nach dem Schlüsselbund in seiner Hosentasche. Er wählte den Schlüssel aus, der zu seiner Wohnungstür paßte. Er beschäftigte sich umständlich mit dem Sicherheitsschloß und dann mit dem Hauptschloß. Das nahm geraume Zeit in Anspruch und gab ihm Gelegenheit, weiteren Gedanken nachzugehen.

Daß Lore, seine Frau, sagte er sich, kein rechtes Verständnis für seinen Dienstrang aufzubringen vermochte, das war die Wurzel allen Übels. Stolz hätte sie sein müssen, stolz auf ihn! Und Stolz ergab Haltung; und Haltung war Größe. Aber sie war kleinlich und rachsüchtig; und nicht nur das – sie war auch würdelos! Völlig würdelos!

Daß sie versucht hatte, ihn mit Wachtmeister Werktreu zu betrügen, das war fast noch als standesgemäß zu bezeichnen. Das blieb immerhin noch in der gleichen Rangstufenkategorie. Das war jener pikanten Geschichte nicht unähnlich, nach welcher die Kommandeuse beim Sommerfest mit einem Oberleutnant von der 2. Batterie hinter der Taxushecke, sozusagen in flagranti, erwischt worden sein sollte. Man lachte darüber, aber mit Augenzwinkern!

Was sich Lore aber jetzt geleistet hatte, war unverzeihlich. Unverzeihlich! Sie gab sich mit dem niedrigsten Dienstgrad in der Wehrmacht ab. Mit einem Kanonier! Noch dazu mit einem Kanonier seiner Batterie; mit einem selten krummstiefeligen, schmalbrüstigen, unsoldatischen Exemplar.

Herrgott, empörte ihn das!

Und er beschloß, seiner Frau tüchtig den Hintern vollzuhauen. Das würde bestimmt helfen. Wenigstens doch für ein paar Tage.

Jeder Morgen, der die Kaserne umstand, lauerte auf ihre Geschäftigkeit. Und er lauerte niemals vergebens. Nur am Sonntagmorgen war der tagtägliche Lärm gedämpfter und setzte erst zwei Stunden später ein.

Lindenberg, Unteroffizier vom Dienst der 3. Batterie, war der erste, der sich erhob. Seine Uhr schnarrte fünf Minuten vor sieben Uhr. Um acht Uhr war Wecken, offiziell, laut Dienstplan. Lindenberg kannte die wenig disziplinfördernden Gepflogenheiten aller anderen Unteroffiziere und mißbilligte sie. Diese pflegten sonntags gegen acht Uhr ein wenig Geschrei zu verursachen, das dann als Wecken galt, und alsbald legten sie sich wieder auf die Haut. Ihre Sonntagsdevise: Nicht stören und nicht gestört werden! Gegen zehn Uhr veranstalteten sie sodann ein flüchtiges Revierreinigen. Das war alles.

Anders der Unteroffizier Lindenberg: Er hielt sich streng an den Dienstplan, und das war allgemein bekannt. Er pflegte auch nicht pünktlich auf die Minute, genau nach Plan, mit dem Wecken zu beginnen, sondern schon zwanzig Minuten vorher, um dann rechtzeitig fertig zu sein. Auch das war bekannt. Die Landser nahmen den Unteroffizier Lindenberg hin wie ein Naturereignis, wie Regen etwa oder Wind. Das erfüllte Lindenberg mit schlichtem, äußerlich nicht sichtbarem Stolz.

Er war, gleich wo er sich befand, immer im Dienst. Ihm nicht Wohlgesinnte behaupteten, er lege auch im Schlaf die Hände an die Oberschenkel, und seine Haltung sei selbst noch auf der Toilette als höchst einwandfrei zu bezeichnen. Fest stand, daß er nur wenige Sekunden brauchte, um »auf Posten« zu sein. Der Wecker hatte noch nicht aufgehört zu schnarren, da stand er auch schon mitten im Raum und absolvierte seine ersten Kniebeugen. Hierbei fiel ihm sofort ein, daß er beschlossen hatte, sich den Namen des Kanoniers Vierbein zu merken; war es doch Vierbein gewesen, der Asch veranlaßt hatte, falsche Angaben zu machen, wodurch es dem Hauptwachtmeister ermöglicht wurde, ihn, Unteroffizier Lindenberg, zu tadeln, was ansonsten selten vorzukommen pflegte.

Lindenberg zog sich Sporthose, Sporthemd und Laufschuhe an, trabte über den verlassenen Korridor ins Freie hinaus. Er strebte, im soliden Dauerlauf, dem Exerzierplatz zu. Hier zog er in erhöhtem Tempo drei Runden, was ungefähr, wie er wußte, die Strecke von sechs Kilometern ausmachte. Er zog sich im Laufen das Hemd aus und sah, daß sein Oberkörper vor Schweiß glänzte; darüber freute er sich. Er war in Form, und das tat ihm wohl.

Er ging sofort unter die Dusche; kaltes Wasser überströmte ihn, und ihm war, als dampfe seine Haut ein wenig. Er rasierte sich sodann mit hoher Konzentration, säuberte seine Zähne und brachte mit Sorgfalt sieben Tropfen Öl in sein Haar, das hierauf sanft glänzte. Er griff nach seinen Stiefeln, die er am Abend vorher geputzt hatte; und pünktlich zwanzig Minuten vor acht war er fertig.

Bevor er seinen Dienst begann, warf er noch einen Blick in den großen Spiegel, der neben der Ausgangstür angebracht war. Er glättete eine Falte, die sein Koppel verursacht hatte. Dann rückte er die Mütze um eine winzige Spanne nach rechts. Das Bild, das sich ihm bot, war vollkommener als jede Abbildung im Reibert, dem Handbuch für den täglichen Dienstgebrauch.

Die erste Stube, die er weckte, war die seiner Korporalschaft, auf welcher sich auch der Kanonier Vierbein befand. Er stieß die Tür auf, trillerte kurz und heftig auf seiner Pfeife und rief dann schneidig: »Aufstehen!« Die Soldaten erhoben sich, Kanonier Vierbein als erster. Lindenberg achtete genau darauf und nahm es mit einer gewissen Befriedigung zur Kenntnis. Er stand im Türrahmen und musterte, rosig und gestrafft, die müden Gestalten, die sich mit unterdrückten Flüchen aus den Betten wälzten. Dann rief er: »Lüften!« — und schlug die Tür zu.

Achtzehn-(achtzehn-!)mal wiederholte sich dieser Vorgang mit verblüffender Präzision. Punkt acht waren alle Mannschaften der 3. Batterie gründlich geweckt.

Um acht Uhr und zehn Minuten begann er seine zweite Runde, nachdem er etwa neun Minuten auf der Toilette gesessen hatte, ohne dabei irgendwelche wesentlichen Neuigkeiten über sich erfahren zu haben.

Wieder überprüfte er Stube um Stube und überzeugte sich davon, daß jedermann aufgestanden war, den Versuch machte, sein Bett zu bauen, eine ausgedehnte Körperreinigung vorzunehmen bestrebt war und entschlossen schien, die Schlappheit der vergangenen Nacht zu überwinden.

Von jeder Stube forderte er einen Mann zum Revierreinigen, von der Stube, auf der seine Korporalschaft lag, gleich zwei; und zwar nicht etwa zwei beliebige, sondern er nannte sie mit Namen: Gefreiter Asch und Kanonier Vierbein. Unwillig, aber in tadelloser Haltung und ohne sich zu einer abfälligen Bemerkung herabzulassen, nahm er zur Kenntnis, daß

Asch Sonntagsurlaub habe und, da er in der Stadt Verwandte, seine Eltern, besitze, nicht in die Kaserne zurückgekehrt sei. »Dann Sie alleine, Kanonier Vierbein!« entschied der Unteroffizier.

Lindenberg war voller Betriebsamkeit. Er liebte die Sonntage, an denen er in der Fühe Unteroffizier vom Dienst sein durfte. Da störte ihn niemand, da gehörte ihm allein der Batterieblock. Da hatte er freies Feld, alle Möglichkeiten, die ihm die Vorschriften gestatteten, auszukosten.

Er stellte sich, breitbeinig, mitten in den Korridor, pfiff und rief markig: »Kaffeeholer 'raustreten! 'raustreten zum Revierreinigen!« Der Kanonier Vierbein durfte die untere Latrine ganz alleine reinigen.

Lindenberg arbeitete genau nach Plan, den er am Abend vorher aufgestellt hatte. Etwa: Unterer Korridor – ein Mann Latrine, einer UvD-Zimmer, einer Waschraum, einer Duschraum, zwei Korridor einschließlich Fenster. Das gleiche im mittleren Korridor, ähnliches im oberen Korridor. Dazu kam: Treppenhaus, Kellergeschoß, Boden, Außenrevier.

Bei Unteroffizier Lindenberg war es an Sonn- und Feiertagen üblich, daß bis gegen zehn Uhr gearbeitet wurde. Vierbein war kurz vor elf Uhr noch nicht fertig. Soviel Mühe er sich auch gab, der Unteroffizier fand, ohne sich auch nur im geringsten anzustrengen, Stellen, die seinem Reinlichkeitsbedürfnis nicht hundertprozentig entsprachen.

Inzwischen hatte es sich herausgestellt, daß ein Mann krank geworden war. Daß der Mann simulierte, war nicht anzunehmen, wenn auch verdächtig war, daß es sich um einen Kanonier handelte, der am Abend des gleichen Tages auf Wache ziehen sollte. Unteroffizier Lindenberg fühlte ihm eingehend auf den Zahn, bevor er ihn ins Krankenrevier schickte, wo er zunächst Aspirin bekam. Erst in den späten Nachmittagsstunden wurde er dann mit Blinddarmentzündung in das Standortlazarett transportiert.

Immerhin war es nunmehr nötig geworden, die Wachmannschaft zu ergänzen. Gegen zehn Uhr klingelte daher der Unteroffizier Lindenberg bei Hauptwachtmeister Schulz. Der, noch müde von den diversen Anstrengungen der vergangenen Nacht – erst hatte er seine Frau erheblich verprügelt, dann überkam ihn das Verlangen, ihr dennoch zu zeigen, daß er gewillt war, die eheliche Gemeinschaft nicht einschlafen zu lassen –, öffnete jetzt gähnend und sah hinaus.

»Bitte Herrn Hauptwachtmeister melden zu dürfen«, rief der Unteroffizier Lindenberg mit der ihm eigenen Korrektheit in allen Lebenslagen, »daß ein Mann der Wache ausgefallen ist. Wir brauchen Ersatz!«

Der Hauptwachtmeister sah ihn mit verschwommenen Augen an. Er gähnte abermals ungeniert und beobachtete dabei den Unteroffizier; aber der stand unerschütterlich korrekt da, ohne eine Miene zu verziehen. »Nehmen Sie doch den Kanonier Vierbein«, sagte Schulz.

»Jawohl, Herr Hauptwachtmeister«, rief der Unteroffizier. »Kanonier Vierbein.« Und nicht im geringsten war ihm anzumerken, wie sehr einverstanden er mit dieser Entscheidung seines Hauptwachtmeisters war.

Johannes Vierbein, der Kanonier, nahm den Befehl, am Sonntagabend auf Wache zu ziehen, mit einer gewissen Erleichterung entgegen. Er war darauf gefaßt, bestraft zu werden; er wußte zwar nicht ganz genau, wofür, aber gefaßt darauf war er schon.

Wacheschieben, sagte er sich, ist das Schlimmste nicht: zwei Stunden stehen, zwei Stunden sitzen, zwei Stunden schlafen; und das einen ganzen Tag lang. Die Wachvorschrift war zu übersehen, besondere Schikanen waren so gut wie unmöglich, kaum ein anderer Dienst konnte als derartig wohltuend geregelt bezeichnet werden.

Schade war nur, daß er Ingrid nicht sehen konnte. Er war um siebzehn Uhr mit ihr verabredet. Aber um siebzehn Uhr und dreißig Minuten hatte die Wache vor dem Batterieblock zu stehen, um hier vergattert zu werden. Punkt achtzehn Uhr mußte die Wachablösung erfolgt sein. Am nächsten Tag, so beschloß er, würde er Asch bitten, ihn bei seiner Schwester zu entschuldigen. Dienst ist Dienst — niemand kann etwas dagegen tun. Und Ingrid würde, davon war er überzeugt, Verständnis dafür haben.

Am Nachmittag schlief er drei Stunden Vorrat. Gegen sechzehn Uhr begann er, sich auf den Wachdienst vorzubereiten: Er bürstete seinen Anzug, den Wachanzug, sorgfältig aus, putzte Koppel, Patronentasche und Stiefel, reinigte genauestens sein Gewehr. Ab siebzehn Uhr war er abrufbereit.

Wachhabender war Unteroffizier Schwitzke, der allgemein nur Saurier genannt wurde, denn er machte, was seine Abgeklärtheit in dienstlichen Dingen betraf, einen durchaus vorsintflutlichen Eindruck. Schwitzke war die Ruhe in Person. Niemand wußte, wie ausgerechnet er hatte Unteroffizier werden können; und jedermann war überzeugt, er würde niemals Wachtmeister werden. Sein Lieblingswort lautete: Alter Mann ist kein D-Zug.

Das alles schloß jedoch nicht aus, daß Schwitzke, wenn er »Ruhe« sagte, nur sich damit meinte. Die planvolle und gegebenenfalls pausenlose Beschäftigung der anderen, das war es, was ihm seine Ruhe garantierte. Schwitzke schrie nie; er ordnete nur an: ruhig, gründlich, mit sicherem Gefühl für das, was getan werden mußte, um die normalen dienstlichen Anforderungen mit einem Mindestmaß an Aufregung zu erfüllen. Er saß herum und sicherte sich ab. Er tat nur, was unumgänglich nötig war. Dabei wußte er aber jederzeit den Eindruck zu erwecken, er sei schwer beschäftigt. Wenn er eines seiner Kriminalhefte las — die gelbe Serie, in

Fortsetzungen, Nummer dreißig Pfennig –, dann legte er sie gutgetarnt in das Wachbuch hinein und nahm dabei den Federhalter zur Hand.

Schwitzke besaß außerdem eine ans Wunderbare grenzende Menschenkenntnis: er spürte unter den ihm anvertrauten Untergebenen mit Sicherheit denjenigen heraus, der den geringsten Widerstand leisten würde. Der trabte dann unentwegt. Daß der Auserwählte während seines Wachdienstes Vierbein hieß, war ganz selbstverständlich.

Kanonier Johannes Vierbein erledigte alle Aufträge, die ihm reichlich zufielen, ohne Grollen. Er holte dem Unteroffizier Saftwasser aus der Kantine, fegte das Wachlokal, hielt Streichhölzer bereit, damit sich Schwitzke seine Zigaretten daran anzünden konnte. Das wunderbare war: Es wurde nicht geschliffen, nicht im Dreck gewühlt, keine Beschimpfungen erklangen. Wachdienst war beinahe Erholung; bei Schwitzke jedenfalls.

Die schönsten Stunden waren, wenn Vierbein patrouillierte. Dann zog er gemächlich seine Runden: am Kasernenzaun entlang, an den Geschützhallen vorbei, quer über den Exerzierplatz. Er überprüfte die Verschlüsse an den Munitionskästen und die Plomben der Hydranten. Kontrollen fürchtete er nicht, denn die Offiziere vom Dienst pflegten sich seit einigen Wochen frühzeitig zu erkennen zu geben. Das war das anerkannte Verdienst des Obergefreiten Kowalski, der schneller geschossen hatte, als es dem Kontrollierenden gelungen war, die Parole hervorzustottern.

Wenn Vierbein, das Gewehr geladen und gesichert auf der Schulter, mit sich und seinen Gedanken allein war, fühlte er sich wie ein richtiger Soldat. Er wachte – und die anderen konnten ruhig schlafen. Die Kameraden lagen in den Betten, die Geschütze standen in den Hallen, die Munition stapelte sich in den Kästen – und er bewachte das alles. Und wenn einer käme, ein Spion oder ein Saboteur, dann würde er schießen, mit scharfer Munition, um das große Geheimnis, das zu hüten ihm gegönnt wurde, zu wahren. Fünf Schuß waren im Gewehr, fünfzehn weitere Schuß in den Patronentaschen. Er würde seine Pflicht tun – das Vaterland konnte ruhig sein.

Und während er durch die helle Nacht schritt, ruhig, sicher, alles andere als lautlos, während seine Stiefel über den Kies knirschten und der Lauf seines Gewehres kriegerisch gegen den Stahlhelm schlug, währenddessen sann er weiter nach. Warum, so hatte er sich zu fragen, war ausgerechnet er, der ehrlich Bemühte, immer wieder die Zielscheibe der Unteroffiziere? Er gab sich doch wahrlich Mühe, er tat alles, was von ihm verlangt wurde, und mehr als das; er war jederzeit bereit, er meldete sich stets freiwillig, maulte nie, zeigte immer Diensteifer. Aber niemand würdigte das. Im Gegenteil: das Unangenehme lief hinter ihm her. Wenn einer auffiel, war er es; immer nur er. Andere konnten sich stundenlang vom Dienst drücken, niemand fragte danach; sobald aber er den Versuch machte, sich nur für wenige Sekunden zu verschnaufen, merkte das jeder Vorgesetzte in einem Umkreis von hundert Metern.

Aber da diese Dinge nicht zu ändern waren, hielt er es für richtig, nicht weiter über sie nachzudenken. Er ging an das hintere Tor und überprüfte, ob es verschlossen sei. Er wanderte den Zaun entlang; Stacheldraht, vor kurzem erneuert, blitzte im Mondlicht. Und dann dachte er an seine Eltern, an seinen Vater besonders, der gewiß stolz auf ihn gewesen wäre, hätte er ihn so sehen können. Und dann stellte er sich Ingrid vor und das, was sie womöglich gerade jetzt tun würde; und er vermutete stark, sie liege in ihrem Bett. Seine Gedanken nahmen Anlauf, sich das vorzustellen; aber er zog es vor, dieses Thema zu meiden.

Einige Stunden später hatte er Tordienst. Er pendelte zwischen Wachlokal und Kasernentor einher, zweimal zwölf Schritte, sobald jemand Einlaß begehrte. Er nahm Urlaubsscheine in Empfang und produzierte Ehrenbezeigungen vor Unteroffizieren. Und gelegentlich blieb er längere Zeit am geöffneten Tor bei der Laterne stehen, trat zwei, drei Schritte auf die Straße hinaus und sah in Richtung »Bismarckshöh«, von wo die letzten Urlauber kamen.

Es wurde langsam, ganz langsam, hell. Fern am Horizont kam bleiernes, mattes Licht auf. Frühnebel schienen sich zu bilden.

Wachtmeister Platzek, der Schleifer-Platzek, taumelte auf das Kasernentor zu. Er war betrunken und daher in prachtvoller Stimmung. »Machen Sie das Tor weit auf, Sie Wurzelsau!« rief er lallend. »Wenn ich nicht durchkomme, ist das Ihre Schuld. Verstanden?«

»Jawohl, Herr Wachtmeister!« sagte der Kanonier Vierbein mechanisch.

Der Schleifer-Platzek hielt sich am Tor fest: »Einer von uns beiden ist besoffen! Klar? Wer?«

Vierbein machte erneut eine Ehrenbezeigung und vermied es, zu antworten.

»Einer von uns beiden«, sagte Platzek hartnäckig, »ist besoffen. Sagen Sie, Sie Mensch, Sie Wurm, Sie Würstchen – bin ich besoffen?«

Vierbein war sich klar darüber, daß er nicht sagen durfte: Herr Wachtmeister sind besoffen, jawohl, wie eine Sau! Er wußte, was Platzek erwartete.

Und das sagte er auch: »Nein, Herr Wachtmeister!«

Schleifer-Platzek sah den Kanonier mit kleinen Augen an und lehnte sich schnaufend gegen den Pfeiler. »Gut«, sagte er mit schwerer Zunge. »Ich bin nicht besoffen. Aber einer von uns beiden ist es. Also sind Sie besoffen! Klar?«

»Jawohl, Herr Wachtmeister!«

»Schämen Sie sich«, sagte Platzek. »Wache hat der Kerl und ist besoffen!« Er taumelte weiter, blieb dann stehen und sah sich um. »Ich werde das melden!« verkündete er mühsam. Dann segelte er in kühnen Kurven in das Kasernement.

Vierbein kam nicht auf die Idee, darüber zu lachen. Er sah dem Wachtmeister nach und zuckte dann mit den Schultern. Offenbar handelte es sich hier um einen Kasernenhofwitz, und er mußte zugeben, nicht sonderlich viel davon zu verstehen. Er wollte das Tor schließen und sich wieder in das Wachlokal zurückbegeben.

Eine Stimme, die er kannte, rief ihn an: »Vierbein!« rief diese Stimme gedämpft und mit Vorsicht. »Ist die Luft rein?«

Der Kanonier Vierbein wußte sofort, daß es der Gefreite Asch war, der ihn anrief. Er trat vor das Tor und sah blinzelnd in das Dunkel jenseits der Straße, von wo die Stimme zu kommen schien. »Was ist los?« fragte er. »Wo bist du?«

»Ist niemand in der Nähe?« fragte Asch zurück.

»Nein«, sagte Vierbein und wußte nicht, wie er die Situation zu deuten habe.

»Dann ist es gut!« rief Asch. »Mach das Tor auf. Ich komme!«

Und aus dem Dunkel löste sich eine Gestalt, die des Gefreiten Asch, und kam auf ihn zu. Und Vierbein merkte mit Entsetzen, daß Asch mit nichts weiter bekleidet war als mit einem Hemd. Es war kein Zweifel möglich: der Gefreite Asch spazierte im Hemd durch das Tor der Kaserne, an dem erstarrten Vierbein vorbei. Und das mit allergrößter Selbstverständlichkeit.

Für Vierbein fiel eine Welt zusammen. Er witterte die fürchterlichsten Komplikationen. Er stotterte: »Aber das kannst du doch nicht machen! Das muß ich ja melden. Du bringst mich vor ein Kriegsgericht.«

»Halt die Luft an, Mensch!« rief Asch und schritt munter weiter. »Mach die Augen zu. Alles andere überlaß mir. Morgen erzähle ich dir, was los war.«

Kanonier Johannes Vierbein schloß das Tor mit zitternden Händen. Wenn das nur gutgeht – das war alles, was er denken konnte. Und er lauschte angstvoll in die Dunkelheit hinein, die den Gefreiten Asch, der nur mit einem Hemd bekleidet war, verschluckt zu haben schien. Zunächst war alles ruhig, beängstigend still; aber dann erhob sich im nächtlichen Kasernement ein triumphales Geschrei.

»Was ist denn das!« schrie Platzek mit der Begeisterung der Betrunkenen. Offenbar war ihm schlecht geworden, er hatte sich gegen eine Mauer gelehnt, entleert und war gerade dabei, sich wieder zu sammeln, als er einen Mann im Hemd erblickte. »Das ist ja nicht zu fassen! Im Hemde ist der Kerl. Wo kommen Sie her, Asch? Wo kommen Sie Riesenroß her?«

Vierbein hörte das, und ihm wurde es erst kalt, dann heiß, er umkrampfte den Torschlüssel in seiner rechten Hand und spürte deutlich, daß die Handfläche naß war vor Schweiß. Er sah sich bereits vor ein Kriegsgericht gestellt, verurteilt und im Gefängnis sitzen. Denn das, was hier geschehen war, mußte als Wachvergehen bezeichnet werden.

Doch da hörte er die volle, ruhige Stimme des Gefreiten Asch durch die Dunkelheit, diese wohltuende Stimme, die immer so klang, als amüsiere sich der Sprecher heimlich und ausgedehnt. Asch sagte: »Bitte, Herrn Wachtmeister melden zu dürfen, daß ich Schlafwandler bin.«

Schleifer-Platzek schien maßlos darüber erstaunt zu sein. Es dauerte geraume Zeit, ehe er seine biergesättigte Stimme ertönen ließ. »Das ist ja zum Brüllen!« rief er. »Das müssen Sie mir erzählen, Asch.«

»Gerne, Herr Wachtmeister«, rief der Gefreite. Und dann entfernten sich die beiden einträchtig. Zu hören war nichts mehr von ihnen. Nur einmal noch erhob sich ein brüllendes Gelächter, das ohne Zweifel Platzek ausgestoßen hatte. Dann war es endgültig still.

Der Kanonier Vierbein vermochte nicht, sich zu regen. Wenn das nur gutgeht, dachte er. Wenn da nur nichts mehr nachkommt!

Die Liebe der Soldaten war anders als die Liebe der Fabrikbesitzer; sie glich nicht der Liebe der Postbeamten und auch nicht der Liebe der Hotelkellner. Sie hatte ihre Besonderheiten. Nun ja, in jenem gewissen Punkt glich sich die Liebe wohl immer und überall. Aber die äußeren Umstände, die Formen, die Vorbereitungen — da schieden sich die Klassen, Gruppen und Dienstgrade.

Herbert Asch kannte die Liebe der Soldaten zum gewissen Teil aus eigener Erfahrung, doch auch vom Zuschauen und Zuhören. Er wußte, daß diese Liebe drängend, schnell und achtlos war. Auch nicht sonderlich behutsam in der Wahl der Objekte. Nächte wurden durch Urlaubsscheine verkürzt. Der Zufall lenkte die Wahl. Die überstürzt herbeigeführten Ereignisse wurden dann zumeist, mit vielerlei Übertreibungen, in allen Einzelheiten bei den beliebten ordinären Kasernengesprächen verkündet. Nicht selten mit der Angabe der vollständigen Adresse.

Asch wußte um die ortsüblichen Finessen, Besonderheiten und Primitivitäten. Er kannte die Soldatenliebe am Gartenzaun, an der Friedhofsmauer, im Schuppen der Kegelbahn von »Bismarckshöh«, in den Schrebergartenlauben und beim Kasernenzaun. Er kannte die Parole in den Mannschaftsstuben: »Geht mal 'raus, ich will mich mit meiner Braut zehn Minuten unterhalten!« Er wußte, was es bedeutete, wenn ein Unteroffizier mit Augenzwinkern verkündete: »Ich will heute nachmittag nicht gestört werden!« Er kannte sich aus, wenn bei Leutnant Wedelmann das kleine Licht brannte, nachdem er vorher Schallplatten mit französischen Chansons gespielt hatte.

Immer diktierte eine genau festgesetzte Zeitspanne, die keine zärtlich verliebten Spiele duldete und die zwangsläufig jegliche Vorbereitung verkürzte: der Zapfenstreich, die Stunde, da der Nachturlaub ablief, das Wecken. Hast bestimmte ihr Handeln.

Hinzu kam das würgende Gefühl, ständig bereit sein zu müssen: einer der vielen tausend Vorgesetzten konnte plötzlich danebenstehen; Alarmsirenen zerrissen die Umarmung; in den nächsten Stunden schon war es möglich, daß eine Versetzung erfolgte; die ganze Einheit konnte im Handumdrehen verlegt werden; denkbar war schließlich auch, daß schon wieder einmal ein neues Land befreit werden mußte oder daß schließlich doch die Bombe platzte, mit der seit Jahren schon gespielt wurde — Krieg aber bedeutete nicht nur: Schluß mit der Liebe, sondern vielleicht sogar: Schluß mit dem Leben.

Daher die Gier nach Leben, nach Liebe.

Einige dachten niemals so; Vierbein zum Beispiel, vermutlich auch Lindenberg, falls der überhaupt jemals an Frauen dachte. Und einige gab es auch, die dachten nicht immer so; Herbert Asch zum Beispiel, als er an diesem seidigen Sonntagabend mit Elisabeth zusammen war.

Herbert Asch, der Gefreite, war fest entschlossen, bei Elisabeth anständig zu bleiben. Er liebte sie mehr als sich; und er wollte, daß diese Liebe dauern sollte. Aufbewahren wollte er sie für schönere, bessere, freiere Tage, für eine Zeit, die Raum schaffte für die beängstigende Größe seiner Gefühle zu Elisabeth.

Er hielt sie bei der Hand, lag neben ihr im Gras, sah in den Himmel hinein und stellte sich vor: Sie beide, Elisabeth und er, übernehmen das Café Asch; der Vater, zufrieden und einer Last ledig, geht nur noch gelegentlich durch die Räume und begrüßt die jeweiligen Hoheitsträger der gerade an der Regierung befindlichen Partei; irgendwo spielen zwei Kinder vergnügt; und wenn er ganz besonders guter Stimmung ist, erzählt er von seiner zweijährigen Dienstzeit und davon, wie komisch es dabei zuging.

»Woran denkst du?« fragte Elisabeth und sah ihn an. »Worüber freust du dich?«

»Über die Kinder«, sagte er. »Darüber, daß sie keine Uniformen werden anziehen brauchen.«

Elisabeth sah ihn zweifelnd an. »Glaubst du das im Ernst?«

Herbert Asch riß einen Grashalm ab und legte ihn zwischen seine Lippen. »Das ist sicher«, sagte er. »Entweder wir haben die ganze Welt in der Tasche, und dann brauchen wir keine Wehrmacht mehr. Oder die ganze Welt hat uns in die Tasche gesteckt, und dann brauchen wir unsere Wehrmacht erst recht nicht.«

Elisabeth legte sich zurück, streckte sich lang aus und schüttelte den

Kopf. »Ich weiß nicht«, sagte sie nachdenklich. »Genau das, was du sagst, will Vater auch einmal gesagt haben, als er noch sehr jung war, 1913.«

»Damals!« Herbert wälzte sich herum und legte sich auf den Bauch. »Damals hatte die große Katastrophe noch nicht stattgefunden. Wir sind heute klüger geworden, durch Erfahrung. Wir führen unsere Kriege kalt.«

Elisabeth lachte unterdrückt auf. »Wie recht du hast«, sagte sie, »du bist ein kalter Krieger.«

Herbert Asch biß sie in die Lippen. »Du«, sagte er. »Ich werde dir zeigen, wer von uns beiden kalt ist.« Und wieder küßte er sie heftig.

Elisabeth hörte auf zu lachen. Ihre Hände griffen nach seinen Schultern; er spürte die Wärme ihres Körpers. Sie wurde willenlos; sie lag still und ruhig, wie ergeben, da.

»Elisabeth«, sagte Herbert, und seine Hand glitt zu ihrer Hüfte.

Da riß sie sich von ihm los, stieß ihn fort und sprang auf. Trotz der Dunkelheit sah er, daß ihr Gesicht glühte.

»Entschuldige«, sagte Herbert, und er erhob sich ebenfalls.

Da lachte sie wieder auf. »Komm«, sagte sie. »Ich muß nach Hause.« Und sie ergriff, wie selbstverständlich, seinen Arm. »Dummheiten«, sagte sie, »dürfen wir uns nicht leisten.«

»Nein, Elisabeth.«

»Später«, sagte sie zärtlich. »Später werden wir noch Zeit genug dazu haben.«

»Ja, Elisabeth.«

Er zog, während sie nebeneinander gingen, behutsam seinen Arm aus dem ihren und legte ihn fest um ihre Schultern. Sie duldete das nicht nur, sie schmiegte sich an ihn. Es war umständlich, so zu gehen, es sah fürchterlich albern aus, aber es gefiel ihnen. Denn sie liebten sich.

Asch suchte Nebenwege, um zu vermeiden, mit Vorgesetzten zusammenzutreffen. Und während seine Hand, ohne Widerstand zu finden, unter ihre Achsel glitt und sich bis zu dem Ansatz ihrer festen kleinen Brust vortastete, betrachtete er forschend seine Umgebung, um jeden Zusammenstoß zu vermeiden.

Lange gingen sie so, dicht aneinandergedrängt, durch die Nacht. Sie sprachen kaum ein Wort, aber es war, als sagten sie viele Dinge zueinander, ohne den Mund zu öffnen. Sie hatten beide den gleichen Gedanken: Da war der Samstag, das Tanzen im Lokal und der Heimweg, wo sie sich küßten und »du« zueinander sagten — und alles war selbstverständlich. Da war der Sonntag, den sie gemeinsam verbrachten, als wären sie langjährige gute Freunde, der ganze Sonntag, der so überaus schnell verlosch, dieser seltsame Sonntag mit endlosen Gesprächen, ziellosen Spaziergängen und wilden Küssen, vor denen sie zurückschreckten — obwohl doch alles selbstverständlich war.

»Jetzt mußt du gehen«, sagte sie.

»Ja, Elisabeth.«

Sie standen, etwa vierzig Meter vom Freitag-Haus entfernt, unter einem Baum, einer Linde, und preßten sich aneinander.

»Ich kann jetzt nicht gehen«, sagte er, und das klang fast hilflos.

Ihre Hände verloren sich. Sie tastete über seine grobe Uniform; ihr Körper glühte, aber ihre Hände lagen regungslos auf ihm.

»Elisabeth«, sagte er, und sein Mund glitt ihren Hals hinunter. »Elisabeth.«

»Komm mit«, sagte sie. Sie griff seine Hand und zog ihn auf das Freitag-Haus zu. Sie gingen wie trunken durch die Nacht.

Elisabeth ging voran. Sie schloß die Tür auf und führte ihn in den Vorraum. Sanft glitt hinter ihnen die Tür wieder ins Schloß. Ihr Zimmer nahm sie auf.

»Elisabeth«, sagte er. »Ich liebe dich.«

»Zieh deine Uniform aus«, sagte sie leise.

Sie versanken ineinander, und der Mond betrachtete sie. Es war ein Mond, der zu grinsen schien wie ein zufriedener Zuhälter. Er legte sich breit und behaglich auf die hellen Möbel des Zimmers, und es war, als hielte er genießerisch den Atem an.

Sie lagen ermattet nebeneinander und lächelten glücklich. Ganz zart glitten ihre Fingerspitzen über die Haut des anderen. Sie waren beglückt voneinander, zufrieden mit sich und der Welt. Auch die Liebe des Soldaten kennt diesen Augenblick, indem es ist, als ob die Welt stillstünde. Aber die Welt der Soldaten dreht sich schneller als die der normalen Menschen.

Sie schlief ein, und er lag wach, dachte an sie und an sich, und überdachte dann die Wege, die er zu gehen hatte, um rechtzeitig wieder in der Kaserne zu sein.

Außerdem verspürte er ein heftiges Verlangen, ein kleines Geschäft zu verrichten.

Behutsam erhob sich Herbert Asch, zog sich das Hemd über und sagte leise zu der sich im Halbschlaf dehnenden Elisabeth: »Ich komme gleich, Liebste.«

»Ja«, sagte sie automatisch, und die übergroße Müdigkeit erschwerte ihr Denken.

Asch begab sich vorsichtig, barfuß und im Hemd, in den Vorraum; angestrengt überlegte er, was er tun sollte. Er fand es nicht ratsam, irgendeine Tür versuchsweise zu öffnen und dort wer weiß wem in die Hände zu laufen; er fand es praktisch, sich einfach ins Freie zu begeben.

Er öffnete mit großer Vorsicht die Tür und trat hinaus. Und da glitt ihm die Tür wieder sanft ins Schloß.

Das bemerkte er erst, als er wieder hinein wollte. Die Tür, so stellte er verwundert fest, hatte ein Schnappschloß und war von außen ohne Schlüssel nicht zu öffnen; ein Werk des Bastlers Freitag, der nicht umsonst ein hervorragender Mechaniker war.

Es dauerte lange Sekunden, bis ihm klar wurde, was das für ihn bedeutete!

Mit militärischer Gründlichkeit peilte er die Lage: In das Haus zurück konnte er nicht, ohne zu klopfen oder zu klingeln. Elisabeth schlief offenbar, und es mochte geraume Zeit dauern, ehe sie ihn vermißte und ihn suchen kam. Jede Art von Lärm aber mußte vermieden werden! Es durfte nichts geschehen, das Elisabeth — seine Elisabeth — bloßstellen konnte.

Also: Ab in die Kaserne! So wie er war. Es ging nicht anders; Elisabeths wegen mußte es sein. Und wer weiß, vielleicht hatte er Glück und kam ungehindert zur Batterie zurück. Und wenn ihm besonders großes Glück beschieden war, stieß er auf Vierbein, der Wache hatte.

Sein Entschluß, unverzüglich im Hemd in die Kaserne zu eilen, wurde durch mehrere Ereignisse, die er kurz hintereinander wahrnahm, bestärkt: einmal fing es an, kühl zu werden; weiterhin schien der neue Tag nicht mehr fern zu sein, denn der Horizont begann sich zu versilbern; dann aber hörte er im Freitag-Haus Stimmen. Und deshalb trabte er los.

Die Stimme, die er gehört hatte, war die des Werkmeisters Freitag. Den hatte das Zuschnappen der Tür aus dem Schlaf geweckt; war ihm doch, als hätte er schon einmal in dieser Nacht, vor einer guten Stunde etwa, die Tür zuschnappen hören.

Er klopfte an Elisabeths Zimmer. »Bist du zu Hause?« fragte er.

»Ja«, sagte Elisabeth erschrocken.

»Bist du eben gekommen?«

»Nein. Schon früher. Ich schlafe doch schon.«

»Dann schlafe ruhig weiter, mein Kind«, sagte Freitag väterlich. Und zu sich selbst sagte er verwundert: »Mir war doch, als hätte ich . . .« Dann ging er wieder nach oben in sein Zimmer und legte sich nieder; aber es dauerte geraume Zeit, ehe er einschlief, denn er hatte das sichere Gefühl, daß irgend etwas geschehen war, das ihm zu denken geben sollte.

Elisabeth saß während dieser Zeit auf ihrem Bett und hörte ihr Herz laut klopfen. Sie wußte nicht genau, was geschehen war, und konnte sich nicht denken, was weiter zu geschehen habe. Sie fühlte sich müde, wie zerschlagen; und sie war verzweifelt. Denn sie sah, auf dem Boden ihres Zimmers verstreut, die Bekleidungs- und Ausrüstungsgegenstände des Gefreiten Herbert Asch: Unterhose, Socken, Hose und Rock, Stiefel, Mütze und Koppel. Nur das Hemd fehlte. Und der Vater hatte gehört, wie die Tür ins Schloß fiel.

Schließlich raffte sich Elisabeth auf. Sie rechnete mit allem: daß Herbert ohne Kleider draußen in der Nähe wartete; daß der Vater wiederkommen konnte — und die Kleider in ihrem Zimmer dürfte er unter keinen Umständen vorfinden. So schichtete sie alle Sachen paketartig übereinander und trug sie nach draußen. Sie legte sie, eilig und doch sehr behutsam, am Hauseingang ab.

Und hier, am Hauseingang, wurde alles am nächsten Morgen, ganz früh, von Vater Freitag aufgefunden, als er zur Arbeit gehen wollte. Der alte Freitag stand erstaunt, ungläubig da und starrte auf seinen seltsamen Fund. Er schien lange und angestrengt nachzudenken. Dann raffte er sämtliche Sachen auf, trug sie in das Haus zurück und legte sie auf den Küchentisch, wo gerade seine Frau und seine Tochter frühstückten.

Er sah niemand an. Er sagte: »Irgendein Soldat muß das irgendwo vergessen haben. Das ist zwar ungewöhnlich, aber es kann schon vorkommen. Ich denke, wir tun gut daran, jedes Aufsehen zu vermeiden. Wir werden diese Sachen einfach zurückgeben.«

Gesang erfreut des Menschen Herz, stärkt die Lungen und fördert den Durst. Beim Militär wird Gesang außerdem noch deshalb geübt, um das Marschieren unterhaltsamer zu gestalten und die Mannschaften am Führen von Privatgesprächen zu hindern.

»Nun danket alle Gott!« sangen zwanzig kräftige Stimmen im oberen Korridor. Es war Montag, kurz nach fünf Uhr morgens, und es galt, den Geburtstag des Wachtmeisters Platzek, des Schleifer-Platzek, festlich im Kameradenkreis zu begehen. Wachtmeister Werktreu stand auf einem Schemel und dirigierte. Das Unteroffizierskorps, mit dem Spieß als zentrale Gestalt, umringte den sangesfreudigen Bekleidungsverwalter.

Sie hatten sich flüchtig angezogen, oftmals nur das oben weit geöffnete Nachthemd in eine Trainingshose gesteckt, die ungekämmten Haare standen einzeln zu Berge, und die zumeist großen Füße steckten in Filzpantoffeln oder Turnschuhen. Nur der Unteroffizier Lindenberg hatte einen vollständigen, vorschriftsmäßigen Anzug an — den Sportanzug. Sie sahen alle auf die Tür, hinter der sich das Geburtstagskind Platzek befand, und sie sangen lautstark und mit einer gewissen Inbrunst.

Langsam öffnete sich die Tür, und Wachtmeister Platzek, der der durchsoffenen Nacht wegen kaum aus den Augen sehen konnte, blinzelte ihnen freudestrahlend, doch betont männlich entgegen. Weiter öffnete sich die Tür, und mitten auf dem Tisch im schmalen Zimmer wurden zwei Kisten Bier — Brauerei Ploner, Bock, mit Kapselverschluß — und vier Flaschen Schnaps sichtbar.

»Nun danket alle Gott!« sangen die Unteroffiziere.

Und als sie den Choral mit fröhlich-feierlichen Gesichtern zu Ende gesungen hatten, trat der Spieß Schulz auf Wachtmeister Platzek zu und sagte: »Mein lieber Kamerad Platzek, wir gratulieren dir zu deinem Geburtstag. Und jetzt nenn uns dein Lieblingslied.«

»Auf der Lüneburger Heide!« sagte Platzek eifrig. Er hatte gewußt, daß diese Frage kommen würde und sich beizeiten darauf eingestellt. Er selbst sang nicht gerne und niemals richtig; aber ihm war bekannt, daß die »Lüneburger Heide« das Lieblingslied des Hauptwachtmeisters war.

»Zwei, drei!« brüllte Schulz und stimmte an; die anderen fielen sofort ein. Und unter dem Absingen aller Strophen dieses munteren Liedes schüttelten die Unteroffiziere, ganz zwanglos dem Dienstgrad nach, dem Geburtstagskind die Hand und nahmen, vorerst, jeder eine Flasche Bier in Empfang.

Sie füllten das kleine Zimmer restlos aus. Der Spieß Schulz, das Geburtstagskind Platzek und der Vorsänger Werktreu saßen auf dem Feldbett, andere Wachtmeister hatten sich auf den Schreibtisch geschwungen oder die zwei vorhandenen Stühle mit Beschlag belegt; die jüngeren Unteroffiziere hatten vorsorglich Schemel mitgebracht. Sie rauchten einige Morgenzigaretten und putzten sich die Zähne mit Branntwein. Bald roch es kräftig nach Bier, Schnaps, Rauch und Männerschweiß.

Der Spieß fühlte sich, wie immer, als Mittelpunkt. Das Geburtstagssingen war seine ureigene Idee. Sein 1. Schreiber führte eine gesonderte Terminliste zu diesem Zweck. Und stets drei Tage vorher wurden Gratulanten und der Gefeierte – letzterer, damit er die nötigen Vorbereitungen treffen konnte – auf diesen Ehrentag aufmerksam gemacht. Die also präzis durchgeführten Feierlichkeiten begannen, vor dem offiziellen Wecken, mit einem Choral – es war immer derselbe. Und dann nützte der Spieß die günstige Gelegenheit und das durch reichlich Alkohol auf nüchternen Magen befeuerte Zusammengehörigkeitsgefühl weidlich aus und machte kräftige Hauspolitik.

»Im Geschützexerzieren«, verriet er den Horchenden, »sind wir die beste Batterie des Regiments. Das ist nicht zuletzt dein Verdienst, Platzek. Prost! Du sollst leben! Hach, das ist ein Tropfen! Da übertrifft uns keiner, im Geschützexerzieren. Selbst Major Luschke, der Knollenkopf, hat das neulich zum Chef gesagt, und zwar in meiner Gegenwart. Und wenn das sogar Major Luschke sagt, dann ist das mehr als ein Orden. Darauf können wir stolz sein. Aber die allgemeine Disziplin ist beschissen. Wir haben ein paar Brüder in unserer Batterie, die sind unter aller Sau. Unter aller Sau, sage ich! Vierbein zum Beispiel.«

Teile des Unteroffizierskorps bestätigten ihm das lebhaft. Andere, um Werktreu herum, schienen singen zu wollen, wahrscheinlich um sich nicht unterhalten zu müssen. Aber Schulz war entschlossen, das Korps geistig eng um sich geschart zu halten.

»Dieser Vierbein«, sagte er, »ist eine Flasche. Haben Sie ihn nicht in der Korporalschaft, Lindenberg?«

»Jawohl, Herr Hauptwachtmeister«, sagte der; stramm wie stets, dienstbereit wie immer.

»Und? Lindenberg?«

»Jawohl«, sagte der, »Kanonier Vierbein ist eine Flasche. Meine ganze Korporalschaft besteht nur aus Flaschen.«

Ehe noch der Hauptwachtmeister Schulz den letzten Satz, der ihm das Konzept verdarb, abschwächen konnte, fiel Wachtmeister Platzek ein: »Stimmt!« sagte er. »Lauter Flaschen hat der Lindenberg. Das ist vielleicht eine komische Korporalschaft. Heute früh traf ich einen davon im Hemde. Ein Nachtwandler!«

Viele bemühten sich, das sehr lustig zu finden, und sie lachten lebhaft. Einige tranken nur. »Kaum zu glauben!« rief einer.

Der Unteroffizier Lindenberg saß steif auf dem Schemel, den er sich mitgebracht hatte. »Bitte Herrn Wachtmeister fragen zu dürfen, um welchen Angehörigen meiner Korporalschaft es sich gehandelt hat.«

»Es war der Gefreite Asch, diese Runkelrübe.«

»Herr Wachtmeister irren sich auch nicht?« fragte Lindenberg ungläubig. Er vermochte das nicht zu fassen. Er kannte Asch. Der war gesund, widerstandsfähig und durchaus normal. Unmöglich zu glauben, daß ausgerechnet Asch ...

»Erlauben Sie mal!« Platzek wurde unwillig. Er richtete sich auf und fixierte mit leicht verschleiertem Blick den Unteroffizier. »Was soll denn das heißen? Wollen Sie etwa behaupten, ich war besoffen?«

»Natürlich will er das nicht!« sagte Werktreu versöhnlich. »Ich selbst habe mich auch gewundert, als du den Namen Asch nanntest. Das mußt du verstehen. Dieser Asch ist doch nie im Leben ein Schlafwandler.«

»Er ist einer!« beharrte Platzek zäh.

Der Hauptwachtmeister war bemüht, jeden Streit zu vermeiden, außerdem wollte er nicht von seinem Generalthema abgelenkt werden. »Lassen wir das!« sagte er. »Reden wir weiter von Vierbein, von dieser Pflanze. Der hat sich doch am Samstag seinen Urlaubsschein unter falschen Voraussetzungen erschlichen. Zum Handballspiel wollte die Wurzelsau, aber es war gar kein Handballspiel. Stimmt das, Lindenberg?«

»Jawohl, Herr Hauptwachtmeister.«

»Und dann«, sagte Schulz wie ein Ankläger, »muß dieses Früchtchen am Samstagnachmittag die Kaserne auf ungewöhnlichem Weg verlassen haben.«

»Über den Zaun!«

»Unsinn! Am hellen Nachmittag!«

»Aber wie denn sonst?«

»Ich«, sagte der Hauptwachtmeister, und das klang ungemein überzeugend, »war schon immer der Meinung, daß dieser Vierbein eine glatte Gefahr für die Disziplin ist. Wir sollten ihm kräftig Feuer unter dem Schwanz machen.«

»Bisher«, wagte der Unteroffizier Lindenberg zu bemerken, »hat er sich einwandfrei geführt. Er war kein guter Soldat, aber auch kein schlechter. Er gab sich Mühe und zeigte sich jederzeit willig.«

»Was soll das heißen?« fragte der Hauptwachtmeister gedehnt und tat mächtig erstaunt. »Zweifeln Sie etwa mein Urteil an, Lindenberg?«

»Nein, Herr Hauptwachtmeister.«

»Das will ich auch hoffen«, sagte Schulz, sah sich um und blickte mit Genugtuung in zustimmende Gesichter. »Und damit Sie Zeit haben, mein lieber Lindenberg, um darüber nachzudenken, warum Sie sich am Samstagnachmittag von einem lausigen Kanonier bescheißen ließen, werden Sie heute den Frühsport übernehmen.«

»Jawohl, Herr Hauptwachtmeister.«

»Und anschließend werden Sie die Aufsicht beim Revierreinigen übernehmen.«

»Jawohl, Herr Hauptwachtmeister.«

Das, sagte sich Schulz, war nötig; überhaupt ist es von Zeit zu Zeit nötig, jeder Sorte Untergebener kräftig über den Schnabel zu fahren, wenn sie ihn zu weit aufmachen. Disziplin muß sein, auch beim Saufen; erst recht beim Saufen. Das könnte dem so passen: Bierflaschen leeren und widerspenstige Redensarten führen; und alles unter dem Deckmantel der Kameradschaft. Von wegen! Bei Schulz ist das nicht zu machen!

Der Hauptwachtmeister überprüfte die Reaktionen seiner Unteroffiziere genau, und er fand, daß er wieder mal mitten ins Schwarze getroffen hatte: wohin er auch sah, er sah Zustimmung! Das kam von der Taktik. Er hatte aber auch genau den richtigen Mann erwischt; mit einem Lindenberg wurde er spielend fertig, der war nicht sonderlich beliebt und galt als Wichtigtuer. Ein widerlicher Knabe! Wenn es nach dem ginge, müßten sich die Unteroffiziere, und er womöglich an der Spitze, doppelt so stramm benehmen wie die Rekruten. Kommt ja gar nicht in Frage!

»Wir müssen den Daumen draufhalten«, sagte er. »Wir sind doch hier kein Kinderheim! Nieten wie dieser Vierbein brauchen von Zeit zu Zeit Feuerwerk. Der muß wissen, daß er keinen Unteroffizier übers Ohr hauen kann.«

»Laß mich das nur machen«, sagte Platzek vielversprechend. »Dem bügle ich die Kerbe aus dem Arsch!«

»Und jetzt wollen wir noch einen singen!« rief der Spieß gutgelaunt. »Auf der Lüneburger Heide. Zwei, drei!«

Die Seele des Unternehmens war Disziplin; und das Herz wurde Dienstplan genannt. Disziplin war Triebkraft, Dienstplan durfte als Mechanismus bezeichnet werden. Der Oberbefehlshaber wollte eine Wehrmacht, die unbesiegbar war. Die Generale legten Wert auf Armeen, die funktionierten. Die Kommandeure setzten Ausbildungsziele. Und die Unteroffiziere erreichten sie.

Das Selbstverständlichste, gelegentlich auch Rückgrat genannt, war Disziplin; das Entscheidenste der Dienstplan. Der Abteilungskommandeur ließ ihn durch seinen Adjutanten in groben Umrissen aufstellen; der Batteriechef beauftragte seinen Hauptwachtmeister damit, ihn auszuarbeiten. Und Schulz beherrschte die Materie im Schlaf.

Den dicksten Exerzierdienst der Woche — volle zwei Stunden — legte er traditionsgemäß auf Montag früh; und zwar mußten sämtliche Batterieangehörige daran teilnehmen, auch die Funktionäre einschließlich Schreibstubenpersonal, auch die Kommandierten. Die Gesamtleitung hatte offiziell, laut Dienstplan, der Batteriechef, Hauptmann Derna, persönlich; aber der ließ sich regelmäßig durch Leutnant Wedelmann vertreten und pflegte erst gegen Schluß auf dem Kasernenhof aufzutauchen.

Für die Batterie waren das, allgemein betrachtet, die unangenehmsten zwei Stunden der Woche; für den Hauptwachtmeister die ruhigsten. Er pflegte die angetretene Batterie zu überprüfen, dabei mindestens drei, höchstens sieben Namen in sein Notizbuch zu schreiben. Dann meldete er die Batterie Leutnant Wedelmann, der übernahm sie, übergab das Kommando dem rangältesten Wachtmeister und ließ abmarschieren, mit Gesang, Richtung Exerzierplatz.

Der Hauptwachtmeister schaute der Batterie mit Haltung nach; dann ging er frühstücken. Er war nicht sonderlich guter Laune. Gewiß, Griffe und Wendungen hatten geklappt, und seine Meldung konnte sich, wie immer, hören lassen; er besaß die anerkannt beste Kommandostimme des ganzen Regiments. Was ihm die Stimmung verdorben hatte, war die Tatsache, daß der Kanonier Vierbein durch Abwesenheit glänzte; er, der Hauptwachtmeister, hatte den Unteroffizieren tüchtig eingeheizt, und er, der Kanonier, bekam das nicht zu spüren, sondern schob mit aller Seelenruhe Wache. Bis sechs Uhr nachmittags. Und Wache war, wenigstens doch tagsüber, ein glatter Druckposten.

Während Schulz seiner Wohnung zuschritt, überlegte er kurz, ob etwa die planvolle Gründlichkeit, mit der er den Kanonier Vierbein zu betrachten pflegte, rein persönlichen Motiven entsprungen sei. Er verneinte diese Frage mit Entschiedenheit, und er hatte ein gutes Gewissen dabei. Er war doch, seiner Meinung und auch der seiner Vorgesetzten nach, ein ausgezeichneter Soldat; er hatte acht Jahre straffrei gedient, von der Pike auf, sozusagen, und er durfte von sich behaupten, daß er ein Vorbild sei. Er hatte sich, Dienstgrad um Dienstgrad, hochgearbeitet; und was auch immer er tat, niemals geschah etwas, das nicht mit den Dienstvorschriften in Einklang stand oder doch mit ihnen in Einklang zu bringen war. Dieser Vierbein war in seinen Augen einfach kein Soldat — das allein war der Grund, warum er ihn nicht ausstehen konnte.

Er setzte sich behäbig an den Küchentisch und befahl: »Kaffee!«

Lore, seine Frau, stellte die Kaffeekanne vor ihn hin. Sie war offenbar böse und nicht bereit, sich mit ihm zu unterhalten.

Schulz hatte nichts dagegen. Das Schweigen, das ihn umgab, betrübte ihn nicht im geringsten; er fand es angenehm und ging seinen Gedanken nach, die sich niemals, auch in den intimsten Situationen nicht ganz, von dienstlichen Problemen und Anliegen lösen konnten. — »Eingießen!« ordnete er an.

Lore goß ihm die Tasse voll, setzte sich zum Tisch und sah ihn groß an.

»Rede jetzt nur nicht auf mich ein!« sagte Schulz warnend. »Du verstehst von dienstlichen Dingen nichts. Du kannst nicht einmal Kaffee kochen. Das hier ist Abwaschwasser. Schmeckt nach Seife!« Und er schob die Tasse von sich, so heftig, daß sie überschwappte. »Das Tischtuch«, sagte er, »ist ekelhaft dreckig.«

Dann stand er auf und ging hinaus. Er pfiff eine Melodie, die Ähnlichkeit mit dem Lied »Drei Lilien« hatte. Er sah in den großen Spiegel, der im unteren Korridor stand, überprüfte den Sitz seiner Uniform und lächelte sich zu; er war mit sich zufrieden. Er beschloß, sich eine Zigarre anzuzünden, und dachte: So, der habe ich es wieder einmal gegeben, und zwar, versteht sich, mit gutem Grund; denn die Dame, die meine Frau sein will, die Frau eines Hauptwachtmeisters, ist eine kleine Schlampe. Früher war sie nicht so, ganz im Gegenteil; erst in den letzten Monaten und Wochen ließ sie in alarmierender Weise nach. Vermutlich ging es ihr zu gut; aber das läßt sich ja bekanntlich beheben, nach erprobten Methoden: Nur von Zeit zu Zeit kräftig zusammenstauchen, dann wird sie schon merken, woher der Wind weht.

In seinem Dienstzimmer angekommen, setzte er sich hinter seinen Schreibtisch. Er zündete sich eine von den Zigarren des Chefs an, streckte seine Beine weit aus und dachte nach. Von fern klangen einige Kommandos, größere Verbände stampften im Exerziermarsch über die Fahrbahn, ansonsten aber umgab ihn himmlische Ruhe. Automatisch griff er nach dem Heft, in dem die Sonntagsurlaubsscheine lagen, nahm einen Tintenstift und zeichnete ab, ohne die Unterlagen näher überprüft zu haben. Es war ja doch immer alles in Ordnung; und wenn es nicht in Ordnung gewesen wäre, hätte es ihm gemeldet werden müssen.

Das Telefon läutete, aber er ließ sich Zeit, den Hörer abzunehmen. Er legte die Zigarre in den Aschenbecher und sagte dann: »Dritte Batterie,

Hauptwachtmeister Schulz.« Und seine Stimme klang, obwohl er beinahe dabei gähnte, außerordentlich geschäftig.

Dann aber riß er sich mächtig zusammen, nahm Haltung an und saß hochaufgereckt in seinem Schreibtischsessel. Er sprach mit Knollengesicht, mit Major Luschke, dem Abteilungskommandeur. Und Luschke war immer wie eine Bombe, die jede Sekunde detonieren konnte.

»Jawohl, Herr Major«, rief Hauptwachtmeister Schulz.

Die aufreizend sanfte Stimme von Knollengesicht zischte in sein Ohr, als brenne eine Zündschnur ab.

»Nein, Herr Major«, rief Hauptwachtmeister Schulz.

Dann beschloß ein Knacken in der Leitung das Gespräch. Knollengesicht hatte übergangslos eingehängt. Und Schulz fragte sich grübelnd, was wohl dieser Anruf für einen Sinn gehabt haben mochte. Major Luschke hatte sich nach völlig nebensächlichen Dingen erkundigt: ob auf Wache kommandierte Soldaten den Mündungsschoner in einer leeren Patronentasche mitführten; ob sich Differenzen zwischen den einzelnen Uhren im Kasernement ergeben hätten.

Was mag eigentlich Knollengesicht mit derartigen nichtssagenden Fragen bezwecken? Vielleicht hatte er sie nur so zum Spaß gestellt? Oder verbarg sich hinter ihnen eine listig gestellte Falle mit unübersehbaren Folgen? Möglich war beides. Möglich war bei Luschke einfach alles. Knollengesicht war stets voller Überraschungen.

Nach längerem Nachdenken kam dann Schulz zu der einzig möglichen Schlußfolgerung: Knollengesicht Luschke, der Major und Abteilungskommandeur, hatte ihn überprüfen wollen; der hatte nur mal sehen wollen, ob Schulz auf Posten stand. Na, und war er auf Posten? Immer!

Diese Gedankengänge erfreuten Schulz und ließen seine gediegene Montagmorgenstimmung wieder aufkommen. Er griff nach seiner Zigarre und sog genußvoll daran. Und abermals klingelte das Telefon.

Diesmal beeilte sich Schulz, es sofort abzuheben, war doch durchaus möglich, daß der Major erneut anrief. Aber schon nach den ersten Worten, die er hörte, setzte er seine leicht gelangweilte, überlegene Schreibstubenmiene auf, mit der er Routinesachen, gewissermaßen aus dem Handgelenk, zu erledigen pflegte.

»Nein«, sagte er, »ein Obergefreiter Kasprowitz ist hier nicht bekannt. Den hat es hier nie gegeben.« Er sprach mit einem Hauptfeldwebel der Infanterie, und schon allein deshalb klang seine Stimme nicht sonderlich freundlich, wenn auch noch kollegial. Dann horchte er auf. »Jawohl«, sagte er, nunmehr sichtlich interessiert. »Einen Kanonier Vierbein gibt es bei uns. Hat der was ausgefressen?«

Er war fast enttäuscht, als er vernahm, daß es sich um mangelhafte Ehrenbezeigung in der Öffentlichkeit handelte und daß nicht, wie erhofft und vermutet, der Kanonier Vierbein der schuldige Teil gewesen sei, sondern dessen Begleiter, ein Obergefreiter, der sich als Kasprowitz ausgegeben habe.

»Vielleicht war es doch der Vierbein? Dem ist das zuzutrauen.« Und er horchte auf das, was ihm sein Gesprächspartner von der Infanterie vorzuschlagen hatte. Und dann sagte er: »Das ist natürlich immer richtig. Wir machen eine Gegenüberstellung. Melde das deinem Bataillon und schicke den Feldwebel her. Vierbein ist jetzt auf Wache, dort werden wir ihn anbraten.«

Schulz rieb sich die Hände. Und nicht ohne Empörung sagte er: »Immer dieser Vierbein, wohin man auch spuckt. Es wird wirklich Zeit, diesem renitenten Burschen das Handwerk zu legen.«

Er nahm erneut seine Zigarre auf, aber sie brannte nicht mehr. Umständlich zündete er ein Streichholz an und begann zu saugen. Dicke Qualmwolken lösten sich und stiegen zur Decke empor. Zigarrenrauchen hielt er für stilvoll. Eigentlich rauchten nur der Chef und er in diesem Laden Zigarren; und das gehörte sich ja wohl so!

Er schloß den Schrank auf und legte sich einige Personalakten zurecht. Zwei Beförderungsanträge mußten heute noch für die Abteilung fertig gemacht werden. Es war an der Zeit, den Obergefreiten Kowalski und den Gefreiten Asch zu Unteroffizieren vorzuschlagen. Er hatte das mit dem Chef genau durchgesprochen, und seine Gedankengänge sahen dabei ungefähr so aus: Beide, Kowalski und Asch, waren beileibe keine unbeschriebenen Blätter mehr, der eine war ein Schläger und der andere ein saufrecher Hund; aber beide ragten aus der Mannschaft heraus, waren dort Leithammel, zeigten also Führerpersönlichkeit. Kein schlechter Nachwuchs für das Unteroffizierkorps, wenn man bedenkt, daß sich beide, sobald sie erst die Gurkenschalen besäßen, akklimatisieren würden.

Der Hauptwachtmeister füllte Beförderungsantrag und Personalbogen aus und machte sich sodann über die Beurteilungen her, die, altem Brauch gemäß, zwar wenig Negatives, aber doch sehr Aufschlußreiches enthalten mußten, da es sich doch um eine Erhöhung des Dienstgrades handelte. Bei Asch, Herbert, Gefreiter, trug er folgendes ein:

1. Charakterliche Veranlagung: Zuverlässig und gediegen; Führerpersönlichkeit, wenn auch noch nicht voll ausgeprägt. Respektvoll Vorgesetzten gegenüber. Sehr entwicklungsfähig.
2. Körperliche Eigenschaften: Ausdauernd; gute sportliche Veranlagung. Ist Strapazen gewachsen. Freischwimmer.
3. Militärische Kenntnisse: Gewehr 98 b und k; Pistole 08; l. MG 08/15; s. MG 08; 8,8 cm (mot.).

4. Besonderheiten: Angenehmer Untergebener; verspricht guter Vorgesetzter zu werden.
5. Geeignet für: Unteroffizier.

Schulz überprüfte seine Morgenarbeit und fand sie gut. Er setzte eine neue Zigarre in Brand, nahm die Akten unter den Arm, trug sie, nachdem er die Polstertür geöffnet hatte, in das Chefzimmer und legte sie auf den Tisch von Hauptmann Derna. Dann saß er noch ein wenig an seinem Schreibtisch und sah dem Rauch nach, der sich durch das Fenster schlängelte.

Kurz vor zehn Uhr hörte er die Batterie heranrücken. Leutnant Wedelmann kommandierte persönlich, und das war ein sicheres Zeichen dafür, daß der Chef anwesend war; vermutlich hatte er sich direkt auf den Exerzierplatz begeben und dem Dienst während der letzten fünfzehn Minuten beigewohnt. Die Stiefel dröhnten im Parademarsch über die zementierte Fahrbahn. Der Spieß begab sich an das Fenster, und reine Wonne erfüllte ihn bei dem Anblick von Feldgrau, Schweiß und Strammheit. Schade, dachte er mit ehrlichem Bedauern, daß Vierbein, diese elende Filzlaus, nicht dabeigewesen war; zwei Stunden unter Wachtmeister Platzek hätten ihm gutgetan. Aber aufgeschoben ist ja nicht aufgehoben. Die Schlußkommandos ertönten – die Stimme von diesem Leutnant Wedelmann, dachte der Hauptwachtmeister, ist zu hoch, die überschlägt sich fast –, dann durfte die Batterie wegtreten, und zweihundertsechzig Füße trampelten über die Treppen und Korridore des Blocks. Der Hauptwachtmeister, jetzt wieder an seinem Schreibtisch, lauschte versonnen dem Gedröhn; und ein beseligendes Lächeln lag auf seinem glatten, vollen und doch eckigen Gesicht. Hierauf schlug er zwei Aktenstücke und eine Liste auf, verteilte sie über seinen Schreibtisch, und es sah aus, als arbeite er angestrengt.

Hauptmann Derna, der Batteriechef, betrat die Schreibstube. Der Hauptwachtmeister meldete, gewohnt vorbildlich: »Keine besonderen Vorkommnisse!«, und der Hauptmann dankte. Er verschwand in seinem Dienstzimmer und schloß hinter sich die Polstertür fest. Der Spieß wußte aus Erfahrung, daß der Chef jetzt für die nächsten fünfzehn Minuten Ruhe brauchte: er pflegte die Stiefel auszuziehen und die Reithosen gegen lange Hosen zu vertauschen.

Der nächste, der auf die Schreibstube kam, war Leutnant Wedelmann. Ihm machte der Hauptwachtmeister lediglich eine Ehrenbezeigung; er wartete dann noch einige Sekunden auf eventuelle Befehle, die nie zu kommen pflegten.

Wedelmann stieß die Pendeltür auf, die sich in der Barriere befand, durch welche ein künstlicher Vorraum geschaffen worden war. Er näherte sich dem Hauptwachtmeister, und Schulz tat, als arbeite er konzentriert.

»Was ich noch sagen wollte«, begann Wedelmann tastend. »Sie haben in der Nacht vom Samstag zum Sonntag einen Kanonier vom Tanzboden weg in die Kaserne geschickt.«

»Jawohl, Herr Leutnant«, sagte der Hauptwachtmeister, ohne sich zu erheben. Er fühlte sich gewappnet, in sicherer Position; und das »Was ich noch sagen wollte« des Leutnants hatte ihm deutlich gezeigt, daß keine übermäßigen Schwierigkeiten zu erwarten waren. »Der Kanonier Vierbein«, führte er aus, »hat sich seinen Sonntagsurlaubsschein erschlichen, mit falschen Angaben.«

»So?« Der Leutnant gab sich skeptisch.

»Der Unteroffizier Lindenberg«, sagte der Hauptwachtmeister, »ist dafür Zeuge.«

Wedelmann wußte aus Erfahrung, daß Unteroffizier Lindenberg, wenn er wirklich Zeuge war, als völlig einwandfreier Zeuge bezeichnet werden konnte. Lindenberg ließ sich eher totschlagen, als daß er, selbst über einen Untergebenen, eine unwahre Angabe machte.

»Trotzdem«, sagte der Leutnant vorsichtig tadelnd, »ist das nicht richtig. Das tut man einfach nicht, Hauptwachtmeister. Dienst ist Dienst; und auch die Freizeit ist eine Sache für sich.«

Das war ein zwar verhältnismäßig vornehm ausgedrückter, aber unverkennbar kräftiger Anschiß. Der Hauptwachtmeister würgte ihn mit großer Mühe hinunter. Alles wegen diesem Vierbein, dachte er verbittert. Immer dieser Vierbein! Und dann dachte er: Nur gut, daß niemand in der Nähe ist und zuhört, wie hier ein Spieß ungerechterweise zur Sau gemacht wird.

»Jawohl, Herr Leutnant«, sagte er spürbar gekränkt. »Aber ich bitte erklären zu dürfen ...«

»Hier ist keine Erklärung mehr nötig«, sagte der Leutnant Wedelmann und ging.

Der Hauptwachtmeister sah ihm mit kleinen Augen nach, und er leistete es sich, da sich der Leutnant nicht mehr umdrehte, keine Ehrenbezeigung zu machen. Er fühlte sich gekränkt. Herr Leutnant, hatte er sagen wollen, dieser Vierbein, dieser Kanonier Vierbein, hat sich mit falschen Angaben seinen Urlaubsschein erschlichen, er hat vermutlich auf verbotenem Weg die Kaserne verlassen, ist verwickelt in eine Ermittlungssache wegen nachlässiger Erfüllung der Grußpflicht. Und das, Herr Leutnant, ist noch nicht alles; aber davon, von dem anderen, wollen wir erst gar nicht reden, Herr Leutnant.

Aber dieser Leutnant Wedelmann hört nicht auf ihn. Der schneidet ihm das Wort ab wie einem Schuljungen. Und das alles wegen diesem Vierbein.

Der Obergefreite Kowalski war, so wurde behauptet, eine Seele von Kamel. Aber er benahm sich nur wie ein Kamel; in Wirklichkeit hatte er den Verstand eines Fuchses. Ihm war alles, was seinen Dienst in der Wehrmacht anbetraf, scheißegal. Er tat fast alles, was ihm befohlen wurde, keinesfalls mehr. Er galt als wortkarg und verläßlich. Er arbeitete bei Wunderlich, dem Unteroffizier für Waffen und Gerät; und da dieser niemand gebrauchen konnte, der geeignet war, Unruhe in sein beschaulich verwaltetes Dasein zu bringen, arbeitete er ausgezeichnet mit ihm zusammen. Kowalski war Bauernsohn, und der Hof seines Vaters stand in Pommern, genau mitten in einer Gegend, die die Wehrmacht dringend für Schießübungen benötigte. Der Vater wurde abgefunden, und das geschah finanziell sehr großzügig; er zog in die Stadt und arbeitete fortan in einer Großgärtnerei für Edelgemüse und verdiente dabei nicht schlecht. Kowalski, der Sohn, aber ging zur Wehrmacht, nicht gerade freiwillig, gedachte hier aber bis auf weiteres zu bleiben. Nie vorher in seinem Leben hatte er derartig wenig getan und so gut dabei verdient.

Kowalski verwaltete also Waffen und Gerät, und in seiner Freizeit trank er kräftig, legte so manches Mädchen um und investierte dann die Reste seiner gewaltigen Kraft in einige wüste Schlägereien, die ihn schnell im Standort bekannt, wenn nicht gar berühmt gemacht hatten. Der Gefreite Asch aber, mit dem er zusammen auf der gleichen Stube lag, war sein Freund. Asch war, wenn er ihm auch bei den Prügeleien nicht das Wasser reichen konnte, gewitzter und wendiger als er, aber er, Asch, ließ ihn, Kowalski, das nicht fühlen, und das war der Grundstein zu ihrer Interessengemeinschaft.

Der Obergefreite wußte nicht, was Innenleben ist; und wäre er danach befragt worden, hätte er vermutlich gesagt: »Das ist mir scheißegal.« Aber an diesem Montag spürte er deutlich, daß irgend etwas mit seinem Freund, dem Gefreiten Asch, nicht in Ordnung war. Er stellte keine Fragen, er beobachtete nur. Und ihm fiel auf, daß Asch nicht so gesprächig war wie sonst; selbst halblaute Bemerkungen während des Exerzierdienstes über direkte Vorgesetzte fielen nicht. Asch konzentrierte sich auf seinen Dienst; und weil er das tun mußte — dieses Auf-etwas-Konzentrieren, was man doch im Schlaf konnte —, wurde Kowalski mißtrauisch.

»Was ist los mit dir?« fragte er.

»Gar nichts«, sagte Asch.

»Das ist es ja eben! Das fällt mir auf.«

Nach dem Fußdienst folgte, laut Dienstplan, von zehn Uhr fünfzehn bis zwölf Uhr das Geschützexerzieren. Und während dieser Zeit war der Gefreite Asch als Hallenmeister für den Geschützschuppen tätig. Er erledigte das mit der ihm eigenen Gründlichkeit: er setzte sich in eine Ecke auf die Munitionskörbe, legte ein Exerziergeschoß und einen Öllappen neben sich und starrte vor sich hin. Er dachte an Elisabeth und an das, was er mit ihr erlebt hatte. Und Kowalski, der im Begriff war, ihm von der Waffenkammer unaufgefordert eine Ölkanne in den Schuppen zu bringen, hätte sich nie vorstellen können, daß irgendeine Elisabeth imstande gewesen wäre, einen ausgewachsenen Mann nachdenklich zu stimmen.

»Soll ich einen für dich verprügeln?« fragte Kowalski freundschaftlich.

»Mich!« sagte der Gefreite Asch. »Ich habe mich benommen wie ein Schwein.«

»Na – und? Ist das was Besonderes?«

Herbert Asch antwortete hierauf nicht. Er riß den Deckel eines Munitionskorbes, dessen Lederscharniere bereits beschädigt waren, ab. Er packte sich den selbstverständlich leeren, stattlich aussehenden Munitionskorb, der aber nur vier Pfund wog, auf die rechte Schulter und machte Anstalten, seinen Arbeitsplatz zu verlassen.

»Idiot!« rief Kowalski freundlich. »So geht das doch nicht.« Er kannte den Trick genau: es war nur nötig, sich mit irgendeinem Gegenstand, einem möglichst leichten, versteht sich, zu belasten, das sah dann sofort nach Transport und Reparatur aus. Damit konnte man ungestört, ohne daß ein Vorgesetzter dumme Fragen stellte, das gesamte Kasernement in allen Richtungen durchkreuzen.

Was Kowalski ärgerte, war die Tatsache, daß Asch reichlich plump vorging: das war ein erneuter Beweis dafür, daß sein Freund nicht auf Draht war. Man mußte nämlich immer auf alles und jeden Vorgesetzten gefaßt sein und darauf, daß einer den Drang verspürte, sich auch mal zu betätigen; und dann waren die glaubhaftesten Gründe gerade noch gut genug. Kowalski nahm daher Asch den Munitionskorb wieder ab, befeuchtete die verdächtig frische Bruchstelle und wischte mit seinem öligen Daumen darüber. »So«, sagte er dann, »jetzt glaubt dir jeder, daß eine ordnungsgemäße Reparatur fällig ist.«

»Na schön«, sagte Asch, »hoffentlich beruhigt dich das.«

»Und wie!« erklärte Kowalski. »Ich werde inzwischen hier auf den Munitionskörben ein kleines Nickerchen machen.«

Herbert Asch durchwanderte mit dem geschulterten Munitionskorb Teile des Kasernements, begab sich von der Geschützhalle, an den Kraftfahrzeugschuppen und der Turnhalle vorbei, zur Kantine I hin. Hier ging er kurz entschlossen in den Schank- und Verkaufsraum für Mannschaften, legte seinen Munitionskorb ab und verlangte ein Bier.

Der Kantinenpächter Bandurski sagte sich, als ehemaliger Unteroffizier, daß es schon ein reichlich starkes Stück sei, am hellen Vormittag, während des Exerzierdienstes, Biere in sich hineinzukippen. Zu seiner Zeit, bei der Reichswehr, wäre das nicht möglich gewesen; für Gefreite bestimmt nicht, höchstens vom Unterwachtmeister an aufwärts. Aber der Kantinenpächter in ihm stellte fest, daß Verdienst Verdienst sei; und er schenkte, ohne mit der Wimper zu zucken, ein großes Bier ein.

»Ist Fräulein Elisabeth nicht da?« fragte Asch.

»Nein«, sagte Bandurski, »sie ist heute nicht gekommen.«

»Vielleicht ist sie krank?«

Bandurski lachte. »Wer weiß«, sagte er anzüglich, »was das für eine Krankheit ist.«

Der Gefreite Asch zahlte wortlos und ging. Er verließ, mit dem leeren Munitionskorb auf der Schulter, die Kantine und wollte wieder zum Schuppen zurück. Da sah er, in Begleitung von Hauptwachtmeister Schulz, jenen Feldwebel der Infanterie, den er am Samstag mangelhaft gegrüßt und dem er einen falschen Namen angegeben hatte. Er trabte schleunigst davon, um aus dem Blickwinkel der beiden zu kommen.

An der Ecke des Schuppens machte er halt, spähte vorsichtig um einen Mauervorsprung herum und bemerkte, daß sich der Wochenendschleifer von der Infanterie, der Hauptverkehrsstraßen für Exerzierplätze zu halten schien, mit Spieß Schulz zum Wachlokal begab. Dorthin, wo sich der Kanonier Vierbein befand. Das beunruhigte Asch stark.

Er legte die letzte Strecke bis zum Geschützschuppen trotz der großen Hitze im Dauerlauf zurück. Das brachte ihm ein anerkennendes Grinsen von Wachtmeister Platzek ein, der gerade seine vier Geschützbedienungen mit dem bei ihm üblichen Hochdruck durchtrainierte.

Im Schuppen angekommen, warf Asch den Munitionskorb in hohem Bogen in eine Ecke und rief dem Obergefreiten Kowalski zu: »Los, Mensch! Du mußt sofort in das Wachlokal. Sieh zu, daß der Kanonier Vierbein keine Dummheiten macht. Beeile dich doch, du Faultier. Ich kann mich dort nicht sehen lassen.«

»Schon gut«, sagte der Obergefreite Kowalski, »schon gut.« Er unterdrückte ein Gähnen, ergriff seine Ölkanne und setzte sich in Trab. Leicht schweißglänzend erreichte er das Wachlokal. Mit geübtem Blick übersah er sofort, daß sich noch nichts Wesentliches ereignet hatte: die Anwesenden standen wartend herum, und der Kanonier Vierbein befand sich nicht im Raum.

»Obergefreiter Kowalski zur Stelle!« rief er und stand am Eingang mit seiner Ölkanne stramm. Und um blöde Kreuz- und Querfragen auszuschalten, fügte er hinzu: »Ich soll die Scharniere der Türen und Fenster einölen.«

»Quatschen Sie nicht so viel, Kowalski, arbeiten Sie lieber«, sagte der Hauptwachtmeister. Und dann wartete er, gemeinsam mit dem Feldwebel der Infanterie, weiter auf das Erscheinen des Kanoniers Vierbein, den der Unteroffizier Schwitzke schnell mal weggeschickt hatte, um Zigaretten zu holen.

Kowalski hatte inzwischen mit größter Umständlichkeit die Fenster aus ihren Scharnieren gehoben; er entfernte das alte Öl mit einem Lappen, goß neues Öl auf die blankgescheuerten Stellen, entfernte auch das.

Dann erschien der Kanonier Vierbein und machte seine Ehrenbezeigung.

»Das ist er!« rief der Feldwebel der Infanterie.

»Jawohl«, sagte der Hauptwachtmeister zufrieden. »Aber nur mit der Ruhe.«

Der Kanonier Vierbein, der an der Tür stehengeblieben war, sah sich hilflos im Raum um. Alle sahen ihn an und gaben sich dabei Mühe, einen völlig unbeteiligten Eindruck zu machen; nur Kowalski, der hinter allen stand, winkte Vierbein freundlich und aufmunternd zu.

»Also!« Der Hauptwachtmeister stellte sich in Positur; er kam sich vor wie ein Richter, der die Wahrheit zu erforschen hatte. »Sie, Vierbein, gingen am Samstagnachmittag mit einem Gefreiten über die Goethestraße. Stimmt das?«

»Jawohl, Herr Hauptwachtmeister.«

»Wer war der Gefreite?«

Vierbein zögerte seine Antwort hinaus. »Ich habe aber doch Herrn Feldwebel vorschriftsmäßig gegrüßt«, sagte er.

Der Feldwebel bestätigte das. »Jawohl, das hat er! Aber nicht der andere, der mir den falschen Namen angegeben hat. Der sagte, er heiße Kasprowitz, aber bei der ganzen Artillerie gibt es keinen, der so heißt.«

In diesem Augenblick erfaßte der Obergefreite Kowalski die Situation völlig. Jetzt war ihm klar, was sich ereignet hatte: Der Gefreite Asch hatte wieder einmal saumäßig gegrüßt und dann einfach einen falschen Namen angegeben; das war stark, aber gut!

»Also los!« sagte der Hauptwachtmeister drängend. »Wer war der Gefreite?«

Der Kanonier Vierbein fühlte, daß ihm der Schweiß ausbrach. Mein Gott, was sollte er tun! Er sah hilfesuchend über seinen Hauptwachtmeister hinweg und erblickte den Obergefreiten Kowalski, der heftig mit den Schultern zuckte, was unmißverständlich hieß: Ich weiß das nicht.

»Ich weiß das nicht, Herr Hauptwachtmeister«, sagte der Kanonier Vierbein mechanisch. Und bestürzend wurde ihm klar: Er hatte einen Vorgesetzten belogen; gewiß, er hatte auch seinen Freund vor Unannehmlichkeiten bewahrt, aber er hatte seinen Vorgesetzten belogen.

»So!« sagte der Hauptwachtmeister mit unverkennbarer Drohung. »Der Herr erinnert sich also nicht mehr?«

Vierbein war naß von Schweiß; wie gebadet kam er sich vor. Er versuchte, seine Position zu retten. Er sagte schnell: »Ich kannte den Gefreiten nicht. Er war nicht von unserer Batterie. Ich habe ihn zufällig getroffen, und wir gingen ein Stück gemeinsam.«

Der Obergefreite Kowalski nickte Zustimmung. Er hob die Arme und winkelte die Handflächen nach außen, als wollte er sagen: Na siehst du!

Der Spieß witterte Unrat. »Wenn das eine bewußte Aussageverweigerung ist, dann steht darauf Kriegsgericht. Ich warne Sie. Sie haben sich schon so manches zuschulden kommen lassen. Langsam geht meine Geduld mit Ihnen zu Ende. Wenn ich Sie bei irgendeiner krummen Sache erwische, lasse ich Sie unnachsichtlich einsperren.«

»Würden Sie den Gefreiten wiedererkennen«, erkundigte sich der Feldwebel, »etwa bei einer Gegenüberstellung? Oder dann, wenn Sie ihm bei nächster Gelegenheit im Kasernement begegnen würden?«

»Ich weiß nicht«, sagte Vierbein stotternd. »Ich glaube schon.«

»Aber ich«, sagte der Hauptwachtmeister entschieden, »weiß genau, was ich von Ihnen zu glauben habe!«

»Soll ich jetzt auch noch die Tür ölen?« fragte der Obergefreite Kowalski laut.

»Quatschen Sie hier nicht dazwischen!« rief Schulz wütend. »Ihr Typ ist hier nicht gefragt. Sie versauen mir das ganze Konzept!«

Der Werkmeister Freitag, der Vater Elisabeths, war ein Sozialist aus Überzeugung, aber einer ohne Romantik. Er hatte sein Leben lang schwer und ehrlich gearbeitet. Er übte seinen Beruf verläßlich aus und liebte seine Familie mit stiller Hingabe. Nichts Menschliches war ihm fremd. Er hatte den Weltkrieg 1914/18 als einfacher Soldat glücklich überstanden, er hatte die Revolution überlebt, die Inflation, die Reaktion. Und er war überzeugt, er werde auch noch die Nazis überleben.

Tätig sein war ihm Bedürfnis. Seit seinen jungen Jahren mußte er arbeiten, und er hatte ein Leben lang nicht mehr damit aufgehört. Er war der erste in der Werkhalle und der letzte beim Mittagessen; und am Abend und an den freien Tagen arbeitete er an seinem Haus, das er sich erspart hatte: er besserte es aus, vergrößerte seinen Schuppen, pflegte den Garten, strich Fenster und Türen, baute auf dem Dachboden ein Gästezimmer.

Er hatte seine Frau alt werden und seine Kinder heranwachsen sehen. Die Torheiten seines Lebens beging er mit Augenzwinkern, und die der anderen pflegte er zu übersehen, soweit ihm das möglich war. Er hatte die Sünden seiner Jugend, oder doch den Hang dazu, nicht vergessen, selbst als Fünfzigjähriger nicht; und wo er ähnliche Zustände vorfand wie jene, die ihm einstmals nicht erspart geblieben waren, versuchte er sie mit Verständnis zu korrigieren. Er liebte die Anständigkeit, war aber einsichtig genug, nicht gleich alles, was mit den sogenannten Moralbegriffen nicht in Einklang zu sein schien, rundweg als unanständig zu bezeichnen.

Er war nie voreilig, er wußte, daß die Herstellung der besten Werkstücke immer auch eine angemessene Zeit erforderte. Er pflegte lange und gründlich nachzudenken, ehe er eine Arbeit in Angriff nahm; war das aber geschehen, arbeitete er schnell, sicher und zielbewußt.

An jenem Montagnachmittag verließ der Werkmeister Freitag seinen Arbeitsplatz zwei Stunden früher als gewöhnlich. Der Inspektor war froh, seinem besten Arbeiter einen Gefallen tun zu können, und hatte seine Erlaubnis gerne gegeben.

Freitag reinigte sich gründlich, wie vor einem Fest, und zog sich dann vor seinem Schrank um. Er nahm den Koffer heraus, den er dort stehen hatte, stellte ihn auf die Tischplatte, öffnete ihn. Nachdenklich betrachtete er die darin liegenden Bekleidungsstücke eines gewissen Herbert Asch, Gefreiter, in der 3. Batterie des Artillerieregimentes. Alle diese Angaben — und noch andere, wie Geburtstag und -ort, Größe, Haarfarbe und Farbe der Augen, besondere Kennzeichen — waren bequem auf dem blauen Dienstausweis nachzulesen gewesen, der in der oberen linken Rocktasche gesteckt hatte. Außerdem waren Name, Dienstgrad und Einheit in fast jedem Stück der Bekleidung eingenäht. Selbst ein Foto des Herbert Asch, Gefreiter, war vorhanden; es zeigte einen reichlich dumm dreinblickenden Menschen in Uniform, der scheinbar nicht bis drei zählen konnte, also aussah, wie Rekruten auszusehen pflegen.

Freitag klappte den Koffer wieder zu. Er verfügte über keine sonderlich rege Phantasie; aber Kraft genug hatte er schon, sich vorzustellen, daß die nächtliche Unruhe in seinem Haus im engen Zusammenhang stand mit den aufgefundenen Uniformteilen. Er hatte Elisabeth nicht um eine Erklärung gedrängt, er wollte es nicht, und außerdem hatte er sie nicht nötig; wäre sie von alleine zu ihm gekommen, er hätte sie gerne und nicht ohne Wohlwollen angehört. Aber er glaubte ihr Schweigen zu verstehen und respektierte ihre Gründe. Es gibt eben Dinge im Leben, und gewisse Nächte gehören dazu, an denen die Eltern keinen direkten Anteil nehmen dürfen, ohne zu zerstören. Das Wissen darum war es allein, das ihn bewog, sich unwissend zu stellen.

Der Werkmeister Freitag verließ mit dem Koffer das Reichsbahnausbesserungsgelände, bestieg sein Fahrrad und fuhr damit zur Artilleriekaserne. Daß es sich bei diesem Menschen, der Kraft genug besaß, seine Elisabeth aus dem Gleichgewicht zu bringen, um einen Soldaten handelte, störte ihn wenig. Uniformen waren ihm zuwider, und er vermochte es sich nicht vorzustellen, daß ein normaler, arbeitsamer Mensch es fertigbringen konnte, seine Zeit mit Verrichtungen zu vertrödeln, deren letzter Endzweck die Zerstörung, die Vernichtung, das Töten war. Aber in einer Zeit, in der es keine freiwillige Entscheidung gab, konnte sich unter einer Uniform einfach alles verbergen: Idealisten und Sadisten, Gleichmütige und Gepreßte, Begeisterte und Gegner, Kluge, Idioten und vorübergehend

Verdummte. Zu einer dieser Gruppen konnte der Gefreite Asch gehören; und es war nicht unwichtig, zu welcher.

Der Werkmeister näherte sich dem Kasernentor, und der Posten verwies ihn in ein Wachlokal. Freitag stellte sein Fahrrad gegen die Mauer, montierte den Koffer ab und begab sich zum Wachhabenden.

Der Unteroffizier Schwitzke, der Saurier, sah in der Ankunft des kleinen, alten, freundlichen Mannes eine glatte Störung der Nachmittagsruhe. In drei Stunden etwa würde er abgelöst werden, und dann wollte er den versäumten Sonntagabend nachholen, aber gründlich; seine Thusnelda — er nannte alle Mädchen Thusnelda — hatte versprochen, in den Stadtpark zu kommen.

»Wo wollen Sie hin?« fragte er mürrisch.

»Zur dritten Batterie«, sagte der Werkmeister, der seinerzeit die Eigenheiten eines Kasernenlebens gründlich am eigenen Leibe kennengelernt hatte. Und er war bereit, weitere Fragen zu beantworten.

»Wie heißen Sie?« fragte der Saurier.

»Freitag.«

Schwitzke füllte einen Passierschein aus und reichte ihn hinüber. »Ein Posten geht mit«, sagte er dann. Er kümmerte sich nicht weiter um den Besucher, sondern begann erneut, an seine Thusnelda zu denken, an den Abend im Park, an die versteckte, aber doch sehr bequeme Bank an der Fliederhecke, wo er mehrmals schon, auch im Winter, die Liebe seiner Thusnelda — es war natürlich nicht immer dieselbe — ausgiebig genossen hatte.

Freitag folgte dem Posten, der ihn zum Block der 3. Batterie führte und dort auf der Schreibstube ablieferte. Hauptwachtmeister Schulz unterbrach seine stets umfangreich aussehende Tätigkeit und widmete sich ihm gönnerhaft; Zivilisten auf der Schreibstube versprachen immer Abwechslung.

»Zeigen Sie mal Ihren Passierschein. Stimmt. Sie sind hier richtig. Die dritte Batterie bin ich.« Schulz sah seinen Besucher herausfordernd an.

Freitag lächelte dünn. »Ich wollte nicht zu Ihnen persönlich. Ich will einen Gefreiten sprechen, der Asch heißt. Herbert Asch.«

»Und was wollen Sie von ihm?«

»Ich will ihn sprechen.«

Der Hauptwachtmeister kam interessiert näher. Er sah auf den Mann hinter der Schranke und sah auf den Koffer, den der zu Boden gestellt hatte. Ein Koffer, so folgerte er instinktiv, mit Raum genug, um darin eine Uniform mit sämtlichem Zubehör zu verbergen. Dann betrachtete er, einem augenblicklichen Einfall folgend, den Passierschein.

»Sie heißen Freitag? Sind Sie etwa verwandt mit Fräulein Elisabeth Freitag, das in der Unteroffizierskantine bedient.«

»Sie ist meine Tochter.«

Der Hauptwachtmeister wurde um Grade liebenswürdiger; er war sogar, wenn auch vergeblich, bemüht, eine herzliche private Atmosphäre aufkommen zu lassen. »Freut mich sehr«, sagte er, »Sie kennenzulernen.« Und er streckte seine große Hand aus, die der Werkmeister zögernd ergriff.

»Ich kann also den Gefreiten Asch sprechen.«

»Selbstredend«, sagte der Hauptwachtmeister, wie ein König, der seinem lieben Untertan gnädigst einen Wunsch gewährt. »Das ist doch klar. Ein Mann wird Sie begleiten. Und es hat mich, wie gesagt, gefreut.« Wieder streckte er seine große Hand aus, und der Werkmeister ergriff sie erneut; erneut zögernd. Dann verließ er die Schreibstube, und der 3. Schreiber, der ihn führen sollte, ging voran.

Der Spieß Schulz aber setzte sich an seinen aktenüberladenen Schreibtisch. Er zündete eine der Chefzigarren an, schob einen Merkzettel von sich, auf dem einzig und allein der Name Vierbein in großen Buchstaben prangte. Er dachte nach. Das also, dachte er abschweifend, war der alte Freitag, der Vater von der schicken Elisabeth, und er hatte einen Koffer bei sich, und er wollte zum Gefreiten Asch, zu dem gleichen Gefreiten Asch, der heute gegen drei Uhr früh, lediglich mit einem Hemd bekleidet, im Kasernement angetroffen wurde. Wenn nun ...

Doch er wies diesen Gedankengang, zunächst einmal, weit von sich. Aber seine in eine ganz bestimmte Richtung mit besonderer Vorliebe hinzielende Phantasie ließ ihm keine Ruhe. Es war gewiß nicht reizlos, sich vorzustellen, daß ...

Er schüttelte sich ein wenig, unklar, ob vor Wonne oder Abscheu, und rauchte heftig. Gewiß, diese Elisabeth stand auf seiner Liste an erster Stelle; ein Prachtweib war das, für sie konnte einiges riskiert und manches in Kauf genommen werden. Was jedoch den Gefreiten Asch anbelangte, so war der zunächst so gut wie tabu; er selbst hatte ihn zum Unteroffizier vorgeschlagen und eingereicht, und der Chef hatte seinen Segen, in Form der Unterschrift, nicht verweigert. Zum Teufel, man ist doch nicht kleinlich. Und außerdem hat man andere Sorgen: Vierbein — zum Beispiel.

Und die Gedanken von Schulz, durch den Genuß der Brasilzigarre gefördert, begannen zu rotieren: Elisabeth — Asch im Hemd um drei Uhr morgens — Vater Freitag mit Koffer — Vierbein, der jetzt auf Wache ist!

Er griff zum Telefon und verlangte eine Verbindung mit dem Wachlokal. »Schwitzke«, fragte er barsch, »wer hat zwischen zwei und vier Uhr die Wache am Tor gehabt?« Er horchte in den Hörer hinein, und urplötzlich flutete hohe Zufriedenheit über sein Kartoffelgesicht. Vierbein also! »Gut«, sagte er und hängte ab.

Er zog den Merkzettel zu sich, auf dem einzig und allein das Wort Vierbein in großen Buchstaben prangte. Und er schrieb, markant wie immer, hinzu: Wache am Tor von zwei bis vier. Das unterstrich er. Und fröhlich qualmte er weiter.

Währenddessen wartete der Werkmeister Freitag nicht ohne Spannung im Lesezimmer auf den Gefreiten Asch. Er saß auf einem Stuhl und hatte den Koffer neben sich abgestellt. Er sah auf die Tür, und seine Augen waren klein.

Der Gefreite Asch betrat den Raum; er war im Drillichanzug und hielt die Feldmütze in der Hand. Ihm war mitgeteilt worden, daß Besuch für ihn da sei; um wen es sich handle, wisse man nicht.

Asch musterte seinen Besucher, und der musterte ihn. Diese erste Prüfung schien sie beide ein wenig zu befriedigen und Asch in Besonderheit zu beruhigen.

»Guten Tag«, sagte der Gefreite.

»Guten Tag«, sagte der Werkmeister. »Ich bringe Ihnen Ihre Kleider. Ich habe sie gefunden, auf der Straße.« Und er ließ kein Auge von seinem Gegenüber.

Herbert Asch war sichtlich verlegen. »Ja«, sagte er, »das ist fein.« Und er ergriff, auf einen Wink seines Besuchers, den Koffer, öffnete ihn und überprüfte den Inhalt. »Ja«, sagte er, »es ist alles da.« Und seine Verlegenheit steigerte sich noch. »Ich danke Ihnen sehr, Herr ...«

»Mein Name ist Freitag«, half ihm der Besucher aus und beobachtete ihn scharf.

Asch ließ die Stiefel, die er dem Koffer entnommen hatte, auf den Tisch fallen. Er setzte sich. Er begann: »Ich weiß nicht, wieweit Sie ...« Dann unterbrach er sich und sagte fest: »Ich glaube, ich bin Ihnen eine Erklärung schuldig, Herr Freitag.«

Der lächelte. »Das ist nicht nötig«, sagte er. »Auch ich war jung, ich war sogar einmal Soldat. Ich kann mir vorstellen, was passiert ist. Die Nacht war schön, und das Mädchen erschien Ihnen schön, die Gelegenheit war günstig, und Sie nutzten sie aus, oder besser: Sie gaben sich ihr hin. Mein Gott, das ist nun einmal so! Wem wollen Sie da die Schuld geben? Dem Mond? Ihrem Blut? Der günstigen Gelegenheit? Ich habe später Ihre Kleider irgendwo auf der Straße gefunden, seien Sie doch froh, daß ich das war – und nicht etwa der Vater des Mädchens.«

Asch wich zurück. Ihm war ganz klar, daß der Mann, der da gelassen vor ihm saß, alles andere als ein Trottel war. Er war Elisabeths Vater, und er gefiel ihm. Asch spürte ganz deutlich, daß der weit mehr wußte oder ahnte, als er sagte. Er wollte ihm eine goldene Brücke bauen; er wollte einen Irrtum, eine Verirrung, nicht bis zur letztmöglichen Konsequenz ausgenutzt sehen. Er, der Vater Elisabeths, gab ihm eine Chance.

»Ich muß Ihnen«, sagte Asch entschlossen, »nähere Einzelheiten erzählen. Sie sollen wissen ...«

»Nicht doch!« sagte der Werkmeister und erhob sich. »Ich habe jetzt sehr wenig Zeit. Aber wenn Sie wollen, können Sie mich morgen abend besuchen. Essen Sie Abendbrot mit uns – wenn Sie wollen.«

»Gerne«, sagte Herbert Asch verwirrt.

»Sie können dann, wenn Sie wollen, meine Familie kennenlernen.«

»Ich komme bestimmt.«

»Ich würde mich darüber freuen«, sagte der Werkmeister Freitag schlicht und verabschiedete sich.

Die Tür wurde aufgestoßen. Der Hauptwachtmeister schaute herein, übersah die Ehrenbezeigung des Gefreiten, spähte zum Tisch hinüber, auf dem der offene Koffer mit den Bekleidungsstücken stand. »Weitermachen«, rief er gönnerhaft und schlug die Tür wieder zu.

»Also dann«, sagte der Werkmeister Freitag, »auf morgen! Wenn Sie wollen.«

Die Wache durfte wegtreten. Die Soldaten produzierten eine gute Kehrtwendung, schoben die Gewehre unter den Arm und gingen auf den Batterieblock zu. Der Kanonier Vierbein sah an einem weitgeöffneten Fenster im zweiten Stock den Unteroffizier Lindenberg stehen; der stand da wie aus Stein gehauen.

Vierbein beschleunigte seine Schritte. Er war zwar sicher, daß Lindenberg auf seine Rückkehr gewartet hatte. Das bedrückte ihn. Denn das spürbare Interesse seines Unteroffiziers, des »ewigen Soldaten«, konnte nur eine Kette von ausgedehnten Komplikationen bedeuten; und die konnte er gerade heute am wenigsten gebrauchen, denn er war mit Ingrid verabredet.

Während er die Treppen hinaufeilte, sah er auf die Uhr, die über einer Pendeltüre hing. Er hatte fast noch zwei Stunden Zeit bis zum Rendezvous mit Ingrid – aber was waren schon zwei Stunden für Unteroffizier Lindenberg? Wenn der nur wollte – und alle Anzeichen wiesen darauf hin, daß dem so war! –, dann konnte er seine Kontrollen völlig mühelos und niemals ohne letzte Berechtigung bis zum Zapfenstreich ausdehnen. Vierbein machte ein betrübtes Gesicht; er war auf alles gefaßt.

Vor der Tür wartete der Gefreite Asch auf ihn. »Gut gemacht«, rief er ihm entgegen. »Das mit dem Infanteriehengst hast du gut gemacht.«

»Lindenberg scheint auf mich zu warten«, sagte Vierbein und ging auf ihn zu.

»Das haben wir kapiert«, sagte der Gefreite. »Das hat sich schon herumgesprochen! Kettenreaktion! Der Spieß schickt seine besten Pferde in die Arena. Das sicherste ist, du machst dich sofort aus dem Staub.«

»Lindenberg kann jeden Augenblick hier aufkreuzen.«

»Das wird er nicht tun«, versicherte Asch vielerfahren. »Lindenberg weiß, was sich gehört. Er tut nichts, was sich nicht durch Vorschriften oder Dienstanweisungen verantworten läßt. Du hast Wache gehabt, und jetzt gibt er dir die Gelegenheit, deine Wachklamotten, einschließlich Gewehr, in Ordnung zu bringen. Dann erst wird er erscheinen und dir im Handumdrehen nachweisen, daß du sie gar nicht in Ordnung gebracht hast.«

»Ich weiß«, sagte Vierbein resignierend. »Dann geht das Theater los.«

Asch lachte unbekümmert auf: »Wir lassen es erst gar nicht dazu kommen. Vorher hast du mir geholfen, jetzt helfe ich dir. Ich übernehme alle deine Wachklamotten und garantiere für Sauberkeit. Du aber ziehst dich sofort auf der Toilette um und verschwindest dann, so schnell du kannst.«

»Lindenberg wird toben«, sagte Vierbein zögernd.

»Der wird nicht toben, der nicht; dazu hat er viel zuviel Selbstbeherrschung. Er wird sich nur mächtig aufregen, aber er wird das nicht zeigen. Und bis morgen früh hat er sich wieder abgeregt.«

»Glaubst du?«

»Davon bin ich überzeugt. Also los! 'rein in das Scheißhaus. Ich hole dir deinen Ausgehanzug.«

Der Gefreite Asch schob Vierbein vorwärts; der eilte zum entgegengesetzten Ende des Korridors, wo die Toilette lag. Er schloß sich ein und begann sich hastig auszuziehen. Der Stahlhelm schepperte, das Gewehr rutschte aus und polterte über die Fliesen. Vierbein erschrak; er überprüfte sofort im Zwielicht, ob Teile seines Gewehres bestoßen worden waren, aber zu seiner Erleichterung fand er nichts. Er lehnte sich gegen die Holzwand und fühlte, daß ihm der Schweiß ausgebrochen war. Kurz darauf trommelte der Gefreite Asch gegen die Tür. »Hier sind deine Sachen«, sagte er. »Ausgehanzug, Schirmmütze, Halbschuhe und Extrakoppel. Sonst noch was?«

»Ich danke dir«, sagte Vierbein aufrichtig.

»Nichts zu danken.«

Vierbein zog sich in Eile an. »Wenn du mir nicht geholfen hättest, wäre ich heute niemals aus der Kaserne herausgekommen.«

»Noch bist du nicht draußen. Und wenn du weiter soviel redest, geht dir nur wertvolle Zeit verloren.«

»Ich bin heute abend mit deiner Schwester verabredet«, sagte Vierbein durch die Holztür der Toilette. »Ich hoffe, du hast nichts dagegen.«

Asch antwortete nicht sofort. Dann sagte er gedehnt: »Wenn ich das gewußt hätte . . .«

»Dann hättest du das nicht getan?«

»Nein«, sagte Asch unfreundlich, »dann hätte ich dich lieber in die

Hände von Lindenberg fallen lassen. Der ist weit harmloser als meine Schwester.«

»Das verstehe ich nicht«, sagte Vierbein.

»Weil du ein Idiot bist«, sagte Asch freundlich. »Aber in einer klaren Stunde wirst du das schon noch merken. Hoffentlich ist es dann nicht zu spät.«

Vierbein trat umgezogen aus der Toilette in den Vorraum. Er war ein wenig verwirrt, außerdem hatte er es eilig. Er übergab seinem Freund und Kameraden die Wachklamotten.

Asch musterte ihn; er fand, auf den ersten Blick, nichts, das beanstandet werden konnte. »Hast du alles mit?« fragte er. »Truppenausweis? Geld? Taschentuch?«

Vierbein bejahte diese Fragen.

»Dann wollen wir die Lage peilen.« Asch trat auf den fast leeren Korridor, schlenderte bis zur Flügeltür und sah in das Treppenhaus.

Er zog sofort seinen Kopf zurück und rief gedämpft zu Vierbein, der aus der Tür der Toilette spähte: »Lindenberg kommt!«

Dann riß er, außerordentlich diensteifrig erscheinend, die Flügeltüren weit auf und produzierte eine tadellose Ehrenbezeigung.

Der Unteroffizier Lindenberg schritt in der bei ihm jederzeit selbstverständlichen tadellosen Haltung vorbei; er erwiderte den Gruß des Gefreiten mit schöner Korrektheit. Dann klapperten seine schweren Nagelstiefel über den Steinfußboden. Sichtlich entschlossen, aber ohne auch nur im geringsten seine Eile zu verraten, strebte er auf jene Tür zu, hinter der er den Kanonier Vierbein vermutete.

Kaum hatte Unteroffizier Lindenberg den Korridor verlassen und die Mannschaftsstube betreten — dort wurde dröhnend »Achtung« gerufen —, lotste Asch seinen Kameraden Vierbein aus der Toilette: »Los, Mensch! Jetzt lauf! Die Gelegenheit ist günstig.« Und der Kanonier Vierbein trabte, ohne sich weiter zu besinnen, an dem Gefreiten vorbei. Er lief die Treppen hinunter. Er sah sich nicht mehr um. Er lief seinem Rendezvous mit Ingrid entgegen.

Der Gefreite Asch gab der gutgeölten Flügeltür einen mächtigen Schwung. Sie pendelte scharrend hin und her. Dann setzte auch er sich langsam in Bewegung und ging auf seine Stube zu.

Hier stand der Unteroffizier Lindenberg, mitten im Raum, breitbeinig und wie erstarrt. Zum erstenmal war in seinem Gesicht die Spur einer Gemütserregung zu lesen: er war verwundert. Er hatte alle anwesenden Stubenangehörigen, einzeln, nach Vierbein befragt, und jeder hatte behauptet, nichts von Vierbein zu wissen. Das aber, so wollte es Lindenberg scheinen, konnte nur noch als faustdicke Lüge bezeichnet werden, denn er selbst, höchstpersönlich, hatte doch Vierbein im Wachanzug vor einer Viertelstunde den Block betreten sehen — er mußte also da sein, mußte hier sein; vom Erdboden verschwunden konnte er doch nicht sein!

Lindenberg fühlte sich also belogen; und eben das empörte ihn vorerst gar nicht einmal, es wunderte ihn nur maßlos. Er vermochte es einfach nicht zu fassen, daß man jemals wagen könnte, ihn zu belügen.

»Und Sie«, fragte er den eintretenden Gefreiten Asch, »wissen Sie auch nichts davon?«

»Nein, Herr Unteroffizier«, sagte der Gefreite Asch prompt.

»Wovon wissen Sie nichts?«

»Von nichts, Herr Unteroffizier.«

»Zum Teufel!« brüllte Lindenberg los. Er war selbst höchst verwundert darüber, sich brüllen zu hören, und er sah, daß die Soldaten seiner Korporalschaft, die sich vor ihm bewegungslos aufgebaut hatten, erschraken. Das gab ihm sein Gleichgewicht wieder.

»Also auch Sie, Asch, wagen zu behaupten, daß der Kanonier Vierbein, nachdem er vom Wachdienst entlassen worden war, diese Stube nicht betreten hat? Wagen Sie das zu behaupten?«

»Jawohl, Herr Unteroffizier«, sagte der Gefreite durchaus wahrheitsgemäß.

Der Unteroffizier Lindenberg verschwand und schlug die Tür mit einem gewaltigen Krach hinter sich zu. Auf dem Korridor blieb er stehen und atmete gepreßt; er vermochte nicht zu begreifen, was hier vor sich ging. Und er stürzte sich wie eine wilde Hummel durch den Kasernenblock, um Vierbein zu suchen.

»Den hat es gepackt«, sagte der Gefreite Asch unbekümmert zu seinen Kameraden. »Der wurde ja geradezu menschlich!«

Sie trafen sich vor einem Uhrengeschäft auf dem Paradeplatz; und Johannes Vierbein konnte sich so leicht davon überzeugen, wie überaus pünktlich Ingrid Asch war. Sie begrüßten sich und schlenderten auf die Schloßteichpromenade zu.

Vielen Vorgesetzten begegnete der Kanonier, der gekommen war, um mit einem Mädchen zu plaudern. Er grüßte mit Ausdauer und vorschriftsmäßiger Haltung. Die ganze Stadt schien nur aus Vorgesetzten zu bestehen; und es war, als bestünde deren ganze Lebensaufgabe darin, auf einen Gruß zu warten.

»Wenn Sie erst Offizier sind«, sagte das Mädchen an seiner Seite, »dann wird alles viel bequemer sein.«

»Ich will aber gar kein Offizier werden«, sagte Johannes Vierbein.

»Nein?« Ingrid schien verwundert zu sein. »Ich denke, Sie haben Ihr Abitur gemacht?«

»Natürlich. Aber nicht, um Offizier zu werden. Ingenieur will ich werden.«

»Na ja — das ist ja auch ganz schön.« — Ingrid schien ein wenig verstimmt zu sein, und er wußte nicht recht, weshalb das so war. Er gedachte ihr eine Freude zu bereiten, um sie so zu versöhnen; und er erlaubte sich die Anfrage, ob sie bereit sei, mit ihm eine Tasse Kaffee zu trinken und ein Stück Kuchen zu essen.

»Aber gerne«, sagte Ingrid, »gehen wir in die Konditorei Liedtke. Dort gibt es eine ausgezeichnete Torte.«

Johannes nickte zustimmend und war ehrlich bemüht, Freude zu zeigen, aber das fiel ihm nicht leicht, denn die Konditorei Liedtke war teuer, und seine Finanzen waren rar. Hinzu kam, daß in der Konditorei Liedtke auch, was sich herumgesprochen hatte, die Offiziere des Standortes zu verkehren pflegten, und zwar offiziell, mit den zu ihnen gehörenden Damen.

Das Publikum war nicht zahlreich, schien aber auserlesen zu sein. Ingrid fühlte sich sichtlich wohl, und das freute ihn. Er gab vor, keine Torte zu mögen, und er ließ es mit Haltung geschehen, daß sie gleich zwei Stücke mit großem Appetit verspeiste. Die Augen einiger Vorgesetzter im Offiziersrang ruhten kurz prüfend auf ihm, verrieten dann gedämpfte Duldung.

»Sie wollen also Ingenieur werden«, sagte sie. »Wann werden Sie Ihren Doktor machen?«

»Vermutlich überhaupt nicht«, sagte Johannes Vierbein. »Ich will Bauingenieur werden, also so etwas wie Ingenieur und Architekt zugleich.« Er kam nicht dazu, auf ihre Reaktion zu achten, denn ein Zahlmeister drängte sich suchend durch die Tischreihen. Vierbein war bestrebt, eine Ehrenbezeigung durch Stillsitzen und Blickwendung zu produzieren; sie gelang und wurde anerkannt — der Zahlmeister nickte freundlich.

»Wenn Sie aber wenigstens Reserveoffizier wären ...«, begann Ingrid abermals.

Der Zahlmeister ging nach vergeblichem Suchen wieder am Tisch vorüber, an dem Johannes und Ingrid saßen, und der Kanonier sah sich gezwungen, abermals zu grüßen. Er verwünschte ein wenig seinen Eifer; Asch wäre das nicht passiert, und vielen anderen auch nicht, die taten immer grundsätzlich so, als seien sie schwer beschäftigt. Sie grüßten also in Restaurants so gut wie überhaupt nicht, und nur höchst selten fand sich ein Vorgesetzter, der das an Ort und Stelle zu rügen wagte.

»Wollen wir noch ein wenig spazierengehen?« fragte Vierbein. »Vielleicht irgendwohin, wo es dunkel ist.«

»Wo es dunkel ist?«

»Ich meine: irgendwohin, wo man nicht andauernd zu grüßen braucht.«

»Mich stört das nicht«, sagte Ingrid. »Das muß ja wohl so sein. Aber wenn Sie durchaus wollen, dann nehmen wir ein Boot und rudern auf den Schloßteich hinaus.«

»Aber gerne«, sagte Vierbein. Und er rechnete sich aus, daß eine Bootsfahrt an Stelle eines Spazierganges seine Ausgaben um mindestens zwei Mark vergrößern würde; aber für Ingrid war ihm nichts zu teuer, und die Hauptsache: Das Geld reichte aus.

Sie gingen auf den Schloßpark zu. Die Lampen, die über dem Promenadenweg hingen, leuchteten matt. Die beginnende Nacht umhüllte sie mit Wärme. Er mußte sie ansehen und vergaß zu grüßen. Aber der Vorgesetzte, den er übersehen hatte, war glücklicherweise in eine ähnliche Beschäftigung vertieft.

Der Bootsverleiher musterte den Kanonier und dann seine Begleiterin. »Sie können ein Boot haben«, sagte er darauf. »Zwei Mark die Stunde und zehn Mark Pfand.« Und als er sah, wie Vierbein zögerte, fügte er grinsend hinzu: »Wenn Sie zufällig keine zehn Mark bei sich haben, genügt mir auch Ihr Truppenausweis als Pfand.«

Vierbein zögerte noch immer; und Ingrid sagte ein wenig ungehalten: »Wir müssen ja nicht unbedingt Boot fahren.«

Aber der Kanonier hatte bereits seinen Truppenausweis aus der Brusttasche gezogen und gab ihn dem Bootsverleiher; er tat das widerstrebend, denn es war verboten, einen Truppenausweis aus der Hand zu geben, soweit es sich nicht um Vorgesetzte oder bevollmächtigte Streifen und Kontrollorgane handelte.

»Und zwei Mark im voraus, bitte«, sagte der Bootsverleiher.

Vierbein gab sie ihm in Eile. Dann wurde ihnen ein Boot zugewiesen, das den Namen »Sonnenschein« trug. Ingrid setzte sich ans Steuer.

Der Bootsverleiher schleppte zwei Ruder herbei und übergab sie nicht ohne Feierlichkeit. »Und nichts für ungut«, sagte er bieder. »Das mit dem Truppenausweis ist nicht zu vermeiden. Man erlebt so viel Unangenehmes. Immer wieder brennen mir welche durch; viele versuchen, mich um die Leihgebühr zu prellen, besonders Soldaten, kurz vor der Löhnung. Und vor zwei Jahren hat sich einer in einem Boot erschossen; er hatte nicht nur das Boot verunreinigt, sondern es auch noch beschädigt. Und er hatte keinen Truppenausweis, und ich stand da mit der Leiche und wußte nicht, wohin.«

»Schon gut«, sagte Vierbein und stieß sich ab. »Schon gut.«

Er ruderte auf den Teich hinaus, mit kurzen, kräftigen Schlägen. Er wollte fort vom Ufer, fort von fremden Menschen; er wollte mit Ingrid allein sein. Nach einigen Minuten hörte er auf zu rudern. Das Boot trieb durch das stille Wasser.

Ingrid hatte sich ein wenig zur Seite gebeugt und betrachtete die dunkel glänzende Oberfläche des Teiches. Sie tauchte eine ihrer kleinen Hände in das Wasser. Sie lachte hellauf.

Johannes freute sich darüber. Er betrachtete sie zärtlich; und es war ihm, als sehe er sie erst jetzt zum erstenmal an diesem Abend. Sie trug ein ärmelloses weißes Sommerkleid mit großen roten Blumen; es war in der Hüfte gerafft und oben weit ausgeschnitten. Wenn er sich vorbeugte, atmete er die Wärme ein, die ihr Körper verströmte, ein süßduftendes Parfüm und den fauligen Geruch des Teichwassers. Er fühlte sich wie berauscht.

»Es ist hier schön«, sagte er. Und er sah über die leuchtenden Bänder hinweg, die die Lampen des fernen Ufers über den Spiegel des Wassers gelegt hatten. Er fühlte sich geborgen, und er war nicht allein. Und er wünschte sich, das möge ewig so bleiben und nicht schon in einer knappen Stunde vorbei sein.

»Lassen Sie mich ein wenig rudern«, sagte sie.

Er versuchte, wie es sich für einen Kavalier gehörte, zu protestieren.

»Ich tue das gern«, sagte sie.

Sie wechselten vorsichtig die Plätze. Er ergriff behutsam ihren Arm, um sie zu stützen. Seine Hand glitt aus, geriet flüchtig in ihre Achselhöhle. Das bereitete ihm Wonne. Und er war froh, daß es nicht hell war; sie hätte sonst sehen können, daß er errötete. Ihm wurde sehr heiß, und er bat um die Erlaubnis, sich den Waffenrock aufknöpfen zu dürfen, wogegen sie nichts einzuwenden hatte.

Sie saß breitbeinig im Boot und stemmte ihre Füße in den luftigen und hellen Sandalen gegen die Querstreben der Bootswand. Sie winkelte den Oberkörper vor, ihre Arme griffen weit aus; sie dehnte sich und stemmte sich gegen die Ruder nach hinten. Einen Augenblick war es so, als habe sie sich vor ihm lang ausgestreckt hingelegt. Und er mußte an das Bild denken, das er ihr entwendet hatte und das sie im nassen Badeanzug zeigte, wie sie dem Wasser entstieg. Aber dann schnellte sie wieder vor, um weiterzurudern.

Das Boot glitt jetzt schnell und zischend durch das Wasser. Ihr Mund hatte sich ein wenig geöffnet, und sie atmete stark. »Ach«, rief sie. »Das tut gut.«

Er bewunderte sie maßlos.

Dann hörte sie, genauso plötzlich, wie sie angefangen hatte, mit dem Rudern auf. Sie zog die Beine wieder ein und sah ihn mit glänzenden Augen an. Und er ertappte sich bei dem heftigen Verlangen, nach ihr zu greifen; und er errötete abermals.

»Warum eigentlich nicht?« sagte sie nachdenklich.

»Ja?«

»Warum sollten Sie eigentlich nicht Offizier werden?«

Er wich ein wenig zurück. Er war überrascht. Und er sagte, härter, als er es sagen wollte: »Der Beruf liegt mir nicht.«

»Sie haben doch hoffentlich nichts gegen diesen Beruf?« fragte sie unduldsam.

»Halten Sie denn viel davon?« fragte er zurück. »Gefallen Ihnen derartige Uniformen, der Umgangston in diesen Kreisen, die Lebensform, die dazugehört?«

»Sie können doch wenigstens versuchen, Reserveoffizier zu werden.«

»Warum eigentlich? Ich will Ingenieur werden und Architekt. Das ist doch auch ein Lebensziel – oder?«

»Ich will Sie nicht kränken«, sagte Ingrid freundlicher. »Aber ich war immer überzeugt, Sie denken wesentlich anders als mein Bruder.«

»Ihr Bruder hat ganz gute Gedanken, scheint mir.«

»Eben nicht! Er ist ein unpatriotischer Mensch.«

»Er verfügt über viel gesunden Menschenverstand, Fräulein Ingrid. Und schließlich können ja nicht alle Patrioten sein.«

»Doch, doch!« sagte sie voll Eifer; und sie ereiferte sich ehrlich, ohne einen Gedanken daran, ihn kränken zu wollen. »Wer kein Patriot ist, ist kein wertvoller Mensch. In einer Zeit wie der unseren, wo alles darauf ankommen wird, daß wir uns behaupten, ist es mir völlig unverständlich, daß ein normaler, gesund denkender und empfindender Mann auch nur annähernd solche Ansichten vertreten kann wie mein Bruder.«

»Ihr Bruder würde vermutlich nicht sehr erfreut sein, wenn er hören könnte, was Sie von ihm halten.«

»Er weiß genau, wie ich über ihn denke. Und über alle, die so sind wie er. Aber Sie sind ja nicht so wie er, Johannes, Sie nicht; das weiß ich, das fühle ich. Nicht wahr, das ist doch so?«

»Ich muß jetzt nach Hause«, sagte er. Und er verbesserte sich sofort. »Ich muß jetzt wieder in die Kaserne. Ich habe keinen Nachturlaub.«

»Sind Sie mir böse?« fragte sie naiv.

»Wie kann ich Ihnen böse sein?«

»Sind Sie traurig?«

»Ich bin fast immer traurig.«

»Habe ich Sie enttäuscht?«

»Aber nein.«

»Und Sie müssen mir doch zugeben, daß ich recht habe.«

»Natürlich haben Sie recht«, sagte er müde.

Sie war rührend bemüht, ihn zu überzeugen. Sie glaubte fest an das, was sie gesagt hatte. Mit ihrem ganzen glühenden, jugendlichen Idealismus glaubte sie an diese erhabenen Dinge, die sie gelesen und immer wieder gehört hatte und die in der Erkenntnis gipfelten: Der Mann ist der

Beschützer von Frau und Kind, der Verteidiger ihrer Ehre, der Förderer ihrer Wohlfahrt. Nur der wehrhafte Mann ist der wahrhafte Mann. Sie wollte einen solchen oder keinen. Daß man Menschen zu Sklaven machte, wenn man sie wehrhaft werden ließ, davon ahnte sie nichts.

Er ruderte sie an Land, übergab das Boot, nahm seinen Truppenausweis in Empfang und machte dann Anstalten, sich zu verabschieden.

»Ich kann leider nicht über meine Zeit verfügen«, sagte er bitter, »denn ich bin Soldat. Ich habe nichts zu befehlen, ich habe nur zu gehorchen.«

»Ich verstehe Sie doch«, versicherte Ingrid.

»Und das alles wird sich nicht ändern, solange ich Soldat bin. Denn ich werde vermutlich niemals Offizier werden und somit nicht über meine Freizeit verfügen können. Leben Sie wohl.«

»Ich habe es nur gut gemeint«, sagte Ingrid ein wenig hilflos.

»Ich glaube es Ihnen. Aber vielleicht ist es gerade das, was mich so traurig macht.«

Er riß sich von ihr los und lief davon. Er war maßlos enttäuscht. Er fühlte sich betrogen, weggestoßen und verlassen. Er rannte, wie getrieben, auf die Kaserne zu.

Und die Kaserne erwartete ihn bereits.

Für Unteroffizier Lindenberg war jeder Befehl heilig; seine Bibel bestand aus Dienstvorschriften und Verfügungen. Er kannte keinerlei Kompromisse, nur bedingungslosen Gehorsam. Und er war auch jederzeit bereit, alles das zu tun, was er von anderen zu verlangen in der Lage war.

Lindenberg hatte von Hauptwachtmeister Schulz den überaus eindeutigen Befehl erhalten, »eingehend die Sauberkeit der während des Wachdienstes von Kanonier Vierbein benutzten Bekleidungs- und Ausrüstungsgegenstände zu überprüfen«, was in der prosaischen Sprache des Spießes ganz einfach gelautet hatte: Machen Sie ihm kräftig Feuer unter dem Schwanz!

Dieses war ein Befehl gewesen, der an Deutlichkeit nichts zu wünschen übriggelassen hatte. Und da es Lindenberg, zu seiner eigenen Verblüffung, nicht gelungen war, diesen Befehl sofort, also unmittelbar nach dem Abschluß des Wachdienstes von Vierbein, auszuführen, handelte es sich hier also um einen nicht ausgeführten, besser: um einen noch nicht ausgeführten Befehl. Somit war es also jetzt notwendig, entweder diesen Befehl zu widerrufen, was nur der tun konnte, der ihn gegeben hatte, oder aber darauf zu warten, bis sich die Möglichkeit ergab, ihn dennoch verspätet durchzuführen.

So ging denn der Unteroffizier Lindenberg mit seinem Befehl schwanger. Er durchsuchte zunächst den ganzen Kasernenblock der 3. Batterie vom Boden bis zum Keller; natürlich ergebnislos. Er brüllte nach Vierbein, wie eine Kuh nach Futter brüllt; aber Vierbein meldete sich nicht. Mehrmals kreuzte er auf der Stube seiner Korporalschaft auf, sein heftiges Verlangen bekundend, Vierbein zu sehen; doch die Mannschaften gaben ihm immer dieselbe negative Antwort, und ihn beschlich das ferne Gefühl, daß er nicht sonderlich gern gesehen sei.

Dafür hatte er, korrekt, wie er war, durchaus Verständnis. Freizeit war Freizeit, und der gute Soldat hatte sie nicht nur verdient, er sollte und mußte sie auch erhalten; zumal eine Verfügung des Oberkommandos extra auf diesen »Anspruch«, wenn auch reichlich verschwommen, hingewiesen hatte.

Nein, dieser Befehl war sein Befehl; er hatte ihn bekommen, er allein mußte ihn ausführen. Denn nicht zuletzt war es seine Aufgabe, ein Beispiel zu geben. Keine Feuersbrunst, davon war er überzeugt, wäre jemals imstande gewesen, ihn von der Durchführung seiner Pflichten abzuhalten. Immerhin hatte er am heutigen Abend die Absicht gehabt, in der Militärbadeanstalt für das Rettungsschwimmerabzeichen zu trainieren; wenn es ihm nicht bald gelang, den Kanonier Vierbein aufzuspüren, ging ihm seine wichtige Trainingsstunde in die Binsen.

Er sträubte sich lange, ehe er Anlauf nahm, sich zu dem Entschluß durchzuringen, den Hauptwachtmeister aufzusuchen. Natürlich kam gar nicht in Frage, dem Hauptwachtmeister zu melden, daß er seinen Befehl *nicht* ausgeführt habe; das war unmöglich, das gab es einfach nicht. Es blieb nur übrig, zu versuchen, dem Hauptwachtmeister beizubringen, daß sich die Ausführung eines Befehls verzögere; worauf immerhin die Möglichkeit bestand, daß auf eine weitere Durchführung des Befehls verzichtet wurde.

Lindenberg vervollständigte seinen Dienstanzug durch Mütze, Koppel und Handschuhe, was in der Bekleidungsvorschrift »Kleiner Meldeanzug« genannt wurde, und begab sich in das Erdgeschoß, wo die Privatwohnung von Schulz lag. Er schellte in einem für Unteroffiziere vereinbarten Rhythmus. Dann wartete er in korrekter Haltung.

Schulz öffnete nach einigen Minuten. Ein knallroter Bademantel umkleidete seine stämmige Figur. Als er Lindenberg sah, verzogen sich seine bierernsten Züge zu freudigem Grinsen. »Na?« fragte er dröhnend. »Haben Sie ihm das Fell über die Ohren gezogen?«

Lindenberg berichtete in wohlgesetzten, aber vorbildlich kurzen Wortgebilden von seinem Mißgeschick. Er sah, wie Hauptwachtmeister Schulz den Mund öffnete und ihn dann wieder zuklappte. Und es war, als sei der Spieß bestrebt, in der gleichen knalligen roten Farbe anzulaufen, die seinen Bademantel beherrschte.

»Was soll das heißen?« fragte Schulz nach bedrohlichem Schweigen.

»Dieser Kerl hat nach dem Wachdienst seine Stube überhaupt nicht mehr betreten? Er ist einfach abgehauen?«

»Jawohl, Herr Hauptwachtmeister.«

»Das ist doch Irrsinn!«

»Jawohl, Herr Hauptwachtmeister.«

»Und Sie sind ein Idiot!«

Unteroffizier Lindenberg hielt es für richtig, diesen Ausspruch seines Hauptwachtmeisters nicht durch ein dröhnendes »Jawohl« zu bestätigen. Natürlich dachte er nicht im entferntesten daran, beleidigt zu sein oder gar einen Protest in Erwägung zu ziehen. »Idiot« war Jargon, gehörte zu den sogenannten Kasernenhofblüten, war keinesfalls strafbar, wie in einschlägigen Vorschriften nachgelesen werden konnte.

Hauptwachtmeister Schulz knallte wutentbrannt die Tür zu. Lindenberg registrierte das, ohne mit der Wimper zu zucken. Er empfand die Handlungsweise des Hauptwachtmeisters zwar als durchaus verständlich, aber er mißbilligte dennoch den Mangel an Selbstbeherrschung. Aber vermutlich hatte es sich hier um Temperament gehandelt, was bekanntlich im Ernstfall zum Draufgängertum zu führen pflegte.

Jedenfalls sah sich Lindenberg gezwungen, annehmen zu müssen, daß diese Besprechung den vorher gegebenen Befehl nicht aufgehoben hatte. Somit gehörte es immer noch zu seinen Aufgaben, die Ausrüstungs- und Bekleidungsgegenstände, die der Kanonier Vierbein auf Wache getragen hatte, »so schnell wie möglich« zu überprüfen.

Noch einmal, zum fünftenmal, begab sich Lindenberg auf die Stube seiner Korporalschaft. Natürlich war Vierbein immer noch nicht da. Lindenberg stand nachdenklich vor dem Schrank seines Kanoniers, an dem ein großes Sicherheitsschloß hing. Er bedauerte kurz, daß seine Vollmachten nicht ausreichten, dieses Schloß zu öffnen. Aber auch die besten Vorschriften, fand er, hatten ihre Lücken.

So blieb ihm denn nichts anderes übrig: Er mußte seine abendliche Trainingsstunde aufgeben und warten. Er, der Unteroffizier, mußte auf einen Kanonier warten! Und er wartete; eine Stunde, zwei Stunden, drei Stunden, vier Stunden. Er saß unruhig in seinem Zimmer, eine Vorschrift vor sich auf dem Tisch, und fand nicht genügend Konzentration, um die Aufsatztabelle für Erdschießen richtig auswendig zu lernen.

Er ging an das Fenster und sah auf den Appellplatz. Dann setzte er sich wieder. Hierauf begab er sich auf den Korridor. Er absolvierte einige Klimmzüge an einer Reckstange, die in der Nähe der Toilette angebracht war. Später putzte er seine Stiefel, sein Koppel und seine Zähne. Noch später bürstete er an der Teppichstange, die sich unmittelbar neben dem Eingang zum Batterieblock befand, seinen Extraanzug aus, obwohl der einwandfrei sauber war.

Er glaubte, an sich eine gewisse Nervosität zu bemerken; das war ihm neu, und er fand es beunruhigend. Und er folgerte, nicht ohne Betrübnis, daß es der Kanonier Vierbein sei, der hier an seinen Nerven zerrte. Und er sagte sich, daß das nicht sein dürfe! Er habe, so sagte er sich weiter, über der Sache zu stehen, allzeit korrekt zu sein, unparteiisch, beispielhaft. Aber leicht fiel ihm das nicht.

Kurz vor Zapfenstreich begab er sich abermals auf die Stube der Korporalschaft, nunmehr zum neuntenmal. Drei Mann spielten Skat, zwei aßen zum drittenmal, einer war im Waschraum, die anderen lagen bereits in ihren Betten. Vierbein war immer noch nicht da. Unteroffizier Lindenberg sah auf seine Armbanduhr und nickte schwer. »Noch zwanzig Minuten«, sagte er.

Lindenberg ging nicht mehr auf seine Stube zurück. Er hielt sich im Korridor auf. Er fühlte, während er pendelnd einherschritt, einen würgenden Ärger in sich aufsteigen. Das aber, so rügte er sich, darf nicht sein! Er zwang sich dazu, tief Luft zu holen. Zehn weitere lange Minuten vergingen.

Dann tauchte der Kanonier Vierbein atemlos auf. Sein Gesicht glänzte; offenbar war er gelaufen. Er eilte auf seine Stube zu und prallte fast auf Unteroffizier Lindenberg.

»Vierbein«, sagte der in korrektem, streng dienstlichem Tonfall – es machte ihm erhebliche Mühe, sich vollkommen zu beherrschen, aber es gelang ihm tatsächlich –, »Sie haben heute Wache gehabt?«

»Jawohl, Herr Unteroffizier.«

»Es ist Ihnen bekannt, Vierbein, daß ein Befehl besteht, ein schriftlich gegebener Befehl, wonach jeder, der von der Wache kommt, sofort seine Ausrüstungs- und Bekleidungsstücke in einwandfreien, das heißt bei mir appellfertigen Zustand zu bringen hat. Ist Ihnen das bekannt?«

»Jawohl, Herr Unteroffizier.«

»Dann zeigen Sie mir mal«, sagte der Unteroffizier, sich zur Sachlichkeit zwingend, »Koppel, Patronentaschen, Seitengewehrsteg.« Das sagte er, abgezirkelt und karg, er hielt keine Vorträge, er schleuderte keine Anklagen heraus, er erging sich nicht in Vermutungen. Lindenberg wollte, daß nur die Tatsachen redeten; und sie würden, davon war er überzeugt, eine deutliche Sprache sprechen.

Vierbein, immer noch heftig atmend, eilte an seinen Schrank. Er zog die Schlüssel aus seiner Hosentasche, die ihm der Gefreite Asch soeben heimlich übergeben hatte, und öffnete das Sicherheitsschloß. Er riß die Tür des Schrankes auf. Lindenberg spähte ungeduldig hinein. Die allgemeine Ordnung war, auf den ersten Blick, nicht schlecht.

Die Patronentaschen hingen an den Haken. Sie glänzten. Das Koppel wand sich um die halbkreisförmige Auflage. Es glänzte. Der Seitengewehrsteg lag, einschließlich Seitengewehr, auf einem sorgfältig ausgebreiteten Putzlappen. Alles glänzte.

Unteroffizier Lindenberg brauchte mehrere Sekunden, um sich zu fassen. Kanonier Vierbein fühlte sich erleichtert; seine Stubenkameraden hatten offenbar ganze Arbeit geleistet. Der Gefreite Asch grinste aus seinem Bett heraus.

»Die Stiefel«, sagte Unteroffizier Lindenberg.

Sie wurden ihm unter die Nase gehalten; und siehe, sie waren blank. Er hob sie hoch und betrachtete die Schuhsohlen. Sie waren sorgfältig abgewaschen worden. Er fahndete, ob sich Dreck zwischen den dickköpfigen Nägeln befand. Er fahndete vergebens. Er fühlte, daß ihn das maßlos aufregte.

»Das Gewehr«, sagte der Unteroffizier, nur noch mühsam beherrscht.

Vierbein eilte auf den Ständer zu und entnahm ihm sein Gewehr. Er hielt es vorschriftsmäßig mit der linken Hand, die Schloßteile dem Betrachter zugekehrt. Lindenberg ließ den Blick prüfend von der Mündung bis zum Kolben gleiten. Auf Anhieb fand er nichts auszusetzen.

»Mündungsschoner ab, Schloß 'raus, Kastenboden 'raus!« befahl er. Er gedachte nunmehr, mit der näheren Überprüfung zu beginnen. Er war jetzt entschlossen, irgend etwas zu finden; und er wußte aus Erfahrung, daß es gar kein Gewehr gab, an dem er nicht Mängel entdecken würde, wenn er sie entdecken wollte.

Da sagte der Gefreite Asch, aus seinem Bett heraus, mit freundlicher Stimme: »Bitte Herrn Unteroffizier darauf aufmerksam machen zu dürfen, daß bereits Zapfenstreich ist.«

Lindenberg erfaßte nicht sofort, was mit dieser Bemerkung bezweckt werden sollte. »Was ist los?« fragte er konsterniert.

»Es ist Zapfenstreich«, sagte der Gefreite Asch verbindlich und lüftete seine Decken ein wenig.

Und der Obergefreite Kowalski, der in der hintersten Ecke lag, tat so, als befinde er sich bereits im Halbschlaf und wisse nicht, was auf der Stube im Augenblick vor sich gehe. »Ruhe im Puff!« rief er gähnend.

Lindenberg verstand. Er wußte, daß es verboten war, die Mannschaft nach dem Zapfenstreich und vor dem Wecken zu beschäftigen; und er wußte auch, daß die Mannschaft genau darüber informiert war. Allerdings hatte er niemals erwartet, daß sich jemals jemand finden könnte, der ihn, wenn auch indirekt, darauf aufmerksam machen würde. Das gefährdete sein Gleichgewicht erheblich. Er fühlte die nackte Wut in sich aufsteigen, und es kostete ihn große Anstrengung, sie wieder hinunterzuwürgen.

»Wir sprechen uns morgen«, sagte er und verschwand.

»Gute Nacht, Herr Unteroffizier«, rief ihm der Gefreite Asch nach.

Vater Freitag war Frühaufsteher. Sein Dienst im Reichsbahnausbesserungswerk begann um acht Uhr. Er erhob sich bereits um fünf Uhr und begann sofort zu werken, um sich, wie er sagte, Appetit für das Frühstück zu machen.

Er ging, nur mit Hose und Hemd bekleidet, in seinen Garten. Er war ein leidenschaftlicher Anhänger des Frühgießens; er schloß den Schlauch an, rollte ihn aus und drehte den Hahn voll auf. Gedankenträchtig stand er so da, den Strahl kunstvoll nach allen Seiten lenkend.

In dieser frühen Morgenstunde war es ihm, als sei er allein auf der Welt. Kein Nachbar, der dumme Fragen stellte, keiner von der Familie, der ihn zu anderweitiger Beschäftigung rief — nur er und seine Blumen, seine Obstbäume und sein Gemüse. Und im Hintergrund die Kaserne, die rumorend zu erwachen begann.

Er war länger in dieser Gegend als die Artilleriekaserne. Er hatte sich dieses Grundstück weit vor der Stadt vor mehr als zehn Jahren gekauft. Aber die Stadt wälzte sich ihm nach, und die Kaserne schien fast über Nacht aus dem Boden gebrochen zu sein, so als sei ein Vulkan überraschend in Tätigkeit getreten. Er nahm das hin wie ein Naturereignis.

In der Kaserne schrillte der Lärm der UvD-Pfeifen. Kleinere Trupps versammelten sich mit Kaffeekannen vor den Blocks. Einige Gruppen absolvierten einen kurzen Frühsport, mit Freiübungen und Rundlauf, auf dem Exerzierplatz. Vereinzelte Befehle klangen in Fetzen bis zu Freitag hin, der fast regungslos seinen Garten besprengte.

Nachdem das geschehen war, begab sich Freitag zu seinem Geräteschuppen, in dem er auch eine Werkbank aufgestellt hatte. Er schnitzte für eine Harke neue Holzzinken. Seine kräftigen Hände, die abwechselnd das Messer führten, arbeiteten geschickt. Er sang dabei mit unterdrückter, rauher Stimme.

Gegen sechs Uhr weckte er seine Frau. Er selbst begab sich in die Waschküche, wo er zu seinem Privatvergnügen eine Riesenbrause aufmontiert hatte. Hier rasierte er sich ungestört und mit Ausdauer und ließ dann Wasser in großen Mengen auf sich niederregnen. Dann wanderte er in die Küche und fing an, mit seiner dicklichen, allzeit freundlichen Frau zu schäkern. Sie lachte unterdrückt und stellte sich böse, was ihn immer wieder sehr erheiterte. Er half ihr auch beim Zubereiten des Frühstücks, füllte seine Thermosflasche, die er zur Arbeit mitzunehmen pflegte, selbst und las ein wenig in dem Haushaltsbuch seiner Frau.

Um sieben Uhr wurde dann die Tochter Elisabeth geweckt. Danach deckte Vater Freitag mit seiner Frau den Frühstückstisch. Um sieben Uhr fünfzehn saßen die drei Menschen einträchtig beieinander. Elisabeth schenkte den Kaffee ein.

Vater Freitag betrachtete seine Tochter freundlich. »Findest du nicht auch, Mutter«, sagte er freimütig, »daß Elisabeth eine richtige Frau geworden ist. Sie ist reif wie ein Apfel, der vom Baum genommen wird.«

»Hast du kein anderes Gesprächsthema?« fragte seine Frau.

»Laß ihn nur, Mutter«, sagte Elisabeth. »Ich weiß selbst, daß ich nicht ewig ein Kind bleiben kann.«

Vater Freitag nahm eine Schnitte Brot. »Nicht mehr Kind sein«, sagte er, »ist oft gleichbedeutend damit, ein Kind zu bekommen.«

Elisabeth sah ihren Vater groß an. Frau Freitag war ehrlich empört: »Hast du wirklich kein anderes Gesprächsthema, Vater?«

Der alte Freitag lachte unbekümmert: »Na schön, wenn du glaubst, daß das ein anderes Thema ist – was gibt es heute abend zu essen?«

»Heute ist Dienstag«, sagte seine Frau, zwar erleichtert darüber, daß ihr Mann seine groben Späße einstellte, aber dennoch nicht sonderlich freundlich, wollte sie doch zu erkennen geben, daß sie für derartige Scherze kein Verständnis habe. »Jeden Dienstag gibt es bei uns Erbsen mit Speck, wie du weißt. Seit zehn Jahren, auf deinen besonderen Wunsch.«

»Auf meinen besonderen Wunsch? Wie kommst du darauf? Es ist dein Wunsch.«

»Mein Wunsch? Ich mache mir nicht viel aus Erbsen mit Speck.«

»Ich auch nicht.«

»Und ich dachte immer, ich mache dir eine Freude, wenn ich sie koche.«

»Und ich dachte immer, ich mache dir eine Freude, wenn ich sie esse.«

Beide sahen sich verblüfft an und lachten dann schallend. Auch Elisabeth fiel mit ihrer hellen, glücklich klingenden Stimme ein; sie liebte ihre Eltern sehr und hatte nur den Wunsch, einmal so zu leben wie sie.

»Wir sind herrliche Narren«, sagte Vater Freitag. »Aber ich bin dafür, daß das so bleibt. Wir essen weiter jeden Dienstag Erbsen mit Speck und nennen sie Narrensuppe. Natürlich auch heute abend; nur mußt du heute mehr kochen als gewöhnlich. Ich erwarte einen Gast, einen ganz besonderen Gast.«

»Und dem willst du unsere Narrensuppe vorsetzen?«

»Gerade dem! Er soll uns so kennenlernen, wie wir sind. Nur kein Galasouper.«

»Wer ist es denn?« fragte Frau Freitag neugierig. »Einer aus deinem Betrieb?«

»Nein«, sagte Freitag und sah seine Tochter freundlich an. »Es ist einer aus Elisabeths Betrieb.«

Elisabeth setzte die Tasse ab, aus der sie gerade trinken wollte. Sie richtete sich erstaunt auf: »Wer ist es, Vater?«

»Ein recht interessanter junger Mann. Ich habe ihn gestern kennengelernt. Ich glaube, Mutter, er könnte dir gefallen. Daß er Elisabeth gefällt, davon bin ich fast überzeugt. Er ist ein Gefreiter von der Artillerie. Er heißt Asch, Herbert Asch.«

Elisabeth richtete sich auf und lehnte sich zurück. Sie sah ihren Vater mit großen Augen offen an. Sie war gar nicht einmal sonderlich überrascht; und sie war jederzeit darauf gefaßt, daß die Gedanken ihres Vaters kühne Sprünge machten. »Hast du ihn etwa aufgefordert zu kommen?« fragte sie. »Hast du ihn womöglich indirekt dazu gezwungen?«

Mutter Freitag verstand nicht im mindesten, was hier gespielt wurde; sie war außerordentlich neugierig geworden. »Kennst du ihn denn, Elisabeth?«

»Warum sollte sie ihn denn nicht kennen?« Vater Freitag tat so, als ereigne sich hier die selbstverständlichste Sache von der Welt. »Er macht in der gleichen Kaserne Dienst, in der Elisabeth arbeitet. Nur achthundert Soldaten werden dort sein — also warum sollte sie ihn nicht kennen?«

»Vater«, sagte Elisabeth entschlossen und mit großem Ernst, »ich sehe ein, es war ein Fehler von mir, daß ich dir nichts gesagt habe.«

Der alte Freitag schüttelte energisch den Kopf. »Du mußt mir nicht alles sagen«, erklärte er.

Frau Freitag bekam große Augen: »Was geht hier eigentlich vor?«

»Nichts, das unnatürlich wäre, Mutter.« Freitag nahm sich eine frische Schnitte Brot. »Es ist der junge Mann, dessen Kleider ich gestern früh auf der Straße gefunden habe.«

»Und so einen kennst du, Elisabeth?« fragte Frau Freitag scharf.

Elisabeth nickte. »Den kenne ich, Mutter.«

»Und ich habe nichts dagegen«, sagte Freitag.

»Aber ich will ihn nicht sehen«, sagte Elisabeth leise.

»Sehr richtig!« rief Frau Freitag; und sie gab sich Mühe, das mit großer Entschiedenheit zu rufen, was ihr gar nicht gelang, denn sie war eine herzensgute Frau.

Vater Freitag teilte sein Marmeladebrot in vier gleich große Stücke und steckte sich eins davon in den Mund. Er kaute mit Genuß. Hierauf verzehrte er das zweite Stück. Es schien ihm ausgezeichnet zu schmecken. »Was hast du eigentlich«, fragte er seine Tochter, »gegen ihn einzuwenden?«

»Sehr viel!«

»War das schon immer so?«

»Warum fragst du danach, Vater? Du weißt doch genau, wie es war.«

Frau Freitag verstand noch immer nicht, worum es hier ging. Sie verfügte über nur wenig Phantasie; und schon gar nicht besaß sie das, was gemeinhin als »schlechte Phantasie« bezeichnet wird. Für sie war Elisabeth ein Kind, ihr Kind; und so würde es immer bleiben. »Willst du mir nicht sagen, Vater, was das alles bedeuten soll?«

»Aber gerne«, sagte der. »Ich habe den Gefreiten Asch kennengelernt, den auch Elisabeth kennt. Er wird uns besuchen, das hat sich so ergeben; ich habe ihn nicht dazu gezwungen, er hat sich nicht aufgedrängt. Ich kann doch nicht sagen, daß er mir gefällt, aber ich halte ihn für bemerkenswert.«

»Aber ich will nichts mehr mit ihm zu tun haben!« rief Elisabeth; und es war ihr spürbar ernst mit dem, was sie soeben gerufen hatte.

Sie fühlte sich durch Herbert Asch betrogen. Er hatte sie einfach liegenlassen und war gegangen. Er hatte gestern, am Montag, den ganzen Tag nicht den geringsten Versuch gemacht, mit ihr zu sprechen. Er hatte sie einfach vergessen! Er hatte sie in eine fürchterlich peinliche Situation gebracht und dann einfach vergessen. Und ihr Vater mußte kommen und ihn mit Gewalt herbeizitieren. Das wollte sie nicht. Das beschämte sie. Das hatte sie nicht erwartet, und deshalb durfte es auch nicht eintreten.

»Ich glaube fast«, sagte Vater Freitag nachdenklich, »du kennst ihn gar nicht richtig.«

»Ich kenne ihn ganz genau!«

»Ich fürchte, du kennst nur einen Teil von ihm, und zwar den, in dem sich die meisten Männer am wenigsten voneinander unterscheiden. Du glaubst womöglich, dieser Asch ist ein leichtsinniger Hund, einer, der überall zupackt, wo etwas auftaucht, das sich greifen läßt. Aber so ist der gar nicht. Wenn du mich jetzt noch ein Stück begleiten willst, denn es ist höchste Zeit, daß ich zur Arbeit gehe, dann erzähle ich dir, warum ich annehme, daß dieser Asch alle Anlagen zu einem Ehrenmann hat.«

Mutter Freitag erhob sich verärgert. »Macht, daß ihr hier 'rauskommt«, sagte sie resolut. »Eure Heimlichkeiten sind mir lästig.«

Der alte Freitag tätschelte gutgelaunt ihren vorzüglich gepolsterten Rücken. Sie schnurrte wie eine Katze, machte aber unfreundliche Augen. Er verstaute seine Mittagsbrote und die Thermosflasche in eine Aktentasche; dabei blinzelte er seiner Tochter zu, die bemüht war, seinem Blick auszuweichen, um ungestört ernst sein zu können.

»Heute abend«, sagte der alte Freitag, »wird also hier eine Einheitsuniform aufkreuzen, und darin wird ein Mann stecken, der sich für klug, wenn nicht gar gerissen hält, der aber beinahe ein Kindergemüt hat. Du mußt dir folgendes vorstellen, Mutter: Der Mann hat das gemacht, was man als Dummheit oder Leichtsinn bezeichnen könnte, und er war bereit, und zwar mehr als zwölf Stunden danach, also nicht etwa auf frischer Tat ertappt oder unter Druck gesetzt, dafür einzustehen, und zwar mit allen Konsequenzen, die unser kleinbürgerlicher Ehrenkodex vorsieht. Und was folgt daraus? Entweder hat er gar keine Dummheit gemacht, oder er hat das, was man vielleicht Gewissen oder vielleicht Charakter nennen könnte.«

»Schon gut, schon gut«, sagte Frau Freitag abwehrend. »Geh jetzt endlich, oder du kommst zu spät. Und dieser Asch soll heute abend seine Erbsensuppe kriegen.«

»Ich finde, Vater«, sagte Elisabeth kühl, »daß es gar nicht nötig ist, daß du eine Lobeshymne auf ihn singst. Ich kenne ihn besser.«

»Mein liebes Kind«, sagte der alte Freitag, »du merkst nicht, daß ich gar keine Lobeshymne auf ihn singe. Dieser Mann mag sich vielleicht wie ein Rüpel, wie eine Axt im Walde oder wie ein rauher Krieger benehmen, aber er hat das Gemüt eines Kindes und den heimlichen und sehr gefährlichen Idealismus eines Knaben. Ich habe keine Spur von einem Realisten in ihm gefunden. Er scheint mir einer von der Sorte zu sein, die, sobald sie den richtigen Anstoß bekommen, es glatt fertigbringen, gegen Windmühlenflügel anzurennen. Ich habe einmal ein Buch von einem Mann in Spanien gelesen . . .«

»Mach endlich, daß du 'rauskommst!« sagte seine Frau. »In deinem ganzen Leben hast du nicht so viel Unsinn zusammengeredet wie an diesem Morgen. Aber habe ich dich nicht immer gewarnt? Das kommt davon, wenn du Bücher liest!«

Und sie schob ihren Mann durch die Tür. Sie sah ihm nach, wie er, von seiner Tochter begleitet, lebhaft redend die Straße entlangging. Sie schüttelte ihren Kopf. Sie sagte: »Er spinnt, aber er ist ein guter Mensch.«

Es verging nur kurze Zeit, und Hauptwachtmeister Schulz war, von seinem Standpunkt aus, fest davon überzeugt, daß es sich bei diesem Unteroffizier Lindenberg sozusagen um einen glatten Versager handelte. Der war einfach überdreht; der war nicht nur ein »vollkommener« Soldat, der war ein militärisches Monstrum. Kurz: Lindenberg hatte, der Überzeugung von Hauptwachtmeister Schulz nach, keinen Sinn für die Praxis des Alltags. Er beherrschte nicht das A und O eines Ausbilders von Rang; er konnte nicht schleifen!

Die Montagabendpanne des »ewigen Soldaten«, wo er sich von dem schäbigsten Kanonier des Standortes, wenn nicht des gesamten Heeres, die Würmer aus der Nase ziehen ließ, mochte noch hingehen; man könnte das als internen Betriebsunfall registrieren und alsbald vergessen. Aber daß der Unteroffizier Lindenberg hieraus keine Lehre zog, sondern den ganzen Dienstagmorgen buchstäblich vertrödelte, weil er lediglich scharf überwachte, aber nicht die Kunst beherrschte, nachdrücklich zu beschleunigen — dieses Versagen war einfach nicht mehr zu entschuldigen.

Der Kardinalfehler von Unteroffizier Lindenberg war, immer nach der Überzeugung von Hauptwachtmeister Schulz, daß es ihm nicht gelang,

Phantasie zu entwickeln. Er klebte zu eng an den Vorschriften; er wollte »korrekt« sein, war aber nur ein Trottel. Er beherrschte nicht die Kunst der Ausdeutung oder gar die der Improvisation. Er vermochte sich nicht vorzustellen, was etwa alles allein unter dem Begriff »Förderung der Manneszucht« möglich war.

Der Spieß hatte also erkennen müssen, und zwar schweren Herzens, daß Lindenberg bedauerlicherweise nicht der Mann war, der seiner Korporalschaft das dringend nötige Feuer unter die behäbigen Hintern würde machen können. Das bereitete ihm lebhafte Sorgen. Er rief den Unteroffizier zu sich, um noch einmal einen letzten dringlichen Appell an ihn zu richten: »Gestern abend, Lindenberg, haben Sie sich von Ihrem schäbigsten Rekruten zur Sau machen lassen.«

»Ich bitte Herrn Hauptwachtmeister darauf aufmerksam machen zu dürfen, daß mein Vorgehen durchaus korrekt war. Die Bekleidungs- und Ausrüstungsgegenstände des Kanoniers Vierbein waren in Ordnung. Ich hatte weder Veranlassung, ihn scharf zu rügen, noch gar ihn zu melden.«

»Sie haben sich über das Ohr hauen lassen, Lindenberg. Das wissen Sie doch selbst am besten. Dieser Lümmel Vierbein hat sich herumgetrieben — schon wieder mit einem Weib, vermutlich —, und die anderen haben seine Sachen gereinigt.«

»Das, Herr Hauptwachtmeister, könnte man sogar mit Kameradschaft bezeichnen.«

»Sie sind ein Rindvieh, Lindenberg«, sagte der Spieß überzeugt. »Sie haben noch gar nicht gespannt, worum es sich hier dreht. Die Kerle haben sich doch nur ›kameradschaftlich‹ betätigt, um Sie, ihren Unteroffizier, über den Löffel zu barbieren. Nur ein Hirnverbrannter kann das Kameradschaftsgeist nennen; ich nenne das gemeinsame Vorbereitung zur Meuterei.«

Lindenberg schwieg. Seine Meinung entsprach, wie schon oft, nicht der seines Hauptwachtmeisters, aber er blieb stets Soldat genug, um nicht massiv zu widersprechen. Er war diesmal nur bestrebt, seinen ein wenig abweichenden Standpunkt zu vertreten. »Bisher habe ich nichts auch nur andeutungsweise erlebt, was einer direkten Befehlsverweigerung nahe kam.«

»Weil Sie die Schliche dieser Burschen nicht kennen!« rief der Hauptwachtmeister, ehrlich empört über so viel Blindheit. »Oder was glauben Sie wohl, warum sich heute früh der Obergefreite Kowalski und der Gefreite Asch krank gemeldet haben?«

»Der eine hat Durchfall, der andere Gleichgewichtsstörungen, Herr Hauptwachtmeister.«

»Beide wollen sich vor dem Infanteriedienst drücken, Sie Kamel! Denn beide kennen die Spielregeln besser als Sie, Lindenberg. Die wissen genau, was jetzt fällig ist. Die haben nämlich das Zeug dazu, Unteroffizier zu werden. Sie aber sind nur ein Vorschriftenhengst geworden.«

Lindenberg schwieg verbittert. Das hatte er nicht verdient, das nicht. Er war einer der besten Unteroffiziere des Regiments, bestimmt aber einer der korrektesten. Das wußte er. Er war unbestechlich und tat streng seine Pflicht. Jetzt war er zutiefst gekränkt.

Hauptwachtmeister Schulz entließ ihn mit einer Handbewegung. Diese Unterredung hatte ihn befriedigt. Er versprach sich viel davon, vor allen Dingen ein schärferes Durchgreifen von Lindenberg, also Schliff, nicht nur Drill. In den kommenden zwei Stunden des Infanteriedienstes mußte die Korporalschaft Lindenberg die Engel im Himmel singen hören. Und zwar die ganze Korporalschaft! Das war das Prinzip. Sie alle mußten spüren, daß ihnen nur wegen Vierbein, allein wegen diesem Vierbein, der Arsch mit Grundeis ging. Nur so würden auch sie mithelfen, ihn fertigzumachen, zumindest moralisch, um dann wieder ihre Ruhe zu haben.

Lindenberg war also auf volle Touren gebracht worden. Aber es bestand immer noch die Möglichkeit, daß das nicht ausreichen würde, der Korporalschaft, und damit Vierbein, den Rest zu geben. Ein besonderer Glücksfall war, daß die Gesamtleitung des Infanteriedienstes in den bewährten Händen von Wachtmeister Platzek lag. Platzek hieß nicht umsonst der »Schleifer-Platzek«; und nicht per Zufall war er mit Schulz eng befreundet. Platzek wird schon dafür sorgen, sagte sich der Spieß, daß den Kerlen die Hammelbeine langgezogen werden, insbesondere natürlich die von Vierbein.

Diesen Vierbein verabscheute der Hauptwachtmeister. Er war ihm der Inbegriff des Unsoldatischen, des Disziplinlosen, des Krummbeinigen, kurz: des Zivilistischen. Nicht deshalb, weil dieser Vierbein seine schmutzigen Pfoten nach seiner Frau ausgestreckt hatte, verabscheute er ihn, nicht deshalb allein, wenn auch schon darin ein deutliches Zeichen von Respektlosigkeit zu erblicken war.

Diese tiefschürfenden Gedanken erinnerten ihn kurz an seine Frau und daran, daß er sich vorgenommen hatte, ihr bei jeder sich bietenden Gelegenheit klarzumachen, wer eigentlich der Herr im Hause sei. Er ging in seine Privatwohnung und verlangte eine Tasse Kaffee. Lore war bemüht, seinen Wunsch schnell zu erfüllen.

»Du willst mich wohl gleich wieder loswerden?« fragte Schulz.

Sie antwortete nicht darauf; sie wußte: hätte sie langsam gearbeitet, würde er auch das gerügt haben. Aber um es ihm recht zu tun, ließ sie sich nunmehr Zeit.

»Schneller geht es wohl nicht?« fragte er prompt. »Schließlich habe ich noch andere Dinge zu tun.«

Er trank hastig seinen Kaffee aus, dann ging er, nicht ohne noch schnell auf dem oberen Küchenregal Staub gesucht und auch gefunden zu haben, was ihn sehr befriedigte. »Das kommt davon«, sagte er, »wenn man immer andere Gedanken im Kopf hat.«

Dann ging er durch den Batterieblock und sah aus dem rückwärtigen Fenster im zweiten Stock auf den Exerzierplatz. Er nickte nicht unzufrieden vor sich hin. Die Korporalschaft Lindenberg hatte sich abgesondert und übte komplizierte und recht anstrengende Gewehrübungen. Der Unteroffizier übte, wohl um eins seiner berühmten Beispiele zu geben, kräftig mit. Die Korporalschaft bestand aus zehn Mann.

Das erinnerte ihn wieder daran, daß sich Kowalski und Asch vorsorglich krank gemeldet hatten. Er grinste darüber, denn er kannte den Trick. Die beiden wollten sich nur vom Infanteriedienst drücken; aber sie hatten nicht mit ihm gerechnet. Er eilte in sein Dienstzimmer und ließ sich mit dem Sanitätsfeldwebel verbinden.

Währenddessen übte Lindenberg mit der Korporalschaft seine sagenhaften Gewehrübungen. Und um nicht in den Ruf eines Schleifers zu kommen, machte er diese Übungen nicht nur vor, sondern auch mit. Seine Haltung dabei war über jede Kritik erhaben. Seine vorzügliche körperliche Konstitution ließ das auch mühelos zu.

Seine Spezialität waren Kniebeugen in acht Zeiten mit vorgestreckten Armen, die das Gewehr, das Gewehr 98 k, hielten. Eine vorzügliche Übung, die die Arme zum Flattern und die Beine zum Schlottern brachte. Er korrigierte mit lauter Stimme, in der kaum eine Anstrengung spürbar war. Er registrierte, daß, neben anderen, der Kanonier Vierbein bereits kräftig schwitzte und langsam rot im Gesicht anlief. Er registrierte das nicht etwa mit Triumph, eher mit einer gewissen Besorgnis. Ihm mißfiel, wie unerfreulich wenig Widerstandskraft die ihm anvertrauten Soldaten besaßen. Aber er war entschlossen, sie zu stählen.

Wachtmeister Platzek, der Schleifer-Platzek, näherte sich interessiert der Korporalschaft. Er sah eine Zeitlang zu, spürbar mißbilligend, und sagte dann: »Viel zu lahmarschig, Lindenberg.«

Er ließ völlig offen, wen er mit dieser beliebten Spezialbezeichnung meinte. Der Unteroffizier jedenfalls war hierauf bemüht, das Tempo seiner Übungen zu steigern, und die Stimme, die sie befahl, noch um einen Grad lauter werden zu lassen, was ihm auch gelang. Die Soldaten aber bemühten sich um Eifer und Exaktheit, denn sie wußten aus Erfahrung, daß es nicht ratsam war, Wachtmeister Platzek zu reizen. Sie schwitzten und keuchten.

Aber sie ahnten auch, daß jede Anstrengung vergeblich war. Sie spürten fast körperlich, daß Platzek fest entschlossen schien, sie auf Hochtouren zu bringen. Und der sagte jetzt: »Krumm, viel zu krumm, dieser Vierbein. Ein Schlappschwanz! Wer weiß, wo Sie sich gestern abend herumgetrieben haben. Alles wegen diesem Vierbein an den Zaun, marsch, marsch!«

Damit begann eine von Platzeks »Festlichkeiten«. Er ließ den Unteroffizier Lindenberg einfach stehen und jagte dessen Gruppe kreuz und quer über die hinteren Teile des Exerzierplatzes. Die Soldaten warfen sich gottergeben in den Dreck, dabei bemüht, ihre Kräfte soweit wie möglich zu schonen. Allein Vierbein gab sich verbissen Mühe, jeden Befehl exakt und mit größtmöglicher Schnelligkeit durchzuführen. Er schoß wie eine Rakete über den Exerzierplatz und bohrte sich wie eine Granate in den Dreck. Es war völlig vergeblich. Immer wieder tönte Platzeks anfeuerndes: »Alles wegen diesem Vierbein ...«

Fünfzehn Minuten später taumelten die ersten wie Traumtänzer. Vor Vierbeins Augen flimmerte es heftig und grell. Die Stimme von Platzek wurde langsam heiser. Lindenberg stand steif und abweisend im Hintergrund; hier wurden, so wollte ihm scheinen, die Vorschriften nicht eingehalten – er mißbilligte das in seinem Inneren.

Der heiser gewordene Platzek, der um seine Stimme zu fürchten begann, fing an, mit der Trillerpfeife zu arbeiten. Ein Pfiff ersetzte einen Befehl. Folgende Reihenfolge war einzuhalten: Pfiff: Hinlegen – Pfiff: Auf, marsch, marsch – Pfiff: Knien – Pfiff: Auf, marsch, marsch – Pfiff: Hinsetzen – Pfiff: Auf, marsch, marsch – zwei Pfiffe: Kehrt – drei Pfiffe: Achtung – langanhaltendes Pfeifen, was aber nur selten vorkam: Rührt euch! Nach den ersten zehn Minuten in dieser Spielart brach Vierbein zum erstenmal zusammen und wurde in eine Ecke getragen.

»Schlappschwanz«, sagte Wachtmeister Platzek verächtlich; und es konnte ihm angemerkt werden, daß er sehr zufrieden mit sich war.

Hauptmann Derna, der Chef der 3. Batterie, war sozusagen ein lebendiger Beitrag des österreichischen Brudervolkes zum großdeutschen Wehrgedanken. Er hatte einst erfolgreich der k. u. k. Armee angehört, sich dann zeitweilig als Gelegenheitskaufmann, Landvermesser und Versicherungsvertreter betätigt. Nach dem glücklich vollzogenen Anschluß nahm ihn die großdeutsche Wehrmacht mit offenen Armen auf; er wurde wieder Offizier und geriet mitten unter die Preußen.

Derna, Joseph, hatte Wiener Charme, eine sanfte, wohlklingende Stimme und gut abgerundete Bewegungen. Den echten Preußen unter den Offizieren war er, wie die sich sanft auszudrücken beliebten, ein Brechmittel; aber sie duldeten ihn und empfanden ihn sogar im Kasino nicht als ausgesprochen unangenehm. Sie ließen ihn an ihrer Kameradschaft teilnehmen; daß er sich eifrig Mühe gab, ihnen nachzueifern, erfreute sie sogar.

Joseph Derna, Hauptmann, bewegte sich in der preußischen Kaserne wie in einem Minenfeld; er war jederzeit darauf gefaßt, in die Luft zu fliegen. Er war eifrig bemüht, so leise wie nur möglich aufzutreten. Er richtete sich immer und in allem nach den anderen Offizieren des Regiments, und er war glücklich, wenn sie an ihm und seinen Maßnahmen nichts auszusetzen fanden.

Ihm war alles neu. Er hatte in den letzten Monaten des Weltkrieges eine halbwegs intakte österreichische Haubitzbatterie geführt. Dann hatte er um Pension und zivile Posten gekämpft. Er kannte nicht die Spielregeln des Kasernenhofes, und schon gar nicht waren ihm die Finessen preußischer Prägung geläufig. Im Außendienst war er Leutnant Wedelmann und den Ausbildungsoffizieren, im Innendienst dem Hauptwachtmeister Schulz auf Gedeih und Verderb ausgeliefert. Wedelmann nahm ihn lediglich hin; Schulz aber versuchte ihn auszunehmen wie eine Weihnachtsgans.

Der Hauptwachtmeister hatte auf Anhieb erkannt, wessen Wehrgeistes Kind der neue, reaktivierte Hauptmann aus Österreich war. Er duldete das Anlehnungsbedürfnis des unter die Preußen gefallenen Wieners. Schulz wußte genau, was verlangt und erwartet wurde, und das hatte er Derna frühzeitig klargemacht. Den Papierkrieg führte er ganz alleine; er stellte Dienstpläne auf, entwarf Beurteilungen, genehmigte Urlaubsanträge – und Derna unterschrieb alles, was sein Hauptwachtmeister ihm vorlegte.

Schulz war klug genug, Derna nie spüren zu lassen, wie sehr er ihm überlegen war; und der Hauptmann gab sich ehrlich Mühe, seinem Hauptwachtmeister zu zeigen, wie sehr er ihm vertraute. Sie lebten wie in Flitterwochen. Sie überboten sich in Aufmerksamkeiten und glaubten allen Grund zu haben, sich von Zeit zu Zeit zu versichern, wie sehr sie einander schätzten.

»Guten Morgen, Herr Hauptmann!« brüllte Schulz stramm und freudig. Er riß die Tür zum Chefzimmer auf und produzierte eine Ehrenbezeigung, die, wovon Derna überzeugt war, echten preußischen Geist atmete. Er ergriff die Hand, die ihm entgegengestreckt wurde, und strahlte Zutrauen aus.

Dann blieb Derna etwa zehn Minuten allein in seinem Dienstzimmer. Er setzte sich in seinen Schreibtischstuhl und sah vor sich den Tagesrapport des Hauptwachtmeisters liegen. Er zeichnete ihn ab, bevor er ihn durchlas; daß er sich auf Schulz verlassen konnte, wußte er. Er versuchte, sich die Zahlen einzuprägen: Sollstärke, Iststärke, Kommandierte, Beurlaubte, Kranke. Es hätte doch sein können, daß Major Luschke, der Abteilungskommandeur, Veranlassung finden würde, danach zu fragen. Und bei den Preußen, das hatte ihm Schulz klargemacht, muß man derartige Zahlen auswendig können.

Das Telefon vor ihm begann freundlich zu schnarren und unterbrach seine ehrlichen Bemühungen, dem Geist preußischer Dienstauffassung näherzukommen. Seine Stimme klang überaus verbindlich, als er sich meldete.

Das näselnde und zischende, aber sehr eindringliche und überaus deutliche Organ seines Kommandeurs war zu vernehmen. Und Major Luschke, den die Soldaten der Kaserne, mit Ausnahme von Derna, versteht sich, allgemein nur Knollengesicht nannten, wollte zunächst von seinem Batteriechef wissen, ob der eigentlich das Gefühl habe, sich in einem Kaffeehaus zu befinden.

»Nein, Herr Major«, sagte Derna verbindlich und verwundert zugleich.

Luschke erklärte sodann, daß dieser bedauerliche Eindruck durchaus bei ihm entstehe, denn immer dann, wenn sich Derna am Telefon melde, klinge das so, als sei er gerade dabei, bei irgendeinem Oberkellner eine Virginia zu bestellen. Daß das, verlautbarte Luschke sodann, nicht der rechte Umgangston für eine Kaserne sei, sollte sich doch auch endlich einmal bis zu ihm, Derna, herumsprechen.

»Jawohl, Herr Major«, sagte Derna ergeben.

Knollengesicht wollte hierauf wissen, ob sich eigentlich Derna darüber im klaren wäre, daß die Krankmeldungen seiner Batterie zumeist an Montagen stattfänden oder doch nur dann, wenn morgens Infanteriedienst angesetzt sei. Ob das ihm, Derna, schon mal aufgefallen sei?

»Nein, Herr Major«, sagte Derna zerknirscht. »Ich werde aber sofort . . .«

Der Major unterbrach den Batteriechef und empfahl ihm mit sanfter Stimme, er solle sich zwar um jeden Dreck kümmern, aber in Zukunft gefälligst ausschließlich *vor* seinem Abteilungskommandeur. Hinterher sich am Riemen reißen, das wäre vielleicht in Wien üblich, aber doch nicht bei den Preußen. Und was heißt denn schon: »Ich werde aber sofort!« Wolle Derna etwa seine, des Majors, Angaben bezweifeln?

»Nein, Herr Major.«

Oder halte er sie vielmehr für korrekt, also für einwandfrei festgestellt?

»Jawohl, Herr Major.«

Derna hatte das vernichtende Gefühl, Blut und Wasser zu schwitzen, wie immer, wenn er mit Major Luschke in Berührung kam. Der Kommandeur war einfach unberechenbar: eine Art Gewitterwolke über der Kaserne, von der niemand wußte, ob und wann sie sich entladen würde! Jedenfalls war er heilfroh, als Major Luschke das Gespräch ohne Übergang schroff beendete.

Derna entfaltete ein blütenweißes Taschentuch, betupfte sich damit die

Stirn und verweilte, sich sammelnd, einige Minuten regungslos. Daß er ausgerechnet in die Hände dieses Luschke fallen mußte ... Aber er verbannte derartige Gedanken und versuchte, sich wieder auf die Unterlagen zu konzentrieren, die ihm der gute Hauptwachtmeister Schulz unterbreitet hatte.

Und hier fand schließlich Derna, als letzte Notiz unter den Aufstellungen, einen Zettel mit folgendem Wortlaut: Kanonier Vierbein — Disziplinarstrafe — mehrere Delikte. Das war etwas Neuartiges für ihn; dergleichen war ihm bisher noch nicht begegnet. Er versuchte, sich vorzustellen, was Schulz damit gemeint haben könne. Er kam zu keinem rechten Resultat, er fand nur, daß ihn das Wort »Disziplinarstrafe« irritierte. Neulich noch hatte Major Luschke, der Abteilungskommandeur, gesagt: »Eine Disziplinarstrafe ist das letzte Mittel, nachdem alle anderen Methoden versagt haben; wer sie in meinem Bereich anwendet, muß sich den Verdacht gefallen lassen, daß er die gängigen Methoden unzulänglich beherrscht.«

Derna klingelte seinen Hauptwachtmeister herbei; der war nahezu fest entschlossen, einiges zu tun, um zu vermeiden, daß die Aufmerksamkeit von Major Luschke unnötig stark auf ihn und seine Tätigkeit gelenkt wurde.

Der Hauptwachtmeister baute sich vor ihm auf und gab sich Mühe, ihm treu und ergeben in die Augen zu sehen.

»Na, was ist denn das mit diesem Vierbein, mein lieber Schulz?«

»Der muß bestraft werden, Herr Hauptmann«, sagte der Spieß mit entwaffnender Selbstverständlichkeit.

»Mein lieber Schulz«, sagte Derna väterlich, »ich bin kein ausgesprochener Freund von Disziplinarstrafen. Sie sind das letzte Mittel, nachdem alle anderen Methoden versagt haben. Und wir wollen doch nicht in den Verdacht geraten, mein lieber Schulz, daß wir die gängigen Methoden unzulänglich beherrschen.«

Schulz badete sich, ohne das auch nur im geringsten zu verraten, in seiner haushohen Überlegenheit. Er wußte genau, daß hier einer der Lieblingsaussprüche des Abteilungskommandeurs nachgeplappert wurde. Er dachte: Du bist ein Papagei, mein lieber Schwan! Er sagte: »Eine Bestrafung ist unvermeidlich, Herr Hauptmann. Ich schlage drei Tage geschärften Arrest vor. Ich habe mir erlaubt, eine Begründung zu entwerfen.« Er entnahm seinem dicken Notizbuch einen Zettel und legte ihn auf den Tisch des Hauptmanns.

»Sehr tüchtig«, sagte Derna ein wenig benommen. »Wirklich sehr tüchtig, mein lieber Schulz.«

Ihm war nicht sehr wohl in seiner Haut. Alles sträubte sich in ihm, eine Bestrafung, die noch dazu seine erste Bestrafung sein würde, auszusprechen. Daß Major Luschke, der Abteilungskommandeur, ein geschworener Feind von Disziplinarstrafen war, kam hinzu. Er vermied es, einen Blick auf den Zettel des Hauptwachtmeisters zu werfen oder gar ihn aufzunehmen. »Was hat der Kerl denn angestellt?« fragte er.

»Mehreres«, sagte Schulz, und er ließ seine Unzufriedenheit mit dem Zögern des Hauptmanns behutsam durchblicken. »Der Kanonier Vierbein hat sich seinen Sonntagsurlaubsschein durch falsche Angaben erschlichen. Er hat die Kaserne auf verbotenem Weg verlassen. Er hat seinen Wachdienst nachlässig, wenn nicht gar fahrlässig versehen. Er hat nach dem Wachdienst die Kaserne verlassen, ohne seine Ausrüstungs- und Bekleidungsstücke vorschriftsmäßig instand zu setzen. Überhaupt ist dieser Vierbein ein unmöglicher Soldat. Es wird höchste Zeit, daß Herr Hauptmann ihn bestrafen.«

Derna lehnte sich zurück. »Ja«, sagte er gedankenschwer und begann auf der Tischplatte den Radetzkymarsch zu trommeln. »Allerhand«, sagte er. Er öffnete das Holzkästchen, das vor ihm stand, und entnahm ihm eine seiner selbstgedrehten Zigaretten. Schulz gab ihm Feuer.

»Ja«, sagte der Hauptmann wiederum und stieß den Rauch aus. Und er spürte ganz deutlich: Der Spieß wollte sein Opfer haben! Der war ganz hart, ganz entschlossen. Es würde schwer sein, ihm das auszureden. Und es würde vermutlich noch schwerer sein, Major Luschke gegenüber, der gelegentlich auch »der Alte Fritz« genannt wurde, eine Disziplinarstrafe überzeugend zu begründen.

Der Hauptmann fühlte sich wie durch Zentnergewichte belastet. Selbst sein Charme litt darunter. Er war kurz davor, undfreundlich zu werden, aber er dachte noch rechtzeitig daran, daß es Irrsinn, beinahe schon Selbstmord wäre, sich mit dem allwissenden, unentbehrlichen Schulz einer Lappalie wegen zu überwerfen. »Führen Sie den Kerl vor«, sagte er.

Schulz dachte: Na also, warum nicht gleich so! Er machte eine seiner vorbildlichen Ehrenbezeigungen und verschwand. In gehobener Stimmung gab er den Befehl, den Kanonier Vierbein vorzuführen. Dem würde er es schon zeigen!

Hauptmann Derna blätterte inzwischen in der Disziplinarstrafordnung. Er fand sie kompliziert, unübersichtlich, lückenhaft. Er telefonierte mit dem Adjutanten des Abteilungskommandeurs und erfuhr, nach einleitendem, überaus verbindlichem Kasinogeplauder, daß in den letzten sechs Monaten im Bereich von Major Luschke keine Disziplinarstrafe ausgesprochen worden war. »Der Alte«, sagte der Adjutant, »ist für Disziplin, aber nicht für Disziplinarstrafen.«

Derna fand diesen Gedankengang bemerkenswert, aber auch, in seiner Situation, recht bequem. Er hätte seinem Schulz gerne diesen kleinen Gefallen getan, immer vorausgesetzt, daß er berechtigt war. Aber er konnte doch unmöglich eine Grunderkenntnis seines Abteilungskommandeurs einfach negieren. Es wäre der reinste Selbstmord, bei Luschkes Anordnungen auch nur »piep« zu sagen. Er mußte geschickt lavieren. Er mußte der preußischen Unbeugsamkeit die österreichische Verbindlichkeit entgegensetzen und beide miteinander harmonisch zu verschmelzen suchen.

Er musterte den eintretenden Kanonier Vierbein, hinter dem sich der Hauptwachtmeister breit aufgebaut hatte, mit aller Kühle, die ihm zur Verfügung stand; viel war das nicht, aber dennoch erwies es sich als nicht unwirksam. Er schwieg zunächst, denn er hatte gelernt, daß Schweigen bedeutsam war, bedrohlich und bedrückend. Er ließ seine Augen forschend über des Kanoniers bleiches Gesicht wandern, das unter dem mächtigen Stahlhelm klein und krank aussah.

»Ungesund die Gesichtsfarbe«, stellte der Hauptmann fest.

»Das kommt von seinem Lebenswandel«, sagte der Hauptwachtmeister im Hintergrund.

»Sie sollten sich schämen«, sagte Derna und meinte damit den Kanonier. »Sie haben die Ehre, Soldat zu sein und den Waffenrock zu tragen, aber Sie benehmen sich wie . . . wie . . .«

»Wie eine gesprenkelte Sau«, half Schulz bereitwillig aus.

Derna nickte. Er fand zwar, daß die Bemerkung des Hauptwachtmeisters ein wenig zu weit ging, aber er zog es vor, das nicht zu rügen, schon gar nicht in Gegenwart eines Untergebenen. Er musterte den graubleichen Kanonier eingehend; wie ein Meuterer sah der nicht aus, wie ein schlechter Soldat schon eher. Und in Gegenwart dieses Haufens Unglück, der ihm hier unter die Augen gekommen war, fühlte er sich groß und stark. Sein Stolz brach wieder einmal durch, der Stolz darauf, Offizier der Wehrmacht zu sein, ein Österreicher auf preußischer Erde, nach entbehrungsreichen, nahezu würdelosen Jahren. Er fühlte sich grenzenlos überlegen; und das machte ihn gutmütig.

»Was ist Ihr Vater von Beruf?« fragte er.

Der Hauptwachtmeister im Hintergrund fühlte sich unangenehm berührt. Was soll das? fragte er sich. Will der hier eine Unterhaltung starten oder eine Disziplinarstrafe aussprechen? Der betreibt Familienkunde — wo es doch allein darauf ankommt, ein Machtwort zu sprechen!

»Polizeibeamter, Herr Hauptmann«, sagte Vierbein.

Derna blickte erstaunt auf, als sehe er vor sich ein Weltwunder. »Das«, sagte er kopfschüttelnd, »ist doch kaum zu glauben. Ihr Vater ist also ein ehrenwerter, ein verläßlicher Beamter, ein Hüter der Ordnung, ein öffentliches Vorbild sozusagen. Und was sind Sie? Sie sind ein schlechter Soldat, ein ungewöhnlich schlechter Soldat sogar, wie mir der Hauptwachtmeister widerstrebend gemeldet hat. Ihr Vater würde sehr traurig sein, wenn er Sie hier so sehen könnte. Schämen Sie sich nicht?«

»Hören Sie schlecht, Vierbein?« rief der Hauptwachtmeister verärgert. »Der Hauptmann fragt Sie, ob Sie sich schämen.«

»Jawohl, Herr Hauptmann«, sagte der Kanonier.

Derna versuchte, unerbittliche Strenge spüren zu lassen. »Wenn Ihr Vater wüßte«, sagte er, »was Sie für ein schlechter Soldat sind, würde auch er sich schämen. Erinnern Sie mich daran, Hauptwachtmeister, daß ich in Erwägung ziehe, einen ausführlichen Brief an Herrn Vierbein zu schreiben.«

»Jawohl«, sagte Schulz widerwillig. Auch er verspürte ein wenig das Gefühl, sich schämen zu müssen, und zwar für Hauptmann Derna. Der soll eine gepfefferte Disziplinarstrafe aussprechen und redet dabei von Briefwechsel. Das ist kein Chef, das ist ein Seelsorger. Aber was soll aus Österreich schon Gutes kommen!

»Unser Hauptwachtmeister«, sagte Hauptmann Derna mit wohlwollendem Seitenblick auf Schulz, »hat mir Ihre Vergehen melden müssen, Vierbein. Er hat es nur widerstrebend unternommen, aber er mußte seine Pflicht tun.«

Schulz, im Hintergrund, verlor völlig jede Haltung. Er schüttelte sogar mit dem Kopf. Er war fest davon überzeugt, sein sonst so vorzügliches Gehör lasse ihn im Stich. Denn das konnte doch nicht wahr sein! Das durfte nicht wahr sein. Sie befanden sich doch in einer Kaserne und nicht in einem Kinderheim.

»Ich habe an eine strenge Disziplinarstrafe gedacht«, sagte Derna. »Eine hohe Arreststrafe war Ihnen sicher, aber ich will noch einmal Gnade vor Recht ergehen lassen, nicht zuletzt, weil es der Wunsch Ihres Hauptwachtmeisters ist.«

»Herr Hauptmann«, sagte Schulz dezent protestierend.

»Natürlich«, sagte Derna eilig, »geht die Sache nicht so einfach ab. Vierzehn Tage Urlaubssperre sind das mindeste. Notieren Sie das, Hauptwachtmeister.«

»Vierzehn Tage Ausgangsverbot«, sagte der, seinen Hauptmann mit letzter Konzentration korrigierend.

»Und wenn noch einmal irgend etwas vorkommt«, versuchte Derna zu brüllen, wobei sich seine Stimme in hohem Diskant überschlug, »dann sperre ich Sie unbarmherzig ein. Mein Wort darauf.«

Hauptwachtmeister Schulz brummte unwillig und unüberhörbar. Das war ja ein Affentheater! Immerhin hatte sich der Alte festgelegt. Er hat sein Wort gegeben. Wenn noch irgend etwas vorkommt, hat er gesagt, wird er Vierbein einsperren. Nun, das wird sich machen lassen. Der wird nicht allzulange darauf zu warten brauchen, bis er sein Wort einlösen kann.

Vierbein durfte wegtreten. Er entfernte sich mit weichen Knien. Er hatte das Gefühl, sein Magen sei soeben ausgepumpt worden. Er wankte auf die Toilette und übergab sich dort.

Hauptmann Derna lächelte seinem Hauptwachtmeister mühsam zu. »Das wird dem eine Lehre sein«, sagte er betont forsch.

Der Hauptwachtmeister würdigte diese Bemerkung nicht des kleinsten Kommentars.

Beide waren unzufrieden mit sich und betrachteten sich gegenseitig mit verstecktem Vorwurf. Der Hauptmann bangte darum, die wohltuende Dienstbereitschaft seines Untergebenen einzubüßen; der Hauptwachtmeister befürchtete, den entscheidenden Einfluß auf seinen Vorgesetzten zu verlieren. Beide dachten mißmutig: Und alles wegen diesem Kanonier, der Vierbein heißt.

Ingrid Asch hatte keine unruhige Nacht verbracht, sie war weder aufgeregt noch sonderlich betrübt, sie war nur verwundert. Sie war bisher zumeist verwöhnt worden; sie wußte, daß sie gut aussah, und nahm alle Spielarten der Huldigung, Verehrung und Zuneigung gelassen entgegen. Aber daß es jemand gab, der sie einfach stehenließ und davonlief, das verstand sie nicht. Das war ihr noch niemals passiert.

Sie führte das auf den Einfluß ihres Bruders zurück. Dessen Liebe bestand offenbar nur darin, sie zu bevormunden und ihr alle Freude an den schönen und großen Dingen zu nehmen. Und er hat es vermutlich verstanden, diese seine Vorurteile ihr gegenüber auch auf seinen sonderbaren Freund Vierbein zu übertragen. Das war bedauerlich, denn irgendwie gefiel ihr dieser Vierbein. Es war wirklich schade, daß er so sehr im Fahrwasser ihres unidealistischen Bruders schwamm.

Ingrid ordnete die Rechnungen des vergangenen Tages. Das Geschäft blühte, das Café Asch hatte einen Umsatz, der sich sehen lassen konnte. Seltsamerweise machte in letzter Zeit die Besorgung der Zutaten für das Feingebäck einige Schwierigkeiten. Der Kreisbäckermeister, der sich beim Reichsnährstand nach den Hintergründen erkundigt hatte, bekam zur Antwort, daß ein derartiger Engpaß einmal durch den Zuwachs der Reichsgebiete bedingt sei, dann aber auch durch das ständige Anwachsen der Vorratslager für die Wehrmacht, die doch immer auf den Ernstfall vorbereitet sein müsse.

Sie schob die Rechnungen zur Seite und dachte ein wenig nach. Das Wort »Ernstfall« übte eine magische Anziehungskraft auf sie aus. Sie stellte sich ihren Bruder und seinen Freund Vierbein im Krieg vor. Sie war fest davon überzeugt, daß beide dort ihren Mann stehen würden, Lob, Beförderung und Dekoration waren ihnen sicher; und stellte sich weiter vor, daß das eine Zeit voller Harmonie und guter Gedanken werden könnte, mit Briefen, die Kraft gaben, und Urlaubstagen voll gemeinsamer

Schönheit und bedingungsloser Zuneigung. Das alles hatte sie gelesen und glaubte daran.

Sie beendete, ein wenig erregt von derartigen Gedanken, ihre tägliche Büroarbeit früher als sonst. Sie begab sich nach unten in das Restaurant und suchte ihren Vater auf. »Kann ich heute Schluß machen?« fragte sie.

Der alte Asch nickte. »Selbstverständlich«, sagte er. »Wo willst du hin? Einkaufen? Ins Kino? In deinen großdeutschen Kindergarten?«

»Bitte, Vater, sprich nicht so vom BDM«, sagte Ingrid ernsthaft.

»Pardon«, sagte der alte Asch gemütlich. »Ich vergesse immer wieder, daß der BDM von heute die NS-Frauenschaft von morgen sein wird. Und für die NS-Frauenschaft habe ich, wie du weißt, einiges übrig: denn die Parteidamen sind bei mir Stammkunden.«

»Ich will in die Kaserne, Vater.«

»Worin willst du dich ausbilden lassen? Oder gedenkst du deinen lieben Bruder zu besuchen?«

Ingrid zog es vor, weder die eine noch die andere Frage zu beantworten. »Du warst doch auch Soldat?«

Der Cafetier Asch, der hinter dem Büfett neben dem Speisenaufzug stand, sah sich um. Das Café war nur mittelmäßig besucht, denn es war bereits fünf Uhr, eine Zeit, in der der Nachmittagsandrang abzuflauen pflegte. Seine Serviermädchen waren beschäftigt. Er konnte also noch eine kurze Zeitspanne ungestört plaudern. »Du interessierst dich in letzter Zeit reichlich stark für das Militär«, sagte er.

»Ich interessiere mich für Menschen, die zufällig Uniform tragen. Alle Männer müssen das tun, es sei denn, sie sind gebrechlich oder sonstwie irgendwie minderwertig.«

Der Cafetier sah seine Tochter ohne Erstaunen an. Er kannte deren Auffassung von den sogenannten »großen Dingen« zur Genüge, um noch verwundert zu sein. Er hatte seines Geschäftes wegen und weil seine Frau früh gestorben war, weit weniger Zeit für seine Tochter gehabt als die Organisationen der Partei; daraus resultierte alles. »Du hast gestern abend«, sagte er, »eine Kahnpartie mit einem Soldaten gemacht. Einer meiner Angestellten hat mir das erzählt.«

»Es war Herr Vierbein, der Freund von Herbert, Vater. Hast du was dagegen?«

»Aber nein«, sagte Asch unbekümmert. »Mit dem kannst du Kahnpartien machen. Der ist in meinen Augen kein Soldat.«

»Warum beleidigst du ihn, Vater?« fragte Ingrid ehrlich betrübt.

Asch war verwundert. »Aber ich beleidige ihn doch gar nicht! Ich spreche ein Kompliment aus. Es ist immerhin möglich, daß mit Gestalten wie Vierbein Kriege geführt werden können, aber für ein wohlgeordnetes Kasernenhofdasein ist er nicht primitiv genug.«

»Ich verstehe dich nicht, Vater«, sagte Ingrid.

»Leider«, sagte der Cafetier achselzuckend und nahm wieder seine Arbeit auf. »Aber vielleicht sollst du darüber nachdenken, ehe es vielleicht — wer weiß, für wen? — zu spät ist.«

Ingrid Asch verließ ihren Vater voller Unzufriedenheit. Er war ein guter Kaufmann, gewiß, und er war auch, soweit ihm das möglich gemacht wurde, ein guter Vater. Aber daß er auch noch ein guter Deutscher war, konnte nicht unbedingt von ihm gesagt werden. Sie nahm ihm das nicht übel, es betrübte sie nur ein wenig. Was sie aber verwirrte, war, daß sie über die einfachste und klarste Sache von der Welt, über das Soldatsein nämlich, völlig verschiedenartige und sich widersprechende Angaben erhielt. Danach war alles kompliziert, geradezu gefährlich verworren. Und ausgerechnet der Mann, von dem sie sich gewünscht hätte, er möge ihrem Idealbild entsprechen, Vierbein nämlich, schien weit komplizierter zu sein als alle anderen.

Sie ging in ihr Zimmer und zog sich um. Sie betrachtete sich im Spiegel. Sie hatte eine zierliche, aber doch schon ausgeprägte Figur; vielleicht waren ihre Schenkel ein wenig zu dünn und ihre Hüften nicht breit genug. Beim Hygieneunterricht im BDM war ihr taktvoll klargemacht worden, daß sie vielleicht einmal Schwierigkeiten haben würde, komplikationslos Kinder zu gebären. Aber sie sah keine Veranlassung, das allzu tragisch zu nehmen. Dafür waren ihre Brüste voll und fest und drängten sich stolz hervor; manches Mannes Blick hatte schon nachdenklich auf ihnen geruht.

Sie kämmte ihr Haar mit Ausdauer, bis es seidig, glatt und mattglänzend nach hinten herunterhing. Sie wählte ein einfaches graugrünes Seidenkleid, von dem sie wußte, daß es ihre Figur gut zur Geltung brachte. Dann verließ sie das Haus.

Ingrid schlenderte über den Marktplatz, den Paradeplatz, die Freiheitsstraße hinunter und ging auf die Vorstadt zu. Sie hatte es nicht eilig, denn sie wußte nicht genau, was sie machen wollte. Sie hätte gerne Vierbein gesehen, mit ihm gesprochen, ihm zu verstehen gegeben, daß sie bereit sei, ihm seine überstürzte Flucht von gestern abend zu verzeihen. Das wünschte sie, aber sie wußte noch nicht, wie es zu verwirklichen war.

Sie ging an dem Lokal »Bismarckshöh« vorbei, von dem sie wußte, daß es keinen sehr guten Ruf genoß, und kam auf die Chaussee, die direkt an der Kaserne vorüberführte. Hier verlor die Stadt erheblich an Umfang und Höhe. Felder begannen sich auszubreiten; Schrebergärten waren dazwischen zu sehen, eine Gärtnerei, vereinzelte Arbeiterhäuser. Und rechts daneben lag, den Horizont verdeckend, groß, gewichtig und grau, die Artilleriekaserne: sechs Blocks quer, zwei Blocks parallel zur Chaussee; dahinter Hallen und der Exerzierplatz.

Ingrid verlangsamte ihre Schritte abermals. Sie schritt nur noch zögernd aus. Aus den dreistöckigen Blocks quoll betriebsamer Lärm, vereinzelt Gesang, eine scharfe Kommandostimme. In den Fenstern tauchten braungebrannte Gesichter auf, die sie anstarrten. Sie sah sogar ein Fernglas, das auf sie gerichtet war. Zwei Mann lachten und winkten ihr zu. Sie ging plötzlich schneller.

Sie ging, um nicht mehr angestarrt zu werden, auf das offene Tor zu. Aber auch der Posten, der dort stand, starrte sie an; aber sie nahm an, daß ihn dienstliche Interessen dazu bewogen hatten.

Der Posten war freundlich und wies sie in das Wachlokal. Hier saß ein Unteroffizier und sah sie ebenfalls prüfend an. Es war ihm deutlich anzumerken, was er dachte: Verdammt schicker Besuch! Und mit Wohlwollen fragte er: »Zu wem wollen Sie denn, Fräulein?«

»Zum Gefreiten Asch«, sagte Ingrid. »Dritte Batterie.«

Der Unteroffizier sah umständlich auf die Uhr, die im Wachlokal hing. »Es ist erst kurz vor sechs«, sagte er. »Die dritte Batterie hat heute Dienst bis achtzehn Uhr dreißig, normalerweise.«

»Es dauert bestimmt nicht lange«, sagte Ingrid. »Ich bin die Schwester des Gefreiten Asch.«

»Ach so«, sagte der Unteroffizier offenbar ein wenig enttäuscht. »Dringende Familienangelegenheiten, was?«

Sie bestätigte das unbedenklich und erhielt einen Passierschein. Ein Mann der Wache begleitete sie und lieferte sie beim UvD der 3. Batterie ab. Der ersuchte sie, im Lesezimmer zu warten.

Im Lesezimmer saß, gelangweilt in Zeitschriften blätternd, der Leutnant Wedelmann. Laut Dienstplan hatte er die Oberaufsicht beim Waffenreinigen. Es blieb ihm also nichts anderes übrig, als irgendwo anwesend zu sein. Er verließ sich, wie gewöhnlich und durchaus mit Recht, auf die Tätigkeit der Unteroffiziere und schlug die Zeit damit tot, daß er in dem zur Zeit leeren Lesezimmer mehr oder weniger erbauliche Bilder von leichtbekleideten Mädchen oder schwergepanzerten Kampfwagen betrachtete.

Als er Ingrid Asch ansichtig wurde, stand er spontan auf und verbeugte sich stumm. Ihm wollte scheinen, eines der betrachtenswertesten Bilder, die er soeben gesehen hatte, sei lebendig geworden. Daß das Mädchen ungewöhnlich war, merkte er auf den ersten Blick. Sein sonst überaus öder Tagesablauf erhielt so, völlig unerwartet, ein erfreuliches Glanzlicht. Er wußte das zu würdigen und lächelte angenehm, aber dezent.

Ingrid fühlte sich ein wenig geschmeichelt. Sie erwiderte den Gruß des Leutnants durch ein kurzes Kopfnicken. Dann versuchte sie, ihn zu übersehen. Und der Leutnant war taktvoll genug, keine plumpen Annäherungsversuche zu wagen.

Sie mußte warten, denn der Gefreite Asch wurde gesucht. Sie blätterte in einigen Militärzeitschriften, die auslagen und kaum Spuren eifriger Benutzung aufwiesen. Der Leutnant trug aufmerksam interessante Zeitschriften herbei, und sie dankte ihm zurückhaltend. Nahezu eine Viertelstunde verging, ehe der Gefreite Asch erschien.

Asch stürzte herein, stutzte und schien enttäuscht zu sein. »Du bist es«, sagte er.

»Hast du denn wen anderen erwartet?«

»Allerdings«, sagte Asch. Dann erst sah er Leutnant Wedelmann und machte eine mittelprächtige Ehrenbezeigung. Wedelmann erwiderte sie prompt, aber nicht ohne Mißbilligung. Und Asch begriff sofort, warum der Leutnant sein Verhalten mißbilligte; mußte doch er, der Asch mit Elisabeth am Samstag abend in »Bismarckshöh« zusammen gesehen hatte, annehmen, der Gefreite sei dabei, sich einen Harem anzulegen. Und er wollte nicht, Elisabeths wegen nicht, daß das von ihm gedacht werde.

»Hat dich deine schwesterliche Sehnsucht zu mir getrieben?« fragte er. »Oder hat dich der Vater geschickt?«

Der Leutnant Wedelmann erhob sich sofort. Er lächelte jetzt gewinnend freundlich. »Ich will das Familientreffen nicht stören«, sagte er galant. Er verbeugte sich vor Ingrid und winkte Asch zu. Dann ging er und postierte sich auf dem Korridor.

»Was willst du eigentlich?« fragte Asch wenig freundlich. »Du störst hier meine ganzen Kreise. Ich war auf der Bekleidungskammer schwer beschäftigt und war dort sicher wie in Abrahams Schoß, bis sieben Uhr. Um sieben Uhr wird der ganze Rummel hier vorbei sein, schätze ich. Aber nein, da mußt du kommen und mußt Wachtmeister Werktreu in Bewegung setzen! Und der tut das, was er nur einmal tut und was er um sieben Uhr tun sollte: er sperrt mich aus der Bekleidungskammer aus. Jetzt bin ich gezwungen, an der ganzen Abend-Extravorstellung teilzunehmen, gegen die ich mich nach allen Regeln der Kunst abgesichert hatte. Was denkst du dir eigentlich? Was willst du hier?«

»Ich verstehe dich nicht«, sagte Ingrid.

»Das wäre ja auch das Neueste!«

»Ich wollte eigentlich zu deinem Freund Vierbein.«

»Ach nein!« Asch konnte so viel Naivität einfach nicht begreifen. »Du wolltest zu Vierbein! Und der, glaubst du, wartet nur auf dich? Nach allem, was du anscheinend gestern wieder mit ihm angestellt hast, wird er vermutlich vor Glück in die Knie gehen, wenn er dich nur sehen darf. Sag mal, was denkst du dir eigentlich? Glaubst du, dieser Vierbein ist eine Stoffpuppe, mit der du nach Belieben Fußball spielen kannst? Der ist mir viel zu schade für deine idealistischen Treibhausgedanken. Laß deine manikürten Finger von ihm, wenn du ihn nicht richtig behandeln kannst.«

»Du verstehst mich nicht, Herbert«, sagte sie bestürzt. »Ich bin nicht so, wie du denkst. Ich will nicht so sein. Kann ich ihn sprechen?«

Asch betrachtete seine Schwester nachdenklich und voller Zweifel. Sie wollte also Vierbein sprechen. Und jetzt, in diesem Augenblick, reinigte Vierbein, der müde, abgekämpfte, graugesichtige Vierbein, den ein schlotternder, schmutziger Drillichanzug umhüllte, sein Gewehr. Vierbein, dem einen Tag lang nach allen Regeln die Knochen einzeln im Leibe gebrochen worden waren. Und ihn, den Zerschmetterten, sollte er einer strahlend schönen Ingrid gegenüberstellen?

»Nein«, sagte er hart und entschieden.

»Dann nicht«, sagte Ingrid und fühlte sich zurückgestoßen.

Sie stand auf und verließ den Raum. Auf dem Korridor prallte sie mit Leutnant Wedelmann zusammen, der dort gewartet hatte. Er lächelte verbindlich.

»Erlauben Sie«, fragte er, »daß ich Ihnen den Weg zeige?«

»Bitte«, sagte Ingrid. Und es war, als habe sie soeben einen kühnen Entschluß gefaßt.

Der »Abendsegen« kam für die Korporalschaft Lindenberg frühzeitig und war mehr als reichlich bemessen. Der Hauptwachtmeister Schulz hatte sich eine Veranstaltung eigener Art ausgedacht und war stolz auf Erfindungsreichtum und Improvisationstalent.

Den eigentlichen Anstoß hierzu hatte ihm, wenn auch indirekt, Lore, seine Frau, gegeben, als sie, nachdem sie Hilfestellung beim Ausziehen der Stiefel geleistet hatte, ihn aufforderte, »endlich doch wieder einmal die Füße zu waschen«. Dieses »Endlich doch wieder einmal« war natürlich übertrieben, aber das »Waschen« löste in ihm einen bemerkenswerten Gedankengang aus, und zwar in der Reihenfolge: waschen, baden, schwimmen, freischwimmen.

Schulz regte hierauf bei Hauptmann Derna an, den bisher arg vernachlässigten Schwimmunterricht intensiv zu pflegen, mit dem eindeutigen Ziel, eine Batterie von Freischwimmern zu schaffen. »Auch Herr Major Luschke hat einen derartigen Wunsch mehrmals ausgesprochen.«

Hauptmann Derna, erfreut über den Diensteifer seines Spießes, ehrlich bemüht, besonders nach dem Zwischenfall am Vormittag, diesem sein Vertrauen zu sichern, sagte: »Das ist ein ganz ausgezeichneter Gedanke, mein lieber Schulz. Auch die Jahreszeit empfinde ich dafür als besonders günstig. Fangen Sie also ruhig damit an.« Und er fügte vorsichtig hinzu: »Aber überstürzen Sie nichts.« Worauf Schulz bieder versicherte: »Ich fange mit kleineren Gruppen an.«

Die erste dieser »kleineren Gruppen« war natürlich die Korporalschaft Lindenberg, die einen höllischen Tag halbwegs mit Anstand hinter sich gebracht hatte. Alle waren müde; Vierbein, den es besonders hart getroffen hatte, war so gut wie erledigt. Sie hingen über ihren Gewehren und reinigten sie im Zeitlupentempo. Der Unteroffizier Lindenberg, der das zwar nicht billigte, der das aber verstand, ohne daß man hätte sagen können, er habe Verständnis dafür gehabt, stand am Fenster und schien angeregt hinauszusehen.

Er war ein Mann der Disziplin, aber er war kein Schleifer. Er hat, wie von ihm erwartet worden war, einen harten Dienst gemacht, aber er hat seine Soldaten nicht unter psychischen Druck gesetzt. Er hat sie ausgepreßt wie Zitronen, aber er hat sie nicht durch den Dreck geschleift. Er hat mehrfach das Letzte aus ihnen herausgeholt, beim Infanteriedienst, beim Geschützdienst, beim Sport mit anschließendem Geländelauf, aber das war als sinnvolle Kraftanstrengung, als Stählung des Körpers gedacht und hatte nicht das mindeste, seiner maßgeblichen Meinung nach, mit systematischem »Fertigmachen« zu tun.

Jetzt, beim Waffenreinigen am späten Nachmittag, war er durchdrungen von der Überzeugung, seine Pflicht getan und die ihm zugeteilten Soldaten nachdrücklich dazu angehalten zu haben. Ein stolzes Gefühl schwellte ihn: seine Tagesarbeit war mustergültig gewesen. Die brutalen Eingriffe von Wachtmeister Platzek mißbilligte er, zumal hierin ein indirektes Mißtrauensvotum gegen ihn erblickt werden konnte.

Hauptwachtmeister Schulz betrat den Raum der Korporalschaft Lindenberg kurz vor Schluß des Waffenreinigens. Er strahlte Zufriedenheit aus, was allgemeine Beunruhigung hervorrief. »Wer«, fragte er freudig, »hat sich noch nicht freigeschwommen?«

Von den anwesenden elf Soldaten meldeten sich sieben, darunter der Kanonier Vierbein. Der Gefreite Asch, der gerade vom Lesezimmer, wo er den Besuch seiner Schwester empfangen hatte, zurückgekehrt war, drückte sich mißmutig in eine Ecke. Er ahnte bereits, was sich hier anzubahnen schien; und er verfluchte heimlich seine Schwester, die ihn um seinen Aufenthalt auf der relativ sicheren Bekleidungskammer gebracht hatte.

»Nur sieben Mann?« fragte der Spieß in ungetrübt guter Laune. Er wußte, daß der Schwimmbetrieb innerhalb der Batterie stark vernachlässigt worden war und daß genau hier die Schlinge lag, in der er alle fangen konnte, die er fangen wollte. »Und die anderen? Sie etwa, Asch?«

»Ich«, sagte der Gefreite Asch, »habe mich bereits voriges Jahr freigeschwommen.«

Der Spieß grinste freudig. »Das«, sagte er, »zählt natürlich nicht. Wer garantiert mir denn dafür, daß Sie überhaupt noch schwimmen können? Selbstverständlich muß die Freischwimmerprüfung jedes Jahr erneut abgelegt werden. Ein guter Soldat kann eben schwimmen. Fertig. Nicht wahr, Unteroffizier Lindenberg? Sie sind doch auch Freischwimmer?«

»Ich bin Rettungsschwimmer, Herr Hauptwachtmeister«, sagte der steif.

»Na also! Dazu kann ich der Korporalschaft nur gratulieren. Ist etwa unter Ihren Leuten einer, der überhaupt nicht schwimmen kann?«

»Nein, Herr Hauptwachtmeister«, versicherte Lindenberg. Die wenigen Schwimmstunden, die stattgefunden hatten, waren von ihm intensiv genutzt worden. In seiner, eines geprüften Rettungsschwimmers Umgebung gab es keine bleiernen Enten.

»Prachtvoll, prachtvoll!« rief Schulz geschäftig. »Dann wollen wir nicht zögern. Ihre Korporalschaft wird sich also heute noch freischwimmen.«

»Heute noch?« fragte der Unteroffizier ehrlich verwundert.

»Hören Sie etwa schlecht?« fragte Schulz ungnädig zurück. »Es ist jetzt kurz nach sechs, erst um halb neun wird es dunkel. Bis dahin können die sich dreimal freischwimmen.«

Lindenberg war mit dieser Anordnung nicht einverstanden; und die Differenz zwischen seinen und den Ansichten des Hauptwachtmeisters war diesmal sogar so groß, daß er einen Einwand vorzubringen wagte. Er erlaubte sich zu bemerken: »Ein gewisses Training, Herr Hauptwachtmeister, halte ich für empfehlenswert.«

Die Angehörigen der Korporalschaft verfolgten, mit Ausnahme von Vierbein, der ergeben vor sich hin sah, nicht ohne Spannung diese für sie völlig ungewohnte Auseinandersetzung. Der Gefreite Asch bewegte sich sogar vor, um eine bessere Übersicht zu gewinnen.

»Sie wollen also trainieren«, sagte der Hauptwachtmeister; und es war nicht die mindeste Trübung seiner ausgezeichneten Stimmung festzustellen. »Das können Sie haben. Ihr Vorschlag ist sogar ganz ausgezeichnet. Sie veranstalten also zuerst eine halbe Stunde Trockenschwimmen, sagen wir von achtzehn Uhr dreißig bis neunzehn Uhr. Dann machen Sie einen kurzen Geländelauf zur Militärbadeanstalt, und dort beginnen Sie, um neunzehn Uhr fünfzehn, mit dem Freischwimmen. Die Aufsicht hat Wachtmeister Platzek. Ich werde auch dabeisein. Verstanden?«

»Jawohl, Herr Hauptwachtmeister«, würgte Unteroffizier Lindenberg hervor.

Schulz entfernte sich fröhlich, nicht ohne vorher den Kanonier Vierbein streng und bedeutsam gemustert zu haben. Er begab sich sofort zu Wachtmeister Platzek, dem »Schleifer-Platzek«, um mit ihm wirksame Einzelheiten zu besprechen.

Die Angehörigen der Korporalschaft Lindenberg brüteten finstere Gedanken aus. Einige warteten nicht ohne Neugier auf eine Äußerung ihres Unteroffiziers. Aber der schwieg. Für den war ein Befehl ein Befehl, Kritik stand ihm nicht zu, Kommentare über einen Vorgesetzten vor Untergebenen verabscheute er. »Aufhören mit Waffenreinigen!« befahl er. »Fertigmachen zum Trockenschwimmen. Badezeug ist mitzunehmen.«

Die Angehörigen der Korporalschaft gehorchten widerwillig. Der ermattete Vierbein schloß kurz die Augen und atmete tief; er bewegte sich nahezu automatisch. Asch murmelte halblaut: »Verdammte Scheiße!«

»Sagten Sie was, Gefreiter Asch?« fragte Lindenberg streng.

»Jawohl, Herr Unteroffizier. Ich sagte: Hoffentlich ist das Wasser nicht zu kalt.«

Lindenberg nahm diese Erklärung hin. Er beobachtete Vierbein besorgt. Der Mann gefiel ihm nicht; der war nicht widerstandsfähig genug. »Daß Sie mir nicht weich werden, Vierbein! Wenn Sie sich zusammenreißen, werden Sie das auch noch überstehen.«

Der Kanonier fühlte seine müden Knochen kaum noch. Er sah wie durch Schleier und ging wie auf Seife. Seine Bewegungen waren mechanisch und ohne Kraft. Er zog sich um, stellte Schemel und Kopfpolster bereit und lehnte sich dann matt gegen seinen Schrank.

Der Gefreite Asch sah das. Er ging auf Vierbein zu, preßte seine Hand um dessen Arm und sagte: »Beiß die Zähne zusammen und halte dich an mich.«

Vierbein nickte automatisch. Er war kaum noch imstande, klar nachzudenken. Der Tag war anstrengend für ihn gewesen. Der »Schleifer-Platzek« hatte sich fast ausschließlich auf ihn konzentriert. Die Strafpredigt von Hauptmann Derna hatte ihn geängstigt; danach mußte er befürchten, nicht nur gemaßregelt, sondern sogar eingesperrt zu werden. In der Mittagszeit mußte er, auf Befehl von Hauptwachtmeister Schulz, in der Küche arbeiten. Beim Sport hatte er endlos lange Klimmzüge üben müssen, dann Hochsprung über das Pferd, dann das Klettern an Stricken, dann Boden- und Kastenturnen, schließlich Ringkampf und Geländelauf. Jetzt war er zum Umfallen erschöpft. Und wenn er kurze Sekunden fand, in denen er nachdenken konnte, dann dachte er an Ingrid und daran, daß sie ihn nicht verstand.

Unteroffizier Lindenberg setzte seine Trillerpfeife in Tätigkeit. Die Soldaten griffen Schemel und Kopfpolster auf, drängten sich durch die Tür auf den Korridor, liefen auf den Appellplatz hinunter und stellten sich dort auf. Kanonier Vierbein ließ sich durch das Gedränge vorwärtsstoßen. Er stolperte über die Treppen und wäre gefallen, wenn ihn Asch nicht aufgefangen hätte.

Wachtmeister Platzek erwartete die Trockenschwimmer bereits. Er grinste genußvoll, ließ, wie zu Freiübungen, ausschwärmen, warf einen stolzen Blick auf die mit neugierigen Soldaten angefüllten Fenster und begann.

Die Soldaten legten das Kopfpolster auf die vor ihnen aufgestellten Schemel und warfen sich auf Pfiff darüber. Nach dem monotonen Kommando »Eins — und — zwei!« vollführten sie vorschriftsmäßige Brustschwimmbewegungen; sie dauerten, mit schöner Regelmäßigkeit, lange Minuten. Es war nicht leicht, den Körper im Gleichgewicht zu halten; es war noch schwerer, Arme und Beine dabei exakt zu bewegen. Die Bauchmuskeln schmerzten.

»Dieser Vierbein«, brüllte Platzek freudestrahlend, »bewegt sich wie ein besoffener Krebs. Wegen diesem Vierbein werden wir noch stundenlang so weitermachen müssen.«

Johannes Vierbein bewegte sich mit letzter Kraft. Er versuchte, das exakt zu tun, aber Arme und Beine pendelten fast hilflos um den Schemel herum. Vierbein sah unter sich die graue Zementschicht der Fahrbahn; sie war rauh, ausgespült, abgewetzt. Sie schien in Wellen auf ihn zuzufluten.

»Kopf hoch, Vierbein!« rief Platzek. »Sie wollen doch hier nicht etwa ein Nickerchen veranstalten!«

Vierbein zwang sich dazu, den Kopf zu heben. Die Muskeln in seinem Nacken versuchten ihn abwärts zu drücken. Vierbein stieß das Kinn vor. Der Zementboden entschwand aus seinem Blickfeld, er sah spärlichen Rasen, die niedrige Mauer, den hohen Zaun aus Eisenstangen und dahinter die Straße, die in die Stadt hineinführte. Er sah Soldaten, die dort gingen. Er sah den Leutnant Wedelmann mit einem Mädchen. Und er riß die Augen weit auf, ein stechender, aufflammender Schmerz wurde spürbar, und dann war es, als würden die Schleier, die vor ihm wehten, auseinandergefetzt.

Und er sah, daß das Mädchen, das neben Leutnant Wedelmann ging, Ingrid Asch war. Er schien erstarrt zu sein; dann sackte er zusammen.

»Vom Untertauchen«, rief Platzek dröhnend, »ist nichts befohlen worden. Reißen Sie gefälligst Ihre müden Knochen zusammen, Sie Pfannkuchen!«

Vierbein überstand auch diesen kritischen Punkt. Seine Glieder bewegten sich wie Teile einer schlechtgeölten, auf halben Touren laufenden Maschine. Asch, der ganz hinten, links außen, vage Andeutungen von Schwimmbewegungen produzierte, war bereit, ihm zu Hilfe zu kommen, aber es schien nicht notwendig.

Pünktlich um neunzehn Uhr wurden die Schemel zusammengestellt. Lindenberg setzte sich an die Spitze seiner Korporalschaft und lief mit ihr in gemächlichem Tempo zur Militärbadeanstalt. Wachtmeister Platzek folgte pfeifend auf dem Dienstfahrrad.

Hauptwachtmeister Schulz war geruhsam vorangegangen und wartete bereits. Er wurde ungeduldig, als Unteroffizier Lindenberg den Start zum Freischwimmen hinauszögerte. Lindenberg, der Vierbein, den zermürbten, ermatteten, sich mechanisch dahinschleppenden Vierbein nicht mehr aus den Augen ließ, bestand darauf, daß sich seine Korporalschaft abkühlte, massierte, abduschte. Dann erst war er bereit, mit dem Freischwimmen zu beginnen.

Der Hauptwachtmeister sah auf seine Uhr. »Es kann also losgehen«, sagte er. »Zwanzig Minuten tadelloses Brustschwimmen, beginnend mit einem Kopfsprung vom Ein-Meter-Brett, endend mit einem beliebigen Sprung vom Drei-Meter-Brett. »Auf ›los‹ geht es los.«

Die Soldaten sprangen nacheinander kopfüber in das Wasser. Sie mußten hintereinander, in Reihe, im großen Kreis herumschwimmen. Schulz stand auf der zweiten Querbrücke, und neben ihm stand Unteroffizier Lindenberg; beide beobachteten, aus recht verschiedenen Gründen, nur einen einzigen Mann intensiv: den Kanonier Vierbein.

Nachdem die Soldaten zehn Minuten geschwommen hatten, sah Schulz auf seine Uhr und rief fröhlich: »Fünf Minuten sind bereits um!«

Fast alle quälten sich durch das Wasser; sie hatten einen anstrengenden Tag gehabt, und das war nicht ohne Folgen geblieben. Einer machte den Versuch aufzugeben, aber Schulz brach in ein herzhaftes Gelächter aus und rief: »Sie schwimmen so lange, bis Sie absaufen. Wir holen Sie dann schon 'raus.«

Der Gefreite Asch zog zwei Runden, gemächlich und in brauchbarem Stil; er war ein guter Schwimmer, aber er wollte nicht einsehen, daß es notwendig sei, sich überflüssigerweise anzustrengen. Außerdem gedachte er, auf Vierbein aufzupassen. Er beobachtete Hauptwachtmeister und Unteroffizier aufmerksam; und in einer günstigen Minute verließ er den Kreis, schwamm einfach unter die Brücke, auf der die beiden Vorgesetzten standen, hängte sich an einen Querbalken und ruhte aus.

Johannes Vierbein bewegte sich nur noch matt. Er vermochte nicht mehr klar zu sehen. In seinen Ohren brauste ein Taifun, vor seinen Augen flimmerte ein wässerigroter Nebel. Ein gewaltiges Gewicht drückte ihn sanft abwärts. Ihm war, als löse er sich auf und zerfließe. Er sackte ab wie ein Stück Blei.

Lindenberg, der das hatte kommen sehen, schwang sich auf das Geländer der Brücke. Schulz wollte ihn zurückhalten. »Der Kerl markiert doch nur. Der kommt schon wieder hoch.«

Aber der Unteroffizier hörte nicht darauf; er wollte nicht darauf hören. Er sprang ins Wasser und schwamm mit schnellen Stößen auf Vierbein zu. Auch Asch hatte sich von seinem Brückenbalken gelöst. Beide schleppten Vierbein an Land.

»So ist das«, sagte Schulz grimmig. »Keine Kraft, keine Energie, ein Schlappschwanz und ein Drückeberger. Aber sich herumtreiben und seine Pfoten nach fremden Weibern ausstrecken! Aber das werden wir ihm schon austreiben.«

Das Essen stand pünktlich bei Freitags auf dem Tisch, aber der Gefreite Asch, der Gast des Abends, kam nicht. Der alte Freitag sah über seine Zeitung, in der zu lesen er sich vergeblich bemüht hatte, hinweg und betrachtete die Uhr. Dann tat er wieder so, als lese er weiter.

»Da siehst du«, sagte Elisabeth streitbar, »was das für ein Mensch ist. Er hält seine Verabredungen nicht ein.«

»Das muß nicht seine Schuld sein«, sagte der Werkmeister Freitag. »Wer Soldat ist, ist nicht einmal Herr seiner Freizeit; das hat sich dort so eingebürgert.«

Frau Freitag stand unruhig am Herd. »Das Essen ist fertig«, sagte sie. »Wenn wir noch lange zögern, verliert es an Geschmack.«

»Fangen wir also ruhig an«, sagte Vater Freitag.

»Und wenn er nicht früher kommen konnte?« fragte Elisabeth leicht nervös.

Freitag lächelte sie an; er fand ihre nur mühsam versteckte Unruhe völlig in Ordnung. Erst hatte sie Asch angegriffen, dann verteidigt; das war sprunghaft, aber durchaus verständlich; das war — Freitag besann sich noch recht gut darauf — eine Begleiterscheinung der Liebe. Es tat ihm wohl, das zu spüren. Gleichgültigkeit wäre ihm ein Greuel gewesen.

»Vielleicht warten wir noch fünfzehn Minuten«, schlug Elisabeth zaghaft vor.

»Wir fangen an«, sagte der Werkmeister. »Er wird gar nicht erwarten, schätze ich, daß wir unser Privatleben den Gepflogenheiten der Kaserne anpassen. Oder kannst du ohne ihn nicht essen, Elisabeth?«

»Wir sollten nicht eine Minute länger warten«, sagte sie.

Das Essen wurde aufgetragen. Es duftete stark und gut. Vater Freitag ließ sich die Teller reichen und füllte sie feierlich. »Wir wollen hart arbeiten«, sagte er, »aber auch brauchbar essen; wir wollen einen ruhigen Schlaf tun und keine großen Sorgen um die Zukunft haben.«

Sie begannen zu essen. Sie löffelten den dicken, wohlschmeckenden Erbsenbrei fast wortlos. Ihr Appetit war gut. Nur Elisabeth aß wenig und sah auf den leeren Stuhl, der an der einen Seite ihres Tisches stand.

Noch bevor Freitag zum zweitenmal die Teller zu füllen begann, erschien der Gefreite Herbert Asch. Er war ein wenig außer Atem. Freitag machte ihm seinen Auftritt leicht. Er wies ihm den leeren Platz am Tisch an und behandelte ihn, als sei er schon lange da und schon oftmals Gast im Hause gewesen.

Frau Freitag fand, daß er nicht unsympathisch war, vielleicht ein wenig zu laut, zu unbekümmert, aber nicht unangenehm. Elisabeth vermied es, ihn anzusehen. Vater Freitag fragte ruhig: »Hat der Dienst sich heute so lange ausgedehnt?«

»Ich mußte mich erst noch schnell mal freischwimmen«, sagte Asch.

Der alte Freitag nickte verständnisvoll. »Eile wird notgetan haben«, sagte er.

»Genau das«, stimmte Asch ein. Es schmeckte ihm ausgezeichnet, und das sagte er auch. Er begründete sogar, warum es ihm ausgezeichnet schmeckte; und Mutter Freitag fand, daß er einiges vom Kochen verstehen müßte, was sie sehr bemerkenswert fand.

Elisabeth verhielt sich zurückhaltend. Sie redete Herbert nicht an; und auch er hielt es für richtig, Elisabeth nicht direkt anzureden. Beide wußten nicht recht, ob es angebracht war, sich in Gegenwart der Eltern Freitag zu duzen; und sie wußten, daß sie sich in dieser Situation nicht das sagen konnten, was sie sich zu sagen wünschten. So schwiegen sie lieber.

Nachdem Asch seinen dritten Teller mit großem Genuß und zur Freude von Mutter Freitag leer gegessen hatte, forderte ihn der Werkmeister auf, mit ihm in den Garten zu gehen und dort eine Zigarre zu rauchen. Das taten sie auch. Sie schlenderten an den Beeten entlang, während die Frauen in der Küche das Geschirr spülten.

»War das früher eigentlich auch so?« fragte Asch. »Ich nehme an, Sie haben gedient.«

»Vor dem Weltkrieg«, sagte der alte Freitag. »Und was soll früher so gewesen sein wie heute? Die Alltagsschikane zur sogenannten Förderung der Manneszucht? Lieber Freund, manchmal habe ich das Gefühl, ihr lebt wie in einem Sanatorium.«

»Es war noch schlimmer?«

»Es war konsequenter. Ich möchte sagen: selbstverständlicher. Es war etwas dabei von einem rauhen Männerspiel. Sehr viele machten, körperlich unverbraucht und von der Kultur unbeleckt, wie sie waren, nicht einmal ungern mit. Nur verhältnismäßig wenigen stand die Sache bis zum Hals. Heute ist das wesentlich komplizierter; was damals noch als eine Art männlich rauhes Vergnügen angesehen werden konnte, ist heute zur seelischen Vergewaltigung geworden. Die Menschen sind empfindsamer geworden, deshalb haben diese Schleifer es schwerer. Sie müssen sich immer brutaler durchsetzen, und so prallen denn die Gegensätze hart aufeinander.«

»Und dennoch hat niemand eingesehen, wie sinnlos diese ganze Schleiferei ist.«

»Das ist nicht so einfach«, sagte Freitag. »Es läßt sich einiges dafür anführen, daß damals der Drill unter Umständen auch sinnvoll, zumindest aber zweckmäßig sein konnte. Ich selbst habe ein solches Beispiel erlebt, gleich 1914. Bei einem Gegenangriff geriet ein Truppenteil, bei dem auch ich mich befand, in Panikstimmung. Die ersten warfen ihre Gewehre in den Dreck und wollten türmen. Und was geschah? Ein Kasernenhofhengst erhob sich, brüllte die Flüchtenden an und begann mit ihnen herumzuexerzieren, mitten auf dem Schlachtfeld. Und so beruhigten sich die Soldaten, was schlicht heißt: Sie stellten sich dem Feind.«

»Na und?« fragte Asch. »Was beweist das? Beim Alten Fritz marschierten die Truppen auf dem Schlachtfeld wie auf einem Exerzierplatz. Aber die Zeit steht nicht still.«

»Die kleinen Vorgesetzten des Weltkrieges sind die großen Vorgesetzten von heute. Der Schlachtfeldkasernenhofhengst von damals, ein Leutnant, wird vermutlich heute Oberst sein. Und alle diese Leute wollen mit den Erfahrungen des letzten Krieges in den nächsten steigen. Sie denken nicht voraus, sie denken zurück. Sie passen sich nicht an, sie verwerten lediglich, soweit es überhaupt geht, die alten Methoden. Genau besehen, haben alle diese Burschen Pleite gemacht, aber sie finden immer wieder Dumme, die ihnen abermals uneingeschränkten Kredit einräumen.«

»Und wir«, sagte Asch bitter, »müssen die Zeche bezahlen.«

»Mit Drill«, sagte der alte Freitag bedächtig, »läßt sich eben verhältnismäßig viel auf die bequemste Weise erreichen. Das war schon immer so. Drill ist das Paradies der Minderwertigen. Die wertvolleren und komplizierten Naturen werden dabei eingeebnet; das ist das ganze Geheimnis.«

»Und dagegen, meinen Sie, ist nichts zu machen?«

Freitag fand dieses Thema amüsant: »Wenn es einmal einem Revolutionär gelingen sollte, General zu werden – dann vielleicht eher. Aber ich vermag mir nicht vorzustellen, wie so was Erfolg haben könnte. Bei uns ist damals, vor dem Weltkrieg, folgendes passiert: Ein Schütze forderte einen Feldwebel auf, ihn am Arsch zu lecken. Eine Kriegsgerichtsverhandlung war die Folge. Aber hierbei erklärte der Schütze, er habe niemals einen derartigen Ausspruch getan; und das Kriegsgericht glaubte ihm aufs Wort. Zeugen gab es nicht, der Schütze galt als guter Soldat, und niemand vermochte sich vorzustellen, daß ein Mensch normalen Verstandes jemals auf die Idee käme, derartige Ungeheuerlichkeiten auch nur zu denken, geschweige denn auszusprechen.«

»Und dieser Schütze hieß, vermute ich, Freitag.«

»Wir wollen«, sagte jetzt der Werkmeister Freitag mit verkniffenem Lächeln, »wieder hineingehen. Es wird kühl. Außerdem wartet die Weiblichkeit auf uns.«

Sie betraten das Haus und setzten sich im Wohnzimmer um den großen Tisch herum. »Wir wollen eine Flasche Johannisbeerwein trinken«, sagte der alte Freitag. »Er ist nicht besonders gut, aber wir haben ihn selbst gemacht und Johannisbeeren aus unserm Garten dazu verwendet.«

Sie probierten den Wein, und Herbert Asch fand, daß er zwar keineswegs schlecht sei, aber doch etwas zu lange, etwa zwei Wochen zu lange, im Gärballon gelagert habe.

»Sie rauben mir die Reste meiner Autorität«, sagte Freitag augenzwinkernd. »Sie unterstützen meine Frau, denn sie wollte tatsächlich, entgegen meiner Meinung, den Wein zwei Wochen früher auf Flaschen füllen.«

»Ihre Frau hat vollkommen recht«, versicherte der Gefreite Asch überzeugt.

Mutter Freitag strahlte Wohlwollen aus. Dieser Herbert Asch war ihr nicht nur nicht unsympathisch, sie fand sogar, daß er überaus erfreulich war. Ein junger Mann mit guten Manieren, nicht überheblich, aber auch nicht liebedienerisch; er benahm sich so, als sei er hier zu Hause. Das tat ihr gut. Es war doch nicht alles frech und laut und eingebildet, was Uniform trug.

Sie tranken die eine Flasche Johannisbeerwein in guter Stimmung aus und öffneten noch eine zweite. Die beiden jungen Menschen waren immer noch bemüht, aneinander vorbeizureden. Kurz nach halb elf Uhr verabschiedete sich Asch.

»Ich muß in die Kaserne zurück«, sagte er.

»Ich hätte Ihnen mit Wonne das Geleit gegeben«, versicherte der alte Freitag, »aber ich muß morgen wieder früh aus den Federn. Elisabeth wird Sie gerne begleiten, vermute ich.«

Elisabeth gab vor, zu zögern. »Wenn du darauf bestehst, Vater!«

Vater Freitag lächelte sie an. »Ich zwinge dich nicht dazu.«

Mutter Freitag lachte gemütlich, und Asch war verlegen. Ihn beruhigte nur, daß Elisabeth noch verlegener war als er. Er verabschiedete sich, erhielt die Genehmigung, jederzeit wiederkommen zu dürfen, und versprach das auch.

Langsam ging er auf die Kaserne zu, die in der Nacht wie ein mächtiges dahintreibendes Schiff auf der Weite des Ozeans aussah. Elisabeth schlenderte neben ihm dahin und war bemüht, Abstand zu halten.

Asch blieb stehen. »Elisabeth«, sagte er, »wodurch habe ich dich gekränkt?«

»Du hast mich nicht gekränkt«, sagte sie, »du hast dich nur nicht um mich gekümmert, und ich habe mich danach gerichtet.«

»Ich hatte keine Zeit dazu«, sagte der Gefreite. »Ich hatte einfach keine Zeit dazu.«

»Ich war immer nur ein paar hundert Meter von dir entfernt. Du hättest bestimmt kommen können, wenn du nur wolltest.«

»Gestern, am Montag«, sagte Herbert Asch, »bist du nicht zu erreichen gewesen. Ich habe mehrmals versucht, dich zu sprechen. Erst am Abend habe ich erfahren, daß du überhaupt nicht zum Dienst in der Kaserne erschienen warst.«

»Ich war zu Hause, und das ist auch nicht aus der Welt. Man geht von der Kaserne zehn Minuten bis zu uns.«

»Ich konnte doch nicht zu dir nach Hause kommen«, verteidigte sich Herbert Asch. »Nach dem, was alles passiert war, konnte ich das nicht.«

»Was war denn passiert?« fragte Elisabeth kühl. Und sie war bemüht, ihn hierauf nicht antworten zu lassen. Sie setzte eilig hinzu: »Aber heute war ich den ganzen Tag in der Kaserne, und du hast nicht einmal den Versuch gemacht, mich zu sehen.«

»Heute bin ich den ganzen Tag beschäftigt worden. Ich mußte mich schleifen lassen oder hatte doch schwer zu tun, mich davor zu drücken. Ich habe keinen ruhigen Atemzug tun können. Mein Wort darauf.«

Elisabeth beugte sich ein wenig vor. »War das meinetwegen?« fragte sie, und das klang besorgt. »Hast du Schwierigkeiten gehabt, weil du in der Nacht vom Sonntag zum Montag... Ich meine: War das, weil du deine Kleider liegenlassen mußtest?«

»Das war wohl nur komisch«, sagte Asch, und er mußte unwillkürlich lachen. Und er vernahm erstaunt, daß auch sie lachte, leise, unterdrückt, aber unüberhörbar. Dann lachten sie beide, gemeinsam.

Er griff nach ihrem Arm und sie überließ ihn ihm. Er spürte ihr warmes, festes Fleisch durch den dünnen Stoff hindurch. »Es war ein starkes Stück, was?«

Sie nickte zutraulich. Es war zuviel Gemeinsames zwischen ihnen; sie konnte ihm nicht auf die Dauer böse sein. Er hatte nicht allzuviel Zartgefühl, jedenfalls bei weitem nicht so viel, wie sie es sich immer erträumt hatte; aber sie liebte ihn eben.

»Was meinst du?« fragte er. »Hat dein Vater irgend etwas gemerkt? Ich meine: Weiß er, was passiert ist?«

Sie löste sich sofort von ihm. »Machst du dir deshalb Sorgen?« fragte sie voller Mißtrauen. »Ist das alles, was dich interessiert? Da kann ich dich beruhigen. Du kannst getrost so weiterleben, als ob nichts passiert sei. Mein Vater weiß von nichts, und ich habe alles vergessen.«

»Das ist ein Mißverständnis«, sagte Asch hastig und sah auf die Uhr. Es war höchste Zeit, in die Kaserne zurückzukehren.

»Du kannst ruhig gehen«, sagte Elisabeth unfreundlich. »Es war nicht einmal ein Mißverständnis. Nicht das geringste ist passiert. Ich habe dich, wenn dich das beruhigt, nie gesehen. Und wenn man mich sogar fragen sollte, ob ich den Mann kenne, der bei mir geschlafen hat, dann sage ich nein. Du kannst dich darauf verlassen.«

»Aber, Elisabeth, ich... Ich erkläre dir das morgen. Ich muß jetzt laufen.«

»Geh nur in deine Kaserne«, sagte sie, »da gehörst du hin.«

»Herrgott, kannst du blöd sein!« rief er empört aus, ließ sie stehen und lief davon.

Der Tag, der mit müden Gliedern heraufkroch, hatte ein rosiges Gesicht. Er staunte die Kaserne an, die ihm im Weg lag wie ein Tier aus Stein! In ihrem Innern begann es zu rumoren, aber das Tier bewegte sich nicht.

Der Kanonier Vierbein lag wie leblos in seinem Bett. Das Pfeifen des Unteroffiziers vom Dienst riß ihn hoch. Halbaufgerichtet starrte er in die Stube. Seine Glieder waren wie Blei, und um seinen Kopf schienen Faßreifen gelegt worden zu sein. Ihm war, als brodele die Luft um ihn in dicken, dumpfriechenden Schwaden.

Die Soldaten wälzten sich gemächlich aus ihren Betten; sie hielten das für einen enormen Fortschritt, denn als sie noch, vor wenigen Monaten, Rekruten waren, pflegten sie aus ihren Decken zu springen wie eine Sprungfederpuppe aus dem Kasten. Heute waren sie schon »alte« Soldaten und ließen sich daher ein wenig Zeit, zumal Unteroffizier Schwitzke, der Saurier, Dienst hatte. Schwitzke riß niemand den Kopf ab, wenn nicht ein besonderer Grund vorhanden war oder ein ausdrücklicher Befehl vorlag.

Die erbaulichen Morgengespräche begannen nur mühsam, unter Gähnen. Zwei stritten sich darum, wie weit die Türen der Schränke geöffnet werden dürften, ohne störend zu wirken. Ein anderer riß alle Fenster mit geradezu ehrenrührigen Bemerkungen weit auf, was die, die in den Ecken lebten, begrüßten, die von der Fensterfront aber mißbilligten. Der Obergefreite Kowalski und der Gefreite Asch schliefen noch ein Viertelstündchen, was für sie ziemlich ungefährlich war, da ihre Betten durch Schränke getarnt und nicht auf Anhieb zu überblicken waren.

»Ich habe ihr gestern«, berichtete der als überaus stramm bekannte Wagner, »gezeigt, was eine Harke ist. Sie war begeistert. Bei mir kommt jede auf ihre Kosten, und das hat sich langsam herumgesprochen.«

Einige verlangten Details zu erfahren. Aus der linken Ecke wurde ein Stiefel auf Wagner geworfen. »Ruhe!« brüllte Kowalski aus seinem Verschlag, »oder ich trete euch in eure nackten Hintern.«

Vierbein saß immer noch todmüde auf seinem Bett. Er fand nicht die Kraft, sich zu regen. Der Morgenlärm der Stube umbrodelte ihn wie dicker Tabaksqualm, der heftige Kopfschmerzen verursachte. Er schien zu taumeln.

Unteroffizier Schwitzke riß die Tür auf, um vorschriftsgemäß zu kontrollieren, ob dem Wecken allgemein Folge geleistet worden war. Er wollte die Tür sofort wieder schließen, aber er sah den Kanonier Vierbein wie einen Ölgötzen auf seinem Bett sitzen.

»Immer wieder dieser Vierbein!« rief Schwitzke triumphierend.

Unteroffizier Schwitzke, der Saurier, war eine Seele von Kamel, vom Herrgott in die Wehrmacht gesteckt, um hier eine ruhige Kugel zu schieben. Aber dieser Schwitzke konnte das Gras wachsen hören: mit sechstem

Sinn erspürte er, was seinen unmittelbaren Vorgesetzten eine Herzensangelegenheit war. Und obwohl er niemals sonderlich viel tat, war doch alles, was er tat, sinnvoll und höchst zweckmäßig. Keinem anderen war es so wie ihm gegeben, mit einem Minimum an Kraftentfaltung ein Maximum an Vorgesetztenwohlwollen zu erreichen. Und er wußte genau, daß dieser Vierbein der wunde Punkt, die augenblickliche Achillesferse (wenn dieser gewagte Vergleich gestattet sein sollte) des Hauptwachtmeisters war.

Kanonier Vierbein sprang aus dem Bett und versuchte im Nachthemd stillzustehen. Er taumelte aber erneut und mußte sich stützen. Er sah übermüdet aus. Seine Augen blickten ausdruckslos in die dunstige Stube.

»Der schlappe Kerl kann nicht aus den Augen sehen!« rief Schwitzke gemütlich. »Hat wohl diese Nacht wieder einmal heftig von der Liebe geträumt, was?« Er sah um sich und erwartete, ein beifälliges Gelächter zu hören, aber niemand regte sich. »Das werde ich Ihnen schon austreiben, Sie Pennbruder. Sie melden sich nachher zum Revierreinigen bei mir.«

»Jawohl, Herr Unteroffizier«, sagte Vierbein gehorsam.

Schwitzke musterte ihn noch einmal grimmig-freundlich, rief »Schlappschwanz« und verließ dann befriedigt die Stube. Er beschloß, Vierbein zu einer Arbeit einzuteilen, bei der er dem Hauptwachtmeister oder doch zumindest Wachtmeister Platzek über den Weg laufen mußte, was bestimmt Freude und Zustimmung erwecken würde.

Der Kanonier Vierbein stieg in seine Hosen, warf das Nachthemd über das Bett und eilte in den Waschraum. Er drängte sich an ein Becken und ließ das kalte Wasser einlaufen. Er steckte seinen Kopf tief hinein; das erfrischte ihn ungemein, ohne aber die Bleischwere seiner Glieder auslöschen zu können.

Inzwischen hatten sich auch Kowalski und Asch erhoben. Das muntere Geschrei des Unteroffiziers Schwitzke hatte sie endgültig geweckt. Sie blinzelten sich zu und begannen sich anzuziehen.

»Eigentlich«, sagte Asch, »hat Vierbein heute Stubendienst.«

Kowalski nickte. »Verstehe«, sagte er. »Ich werde einen anderen einteilen. Selbstverständlich.« Er blickte sich suchend um.

Gerade war der stramme Wagner dabei, seinem spärlichen Publikum den kommenden Abend auszumalen. »Ich werde ihr noch einmal zeigen, was eine Harke ist«, sagte er. »Die muß merken, daß sie bei mir an den Richtigen herangeraten ist.«

»Und ob du der Richtige bist!« rief Kowalski. »Du machst heute Stubendienst.«

Der stramme Wagner war empört. »Ich? Wie komme ich dazu? Stubendienst hat Vierbein, die lahme Ente. Ich nicht.«

»Wenn du nicht sofort deine große Schnauze hältst«, versicherte

Kowalski, »dann breche ich dir sämtliche Knochen im Leib, dann bist du nicht einmal mehr eine lahme Ente, dann bist du ein invalides Stinktier.«

Der stramme Wagner wußte aus Erfahrung, daß mit Kowalski nicht zu spaßen war. Er maulte und fluchte, aber er kam der Anordnung des Stubenältesten nach. Der lachte: »Wer so stramm ist wie du und mit so vielen Mädchen fertig wird, der wird doch auch noch so eine schäbige Stube schaffen.«

Vierbein hatte nicht einmal Zeit, sich für das Revierreinigen in einiger Ruhe anzuziehen. Er schnappte sich beim Anpfiff Besen, Schaufel und Eimer und lief auf den Appellplatz hinunter. Noch im Laufen bemühte er sich, die Drillichjacke zuzuknöpfen.

Schwitzke tat ganz so, als sei Vierbein zu spät gekommen. Aber er war einfach zu faul, um ausführlich zu schimpfen. Er rief nur: »Latrine, unterer Korridor.« Das war ein Ort, der neben seinem Dienstzimmer lag und den er daher bequem überwachen konnte; außerdem war anzunehmen, daß der Hauptwachtmeister, der sich gerne früh im Batterierevier zu zeigen liebte, diesen Ort aufsuchen würde. Natürlich hatte der Spieß die gleiche Örtlichkeit auch in seiner Privatwohnung, aber es war bekannt, daß er bei jeder sich bietenden Gelegenheit seine dienstliche Anwesenheit zu demonstrieren pflegte, also in diesem Falle das Angenehme mit dem Nützlichen zu verbinden strebte.

Aber Schwitzke vergaß Vierbein zunächst, teils aus Bequemlichkeit, teils aus Gutmütigkeit. Wäre der Spieß aufgetaucht, Schwitzke hätte ihm ein Schauspiel geboten. So aber ließ er alle viere gerade sein und hatte nichts dagegen, daß ihm Vierbein, das arme Schwein, zunächst einmal durch die Lappen ging.

Dennoch hatte Vierbein, auf alles mögliche gefaßt, vorbildlich gearbeitet: Auf allen vieren, mühsam keuchend, den Schrubber über die Fliesen stoßend, den Lappen schwingend, Ströme von Wasser in Bewegung gesetzt. Als er fertig war und Schwitzke, wider Erwarten, immer noch nicht kam, eilte er hinauf in die Stube.

Die Belegschaft kaute das Morgenbrot und schlürfte den lauwarmen Malzkaffee. Der stramme Wagner versuchte dabei zu stören und wollte mit dem Reinigen der Stube beginnen, aber Kowalski drohte, ihm die Kaffeekanne auf dem Holzkopf zu zerschmettern. Zähe Gespräche wurden geführt.

»Das beste wird sein«, sagte Asch zu Kowalski, »wenn sich Vierbein krank meldet.«

»Nicht schlecht«, sagte der. »Die reißen ihm sonst heute noch den Hintern bis zum Kragen auf. Aber an was soll er erkrankt sein?«

»Da wird sich schon was finden«, meinte Asch. »Schließlich ist er gestern zweimal zusammengebrochen.«

»Hm.« Kowalski schöpfte aus der Fülle seiner Erfahrungen. »Die allgemeine Bezeichnung für diese Art Krankheit könnte nur Schwindelanfälle oder Ermattungszustände heißen. Beides klingt nicht gut.«

»Sagen wir Herzkrämpfe«, schlug Asch vor. »Irgendwie stimmt das auch. Außerdem ist das nicht so leicht nachzuweisen und erfordert umständliche Untersuchungen. Währenddessen kann sich hier der Sturm gelegt haben.«

»Gemacht«, sagte Kowalski. Und dann wandte er sich an Vierbein, der gerade mit dem Essen beginnen wollte. »Hör mal, Kleiner«, sagte er, »du meldest dich krank. Wir haben das so beschlossen.«

»Aber ich bin doch nicht krank«, sagte Vierbein.

»Allein deine Weigerung zeigt mir ganz deutlich, daß du krank bist.« Kowalski war ein Mann, der keine Widersprüche zu dulden pflegte, wenn er überzeugt war, im Recht zu sein. »Du haust sofort ab und meldest dich krank. Herzkrämpfe. Oder bist du etwa vergnügungssüchtig? Was meinst du denn, was heute noch alles passieren wird? Heute ist Gewehrschießen, draußen in Wilhelmsruh. Das ist eine ruhige Sache, da werden einige sehr viel Zeit für dich haben, mein Junge. Und auf dem Hin- und Rückmarsch wirst du ein Packesel sein. Denn ich wette mit dir, daß wir, die Korporalschaft Lindenberg, den ganzen Plunder tragen werden, und du wirst, wenn du mitkommst, das meiste tragen. Das ist so sicher wie das Amen in der Kirche. Also verschwinde schon.«

Der Kanonier Vierbein ließ sein Frühstück stehen und lief hinunter. Er meldete sich beim Unteroffizier vom Dienst krank. Schwitzke, der eingedöst war, sah seinen Besucher an. Er duzte ihn, und das war ein sicheres Zeichen, daß er grimmiger Stimmung war. »Was denkst du dir eigentlich, du Strolch?« sagte er. »Weißt du nicht, daß man sich gleich morgens krank melden muß, wenn der UvD zum zweitenmal die Stuben durchgeht?«

»Jawohl, Herr Unteroffizier, aber . . .«

»Du weißt das also, du Dreckfink! Sieh mal einer an! Du weißt das also ganz genau. Und was hast du dir dabei gedacht, daß du jetzt hier angeschissen kommst? Na, du Rindvieh? Du willst mir wohl an den Wagen pinkeln, was? Aber da mußt du dir einen anderen Dummen suchen.«

Vierbein versuchte seinen Mund aufzumachen, aber Schwitzke ließ ihn erst gar nicht dazu kommen. Er schlug das UvD-Meldebuch auf. »Schau mal her, du Grasaffe. Was steht hier? Hier steht: Krankmeldungen keine. Ist das klar? Du hast dich eben nicht rechtzeitig krank gemeldet, also bist du auch nicht krank. Da mußt du eben bis morgen warten, du gesprenkelte Wildsau.«

Der Kanonier wollte abtreten. Aber Schwitzke, ehrlich darüber empört, daß es jemand gewagt hatte, brutal seine Morgenruhe zu stören und darüber hinaus anmaßend genug gewesen war, von ihm zu erwarten, er werde seine Morgenmeldung abändern, war richtiggehend aktiv geworden. »Sie haben doch«, sagte er, »die untere Latrine gereinigt. Das will ich mir mal ansehen.«

Er wanderte mit Vierbein auf die Latrine, untersuchte sie eingehend und fand das Resultat keineswegs erfreulich oder gar erbaulich. Er befahl eine erneute, ausgedehnte Reinigung und war sogar entschlossen, ihr beizuwohnen. Dabei hob sich seine Stimmung zusehends. Denn ihm war eine ausgezeichnete Idee gekommen, nach welcher er dem Spieß ein Geschichtchen erzählen würde von einem Kanonier, der sich krank melden wollte, vermutlich um sich zu drücken, den er aber statt dessen auf allen vieren durch das Scheißhaus hatte kriechen lassen! Der Spieß würde darüber sicher wiehern vor Lachen!

Diese Idee eines Morgengeschichtchens stimmte Schwitzke derartig heiter, daß er Vierbein einige Minuten früher entließ, als er es beabsichtigt hatte. Er brannte darauf, seine Kranken- und Latrinenstory an den Mann zu bringen. Vierbein schoß davon wie ein Pfeil.

Unterwegs sah der Kanonier auf die Uhr und stellte fest, daß er nicht mehr dazu kommen würde zu frühstücken. Er verspürte auch keinen Hunger. Er ging zu Kowalski und Asch und erstattete ihnen Bericht. Beide sahen sich gegenseitig nur an; das sagte alles. Dann machte sich Vierbein für das Gewehrschießen fertig.

Er näherte sich dabei Asch. »Ich hätte dich gestern abend gerne noch gesprochen.«

»Ich konnte nicht«, sagte Asch. »Ich mußte mich ärgern gehen.« Er schützte eine wichtige Arbeit vor und beugte sich ganz tief in seinen Schrank. Er konnte nicht in das bleiche, überanstrengte, versorgte Gesicht seines Freundes sehen, irgendwie kam er sich dabei schuldbewußt vor.

»Ich habe«, sagte Vierbein, und er sagte das leise, mit matter Stimme und so, als tue es ihm weh, »gestern abend deine Schwester gesehen.«

Asch unterbrach seine Arbeit, aber er richtete sich nicht auf. »So«, sagte er nur. »Du hast sie also gesehen.«

»Ja. Mit Leutnant Wedelmann.«

Jetzt richtete Asch sich langsam auf. Er dachte: Du armer, elender, ängstlicher Kerl, dir bleibt auch nichts erspart; du hast das also gesehen! Und er sagte: »Mach dir nichts daraus, Johannes. Die Weiber sind nun einmal so. Und Ingrid ist da alles andere als eine Ausnahme.«

»Schon gut«, sagte Vierbein schwach.

Aber Asch fand, daß das alles andere als gut war. Er wollte Vierbein nicht schonen, er wollte ihn hart machen; er wollte nicht zusehen, wie der in seinen Gefühlen erstickte, er wollte ihn aus dem Sumpf der seichten

Sentimentalität herausreißen. Und er sagte, so brutal er das vermochte: »Sie ist es nicht wert, daß du ihr auch nur eine Träne nachweinst. Sie ist ein kaltes, eitles, egoistisches Luder. Eine großdeutsche Treibhauspflanze. Je höher der Dienstgrad, um so größer ist ihre Liebe. Werde General, und sie erstarrt vor Ehrfurcht!«

Vierbein kam gar nicht dazu, irgendeine Erwiderung zu finden. Er versuchte es ehrlich, aber es gelang ihm nicht. Asch ließ ihn einfach stehen. Im gleichen Augenblick brachte ein Läufer die Post. Im gleichen Augenblick pfiff draußen Unteroffizier Schwitzke auf dem Korridor und rief fröhlich: »Fertigmachen zum 'raustreten!«

Vierbein legte sich das Koppel mit den Patronentaschen um. Er setzte das Schloß ein Loch zurück. Irgend jemand überreichte ihm einen Brief. Er war von Mutter. Er schloß seinen Schrank ab und riß den Umschlag auf. Er überflog die ersten Zeilen, die da lauteten: »Mein lieber, guter Junge! Ich habe Dir das ersparen wollen, aber ich kann jetzt nicht mehr weiter. Ich bin entschlossen, mich von Deinem Vater zu trennen ...«

Draußen schrie dic Stimme des Unteroffiziers vom Dienst: »'raustreten!«

Vierbein faltete den Brief zusammen und steckte ihn in die Rocktasche. Er war weiß, und seine Hände zitterten. Dann ließ er sich von den anderen hinausdrängen.

Die Sonne prallte auf die Traversen des Schießstandes und fraß sich dort fest. Die Luft schien geschmolzenes Glas zu sein. Die Erde trug Erschöpfung.

Der Schießbetrieb rollte planmäßig ab. Die Batterie war in drei große Gruppen eingeteilt worden, jede dieser Gruppen bevölkerte einen Stand. Alle, die bereits geschossen hatten, lagerten sich hinter dem Geräteschuppen auf der Wiese. Ein Tag wie dieser war ein anerkannter Ruhetag; nur für die nicht, die keine Ruhe verdient hatten, die machten Anzeigerdienste, mußten Scheiben schleppen, Munition transportieren, den Schießstand fegen, die Waffen der Unteroffiziere reinigen und Gewehrübungen veranstalten, wenn sie besonders schlecht geschossen hatten.

Ansonsten kümmerte sich kaum einer um den anderen. Die Hauptsache war, daß der Schießbetrieb pausenlos weiterging, ob einer früher oder später schoß, war nicht übermäßig wichtig, es sei denn, er wurde frühzeitig gebraucht. Für Vierbein traf das aber nicht zu: er wurde vor *und* nach dem Schießen gebraucht, und der Spieß hatte dafür gesorgt, daß sein spezieller Freund nicht die mindeste Langeweile die ganze Zeit über empfand.

Auf dem Schießstand war Hauptwachtmeister Schulz, der Spieß, in seinem Element, denn er war ein ganz ausgezeichneter Schütze. Auf dem

Exerzierplatz ließ er sich kaum jemals blicken, in der Badeanstalt schon eher, auf dem Schießstand immer. Und da außerdem heute die Batteriemeisterschaft ausgeschossen werden sollte, die zu gewinnen für ihn Ehrensache war, zeichnete er sich durch besondere Munterkeit aus. Er war überall und versprühte Siegeszuversicht; das beschäftigte ihn derart stark, daß es ganze Viertelstunden gab, in denen er Vierbein völlig vergaß und nahezu beschäftigungslos irgendwo stehenließ.

Der Obergefreite Kowalski und der Gefreite Asch hatten sich vorübergehend, ehe sie sich zu einem ausgedehnten Schlaf in die Büsche schlagen wollten, einen bequemen Posten angeeignet: der eine führte die Schießkladde, der andere gab Munition aus. Aufsicht auf dem Stand und zugleich Aufsicht beim Schützen hatte Wachtmeister Platzek. Alle schoben eine ruhige Kugel, denn das erste Gebot auf dem Schießstand lautete für jeden Soldaten: Ruhe, Ruhe und nochmals Ruhe!

Schleifer-Platzek, mit seinen zehn Dienstjahren in allen Satteln gerecht, ließ sogar durch den Kanonier Vierbein einen Eimer mit Wasser anschleppen. Er sollte zur Erfrischung dienen und zur Abkühlung erregter Gemüter. Wer schlotterte, zögerte oder auch nur mit der Wimper zuckte, durfte seinen ganzen Kopf dort eintauchen, worüber sich Platzek jedesmal hingerissen amüsierte.

Jeweils fünf Mann marschierten auf, wiesen dem Gefreiten Asch ihre leeren Patronentaschen vor, erhielten je sechs Schuß der sorgfältig gezählten und peinlich genau im Buch eingetragenen Munition. Und dann trat einer nach dem anderen zu Kowalski, um dort den Namen anzugeben, damit sein Munitionsverbrauch und seine Erfolge in der Schießkladde verzeichnet wurden. Nachdem das geschehen war, meldete sich der Schütze beim Wachtmeister Platzek und durfte beginnen. Und Platzek tat das Seine, um brauchbare Resultate zu erzielen.

Alles funktionierte wie eine gutgeölte Maschine. Die dreifache Kontrolle schläferte automatisch die Aufmerksamkeit aller drei Kontrollierenden ein; einer verließ sich auf den anderen, zumal es sich ja nicht um ein Bedingungsschießen, sondern um ein Preisschießen handelte. Beim Bedingungsschießen, wo jeder Vorgesetzte seine unmittelbaren Untergebenen zu betreuen pflegte, wo es um den Durchschnitt der Korporalschaft, der Geschützbedienung, der Staffel ging, um die Einzelleistung, mit der auch zugleich der Beweis für den Wert der Ausbildung, also des Ausbilders, erbracht wurde — bei dieser Art des Schießens ging es aufs Ganze. Beim Preisschießen dagegen konnte nur einer Sieger werden, höchstens noch die Spitzengruppe vermochte zu interessieren; der stattliche Rest war Schweigen.

Das ging sogar so weit, daß die schießerfahrenen Unteroffiziere, die regelmäßig die ersten Plätze unter sich auszumachen pflegten, gar keinen gesteigerten Wert auf ein exaktes Schießen ihrer Untergebenen legten, um sich nicht dadurch eine unliebsame Konkurrenz hochzuzüchten. Die sechs Schuß wurden abgefeuert, der eine Schütze trabte ab, der nächste kam. Das Resultat war nicht so wichtig, wenn es nur nicht allzu gut war. Selbst über »Fahrkarten«, bei denen sonst der Teufel los war, wurde an einem derartigen Tag nur höhnisch gelächelt.

Wachtmeister Platzek gähnte herzhaft vor sich hin. Er blinzelte in die brütende Sommerhitze und interessierte sich kaum dafür, was hinter seinem Rücken vorging; dort waren erfahrene, verläßliche Mannschaften tätig; die würden die Sache schon schaukeln. Gelegentlich machte er mit dem jeweiligen Schützen ein gutgelauntes Scherzchen, und wenn es ihm gelungen war, den vom sorgfältigen Zielen abzulenken, lachte er gönnerhaft.

In der nächsten Gruppe, die zum Schießen kam, befand sich auch der Kanonier Vierbein. Asch sah ihn prüfend an, aber Vierbein wich seinem Blick aus. Der Gefreite fand, daß der Kanonier erbärmlich aussah, aber er ließ sich das nicht anmerken. Er gab ihm, wie jedem anderen, sechs Schuß Munition. Dann ging er zu Kowalski, um mit dem ein wenig zu plaudern.

Die Schüsse knallten in schöner Regelmäßigkeit über den Stand. Die Anzeigetafeln wurden monoton herausgefahren und wieder eingezogen. Irgendwo hinten brüllte der Spieß.

Asch drehte sich nach geraumer Zeit wieder um, denn er wollte mit Vierbein ein paar ermunternde Worte wechseln. Aber Vierbein war nicht mehr da, er hatte sich unbemerkt entfernt.

Der Gefreite Asch brauchte einige Sekunden, um zu begreifen, was das zu bedeuten habe. Der Obergefreite Kowalski, der auf die starre Haltung seines Freundes aufmerksam geworden war, brauchte noch einige Sekunden länger. Dann begriff auch er. »Das kann eine schöne Sauerei werden«, sagte er leise.

Asch nickte. Dann ging er zu Platzek. »Darf ich mal austreten, Herr Wachtmeister?«

»Meinetwegen«, sagte der gleichgültig. »Aber bleiben Sie nicht so lange weg. Der Obergefreite Kowalski übernimmt inzwischen Ihre Arbeit.«

Der Gefreite Asch lief auf den Ausgang des Schießstandes zu. »Sie haben es aber eilig«, rief ihm Platzek gutgelaunt nach. Asch hörte nicht mehr darauf. Er suchte Vierbein.

Er drängte sich durch die wartenden Soldaten. Er überrannte beinahe Leutnant Wedelmann, der die Oberaufsicht hatte. Wedelmann wollte einige Worte des Tadels sagen, aber als er Asch erkannte, lächelte er nur freundlich. Asch lief weiter. Dann sah er Vierbein hinter einem Munitionsbunker zwischen den Bäumen stehen.

»Vierbein!« schrie Asch.

Vierbein zuckte zusammen und warf sich herum. Die Augen in seinem bleichen Gesicht glänzten fiebrig. Es war, als versuche er zurückzuweichen.

Der Gefreite Asch ging langsam auf den Kanonier Vierbein zu. Er versuchte, seinen hastigen Atem zu drosseln. Er fühlte, wie sein Herz schlug. Fast automatisch ging er weiter.

»Vierbein«, sagte er dann, »gib mir die Munition.«

Der Kanonier antwortete nicht. Er stand, ein wenig vorgebeugt, schlaff da. In seiner linken Hand hing das Gewehr.

»Gib die Munition her, Vierbein.«

»Nein«, sagte der.

Asch blieb stehen. Das bleiche Gesicht seines Freundes war naß von Schweiß und Tränen. Die Lippen hatten keine Farbe mehr. Sein Mund stand offen.

Asch war erschüttert. Wellen von Mitleid überfluteten ihn. Er hatte das würgende Gefühl, aufheulen zu müssen. Aber er sagte: »Schämst du dich nicht! Du kleiner, elender, mieser Feigling!«

»Ich kann nicht mehr«, sagte Vierbein. »Laß mich doch.«

»Ich schlage dich in die Fresse, wenn du mir nicht sofort die Munition herausgibst.«

»Ich will nicht mehr!« schrie Vierbein gequält auf.

Asch sprang mit einem gewaltigen Satz auf Vierbein zu und riß ihn zu Boden. Das Gewehr polterte dumpf zur Erde. Asch preßte den Menschen, der sich unter ihm wand, mit der linken Hand nieder, hob die Rechte und schlug zu.

Vierbein schrie auf. Asch trommelte auf ihn ein.

Vierbein schrie abermals auf.

Asch drückte seine Knie auf die keuchende Brust des Mannes, riß ihm die Patronentaschen auf, fand die sechs Schuß Munition und steckte sie ein. »Du Schwein«, rief er. »Du kleines, erbärmliches Schwein! Eine Kugel willst du dir in deinen Schädel knallen, was? Aber so einfach geht das nicht. Bei mir nicht.«

Und er sah in die weit aufgerissenen Augen unter sich. Er sah Blut, das über die grauweiße Haut lief, und erhob sich.

Er atmete heftig, und als er sich umsah, bemerkte er, daß ihn einige Soldaten umstanden. Im Hintergrund rief einer: »Er bringt ihn um!« Asch lächelte gequält.

Der Hauptwachtmeister Schulz spurtete herbei und schob die Soldaten auseinander. »Was ist hier los?« rief er.

»Kleine Auseinandersetzung«, sagte Asch. Er kniete nieder, beugte sich über Vierbein und begann ihn hochzuzerren. Der kam mühsam auf seine Füße zu stehen, taumelte noch ein wenig und richtete sich dann auf.

»Immer wieder dieser Vierbein!« rief der Hauptwachtmeister.

»Ich habe ihm ein wenig die Fresse poliert«, sagte Asch. »Es war eine ganz persönliche Auseinandersetzung. Von Mensch zu Mensch. – War es, das, Vierbein?«

»Ja«, sagte der.

Der Spieß nickte befriedigt. Er war sonst gewiß nicht der Mann, der derartige Dinge durchgehen ließ. Normalerweise hätte das einen Tatbericht gegeben, zum mindesten aber ein Donnerwetter mit kräftigem Blitzeinschlag und verheerenden Folgen. Aber in diesem speziellen Fall war alles in Ordnung und ganz in seinem Sinne. »Da haben Sie diesmal, Asch«, sagte er, »genau den Richtigen erwischt.«

Schulz musterte den zerschlagenen, blutenden Vierbein mit nur mühsam verborgenem Wohlgefallen. Er schlug Asch leicht auf den Oberarm. Er tat das mit so viel tiefinnerer Zufriedenheit, daß er gar nicht merkte, wie der Gefreite zurückwich. »Bravo, Asch«, sagte er anerkennend. »Gut gemacht.« Und dann ging er.

Der also Gelobte sah ihm lange nach. »Und du bist der nächste«, sagte er leise.

Damit begann die abenteuerliche Revolte des Gefreiten Asch.

Das Preisschießen der 3. Batterie ging langsam zu Ende. Der Sieger schien festzustehen. Überraschungen waren kaum zu erwarten. Der Spieß nahm bereits, mit männlichem Zieren, die ersten Glückwünsche entgegen.

In der Mittagsstunde war eine Feldküche herausgefahren worden; es hatte Graupen mit Schweinebauch gegeben, und der Kanonier Vierbein durfte bedienen, Geschirr spülen, Kessel schrubben. Aber das tat er verhältnismäßig gefaßt; sein Gesicht trug jetzt weniger einen leidenden, mehr einen nachdenklichen Zug. Es war, als habe die Schlägerei mit Asch seinen Verstand, der zeitweise außer Tätigkeit gewesen zu sein schien, wieder in Gang gebracht.

»Ich habe dich ganz schön zugerichtet«, sagte Asch und betrachtete ihn liebevoll.

»Du hast auf mich losgeschlagen wie auf einen Sandsack.«

»Ich tat mein möglichstes, Vierbein.«

Das zerprügelte und geschwollene Gesicht bereitete Vierbein Schmerzen, wenn er sprach. Er lächelte verzerrt. Er vermochte nicht, den freundschaftlichen Ton von Asch zu erwidern, aber er konnte ihm auch nichts nachtragen. »Du hattest völlig die Kontrolle über dich verloren. Du schlugst pausenlos auf mich ein; auch dann noch, als ich mich gar nicht mehr wehrte. Du warst wie in einem Rausch.«

»Ja«, sagte Asch mit behutsamem Spott, »es kann nicht jeder so beherrscht und überlegen sein wie du.«

»Entschuldige, Asch«, sagte Vierbein sofort; und seine Stimme klang rauh.

»Schon gut, schon gut. Sprechen wir nicht mehr darüber.«

Herbert Asch wollte sich abwenden, aber Johannes Vierbein ging ihm nach. Er faßte vorsichtig nach dem Arm seines Freundes. »Du glaubst also«, sagte er, »daß ich . . . daß ich Selbstmord machen wollte.«

»Ich glaube gar nichts«, sagte Asch abwehrend. »Ich glaube nicht einmal mehr das, was ich gesehen habe. Aber in diesem Fall habe ich gar nichts gesehen. Und wenn du willst, hat es sich hier lediglich um eine Vorbeugungsmaßnahme von mir gehandelt. Oder wenn du noch lieber willst: Ich wollte mich einfach austoben! Was liegt näher? Und dazu sucht man sich immer seine Freunde aus — wozu hat man sie denn?«

»Herbert«, sagte Vierbein leise, aber er fühlte keine Scham dabei, das zu sagen, »es war genauso, wie du das vermutet hattest. Ich wollte es tun. Ich war am Ende.«

»Vergiß das!«

»Ich werde es nie vergessen, Herbert. Aber ich glaube, ich werde es auch niemals mehr versuchen, das zu wiederholen.«

»Gut so, Johannes. Es lohnt sich auch nicht. Für wen denn? Wer wohl sollte das verdienen? Wenn du einen findest, der vorgibt, Verständnis dafür zu haben, sollte man ihn niederknallen.«

»Mir war«, gestand Vierbein, »als werde ich vorwärts gestoßen, brutal und sehr zielbewußt. Ich hatte keinen Willen mehr. Es traf vieles zusammen.«

»Da hast dich treiben lassen wie eine Feder. Und durch wen? Durch größenwahnsinnige Narren und simple Fertigmacher von Berufs wegen!«

Johannes Vierbein wollte sagen, daß das nicht alles gewesen sei, daß andere Dinge hinzugekommen wären, daß er sich völlig verlassen gefühlt habe, ausgestoßen, gemieden. Daß er wie betäubt gewesen sei, willenlos, gefühllos, aufgerieben; und daß er nur noch einen Wunsch gekannt habe: sich abschalten, ausschalten, stillegen! Und er sagte, um sich blickend: »Ich habe getan, was ich konnte, alles versucht, was in meiner Macht stand, ich habe mir ehrlich Mühe gegeben — ich werde mit dieser Welt, mit dieser Welt voller Soldaten, nicht fertig.«

Asch lachte auf. »Auch diese Welt«, sagte er, »ist nicht die ganze Welt, wenn auch nicht wenige bemüht sind, sie für die einzig echte aller Welten auszugeben. Aber du mußt — so oder so! — mit ihr fertig werden; oder sie macht dich fertig.«

»Das ist gut gemeint und leicht gesagt«, antwortete Johannes Vierbein bitter.

»Vielleicht findet sich einer«, sagte Asch mit gutgespielter Gleichgültigkeit, »der dir zeigt, daß du unrecht hast und wie sehr du unrecht hast.

Es ist wohl die höchste Zeit, den Beweis dafür anzutreten, daß ein Kasernenhof alles andere als eine göttliche Institution ist.«

Der Gefreite verließ seinen Freund und ging zurück auf den Schießstand. Nur noch wenige Soldaten hatten zu schießen. Die letzten spärlichen Gruppen fanden sich ein. Auch Hauptmann Derna ließ sich sehen, ohne aktiv in den Wettkampf einzugreifen, denn er war kein sonderlich guter Schütze.

Hauptmann Derna, von Hauptwachtmeister Schulz begleitet und abgeschirmt, heuchelte starkes Interesse, ließ sich die Schießkladden zeigen und entnahm ihnen nicht ohne Genugtuung, daß der Hauptwachtmeister, sein lieber Schulz, klar in Führung lag. »Gratuliere«, sagte er mit heiterem Wohlwollen und deutlich vernehmbar für eine weitere Umgebung. »Da zeigt sich wieder einmal, wo die soldatischen Qualitäten sitzen.«

Schulz wehrte mit guter Haltung ab: »Noch ist das Schießen nicht beendet, Herr Hauptmann.«

Aber er befürchtete keine ernsthafte Konkurrenz mehr. Dic anerkannt besten Gewehrschützen der Batterie hatten bereits ihr Glück versucht, aber seine Leistung natürlich nicht erreicht. Er hatte mit seinen sechs Schuß auf der üblichen Zwölfer-Scheibe vierundsechzig Ringe, von insgesamt zweiundsiebzig möglichen, erzielt. Das war eine respektable Leistung. Ihm folgten der Unteroffizier Lindenberg mit zweiundsechzig und Wachtmeister Platzek mit einundsechzig Ringen. Ein derartiges Ergebnis war zu erwarten gewesen.

Unter den wenigen, die noch zu schießen hatten, befand sich auch der Gefreite Asch. Er fühlte sich ausgezeichnet in Form. Hinzu kam, daß sich so gut wie niemand um ihn kümmerte, er also ungestört schießen konnte. Er war fest entschlossen, sein möglichstes zu tun.

Bevor sich der Gefreite Asch in Positur stellte, zeigte Kowalski das dringende Bedürfnis, mit ihm unter vier Augen zu sprechen. »Hast du dem Kanonier Vierbein die Munition abgenommen?« fragte er.

Asch stellte sich dumm. »Welche Munition?«

Der Obergefreite pfiff leise durch die Zähne. »Verstehe«, sagte er dann. »Wenn aber nachher sechs Schuß fehlen, werden sich einige vor lauter Wut in den Hintern beißen.«

»Sollen sie doch«, sagte Asch gemütlich. »Hauptsache: man kann nicht uns beiden die Sache anhängen.«

»Kann man nicht«, sagte der Obergefreite grinsend. »Ich habe die ganze restliche Munition, kurz nachdem Vierbein getürmt war, einem anderen übergeben. Der war einer der üblichen Vollidioten und hat sie auf Treu und Glauben übernommen. Was soviel heißt wie: er war zu faul oder zu dämlich, genau nachzurechnen. Das war um elf Uhr. Um ein Uhr kam ein dritter, um drei Uhr ein vierter. Bis jetzt hat keiner was gemerkt.«

»Die werden Augen machen, was?«

Kowalski nickte mit ungetrübter Vorfreude. »Wenn die das merken«, versicherte er, »wird ihnen der Arsch auf Grundeis gehen.«

Also beschwingt, begann der Gefreite Asch mit dem Scharfschießen. Wachtmeister Platzek, der immer noch Aufsicht auf dem Stand und beim Schützen hatte, kümmerte sich kaum noch um ihn. Asch war kein Säugling, dem man unentwegt auf die Pfoten sehen mußte.

Die ersten zwei Schuß mußten auf der Pritsche liegend abgegeben werden, der dritte und vierte Schuß hatten im Knien, die beiden letzten im Stehen zu erfolgen. Asch ließ sich bequem nieder, atmete tief aus, zielte und drückte ab. Der erste Schuß war eine Zwölf.

»Purer Zufall«, sagte Platzek ahnungslos.

Asch schoß, mit hoher Konzentration, zum zweitenmal. Er kam gut ab. Sein zweiter Schuß war eine Zehn.

»Das ist gar nicht schlecht«, sagte Platzek und war ein wenig mißtrauisch geworden.

Asch hatte die Pritsche verlassen und kniete sich nieder. Der linke Ellenbogen lag fest und sicher auf. Sein Atem ging ruhig. Er zog ab, und der Schuß peitschte kurz und trocken durch die Scheibe. Das Schachbrettmuster erschien.

»Schon wieder eine Zwölf«, sagte Platzek verwundert.

Inzwischen hatten sich neugierige Zuschauer eingefunden. Einige Unteroffiziere begannen lebhaft zu debattieren. Wie ein Lauffeuer verbreitete sich die Nachricht, daß der bisherige Tagesrekord in Gefahr sei, und zwar buchstäblich in letzter Minute des Wettschießens. Hauptwachtmeister Schulz näherte sich im soliden Laufschritt.

Inzwischen hatte der Gefreite Asch seinen vierten Schuß abgegeben. Auch er war eine Zwölf. Asch lächelte verkniffen und wischte sich den Schweiß aus der Stirn.

»Das ist doch nicht zu glauben!« rief Platzek mit kaum verhülltem Unwillen. Noch zwei einigermaßen gutsitzende Treffer, und der erste Preis, der bisher immer das unangetastete Reservat der Unteroffiziere war, ging an einen Angehörigen des Mannschaftsstandes. Und was noch schlimmer war: Gelang diesem Asch der erste Preis, dann wurde er, Platzek, der bisher der Dritte im Rennen war, glatt von der Siegerliste gestrichen.

Platzek wandte sich an den Hauptwachtmeister. »Der scheint heute seinen guten Tag zu haben«, sagte er besorgt.

Der Hauptwachtmeister hatte sich über die Schießkladde gebeugt. Eine leichte Röte versuchte sich gegen das lederne Braun seines Gesichtes durchzusetzen. Er gab sich witzig. »Auch ein blindes Huhn«, sagte er, »findet ab und zu ein Korn.«

Platzek bemühte sich zu lachen. Mehrere Unteroffiziere schoben sich besorgt näher. Einige Mannschaftsdienstgrade, von solider Schadenfreude erfüllt, führten lebhafte Gespräche. »Ruhe im Puff!« rief Schulz nervös. »Hört gefälligst auf zu schnattern.«

Alle Gespräche verstummten. Asch, der jetzt breitbeinig dastand, um seine letzten zwei Schuß zu tun, spürte das lauernde, erwartungsvolle Schweigen fast körperlich hinter sich. Er schloß die Augen und atmete tief ein und aus. Er konzentrierte sich mit aller Kraft.

Asch beugte sich vor und zog den Kolben des Gewehrs fest in die rechte Schulter ein. Langsam bewegte sich der Lauf, stand dann still. Der Gefreite atmete hörbar aus. Dann schoß er. Auf dem Anzeigerstand wurde der schiefe Balken sichtbar.

»Elf!« rief Platzek auf das höchste verwundert. Er war spürbar erregt. Er eilte zum Wassereimer, schöpfte mit einem Feldbecher daraus und trank. Jetzt nur noch eine Acht, rechnete er, und der erste Preis ist fällig. Und nur noch eine Fünf, eine schäbige Fünf ist nötig, und er, Platzek, ist ausgebootet.

»Allerhand«, sagte der Hauptwachtmeister, vorübergehend fassungslos. Die Mannschaftsdienstgrade grinsten ungeniert, und einer rief fröhlich: »Weiter so, Asch«, worauf Schulz zusammenzuckte. Der Unteroffizier Lindenberg stand unbeweglich da, wie ein Standbild; ob er den zweiten oder dritten Platz belegte, war ihm so ziemlich gleichgültig, und die Hauptsache: er befand sich unter den Ersten. Außerdem schmeichelte es ihm ein wenig, daß ein Angehöriger seiner Korporalschaft, somit ein Soldat mit seiner Ausbildung, nahe daran war, der beste Schütze der Batterie zu werden. Allein die aufgeregte Haltung des Hauptwachtmeisters machte ihn besorgt; litt er doch stets fast körperlich darunter, wenn er einer unmilitärischen Darbietung beiwohnen mußte, ohne korrigierend eingreifen zu können.

Der Obergefreite Kowalski begab sich, eine dienstliche Verrichtung vorschützend, ungehindert nach vorne zu Asch. Er bückte sich und sammelte Patronenhülsen auf. Dabei sagte er: »Vorsicht, Asch! Wenn du ihn blamierst, ist er dein Todfeind. Denk an die Munition!«

Asch nickte unmerklich. Er sah sich um, sah in die angespannten Gesichter der Unteroffiziere, sah, daß Schulz ein wenig von seiner frischen Farbe verloren hatte, sah das zufriedene Grinsen der Mannschaften und Kowalskis ehrlich besorgtes Gesicht. Und er dachte an die Munition, die Vierbein entwendet hatte und die sich jetzt in seiner Tasche befand, daß er sich jetzt, in diesem Augenblick, nicht leisten konnte, den Zorn des Hauptwachtmeisters herauszufordern. Jetzt nicht. Später.

Und er legte entschlossen an, zielte flüchtig und drückte ab. Es staubte in der Nähe der Zielscheibe. Die weißrote Flagge wurde sichtbar.

»Fahrkarte!« schrie Platzek erleichtert.

Der Spieß glühte vor Freude auf wie ein Stoppsignal. Er fand sich vorbildlich schnell in die neue Situation. Nunmehr stand also endgültig fest, daß er der Sieger war. Er lächelte gönnerhaft und schlug Asch auf die Schulter.

»Gar nicht schlecht, mein Lieber«, sagte er. »Gar nicht schlecht. Natürlich fehlt noch einiges, bis Sie mit einem alten Soldaten konkurrieren können. Aber was nicht ist, kann noch werden. Anlagen sind durchaus vorhanden. Ich habe das immer gesagt, Asch: Sie haben das Zeug zum Unteroffizier. Nur weiter so!«

Abermals schlug der Hauptwachtmeister dem schweigenden Asch auf die Schulter. Dann rief er: »Schießen beenden. Stände abbauen. Munitionsabrechnung zu mir. Abmarsch in einer halben Stunde.«

Asch ging auf Kowalski zu und warf seine Knarre mißmutig ins Gras. Er setzte sich hin und sah seinen Kameraden prüfend an. »Verdient«, sagte er, »hat der Kerl das nicht.«

»Aber es wird sich bezahlt machen«, sagte der vielerfahrene Kowalski.

Die eingeteilten Soldaten, unter ihnen natürlich Vierbein, bauten die Stände ab, transportierten die durchlöcherten Scheiben, räumten auf, sammelten Papierreste, fegten und harkten. Die aufsichtführenden Wachtmeister rechneten die Schießkladden durch. Die restlichen Soldaten versammelten sich und waren bereit, in die Kaserne abzurücken.

Es war ein ruhiger Tag gewesen, sie hatten sechs Schuß in die Gegend gefeuert, im übrigen aber den lieben Gott einen guten Mann sein lassen, hatten gepennt und geplaudert, Karten gespielt und sich mit Geschick um jeden Sonderdienst gedrückt. Jetzt kam der Abmarsch, dann folgte eine Stunde Waffenreinigen und dann: Hinein ins Vergnügen! Schwierigkeiten waren kaum zu erwarten, denn der Spieß befand sich in Siegerlaune, und außerdem war heute für die Unteroffiziere ein Bierabend mit interner Ehrung des besten Schützen angesetzt.

Aber der Abmarsch zögerte sich hinaus. Stand 1 und 3 meldeten Vollzug und legten die Munitionsabrechnung vor. Stand 2 wurde nicht fertig. Wachtmeister Platzek rechnete und rechnete und kam zu keinem befriedigenden Resultat. Ihm fehlten sechs Schuß Munition.

Der Hauptwachtmeister fluchte, als ihm das gemeldet wurde. Schließlich rechnete er selbst. Auch er konnte das Resultat nicht ändern: es fehlten sechs Schuß Munition.

Das war, der Spieß sprach es deutlich aus, eine unerhörte Sache. Munition durfte einfach nicht fehlen. Sie war genau gezählt, und über jeden einzelnen Schuß mußte einwandfrei Nachweis geführt werden. Der Hauptwachtmeister sah enorme Komplikationen voraus. »Was ist das nur für eine Sauerei, Platzek!«

Platzek wand sich verlegen. Das, was ihm hier passiert war, ausgerechnet ihm, das war mehr als peinlich, das war gefährlich, das konnte unabsehbare Folgen haben. Er sah sich bereits vor ein Kriegsgericht gestellt, eingesperrt, degradiert. Der Spieß betrachtete ihn kalt.

Platzek nahm Anlauf zu einer provisorischen Untersuchung. Er ließ alle antreten, die auf seinem Stand Hilfsdienst geleistet hatten; darunter befanden sich auch Kowalski und Asch. Er stellte hochnotpeinliche Fragen und sparte nicht mit handfesten Verdächtigungen.

»Das ist doch albern, Platzek!« rief der Spieß verärgert. »Das ist idiotisch.« Er nickte Kowalski und besonders Asch vertraulich zu. »Ich lasse mir doch nicht von Ihnen meine besten Soldaten verdächtigen. Wir rücken jetzt ab, und Sie, Platzek, nehmen die Schießkladde und rechnen in der Kaserne noch einmal die ganze Aufstellung durch. Außerdem vergleichen Sie die Eintragungen in den Kladden mit den Löchern in den Scheiben.«

»Jawohl, Herr Hauptwachtmeister«, sagte Platzek, schwer getroffen.

Der Spieß nickte grimmig. »Und spätestens morgen früh«, sagte er, »stimmt der Laden. Wie Sie das machen, ist Ihre Sache. Aber der Laden stimmt. Oder Sie werden Ihr blaues Wunder erleben.«

Leutnant Wedelmann war unzufrieden mit sich und der Welt; und diese bohrende Unzufriedenheit schien ein Dauerzustand bei ihm geworden zu sein. Er fand keine rechte Freude an allem, was er tat beziehungsweise tun mußte. Ihm fehlte einfach das notwendige Feuer, irgendeine Aufregung, ein kleiner Weltkrieg oder ein weibliches Wesen von gewissem Format.

Er erledigte seinen Dienst zwar vorschriftsmäßig, aber außerordentlich gelangweilt. Es geschah in letzter Zeit oft, daß er mißmutig durch die Kaserne schlenderte und dabei gleichmütig, fast unwillig und oft maßlos gelangweilt, seinen dienstlichen Verpflichtungen nachkam. Auf dem Schießstand hatte er sich nur knappe zwei Stunden aufgehalten; der hier besonders zutage tretende Eifer der Unteroffiziere, ihre selbstbewußte Überlegenheit und seine mangelhaften Schießkünste verleideten ihm jedes Eingreifen. Alles das verstimmte ihn schwer.

Nach Dienstschluß setzte er sich ins Offizierskasino. Er saß irgendwo hinten im Lesezimmer in einer Ecke, blätterte in Zeitschriften, betrachtete das Muster der Tischdecke, begann die Fransen zu zählen, die der Wandteppich hatte.

Dann flüchtete er vor Major Luschke, der offenbar einen Schachpartner von Format und Ausdauer zu suchen schien, in ein anderes Zimmer. Es war aber gar nicht leicht, Luschke zu entrinnen, aber es wäre, zumal an diesem Tag, eine Qual gewesen, mit ihm Schach zu spielen. Denn Luschke pflegte stets methodisch, also mit entnervender Langsamkeit vorzugehen; außerdem ließ er gelegentlich durchblicken, daß er, als der Dienstältere und Ranghöhere, also Bessere, logischerweise zu gewinnen habe. Gewann er dann tatsächlich und in erster Linie, weil er wirklich der bessere Spieler war, pflegte er seinem Gegner mit vernichtender Ironie den Rest zu geben.

Was Wedelmann in Besonderheit betrübte, war der Umstand, daß er wohl Kameraden, aber keinen Freund besaß. In der Abteilung gab es, außer ihm, noch drei weitere Leutnants von seinem Jahrgang, und alle drei hatten ihre besondere Art der Freizeitgestaltung. Der eine amüsierte sich mit billigen Mädchen; dem anderen bereitete es Wonne, pausenlos Dienst zu tun; der dritte war so gut wie fest verlobt. Daher kam es, daß Wedelmann sehr oft einsam herumsaß und praktisch darauf angewiesen war, von höheren Vorgesetzten wohlwollend angesprochen zu werden, was nicht oft vorkam.

Der Leutnant lümmelte sich tief in einen Sessel und streckte die Beine aus. Ihm fehlte ein Mädchen, das war es! Nicht irgendein Mädchen zum Kaffeetrinken, Tennisspielen oder Spazierengehen, sondern ein richtiges Mädchen, das sich mit ehrlicher Freude in den Arm nehmen ließ und in die Liebe verliebt war. Kein billiges, williges, käufliches Weibchen, sondern eine richtige Frau, mit guten Händen und großem Herzen. Aber so etwas war gar nicht so leicht aufzuspüren, das gab es zumeist nur in Romanen und Magazinen.

Seine Abneigung gegen derartige Romane war nicht zuletzt deshalb so groß, weil ungezügelte Schaustellungen ihn aufregten. Und er fand, sosehr er sich auch bemühte, in diesem gottverlassenen Nest kein Gegengift. Alles, was ihm hier über den Weg lief, war ihm zu jung, zu verdorben, zu alt, zu kalt oder zu stark verheiratet. In welche Kategorie Ingrid Asch einzureihen war, wußte er noch nicht.

Diese Ingrid Asch, fand er, war bemerkenswert: ein Geschöpf wie gemalt, gute Figur, nicht auf den Kopf gefallen. Mit ihr konnte man sich sogar in voller Uniform sehen lassen. Es erfüllte ihn mit einer gelinden inneren Spannung, wenn er an sie dachte.

»Spielen Sie eine Partie Schach?« fragte Major Luschke, der sich unbemerkt genähert hatte. Das Knollengesicht verzog sich zu einem süffisanten Lächeln, das gewöhnlich auszureichen pflegte, selbst alte Hauptleute aus dem Gleichgewicht zu bringen.

Leutnant Wedelmann sprang auf. Er war ein wenig verwirrt. Luschke verwirrte ihn immer. Und er wußte nie genau, ob er diesen undurchsichtigen Mann liebte oder fürchtete.

»Bleiben Sie ruhig sitzen, Herr Leutnant«, sagte der Major mit seiner sanften Stimme, die wie ein Rasiermesser die Luft zu durchschneiden schien. »Ich habe nicht die Absicht, hier mit Ihnen zu exerzieren. Ich will nur wissen, ob Sie eine Partie Schach spielen.«

»Selbstverständlich, Herr Major«, beeilte sich Wedelmann zu versichern. Und er blickte voller Ergebenheit in das Knollengesicht.

»Nee, mein Lieber«, sagte der Major trocken, »Sie scheinen mir nicht in der richtigen Verfassung zu sein. Vermutlich brauchen Sie frische Luft.« Mit kurzen, drahtigen Schritten stelzte er davon und schnippte befriedigt mit den Fingern der rechten Hand.

Der Leutnant sah seinem Kommandeur voller Bewunderung nach. Welch ein Mann! Der hörte das Gras wachsen.

Wedelmann begab sich in die Telefonzelle, blätterte im Ortsverzeichnis und wählte die Nummer von Asch. Eine Angestellte meldete sich. Er begehrte Fräulein Ingrid Asch zu sprechen und wurde auch prompt mit ihr verbunden. Ingrids Stimme klang angenehm warm; und er war bereit, sich einzureden, daß sie einen nahezu sinnlichen Klang habe. Das beschwingte ihn.

»Ich wollte nur fragen, ob Sie heute abend Zeit und Lust haben, mit mir auszugehen. Ich schlage das Café Liedtke vor, aber ich füge mich natürlich allen Ihren Wünschen. Wenn es Ihnen recht ist, komme ich in Uniform.«

Ingrid zögerte ein wenig, und er legte das als Koketterie aus. Dann sagte sie zu. Es sei ihr recht, wenn er in Uniform käme, auch mit dem Café Liedtke, wo es einen ausgezeichneten Kuchen gäbe, sei sie einverstanden. Nur bitte sie, ihren Bruder, den Gefreiten Asch, davon zu verständigen, daß sie sich im Café Liedtke aufhalte, denn es sei möglich, daß er sie sprechen wolle. Ob der Herr Leutnant das für sie tun würde?

»Aber selbstverständlich. Das wird prompt erledigt. Ich freue mich, Sie zu sehen. In einer halben Stunde? – Gut, in einer Stunde im Café Liedtke.«

Wedelmann legte den Hörer in die Gabel, nickte seinem Spiegelbild auf der Glasscheibe zufrieden zu, verließ die Telefonzelle, begab sich in seine Unterkunft und machte sich fertig. Den UvD beauftragte er damit, dem Gefreiten Asch mitzuteilen, daß sich seine Schwester jetzt im Café Liedtke befinde.

Er stieg unter die Dusche; dabei sang er gepreßt: »O sole mio.« Später rasierte er sich; obwohl er sich schon morgens rasiert hatte und sein Bartwuchs nicht sonderlich kräftig war. Er rieb sein glattes Gesicht mit Kölnisch Wasser ein, musterte sich im Spiegel und fand, daß er ein durchaus ansehnlicher junger Mann sei.

Er traf mit Ingrid im Café Liedtke zusammen, im oberen Raum, wo die Klubsessel standen und auch Damen des Offizierskorps zu verkehren pflegten. Er erkannte die Frau eines Hauptmanns vom Abteilungsstab und grüßte verbindlich. Die Frau Hauptmann nickte hoheitsvoll und musterte Ingrid Asch kritisch.

Ingrid trug ein lustig-buntes, quergestreiftes Sommerkleid ohne Ärmel und mit tiefem Ausschnitt. Wedelmann fand alles an ihr sehenswert. Er beugte sich interessiert vor.

»Damit wir uns nicht mißverstehen«, sagte Ingrid Asch zurückhaltend. »Ich bin nur gekommen, um ein wenig mit Ihnen zu plaudern.«

»Na selbstverständlich«, sagte Wedelmann.

»Ich hoffe sehr, Sie glauben nicht, daß mein Kommen irgendwelche Verpflichtung für mich bedeutet.«

»Wie käme ich dazu«, versicherte Wedelmann. Und er dachte, ein wenig enttäuscht: Besonders entgegenkommend ist sie nicht; aber vielleicht ist das ihr Trick.

»Ich bin nämlich so gut wie verlobt«, sagte Ingrid Asch spontan; und kaum hatte sie es gesagt, wunderte sie sich darüber.

»Aha!« sagte Wedelmann. Und er fügte hinzu: »Das ist ja durchaus verständlich, die Männer müßten ja blind sein, wenn sie Ihnen keine derartigen Anträge machen würden.« Und er dachte: Dieses nette Mädchen scheint gar nicht so leicht zu haben zu sein; vermutlich gehört sie sogar zu jener seltenen, doch wohl als altmodisch zu bezeichnenden Sorte, die erst geheiratet werden will, bevor sie bereit ist, die Liebe kennenzulernen. »Aber endgültig gebunden haben Sie sich natürlich noch nicht!«

»Natürlich nicht«, sagte Ingrid Asch. »Wir hatten in letzter Zeit sogar erhebliche Differenzen.«

»Das soll vorkommen«, sagte Wedelmann zustimmend. »Und ich finde das auch ganz in der Ordnung. Sie sind doch sehr jung, blutjung gewissermaßen. Sie haben noch viel Zeit, ehe Sie sich an jemanden fest binden. Finden Sie das nicht auch?«

Ingrid antwortete ihm nicht. Es war, als sei sie gar nicht anwesend. Sie sah angespannt in den Raum hinein, auf die Fensterfront zu. Er folgte ihrem Blick. Dort nahm gerade ein Soldat Platz. Er erkannte ihn. Er war aus seiner Batterie und hieß Vierbein. Kanonier Johannes Vierbein.

»Entschuldigen Sie mich bitte«, sagte Ingrid Asch. »Ich glaube, mein Bruder schickt mir eine Nachricht.« Sie erhob sich, ohne seine Zustimmung abzuwarten. Sie ging auf Johannes Vierbein zu, der ihr entgegensah.

Wedelmann fühlte sich ein wenig unbehaglich, denn das Interesse der Frau Hauptmann, die zwei Tische weiter saß, hatte sich spürbar stark auf ihn konzentriert. Und er glaubte zu bemerken, daß deren Blicke Verwunderung, Neugier und Mißbilligung auszudrücken bestrebt waren. Er trank seinen Kaffee auf einen Zug aus und bestellte beim Ober einen doppelten Kognak.

Mit unverhohlenem Mißtrauen, fast schon mit Mißmut, beobachtete er Ingrid Asch und den Kanonier Vierbein. Die beiden saßen jetzt dicht nebeneinander und redeten eifrig aufeinander ein; das heißt, es war Ingrid, die zumeist sprach, Vierbein hörte mit unbeweglichem Gesicht zu und sprach gelegentlich nur kurz und so, als müsse er sich verteidigen. Wie ein Liebespaar, glaubte der Leutnant herausgefunden zu haben, sahen die beiden eigentlich nicht gerade aus.

Er nippte an seinem Kognak. Er fand, daß er scheußlich schmeckte, ohne Würze, ohne Feuer, ohne Duft. Er trank aus und bestellte »noch einmal dasselbe«.

Dieser Vierbein, fand jetzt Wedelmann, sieht ja geradezu erbarmungswürdig aus! Ein Heftpflaster klebte auf seiner linken Gesichtshälfte; sein Ausgehanzug war ihm zu weit und schlug Falten auf der Brust. Nein, der Mann war keine Konkurrenz für ihn. Und dann sah er, wie Ingrid Asch diesem Mann, von dem er geglaubt hatte, daß er nicht in der geringsten Weise eine Konkurrenz für ihn sei, fast zärtlich an den Oberarm griff. Dann legte sie ihre Hand auf die seine und ließ sie dort liegen.

Das, fand der Leutnant Wedelmann, ging zu weit. Er rief: »Ober — zahlen!« Aber auch das hörte Ingrid Asch nicht; sie redete weiter auf den Kanonier ein, der immer näher an sie heranrückte.

Wedelmann zwang sich dazu, zu lächeln. Das gelang ihm nur mühsam. Er bekam philosophische Anwandlungen; er war wieder einmal dabei, die Welt nicht zu verstehen. Nein, wenn er sich mit Vierbein verglich und dazwischen dieses Mädchen stellte, verstand er diese Welt nicht mehr. Und vermutlich war er hier nichts weiter als eine Art Köder gewesen; tatsächlich: Es sah aus, als habe diesmal seine Rolle lediglich darin bestanden, dem Kanonier Vierbein — ausgerechnet diesem Vierbein! — ein Rendezvous, über den Gefreiten Asch hinweg, zu vermitteln. Denn, hatte er nicht dem Gefreiten Asch prompt mitgeteilt, von Ingrid veranlaßt, wo sich die Dame aufzuhalten gedachte! Verdammt peinliche Situation! Irgendwie war er hier zu einer ziemlich komischen Figur geworden.

Wedelmann zahlte und ging. Er ging dicht an Ingrid Asch und Johannes Vierbein vorbei; aber keiner der beiden bemerkte ihn. Das stimmte ihn mehr als betrübt.

Er trat auf die Straße hinaus und sah sich um. Es war dunkel geworden. Vereinzelte Spaziergänger schlenderten durch die Stadt. Kaum ein Auto war zu sehen. Das elektrische Licht der Lampen und Schaufenster lagerte sich gelangweilt auf dem Asphalt. Das »Exzelsior«, durch blutrote Neonschrift gekennzeichnet, lockte ihn an.

Paul, der Inhaber, von Freunden des Hauses »warmes Paulchen« genannt, freute sich sichtlich über seinen Besucher und machte Anstalten, ihn zu umarmen. Wedelmann schob ihn von sich. Er setzte sich zu Erika an die Bar und trank vier Gin kurz hintereinander. Erika gab zu verstehen, daß sie möglicherweise bereit sei, sich mit ihm nach Dienstschluß ausgiebig »zu unterhalten«; er schüttelte langsam den Kopf, schien jedoch nicht abgeneigt zu sein, aber der Preis, den sie verlangte, auch die schamlose Sachlichkeit, mit der sie das tat, ernüchterte ihn wieder.

Voller Ekel verließ er das »Exzelsior«, stand verlassen auf der einsamen Straße herum und beschloß dann, sich in »Bismarckshöh«, dem Stammlokal der Obergefreiten und Gefreiten, rücksichtslos zu besaufen. Aber als er das Lokal betrat und in das Gewimmel der Tanzenden starrte – »Jeden Mittwoch Tanz – mit Damenwahl« –, machte ihn der Wirt taktvoll darauf aufmerksam, daß er in Uniform sei. »Na schön«, sagte der Leutnant verärgert, »dann besaufe ich mich eben zu Hause. Packen Sie mir eine Flasche Kognak ein.«

Wedelmann erhielt die Flasche, dezent verpackt, im Büro des Besitzers von »Bismarckshöh« ausgehändigt. Er ließ sie anschreiben und schritt fast zögernd in die Dunkelheit hinein.

Die Nacht, so schien ihm, war voller Verlangen; eine überreife, lauwarme, den Atem einengende Nacht. Sie umwallte ihn wie ein dichter Nebel. Er ging an zahlreichen Pärchen vorbei, die sich eng aneinandergepreßt hatten.

»Verdammt«, sagte er. »Es wird Zeit, es wird langsam Zeit, daß irgend etwas mit mir geschieht. Wenn ich nicht bald heirate, lande ich in einem Freudenhaus!«

Der Posten riß das Tor auf. Wedelmann ging, automatisch grüßend, vorbei. Ich werde mich besaufen, dachte er, das wird mir guttun, denn dann werde ich auch vergessen, daß schon ein Kanonier vom Kaliber eines Vierbein genügt, um mich auszubooten.

Mit ein wenig schleppenden Schritten ging er über die Fahrbahn auf den Block der 3. Batterie zu. Oben im ersten Stock, über der Wohnung des Hauptwachtmeisters, lag seine Unterkunft. Der Korkenzieher mußte auf dem Nachttisch vorzufinden sein.

»Guten Abend, Herr Leutnant«, sagte eine etwas heisere weibliche Stimme.

Wedelmann sah überrascht hoch. Es war Lore Schulz, die Frau des Hauptwachtmeisters. Sie lag im Fenster und starrte mit blanken Augen in die Nacht.

»Guten Abend, Frau Schulz. So spät noch auf?«

»Ich kann nicht schlafen. Mein Mann feiert mit dem Unteroffizierskorps. Das wird bestimmt bis zum frühen Morgen dauern.«

»Schlafen kann ich auch noch nicht«, sagte Wedelmann. »Ich will mich besaufen.«

»Ein guter Gedanke«, sagte Lore Schulz und lachte unterdrückt auf. »Dazu hätte ich auch Lust.«

»Wollen wir uns zusammen besaufen?« fragte Wedelmann.

»Warum nicht«, sagte Lore Schulz. »Kommen Sie herein.«

Der große Tumult begann lange nach Mitternacht. Bis dahin lief alles in geregelten Bahnen. Die Siegesfeier, die im Lesezimmer stattfand, war der Tradition des Unteroffizierskorps würdig.

Der Obergefreite Kowalski und der Gefreite Asch hatten die Ehre, als Ordonnanzen in Tätigkeit treten zu dürfen. Der Spieß hatte sie für würdig befunden, während der Siegesfeier unter den Unteroffizieren zu weilen. Seine Begründung lautete wie folgt: »Daß es sich hierbei um eine besondere Auszeichnung handelt, ist ja klar. Aber einmal, und in hoffentlich nicht allzulanger Zeit, werdet ihr Unteroffiziere sein. Ich will damit zwar nicht sagen, daß eure Beförderung schon ausgesprochen ist, aber es ist doch immerhin möglich, daß ich euch bereits eingereicht habe.«

Augenzwinkernd entfernte er sich. Asch und Kowalski sahen sich an, und der Gefreite sagte: »Ich könnte ihm stundenlang in die Schnauze hauen.«

»Warum die Zeitverschwendung?« kommentierte Kowalski gelassen.

»Willst du überhaupt Unteroffizier werden?« fragte Asch.

»Warum nicht«, sagte Kowalski. »Man schläft länger, verdient mehr, trägt bessere Klamotten und muß sich nicht mehr so stark am Riemen reißen.«

»Der ganze Laden kotzt mich an!«

»Ich liebe diesen Verein auch nicht«, sagte Kowalski. »Aber ich rechne von vornherein damit, daß ich ihn nicht ändern kann.«

»Wenn jeder so denkt«, sagte Asch, »werden wir nicht weit kommen.«

»Und wenn Tausende so denken wie du, kommt ihr trotzdem nicht weiter. Bleib aus dem Schußfeld und nähre dich redlich, das ist die Parole aller Soldaten, die ihren Verstand nicht auf der Bekleidungskammer abgeliefert haben.«

»Kowalski«, sagte Asch eindringlich, »und was dann, wenn ich entschlossen bin, diesem Verein zu zeigen, was ich von ihm denke? Was dann?«

»Dann werde ich für dich einen Kranz bestellen.«

»Du kannst deine Bestellung aufgeben«, sagte Asch. »Wer dann den Kranz bekommt, wird sich noch herausstellen.«

Sie arbeiteten währenddessen genau nach den Anweisungen des Hauptwachtmeisters im Lesezimmer. Sie stellten aus Mannschaftstischen eine Hufeisentafel zusammen. Sie empfingen beim Furier Laken und legten sie über die Tische. Sie stellten dreiundzwanzig Stühle auf, darunter sieben Lehnstühle für Wachtmeister und einen Holzsessel für den Hauptwachtmeister. Ein Kanonier, der von Zivilberuf Gärtner war, dekorierte den Raum mit Blumen, die auf Kosten der Batterie in den Grünanlagen gewachsen waren.

Dann rollten die beiden aus der Kantine ein Achtundvierzigliterfaß, stellten es auf, zapften es an. Sie tranken auf ihr Wohl. Hierauf stellten sie die Gläser und die zusätzlichen Schnapsflaschen bereit. Sie zogen die weißen Jacken an, die der Furier aus Kasinobeständen leihweise besorgt hatte.

»Müssen wir denn alles alleine machen?« fragte Kowalski. »Der Spieß hätte uns mindestens eine Hilfskraft zuteilen können; für jeden eine.«

»Einer war eingeteilt«, sagte Asch. »Ein gewisser Vierbein. Ich habe ihm Urlaub gegeben, weil ich keinen Offizier zum Schwager und noch weniger zum Liebhaber meiner Schwester haben will. Hoffentlich benimmt sich dieser Vierbein nicht wieder wie ein Waschlappen.«

»Wenn ihm die Prügel nicht helfen, die er heute mittag von dir bezogen hat, ist er ein hoffnungsloser Fall.«

Kurz vor acht Uhr fanden sich die Unteroffiziere ein. Oberwachtmeister Waber, der Schirrmeister der Batterie, der Dienst- und Rangälteste nach dem Hauptwachtmeister, wies den einzelnen ihre Plätze an. »Immer ganz zwanglos, nach Dienstgraden gestaffelt.«

Punkt acht Uhr erschien der Hauptwachtmeister. Er gab sich kameradschaftlich. Ihm wurde gemeldet, er dankte. Er nahm Platz, gab auch den andern das Zeichen, Platz zu nehmen, und sagte: »Dann wollen wir mal!«

Kowalski und Asch zapften Bier in die schweren Gläser. »Auf alles, was wir lieben!« rief der Hauptwachtmeister. »Prost! Ex!«

Die Unteroffiziere setzten an und tranken aus; selbst Lindenberg, der ansonsten nicht zu trinken pflegte, leerte sein Glas in einem Zug; ohne mit der Wimper zu zucken. »Ah!« rief der Hauptwachtmeister genußvoll. »Das tut gut. Das freut Mutters Lieblingssohn.«

Kowalski und Asch begannen sofort, die bis zur Neige geleerten Gläser nachzufüllen. Die Trinkpause, die so zwangsläufig eintrat, wurde mit Gesang angefüllt. Mächtige, guttrainierte Stimmen sangen das Leib- und Magenlied des Unteroffizierskorps der 3. Batterie, das da heißt: »Wie ein stolzer Adler!«

Den beiden auserwählten Ordonnanzen war es gelungen, schon beim zweiten Vers die Biergläser nachzufüllen. Beim vierten Vers standen neben jedem Bier auch noch ein Schnaps. Der Hauptwachtmeister nickte zufrieden; die Kerls gaben sich Mühe, ihn nicht zu enttäuschen. Brauchbares Material. Nach dem fünften Bier pflegte das Tempo ein wenig nachzulassen; dann würden sie es leichter haben.

Wieder tranken sie, erneut sangen sie, diesmal »Frühmorgens, wenn die Hähne krähn«; und dann tranken sie wieder. Rauchschwaden und Geschrei füllten den Raum zum Bersten. Asch sah große Münder, die weit aufgerissen und, in exaktem Gleichmaß, wieder zugeklappt wurden. Es war eine gutgeölte Maschine der Fröhlichkeit, die hier in Gang gesetzt worden war.

Der Hauptwachtmeister legte Wert darauf, tonangebend zu sein; seine einzigartige Kommandostimme war selbst jetzt noch mühelos herauszuhören. Doch während er sang, beobachtete er das ihm anvertraute Unteroffizierskorps genau, mit kleinen, flink umherwandernden Augen.

Oberwachtmeister Waber, der Schirrmeister, ein erklärter Freund der schönen Künste, Stimmungskanone und Vorsänger, rief vor Beginn jeder neuen Strophe sein kerniges »Zwei – drei!« und fühlte sich sauwohl. Die Wachtmeister waren zumeist verläßliches Material, und zwar in jeder Situation, also auch in dieser; lediglich Platzek fand heute nicht sofort auf Anhieb seine Hochform, denn ihn belastete der Gedanke an die verlorengegangenen sechs Schuß Munition. Die Unteroffiziere sangen, als würden sie dafür bezahlt. Und Lindenberg war beispielhaft wie immer; er erledigte auch diesen Teil des Dienstes mit der gleichen Hingebung, die ihn auf dem Exerzierplatz so sehr auszeichnete.

Nach dem dritten Lied, dem fünften Bier und dem vierten Schnaps erhielt der Oberwachtmeister Waber von Schulz die Erlaubnis, nunmehr mit einer Rede zu Ehren des besten Schützen der Batterie zu beginnen.

Waber entledigte sich dieser Aufgabe mit gewohnter Humorigkeit, vergaß aber auch nicht, ernsthafte, ja stolze Wendungen, wie »Kunst kommt von Können« und »wie Tell, so auch Schulz«, einzuflechten. Schließlich kam er zum Höhepunkt seiner Ausführungen, gebrauchte abermals das Wort »Stolz«, redete sodann von Schleimscheißern, für die kein Platz in diesen Reihen sei, und vom Führer, dem man alles verdanke. Abschließend ließ er Schulz hochleben.

Schulz dankte sichtlich gerührt. Er begann seine Erwiderung mit gedämpfter Stimme, war er doch ergriffen. Er sprach von seinen »lieben Unteroffizieren«, von der »gepflegten Kameradschaft«, die nicht genug gerühmt werden könne. Und da war ihm, als habe er schon zuviel des Guten gesagt, und er empfand das Bedürfnis, sein Lob ein wenig zu dämpfen, um keine allzu vertrauliche Stimmung aufkommen zu lassen, die erfahrungsgemäß zu Anbiederungsversuchen zu führen pflegte.

»Aber die Freude über meinen Sieg und der Stolz auf meine Kameraden ist nicht ungetrübt geblieben, denn immer wieder verbügeln mir einige den guten Eindruck, den unser Unteroffizierskorps macht, was eine glatte Sauerei ist. Glotzen Sie nicht so dämlich, Asch, gießen Sie lieber ein. Wo war ich doch gleich stehengeblieben?«

»Bei der Sauerei!« rief Oberwachtmeister Waber, der wähnte, ein reines Gewissen zu besitzen.

»Jawohl, das ist meine Meinung, leider.« Schulz musterte den Wachtmeister Werktreu, den Frauenbezwinger, der sich tagsüber auf der Bekleidungskammer von seinen nächtlichen Anstrengungen zu erholen pflegte. »Ich habe ja nichts dagegen, wenn einer die Frauen reihenweise beglückt, das kann sogar sportlich sein. Aber er soll gefälligst nicht seine Finger nach den Damen der Unteroffiziere seiner Batterie ausstrecken, das hat nämlich nichts mehr mit Kameradschaft zu tun.«

Hierauf musterte Schulz den Wachtmeister Platzek, der sowieso schon keine Ruhe mehr fand. »Daß es aber ein Unteroffizier fertigbringt, sechs Schuß Munition zu verschlampen, das kann ich nicht begreifen, das hat es in meiner ganzen Dienstzeit nicht gegeben. Das gibt es einfach nicht. Entweder ist die Munition da oder der Nachweis darüber ist da, wo sie geblieben ist; alles andere hat nichts mehr mit der Würde des Unteroffizierskorps zu tun. Habe ich Ihnen nicht gesagt, daß Sie nicht so dämlich glotzen sollen, Asch? Noch sind Sie nicht Unteroffizier!«

Der Spieß stärkte sich durch einen Schluck Bier, forderte aber nicht die Anwesenden auf, ein gleiches zu tun, denn noch hatte er seine Rede, von deren Wirkung er überzeugt war, nicht beendet.

»Überhaupt vermisse ich den Korpsgeist in jeder Lebenslage. Wo bleibt denn das Zusammengehörigkeitsgefühl? Wenn früher etwa mein Spieß gesagt hätte, der Kanonier Vierbein paßt nicht in mein Blickfeld, dann hätte ihn das Unteroffizierskorps ausradiert; und wenn er gesagt hätte, der Kanonier Vierbein atmet zu laut, hätte er eine Minute später überhaupt nicht mehr geatmet. Das ist Disziplin. Es lebe der Führer! Prost! Ex Bier! Ex Schnaps! Ein Lied! Wie der stolze Adler!«

Oberwachtmeister Waber gab kurz den Ton an, rief dann: »Zwei — drei!« Sie sangen. Und Asch sagte: »In das nächste Bier spucke ich ihm hinein.«

»Zwecklos«, sagte Kowalski. »Und wenn du ihm hineinpinkelst — nach dem fünften Glas merken sie derartige Feinheiten nicht mehr.«

Damit war praktisch der offizielle Teil beendet, und der »gemütliche« Teil begann. Zunächst redete alles durcheinander. Die Ordonnanzen erhielten Order, jedes leere Glas sofort vollzufüllen; der Hauptwachtmeister überprüfte anfänglich diese Anordnung genau, merkte dann, daß alles in Ordnung ging, und widmete sich dem beliebtesten Bierabendspiel, dem Zutrunk.

Der »Zutrunk« durfte, nach überlieferten Regeln, nur von einem Vorgesetzten inspiriert werden, allenfalls war es möglich, daß Gleichrangige einander den Zutrunk anboten. Undenkbar aber, daß ein Untergebener den Zutrunk wagte.

Schulz begann den Reigen. »Platzek«, sagte er, »ich trinke auf dein Wohl und darauf, daß du die Sache mit den sechs Schuß Munition einwandfrei erledigst. Prost.«

Schulz nippte lediglich an seinem Glas, aber Platzek, als der Aufgeforderte, mußte sein Glas bis zur Neige leeren. Er tat das voller Grimm, doch nicht ohne Disziplin.

Platzek revanchierte sich dann sofort auf die ihm eigene Weise. Er trank Lindenberg zu, und zwar gleich zweimal, und sprach den Wunsch aus, der Unteroffizier möge zeigen, was er gelernt habe, und zwar als Ausbilder, insbesondere bei Vierbein, dem Rohrkrepierer.

»Ab sofort«, sagte Asch zu Kowalski, »kriegt der Schleifer Platzek kein reines Bier mehr, sondern nur noch durch Schnaps getauftes.«

»Mit dem Hauptwachtmeister«, sagte Kowalski, »mache ich das schon den ganzen Abend so.«

Durch diesen Kunstgriff, die Wirkung des Bieres durch Zusatz von Schnaps kräftig zu erhöhen, stieg die allgemeine Stimmung in kürzester Zeit, also in etwa drei Stunden, auf den Siedepunkt. Bald danach übergab sich der Unteroffizier Lindenberg auf der Toilette. Kowalski, der Vielerfahrene, gab ihm Tierkohle löffelweise zu essen und Salatöl zu trinken, was als unfehlbares Mittel gegen frühzeitige Besäufnis galt. Außerdem wurde fortan das Glas des Unteroffiziers Lindenberg mit Wasser, etwas Bier und viel Schaum gefüllt. Lindenberg war gerührt von dieser Fürsorge und gelobte heimlich, das einmal zu vergelten.

Kurz vor Mitternacht wurde das beliebte »Trullala-Spiel«, unter der bewährten Leitung von Oberwachtmeister Waber, aufgeführt. Dieses Spiel hatte etliche Dutzend Variationen, bei harmlosem Beginn. So stieg Waber auf einen Stuhl und sang dabei: »Steigt auf das Ding da, Ding da, zum Trudirallala; steigt auf das Ding da, Ding da, zum Trullala!« Und alle stiegen gleichfalls auf den Stuhl und sangen denselben Text mit Inbrunst. In den nächsten Variationen stiegen sie vom Stuhl herunter, auf den Tisch hinauf, sie zogen die Schuhe aus, den Rock, ließen die Hosen hinunter und standen im Hemd. Und dann sang Waber genußvoll: »Und jetzt – hebt hoch das Ding, Ding da, zum Trudirallala; hebt hoch das Ding da, Ding da, zum Trullala!«

Das war, fürwahr, ein köstliches Spielchen. Und die Unteroffiziere, die schon mächtig schwankten, grölten begeistert, lupften ihre Hemden, und der volltrunkene Platzek, um krampfhafte Lustigkeit bemüht, versuchte sogar, dem Spieß mit dem blanken Hintern ins Gesicht zu springen, was unbändige Heiterkeit hervorrief.

»Du siehst aus«, sagte Kowalski zu Asch, »als ob du jemand ermorden willst. Das ist unvorsichtig. Mach wenigstens ein gleichgültiges Gesicht, wenn du dich schon weigerst, begeistert zu grinsen.«

»Ich werde sie in Zukunft nur noch im Hemd vor mir sehen«, sagte Asch.

»Das ist ein alter Trick«, versicherte Kowalski. »Ich mache das schon lange so.«

Kurz vor ein Uhr wurde, jubelnd begrüßt, die erste Bierleiche gemeldet. Sie lag auf dem Korridor, in der Nähe der Toilette. Es war, zur allgemeinen Überraschung, Wachtmeister Platzek, bei dem das mit Schnaps vermischte Bier eine verheerende Wirkung hatte. Platzek lag da wie ein weggeworfener Waschlappen.

Der Spieß ordnete sofort ein »Staatsbegräbnis« an. Die vier jüngsten Unteroffiziere trabten johlend los, in den zweiten Stock hinauf, wo sich Platzeks Stube befand. Nach kurzer Zeit kamen sie mit dessen Bettgestell wieder. Darauf legten sie den total erledigten Platzek.

Die Unteroffiziere formierten sich nunmehr in Doppelreihe, der »Sarg« wurde hochgehoben, und alles zog, unter dem Absingen schmutziger Lieder, in den Duschraum. Waber leitete die Zeremonie. Der »Sarg« wurde unter eine Brause gestellt, und die wurde voll aufgedreht.

Platzek schlief zunächst weiter, dann wurde er munter; ruckweise, wie eine mechanische Puppe, richtete er sich auf und glotzte wild und verwundert um sich. Dann taumelte er aus dem Bett und fiel auf die Fliesen. Er fluchte fürchterlich. Die Unteroffiziere schrien vor Begeisterung; einer bekam fast Lachkrämpfe.

Dann wurde weitergesoffen. Das Achtundvierzigliterfaß leerte sich, und der Flaschenvorrat schrumpfte zusammen. Lindenberg verschwand unauffällig. Der »Ehrenabend« versank in Schwaden aus Lärm, Rauch und Bierdunst. Um zwei Uhr früh waren nur noch letzte Überlebende anzutreffen. Kowalski und Asch begannen aufzuräumen und alles wieder einigermaßen in Ordnung zu bringen.

Der Spieß und Wachtmeister Werktreu, der Frauenbezwinger, gehörten zu den Allerletzten. Sie steckten die Köpfe zusammen und sprachen mit schwerer Zunge aufeinander ein. Sie hielten sich fest umschlungen und redeten natürlich von »Weibern«.

»Deine Frau, die Lore«, sagte Werktreu mühsam, »ist eine anständige Frau, alles, was recht ist; sie ist eine anständig gebaute Frau.«

»Ich kann dir nicht widersprechen«, sagte Schulz, »ich weiß, was ich an ihr habe.«

»Ich auch«, sagte Werktreu.

Der Spieß richtete sich mit eckigen Bewegungen auf. »Was willst du damit sagen?«

»Ich bin doch dein Freund. Oder glaubst du nicht, daß ich dein Freund bin?«

»Du bist es.«

»Und alles, was mein ist, ist auch dein. Und umgekehrt.«

»Du bist mein Freund. Aber jetzt gehe ich schlafen. Mein treues Weib wird auf mich warten.«

»Ich auch«, sagte Werktreu. »Ich gehe auch schlafen.«

Schulz erhob sich schwer. Er betrachtete das Schlachtfeld der feuchtfröhlichen Kameradschaft mit Genugtuung. Er sah befleckte Tischtücher, umgekippte Stühle, halbgeleerte Gläser, Aschenreste und zerbrochene Flaschen. Er war überzeugt, der Abend sei ein voller Erfolg gewesen; das stimmte ihn weich.

»Räumt auf, Jungens«, sagte er lallend, »und dann schlaft euch aus. Brav gemacht. Ihr werdet einmal gute Unteroffiziere werden. Kunststück — bei meiner Schule!«

»Ich scheiße auf so ein Unteroffizierskorps«, sagte Asch.

Der Spieß lachte rauh, aber herzlich; in der Verfassung, in der er sich befand, hielt er das für einen kräftigen Scherz unter Männern. »Kleiner Witzbold«, sagte er schwerfällig, winkte und torkelte, Arm in Arm mit Werktreu, zum Unteroffizierskasino hinaus.

»Donnerwetter«, sagte Kowalski und atmete tief aus. »Noch einmal Schwein gehabt.«

»Und bei der nächsten Gelegenheit«, sagte Asch, »werde ich diese Sau abstechen.«

Lore Schulz bereute ihre Kühnheit, Leutnant Wedelmann zu sich eingeladen zu haben, sofort. Sie hatte einfach Angst; nicht zuletzt vor ihren eigenen Wünschen. Aber diesmal konnte sie das, was sie getan hatte, nicht so leicht wieder rückgängig machen.

Leutnant Wedelmann betrat die Wohnung des Hauptwachtmeisters Schulz nur zögernd. Er wurde in das gute Zimmer geführt, und dort nahm er auf einem der vier Eßtischstühle Platz. Er sah sich ein wenig verlegen um.

»Eigentlich schon sehr spät, meinen Sie nicht auch?«

»Wollen Sie denn gleich wieder gehen?«

»Wenn Sie nichts dagegen haben«, sagte Wedelmann, »bleibe ich gerne eine Viertelstunde.« Er stellte die mitgebrachte Kognakflasche auf den Tisch. »Haben Sie einen Korkenzieher und Gläser?«

»Sofort«, sagte Lore Schulz; und eigentlich war sie froh, einen Grund gefunden zu haben, der es ihr erlaubte, sich kurz zurückzuziehen. Sie sah in den Spiegel, der in der Küche hing, und überprüfte sich kritisch. Ihre Haare waren ein wenig wild, aber das war fast malerisch, sah geradezu verwegen aus. Ihre Haut glänzte; dagegen half kaltes Wasser. Ihr Kleid allerdings war zerknüllt, aber es war ein Kleid, das sie liebte, denn es brachte ihre Figur ausgezeichnet zur Geltung. Sie mußte oben im Wohnzimmer das Oberlicht ausschalten, dann würde der kleine Schönheitsfehler nicht übermäßig auffallen.

Wedelmann musterte inzwischen die Einrichtung. Es war ein Wohnzimmer von der Stange, dunkelfarbig und ein wenig plump; Eiche imitiert. An der Wand hing ein Öldruck, Boecklins Toteninsel darstellend, in einem pompösen Gipsrahmen. Sport- und Schießpreise, neckische Zierfiguren und dickwandige Glasgebilde standen auf Büfett, kleinem Tisch und Anrichte. Auf der Couch lag eine Kollektion gestickter und gemalter Kissen; Glückspilze, Vierklee, Rosen und Mühle am Bach waren deutlich zu erkennen.

Lore Schulz betrat wieder den Raum, und Wedelmann konnte riechen, daß sie stark duftete, und zwar nach Veilchen.

»Es ist etwas zu hell, finden Sie nicht auch?«

»Wenn Sie meinen?«

Sie schaltete die Deckenbeleuchtung ab. Eine Stehlampe warf ein wohltuend gedämpftes Licht auf die beiden Menschen. Die Standuhr tickte aufdringlich laut.

Wedelmann öffnete die Kognakflasche. »Sie haben eine nette Wohnung«, sagte er.

»Die Einrichtung«, sagte Lore, »ist von der Stange gekauft. Wir beide, mein Mann und ich, hatten einige Ersparnisse, nicht allzuviel, aber es langte für die Anzahlung. Wir stottern heute noch monatlich fünfzig Mark ab; das geht noch ein Jahr so, bis August 1939. Und das Geld ist knapp. Sie wissen ja: Ein Hauptwachtmeister kriegt nicht ganz soviel wie ein Leutnant; und ein Leutnant ist ledig.«

»Es gibt auch verheiratete Leutnants«, sagte Wedelmann.

»Aber die sind selten. Sie sind doch auch nicht verheiratet. Warum eigentlich nicht?«

Wedelmann goß behutsam die vor ihnen stehenden Gläser bis zum Rand voll. »Ja, wissen Sie, das liegt nicht an mir. Ich finde die richtige Frau nicht. Das ist es.« Wedelmann stieß mit ihr an; sie tranken aus. »Und wenn mir mal eine Frau gefällt«, sagte der Leutnant, »dann ist sie zumeist schon verheiratet. Wie Sie, Frau Schulz.«

»Ich bin doch keine Frau für einen Leutnant«, wehrte Lore Schulz ab; sie fühlte sich geschmeichelt, zugleich aber war sie verlegen.

»Sagen Sie das nicht!« Wedelmann goß abermals ein.

Lore Schulz schüttete den Kognak in sich hinein. Sie dehnte sich wohlig auf der knarrenden Couch, auf der sie Platz genommen hatte, umrahmt von den bebilderten Kissen. Sie streckte ihre füllige Brust hervor und träumte ein wenig vor sich hin.

Das tat sie immer wieder gern. Sie besaß keine sonderlich raumgreifende, aber eine recht impulsiv reagierende Phantasie. Sie hatte großen

Appetit auf das Leben, und sie wußte genau, was Hunger war. Sie war ehrgeizig, aber ihr fehlte die Energie, diesen Ehrgeiz in die Tat umzusetzen. Sie war auch leidenschaftlich, aber sie hatte in ihrem kargen Leben haushalten gelernt, selbst mit ihren Gefühlen.

»In meiner Jugend«, sagte sie und betrachtete dabei die Kognakflasche, »habe ich mit meinen Eltern und meinen Geschwistern in zwei Zimmern gewohnt; in einem Hinterhaus, im dritten Stock. Ich teilte lange Jahre mein Bett mit zwei jüngeren Schwestern. Vater war brav, aber dumm, er verdiente nicht einmal so viel Geld, um sich jeden Monat einmal besaufen zu können. Wenn er ärgerlich war, schlug er uns; und die ganze Welt schien nur zu existieren, um ihn zu ärgern.«

»Mein Vater«, sagte Wedelmann, »war Beamter bei der Post. Um ganz ehrlich zu sein: Er war Briefträger. Ich bin sein einziger Sohn; mehr Kinder, sagte er immer, kann sich keiner leisten. Wir aßen mehrmals in der Woche Heringe und Pellkartoffeln; morgens gab es Brot mit Marmelade. Er schlug mich niemals. Er war ein kleiner, ausgemergelter Mann. Er redete immer viel und gerne. Und oft bis in die späte Nacht hinein.«

Sie tranken und betrachteten sich. Sie fanden die Situation sonderbar. Es war heiß im Zimmer, und der Alkohol machte träge. Die Verlockung, die in der Nacht gelegen hatte, war zurückgedrängt worden. Es war ihnen, als müßten sie sich erklären, um besser zu verstehen, weshalb sie eigentlich zusammensaßen.

»Ich«, sagte Lore Schulz, »mußte mir mit vierzehn Jahren mein erstes Geld verdienen. Ich arbeitete in einer Gärtnerei zwei Jahre lang, mit einem Stundenlohn von fünfzig Pfennig. Dann habe ich für dieselbe Gärtnerei Blumen verkauft, am Friedhofseingang. Ich durfte dort sogar im Hinterzimmer schlafen und hatte ein Bett ganz für mich allein, und wenn ich durch das Fenster sah, sah ich die Gräber. Aber es war gar nicht grausig, es war nur einsam. Jeden Samstag ging ich tanzen. Und dort traf ich Schulz, der damals noch Wachtmeister war. Ich habe ihn geheiratet, denn ich konnte mich ja nur verbessern.«

»Ich«, sagte Wedelmann, »habe zu Hause gelebt; ich kannte immer nur zwei Räume: unser Wohnzimmer, das auch zugleich mein Schlafzimmer war, und die Klasse. Mit achtzehn Jahren habe ich das Abitur gemacht, dann ging ich, da Vater das Geld zum Studieren nicht aufbringen konnte, zum Militär. Das ist alles.«

»Und da sitzen wir nun«, sagte Lore Schulz.

»Trinken wir darauf.«

Er stellte das leere Glas nicht auf den Tisch zurück. Er hielt es zwischen seinen Händen und spielte damit. »Glücklich«, sagte er, »sind wir wohl beide nicht, was?«

»Wovon sprechen Sie?« Lore Schulz griff nach der Flasche und füllte die Gläser neu; das geschah hastig, und der Kognak lief über und sickerte in das Tischtuch ein. »Denken wir nicht daran. Versuchen wir, zu vergessen.«

»Können Sie denn vergessen«, fragte Wedelmann, »daß ich ein Leutnant bin, noch dazu ein Leutnant in der Batterie, in der Ihr Mann Hauptwachtmeister ist?«

»Und ich bin die Frau dieses Hauptwachtmeisters.«

»Richtig. Und ich bin sein Vorgesetzter.«

»Und es schickt sich natürlich nicht, daß die Frau eines Untergebenen mit dem Vorgesetzten ihres Mannes allein, noch dazu in der Wohnung des Untergebenen, um Mitternacht zusammensitzt. Nicht wahr, das ist es doch, was ich vergessen soll?«

»Und das können Sie nicht?«

»Ich will das – spüren Sie das nicht?« Sie sah ihn angstvoll und verlangend zugleich an. »Kommen Sie, setzen Sie sich zu mir. Oder haben Sie Angst?«

Er schüttelte verneinend den Kopf. Er erhob sich, ging um den Tisch herum, der sie beide getrennt hatte, und setzte sich zu ihr.

»Kommen Sie näher«, sagte sie heiser. »Noch näher. Ich beiße nicht.«

Er rückte näher zu ihr hin. Er legte den Arm um sie und fühlte ihr festes Fleisch. Er spürte, daß sie zitterte. Sie drängte sich an ihn, mit einer hilflosen Geste. Sie schloß die Augen und legte den Kopf zurück. Er küßte sie.

Ihre Lippen waren spröde und gaben nur zögernd nach. Sie lag wie leblos in seinen Armen. Seine geöffneten Augen sahen auf die grünlich tapezierte Wand, auf ein Foto, das dort hing und das den Hauptwachtmeister Schulz zeigte, der stolz und herrisch auf einem Motorrad saß.

Seine Arme, die sie umschlungen hielten, wurden starr. Er richtete sich langsam auf und schob sie dabei von sich. »Wir wollen trinken«, sagte er.

Sie füllte gehorsam die Gläser. Dabei sagte sie, mit geneigtem Kopf: »Ich bin nicht immer so.« Und sie fügte leise, kaum vernehmbar hinzu: »Ich habe das noch niemals getan.« Dann lachte sie unterdrückt auf und sagte: »Leider.«

»Warum eigentlich nicht?« fragte er. »Es gibt doch Männer genug in der Kaserne.«

»Nicht für mich«, sagte Lore Schulz. »Vermutlich bin ich nicht die richtige Frau für diese Dinge. Ich bin anders, als ich aussehe.« Sie trank ihr Glas aus, mit weiter Geste. Und sie sagte: »Ich habe einfach Angst.«

»Schlechte Erfahrungen gemacht?«

»Eigentlich gar keine«, sagte sie. Ihre Stimme klang jetzt ein wenig matt; ihre Heiterkeit hatte sich verflüchtigt. Während sie sprach, hatte sie ihre Augen nahezu geschlossen; es war, als träume sie vor sich hin, wobei sie lächelte.

»Ich fürchte mich«, sagte sie, »vor mir selbst und vor den Männern. Ich habe nicht viel erlebt, aber was ich erlebt habe, hat mir jeden Mut genommen. Der erste Mann war der Friedhofsinspektor. Ich mußte viel für ihn arbeiten, denn er war ein guter Kunde. Er bedrängte mich immer wieder; und dann geschah es, in meinem Hinterzimmer, auf einem Stapel Kränze. Und ehe ich noch wußte, was geschah, war es auch schon vorüber; ich kam mir beschmutzt vor, eine andere Erinnerung habe ich nicht daran. Der nächste war ein Verkäufer, der es, zwischen zwei Türen, noch eiliger hatte. Der dritte war mein Mann.«

»Und was war mit ihm?«

»Ich kam mir vor, als hätte er mich gekauft. Ich hatte das Gefühl, ein Ausrüstungsgegenstand zu sein – verstehen Sie das? Eine Sache, die immer dazusein hat, wenn sie gebraucht wird. Aber Sie werden das schon verstehen. Sie sind doch ein Mann und ein Soldat wie mein Mann.«

Wedelmann versuchte zu erklären. »Sehen Sie«, sagte er, »wir haben einen ungewöhnlichen Beruf; davon wird das alles kommen. Wir kennen das nicht, was andere ein Privatleben nennen. Der Dienst geht immer vor, immer, das ist uns eingetrichtert worden, das kriegen wir nie mehr heraus. Es gibt keine Situation, keine einzige, in der wir das ganz vergessen können.«

»Das ist wohl so«, sagte Lore ermattet. »Auch jetzt, in diesem Augenblick, ist das so. Oder etwa nicht?«

Wedelmann leerte sein Glas mit einer heftigen Bewegung. Er zog seinen Rock aus und warf ihn über einen Stuhl. »Sie erlauben wohl«, sagte er.

»Aber ja«, sagte sie eifrig. »Tun Sie das nur. Mein Mann macht das auch immer. Ich meine: Es ist bequemer, wenn man die Uniform auszieht.«

»Ich fühle mich freier«, sagte Wedelmann; aber er hatte das Gefühl, es sei in diesem Raum zum Ersticken heiß. Er griff nach der Flasche, aber die war leer. »Schon zu Ende«, sagte er.

»Unten im Büfett«, sagte Lore, »stehen einige Flaschen. Es ist nichts Besonderes, aber suchen Sie eine davon aus. Mir ist zu heiß. Ich ziehe mir etwas anderes an. Darf ich?«

»Aber ja«, sagte Wedelmann unruhig. »Tun Sie das nur.«

Sie verließ ihn und ging in das Schlafzimmer. Sie zog sich mit hastigen Bewegungen das Kleid über den Kopf. Sie zog die Strümpfe aus und legte den Gürtel ab. Sie betrachtete sich im Schrankspiegel. Sie fand, daß sie müde aussah, matt und mutlos. Ich bin für solche Dinge nicht geschaffen, dachte sie, ich will das immer, aber ich kann das nicht. Immer wieder fehlt mir der Mut. Das war bei allen so.

Sie schlüpfte in den Morgenrock, den sie selten trug; er war dunkelblau und glänzte matt. Wenn sie ihn fest zuband, die Schultern straffte und die Arme locker herunterhängen ließ, wirkte er elegant. Aber er war nicht aus sonderlich gutem Material, er knüllte zu leicht. Hoffentlich würde er Wedelmann gefallen; sie wünschte das, denn sie wollte, daß er sie schön fände, oder auch nur anziehend, wenigstens aber begehrenswert; und sei es auch nur an diesem einzigen Abend. Sie fühlte sich zu ihm hingezogen, denn sie ahnte, daß auch er einsam oder enttäuscht war.

Lore Schulz ging wieder in das Wohnzimmer zurück. Sie versuchte, in seine Augen zu sehen; und ihr war, als sei dort Begehren zu lesen, vielleicht sogar Zuneigung. Sie setzte sich zu ihm und spürte seine Hände.

»Ist es gut so?« fragte sie.

»Sehr gut.«

»Und was gibt es zu trinken?«

»Wein«, sagte er. »Irgendeinen Wein. Es ist doch gleich, was wir trinken.«

Er öffnete ihren Morgenrock. Seine linke Hand tastete zärtlich und beinahe scheu über ihre Brust. Sie legte sich hin. Sie küßten sich lange. Sie schlossen die Augen.

Plötzlich richtete sie sich hastig auf und stieß ihn von sich. »Nicht doch!« sagte sie. Sie schien zu lauschen.

»Was hast du?« fragte er.

»Nein«, sagte sie heftig und schüttelte den Kopf. »Nein! Wir dürfen das nicht tun. Ich kann das nicht.«

»Aber warum denn nicht«, sagte er beruhigend.

»Ich kann das nicht tun«, sagte sie wieder. »Verstehst du das nicht?« Sie ergriff ein Glas und trank es aus. Sie goß sofort nach und trank wieder. »Du hast«, sagte sie dann, »die gleichen Hände wie er. Alle Männer haben diese Hände.«

»Nicht so«, sagte er, »bitte rede nicht so.« Er war verwirrt. »Ich liebe dich doch«, sagte er zärtlich.

»Du liebst mich?«

»Ja.«

Sie schloß die Augen. Sie war eine kurze Zeitspanne lang glücklich. »Dann ist mir alles gleich«, sagte sie.

Er richtete sich ein wenig auf. »Was ist dir gleich?«

»Alles. Alles, was nachher kommt. Alles, was passieren kann. Alles, was daraus wird. Alles.«

»Was soll denn passieren?« Er hob den Kopf und schien angestrengt zu lauschen. Wieder fiel sein Blick auf die grünliche Tapete und auf das Foto, das dort hing, auf den selbstbewußten Motorradfahrer. Und er sah in den Raum, und ihm wurde bewußt, daß hier ein Mensch lebte, der sein

Untergebener war. Ein Mensch, den er nicht schätzte, den er aber auch nicht verachtete; ein Mensch, der zu seinem Kreis gehörte, aus dem er nicht ausbrechen durfte. Ein Mensch, der mit ihm verbunden war durch die Uniform.

»Vielleicht hast du recht«, sagte Wedelmann; er atmete schwer, und auf seinem Gesicht lag verzagte Nachdenklichkeit. »Vielleicht ist es für uns beide wirklich besser, wenn wir das nicht tun.«

Sie sahen vor sich hin. Die Lampe, die nur ein mattes Licht warf, schien jetzt hell und unnachsichtig. Lore Schulz zog den Morgenrock um ihre Schultern, als friere sie.

Wedelmann trank. »So ist das immer«, sagte er. »Ich bin kein Mensch wie andere Menschen, ich bin ein Dienstgrad. Ich heiße Wedelmann, aber ich werde als Leutnant angeredet. Die Frauen, die mir begegnen, können mich nur lieben, wenn es die Rangordnung erlaubt.«

»Ich liebe dich wirklich«, sagte Lore Schulz verzagt.

»Ja?« sagte er. »Aber du darfst mich nicht lieben. Denn du gehörst zu einem Mann, dessen Vorgesetzter ich bin. Wäre ich ein Friedhofsinspektor, wäre es leichter; aber ich bin ein Leutnant. Wo ich auch hinschaue, ich sehe überall Uniformen. Deutschland ist voll davon. Und zu jeder Uniform gehört ein Mädchen, und jedes Mädchen gehört zu einer Uniform. Die einen gehören zu meinen Untergebenen, die anderen zu meinen Vorgesetzten. Was soll ich da tun? Nichts. Mich besaufen! Denn ich nehme meinen Beruf ernst. Ich habe doch nur ihn. Aber das ist verflucht schwer. Verflucht schwer.«

Er trank sein Glas leer, und noch ein Glas; aber er spürte den Alkohol nicht. Und er sah nicht, daß Lore Schulz lautlos weinte. Sein Weltschmerz überwältigte ihn. Und als sie ihre Hand zart auf seinen Arm legte, schob er sie weg.

Dann schwiegen sie bedrückt und starrten in das Licht. Die Standuhr tickte hart und schien die Zeit zu zerhacken. Der Wein roch sauer.

Durch die Stille war deutlich vernehmbar, daß das Türschloß einschnappte. Schritte polterten näher. Hauptwachtmeister Schulz stand auf der Schwelle, schwankend, gegen den Balken gelehnt, mit verzerrtem, ungläubigem Gesicht.

Der Leutnant erhob sich. Er stolperte und fiel gegen den Tisch. Dann straffte er sich. »Guten Abend«, sagte er.

Schulz schwieg. Lore blieb regungslos sitzen. Der Leutnant sagte: »Ich habe Ihrer Frau Gesellschaft geleistet, Herr Hauptwachtmeister.«

Schulz schwieg immer noch; sein trunkenes Hirn vermochte offenbar nicht zu fassen, was seine Augen sahen. Der Leutnant zog seinen Rock an und knöpfte ihn zu. »Ich hoffe«, sagte er, »Sie mißverstehen diese Situation nicht.«

Wedelmann wartete auf eine Antwort, mehrere Sekunden lang, aber er wartete vergebens. Er war um Haltung bemüht. »Ich darf mich verabschieden«, sagte er zu Lore. Er ergriff deren Hand und verbeugte sich. Dann ging er, dicht an dem regungslosen Hauptwachtmeister vorbei, hinaus. Die Tür fiel ins Schloß.

Schulz taumelte auf seine Frau zu und schlug ihr ins Gesicht.

Der erste, der der abenteuerlichen Revolte des Gefreiten Asch zum Opfer fiel, war der Küchenunteroffizier. Der Kampf war nicht übermäßig schwer und der Sieg nicht sonderlich groß. Und genau besehen, handelte es sich eigentlich nur um eine Art Generalprobe.

Der Tag begann mit einem kleinen Intermezzo. Beim Wecken weigerten sich der Obergefreite Kowalski und der Gefreite Asch aufzustehen. Erst bei der zweiten, mit drohendem Unterton hervorgebrachten Aufforderung des Unteroffiziers vom Dienst, doch endlich »ihre Hintern zu lüften«, gaben beide maulend eine Erklärung ab, nach welcher der Hauptwachtmeister ihnen, den Ordonnanzen der vergangenen Nacht, diesen zusätzlichen Schlaf ausdrücklich erlaubt, wenn nicht gar befohlen habe.

Diese Erklärung entsprach natürlich nicht den Tatsachen, zumindest handelte es sich hier um einen Irrtum. Aber der Unteroffizier wollte es nicht darauf ankommen lassen, in den Verdacht zu geraten, er ignoriere die Befehle seines unmittelbaren Vorgesetzten. Er zog sich maulend zurück und ließ die beiden liegen. Sie schliefen ungestört in den hellen Tag hinein und wurden, durch ein Versehen, erst kurz vor zwölf geweckt.

Der Unteroffizier vom Dienst, voller Ärger, daß ihm dieses Versehen unterlaufen war, ordnete zum Ausgleich für die beiden Küchendienst an.

»Aber gerne«, sagte der Gefreite Asch zuvorkommend.

Sie begaben sich in die Küche II und trafen dort mit reichlicher Verspätung ein. Der Küchenunteroffizier, Rumpler mit Namen, der ansonsten die ruhigste Kugel der gesamten Abteilung schob, der aber in den Mittagsstunden eifrig, wenn auch zunächst vergeblich, bemüht war, die Küche in einen Exerzierplatz zu verwandeln, empfing sie mit unverhüllter Unfreundlichkeit.

Er stellte die Beine breit, zog seine Uhr heraus und sagte: »Es ist bereits zwanzig Minuten nach zwölf.«

Asch zog ebenfalls seine Uhr aus der Tasche, blickte ernsthaft darauf und sagte: »Stimmt!«

Der Unteroffizier zuckte leicht zusammen. Seine ölige Stimme schwoll an: »Ich will damit sagen, daß Sie sich verspätet haben!«

»Stimmt ebenfalls!« sagte Asch. »Wir konnten nicht früher kommen, wir mußten erst ausschlafen.«

Der Obergefreite Kowalski, dem es scheinen wollte, als sei Asch ein wenig zu weit gegangen, hielt es für richtig, eine Erklärung abzugeben: »Wir waren bei der gestrigen Feier unseres Unteroffizierskorps als Ordonnanzen eingeteilt. Es dauerte bis zum frühen Morgen. Wir durften nachschlafen, Herr Unteroffizier.«

Die vergleichsweise stramme Art des Obergefreiten beruhigte Rumpler, den Küchenunteroffizier, in gewisser Weise. Er akzeptierte auch den Grund der Verspätung. Er war ja auch Unteroffizier und hatte also dafür Verständnis; aber er war empfindlich, wenn er sich nicht respektiert fühlte – sein heimlicher Ehrgeiz ging dahin, auch in der Küche den gleichen Respekt zu genießen wie seine Kollegen auf dem Exerzierplatz.

»Also«, sagte der Unteroffizier Rumpler, »dann wollen wir mal. Sie, Kowalski, übernehmen die Aufsicht der Hilfskräfte in der Küche, Sie, Asch, im Speisesaal.«

Das kam, in den Augen von Rumpler, einer glatten Degradierung des Asch gleich. Denn beim Dienst in der Küche konnten, wie allgemein bekannt war, zusätzliche Portionen empfangen werden, im Speisesaal wurde aber immer nur der Dreck abgeräumt.

Dem Gefreiten Asch schien, zur anfänglichen Verwunderung von Rumpler, die Dreckarbeit im Speisesaal nicht das mindeste auszumachen. Erst später wurde dem Küchenunteroffizier klar, welch eine Laus er sich hier in den Pelz gesetzt hatte.

Zunächst aber arbeitete Asch mit seinen vier Hilfskräften durchaus brauchbar, wenn auch nicht gerade gut. Er hatte die Suppe aufzutragen und die Teller bereitzustellen, und dann, wenn der eine Schub gegessen hatte und der andere sich draußen drängte, die Tische zu reinigen und die Teller zu spülen. Das alles wurde prompt erledigt.

Dann aber, in der ersten Arbeitspause, begann Asch damit, sich eine Tabelle anzulegen. Hierauf lieh er sich von der Kantine nebenan eine frisch geeichte Dezimalwaage aus. Und nun geschah etwas, was dem Küchenunteroffizier zunächst die Sprache verschlug, sodann die Zornröte ins Gesicht trieb: Asch begann, die ausgegebenen Fleischportionen nachzuwiegen. Die Ergebnisse trug er fein säuberlich in seine Tabelle ein.

Rumpler näherte sich ihm wie ein sprungbereiter Panther. »Was machen Sie da?« brüllte er.

»Ich wiege«, sagte der Gefreite Asch schlicht.

»Wer hat Ihnen das befohlen?«

»Niemand. Es ist mein Recht, mich davon zu überzeugen, ob die ausgegebenen Portionen auch mit dem angegebenen Gewicht übereinstimmen.«

»Das geht Sie einen Dreck an! Oder wollen Sie etwa behaupten, daß wir betrügen?«

»Im Augenblick will ich das noch nicht behaupten«, erklärte Asch freundlich. »Meine Vergleichszahlen reichen noch nicht ganz aus. Immerhin steht fest, daß ein gewisser Prozentsatz unter dem Sollgewicht liegt.«

»Das geht Sie einen Dreck an!« brüllte Rumpler abermals.

»Das sagten Sie schon einmal.«

Es schien, als wollte Rumpler vor Wut in die Luft springen. Die Mannschaften, die ihn und Asch umstanden, grinsten freudig. Sie gönnten dem Küchenunteroffizier diesen Zwischenfall von Herzen. Daß die Portionen fast immer von geringerem Gewicht waren als angegeben, war allgemein bekannt; aber bisher war noch niemand auf die Idee gekommen, das kaltblütig nachzuprüfen.

Rumpler holte tief Luft. Asch trug eine neue Zahl in seine Tabelle. Rumpler klappte den Mund, den er schon weit aufgerissen hatte, wieder zu. Diese Tabelle beunruhigte ihn. Wenn dieser Gefreite es wirklich fertigbekam, seine Aufstellungen höheren Ortes weiterzureichen, was immerhin möglich war, konnte es Unannehmlichkeiten geben.

Der Küchenunteroffizier gab sich zunächst einmal überlegen. »Von einer Schwundmenge«, sagte er, »haben Sie wohl noch niemals etwas gehört?«

»Doch«, sagte Asch freundlich. »Dieser Begriff ist mir durchaus bekannt. Nach den Bestimmungen darf aber diese Schwundmenge niemals mehr als zehn Prozent ausmachen. Nun soll aber jede der ausgegebenen Fleischportionen hundertundfünfzig Gramm betragen; einige wiegen mehr, andere wiegen weniger.«

Rumpler schöpfte Luft. »Na also, Sie Würstchen! Was wollen Sie denn?«

»Erst dann«, sagte Asch, »wenn es gelingt, brauchbare Durchschnittszahlen zu errechnen, kann die Höhe der allgemeinen Schwundmenge bestimmt werden. Ich habe bisher achtunddreißig Portionen nachgewogen, bei fünfzig werde ich zunächst aufhören. Aber schon die ersten Zahlen sind recht aufschlußreich. So sollen zehn Portionen eintausendfünfhundert Gramm wiegen; die Schwundmenge wäre hundertfünfzig; sie wiegen aber knapp eintausendzweihundert Gramm, somit beträgt die Schwundmenge über dreihundert, also nicht zehn Prozent, wie gerade noch erlaubt, sondern mehr als zwanzig Prozent, was man fast schon als Unterschlagung bezeichnen könnte.«

»Das werde ich melden«, rief der Küchenunteroffizier bebend und eilte davon. Er stürzte in sein Dienstzimmer und ließ sich mit dem Oberzahlmeister verbinden; ihm trug er vor, was passiert war.

Der Oberzahlmeister schwieg zunächst lange. Dann fragte er vorsichtig: »Stimmt bei Ihnen irgend etwas nicht?«

»Aber, Herr Oberzahlmeister«, röhrte Rumpler, »es ist natürlich alles in bester Ordnung.«

»Das will ich auch hoffen«, sagte der reserviert. »Und wenn das wirklich so ist, dann brauchen Sie sich ja nicht durch einen Gefreiten beunruhigen zu lassen.«

»Natürlich nicht, Herr Oberzahlmeister. Aber ich kann doch nicht dulden, daß einer meine Portionen nachwiegt.«

»Wenn alles in Ordnung ist«, sagte der Oberzahlmeister kühl, »dann können Sie ihn doch getrost wiegen lassen.«

»Aber die Disziplin!«

»Dafür bin ich nicht zuständig«, sagte der Oberzahlmeister und hängte ab.

Der Küchenunteroffizier war über den Verlauf dieses Telefongesprächs wenig erfreut. Zuständig! Zuständig für die Küche war der Oberzahlmeister; aber der scheute Komplikationen. Zuständig für den Gefreiten Asch war der Hauptwachtmeister Schulz; aber der war ein Gegner des Küchenunteroffiziers Rumpler aus Prinzip, hatte er doch seinerzeit vergeblich durchzudrücken versucht, daß dieser wichtige Posten mit einem Unteroffizier aus seiner Batterie besetzt wurde. Er mußte eben sehen, wie er alleine mit diesem Asch fertig wurde. Und das konnte doch so schwer nicht sein! Verstand er es doch schließlich, sich in seinem Bereich genauso gut durchzusetzen wie ein Ausbilder auf dem Exerzierplatz.

Rumpler kannte die Methode, die gewöhnlich als unfehlbar bezeichnet werden konnte: beschäftigen, weich machen, zu Kleinholz verarbeiten! Zeigen, daß man nicht gewillt ist, sich auf der Nase herumtanzen zu lassen. Anständige Gesinnung durch ausgedehnte Arbeit! Außerdem war es wirklich an der Zeit, den Küchenweibern endgültig klarzumachen, daß es keine Sonderschnitzel, Hausmacherwurst und sonstige Spezialitäten mehr gab. Tabellen, wie sie dieser Asch aufgestellt hatte, waren eine glatte Gefahr für wohltuend ruhige Posten.

Der Küchenunteroffizier verließ sein Dienstzimmer wieder, begab sich in die Küche und äugte durch die Ausgabeluke in den Speisesaal. Der Gefreite Asch hatte seine Arbeit an der Tabelle aufgegeben oder doch zum mindesten unterbrochen. Er ließ die Abfälle in die Eimer schütten und heißes Wasser zum Abspülen der Teller herbeischleppen. Er arbeitete also; und wer arbeitet, kommt nicht auf dumme Gedanken. Es schien mithin nur nötig, für weitere Arbeit zu sorgen.

Rumpler entließ zu diesem Zweck den Obergefreiten Kowalski und die Hilfskräfte, die in der Küche beschäftigt waren. »Sie können abtreten«, sagte er. »Was hier noch zu tun ist, wird der Gefreite Asch erledigen.« Dann verschwand er im Vorratskeller, um sich dort ein Brot mit Schinkenspeck fertigzumachen.

Kauend saß er auf einem Zuckersack und blinzelte zu den Kisten mit den Pfirsichkonserven hinüber. Er beschloß, eine davon zu öffnen, um sich von der Qualität der Früchte zu überzeugen. Doch ehe er noch soweit kam, wurde heftig an die verschlossene Tür gepoltert. – »Was ist los?« fragte er unwillig.

»Komm 'rauf!« rief eine helle Frauenstimme. Es war die Küchenhilfe Lisbeth, ein strammes Mädchen, das auch regelmäßig sein Zimmer zu säubern pflegte und ihn dabei, sobald er Verlangen danach verspürte, persönlich betreute.

Rumpler öffnete. »Schrei nicht so«, sagte er tadelnd. »Dir tut doch keiner was.«

»Komm schnell 'rauf«, sagte Lisbeth. »Der Gefreite macht Schwierigkeiten.«

Der Küchenunteroffizier schoß wie ein Blitz nach oben. Im Speisesaal saß der Gefreite Asch mit seinen Hilfskräften und verzehrte geruhsam die Mittagsmahlzeit. Die Küchenfrauen standen aufgeregt herum.

Unteroffizier Rumpler sah sich prüfend um. Auf Anhieb fand er nichts Ungewöhnliches. »Was hat der Kerl schon wieder angestellt?« fragte er dann.

Asch fühlte sich nicht angesprochen und aß ruhig weiter. Eine Küchenfrau berichtete aufgeregt: »Er weigert sich, den Speisesaal zu reinigen!«

Rumpler baute sich vor Asch auf. »Sie weigern sich?« fragte er.

»Selbstverständlich«, sagte der Gefreite ruhig. »Mir ist nämlich nichts davon bekannt, daß jetzt auch schon die Küchenfrauen den Soldaten Befehle erteilen können.«

»Ich erteile Ihnen diesen Befehl!« rief der Unteroffizier Rumpler.

»Darf ich Sie darauf aufmerksam machen«, sagte Asch, »daß es sich um einen Befehl handelt, der keinen dienstlichen Charakter trägt. Ich habe inzwischen Einblick in die aushängende Küchenordnung genommen. Danach sind die Hilfskräfte nur verpflichtet, die Tische zu säubern, die Teller zu reinigen, Abfälle zu sammeln und sie in die Abfalltonne zu schütten. Für die Reinigung des Speisesaales selbst, also in erster Linie des Fußbodens, sind aber die Küchenfrauen zuständig.«

»Die Soldaten hatten uns bisher immer geholfen«, rief eine Frau, die wie ein Faß aussah.

»Wenn die Soldaten so dumm waren, dann ist das ihre Sache«, sagte Asch. »Mit uns jedenfalls können Sie das nicht machen.«

Rumpler, bisher unumschränkter Herrscher der Küche, ein Halbgott für Reinemachefrauen, standesbewußter Unteroffizier, erfüllt von unerwiderter Liebe zur Manneszucht, drohte zu zerbersten. »Sie Krummstiefel!« heulte er. »Was nehmen Sie sich heraus, Sie Wurzelsau! Was denken Sie Hornochse sich eigentlich? Wissen Sie nicht, mit wem Sie sprechen?«

»Doch«, sagte Asch und betrachtete ihn neugierig.

»Dann stehen Sie gefälligst auf. Nehmen Sie Ihre Knochen zusammen, wenn ein Unteroffizier zu Ihnen spricht. Sperren Sie Ihre dreckigen Ohren auf. Ich gebe Ihnen den Befehl, den Speisesaal sofort zu reinigen. Auf der Stelle! Wenn nicht, melde ich Sie wegen Befehlsverweigerung.«

Asch war entschlossen, sich nicht beeindrucken zu lassen. Das fiel ihm nicht gerade leicht. Er spürte, wie er in den Knien weich wurde. Es war nicht einfach, bei Gott nicht! Aber er nahm alle Kraft zusammen und zwang sich dazu, gleichgültig auszusehen.

»Weigern Sie sich, meinen Befehl auszuführen?«

»Wenn Sie darauf bestehen«, sagte Asch, »dann werde ich diesen Befehl ausführen, obwohl keine dienstliche Berechtigung vorliegt, ihn mir zu erteilen. Aber ich mache Sie darauf aufmerksam, daß ich mich nachher beschweren werde.«

»Das werden Sie mir büßen!« brüllte Rumpler.

»Soll ich das als eine Drohung auffassen?«

»Ich werde Sie zur Meldung bringen!« schrie der Küchenunteroffizier, und seine Stimme überschlug sich. »Ich werde Sie zur Bestrafung melden.« Dann riß er sich herum und entschwand mit schnellen Schritten.

Asch setzte sich wieder. »Wir wollen essen«, sagte er zu den Soldaten. »Wenn wir fertig sind, machen wir hier Schluß.«

»Und der Speisesaal?« fauchte eine Reinemachefrau, die wie eine Tonne aussah.

»Das ist eure Angelegenheit, dafür werdet ihr schließlich bezahlt.«

Rumpler, der Küchenunteroffizier, lief zum Hauptwachtmeister Schulz. Der war mit der Munitionsabrechnung des vergangenen Tages schwer beschäftigt. Sie stimmte und stimmte nicht, immer noch nicht, das ärgerte ihn maßlos.

Nicht sonderlich aufmerksam hörte er auf den Bericht von Rumpler; er konnte den Küchenbullen nicht ausstehen, denn er hielt ihn für einen Eindringling, der seiner Batterie einen wichtigen Posten weggeschnappt hatte. Er richtete sich von seinen Schießkladden, mit denen er absolut nicht fertig werden konnte, auf und begann ungläubig und ohne Freundlichkeit zu lächeln. »Erzählen Sie das noch mal!« forderte er seinen Besucher auf.

Rumpler sprudelte abermals seinen, wie er glaubte, haarsträubenden Bericht hervor. Noch ehe er damit zu Ende kam, unterbrach ihn der Hauptwachtmeister Schulz unwillig. »Sie spinnen, Rumpler«, sagte er nicht ohne Schärfe. »Der Gefreite Asch ist einer meiner besten und zuverlässigsten Soldaten.«

»Aber er hat die Portionen nachgewogen und sich geweigert, den Fußboden zu säubern!«

»Ich werde das nachprüfen«, sagte der Hauptwachtmeister. »Wenn Sie darauf bestehen, werde ich das nachprüfen. Aber Gnade Ihnen Gott,

Rumpler, wenn sich herausstellen sollte, daß Sie den Versuch machen, Soldaten meiner Batterie zu schikanieren. Und wenn außerdem noch das Gewicht Ihrer Portionen nicht stimmt und meine Soldaten gezwungen werden, die Arbeit von Ihren Reinemachefrauen zu erledigen, dann mache ich eine Meldung an die Abteilung, und Sie fliegen in hohem Bogen. Also überlegen Sie sich das. Bestehen Sie darauf, daß ich nachprüfe?«

»Herr Hauptwachtmeister, dieser Gefreite Asch . . .«

»Ja oder nein?«

Rumpler schwitzte. Sein Kopf bewegte sich ein wenig, als wollte er ihn schütteln. Dann wurde er starr wie eine Wachsfigur. Es war, als sei er für dieses Leben untauglich geworden. Und er erklärte würgend: »Ich ziehe meine Meldung zurück.«

Elisabeth Freitag war erfüllt von den seltsamsten Stimmungen; einmal trug eine Welle Heiterkeit sie vorwärts, dann wieder versank sie in schleierzarte Melancholie. Sie hatte das nie vorher gekannt, und jetzt nahm sie es mit entzückter Verwunderung hin. Ein sentimentaleres Mädchen als sie hätte gesagt: Ich bin verliebt! Sie sagte nur: Irgend etwas scheint mit mir nicht in Ordnung zu sein!

Der Dienst in der Kantine, den sie sonst als eintönig empfand, wollte ihr jetzt außerordentlich unterhaltsam, fast ein wenig aufregend vorkommen. Und während sie ihre Gläser säuberte, hatte sie das feste Gefühl: jeden Augenblick kann die Tür aufgehen, und hereinkommen wird irgend etwas Überraschendes, Ungewöhnliches, bestimmt Erfreuliches. Kurz: hereinkommen wird Herbert Asch.

Herbert Asch kam kurz vor Beendigung der Mittagspause herein. Elisabeth glaubte zu erröten, was natürlich nicht der Fall war, und sie bemühte sich, gleichgültig zu erscheinen. »Welch ein seltener Besuch!« sagte sie.

Asch gab ihr die Hand. »Ich muß gleich wieder gehen«, versicherte er. »Ich wollte dir nur sagen, daß ich heute abend zu euch komme.«

»Welch eine Ehre für uns«, sagte Elisabeth, die von seiner betonten Eile und mangelnden Zärtlichkeit wenig erfreut war. »Sollen wir den Eingang mit einer Girlande umwinden?«

»Komm, komm«, sagte Asch versöhnlich, »spiel nicht gekränkte Unschuld. Ich habe wirklich keine Zeit. Bei mir ist allerhand los.«

»Das scheint mir auch so«, sagte Elisabeth spitz. »Du hast mächtig viel zu tun. Ich bin ganz gerührt, daß du dann sogar noch eine Minute Zeit hast, um mir guten Tag zu sagen.«

»Vielleicht komme ich später noch einmal vorbei. Wenn nicht, dann sehen wir uns abends bei euch. Und, bitte, sage deinem Vater, daß ich ihn sprechen will.«

»Hast du sonst noch einen Auftrag für mich? Nein? Und weshalb willst du meinen Vater sprechen? Doch nicht etwa meinetwegen!«

Der Gefreite Asch war bereits an der Tür. Er lachte ihr zu, aber Elisabeth fühlte deutlich, daß nichts von seiner sonstigen unbekümmerten Herzlichkeit zu spüren war. »Ich will deinen Vater nicht deinetwegen sprechen. Ich glaube, das ist kaum noch notwendig.«

»Hast du mich bereits abgeschrieben, oder glaubst du etwa gar, mich schon ausgehandelt zu haben?«

»Ich bin in Eile«, sagte Asch. »Wenn ich mehr Zeit habe, werden wir eingehend darüber reden.«

»Und wann wird das sein?«

»Hoffentlich bald, Elisabeth. Sobald das alles hier vorbei ist.«

»Was soll vorbei sein?«

»Ich muß jetzt gehen. Auf Wiedersehen, Betty.« Der Gefreite Asch öffnete die Tür und wollte hinaus.

»Ich bin kein Pferd«, rief ihm Elisabeth verärgert nach. »Betty ist ein Pferdename. Kommst du nachher noch einmal vorbei?«

»Wenn ich kann, dann gerne, Betty.« Asch schloß die Tür hinter sich.

Sie hörte seine benagelten Schuhe über die Steintreppen poltern. Sie schüttelte den Kopf. Sie wußte nicht recht, was sie von ihm halten sollte. Und sie erkannte sofort, daß sie ihm nicht böse sein konnte; das ärgerte sie.

Elisabeth Freitag ordnete die Warenbons, die sich in der Mittagspause angesammelt hatten. Der Umsatz war besser gewesen als sonst. Besonders die Unteroffiziere der 3. Batterie hatten viel verzehrt und noch mehr getrunken, zumeist Erfrischungsgetränke. Sie schienen, nach ihren lebhaften Erzählungen zu urteilen, in der vergangenen Nacht eine anstrengende Feier hinter sich gebracht zu haben.

Der Kantinenpächter Bandurski betrat die jetzt leere Unteroffizierskantine. Er gab sich jovial, was beunruhigend war, lächelte seine Angestellte vertraulich an und fragte: »Na, Fräulein Freitag, wie war denn der Umsatz?«

»Bis jetzt achtunddreißig Mark und vierzig Pfennig«, sagte sie und reichte ihm ihre Aufstellung hin.

»Das ist nicht schlecht«, sagte Bandurski zufrieden. »Das ist sogar ganz gut. Sie sind meine beste Kraft, Fräulein Freitag, ich sage das ganz offen. Und ich möchte Sie nicht gerne verlieren.«

»Sie verlieren mich, wenn Sie mich entlassen«, sagte Elisabeth. Sie war immer bemüht, mit ihrem Chef sachlich zu reden; so kam sie am besten mit ihm aus.

»Liebes Fräulein Freitag«, sagte Bandurski lebhaft und streckte beide Arme aus, als müsse er einen Verdacht von sich abwehren, »wenn ich das tun würde, dann wäre das für mich ein glatter Verlust. Ich sage das ganz offen. Ich will Sie gar nicht entlassen, ich denke nicht daran; aber Sie müssen mich auch nicht dazu zwingen.«

»Wie soll ich das verstehen, Herr Bandurski?«

Der Kantinenpächter tat, als betrachte er interessiert die Warenbons, die ihm Elisabeth vorgelegt hatte. Dabei sagte er: »Was haben Sie eigentlich mit diesem Gefreiten von der dritten Batterie? Er heißt Asch, glaube ich. Ich habe ihn in letzter Zeit ziemlich oft bei Ihnen gesehen.«

»Das, Herr Bandurski«, sagte Elisabeth, »geht Sie nichts an.«

»Mißverstehen Sie mich nicht«, sagte der Kantinenpächter. »Ich denke gar nicht daran, mich in Ihre Privatangelegenheiten zu mischen. Aber ich habe wenig Freude an Komplikationen.«

»Ich weiß schon, was ich tue, Herr Bandurski!«

»Gewiß, gewiß«, sagte der. »Aber das hier ist eine Kantine für die Unteroffiziere; und wenn Sie hier oben beschäftigt sind, dann bedienen Sie die Unteroffiziere. Und das Geschäft geht vor.«

»Habe ich meine Arbeit vernachlässigt?«

»Aber nein, natürlich nicht. Sie sind vorbildlich. Und ich will, daß das so bleibt. Aber wenn Sie sich weiter für diesen Gefreiten von der dritten Batterie, diesen Asch, interessieren, dann befürchte ich Schwierigkeiten.«

»Warum, Herr Bandurski?«

»Sehen Sie, mein liebes Fräulein Freitag, ich bin ein alter Zwölfender. Ich kenne das Kasernenleben in- und auswendig. Mir macht so leicht keiner was vor. Und ich verdiene hier ganz brauchbar. Nur einmal ging es mir beinahe schlecht, wie Sie wissen, damals, als der Hauptwachtmeister Schulz mich mit allen Kräften zu unterminieren versuchte; um ein Haar hätte er mir den Laden stillgelegt. Ich will das nicht gerne noch einmal erleben.«

»Und was hat das mit dem Gefreiten Asch zu tun?«

»Sehr viel, liebes Fräulein Freitag. Dieser Gefreite Asch hat sich heute etwas geleistet, was ich noch niemals erlebt habe, als Kantinenpächter nicht und als Zwölfender auch nicht: er hat sich unten bei mir die Dezimalwaage ausgeliehen und damit das Gewicht der Essensportionen festgestellt. Und dann hat er mit dem Küchenunteroffizier einen Streit vom Zaun gebrochen, der fast schon eine Meuterei war. Mein Wort darauf: Ich habe so was noch niemals erlebt.«

Elisabeth schaute Bandurski ungläubig an. »Aber warum hat er das getan?«

Der Kantinenpächter zuckte mit den Schultern. »Das fragen Sie mich zuviel. Er hat es eben getan. Und glauben Sie, das wird ohne Folgen bleiben? Und selbst wenn das ohne Folgen bleiben sollte, wer weiß denn, was als nächstes passiert? Daß Sie sich auch ausgerechnet diesen Asch aussuchen mußten unter tausend anderen Soldaten, das ist Pech für mich, für Sie, wer weiß für wen noch.«

»Sie sehen das sicherlich zu schwarz, Herr Bandurski.«

Der erhob sich. »Mögen Sie recht haben. Aber mehr als warnen kann ich nicht. Und tun Sie mir einen Gefallen, Fräulein Freitag: nehmen Sie Rücksicht auf mein Unternehmen. Und wenn Sie schon von diesem Asch nicht loskommen, dann reden Sie ihm wenigstens in sein Gewissen. Ich möchte Sie wirklich ungerne verlieren.«

Der Kantinenpächter Bandurski sah ehrlich besorgt aus. Er nickte seiner Angestellten zu; und es war, als beabsichtigte er, ihr Mut zu spenden. Dann ging er.

Elisabeth Freitag setzte sich in den nächsten Stuhl, der erreichbar war. Sie starrte nachdenklich auf die weißgescheuerte Tischplatte. Sie war ein wenig erschrocken, ein wenig verwundert, ein wenig belustigt. Das, was ihr soeben erzählt worden war, hätte sie Herbert nicht zugetraut. Er besaß offenbar Eigenschaften, die sie bisher noch nicht an ihm entdeckt hatte. Das machte sie neugierig.

Sie machte die Aufstellung fertig und überprüfte ihre Vorräte. Dann sah sie auf die Uhr: es war kurz vor drei. Ihr täglicher Dienst in der Unteroffizierskantine begann um zwölf. In den ersten zwei Stunden herrschte fast immer ein verhältnismäßig lebhafter Betrieb. Dann war drei Stunden lang Ruhe; in dieser Zeit kamen nur vereinzelte Funktionsunteroffiziere kurzfristig. Erst gegen fünf Uhr wurde es wieder lebhaft; und das hielt an bis acht Uhr. Um acht war ihre Arbeitszeit normalerweise beendet, und der Kantinenpächter persönlich pflegte sie abzulösen.

Elisabeth dachte an Herbert Asch, als sie die Gläser, die einwandfrei sauber waren, noch einmal nachspülte. Sie wußte viel von ihm, und doch kannte sie nicht alles; sie hatte ihn in Augenblicken unbedenklicher Ehrlichkeit erlebt, und dennoch blieb er ihr ein Rätsel. Und lächelnd fand sie, daß das gut war: er würde ihr immer wieder etwas zum Raten aufgeben; es würde niemals Langeweile geben neben ihm! Und so etwas Ähnliches hatte auch Mutter einmal gesagt, vor nicht allzulanger Zeit, als Elisabeth sie veranlaßt hatte, von Vater zu erzählen.

Kurz nach drei Uhr betrat Hauptwachtmeister Schulz die Kantine. Seine Stimmung schien scheußlich zu sein. Er warf die Dienstmütze auf eine Fensterbank und ließ sich in einen Stuhl fallen. »Mein Kopf ist wie eine Mülltonne!« rief Schulz lautstark. »Was macht man dagegen?«

Elisabeth sagte sich, daß es, nicht zuletzt wegen Herbert Asch, empfehlenswert sei, den knurrigen Gast besonders freundlich zu behandeln. »Alte Weiber«, sagte sie, »würden Aspirin schlucken. Aber wie ich Sie kenne, nehmen Sie ein großes Bier.«

»Genau das!« sagte der Hauptwachtmeister und betrachtete Elisabeth nicht ohne Wohlwollen. Sie gefiel ihm immer noch; sie gefiel ihm immer wieder. Sie sah attraktiv aus und wirkte trotzdem anständig; das war selten. So was hätte man heiraten sollen, nicht eine streunende Katze.

Elisabeth trug das große Glas Bier herbei, setzte es ab, sagte »zum Wohle« und blieb, entgegen ihrer sonstigen Gewohnheit, am Tisch des Gastes, des zur Zeit einzigen Gastes, stehen. Sie lächelte freundlich.

Schulz ließ eine große Menge Bier in sich hineinlaufen. Er schluckte, zunächst mit nahezu nachdenklichem Ernst, als erfülle er eine Pflicht, dann mit spürbarem Genuß. »Ah!« rief er beglückt aus. »Das zischt!« Er setzte das Glas ab und blickte um Grade zufriedener. »Wollen Sie sich nicht zu mir setzen?« fragte er. »Ich beiße nicht.«

»Ich lasse mich auch nicht beißen«, sagte Elisabeth; und sie versuchte, das heiter zu sagen. »Im übrigen setze ich mich gern ein wenig zu Ihnen. Da keine anderen Gäste da sind, kann ich mir das erlauben.«

Schulz lachte männlich kurz. »Von mir aus können Sie ein Schild an die Tür draußen hängen: Wegen Familienfeier geschlossen.«

Elisabeth nahm neben ihm Platz. Sie legte die Unterarme auf den Tisch und beugte sich zutraulich vor. »Ärger gehabt?« fragte sie.

Schulz nickte. »Ärger haben wir immer«, sagte er. »Das liegt zum Teil in der Natur der Sache. Nicht alle Unteroffiziere sind Kronleuchter, die meisten sind nur Armleuchter.«

»Aber Sie werden doch mit ihnen fertig?«

Schulz schluckte dieses dicke Lob mühelos. »Und ob!« sagte er. Die Anteilnahme und das Vertrauen dieser netten Person, die hier neben ihm saß, taten ihm wohl. Mit ihr konnte man sich unterhalten, das war eine Frau, die ihn verstand, das spürte man sofort. »Bringen Sie mir noch ein Bier.«

Er erhielt es, trank davon, setzte es sorgfältig ab und wischte sich mit dem Ärmel über den Mund. »Ja«, sagte er, »einfach ist das alles nicht. Manchmal versagen selbst die besten Leute. Da fehlen dann plötzlich sechs Schuß Munition. Stellen Sie sich vor: sechs Schuß! Es ist einfach nicht nachzuweisen, wo sie geblieben sind.«

»Sie werden verlorengegangen sein!«

Schulz konnte nur lächeln über so viel Naivität. Er kam sich grenzenlos überlegen vor, und das tat ihm gut. »Verlorengegangen? Das gibt es doch nicht. So etwas darf es doch gar nicht geben. Verlassen Sie sich darauf, sie werden gefunden werden. Und wenn alle Stränge reißen, kümmere ich mich selbst darum.«

»Aber so schlimm wird es doch sicherlich nicht werden.«

»Wir wollen es hoffen«, sagte Schulz und ließ Bier in seine Kehle rinnen. »Mit Ihnen kann man sich unterhalten«, sagte er zutraulich. Er legte eine seiner großen Hände auf Elisabeths Unterarm und bemerkte mit

Genugtuung, daß sie es widerstandslos geschehen ließ. Er nahm das als ein gutes Zeichen. Das befriedigte ihn geradezu.

»Sagen Sie mal«, wollte er plötzlich wissen, »finden Sie mich eigentlich unsympathisch oder nicht?«

Elisabeth wich, überrascht, ein wenig zurück; aber sie gab sich Mühe, ihn das nicht merken zu lassen. »Seltsame Frage«, sagte sie dann. »Natürlich sind Sie sympathisch; sehr sympathisch sogar.«

»Das wollte ich nur wissen«, sagte Schulz; und er drückte zärtlich ihren Unterarm mit seiner großen Hand; sie ließ auch das geschehen, und das freute ihn. »Können Sie sich eigentlich vorstellen«, fragte er dann, »daß man mich betrügt; ich meine: daß mich eine Frau betrügt?«

»Ihre Frau?«

»Ich spreche allgemein. Nur so, rein theoretisch, gewissermaßen. Also: Können Sie sich das vorstellen?«

»Aber nein, bestimmt nicht«, sagte Elisabeth eilig. »Frauen sind viel treuer, als man allgemein denkt.«

»Glauben Sie?«

»Ich bin davon überzeugt. Frauen spielen gerne. Sie freuen sich, wenn der Mann, den sie lieben, eifersüchtig wird. Sie sehen darin ein Zeichen echter Zuneigung.«

»Aha«, sagte Schulz und tätschelte nachdenklich ihren Unterarm. »So was, meinen Sie, gibt es?«

Er sah zur Tür hin, die sich geöffnet hatte. Dort stand ein Gefreiter und sah in den Raum. »Wollen Sie was von mir, Asch?« fragte Schulz.

Elisabeth zog hastig ihren Arm unter seiner großen Hand weg. Sie schien mächtig verlegen zu sein. Schulz lächelte darüber.

»Ich suche Leutnant Wedelmann«, sagte Asch geistesgegenwärtig.

»Aber doch nicht hier!« rief Schulz. »Das hätte mir gerade noch gefehlt.«

Und da der Gefreite die Tür wieder schloß, und zwar von außen, wandte sich Schulz erneut Elisabeth Freitag zu. »Nur keine Bange«, beruhigte er sie. »Dieser Asch ist in Ordnung. Ganz vorzüglicher Mann.«

»Das glaube ich Ihnen gerne«, sagte Elisabeth und wurde wieder lebhaft. »Sie sind ein guter Menschenkenner, was?«

»Bin ich«, sagte der Hauptwachtmeister bescheiden. »Nur bei Frauen kenne ich mich nicht immer aus. Sie sind so kompliziert. Aber vielleicht auch nicht. Vielleicht sind sie auch nur zu dumm.«

»In der Liebe sind wir das oft«, sagte Elisabeth freundlich. Daß Herbert sie so mit Schulz gesehen hatte, beunruhigte sie nicht weiter; das würde ihn, hoffentlich, ein wenig eifersüchtig machen, und das tat ihm ganz gut. Daß aber darüber hinaus Schulz nicht nur nichts gegen Asch hatte, sondern sogar Worte des Lobs für ihn fand, erfreute sie sehr.

Schulz spann weiter an seinen Nachtgedanken, er kam einfach nicht von ihnen los, sosehr er sich auch darum bemühte. »Sehen Sie«, sagte er, »ich bin doch wer. Ich stelle doch was dar. Vielleicht werde ich einmal Offizier; wenn ein Krieg kommt, zum Beispiel. Ich weiß mehr als mancher Hauptmann, ich kann auch mehr. Mich betrügt man doch nicht. Ich bin doch nicht der Mann, den man betrügt.«

»Bestimmt nicht.«

»Sie würden mich doch nicht betrügen, was?«

»Wenn ich Sie lieben würde, bestimmt nicht.«

Schulz nickte zuversichtlich. Und wieder sah er zur Tür hin, die sich geöffnet hatte.

Dort stand Leutnant Wedelmann. Der Hauptwachtmeister richtete sich auf und erstarrte. Leutnant Wedelmann zögerte; er schien nicht recht zu wissen, ob er sich nähern solle oder nicht.

»Hier ist die Kantine der Unteroffiziere«, sagte Schulz kalt.

Wedelmann war sichtlich verlegen. »Ich wollte mit Fräulein Freitag sprechen.«

»Manche Leute«, sagte Schulz zu Elisabeth leise, aber wütend und ohne sonderlich viel Bemühen, das zu verbergen, »stecken ihre Nase in jeden Dreck.«

Wedelmann nahm diese Anzüglichkeit und die völlig unmilitärische Art, mit der ihm hier ein Untergebener begegnete, wortlos hin.

Er verbeugte sich andeutungsweise vor Elisabeth. Dann verließ er den Raum.

»Aber, Herr Schulz«, sagte Elisabeth erschrocken, »so können Sie doch nicht einen Leutnant behandeln.«

»Ich kann das«, sagte Schulz. »Mit dem kann ich noch ganz anders umspringen, wenn ich will. Und ich will!«

Wachtmeister Platzek, der Schleifer-Platzek, schwitzte Blut und Wasser. Die fehlenden sechs Schuß Munition bereiteten ihm Höllenqualen. Sie waren nicht aufzufinden, sie waren nicht nachzuweisen. Soviel Mühe er sich auch gab — es schien alles vergeblich.

Die Schießkladden waren Dokumente und als solche nicht aus der Welt zu schaffen. Dort konnte ausgegebene und verschossene Munitionsmenge genau nachgelesen werden; daraus mußte nun resultieren: unverbrauchte und somit wieder an die Waffenkammer zurückzuführende Munition. Aber diese Endsumme stimmte nicht; es fehlten sechs Schuß Munition.

Platzek sah sich bereits im Militärgefängnis die Toilette schrubben. Sein geradezu berühmtes forsch-forderndes Auftreten, von Untergebenen auch als »naß-forsch« bezeichnet, war einer großen Depression gewichen. Er machte ein finsteres Gesicht, bellte rauh alle an, die ihm über den Weg liefen, und schien sogar ein wenig nervös zu sein.

Was ihn so überaus irritierte, war die Tatsache, daß sich niemand bereit fand, ihm wenigstens doch einen Teil seiner Lasten abzunehmen. Er scheute sich nicht, das als mangelnden Kameradschaftsgeist zu bezeichnen. An diesem Donnerstag geriet seine primitiv zusammengezimmerte »soldatische Weltanschauung« mächtig ins Wanken. Denn das Erschütternde für ihn war, daß er, der bewährte, vielbeschäftigte, oft kopierte, aber nie erreichte Exerzierer, bei der ersten Panne einfach im Stich gelassen wurde. Er hatte sich hundert-, wenn nicht gar tausendmal bestens bewährt – das zählte einfach nicht. Er hat sich einmal, ein einziges Mal nur, eine Dummheit geleistet – und schon saß er auf dem trockenen.

»Höre mal, Schulz«, hatte er in vertraulichem, privatem Tonfall zu seinem Kameraden Hauptwachtmeister gesagt, »die Sache mit der Munition ist ja eine Sauerei, gewiß, das will ich auch zugeben, aber kann man nicht die Kladde einfach verschwinden lassen, oder sonst was? Oder wir lassen sie liegen bis zum nächsten Scharfschießen, und dann tragen wir die sechs Schuß nach. Was meinst du?«

»Platzek«, hatte Schulz nicht weniger vertraulich und gleichfalls im privaten Tonfall erwidert, »ich will nichts von dem gehört haben, was du soeben gesagt hast. Ich warte auf die Schießkladden, denn ich muß sie Hauptmann Derna vorlegen; aber ich warte nicht mehr lange. Und in Ordnung muß die Sache sein, sonst raucht es. Bei Verschwinden von Munition muß grundsätzlich Tatbericht eingereicht werden. Davon möchte ich dich verschonen.«

»Mensch, Schulz, die lumpigen sechs Schuß!«

»Ich bin kein Mensch, Platzek, ich bin Hauptwachtmeister. Und von wegen: lumpigen sechs Schuß! Damit kann man sechs Unteroffiziere umlegen, Mensch!«

Platzek wanderte zu Unteroffizier Wunderlich, dem Herrscher über Waffen und Gerät, dessen ständige Hilfskraft der Obergefreite Kowalski war. Der Wachtmeister gab sich seiner Gemütsverfassung entsprechend: verärgert und unruhig. Er wunderte sich kaum darüber, daß sich die Besuchten durch seine Anwesenheit nicht sonderlich geehrt, vielmehr gestört fühlten.

Wunderlich und Kowalski hausten auf dem Boden, zwischen Gewehren, Maschinengewehren und unscharfen Handgranaten. Das Zubehör für die Geschütze lag gut eingefettet in den Regalen. Es roch stark nach Waffenöl und ein wenig nach Tabaksqualm. Natürlich war es streng verboten, auf den Kammern zu rauchen; aber Platzek dachte im Augenblick gar nicht daran, einen derartigen Verstoß überhaupt zur Kenntnis zu nehmen.

»Hört mal her, Herrschaften«, sagte er, und er sagte das polternd, um seine triste Stimmung zu verbergen. »Da ist mir doch die Sauerei mit der Munition passiert. Ihr werdet davon gehört haben.«

»Verdammt peinliche Sache, Herr Wachtmeister«, sagte Kowalski und mimte Mitgefühl.

Unteroffizier Wunderlich tat so, als denke er nach. Er war kein besonderer Freund von Wachtmeister Platzek; denn als Wunderlich noch nicht Unteroffizier war, ist er von Platzek mehrmals nach allen Regeln der Kunst geschliffen worden. Und der Unteroffizier gehörte nicht zu jenen großzügig veranlagten Naturen, denen es gegeben ist, ausgedehnte Schleiferei als ein persönliches Geschenk und eine Quelle freudiger Erinnerungen anzusehen! Vielmehr war Wunderlich ein begeisterter Anhänger geruhsamer Lebensgestaltung, weshalb er ja auch, nicht zuletzt, um den Posten eines Unteroffiziers für Waffen und Gerät mit verhaltener Anstrengung gerungen hatte.

»Was meinen Sie, Wunderlich; die Sache läßt sich doch deichseln?«

»Welche Sache?« fragte Wunderlich und stellte sich dumm.

»Das ist doch ganz einfach«, sagte Platzek. »Ich brauche sechs Schuß Gewehrmunition. Sie haben doch sicherlich schwarze Bestände.«

»Schwarze Bestände zu halten ist strafbar«, sagte Wunderlich versonnen und blinzelte Kowalski zu. Natürlich hatte er schwarze Bestände; aber die waren nicht für einen Mann wie Platzek da.

»Und Ihre Kollegen von den anderen Batterien? Oder der Kerl, der das Abteilungsdepot verwaltet? Von denen muß doch einer ein paar schäbige Patronen um die Ecke gebracht haben?«

Wunderlich sah erneut kurz grinsend zu seinem Busenfreund Kowalski hinüber. Natürlich hatten auch die schwarze Bestände. Aber nicht für Platzek! »Auch die werden gar nicht scharf darauf sein, sich strafbar zu machen.«

Platzek fand wenig Freude an seiner Rolle als Bittsteller, er fühlte sich erniedrigt, und das verletzte seinen Stolz. »Sie wollen also nicht, Wunderlich?« fragte er böse.

Wunderlich erfaßte sofort, daß hier eine recht massive Drohung ausgesprochen wurde. Er überlegte, wie er darauf reagieren sollte. Und er zog in Erwägung, für Platzek die fehlenden sechs Schuß zu besorgen; das war für ihn nicht sonderlich schwer und konnte letzten Endes nur dazu führen, daß sich der Wachtmeister ihm gegenüber verpflichtet fühlte. Und wer kann wissen, wozu das einmal gut sein könnte?

Doch ehe noch Wunderlich dazu kam, mit der gebotenen Vorsicht eine verbindliche Zusage zu geben, die Platzek von allen Qualen erlöst haben würde, mischte sich der Obergefreite Kowalski ein. »Im Grunde«, sagte er, »ist die Sache doch ganz unkompliziert, Herr Wachtmeister. Sie korrigieren einfach die Schießkladde.«

»Das geht doch nicht«, sagte Wunderlich. »Dort sind alle Eintragungen mit Tintenstift vorgenommen worden.«

»Trotzdem gibt es Korrekturen«, beharrte Kowalski. »Der Schreiber muß sie vornehmen, und der Wachtmeister, der die Aufsicht auf dem Stand hatte, bestätigt sie durch seine Unterschrift.«

»Das ist eine Möglichkeit«, sagte Platzek aufhorchend; und es war ihm, als sehe er einen Lichtblick.

Wunderlich, der Sachverständige, schüttelte den Kopf. »Wenn das herauskommt«, sagte er, »ist das so gut wie eine Urkundenfälschung.«

»Wer sagt denn, daß das herauskommt?«

»Wenn es geschickt gemacht wird«, meinte Kowalski treuherzig, »kommt niemand auf die Idee. Nehmen wir zum Beispiel an, einer der ersten Schützen hat seine sechs Schuß in falscher Reihenfolge abgegeben, also nicht liegend, kniend, stehend, sondern meinetwegen umgekehrt. Das kann ja vorkommen. Und was geschieht in solchem Fall? Er gibt noch einmal sechs Schuß ab. Und die ersten sechs Schuß werden gestrichen. Das sind dann einfach die fehlenden sechs Schuß Munition.«

»Das ist gar nicht dumm«, sagte Platzek.

»Das ist sogar ganz einfach«, behauptete Kowalski. »Sie müssen nur den, der die Schießkladde zuerst geführt hat, dazu bringen, daß er diese — hm — Veränderung einträgt. Und wie ich den kenne, macht er das. Der Gefreite Asch ist in solchen Dingen gar nicht kleinlich veranlagt, wenn man ihm das geschickt beibringt.«

»Das mache ich«, sagte Platzek hoffnungsfreudig erregt. »Was meinen Sie, Wunderlich?«

»Ich weiß von nichts«, sagte der abwehrend. »Ich habe niemals was davon gehört.«

»Ich auch nicht«, sagte Kowalski.

»Das möchte ich mir auch ausgebeten haben!« Platzek hatte einen großen Teil seiner einzigartigen Selbstsicherheit wiedergefunden. Er sah endlich wieder Land; das machte ihn energisch. Er verließ die Waffenkammer und begab sich auf die Suche nach Asch. Es war allerdings nicht leicht, den begehrten Gefreiten zu finden; dennoch zeigte Platzek keinerlei Ungeduld.

Er suchte Asch mit einer Intensität und Ausdauer, als suche er seine Erlösung.

Der Gefreite Asch wäre mühelos zu finden gewesen. Er hielt sich, wie gewöhnlich, wenn er Entspannung suchte und Wert auf eine friedliche Unterbrechung des normalen Dienstbetriebes legte, bei Wachtmeister Werktreu auf der Bekleidungskammer auf, deren Eingangstür genau gegenüber der Waffenkammer lag.

Asch hatte sich den Kanonier Vierbein als Hilfskraft zuteilen lassen und ihn zum Umstapeln von langen Unterhosen angesetzt. Er war entschlossen, Vierbein eine interne Lektion im Umgang mit Vorgesetzten zu erteilen. Aber sosehr Asch sich auch bemühte, es gelang ihm einfach nicht, Wachtmeister Werktreu aus der Ruhe zu bringen.

»Diese Arbeit hier auf der Bekleidungskammer ist zum Kotzen langweilig«, sagte er herausfordernd; und er bemerkte mit Genugtuung, daß Vierbein seine langen Ohren spitzte. »Ein öder Dienst, der eigentlich nur für geistig Minderbemittelte geeignet ist.«

»Deshalb sind Sie ja auch immer hier, Asch«, sagte Wachtmeister Werktreu friedfertig. Auf die Idee, sich getroffen zu fühlen, kam der gar nicht. Er dachte an das Mädchen, mit dem er sich heute abend verabredet hatte: viel Fleisch, immer lustig und dumm wie Bohnenstroh; ein prima Übungsgelände für die scharfe Liebe.

Der Gefreite Asch ließ nicht locker. »Ein richtiger Soldat sind Sie ja eigentlich nicht«, sagte er anzüglich zu Werktreu und setzte sich auf einen Stapel Hosen. »Sie sind mehr ein Altwarenhändler, ein gehobener Lumpensammler.«

»Solche Bemerkungen«, sagte der Wachtmeister mit ungetrübtem Gleichmut, »können Sie sich schenken.«

Asch sah zu Vierbein hinüber, der ihn maßlos erstaunt anstarrte; der hatte, solange er eine Uniform trug, noch niemals derartig gewagte Formulierungen einem Vorgesetzten gegenüber vernommen. Das regte ihn seltsam auf. Er war maßlos gespannt, wie das weiterging; und er bangte um Asch.

Aber es lag nicht der geringste Grund vor, um Asch zu bangen. Werktreu war von einer derartigen Vorfreude auf die diversen Genüsse des kommenden Abends erfüllt, daß er gar nicht erst in Erwägung zog, sich gekränkt zu fühlen. Außerdem brauchte er Geld, um die Vorbereitungen zu finanzieren. »Wie ist das, Asch, machen wir ein Spielchen?«

»Sie wollen wohl wieder einen Untergebenen schröpfen?« fragte der Gefreite.

»Sie haben heute Ihren witzigen Tag, Asch.«

»Oder wollen Sie mich wieder anpumpen?«

»Vielleicht«, sagte Werktreu. »Aber erst spielen wir ein paar Runden Siebzehnundvier. Und wenn ich dann verliere, können Sie ja immer noch in den Geldbeutel greifen. Und wie ist es mit einer Flasche Wein zu Sonderpreisen, wenn ich heute abend mit meiner Puppe zu Ihnen ins Café komme?«

»Schnorren wollen Sie auch noch?«

»Erst machen wir ein Spielchen, Asch. Hier sind die Karten. Ich nehme zunächst mal die Kasse. Kommen Sie schon her.«

Asch schüttelte den Kopf wie ein störrisches Pferd. Mit Werktreu war einfach nichts anzufangen. Man konnte anstellen, was man wollte, der blieb friedfertig und spielbereit. Das war kein Vorgesetzter, das war mehr eine Art Saufkumpan.

Der Gefreite wollte noch einen letzten Anlauf nehmen, ehe er seine Bemühungen bei Werktreu aufgab. Er setzte sich ihm gegenüber, tippte auf die Karten und sagte: »Damit spiele ich nicht. Die sind gezinkt.«

Selbst diese überaus kräftige, geradezu ehrabschneidende Anschuldigung brachte Werktreu noch lange nicht auf die Palme; er dachte nur an das nötige Betriebskapital für den Abend, alles andere war ihm im Augenblick scheißegal. »Na schön«, sagte er, »dann besorge ich eben neue Karten.« Er erhob sich und verließ die Bekleidungskammer.

Der Kanonier Vierbein näherte sich aufgeregt seinem Freund. »Das kannst du doch nicht machen«, sagte er vorwurfsvoll. »So geht man doch nicht mit einem Vorgesetzten um.«

Asch sah ihn prüfend an. »Deine Sorgen möchte ich haben«, sagte er.

»Du mußt vorsichtig sein«, sagte Vierbein. Und fügte aufrichtig hinzu: »So was tut man einfach nicht.«

»Was ist eigentlich mit dir los?« Der Gefreite beugte sich vor, und es war, als setzte er zu einem Sprung an. »Du bist wohl nicht mehr ganz normal. Erst benimmst du dich wie ein Waschlappen, und jetzt spielst du einen Moralprediger. Du scheinst ein hoffnungsloser Fall zu sein.«

Der Kanonier Vierbein war ehrlich um seinen Freund besorgt. »Du hast mich vor einer großen Dummheit bewahrt«, sagte er. »Dafür bin ich dir dankbar. Jetzt habe ich eingesehen, daß man durchhalten muß. Ich habe dich ganz gut verstanden. Ich bin ein ganz anderer Mensch geworden. Du wirst sehen, ich werde jetzt immer meine Pflicht tun, und wenn sie mir auch noch so schwerfällt, und wenn ich noch so sehr glaube, daß ich ungerecht behandelt werde. Das hast du mir klargemacht. Jetzt richte ich mich danach. Und ich kann es einfach nicht ertragen, wie du mit einem Vorgesetzten umspringst. Versteh mich doch — das zieht mir wieder den Boden unter den Füßen weg. Kannst du das verstehen?«

»Du bist ein Arschloch«, sagte Asch grob. »Das ist das einzige, was ich wirklich verstehe.«

Dieses Gespräch, das den Gefreiten Asch seltsam befremdete, an das zu glauben er sich einfach weigerte, wurde abgebrochen, da Wachtmeister Werktreu mit den neuen Spielkarten erschien.

Herbert Asch war verwundert, dann empört, dann wütend. Er hätte diesen Vierbein in den Hintern treten, in die Fresse schlagen können. Diese Kulinatur! Dieser Kasernensklave! Dieser uniformierte Gartenzwerg! Und für solche Waschweiber revoltiert man nun! Und er sagte sich: Man revoltiert, um die laufende Produktion von solchen Waschweibern zu behindern. Auch das ist eine Aufgabe.

»Sie haben schon wieder verloren, Sie Witzbold«, sagte Werktreu, der ungeniert mit seinem Spielchen begonnen hatte, erfreut. »Damit vergrößert sich mein Gewinn um zwei Mark. Auf ein neues!«

Aber das gutgehende Spielchen, das Wachtmeister Werktreu einen erfreulichen Zuwachs seines Betriebskapitals zu bringen versprach, wurde reichlich unfreundlich unterbrochen. Wachtmeister Platzek erschien und rief: »Da sind Sie ja, Asch. Ich brauche Sie dringend.«

Werktreu wehrte entschieden ab: »Das kommt gar nicht in Frage! Er wird bei mir gebraucht.«

»Befehl vom Hauptwachtmeister«, sagte Platzek ungeniert. »Kommen Sie, Asch.«

Der Gefreite ging bereitwillig mit. Er konnte das dumme Gesicht von Vierbein nicht mehr sehen; außerdem war er froh, von Werktreu, mit dem sowieso nicht viel anzufangen war, endlich loszukommen, zumal seine Verluste erheblich waren und bei zehn Mark lagen. Platzek war ihm in dieser Stimmung ein willkommenes Fressen.

Der Wachtmeister behandelte den Gefreiten mit ausgesuchter, bei ihm völlig ungewohnter Höflichkeit. Jeder andere hätte Fürchterliches kommen sehen, nicht aber Asch; er witterte eine günstige Gelegenheit.

Platzek nahm den Gefreiten mit auf seine reichlich mit Kasernenmöbeln vollgestopfte Stube. Er bot ihm einen Stuhl an. Er erkundigte sich, ob ein Schnaps gewünscht werde oder eine Zigarette oder ein Bierchen? Nein? »Na, und wie geht es sonst, mein Lieber? Ich höre, Sie sind zum Unteroffizier eingereicht. Da kann ich nur gratulieren, Menschenskind. Ich bin durchaus dafür.«

»Was wollen Sie von mir?« fragte Asch ruhig.

Platzek überhörte, daß der Gefreite ihn weder in der dritten Person noch mit dem Dienstgrad anredete. Er war sogar bereit, mehr als das zu überhören. Denn schließlich wußte er ja, was er wollte.

Er warf die Schießkladde, die unter seinem Kopfkissen gelegen hatte, auf den Tisch. »Sie haben sie gestern geführt, nicht wahr?«

»Stimmt«, sagte Asch und wußte sofort, was jetzt kam; die Sache mit der fehlenden Munition war niemand so klar wie ihm. »Die ersten Eintragungen sind von mir.«

»Die Abrechnung stimmt nicht«, sagte Platzek vertraulich. »Es fehlen sechs Schuß. Was sagen Sie nun?«

»Dann muß man die sechs Schuß nachtragen, ganz einfach.«

Platzek strahlte; er war überzeugt, den richtigen Mann erwischt zu haben. »Sie sind ein helles Köpfchen«, sagte er. »Der geborene Unteroffizier. Wollen Sie die Nachtragung vornehmen? Es muß nämlich mit der gleichen Handschrift geschehen. Ich setze nachher meinen ›Willem‹ drunter.«

»Warum nicht«, sagte Asch scheinbar gleichmütig. »Geben Sie her!«

Beide beugten sich über die Schießkladde. Platzek war freudig erregt. Das ging besser, als er dachte; viel besser, als er jemals hoffen durfte. Dieser Asch war ja der reinste Wunderknabe!

Der Gefreite arbeitete genau nach den Anweisungen des Wachtmeisters. Das geschah ruhig und mit Konzentration. Asch strich sechs Zahlen aus und schrieb sechs neue hinzu. Er vermerkte: »Streichung erfolgt, da Eintragung falsch. Schütze schoß in verkehrter Reihenfolge und mußte wiederholen. Gezeichnet ... Wachtmeister.«

Asch strich auch die Schlußzahl durch, rechnete sechs hinzu und schrieb das neue Ergebnis daneben. Hier vermerkte er: »Streichung erfolgt, da Rechenfehler vorlag. Gezeichnet ... Wachtmeister.«

»Tadellos«, sagte Platzek und rieb sich die Hände. »Und jetzt noch meine Unterschrift.« Er unterschrieb zweimal, sorgfältig und deutlich, mit schönem Schnörkel. Dann lächelte er befriedigt. Er war von einem Alpdruck befreit. »Das hätten wir geschafft«, sagte er.

Asch lehnte sich weit zurück. Er blinzelte in die saubere, aber nach Aufwaschwasser, Schuhwichse und feuchten Laken riechende Stube. Er sagte gelassen: »Das also war eine Urkundenfälschung.«

Platzek lachte auf: »Eine kleine Korrektur«, sagte er und grinste wie ein Verschwörer beim Umtrunk.

»Eine Urkundenfälschung«, beharrte Asch. »Eine Urkundenfälschung im Sinne des Militärstrafgesetzbuches.«

»Machen Sie keine Witze, Asch«, sagte Platzek leicht verblüfft. »Und wenn schon! Schließlich sind Sie daran beteiligt, alter Freund!«

»Sie irren«, sagte Asch und fixierte seinen leicht nervös werdenden Vorgesetzten. »Meine Eintragung ist an sich belanglos. Allein Ihre Unterschrift ist der springende Punkt.«

»Reden Sie keinen Unsinn, Asch.«

»Probieren wir das doch aus«, sagte Asch unvermindert ruhig. »Ich bin jederzeit dazu bereit.«

Wachtmeister Platzek, der Eiserne, der Schleifer-Platzek, der vielgefürchtete Kasernenhoftyrann, war perplex. Er hatte kurz das Gefühl, ihm sei ein Eisenträger auf den Schädel gefallen. Langsam dämmerte ihm, daß er von dem Regen in die Traufe geraten war. Seine erste Reaktion war Empörung. »Wie reden Sie denn überhaupt mit mir?« rief er. »Sie vergreifen sich im Ton.«

»Genau dasselbe wollte ich Ihnen sagen«, erklärte Asch kühl. »Anscheinend wissen Sie gar nicht, in welcher Situation Sie sich befinden.«

»Sie Sauhund!« brüllte Platzek und schien sich auf den Gefreiten stürzen zu wollen. »Sie elender ...« Er verstummte. Sein Mund war weit geöffnet, aber kein Laut vernehmbar.

»Sprechen Sie sich ruhig aus«, empfahl Asch.

Platzek besaß keinen durchdringenden Verstand, er selbst hielt sich mehr für einen Mann der Tat; aber er war beileibe kein Idiot. Er verfügte sogar über eine gewisse Portion Schlauheit. Er brauchte seine Zeit, bis er die gefährliche Situation, in der er sich befand, voll begriff, aber dann machte er sich keine Illusionen mehr. Er war in der Falle.

An diesem Donnerstag war für ihn eine Welt zusammengebrochen. Seine Kameraden oder die, die er dafür gehalten hatte, ließen ihn schmählich im Stich. Ganz allein mußte er die Suppe auslöffeln. Und so ein Stinktier von Untergebenem machte ihn moralisch fertig, höhlte ihn aus wie eine Walnuß, ging mit ihm um wie mit Lokuspapier. Das war zuviel. Das ertrug kein aufrechter Mann. Aber es war die Tatsache.

Wachtmeister Platzek zog das vorgestreckte Kinn ein und senkte den Kopf. Er ließ sich auf sein Feldbett fallen. Dort saß er wie ein großer Haufen Unglück.

»So gefallen Sie mir schon besser«, sagte Asch gnadenlos.

Platzek zitterte vor Wut. Alles in ihm schrie danach, sich auf Asch zu stürzen und ihn zu Brei zusammenzuhauen. Aber Asch war kein Schwächling; daß er auch kein Feigling war, hatte sich soeben herausgestellt. Und außerdem wäre eine Prügelei Mißhandlung Untergebener gewesen. Und wenn die Sache mit der Schießkladde an die große Glocke kam, bedeutete das Kriegsgericht, Degradierung, Gefängnis — aus der Traum, auf ewig aus! Platzek biß die Zähne zusammen; sie knirschten wie das Gebiß eines Pferdes.

»So ist das also«, sagte Asch, ohne den geringsten Triumph in der Stimme. »Man ist bereit, alles zu tun, um ja nicht seinen Posten zu verlieren. Man will nicht auffallen. Man will als vorbildlich gelten. Man will das Wohlwollen seiner Vorgesetzten ernten. Um das zu erreichen, ist man bereit, alles zu tun. Alles! Zu schleifen, Urkunden zu fälschen, Menschen in den Selbstmord zu treiben. Das ist die eine Seite der Medaille. Die andere heißt: Befehl ausführen.«

»Was wollen Sie von mir?« fragte Platzek dumpf.

»Zunächst einmal«, sagte Asch, »will ich, daß Sie sich wie ein halbwegs zivilisierter Mensch benehmen und nicht wie ein wildgewordener Schlächtergeselle. Was ich sonst noch von Ihnen will, werde ich Ihnen rechtzeitig mitteilen.«

An diesem Donnerstag fiel der erste Schuß.

Die Sonne war untergegangen. Regenwolken standen am Himmel und verschluckten den Tag. Es war zwanzig Uhr und achtzehn Minuten.

Kurz vorher saß der Hauptwachtmeister Schulz behäbig an seinem Tisch in der Schreibstube. Er liebte es, gelegentlich noch lange nach

Dienstschluß zu arbeiten. Und er sorgte stets dafür, daß derartige Anwandlungen bequem zur Kenntnis seiner Soldaten gelangen konnten: er arbeitete bei weitgeöffneten Fenstern und geradezu festlicher Beleuchtung. Wer außen an der Schreibstube vorbeiging, konnte und mußte ihn dort sitzen sehen.

Natürlich hätte Schulz, wenn er nur wollte, mit seinem Tagespensum weit früher fertig werden können – aber er wollte eben nicht. Während der allgemeinen Dienstzeit streunte er durch das Kasernement, suchte die Kantine auf oder seine Frau Lore heim, um der vorzuführen, wie sehr er sie mit Verachtung strafe. Kaum war aber der allgemeine Dienst aus, begann Schulz mobil zu werden, oder doch wenigstens so zu tun, als sei er es.

Er nahm von Wachtmeister Platzek die Schießkladde entgegen. Er blätterte darin und überlas die Korrektur. Dann sah er Platzek an, der schweigend und mit finsterer Miene dastand.

»Soweit ganz brauchbar«, sagte Schulz. »Macht einen ordentlichen Eindruck.«

»Damit ist die Sache also erledigt?« erkundigte sich Platzek mit mürrischer Stimme.

»Scheint so«, sagte der Hauptwachtmeister. »Die Kladde stimmt jetzt, und das ist für mich die Hauptsache. Hoffentlich bleiben die sechs Schuß verschwunden.«

»Wie meinst du das?« fragte Platzek ohne sonderliches Interesse und reichlich ahnungslos.

Der Spieß sprach mit gedämpfter Stimme, so daß es unmöglich gewesen wäre, ihn draußen, durch die weitgeöffneten Fenster, zu hören, selbst wenn es jemand darauf angelegt haben sollte, das zu versuchen, was jedoch erfahrungsgemäß kaum anzunehmen war. »Wie ich das meine? Ganz einfach. Nehmen wir einmal an, die sechs Schuß oder nur einige davon tauchen wieder auf. Jemand kann sich damit in den Mund schießen, einen Nebenbuhler töten, einen Zivilisten umbringen, dem er Geld schuldet, ein Weib durchlöchern, das ihm die Syphilis angehängt hat – und was weiß ich noch! Das ist alles schon dagewesen. So was kann also passieren. Und nun kommt die Untersuchung. Und was dann, wenn sich dabei herausstellt, daß die Munition vom Scharfschießen stammt, entwendet auf dem Stand, wo ein gewisser Platzek Aufsicht hatte? Was dann?«

»Mal nicht auch du den Teufel an die Wand«, sagte Platzek dumpf.

»Auch ich? Wer hat ihn denn noch an die Wand gemalt?«

Platzek schwieg. Er starrte mit nahezu ausdruckslosem Gesicht auf den Hauptwachtmeister, der sich tief in seinen Schreibsessel gelümmelt hatte. »Dann kann ich ja wohl gehen«, sagte Platzek.

»Von mir aus«, sagte Schulz. Und er sah Wachtmeister Platzek mit zähem Wohlwollen nach. Den habe ich fertiggemacht, sagte er sich, der ist jetzt ganz klein und häßlich, und das wird dem guttun. Er ist ein brauchbarer Soldat, gewiß, auf Spezialgebieten außerordentlich verläßlich, aber gerade diese Erfolge hatten ihn ein wenig größenwahnsinnig gemacht. Das ging schon so weit, daß er sich ihm, dem Hauptwachtmeister gegenüber, zu übertrieben kameradschaftlich gab und immer mehr zu vergessen schien, daß er letzten Endes einen direkten Vorgesetzten vor sich hatte. Ach, so ein Dämpfer würde dem ganz guttun.

Schulz, der breit dasaß, strahlte gedämpfte Zufriedenheit aus. Seine Überlegenheit wurde immer deutlicher. Sie war nicht ohne gewisse Opfer erkauft worden, aber alle Anstrengungen schienen sich zu lohnen. Jetzt hatte er Wedelmann, den arroganten Besserwisser, in der Hand. Lore, seine Frau, versuchte Turteltaube zu spielen. Der Kanonier Vierbein hüpfte wie ein Hase. Der Küchenunteroffizier war abgesägt und packte bereits seine Sachen; ein Unteroffizier von der 3. Batterie würde ihn ablösen, Schwitzke vermutlich, der wußte, was sich gehört.

Schulz spielte mit dem Telefon. Dann nahm er den Hörer ab und stellte eine Verbindung mit seinem Unteroffizier vom Dienst her. Er sagte: »Der Bursche von Leutnant Wedelmann wird sofort abgelöst. An seine Stelle tritt der Kanonier Wagner.«

Er horchte in den Apparat hinein und grinste dann breit. »Ob dieser Wagner dazu völlig ungeeignet ist oder nicht, das zu entscheiden überlassen Sie mir. Oder wer von uns beiden ist hier Hauptwachtmeister? — Na also! Sie traben sofort los und melden das Leutnant Wedelmann, mit dem ausdrücklichen Hinweis, daß ich das bestimmt hätte. Kapiert?«

Der Hauptwachtmeister legte den Hörer schwungvoll auf die Gabel. Er preßte die Handflächen aufeinander, rieb sie und knackte dann mit den Fingergelenken. Das waren so seine kleinen Freuden!

Er zog die rechte Schublade seines Schreibtisches auf, entnahm ihr eine Rolle Toilettenpapier und riß davon drei große Fetzen ab. Die legte er sorgfältig übereinander und faltete sie einmal. Er steckte sie in seinen linken Ärmelaufschlag. Dann legte er die Rolle Toilettenpapier wieder in die Schublade und verschloß sie.

Er erhob sich unternehmungslustig, warf einen kurzen prüfenden Blick in die beginnende Dunkelheit, die sich vor dem offenen Fenster drängte, und verließ dann mit forschen Schritten die Schreibstube. Er begab sich nicht sofort auf die Toilette im unteren Korridor, wo er zweimal täglich hinter der Tür »Nur für Unteroffiziere« zu verschwinden pflegte, er bog zunächst durch die Pendeltür in das Treppenhaus und betrat seine Privatwohnung.

Er ging aber nicht weiter hinein; er blieb, in unmittelbarer Nähe der offengebliebenen Tür, im schmalen Korridor stehen. »Zwanzig Uhr dreißig ein Bier«, rief er, »Zigarre und Zeitung.«

Lore, die diesen direkten Befehl unbewegt entgegennahm, antwortete nicht.

»Verstanden?« rief er.

»Ja, verstanden«, sagte Lore gedehnt und keinesfalls freundlich.

Schulz nickte vor sich hin und schien zufrieden; seine Autorität blieb, wie zu erwarten gewesen war, gewahrt. Sie bezeigte Respekt, wenn sie auch nicht sonderlich begeistert schien; aber das war ja auch, zumal bei einer Frau, kaum auf Anhieb zu erwarten gewesen.

Der Hauptwachtmeister schloß die Tür seiner Wohnung wieder hinter sich, ging durch die Pendeltür, durch den hellerleuchteten, leeren Korridor auf die Toilette zu. Kurz sah er auf seine Uhr: es war Viertel nach acht! Er konnte sich also Zeit lassen, geruhsam sein Geschäft erledigen, dabei ein wenig in der dort regelmäßig aushängenden Soldatenzeitung lesen und eventuellen Latrinengesprächen lauschen.

Er betrat die Toilette und verweilte zunächst im Hauptraum. Er öffnete das große Fenster, dessen untere Scheiben aus Milchglas bestanden. Er war immer für frische Luft, zumindest bei Temperaturen über fünfundzwanzig Grad. Er blickte, umflirrt vom Deckenlicht, in die frühe Dunkelheit hinaus, dorthin, wo die Müllkästen standen, wo der zertretene Platz zum Wäschetrocknen und Teppichklopfen lag, wo die Hallen begannen und der Exerzierplatz.

Dann zündete er sich am offenen Fenster eine Zigarette an, warf das abgebrannte Streichholz im hohen Bogen hinaus und nahm sich vor, gleich morgen früh nach dem Revierreinigen zu überprüfen, ob es aufgefunden worden war.

Automatisch begann er seinen Rock zu öffnen und schritt dabei auf die letzte der drei Türen zu, auf der geschrieben stand: »Nur für Unteroffiziere. Schlüssel befindet sich auf der Schreibstube.« Und da er sich das Privileg vorbehalten hatte, diesen Schlüssel höchstpersönlich auszuhändigen, worum ihn natürlich niemand bat, es sei denn, um zu reinigen, handelte es sich hier um so etwas wie seinen Privatlokus.

Er zog gerade in Erwägung, entweder in der Soldatenzeitung zu lesen oder darüber nachzudenken, was sonst noch zu geschehen habe, seine doch immerhin stabile Position auch weiterhin zu festigen. Da hörte er einen scharfen, peitschenartigen Knall. Glas splitterte und fiel klirrend auf den Steinfußboden. Von einer Wand rieselte Kalk.

Er sprang auf, stemmte sich gegen die Tür, entriegelte sie und blieb stehen. Eine Fensterscheibe war zerbrochen, in der Decke befand sich ein länglicher Riß. Schulz zog automatisch seine Hosen hoch.

Dann wurde die Tür aufgestoßen. Unteroffizier Schwitzke, der Saurier, erschien dort und sah neugierig in die Toilette hinein. »Was ist denn hier los?« fragte er breit. Dann erst erkannte er den Mann, der seine Hosen hochzerrte. »Haben Herr Hauptwachtmeister geschossen?«

»Es ist auf mich geschossen worden«, sagte der. Und er schien nicht wenig verstört zu sein, was Schwitzke verwundert zur Kenntnis nahm. »Durch das Fenster. Sehen Sie hinaus, vielleicht ist dort jemand.«

Schwitzke sah hinaus, konnte aber nichts erkennen. »Dort ist keiner«, sagte er dann.

»Dort muß aber einer sein!« rief der Spieß.

»Wenn dort einer war und geschossen haben sollte«, mutmaßte Schwitzke, »dann ist nicht anzunehmen, daß er immer noch dort steht.«

Schwitzke, der Saurier, war höchst unzufrieden mit sich. Er verfluchte heimlich seinen Einfall, der ihn dazu getrieben hatte, nachzusehen, was eigentlich los war. Er war im Duschraum gewesen, er befand sich auf dem Korridor, als der Schuß fiel, oder was das eben sonst gewesen sein mochte. Er hätte einfach abhauen und so tun sollen, als habe er nichts gehört. Erfahrungsgemäß war das immer die beste Reaktion; auf jeden Fall ersparte sie Unannehmlichkeiten. Aber nein, ihn ritt der Teufel, er mußte hertraben und dabei ausgerechnet dem Spieß in die Hände fallen. Dabei war es allerhöchste Zeit für ihn, zum Kegeln zu gehen.

»Wir müssen die Kaserne absperren«, sagte der Hauptwachtmeister.

»Aber warum denn?« fragte Schwitzke. »Wozu soll das gut sein?«

»Das war ein Anschlag!«

Schwitzke, der Saurier, war ein Meister im Bagatellisieren, wenn es galt, unnötige Aufregung und zusätzliche Arbeit zu vermeiden. »Aber, Herr Hauptwachtmeister«, fragte er bieder. »Wer wird denn auf Herrn Hauptwachtmeister schießen?«

»Da haben Sie auch wieder recht«, sagte Schulz unsicher.

»Das kann doch ganz harmlos gewesen sein. Vielleicht wollte jemand sein Gewehr reinigen.«

»Idiot«, sagte der immer schnell und konsequent denkende Hauptwachtmeister. »Gewehr reinigen! Draußen, in der Dunkelheit? Und die Munition?«

»Es kann ein Posten gewesen sein«, sagte Schwitzke eilig. »So etwas gibt es. Posten haben Munition. Durch einen Zufall kann ein Schuß losgegangen sein. Das ist voriges Jahr schon einmal passiert.«

»Traben Sie zur Wache«, sagte Schulz. »Stellen Sie dort fest, ob Ihre Vermutungen stimmen.«

Schwitzke machte keine Anstalten dazu. Dieser Abstecher hätte mindestens fünfzehn Minuten seiner kostbaren Zeit beansprucht. »Der Schuß kann ja auch aus einer Pistole stammen«, rief er. »Die Offiziere haben Privatmunition. Sie knallen jeden Tag durch die Gegend.«

»Den Offizieren ist so was zuzutrauen«, sagte Schulz. »Besonders Leutnant Wedelmann.«

»Eben!« sagte Schwitzke; und er hatte Übung darin, so etwas mit Überzeugung zu sagen. »So was wird es gewesen sein. Denn daß man auf Herrn Hauptwachtmeister schießen wollte, das ist doch völlig ausgeschlossen.«

»Das leuchtet mir ein«, sagte der Hauptwachtmeister und gab sich überlegen; aber sonderlich überzeugt von dem, was er sagte, war er nicht. Und er sagte sich: Das kann einfach nicht sein, das darf nicht sein, das gibt es nicht!

»Trotzdem«, erklärte er, »wollen wir sichergehen. Holen Sie sich einen Unteroffizier zu Ihrer Unterstützung, und dann melden Sie sich bei mir unten am Eingang.«

»Jawohl«, sagte Schwitzke und gab sich kaum noch Mühe, seinen Unwillen zu verbergen. Er ging zu Unteroffizier Lindenberg, denn einmal war der mit großer Wahrscheinlichkeit in der Kaserne anzutreffen, zum anderen aber war Lindenberg zu jeder Tages- und Nachtzeit dienstbereit.

Schwitzke traf Lindenberg, wie erwartet, beim Vorschriftenstudium. Den hatte das Problem, wie Gasmasken am zweckmäßigsten gelagert werden, mächtig gepackt. »Du sollst sofort mitkommen«, sagte Schwitzke. »Der Spieß braucht dich.«

Lindenberg nickte nur und erhob sich, ohne auch nur eine Sekunde zu zögern. Er hielt es für unsoldatisch, überflüssige Fragen zu stellen. Er sprang in die Stiefel, warf sich den Rock über, ergriff Koppel und Mütze und eilte Schwitzke voraus.

Hauptwachtmeister Schulz stand neben dem Eingang. Er notierte sich jeden, der hinaus und herein wollte, und stellte hochnotpeinliche Fragen. Für ihn war jetzt klar, wie diese ungewöhnliche, beinahe schon gefährliche Situation zu meistern war.

Schulz folgerte: Ein Schuß ist also gefallen, und zwar draußen. Es war anzunehmen, daß es sich um einen Gewehrschuß handelte. Woher die Munition dazu kam, konnte er sich beinahe schon denken. Jetzt kam es eigentlich nur noch darauf an, festzustellen, ob ein Angehöriger der 3. Batterie, seiner Batterie also, diesen Schuß abgegeben hatte. War das so, mußte er ein Gewehr benutzt haben. Das aber herauszubekommen, war gar nicht so schwer. Nur Mannschaften besaßen Gewehre, und die standen übersichtlich auf den Korridoren in den Ständern.

Der Unteroffizier Lindenberg meldete sich bei ihm. Schwitzke hielt sich bescheiden zurück.

»Also«, sagte der Hauptwachtmeister, »Sie, Lindenberg, übernehmen den Korridor im ersten Stock, Sie, Schwitzke, den hier unten. Sie überprüfen jedes Gewehr, ob der Lauf sauber ist. Sie schreiben sich jedes

Gewehr, das fehlt, auf. Sollte etwa einer gerade sein Gewehr reinigen, dann hat er sich sofort bei mir zu melden. Verstanden? Veranlassen Sie dann noch, Schwitzke, nein, besser Sie, Lindenberg, daß sich der Waffenunteroffizier bei mir meldet. Also los!«

Die beiden Unteroffiziere trabten davon. Der Hauptwachtmeister blieb auf seinem Kontrollpunkt stehen. Der Verkehr war mäßig. Der Spieß stand nachdenklich da. Es wird alles ganz harmlos gewesen sein, sagte er abermals zu sich, um sich zu beruhigen. Etwas anderes ist einfach nicht denkbar. Nicht vorstellbar! Absurd! Denn sonst . . .

Schwitzke meldete Vollzug. »Gewehre im unteren Korridor überprüft. Läufe sind einwandfrei. Ein Gewehr fehlt.«

Kurz darauf meldete auch Lindenberg Vollzug. »Gewehre mittlerer Korridor überprüft. Läufe einwandfrei. Zwei Gewehre fehlen.«

Ein wenig später ließ sich der Obergefreite Kowalski blicken. »Unteroffizier Wunderlich«, meldete er, »ist ausgegangen. Aber ich weiß ja auf der Waffenkammer Bescheid.«

Der Hauptwachtmeister rechnete: Kein Soldat der Batterie hatte heute Wache; Urlauber hatten ihre Gewehre auf der Kammer abzugeben und ihre Namensschilder in den Ständern befehlsgemäß entfernt; Kommandierte hatten ihre Gewehre mitgenommen und ebenfalls ihre Namensschilder entfernt. Drei Gewehre aber fehlten.

»Wieviel Gewehre sind in Reparatur?« fragte Schulz den Obergefreiten.

»Drei«, sagte der prompt.

Hauptwachtmeister Schulz atmete auf. »Dann kann es also keiner von uns gewesen sein«, sagte er erleichtert. Und er fügte hinzu: »Das wäre ja wohl auch das Letzte gewesen!«

Um zwanzig Uhr und einundzwanzig Minuten verließ der Gefreite Herbert Asch die Artilleriekaserne. Er hatte den Ausgehanzug angezogen; seine Bügelfalte erregte Aufsehen, und seine Schuhe glänzten. Er sah heute besonders unternehmungslustig aus.

Tiefblaue Schatten hingen über der Stadt. Der Mond glänzte fahl. Vereinzelte Fenster warfen ein grelles, scharf umrissenes Licht in die beginnende Dunkelheit. Die Kaserne lag jetzt da wie ein demütig erstarrtes Tier. Der Abendwind flatterte unruhig. Ein Gewitter schien sich ankündigen zu wollen.

Asch durchschritt das Tor und ging auf die Arbeitersiedlung zu, die einige hundert Meter weiter begann. Er sah sich nicht mehr um. Er suchte das Haus des Werkmeisters Freitag, das anders war als alle anderen, nicht etwa größer, auch nicht einfallsreicher gebaut, aber umgeben von einem gepflegten Garten, umstanden von jungen Bäumen, die sich neugierig hochreckten, abgegrenzt von einem hohen, dichten Zaun, der an eine Mauer denken ließ.

Auch jetzt im Dunkeln war das Haus Freitag nicht zu verfehlen; es füllte ein größeres Stück Himmel aus als alle anderen. Vater Freitag, der rauchend am Gartentor lehnte, öffnete ihm. Es war ihnen, als seien sie schon lange Jahre miteinander vertraut.

»Kommen Sie 'rein«, sagte Freitag. »Die Familie erwartet Sie bereits.«

»Eigentlich wollte ich nur schnell guten Abend sagen und Sie dann mit mir nehmen.«

»Und wohin?«

»Zu mir nach Hause, Herr Freitag.«

»Verwechseln Sie mich auch nicht mit meiner Tochter?«

»Keinesfalls«, sagte Asch, »ich kenne recht gut die Unterschiede. Sie wird später noch, hoffe ich, oft genug bei mir zu Hause sein. Heute aber brauche ich Sie, denn ich muß meinem Vater einiges klarmachen.«

»Hm«, brummte Freitag nachdenklich. »Ihr Vater ist Cafetier — sagt man nicht so? Er ist also Geschäftsmann. Ich bin Fabrikarbeiter. Ich kann mir kaum vorstellen, daß Ihr Vater sehr erfreut sein wird, mit mir zu plaudern.«

»Auf alle Fälle ist er darauf vorbereitet«, sagte Asch ehrlich. »Ich habe mit ihm telefoniert. Jetzt ist er neugierig auf Sie und das, was ich ihm erzählen will.«

»Nun gut.« Freitag nickte zustimmend. »Aber erwarten Sie jetzt nicht von mir, Herr Asch, daß ich stolz oder gerührt bin. Ich bin lediglich verwundert. Ich wundere mich über Ihr Tempo. Wir kennen uns kaum, und schon fangen Sie an, über mich zu verfügen.«

»Wir wollen die Familie begrüßen«, mahnte Asch.

Sie gingen hinein. Frau Freitag strahlte, Elisabeth gab sich reserviert.

»Du kommst schon wieder einmal reichlich spät«, sagte Elisabeth. »Mußt du zum Zapfenstreich in der Kaserne sein?«

»Ich habe heute Nachturlaub«, sagte Asch. »Bis ein Uhr.«

»Wie großzügig«, spottete Elisabeth.

»Aber ich kann leider nicht lange bleiben. Ich muß zu meinem Vater.«

»Ach!« sagte Elisabeth enttäuscht.

»Und ich begleite ihn«, sagte der alte Freitag.

Elisabeth war verstimmt; und sie gab sich nicht die geringste Mühe, das zu verbergen. Sie fragte sich, was Herbert wohl dazu bewogen haben könne, ihr so offensichtlich auszuweichen. Es gab mehrere Erklärungen dafür, doch keine befriedigte sie recht.

»Komm, Mutter«, sagte Freitag, »ich muß mich umziehen.«

»Das kannst du doch alleine.«

»Gewiß, Mutter. Aber schließlich hast du doch in der Küche zu tun.«

Frau Freitag verstand. Sie war hier überflüssig; die beiden jungen Leute sollten allein bleiben. »Ach so!« sagte sie. »Ja, natürlich.«

Elisabeth schämte sich ein wenig über dieses reichlich plumpe Manöver. »Von mir aus«, sagte sie entschieden, »kannst du ruhig hierbleiben, Mutter. Mich störst du nicht.«

»Aber wenn Sie in der Küche zu tun haben«, meinte Asch freundlich, »dann lassen Sie sich durch mich nicht stören.«

Die Eltern Freitag verließen das Wohnzimmer. Durch die geschlossene Tür war zu hören, wie sie lachten. Sie schienen sich köstlich zu amüsieren.

Elisabeth betrachtete Herbert Asch mit unzufriedenem, vorwurfsvollem Blick. Herbert erhob sich und ging auf sie zu. Sie zeigte deutlich, daß sie diesen Annäherungsversuch mißbilligte.

»Rühr mich nicht an!« sagte sie.

Asch legte seinen Arm um sie. Sie gab vor, sich zu sträuben; aber ihre Abwehr war nicht sonderlich heftig und hinderte ihn nicht daran, das zu erreichen, was er wollte. Sie ließ sich willig von ihm küssen.

Dann sagte sie: »Was ist eigentlich los mit dir! Weißt du überhaupt noch, was du willst?«

»Genau«, sagte Asch. »Aber ich spare mir die Erfüllung meiner Wünsche ein wenig auf; zu gegebener Zeit werde ich darauf zurückkommen.«

»Es sollte alles anders sein«, sagte Elisabeth. »Nach dem, was gewesen ist, sollte es ganz anders sein zwischen uns.«

Die Hand von Asch hatte sich behutsam auf ihre Schulter gelegt. »Du hast gewiß recht«, sagte er. »Und ich wünsche mir sicherlich das gleiche wie du. Aber ich kann jetzt nicht das tun, was ich will. Ich bin nicht Herr meiner Zeit. Genau besehen, darf ich nicht einmal Herr meines Willens sein.«

»Das verstehe ich nicht«, sagte sie.

»Du brauchst das auch nicht zu verstehen. Ich will gar nicht einmal sagen, daß das eine Männersache ist — es ist nur nicht normal, es ist nicht natürlich, weißt du. Es ist, genau besehen, Willkür, Unnatur — es ist nicht menschlich.«

»Ich verstehe dich immer noch nicht«, sagte sie.

»Elisabeth«, sagte er mühsam, »ich kann nicht zärtlich sein, du weißt das, zum mindesten kann ich nicht darüber sprechen. Ich kann nicht zu dir sagen: Ich liebe dich — auch wenn das wahr ist, auch wenn ich das immer denke. Und ich finde alle großen Worte albern. Ich sage nicht: Bis in den Tod! Und auch nicht: Fürs ganze Leben! Ich rede nicht von Ehre wie von Leberwurst und gebrauche nicht das Wort Treue im gleichen Atemzug mit Marmeladenbrot.«

»Was soll das, Herbert!«

»Sieh mal, Elisabeth, ich will dich heiraten.«

»Herbert!«

»Nicht gleich; auch nicht in dieser Woche. Ein wenig später, wenn alles klar ist.«

»Wenn was klar ist, Herbert?«

»Das wirst du sehen; und ich werde sehen, wie du das aufnimmst. Aber das, was ich soeben gesagt habe, das wollte ich nicht verschweigen. Das solltest du wissen. Was jetzt kommt, wird bei mir, bei meinen Gefühlen zu dir, nichts ändern. Wenn das bei dir auch so ist, bin ich glücklich. Wenn nicht, wirst du mich das fühlen lassen, und ich werde zufrieden sein.«

»Herbert, du machst mir Angst.«

»Ich muß jetzt gehen«, sagte Asch. »Mein Vater erwartet uns.« Er preßte ihren Arm heftig. Dann ging er schnell hinaus.

Der alte Freitag wartete bereits auf ihn. Gemeinsam gingen sie in die Stadt hinein, ohne sonderlich viel zu sprechen. Sie gingen im gleichen Schritt.

Das Café Asch war hell erleuchtet. Zahlreiche Besucher hatten sich eingefunden. In einer Nische saß Wachtmeister Werktreu mit einem drallen Mädchen und winkte dem Gefreiten Asch wohlwollend zu.

»Ihre Beliebtheit bei höheren Dienstgraden setzt mich in Erstaunen«, sagte Freitag gut gelaunt.

»Das kostet mich einiges«, sagte Asch. »Aber ich habe jetzt eingesehen, daß sich eine derartige Kapitalanlage auf die Dauer nicht lohnt.«

Sie durchschritten den langgestreckten Raum. Asch nickte dem Bedienungspersonal zu. »Dort hinten«, sagte er zu Freitag, »in der Ecke rechts, sitzt meine Schwester.«

»Ein sehr nettes Mädchen«, sagte Freitag.

»Aber ihr Hirn ist ein Weihnachtsbaum: bunte Kugeln, strahlende Lichter, sentimentaler Chorgesang.«

»Und der Soldat neben ihr?«

»Der heißt Vierbein. Das ist der dazugehörige Weihnachtsmann.«

Ingrid sah ihrem Bruder entgegen. Vierbein wollte sich erheben, um ihn zu begrüßen. Aber Asch sagte nur: »Weitermachen! Ihr habt noch einiges zu tun, schätze ich, ehe ihr euch gegenseitig die Hirne ganz vernebelt habt.«

Asch erwartete keine Antwort. Er wies Freitag den Weg. Er öffnete die hintere Tür des Lokals; sie stiegen eine Treppe hinauf und befanden sich in einem geräumigen Flur. Hier trafen sie auf den Cafetier Asch.

Der alte Asch hatte im großen Zimmer drei Flaschen Wein, Boxbeutel, Kitzinger Mainleite 37, kalt gestellt und eine Kiste Zigarren bereitgelegt. Er betrachtete seinen Besucher prüfend, als gedenke er ihn zu kaufen. Er schien sich über den Preis nicht einig werden zu können; er war in unbestimmter Weise höflich.

Die drei setzten sich um den großen Tisch, zündeten Zigarren an, kosteten den Wein. Asch und Freitag musterten sich gegenseitig ganz verstohlen; und Herbert ließ ihnen genügend Zeit dazu.

»Ich bin kein Weinkenner«, sagte schließlich der alte Freitag. »Ich weiß daher nicht, was Sie mir vorgesetzt haben. Immerhin möglich, daß das Spülwasser mit Geschmack ist. Aber mir schmeckt es.«

»Das mit dem Spülwasser mit Geschmack«, sagte der alte Asch und beugte sich ein wenig vor, »ist das Ihr Ernst? Trauen Sie mir das zu?«

»Warum nicht«, sagte der alte Freitag. »Auserlesenen Wein gibt man nur guten Gästen. Weiß ich denn, ob ich überhaupt willkommen bin?«

»Es ist einer meiner besten Weine«, sagte der alte Asch. »Die allerbesten sind nur für besondere Festtage gedacht, etwa Verlobung, Kindtaufe, Führerbegräbnis.« Die letzte Bemerkung war ihm herausgerutscht; das war peinlich. Aber er machte keinerlei Anstalten, das zu korrigieren; vielmehr wartete er gespannt, wie sein Besucher darauf reagieren würde.

»Dann kann ich nur hoffen«, sagte Freitag ruhig, »Sie werden recht bald Gelegenheit haben, Ihren allerbesten Wein anläßlich des dritten der von Ihnen aufgezählten Ereignisse trinken zu können.«

»Sie sind heute schon dazu eingeladen«, sagte der alte Asch munter. »Aber ich hoffe, wir werden nicht erst darauf warten, sondern schon vorher, anläßlich einer Verlobung, meine Reserven in Angriff nehmen. Prost, Herr Freitag.«

Sie tranken genußvoll, in kleinen Schlucken; sie ließen den Wein auf der Zunge zergehen. »Er ist schwer, herb, würzig, mit dem Aroma von reifen, gutgelagerten Äpfeln«, sagte der alte Freitag bedächtig.

»Ganz ausgezeichnet«, sagte der alte Asch mit ehrlicher Anerkennung. »Stimmt genau. Sie hätten Gastwirt werden sollen.«

»Ausgeschlossen!« wehrte Freitag ab. »Ich wäre bestimmt mein bester Kunde gewesen.«

So redeten sie; und Herbert Asch ließ sie vorerst reden. Sie verstanden sich gut. Sie besaßen viel mehr Gemeinsames, als sie zunächst vermutet hatten. Und der alte Asch gestand, daß er im Hause sämtliche Reparaturen selbst vornehme, aus purer Freude an der Sache. Nur mit dem großen Eisschrank sei er nicht ganz fertig geworden; der lasse Wasser und erreiche keine übermäßig tiefen Temperaturen.

Freitag erklärte sich sofort bereit, ihm den Eisschrank zu reparieren. Der alte Asch ging unbedenklich darauf ein. Sie waren kurz davor, den Rock auszuziehen, Handwerkszeug zusammenzusammeln und in die Küche hinunterzusteigen. Herbert Asch hatte Mühe, sie davon abzubringen.

»Ein andermal«, sagte er. »Deshalb sind wir schließlich nicht hier.«

»Wir sind hier«, sagte der alte Asch, »damit ich deinen Schwiegervater kennenlerne. Das ist geschehen. Er gefällt mir. Jetzt können wir uns ruhig zu unserem Vergnügen beschäftigen.«

»Moment mal!« sagte der alte Freitag erstaunt. »Wer soll hier der Schwiegervater von wem sein? Das ist das Neueste, was ich höre.«

»Ich bitte um Entschuldigung«, sagte Herbert Asch verlegen. »Mein Vater hat eine Andeutung von mir falsch ausgelegt.«

Das war dem alten Asch sichtlich peinlich. »Ach was!« sagte er und versuchte die prekäre Situation zu überspielen. »Schwiegervater oder nicht Schwiegervater. Wir verstehen uns so oder so. Und weshalb sind wir nun wirklich hier?«

»Ich wollte versuchen, dir etwas zu erklären, Vater.«

»Aber ich hoffe«, sagte der alte Freitag mit Bestimmtheit, »das hat nichts mit meiner Familie zu tun. Ich lasse mich nicht gerne verkaufen, und schon gar nicht hinter meinem Rücken.«

»Du bist ein dummer Bengel«, sagte der alte Asch ärgerlich. »Du bringst hier zwei ausgewachsene Männer in Verlegenheit. Nichts für ungut, Herr Freitag.«

»Erledigt.«

»Und was willst du von uns?«

»Du warst doch auch mal Soldat, Vater?«

»Selbstverständlich.«

»Hat es dir beim Militär gefallen?«

Der alte Asch hatte nicht die geringste Ahnung, worauf sein Sohn hinauswollte. »Gefallen? Wie kommst du darauf? Ich habe meine zwei Jahre heruntergerissen. Wie das so ist.«

»Und Sie, Herr Freitag?«

»Ich schließe mich meinem Vorredner an«, sagte der uninteressiert.

»Und war es eine schöne Zeit, eine großartige Zeit?«

Die beiden Alten sahen sich an, grinsten dann verlegen, und erhoben ihre Weingläser. »Das waren noch Zeiten«, sagte der alte Asch nicht ohne Hohn.

»Einer von uns kam aus dem Kuhstall«, sagte Freitag. »Er durfte bei der Frau Hauptmann Teppiche klopfen, das begeisterte ihn. Ein anderer war Kutscher; er wurde Feldwebel und hatte nun nicht mehr vier Pferde, sondern gleich dreißig Mann, die ihm auf Zuruf gehorchten. Ein dritter war zu dämlich, um Roggen von Gerste zu unterscheiden, aber sein Parademarsch konnte sich sehen lassen, und ein richtiger General hatte sich nach seinem Namen erkundigt. Denen gefiel das nicht schlecht.«

»Und dann erst der Krieg!« rief der alte Asch. »Der Briefträger machte auf Staatskosten eine Frankreichreise und lebte dort wie ein Gott; als er zurückkam, sprach er drei Worte Französisch, und zwar dreißigmal an einem Abend, wenn er besoffen in Erinnerungen schwelgte. Ein Arbeiter in einer Kohlenhandlung, der es nicht fertigbrachte, sich einen Sonntagsanzug zusammenzusparen, schoß drei Häuser, zwei Geschütze, vier Planwagen und einige Dutzend Menschen zusammen. Ein Hilfslehrer aus Hinterpommern war Ordonnanz bei einem Regimentsstab; wenn der Oberst besoffen war, nannte er ihn Emil. Denen gefiel das auch nicht schlecht.«

»Im Grunde ist das heute noch genauso«, sagte Herbert Asch. »Es ist der Sprung aus dem Alltag, aus dem Geschäftstrott, aus dem monotonen Arbeitsrhythmus. Plötzlich hat so ein Mann Munition – er kann töten! Er hat Untergebene – er kann sie schleifen! Er kann Schicksal spielen. Und er zögert nicht, sich das anzumaßen.«

»Aber vielleicht«, sagte der alte Freitag nachdenklich, »gibt es wirklich so etwas wie eine uralte natürliche Neigung der menschlichen Natur zum Soldatischen. Es ist ein Urtrieb – nicht nur urtümliche Mord- und Machtlust, sondern auch der Trieb zur Verteidigung von Leib und Leben, von Frau und Kind, Kranken und Schwachen. Gegen wilde Tiere, gegen Straßenräuber, gegen Wahnsinnige, eben gegen Feinde ...«

»Mag sein. Aber es gibt Gedankengänge«, sagte der alte Asch, »die aus diesem primitiven, doch berechtigten Trieb ein flottes Geschäft machen. Da will der eine, was der andere hat. Also erklärt er einfach den anderen für ein wildes Tier, für einen Straßenräuber, für einen Wahnsinnigen, für den Feind. Immer führen zwei Parteien Krieg, beide zumeist sogar noch mit dem Segen der Kirche; beide wollen recht haben, wollen ehrenwert sein, den Frieden bewahren und sich nur verteidigen. Aber einer muß doch das Schwein sein? Oder alle beide sind Schweine!«

»Das Soldatentum«, warf Freitag ein, »wird erst durch die schlechte Sache, für die es sich immer wieder schlägt, wirklich schlecht. Nehmen wir an, dieser Hitler bricht einen Krieg vom Zaun, ganz willkürlich, mit voller Überlegung. Da werden die besten Soldaten automatisch zu Mitgliedern einer Mordbande. Aber das Soldatische an sich ist, meiner Meinung nach, eine ganz andere Sache.«

»Und deshalb«, rief Asch mit Empörung, »muß der Mann sich in den Dreck jagen lassen, muß jeden Befehl eines größenwahnsinnigen Anstreichers wie ein Gottesurteil widerspruchslos hinnehmen, muß sich moralisch liquidieren lassen, muß sein Gehirn ausschalten, bis es eintrocknet, muß scheißen, wenn es der Dienstplan erlaubt, erstarren, wenn ein Kuhkopp ihn anspricht, anstehen, wenn er ausgehen will! Er muß sich zum Wurm machen, wenn er leben will!«

»Wer sagt denn, daß das immer und unter allen Umständen so sein muß?« fragte Freitag heftig.

»Wir haben uns immer nach allen Regeln der Kunst gedrückt«, gestand der alte Asch schmunzelnd. »Wer nur einigermaßen helle war oder wenigstens frech, der konnte jeden Unteroffizier über den Löffel balbieren. Viele schwärmen heute noch davon. Diese sogenannten schönen Erinnerungen an die Soldatenzeit sind eigentlich Erinnerungen an wohlgelungene Betrugsmanöver.«

»Es liegt an der Struktur«, sagte Freitag. »Es liegt einfach daran, daß man nicht Menschen haben will, sondern eine Kriegsmaschine. Aber die Menschen wollen einfach nicht mehr wie Nummern behandelt werden. Mit dem allgemeinen Lebensstandard steigen auch die geistigen Ansprüche. Es gibt kaum noch Analphabeten. Jeder Vorarbeiter, jeder Taxichauffeur ist heute intelligenter als ein Berufsunteroffizier.

»Aber die Methoden in der Wehrmacht«, rief Herbert Asch bitter, »sind die gleichen wie vor dem Weltkrieg oder noch schlimmer! Schleifereien, um Kadavergehorsam zu erzwingen. Oder Drill, um selbständige Reaktionen auszuschalten. Demütigungen am laufenden Band, um jeder individualistischen Regung die Knochen zu zerbrechen. Der Soldat lebt so, wie seine Vorgesetzten ihn leben lassen; wie es ihnen gefällt, wie sie gerade in Stimmung sind; nur so, nicht anders!«

»Mach was dagegen«, sagte der alte Asch resignierend.

»Ich bin gerade dabei, Vater«, sagte Herbert und sah ihn offen an.

Der verstand nicht. »Was heißt das?« fragte er. »Willst du General werden und die Armee reformieren?«

»Ich werde das sagen, was ich denke, und so handeln, wie ich es für richtig halte. Solange es geht.«

Der alte Asch lehnte sich zurück. »Du bist verrückt«, sagte er. »Willst du etwa meutern?«

»Ich verstehe ihn«, sagte Freitag. »Er will ein Beispiel geben.«

»Total verrückt«, sagte der alte Asch überzeugt. »So was ist doch sinnlos. Ich habe dir schon immer ziemlich viel zugetraut, Herbert, aber das bestimmt nicht.«

»Ich kann einfach nicht mehr anders«, sagte Herbert Asch. »Das ganze Gesindel kotzt mich an.«

»Dann dreh dich doch weg!«

»Es wird Zeit, daß einer zurückschlägt.«

»Aber warum mußt gerade du das sein?«

»Einer muß das machen; einer muß mal damit anfangen. Vielleicht ist das wirklich idiotisch, aber ich kann nicht anders. Ich habe einen Freund gehabt, Vater. Ein netter, intelligenter, aufgeschlossener Junge, liebenswert und hochanständig. Sie haben ihn systematisch erledigt; sie haben ihm das Rückgrat geknickt, wie man ein Stück Holz über das Knie bricht. Sie haben ihn bis zum Selbstmord getrieben.«

»Schon gut«, sagte der alte Asch. »Mach, was du willst.«

»Ich wollte, Vater, daß du das vorher weißt«, sagte Herbert Asch. »Und ich wollte auch, daß es Herr Freitag weiß, aus ganz bestimmten Gründen.«

»Ich verstehe Sie«, sagte der Werkmeister.

»Und was meinst du, was passieren wird?«

»Das weiß ich noch nicht«, sagte Herbert Asch gelassen. »Ich werde mich jedenfalls nicht wie ein Elefant im Porzellanladen benehmen. Ich werde vielmehr versuchen, sie mit ihren eigenen Methoden zu schlagen. Sie haben erstaunliche Schwächen. Ich habe schon angefangen, das auszuprobieren, zum Teil mit überraschendem Erfolg. Immerhin ist es möglich, daß ich irgendwo in einem Militärgefängnis lande.«

»Lachen würde ich«, sagte der alte Freitag mit kargem Grinsen, »wenn Sie womöglich zum Unteroffizier befördert werden. Bei Gott und den Preußen ist kein Ding unmöglich!«

Der Unteroffizier Lindenberg ging der schwersten Stunde seines Lebens, seines soldatischen Lebens, mit der bei ihm selbstverständlichen vorbildlichen Haltung entgegen. Er schritt auf sie zu, wie Leinwandhelden in den Filmtod schreiten: furchtlos und treu, borniert und mit Blindheit geschlagen. Und der nahezu heilige Ernst, der ihn erfüllte, wich nicht aus ihm.

Sein Wecker schnurrte an diesem Freitag kurz nach fünf Uhr. Er war der einzige Unteroffizier in der Batterie, der seinen eigenen Wecker besaß; und es war gar kein gewöhnlicher, sondern ein Spezialwecker, mit Garantieschein, Glockenklang und Mehrfachgeläute. Lindenberg pflegte ihn, sobald er seine Stube verließ, in seinen Schrank einzuschließen, denn sonst hätten die beiden anderen Unteroffiziere, die mit ihm den Raum teilen mußten, das »Monstrum«, wie sie den Wecker nannten, mit Sicherheit zertrümmert.

Das Monstrum also schnurrte. Lindenberg war sofort hellwach. Er richtete sich hoch, dehnte die Arme, warf die Decke zur Seite und sprang auf den Bettvorleger. Er tänzelte ein wenig, deutete ein paar Kniebeugen an, um das Blut auf normale Touren zu bringen.

Das Monstrum, das nicht abgestellt worden war, klingelte jetzt mit hohem Ton. Das war die zweite Stufe; die dritte würde ein infernalisches Gerassel mit drei Glocken sein.

»Blöder Hund«, rief ein Unteroffizier, der aus dem Schlaf gerissen worden war. »Stell deinen Lärmkasten ab, oder es knallt.« Tastend suchte er nach seinen Filzpantoffeln, um mit kühnem Wurf das Monstrum zu beschädigen. Doch er fand die Schleudergeschosse nicht gleich.

Lindenberg stellte mit sicherem Griff seinen Spezialwecker ab. »Bitte um Entschuldigung«, sagte er mit guter Haltung. Er beklagte im Innern das fehlende Verständnis seines Kameraden für dienstliche Ambitionen; aber er war beherrscht genug, das nicht zu zeigen.

Einmal in der Woche pflegte Lindenberg seine Korporalschaft unmittelbar nach dem Wecken zu kontrollieren, nicht zuletzt, um seinen direkten Untergebenen zu demonstrieren, daß er jederzeit im Dienst sei und daß es ratsam wäre, in jeder Situation, aber auch in jeder, darauf gefaßt zu sein, daß er plötzlich auftauchen könnte. »Selbst auf dem Scheißhaus!« hatte er seinen Soldaten mit großem Ernst gesagt.

Lindenberg liebte diese Minuten des frühen Tages mit wohltemperierter Leidenschaft. In ihnen atmete die Ruhe vor dem Sturm, die Stille vor der ersten Detonation, das Schweigen vor dem großen Aufbruch. Tief inhalierte er die Morgenluft.

Lauernd kroch der neue Tag herauf. Bleich lag er an den Wänden der Kaserne und wartete stumm. Lindenberg sog, am offenen Fenster stehend, die Kühle in sich hinein. Er glaubte tausend Soldaten atmen zu hören. Bald würden sie sich regen, und durch die Kästen aus Beton würde die erwachende Kraft der kriegsbereiten Artillerie aufdröhnen, wie ein mächtiger Motor, der in Gang gebracht worden war.

Der Unteroffizier nickte zufrieden; und seine Haltung war eine kurze Zeitspanne lang demütig und stolz zugleich. Immer wieder übermannte ihn in solchen Minuten das erhebende Glücksgefühl, ein Soldat zu sein. Dafür lebte er, dafür lohnte es sich zu leben.

Tänzelnd eilte er in den Waschraum, rasierte sich sorgfältig, ging unter die Brause. Dann bekleidete er sich mit dem kleinen Dienstanzug und überprüfte noch einmal seine Erscheinung im Wandspiegel. Er fand nichts an sich auszusetzen.

Fünf Minuten vor dem Wecken stand er im mittleren Korridor, vor der Tür, hinter der seine Korporalschaft ahnungslos schlief. Er freute sich auf die Überraschung, die er den Seinen bereiten würde.

Der Unteroffizier vom Dienst trottete herbei. Er war unrasiert, wie Lindenberg mißbilligend feststellte, und gähnte mit weit aufgerissenem Mund. »Sieh da«, sagte er, ohne sich auch nur im geringsten über die Anwesenheit des »Eisernen« zu wundern. »Der letzte Soldat ist schon wieder einmal der erste. Da werden sich deine Soldaten aber von ganzem Herzen freuen.«

»Das hoffe ich«, sagte Lindenberg reserviert.

Der Unteroffizier vom Dienst setzte sich in Bewegung. Er stieß eine Tür nach der anderen auf, seine Trillerpfeife gellte durchdringend und er rief: »Aufstehen!«

Lindenberg rückte noch einmal sein Koppel zurecht, was unnötig war; er überprüfte kurz den Sitz seiner grauen Lederhandschuhe, was zwecklos war, da sie vom vielen Waschen schlaff und formlos geworden waren. Er überschritt die Schwelle und baute sich neben der Tür auf.

Wortlos und genau beobachtend stand er da. In wehenden Nachthemden schwangen sich Gestalten aus den Betten. Einer gähnte und gab dabei Laute von sich, wie sie im Kuhstall vernommen werden können. Der Kanonier Vierbein entdeckte den Unteroffizier zuerst. Er brüllte »Achtung« und nahm Haltung an. Die morgenmüden Soldaten erstarrten gleichgültig, so wie sie bekleidet waren, ohne Rücksicht darauf, womit sie sich gerade beschäftigten. Es schien, als seien sie dabei, den unterbrochenen Schlaf im Stehen fortzusetzen.

Der Obergefreite Kowalski wälzte sich notgedrungen aus seinem Bett, schaute aus seiner Ecke hervor und peilte die Lage. Dann meldete er: »Keine besonderen Vorkommnisse.«

Unteroffizier Lindenberg stand nunmehr seinerseits stramm, wie es die Disziplin von ihm erforderte, er legte die Hand grüßend an die Mütze. »Danke«, sagte er. »Rührt euch! Weitermachen!« Nunmehr rührte auch er.

Die Soldaten kannten Lindenbergs Eigenarten. Sie hatten derartige Inspektionen in der frühen Morgenstunde bereits zu Dutzenden erlebt. Sie wußten, daß Lindenberg sehen wollte, ob sie sich benahmen, wie sich ein Soldat, nach des Unteroffiziers Ansicht, zu Beginn eines neuen Tages zu benehmen hat: elastisch und planmäßig, frisch und freudig bewegt dem Kommenden entgegensehend. Motto: Jederzeit einsatzbereit!

Kowalski spielte seine Rolle als Stubenältester mit mechanischer Sicherheit. »Meldet sich jemand krank?« fragte er. Wie üblich erhielt er keine Antwort. »Krankmeldungen keine!« rief er sodann laut. Lindenberg nickte.

Kowalski rief nunmehr: »Zum Revierreinigen eingeteilt: Wagner und Volkmann!« Wagner wollte aufbegehren; er hatte bereits gestern Revierreinigen gehabt und vorgestern Stubendienst. Und heute schon wieder? Das war eine Schikane! Aber in Gegenwart von Lindenberg konnte er sich keinen Widerspruch leisten. Wütend warf er das Nachthemd auf sein Bett, streckte den nackten Hintern in Richtung Kowalski vor und gehorchte.

Kowalski erledigte sein Pensum gründlich, bevor er sich auf die Toilette zurückzog und sich dann in den Waschraum begab. »Stubendienst: Kanonier Vierbein!« rief er.

»Jawohl«, sagte Vierbein sofort. »Stubendienst.«

Ein Lächeln der Zustimmung war auf Lindenbergs Gesicht vernehmbar. Er betrachtete Vierbein nicht ohne Wohlwollen. Er nahm jede Bewegung des Kanoniers zur Kenntnis und fand, daß sie exakt und nicht ohne Energie waren. Das freute ihn. Das bestätigte seine Theorie. Er hatte

Vierbein schon immer für einen brauchbaren Soldaten gehalten. Gewiß, noch war der weich, vermutlich sogar ein wenig gefühlsduselig; aber den guten Willen konnte ihm niemand absprechen, und das war immerhin eine brauchbare Voraussetzung. Vierbein »spurte« jetzt, wie man so treffend sagte; und das war doch ganz allein sein, Lindenbergs, Verdienst.

»Kanonier Vierbein«, sagte der Unteroffizier.

Vierbein, bereits in der Drillichhose, schoß herbei. »Herr Unteroffizier!«

»Zeigen Sie mir Kamm und Bürste.« Vierbein zeigte sie ihm, und er betrachtete sie.

»Rasierzeug.« Vierbein zeigte auch das vor.

»Zahnbürste und Zahnputzglas.« Auch das musterte Lindenberg.

Dann sagte Unteroffizier Lindenberg: »Gut, Kanonier Vierbein. Machen Sie so weiter!« Und nachdem er dieses gewaltige Lob ausgesprochen hatte, nahm er nicht ohne den winzigen Anflug einer männlichen Rührung zur Kenntnis, daß sich Vierbein beglückt zeigte.

Noch immer stand der Unteroffizier neben der Tür, nahezu unbeweglich, scharf registrierend, was er sah. Und da er so ziemlich alles, was er sah, durchaus brauchbar und in Ordnung fand, erfüllte ihn Befriedigung. Wieder schwellte ihn das Glücksgefühl, Soldat sein zu dürfen.

Hier stehen, die Untergebenen vor sich erblickend, wie sie planvoll, nach seinen wohldurchdachten Regeln, den Tag begannen, wie sie bemüht waren, unter den forschenden Augen ihres unmittelbaren Vorgesetzten exakt und wortkarg die Vorbereitungen für den planmäßigen Dienst zu treffen — das war erhebend. Nur ein Gefühl wie dieses machte das Leben lebenswert und das Dasein sinnvoll!

Alles andere lag Stufen tiefer, war um Grade unwichtiger, war zu bemitleiden oder gar zu verachten. Allein hier lag die große Beglückung! Nicht etwa bei den Frauen; sie rochen nicht gut und faßten sich weich an. Nicht bei der Kirche; sie waren dort zu rührselig und zu mitteilungsbedürftig. Nicht bei den Büchern; sie verwirrten nur und erweichten das Hirn. Nicht bei der Natur; sie machte zügellos und förderte das Einzelgängertum. Allein das Soldatische erfüllte den echten Mann ganz.

»Wo ist eigentlich der Gefreite Asch?« fragte Lindenberg plötzlich. Er hatte Asch heute noch gar nicht gesehen. Er dachte kurz über alle Personen nach, die er an diesem Morgen registriert hatte; er befragte sein für derartige Details hervorragend geeignetes Gedächtnis: Nein, er hatte Asch noch nicht gesehen.

Die Soldaten zogen es vor, die Stube zu verlassen. Das war durchaus normal; sie packten Handtuch, Seife und Rasierzeug zusammen, Zahnpasta, Zahnbürste und Zahnputzglas, letzteres nur, weil Lindenberg zusah, und begaben sich in den Waschraum. Es wäre einfach unklug gewesen, sich den prüfenden Blicken des Unteroffiziers weiter auszusetzen.

»Wo ist der Gefreite Asch?« fragte Lindenberg erneut.

Er bekam keine Antwort. Selbst Kowalski, der sich in der Nähe aufhielt, zog es vor, nicht zu sprechen. Die Stube war nahezu menschenleer.

Lindenberg zögerte, das zu glauben, was er zu vermuten sich gezwungen sah. Dann ging er in die Stube hinein, dorthin, wo hinter zwei Schränken das Bett des Gefreiten Asch stand. Lange Sekunden verharrte er dort regungslos.

Der Gefreite Asch lag in seinem Bett, die Hände unter dem Kopf und blinzelte seinen Korporalschaftsführer an. Er sah zufrieden aus. Er hatte den rechten Fuß bequem auf das linke Knie gelegt und lächelte.

Unteroffizier Lindenberg vermochte es nicht, sein Erstaunen zu verbergen. Er fand, daß das, was sich hier seinen Augen bot, einfach unerhört war. Nahezu eine Viertelstunde lang hatte es also der Gefreite Asch gewagt, die Anwesenheit seines Unteroffiziers einfach zu ignorieren. Das war wirklich unerhört! Das war ihm, Lindenberg, noch nie passiert. Und um ganz ehrlich zu sein: Es wäre ihm nie eingefallen, nicht einmal im Traum, daran zu denken, daß ihm etwas Derartiges überhaupt passieren könnte.

Lindenberg zwang sich zur Ruhe und fragte: »Wollen Sie nicht aufstehen, Asch?«

Asch sagte ruhig: »Mein Dienstgrad ist Gefreiter.«

Der Unteroffizier schluckte das; aber es dauerte einige Sekunden. Sofort trat sein wundersam ausgeprägtes Gefühl für vorschriftsmäßiges Verhalten in Aktion und sagte ihm, daß er tatsächlich einen Fehler begangen habe. Laut Führerbefehl waren Untergebene mit Dienstgrad und Namen anzureden. Es war zwar völlig taktlos von Asch, vielleicht sogar disziplinlos, ihn darauf aufmerksam zu machen, aber ein Recht dazu hatte er schon.

Der Unteroffizier verbesserte sich also: »Wollen Sie nicht aufstehen, Gefreiter Asch?«

Und der sagte freundlich: »Von wollen kann gar keine Rede sein, Herr Unteroffizier.«

Der Obergefreite Kowalski, der als einziger dieser Unterredung beiwohnte, lief rot an. Es war nicht zu erkennen, ob das ein Zeichen von Freude oder von Entsetzen war. Er kämpfte kurz mit sich, ob er sich zu den anderen in den Waschraum begeben sollte, oder ob er es sich leisten könne, in der Feuerlinie zu bleiben. Schließlich blieb er.

Auch Lindenbergs Gesicht war leicht gerötet. Er straffte sich und sagte mit rauher Stimme: »Sie stehen sofort auf, Gefreiter Asch!«

»Das«, sagte der und richtete sich umständlich auf, »ist etwas anderes.

Das ist ein klarer Befehl. Klare und berechtigte Befehle verweigere ich nicht. Das andere jedoch, das war lediglich eine Frage, höchstens aber eine Aufforderung. Unklar formuliert, Herr Unteroffizier.«

Lindenberg schluckte auch diesen Tadel; sein überentwickeltes Gerechtigkeitsempfinden gebot es ihm. Er hielt es für angebracht, die Situation unmißverständlich zu klären. Und während sich Asch erhob, aus dem Bett stieg, sich das Nachthemd über den Kopf zog, sagte der Unteroffizier: »Nach den bestehenden Vorschriften hat sich jedermann unmittelbar nach dem Wecken zu erheben. Sie haben das nicht getan, Gefreiter Asch. Also haben Sie gegen die bestehenden Vorschriften verstoßen.«

Asch stand nackend da. Er nahm keinerlei Haltung an, was bei seinem Zustand ganz natürlich zu sein schien. Er sagte: »Herr Unteroffizier, es gibt Begriffe, über die man streiten kann. Unmittelbar — das ist so ein Begriff. Was heißt denn: unmittelbar? Eine Sekunde? Drei Minuten? Oder eine Viertelstunde? Das steht in keiner Vorschrift drin. Das kann man also nach Gutdünken auslegen, und das habe ich ja auch getan.«

»Unmittelbar — das ist zehn Sekunden, höchstens eine Minute«, entschied der Unteroffizier.

»Nachträglich kann das jeder sagen«, meinte Asch bieder.

Lindenberg biß die Zähne aufeinander. Er bereute schon, sich mit Asch überhaupt auf ein Gespräch eingelassen zu haben. Aber jetzt wollte er es durchstehen und seine hier allein maßgebliche soldatische Art zu denken überzeugend begründen. »Ich bin nicht jedermann«, sagte er scharf, »ich bin Ihr Vorgesetzter. Nach meiner Überzeugung haben Sie wider die Vorschrift gehandelt. Das ist strafbar.«

»Herr Unteroffizier«, sagte Asch, »wie kann denn etwas strafbar sein, das Sie ausdrücklich billigen.«

»Was?«

Asch zeigte sich bereit, das näher zu erklären. »Ich lag im Bett in Gegenwart des Korporalschaftsführers. Denn während der ganzen Zeit, vom Wecken an, waren Sie, Herr Unteroffizier, anwesend. Und es ist weder ein Tadel noch eine Aufforderung noch gar ein Befehl erfolgt. Also mußte ich annehmen, daß Sie, Herr Unteroffizier, mein Verhalten ausdrücklich billigten.«

Lindenberg zuckte zusammen, als habe er soeben einen kräftigen Schlag auf den Schädel erhalten. Er schüttelte sich ein wenig. Dann straffte er sich wieder, mit Anstrengung. »Mit Ihnen rede ich nicht mehr, Gefreiter Asch.«

»Das ist aber sehr schade, Herr Unteroffizier.«

»Ich werde Sie melden!«

»Peinlich, was so alles in Ihrer Korporalschaft passiert, Herr Unteroffizier«, sagte Asch; und das hörte sich an, als sei er ehrlich betrübt darüber.

Der Unteroffizier Lindenberg verstand die Welt nicht mehr. Er vermochte einfach nicht zu glauben, was er hörte. Er suchte nach einer Erklärung dafür, fand aber keine, die ihn überzeugte. »Hören Sie mal, Gefreiter Asch«, sagte er dann. »Ist Ihnen nicht gut? Sind Sie krank? Oder was ist los?«

»Ich bin durchaus normal – wenn Sie das meinen? Ich fühle mich lediglich gestört, und zwar durch Sie, Herr Unteroffizier.«

»Überlegen Sie, was Sie sagen!« rief Lindenberg erregt.

Der Obergefreite Kowalski hatte dafür gesorgt, daß sie allein blieben. Die Soldaten, die sich inzwischen gewaschen hatten, standen auf dem Korridor herum, mit nackten Oberkörpern, und tauschten Vermutungen aus. Sie hofften auf das Schlimmste.

»Was ich hier sage«, erklärte Asch, »das habe ich mir genau überlegt. Ich fühle mich durch Sie, Herr Unteroffizier, gestört. Das ist alles. Warum lassen Sie uns denn nicht in Ruhe aufstehen und uns auf den Dienst vorbereiten? Wir sind doch keine Automaten. Wir wollen doch nicht nur im Schlaf ein bißchen Privatleben genießen. Aber wir werden hier wie die Leibeigenen behandelt. Und Sie sind kein Ausbilder, sondern ein Aufseher.«

Lindenberg machte sich Notizen und sagte bebend: »Das alles werde ich mir merken!«

»Hoffentlich.« Asch nickte durchaus zustimmend. »Und wenn Ihnen der Ausdruck Aufseher nicht genügt, dann können Sie ihn durch Sklavenhalter ersetzen.«

»Sklavenhalter!« schrie Lindenberg entsetzt; er war tief im Innern schwer verwundet. Ihm war, als müsse er verbluten. »Das genügt!« schrie er mit letzter Kraftentfaltung. »Jetzt ist Schluß!«

»Wenn Ihnen das genügt, ist jetzt Schluß«, sagte Asch verbindlich.

Lindenberg war bleich wie ein frisches Bettlaken. Er nahm alle Kraft zusammen, um nicht handgreiflich zu werden. Er rechnet es sich hoch an, daß er sich nicht dazu hinreißen ließ. Aber eine Mißhandlung Untergebener war außerordentlich streng verboten; und er respektierte alles, was verboten war.

Unteroffizier Lindenberg sagte mit, wie er glaubte, schneidender Schärfe, wobei aber seine Stimme bibbernd aufkreischte und zu versagen drohte: »Das wird Ihnen teuer zu stehen kommen, Gefreiter Asch!« Dann drehte er sich schroff um, ging auf den Obergefreiten Kowalski zu und sagte: »Sie sind Zeuge.«

»Was soll ich denn bezeugen?« fragte Kowalski und stellte sich, mit gewohntem Erfolg, dumm.

Doch Lindenberg achtete nicht darauf. Aufrecht, geradezu hochgereckt, schritt er von dannen. Nur noch ein Gedanke füllte ihn aus: Das Fürchterliche, das er soeben durchlitten hatte, mußte seine Sühne finden! Oder die Welt stürzt ein!

Elisabeth Freitag, nur mit rosaroter Unterwäsche bekleidet, blieb mitten in ihrem Zimmer stehen. Sie sah nachdenklich aus. Sie strich mit der flachen Hand ihre Haare zur Seite. Dann schien sie einen Entschluß gefaßt zu haben. Sie öffnete ihren Kleiderschrank und wählte mit Bedacht ein grünseidenes Sommerkleid, von dem sie wußte, daß es ihr ausgezeichnet stand.

Während sie sich anzog, sah sie auf die Uhr. In zwanzig Minuten war es acht; in spätestens fünf Minuten mußte sich Vater Freitag auf sein Fahrrad setzen, um rechtzeitig im Betrieb zu sein. Ansonsten ging er morgens gerne zu Fuß, aber wenn er sich verspätet hatte, durch eine Arbeit, durch Hinauszögern des Frühstückes oder, wie heute, durch längeres Schlafen, dann pflegte er die verlorene Zeit als dahinsegelnder Radfahrer wieder auszugleichen.

Noch fünf Minuten also! Sie entnahm, was höchst selten geschah, ihrer Handtasche einen Lippenstift und setzte ihn vorsichtig an. Der Erfolg war eigentlich gleich Null; ihre Lippen waren rot genug, voll waren sie auch, und in schönem Schwung verliefen sie ebenfalls. Dann kämmte sie noch einmal behutsam ihr Haar, war bemüht, es glatt und gleichmäßig zur Seite gleiten zu lassen. Dann sah sie wieder auf die Uhr. Zehn Minuten waren inzwischen vergangen, und Vater hatte noch nicht das Haus verlassen.

Jetzt durfte sie nicht mehr zögern. Sie nickte ihrem Spiegelbild ein wenig zaghaft zu, dann erhob sie sich und wollte hinausgehen. Auf dem Korridor traf sie ihren Vater.

»Wo willst du hin?« fragte er.

»In die Kaserne«, sagte Elisabeth.

»Hast du heute Frühdienst?«

»Nein«, sagte Elisabeth. »Offiziell nicht. Aber ich will meine Belege durchrechnen und eine Warenbestandsaufnahme machen. Am Vormittag habe ich in Ruhe Zeit dazu.«

»Und was willst du außerdem erledigen?«

»Ich will nicht zu Herbert Asch — wenn du das meinst.«

»Schön«, sagte der alte Freitag; ihre Antwort schien ihn beruhigt zu haben, »wenn du das sagst, dann wird das auch stimmen. Ich weiß, daß du mich nicht belügst, grundsätzlich nicht.«

»Warum betonst du das, Vater?«

»Weil ich möchte, daß zwischen uns alles so bleibt, wie es ist. Und weil ich nicht will, daß du versuchst, Herbert Asch in allen Dingen, die mit seinem Dienst zusammenhängen, zu beeinflussen. Es wäre bestimmt zwecklos, aber es würde ihn mit Sicherheit stören.«

»Du bist sehr besorgt um ihn«, sagte Elisabeth.

Der alte Freitag nickte: »Weil ich besorgt um dich bin. Das ist der einzige Grund. Aber ich will dich nicht aufhalten. Prüfe also deine Belege, mach deine Bestandsaufnahme und geh Herbert Asch heute aus dem Weg.«

»Ich soll also zusehen. Ich soll auf irgend etwas warten, von dem ich noch nichts weiß.«

»Du sollst nichts dergleichen tun«, sagte der alte Freitag entschieden. »Du sollst nicht auf irgend etwas warten und erst recht nicht zusehen. Du sollst abseits bleiben.«

»Und du glaubst, das geht so einfach?«

»Elisabeth«, sagte der alte Freitag warnend, »du hast mir vorhin versprochen, daß du nicht zu Herbert Asch gehen willst.«

»Dieses Versprechen halte ich, Vater.«

Elisabeth verließ das Haus Freitag. Sie schritt unruhig der Kaserne entgegen, und je näher sie ihr kam, um so schneller wurden ihre Schritte. Mehrmals sah sie auf die Uhr. Es war kurz vor acht und damit höchste Zeit. Denn zu spät durfte sie nicht kommen.

Sie zog, als sie das Tor passieren wollte, ihren Dauerausweis aus der Tasche. Aber der Posten kannte sie und winkte ab. »Immer nur herein!« rief er. »Von Ihrer Sorte können wir hier nie genug haben.«

Elisabeth Freitag ging, ohne auch nur im geringsten zu zögern, auf den Block der 3. Batterie zu. Sie durchschritt die weitgeöffnete Eingangstür und wurde dabei von interessiert dastehenden Soldaten grinsend bestaunt oder mit Anerkennung gemustert. Sie eilte die Treppen hinauf bis zum ersten Stock. Aber dort begab sie sich nicht durch die Flügeltür auf den Korridor. Sie blieb vor einer Tür stehen, auf der eine Visitenkarte fein säuberlich angeheftet worden war, worauf zu lesen stand: Wedelmann, Leutnant. Sie drückte auf den Klingelknopf.

Die Tür wurde kurz darauf geöffnet. Der neue Bursche von Wedelmann, der Kanonier Wagner, den der Hauptwachtmeister dem Leutnant heimtückischerweise zugeteilt hatte, stand im Türrahmen. »Na?« fragte er unwillig. »Was wollen Sie denn?«

»Kann ich Herrn Leutnant Wedelmann sprechen, bitte?«

»Was wollen Sie denn von ihm?«

»Ich will ihn sprechen, bitte. Privat.«

»Privat?« Wagner gab sich erstaunt. Dann sagte er: »Ein Leutnant ist immer im Dienst.«

»Na schön. Dann will ich ihn dienstlich sprechen. Bitte!«

Wagner lehnte sich gegen den Türrahmen. »Sie und dienstlich? Was haben Sie denn Dienstliches mit ihm zu besprechen?«

Elisabeth war verzweifelt. Dieser Mensch brachte sie in maßlose Verlegenheit. Sie konnte nicht mehr länger hier auf der Treppe stehenbleiben. Langsam wurde die Zahl der Soldaten, die sich in ihrer Nähe versammelt hatten, immer größer; sie gaben reichlich laut sachverständige Urteile ab. Jeden Augenblick konnte auch Herbert Asch auftauchen oder Vierbein oder Kowalski. Und keiner der drei durfte sie hier sehen. Sie mußte umkehren!

Doch ehe sie noch dazu kam, hörte sie die Stimme von Leutnant Wedelmann. »Was ist denn dort los, Wagner? Sind Sie hier als Klatschweib oder zum Stiefelputzen engagiert?«

»Da ist jemand«, sagte Wagner.

Wedelmann kam unwillig näher. Als er Elisabeth Freitag erkannte, wurde er verlegen. Er sah auf seine Reithose hinunter, die in grünen Wollsocken steckte. »Entschuldigen Sie meinen Aufzug«, sagte er. »Was kann ich für Sie tun, Fräulein Freitag?«

»Darf ich Sie sprechen?«

»Mich? In meiner Wohnung? Um diese Zeit?«

»Bitte.«

»Kommen Sie herein«, sagte Wedelmann eilig. Er ging voran und stieß die Tür zu seinem Wohnzimmer auf. »Hier, bitte. Nehmen Sie Platz. Ich komme sofort, ich muß mich nur fertig anziehen.«

Elisabeth sah sich prüfend um. Der nicht sonderlich große Raum war ohne besondere Feinheiten möbliert: Schreibtisch, Bücherregal, drei Sessel, ein kleiner Tisch, Stehlampe. An den Wänden Urkunden, zwei nachgedruckte Aquarelle, zahlreiche Fotos. Ein grüner Teppich, weiß punktiert; ein kurzer Läufer. An den Fenstern grüne, stark ausgeblichene oder leicht bestaubte Vorhänge. Auf dem Schreibtisch: ein aufgeschlagenes Buch, »Glaube an Deutschland« von Zöberlein, ein Stapel Zeitungen, drei blaue Vorschriften, Zigarettenreste, eine Schnapsflasche und ein Wasserglas.

Wedelmann betrat in vollständiger Uniform den Raum. Er betrachtete sie mit Wohlgefallen. »Was führt Sie zu mir, am frühen Morgen?«

»Hoffentlich störe ich Sie nicht.«

»Sie stören nie«, versicherte Wedelmann. Es bereitete ihm Freude, sie betrachten zu dürfen. Sie war schön, selbst im grellen Licht der frühen Vormittagssonne; viel schöner noch, als sie ihm im Lokal »Bismarckshöh« erschienen war oder in der Kantine für Unteroffiziere.

»Nehme ich Ihnen auch nicht zuviel Zeit weg?«

»Verfügen Sie über mich und meine Zeit«, sagte Wedelmann; und er meinte auch das, was er sagte. Außerdem konnte er sich bequem diese Geste leisten. Das Geschützexerzieren begann um acht Uhr und fünfzehn

Minuten; wenn er nicht rechtzeitig da war, wurde verabredungsgemäß ohne ihn angefangen. Und vor neun Uhr war keine Kontrolle zu erwarten.

»Ich wollte Sie bitten, mir zu helfen«, sagte Elisabeth.

»Wie kann ich das?« fragte Wedelmann überaus hilfsbereit. Elisabeth Freitag gefiel ihm; sie hatte ihm schon immer gefallen. Sie war bestimmt bei weitem nicht so kompliziert wie Ingrid Asch und weit angenehmer und verläßlicher als Lore Schulz; von den Bürgerstöchtern mit Versorgungstick und den Freudenmädchen mit Geschäftsinstinkt erst gar nicht zu reden. Diese Elisabeth Freitag war gesund; sie würde sich, gleich in welcher Situation, auch entsprechend benehmen.

»Ich will ganz aufrichtig zu Ihnen sein«, sagte Elisabeth. »Und ich glaube, ich darf das auch.« Sie zögerte kurz; dann sagte sie schnell: »Sie wissen doch, daß ich mit Herbert Asch ... daß der Gefreite Asch und ich ... Sie saßen doch erst vorigen Samstag mit uns am gleichen Tisch, nicht wahr?«

»Aber gewiß«, sagte Wedelmann, »ich erinnere mich, selbstverständlich.« Er hatte Mühe, seine private Enttäuschung zu verbergen. Ihm wollte scheinen, als müsse er jetzt maßlos betrübt sein. Und er sagte sich: So ist das mit mir; so geht es mir immer. So laufen sie mir alle über den Weg; und eine nach der anderen läuft mir davon. Ein Leutnant ist, speziell in dieser Beziehung, ein armes Schwein; und ich bin eins der ärmsten, denn ich habe viel zuviel Anstandsgefühl im Leib, das versaut mir selbst die günstigsten Gelegenheiten.

»Ich hatte damals das Gefühl«, sagte Elisabeth offen, »daß Sie gut von Herbert Asch dachten, daß Sie sich womöglich gar, wenn ich das sagen darf, und wenn es das zwischen Untergebenen und Vorgesetzten gibt, freundschaftlich zu ihm hingezogen fühlten.«

»Doch, doch«, sagte Wedelmann überzeugt, »das gibt es.« Er fühlte sich ein wenig geschmeichelt, und das stimmte ihn gerührt.

»Auch Herbert Asch, der Gefreite Asch, denkt gut von Ihnen, Herr Leutnant. Er ist Ihnen sehr zugetan. Er schätzt Sie, er verehrt Sie sogar.«

»Das freut mich«, sagte Wedelmann lebhaft und mit kaum gedämpftem Stolz. Daß seine Untergebenen ihn respektierten, war selbstverständlich, daß sie ihn schätzten, war sein Wunsch, daß es aber sogar einige gab, die ihn liebten und verehrten, das erfüllte ihn mit Freude und Genugtuung.

»Liebes Fräulein Freitag«, sagte der Leutnant, »auch ich schätze den Gefreiten Asch sehr, sogar als Soldaten, obwohl ich ihn nicht für ein Musterbeispiel halte, was gar keine Kritik sein soll, nur eine Feststellung. Aber geradezu sympathisch ist er mir als Mensch, nicht zuletzt Ihretwegen. Ich weiß nun nicht, warum Sie gekommen sind, aber wenn vielleicht dieser Gefreite Asch sich weigern sollte, alle Konsequenzen zu ziehen, die sich aus dem Verhältnis, aus seinem Verhalten Ihnen gegenüber ergeben haben, dann dürfen Sie in Besonderheit auf mich rechnen. Dann werde ich ihn zu seinem Glück zu zwingen wissen, eben weil ich ihn so sehr schätze.«

Der Leutnant schwieg. Und er bemerkte, daß ihn Elisabeth forschend, fast ein wenig mißtrauisch ansah. Sollte er Unsinn gequatscht haben? Immerhin möglich. Er war Soldat, kein Seelsorger; und auf privaten Gebieten unterliefen ihm immer wieder Schnitzer. Er wunderte sich zwar nicht mehr darüber, aber es war ihm immer wieder peinlich.

»Herr Leutnant«, sagte Elisabeth freundlich, »es handelt sich nicht um mein Privatleben und auch nicht um das von Herbert Asch.«

»Aha!« sagte Wedelmann erfreut und fühlte sich sofort um Grade sicherer. »Es handelt sich also um eine rein dienstliche Angelegenheit?«

»Ich glaube schon.«

»Sie glauben das nur, Fräulein Freitag? Sie wissen das nicht sicher?«

»Ich vermute es.«

»Und was vermuten Sie?«

Elisabeth begann zu erzählen. Sie war völlig aufrichtig. Sie wußte nicht sonderlich viel, aber sie verschwieg nichts von dem, was sie wußte. Sie sprach aus, was sie zu vermuten sich gezwungen sah.

Leutnant Wedelmann hörte ihr aufmerksam zu. Seine Unruhe war gewichen, sein junges, längliches Gesicht sah ernst und ruhig aus. Die Sicherheit, die ihn jetzt erfüllte, war fast körperlich spürbar. Hier bewegte er sich auf einem Gelände, das ihm bekannt war; hier brauchte er nicht verwirrt durch Seelen- und Sexualschluchten zu stolpern.

»Was Sie da behaupten beziehungsweise vermuten«, sagte er nach angemessener Pause, »das klingt absurd. Aber ich halte es dennoch für möglich.«

»Sie glauben also auch, daß er es fertigbringt?«

»Daß er es fertigbringen könnte — ja, das ist, unter Umständen, denkbar. Auch die Motive, die Sie kennen beziehungsweise vermuten, leuchten mir ein. Wenn ich einen Freund hätte und er würde vor meinen Augen, an meiner Seite, zum Selbstmord getrieben, dann ... Aber ich habe keinen Freund.«

»Ich habe mir das alles zusammengereimt, Herr Leutnant«, sagte Elisabeth zutraulich. »Ich weiß nicht einmal, ob es stimmt, ob es auch nur annähernd stimmt. Vielleicht irre ich mich, vielleicht ist alles anders, viel harmloser. Aber ich mußte damit zu Ihnen kommen, nur zu Ihnen allein, denn ich habe zu niemand anders Vertrauen.«

»Ich will ehrlich versuchen, Sie nicht zu enttäuschen«, sagte Wedelmann aufrichtig.

»Sie sind ein wunderbarer Mensch«, sagte Elisabeth. »Ich habe Sie sehr gern.«

Wedelmann war rot geworden. »Nein, nein«, wehrte er ab. »So ist das ja nun auch wieder nicht. Betrachten Sie mich, bitte, nicht als Wohltäter oder gar als eine Art Ehrenmann. Ich bin da ganz kalt, ich schalte da alle meine persönlichen Regungen aus. Selbstverständlich.«

»Selbstverständlich«, sagte Elisabeth und strahlte ihn voller Zuversicht an.

Wedelmann erhob sich, um ihren Blicken auszuweichen. »Wenn ich diese Sache in die Hand nehme«, sagte er, »dann doch letzten Endes nur aus rein dienstlichen Gründen. Mir geht es allein um die Disziplin, um das Ansehen der Wehrmacht sozusagen. Oder, auf den einfachsten Nenner gebracht: Ich will in der Batterie, wo ich Dienst tue, keine gefährlichen Schweinereien aufkommen lassen. Letzten Endes würde ja schließlich doch nur alles auf mich zurückfallen.«

»Sie sind ein liebenswerter Mensch, Herr Wedelmann.«

»Ach was!« rief der und unterdrückte seine wieder mächtig in Bewegung geratenen Gefühle. »Ich kann mir eine Schweinerei in meinem Bereich einfach nicht leisten, wenn ich sie auch gewissen Unteroffizieren von Herzen gönnen würde. Aber bleiben wir sachlich. Wir müssen also damit rechnen, daß Asch, allerdings nur geistig, Amok läuft. Bis jetzt kann noch nichts passiert sein. Jetzt ist es erst acht Uhr und dreißig Minuten, das Geschützexerzieren hat gerade begonnen. Vorher, von sieben bis acht Uhr, war Batterieunterricht über Erste Hilfe bei Unglücksfällen, durch einen Sanitätsfeldwebel. Dabei gibt es keine Reibungsflächen; die Soldaten benutzen diese Stunde meist, um ein kleines Vormittagsschläfchen zu tun. Ganz früh morgens ist hier niemals was los. Aber jetzt, beim Geschützexerzieren, könnte es vielleicht gefährlich werden, wenn Asch die feste Absicht dazu haben sollte.«

»Was werden Sie tun, lieber Herr Wedelmann?«

»Ganz einfach«, sagte der. »Ich werde den Gefreiten Asch isolieren. Ich kann ihn zum Beispiel den ganzen Tag auf der Bekleidungskammer einsperren. Dort kann er schlafen oder mit Wachtmeister Werktreu Karten spielen. Die beiden sollen das übrigens häufig machen.«

»Ich weiß nicht, wie ich Ihnen danken soll, Herr Wedelmann.«

»Mir wird schon was einfallen«, sagte der Leutnant unternehmungslustig. »Sie können mich ja zur Verlobung einladen.«

»Sie sind herzlich eingeladen.«

»Pate«, sagte der Leutnant, »wollte ich auch immer gerne einmal werden.« Er bemerkte mit stiller Freude, daß Elisabeth sanft errötete. Er fand es bewegend, so vertrauensvoll mit einem Menschen sprechen zu dürfen; danach hatte er sich, gestand er, schon immer gesehnt.

»Aber zunächst einmal«, sagte er schwungvoll, »wollen wir eine Lawine verhindern.«

Elisabeth ergriff seine Hand und drückte sie fest. Sie sagte: »Hoffentlich kommen Sie nicht zu spät.«

Der Hauptwachtmeister Schulz war am frühen Morgen dabei, seiner Frau Lore einen Vortrag über Benehmen zu halten. Er vermied es, sie direkt anzusprechen, denn das wäre zu persönlich gewesen; und eine derartige Regung hatte sie nicht verdient. Sie sollte nur wissen, was er von ihr hielt, und präzise darüber aufgeklärt werden, was er von ihr erwartete.

»Die Frau eines Hauptwachtmeisters«, sagte er, am Küchentisch sitzend, »hat also Pflichten, denen sie sich nicht entziehen kann. Es schadet ihrer Würde, wenn sie sich mit Untergebenen ihres Mannes einläßt, und es gefährdet die Disziplin, wenn sie es mit Vorgesetzten treibt.«

»Und welche Dienstgrade sind zulässig?« fragte Lore Schulz wenig freundlich.

Schulz setzte mit würdiger Empörung klirrend seine Kaffeetasse ab. Er sah tadelnd seine Frau an, die sich gegen den Küchenschrank gelehnt hatte und die wohlweislich nicht dazu aufgefordert worden war, sich neben ihn an den Tisch zu setzen. »Am Ende«, sagte er, »bist du noch stolz auf das, was du dir geleistet hast!«

»Was soll ich denn tun?« fragte sie böse und verzweifelt. »Soll ich auf die Knie fallen, dicke Tränen weinen und dich händeringend um Verzeihung bitten? Wofür eigentlich? Dafür, daß du mich vernachlässigt hast? Dafür, daß du kein normaler Mensch bist?«

Schulz betrachtete seine Frau vorwurfsvoll. Sie weinte; das stimmte ihn versöhnlich, weil er darin ein sicheres Zeichen seiner Überlegenheit sah. Sie war moralisch so gut wie erledigt, und so mußte es auch sein. Geschütze ausrichten, Gäule zureiten, Menschen hinbiegen — das muß verstanden sein. Ein jeder kann das nicht.

»Einmal«, sagte er, »werde ich dir verzeihen, wenn ich das sichere Gefühl habe, daß du endlich spurst.«

Er trank seinen Kaffee mit Genuß aus, sah noch einmal auf die Uhr, um zu überprüfen, ob seine Frau die Küchenuhr genau nach der Kasernenzeit eingestellt hatte. Es war acht Uhr und zehn Minuten. Dann erhob er sich und verließ seine Wohnung.

Der Hauptwachtmeister begab sich gutgelaunt in seine Schreibstube. Hier warteten bereits der Schreibstubenunteroffizier, der Unteroffizier vom Dienst, Unteroffizier Lindenberg und der Kanonier Wagner auf ihn. Alle nahmen Haltung an, als sie ihn sahen, produzierten Ehrenbezeigungen, rührten dann wieder, als er es ihnen erlaubte.

»Was wollen Sie Würstchen?« fragte er den Kanonier Wagner.

»Herr Leutnant Wedelmann«, sagte der, »wünschen, daß ich sofort abgelöst werde.«

Der Hauptwachtmeister strahlte. Das ging schneller, als er gedacht hatte; dieser Wedelmann muß auf der Palme sein, wie man so treffend sagt. Vorzüglich. »Und warum?« fragte er freundlich.

»Herr Leutnant haben gesagt, ich wäre ein Idiot«, meldete Wagner völlig ungeniert.

Schulz war hochbefriedigt. Dann verkündete er: »Sagen Sie dem Leutnant Wedelmann, ich habe in der Batterie lauter solche Idioten wie Sie! Es ist ganz zwecklos, daß ich Sie austausche. Sie bleiben auch weiterhin Bursche bei Leutnant Wedelmann. Schwirren Sie los, Mann! Überbringen Sie ihm die frohe Botschaft!«

Nachdem der Kanonier Wagner die Schreibstube verlassen hatte, nahm der Hauptwachtmeister die Tagesmeldung des Schreibstubenunteroffiziers und die Dienstpost entgegen. Er durchblätterte die eingegangenen Befehle, warf einen flüchtigen Blick auf die Briefe und sagte dann: »Na schön. Immer wieder derselbe Mist. Der nächste.«

Der Unteroffizier vom Dienst fühlte sich angesprochen und brachte seine Meldung an: »Nachturlaubsscheine vollzählig. Zwei Kranke. Schäden in der unteren Latrine beseitigt. Sonst keine besonderen Vorkommnisse.«

Der Hauptwachtmeister nahm das Tagesbuch des Unteroffiziers vom Dienst entgegen und überprüfte die Meldung an Hand der Eintragungen. »Schäden in der unteren Latrine beseitigt«, sagte er nachdenklich.

»Wie befohlen«, sagte der Unteroffizier vom Dienst. »Die Handwerker der Batterie haben eine Scheibe neu eingeglast und die beschädigte Decke verputzt.«

»Ist die Kugel gefunden worden?«

»Jawohl«, sagte der Unteroffizier vom Dienst. Er zog sein nicht sonderlich sauberes Taschentuch hervor, entfaltete es umständlich und entnahm ihm ein zigarettenstummelgroßes zerquetschtes Gebilde aus Blei und Stahl. »Eine Gewehrkugel«, sagte er.

Der Hauptwachtmeister richtete sich plötzlich auf und wurde sehr lebhaft. »Sind Sie sicher, daß es sich hier um eine Gewehrkugel handelt?« fragte er.

»Absolut«, sagte der Unteroffizier vom Dienst. »Typisch Gewehr 98 k. Wunderlich, der Unteroffizier für Waffen und Gerät, meint das auch.«

Schulz griff nach dem kleinen Klumpen aus Blei und Stahl; und er griff widerwillig danach, als ekle ihn davor. Er legte ihn auf seine Schreibunterlage. Und er fragte sich: Sollte etwa doch ...? Das wäre ungeheuerlich! Folgen einfach nicht abzusehen. Aber dann hätte er die Spuren nicht verwischen, besser: nicht auslöschen dürfen! Doch das alles ist Unsinn!

»Es ist gut«, sagte er und löste sich mit Gewalt von seinen düsteren Gedanken. »Die beiden Kerle, die sich krank gemeldet haben, traben nachher hier an. Das werden wir überhaupt grundsätzlich so einführen.« Er wandte sich an seinen Schreibstubenunteroffizier. »Entwerfen Sie einen diesbezüglichen Batteriebefehl, Frost. Wer sich in Zukunft krank meldet, muß mir unmittelbar nach der Untersuchung persönlich Bericht erstatten, es sei denn, er kratzt ab oder hat eine ansteckende Krankheit.«

Frost sagte: »Jawohl, Herr Hauptwachtmeister.« Er sagte das nicht besonders markig, eigentlich sogar ausgesprochen lasch; als Soldat war er eine Null, aber als Schreibkraft war er, besonders für Schulz, einfach unbezahlbar.

Der Hauptwachtmeister beschäftigte sich inzwischen damit, nachzuprüfen, ob seine Bunt-, Kopier- und Bleistifte befehlsgemäß gespitzt, geordnet und ausgerichtet waren. Sie waren es. Der Unteroffizier vom Dienst fühlte sich als entlassen, grüßte und entschwand. Jetzt stand nur noch Unteroffizier Lindenberg da wie eine Gedenksäule.

»Na — und Sie?« fragte der Spieß ungnädig; denn immer, wenn er den Supersoldaten Lindenberg, den Eisernen, den Unbestechlichen, den Ewigen, sah, fühlte er sich herausgefordert. »Womit wollen Sie sich wieder wichtig machen?«

»Eine Meldung, Herr Hauptwachtmeister.«

»Zeigen Sie den Wisch schon her«, sagte Schulz.

Lindenberg legte das einstmals blütenweiße Papier, auf dem nunmehr große Buchstaben aufmarschiert und sauber ausgerichtet worden waren, auf den Schreibtisch des Hauptwachtmeisters.

Der warf zunächst einen flüchtigen Blick darauf, dann stutzte er, richtete sich auf und sah Lindenberg mit Ausdauer an, was der, ohne mit der Wimper zu zucken, über sich ergehen ließ. Dann las Schulz erneut, langsam, umständlich, Wort für Wort.

Und er las das:

»Meldung.

Ich melde hiermit den Gefreiten Herbert Asch zur Bestrafung, weil er am heutigen Morgen noch fünfzehn Minuten nach dem Wecken in herausfordernder Weise im Bett lag und, von mir zur Rede gestellt, ein undiszipliniertes Verhalten an den Tag legte, wobei er nicht nur die Anrede in der dritten Person fortfallen ließ, sondern auch im Zusammenhang mit meiner Wenigkeit Wortspiele gebrauchte wie ›Aufseher‹ und ›Sklavenhalter‹, und zwar in Gegenwart von anderen Soldaten.

Lindenberg, Unteroffizier«

Hauptwachtmeister Schulz schwieg lange. Dann sagte er: »Der linke Rand, den Sie auf Ihrer Meldung gelassen haben, ist nicht groß genug. So kann ich den Wisch nicht einheften.«

Unteroffizier Lindenberg schwieg und verriet nicht im geringsten, daß ihn diese Bemerkung seines Hauptwachtmeisters ehrlich erschüttert hatte. Diese formale Zurechtweisung hatte er am wenigsten erwartet und auch bestimmt nicht verdient. Gewiß, normalerweise sollte der linke Rand fünf Zentimeter betragen, aber er war bereit, um seinen Kopf zu wetten, daß er nicht geringer als vier Zentimeter war.

»Und was«, wollte der Hauptwachtmeister wissen, »verstehen Sie unter: lag in herausfordernder Weise im Bett?«

»Er hatte Teile des Unterkörpers entblößt und sah mich herausfordernd an.«

Schulz schüttelte unwillig den Kopf. Er warf die Meldung auf den Tisch und schlug mit der flachen Hand darauf. »Können Sie das beeiden?« fragte er.

»Jawohl, Herr Hauptwachtmeister«, sagte der Unteroffizier straff. »Außerdem habe ich Zeugen.«

»Wer ist Zeuge?«

»Der Obergefreite Kowalski, Herr Hauptwachtmeister.«

»Und wer noch?«

»Nur der Obergefreite Kowalski, Herr Hauptwachtmeister.«

»Dann«, sagte Schulz mit Stärke, »haben Sie eine falsche Meldung abgegeben. Sie schreiben hier: ... in Gegenwart von anderen Soldaten! Andere sind mehrere. Und wenn das, was hier passiert sein soll, was noch gar nicht bewiesen ist, vor mehreren Soldaten erfolgt wäre, dann würde es sich um Meuterei handeln. Vor versammelter Mannschaft! Aber plötzlich ist es nur noch einer gewesen. Was denken Sie sich eigentlich, Lindenberg?«

Der fühlte sich überrannt. Er war den Methoden seines Hauptwachtmeisters nicht gewachsen; und selbst wenn er es gewesen wäre, hätte vermutlich sein ausgeprägtes Gefühl für Disziplin ihn daran gehindert, das zu zeigen. Mühsam um Haltung bemüht, sagte er: »Aber das ändert doch nichts an den Ausdrücken, zu denen der Gefreite Asch sich hinreißen ließ, Herr Hauptwachtmeister.«

»Wollen Sie mich belehren?« verlangte Schulz zu wissen.

»Nein, Herr Hauptwachtmeister«, sagte der Unteroffizier.

Der Hauptwachtmeister schlug abermals mit der flachen Hand auf die Meldung. »Blöde Sache!« rief er verärgert. »Und Sie sind überzeugt, daß Sie sich nicht geirrt haben?«

»Nein, Herr Hauptwachtmeister.«

»Also Sie sind nicht davon überzeugt, daß Sie sich nicht geirrt haben?«

»Ich habe mich nicht geirrt, Herr Hauptwachtmeister.«

Schulz stand auf und ging auf den Unteroffizier zu. »Lindenberg«, sagte er vertraulich, »dieser Gefreite Asch ist immerhin ein ganz brauchbarer Soldat. Der war doch noch niemals so. Haben Sie ihn denn gereizt? Oder haben Sie sich verhört? Er wird etwas ganz anderes gemeint haben.«

»Nein, Herr Hauptwachtmeister.«

»Hören Sie mal gut zu, Lindenberg. Ich halte nicht viel von solch einer Meldung. Das läßt sich anders bereinigen. Schleifen Sie ihn meinetwegen, bis ihm das Wasser im Arsch kocht, bis er zusammenklappt wie ein Taschenmesser. Ich gebe Ihnen gerne Hilfestellung dabei. Na, wie ist es, Lindenberg. Bestehen Sie immer noch auf Ihrer Meldung?«

»Jawohl, Herr Hauptwachtmeister.«

»Und wenn Sie mir persönlich einen Gefallen damit tun würden?«

»Bedaure, Herr Hauptwachtmeister«, sagte Lindenberg unerschüttert, »aber ich muß darauf bestehen.«

»Na schön!« brüllte der Spieß auf. »Meinetwegen! Wenn Sie das nicht anders haben wollen, dann werden wir diese Angelegenheit näher untersuchen. Aber gnade Ihnen Gott, wenn Ihre Meldung nicht in allen Punkten haargenau stimmt. Und jetzt hauen Sie ab und schleppen Sie Kowalski und Asch herbei. Aber mit Tempo!«

Lindenberg produzierte eine seiner prachtvollen Ehrenbezeigungen und verschwand im Eiltempo.

Hauptwachtmeister Schulz trabte verärgert zum Telefon. Frost, der Schreibstubenunteroffizier, der ihn verstohlen betrachtete, wußte ganz genau, warum der Spieß diese Meldung vermeiden wollte. Er konnte sie sich nicht leisten; aus einem ganz bestimmten Grund nicht. Und Frost war fest davon überzeugt, daß sich Schulz jetzt mit dem Ia-Schreiber der Abteilung verbinden lassen würde.

»Bitte den Abteilungsstab«, sagte Schulz in den Telefonhörer hinein. »Den Ia-Schreiber, Oberwachtmeister Köhler. – Hier ist Schulz, dritte Batterie. Hör mal zu, Köhler. Ich habe doch da vor einigen Tagen Beförderungsvorschläge zum Unteroffizier für den Kommandeur heraufgeschickt. – Jawohl, die meine ich. Kann ich die zurückhaben? – Beim Major in der Mappe? Nimm sie doch einfach 'raus! Ich muß da noch was korrigieren. – Das geht nicht mehr? Der Major hat sie bereits gesehen? Auch schon unterschrieben? – Das ist vielleicht eine Sauerei, Köhler. Gerade im unpassenden Augenblick. Aber ich bügele die Sache schon wieder gerade.«

Schulz legte den Hörer langsam wieder in die Gabel zurück. Das war eine Panne. Er ließ sich in seinen breiten, bequemen Stuhl fallen und starrte angestrengt nachdenkend auf die Schreibtischplatte. Dort lag noch immer aufreizend dieses Gebilde aus Stahl und Blei, das einmal eine

Kugel gewesen war, die irgend jemand aus einem Gewehr 98 k abgefeuert hatte. Aber wer? Und auf wen? Ärger hatte man hier am laufenden Band!

Unteroffizier Lindenberg erschien wieder und meldete, daß der Obergefreite Kowalski und der Gefreite Asch im Korridor warteten.

»Zuerst Kowalski«, befahl der Hauptwachtmeister. Und als Kowalski mit entgegenkommendem Grinsen die Schreibstube betreten hatte, fragte ihn Schulz ohne Übergang: »Haben Sie gehört, daß der Gefreite Asch den Unteroffizier Lindenberg mit ›Aufseher‹ oder ›Sklavenhalter‹ bezeichnet hat?«

»Nein, Herr Hauptwachtmeister«, sagte der Obergefreite Kowalski bieder.

»Aber Sie waren doch dabei, Obergefreiter Kowalski!« rief Lindenberg unbeherrscht.

»Wobei soll ich gewesen sein?« fragte Kowalski zurück.

»Heute morgen, auf der Stube!«

»Mischen Sie sich hier nicht ungefragt ein, Lindenberg!« rügte Schulz scharf. Diese Entwicklung des Gesprächs behagte ihm sehr. Das war ganz nach seinem Herzen. Es tat ihm wohl, zu sehen, wie Lindenberg seine Beherrschung verlor und seine Gesichtsfarbe wechselte.

»Also wie war das nun, mein lieber Kowalski«, fragte der Spieß den Obergefreiten. »Sie haben also nichts Derartiges gehört?«

Der Obergefreite grinste herzgewinnend. »Ich habe überhaupt nichts gehört, Herr Hauptwachtmeister. Jedenfalls keine Einzelheiten. Der Unteroffizier hat sich mit dem Gefreiten Asch angeregt unterhalten, gewiß, aber worüber sie sich unterhalten haben, weiß ich nicht. Ich werde mich doch nicht in fremde Gespräche mischen.«

»Sie müssen das aber gehört haben!« rief Lindenberg mit schriller Stimme.

»Warum muß ich, Herr Unteroffizier?«

Lindenbergs Stimme überschlug sich; sie gurgelte und fauchte. »Sie infamer Lügner!«

»Herr Unteroffizier Lindenberg!« rief der Hauptwachtmeister scharf. »Ich verbitte mir jegliche Verbalinjurien in meiner Gegenwart. Sie haben ja Ihre ganze Beherrschung verloren, Mann! Sind Sie krank?«

»Herr Hauptwachtmeister, ich ... ich muß doch sehr bitten ... ich bitte darum ...«

»Ich allein führe hier die Untersuchung, Herr Unteroffizier Lindenberg. Ich verbitte mir jede Einmischung. Wo bleibt denn Ihre Disziplin? Sie sind ja ganz außer sich! Sie begeben sich sofort auf Ihre Stube, Herr Unteroffizier Lindenberg, und warten dort meine weiteren Befehle ab.«

Lindenberg stelzte steif hinaus. Der Hauptwachtmeister blickte ihm mit unbeschreiblicher Genugtuung nach. Er glaubte, einen großen Sieg errungen zu haben. Er nickte zufrieden.

»Mein lieber Kowalski«, sagte er zum Obergefreiten, der aufmerksam zuhorchend vor ihm stand. »Ihre Aussagen sind mir sehr wertvoll. Sie sind natürlich bereit, dieselben jederzeit zu beeiden?«

»Natürlich, Herr Hauptwachtmeister.«

»Gut, mein Lieber. Dann sind Sie hier vorläufig entlassen. Aber bleiben Sie in der Nähe, ich brauche Sie vielleicht noch. Der Gefreite Asch soll jetzt kommen.«

»Kommen Sie näher, Asch«, sagte der Hauptwachtmeister und musterte den Gefreiten gönnerhaft. »Da habe ich hier eine Meldung des Unteroffiziers Lindenberg. Sie kennen den Inhalt? Na schön. Lindenberg behauptet darin, Sie hätten ihn ›Antreiber‹ und sogar ›Sklavenhalter‹ genannt. Was sagen Sie dazu?«

»Das stimmt, Herr Hauptwachtmeister«, sagte Asch mit verkniffener Freundlichkeit.

Schulz zuckte zusammen. »Was stimmt?«

»Ich habe den Unteroffizier Lindenberg Antreiber und Sklavenhalter genannt. Der ist ja auch einer.«

»Ich höre wohl schlecht?« fragte Schulz maßlos verblüfft. »Das kann doch nicht Ihr Ernst sein?«

»Doch«, sagte Asch, »das ist mein Ernst. Das ist ja auch die Wahrheit.«

»Ich warne Sie, Asch!«

»Wovor denn? Auf mich wird keiner schießen.«

»Was?«

»Aber wenn das nächstemal wieder auf Sie geschossen wird, und vermutlich brauchen Sie nicht allzulange darauf zu warten, dann ist doch möglich, daß der Schütze besser zielt. Es kann doch gar nicht so schwer sein, Sie zu treffen. Sie geben eine gute Zielscheibe ab. Was haben Sie denn? Ist Ihnen schlecht? Wenn ich Sie wäre, würde mir oft schlecht werden. Ich würde mich zum Kotzen finden.«

Hauptwachtmeister Schulz erhob sich und streckte die Arme aus, als wolle er einen Bannfluch schleudern. »Sie sind verhaftet«, sagte er. Und das klang beinahe feierlich.

Hauptmann Derna, der gerade in seiner Privatunterkunft ein »Schalerl Kaffee« trank, worunter fünf vollgefüllte Tassen zu verstehen waren, sah nervös auf die Uhr. »Ist mein Wagen denn noch nicht da?«

Frau Behrends, Witwe Behrends im stattlichen Alter und guterhaltenen Zustand, bei der er wohnte, beruhigte ihn. »Der Wagen ist immer pünktlich. Es ist erst in vier Minuten drei Viertel neun.«

»Fünf Minuten vor der Zeit ist des Soldaten Pünktlichkeit«, sagte

Hauptmann Derna. Diesen Spruch, der norddeutschen, um nicht zu sagen preußischen Ursprungs war, hatte er neulich irgendwo aufgeschnappt und sich gemerkt. Er gefiel ihm; und in Besonderheit erfreute sein musisches Herz, daß er sich reimte.

Hauptmann Derna stand ungeduldig am Fenster und sah auf die Straße. Witwe Behrends, die das Privatleben des charmanten Mannes aus der Ostmark hingebungsvoll betreute, mißbilligte diese allmorgendliche Unruhe; sie hätte sie zu anderer Zeit und in anderer Situation weit lieber gesehen.

Doch Derna sah sich jeden Morgen einem neuen Tag gegenüberstehen, der Schwierigkeiten bringen könnte. Unannehmlichkeiten, Mißgriffe, Fehlurteile. Es war nicht leicht für ihn, in Preußen zu sein. Er mußte sich – wie sagt man doch gleich hier? – »mächtig am Riemen reißen«, wenn er nicht unangenehm auffallen wollte. Das ihm anvertraute Schiff mußte durch die Klippen gesteuert werden; die sicherste Methode, es dort durchzubringen, hieß: Auf günstiges Wetter warten und behutsam fahren. Und Major Knollengesicht in weitem Bogen ausweichen!

»Der Wagen ist da«, sagte Frau Behrends. Sie eilte mit der Kleiderbürste auf ihn zu, fahndete nach Stäubchen, Härchen, Fusselchen. Sie bürstete ihn liebevoll, von den gutwattierten Schultern hinunter zum strammen Gesäß.

Derna war nicht mehr der Jüngste, aber die Elastizität war sehenswert, mit der er die Treppen hinabstieg, sich zu seinem Kübelwagen begab und den Fahrer begrüßte. Er wollte den Kraftfahrer rügen, unterließ das dann aber, da er sich ja schließlich nicht verspätet hatte. Außerdem wäre es unklug, fast schon ein Selbstmordversuch gewesen, wenn er sich dazu hätte hinreißen lassen, heftig zu tadeln; der Mann wäre unsicher geworden, sein Selbstvertrauen hätte er verloren, die Furcht hätte ihn gepackt – und ein schwerer Unfall könnte durchaus im Bereich der Möglichkeiten liegen.

»Zur Kaserne«, sagte Hauptmann Derna. »Vorher fahren wir bei Stabsarzt Doktor Sämig vorbei.«

»Jawohl, Herr Hauptmann«, sagte der Kraftfahrer. Er fand, daß dieser Befehl völlig unnötig war, denn er wurde, im gleichen Wortlaut, regelmäßig jeden Morgen gegeben. Er legte den Gang 'rein und fuhr los. Oben am Fenster wurde Frau Behrends sichtbar; die Gardine bewegte sich heftig, als sei beabsichtigt gewesen, mit ihr zu winken.

Derna saß kerzengerade hinten rechts im Kübelwagen. Es sah aus, als sei er dort anmontiert worden. In der »Straße der SA« wartete bereits der Stabsarzt vor seinem Haus. »Guten Morgen, Herr Kamerad!« rief Derna, wie jeden Morgen, mit Herzlichkeit.

»Guten Morgen, Herr Hauptmann!« rief der Stabsarzt nicht minder herzlich. Dann stieg er behende ein und setzte sich zur Linken von Derna. Der Kübelwagen fuhr sofort weiter.

Der Hauptmann Derna, der sich hier »im rauhen Norden« immer ein wenig einsam gefühlt hatte, war bemüht gewesen, die Freundschaft des Stabsarztes zu erringen, was ihm auch gelungen zu sein schien. Derna, der Wiener, der sich akklimatisieren mußte, was ihm mächtig schwerfiel, wurde von seinen Offizierskameraden nicht ganz für voll genommen; Dr. Sämig, der Stabsarzt, auch nicht, denn er gehörte eigentlich in eine niedere Kategorie der Offizierssoldaten, war also einwandfrei zweitrangig. Bedauerlich der Zustand, aber doch verständlich. Und so hatten sie sich denn beide gesucht und gefunden. Sie richteten sich aneinander auf.

»Ein schöner Tag«, sagte Derna.

»Da wird es nur wenige Krankmeldungen geben«, sagte Sämig.

Der Kübelwagen verließ die Innenstadt und rollte auf die Chaussee, die zur Kaserne führte. Der Hauptmann und der Stabsarzt spürten, wie gut sie sich verstanden, auch ohne viel miteinander zu reden. Der Kraftfahrer erhöhte das Tempo, um schneller ans Ziel zu gelangen. Er wollte seine Fracht loswerden, um dann den Rest des Tages mit Waschen und Pflege des Kübelwagens zu verbringen, was gleichbedeutend mit ungestörtem Halbschlaf war.

Der Posten riß das Tor auf und ließ den Wagen unkontrolliert passieren. Er rief durch das Fenster in das Wachlokal hinein: »Chef dritte und Stabsarzt.« Worauf sofort der telefonische Warndienst in Tätigkeit trat.

Der Wagen hielt zunächst vor dem Abteilungsgebäude, um Doktor Sämig abzusetzen. Aber ehe noch der Stabsarzt dazu kam, sich von Hauptmann Derna zu verabschieden, wurde über ihnen ein Fenster geöffnet, und Luschke, das Knollengesicht, erschien dort.

»Morgen, meine Herren«, rief Major Luschke zunächst einmal und wartete dann geduldig auf das, was sich nunmehr vor seinen Augen abspielen würde.

Hauptmann Derna, der sofort einsah, daß es einfach unmöglich war, den Kommandeur vom Kübelwagen aus, also im Sitzen, zu grüßen, erhob sich schleunigst und stieg aus. Dann erst, den Kopf hoch zum ersten Stock erhoben, produzierte er eine Ehrenbezeigung. Dr. Sämig tat desgleichen.

Major Luschke, das Knollengesicht, grinste süffisant. Er wartete immer noch seelenruhig. Er tat absolut nichts; er sah nur hinunter.

Hauptmann Derna war sichtlich verlegen. Er wußte einfach nicht, was er jetzt machen sollte. Und Dr. Sämig ging es genauso. Was sollten sie tun? Sollten sie abermals grüßen und sich dann entfernen, da der Kommandeur keine Anstalten machte, sich mit ihnen zu unterhalten? Oder hatten sie zu warten, bis sie der Kommandeur, der sie doch gerufen hatte, entließ?

Luschke, der Unberechenbare, weidete sich sichtlich an der nervösen Unentschlossenheit seiner beiden Offizierssoldaten. Er sagte noch immer nichts und sah nur höchst interessiert hinunter.

Da hatte Hauptmann Derna einen Einfall; und den hielt er geradezu für preußisch! Er meldete einfach. »Dritte Batterie — keine besonderen Vorkommnisse.«

Luschke, das Knollengesicht, strahlte förmlich. »Woher wissen Sie das eigentlich, Herr Hauptmann?« fragte er mit sanftester Stimme. »Haben Sie zu Hause Telefon? Ist heute früh schon der Hauptwachtmeister bei Ihnen gewesen? Oder waren Sie schon vorher einmal in der Kaserne?«

»Nein, Herr Major«, stotterte Derna, um Haltung bemüht.

»Ah!« rief der Abteilungskommandeur genußvoll. »Vermutlich sind Sie Hellseher!«

Derna schwieg überrumpelt. Er wünschte sich, es wäre ihm möglich, in den Erdboden zu versinken. Dieser Major Luschke war eine ewige Heimsuchung für ihn, eine pausenlose Demütigung, eine endlose Kette Überraschungen.

»Jedenfalls«, sagte Major Luschke oben am Fenster, »ist Ihnen diesmal wenigstens etwas eingefallen. Das ist ein klarer Fortschritt. Der gute Stabsarzt dagegen scheint glatt die Sprache verloren zu haben — untersuchen Sie sich mal daraufhin, Doktor.«

Und damit verließ das Knollengesicht, unnachahmlich süffisant grinsend, das Fenster und ließ seine beiden Paladine betreten unten stehen. Der Kraftfahrer, der alles mit angehört hatte, feixte mächtig und völlig ungeniert.

Dr. Sämig bemühte sich um Haltung und verabschiedete sich korrekt. »Danke verbindlichst, Herr Hauptmann«, sagte er.

»Gern geschehen, Herr Kamerad«, sagte Hauptmann Derna und versuchte sich mit der unnachahmlichen Eleganz altösterreichischer Kavaliere zu verbeugen, was ihm diesmal aber nicht vollkommen glückte. Dann sagte er zu seinem Kraftfahrer: »Zur Batterie.«

Der Kraftfahrer dachte gar nicht daran, den Befehl zu bestätigen, er nickte nicht einmal. Er hielt das für überflüssig. Er feixte nur weiterhin ungeniert und wartete kaum, bis Derna wieder eingestiegen war. Er brauste los wie die Feuerwehr. Ruckartig hielt er vor dem Eingang zum Block der 3. Batterie.

»Danke, mein Lieber«, sagte Hauptmann Derna, der inzwischen seine Haltung wiedergefunden hatte. Er warf einen Blick auf den strahlend blauen Himmel, einen weiteren Blick auf den grünleuchtenden Rasen, einen dritten Blick auf die frisch gefegte Fahrbahn. Alles war, so wollte ihm scheinen, in allerbester Ordnung.

Immer noch elastisch stieg der die wenigen Treppen hoch, an der weitgeöffneten Pendeltür vorbei, über den leeren Korridor. Er ging auf die Schreibstube zu. Dort stand Leutnant Wedelmann und legte die Hand an die Mütze.

»Guten Morgen, mein lieber Herr Leutnant Wedelmann«, rief Derna betont kameradschaftlich. »Freut mich, Sie zu sehen.«

»Guten Morgen, Herr Hauptmann«, sagte Wedelmann steif. »Darf ich Herrn Hauptmann sprechen?«

»Aber selbstverständlich, mein Lieber. Kommen Sie zu mir in mein Dienstzimmer.« Und dann, wieder ein wenig ängstlich geworden, fragte er: »Hoffentlich nichts Unangenehmes?«

»Leider, Herr Hauptmann«, sagte Wedelmann. »Tut mir leid.«

Derna, der gerade dabei war, Knollengesichts Sonderveranstaltung zu vergessen, fühlte sich erneut unbehaglich. Enttäuscht blinzelte er in das helle Sonnenlicht, das durch die Korridorfenster drang. »Kommen Sie«, sagte er.

Sie betraten die Schreibstube. Der Hauptwachtmeister erwartete sie bereits. Einige Leute standen herum und nahmen Haltung an. Schulz schrie: »Achtung!« und knallte die Hacken zusammen. Flüssig trompetete er seine Morgenmeldung. Und dann, abschließend, sagte er: »Gefreiter Asch verhaftet!«

»So, so«, sagte Derna, nur um etwas zu sagen. Er angelte ein blütenweißes Taschentuch aus der Hose, aber er setzte es nicht in Tätigkeit. Er blickte sich um: Der Spieß hatte sich vor ihm aufgebaut und glich einem Rachegott, der Schreibstubenunteroffizier lauerte devot, Unteroffizier Lindenberg stand schon wieder einmal da wie ein Denkmal, in einer Ecke hielt sich der Gefreite Asch auf.

»So, so«, sagte Hauptmann Derna abermals.

»Ich komme in der gleichen Angelegenheit«, verkündete Leutnant Wedelmann.

Der Hauptmann zerknüllte nervös sein Taschentuch. Er war mehr als nur betrübt, er war erschrocken, wollte das aber nicht wahrhaben. Er enthielt sich vorerst jeder Stellungnahme; das gebot ihm nicht nur seine Erfahrung, in Besonderheit geschah das deshalb, weil ihm auf Anhieb nichts einfiel.

»Folgen Sie mir«, sagte Derna dann. Er ging voran in sein Dienstzimmer; Wedelmann und Schulz schlossen sich ihm an. Keiner sprach.

Der Hauptmann warf seine Handschuhe auf den Schreibtisch. Er nahm seine Mütze ab und übergab sie dem Hauptwachtmeister; dann schnallte er das Koppel ab und übergab es ebenfalls dem Hauptwachtmeister. Der hängte die ihm also übergebenen Gegenstände sorgfältig auf Kleiderhaken, die an der zweiten Tür, die gepolstert war und direkt auf den Korridor hinausging, angebracht waren.

Derna ließ sich nieder und zündete sich eine Zigarette an, zu der ihm Schulz eifrig Feuer gab. Leutnant Wedelmann hatte sich an das Fenster gestellt und schien hinauszuschauen. Eine bedrückende Stille lag im Raum.

Hauptmann Derna sah ein, daß er nunmehr nicht mehr schweigen konnte und daß es unumgänglich war, jetzt Fragen zu stellen. »Habe ich vorhin recht gehört«, fragte er seinen Hauptwachtmeister. »Sie haben den Gefreiten Asch verhaftet?«

Ehe noch Schulz antworten konnte, mischte sich Leutnant Wedelmann ein. »Eine Verhaftung«, sagte er, »ist Unsinn. Damit eine Verhaftung erfolgen kann, müssen zwingende Gründe vorliegen oder ein unzweideutiger Befehl. Aber hier trifft keins von beiden zu. Ich nenne das: Überschreitung der Machtbefugnisse. Es kann aber auch Freiheitsberaubung sein.«

Der Hauptwachtmeister wollte aufbegehren, aber Derna hob beschwichtigend die Hand. Er trocknete sich eilig den Schweiß ab, der sein liebenswürdiges Kaffeehausgesicht zum Glänzen gebracht hatte. »Lieber Herr Leutnant Wedelmann«, sagte er überaus verbindlich, »ich weiß Ihre ausgezeichneten Kenntnisse zu schätzen. Aber ehe ich mich ihrer bediene, erlauben Sie mir bitte, daß ich methodisch vorgehe. Bitte, unterrichten Sie mich davon, Herr Hauptwachtmeister, was Sie dazu veranlaßt hat, eine Verhaftung vorzunehmen.«

»Es ist natürlich keine richtige Verhaftung, Herr Hauptmann, so mit Handschellen und Zelle. Der Gefreite Asch steht auf der Schreibstube, sozusagen ohne Bewachung, ihm ist also kein Härchen gekrümmt worden.«

»Ich darf darauf aufmerksam machen«, warf Wedelmann ein, »daß es, rein juristisch betrachtet, völlig genügt, das Wort Verhaftung auszusprechen. Von diesem Augenblick an steht der Verhaftete unter einer grundlegend veränderten, sozusagen verschärften Rechtsordnung. Zum Beispiel kann nunmehr bei einem Fluchtversuch ohne Warnung von der Schußwaffe Gebrauch gemacht werden. Und es ist gar nicht nötig, den Verhafteten zu fesseln oder einzusperren.«

»Ich«, verteidigte sich Schulz wild, »habe nicht gesagt: Sie sind verhaftet! Ich habe lediglich gesagt: Ich werde Sie verhaften lassen.«

»Selbst dazu«, sagte Wedelmann, »haben Sie nicht das geringste Recht! Außerdem behauptet der Gefreite Asch, Sie hätten einwandfrei zu ihm gesagt: Sie sind verhaftet!«

»Herr Hauptmann«, wollte Schulz bebend wissen, »wem wird hier eigentlich mehr geglaubt? Einem Hauptwachtmeister oder einem Gefreiten?«

»Ein höherer Dienstgrad«, sagte Wedelmann streitbar, »muß nicht gleichbedeutend mit größeren charakterlichen Qualitäten sein.«

»Aber, meine Herren!« rief Derna bremsend. Wieder betupfte er sich Stirn, Wangen und Hals. Er schwitzte stark. »Heben wir uns doch derartige Theorien für später auf. Ich hoffe, Sie verstehen meinen Wunsch, wissen zu wollen, was eigentlich passiert ist. Also bitte, Herr Hauptwachtmeister, worauf gründet sich Ihre Annahme, daß eventuell angebracht sein könnte, den Gefreiten Asch zu verhaften?«

»Herr Hauptmann«, sagte der Spieß, dem es nur mit Anstrengung gelang, seine Erregung zu dämpfen, »einmal lag gestern eine Meldung des Küchenunteroffiziers über disziplinloses Verhalten des Gefreiten Asch vor. Ich habe diese Meldung als unwesentlich betrachtet und sie zurückgewiesen.«

»Was eindeutig beweist«, sagte Wedelmann, »daß Sie selbst nicht an alles glauben, was Sie hier vorbringen.«

»Bitte, Herr Leutnant Wedelmann!« sagte Derna flehentlich.

Hauptwachtmeister Schulz war mit Erfolg bemüht, Wedelmann zu übersehen und seine Bemerkungen zu überhören. »Die Meldung des Küchenunteroffiziers wird vorgelegt werden. Außerdem aber liegt eine Meldung von Unteroffizier Lindenberg vor. Hier, bitte.«

Derna griff zögernd die Meldung auf, die ihm der Hauptwachtmeister auf den Tisch gelegt hatte. Widerwillig las er sie durch. »Aha!« sagte er dann.

»Hierzu muß aber bemerkt werden«, sagte Wedelmann erklärend, »daß der angebliche Kronzeuge, der Obergefreite Kowalski, nichts, aber auch gar nichts von dem vernommen hat, was der Unteroffizier Lindenberg gemäß seiner Meldung gehört haben will.«

»Der Obergefreite Kowalski ist ein Schlot«, sagte der Hauptwachtmeister, »aber der Unteroffizier Lindenberg ist der beste Unteroffizier der Batterie, wenn nicht des Regiments. Für ihn lege ich meine Hand ins Feuer. Er ist absolut verläßlich.«

»Er ist ein sturer Kerl«, sagte Wedelmann, »er kann gar nicht weiter sehen als bis zur nächsten Vorschrift. Er hat Scheuklappen. Er stolpert über jeden Dreck.«

»Das mag die Ansicht des Herrn Leutnant sein«, sagte der Hauptwachtmeister böse. »Und es ist für uns Unteroffiziere immer interessant, zu wissen, wie ein Leutnant über uns denkt.«

»Ich muß doch sehr bitten!« sagte Derna mit rauher Stimme und ließ, geschickt, wie er sich dünkte, durchaus offen, wen er »doch sehr bitten« müsse.

»Herr Hauptmann«, sagte Schulz hierauf, »das wichtigste ist doch, daß der Gefreite Asch gar nicht leugnet, Ausdrücke wie ›Aufseher‹ und ›Sklavenhalter‹ gebraucht zu haben.«

»Herr Hauptmann«, sagte der Leutnant Wedelmann, »der Gefreite Asch ist für das, was er gesagt haben soll oder gesagt hat, im Grunde gar nicht verantwortlich. Er ist gereizt worden, er ist bis auf das Blut gereizt worden. Er reagiert jetzt wie ein Stier, und eine gewisse Sorte Ausbilder ist für ihn das rote Tuch. Man sollte ihn in Ruhe lassen, dann wird sich die Sache von selbst bereinigen. Einfach nicht zur Kenntnis nehmen! Ich möchte so weit gehen und sagen: Asch ist in diesem Punkt einfach nicht zurechnungsfähig.«

»Aha!« sagte Hauptmann Derna verwirrt.

»Ich kann ihn ja mal 'reinholen«, schlug der Spieß vor. »Dann können Herr Hauptmann ja selbst sehen, ob der verrückt ist oder nicht.«

»Ich rate davon ab«, sagte Wedelmann mit ungewöhnlichem Ernst.

»Ich nicht«, sagte der Hauptwachtmeister.

Derna knetete nervös mit seinen Fingern. Er zerkrümelte eine Zigarette, griff nach einer neuen, zündete sie sich an. »Mir leuchtet immer noch nicht ein«, sagte er, »warum der Gefreite Asch wegen dieser Meldung verhaftet werden sollte.«

»Das ist ja noch nicht alles, Herr Hauptmann. Dieser Kerl hat gestern auf mich geschossen.«

Wedelmann wurde heftig: »Sie reden Unsinn, Hauptwachtmeister.«

Derna ließ die soeben angezündete Zigarette erschrocken fallen, als habe er sich heftig die Finger verbrannt. Sie lag auf der Schreibtischplatte, und ihre Glut fraß sich dort ein. Es stank nach schmorendem Lack. Aber niemand achtete darauf.

»Was sagen Sie da?« wollte der Hauptmann wissen. »Er hat auf Sie geschossen? Und das erfahre ich erst jetzt? Wie ist das möglich? Woher hatte er die Munition?«

»Sie haben wohl nicht richtig ausgeschlafen«, sagte Wedelmann verächtlich zu Schulz.

»Wohl besser als Sie, Herr Leutnant«, sagte der frech. »Meine Wohnung hat kein Mädchen um acht Uhr früh verlassen.«

»Sie sind wohl verrückt geworden!« rief Wedelmann.

»Ich weiß genau, was ich sage!« schrie Schulz unbeherrscht zurück. »Ich erinnere nur an das, was Sie sich in der Nacht von Mittwoch auf Donnerstag geleistet haben, Herr Leutnant.«

»Ruhe!« Derna versuchte mit aller Kraft zu brüllen; seine Stimme krächzte in hohen, sich überschlagenden Tönen. Es war das erstemal, daß ihm das passierte. Er war zunächst verwirrt, dann wunderte er sich mächtig. Er sah in überraschte Gesichter, die ihn anstarrten.

»Meine Herren«, sagte Hauptmann Derna, »ich muß doch sehr um Mäßigung bitten. Ich habe viel Verständnis für Ihr Temperament, aber Sie müssen mir schon erlauben, daß ich mir selbst ein Urteil bilde. Bis jetzt weiß ich nämlich nichts, rein gar nichts. Lassen Sie mich also methodisch vorgehen. Wie wäre es, wenn wir den Gefreiten Asch hereinholten?«

Derna wartete auf Widerspruch, aber der kam nicht. Wedelmann hatte sich angewidert umgedreht und sah aus dem Fenster hinaus. Schulz konnte diese Entwicklung nur recht sein. Er ging zur Tür, öffnete sie und rief: »Gefreiter Asch zum Chef.«

Der Gefreite Asch betrat das Dienstzimmer des Batteriechefs. Er sah sich um. Daß Wedelmann seinem Blick auswich, fand er in Ordnung. In Ordnung fand er auch, daß der Spieß aussah, als wolle er ihn fressen. Dann begann er Hauptmann Derna zu betrachten.

»Gefreiter Asch«, sagte der Hauptmann, »mir liegt eine Meldung des Unteroffiziers Lindenberg vor. Kennen Sie deren Inhalt?«

»Der Inhalt stimmt«, sagte Asch. »Wenn gewünscht wird, bin ich bereit, ihn näher zu erklären.«

»Antworten Sie nur auf das, was Sie gefragt werden«, sagte der Spieß streng.

»Wer fragt eigentlich?« wollte Asch wissen. »Sie oder der Herr Hauptmann?«

»Ich frage hier«, sagte Derna nicht ohne Stolz. »Und ich frage Sie, ob Sie zugeben, auf den Hauptwachtmeister geschossen zu haben.«

»Wer das behauptet«, sagte Asch, »der hat sich diese Behauptung aus den Pfoten gesogen.«

»Sie wollen leugnen?« fragte Schulz bedrohlich. »Sie besitzen die Frechheit und wollen mich hier vor den Augen meines Chefs als Lügner hinstellen?«

»Das hat doch nichts mit Frechheit zu tun.«

»Woher wissen Sie denn überhaupt, daß geschossen wurde?« Schulz riß abermals die ganze Verhandlung an sich. Derna kam gar nicht dazu, zu protestieren. Wedelmann aber dachte gar nicht an Protest; er witterte Unrat für Schulz und gönnte dem das von Herzen.

»Woher also wissen Sie das?«

»Die ganze Batterie weiß das. Das hat sich herumgesprochen.«

»Und woher wollen Sie wissen, daß auf *mich* geschossen worden sein soll?«

»Sie waren doch der einzige, der sich im Schußfeld befand. Und außerdem finde ich das ganz natürlich. Fast alle Angehörigen der Batterie sind meiner Meinung. Und nicht wenige haben, gleich mir, die Hoffnung ausgesprochen, daß der Schütze beim nächstenmal besser zielen möge.«

»Sie wollen also den nackten Mord!«

»Nicht doch«, sagte Asch. »Ganz abgesehen davon, daß das gar kein Mord wäre, sondern vielmehr eine Art Notwehr, wollen wir gar nicht, daß Sie getroffen werden, wir würden nur Wert auf Vergrößerung Ihrer Angst legen. Denn Angst müssen Sie doch kriegen bei dem Gedanken, daß Sie derartig verhaßt sind, daß es sogar einer wagt, auf Sie anzulegen, und daß es viele gibt, die das ganz in Ordnung finden, und sogar nicht wenige, die sich darüber freuen.«

»Da hören Herr Hauptmann es selbst!« rief Schulz außer sich vor Wut. »Das ist eine Mordbande!«

»Wir sind höchstens das Produkt Ihrer Erziehung«, sagte Asch. »Das sollte Ihnen endlich zu denken geben! Ziehen Sie doch eine Lehre daraus. Es würde sich lohnen.«

»Genug!« rief Hauptmann Derna. »Das ist mehr als genug.« Seine Hände flatterten. Schweißnaß war sein Gesicht, und er dachte nicht daran, es abzuwischen. Vor seinen Augen lagen Schleier. Er fühlte sich maßlos erschöpft.

»Gehen Sie hinaus, Gefreiter Asch«, sagte Wedelmann.

Asch sah den Leutnant kurz nachdenklich an, dann verließ er, scheinbar gleichmütig, den Raum. Er lehnte sich gegen eine Wand. Ihm war elend zumute. Aber er lächelte.

»Eine unmögliche Situation«, sagte Derna schwach. »Eine ganz und gar unmögliche Situation.«

»Ich schlage Tatbericht vor«, sagte der Hauptwachtmeister.

»Unsinn«, sagte Leutnant Wedelmann. »Dazu reicht das Material nicht.«

»Allein was er über die Schießerei gesagt hat«, behauptete Schulz, »reicht aus, ihn vor ein Kriegsgericht zu bringen.«

»Das reicht gar nicht aus«, sagte Wedelmann. »Ich habe genau zugehört. Es ist keine einzige Behauptung gefallen, geschweige denn ein Geständnis gemacht worden. Alles, was er gesagt hat, waren Hypothesen, Erwägungen, Wünsche.«

»Eine völlig unmögliche Situation«, sagte Hauptmann Derna abermals. Er war ratlos und gab sich nicht einmal mehr Mühe, das zu verbergen.

»Es wäre durchaus empfehlenswert, zu überlegen, Herr Hauptmann, wer diese Situation geschaffen hat.«

»Wer denn sonst als dieser Asch!« rief Schulz anklagend.

»Ich bin nicht Ihrer Meinung«, sagte Wedelmann scharf. »Bei Asch liegt die Schuld nicht.«

»Vielleicht bei mir!«

»Sie werden das nicht für möglich halten, Hauptwachtmeister, aber diesmal haben Sie recht.«

Hauptmann Derna schüttelte den Kopf und sagte: »Unerhört peinliche Situation. Und diesen Asch haben wir zum Unteroffizier eingereicht.«

Für Wedelmann war das eine Neuigkeit ersten Ranges. »Das ist ja einmalig. Wer ist denn auf diese Idee gekommen?«

»Ich«, sagte der Hauptwachtmeister schlicht.

Wedelmann brach in ein zügelloses Gelächter aus. Sein Brustkorb bebte, und seine mächtige Stimme füllte den Raum. Er lachte, bis ihm die Tränen kamen. Dann hielt er sich die Seiten und stöhnte vor Wonne. »Das«, sagte er japsend, »ist der beste Witz, den ich je in meinem Leben gehört habe.«

Derna und Schulz schwiegen und betrachteten dabei den sich atemlos schüttelnden Leutnant mit todernsten Gesichtern. Ihnen war, als sähen sie ein grauenhaft-kurioses Wundertier oder einen Clown, der sich irrtümlich auf einer Trauergesellschaft produziert.

»Wir haben uns eben geirrt«, sagte der Hauptwachtmeister. »Das ist peinlich. Aber jetzt dürfen wir darauf keine Rücksicht mehr nehmen.«

Wedelmann wischte sich die Tränen aus den Augen. »Und was dann, wenn der Abteilungskommandeur die Beförderung bereits unterschrieben und damit ausgesprochen hat? Was dann, wenn sie bereits heute im Abteilungsbefehl erscheint?«

»Dann muß das rückgängig gemacht werden.«

»Dann kennen Sie aber den Kommandeur schlecht. Mit Major Luschke ist das nicht zu machen.«

»Hier handelt es sich aber doch um einen Soldaten, der geistig gestört ist«, warf Schulz hartnäckig ein. »Sie haben doch selbst gesagt, Herr Leutnant, daß der nicht mehr zurechnungsfähig ist.«

»Das ist die Lösung«, sagte Hauptmann Derna und schien aus einem langen, dumpfen Schlaf zu erwachen. »Genau das ist die Lösung«, sagte er mit zunehmendem Eifer.

»Wie soll ich das verstehen?« fragte Wedelmann mißtrauisch.

»Was hier passiert ist«, sagte Derna lebhaft, »das ist doch nicht mehr normal, das werden Sie mir zugeben. Und mit der bestehenden Disziplinarstrafordnung ist das auch nicht zu erfassen. Wenn wir aber alles, was sich ereignet hat, aufgreifen, dann gibt das einen Riesenskandal. Wenn wir aber nachweisen können, daß es sich bei diesem Asch um eine geistige Störung handelt ...«

»Herr Hauptmann«, sagte Wedelmann warnend.

»... um eine vorübergehende, einmalige geistige Störung, also um eine verständliche Entgleisung handelt – wenn wir das nachweisen können, sind wir fein 'raus.«

»Wie stellen sich das Herr Hauptmann vor?«

»Aber das ist doch ganz einfach!« Derna glühte vor Aufregung. Endlich sah er Land. Und diese Entdeckung hielt er für genial. »Sehen Sie, meine Herren«, sagte er freudig bewegt, »ich darf mich rühmen, mit Herrn Stabsarzt Doktor Sämig in bester kameradschaftlicher Weise befreundet zu sein. Ich werde ihn einfach bitten, daß er sich den Gefreiten Asch näher ansieht, daß er ihn eingehend untersucht und ärztlich betreut. Keine Widerrede, meine Herren. Das ist die beste Lösung. Und unsere Untersuchungen ruhen, bis das Resultat des Stabsarztes vorliegt. Nun — was sagen Sie dazu?«

Leutnant und Hauptwachtmeister sagten nichts.

»Verehrter Herr Hauptmann«, sagte Stabsarzt Dr. Sämig am Telefon. »Bevor ich den Patienten nicht gesehen habe, kann ich natürlich keine Diagnose erstellen. Im übrigen interessiert mich der von Ihnen geschilderte Fall stark, in meiner Eigenschaft als Arzt. Gewiß, eigentlich bin ich Chirurg, aber die seelischen Vorgänge, verehrter Herr Hauptmann, die bisher immer unterschätzt worden sind, werden von mir in Besonderheit gepflegt.«

Der Stabsarzt lächelte verbindlich und überlegen zugleich. Er nickte zu allem, was ihm Hauptmann Derna mitzuteilen für richtig hielt. Er verstand genau, worum es hier ging; er hatte ähnlich gelagerte Fälle schon immer kommen sehen, er war grundsätzlich auf sie vorbereitet.

»Es ist von Wichtigkeit«, sagte Dr. Sämig, »daß der Patient nicht erschreckt wird. Ich empfehle pfleglichste Behandlung, wenn es auch schwerfallen sollte. Die Art der Krankheit darf nicht ausgesprochen, nicht einmal durch volkstümliche Umschreibungen angedeutet werden. Es handelt sich hier lediglich, davon muß der Patient überzeugt sein, um eine ganz gewöhnliche, völlig natürliche Untersuchung, meinetwegen auf Haftfähigkeit oder Geschlechtskrankheiten.«

Der Stabsarzt am Telefon lächelte unentwegt. Es war ihm sozusagen eine Ehre, ließ er durchblicken, Hauptmann Derna mit seinen ärztlichen Kenntnissen behilflich sein zu können; und es war ihm eine Art Vergnügen, sprach er unbekümmert aus, einen abnormen Fall mit den neuesten Errungenschaften der Medizin einer Heilung oder doch wenigstens einer vollendeten Diagnose entgegenzuführen. »So bitte ich denn, mir den Patienten — er heißt Asch, nicht wahr? — zu übersenden.«

Sämig legte den Telefonhörer behutsam, beinahe schon zärtlich, in die Gabel. Er freute sich dezent. Und er glaubte auch, allen Grund dafür zu haben: Endlich konnte er den ebenso entnervenden wie ermüdenden Tagesablauf unterbrechen und zeigen, was er wirklich vermochte. Vielleicht würde sich dann endlich der Generalarzt für seine Arbeit interessieren und ihn fortan mit ehrenderen Aufgaben betrauen.

Dr. Sämig war Truppenarzt, der Artillerieabteilung zugeteilt. Und Truppenarzt war er schon immer gewesen. Seine ersten chirurgischen Kenntnisse hatte er sich als blutjunger Mensch in den letzten Monaten des Weltkrieges geholt; er sägte Knochen mit und ohne Betäubung (es geschah in der Zeit, wo die Binden aus Papier und Medikamente Kostbarkeiten waren) mit mehr oder weniger sichtbarem Erfolg. Nach dem Kriege studierte er Medizin zu Ende, wurde irgendwo Assistenzarzt und hatte immer das Pech, auf Vorgesetzte zu stoßen, denen es nicht gegeben war, seine Fähigkeiten zu erkennen. Dann meldete er sich zur Reichswehr und wurde angenommen. Er wurde Truppenarzt. Und das blieb so.

Sämig klingelte den Sanitätsfeldwebel herbei. »Ist die Isolierstation frei?«

»Jawohl«, sagte der Sanitätsfeldwebel, »die Zelle ist frei.«

»Sie wird in Kürze belegt werden, Feldwebel«, verkündete der Stabsarzt. »Bitte, bereiten Sie alles vor. Gesondertes Karteiblatt. Sonst aber die gewöhnliche Aufnahmeuntersuchung: Größe, Gewicht, Temperatur, Puls, Urin. Der Patient heißt Asch, Gefreiter, dritte Batterie.«

»Jawohl«, sagte der Sanitätsfeldwebel und zog sich zurück, um alle Befehle an einen Sanitätsunteroffizier weiterzugeben.

Sämig erhob sich und begab sich zu seinem Bücherschrank. Etwas mitleidig sah er auf die chirurgischen Handbücher, die gleich links in der oberen Ecke standen. Er kannte sie und schätzte sie nicht mehr, er hatte sie überwunden, zumal es ihm nie, trotz mehrfacher Bewerbungen, vergönnt gewesen war, in einem Militärkrankenhaus Dienst zu tun. Er war und blieb Truppenarzt.

Das wurmte ihn, und er gab das auch offen zu, war er sich doch immer seines wahren Wertes bewußt. Und der tägliche Dienst bei der Truppe widerte ihn an: Erste Hilfe geben, Pillen verschreiben, Leuten in den Hintern sehen, Geschlechtskranke in das Lazarett überweisen — penetrant langweilig!

Er hatte dann, angeregt durch Kasinounterhaltungen, versucht, den Sanitätsdienst in militärischen Formen ablaufen zu lassen: Uringläser mußten ausgerichtet werden, bei Revierkranken wurde streng auf Haarschnitt geachtet, Dienstordnungen hingen in allen Räumen, auf dem Korridor und in den Toiletten. Schließlich hatte er sogar, in einem Einzelzimmer, eine Isolierstation eingerichtet, vergittert und die Tür mit Doppelriegel versehen. Alles das war gut und schön, ließ sich brauchbar in Meldungen nach oben verwenden, klappte aber schließlich von ganz alleine und wurde zu einer Domäne des Sanitätsfeldwebels.

Sämig, der vor seinem Bücherschrank stand und mit einem verzeihenden Lächeln alle diese Erinnerungen abtat, griff nach zwei umfangreichen Wälzern. Er bepackte sich mit ihnen und schleppte sie zu seinem Schreibtisch. Dort betrachtete er sie kurz, und in seinem Blick lag etwas, das mit Zärtlichkeit bezeichnet werden könnte. Auf dem Deckel des ersten Buches stand: Angewandte Psychoanalyse. Auf dem zweiten: Grundriß der Individualpsychologie.

Das war es! Das war, was ihn ausfüllte. Sie ließen ihn nicht Chirurg sein, er wollte nicht nur männliche Geschlechtsteile in Massen besichtigen — er strebte danach, mehr zu sein, als er scheinen mußte. Die Psychoanalyse hatte es ihm angetan. Es war eine verhältnismäßig neue, in Deutschland zumeist verachtete Wissenschaft, außerdem sollte sie von einem Juden — »Wie hieß der Kerl doch gleich? Freud!« — erfunden beziehungsweise entwickelt worden sein, was natürlich nicht stimmen konnte.

Sämig schlug seine Bücher auf. Er war kein ausgeprägter Anhänger der sogenannten Lust- und Triebpsychologie, vielmehr hielt er das, was er Komplexpsychologie nannte, durch rassische Erkenntnisse erweitert, für das richtige. Er selbst hatte, nach Bestätigung seiner Theorien strebend, den Sämig-Komplex-Test entwickelt und ihn vorsichtig bei seinen Revierkranken ausprobiert, mit dem eindeutigen Erfolg, daß nahezu alle Befragten bejahten, mehr aus Überlegung denn aus Instinkt zu gehorchen.

Aber alle derartigen Versuche waren lediglich Vorstufen; was ihm bisher immer noch gefehlt hatte, war der ausschließlich durch Psychoanalyse zu lösende Fall. Hier, bei diesem Asch, schien er sich endlich zu ergeben. Er sah ihm mit Freude und nicht ohne Spannung entgegen.

Sämig war ein wenig in Erregung geraten. Er erhob sich, verließ sein Arbeitszimmer, ging über den Korridor des Krankenreviers und begab sich in die Isolierstation. Hier saß der Patient auf dem Bett, ein Unteroffizier stand neben ihm und zählte die Pulsschläge.

»Sie sind also der Gefreite Asch«, sagte der Stabsarzt und betrachtete seinen Patienten mit kaum verborgenem Interesse.

»Was soll ich hier?« fragte Asch. »Ich bin gesund.«

Dr. Sämig lächelte gewinnend. Er registrierte: Geltungsbedürfnis vorhanden, ob übersteigert, noch nicht festzustellen. Er sagte: »Wohl niemand ist restlos gesund. Und eine Untersuchung hat noch keinem geschadet.«

»Warum untersuchen Sie nicht das Unteroffizierskorps?« fragte Asch.

Dr. Sämig registrierte: Kaum verborgene Haßgefühle. Freundlich sagte er: »Alles zu seiner Zeit. Zunächst sind Sie dran.« Und er fragte den Sanitätsunteroffizier: »Puls gemessen? Normal? Gut, tragen Sie das ein. Und dann lassen Sie uns bitte allein.«

Der Unteroffizier vervollständigte seine Eintragung auf dem Karteibogen, übergab ihn dem Stabsarzt. Dann zog er sich zurück.

Dr. Sämig studierte die Eintragungen. Er tat das gründlich. Für jeden anderen waren das gewöhnliche Daten, für ihn aufschlußreiche Hinweise. Ihm war es gegeben, von körperlicher Konstellation auf die geistige Kapazität zu schließen. Zwerge litten häufig unter Minderwertigkeitskomplexen, Riesen an Überwertungsgefühlen, dünne Menschen waren zäh, dicke phlegmatisch. Das waren allerdings nur simple Grundbegriffe, aber immerhin klar überschaubare Vorstufen einer Ordnung.

»Legen Sie sich ruhig lang hin«, sagte der Stabsarzt aufmunternd. »Machen Sie es sich bequem. Entspannen Sie sich, denken Sie an nichts.«

»Herr Stabsarzt«, sagte der Gefreite Asch, »wenn Sie Wert darauf legen, daß ich hier schlafen soll, so habe ich grundsätzlich nichts dagegen. Aber ich lasse mich nicht gerne dabei betrachten.«

Sämig lächelte unentwegt. Der ungewöhnliche Fall, der hier vor ihm lag, hatte ihn in freudige Erregung versetzt. Er war wie umgewandelt. »Vorher wollen wir noch ein wenig plaudern«, sagte er. »Schlafen können wir später.«

»Wir?« fragte Asch mißtrauisch. »Wollen Sie denn auch schlafen?«

Das Lächeln von Sämig gefror jetzt; er gab sich Mühe, es nicht völlig verlöschen zu lassen. Eilig registrierte er: Außerordentlich sprunghaft, von wenig sauberen Bildern beherrschte Phantasie, wobei nicht feststeht, ob ein Dauerzustand vorliegt; kompensierte Minderwertigkeitsgefühle nicht von der Hand zu weisen. — Diese Überlegungen stimmten ihn wieder heiter. Der Fall schien interessanter zu sein, als er vermutet hatte. »Sie sind ein Witzbold«, sagte er und hielt das für geschickte Herausforderung. »Das überrascht mich.«

»Auch Sie überraschen mich«, sagte Asch; und wie bei allem, was er sagte, war nicht zu erkennen, welche Gefühle ihn beherrschten. Aber seine Worte klangen verbissen, und seine Ironie war zäh. »Nach allgemeinen Schilderungen gelten Sie, Herr Stabsarzt, als hartnäckiger Gesundschreiber, als Schrecken der Drückeberger, als Alpdruck für Kranke. Ich glaube, Ihr Spitzname lautet: Knochenraspler!«

»So«, sagte Sämig, wenig erfreut.

»Manche sagen auch: Gehirnsäge. Warum sie das sagen, weiß ich nicht. Bis jetzt machen Sie mir eher einen harmlosen Eindruck.«

Dr. Sämig schwieg verblüfft. Sein Patient führte hier Reden, die beinahe schon ehrenrührig waren. Glatte Herausforderungen, die er normalerweise mit einem Hinauswurf beantwortet haben würde. Aber rechtzeitig besann er sich darauf, daß er nie vergessen durfte, daß hier, in diesen Gedankengängen, der Krankheitsherd zu suchen war. »Lieber Freund«, fragte er, »leiden Sie eigentlich unter starken Kopfschmerzen?«

»Nein«, sagte Asch. »Sie?«

Der Stabsarzt überhörte diese Frage mit Mühe. Er wollte sich jetzt nicht weiter bei unergiebigen Vorpostengefechten aufhalten, sondern ohne Umwege auf den Kern, auf das Zentralproblem vorstoßen. Noch einmal rekapitulierte er alles, was er über Asch in Erfahrung gebracht hatte: Maßlos übersteigertes Geltungsbedürfnis Vorgesetzten gegenüber, geäußert durch völlig sinnlose Disziplinlosigkeit; Hang zum Niederreißen aller Schranken. Geistiger Zerstörungswahn? Versessen auf Scheinerfolge? Abreagieren von vorerst noch unklaren Komplexen, Seele als Kampffeld, Verdrängungsbesessenheit!

»Sie werden eine schwere Kindheit gehabt haben«, sagte der Stabsarzt suggestiv. »Das Essen war knapp, der Raum, in dem Sie leben mußten, karg. Sie spüren immer noch die Kälte des Steinfußbodens und die Leere des Magens. Sie sehen noch immer vor sich das Nachbarkind, das ein frisches Brötchen mit Butter und Honig verzehrte und Ihnen nichts davon abgab. In langen Nächten lagen Sie wach, der Wind heulte, und Sie krümmten sich zusammen, denn das Deckbett war zu kurz. Ihre Mutter weinte viel, und Ihr Vater schlug Sie.«

»Aber nicht doch!« sagte Asch. »Mir hat in meiner Jugend nichts gefehlt. Wir waren nicht reich, aber wohlhabend. Einmal habe ich mich zu Weihnachten maßlos überfressen, das sind die einzigen Magenschmerzen gewesen, an die ich mich entsinne. Ich habe meine Mutter nie weinen sehen, und mein Vater hat mich nie geschlagen. Was soll dieser Unsinn?«

»Nur ruhig Blut«, sagte Dr. Sämig; er selbst war unruhig geworden. »Meine Fragen sind nicht aus der Luft gegriffen. Harmlos erscheinende Kinderkrankheiten sind sehr oft die Vorstufen für schwere Krankheiten, die plötzlich bei Menschen ausbrechen, die sich völlig gesund fühlen.«

»In meiner Jugend«, sagte Asch, »hatte ich keine Krankheiten, die bemerkenswert waren. Einmal hatte ich mir beim Baden, ich war damals elf Jahre alt, den linken Fuß verstaucht. Das war alles.«

»Derartige Krankheiten«, sagte Sämig, »interessieren mich wenig, rein äußerliche Krankheiten, wie Verstauchung eines Fußes, schon gar nicht. Bleiben Sie ruhig liegen. Erzählen Sie mir von anderen Dingen. Haben Sie einmal einen Freund gehabt, der Sie maßlos enttäuschte, der Sie womöglich verriet, vielleicht sogar Ihnen Schaden zufügte? Nein? Haben Sie sich vielleicht einmal in einer Situation befunden, die Ihnen Schrecken einjagte, waren Sie etwa einsam im dunklen Zimmer, nachts im Wald, in Lebensgefahr auf einem See? Auch nicht? Haben Sie einmal etwas gesehen, das Sie maßlos aufgeregt hat, zum Beispiel Menschen, die sich blutig schlugen, einen, der unter ein Auto geriet und zu Brei gefahren wurde, zwei Menschen, die sich überraschend vor Ihren Augen — na, Sie wissen schon? Auch nicht? Haben Sie einmal Lust verspürt, jemanden anzufallen, zu peinigen, zu morden?«

»Doch«, sagte der Gefreite Asch.

»Na also! Erzählen Sie. Zu mir können Sie ganz aufrichtig sein. Ich bin Arzt. Wann haben Sie den Wunsch verspürt, jemanden anzufallen?«

»Jetzt«, sagte Asch.

Dr. Sämig richtete sich ein wenig auf und rückte den Stuhl zurück, auf dem er saß. Seine blaßblauen Augen hatten sich geweitet. Seine Hände ballten sich zu Fäusten, aber das geschah ohne Kraft. »Reden Sie keinen Unsinn«, sagte er leise.

»Und was«, fragte Asch streitbar, »soll der Unsinn, den ich mir hier anhören muß?«

»Ich will Sie untersuchen.«

»Sie haben mich untersucht«, sagte Asch. »Meine Temperatur ist normal, das Herz schlägt regelmäßig, der Stuhlgang ist gut. Ich bin weder geschlechtskrank, noch habe ich Plattfüße. Mein Urin wird ohne Befund sein, ich habe keine Polypen und keine Krampfadern. Auch mein Hirn funktioniert. Ich habe keine nenneswerten Komplexe und bin kein Neurotiker. Ich bin ganz normal. Ordnen Sie meine Entlassung an, Herr Stabsarzt.«

Dr. Sämig erhob sich steif. »Für meine Patienten bin ich allein verantwortlich. Ob Sie krank sind oder nicht, beurteile ich.«

»Und warum«, fragte Asch, »liege ich hier in einer Isolierzelle?«

»Das ist keine Zelle, das ist eine Isolierstation. Hier werden Kranke untergebracht, die gesondert behandelt werden müssen, oder solche, die unter einer ansteckenden Krankheit leiden.«

»Wollen Sie etwa behaupten, Herr Stabsarzt, daß ich unter einer ansteckenden Krankheit leide?«

»Allein der Verdacht genügt.«

»Herr Stabsarzt«, sagte jetzt Asch mit vollem Ernst, »ich mache Sie darauf aufmerksam, daß ich mich über Ihre Behandlung beschweren werde. Ich ersuche Sie, mir Tinte und Papier aushändigen zu lassen. Und zwar werde ich mich wegen Freiheitsberaubung beschweren. Außerdem bestehe ich darauf, daß Sie unverzüglich Ihre erste oder auch vorläufige Diagnose niederschreiben, mit einer ausführlichen Begründung, warum Sie mich auf die Isolierstation gelegt haben. Ferner verlange ich, daß mich sofort ein anderer Arzt untersucht.«

Dr. Sämig erschrak. »Nur ruhig«, sagte er mühsam, »nur ruhig. Sie scheinen Fieber zu haben. Ich gebe Ihnen den guten Rat: Schlafen Sie erst einmal. Nachher komme ich wieder. Wir werden dann weitersehen.«

Der Gefreite Asch lag ausgestreckt auf dem Bett in der Isolierstation und starrte an die Decke. Er konnte nicht schlafen. Das Essen stand unberührt auf einem Schemel. Draußen, vor den weitmaschigen Gittern des geöffneten Fensters, lag die frühe Nachmittagssonne stumm und glühend.

Die Isolierstation war ein möblierter Raum. Die Grundfarbe war schmutziges, abgegriffenes Weiß. Bett, Schemel, Nachtkasten, Stuhl, Tisch, Wand – alles einstmals weiß, alles jetzt schmutzig, alles abgegriffen.

»Na – wie steht die Schlacht?« wollte eine gemütliche Stimme vom Fenster her wissen. Es war der Obergefreite Kowalski, der seinen Kopf durch die weiten Maschen des Gitters gesteckt hatte.

Asch richtete sich auf. »Vorläufig noch unentschieden«, sagte er. »Kommst du, um mich zu bedauern, oder willst du mich ermuntern?«

»Ich will dir was zum Essen bringen«, verkündete Kowalski.

Der Gefreite schüttelte den Kopf. »Ich bin in den Hungerstreik getreten«, sagte er.

»Eben drum! Das ist genau das richtige. Offiziell befindest du dich im Hungerstreik, das ist ein neuer, drohender Skandal, das wird einige noch weicher machen, als sie jetzt schon sind. Inoffiziell aber verpflege ich dich. Was willst du haben? Blutwurst, Schinken oder Salami?«

»Das ist mir gleich«, sagte Asch.

»Na, hör mal!« Kowalski war erstaunt. »Einen besonders freudigen Eindruck machst du aber nicht.«

»Mir wird diese Angelegenheit langsam zu dumm«, sagte Asch. »Im Grunde ist das alles genauso öde wie die mechanischen Spielregeln zum Beziehen von Druckposten. Das ganze System ist total versaut. Ein völlig hoffnungsloser Fall.«

»Macht dich das etwa mutlos?«

»Es macht müde.«

»Mich nicht«, sagte Kowalski. »Weißt du, was ich mache?« Er grinste vieldeutig. »Ich reinige auf der Waffenkammer mein Gewehr. Schließlich haben wir noch fünf Schuß in Reserve.«

»Spül sie durch den Lokus«, empfahl Asch uninteressiert. »Das würde uns auch nicht weiterbringen. Diese Menschensorte hat sich festgefahren. Was nicht in ihren Kram paßt, gibt es nicht. Aber wenn sich das nicht ändert, und zwar grundlegend, werden wir mehr verlieren als nur Vertrauen – wir werden uns hassen: Und damit kann man keine Armee zusammenhalten.«

»Schlaf ruhig weiter«, sagte Kowalski. »Ich organisiere inzwischen.« Er verschwand. Und dort, wo sein Kopf zu sehen gewesen war, staute sich jetzt wieder das grelle Licht des Nachmittags.

Der Gefreite Asch ließ sich wieder auf das Bett zurückfallen. Er war unzufrieden. Er hatte eine wesentlich andere Reaktion erwartet. Er hatte gehofft, es würde ihm gelingen, ein Pulverfaß in die Luft zu sprengen, aber er hatte nur einen brodelnden Sumpf angetroffen. Er wollte Löwen brüllen hören, aber es waren Schafe in Aktion getreten. Niemand ließ sich provozieren, keiner fuhr voll lodernder Empörung aus der Haut. Werktreu war zu gleichgültig dazu, Platzek zu charakterlos, Lindenberg zu korrekt, Schulz zu durchtrieben, Derna zu weich, Wedelmann zu anständig. Und alle hatten sie ein schlechtes Gewissen! Und keiner wußte, wo seine Grenze lag!

Ein Schlüssel drehte sich im Schloß, ein Riegel wurde zur Seite geschoben, und Leutnant Wedelmann betrat den Raum. »Ich erwarte gar nicht von Ihnen, Gefreiter Asch, daß Sie eine Ehrenbezeigung machen. Wenn Sie also glauben, Sie können mich durch Ihr gelangweiltes Herumliegen kränken oder gar herausfordern, dann haben Sie sich geirrt. Sie sind hier Patient, und ich richte mich danach.«

»Wollen Sie mir einen Krankenbesuch abstatten, Herr Leutnant?«

»Ich habe Ihren Fall aufgegriffen«, sagte Wedelmann. »Ich habe mich selbst zu einer Art Offizialverteidiger ernannt. Außerdem bin ich mit Ihrer Vernehmung durch den Batteriechef beauftragt worden. Wie Sie wissen, müssen Vernehmungen durch einen Offizier erfolgen. Aber das hat Zeit, das geht auch nicht so schnell, das schieben wir hinaus. Und solange Sie hier sind, werden Sie so leicht niemand etwas antun können; auch kein zweiter Schuß wird dann, vermute ich stark, fallen. Zunächst einmal werden wir alles klären, was sich mühe- und schadenlos aufklären läßt.«

»Herr Leutnant«, sagte Asch, »warum mischen Sie sich hier ein? Warum bremsen Sie? Wenn Sie nicht gewesen wären, hätte ich vielleicht schon erreicht, was ich wollte. Woher wußten Sie eigentlich so erstaunlich früh, was hier gespielt werden sollte?«

»Ich bin, zu Ihrem Glück, darauf aufmerksam gemacht worden«, sagte Wedelmann. »Fräulein Freitag hat mich informiert.«

Herbert Asch sagte nichts. Er sah den Leutnant prüfend an. Dann senkte er den Kopf und schien das grauweiße Deckenbett, auf dem er lag, zu betrachten. »So ist das also«, sagte er wie erschöpft. »Das allerdings habe ich nicht wissen können.«

»Fräulein Freitag hat durchaus richtig gehandelt«, sagte Wedelmann mit Eifer. »Und vor allem rechtzeitig. Sie werden das schon noch einsehen. Nur dadurch konnte eigentlich eine Katastrophe vermieden werden. Es ist einfach nicht auszudenken, was passiert wäre, wenn ich nicht rechtzeitig eingegriffen hätte.«

»Sie schmeicheln sich«, sagte Asch bissig.

»Ich weiß genau, was Sie beabsichtigt hatten«, sagte Wedelmann. »Natürlich vermag ich das niemals zu billigen, aber ich glaube, ich kann Sie verstehen. Sie haben einige Leute bis aufs Blut gereizt und sich darüber amüsiert, wie schnell sie zum Kochen gebracht werden konnten. Aber ganz genau besehen, haben Sie sich kaum jemals strafbar gemacht. Auf alle Fälle wird Ihnen nur schwer etwas nachzuweisen sein. Das war Ihr Trick. Aber er hat Ihnen nicht allzuviel geholfen. Sie erreichten nicht, was Sie wollten.«

»Immerhin stapeln sich die Meldungen. Lindenberg wird durch nichts zu beruhigen sein, und Schulz schreit nach seinem Opfer. Der Hauptmann kann nicht anders, wird dastehen, Gott helfe mir und amen sagen. Außerdem bin ich hier. Und ganz gleich, was auch immer gegen mich unternommen wird — und es muß etwas gegen mich unternommen werden! —, ob Disziplinarstrafe oder Tatbericht, es wird immer, so oder so, ein nicht restlos zu begründendes Urteil sein, also ein Fehlurteil. Und dagegen werde ich mich wehren!«

»Und ich werde es dazu erst gar nicht kommen lassen«, versicherte Wedelmann. »Bei mir ziehen Ihre Tricks nicht. Denn genau besehen, lieber Freund, haben Sie weder einen Befehl verweigert noch zur Meuterei aufgerufen; und Sie haben auch keinen Vorgesetzten tätlich angegriffen.«

»Das kann ja noch kommen«, sagte der Gefreite Asch.

»Dazu werden Sie es nicht kommen lassen, denn Sie sind kein Idiot. So plump gehen Sie nicht vor, denn dann hätten ja Ihre Gegner ein kinderleichtes Spiel. Und die Demonstration, die Sie bezwecken, wäre nichts weiter als eine brutale Gewalttat. Aber das ist nicht Ihr Ziel.«

»Lassen Sie mich in Ruhe«, sagte Asch. »Ich bin in ärztlicher Beobachtung; jede Aufregung ist verboten.«

»Hören Sie mir zu, lieber Asch«, sagte der Leutnant Wedelmann freundlich und rückte den Stuhl, auf dem er saß, dicht an das Bett des Gefreiten. »Ich weiß nicht, ob Ihnen aufgefallen ist, daß ich eine Schwäche für Sie habe. Als Mensch sind Sie mir außerordentlich sympathisch. Aber selbst dann, wenn das nicht so wäre, könnte ich Sie verstehen. Sie haben recht — es ist vieles faul; ich weiß das auch nicht erst seit heute. Denn der Soldat ist keine Maschine; und eine Kaserne ist keine Fabrik für Vaterlandsverteidiger. So, wie es jetzt ist, ist es nicht nur falsch, es ist gefährlich. Aber diese himmelschreienden Methoden aus dem vorfriderizianischen Zeitalter sind die bequemsten. Jeder, der eine Armee in Kriegsbereitschaft bringen will, weiß das. Die Knochenmühlen arbeiten vorzüglich, sie pulverisieren den Charakter und zermahlen jedes Eigenleben.«

»Mir brauchen Sie das nicht zu sagen!« rief Asch. »Ich weiß, daß es so ist; und eben weil ich das weiß, habe ich alles das getan, was Sie jetzt ungeschehen machen wollen.«

»Sie werden diese Mühlen nicht niederreißen können.«

»Aber wenigstens habe ich ein wenig Sand in das Getriebe gestreut. Es knirscht. Und vielleicht wird sich der eine oder andere fragen, warum es knirscht.«

»Lieber Asch«, sagte Wedelmann, »Sie werden, ganz gleich, was Sie tun, nicht weit kommen. Auch ich bin dafür, daß diese Mühlen abgerissen werden – aber etwas anderes muß an deren Stelle entstehen. Etwas grundlegend anderes – eine Reformation.«

»Bravo!« rief Asch ironisch. »Dann lassen Sie sich durch mich nicht aufhalten. Gehen Sie an Ihre Arbeit. Es eilt!«

»Seien Sie doch vernünftig«, sagte der Leutnant eindringlich. »Machen Sie Schluß. Ich will versuchen, Sie einigermaßen heil aus der ganzen total verfahrenen Angelegenheit herauszubringen.«

»Ich warte hier«, erklärte Asch, »bis man sich bei mir entschuldigt.«

»Auch das noch!« rief Wedelmann aufrichtig betrübt. »Seien Sie doch vernünftig. Und wenn Sie schon nicht auf mich hören wollen, dann nehmen Sie doch wenigstens Rücksicht auf Fräulein Freitag!«

»Was hier geschieht«, erklärte Asch, »hat nicht das geringste mit Fräulein Freitag zu tun. Sagen Sie ihr das, bitte, wenn sie wieder einmal den Versuch unternehmen sollte, Sie zu menschlichen Anwandlungen zu verleiten.«

Wedelmann war nicht gekränkt, er war nur besorgt. Er hatte sich seine Mission wesentlich leichter vorgestellt. Dieser Gefreite Asch war ein fürchterlicher Querkopf; er wollte einfach nicht einsehen, daß kein System vollkommen war und daß es zur Klugheit, zur Vernunft gehörte, diese Unvollkommenheiten als gegebene Tatsachen hinzunehmen. »Auch Ihr Herr Vater ist, gleich mir, besorgt.«

»Woher wissen Sie das?«

»Ich habe mit ihm telefoniert.«

»Ihre Fürsorge macht offenbar vor nichts halt. Und was hat er gesagt?«

»Ihr Herr Vater läßt Ihnen sagen, er erwartet von Ihnen, daß Sie ihn nicht enttäuschen.«

»Guter alter Vater«, sagte Asch leise.

»Leider konnte er nicht selbst kommen, um mit Ihnen zu reden. Aber Ihre Schwester ist hier.«

Asch sah überrascht hoch. Dann sagte er ruhig: »Schicken Sie sie weg.«

Wedelmann gab sich alle Mühe, seine Mission erfolgreich zu gestalten. »Warum wollen Sie nicht mit ihr sprechen?« fragte er zuredend. »Sie wollen ihr doch nicht etwa ausweichen?«

»Sie gehört an den Kochtopf und nicht in einen Hexenkessel.«

»Sie wartet auf dem Korridor.« Wedelmann erhob sich. »Ich werde sie hereinbitten.« Er ging zur Tür. »Bitte sehr, Fräulein Asch. Ihr Bruder freut sich, Sie zu sehen.«

Ingrid Asch betrat die Isolierstation. Sie betrachtete neugierig ihren Bruder und war ein wenig schockiert, weil der sie ausgedehnt und ohne jede Herzlichkeit angrinste. Das hatte sie nicht erwartet.

»Ich lasse Sie jetzt allein«, sagte Wedelmann zuvorkommend. »Normalerweise gehört es zu meinen Aufgaben, diese Unterredung zu überwachen. Das soll auch geschehen. Ich muß nur Papier und Bleistift holen. Ich nehme an, es wird eine halbe Stunde dauern, ehe ich das Gesuchte gefunden habe.«

»Herbert«, sagte Ingrid Asch, nachdem der Leutnant gegangen war, »das hättest du nicht tun dürfen!«

»Misch dich gefälligst nicht in meine Angelegenheiten«, sagte Asch unfreundlich. »Ich leiste mir das schließlich auch nicht, obwohl ich weit mehr Veranlassung dazu hätte.«

»Ich verstehe dich nicht«, sagte Ingrid.

»Das erwarte ich auch gar nicht von dir.«

»Du hast nie Rücksicht auf uns genommen. Als Vater von Leutnant Wedelmann gehört hatte, was hier passiert sein soll, nahm er eine Kognakflasche, ging in sein Arbeitszimmer und schloß sich dort ein.«

»Prost!« sagte Herbert Asch. »Und dir ließ dein Gewissen keine Ruhe, ehe du nicht deinem geliebten Bruder in die trauten Augen sehen konntest.«

»Bitte, rede nicht so mit mir. Wenn du irgendwo alleine wärst, könntest du machen, was du wolltest. Aber du darfst nicht vergessen, daß du hier in dieser Stadt bist, wo dich jeder kennt, wo dein Vater ein Geschäft hat, wo auch ich lebe. Alles, was du dir hier leistest, fällt auf uns zurück. Wir haben das Gerede auszuhalten, auf uns wird man mit Fingern zeigen, unser Geschäft wird man meiden.«

»Ich spüre immer mehr, wie sehr du mir in schwesterlicher Liebe zugetan bist.«

»Hast du dich denn immer wie ein Bruder benommen? Ich brauche nur an Johannes Vierbein zu denken. Auch den hast du beinahe auf dem Gewissen gehabt.«

»Ach nein!« sagte Asch kalt. »Hat der Kleine dir das gesagt?«

»Ich habe schließlich Augen im Kopf«, sagte die Schwester erregt. »Und ich habe dich kennengelernt. Du machst vor nichts halt, dir ist nichts heilig. Du hast Johannes Vierbein völlig aus dem Gleichgewicht gebracht. Er wußte kaum noch, was er tat. Du hast ihn aufgehetzt und ihn zu Dingen verführen wollen, wie du sie getan hast. Gott sei Dank hat er sich gefangen. Er ist jetzt endgültig vernünftig. Er weiß jetzt, was Pflicht ist.«

»Und ich weiß endlich, was eine dumme Pute ist«, sagte Asch heftig. »Daß du verbohrt bist, Ingrid, war mir schon immer klar, daß du aber ganz einfach einen Tick hast, weiß ich erst jetzt. Du hast den Heldenfimmel, liebes Kind. Dein kleines Gehirn hält für Ehre, was gerade zur Ehre erklärt wird. Du verwechselst Führer mit Anführer. Wer gerade an der Macht ist, der ist in deinen Kalbsaugen ein Auserwählter. Alles, was Uniform trägt, ist ehrenwerter Vaterlandsverteidiger. Wer im Gefängnis sitzt, ist grundsätzlich ein Schwein; wer im Mercedes sitzt, ein Charakterkopf. Laß dich begraben!«

»Ich schäme mich für dich«, sagte Ingrid betrübt.

»Das ist ein Wort!« rief Asch. »Du schämst dich für mich, und du kannst dich auch für Vierbein schämen. Du hast allen Grund dazu. Denn was sind wir schon! Der Mann, der dein Bruder ist, und der andere Mann, den du vielleicht einmal heiraten wirst, wir beide und einige hunderttausend andere werfen uns in den Dreck, wenn es befohlen wird, rutschen auf dem Bauch oder stecken den Kopf in die Latrine. Wir lassen uns beschimpfen und schikanieren, wir stehen stramm dabei, wenn man uns Sauhund, Schweinekerl oder Arschloch nennt. Wir brüllen ›jawohl‹, wenn man Anstalten dazu trifft, uns das Kreuz zu zerbrechen. Unser Ehrgefühl heißt kriechen, und unser Charakter äußert sich durch Lecken von Stiefeln. Das ist dein Bruder, und das ist der Mann, den du liebst. Schäme dich für uns!«

»Herbert«, sagte Ingrid verstört.

»Geh jetzt«, sagte der. »Mach, daß du hier 'rauskommst. Geh zu deinem Vierbein, diesem Gartenzwerg, und wirf dich an seine Heldenbrust! Dort kannst du heulen über diese Männerattrappe, die man dir übriggelassen hat.«

Der Gefreite Asch stand auf, ergriff seine Schwester an den Schultern, öffnete die Tür und schob sie, die sich nicht zu wehren vermochte, auf den Korridor hinaus. Dort stand Stabsarzt Dr. Sämig.

»Sie kommen gerade im richtigen Augenblick«, sagte Asch. Er ging zu seinem Bett zurück und warf sich darauf.

»Ein Beweis mehr«, sagte Dr. Sämig überlegen und schloß die Tür hinter sich. »Wie Sie Ihre Schwester behandeln — das ist ein Beweis mehr für mich.«

»Wofür? Was wollen Sie beweisen?«

Dr. Sämig war erstarkt im Glauben an die Richtigkeit, zumindest an die Notwendigkeit seiner nunmehr getroffenen Diagnose. Aufschlußreiche Gespräche mit Derna, dem liebenswürdigen Offizierskameraden, mit dem braven Hauptwachtmeister Schulz, mit dem vorbildlichen Unteroffizier Lindenberg hatten ihn davon überzeugt, daß es sich bei Asch um einen Fall handelte, der derartig kraß war, daß man ihm mit behutsamer Psychoanalyse allein nicht beikommen konnte.

»Haben Sie Ihre Diagnose schriftlich niedergelegt?« fragte Asch. »Ist ein anderer Arzt verständigt? Ist meine Beschwerde weitergeleitet worden?«

Dr. Sämig gab sich überlegen. »So spricht man nicht mit einem Vorgesetzten«, sagte er, »merken Sie sich das gefälligst für die Zukunft.«

Asch nahm dieses ihm völlig neuartige Verhalten des Stabsarztes mit Verwunderung auf. Er setzte sich erwartungsvoll zurecht. Die Aufregung über das, was er seiner Schwester hatte sagen müssen, wollte sich noch nicht in ihm legen. Seine Augen funkelten kalt.

»Hier«, sagte Dr. Sämig und zog ein Papier aus seinem Ärmelaufschlag, »habe ich niedergelegt, was niederzulegen war. Sie können froh sein — es ist sehr günstig für Sie. Es spricht Sie gewissermaßen frei.«

»Was ist darunter zu verstehen?« fragte Asch lauernd.

»Sie sind für das, was Sie getan haben, nicht verantwortlich, nicht voll verantwortlich. Das ist die beste Lösung. Damit sind Sie fein 'raus, und die Angelegenheit ist erledigt.«

»Was heißt das? Heißt das etwa, daß Sie mich für nicht zurechnungsfähig erklären?«

»Genau das«, sagte Dr. Sämig zufrieden. »Sie sind für Ihre Handlungen nicht verantwortlich.«

»Und das haben Sie schriftlich? Sie haben es schriftlich, daß ich für meine Handlungen nicht verantwortlich bin? Das heißt also: Ich bin geistesgestört!«

»So ist es«, sagte Dr. Sämig und nickte befriedigt.

»Darf ich das nachlesen?« wollte Asch wissen. Er erhielt den Zettel, las ihn aufmerksam durch und gab ihn zurück. »Das ist doch ein Witz«, sagte er. »Das kann man doch nicht machen.«

»Und ob man das kann!« sagte Sämig. »Und wenn Sie klug sind, werden Sie sofort kapieren, was für ein Glücksfall dieser Wisch für Sie ist.«

»Sie halten das, was Sie geschrieben haben, voll aufrecht?«

»In Ihrem Interesse!«

»Na schön«, sagte Asch. »Wie Sie wollen.«

Er erhob sich langsam. Dann fiel er über den Stabsarzt her, riß ihn zu Boden und begann ihn zu verprügeln. Er riß ihn wieder hoch, warf ihn wie ein Bündel von einer Ecke in die andere. Es war nicht sonderlich anstrengend, denn er war körperlich eindeutig überlegen.

Der Stabsarzt keuchte, japste nach Luft und schrie dann gurgelnd. In seinen weit aufgerissenen Augen war panische Angst. Schnaufend kroch er zur Tür.

»So ist das«, sagte Asch und trocknete sich die Hände ab. »Da kann man nichts machen. Laut Ihrer Diagnose bin ich geistesgestört und für meine Handlungen nicht verantwortlich.«

Der zweite Schuß fiel am Freitagabend. Wieder zeigten die Uhren der Kaserne zwanzig Uhr und achtzehn Minuten. Eine dunkle Nacht kroch langsam herauf.

Auf Hauptwachtmeister Schulz, der gerade in der Schreibstube saß, rieselte der Kalk nieder. Er bedeckte Teile des Schriftstückes, durch das der Gefreite Asch fertiggemacht werden sollte. Das Tintenfaß war umgestoßen worden; die Tinte sickerte über das Papier.

Schulz hatte sich zur Erde geworfen. An die Fensterwand geschmiegt, hockte er da und verfluchte seine vertrauensvolle Angewohnheit, bei vollem Licht und weitgeöffneten Fenstern zu arbeiten. Um nicht in das Schußfeld des ihm unzweifelhaft nach dem Leben trachtenden Schützen zu geraten, kroch er vorsichtig auf allen vieren quer durch die Schreibstube zum Lichtschalter.

Die Beleuchtung erlosch. Schulz rannte zu einem der beiden Fenster und spähte vorsichtig hinaus. Der Appellplatz war leer, wenn ihn seine Augen nicht täuschten. »Feiger Hund«, murmelte er. Offenbar hatte er erwartet, daß der Schütze so lange stehenbleiben würde, bis der Hauptwachtmeister dazu kam, ihn zu identifizieren.

Schulz spürte, daß er zitterte; das kam von der Angst, die ihn nachträglich gepackt hatte, und von der Wut, die er in sich auflodern fühlte. Er durchlief die Schreibstube mit drei Sätzen, riß die Tür auf und brüllte in den Korridor hinaus: »Alarm! Alle Unteroffiziere sofort zu mir. Die Mannschaften treten vor ihren Stuben an!«

Er brüllte diese Befehle fast automatisch, ohne sonderlich viel nachzudenken. Aber allein schon das Brüllen verschaffte ihm Erleichterung. Doch geschah nichts Entscheidendes. Einzelne Soldaten schauten interessiert aus ihren Stuben heraus und schienen freudig erregt zu sein.

Dann nahm der Unteroffizier vom Dienst den Vollzug der Hauptwachtmeisterbefehle in die Hand. Seine Trillerpfeife ertönte auf allen drei Korridoren. »Unteroffiziere zum Hauptwachtmeister auf Schreibstube. Mannschaften im Korridor antreten!«

Inzwischen fanden sich die ersten Unteroffiziere ein. Schulz beschäftigte sie sofort. »Sie riegeln den Eingang ab. Wer hinaus oder herein will, wird angehalten. – Sie überwachen die Rückseite des Batterieblocks, damit niemand aus dem Fenster kann. – Sie traben zur Wache und greifen alle Soldaten unserer Batterie auf, die eventuell noch ausgehen wollen. – Sie und Sie suchen das Gelände um den Batterieblock ab; Sie durchstöbern das Hallengelände, Sie kämmen den Exerzierplatz durch. Verstärkung erfolgt, sobald mehr Unteroffiziere eintreffen.«

Der Batterieblock glich jetzt einem aufgeregten Bienenhaus, dessen Eingänge blockiert worden waren. Die Mannschaften stauten sich in den Korridoren und sprachen angeregt miteinander. Sie hatten sich korporalschaftsweise in zwei Gliedern aufgestellt und warteten nicht ohne Spannung auf alles, was noch passieren würde.

Der Spieß stürzte sich auf den Telefonapparat und ließ sich mit dem

Krankenrevier verbinden. »Sehen Sie sofort nach«, rief er, »ob sich der Gefreite Asch auf der Isolierstation befindet.« Er wartete unruhig auf eine Antwort und beobachtete dabei den Unteroffiziersposten, der befehlsgemäß aus dem Fenster der Schreibstube sah.

»Irren Sie sich auch nicht?« fragte der Spieß am Telefon lautstark. »Sind Sie sicher, absolut sicher, daß sich der Gefreite Asch auf der Isolierstation befindet? — Kann er sie in der letzten Viertelstunde verlassen haben? — Das weiß ich selbst, daß die Tür dort Riegel und Sicherheitsschloß besitzt und die Fenster vergittert sind, darüber brauchen Sie mich nicht aufzuklären. Aber schließlich kann er ausgetreten gewesen sein! — Was macht er? Er spielt mit dem Sanitätsfeldwebel Siebzehnundvier, und schon deshalb kann er nicht ... Saustall!«

Schulz knallte den Hörer in die Gabel. Er ballte seine Hände, damit niemand sah, wie sie flatterten. Er schnappte sich einen der Unteroffiziere, die sich um ihn versammelt hatten. »Fliegen Sie 'rüber zum Krankenrevier«, sagte er, »und überprüfen Sie dort, ob die Angaben dieser Jodhengste stimmen.«

Hierauf stand der Spieß einige Sekunden lang breitbeinig da und schien nachzudenken. Er wandte sich an Oberwachtmeister Waber, den Schirrmeister. »Wir müssen den Chef holen«, sagte er. »Hauptmann Derna muß wissen, was hier passiert ist. Am besten, du nimmst einen Kübelwagen und fährst selbst hin. Unterwegs kannst du ihm berichten, was du weißt.«

»Das mache ich«, sagte Oberwachtmeister Waber und trabte davon.

Der Spieß zählte die Häupter, die ihm noch geblieben waren. »Je ein Wachtmeister und ein Unteroffizier«, ordnete er an, »übernehmen je drei Korporalschaften. Es ist herauszufinden, was jeder während der letzten Stunde getan hat. Wer auch nur im geringsten verdächtig ist, so gegen zwanzig Uhr den Block verlassen zu haben, ob nun um den Mülleimer auszuschütten oder in die Kantine zu gehen, wird mir vorgeführt. Auch die Gewehre sind nachzuprüfen, aber sorgfältiger als das letztemal.«

Die Wachtmeister und Unteroffiziere verteilten sich auf die Korridore. Der Spieß ging aufgeregt in der Schreibstube herum; er glich einem Löwen im engen Käfig bei quälender Hitze und nagendem Hunger. Der Unteroffizier, der dazu eingeteilt war, aus dem Fenster zu spähen, stand unbeweglich.

Leutnant Wedelmann erschien im Bademantel. »Was ist los?«

»Es ist schon wieder auf mich geschossen worden, Herr Leutnant«, berichtete Schulz mit abweisender Sachlichkeit.

»Und schon wieder vorbeigeschossen?«

»Die Kugel hat mich beinahe gestreift. Ich saß gerade hier am Tisch. Das Geschoß pfiff dicht an mir vorbei.«

Wedelmann betrachtete die Einschußstelle; sie befand sich hoch an der

Wand. Dann sah er hinaus. Draußen, viel tiefer als die Schreibstube gelegen, befanden sich nur der Appellplatz und ein Teil der Fahrbahn. »Merkwürdige Dinge passieren«, sagte der Leutnant grinsend. »Entweder schwebte der Schütze zwei Meter über dem Erdboden, oder er hatte sich eine Klappleiter mitgebracht, oder aber die Kugel hatte in der Tat einen großen Bogen geschlagen, um Sie beinahe streifen zu können.«

Schulz schwieg feindselig. Er war zu gerissen, um gegen die nicht ganz von der Hand zu weisende Theorie des Leutnants Stellung zu nehmen. »Das kommt alles daher«, sagte er nur, »weil die Kerle behandelt werden wie rohe Eier. Die müssen ja auf dumme Gedanken kommen.«

»Ich finde«, sagte der Leutnant, »der Schuß auf Sie ist ein sicheres Zeichen für den Grad Ihrer Beliebtheit.«

»Es soll auch schon mal vorgekommen sein«, sagte Schulz anzüglich, »daß versucht wurde, mit dieser Methode Menschen aus dem Weg zu räumen, die bei gewissen Liebesabenteuern hinderlich sind.«

»Was Sie nicht sagen!« Leutnant Wedelmann tat, als habe er den Hauptwachtmeister falsch verstanden. »Nach wem haben Sie denn Ihre Finger ausgestreckt? Aber das vereinfacht die Sache vermutlich. Allzu viele werden ja wohl kaum in Frage kommen. Wie dem auch sei; immerhin fällt jetzt Ihre Theorie ins Wasser, nach welcher Ihnen angeblich der Gefreite Asch nach dem Leben getrachtet hat. Ich aber habe gleich gesagt, daß der sich mit solchen Kleinigkeiten überhaupt nicht abgibt.«

Wedelmann ging zufrieden hinaus; das Gefühl, daß ihm der Hauptwachtmeister Schulz wuterfüllt nachstarrte, bereitete ihm Wonne. Kurz erwog er, schnell mal bei Lore Schulz hineinzuschauen, ohne weitgreifende Absichten, nur so, gewissermaßen zum Spaß, um Schulz noch mehr zu ärgern. Aber er unterließ das; und er lobte sich deswegen.

Der Leutnant begab sich dann in den mittleren Korridor, wo sich auch die Korporalschaft Lindenberg befand. Die Soldaten, die sich versammelt hatten, machten ihm Platz und schrien »Achtung!«. Ein Wachtmeister stürzte herbei und meldete.

»Bitte weitermachen!« ordnete der Leutnant an. »Lassen Sie sich nicht stören.« Dann ging er auf Unteroffizier Lindenberg zu, der seine Korporalschaft systematisch durchfilzte. »Wenn Sie nichts dagegen haben, Lindenberg, dann schaue ich Ihnen ein wenig zu.«

»Jawohl, Herr Leutnant!« rief Lindenberg stolz.

Unteroffizier Lindenberg krempelte seine Korporalschaft um. Er bewegte sich wie ein Spürhund auf heißer Fährte. Sein Eifer und seine Ausdauer waren ohne Beispiel. Er durchwühlte die Schränke, ließ die Betten abrücken, stülpte den Tisch um; er kroch auf das Fensterbrett und befingerte die Gardinenstange, er tastete die Soldaten ab und verschwand dann für längere Zeit im Besenschrank.

»Was suchen Sie eigentlich?« fragte der Leutnant freundlich.

»Munition, Herr Leutnant«, antwortete Lindenberg prompt.

»Glauben Sie denn, daß Sie Munition bei Ihren Leuten finden werden?« fragte Wedelmann voller Neugierde.

»Natürlich nicht, Herr Leutnant.«

»Und dann suchen Sie trotzdem?«

»Jawohl, Herr Leutnant«, sagte Lindenberg mit bemerkenswerter Überzeugungskraft. »Es ist doch befohlen!«

»Lassen Sie sich durch mich nicht aufhalten«, sagte der Leutnant und sah sich weiter um. Er zählte die Anwesenden. Die Korporalschaft Lindenberg, das wußte er, bestand aus zwölf Mann: nur sieben waren anwesend. Das war normal; der Freitag war kein bevorzugter Ausgehtag. Er ließ Lindenberg weiterwühlen und unterhielt sich mit den Soldaten.

»Wer fehlt eigentlich?« wollte er wissen.

Der angesprochene Kanonier Vierbein klärte ihn eifrig auf. »Fünf Mann fehlen. Einer ist kommandiert, zwei haben Ausgang und sind bereits seit sieben Uhr in der Stadt, der Gefreite Asch befindet sich im Krankenrevier, der Obergefreite Kowalski ist noch nicht vom Arbeitsdienst zurück.«

»Wo arbeitet er denn?« fragte Wedelmann.

»Auf der Waffenkammer, Herr Leutnant.«

Wedelmann gab sich uninteressiert und zog sich zurück. »Machen Sie ruhig so weiter, Lindenberg«, rief er noch. Dann ging er in seine Wohnung und goß sich einen großen Kognak ein. Grinsend trank er ihn aus.

Hauptwachtmeister Schulz hatte inzwischen die an der Eingangstür angehaltenen Soldaten examiniert. Sie waren harmlos. Zwei davon hatten in der Kantine Bier getrunken, seit neunzehn Uhr dreißig. Um zwanzig Uhr zwanzig Minuten bezahlten sie ihre Zeche, also zwei Minuten, nachdem der Schuß gefallen war. Der Kantinenpächter Bandurski war bereit, das zu beeiden. Drei andere wollten ausgehen; sie hatten ihre Stuben erst kurz vor zwanzig Uhr dreißig Minuten verlassen, die gesamte Belegschaft konnte bezeugen, daß sie vorher herumgesessen oder sich rasiert hatten. Ein sechster Soldat sollte für Wachtmeister Platzek Zigaretten holen; auch er hatte sich erst in Marsch gesetzt, nachdem der Schuß gefallen war.

Schulz fluchte. Auch der Unteroffizier, der auf der Wache gewesen war, kam ergebnislos zurück. Schulz fluchte. Die Unteroffiziere, die die Umgebung des Batterieblocks, das Hallengelände und den Exerzierplatz durchkämmt hatten, meldeten ebenfalls Fehlanzeige. Schulz fluchte.

Langsam war die ganze Kaserne unruhig geworden. Die Pfadfinder des Hauptwachtmeisters schienen sich wie Elefanten im Porzellanladen benommen zu haben. In kurzer Zeit wußte die ganze Kaserne, daß bei der

3. Batterie ein Schuß gefallen war, und zwar in der Absicht, den Hauptwachtmeister zu töten. In der 5. Batterie wurde bereits von einer schweren Verwundung gesprochen, und in der Kantine ging das Gerücht, bei der 3. Batterie liege eine Leiche.

Zuerst rief der Wachhabende an, dann das Krankenrevier, später der Offizier vom Dienst, ganz spät der Abteilungsadjutant. Schulz fauchte in das Telefon hinein und wurde pampig. Der Adjutant verbat sich das. Schulz, der einem Irrtum zum Opfer gefallen war, winselte kleinlaut. Der Adjutant forderte eingehenden Bericht. Schulz versprach das mit bebenden Knien.

In dieser Stimmung lief dem Hauptwachtmeister der Wachtmeister Platzek über den Weg. »Platzek«, sagte Schulz, »jetzt ist meine Geduld am Ende.«

»Das kann ich verstehen«, versicherte Platzek.

»Jetzt muß endlich aufgeklärt werden, woher die Munition kam, mit der auf mich geschossen wurde, und vor allem, an wen sie ging.«

»Aber . . .«, stotterte Platzek.

»Keine Widerrede«, sagte Schulz erbarmungslos. »Einer von den Leuten, die auf deinem Stand geschossen haben, muß es gewesen sein. Hier müssen die Nachforschungen ansetzen.«

»Aber dann bin ich erledigt!«

»Wenn du erledigt bist, ist das immer noch nicht so schlimm, als wenn ich tot bin«, sagte Schulz. »Oder glaubst du etwa, ich warte hier in Ruhe ab, bis diese Schweine die restliche Munition auf mich verschossen haben!«

Schulz ließ den restlos zerstörten Platzek stehen und trabte nach draußen. Er hatte den Kübelwagen des Chefs kommen hören. Er wollte Hauptmann Derna so früh wie möglich Meldung erstatten.

Hauptmann Derna sah trotz der Dunkelheit bleich aus. Schulz hatte das Gefühl, ihm beim Aussteigen behilflich sein zu müssen, aber sein ausgeprägtes Taktgefühl maßgeblichen Vorgesetzten gegenüber ließ ihm das nicht ratsam erscheinen.

»Wie ist denn das nur möglich?« fragte Derna.

Schulz sprudelte seine umfangreiche Meldung hervor.

»Gehen wir in mein Dienstzimmer«, sagte Derna.

Und hier angekommen, sah er seinen Hauptwachtmeister ratlos an und fragte: »Was machen wir jetzt?«

Major Luschke, der Abteilungskommandeur, wurde nicht nur von seinen unmittelbaren Untergebenen für völlig unberechenbar gehalten. Knollengesicht kam, wann er wollte, ging, wenn er es für richtig hielt, tat, was ihm gerade einfiel. Aber was planlos schien, war höchste Zielstrebigkeit: Luschke verbreitete mit Erfolg und nicht ohne Genuß Unruhe; er konnte jeden Augenblick, zu jeder Tages- und Nachtzeit irgendwo auftauchen und eingreifen.

Völlig folgerichtig hierzu legte Luschke gesteigerten Wert auf die Pünktlichkeit seiner Untergebenen. Die von ihm genehmigten Dienstpläne und deren präzise Zeitangaben mußten wie ein Heiligtum verehrt werden. Er selbst trug am Körper zwei Uhren, eine dritte stand vor ihm auf dem Schreibtisch, eine vierte hing an der Wand.

Luschke hatte am Freitagnachmittag frühzeitig die Kaserne verlassen, natürlich ohne den Adjutanten davon zu verständigen. Am Freitagabend war er bei irgendeinem Sägewerksbesitzer zur Jagd eingeladen. Das aber könnte bedeuten, daß erfahrungsgemäß Major Luschke am Samstag entweder in aller Herrgottsfrühe oder aber mit reichlicher Verspätung eintreffen würde. Doch auch bei dieser Kombination handelte es sich lediglich um eine Vermutung; genausogut könnte Luschke pünktlich, auf die Sekunde genau, um acht Uhr erscheinen, zu dem Zeitpunkt also, wo befehlsgemäß die Arbeit des Kommandostabes zu beginnen hatte. Knollengesicht war eben völlig unberechenbar.

Der Abteilungsadjutant, der es sich schnell abgewöhnt hatte, das Erscheinen oder Verschwinden seines Majors an Hand von Wahrscheinlichkeitsberechnungen feststellen zu wollen, erschien wie üblich um acht Uhr in den Geschäftszimmern der Abteilung. Luschke war natürlich nicht da. Aber davon war er überzeugt: Würde er auch nur drei Minuten zu spät kommen, wäre Luschke bereits dagewesen und hätte mit süffisanter Miene auf ihn gewartet.

Während der Adjutant mit niemals nachlassender gelinder Unruhe auf das plötzliche Auftauchen seines Kommandeurs wartete, ordnete er die eingegangenen Befehle, Anweisungen, Meldungen, Berichte und Aufstellungen. Es befand sich nichts Besonderes darunter. Der Adjutant hatte kaum etwas anderes erwartet; wer einigermaßen normal veranlagt war, mußte ehrlich bestrebt sein, die Aufmerksamkeit des Majors nicht herauszufordern. Und da noch keine schriftliche Meldung darüber vorlag, was gestern abend bei der 3. Batterie passiert sein sollte, beschloß er erprobterweise, von nichts zu wissen; es sei denn, Luschke würde ausdrücklich danach fragen, was gar nicht einmal so ausgeschlossen war.

Um acht Uhr fünfzehn betrat dann Hauptmann Derna das Abteilungsgeschäftszimmer. Er sah überarbeitet aus. Mit schlaffem Händedruck begrüßte er den Adjutanten. Dann begann er zu berichten und zog einen Stapel Meldungen aus seiner Aktentasche.

»Was meinen Sie wohl, wird der Abteilungskommandeur dazu sagen?«

Der Adjutant war noch um Grade unruhiger geworden. Er zuckte mit den Schultern: »Bin ich ein Hellseher?«

Dann warteten sie nahezu wortlos auf das Erscheinen des Majors. Der Adjutant erledigte nervös die anlaufende Tagesarbeit. Hauptmann Derna stand am Fenster, von wo aus er den Eingang der Kaserne genau beobachten konnte. Er spähte nach Luschke aus.

Plötzlich wurde die Tür des Arbeitszimmers des Kommandeurs von innen geöffnet. Major Luschke steckte seine Knollennase in den Adjutantenraum. Er war also, wie schon oft, auf Umwegen eingetroffen.

»Bei der zweiten Batterie«, sagte Luschke, »ist im Waschraum eine Fensterscheibe zerbrochen, und zwar seit drei Tagen. Das erste Hallentor der fünften Batterie hat schwere Kratzer und eine Einbuchtung. Die Schlösser an den Munitionsbunkern sind nicht geölt. Im Krankenrevier ist vergessen worden, die Lampe über dem Eingang auszuschalten. Haben Sie sich das notiert? Eine Meldung der Verantwortlichen hierüber liegt um zwölf Uhr auf meinem Tisch. Verstanden?«

»Jawohl, Herr Major. Schriftliche Meldung bis zwölf Uhr.«

Luschke, das Knollengesicht, nickte. Er war ein kleiner, gedrungener Mann, mit ruhigen, wohlabgerundeten Bewegungen. Seine Stimme klang sanft, was geradezu erschreckend wirkte. Seine kleinen, scharfen, kalten Augen funkelten listig. »Was führt Sie zu mir, Herr Hauptmann Derna? Oder sollte ich Sie zu mir bestellt haben – ich entsinne mich nicht.«

»Eine äußerst peinliche Angelegenheit, Herr Major.«

»Peinlich – für wen? Außerdem hat alles, was peinlich genannt wird, irgend etwas mit einer Sauerei zu tun. Es gibt aber keine Sauerei in meiner Abteilung, Herr Hauptmann Derna.«

Derna, der sich in Gegenwart des Majors noch weit unsicherer fühlte als sonst, hielt es für das beste, nicht erst lange zu reden, sondern die Tatsache sprechen zu lassen. Er legte dem Abteilungskommandeur Meldung um Meldung vor.

Luschke las sie langsam und zunächst völlig kommentarlos durch. Er stand wie angewurzelt neben dem Schreibtisch des Adjutanten. Sein Knollengesicht, das er über die Meldungen gebeugt hielt, sah rötlich aus; aber das hatte nicht das mindeste mit seiner inneren Verfassung zu tun, das war von Sonnenstrahlen verursacht worden, denen es zufällig gelungen war, mit Teilen seines Gesichtes, trotz der riesigen Mütze, die er gewöhnlich trug, in Berührung zu kommen.

Der Major las Blatt um Blatt, ohne mit der Wimper zu zucken. Der Adjutant betrachtete ihn gottergeben. Hauptmann Derna fieberte danach, eine Regung des Majors, irgendeine, gleich welche, zu erspähen. Luschke blieb unbewegt. Atemlose Stille lag im Raum. Nur von Zeit zu Zeit, wenn der Major eine Meldung nach der anderen umstülpte, knisterte das Papier aufregend.

Dann sagte der Major sanft: »Idioten!«

Er sah Hauptmann Derna mit seinen kleinen, kaltglitzernden Augen lange an. Derna war blutrot angelaufen. Er stand stramm, aber seine Ehrenbezeigung wirkte unglücklich verkrampft.

Major Luschke warf die Meldungen auf den Schreibtisch seines Adjutanten. »Das«, sagte er und schlug mit der flachen Hand darauf, »das gibt es nicht. Verstehen Sie das, Herr Hauptmann Derna? So etwas gibt es nicht, schon gar nicht in meiner Abteilung.«

»Jawohl, Herr Major«, stotterte Derna, »auch ich bin ganz der Meinung von Herrn Major, aber ...«

»Wo gibt es denn ein Aber, wenn wir der gleichen Meinung sind, Herr Hauptmann?«

»Die Unteroffiziere, Herr Major, besonders Hauptwachtmeister Schulz ...«

»In Ihrer Batterie bestimmen die Unteroffiziere, was zu geschehen hat?« In Luschkes Knollengesicht hoben sich voller Verwunderung die Augenbrauen. Seine Augen funkelten. Er hatte das Kinn vorgestoßen und lächelte süffisant. Der Adjutant, der diesen beklemmenden Gesichtsausdruck des Kommandeurs genau kannte, sah schwarz für Hauptmann Derna.

Der verstörte Chef der 3. Batterie fand keine Antwort. Er sah erbärmlich aus, fast wie zerknittert. Sein wienerischer Charme, seine k. und k. österreichische Liebenswürdigkeit waren zerschellt an dem steinharten Luschke.

»Wenn ich Sie also recht verstehe«, sagte der Major, »werden Sie mit Ihren Leuten nicht fertig.«

»Ich darf Herrn Major versichern, daß ich alles versucht habe ...«

»Ich zweifle nicht daran, Herr Hauptmann Derna«, sagte Luschke mit vernichtender Sanftmut. »Man könnte das Unfähigkeit nennen. Jedenfalls kommen Sie jetzt mit diesen Affären zu mir. Nun gut, ich werde Ihnen zeigen, wie man solche — Bagatellen erledigt.«

Der Abteilungsadjutant erlaubte sich eine Bemerkung: »Auch Leutnant Wedelmann vertrat gestern abend am Telefon mir gegenüber die Ansicht, daß es sich hier um Bagatellen handle.«

»Interessant«, sagte Major Luschke. »Wahrscheinlich hat der Leutnant genau begriffen, was ein Hauptmann nicht erfaßt. Aber Wedelmann kommt aus meiner Schule, Sie aber, Herr Hauptmann Derna, sind mir nur zugeteilt.«

Luschke griff wieder nach den Meldungen; dabei schoß er einen verächtlichen Blick auf Derna ab. »Also dann wollen wir mal«, sagte er. »Es melden sich bei mir: Unteroffizier Lindenberg, Wachtmeister Platzek, Hauptwachtmeister Schulz, Stabsarzt Doktor Sämig. Auch Leutnant Wedelmann soll kommen.«

Der Adjutant stürzte sich sofort auf seinen Telefonapparat und gab die Anordnungen des Kommandeurs weiter. Derna stand herum wie ein überflüssiges Möbelstück. Der Major blätterte noch einmal die Meldungen durch, wobei er sein Kinn genußvoll schabte.

»Asch«, sagte er dann und appellierte an sein vorzügliches Gedächtnis, »Gefreiter Asch. Der Name ist mir doch in diesen Tagen schon einmal begegnet?« Dann blitzten seine Augen auf. »Haben Sie ihn nicht zur Beförderung zum Unteroffizier vorgeschlagen, Herr Hauptmann Derna?«

»Jawohl, Herr Major«, stammelte der.

Luschke wandte sich von ihm ab und murmelte: »Niete.« Dann befahl er, zuerst Leutnant Wedelmann hereinzuführen.

Der Leutnant erschien. Und wie alle, die das Zimmer betraten, in dem sich der Major aufhielt, blieb er an der Tür stehen, machte eine exakte Ehrenbezeigung und meldete: »Leutnant Wedelmann, wie befohlen, zur Stelle.«

»Kommen Sie doch näher, lieber Wedelmann«, schnurrte Luschke sanft. »Ich stand in der vorigen Woche am Fenster und beobachtete den Exerzierplatz. Es war Infanteriedienst, und Sie hatten die Aufsicht. In einer Gruppe wurde ein Mann derartig geschliffen, daß er die Beherrschung verlor und offenbar eine Art epileptischen Anfall bekam; er schien sich auf den Unteroffizier stürzen zu wollen. Und was taten Sie? Nun?«

»Ich entfernte mich sofort, Herr Major«, sagte Wedelmann.

»Und warum?«

»Es gibt Dinge, die man einfach nicht zur Kenntnis nimmt, wenn man klug ist, Herr Major. Sie bereinigen sich dann meistens von selbst. Kniet man sich aber hinein, dann bauscht man sie meistens nur auf.«

»Meine Schule!« sagte Luschke hochbefriedigt. Dann wollte er wissen: »Kennen Sie, lieber Wedelmann, die Meldungen gegen den Gefreiten Asch, und was halten Sie davon?«

»Ich kenne sie alle, Herr Major, und ich halte nichts von ihnen. Warum der Lärm, wenn es anders auch geht?«

Luschke blitzte zerschmetternd zu Derna hinüber. Dann schlug er Leutnant Wedelmann auf den Oberarm. Der Adjutant atmete erleichtert auf und distanzierte sich nunmehr auch räumlich vom unglückseligen Chef der 3. Batterie.

Der Major ließ sich von Wedelmann Einzelheiten über die Soldaten berichten, die er vorgeladen hatte. Wedelmann gab kurze, erschöpfende Auskünfte. Der Kommandeur nickte befriedigt. »Unteroffizier Lindenberg«, sagte er.

Lindenberg baute sich auf und sah seinem Kommandeur, wie es die Vorschrift erheischte, offen in die Augen. Er war überzeugt, einen großen Augenblick zu erleben, und sicher, daß er ihn würdig bestehen würde.

»Unteroffizier Lindenberg«, sagte Major Luschke, »Sie gelten als zuverlässig und korrekt. Um so mehr wundere ich mich, daß Sie sich mit Ihren Untergebenen in lange Gespräche, um nicht zu sagen Diskussionen einlassen. Das ist in den Vorschriften nicht vorgesehen. Sie haben zu befehlen, klar und unmißverständlich, Ihre Untergebenen haben zu gehorchen. Tun sie das nicht, ist das Befehlsverweigerung. Dann erst schreiben Sie eine Meldung. Sich durchsetzen ist eine Frage der Persönlichkeit. Haben Sie mich verstanden, Unteroffizier Lindenberg?«

»Jawohl, Herr Major.«

»Und wenn Sie mich richtig verstanden haben, werden Sie wissen, daß Ihre Meldung glatter Unsinn ist, Papierkorb! Sie können abtreten, Unteroffizier Lindenberg.«

Lindenberg knallte die Hacken zusammen und verschwand wie ein Komet. Luschke fand das selbstverständlich; er hielt es nicht einmal für angebracht, überlegen um sich zu blicken. Er nahm sich die nächste Meldung vor. »Wachtmeister Platzek.«

Platzek stand da wie ein Felsbrocken, der innen hohl ist. Er sah seiner letzten Stunde entgegen. Von hier aus, so glaubte er fest, würde ihn sein Weg in ein Militärgefängnis führen.

»Ich lese da, Wachtmeister Platzek«, sagte Luschke, »daß Ihnen Munition verschwunden sein soll. Aber das ist natürlich Unsinn. Es gibt keinen Wachtmeister, dem Munition verschwindet, schon gar nicht in meiner Abteilung. Von einer Urkundenfälschung wollen wir erst gar nicht reden. Das ist Irrsinn. Oder habe ich unrecht?«

»Nein, Herr Major«, beeilte sich Wachtmeister Platzek zu versichern.

»Es fehlt also keine Munition, und die Schießkladde wurde vorschriftsmäßig geführt. Ist das so?«

»Jawohl, Herr Major.«

»Dann ist diese Meldung überholt und kommt in den Papierkorb. Sie können abtreten, Wachtmeister.«

Wachtmeister Platzek wußte nicht, wie ihm geschah. Sein Drang ins Freie war enorm. Er schoß durch die Tür und machte ein außerordentlich dummes, aber überglückliches Gesicht.

»Dieser Mann wird bei der nächsten Gelegenheit versetzt«, ordnete Luschke an. »Jetzt soll Hauptwachtmeister Schulz kommen.«

Schulz fuhr herein wie ein Panzerwagen. Er hielt ruckartig, stand blockierend im Raum, schnurrte seine Meldung herunter und wartete.

Luschke sah ihn prüfend an und überlegte kurz, wie der wohl am besten zu knacken wäre. Aber er ließ sich nicht erst auf kühne Kombinationen ein, er wählte die gängigste Methode. »Haben Sie eigentlich die Absicht«, erkundigte er sich sanft, »Ihren Posten als Hauptwachtmeister aufzugeben?«

Schulz erschrak sichtlich. Er wurde abwechselnd bleich und rot, starrte seinen Kommandeur an und schwieg.

»Es wäre eigentlich schade«, sagte Luschke sanft. »Sie sind ein ganz brauchbarer Hauptwachtmeister gewesen, wenigstens bis vorgestern. Ich verliere Sie nicht gerne, aber Ersatz ist da. Und Sie wissen doch, daß Hauptwachtmeister kein Rang, sondern nur eine Dienststellung ist. Sie legen Ihre Streifen ab, geben Ihre Dienstwohnung auf und werden Oberwachtmeister. Ganz einfach.«

Hauptmann Derna wagte sich hier einzumischen. »Herr Major . . .«

»Herr Hauptmann«, sagte Luschke, »ich entsinne mich nicht, um Ihre Meinung gebeten zu haben!«

Derna klappte den Mund wieder zu und zog sich zurück. Schulz war im Augenblick gerade wieder blutrot angelaufen. Wedelmann und der Adjutant grinsten sich vorsichtig an. Luschke beherrschte das Feld souverän.

»Ein Hauptwachtmeister«, sagte der Major, »muß eine Persönlichkeit sein. Eine Persönlichkeit aber setzt sich durch. Eine Meldung wie diese ist aber immer nur ein Zeichen von Hilflosigkeit.«

»Bitte, Herrn Major darauf aufmerksam machen zu dürfen, daß auf mich geschossen wurde«, sagte Schulz mit Anstrengung.

Luschke schüttelte ein wenig den Kopf. Das war die Klippe, er verhehlte sich das nicht; aber auch sie mußte überwunden werden. »Wie wollen Sie denn beweisen, daß ausgerechnet auf Sie geschossen wurde? Irgendwo muß der Schuß ja landen. Und Sie saßen zufällig in der Schußlinie. Das kann schon vorkommen. Ein richtiger Mann macht dabei nicht gleich in die Hosen. Außerdem, wo soll die Munition hergekommen sein? Von Platzeks Schießstand bestimmt nicht; das hat der mir gerade vorhin versichert. Also woher denn sonst?«

»Wir haben gestern abend auch geschossen, Herr Major, hinter dem Offizierskasino.«

Luschke sah Leutnant Wedelmann überrascht an. Diese völlig unerwartete Bemerkung des Leutnants hatte die gefährliche Klippe dieser Verhandlung mühelos überwinden lassen. Der Major blinzelte erfreut; er empfand nicht so sehr Dankbarkeit für diese willkommene Hilfestellung, denn am Ende hätte er es auch alleine geschafft, vielmehr bereitete ihm das Verhalten von Wedelmann Genugtuung. Seine Schule! Er fühlte sich verstanden.

»Herr Leutnant Wedelmann«, sagte Luschke mit unverhülltem Wohlgefallen, »ich ersuche Sie und die anderen Herren des Offizierskorps, in Zukunft bei Ihren Übungen mit scharfer Munition vorsichtiger zu sein und möglichst den Schießstand zu benutzen.«

»Jawohl, Herr Major«, sagte Wedelmann.

Luschke wandte sich wieder Hauptwachtmeister Schulz zu. »Damit ist auch diese Angelegenheit geklärt. Ich habe zwar durchaus nichts gegen Diensteifer, aber diesmal sind Sie bestimmt zu voreilig gewesen. Sehen Sie das ein, oder legen Sie keinen Wert mehr darauf, auch weiter Hauptwachtmeister zu bleiben?«

»Jawohl, Herr Major!«

»Was – jawohl?«

»Ich sehe das ein, Herr Major.«

»Warum nicht gleich?« Luschke ergriff die Meldungen des Hauptwachtmeisters, hielt sie mit zwei Fingern über den Papierkorb und ließ sie dann fallen. »Erledigt«, sagte er. »Sie können abtreten.«

Schulz schaltete sofort und rollte hinaus. Draußen schnaufte er. »Donnerwetter«, sagte er laut zu sich, »um ein Haar hätte das schiefgehen können.« Ach, er war heilfroh, diese Sache hinter sich zu haben. Und sein Respekt vor Luschke war ins Grenzenlose gestiegen.

Major Luschke hatte sich inzwischen mit Dr. Sämig, dem Stabsarzt, beschäftigt. Er gab sich streng dienstlich und vermied es geschickt, seinem Besucher die Hand zu reichen. Auch wies er ihm keinen Platz an; aber es machte beinahe den Eindruck, als habe der Kommandeur es nur vergessen.

Luschke wußte genau, daß er mit Dr. Sämig nicht herumspringen konnte, wie er wollte. Der Stabsarzt war ihm lediglich zugeteilt; als Offizier unterstand er ihm, als Arzt nicht. Aber in Sämig wucherte der Respekt vor dem aktiven Offizier; und nicht zuletzt war es eben dieser Major Luschke, der derartige Gefühle in ihm mit Macht gefördert hatte.

»Was höre ich da«, sagte Luschke betont freundlich, »Sie führen mit Ihren Patienten fröhliche Ringkämpfe auf?«

»Ich bin überfallen worden«, sagte Dr. Sämig bitter.

»Ihre Worte sind nicht richtig gewählt«, sagte Luschke, und plötzlich klang seine Stimme ganz kalt und bedrohlich leise. »Ein Offizier wird nicht überfallen. Das gibt es nicht. Merken Sie sich das. Denn wenn es wirklich so weit kommen sollte, ist der Überfallene ein toter Mann, oder der Offizier ist ein elender Waschlappen.«

Dr. Sämig riß seine blaßblauen Augen weit auf. Er sah hilfesuchend um sich, aber niemand kümmerte sich um ihn.

»Manchmal«, sagte Luschke, »höre ich Geschichten, bei denen sich mir die Haare sträuben, aber ich gaube sie nicht. Mein gesunder Menschenverstand sagt mir, daß ich sie nicht glauben darf. Sollte es etwa einen Arzt geben, der, aus wer weiß was für Gründen, einen normalen Menschen für geisteskrank erklärt – wissen Sie, was dem fehlt? Prügel! Eine tüchtige Portion Prügel. Und ein Soldat, der das fertigbringt – wissen Sie, was ich mit dem machen würde? Ich würde ihm gratulieren! Von ganzem Herzen. Aber so etwas gibt es nicht. Und wenn es das gäbe, würde sich das ganze Offizierskorps krank lachen, soweit es überhaupt Verstand hat. Sagten Sie was, Doktor Sämig?«

»Nein, Herr Major.«

»Und diese Meldung, die ich hier habe — die kann doch nur ein Witz sein! Nun gut, wir haben darüber gelacht. In den Papierkorb damit.«

Und der Major Luschke warf auch das letzte Blatt Papier weg. Er rieb sich die Hände und sah sich mit funkelnden Augen um. Aber noch immer war nicht erkennbar, daß er triumphierte.

»Leutnant Wedelmann«, sagte der Kommandeur, »die dritte Batterie bedarf offenbar einer klügeren, geschickteren Organisation. Sie braucht einen Mann, aber keine Marionette. Vorschriften allein genügen nie, etwas Verstand muß auch dabeisein. Glauben Sie, daß wir vor weiteren ähnlichen Überraschungen sicher wären?«

»Bestimmt, Herr Major.«

»Und der Gefreite Asch?«

»Ich lege meine Hand für ihn ins Feuer.«

»Trotz allem?«

»Gerade deshalb, Herr Major.«

»Nun gut«, sagte der Kommandeur. »Dann übernehmen Sie die Batterie, Leutnant Wedelmann. Hauptmann Derna wird seinen Urlaub antreten; ich drücke das schon beim Regiment durch. Und wissen Sie, was wir jetzt machen werden, Leutnant Wedelmann?«

»Nein, Herr Major.«

»Wir gehen jetzt beide zum Gefreiten Asch. Wir werden ihm seine Beförderung zum Unteroffizier mitteilen.«

Alles geschah, wie geplant. Der Gefreite Herbert Asch, ein wenig müde geworden von einem Kampf, den er für aussichtslos hielt, nahm seine Beförderung an. Naiv, wie er manchmal war, dachte er daran, als Unteroffizier so leben zu können, wie er sich als Gefreiter die Unteroffiziere gewünscht hatte. Aber bald mußte er einsehen, daß es nicht zuletzt immer wieder die dienstbereite Ergebenheit gewisser Teile der Mannschaft war, die empfängliche Vorgesetzte größenwahnsinnig machte, ob sie es wollten oder nicht.

Leutnant Wedelmann übernahm die 3. Batterie nur für eine kurze Zeitspanne. Denn damals war er dem Ranglistenalter nach zu jung, um eine selbständige Funktion ausüben zu können. Aber schon bei Beginn des zweiten Weltkrieges wurde er Batteriechef. Er war an allen Frontabschnitten gut zu gebrauchen. Die Soldaten liebten ihn, und die Vorgesetzten waren froh, wenn sie ihn nicht sahen. Und das ist ja auch das beste, was man von einem Offizier sagen kann.

Der Unteroffizier Lindenberg, der unentwegt seiner Überzeugung treu blieb und sich geschworen hatte, dem Vaterlande allzeit furchtlose und stets gut durchtrainierte Verteidiger zu schaffen, füllte jede Minute des ihm noch verbleibenden kurzen Lebens mit Arbeit aus. Er fiel am dritten Tag des Krieges in Polen, bei einem Dorf, das nur Spezialkarten verzeichneten. Er fiel durch eine Maschinengewehrgarbe, wie sonst gewöhnlich nur Helden in Lesebüchern fallen: mitten im Kampf um einzelne Häuser, das Gewehr in der linken, in der rechten Hand die gerade abgezogene Handgranate, die detonierte, als er mit dem Gesicht darauffiel. Er konnte nur noch an Hand seiner Erkennungsmarke identifiziert werden.

Wachtmeister Platzek, der Schleifer-Platzek, starb ebenfalls den Heldentod, allerdings unter wesentlich anderen Umständen und lange Jahre danach. Bis 1943 war er Ausbilder in der heimatlichen Garnison und Träger des Kriegsverdienstkreuzes I. Klasse. Einige hundert Soldaten waren durch seine Hände gegangen und, wie Platzek mehrfach stolz behauptet hatte, durch ihn »zum Manne gemacht worden«. Als ihn sein Schicksal ereilte, war er gerade dabei, sich vom Atlantikwall abzusetzen. Unaufhaltsam eilte er seiner Truppe voraus. In einem Weinkeller bei Dreux wurde er durch Bomben verschüttet. Ein mächtiges Rotweinfaß platzte über ihm.

Wachtmeister Werktreu, der Frauenfreund und Kammerbulle, kam mühelos durch den Krieg. Er hielt sich zumeist dort auf, wo gerade nicht geschossen wurde. Er war der geborene Verwalter von Bekleidung, Munition und Menschen. Kurz nach dem Feldzug tauchte er im eroberten Polen auf und war dort bei der Landbevölkerung als Aufkäufer ein ganz fester Begriff. Später ging er mit einer Nachschubeinheit nach Frankreich und soll sich dort als Begründer mehrerer gut organisierter Freudenhäuser einen Namen gemacht haben. Kurz vor Kriegsschluß ließ er sich in der Normandie überrollen und arbeitete dann dort eine Zeitlang als Aushilfskellner in einem Landgasthaus, das einer schon etwas verbrauchten Wirtin gehörte, was ihn aber nicht weiter störte. Kurz nach dem Krieg betrieb er dann in Hamburg einen gutgehenden Schwarzhandel mit Seidenstrümpfen. Vier Jahre später besaß er eine eigene Fabrik.

Hauptmann Derna wurde zunächst, nach längerem Urlaub, wieder aus der Wehrmacht entlassen. Er zog nach Wien und arbeitete dort bei einer Lebensversicherung. Später »rief ihn das Vaterland« erneut. Er wurde Kommandant eines Barackenlagers voller Kriegsgefangener in der Nähe einer Munitionsfabrik. Der Ortskommandant, dem er unterstellt war, ein Reserveoffizier aus Stettin, behandelte ihn, wie eben ein Preuße einen Österreicher behandelt, wenn beide die gleiche Uniform tragen. Derna litt entsetzlich darunter. Er verfluchte heimlich, jemals »Heim ins Reich«

gebrüllt zu haben. Als der Krieg zu Ende war, atmete er auf. Die Lebensversicherungsgesellschaft in Wien hatte ihn wieder. Auf seiner Visitenkarte steht: Major a. D.

Hauptwachtmeister Schulz machte, wie zu erwarten gewesen war, seinen Weg. Er wurde, da das Offizierskorps dringend guten Nachwuchs brauchte, auf eine Kriegsschule geschickt und absolvierte sie mit zäher Beharrlichkeit und verbissenem Ehrgeiz als Lehrgangsbester. Schulz beendete den Krieg mit vier Koffern und zwei Lastwagen voll sorgfältig ausgewählter Bekleidungsgegenstände und konzentrierter Lebensmittel. Irgendwo in Hessen wurde er Gemeindediener, dann Angestellter beim Arbeitsamt, schließlich dessen Leiter. Lore, seine Frau, ließ sich von ihm scheiden. Sie heiratete einen Amerikaner und wanderte nach Texas aus.

Allein der Obergefreite Kowalski war, als der Krieg zu atmen aufhörte, immer noch Obergefreiter. Seine Ernennung zum Unteroffizier hatte er einfach nicht zur Kenntnis genommen, und die Vorgesetzten kamen überein, so zu tun, als sei sie gar nicht erfolgt. Er stand dreimal vor dem Kriegsgericht, und niemals konnte man ihm irgend etwas beweisen. Nach dem Krieg schloß er sich einer sozialen Partei an und wurde Stadtrat in einem Industriezentrum. Er ist von seiner Fraktion als Polizeipräsident vorgesehen.

Ja, und was geschah mit dem Unteroffizier Asch?

Solange noch ein Zustand herrschte, der Frieden genannt wurde, gelang es ihm, wie zuvor eine ruhige Kugel zu schieben. Im Krieg aber wurde auch für ihn scharf geschossen. Wie er dennoch immer wieder eine gute Deckung fand, ohne dabei an Haltung zu verlieren, wie er dank seiner Liebe zu Elisabeth auch den weiblichen Versuchungen widerstand, die in Gestalt von Wehrmachtsbetreuerinnen zeitweise an der Front auftauchten, und wie er schließlich sogar einen Batteriechef fertigmachte, der vom Ersatztruppenteil mit ausgesprochenen Halsschmerzen an die Front kam — das steht in einem neuen Buch, das der Verfasser zur Freude so mancher Obersten, Generale und Bundesminister geschrieben hat.

Major Luschke, der im sogenannten Frieden Asch vor dem Kriegsgericht gerettet hatte, avancierte im Kriege zum Oberst und war zeitweise Regimentskommandeur von Herbert Asch. Er war nicht der Mann, der unüberlegte Dinge tat. Aber immerhin gehörte er zu den wenigen, die eine eigene Meinung hatten und die es auch als ihre Offizierspflicht betrachteten, von ihrer Meinung Gebrauch zu machen und die ihnen anvertrauten Soldaten nicht sinnlos verheizen zu lassen.

In dem nächsten Buch »Null-acht-fünfzehn im Krieg« wird man auch lesen, wie Luschke dem Kanonier Johannes Vierbein zu einem unverhofften Wiedersehen mit der Heimat verhalf, mit Ingrid Asch, seiner einstigen Braut, und der im Bombenkrieg erst recht lebenshungrig gewordenen Lore Schulz ...

Man wird dann auch Näheres über das Schicksal von Elisabeth Freitag hören, der Braut des Gefreiten Asch, über ihren handfesten Vater und seinen Freund, den Cafetier Asch. Die beiden Alten wurden, wie man sich denken kann, gute Freunde. Sie bastelten zusammen, schimpften sich zusammen durch den Krieg und leerten gemeinsam so manche Flasche. Als der alte Freitag wegen seiner sozialistischen Vergangenheit kurz vor Kriegsschluß in arge Bedrängnis geriet, war es der alte Asch, der ihn herauspaukte. Als dann der alte Asch seiner nationalsozialistischen Vergangenheit wegen kurz nach Kriegsschluß in arge Bedrängnis geriet, war es der alte Freitag, der Himmel und Hölle in Bewegung setzte, um seinem liebgewonnenen Freund alle Unannehmlichkeiten zu ersparen. Sie hatten wahrlich recht verschiedenartige Anschauungen, aber sie verstanden sich dennoch vorzüglich. Und in einem Punkt waren sie sich völlig einig: alles, was das Militär betraf, wie sie es kennengelernt hatten, forderte bei ihnen Wortgebilde heraus, die in keinem Lexikon standen.

Die Kaserne steht aber immer noch. Ihr ist nichts geschehen. Sie hat die bösen Jahre gut überstanden, und so behauptet sie auch heute noch ihren Platz, störrisch und eigensinnig. Ein Fremdkörper jetzt, mitten in den neuen Wohnvierteln der Vorstadt, die sich bis an ihre kantigen Mauern herangeschoben haben. Ja, sie ist in der neuen Wohngegend sogar zum Stein des Anstoßes geworden. Sie hat etwas von einem Gefängnis an sich, das in diese Gegend gar nicht paßt.

Als die Artillerieabteilung des Major Luschke, die dort gehaust hatte, in den Krieg gezogen war, stauten sich Reserveabteilungen darin. Ein Reservelazarett wurde zusätzlich hineingezwängt. Baracken für Gefangene engten die Kaserne abermals ein. Dann plötzlich, bei Kriegsschluß, war sie wie leergefegt. Aber schon wenige Tage darauf wurden dort die Soldaten von gestern die Gefangenen von heute. D. P.s lösten sie ab. Dann machten sich Besatzungstruppen breit. Und jetzt wird die Kaserne wieder geräumt, gereinigt und ausgebessert.

Möge den Soldaten, die hier Dienst tun müssen, erspart bleiben, was etliche Jahre vorher dort geschah! Es muß sich manches ändern. Nur dann sind Kasernen mit verläßlichen Menschen zu füllen.

08/15 im Krieg

Der fremde Pkw stand mitten auf der Dorfstraße. Ein verlassener Haufen aus Blech, Gummi und Zeltleinwand. Ein breiiges Gemisch, Schnee und Dreck, zermahlen von Autokolonnen, klebte an seinen Rädern.

Wachtmeister Asch, der sich auf dieses Verkehrshindernis zubewegte, blickte kurz zu seinem Kraftfahrer hinüber und hob ein wenig die Hand. Aber der war schon dabei, die Zugmaschine abzubremsen. Das angekuppelte Geschütz schaukelte noch ein wenig und stand dann still.

»Welcher Vollidiot hat die Karre hier stehenlassen?« fragte der Kraftfahrer.

»Das werden wir gleich sehen«, sagte Asch und sprang ab.

Die Soldaten hinten auf der Zugmaschine, in Mäntel wie in Säcke verpackt, registrierten diesen Vorfall kaum. Einer von ihnen legte umständlich seine Füße auf eine Sitzfläche, die heftig zu knarren schien. Ein anderer schlug sich den Kragen seines Mantels hoch über den Kopf, und der Qualm seiner Zigarette stieg auf wie aus einem Schornstein. Sie warteten geduldig auf das, was sich nun ereignen würde. Sie blinzelten sich kaum zu. Den Mund aufzumachen, hielten sie für völlig überflüssig. Sie warteten lediglich. Und warten hatten sie gelernt.

Asch schob sich auf den Pkw zu. Aus der Nähe betrachtet, erwies sich der Schrotthaufen als ein Mercedes-Kübel. Die Motorhaube war noch warm. Die Türen waren zugeklemmt, aber das Zeltverdeck hatte Risse. Asch spähte durch sie hindurch und sichtete zwei Koffer und einen prallgefüllten Segeltuchsack.

Der Kraftfahrer ließ die Zugmaschine noch einmal aufbrüllen und schaltete dann den Motor ab. Er lümmelte sich über sein Steuerrad und fragte: »Soll ich diese Chausseelaus in den Graben quetschen?«

»Das möchtest du wohl gerne, was?«

»Wenn du den Befehl dazu gibst«, sagte der Kraftfahrer bereitwillig, »dann mit Wonne.«

Asch sah sich suchend um. Was zuerst an seinem Gesicht auffiel, waren die Bartstoppeln. Seine Augen blickten kühl, spöttisch und ein wenig müde.

Das Dorf, das nur wenige Kilometer hinter der Front lag, schien verlassen zu sein. Aber an die Häuser drückten sich einige Wehrmachtsfahrzeuge. Aus vereinzelten Schornsteinen quoll Rauch.

Der Krieg leistete sich einen Winterschlaf, und in dieser Gegend schien niemand zu existieren, der versessen darauf war, ihn dabei zu stören.

Aber der Frühling stand bereits vor der Tür; und der würde auch dem Krieg in die Knochen fahren und wieder auf die Beine helfen. Dieser erste russische Winterschlaf war kein Dauerzustand.

In der Nähe des verlassenen Pkw befand sich eine Hütte, die bemüht zu sein schien, sich in die Erde zu verkriechen. Ein Fetzen Segeltuch hing an ihrer Tür. Darauf war ein klobiges F gemalt.

»Die Burschen werden vermutlich schnell mal telefonieren«, sagte der Kraftfahrer. Denn auch er wußte, daß das gelbe F auf dem Stoffetzen eine Fernsprechstelle ankündigte. »Vielleicht machen die gerade ein Rendezvous aus.« Er grinste, denn er hatte einen Witz gemacht.

Asch grinste zurück. Dann ging er auf die Hütte zu, an deren Wand ein ähnliches F mit Kreide hingeschmiert war. Er stieß die Tür, die heftig klemmte, mit der Schulter auf. Sie prallte gegen eine Mauer. Kalk rieselte herab.

Der Raum, den er betrat, roch scharf nach Socken und Tabak. Schafstallwärme schlug ihm entgegen. Ein schläfriges Halbdunkel umfing ihn. Er brauchte einige Sekunden, um sich zurechtzufinden.

»Mach gefälligst die Tür zu, Mensch!« rief ihm eine grobgemütliche Stimme entgegen. »Du bist hier nicht zu Hause.«

Asch zog die Tür krachend hinter sich zu. Wieder rieselte Kalk herab. Dann sah er sich prüfend um, als beabsichtige er einzukaufen.

Der Raum war prall gefüllt mit herumliegenden Soldaten. Sie lagen, rauchten, dösten, ödeten sich an, spielten Karten, schrien sich irgend etwas zu. Dabei schien aber keiner auf den anderen zu achten. Es war Asch, als habe er sich in eine Sardinenbüchse hineingezwängt.

Gleich rechts neben der Tür, unmittelbar unter einem der Stallfenster, stand ein kleiner Klappenschrank für zehn Leitungen. Daneben lümmelte sich ein Soldat in schäbigem Pelzmantel gegen einen Balken. Davor stand ein anderer, in aufreizend neuem Tuchmantel, und versuchte zu telefonieren. Er schrie so heftig nach seiner Verbindung, daß ihm die Mütze aus der Stirn rutschte. Es war eine Offiziersmütze.

Asch nahm keine Notiz von dem energischen Schreier am Telefon. Er fragte in das Menschengewirr hinein: »Wem gehört eigentlich der Karren da draußen?«

Er erhielt keine Antwort. Niemand schien ihn zu beachten. Einmal in der Büchse, war er eine Ölsardine unter vielen.

Asch verstärkte seine Stimme wesentlich. »Ich habe gefragt, wem der Dreckkarren da draußen gehört!«

»Das ist wohl mein Wagen«, sagte schließlich der Soldat im schäbigen Pelzmantel. Er veränderte dabei seine Stellung nicht im geringsten; er lümmelte sich weiter gegen den Balken und schien in seinem Mund Spucke aufzuspeichern.

»Dann komm gefälligst 'raus«, sagte Asch, »und fahr deinen Karren zur Seite. Er versperrt uns den Weg.«

»Der Weg ist breit genug«, sagte der Mann störrisch und spuckte in hohem Bogen aus, geschickt zwischen zwei Landsern hindurch, auf den Ofen zu. »Da kann jeder vorbei.«

»Nicht eine Zugmaschine«, sagte Asch und wurde langsam wieder lauter. »Los, Mann, los! Mach draußen den Weg frei. Ich habe keine Lust abzurutschen, nur weil du zu faul bist, deine Nuckelpinne zur Seite zu fahren.«

»Das ist keine Nuckelpinne«, sagte der Mann und bewegte sich nicht einen Zoll. »Das ist ein Mercedes-Kübel.«

»Du kommst jetzt sofort 'raus!« rief Asch. »Wenn nicht, fahre ich deinen Prunkwagen zu Schrott.«

Der Offizier am Telefon, der seine Verbindung, nach der er unentwegt gebrüllt hatte, immer noch nicht bekam, fühlte sich gestört. »Halten Sie doch gefälligst Ihren Schnabel, Mann«, sagte er nicht ohne Schärfe, wenn auch noch mit Spuren von offizierskameradschaftlicher Jovialität. »Hören Sie denn nicht, daß ich hier telefoniere?«

»Jawohl«, sagte Asch. »Das höre ich.«

»Dann unterbrechen Sie mich gefälligst nicht immer.«

Asch nickte. Dann ging er dicht an den Kraftfahrer des Mercedes-Kübels heran, ganz dicht, so daß der seinen Atem spürte und zurückzuweichen versuchte. »Kommst du jetzt, Freundchen, oder nicht?« fragte er.

»Sie haben meinem Kraftfahrer keine Befehle zu erteilen«, sagte der Offizier scharf. »Wenn ihm einer Befehle erteilt, dann bin ich es.«

»Dann erteilen Sie ihm doch den Befehl.«

Der Offizier am Telefon, der immer noch vergeblich auf seine Verbindung wartete, ließ den Hörer sinken und sah den Wachtmeister Asch völlig verständnislos an. »Wie reden Sie denn überhaupt mit mir«, fragte er. »Sehen Sie denn nicht, daß Sie einen Offizier vor sich haben?«

»Jawohl«, sagte Asch. »Das sehe ich. Jawohl.«

»Ich bin Hauptmann«, sagte der Offizier.

»Jawohl, Herr Hauptmann.«

Die Soldaten im Raum unterbrachen ihre öden Zeittotschlägereien und begannen langsam, dieser Auseinandersetzung nicht ohne Interesse zu folgen. Einige richteten sich sogar ein wenig auf. Zwar waren sie, in ihrer Eigenschaft als Fernsprecher und Vermittler, an ähnliche Gespräche durchaus gewöhnt, besonders an Krisentagen, aber ansonsten hatten sich immer zwischen den diversen Kampfhähnen einige Kilometer Feldkabel befunden, was bekanntlich sehr mutig macht. Die direkte Auseinandersetzung dagegen, Auge in Auge sozusagen, war weitaus seltener und daher einer gewissen Anteilnahme immer sicher.

»Herr Hauptmann«, sagte der Wachtmeister Asch mit Nachsicht und war bemüht, alle nun folgenden unvermeidbaren Belehrungen so verbindlich wie nur irgend möglich anzubringen. »Unsere Geschützstellung befindet sich vier Kilometer frontwärts.«

»Sie sind von der Artillerie?« fragte der Hauptmann interessiert.

»Jawohl.«

»Etwa vom Regiment Luschke?«

»Jawohl.«

»Vergessen Sie nicht, daß ich Hauptmann bin.«

»Nein, Herr Hauptmann.«

»Von welcher Batterie?«

»Dritte Batterie, Herr Hauptmann.«

»So!« rief der; und auf seinem glatthäutigen, ein wenig kantig gebauten Gesicht leuchtete Triumph auf. »Von der dritten Batterie? Ausgerechnet. Das ist doch ein starkes Stück!«

»Jawohl, Herr Hauptmann«, sagte Asch unbekümmert. »Und zur Zeit stehen in unserer Feuerstellung nur drei Geschütze. Das vierte Geschütz war zwei Tage lang in Reparatur. Jetzt muß ich es wieder nach vorn bringen. Aber Ihr Pkw steht mitten im Weg.«

»Wenn die Batterie zwei Tage lang ohne das Geschütz ausgekommen ist, dann wird sie wohl auch noch die zehn Minuten darauf warten können, bis ich hier mit meinem Gespräch zu Ende bin.«

»Der Kraftfahrer, Herr Hauptmann ...«

»Ich will das selbst sehen«, sagte der Offizier entschieden. »Ich will mich persönlich davon überzeugen, ob Ihre reichlich undiszipliniert vorgetragene Forderung zu Recht besteht, oder ob es sich hier etwa um Unvermögen, Hang zur Bequemlichkeit, zur indirekten Schikane handelt.«

»Aber der Kraftfahrer braucht doch nur ...«

»Ich habe Ihnen soeben einen Befehl erteilt, Wachtmeister.«

»Und wenn in der Zwischenzeit ...«

»Ich pflege für meine Befehle auch die ganze Verantwortung zu übernehmen. Merken Sie sich das, Wachtmeister. Auch für später. Sie werden das dann vermutlich noch nötig haben.«

Asch zog es vor zu verstummen und betrachtete die freudig grinsenden Gesichter der Landser im Raum nachdenklich. Sie hatten ihre Sondervorstellung gehabt, und das brachte etwas Farbe in ihren dämmerigen Alltag. War ihnen auch zu gönnen!

Der Kraftfahrer aber, der immer noch am Balken lümmelte, grinste jetzt ausgedehnt und völlig ungeniert. Er spuckte abermals, in noch höherem Bogen als vorher, und traf mitten auf die Herdplatte. Der Hauptmann brüllte schon wieder in das Telefon, energisch und mit Ausdauer, und versuchte seine Verbindung zu bekommen.

Wachtmeister Asch drehte sich um, stieß die Tür weit auf und schrie hinaus, zu den Soldaten, die auf der Zugmaschine saßen: »Steigt ab und kommt 'rein. Die Angelegenheit scheint sich ein wenig in die Länge zu ziehen.«

»Was denn, was denn?« fragte der Kraftfahrer rauh. »Macht etwa irgendein Armleuchter Schwierigkeiten?«

»Hier macht keiner Schwierigkeiten«, sagte Asch ungeniert. »Hier wird lediglich Disziplin gemacht.«

»Der kommt wohl vom Mond?«

»Scheint mir auch so, daß der geradewegs aus der Heimat kommt.«

Die Soldaten des Wachtmeisters Asch ließen Geschütz und Zugmaschine stehen und schoben sich maulend in die enge Hütte hinein. Sofort rückten die Menschen noch dichter aufeinander. Die Luft war zum Schneiden dick. In der hintersten Ecke stöhnte einer verzweifelt und versuchte vergeblich, einen schweren Gegenstand zu werfen. Die Fernsprecher murmelten wütende Proteste; bei aller Stärke waren sie völlig wirkungslos.

Der Hauptmann, der seine Verbindung immer noch nicht bekommen hatte, wischte sich den Schweiß aus der Stirn und fragte unfreundlich: »Konnten denn die Leute nicht draußen warten?«

»Nein«, sagte der Wachtmeister Asch. »Draußen ist es nämlich kalt.«

Der Hauptmann kam nicht mehr dazu, auch hierauf zu antworten. Die gewünschte Telefonverbindung war endlich zustande gekommen. Er wurde plötzlich überaus unternehmungslustig, und seine Stimme klang gar nicht mehr fordernd, fast nur noch freundlich.

»Bitte Herrn Major Bär.«

Major Bär, offenbar dem Armee-Oberkommando, dem AOK, zugehörig, meldete sich sofort. Und der Hauptmann, nunmehr hocherfreut, verbindlich wie ein taktvoller Saufkumpan, sprach den Busenfreund am anderen Ende der Leitung mit dem Vornamen an. »Wie geht es dir, Richard? Hier ist Witterer, Hauptmann Witterer, Paul Witterer. Da staunst du, Verehrtester – wie? Endlich im Lande!«

Hauptmann Witterer, dessen Gespräch zwei Dutzend der eng aufeinandergepreßten Soldaten mit leicht gelangweiltem Interesse zuhörten, verströmte offizierskameradschaftliche Herzlichkeit wie aus Schleusen. »Ziemlicher Saustall!« rief er munter. »War ja auch nicht anders zu erwarten. Aber das kriegen wir schon wieder hin. Hoffentlich kommt das dicke Ende nicht noch nach. Denn mir langt schon, was ich bisher gesehen habe. Frisches Blut ganz dringend nötig. Aber lassen wir diese Kleinigkeiten. Was macht eigentlich die kleine Lisa, alter Freund? Auch schon unterwegs?«

Die Soldaten horchten auf. Ihr Interesse nahm spürbar zu. Allein schon die Nennung eines weiblichen Vornamens belebte sie sichtlich. Und sie hofften ehrlich, »Lisa« möge kein Tarnname sein, etwa für Munition, sondern ein richtiges weibliches Wesen, mit viel Fleisch.

Selbst der Wachtmeister Asch war interessiert – diese Lisa, von der hier mitten in Rußland, unmittelbar hinter der erstarrten Front, die Rede war, verleitete ihn dazu, an seine Elisabeth zu denken. Lisa – Elisabeth. Für die meisten nur ein Name – für ihn eine Welt. Und wenn es nach ihm ginge: seine einzige Welt. Aber es ging nicht nach ihm. Soldaten werden nicht nach ihrer Meinung gefragt. Einigen gefällt das sogar. Sie lassen sich lieber Blut abzapfen, ehe sie ihr Hirn in Tätigkeit setzen.

Der Herzlichkeit aus sich herausbrüllende Hauptmann am Telefon riß Asch aus seinen Gedanken. Sie waren wohl sinnlos, weil es zu wenige waren, die sie dachten. Man muß das sehen, was ist; und dann das Beste daraus machen. Und sofort stand er wieder fest auf dem Lehmboden der Hütte.

»Das ist ja großartig!« trompetete Hauptmann Witterer freudig. »Ausgerechnet in unseren Frontabschnitt. Und so bald schon! Das kannst du mir glauben, mein Lieber, ich werde mich von der Kleinen mit Wonne wehrbetreuen lassen. Von Lisa immer. Also leb wohl, alter Freund. Du hörst bald wieder von mir.«

Hauptmann Witterer gab den Hörer dem Soldaten an der Vermittlung zurück. Noch strahlte er. Das soeben geführte Telefongespräch hatte ihn sichtlich aufgekratzt. Doch dann wurde er völlig übergangslos sachlich. »Ist das eigentlich immer so bei euch?« fragte er den Mann an der Vermittlung.

»Meistens«, sagte der.

»Bei euch kann man sich ja tottelefonieren, ehe man seine Verbindung bekommt.«

»Gestorben ist bei uns noch keiner«, murmelte der Vermittlungsmann. Und noch um Grade undeutlicher fügte er hinzu: »Leider.«

Hauptmann Witterer achtete nicht mehr darauf. Er schob sich die Mütze wieder in die Stirn, richtete sie gerade und sah dazu Asch fordernd an. Nach einer Kunstpause sagte er: »Nun zu Ihnen, Wachtmeister.«

Asch drehte sich um und ging schweigend voraus. Der Hauptmann folgte ihm. Hinter dem Hauptmann setzte sich auch sein Kraftfahrer umständlich in Marsch. Die Geschützbedienung trabte unaufgefordert hinterher.

Wachtmeister Asch baute sich draußen vor der Hütte auf und wies mit einer legeren Handbewegung auf Pkw, Zugmaschine und Geschütz. Hauptmann Witterer schritt näher an die umstrittenen Objekte heran, begutachtete sie reichlich ausgedehnt und sagte: »Hm.« Die Soldaten grinsten sich an.

Der Hauptmann sah sofort, daß Asch recht gehabt hatte. Der auf der schmalen Straße abgestellte Pkw stellte für eine Zugmaschine ein nicht zu umgehendes Hindernis dar. Der von tausend Fahrzeugen in langen Wintermonaten zermahlene Weg war alles andere als eine Autobahn.

»Fahren Sie Ihren Schlitten zur Seite«, sagte der Hauptmann unwillig zu seinem Kraftfahrer.

»Na also«, sagte Asch. »Warum nicht gleich so?«

Hauptmann Witterer fingerte an seinem Koppel herum und baute sich vor Asch auf. Der Wachtmeister staunte dessen nagelneue Ausrüstung an und genoß den Anblick eines nahezu fleckenlosen, pelzgefütterten Mantels. Er fand alles sehr bemerkenswert.

»Ihr Benehmen«, sagte der Hauptmann streng, »ist unter aller Sau.«

Der Wachtmeister schwieg, sah in die öde Landschaft, betrachtete ein wenig einen Schornstein, aus dem sich der Rauch himmelwärts quälte, und schwieg weiter.

»Wie heißen Sie eigentlich?«

»Asch.«

»Und gehören zur dritten Batterie des Artillerie-Regimentes Luschke?«

»Jawohl, Herr Hauptmann.«

»Und wissen Sie, wer Ihr Batteriechef ist?«

»Jawohl. Oberleutnant Wedelmann.«

»Das eben«, sagte Hauptmann Witterer und lächelte maßlos überlegen, »ist Ihr großer Irrtum. Ihr Batteriechef bin nämlich ich. Und zwar seit heute.«

»Immer, wenn ich in Ihr treudeutsches Gesicht sehe«, sagte Oberst Luschke mit verkniffener Freundlichkeit, »dann weiß ich genau, daß das ein langer Krieg werden wird. Aber setzen Sie sich trotzdem.«

Der Oberleutnant Wedelmann deutete eine Verbeugung an und murmelte Konventionelles.

»Sind wir hier etwa im Kasino?« fragte Luschke mit wohlwollender Ironie. »Wir sind in Rußland, mein Lieber! Meine Unterkunft ist nicht viel größer als das Scheißhaus, das mir in der Garnison allein für meinen persönlichen Gebrauch zur Verfügung stand.«

Wedelmann lachte gedämpft. Doch in diesem Lachen war nicht der geringste Versuch, sich anbiedern zu wollen. Keine sogenannte subalterne Lache! Es war hinreichend bekannt, daß Luschke fürchterlich darauf zu reagieren pflegte. Aber Wedelmann verehrte den Menschen Luschke; er kroch nicht dem Vorgesetzten Luschke hinten hinein. Er gehörte nicht zu jenen, die nur allzu bereitwillig muntere Kasinoergebenheit aus sich herauskicherten.

»Wir haben einiges miteinander zu besprechen«, sagte der Oberst. »Setzen Sie sich gut hin.«

Wedelmann zog einen rohgezimmerten Birkenholzsessel in die Nähe des Obersten, der in einem ächzenden Urgroßmutterschaukelstuhl saß. Die beiden verstanden sich nicht zuletzt deshalb so gut, weil ihr Verständnis für jede Sorte Heldentum reichlich gering war. Für sie hatte der Tod keinen Glorienschein. Nur über das, was unter Deutschland zu verstehen war, gingen ihre Ansichten stark auseinander!

Der Raum, in dem Luschke nun schon seit einigen Monaten hauste, war klein und niedrig. Nur die allernotwendigsten Möbel standen darin: ein Feldbett, einige Stühle und ein vergleichsweise riesiger Kartentisch. Auch an den frischgeweißten Wänden hingen Karten — aber die erfüllten weit mehr einen hygienischen als einen strategischen Zweck: sie verdeckten die streichholzkopfgroßen Blutflecken der zerquetschten Wanzen.

»Was machen Ihre Soldaten?« fragte der Oberst scheinbar nebensächlich und lehnte sich zurück.

Wedelmann horchte mißtrauisch auf. »Soviel ich weiß, Herr Oberst, ist alles in Ordnung. Oder ...?«

»Ihr Gewissen ist wohl nie ganz sauber, Wedelmann?«

»Soweit das an mir liegt ...«

»Auch ich habe schon lange kein reines Gewissen mehr«, sagte der Oberst gelassen und selbstverständlich, und so, als spräche er vom Wetter. »Da habe ich immer gedacht, ich wäre der geborene Vaterlandsverteidiger. Aber mit dem Vaterland ist das so eine Sache, Wedelmann. Kommt mir manchmal vor wie eine Firma, die ganz scharf darauf ist, in Konkurs zu gehen.«

Wedelmann setzte zu einem Protest an, doch der Oberst winkte mit einer gelangweilten Handbewegung ab. »Wir alle«, sagte Luschke, »sind jetzt mehr oder weniger Prügelknaben. Wir gehorchen uns um Kopf und Kragen. Wir sind am tapfersten, wenn wir uns unserer Haut wehren. Und einige sind nur dann ›tapfer‹, wenn sie es ungefährdet tun können. Aber keiner existiert, der über sich verfügen kann. Wer aber gegen den Strom schwimmt, Wedelmann, muß entweder über enormen Mut oder über horrende Dummheit verfügen. Diese Partnerschaft der Idealisten und der Idioten, die ist es, die mich manchmal verzweifeln läßt.«

Der Oberleutnant betrachtete seinen Regimentskommandeur schweigend. Der Oberst mit dem Knollengesicht und den Fuchsaugen saß regungslos tief in seinem Stuhl. Sein Uniformrock, wie immer vorschriftsmäßig zugeknöpft, schlug Falten um den schmächtigen Körper. Die baumelnden Füße steckten in pelzverbrämten Filzstiefeln.

»Kein imposanter Anblick, was?« fragte Luschke mit sanfter Stimme.

Wedelmann war verwirrt. Der Oberst bekam es immer wieder fertig, ihn in Verwirrung zu versetzen. Bei Luschke schmolzen selbst die stärksten Männer dahin wie Eiszapfen auf einer glühenden Herdplatte.

»Maskieren Sie sich niemals, Wedelmann«, sagte das Knollengesicht ruhig. »Denn sonst kommt unerbittlich einmal der Tag, an dem Sie das schwer bereuen werden.«

»Jawohl, Herr Oberst«, sagte Wedelmann gehorsam; und es wurde sichtbar, daß er die Bemerkung seines Regimentskommandeurs nicht zu deuten wußte.

»Im übrigen«, sagte Luschke, der plötzlich auf ein anderes Thema sprang, »scheint sich einer Ihrer Unteroffiziere schon wieder einmal Sondertouren zu leisten.«

»Soeft?«

»Natürlich. Wer denn wohl sonst noch? Offenbar hat Soeft für einen Verband Verpflegung empfangen, der in unserem Bereich gar nicht existiert.«

»Ich werde natürlich sofort . . .«

»Sie werden gar nichts tun, lieber Wedelmann. Denn einmal ist ja noch nicht erwiesen, daß es schon wieder einmal Soeft war, der die Verpflegungsbullen beim AOK über die großen Ohren gehauen hat. Und dann sehe ich auch nicht ein, warum gleich immer die Fronttruppe für alle Fehler der Etappenhengste herhalten muß. Aber wenn die einmal Ihren Soeft auf frischer Tat ertappen sollten . . .«

»Das halte ich für ziemlich ausgeschlossen, Herr Oberst.«

»Ich auch. Aber man kann nie wissen, ob nicht einmal eine Stunde kommt, wo selbst rückwärtige Stäbe zu denken anfangen. Und wenn das Unerwartete wirklich eintreten sollte und Ihr Soeft dabei geschnappt wird, dann erwarten Sie nicht von mir, Wedelmann, daß ich dann beide Augen zudrücke.«

»Ich werde mir Unteroffizier Soeft vornehmen, Herr Oberst, und ihm in das Gewissen reden.«

Luschke lachte kaum vernehmbar. Das angebliche Gewissen des Unteroffiziers Soeft und der Eifer, mit dem Wedelmann darauf einreden wollte, amüsierten ihn. Immer schon war seine heimliche Freude über alles, was in den Minenfeldern der militanten Einbahnspezialisten herumstolperte, ungetrübt heiter gewesen.

Luschke nahm den Hörer des Feldfernsprechers auf, drehte kurz an der Kurbel und sagte sanft: »Holz und Tee. Und dann Ruhe für die nächste halbe Stunde.«

Der Bursche des Obersten erschien, schob kurze Holzkloben in den rotglühenden Kanonenofen, stellte dann zwei Trinkgefäße mit heißem Wasser auf den Kartentisch und eine Rumflasche daneben. Dann verschwand er wieder, lautlos wie er gekommen war.

»Bedienen Sie sich, Wedelmann«, sagte Luschke mit kurzer Handbewegung. »Trinken Sie sich Mut an. Vielleicht werden Sie ihn nötig haben. Und seien Sie nicht allzu bescheiden. Mein Etat erträgt es, wenn Sie mir jetzt einen Viertelliter Rum wegtrinken. Sollte es mehr werden, muß Ihr Soeft für Ersatz sorgen.«

Wedelmann goß sein Trinkgefäß voll. Der Oberst ließ lediglich ein paar Tropfen Rum in sein heißes Wasser fließen. Er hob die lädierte Tasse dem Oberleutnant entgegen und begann mit kleinen Schlucken zu trinken.

Dann sagte er: »Wir liegen hier nun schon einige Monate im Winterschlaf. Der dürfte in den nächsten Tagen vorbei sein. Der kommende Frühling liegt der Front in den Knochen. In wenigen Wochen schon macht sich der Krieg wieder auf die Socken.«

»Es wird auch höchste Zeit, Herr Oberst.«

»Sie lechzen wohl nach neuen Abenteuern, was?«

»Ich will hier nicht alt werden, Herr Oberst. Das ist alles.«

Luschke nickte Zustimmung. »Sie werden hier nicht alt werden, Wedelmann. Verlassen Sie sich darauf.«

»Wir haben die Wintermonate gut genutzt, Herr Oberst. Waffen, Gerät und Fahrzeuge sind überholt. Die Mannschaften haben sich ausgeruht. Die Munition stapelt sich.«

»Bravo, Herr Oberleutnant!« rief Luschke ironisch. »Und während Sie das alles taten, haben die Russen geschlafen. Denn Hitler ist ein Genie und Stalin ist ein Trottel. Auf unserer Seite lauter Helden und auf der anderen Seite nichts wie Kreaturen. Deutschland über alles, alles andere unter aller Sau. Lieber Wedelmann – tun Sie mir wenigstens einen Gefallen und bewahren Sie sich Ihren gesunden Menschenverstand! Auch in Sachen Großdeutschland, Wedelmann! Da erst recht!«

Wedelmann schwieg. Ein wenig ratlos hielt er sein Trinkgefäß mit beiden Händen. Immer wieder vermißte er bei Oberst Luschke eindeutige Siegeszuversicht. Aber er respektierte den kleinen Mann mit den listigen Augen zu sehr, um auch nur irgendeinen unmißverständlich formulierten Vorwurf ganz ernsthaft in Erwägung zu ziehen.

»Der Nachschub«, sagte Luschke abweisend, »war unter aller Kritik. Gewiß, man hat uns wieder vollgepumpt, bis zum Stehkragen sozusagen. Aber in meinem Bereich habe ich keinen Versuch gespürt, unsere Kampfkraft zu verbessern, zu vergrößern, zu überholen, zu modernisieren.«

»Andere Waffengattungen werden Vorrang gehabt haben, Herr Oberst.«

»Vorrang haben oft nur die Knaben, die an den Quellen sitzen.«

Luschke blinzelte den erstaunten Oberleutnant von der Seite an. »Sie wundern sich über Ihren Kommandeur, Wedelmann? Das sind Sie wohl nicht gewohnt, was? Das haben Sie sich nicht gedacht, wie? Ein Oberst ist nicht nur unzufrieden – nein, er sagt es auch!«

»Herr Oberst werden Gründe dafür haben.«

»Und ob ich die habe, Wedelmann! Dutzendweise. So versuche ich seit Monaten vergeblich, Funksprechgeräte zu bekommen. Sie wissen doch genau, wo beim beweglichen Einsatz unsere wunde Stelle war: die direkte Verbindung war einfach schäbig. Oft habe ich tagelang mit meinen Batterien keinen direkten Kontakt gehabt. Sie schwirrten irgendwo in der Gegend herum. Mit Fernsprechkabeln allein ist die Verbindung nicht zu schaffen, nicht von Batterie zu Batterie und nicht von Geschütz zu Geschütz, wenn alle in einer Panzerschlacht stehen.«

»Vielleicht kommen die Geräte noch.«

»Sie werden kommen, Wedelmann. Aber wir werden nicht darauf warten. Wir holen sie uns einfach.«

»Einfach holen? Von woher, Herr Oberst?«

»Direkt aus der Heimat – woher denn sonst? Bei uns zu Hause, Wedelmann, bei unserem Ersatztruppenteil ist alles vorhanden: die Funkgeräte und die ausgebildeten Mannschaften dazu. Wir brauchen sie nur hierher zu transportieren. Und ausrüsten werden wir dann damit unsere Erste Abteilung, zu der Sie ja auch gehören.«

»Jawohl«, sagte Wedelmann, gehorsam wie immer, wenn er Luschke gegenübersaß.

Luschke lächelte seinem Oberleutnant überlegen zu. Langsam setzte er seinen Schaukelstuhl in Bewegung, und der ächzte fürchterlich. Das EK I funkelte auf der schmalen Brust des Obersten.

»Es ist alles ganz einfach«, verkündete er. »Ein Kamerad von mir ist Kommandant des Flughafens im Korpsbereich. Zur Zeit transportieren einige seiner J-Maschinen Material, das in unserer Heimatstadt hergestellt wird. Und dort sitzt wieder ein anderer Freund von uns. Mein Kamerad hier ist nun bereit, einen zuverlässigen Mann von uns bis zum Heimatflugplatz unseres Freundes mitfliegen zu lassen. Der muß dann bei der Ersatzabteilung die Geräte und das ausgebildete Bedienungspersonal organisieren. Und wenn er das geschafft hat, fliegt er wieder hierher zurück.«

»Ausgezeichnet«, sagte Wedelmann mit ehrlicher Bewunderung.

»Wählen Sie einen Ihrer Leute dazu aus.«

Wedelmann dachte nach. Dann sagte er: »Das ist eine Auszeichnung.«

Luschke nickte. »Und ein gutes Stück Verantwortung dazu. Mit Wehrbetreuung jedenfalls hat die ganze Angelegenheit nichts zu tun. Also – wer? Fällt Ihnen eine Entscheidung so schwer? Sie müssen sich doch nicht etwa erst noch mit Ihrem Hauptwachtmeister beraten? Tun Sie mir das nicht an, Wedelmann!«

»Ich schlage meinen besten Mann vor«, sagte Wedelmann entschlossen. »Den Unteroffizier Vierbein.«

Luschke schwieg und hörte auf zu schaukeln. Sein Knollengesicht war undurchdringlich. Er faltete die kleinen Hände ineinander und saß abwartend da.

»Der Unteroffizier Vierbein«, sagte Oberleutnant Wedelmann, »ist unser erfolgreichster Geschützführer. Er hat mit seiner Bedienung sieben Panzer abgeschossen. Er besitzt das Eiserne Kreuz Erster Klasse.«

»Das alles ist mir bekannt«, sagte der Oberst und schwieg dann weiter.

»Gerade der Unteroffizier Vierbein«, versicherte Wedelmann lebhaft, »hätte eine derartige Auszeichnung besonders verdient. Er ist außerdem seit über einem Jahr nicht mehr auf Urlaub gewesen.«

»Gewiß«, sagte Luschke nachdenklich. »Das mag alles sein. Aber vergessen Sie nicht, daß die Front etwas wesentlich anderes ist als der Dschungel unserer Heimatbürokratie.«

»Ich verbürge mich für den Unteroffizier Vierbein.«

»Das ehrt Sie«, sagte das Knollengesicht und lächelte süffisant, ohne auch nur im geringsten zu erkennen zu geben, ob er zustimme oder nicht. »Müßte ich noch einmal von der Pike auf dienen, dann am liebsten in Ihrer Batterie, Wedelmann. Sie sind zwar noch ein Jüngling, aber Sie besitzen ganz ausgeprägte väterliche Eigenschaften.«

Wedelmann versuchte so zu tun, als habe er diese Bemerkung seines Regimentskommandeurs nicht vernommen. »Wenn Herr Oberst meinem Vorschlag nicht zustimmen können«, sagte er verbindlich, »dann möchte ich an Stelle von Unteroffizier Vierbein den Wachtmeister Asch namhaft machen. Der setzt sich bestimmt durch.«

»Asch? Um Gottes willen, Wedelmann! Ich kann keinerlei Komplikationen bei dieser heiklen Mission brauchen. Wenn irgend etwas dabei schiefgeht, ist der Teufel los. Dann habe ich ein halbes Dutzend Generale auf dem Hals. Dann bin ich die längste Zeit bei Ihnen Regimentskommandeur gewesen. Keinesfalls diesen Asch! Dann schon lieber Vierbein.«

»Unteroffizier Vierbein also«, stellte der Oberleutnant zufrieden fest.

»Meinetwegen«, sagte Luschke. Dann lachte er auf und sagte: »Versuchen Sie diese Tour nicht allzuoft bei mir, Wedelmann. Ich lasse mich nicht gerne von anderen mit meinen eigenen Methoden rasieren.«

Wedelmann lachte herzhaft. Der Oberst trank ihm zu. Sie verstanden sich beide ausgezeichnet.

»Der ganze Dreck hier«, sagte Luschke zufrieden, »hat uns einander nähergebracht. Aber so ist der Krieg! Entweder man verbrüdert sich, oder man wünscht sich die Pest an den Hals.«

Der Feldfernsprecher schnurrte sanft. Luschke nahm den Hörer ab und meldete sich. Er wurde sofort wieder ernst. »Es ist gut«, sagte er. »In fünf Minuten.«

Der Oberst legte nachdenklich den Hörer wieder zurück. Er betrachtete

Wedelmann prüfend, so als taxiere er ein neuartiges Geschütz. Dann sagte er: »Draußen wartet ein Hauptmann Witterer.«

»Jawohl, Herr Oberst.«

»Dieser Hauptmann Witterer kommt ungefähr acht Tage zu früh. Offenbar hat er es sehr eilig gehabt. Aber nun ist er da und damit fertig! Tut mir leid, Wedelmann.«

»Jawohl, Herr Oberst«, sagte der reichlich ratlos.

»Um die Sache klarzumachen: Hauptmann Witterer ist der neue Batteriechef der Dritten.«

»Meiner Batterie?«

»Genau. Der neue Chef der Batterie, die bis heute Ihre Batterie war.«

»Und ich?«

»Über Ihre weitere Verwendung, Wedelmann, werde ich noch bestimmen. Sie hören schon rechtzeitig davon. Bis dahin aber übergeben Sie Ihre Batterie und bleiben dann noch dort, bis sich Hauptmann Witterer eingearbeitet hat, in jeder Beziehung.«

Wedelmann fand keine Worte. Er stellte das noch halbvolle Trinkgefäß mit einer hastigen Bewegung ab. Er war bleich geworden und reckte sich hoch.

Im Kanonenofen knisterte das Holz. Die betäubende Wärme im Raum war knochentrocken. Vor der Unterkunft des Obersten würgte sich ein Lastwagen durch die Straßenfurchen hindurch.

Luschke, tief in seinem Sessel, mit baumelnden Beinen, blinzelte dem Oberleutnant aufmunternd zu. »Nun schleimen Sie sich schon aus, Wedelmann.«

Der schüttelte den Kopf. Und ihm war deutlich anzumerken, daß er sich sehr gekränkt fühlte. Aber sein stets waches Gefühl für Disziplin verbot ihm, irgendeinen Kommentar zu wagen – schon gar nicht Luschke gegenüber.

Der Oberst lehnte sich weit zurück. »Mein lieber Oberleutnant Wedelmann«, sagte er genußvoll, »ich weiß, was Sie jetzt denken. Wenn Sie könnten, wie Sie gerne wollten, würden Sie jetzt versuchen, Ihren alten Kommandeur in den Hintern zu treten und den ganzen Krempel hinzuwerfen. Oder? Sie protestieren ja nicht einmal, Wedelmann.«

»Herr Oberst, ich habe doch stets . . .«

»Weiß ich, Wedelmann, weiß ich. Ich sitze weder auf meinen Ohren, noch liege ich auf meinen Augen. Sie sind der mit Abstand beste Batteriechef meines Regiments. Der geborene Heldensohn und Gefolgsmann des Führers. Das eine ehrt Sie, das andere verzeihe ich Ihnen. Jedenfalls steht fest: Ohne Sie wäre das Regiment Luschke Durchschnitt, durch Sie ist es Elite. Weiß ich alles. Auch mein EK Eins habe ich nicht zuletzt auf Grund der Leistung Ihrer Batterie bekommen. Ist mir alles bekannt.«

»Dann erlauben Sie mir, Herr Oberst, verstehe ich erst recht nicht ...«

Luschke winkte ab. »Mein lieber Wedelmann«, sagte er, »was wissen Sie denn davon, was ich alles mit Ihnen vorhabe? Sie ahnen ja gar nicht, wozu ich Sie noch brauche. Was meinen Sie denn, was jetzt hier kommt? Oh, mein Freund, glauben Sie Ihrem alten Kommandeur: Dieser Scheißkrieg hat ja noch gar nicht richtig begonnen!«

»Herr Oberst, wenn der Führer ...«

»Brechen Sie sich nur keine Verzierungen ab, mein Bester. Wenn ich mal Scheiße sage, müssen Sie sich nicht gleich an den Nationalsozialismus erinnert fühlen. Aber lassen wir dieses heikle Thema. Sagen Sie mir lieber: Was machen die Mädchen?«

»Wer, Herr Oberst?«

»Tun Sie doch nicht so, Menschenskind«, polterte Luschke gutmütig. »Als ich vor ein paar Tagen durch Ihr Kuhdorf fuhr, plauderte gerade Soeft mit einem Prachtexemplar. Dabei hat mich eins irritiert: die beiden passen gar nicht zusammen. Das Mädchen sah nämlich intelligent aus. Seit wann denn beschäftigt sich ausgerechnet Soeft mit so was?«

»Derartige Dinge, Herr Oberst, interessieren mich doch nicht.«

»Sollten Sie aber interessieren, Wedelmann! Wer weiß, wie lange Sie noch Zeit dafür haben? Am Ende fliegt hier der Laden schneller in die Luft, als wir alle glauben.«

Der Schreibstubenunteroffizier der 3. Batterie schoß wie ein Komet aus der Hütte heraus, in der der Hauptwachtmeister und seine Akten untergebracht worden waren. Er eilte über den freien Mittelplatz der Protzenstellung, an der Feldküche vorbei, auf das Holzhaus zu, auf dessen Tür mit dicken Kreidebuchstaben aufgeschrieben stand: VS. Und VS hieß ganz schlicht: Verpflegungstroß Soeft.

Der Schreibstubenunteroffizier öffnete diese mit VS beschriftete Tür, kam dann in einen Windfang, öffnete hierauf noch eine zweite Tür und befand sich nunmehr in einem Vorraum. Seine Wände waren frisch geweißt und der Fußboden mit hellem Kies ausgestreut worden. Zwei Männer in dunklen Kombinationen spalteten riesige Blutwürste in Würfel, wogen sie großzügig auf einer Dezimalwaage und verpackten sie dann.

»Ist Soeft im Laden?« fragte der Schreibstubenunteroffizier und starrte verlangend auf die Wurstwürfel.

Die Soeftschen Verpflegungshilfskräfte schüttelten den Kopf.

»Bekannt, wo er sich aufhält?«

Die Blutwurstspalter zuckten je einmal mit ihren Schultern.

Der Schreibstubenunteroffizier, dem der Anblick des vielen Fleisches weh tat, da es ihn lebhaft daran erinnerte, wie unvollkommen er gefrühstückt hatte, zog sich zurück. Er blieb draußen auf dem Hof vor der Türe stehen, klein, käsig und qualvoll unentschlossen. Ihn fror ein wenig, und er rieb sich die Hände.

Wie ein müder Spatz blickte er suchend um sich. Von der Feldküche her, die hinten im Schuppen stand, wehte ihn ein scharfer Maggi-Geruch an. In seiner provisorisch errichteten Feldschmiede schrie der Schirrmeister einen Kraftfahrer zusammen, der es nicht einmal fertigbrachte, ein Kotblech auszubeulen.

»Wie ein Waschweib!« rief der Schirrmeister mit lautstarker Verzweiflung.

Für den frierenden Schreibstubenunteroffizier, der sich, ohne seinen Auftrag ausgeführt zu haben, dem Hauptwachtmeister nicht unter die Augen traute, war »Waschweib« ein Stichwort. Er setzte sich in Trab, dabei weiter seine Händchen reibend, lief über die leere Dorfstraße auf ein pilzartiges Haus zu, das ein wenig abseits lag.

Dort fand er, wie erwartet, Soeft vor, der gerade dabei war, sich von einem russischen Mädchen zu verabschieden. Der Schreibstubenunteroffizier erstarrte nahezu, lediglich die mechanischen Bewegungen, mit denen er seine empfindlichen Hände massierte, kamen nicht zum Stillstand. Das Mädchen, vor dem Soeft stand, schien sich in Kaffeesäcke gehüllt zu haben. Das, was bei gewöhnlichen Frauen als Kleid bezeichnet wird, lag schlotternd um ihren Körper. Aber dieser Körper, gedrungen und zierlich zugleich, war nicht wegzuleugnen. Der Schreibstubenunteroffizier starrte es an, als wäre das Mädchen ein Aktenstück von eminenter Wichtigkeit.

»Wirklich kein Geschäft zu machen, Natascha?« fragte Soeft.

Die schüttelte den Kopf, energisch, mit kurzen, heftigen Bewegungen, wie es Ponypferde manchmal tun, wenn sie unfreundlich sein wollen. »Ich mache keine Geschäfte«, sagte sie in gutem Schuldeutsch, sehr langsam und mit deutlicher Betonung der jeweils ersten Silbe. »Mit Ihnen nicht, Herr Soeft.«

»Sie wollen doch nicht etwa die Preise hochtreiben, Natascha?«

»Schicken Sie mir Ihren Offizier, Herr Soeft. Vielleicht verhandle ich mit dem.«

Soeft stand breitbeinig da und schien verärgert. Er wandte sich dem Schreibstubenunteroffizier zu und fuhr ihn an: »Was willst du hier? Du störst meine Verhandlungen.«

»Dringende Angelegenheit, Soeft.«

»Nicht vor dem Frühstück!« sagte der. »Nicht vor einer Viertelstunde.« Und damit setzte er sich in Marsch, vorerst ohne noch einen Blick auf Natascha zu werfen. Er wollte ihr demonstrieren, wie gleichgültig sie ihm sei. Bevor er um die Ecke der Nachbarhäuser bog, sah er noch einmal zurück. Natascha lächelte ihm mit leichter Ironie zu. Das wurmte ihn mächtig.

Soeft stapfte durch den zermanschten, klebrigen Schnee. Er tat das achtlos, ohne jede Haltung. Ein Lastkraftwagen, der sich über die Straße würgte, mußte anhalten, um ihn nicht zu überfahren. Der Fahrer fluchte. Soeft nahm nicht die geringste Notiz davon. Er war beschäftigt. Er rechnete.

Er ging auf seine Unterkunft zu, musterte kurz, wie immer, das VS auf seiner Tür. Der Schreibstubenunteroffizier, der sich Mühe gegeben hatte, links von Soeft zu wandeln, wollte sich mit in das Blockhaus schieben. Aber Soeft schlug ihm die Tür vor der Nase zu.

Der Schreibstubenunteroffizier wartete einige Minuten lang geduldig. Er trampelte sich warm und atmete dabei den scharfen Maggi-Geruch der Feldküche ein. Sein leerer Magen schien rebellieren zu wollen. Er streunte zum Schuppen und machte dem Koch freundliche Augen, was der mit einem breiten Metzgergrinsen quittierte. Und das war alles, was der Koch für den Unteroffizier übrig hatte.

Den kränkte das sehr. Und diese Kränkung verlieh ihm neue Entschlußkraft. Er begab sich mit nunmehr forsch erscheinenden Schritten zur Unterkunft Soeft.

Die beiden Blutwurstspalter, die immer noch bei der Arbeit waren, sahen hoch. Einer dieser Männer nickte dem Schreibstubenunteroffizier zu, streckte dann den Daumen der zufällig freien Hand aus und wies auf die nächste Tür. Dort stand: Privatraum. Eintritt nicht ohne anzuklopfen.

Der Unteroffizier zögerte kurz. Die Wasseraugen in seinem rosigen Gesicht blickten ein wenig ausdruckslos auf das Pappschild. Er fühlte, daß er beobachtet wurde, und das war ihm peinlich. Er beschloß, nicht anzuklopfen. Und als er diesen Entschluß gefaßt hatte, kam er sich kühn vor. Er stieß, wie zufällig, polternd gegen die Tür. Er wartete kurz, und dann erst öffnete er.

Der Unteroffizier Soeft, nunmehr ganz Führer des Verpflegungstrosses, frühstückte, wie angekündigt, und das offenbar an diesem geruhsamen Tage zum zweitenmal, denn es handelte sich lediglich um ein leichtes Frühstück, bestehend aus Thunfisch, Toast und Tarragona. Alle diese erlesenen Dinge, dazu ein Klumpen Butter, waren auf einem großen, aufreizend weißen Tuch ausgebreitet. Dahinter saß Soeft und kaute.

»Du sollst mal zum Hauptwachtmeister kommen«, sagte der Schreibstubenunteroffizier und starrte auf die Frühstückstafel. »Und das sofort. Ich bin schon eine geschlagene halbe Stunde hinter dir her.«

»Du darfst zugreifen«, sagte Soeft und kaute gelassen weiter.

Der Schreibstubenunteroffizier zögerte keinen Augenblick. Er streckte beide Hände aus und ergriff eine Scheibe Röstbrot, packte dick Butter darauf, belegte das mit Thunfisch. Dann riß er seinen Mund weit auf, kniff dabei die Augen zu und schob die ganze Ladung mit Mühe in sich hinein. Er kaute, würgte, schluckte und lief ganz langsam rot an.

Soeft lächelte nicht einmal darüber. Er rechnete immer noch. Und bei dieser seiner Lieblingsbeschäftigung ließ er sich durch niemand und nichts stören. Er zündete sich eine Zigarette an, die er einer dicken ausländischen Packung entnommen hatte, und warf das Streichholz auf den grobgefügten Fußboden.

Langsam schien seine Rechnung aufzugehen: Nicht alle Mädchen haben die gleichen Preise — und diese Natascha war ihm einen Offizier wert. Sie sollte ihn haben, wenn es durchaus nicht anders ging. Denn genau besehen, waren in diesem gottverlassenen Land Dolmetscher einfach unbezahlbar. Daß es sich dann noch dazu um einen weiblichen Dolmetscher handeln würde, erhöhte nur den Reiz des Geschäftes. Beinahe wie in Frankreich!

»Was will eigentlich der Spieß von mir?« fragte er dann. Genußvoll sog er den Rauch ein, denn er war mit sich zufrieden. Er hatte, wie er glaubte, allen Grund dazu. »Ich habe wenig Zeit, Freundchen, ich muß nämlich noch die Bäckereikompanie melken.«

Der Schreibstubenunteroffizier nickte heftig. Aber er bekam kein Wort heraus, so vollgestopft hatte er sich. Er verschluckte sich wild und hustete.

»Ich will«, sagte Soeft versonnen, »für den kommenden Sonntag frische Brötchen bestellen.«

»Mensch!« sagte der Schreibstubenunteroffizier nur und machte Anstalten, die fettigen Finger abzulecken.

»Du siehst also, daß ich mir keinen Leerlauf leisten kann. Sag das dem Spieß.«

»Komm doch mit, Soeft. Sag das dem Hauptwachtmeister selbst. Außerdem lohnt sich das diesmal — möglicherweise.«

»Warum?«

»Ich will ja nichts verraten«, sagte der Schreibstubenunteroffizier, spreizte zwei seiner Fettfinger und tat geheimnisvoll. »Nur soviel: Weiber!«

»Was für Weiber?« fragte Soeft, nunmehr interessiert.

»Näheres beim Hauptwachtmeister«, sagte der Schreibstubenunteroffizier und zog sich hastig zurück, nicht ohne eine angebrochene Halbkilobüchse Thunfisch mitgenommen zu haben. Denn: Thunfisch ist gesund! — stand auf der Büchse.

Soeft ließ sich Zeit. Immerhin war seine Neugierde geweckt. Er trank seinen Kaffee, der natürlich ein echter Bohnenkaffee war, erheblich schneller aus als gewöhnlich. Dann zog er seinen leichteren Mantel, den mit dem Übergangspelz, an. Er überprüfte kurz die Arbeit seiner Blutwurstspalter, fand auf Anhieb nichts daran auszusetzen, und dann erst ging er zur Schreibstube hinüber.

Hauptwachtmeister Bock, erfolgreich hohe Energie und ständige Arbeitsüberlastung mimend, empfing ihn mit sichtlicher Ungeduld. »Es wird Zeit, Soeft«, sagte er und deutete durch seinen Tonfall behutsam an, daß er nicht abgeneigt sei, einen Tadel auszusprechen. »Es wird langsam höchste Zeit. Aber auch allerhöchste Zeit!«

»Für mich nicht«, sagte der Unteroffizier Soeft und ließ sich geruhsam auf eine der Schreibstubenkisten nieder, nachdem er mit einem überdimensionalen Taschentuch aus Fallschirmseide die einzunehmende Sitzfläche abgewedelt hatte.

Sie sahen sich beide an, obwohl das gar nicht mehr nötig war, denn sie kannten sich ganz. Und sie wußten genau, was sie voneinander zu halten hatten. Das war gar nicht einmal so wenig, denn jeder von ihnen war überzeugt, die Batterie in der Tasche zu haben.

Der Spieß, des ganzen Kasernenhofzaubers beraubt, war der nahezu pausenlos strapazierte Puffer zwischen der Protzenstellung und der Feuerstellung. Doch verloren hatte er lediglich an Einfluß, keinesfalls an Selbstvertrauen. Der Verpflegungsunteroffizier, der über geradezu sagenhafte Beziehungen verfügte, konnte sich so ziemlich alles leisten, was er wollte. Denn es war allein seiner persönlichen Tüchtigkeit zu verdanken, wenn der Lebensstandard der 3. Batterie eine Höhe erreicht hatte, die sich fast mühelos mit der hierfür besonders begabter Stäbe messen konnte.

»Was ist eigentlich los?« fragte Soeft und befeuchtete seine Lippen mit einer erstaunlich großen Zunge.

»Wie Sie wohl schon wissen«, sagte der Hauptwachtmeister, »bekommen wir einen neuen Chef.«

»Na – und? Ändert sich dadurch das Wetter? Schmeckt deshalb meine Landleberwurst anders? Ein neuer Name und die alte Firma. Von dieser Sorte ist doch einer wie der andere. Sie werden doch am Fließband hergestellt. Die mit dem kleinen Fabrikationsfehler sind immer die interessantesten. Und wenn der Neue auch nicht an Wedelmann heranreicht, was man sich leicht vorstellen kann – dann biegen wir ihn schon hin. Oder?«

Der Hauptwachtmeister Bock tat, als habe er die Ausführungen von Soeft nicht gehört. Er als alter Protzenstellungstaktiker kannte seine Paradegäule! Es war immer empfehlenswert, nicht alles zu hören, was ein Soeft vorzubringen pflegte. Soeft zu rügen, war die reinste Zeitverschwendung. Denn der wußte um seine Sonderstellung und nutzte sie schamlos aus.

»Ich habe Hauptmann Witterer, den neuen Chef, nur ganz kurz

sprechen können. Vorher am Telefon. Er trifft voraussichtlich erst morgen bei uns ein. Denn heute hat er noch beim Regiment zu tun.«

Soeft nickte verständnisvoll. »Oberst Luschke wird ihm auf den Zahn fühlen wollen«, sagte er. »Ich kenne diese Machart.«

»Jedenfalls«, sagte der Hauptwachtmeister, erneut Soefts Ausführungen geschickt überhörend, »hat sich Hauptmann Witterer danach erkundigt, ob wir einen besonders zuverlässigen Dienstgrad besitzen.«

»Der hat es aber eilig«, sagte Soeft und grinste herzhaft.

»Natürlich habe ich Ihren Namen genannt, Soeft.«

»Natürlich«, sagte der. »Und auf welchem Sektor soll ich mein Licht leuchten lassen?«

»Es handelt sich um einen Auftrag mehr privater Natur.«

»Meine Spezialität«, versicherte Soeft schlicht.

»Heute nachmittag«, sagte der Hauptwachtmeister, »so gegen drei Uhr, trifft auf dem Flugplatz in unserer Etappencity eine Wehrbetreuungsgruppe ein.«

»Darunter wieviel Weiber?«

»Drei Damen und ein Herr«, korrigierte Hauptwachtmeister Bock ohne spürbaren Vorwurf. »Darunter eine Dame, die Lisa Ebner heißt.«

»Und diese Kleine ist der springende Punkt, was?«

»Hauptmann Witterer wünscht«, sagte Bock nicht ohne Würde und griff dabei in das geöffnete Zigarrenetui, das Soeft vor sich hingelegt hatte, »daß Fräulein Lisa Ebner gut unterkommt und auch sonst alles zur Verfügung gestellt bekommt, was ihren Aufenthalt so angenehm wie nur irgend möglich macht.«

»Na schön«, sagte Soeft. »Warum auch nicht.« Und, auf die Zigarre deutend, die der Hauptwachtmeister abgebissen hatte: »Brauchen Sie etwa auch noch Feuer?«

»Ich habe Hauptmann Witterer bereits gesagt, daß man sich auf Sie verlassen kann, Soeft.«

»Sonst noch was?« fragte der Unteroffizier mit dem großen Riechzinken und den kleinen, flinken Fuchsaugen und blies das Streichholz aus, an dem sich der Spieß die Zigarre angezündet hatte.

»Von mir aus – nein.«

»Und wie ist es mit dem Achttonner?«

»Lieber Soeft«, sagte Bock mit Eifer, »ich habe Ihnen doch schon mehrmals gesagt, daß wir den Henschel-Achttonner bei der Munitionsstaffel lassen müssen.«

»Offenbar«, sagte Soeft aufreizend ruhig, »ist hier Munition wichtiger als Verpflegung. Das muß ich mir merken.«

»Seien Sie doch vernünftig, Soeft! Oberleutnant Wedelmann ist gewiß nicht kleinlich . . .«

»Ich weiß nur, was Wedelmann im Augenblick nicht ist – er ist kein Chef mehr! Und der Neue ist noch nicht da. Also ist die Gelegenheit günstig wie noch nie. Ich bekomme den Henschel-Achttonner für den Verpflegungstroß, und dafür gebe ich meinen Ford ab.«

»Diesen Klapperkasten!«

»Der Schirrmeister ist bereits einverstanden.«

»Aber der Wachtmeister Asch ist unter keinen Umständen damit einverstanden, Soeft. Und solange Asch hier zbV ist . . .«

Die kleinen Augen des Verpflegungsunteroffiziers wurden noch kleiner. Er sagte, nachdem er einen formvollendeten Rauchring in die Stube geblasen hatte: »Auch Asch wird hier nicht ewig zbV bleiben. Wenn der Oberleutnant geht, wird sein Wachtmeister vermutlich auch gehen. Oder glauben Sie, Asch ist bei uns ein Dauerzustand? Wenn der neue Chef kein Wedelmann ist – und er scheint kein Wedelmann zu sein, dieser Auftrag für mich spricht dagegen –, dann wird er sich auch keinen Asch leisten.«

Der Hauptwachtmeister rang sich zu einem schweren Entschluß durch. Natürlich hatte Soeft recht. Dieser Zeitpunkt war für Veränderungen in jeder Spielart besonders günstig. »Wenn Sie also meinen«, sagte er, »daß Sie den Henschel unbedingt brauchen, und wenn der Schirrmeister einverstanden ist . . .«

»In Ordnung«, sagte Soeft. »Ich veranlasse das gleich.« Und er fügte, die günstige Gelegenheit mit der ihm eigenen Schamlosigkeit nützend, sofort hinzu: »Und was ist mit dem Obergefreiten Kowalski? Den könnte ich nämlich gut gebrauchen.«

»Ausgeschlossen«, sagte der Hauptwachtmeister Bock, ohne auch nur einen Augenblick zu zögern. »Das ist ganz ausgeschlossen! Der muß Cheffahrer bleiben. Alles, was recht ist, Soeft – so weit geht mein Verständnis für Sie ja nun doch nicht.«

Soeft nickte. Er hatte diese Ablehnung kommen sehen, er hatte auch gewußt, daß sie in einer derartig schroffen Form erfolgen würde. Der Spieß witterte den Wolf bei seiner Herde. Soeft allein schon war in der 3. Batterie eine Großmacht. Aber Soeft kombiniert mit Kowalski wäre ein Imperium.

Hauptwachtmeister Bock, der wie so ziemlich alle hier auch noch seinen Privatkrieg zu führen gedachte, wußte genau, wohin Soeft zu segeln bestrebt war, zumindest aber ahnte er es instinktiv. Es war nicht zuletzt glatter Selbsterhaltungstrieb von ihm, die Gewichte in der Batterie so gleichmäßig wie nur irgend möglich zu verteilen.

Soeft gab sich, vorerst wenigstens, zufrieden. Auch er huldigte dem Sprichwort, daß aufgeschoben beileibe nicht gleichbedeutend war mit aufgehoben. Zunächst einmal war ihm der Henschel-Achttonner sicher.

Dadurch vergrößerte sich sein Laderaum erheblich; und das war dringend nötig, denn in den Monaten der Ruhe waren seine Vorräte, bei aller Großzügigkeit, erstaunlich angewachsen.

»Jetzt kommt es darauf an«, sagte der Hauptwachtmeister, »daß wir gut zusammenarbeiten.« Und seine Brust wölbte dabei seinen Waffenrock, was Soeft mit Interesse wahrnahm. »Der neue Chef wird dann spüren, daß er zu einer Einheit gekommen ist, auf die er sich verlassen kann.«

»Wenn der nicht von allen guten Geistern verlassen ist«, sagte Soeft, »dann wird er schon kapieren, was wir von ihm erwarten.«

Bevor sich Soeft in die Etappencity begab, um dort den Empfang der Wehrbetreuungsdamen zu organisieren, hielt er es für zweckmäßig, sich den versprochenen Henschel-Achttonner zu sichern. Und der erfahrene Soeft war sich klar darüber, daß dieser Tausch kaum ohne Reibungen abgehen würde.

Er beschloß, ganz systematisch vorzugehen. Zunächst hielt er sich kurze Zeit in seiner Unterkunft auf, füllte sein Zigarettenetui nach, steckte sich die Taschen voller Zigaretten, darunter sogar einige von der besseren Sorte. Dann ging er zum Schirrmeister.

Bis dahin erledigte sich alles völlig reibungslos. Dem Schirrmeister teilte er mit, daß der Hauptwachtmeister ihm, Soeft, den Henschel-Achttonner zugeteilt habe. Der nickte nur. Ihm war es gleich, wo seine Wagen fuhren; Hauptsache: sie waren überhaupt fahrbereit. Der Hauptwachtmeister hielt sich, klug wie immer, im Hintergrund; er war einfach verschwunden.

Eine gewisse Schwierigkeit, wußte Soeft, lag bei den Kraftfahrern. Der eine, der des Henschel, würde natürlich mit Freuden einwilligen, fortan Verpflegung zu fahren. Der andere jedoch, der des Ford, würde todsicher fluchen — wer kutschiert denn gerne scharfe Munition durch die Gegend, noch dazu wenn Krieg ist? Nun gut, solange er nur fluchte, war das nicht weiter schlimm — doch wenn er sich, was immerhin möglich war, beschwerte, konnte es Komplikationen geben.

»In Ordnung«, sagte der Henschelfahrer bereitwillig. »Das mache ich! Sofort. Und wo soll ich die Munition lassen?«

»Einfach abladen«, sagte Soeft. »Irgendwohin. Zeltbahn darüber, und fertig ist die Laube.«

»Meinetwegen«, sagte der Kraftfahrer und forderte Leute an.

Dem Fordfahrer sagte Soeft zunächst, durchtrieben, wie er war, gar nichts. Hauptsache: er hatte den neuen Wagen; den alten abgeben konnte er immer noch. Und vielleicht — kann man das so genau wissen? — könnte ein plötzlicher Stellungswechsel kommen. Und dann die beiden Chefs! Und einer weiß vom andern nichts! Und ehe noch einer von denen auf die Idee kommt, mal richtig nachzudenken, hat er, Soeft, nicht nur den neuen, sondern auch immer noch den alten Wagen. Ein Idiot, wer abgibt, was niemand von ihm fordert!

Soviel erfreuliche Aspekte machten ihn durstig. Er suchte schnell seine Unterkunft auf und zog seine Spezialkiste hervor. Umständlich angelte er in der Hosentasche nach seinem Schlüsselbund; und ihm war, als höre er ferne Glocken läuten. Er schloß die Spezialkiste auf, die mit erlesenen Spirituosen, in dünnfädige Holzwolle verpackt, angefüllt war. Er wählte einen Benedictine, entkorkte ihn und roch daran.

»Frankreich«, sagte er und schnupperte mit verzücktem Gesicht.

Er ließ sich nieder und leistete sich ein Wassergläschen voll. Ein samtenes Glücksgefühl durchschwellte ihn, während er trank. Wenn ich jetzt die Augen schließe, sagte er sich, fühle ich mich wie in Frankreich! Aber er schloß seine Fuchsaugen nicht; dazu war er zu vorsichtig – er riskierte es nie, überrascht zu werden.

Und so hörte er auch die Schritte, die sich seiner Unterkunft näherten, rechtzeitig. Und gar nicht zu überhören war das Gepolter, mit dem der Eindringling durch das Vorzimmer brach. Soeft konnte sich denken, wer solcher Holzfällermanieren fähig war.

»Auch ein Gläschen?« fragte er, als sein Besucher im Raum stand.

Der Wachtmeister Asch nahm das Idyll, das sich ihm bot, völlig kommentarlos zur Kenntnis. »Was ist mit dem Henschel?« fragte er. »Der Munitionsstaffelführer ist ganz aus dem Häuschen! Du kannst dir doch nicht unseren besten Transportwagen unter den Nagel reißen!«

»Kann ich«, sagte Soeft und kniff ein Auge zu. »Kann ich durchaus.«

»Der Henschel bleibt bei der Munitionsstaffel«, sagte Asch.

Soeft sah zu seinem Besucher hoch wie ein guter Onkel, der friedlich vor einem Weihnachtsbaum sitzt. »Ich habe immer gedacht, Asch, du bist ein ganz normaler Mensch. Aber manchmal scheint mir, daß du in Wirklichkeit ein ganz scharfer Krieger bist. Dir ist Munition wichtiger als Fressen. Du willst also lieber Menschen abknallen, als dir deinen Wanst vollschlagen.«

»Hör zu, Soeft! Ich habe den Krieg nicht erfunden, aber ich bin mitten hineingesteckt worden. Also muß ich mich meiner Haut wehren. Und deshalb brauchen wir in erster Linie Munition.«

»Wedelmann kämpft grundsätzlich nur für Großdeutschland und das Abendland. Und du bist sein Handlanger.«

»Soeft! Wenn ich die Wahl habe zwischen einem leeren Magen und einem Loch im Kopf, dann wähle ich den leeren Magen. Kapiert?«

»Warum«, sagte Soeft, »beschäftigt sich Wedelmann nicht auch mal mit den kleinen Mädchen und nur immer mit dem Krieg? Das ist doch abnormal. Ich könnte ihm da ein ganz verlockendes Angebot machen. Natascha heißt die Kleine. Russenkind mit Seele.« Seine Hände formten kühne Kurven. »Solche Seele!«

»Komm, komm!« sagte Asch fordernd. »Spiel hier nicht den Zuhälter. Rück den Henschel 'raus, dann kannst du hier in Ruhe weitersaufen.«

»Asch«, sagte Soeft. »Mein letztes Angebot: ein Mädchen für Wedelmann und für dich eine Kiste. Inhalt beliebig. Dafür ein Henschel-Achttonner zu meiner Verfügung.«

»Steh auf«, sagte Asch bissig, »damit ich dir in den Hintern treten kann.«

»Dein letztes Wort in dieser Sache?«

»Wenn du dich nicht beeilst, Soeft, dann hast du dein allerletztes Wort gequasselt.«

Soeft nickte und versuchte das gelassen zu tun. »Das wollte ich nur von dir hören, Asch. Das und nichts anderes. Ich bin jetzt im Bilde.«

»Höchste Zeit!«

»Und was den Henschel betrifft, Asch — Befehl vom Batteriechef.«

»Du spinnst doch, Soeft! Ich weiß doch genau, was Wedelmann angeordnet hat und was nicht.«

»Wer spricht denn von Wedelmann? Der neue Batteriechef heißt Witterer.«

»Der ist doch noch gar nicht da, Mensch!«

Soeft genehmigte sich noch ein Wassergläschen voll Benedictine. Er hatte eine Stärkung dringend nötig; das, was jetzt kam, forderte einigen Mut. Er leckte sich die Lippen und sagte dann: »Falls du das noch nicht weißt, Asch — es gibt so was wie ein Telefon. Und ich habe schon — per Telefon! — einige Spezialaufträge von Witterer in der Tasche.«

»Ich werde die Sache nachprüfen«, sagte der Wachtmeister. »Und gnade dir Gott, wenn deine Angaben nicht stimmen.«

Soeft sah Asch, der sich entfernte, mit zusammengekniffenen Augen nach. Dann massierte er mit der linken Hand intensiv seinen Riechkolben; hierauf schabte er sich am Kinn. Er trank den Rest seines Benedictine aus, aber der schmeckte ihm nicht sonderlich.

»Nicht unkompliziert«, sagte er dann. Aber er verzagte nicht; nicht eine Sekunde lang. Er saß fest im Sattel — Asch war praktisch schon auf dem Aussterbeetat. Natürlich, sagte er sich dann, wäre es verdammt leichtsinnig, Asch unterschätzen zu wollen.

Und er beschloß, Witterer davon zu überzeugen, daß am wichtigsten in der 3. Batterie der Unteroffizier Soeft war.

Der Unteroffizier ließ seinen privaten Pkw startklar machen. Bei diesem Spezialfahrzeug handelte es sich um eine Beutelimousine, deren hinterer

Teil nach seinen Angaben zu einem respektablen Laderaum umgearbeitet worden war. Mit diesem ebenfalls mit VS gekennzeichneten Fahrzeug verließ Soeft das Protzendorf. Sein Motor kochte nach den ersten Kilometern, fauchte und spuckte die ausgeleierte Straße an.

Die Etappencity, achtzehn Kilometer rückwärts gelegen, empfing ihn geschäftig. In den ehemaligen Kirchen lärmten die Feldwerkstätten. In den Parteigebäuden hatten sich die umfangreichsten Stäbe notgedrungen einquartiert. Kleinere Stäbe bevorzugten grundsätzlich private Unterkünfte, womöglich mit Familienanschluß.

Fahrzeuge aller Art und jeder Größe hatten sich an die Häuser gedrängt. Einige Aktentaschenträger hielten nach ihren Pkw Umschau. Zwei Landser schienen lediglich einen Spaziergang zu unternehmen. Alle Schornsteine rauchten.

Soeft beschloß, und zwar »immer systematisch«, eine Probe seiner besonderen Fähigkeiten zu geben. Er wußte genau, wo er anzusetzen hatte, denn er vermochte den Dschungel der Zuständigkeitsbereiche klar zu überblicken. Auch hier war alles Training. Der Rest: die glückliche Hand, die günstige Gelegenheit und eine tüchtige Portion Frechheit.

Soeft ließ zunächst direkt beim AOK vorfahren. Er suchte den Ic-Offizier, dem auch die Wehrbetreuung unterstand. Hier teilte er gelassen und durchaus überzeugend mit, er gehöre zur Kommandantur. Er erklärte, noch einmal wegen der heute eintreffenden Wehrbetreuungsgruppe verhandeln zu wollen. Dabei ließ er sich, immer in seiner Eigenschaft als Angehöriger der Kommandantur, ungerührt beschimpfen und erhielt bei dieser Gelegenheit so ziemlich jede erwünschte Auskunft.

Nunmehr fuhr Soeft bei der Kommandantur vor. Hier gab er sich, durchaus folgerichtig, als Angehöriger des AOK aus, mit der Abwicklung von Wehrbetreuung beauftragt. Der sich schließlich zuständig fühlende Offizier beschimpfte Soeft zunächst, der sich das, diesmal in seiner Eigenschaft als Angehöriger des AOK, ohne mit der Wimper zu zucken, gefallen ließ. Und bei dieser Gelegenheit erhielt er auch die restlichen Auskünfte, die er brauchte.

»Aber so seid ihr immer«, sagte der Offizier der Kommandantur mit verkniffener Würde. »Ihr beim AOK bestimmt den Einsatz der Truppen, und wir dürfen für die Unterbringung sorgen.«

»Kann ich die Quartiere sehen?« verlangte Soeft ungeniert.

Der Offizier stimmte unwillig zu. Er kommandierte einen Feldwebel ab, und der führte Soeft in eine ehemalige Schule. Dort war, im oberen Stockwerk, ein vergleichsweise sauberes Zimmer mit drei Feldbetten reserviert.

»Für die Frauen«, sagte der Feldwebel. »Eine Extra-Toilette haben wir auch noch eingerichtet. War gar nicht so einfach. Immer improvisieren.

Danken Sie Gott, daß Sie nicht bei einer Kommandantur gelandet sind. Übrigens: der Mann schläft unten bei zwei Offizieren.«

»Wo der Mann schläft, interessiert mich nicht«, sagte Soeft in voller AOK-Würde. »Jedenfalls ist es unmöglich, daß alle drei Damen zusammen schlafen. Eine davon muß ein Extrazimmer erhalten.«

»Wieso: muß!« sagte der Feldwebel pampig. »Wir sind doch hier nicht in Frankreich!«

»Leider«, sagte Soeft und seufzte wie immer, wenn er an sein geliebtes Frankreich zurückdachte. Und diese Regung bei ihm war echt. Ach — es war eine Wonne gewesen, einen Krieg in Frankreich zu führen. Himmel — er liebte dieses Land! Das Dorado für den geborenen Besorger! Nie in seinem Leben hatte er sich so glücklich gefühlt, so vollkommen glücklich. Und er seufzte abermals.

Dann jedoch sagte Soeft: »Die eine Dame bekommt ein Extrazimmer. Der General persönlich besteht darauf.« Und er fügte diskret zwinkernd hinzu: »Vermutlich eine Verwandte — oder so was.«

»Ihr macht uns schon Sorgen«, sagte der Feldwebel der Kommandantur mürrisch. »Immer diese Extrawürste! Als wenn das hier ein Wintersportgebiet wäre. Sankt Moritz — oder so was! Aber wir tun ja, was wir können. Hoffentlich sieht das der General auch ein. Und wenn es nicht anders geht . . .«

»Die Dame heißt Lisa Ebner«, sagte Soeft. »Lassen Sie Blumen in ihr Zimmer stellen.«

»Vielleicht noch ein Himmelbett!« rief der Feldwebel mit bitterem Hohn.

»Wenn Sie so was auftreiben können — warum nicht«, sagte Soeft zustimmend.

Nachdem das überstanden war, ließ sich Soeft zum Flugplatz fahren, und zwar direkt zum Kommandanten, den er nach einem dezenten Hinweis von Luschke, der mit dem Luftwaffenobristen eng befreundet war, gelegentlich mit kleinen Spezialitäten beliefert hatte. Der Kommandant empfing Soeft mit der gebotenen Freundlichkeit und gab jede gewünschte Auskunft.

Kurz nach fünf Uhr traf das für drei Uhr angekündigte Transportflugzeug ein. Es schwebte müde brüllend auf die Rollbahn zu und lief aus. Die Mühle stand zitternd, und ihr Bauch öffnete sich. Ihm entstiegen einige Soldaten, zumeist Offiziere. Dann hüpften vier Zivilisten aus der Kiste — drei Frauen und ein Mann.

Soeft musterte sie erst eingehend, ehe er sich ihnen näherte. Der Mann sah aus wie ein Landser auf Urlaub und interessierte nicht weiter. Die Frauen waren durch die Bank brauchbar. Schon allein ihre langen Haare machten Eindruck. Auch Beine waren zu sehen, was geradezu als sensationell bezeichnet werden konnte. Zwar hatte der lange Flug die Damen ein wenig zerknittert und ein paar Falten aus Schmutz oder Schweiß in ihre jetzt blassen Gesichter gepreßt; aber die Fahrgestelle, stellte Soeft fest, waren absolute Klasse.

Die eine, offenbar die ältere von den dreien, hatte einen Koffer und eine Aktenmappe bei sich. Ihr sachlicher, fest zupackender Blick erinnerte ein wenig an eine schulungsbereite Frauenschaftlerin. Die zweite, strohblond, mit grellroten Lippen, tänzelte unternehmungslustig über den Flugplatz und machte ganz den Eindruck, fand Soeft, als sei sie bereit, eine halbe Armee zu »verkraften«. Die dritte, klein, zierlich und schwarz, mit Teetassenaugen und Trippelschritten, hatte sich ein Gitarrenfutteral vor die nicht sonderlich bemerkenswerte Brust geklemmt.

Soeft näherte sich den Damen, stellte sich vor sie hin und sagte: »Na — da sind Sie ja endlich.« Und er nickte wohlwollend dazu.

Der Offizier der Kommandantur, mit dem Soeft vorher verhandelt hatte, stelzte herbei. Er stotterte eine verhältnismäßig ausgedehnte Begrüßungsrede, in der gleich dreimal »herzlich willkommen« vorkam. Der Zivilist blickte dabei entschlossen um sich. Die Damen trampelten sich diskret warm. Nur die Blonde schaukelte ungeniert ihre Hüften und hielt damit den ganzen Flughafenbetrieb für Minuten auf.

»Kalt hier — was?« fragte Soeft und grinste.

»Das ist eben Rußland«, sagte der Zivilist nicht ohne Haltung, während die Blonde albern, aber niedlich kicherte.

Der Offizier der Kommandantur bat nunmehr die verehrten Gäste, sich zu dem bereitstehenden Fahrzeug zu begeben. Er selbst verwandelte sich a tempo in einen diensteifrigen Gepäckträger, und zwar mit vollem Erfolg. Als auch der Zivilist einen seiner Koffer bei ihm abladen wollte, wurde er kühl abgewiesen.

Soeft fragte: »Wer von den Damen ist Fräulein Lisa Ebner?«

Die zierliche Schwarze mit dem Gitarrenfutteral richtete ihre Teetassenaugen auf ihn und sagte erwartungsvoll und mit zierlicher Stimme: »Ich.«

»Sie werden von mir persönlich betreut«, erklärte Soeft. »Kommen Sie mit.«

Der Offizier der Kommandantur setzte die zwei schweren Koffer, an denen er schleppte, ab. Er öffnete den Mund und schien eine Bemerkung machen zu wollen, die, seinem Aussehen nach zu urteilen, keinesfalls schmeichelhaft sein würde.

Aber Soeft sagte nur: »Befehl vom General«, dann ging er voran, und das Mädchen folgte ihm brav und interessiert.

Er verstaute das Gepäck von Lisa Ebner in seinem Spezialwagen. Sie verfolgte mit ihren großen, noch kindlichen und doch auch schon ein wenig gierigen Augen jede seiner Bewegungen. Soeft fühlte sich bewundert. »Da staunen Sie — was?«

Lisa Ebner fragte sanft: »Warum sollte ich?«

»Das werden Sie schon noch sehen«, sagte Soeft. »Und dann werden Sie staunen. Garantiert. Verlassen Sie sich darauf!«

Der Unteroffizier Vierbein, blechsteif, mit guten Knabenaugen und diensteifrig vorgestrecktem Kinn, saß am Tisch neben Oberleutnant Wedelmann. Sein Rucksack war bereits gepackt und lag, ein aufgequollenes Bündel aus Segeltuch, bei der Tür. Dort hing auch sein Stahlhelm, dort standen Gewehr und Gasmaske. Alle diese Gegenstände schienen sorgfältig abgestellt und ausgerichtet worden zu sein, so als sei beabsichtigt, sie für den *Illustrierten Beobachter* zu fotografieren.

Wedelmann lächelte dem tapfer-verlegenen Unteroffizier zu und sagte: »Ich verlasse mich ganz auf Sie, lieber Vierbein. Ich habe mich schon immer auf Sie verlassen.«

Der Unteroffizier Vierbein nickte kurz und mit nahezu feierlicher Heftigkeit. Solide Entschlossenheit ging von ihm aus. Es war, als horche er immer, ob nicht irgendwo ein Befehl ausgesprochen werde, der für ihn bestimmt war. Und auf dem schäbigen, aber blitzsauberen Waffenrock glänzte dunkel das EK I.

Der Oberleutnant Wedelmann nickte ebenfalls. Ein Vierbein würde ihn nie enttäuschen, wie ja auch wohl niemals ein Idealist den anderen im Stich läßt. Denn Vierbein gehörte, wie er, Wedelmann, zum auserlesenen Orden der Gläubigen.

Wedelmann horchte in den beginnenden Abend hinein. Die Front schwieg, wie fast immer um diese Zeit in den letzten Wochen. Es war ein häßliches, hinterhältiges, lauerndes Schweigen.

Die Soldaten auf beiden Seiten, noch immer nicht zum Überfall nach vorn gestoßen, versuchten hartnäckig, sich gegenseitig das Leben beziehungsweise das, was noch davon übriggeblieben war, nicht allzu schwer zu machen. Und doch wußte jeder, wie lächerlich vergeblich auf die Dauer derartige Versuche waren. Das bedrückende Schweigen der Front umlauerte sie wie ein Raubtier. Das schien vor der Hütte, in der Wedelmann mit Asch hauste, auf der Lauer zu liegen. Selbst das Feuer im Herd schien völlig lautlos zu brennen.

Kein Fahrzeuggeräusch war zu vernehmen. Seit vierzehn Tagen schon war in der Luft kein Flugzeug mehr zu sehen gewesen. Über den vordersten Linien der Front, die drei Kilometer weit weg lagen, hatte sich Friedhofsruhe ausgebreitet.

Wedelmann nickte dem Unteroffizier Vierbein noch einmal zu. Er schlug sich kräftig auf den Oberschenkel und sah dann zu Asch hinüber. Der kniete vor dem Ofen, starrte in die Glut und schien gleichgültig darauf zu warten, daß das Wasser kochte.

»Noch nicht fertig, Asch?« fragte der Oberleutnant laut. Und er schien Gefallen daran zu finden, seine Stimme zu hören.

»Wir haben Zeit«, sagte Asch, »viel Zeit.«

Wedelmann verschob den primitiven Kistenstuhl, auf dem er saß, geräuschvoll und wandte sich wieder Vierbein zu. »Und denken Sie immer daran: Ihre Mission ist heikel.«

Asch erhob sich umständlich, griff den Wasserkessel auf und näherte sich dem mit Packpapier überdeckten Tisch. »Unser Kleiner«, sagte er und blinzelte Vierbein zu, »wird das schon machen.«

»Sicherlich«, sagte der Oberleutnant eifrig. »Sicherlich.«

Wedelmann betrachtete jetzt seinen Unteroffizier Vierbein mit Wohlwollen. Dieser blasse, immer noch knabenhafte Mann mit den ergebenen Konfirmandenaugen war einer der tapfersten Soldaten des Regiments. Still und tapfer — wie es von einem Idealisten auch zu erwarten gewesen war. Dennoch: ausgerechnet Vierbein! Der gleiche Vierbein, der noch vor Jahren vor lauter Strammheit kaum laufen, geschweige denn denken konnte! Dieser Vierbein stand wie eine Birke neben seinem Geschütz, erteilte seine Schießbefehle mit traumwandlerischer Sicherheit und jagte in einer knappen Viertelstunde drei feindliche Panzer in die Luft. Und zwei Wochen später dasselbe noch einmal. Und eine knappe Stunde danach noch einen dazu.

»Wenn es nach mir gegangen wäre«, sagte Wedelmann herzlich, »dann hätten Sie jetzt schon das Ritterkreuz, Vierbein. Jedenfalls haben Sie diese Heimatreise verdient wie kein zweiter.«

»Danke, Herr Oberleutnant«, sagte der Unteroffizier artig.

Der Wachtmeister Asch murmelte ein paar völlig unverständliche Worte, die aber gar nicht freundlich klangen. »So ein Dreck!« sagte er und schien damit den Korken einer Rumflasche zu meinen, der sich nicht lösen wollte. Nach weiteren Kraftausdrücken entkorkte er schließlich zwei Flaschen und stellte sie mit einer Anzahl Trinkgefäße auf den Tisch.

»Warum der Aufwand, Asch? Wir sind lediglich drei Personen — daß hier ein Gelage stattfinden soll, ist mir neu.«

»Wir kriegen noch Besuch, Herr Oberleutnant«, verkündete Asch. »Ich habe mir erlaubt, den Hauptwachtmeister einzuladen und auch den Unteroffizier Soeft. Der eine liefert die Marschpapiere, der andere die Marschverpflegung. Außerdem muß ich Soeft noch in einer anderen Sache auf den Zahn fühlen. Der sechste Mann schließlich ist der Obergefreite Kowalski, der unseren Kleinen morgen in aller Frühe zum Flugplatz fahren soll.«

Wedelmann nahm diese Erklärung hin, als handle es sich um die in letzter Zeit tagtäglich unveränderte Munitionsaufstellung. Sich über Anordnungen seines zbV zu wundern, hatte er sich schon lange abgewöhnt. Asch pflegte fast immer selbständig zu arbeiten; und da er die Mentalität Wedelmanns genau kannte, waren seine Entscheidungen fast ausnahmslos die seines Oberleutnants und damit richtig.

»Und achte auf dich, Kleiner«, sagte Asch zu seinem Freund Vierbein.

»Schon gut, Asch«, sagte Vierbein. »Mein Auftrag ist klar. Ich werde ihn so schnell wie möglich erledigen.«

»Warum eigentlich?« fragte Asch ungeniert. »Wer treibt dich denn? Laß dir doch Zeit. Sieh dich in Ruhe zu Hause um. Nutz die Gelegenheit.«

Vierbein, etwas unruhig geworden, sah auf Wedelmann. Doch der tat, als habe er nichts gehört. Er braute sich einen starken Grog zusammen, wobei er Wasser und Rum zu gleichen Teilen, genau ausgewogen, ineinanderfließen ließ. Und diese Beschäftigung schien ihn voll zu beanspruchen.

»Leg dich getrost ein paar Tage auf die faule Haut«, empfahl Asch. »Versuch zu vergessen, wenn es dir auch schwerfällt, daß der Krieg ohne dich nicht leben kann. Laß dir von meinem Alten mein Zimmer geben. Laß dich von meiner Schwester verwöhnen, aber mach keine Dummheiten mit ihr. Und geh auch mal mit meiner Frau spazieren, Vierbein. Und erzähle allen, daß es uns glänzend geht!«

»Das mach ich«, versicherte Vierbein.

Asch sah sich um, sah in das trübe Petroleumlicht, auf den dreckigen Fußboden, auf den Strohhaufen in der hinteren Ecke, auf dem einige Decken lagen. Und er sagte: »Du mußt unseren Leuten zu Hause klarmachen, daß wir hier leben wie die Fürsten. Wir haben alles, brauchen also nichts. Wir kennen nur einen Wunsch: Rußland in die Knie zu zwingen, damit die Heimat ruhig schlafen kann.«

»Das werde ich tun«, sagte Vierbein.

»Das kriegst du glatt fertig«, sagte Asch und musterte seinen Freund mit kleinen Augen.

Wedelmann, der seinen Grog probiert und ihn als durchaus genießbar empfunden hatte, mischte sich wieder ein. »Lassen Sie sich also ruhig Zeit, Vierbein. Erledigen Sie Ihren Auftrag gründlich. Überstürzen Sie nichts.«

»Und das heißt auf gut deutsch, Vierbein: Sei kein Idiot! Eine Gelegenheit wie diese kommt nicht so bald wieder.«

Wedelmann lächelte zustimmend. Aber er sprach nicht aus, was er andeutete. Er gönnte Vierbein diesen Heimatflug von Herzen. Und er wußte genau, daß Vierbein diese Bevorzugung, die er wie kein anderer verdient hatte, nicht ausnutzen würde.

Draußen lag der fahle Schnee. Die beginnende Nacht stand graubleich vor den schmierigen Fenstern. Asch stellte die Verdunkelungspappe davor. Die Lampe flackerte müde und schien den Raum zu erwärmen.

Aus der Ferne schob sich ein würgendes Motorengeräusch näher und näher. Es übertönte das Knistern des Ofens. Asch horchte kurz auf. Dann sagte er: »Unsere Gäste kommen.«

Der Obergefreite Kowalski segelte mit seinem Pkw um drei tiefe Schlaglöcher herum, dann trat er scharf auf die Bremse, und der Wagen stand vor dem Eingang der Chefhütte. »Die Avus ist der letzte Dreck dagegen«, sagte Kowalski und betrachtete genießerisch die zerpflügte Straße, auf der er gefahren war.

Der Hauptwachtmeister, eine Aktentasche unter dem Arm, sprang aus dem Wagen und stolperte auf die Tür zu. Soeft ließ sich Zeit. Er wickelte sich umständlich aus seiner Decke, die er sich um Beine und Unterleib gewunden hatte. Hierauf streifte er sich, mit ausgewogenen Bewegungen, seine privaten Pelzhandschuhe ab. Dann sagte er zu Kowalski: »Bring die Kiste 'rein.«

»Bin ich dein Kammerdiener?« fragte Kowalski, lüftete herausfordernd seine Kehrseite und stieg aus.

Der Unteroffizier Soeft murmelte einige wüste Verwünschungen. Kowalski verwechselte sie offenbar mit Witzworten, denn er lachte herzhaft und mit Ausdauer. Und die Kiste von Soeft, die sich hinten im Wagen befand, blieb vorläufig stehen.

Die drei in schleppende Übermäntel gehüllten Soldaten — Soeft hatte, da es der Nacht zuging, seinen schweren Pelzmantel an — schoben sich in die Hütte hinein. Hier winkte ihnen Wedelmann kameradschaftlich zu und rief: »Willkommen im Schloß!«

Der Hauptwachtmeister Bock versuchte, sich ganz aufzurichten und eine möglichst tadellose Ehrenbezeigung zu produzieren. Das gelang ihm in dem niedrigen Raum nicht vollkommen. Soeft, im Hintergrund, deutete lediglich einen Gruß an. Kowalski tat überhaupt nichts dergleichen.

»Ich habe eine kleine Kiste mit Marketenderware mitgebracht«, verkündete Soeft.

»Ausgezeichnet«, sagte Wedelmann. »Können wir gut gebrauchen.«

»Sie befindet sich draußen im Wagen«, sagte Soeft. Und er fügte, da sich niemand fand, der in von ihm gewünschter Weise darauf reagierte, hinzu: »Sie muß also hereingeholt werden.«

»Veranlassen Sie das«, sagte Wedelmann.

Soeft sah den Obergefreiten verlangend an und sagte: »Kowalski — die Kiste.«

Kowalski schien schwerhörig zu sein. Er bohrte sich im Ohr und betrachtete die entkorkten Rumflaschen mit Andacht.

»Worauf warten Sie eigentlich noch?« fragte Wedelmann.

Kowalski hörte langsam auf, sich weiter im Ohr herumzubohren. Aufregend umständlich wandte er sich um, schlurfte dann hinaus und kurz darauf wieder zurück. »Ich sehe keine Kiste«, sagte er gemütlich.

Soeft verlor, was äußerst selten vorkam, seine gepflegte Ruhe und sauste hinaus. Kowalski gab bereitwillig die Tür frei. Nach kurzer Zeitspanne keuchte Soeft wieder herein und trug, rot im Gesicht, die Kiste.

»Na also«, sagte Kowalski mit Seelenruhe. »Warum denn nicht gleich so!«

Asch lachte schallend. Soeft bekam noch kleinere Augen, als er sie von Natur aus schon hatte. Er funkelte den zbV unfreundlich an, was den nicht im mindesten störte.

Wedelmann begrüßte seine Soldaten mit Handschlag. Freundlich forderte er sie auf, Platz zu nehmen. Kowalski saß als erster. Und ehe sich noch die anderen ihrer Mäntel entledigt hatten, schlürfte er bereits mit sichtlichem Genuß an seinem Grog, der nahezu aus purem Rum bestand.

Der Hauptwachtmeister musterte den Obergefreiten mit tadelnden Blicken, was aber niemand. Kowalski schon gar nicht, irritierte. Dann packte Bock die Marschpapiere für Vierbein aus, schichtete sie noch einmal sorgfältig übereinander und reichte sie dem Oberleutnant zur Unterschrift hinüber. Asch beugte sich interessiert über Wedelmanns Schulter.

»Das sind ja Kommandiertenpapiere!« sagte Asch verwundert. »Warum bekommt Vierbein keinen Urlaubsschein?«

»Weil neuerdings im Armeebereich Urlaubssperre ist«, sagte der Hauptwachtmeister Bock, und er sagte das reichlich unfreundlich.

»Das wissen doch die in der Heimat gar nicht.«

»Aber wir wissen das, Asch«, sagte der Hauptwachtmeister. »Und wir haben uns danach zu richten.« Er war verstimmt, und er verbarg das nicht. Wer in seinen ureigenen Zuständigkeitsbereich hineinreden wollte, tastete nach seiner auf diesem speziellen Sektor stark ausgeprägten Ehre.

Wedelmann tat, als lese er die Papiere genau. Aber er las nicht. Er saß vorgebeugt da und hörte zu.

Asch, der hinter Wedelmann stand, sah Hauptwachtmeister Bock an und schüttelte den Kopf. »Ich weiß nicht«, sagte er zweifelnd, »ob das richtig ist, was du da machst.«

»Jedenfalls entspricht das den zur Zeit gültigen Befehlen. Du zweifelst das doch nicht etwa an, Asch?«

Kowalski prostete Vierbein augenzwinkernd zu. Soeft sog genußvoll an einer schweren Zigarre, die er seinem Lederetui entnommen hatte. Wedelmann schien in den ihm vorgelegten Papieren zu lesen. Bock und Asch standen sich streitbar gegenüber.

»Wenn du unserem Kleinen Kommandiertenpapiere gibst, Bock, dann muß er sich bei der Ersatzabteilung melden. Dann können die dort über ihn verfügen, solange sie lustig sind.«

»Aber er muß doch ganz zwangsläufig zur Ersatzabteilung, Asch. Er kann doch sonst seinen Auftrag gar nicht durchführen.«

»Und bei der Ersatzabteilung«, sagte Soeft mit unvermindertem Genuß, »sitzt unser vielgeliebter ehemaliger Spieß Schulz. Als Oberleutnant und Chef der Stabsbatterie.«

Wedelmann sah nachdenklich auf. »Das allerdings . . .«, sagte er. »Aber das muß ja nicht gleich schiefgehen. Der Krieg hat vieles eingeebnet und ist wohl an niemandem spurlos vorübergegangen. Und vier Jahre sind eine lange Zeit. Was meinen Sie dazu, Vierbein?«

»Ich habe keinerlei Bedenken, Herr Oberleutnant«, sagte der fest.

Asch schüttelte langsam den Kopf. »Das beste wäre wohl«, sagte er dann, »wenn wir unseren Kleinen so ausstatten, daß er unter allen Umständen sichergehen kann und außerdem noch was von seiner Reise hat. Gib ihm doch Kommandiertenpapiere und zugleich Urlaubspapiere mit.«

»Gleich beide!«

»Warum nicht? Oder glaubst du etwa, dein Schreibstubenunteroffizier wird deshalb vor Arbeitsüberlastung zusammenbrechen?«

»Doppelte Papiere«, sagte der Hauptwachtmeister reichlich ratlos. »Das kann man doch nicht machen.«

»Man kann alles, wenn man will! – Das hat unser Führer gesagt.«

Hauptwachtmeister Bock sah den Oberleutnant hilfesuchend an. Daß Asch das Sprachrohr von Wedelmann war, darüber bestand zwar kein Zweifel, aber in einem Fall wie diesem war es immer ratsam, eine unmittelbare Zustimmung einzuholen. Ging die Sache nämlich schief – und das war gar nicht einmal so ausgeschlossen –, dann war es immer gut, wenn ein eindeutiger Befehl vorlag. »Wenn Herr Oberleutnant meinen . . .«

Wedelmann trommelte mit dem Kopierstift auf das Packpapier, das die unebene Tischplatte verbarg. Er konnte sich nicht entschließen, nicht zuletzt deshalb nicht, weil mehr als zwei Menschen im Raum waren. Und zu viele Mitwisser bei nicht ganz schnurgeraden Befehlen waren immer ein Übel. Das, was er seine Dienstauffassung nannte, verbot ihm das.

»Was meinen Sie dazu, Vierbein?« fragte er seinen hochdekorierten Unteroffizier.

Vierbein spürte die unangenehme Lage, in der sein Batteriechef sich zu befinden glaubte. Und immer war er sofort bereit, den bequemen Untergebenen zu spielen. Er sagte: »Ich glaube, Kommandiertenpapiere werden genügen, Herr Oberleutnant.«

»Wie Sie wollen«, sagte Wedelmann erleichtert und unterschrieb.

Asch trank sein Glas leer und füllte es sofort wieder voll. Auch Kowalski trank nahezu pausenlos, ohne die geringste Wirkung zu zeigen. Soeft, von einer überraschenden Anwandlung von Großzügigkeit gepackt, öffnete sein Lederetui und bot Zigarren an. Selbst Vierbein rauchte, ohne sich dabei zu verschlucken.

»Morgen nachmittag«, sagte Soeft, »bist du bereits in der Heimat, Kleiner. Kann mir schon denken, was du morgen abend tun wirst.«

Alle lachten. Und ihr Lachen verstärkte sich noch, als Vierbein ganz langsam rot anlief.

»Wie ist das, Kleiner?« fragte Soeft mit der ihm eigenen Selbstverständlichkeit. »Wie ich dich kenne, nimmst du doch gerne für mich ein Päckchen mit? Oder etwa nicht?«

»Aber selbstverständlich! Es soll nur möglichst nicht mehr als fünf Kilo wiegen.«

»Fünf Kilo! Soviel wiegen bei Soeft die gewöhnlichen Briefe.«

Der Obergefreite Kowalski rührte versonnen in seinem Trinkgefäß, trank dann laut schlürfend seinen stark duftenden Grog und sagte: »Wer weiß, was eigentlich in ›Bismarckshöh‹ los ist! Wahrscheinlich grasen jetzt dort die jungen Hammel auf unseren fetten Weiden. Wißt ihr, wovon ich manchmal träume? Wenn dieser Scheißkrieg einmal aus sein sollte, was ja unter Umständen denkbar ist, dann veranstalten wir dort jeden Sonnabend Kesselschlacht mit Zerstörung am Boden. Immer unter dem Motto: Nur für alte Frontsoldaten! Frontsoldat ist, wer wenigstens einen umgelegt hat – und wenigstens eine umlegen will. Diesbezüglicher Nachweis ist durch Soldbuch zu erbringen. Betrachte dich als Vorkommando, Vierbein. Ich erwarte von dir, daß du dort einen Ehrenwalzer schiebst.«

»Im Krieg wird doch nicht getanzt«, sagte der Unteroffizier Vierbein.

»Im Krieg wird immer nur marschiert! Du hast das ganz genau erkannt, Kleiner! Es gibt keine Liebe, keine Mädchen, keine Betten – es gibt nur das Vaterland und seine Feinde. Und dann gibt es Heldensöhne wie dich, mein Kleiner, und für die ist der Krieg heilig.«

»Bremsen Sie, Kowalski«, sagte Wedelmann nicht ohne Schärfe. »Bremsen Sie beschleunigt ab. Für einen Kraftfahrer trinken Sie reichlich viel.«

»Ich bin hier nicht nur Kraftfahrer«, sagte Kowalski ungetrübt. »Ich bin auch noch Mensch. Als Mensch interessiere ich mich nicht nur für den Krieg. Das ist nicht so leicht auszurotten, Herr Oberleutnant.«

»Immerhin bist du ein besoffener Mensch«, sagte Asch und versuchte, die ein wenig peinlich gewordene Situation zu überspielen.

»Und du bist ein Wachtmeister«, sagte der Obergefreite Kowalski streitbar. »Und das merkt man manchmal sogar.«

Sie tranken alle, um nicht reden zu müssen. Sie fühlten Wedelmanns Verstimmung, wußten auch den Grund. Aber sie dachten nicht daran, sich unnötigerweise anzubiedern. Wedelmanns Nationalsozialismus reichte für sie alle aus.

»Wollt ihr eigentlich hier übernachten?« fragte Asch nach der letzten Flasche.

Bereitwillig brachen sie auf, nachdem Asch versichert hatte, daß nichts mehr zu trinken da sei, und Wedelmann es für ratsam hielt, die neue Kiste von Soeft nicht anzubrechen.

Sie nahmen Vierbein in die Mitte. Der hatte sich am Nachmittag von seiner Geschützbedienung in der Feuerstellung verabschiedet, ehe er sich bei Oberleutnant Wedelmann im Nahprotzendorf meldete. Nunmehr fuhr er in das Fernprotzendorf, wo der Hauptwachtmeister residierte. Von dort aus würde er morgen früh zum Flugplatz transportiert werden, der bei der Etappencity lag. Und nur einige wenige Stunden später: Heimat!

Der Wachtmeister Asch schlug seinem Freund Vierbein auf die Schulter. »Mach's gut«, sagte er. »Grüß meine Frau. Sage ihr, daß es mir ausgezeichnet geht. Erzähle ihr von dem Unkraut, das nicht verdirbt, und ähnliches.«

Asch trat zurück. Das klebrige Halbdunkel der müden Petroleumlampe beschattete sein Gesicht. Er überließ Vierbein dem Oberleutnant Wedelmann. »Ich begleite Sie noch bis zum Wagen«, sagte der.

Sie gingen hinaus. Der Schnee lag graubleich im vernebelten Mondlicht. Die Nacht war kalt und feucht. In den tiefen Wolken hing schon die heranschleichende Frühlingswärme.

»Vierbein«, sagte der Oberleutnant, »erledigen Sie Ihren Auftrag gut und gründlich. Lassen Sie sich nicht anbohren. Kommen Sie gesund zurück und bringen Sie die Funkgeräte und das Personal mit.«

»Jawohl, Herr Oberleutnant.«

»Und noch etwas, lieber Vierbein. Etwas Privates.« Wedelmann nahm den Unteroffizier zur Seite. Er zögerte und war spürbar verlegen.

Er sagte mit einer bei ihm ungewohnten Hast: »Ich habe Ihnen vorher in Ihr Gepäck zwei Flaschen guten Kognak einpacken lassen. Die eine ist für Sie. Und guten Appetit, mein Lieber. Trinken Sie sie in angenehmer Gesellschaft leer. Die andere Flasche, die geben Sie — ja, geben Sie sie an Frau Schulz weiter. An Frau Lore Schulz. Sie kennen sie ja. Sagen Sie ihr ... Sagen Sie ihr gar nichts. Sagen Sie nur, ich lasse schön grüßen. Und wünsche alles Gute. Sonst nichts. Das wär's, Vierbein. Ich hoffe, das geht in Ordnung.«

Der Oberleutnant zog sich, noch ehe Vierbein antworten konnte, sichtlich erleichtert zurück. Er rieb die Handflächen aneinander, als habe er soeben ein heißes Eisen angepackt. Dann verschluckte ihn die Dunkelheit. Und er ging nicht in seine Hütte zurück, er schien noch ein wenig in die Nacht hinauswandern zu wollen.

»Was ich immer sage«, erlaubte sich Soeft zu bemerken. »Der braucht eine Frau. Idealismus allein macht auch nicht glücklich. Wie wär's denn, Asch, soll ich ihm eine Natascha besorgen?«

»Bist du immer noch hier?« fragte Asch. »Wenn ihr nicht innerhalb der nächsten zwei Minuten abhaut, wird scharf geschossen!«

»Auf Wiedersehn!« sagte Vierbein noch einmal.

Dann stieg er zu Kowalski in den Wagen, in dem schon der Hauptwachtmeister und Soeft saßen. Kowalski ließ den Motor aufbrüllen und segelte dann in kühnen Kurven um die ersten Schlaglöcher herum. Er riß den Wagen in die Nacht hinein.

»Der Kerl fährt wie eine gesengte Sau«, sagte Wedelmann, der aufgetaucht war und sich hinter Asch gestellt hatte.

»Auf unseren Kleinen ist Verlaß«, sagte Asch, der die Gedanken seines Oberleutnants erriet. »Es müßte schon mit dem Teufel zugehen . . .«

»In unserer Zeit ist das gar nicht so ausgeschlossen.« Wedelmann legte seine Hand auf die Schulter von Asch und horchte den Motorgeräuschen nach. Das Gewürge des Motors schien zu ersterben. Die Nacht verschluckte alles. Jetzt war wieder für eine kurze Zeitspanne die lauernde, hinterhältige Stille des Krieges um sie.

»Kalt«, sagte Asch, nur um die schleichende Stille zu unterbrechen. »Kalt und naß.«

Dann schob sich ein fahler Mond durch die Wolken. Er sah aus, als werde er von Gasschwaden umweht. Die Schneedecke, leichenhaft blaß geworden, sog das Mondlicht in sich ein. Die Dunkelheit löste sich auf.

In der Mulde, in Richtung auf die Feuerstellung, wurde ein Posten sichtbar. Scheinbar lautlos stapfte er durch den tiefen Schnee, mit qualvoll langsamen Bewegungen. Es war, als käme er nicht von der Stelle. Dann stand er still.

Und dann war es, als stünde die ganze Welt still. Es schienen keine Fronten zu existieren, zwischen denen steifgefrorene Leichen lagen. Kein Soldat, der in seine schmutzigen Decken hineinatmete. Keine Etappencity, die die Ruhe nicht kannte und auch nicht genau wußte, was Krieg ist. Und keine Frau mehr auf Erden, an die man sich halten konnte. War die Welt wie ein Friedhof?

Der Wachtmeister Asch sagte: »Wenn man nur wüßte, was diese Welt in einer solchen Nacht ausbrütet.«

Hauptmann Witterer, der neue Chef, stieg elastisch in den Kübelwagen der 3. Batterie ein, der auf ihn vor dem Gebäude des Regimentsstabes gewartet hatte. Die Federn ächzten, als er sich auf seinen Sitz fallen ließ, ohne jedoch dabei wesentlich an Haltung zu verlieren.

Der Kraftfahrer hockte gelassen am Steuer. Hinten im Wagen stapelte sich das verhältnismäßig umfangreiche Gepäck. Die müde Sonne, die am Himmel hing, schien den Kraftfahrer zu einem Mittagsschläfchen verführt zu haben, denn er regte sich nicht.

»Zu meiner Batterie also!« rief Hauptmann Witterer unternehmungslustig. »Aber Tempo, wenn ich bitten darf!«

»Feuerstellung, Nahprotzenstellung, Fernprotzenstellung?« fragte der Kraftfahrer. Und er leierte diese Namen herunter wie ein vielbeschäftigter Ober den Text einer Speisekarte.

»Zuerst zur Schreibstube«, sagte Witterer; und das sagte er wenig freundlich. Das Benehmen dieses Kraftfahrers mißfiel ihm, wie ihm manches mißfallen hatte, das ihm bisher unter die Augen gekommen war. Fast alle Soldaten hier, wenigstens aber die seiner eigenen Batterie, schienen, was ihm sofort aufgefallen war, reichlich verschlampt zu sein. Das aber mußte abgestellt werden – möglichst schnell und möglichst gründlich.

»Wie heißen Sie?« fragte er den Kraftfahrer.

»Kowalski«, sagte der.

»General Kowalski?«

»Nur Kowalski«, sagte der, gab Gas und steuerte auf ein Schlagloch zu. Der Wagen sackte ab, schlug durch, hüpfte dann wild hoch. Witterer klammerte sich instinktiv an einer Seitenwand fest, und seine Schirmmütze verrutschte stark. »Mein Dienstgrad«, sagte Kowalski dann, »ist Obergefreiter.«

Witterer schwieg und begann auf die Straße zu achten. Diese 3. Batterie, so sagte er sich dabei, und er bedauerte, sich das sagen zu müssen, scheint wahrlich ein Sauhaufen zu sein. Wie wohl vieles hier in dieser Gegend! Doch er war nicht der Mann, sich entmutigen zu lassen. Der Reiz wächst mit den Widerständen, sagte er sich weiter, dabei bestrebt, bei der rasenden Fahrt sein Gleichgewicht zu behalten. Den Sauhaufen in ein Mustergestüt zu verwandeln: eine lohnende Aufgabe für einen unverbrauchten Mann!

Hauptmann Witterer kam direkt aus dem OKH. Dort war er eine der rechten Hände eines der maßgeblichen Generale für das Transportwesen gewesen. Bald würde er *die* rechte Hand dieses Generals sein. Was ihm allein für eine erlesene militärische Laufbahn noch fehlte, war die sogenannte »Frontbewährung«. Doch das bedeutete für ihn, der bisher alle sogenannten Schwierigkeiten gewissermaßen mit der linken Hand erledigt hatte, kein Problem. Er war also gerade dabei, diesem kleinen Schönheitsfehler abzuhelfen. In zwei, drei Monaten war hier sein Gastspiel beendet, und die Front hatte dann einen Truppenteil mehr, auf den sie stolz sein konnte.

Der Kübelwagen hatte die Etappencity verlassen und brauste mit sechzig Sachen über die ausgeleierte Straße. Graubleicher Schnee, abgestorbene Bäume, hingekauerte Elendshütten — alles das schien an ihnen vorbeizufliegen. Das Benzin stank, der Motor brüllte, naßkalte Luft wehte ihnen um die Nasen. Der Kraftfahrer lenkte den Wagen mit zwei Fingern der linken Hand und hatte die rechte tief in die Tasche seines Übermantels gesteckt.

Witterer betrachtete sich diesen Mann näher. Sein Mantel war keinesfalls als sauber zu bezeichnen; unumwunden gesagt: er war dreckig, saudreckig. Er war voll Ölflecken; und sogar Schmutzspritzer klebten an ihm, die vermutlich noch vom letzten Herbst stammten. Außerdem war der Kerl nicht rasiert. Und wenn man ihn anroch, sog die Nase einen muffigen, süßlichen Alkoholdunst ein, wie er sonst nur noch an frühen Morgen in primitiven Schnapskneipen anzutreffen ist. Und seine Hände, die mehr Flossen waren, sahen aus, als pflege er sich jeden Abend persönlich in die Erde einzuwühlen. Das war doch kein Soldat, zum mindesten kein Soldat, der in seine Einheit hineinpaßte — das war ein Subjekt! Immerhin: der Kerl konnte fahren. Der fuhr wie der Teufel. Das war doch wenigstens etwas.

»Wie weit noch?« fragte Witterer.

»Nicht mehr weit«, sagte der Obergefreite.

Kowalski steuerte auf das vollgestopfte Dorf zu, in dem die Fernprotzenstellung untergebracht worden war. Er verlangsamte sein Tempo nur gering, obwohl Menschen und Fahrzeuge versuchten, ihm den Weg zu blockieren. Er fuhr ihnen in lebensgefährlicher Weise auf den Pelz, und die also Bedrohten flüchteten, so schnell sie nur konnten. Witterer war ehrlich verwundert. Er betrachtete seinen neuen Wirkungsbereich mit steigendem Mißtrauen.

Panzer standen auf den Höfen herum. In einer schäbigen Schmiede lärmte eine Reparaturwerkstatt; kranke Lastwagen standen ausgeweidet herum. Das Frontlazarett hatte sich in die Schule hineingezwängt. Im größten Haus des Dorfes lag ein Regimentsstab der Infanterie. Um das zweitgrößte Haus herum hatte sich die Fernprotzenstellung der 3. Batterie breitgemacht.

Kowalski segelte auf die Schreibstube zu. Unmittelbar davor bremste er derartig stark, daß Witterer beinahe gegen die Windschutzscheibe geprallt wäre. Ehe noch der Hauptmann das sagen konnte, wozu es ihn spontan drängte, wurde in der Hütte die Tür aufgestoßen, und Hauptwachtmeister Bock stürzte heraus.

Der Obergefreite Kowalski genoß das seltene Bild, das sich ihm nun bot, mit wachsender Begeisterung: der Spieß hatte sich voll uniformiert, nach allen Spielregeln des Kasernenhofes; sogar sein Notizbuch steckte haargenau an der richtigen Stelle. Er hatte seine kleine Ordensschnalle angelegt und sein KVK I, das mit Schwertern. Und das glänzte nach Sidol. Selbst sein Koppelputz konnte sich durchaus sehen lassen. Und in den Stiefeln spiegelte sich der dreckige Schnee. Kowalski war entzückt; er hatte nicht gewußt, daß es so etwas noch gab.

Hauptwachtmeister Bock baute sich auf, mit kühnem Schwung, nicht minder kühn abgebremst, produzierte eine Ehrenbezeigung streng nach Vorschrift, meldete markig: »Dritte Batterie — 2 Offiziere, 23 Unteroffiziere, 138 Mann. Davon: 2 Unteroffiziere und 9 Mann Lazarett, ein Unteroffizier und 4 Mann kommandiert, ein Mann Untersuchungshaft, ein Mann Arrest.«

Witterer war ehrlich beglückt. Endlich, endlich ein Mann seiner Batterie, der einen guten Eindruck machte. Altgedienter Soldat — das sah man auf den ersten Blick. Rückgrat der Armee! Auf solche Männer konnte er sich verlassen, die brauchte er hier — genau die!

Witterer stieg, immer noch elastisch, aus. Er ging mit straffen Schritten auf seinen Hauptwachtmeister zu und gab ihm die Hand, was diesen sichtlich sehr stolz machte. Dabei sahen sie sich an, als wollten sie sich gegenseitig ihre Glückwünsche aussprechen. Kowalski amüsierte sich königlich.

Der Hauptwachtmeister schnellte nunmehr zu seiner Unterkunft zurück und riß dort die Tür auf. Witterer bückte sich, obwohl das nicht unbedingt nötig war, und ging in die Hütte hinein. Hier fand er Oberleutnant Wedelmann vor, der gerade die Geheimakten durchsah.

Die beiden Offiziere begrüßten sich gemessen, nannten dabei ihre Namen und verbargen ihre gegenseitige Neugierde hinter betont forscher Herzlichkeit. Nach einigen Kasinokomplimenten, wobei sie sich wie Roßhändler musterten, ließen sie sich nieder.

»Ich bin zwar schon seit vorgestern nachmittag im Lande, aber Herr Oberst Luschke hielt es für richtig, mich zunächst erst einmal allgemein mit diesem Frontabschnitt vertraut zu machen.«

»Das gehört zu Oberst Luschkes Methoden«, sagte Wedelmann. Er warf einen kurzen Blick auf Hauptwachtmeister Bock, der sich taktisch recht klug hinter Witterer postiert hatte und sich daher ein karges Lächeln nicht zu verkneifen brauchte. Wedelmann und Bock dachten das gleiche: eine der Methoden Luschkes bestand darin, jeden neuen Offizier zunächst einmal mindestens vierundzwanzig Stunden auf dem Regimentsstab »anzubraten« — wenn der nicht gerade auf den Kopf gefallen war, wußte er danach, woher im Regiment der Wind weht. Und wenn der dann nicht gerade lebensmüde war, richtete er sich danach.

»Der Regimentskommandeur«, sagte Witterer tastend, »ist ein sehr bemerkenswerter Herr.«

Wedelmann nickte Zustimmung. »Es ist so gut wie unmöglich, ihn zu umgehen oder gar zu übergehen. Es ist gut, wenn man das weiß.«

»Die dritte Batterie ist bisher recht erfolgreich gewesen, nicht wahr?«

»Das kann man sagen.«

»Hoffentlich nicht auf Kosten der Disziplin.«

Wedelmann stützte sich mit den Händen auf den Oberschenkeln ab. Er sah aus wie ein Boxer, der in der Ecke des Rings auf die erste Runde wartet. »Kampfkraft ist wichtiger als Disziplin«, sagte er kurz.

»Das eine bedingt doch das andere«, sagte Witterer; und er leistete sich einen nachsichtigen Oberlehrerton. Schließlich war er Hauptmann. Es war manchmal ratsam, auch Offizierskameraden darauf aufmerksam zu machen.

»Theorien wie diese klingen immer gut, Herr Hauptmann. Aber die Praxis sieht zumeist wesentlich anders aus. Oder was meinen Sie – wird es jemals eine Vorschrift geben, in der nachzulesen ist, wie man richtig stirbt?«

Witterer lächelte zäh und überlegen. Wedelmann schien ihm nicht der ideale Offizier zu sein, als den ihn hinzustellen Oberst Luschke mit Ausdauer bemüht gewesen war. So, wie er vor ihm saß, mangelte es dem Oberleutnant an offiziersmäßiger Haltung. Die Stagnation der Fronten war ihm offenbar nicht gut bekommen. Da rosten die Knochen ein, die Energie erlahmt, und der Verstand fängt an zu grübeln. Die vordersten Linien hatten frisches Blut dringend nötig. Deshalb war er ja auch hier.

»Haben Sie alles zur Übergabe der Batterie vorbereitet, Herr Oberleutnant?«

»Was ist da vorzubereiten?« fragte Wedelmann zurück. »Ich übergebe Ihnen die Batterie so, wie sie ist. Und ich übergebe Ihnen eine kampferfahrene, vielfach ausgezeichnete Batterie. Was Sie dann damit machen, ist wohl Ihre Sache.«

»Allerdings«, sagte der Hauptmann merklich kühl. »Immerhin wird sich eine schriftliche Übergabeerklärung nicht vermeiden lassen.«

»Wir führen hier kein Logbuch«, sagte Wedelmann mit steigender Unzufriedenheit. »Die jeweilige Tagesmeldung gibt zahlenmäßig genaue Auskunft über Personal, Fahrzeuge, Munition, Treibstoff – wenn Sie das meinen, Herr Hauptmann.«

Der Hauptwachtmeister mischte sich ein und versuchte das taktvoll zu tun. »Die schriftliche Übergabeverhandlung über Geheimsachen und Geheime Kommandosachen ist vorbereitet.«

»Na schön«, sagte Witterer und erhob sich. »Zunächst werden wir uns einmal näher umsehen.«

»Gut«, sagte Wedelmann und erhob sich ebenfalls. »Fangen wir mit der Feuerstellung an.«

Witterer – bereits auf dem Weg zur Tür, tat, als falle ihm gerade eben etwas ein, das zwar nebensächlich, aber doch auch nicht ganz unwichtig war. Er sagte: »Bevor wir zu den Geschützen hinausfahren – noch eins: Wo werde ich wohnen?«

Wedelmann dachte: Wohnen ist doch wohl bei diesen Verhältnissen nicht das richtige Wort! Und er sagte: »Sie können in meinem Quartier unterkommen, Herr Hauptmann. Dort ist zur Not immer noch Platz. Es befindet sich in der Nahprotzenstellung.«

»Für den Anfang«, sagte Witterer, »um mich von Grund auf einzuarbeiten, ziehe ich eine Unterkunft in der Fernprotzenstellung vor.«

»Jawohl, Herr Hauptmann«, sagte der Spieß und vermochte kaum zu verbergen, wie wenig erfreut er über diese Aussicht war. Das hier war seine Residenz. Er legte nicht den mindesten Wert darauf, daß hier einer seine Zelte aufschlug, der die Machtbefugnis besaß, in seine Anordnungen hineinzureden, und womöglich auch noch entschlossen war, das zu tun.

Witterer nickte seinem Hauptwachtmeister zu und lachte ihn zusätzlich noch an, was den prompt ahnen ließ, daß ihm noch einige Überraschungen bevorstanden. Und ehe er noch ganz begriffen hatte, was sich hier so alles anbahnte, sagte der Hauptmann bereits: »Das beste Quartier in der Protzenstellung haben natürlich Sie, Bock.«

Wedelmann grinste freudig überrascht. Der Hauptwachtmeister stand wortlos stramm. Beide wußten, daß nicht der Spieß das beste Quartier bezogen hatte, sondern natürlich Soeft, der Verpflegungsimperator. Aber von solchen Feinheiten konnte ja Witterer noch nichts wissen.

»Ja«, sagte Witterer herzhaft und weidete sich an seiner Überlegenheit, »ich kenne mich da aus, mein Lieber. Der Spieß hat immer das beste Quartier. Das ist bekannt. Aber Ihrem Hauptmann werden Sie es doch gerne überlassen, wie?«

»Jawohl«, würgte Bock hervor.

»Räumen Sie also hier um«, sagte Hauptmann Witterer und freute sich kurz über seinen echten, kernigen Soldatenhumor. »Wenn ich dann aus der Feuerstellung zurückkomme, werde ich sehen, was Sie für Ihren neuen Chef übrig haben.«

»Jawohl, Herr Hauptmann«, sagte Bock bitter.

»Ich schlage vor«, sagte Wedelmann amüsiert, »daß Sie mit Ihrer Schreibstube zu Soeft ziehen, Hauptwachtmeister. Immer vorausgesetzt, daß Sie, Herr Hauptmann, nichts dagegen einzuwenden haben.«

»Sie ziehen mit Ihrer Schreibstube zu Soeft«, entschied Witterer.

Der Hauptwachtmeister sah die fürchterlichsten Komplikationen auf sich zubrausen. Jetzt verlor er nicht nur sein brauchbares Quartier, jetzt hatte er auch noch Soeft auf dem Hals. Was dachte sich der neue Chef eigentlich? Der kann doch nicht auf Anhieb mit Soeft anbinden? Ausgerechnet mit Soeft? Das konnte, wenn das nicht rechtzeitig ausgebügelt wurde, glatt Hungerrationen bedeuten. Der Neue hatte ja keine Ahnung, was hier los war!

»Wer ist eigentlich mein ständiger Kraftfahrer?« fragte Witterer.

»Der Obergefreite Kowalski«, sagte Bock eifrig. Und daß er das sagen konnte, beruhigte ihn ein wenig. Das war ein Gegenzug. Denn Kowalski war der ideale Bremser für jeden, der Lust zeigte, weit vorzuprellen.

»Ausgerechnet dieser Kowalski?« fragte Witterer wenig begeistert.

»Er ist der beste Kraftfahrer der Batterie«, sagte Wedelmann. »Er ist jeder Situation gewachsen.« Auch er gönnte Witterer Kowalski von Herzen. Der Obergefreite konnte, wenn er wollte, das Gras wachsen hören – Gedanken zu erraten und sie dann, wenn sie unangenehm waren, rechtzeitig umzupolen, gehörte zu seinen Spezialitäten.

»Na gut«, sagte Witterer, »den biegen wir schon noch hin.«

Witterer und Wedelmann verließen scheinbar einträchtig die Schreibstube und begaben sich, von Bock geleitet, zum Kübelwagen. Der Obergefreite Kowalski war nicht anwesend und mußte gesucht werden. Er wurde prompt bei der Feldküche gefunden, wo er sich davon überzeugte, ob das Fleisch gut gar gekocht worden war.

Kowalski fuhr den alten und den neuen Chef im Höllentempo zur Nahprotzenstellung. Beide begaben sich von hier aus zu Fuß zu den Geschützen, die am Dorfrand in Stellung gebracht worden waren.

Witterer, jede natürliche Deckung vorschriftsgemäß ausnutzend, setzte seinen Stahlhelm auf und betrachtete, an einen Baum gelehnt, vorgebeugt, konzentriert, durch seinen Feldstecher die Gegend. Von den gegnerischen Linien war so gut wie nichts zu sehen.

»Nur zwei unserer Geschütze«, erklärte Wedelmann, der breitbeinig neben ihm im Schnee stand, »können zum direkten Beschuß eingesetzt werden. Die restlichen zwei beherrschen die vor uns liegenden Hügel diesseits unserer Infanterielinie und sind speziell für Panzerabwehr vorgesehen.«

»Und indirekt?«

Wedelmann zog aus seinem Ärmelaufschlag eine reichlich abgegriffene, mit Buntstiften vollgeschmierte Karte und breitete sie aus. »Indirekt beherrschen alle vier Geschütze in voller Reichweite den uns gegenüberliegenden Frontabschnitt.«

Er gab mit kurzen Handbewegungen Anhaltspunkte, zeigte die Stellungen der Nachbarbatterien auf der Karte und im Gelände, versuchte dann, die dünne Frontlinie des Gegners sichtbar zu machen.

»Und wie oft heizen Sie den Brüdern drüben ein?«

»In den letzten Wochen war hier absolute Ruhe.«

»Was? Kein Morgengruß? Kein Abendsegen?«

Wedelmann faltete seine Karte wieder zusammen. »Herr Hauptmann«, sagte er verbindlich, »unser Munitionsverbrauch wird stets der Lage angepaßt. Und Übungsschießen brauchen wir keine mehr zu veranstalten. Unsere Batterie hat bereits ausreichende Kriegserfahrungen gesammelt.«

Witterer, immer noch in Deckung, würdigte diese Ausführungen keines Kommentars. Seine kritische Einstellung gegenüber Oberleutnant Wedelmann schien durchaus berechtigt zu sein, das wurde ihm immer erneut bestätigt. Wedelmann war frontmüde. Und seine Soldaten richteten sich automatisch danach. Es fehlte eben der zündende Funke.

Hauptmann Witterer ging, nachdem er sich von der absoluten Ruhe in diesem Frontabschnitt überzeugt hatte, die Stellungen ab und ermunterte die aufhorchenden Soldaten, die Posten an den Geschützen und die Bedienungsmannschaften in den Bereitschaftsbunkern durch gutgewählte Worte. Es fielen hinreichend bekannte Begriffe wie »aktivieren«, »nicht einrosten«, »zeigen, was eine Harke ist« und so weiter. Wedelmann schwieg dazu und staunte nicht. Die Soldaten staunten und schwiegen ebenfalls. Witterer legte das als Ehrfurcht aus.

Die beiden Offiziere, die sich nunmehr sehr verschiedenartige und oft gegensätzliche Gedanken machten, begaben sich dann zur Unterkunft des Oberleutnants Wedelmann. Hier fanden sie Wachtmeister Asch vor. Der Hauptmann stutzte, als er den sah. Dann lächelte er verkniffen, wie ein Schulmeister, der Hefte zu korrigieren gedenkt.

»Beinahe hätte ich Sie vergessen«, sagte Witterer.

»Ich wußte, daß Sie sich an mich erinnern würden, Herr Hauptmann.«

»Wachtmeister Asch ist der zbV unserer Batterie«, sagte Wedelmann. »Ich hatte keine Ahnung, daß Sie Asch bereits kennengelernt haben.«

»Ja — ich habe ihn kennengelernt«, sagte der Hauptmann. »Gründlich kennengelernt, will mir scheinen.«

Sie nahmen Platz, und auch Asch setzte sich, unaufgefordert, mit großer Selbstverständlichkeit an den Tisch. Witterer beschloß, das stillschweigend zu dulden. Später, wenn er die Lage geklärt hätte, würde das anders werden. Wesentlich anders!

»Was Besonderes in der Feuerstellung, Asch?« fragte der Oberleutnant.

»Das dritte Geschütz sollte neu justiert werden. Wenn wir es heute noch in die Werkstatt bringen, ist es übermorgen fertig.«

»Einverstanden, Herr Hauptmann?«

»Können denn die Waffenbullen nicht in die Feuerstellung 'rauskommen?« wollte Witterer wissen. »Oder haben die ihre Hosen jetzt schon gestrichen voll?«

»Es ist keine Veranlassung dazu, jetzt schon gestrichen volle Hosen zu haben, Herr Hauptmann«, sagte Asch. »Die Waffenhandwerker könnten also schon, wenn wir darauf bestehen müßten, direkt bei uns in der

Feuerstellung justieren. Aber die Arbeit in den Werkstätten ist schneller und sicherer.«

»Das sagen Sie so leicht dahin. Und wenn hier in der Zwischenzeit etwas passiert, Wachtmeister?«

»Hier kann nicht von einem Tag auf den anderen irgend etwas passieren, Herr Hauptmann. Im ganzen gegnerischen Frontabschnitt befinden sich zur Zeit keine Panzer, kaum Artillerie. Auch keinerlei Verstärkungen, weder materielle noch personelle, sind von unseren Beobachtern gemeldet worden. Wir würden schon Stunden vorher merken . . .«

»Derartige Dinge zu beurteilen, Wachtmeister, überlassen Sie, bitte, in Zukunft mir.« Witterer sagte das gemessen und so, als erteile er lediglich einen Rat. Aber er ließ keinen Zweifel darüber aufkommen, daß er keine Diskussionen wünsche, darüber nicht und überhaupt nicht.

Asch verstand den Hauptmann sofort und schwieg. Er blickte zu Wedelmann hinüber, aber der wich ihm aus. »Ich werde mich danach richten«, sagte der Wachtmeister.

Die Tür wurde aufgestoßen, und Kowalski schlenderte herein. Er hatte sich die speckige Feldmütze tief ins Genick geschoben und unter dem Mantel den Rockkragen weit geöffnet.

»Was wollen Sie hier?« fragte Witterer.

»Mich aufwärmen«, sagte Kowalski und ging zum Ofen. Er streckte seine Hände aus und grinste behaglich. Dann klopfte er sich den Schnee von den Stiefeln.

»Sonst noch was?« wollte Wedelmann, der derartige Auftritte gewohnt war, von Asch wissen.

»Wir sollten dem Unteroffizier Krause nicht das Geschütz Vierbein geben.«

Witterer wollte wissen, wer Vierbein sei. Wedelmann klärte ihn auf. Dann wollte Witterer wissen, warum Vierbein nicht in der Feuerstellung sei. Auch hierüber klärte ihn Wedelmann auf. Und wer Krause sei? Und warum sollte er nicht das Geschütz Vierbein übernehmen?

»Unteroffizier Vierbein«, sagte Asch, »hat ein besonders gutes Verhältnis zu seiner Geschützbedienung. Unteroffizier Krause ist ein ganz anderer Typ, eigentlich sogar das genaue Gegenteil von Vierbein. Die Soldaten werden sich nur schwer an ihn gewöhnen. Es kann sein, daß er Vierbein die ganze Bedienung versaut.«

»Ich werde mir diesen Unteroffizier Krause einmal ansehen«, sagte Witterer. Und er sagte sich: Wenn dieser Asch derartig hartnäckig gegen Krause ist, dann muß dieser Krause ein ganz anderes Exemplar als dieser Asch sein. Und das ist interessant. Denn dieser Asch . . .

»Habt ihr denn hier nichts zu trinken?« fragte Kowalski ungeniert und mit einer Lautstärke, als befände er sich in einer Bierhalle.

»Das ist wohl Ihre ganze Seligkeit, was?« fragte Witterer ironisch.

»So ziemlich«, sagte Kowalski. »Was bleibt uns denn sonst noch übrig? Am liebsten wäre mir ja, wenn man Weiber auf Flaschen ziehen könnte.«

Witterer wollte sich weiter in Ironie üben, zumal Kowalski, wie er irrtümlich vermutete, ein brauchbares Objekt für derartige Soldatenspäße zu sein schien. Aber er nahm die »Weiber« als Stichwort, um eine seiner Lieblingsideen anzubringen.

»Wann war hier eigentlich die letzte Wehrbetreuungstruppe?« wollte er freundlich wissen.

»Hier?« fragte Wedelmann erstaunt. »Hier bei uns? Sie scherzen.«

»Auch das ist so ein vernachlässigtes Gebiet«, sagte Witterer überzeugt. »Es fehlt eben an Initiative. Denn von allein wird natürlich niemand kommen — da muß man eben ein wenig nachhelfen. Und ich zögere nicht, das zu tun. Ist der Wagen klar, Obergefreiter?«

»Dafür immer«, sagte der mit einem Eifer, über den sich Wedelmann und Asch ehrlich wunderten.

Der Motor schnaubte heftig wie ein Pferd, das nach wildem Galopp zurückgerissen wird. Dann fauchte er noch einmal auf und war still. Der Obergefreite Kowalski grinste friedlich zu Hauptmann Witterer hinüber, dem das Höllentempo immer noch in den Knochen saß.

»Das wär's«, sagte der Obergefreite.

Sie hatten die Etappencity erreicht und befanden sich vor der Schule, in der die Wehrbetreuungsmädchen untergebracht worden waren. Witterer musterte die verhältnismäßig stabile Parteischeune, als sei sie vor ihm angetreten, griff nach seiner Aktentasche und stieg aus. Auch Kowalski wollte aussteigen.

»Warten Sie hier«, sagte Hauptmann Witterer.

Kowalski sah seinen Chef mit einem ergreifend biederen Schafsgesicht wortlos an. Doch der beachtete seinen für Eingeweihte beängstigend friedfertigen Kraftfahrer gar nicht. Witterer verschwand mit flotten, elastischen Schritten in der parteieigenen Schulscheune, in der jetzt Kommandanturangehörige hausten.

Der alleingelassene Obergefreite lümmelte sich tief in seinen Fahrersitz, zog die Beine an, wobei er die sehenswert dreckigen Stiefel auf das abgeschabte Lederpolster neben sich stellte, und vergrub die Hände mißmutig in den Manteltaschen. Er fixierte, ohne sich zu regen, alle Soldaten, die an ihm vorübergingen, ohne Unterschied des Dienstgrades.

»Das ist vielleicht ein ödes Drecknest!« sagte er dann mit Überzeugung und so laut, daß sich ein vorübergehender Leutnant angerufen fühlte und spontan umdrehte. Kowalski sah durch ihn hindurch und ächzte verächtlich.

Die ausgeleierten Straßen krümmten, wanden und schlängelten sich durch den Ort. Einige abbruchreife ehemalige Kirchen stießen bläulich-schwarze Rauchwolken aus sich heraus – dort arbeiteten Werkstätten; und einige von ihnen verheizten, wie Kowalski wußte, Öl. Die geduckten Halbholzhäuser, die in unregelmäßigen Abständen herumstanden, sahen aus wie vergessenes Brennmaterial. Über allem lag nasser, klebriger Schnee.

Mir scheint, sagte sich Kowalski, mißmutig auf die rostbraun angepinselte Schulscheune blickend, in der Witterer mit der Aktentasche verschwunden war, dieser Chef verwechselt mich mit einem Chauffeur.

Und er fragte sich, gründlich, wie er gelegentlich war, ob er diesen Irrtum aufklären solle oder nicht. Und da er schon immer für das war, was er unter Klarheit verstand, fragte er sich dann nur noch, ob solches »gleich oder sofort« zu geschehen habe.

Aus derartigen für ihn geradezu tiefsinnigen Grübeleien wurde er durch den Anblick von Unteroffizier Soeft erlöst. Soeft, den Riecher hoch erhoben, stelzte aus dem Schulgebäude heraus, rieb sich genießerisch die Hände, ehe er sie, beinahe schon zeremoniell, in seine Pelzhandschuhe hüllte. Er gab sich nicht wenig Mühe, den Eindruck zu erwecken, als habe er soeben ein Erlebnis gehabt. Er grinste Kowalski verständnisinnig zu, zwinkerte mit den kleinen Augen und wollte an ihm vorüber.

»He, Unteroffizier!« rief Kowalski ihm nach. »Kommen Sie doch mal her. Sie sind wohl ganz von Gott und dem Führer verlassen, was? Sie wissen wohl gar nicht mehr, daß ein Unteroffizier einen Obergefreiten zuerst zu grüßen hat.«

Soeft schaukelte zurück, stellte sich vor Kowalskis »Schlitten« auf, musterte beide und sagte dann: »Warum schreist du eigentlich, Kuli? Dir ist wohl zu kalt, was? Aber das schadet dir gar nichts, du Dienstbotennatur!«

»Ich sitze hier, weil ich hier sitzen will«, sagte Kowalski, der sich tief getroffen fühlte, das aber mustergültig zu verbergen verstand.

»Genauso siehst du aus«, sagte Soeft, zufrieden grinsend. »Der geborene Willensmensch.«

»Wenn ich will, poliere ich dir deine Fresse«, sagte Kowalski seelenruhig. »Aber im Grunde bin ich ein friedliebender Mensch. Mit einer Flasche Schnaps – eine Literflasche, versteht sich – kannst selbst du mich besänftigen.«

»Kannst du haben«, sagte Soeft und wippte in den Knien. »Wenn du willst, gleich. Denn du mußt dir ja wohl Mut antrinken.«

»Wozu, Mensch?«

Soeft legte seinen Birnenkopf zur Seite, und sein Schnorchel wies auf die Schulscheune. Dabei kniff er abermals die kleinen Augen zu, bis auf

Millimeterbreite; er sah aus, fand Kowalski, wie ein angestochenes, dabei aber selig lachendes Kalb. »Hast du die Puppen schon mal gesehen, Chauffeur?«

Der Obergefreite schluckte auch noch den »Chauffeur«. Er fragte, wobei es ihm nur mühsam gelang, sein Interesse zu verbergen: »Klasse?«

»Sonderklasse«, sagte Soeft und streckte den Daumen himmelwärts. Dann versuchte er zusätzlich mit den Fingern der rechten Hand zu schnippen, was ihm aber nicht gelang. »Absolute Sonderklasse«, sagte er abermals. Und er fügte sachverständig hinzu: »Verglichen mit dem sonstigen Angebot.«

»Beinahe wie in Frankreich, was?«

»Mensch!« rief Soeft verächtlich. »Du Kulturbanause! Wie kannst du das hier mit Frankreich vergleichen.«

»Deine Augen werden auch immer kleiner, Soeft. Du frißt zuviel; vielleicht siehst du deshalb schlecht.«

»Überzeuge dich selbst, du Autokuli. Geh doch mal 'rauf, Chauffeur! Oder dürfen Chauffeure das nicht?«

»Hau ab, Mensch!« rief Kowalski aufgebracht. »Oder ich verarbeite dich zu Straßenpflaster.« Und nahezu übergangslos wollte er wissen: »Wo hausen die Puppen eigentlich?«

»Oberster Stock, ganz links, letzte Tür«, sagte Soeft. »Wenn dich der Chef dort 'rausgeschmissen hat, und das ist absolut sicher, dann kannst du zu mir ins Wehrmachtsheim kommen. Hinterzimmer. Frag nach Schwester Betty.«

»Da kannst du lange warten«, sagte Kowalski und gab sich zuversichtlich. »Mich schmeißt keiner 'raus. Wer das versucht, muß lebensmüde sein.«

»In einer Viertelstunde bist du da. Ich kenne mich da aus. Garantieschein — wenn du willst. In fünfzehn Minuten bist du entweder im Wehrmachtsheim oder wartest schön artig wieder hier auf der Straße, wie es sich ja auch für einen Chauffeur geziemt.«

Damit ging Soeft. Kowalski stieg ächzend aus dem Wagen und watschelte auf die streichholzschachtelartige Schulscheune zu. Ein wandtafelgroßes Schild, knallgelb mit schwarzer Schrift, verkündete, daß sich hier Angehörige der Kommandantur breitgemacht hatten. Darunter hing, etwas weniger groß, doch nicht zu übersehen, ein weiteres Schild; und das besagte, daß »Unbefugten« der »Eintritt streng verboten« sei. Kowalski hielt sich, wie immer in solchen Fällen, für befugt.

Er stiefelte hinein und stieg zum oberen Stockwerk hoch. Hier schneuzte er sich durch die Finger und ging links ab. Am Ende des Stollens, der auch mit Korridor bezeichnet werden konnte, blieb er stehen und horchte. Denn er vernahm Frauenstimmen. Er lauschte ihnen mit Entzücken, und sein

Mund öffnete sich und blieb längere Zeit offen. Mechanisch schabte er sein Kinn. Es tat ihm wohl, solche Laute zu vernehmen.

Doch diese Frauenstimmen kamen nicht, wie eigentlich erwartet, aus dem Raum hinter der letzten, sondern aus dem hinter der vorletzten Türe links. Kowalski schob sich näher, und sein Entzücken nahm noch um eine Winzigkeit zu. Er öffnete die Tür und streckte seinen Kopf durch den Spalt.

Er sah zunächst eine Frau, eine, wie ihm scheinen wollte, etwas streng dreinblickende Frau, am Fenster sitzen und schreiben. Sie unterbrach ihre Beschäftigung, sah aber nicht von ihr auf. Sie schien auf irgend etwas zu warten; und sie tat das mit Geduld.

Doch Kowalskis neugierige Blicke wanderten weiter, und er betrachtete, wobei sich erneut sein Mund öffnete, die andere Frau im Raum. Die lag ausgestreckt, lässig, rund und glatt auf dem Bett und blinzelte ihn ungeniert, doch keinesfalls sonderlich freundlich an.

Die Frau am Fenster betrachtete jetzt den Eindringling kühl und sagte: »Sie haben doch nicht etwa angeklopft?«

»Nein«, sagte Kowalski überrascht. Und er horchte ihrer Stimme nach, die geklungen hatte, als sei auch sie gewohnt, Befehle auszuteilen.

»Haben Sie denn noch nie gehört«, fragte die Frau vom Fenster her, »daß es so etwas gibt?«

»Gehört schon«, sagte Kowalski und zog es vor, das langliegende Mädchen anzustaunen. Er öffnete die Tür ganz und schob sich in das Zimmer hinein. »Aber ich bin völlig aus der Übung. Seit über einem Jahr kenne ich nämlich keine Türen, an die man anklopfen muß. Und solche, hinter denen Mädchen sind, schon gar nicht.«

»Dann wird es Zeit, daß Sie sich wieder daran gewöhnen«, sagte die Frau, die ihm so überaus streng erschienen war, und jetzt lächelte sie ein wenig.

»Bitte, was können wir für Sie tun, Herr . . .«

»Kowalski«, sagte der grinsend und war bestrebt, verlegen zu grinsen.

»Also bitte, Herr Kowalski.« Die Frau am Fenster hatte gute, fest zupackende Augen – und jetzt eine Stimme! Herrschaften – Öl und Seide! Kowalski war beeindruckt und zeigte das auch.

»Ich suche meinen Hauptmann«, sagte er dann.

»Hier ist kein Hauptmann«, erklärte die Frau am Fenster und lächelte ihn ruhig an.

»Vielleicht ist er bei mir im Bett«, sagte die Blonde. Sie kicherte hell, heftig und kurz.

»Ich kann ja mal nachsehen«, sagte Kowalski bereitwillig.

»Also – Herr Kowalski, was wollen Sie sonst noch?« fragte die Frau mit den kurzen braunen Haaren.

»Ich kann mir schon denken, was er will«, sagte die Blonde in aufregend hohen Tönen.

»Nicht alle wollen das, was du dir denkst, Viola«, sagte die Frau am Fenster tadelnd, und die Blonde verschob unter der dünnen Decke ihre Hüfte.

»Bestimmt nicht«, sagte Kowalski mit verdächtig biederen Brusttönen, »ganz bestimmt nicht. Ich bin völlig ungefährlich.«

Und er hatte das verdammt peinliche Gefühl, leicht rot dabei zu werden. Doch diese Gefahr, das vergaß er im Augenblick ganz, bestand bei ihm keinesfalls. Die Frau, die den Brief, an dem sie geschrieben hatte, zur Seite schob, lächelte. Die Blonde im Bett kicherte wieder. Das Lächeln verwirrte Kowalski, das Kichern irritierte ihn.

Er mußte sich zu seiner alten Frechheit geradezu zwingen. Und er sagte: »Wenn Sie mich schon fragen, was ich will — so möchte ich gerne wissen, wie Sie heißen. Ich heiße Kowalski, das wissen Sie jetzt, und mit Vornamen Bruno. Und wie heißen Sie?«

»Na siehst du!« sagte die Blonde. »Immer dasselbe! Zunächst einmal will er sich unterhalten.«

»Nun gut«, sagte die gemessen freundliche Frau mit den mütterlichen Augen. »Wir beide gehören zu einer Wehrbetreuungstruppe. Ich heiße Charlotte. Ich spiele Klavier, trage Gedichte vor und versuche, zwischen unseren Auftritten die verbindenden Worte zu sprechen. Das dort ist Viola — sie heißt mit dem richtigen Namen Wilma, wenn ich nicht irre. Sie tanzt. Jedenfalls steht in ihrem Paß: Tänzerin.«

»Ich bin auch Tänzerin!«

»Kann ich mir durchaus vorstellen«, sagte Kowalski und leistete es sich, ein Auge zuzukneifen. Er streckte die Hand aus und stellte den Daumen aufwärts, was Anerkennung bedeutete.

»Schluß jetzt mit der Privatvorstellung!« sagte die Frau am Fenster entschieden, und in ihrer Stimme war keine Freundlichkeit mehr. »Auf Wiedersehen.«

»Und wo finde ich den Hauptmann? Er muß hier sein. Gibt es hier noch mehr von Ihrer Sorte?«

»Noch ein Exemplar«, sagte Charlotte. »Sie heißt Lisa und wohnt im Zimmer nebenan. Hauptleute gehören zu ihrem Anhang. Sie wird vermutlich genauso erfreut sein, Sie zu sehen, wie wir.«

»Wenn Sie sich weiterhin erfreuen wollen, bleibe ich gerne hier«, erklärte Kowalski bereitwillig.

»Im Augenblick kein Bedarf«, sagte Charlotte. Sie stand auf, ging auf Kowalski zu — und der sah, daß sie groß und gut gebaut war. »Vielleicht später einmal«, sagte sie, aber ihre Augen blickten wenig freundlich, als sie die Tür öffnete.

Kowalski ließ sich widerstandslos auf den Korridor hinausschieben. Er betastete seinen Ärmel, auf dem ihre Hand gelegen hatte. Er roch daran, aber er roch lediglich seinen nach Schweiß, Nässe und Stroh stinkenden Uniformrock. Er besaß noch soviel Feingefühl, das wenig erbaulich zu finden.

»Donnerwetter, Donnerwetter«, sagte er dann, und das hörte sich an, als stelle ein Bauer fest, daß ihm der Roggen verhagelt sei.

Doch Kowalski war nicht der Mann, der sich sentimentale Romangedanken leistete. Er nahm das Leben, wie es gerade kam. Er half nie nach; er bremste höchstens ab. Und er redete sich ein, das, was ihm passiert war, habe lediglich etwas mit Neugier zu tun. Und Frauen — er dachte: Weiber — waren derartige Regungen gelegentlich wert; besonders bei diesen Verhältnissen!

Er klopfte aufgekratzt an die letzte Tür und trat dort sofort ein. Er störte offensichtlich, wenn es auch keine sonderlich heikle Situation war, in die er hineinplatzte. Die beiden Menschen, die ihm überrascht entgegensahen, wahrten die Distanz. Sie saßen an einem Tisch und tranken Kaffee. Es war Bohnenkaffee, und er roch nach Soeft.

»Was wollen Sie denn hier?« fragte Witterer ungehalten.

Das Mädchen Lisa, mit den auffallend großen, alles in sich aufsaugenden Augen, schwieg mit schöner Haltung. Sie streckte einen Finger aus und fuhr mit ihm an der Tischkante entlang.

»Ich wollte fragen, wie lange ich noch warten soll.«

»Das werden Sie schon sehen.«

»Wenn es noch lange dauert«, sagte Kowalski und betrachtete das großäugige Mädchen Lisa ungeniert, »dann könnte ich ja inzwischen ins Soldatenheim fahren und einen trinken.«

»Fahren Sie in Gottes Namen ins Soldatenheim, Mann! Aber trinken werden Sie dort nichts. Höchstens Tee.«

Kowalski fand Lisas Finger, der die Tischkante zu streicheln schien, bemerkenswert. Betont bieder sagte er: »Jawohl« und dachte: Also Tee — immer nach Wunsch. Tee mit Rum. Beziehungsweise Rum mit Tee. Und er sagte wohlwollend: »Sie können mich dort abholen, wenn Sie hier fertig sind.«

»Wie denken Sie sich das eigentlich?« brauste Hauptmann Witterer auf. Und auf seinem kantigen Robotergesicht traten die Muskeln der Kiefer hervor. Kowalski fand auch diese Regung nicht uninteressant und ließ seinem Hauptmann genügend Zeit, neue Worte zu finden.

»Es ist doch alles ganz einfach«, sagte Lisa betont freundlich. »Wir haben um fünf Uhr eine Verständigungsprobe. Bis dahin ist noch eine Stunde Zeit. Wäre es nicht praktisch, Herr Hauptmann, wenn Ihr Kraftfahrer Sie um dreiviertel fünf Uhr hier wieder abholen würde?«

»Meinetwegen«, sagte Witterer unfreundlich, doch offenbar bemüht, weitere Mißtöne, allein Lisas wegen, zu vermeiden.

Kowalski registrierte: Sehr weit ist der mit ihr noch nicht gekommen. Sie reden sich noch mit »Sie« an. Aber das kann sich ja schnell ändern, besonders in einer Zeit wie dieser. Auch diese Kleine wird unter die Räder geraten. Eigentlich schade um das schöne Kind. Aber im Krieg ...

»Wollen Sie hier etwa überwintern?« fragte Witterer ironisch und kam sich maßlos überlegen vor.

Kowalski war nahe daran, »warum nicht?« zu sagen. Aber er bremste sich rechtzeitig, deutete so etwas wie eine Ehrenbezeigung an und stapfte hinaus.

Er fuhr in das Soldatenheim, betrat den frontbekannten Wehrbetreuungsschuppen wie einen Wartesaal. Er schob sich durch den großen Raum hindurch, in dem die langen Tische standen, und ging auf das Hinterzimmer zu.

Hier saß, breit wie immer, der Kriegsverpflegungskamerad Soeft. Er hatte soeben mit Schwester Betty ein brauchbares Geschäft abgeschlossen und trank darauf einen.

»Sie sind ein Gauner«, sagte die resolute Schwester Betty. »Aber da es um ein Soldatenheim geht, ist es mir gleich, wer uns die besten Sachen liefert. Meine Soldaten können sie immer gebrauchen.«

Kowalski setzte sich zu den beiden an den Tisch. Er schob die Unterarme weit auf die gescheuerte Holzplatte, stützte seinen Schädel mit den Handflächen und grinste herzgewinnend. »Sind Sie auch so einer?« fragte Schwester Betty.

»Keineswegs«, sagte Kowalski friedfertig. »Ich saufe nur ab und zu auf seine Kosten, und das ehrt ihn.«

Die Schwester lachte, schüttelte dann den Kopf und entfernte sich. Sie sah von hinten noch wesentlich mächtiger aus als von vorn.

»Wie meine Mutter«, sagte Soeft und sah ihr mit einer fernen und bei ihm außerordentlich überraschenden Anwandlung von Zärtlichkeit nach. »Genauso zäh wie meine Mutter! Wenn die mir auf die Schulter klopft, Mensch, dann ist mir das glatt einen Lkw mit Fleischkonserven wert.«

»Brauchst du etwa ein Taschentuch?« fragte Kowalski ungerührt. »Rechne nicht damit, daß ich eins habe.«

Soeft ermannte sich wieder, was ihm nicht sonderlich schwerfiel. »Na?« fragte er und leckte sich die Lippen. »Wie waren die Käfer?«

»Doll«, sagte Kowalski feierlich und groß. »Ganz doll!«

»Habe ich dir zuviel versprochen?«

»Die eine«, sagte Kowalski und gab sich versonnen, wobei er heftig sein Kinn schabte, »war ganz scharf auf mich. Die wollte mich einfach nicht mehr fortlassen. Solche Augen! Überhaupt alles! Und eine Stimme — Mensch! Zum Ausziehen.«

»Du spinnst«, sagte Soeft überzeugt. »Ich kenne die Damen. Das ist bei denen nicht drin! Ein Blick von mir hat genügt. Und so eine Marke wie du ist am allerwenigsten im Rennen.«

»Wenn ich dir sage, Soeft, die ist scharf nach mir, dann ist sie scharf! Verstanden? Rasiermesserscharf!«

»Du kannst ruhig auf mich hören, Trottel. Ich kenne nämlich die zur Zeit gültige Preisliste, denn ich weiß, was Angebot und Nachfrage ist.«

»Einen Dreck weißt du, du Krämerseele.«

»Trottel Kowalski«, sagte Soeft ungerührt, »du willst doch nicht etwa gegen den Wind schiffen. Die eine, diese Charlotte, die Klavier spielt, ist noch ziemlich anständig. Die will vermutlich erst geheiratet werden, bevor sie in irgendein Bett steigt. Jedenfalls weiß die ganz genau, daß hier die Preise verdammt hoch sind. Und sie macht es unter einem Stabsoffizier nicht, und das auch nur dann, wenn der im Zivilleben Generaldirektor ist. Darauf kannst du dich verlassen. Ein Obergefreiter kommt bei der nicht mal bis ans Schlüsselloch.«

»Das wollen wir mal sehen!«

»Armer Irrer!« sagte Soeft überlegen. »Und bei der anderen, bei dieser gebleichten Viola, ist dein Typ noch viel weniger gefragt. Diese Kleine, die ihren Hintern vor versammelter Mannschaft schwenkt, ist eine bessere Nutte — eine aus dem Offizierspuff. Wer aber noch dazu so ein Affengesicht hat wie du, muß mindestens Major sein, um bei der auf die Liste zu kommen. Ja — und die dritte ... Diese dritte, Freundchen!«

»Bei mir Fehlanzeige. Die ist nicht mein Typ. Die verlangt Seele, und meine Seele habe ich auf der Bekleidungskammer abgegeben, als sie mir diese Uniform verpaßt haben. Aber alles, was recht ist — diesem Witterer gönne ich die nicht!«

»Der wird sich gerade was daraus machen, ob du ihm seinen Segen erteilen willst oder nicht. Oder glaubst du, der wird sich vorher bei dir melden: ›Bitte Herrn Obergefreiten um die Erlaubnis, Freiübungen machen zu dürfen!‹«

»Immerhin kann man ihm die Tour vermasseln, Soeft.«

»Das, allerdings, ist drin!« sagte der Unteroffizier und war nachdenklich geworden. Für Schwierigkeiten, gleich welcher Art, war er immer — bei anderen selbstverständlich. Sie brachten zumeist Vorteile mit sich. Zunächst einmal lenkten sie ab, dann aber konnte man helfen, sie zu beseitigen, was automatisch Dankbarkeit zur Folge hatte. Und die ließ sich immer ausnützen.

Soeft entnahm seinem Lederetui eine seiner Generalszigarren. Kowalski griff unaufgefordert zu. Sie gaben sich Feuer und qualmten heftig.

»Dem Wedelmann«, sagte Kowalski dann in den Rauch hinein, »würde ich die Kleine gönnen.«

»Wedelmann hat wohl keine Zeit mehr, sie zu betreuen«, sagte der Unteroffizier Soeft, ebenfalls in den Rauch hinein, der graublau zur modrigen Decke hochkroch. »Der wird vermutlich jetzt Batterieoffizier und muß so gut wie pausenlos in der Feuerstellung hausen. Der neue Chef scheint alles andere als ein Seelsorger zu sein.«

»Mensch, Soeft«, sagte Kowalski leicht betrübt, griff nach dem Schnapsglas, das vor dem Unteroffizier stand, und trank es leer. »Wenn ich das so bedenke: Wedelmann hat sich die ganzen Jahre mit uns herumgeschlagen und dabei keinem Weib in die Bluse geschaut. Nicht einmal in Frankreich! Dieser Witterer aber ist knapp einen Tag da, und schon rückt er einer Zuckerpuppe auf die Bude.«

»So ist das Leben«, sagte Soeft tiefsinnig. »Was aber Wedelmann anbelangt, für den hat Soeft schon vorgesorgt – ich werde ihn mal auf Natascha aufmerksam machen.«

»Wer ist Natascha, du Kuppler? Doch nicht etwa eine von deinen Küchenmädchen! Bei deinem ordinären Geschmack! Wedelmann ist zwar ein dummer Hund, aber doch ein feiner Kerl.«

»Die wirst du schon noch sehen, Chauffeur, und dann deine trüben Augen aufreißen. In meinen Augen ist Natascha Sonderverpflegung!«

»Mich kann so leicht nichts aus dem Gleichgewicht bringen, Soeft. Das weißt du. Ich bin nicht zu erschüttern.«

»Das werden wir gleich sehen«, sagte Soeft grinsend und sah erwartungsvoll zur Tür.

Hauptmann Witterer betrat elastisch wie immer den Raum. Er glich einem Racheengel. Er schien zu kochen, denn sein Gesicht glühte. Er pflanzte sich vor Kowalski auf und sagte gefährlich ruhig: »Was denken Sie sich eigentlich? Was nehmen Sie sich heraus? Ich warte bei der Kälte eine geschlagene halbe Stunde auf Sie, und Sie saufen! Um dreiviertel fünf sollten Sie mich abholen – jetzt ist es bereits halb sechs, Obergefreiter.«

Der holte seine Uhr hervor und sagte: »Tatsächlich.«

Die Ju 52, allgemein »Tante Ju« genannt, ein riesiger Vogel aus Blech und Tarnfarbe, landete nach mehrstündigem Flug mit schlafwandlerischer Sicherheit. Als sie sich auf die Erde zuschweben ließ, schien sie ein wenig zu taumeln. Sie setzte dann butterweich auf, rollte aus, hielt.

»Endstation Heimat«, rief ein Soldat mit aufgeregter Munterkeit. »Alles aussteigen!«

Der Unteroffizier Vierbein knöpfte seinen Mantel vorschriftsmäßig zu.

Das geschah umständlich und fast zögernd. Es war, als überlege er, ob er die nächsten Schritte wirklich tun solle. Nachdenklich hängte er sich sein Gewehr über und griff nach seinem Rucksack.

Vierbein stand da und wartete und wußte nicht, worauf. Er ließ allen anderen Soldaten, die mit ihm geflogen waren, den Vortritt. Sie drängten, schoben und stießen sich ins Freie. Dann erst stieg Vierbein langsam die Landetreppe hinunter und betrat mit nahezu feierlichem Schritt die Rollbahn.

Er sah sich um wie ein Wanderer, der auf einem Hügel steht, den er noch nicht kannte. Es dämmerte bereits. Der Heimatflughafen lag in fahlblauem Abendlicht. Die verlöschende Sonne versuchte noch einmal, mit grellroten Querstrichen den Horizont anzupinseln. Aber es war keine Leuchtkraft mehr in der Welt.

Ein Lastkraftwagen löste sich aus den Abendschatten, kroch hinter den Baracken hervor und schaukelte auf die »Tante Ju« zu. Er ratterte, blubberte und spuckte. Er übernahm einige Kisten und Säcke. Dann schaukelte er wie ein Trunkener wieder davon.

Ein Lautsprecher schrie blechern auf; und die Stimme, die aus ihm tönte, flatterte über das weite Feld. »Die neu angekommenen Soldaten melden sich auf der Kommandantur. Das Flugzeug meldet sich beim Offizier vom Dienst. Achtung – Rollbahn räumen!«

Der Unteroffizier Vierbein schnallte seinen prallgefüllten Rucksack fest. Er sagte sich: Jetzt bin ich wohl zu Hause. Nach über einem Jahr!

Aus Büchern wußte er, daß das ein großer Augenblick war. Doch das seltsame war, fand er, daß dennoch kein irgendwie erhabenes oder großartiges Gefühl seine Brust schwellte. Ganz im Gegenteil: ihn beschlich eine merkwürdige Beklemmung. Sie legte sich auf sein Herz und verlagerte sich dann bald in seine Magengegend. Er war da – und was nun?

Er trottete hinter den anderen her und zeigte auf der Flugplatzkommandantur einem Feldwebel seine Papiere vor. Sie wurden gesichtet, »in Ordnung« befunden, mit einem Transportvermerkstempel versehen und abgezeichnet. Vierbein bat nunmehr darum, und zwar in ungewöhnlich guter und daher aufsehenerregender Haltung, mit dem Kommandanten persönlich sprechen zu dürfen; er habe einen Brief für ihn.

Der Feldwebel, der die angekommenen Soldaten abfertigte, war ein Gemütsmensch. Er war grundsätzlich bereit, jeden Wunsch zu erfüllen, sofern damit für ihn keine sonderlichen Umstände verbunden waren. Er wies Vierbein an den Schreibstubenlöwen, der schleuste ihn zum Adjutanten weiter, und dieser meldete ihn dem Kommandanten.

Der Flugplatzkommandant, ein älterer Herr mit einer Glatze, die noch mehr funkelte als seine Brillengläser, schien, nicht ohne Erfolg, bemüht, väterliches Wohlwollen um sich zu verbreiten. Er nahm den Brief entgegen, den Vierbein ihm übergab, sah kurz auf den Absender und forderte dann den Unteroffizier auf, Platz zu nehmen.

Hierauf begann er zu lesen. Diese Lektüre schien ihn zu amüsieren; er lachte mehrmals auf und griff sich dabei mit der Hand auf den spiegelblanken Kopf.

Dann sagte er: »Bevor Sie wieder zurückfliegen, melden Sie sich nochmals bei mir. Sie werden dann zwei Päckchen mitnehmen, eins für den Frontflugplatzkommandanten, ein zweites für Oberst Luschke.«

»Jawohl, Herr Major«, sagte Vierbein respektvoll. Und er wußte jetzt, daß er diesen Flug in die Heimat einer dreifachen Freundschaft unter Stabsoffizieren zu verdanken hatte. Er durfte einen jener berühmten Kanäle passieren, die versorgungstechnisch weit schneller und sicherer waren als die überfüllten und überforderten Ströme mit den endlosen Zuständigkeitsschleusen.

»Wenn Sie irgendwelche Schwierigkeiten haben sollten, Unteroffizier Vierbein, dann wenden Sie sich bitte sofort an mich. Und selbst, wenn es mir dann unmöglich sein sollte, Ihnen direkt zu helfen, so kann ich doch durch meine direkten Verbindungen Oberst Luschke innerhalb von zwölf Stunden umfassend informieren. Mein Adjutant wird Ihnen sagen, wie Sie uns telefonisch erreichen können.«

»Jawohl, Herr Major. Danke sehr.«

»Eine Selbstverständlichkeit«, sagte der. Dann sah er auf seine Uhr. »Kann mir lebhaft vorstellen, daß Sie heute noch in Ihrem Heimatstädtchen landen wollen. Das wird sich machen lassen. Sie haben noch zweiunddreißig Kilometer zurückzulegen, nicht wahr? Wenn die Bahnverbindungen ungünstig sein sollten, wird sicherlich ein Lkw aufzutreiben sein, der Sie mitnimmt. Und wenn auch das nicht klappt, bekommen Sie ein Extrafahrzeug.«

Der Unteroffizier Vierbein hielt sich nach dieser Unterredung eine knappe Stunde in der mit zerknüllten, einstmals bunten, jetzt schwarzgrau verstaubten Papiergirlanden verzierten Kantinenbaracke auf. Er saß still und bescheiden in einer Ecke und starrte in den Rauch, den die Soldaten produzierten. Sie unterhielten sich lärmend, lachten viel, doch ohne spürbare Herzlichkeit. Und pausenlos brüllte ein Radioapparat dazwischen.

Dann tauchte ein Kraftfahrer im Gummimantel auf. Er sah sich kurz um, ging dann auf Vierbein zu und erklärte, er habe Befehl, ihn abzuholen. Es war ein Gefreiter, ein blutjunges, neugieriges und hilfsbereites Kerlchen mit einem noch unfertigen, verstohlen frechen Kindergesicht. Er schleppte Vierbeins Rucksack davon, zu seinem Beiwagen-Krad hin, das draußen vor der Baracke stand.

»Direkt aus Rußland, Herr Unteroffizier?« wollte er wissen.

»Direkt aus Rußland«, sagte Vierbein freundlich.

»Schon mal Feindberührung gehabt?« fragte der Gefreite.

»Gelegentlich schon«, sagte Vierbein.

»Muß eine ziemliche Scheiße sein, was?«

»Wie man es nimmt.«

Vierbein verstaute seinen Rucksack sorgfältig, nachdem er vorher noch einmal Wedelmanns Flaschen abgetastet und sich davon überzeugt hatte, daß sie unbeschädigt waren. Er setzte sich in den Beiwagen, klemmte das Gewehr zwischen die Beine und deckte sich mit der Segeltuchhülle ab. »Wir können!« sagte er.

Der Gefreite gab Gas, legte den Gang ein, und die Beiwagenmaschine rollte an. Sie kam schnell auf Touren. Der Gefreite, immer bereit zu demonstrieren, welch ein vorzüglicher Kraftfahrer er war, legte sofort ein scharfes Tempo vor.

Dabei dachte er: Irgend so ein Unteroffizier, Etappe vermutlich; einer mit Sonderbeziehungen; hat wohl nichts erlebt, kutschiert sicherlich nur so, Besorgungen machend, durch diverse Gegenden. Daher auch diese Sondermaschine! Auch einer aus Rußland! Und er drehte noch einen Zahn mehr auf.

»Sie brauchen gar nicht so schnell zu fahren«, sagte Vierbein.

»Das nennen Sie schon Tempo?« fragte der Gefreite zurück und kam sich wunderbar überlegen vor. Typische Etappe, dachte er verächtlich: langsam, vorsichtig, ohne Schwung.

Aber er drosselte dennoch den Motor ein wenig. Erwiesenermaßen war es nie ratsam, die Schoßkinder der Kommandeure zu verstimmen. Das konnte üble Folgen haben. Erst vor zwei Wochen war einer versetzt worden, und zwar direkt nach Rußland, beinahe in die Nähe der Front, nur weil er sich angeblich geweigert haben soll, Benzin für ein Feuerzeug herauszugeben.

Vierbein ahnte nichts von derartigen Gedankengängen. Er saß weit zurückgelehnt und dennoch steif im Beiwagen. Der scharfe Luftzug trocknete sein Gesicht aus und machte es heiß. Sein ganzer Körper war heiß und wie im Fieber. Jetzt, da er sich seinem Ziel näherte, begann die Spannung in ihm das Blut aufzukochen.

»Noch schäbige zwölf Kilometer«, sagte der Gefreite. »In spätestens zwanzig Minuten haben wir es geschafft.«

Vierbein nickte mechanisch. Er wollte sich jetzt nicht unterhalten. Aber seine Gutmütigkeit erlaubte es ihm nicht, das dem Kraftfahrer auch zu sagen.

Er kannte die Straße genau, über die sie dahinbrausten. Er kannte ihr Pflaster, die Gräben zu beiden Seiten, die Bäume an ihnen und die Feldwege, von denen einer zu einem stillen Waldsee führte. Er war mehrmals über die Straße hinwegmarschiert, bei Fußmärschen, er war über sie gewandert, bei Sonntagsausflügen und Abendspaziergängen – zuletzt zusammen mit Herbert Asch, mit Elisabeth, dessen Frau, und mit Ingrid. Mit Ingrid Asch. Seiner Ingrid!

Es war ein Tag wie aus Seide gewesen! Voller Sonnenlicht und Glück. Ein Tag zwischen den Feldzügen in Frankreich und Rußland. Der Krieg hatte sich verkrochen. Vierbein bemühte sich, das alles schnell zu vergessen.

Langsam wuchs die Stadt aus der Dunkelheit vor ihnen auf. Die Häuser wurden höher und breiter. Aber sie waren ohne Licht. Ein massiger Gebäudekomplex versperrte den Blick in den Abendhimmel.

»Das kann doch nicht die Kaserne sein?« fragte Vierbein.

»Das ist das neue Hydrierwerk«, sagte der Gefreite. Und nicht ohne Stolz fügte er hinzu: »Das haben wir sozusagen über Nacht aus dem Boden gestampft. Diese Buden ringsherum sind Baracken der Arbeiter.«

Der Gefreite hatte das Tempo abermals vermindert. Ein Gewirr von Holzbuden, Wellblechhütten und einstöckigen Steinplattenbauten umsäumte die Straße. Würgender Arbeitslärm keuchte durch die Dunkelheit auf Vierbein zu.

»Da staunen Sie, was? Alles über Nacht! Alles aus dem Boden gestampft.«

Dann tauchte vor ihnen bedrohlich groß, unvermittelt, als sei ein Vorhang weggerissen worden, die Kaserne auf. Und Vierbein war es plötzlich, als läge diese Kaserne in grellem Licht. Er kannte jeden Block, jede Halle, jede Fahrbahn, jedes Fenster, jede Tür – er kannte jeden Stein.

»Wollen Sie zur Kaserne, Herr Unteroffizier?«

»Nein«, sagte Vierbein hastig. »Nein.« Und die Hitze seines Körpers stieg ihm in das Gesicht. Seine Hände packten die Segeltuchhülle, die über seinen Knien lag, fest.

»Wohin wollen Sie dann, Herr Unteroffizier?«

»Fahren Sie mich zur Stadtmitte, zum Marktplatz. Wissen Sie, wo das Café Asch ist? Gut – dort halten Sie.«

Der Kraftfahrer gab wieder Gas. Das hüpfende Scheinwerferlicht streifte einige Menschen, verlor sie dann wieder. Neue Menschen tauchten wie Schatten auf, tauchten wieder in der Dunkelheit unter. Und die Stadt lag da wie tot. Der Lärm der Maschine prallte gegen die Hauswände, und dort schien er verschluckt zu werden. Echolos. Die kleine Stadt war ohne jede Helligkeit.

Die Maschine hielt vor dem Café Asch. Der Unteroffizier Vierbein stieg aus. Er hob seinen Rucksack heraus, das Gewehr, den Stahlhelm, die Gasmaske. Dann verabschiedete er sich von dem Gefreiten. Der schüttelte die Hand des Unteroffiziers flüchtig, ließ den Motor aufbrüllen und brauste davon.

Der dunkle Marktplatz umlauerte Vierbein. Dem war, als sei alles kleiner, enger und düsterer geworden. Nahezu regungslos stand er da. Rucksack, Waffen und Ausrüstungsgegenstände hingen an seinen Händen. Er sah sich ein wenig hilflos um. Seit Monaten hatte er sich nicht mehr so einsam gefühlt wie in diesen Minuten.

Und Vierbein sagte sich: Was will ich eigentlich hier – ich hätte in die Kaserne gehen und mich dort melden sollen. Doch dann sagte er sich: Hier wohnt der Cafetier Asch, der Vater meines einzigen Freundes; und hier wohnt Ingrid Asch, das Mädchen, das ich liebe und heiraten will. Hier bin ich zu Hause!

Langsam, mit den schweren Tritten eines Lastenträgers, ging der Unteroffizier Vierbein auf das Café Asch zu. Er schob mit der Schulter die Tür auf und drängte die Decken, die dahinter hingen, zur Seite. Helligkeit und Lärm warfen sich ihm entgegen. Vierbein blieb, als sei er geblendet und betäubt worden, kurz stehen.

Es war alles anders, ganz anders, als er es sich vorgestellt hatte. Auch das Café Asch hatte sich verändert. Seine Erinnerungen schienen ihn betrogen zu haben – das Lokal mit den ruhigen Ecken und den leisen Gesprächen hatte sich verwandelt. Es war viel voller als sonst; und es ging lauter in ihm zu als früher. Der Rauch kroch in dichten Schwaden über die Tische. Und es roch nach schalem Bier. Ein voll aufgedrehter Lautsprecher sog alle Gespräche in seinen Lärm.

Niemand schien Vierbein zu beachten. Die Kellner schoben sich geschäftig durch den langgestreckten Raum. Am Büfett werkten mit mechanischen Bewegungen zwei ihm unbekannte weibliche Wesen. Der alte Asch war nirgends zu erblicken; Ingrid auch nicht. Niemand da, den er kannte.

Eine Gruppe neu hinzukommender Gäste drängte sich durch die Tür, schob Vierbein zur Seite. Der ließ sich schieben, stieß gegen einen leeren Stuhl, der dicht neben dem Eingang stand, und setzte sich dort wortlos.

Nach einigen Minuten erst stand er wieder auf. Er packte seinen Rucksack in eine Ecke, hängte seine Ausrüstungsgegenstände über einen Haken und zog seinen Mantel aus. Dann setzte er sich wieder, ein wenig hilflos, geduldig und still.

Aber jetzt begannen die Menschen, an deren Tisch er saß, ihn zu beachten. Denn sie sahen seine zahlreichen Auszeichnungen und unter ihnen das EK I. Noch war die Zeit der Helden ungetrübt.

»Na, wie steht's denn draußen an der Front?« wollte einer wissen. Und seine Bierstimme bekam einen forschen Klang.

»Gut – wie immer«, sagte Vierbein hastig. Und er erhob sich. Er hatte wenig Talent dazu, sich als Vaterlandsverteidiger zu produzieren.

Er ging mit eiligen Schritten auf das Büfett zu. Jetzt sah er die beiden

Bedienungsmädchen deutlicher, aber er kannte sie nicht. Denn auch sie waren, wie so viele andere auch, im Laufe des letzten Jahres ausgewechselt worden. Viele Gesichter begannen einander zu gleichen.

»Kann ich Herrn Asch sprechen?« fragte er.

»Nicht da«, sagte eines der Mädchen ohne aufzusehen und zapfte mit sicheren Griffen Bier.

»Und Fräulein Ingrid?«

»Auch nicht da«, sagte das Mädchen. Und es fügte dann, nach einem kurzen Blick auf Vierbeins EK I, und nur auf sein EK I, hinzu: »Wollen Sie einen Schnaps? Den können Sie auch von mir kriegen. Für Frontsoldaten habe ich Vollmacht.«

»Danke«, sagte Vierbein und wandte sich ab. Er sah ratlos in das überfüllte Lokal hinein, in den Rauch, auf die Köpfe, auf die Hände. Er sah Qualm und Gläser, und er hörte Lärm.

Dann bemerkte er, hinter seinem Verschlag an der Registrierkasse, den Oberkellner Anton. Vierbein ging auf ihn zu, glücklich darüber, endlich einen Menschen gefunden zu haben, der wußte, wer er war. Aber Anton erkannte ihn nicht sogleich. Vierbein, sofort wieder verlegen, half nach.

»Aber natürlich, Herr Vierbein!« rief Anton dann erfreut. »Schlanker sind Sie geworden und auch bleicher. Männlicher sozusagen. Ja, das macht der Krieg. Wir kennen uns da aus. Schließlich haben wir ja auch gedient. Wann sind Sie angekommen? Was wollen Sie trinken?«

»Wo ist Herr Asch?«

»Irgendwo! Er hält sich kaum noch im Geschäft auf. Der hat das nämlich gar nicht mehr nötig. Der Laden hier geht ja auch von alleine.«

»Und Fräulein Ingrid?«

»Auch irgendwo! Vermutlich bei irgendeiner Veranstaltung. Oder Heimarbeit. Oder im Lazarett. Alles für unsere Soldaten, für den Endsieg und so. Sie verstehen?«

»Selbstverständlich«, sagte Vierbein. »Natürlich verstehe ich das. Ich werde also warten.«

»Tun Sie das«, sagte Anton. »Und trinken Sie, was Sie wollen. Auf Kosten des Hauses natürlich. Das ist bei Herrn Asch Ehrensache.«

»Schon gut«, sagte Vierbein und ging wieder an seinen Tisch zurück. Er sah sich die Menschen, mit denen er zusammensaß, vorsichtig ein wenig näher an. Er lächelte freundlich und unverbindlich den vier Menschen an seinem Tisch zu. Die beiden Mädchen lächelten zurück, die eine, die neben ihm saß, besonders herzlich. Die Männer nickten nur.

Bei den zwei jungen Leuten schien es sich um hochbezahlte Spezialarbeiter zu handeln. Sie hatten schwielige Hände, trugen aber gute Kleider. Und sie tranken Wein. Sie versuchten, Vierbein in ein Gespräch zu ziehen; aber der wurde, da es um militärische Dinge ging, automatisch wortkarg.

Schließlich begann das freundliche Mädchen, das neben ihm saß, noch freundlicher zu werden. Sie lachte ihn ungeniert an, machte große Augen und schob unter dem Tisch ihr Bein näher. Ein derartig intensives Interesse für Frontsoldaten blieb bei ihrem Begleiter nicht unbemerkt.

Vierbein, verlegen, stand wieder auf und rettete sich zu Anton, dem Oberkellner: »Haben Sie eine Ahnung, Herr Anton, wo sich Herr Asch aufhalten könnte?«

»Das ist schwer zu sagen. Eigentlich müßte er jeden Augenblick kommen, denn es ist gleich zehn Uhr. Aber vermutlich wird er wieder einmal bei seinem Busenfreund, bei Werkmeister Freitag, sein. Dann wird es immer ziemlich spät.«

Vierbein bedankte sich für die Auskunft. Er bat Anton, seine Waffen und Ausrüstungsgegenstände in Verwahrung zu nehmen. Anton war sofort bereit dazu. »Für unsere Soldaten tun wir doch alles«, versicherte er. »Schließlich haben wir ja auch mal gedient.«

»Ich werde sehen, ob ich Herrn Asch finde«, sagte Vierbein und ging. Als er im Freien stand, atmete er tief aus. Und dann atmete er, nicht minder tief, wieder ein. Die Luft hier, so wollte ihm scheinen, war gut. Es war eben, so sagte er sich, Heimatluft.

Er wandelte durch die nächtlichen Straßen seiner einstigen Garnisonstadt. Seine Schritte hallten von den Wänden wider. Das gefiel ihm – es war, als sei er nicht mehr allein.

Nur wenige Menschen begegneten ihm, meist Soldaten, vorwiegend Dienstgrade. Einige davon waren mit ihren Mädchen unterwegs. Anderen schien der Alkohol zu genügen. Es waren Artilleristen und Infanteristen, wie auch in Friedenszeiten schon. Aus den einstigen Abteilungen und Bataillonen waren Ersatz-Abteilungen und Ersatz-Bataillone geworden.

Und dazu kamen dann noch die Regimenter der Arbeiter, die Stäbe der Ingenieure und Beamten. Die Kaserne hatte sich zum Heerlager erweitert. Aber noch kannte der Heimatkrieg den regelmäßigen Schlaf.

Die Stadt machte einen müden und scheinbar friedlichen Eindruck. Ein wenig verschlafen hatte sie schon immer ausgesehen – nunmehr, von der Verdunkelung befallen, schien ihr Schlaf bleiern und schwer geworden zu sein. Und die Fassaden der Häuser blickten ihn mit toten Augen an.

Vierbein fröstelte, und er schritt schneller aus. Er ging an »Bismarckshöh« vorbei; auch hier quoll ihm gedämpfter Lärm durch die abgedichteten Fenster entgegen. Dann, fast unmittelbar danach, baute sich vor ihm wieder die Kaserne auf, groß und drohend. Sie lag da wie ein lauerndes Tier. Er bog schnell nach links ab, auf die Schrebergärtenkolonie zu, wo das Häuschen des Werkmeisters Freitag lag.

Hier durchschritt er, nach kurzem Zögern, das Gartentor. Dann klopfte er. Zaghaft.

Nach kurzer Zeit schon wurde ihm geöffnet. Der Werkmeister Freitag, lediglich mit Hose und Hemd bekleidet, stand in der Tür. Und das Licht der Lampen hinter ihm ließ den kleinen, gedrungenen Mann größer erscheinen, als er war.

»Guten Abend, Herr Freitag«, sagte Vierbein. »Ist Herr Asch bei Ihnen?«

Der Werkmeister sah angestrengt in die Dunkelheit. Er hatte sich ein wenig vorgebeugt, und es war, als lauschte er aufmerksam. »Der ist nicht hier«, sagte er dann. »Aber höre ich richtig? Die Stimme kommt mir doch bekannt vor. Sind Sie das etwa, Herr Vierbein?«

»Jawohl«, sagte der. »Aber ich wollte nicht stören ...«

»Kommen Sie doch herein, Mann Gottes! Kommen Sie herein!« rief der Werkmeister herzlich und öffnete die Tür weit.

Dann drehte er sich um und rief in das Haus hinein: »Kommt alle her! Wir haben Besuch! Herr Vierbein ist da!«

»Aber ich wollte doch nur ...« Die ungewohnte Herzlichkeit, die ihm hier entgegenschlug, machte ihn verlegen.

Doch Vater Freitag ergriff Vierbeins Hände und ließ sie erst los, als sich der im Wohnzimmer befand. Der Werkmeister überzeugte sich, ein wenig hastig, davon, ob die Verdunkelungsvorhänge zugezogen waren. Dann erst schaltete er sämtliche Lampen ein. – Er betrachtete Vierbein liebevoll und fragte: »Wann?«

»Soeben angekommen«, sagte der. »Mit dem Flugzeug. Noch gestern nacht schlief ich bei der Batterie.«

»Und wie geht's ihm?«

»Wenn Sie Ihren Schwiegersohn meinen – Herbert Asch geht es gut.«

»Fein!« rief der alte Freitag erleichtert. »Das freut mich. Für meine Elisabeth.«

Frau Freitag kam herbei und strahlte ihn mütterlich an. Und dann kam auch Elisabeth, ein wenig erregt, noch ein wenig verschlafen. Sofort erzählte der Werkmeister, daß es Herbert Asch gut gehe. »Es geht ihm gut!« Und Herr Vierbein sei noch gestern abend – »denkt mal, vor knapp vierundzwanzig Stunden« – mit ihm zusammen gewesen.

»Danke«, sagte Elisabeth leise und drückte Vierbein die Hand.

Dann sollte er erzählen. Dann sollte er essen. Dann sollte er trinken. Dann mußte er Elisabeths Kind sehen – das Kind seines Freundes Herbert Asch. Und er sah in Elisabeths Zimmer einen rosigen Säugling, der sich heiß schlief. Und er sah ihn sich lange an, denn er wollte seinem Freund genau darüber berichten.

Als es auf Mitternacht zuging, verabschiedete er sich. Natürlich mußte er versprechen wiederzukommen, oft wiederzukommen. Er versprach es. Als er dann zum Café Asch zurückging, gab ihm der Werkmeister Freitag bis zum Stadtrand das Geleit.

Der Oberkellner Anton war gerade dabei, die letzten Gäste abzufertigen. Er stellte die Abrechnungen zusammen und überprüfte den Kassenbestand. »Tut mir leid«, sagte er zu Vierbein. »Aber Herr Asch ist immer noch nicht da. Auch Fräulein Ingrid ist nicht gekommen.«

»Macht doch nichts«, sagte Vierbein und versuchte, seine große Enttäuschung zu verbergen. »Dann eben morgen.«

»Tut mir leid«, sagte Anton. »Aber so ist das nun einmal. Der Krieg bringt alles durcheinander. Ich kenne mich da aus, denn ich habe ja auch gedient. Was wollen Sie jetzt machen?«

»Das ist doch ganz einfach«, sagte Vierbein. Er zog seinen Mantel an, schnallte das Koppel um, hängte seine Gasmaske daran, griff seinen Karabiner auf und warf sich den Rucksack über die Schulter.

»Das ist wirklich ganz einfach«, sagte er abermals. »Ich übernachte natürlich in der Kaserne.«

Eine der ersten Anordnungen, die Hauptmann Witterer, der neue Batteriechef, traf, lautete schlicht: »Ich will diesen Kerl nicht sehen.«

Dieser »Kerl« war der Obergefreite Kowalski, der daraufhin, ohne mit der Wimper zu zucken, den Chef-Kübelwagen abgab und auf einen Henschel-Achttonner umstieg. Der Hauptwachtmeister versuchte, mit taktvollen Hinweisen auf den eingespielten Batterieapparat und daher vergeblich, das zu verhindern. Witterer blieb standhaft.

Zwei Stunden später geriet der neuernannte Cheffahrer auf einer vereisten Straßenstrecke ins Schleudern und segelte prompt auf den einzigen Baum zu, der in der Gegend stand. Es gab einen dumpf-scheppernden Krach. Und dann gab es noch einen größeren Krach, als Hauptmann Witterer mit dem Schädel gegen die Windschutzscheibe knallte. Er brüllte wie zwei Löwen.

Dem neuernannten Cheffahrer, der moralisch völlig vernichtet vor seinem Trümmerhaufen stand, wurde ein handfestes Kriegsgerichtsverfahren angedroht. Außerdem wurde er für völlig unfähig erklärt, in Zukunft Menschen, noch dazu Vorgesetzte, zu transportieren. »Höchstens Munition!« rief Witterer.

In der Fernprotzenstellung angekommen, suchte er den Hauptwachtmeister heim. »Die Kraftfahrer der Batterie«, behauptete er, »sind alles Nieten.«

Natürlich widersprach der Hauptwachtmeister seinem Chef nicht, er hatte jedoch noch Charakterstärke genug, wenigstens doch nicht zuzustimmen. »Seit vier Monaten«, sagte er erklärend, »war das der erste Unfall.«

»In den letzten vier Monaten war die Batterie hier festgemauert – das erklärt alles.«

»Jawohl, Herr Hauptmann.«

»Jedenfalls, Bock, ist es eine alte Regel, daß der beste Kraftfahrer der Batterie immer auch der Kraftfahrer des Batteriechefs ist. Sorgen Sie also dafür, daß mir der beste Mann zugeteilt wird.«

»Der anerkannt beste Kraftfahrer der Batterie ist der Obergefreite Kowalski, Herr Hauptmann.«

»Mit diesem Kerl bleiben Sie mir gefälligst vom Hals.«

Der Hauptwachtmeister dachte: Genau dasselbe will ich ja auch – mir Kowalski vom Hals halten; ich kann ihn in der Protzenstellung einfach nicht gebrauchen, und schon gar nicht etwa im Fahrwasser von Soeft. Doch ganz abgesehen davon: Kowalski war wirklich der beste Kraftfahrer weit und breit.

»Dieser Kowalski, Herr Hauptmann, hat am Steuer so was wie den sechsten Sinn. Er ist einfach unbezahlbar. Er verfährt sich nie; er kann jede Sorte Panne selbst beheben; kein Gelände macht ihm Schwierigkeiten. Er kennt auch keine Müdigkeit. Beim Vormarsch und im Gefecht ist auf ihn absoluter Verlaß.«

»So?« fragte Witterer, aufmerksam geworden. »Wirklich? Aber Manieren hat der Bursche keine.«

»Er wird sie bestimmt wieder lernen, Herr Hauptmann. Er ist in der letzten Zeit ein wenig verwildert.«

»Kann sein«, sagte Witterer nachdenklich. Und er fügte, nach kurzem Überlegen, hinzu: »Das gilt wohl für die ganze Batterie, was?«

Der Hauptwachtmeister leistete es sich, in den Verdacht zu geraten, er reagiere langsam. Das, so wollte ihm scheinen, war ein deutlicher Seitenhieb auf Oberleutnant Wedelmann; und eine unüberhörbare Aufforderung zur Bestätigung dazu. Nun war Wedelmann, das durfte nicht geleugnet werden, ein Vorgesetzter gewesen, mit dem man reden konnte. Nun war aber Witterer, das durfte nicht übersehen werden, der neue Batteriechef, mit dem man rechnen mußte.

»Herr Oberleutnant Wedelmann«, sagte Bock geschmeidig, »hat seine ureigenen Methoden gehabt.«

»Und ich habe meine!« sagte Witterer energisch. »Und die sind jetzt maßgebend. Und wer sich nicht danach richtet, bei dem wird es rauchen!«

»Selbstverständlich, Herr Hauptmann«, sagte Bock und bestaunte das Tempo des Neuen. Und er fragte sich, wann der wohl bremsen würde. Und dann, vorsichtig, wie der Hauptwachtmeister in zwei Kriegsjahren geworden war, fragte er sich weiter, wer wohl am besten geeignet wäre, dem beim Bremsen behilflich zu sein.

Witterer, auf einem mit Decken gepolsterten Stuhl sitzend, auf dem gewöhnlich nur der Hauptwachtmeister zu sitzen pflegte, ließ sich die nach seinen Hinweisen ausgearbeitete Übergabeverhandlung reichen. Er las die vier engbeschriebenen Seiten aufmerksam. Dann nickte er. »Soweit in Ordnung, Hauptwachtmeister. Ein Original und drei Durchschriften davon. Möglichst noch heute.«

»Jawohl, Herr Hauptmann. Und der Obergefreite Kowalski?«

»Darf wieder für mich fahren. Aber verwarnen Sie ihn. Noch eine faule Sache — und ich lasse ihn versetzen.«

»Herr Oberst Luschke hat sich schon mehrmals danach erkundigt, ob er Kowalski für den Regimentsstab kriegen kann.«

»Herr Oberst Luschke interessiert sich wohl sehr für die dritte Batterie — was?«

»Das kann man wohl sagen, Herr Hauptmann.«

»Persönliche Bindungen zwischen Oberst Luschke und Oberleutnant Wedelmann?«

»Scheint so, Herr Hauptmann. Immerhin haben die Erfolge gerade unserer Batterie dem Regiment viel Anerkennung eingebracht.«

»Das braucht sich ja nicht zu ändern, Hauptwachtmeister.«

»Natürlich nicht.«

»Das wird sich auch nicht ändern«, sagte Witterer überzeugt. »Vielmehr werden wir dafür sorgen, daß das mindestens so bleibt. Bin ich verstanden worden?«

»Jawohl, Herr Hauptmann«, rief Bock, gab sich stramm und gottergeben und dachte dabei: Ein Held will der zu allem Überfluß auch noch sein! Wer weiß, auf wessen Kosten!

Hauptmann Witterer zeichnete die Entwürfe für die Übergabeverhandlung ab. Sein noch jugendliches, energisches Gesicht blieb unbewegt. Seine Stimme klang forciert; in seinen Augen lag Vorgesetztenentschlossenheit.

»Wann haben wir die letzte Alarmübung gehabt?«

»Alarmübung?«

»Ja.«

»Ich weiß nicht — so was . . . In der Feuerstellung allerdings . . .«

»Das, genau das, habe ich vermutet, Hauptwachtmeister. Die Batterie scheint einen ausgedehnten Winterschlaf zu halten. Das aber ist gefährlich. Darunter leidet die Schlagkraft der Truppe. Sehen Sie das nicht ein?«

»Jawohl«, sagte der Hauptwachtmeister gedehnt.

»Was geschieht zum Beispiel, wenn Tiefflieger kommen?«

»Hier kommen keine, Herr Hauptmann. Und wenn sie kommen sollten: volle Deckung!«

Witterer schüttelte mißbilligend den Kopf. Doch in seinen hellen Augen lag Triumph. Er hatte die Kerle hier genau erwischt — auf Anhieb.

»Das sieht euch ähnlich«, sagte er. »Schon mal was von Flugzeugabwehr gehört? Mit Karabinern und MG? Und was dann, wenn hier Fallschirmjäger abspringen? Wenn Partisanenverbände durchbrechen? Wenn die Sowjets überraschend eine Offensive beginnen und wir Stellungswechsel machen müssen? Was dann?«

»Wir sind natürlich jederzeit alarmbereit, Herr Hauptmann. Das ist ja klar. Aber Pläne dafür haben wir nicht aufgestellt.«

»So was Ähnliches habe ich erwartet«, sagte Witterer und lächelte befriedigt, obwohl er grimmig lächeln wollte. »Schreiben Sie also in die Übergabeverhandlung hinein: Punkt 23 – keine Spezialalarmpläne vorhanden.«

Der Hauptwachtmeister Bock schrieb das hinein. Er tat das zwar widerstrebend, doch überaus gewissenhaft. Kritik, sagte er sich suggestiv, kommt mir nicht zu. Und das sagte er sich mehrmals. Und natürlich meinte er damit: ausgesprochene Kritik. Was er dachte, war seine Angelegenheit.

»Ehe ich das vergesse«, sagte Hauptmann Witterer sodann und schob sein energisches Kinn vor. »Legen Sie mir doch mal die Personalpapiere des Wachtmeisters Asch 'raus.«

Der Hauptwachtmeister notierte: Asch – Personalpapiere – Chef. Und er dachte: Mensch, du wirst doch nicht etwa . . . Aber er sah genauso aus, als denke er überhaupt nicht – zumindest nicht in diesem Augenblick.

»Was ist das eigentlich für ein Mann, dieser Asch?«

»Er ist hier zbV, Herr Hauptmann.«

»Das weiß ich bereits. Er ist bei Oberleutnant Wedelmann zbV. Und das ist er vermutlich die längste Zeit gewesen – der Oberleutnant braucht ja jetzt keinen zbV mehr. Welche andere Verwendung kommt für den Wachtmeister in Frage?«

»Asch wäre gewiß ein guter Batterieoffizier«, sagte Bock vorsichtig.

»Vielleicht später einmal – sehr viel später vermutlich. Vorläufig wird Oberleutnant Wedelmann diesen Posten übernehmen, bis er die Batterie verläßt.«

Der Hauptwachtmeister hatte jetzt Mühe, seine Überraschung auch nur teilweise zu unterdrücken. Er ließ sein Notizbuch sinken und starrte den neuen Chef an. Das, weiß Gott, war ein starkes Stück – das war ja eine glatte Degradierung. Der Mann, der über ein Jahr lang die Batterie geführt hatte – und wie er die Batterie geführt hatte! –, der sollte in den letzten Tagen . . . Stark!

»Wie wäre es, Bock, wenn wir dem Wachtmeister Asch die Munitionsstaffel geben?«

»Wachtmeister Asch ist ein wirklich ausgezeichneter zbV«, sagte der Hauptwachtmeister tastend und reichlich unsicher und leicht entsetzt bei dem Gedanken, daß womöglich Asch in Zukunft in der Protzenstellung

Dienst tun könnte, also in seiner unmittelbaren Nähe. »Er ist jeder Situation gewachsen und besonders in der Feuerstellung einfach unentbehrlich. Es gibt kaum eine Funktion, die er nicht beherrscht. Er kann überall eingesetzt werden.«

»Auch als Hauptwachtmeister?« fragte Witterer sanft.

Bock schwieg kurz. Das war ein Volltreffer. Dann sagte er tapfer: »Wenn ich ausfallen sollte, dann – jawohl!«

»Nun gut«, sagte Witterer hartnäckig, »wenn dieser Mann so vielseitig begabt ist, dann wird er auch als Munitionsstaffelführer seinen Mann stehen.«

»Und wer soll zbV werden, Herr Hauptmann?«

»Sorgen Sie doch dafür, Hauptwachtmeister, daß sich bei mir der Unteroffizier Krause meldet. So schnell wie möglich. Auch seine Personalpapiere suchen Sie mir heraus.«

»Soll etwa Unteroffizier Krause ...?«

»Das zu entscheiden, überlassen Sie gefälligst mir, Hauptwachtmeister.«

Hauptwachtmeister Bock, leicht angeschlagen, doch keinesfalls ernsthaft beschädigt, ging und suchte bei Soeft und dessen Marketenderwaren Trost. Krause kam. Und Krause witterte seine Chance. Das war an sich noch nichts Besonderes – er witterte immer.

Krause war ein Mann mit Energie und Ehrgeiz. Und seine Brust war frei von Auszeichnungen. Dabei war auch er in den dicksten Schlamassel der Batterie hineingeraten; nur gelang es ihm damals nicht, sich persönlich sichtbar hervorzuheben. Schuld daran war seine unzuverlässige Geschützbedienung, dann der Mangel an günstiger Gelegenheit, schließlich die Mißgunst diverser Kameraden und Vorgesetzter. Kurz: das Klima in der Batterie war Krause nicht günstig gewesen. Bisher!

Der mittelgroße, drahtige Mann mit den flinken Jagdhundaugen meldete sich vorschriftsmäßig bei seinem neuen Batteriechef. Das allein schon machte ihn in den Augen von Witterer sympathisch. Hinzu kam, daß sein Anzug sorgfältig gebürstet war. Seine Rasur durfte den Verhältnissen nach als aufsehenerregend bezeichnet werden. Die noch nassen Kopfhaare, streng gescheitelt, schienen anlackiert zu sein.

Dieser Anblick erfreute Witterer. Korrektheit liebte er, denn darin lag Respekt, die erkennbare Vorbereitung, das Sichtbarwerden der inneren Einstellung Vorgesetzten gegenüber. Der Anzug in Besonderheit, davon war er überzeugt, verriet den ganzen Menschen. Und speziell dieser Punkt war bei der Batterie haarsträubend vernachlässigt worden.

Witterer hielt sich nicht erst lange bei den allgemeinen Redensarten und Routinefragen auf. Er stieß, nach wenigen Minuten schon, direkt auf den Kern des Anliegens vor. »Was halten Sie von Wachtmeister Asch?«

»Ein ausgezeichneter Soldat«, sagte Krause prompt. Und er zeigte sich nicht im geringsten überrascht darüber, daß hier von ihm ziemlich handfest die Beurteilung eines seiner Vorgesetzten verlangt wurde. »Nur ein wenig schwierig.«

»Schwierig — für wen?«

»Für alle Seiten. Jeweils nach der gegebenen Situation. Man darf sein Verhalten als wenig anpassungsfähig bezeichnen.«

Krause erteilte diese seine subjektiven Auskünfte ohne jede Hemmung, auch ohne sonderlich zu zögern, denn er hatte sich auf sie innerlich vorbereitet. Er konnte sich denken, was gespielt wurde. Der ziemlich heftige Zusammenprall zwischen Wachtmeister Asch und Hauptmann Witterer hatte sich schnell herumgesprochen. Einen ganzen Abend lang wurde bei der Batterie darüber gelacht. Denn bei dem dritten Geschütz hatten zwei Betrunkene zum allgemeinen Gaudium »Asch und Witterer« gespielt. Später gaben sie dann mit dieser Solonummer überall in der Feuerstellung Gastspiele.

»Sie wissen, Krause, daß der Wachtmeister Asch Ihr Freund nicht ist?«

»Das ist mir bekannt, Herr Hauptmann. Ich bedaure das, denn Wachtmeister Asch ist wirklich ein ausgezeichneter Soldat. Andererseits aber finde ich das nur selbstverständlich, denn wir sind grundverschiedene Naturen. Außerdem bin ich Offiziersanwärter.«

Witterer tat, als sei er allwissend, und nickte. Er gab deutlich zu verstehen, wie sehr er sein Metier beherrschte. Und Krause kaufte ihm das überzeugend ab. Sie begannen aneinander Gefallen zu finden.

Nunmehr stellte Witterer an Krause einige Fragen nach Herkunft, Schulbildung und Zivilberuf. Sie wurden zu seiner vollen Zufriedenheit exakt und erschöpfend beantwortet. Langsam rundete sich das Bild ab. Dieser Krause, das wurde Witterer immer deutlicher, war ein geistiger Mensch, mit höherer Schulbildung, aus guter Familie stammend. Offiziersanwärter! Und wurde vermutlich deshalb — sehr bezeichnend! — in dieser total versauten Batterie geschnitten. Das spürte Witterer jetzt: Dieser Mann war überaus brauchbar.

»Wollen Sie bei mir zbV werden, Unteroffizier?«

»Jawohl, Herr Hauptmann«, sagte Krause im diszipliniertesten Verschwörerton, tat dabei, als sei er bemüht, jede persönliche Regung zu verbergen, hatte aber nicht die nötige Kaltblütigkeit, seine herzliche Freude über dieses ihn ehrende Angebot zu verbergen.

»Ich komme noch darauf zurück«, verkündete Witterer, nickte abermals allwissend und entließ dann den vielversprechenden Unteroffizier mit einer wohlwollenden Handbewegung.

Kurz danach ließ sich Hauptmann Witterer, von Kowalski kutschiert, in die Nahprotzenstellung zu Oberleutnant Wedelmann fahren. Kowalski grinste ihn friedfertig an und legte dann ein Tempo vor, daß der Karren in allen Gelenken ächzte, daß seine Kotbleche flatterten und der Motor zu zerbersten drohte. Doch er fuhr, gestand ihm Witterer ein wenig widerwillig zu, verblüffend sicher.

Wedelmann hielt sich, wie zumeist, bei den Geschützen auf und mußte von Wachtmeister Asch geholt werden. Währenddessen breitete Hauptmann Witterer auf dem klobigen Tisch in der Hütte die Übergabeverhandlungen aus; ein Original, drei Durchschläge, alle auf weißem, dickem Papier, wie es sich für Urkunden gehörte. Als Wedelmann kam, begrüßte er ihn kurz, noch kameradschaftlich, doch nicht ganz ohne Vorgesetztenreserve. Dann schickte er Asch hinaus. — »Ihre Unterschrift, bitte.«

Wedelmann unterschrieb, ohne nachzulesen. Dann schob er die Blätter wieder zusammen.

»Mit allem einverstanden?« fragte Witterer überrascht. »Kein Kommentar?«

»Ist ja doch nur ein Fetzen Papier«, sagte Wedelmann gleichmütig.

»Wie Sie meinen, Herr Oberleutnant.«

Hauptmann Witterer faltete die nunmehr unterschriebenen, somit also beweis- und rechtskräftigen Übergabeverhandlungen sorgfältig zusammen, bis auf ein Exemplar, und verwahrte sie in seiner Brieftasche. »Ein Exemplar gehört Ihnen«, sagte er.

»Kann ich vielleicht nachher noch brauchen«, sagte Wedelmann, nahm die vier engbeschriebenen Blätter und verstaute sie in die Gesäßtasche.

»Damit«, sagte Hauptmann Witterer, nicht ohne einen Anflug von Feierlichkeit, liebte er doch, wie sich das ja auch für einen Soldaten gehörte, das militärische Zeremoniell, »habe ich also die dritte Batterie des Regiments Luschke übernommen.«

Dann streckte er seine Hand aus, ergriff die von Wedelmann, drückte sie mit männlicher Entschlossenheit. Das war, für ihn, ein großer Augenblick.

»Und was nun?« fragte Wedelmann.

»Ja«, sagte Witterer und tat ganz so, als formuliere jetzt, in diesem Augenblick, sein Hirn Befehle — ließ durchblicken: Ich denke scharf. Dabei hatte er schon mehrere Stunden über das gebrütet, was er jetzt an den Mann zu bringen gedachte.

»Herr Oberst Luschke wünscht, daß Sie, Herr Oberleutnant, vorläufig noch ein paar Tage im Batteriebereich bleiben. Ihre Weiterverwendung liegt wohl noch offen. Jedenfalls ist es in gewisser Weise großzügig von Herrn Oberst Luschke, Sie mir zu assistieren, wenn auch unnötig. Ich glaube, es ist das beste, wenn Sie jetzt als Batterieoffizier die Feuerstellung übernehmen.«

»Es ist bereits ein Batterieoffizier vorhanden.«

»Dann wird der eben, bis auf weiteres, unter Ihnen arbeiten.«

»Ist das ein Befehl?«

»Das ist ein Befehl. Außerdem, da wir gerade dabei sind: Sie brauchen ja jetzt keinen zbV mehr. Und ich brauche Ihren zbV auch nicht. Wachtmeister Asch wird also abgelöst und übernimmt ab sofort die Munitionsstaffel.«

Damit ging Hauptmann Witterer elastisch hinaus. Wedelmann stand wortlos da. Der Wachtmeister kam herein und fragte: »Nun – ist der Elefant schon im Porzellanladen?«

»Mittendrin«, sagte Wedelmann und versuchte zu lachen.

»Viel Porzellan haben wir nicht mehr«, sagte Asch. Er blinzelte Wedelmann zu, aber der sah ihn nicht an. Er war zum schmierigen Fenster der Hütte gegangen und blickte dort hinaus wie ein Bauer, der zusehen muß, wie ihm ein Hagelschauer die Ernte verdirbt.

Der Obergefreite Kowalski schob sich ungeniert in die Hütte, als sei er gerade dabei, in einer Kneipe einzukehren. Wedelmann drehte sich um. Kowalski trompetete einen fröhlichen, überaus zivilistischen Gruß. Er trug ein Päckchen unter dem Arm und legte das vor Wedelmann auf den Tisch. Dabei grinste er vieldeutig.

»Was soll das, Kowalski?«

»Von Unteroffizier Soeft – mit herzlichen Grüßen.«

»Fressage?«

»Möglich, Herr Oberleutnant. Aber nicht für Sie direkt. Für eine Dame!«

»Sagen Sie das noch einmal, Kowalski!«

»Das schöne Kind soll in diesem Dorf wohnen. Haus 17. Solche Figur – Herr Oberleutnant! Garantiert. Natascha heißt die Holde. Sie sollen sie, meint Soeft, mal besichtigen. Das lohnt sich.«

»Für wen halten Sie mich eigentlich, Kowalski?«

»Für jemanden, der jetzt endlich einmal Zeit hat, Herr Oberleutnant. Was denn sonst? Und diese Zeit sollten Sie ausnutzen.«

»Kowalski«, sagte Asch, »wenn du hier nicht bald verschwindest, wird dich dein Hauptmann in der Luft zerreißen.«

»Halb so wild«, sagte Kowalski und winkte ab. »Der kann warten. Der muß das sowieso langsam lernen.«

Draußen schrie Witterer nach seinem Kraftfahrer. Kowalski schien es Genuß zu bereiten, diese Stimme zu hören. »Ganz brauchbares Organ, was«, sagte er grinsend. »Gutes Organ ist halber Soldat, aber nur auf dem Kasernenhof! Was hier benötigt wird, darüber müssen wir ihn wohl noch aufklären.«

Dann zog sich Kowalski zurück. Doch ehe er ging, sagte er noch einmal: »Solche Figur – garantiert!«

Das kleine Päckchen für das »schöne Kind«, das Natascha hieß und in diesem Dorf wohnen sollte, Haus 17, lag mitten auf dem Tisch. Wedelmann und Asch betrachteten es nachdenklich.

»Was sich dieser Soeft so herausnimmt«, sagte der Oberleutnant langsam. Und dann sagte er: »Aber Zeit hätte ich ja jetzt.« Und er lächelte ein wenig verlegen, denn es wollte ihm beinahe wie eine Schande vorkommen, ganz plötzlich Zeit genug zu haben — noch dazu für solch unmilitärische Dinge.

»Hier ist Ihr Mantel.«

»Gleich«, sagte Wedelmann, und er war plötzlich unternehmungslustig geworden. »Sofort. Vorher will ich nur noch ganz schnell mit Oberst Luschke telefonieren.«

Der Wachtmeister Asch war ein Mann, der keine Komplikationen liebte. Er bevorzugte stets »die gerade Tour«, denn sie war nicht nur die übersichtlichste, sondern zumeist auch die erfolgreichste. Aber sie kostete Nerven — wenn Asch daran beteiligt war, dann fast immer die der anderen.

Ihm waren nicht alle Befehle heilig. Er leistete sich den Luxus, eigene Gedanken zu haben. Und wenn er wollte, konnte er von einer derartig gummizähen Sturheit sein, wie sie ansonsten nur als das anerkannte Privileg von Obergefreiten galt.

So überhörte zunächst der Wachtmeister Asch den Befehl seines neuen Batteriechefs, nach welchem er die Munitionsstaffel zu übernehmen hatte. Asch übernahm sie vorerst nicht. Er gab auch keine andere Tätigkeit auf. Er wartete ab.

Er legte sich in seiner Hütte lang, starrte auf die niedrige, verräucherte Balkendecke und dachte an seine junge Frau Elisabeth und an sein Kind, das er noch niemals gesehen hatte. Er lächelte, denn wie ein Vater kam er sich nicht vor. Die Petroleumlampe warf ein mattes, mildes Licht über ihn und machte ihn müde. Aber schlafen konnte er nicht.

Später polterte Oberleutnant Wedelmann in die Hütte. Als er Asch regungslos, offenbar schlafend, auf dem Stroh liegen sah, wurden seine Schritte behutsam. Er schraubte das Licht der Lampe ein wenig herunter und begann sich auszuziehen.

Er zog seinen Mantel aus und legte ihn neben Asch auf das Stroh. Dann klemmte er die Stiefel einzeln zwischen Tischbein und Sitzbank ein und befreite sich mit unterdrücktem Fluchen von ihnen. Seinen Waffenrock drehte er zu einem Kopfpolster zusammen und verstaute es sorgfältig im Stroh. Damit war er ausgezogen.

Er schaltete eine Taschenlampe ein und pustete die Petroleumlampe aus. Dann legte er sich neben Asch nieder. Er wickelte sich umständlich in seine zwei Decken und legte dann noch den Mantel darüber. Das

Stroh raschelte heftig. Dann erlosch jedes Licht. Der Atem des Oberleutnants ging tief und regelmäßig.

Aber er schlief nicht. Er horchte in die Dunkelheit hinein. Asch bewegte einen Arm. Auch er schlief immer noch nicht.

»Seltsam«, sagte Asch, »es gibt jetzt Nächte, in die ich hineinzusehen versuche.«

»Es wird langsam Frühling«, sagte der Oberleutnant. »Ich spüre ihn schon in allen Knochen. Und ich spüre einige hundert Nächte kommen, in denen wir wieder kein Auge zumachen werden.«

Asch schwieg. Wedelmann beteiligte sich an diesem Krieg mit Überzeugung, für Asch war er mehr ein unvermeidliches Übel. Wedelmann verwechselte den Nationalsozialismus mit Deutschland und hielt Hitler für einen Ehrenmann. Asch sah das, was war, und dachte darüber nach, was daraus werden könnte. Der eine glaubte daran, daß die Welt verändert werden mußte, der andere trachtete allein danach, Menschenleben zu erhalten.

Wedelmann suchte umständlich nach einer Zigarette. Er fand sie schließlich in seiner Rocktasche. Sie war zerknüllt; und er befingerte sie im Dunkeln, bis sie gerade und der Tabak gleichmäßig verteilt zu sein schien. Asch gab ihm Feuer.

Der Oberleutnant rauchte einige Züge und reichte dann die Zigarette seinem Wachtmeister hinüber. Asch zog kurz daran und gab sie wieder zurück. Der süßliche Rauch verdrängte den dumpfen, stickigen Geruch des engen Raumes.

»Seltsames Mädchen«, sagte Wedelmann dann nach längerer Pause.

»Irgendeins von Soefts Protektionskindern?«

»Nicht irgendeins, Asch – irgend etwas Besonderes. In dem Päckchen, das ich ihr gebracht habe, waren Lebensmittel. Sie hat dafür gewaschen. Soweit scheint alles normal und typisch Soeft.«

»Soeft ist der geborene Händler, Herr Oberleutnant. Bei ihm hat alles seinen Preis. Er verschenkt nichts.«

»Mag sein«, sagte Wedelmann nachdenklich. Die Zigarette glühte noch einmal heftig. Dann warf er sie in hohem Bogen in die Richtung des Ofens. Ein paar Funken sprühten auf. Dann war wieder Dunkelheit.

»Für unseren Soeft«, sagte Asch, »ist auch der Krieg nichts anderes als eine besondere Art Geschäft. Er wird alles tun, was sich lohnt. Und für ihn, glaube ich manchmal, gibt es gar keine Fronten, nur Handelsplätze, keine Gegner, lediglich verschiedene Geschäftspartner.«

»Dieses Mädchen ist ungewöhnlich, Asch. Eine hierher durch den Bewegungskrieg verschlagene Studentin. Sie heißt Natalie – genannt wird sie Natascha. Sie spricht recht gut Deutsch.«

»Sie haben sich sehr lange mit ihr unterhalten.«

»Es hat mir Freude gemacht. Sie ist eine Frau, Asch. Seit Monaten habe ich mit keiner Frau mehr gesprochen.«

»Eine sehr entgegenkommende Dame, vermutlich.«

»Aber nein!«

»War sie ablehnend?«

»Auch nicht. Wir haben uns recht gut verstanden, das war alles.«

»Und wann gedenken Sie diese Verständigung fortzusetzen?«

»Sie sind ewig mißtrauisch, Asch. Ich habe mich wirklich nur unterhalten, gut unterhalten — weiter will ich doch gar nichts. Und sie ist auch nicht die Person, mit der man . . .«

»Mit der man — was?«

»Ich glaube, wir versuchen jetzt endlich zu schlafen, Asch.«

»Ruhen wir uns also auf unseren Lorbeeren aus!«

»Gute Nacht, Munitionsstaffelführer.«

»Gute Nacht, Batterieoffizier.«

Sie lachten gedämpft. Dann versuchten sie zu schlafen. Es dauerte noch geraume Zeit, bis ihnen die Augen zufielen.

Sie schliefen lange in den nächsten Tag hinein, denn jetzt hatten sie ja Zeit dazu. Als sie endlich aufstanden, war Wachtmeister Asch wieder der zbV der 3. Batterie und Oberleutnant Wedelmann nicht mehr Batterieoffizier.

Oberst Luschke hatte Hauptmann Witterer zum erstenmal telefonisch »angebraten«. Für Witterer war Luschkes Fernbearbeitung absolut eine Neuheit. Die sanfte, zischelnde, beängstigend eindringliche Stimme des Kommandeurs hatte selbst den sich ganz sicher wähnenden Hauptmann mühelos aus dem Sattel gehoben.

»Ich liebe Männer mit Initiative«, hatte Luschke gesagt, »aber noch mehr schätze ich Leute mit Verstand. Energie ist eine schöne Sache und wird anerkannt. Doch muß alles systematisch vor sich gehen und planvoll sein.«

Witterer, mit Selbstbewußtsein: »Ganz meine Methode, Herr Oberst.«

»Ihre Methoden, Herr Hauptmann«, hatte Luschke weiterhin gesagt, »in allen Ehren. Aber vergessen Sie dabei nie, daß es für Sie auch noch einen Kommandeur gibt, und auch der besitzt, wenn Sie nichts dagegen haben, seine Methoden. Und er kennt, was Sie vielleicht überraschen wird, die dritte Batterie ziemlich genau.«

»Selbstverständlich, Herr Oberst.«

»Ich kenne die dritte Batterie sogar ein wenig besser, als Sie sie im Augenblick kennen, Herr Hauptmann. Das hat jedoch nichts mit eventuellen Fähigkeiten zu tun, das ist allein eine Sache der Erfahrung. Und Erfahrung mit der dritten Batterie, bester Witterer, scheint Ihnen noch zu fehlen — es sei denn, Sie sind ein Genie, was ich aber vorerst noch nicht glauben kann. Sie müssen sich also diese Erfahrungen aneignen. Dazu brauchen Sie eine bestimmte Zeit. Und um Ihnen das zu erleichtern, habe ich Oberleutnant Wedelmann vorläufig noch dort gelassen. Wedelmann soll nicht unter Ihnen, er soll mit Ihnen arbeiten.«

»Jawohl, Herr Oberst.«

»Ich wünsche vorläufig keinerlei Personalveränderungen in der dritten Batterie, solange Wedelmann noch dort ist. Darunter fällt auch die Ablösung des zbV. Bin ich verstanden worden?«

»Jawohl, Herr Oberst«, hatte Hauptmann Witterer reichlich konsterniert gesagt. Er warf den Hörer in die Gabel, nachdem der Oberst eingehängt hatte. Er blickte verächtlich um sich, und in seinem Gesicht war deutlich nachzulesen, was er dachte: So ein Sauhaufen!

Er ließ Hauptwachtmeister Bock zu sich kommen, den der Soldat an der Vermittlung sofort über Form und Inhalt dieses für ihn überaus erbaulichen Ferngespräches informiert hatte. Bock rieb sich die Hände, nicht nur der Kälte wegen, und strebte freudig der Unterkunft des Batteriechefs zu.

»Hauptwachtmeister«, sagte Witterer und spielte wieder militärisches Improvisationsgenie, »wir wollen methodisch vorgehen – ich habe mir das genau überlegt. Natürlich bleiben alle meine Anordnungen bestehen, das ist ja selbstverständlich. Nur wünsche ich, daß kluge Übergänge geschaffen werden.«

»Jawohl, Herr Hauptmann«, sagte Bock erwartungsvoll.

»Unteroffizier Krause ist nach wie vor als zbV vorgesehen.«

»Dann haben wir ja jetzt zwei zbV, Herr Hauptmann.«

»Wir haben immer nur einen zbV, Hauptwachtmeister. Das entspricht, wie Sie wohl wissen, der Vorschrift. Wenn der andere sich eingearbeitet hat, wird er abgelöst.«

»Verstehe, Herr Hauptmann«, versicherte Bock. »Verstehe vollkommen.« Und er freute sich heimlich und von Herzen über die herrlich verwickelte Situation, die er natürlich hatte kommen sehen. Sein volles Gesicht strahlte. Zwei zbV auf einem Haufen, dazu noch ausgerechnet diese beiden – Herrschaften, das war ein Brocken! An dem würde Witterer schwer zu kauen haben.

Doch Witterer war keinesfalls, wie der Hauptwachtmeister wähnte, in diesem speziellen Fall mit Blindheit geschlagen. Er stellte mögliche Komplikationen durchaus in Rechnung. Er war nicht umsonst in jahrelangen Büroschlachten unbestreitbarer Sieger geblieben. Witterer wußte genau, daß er hier trennen mußte, um vorzeitige Zusammenstöße zu vermeiden – denn in seiner augenblicklichen Situation, das hatte sein Telefongespräch mit Luschke deutlich aufgezeigt, konnte er sich derartige Extravaganzen nicht leisten.

»Ich habe für Wachtmeister Asch einen Spezialauftrag«, sagte er.

Hauptwachtmeister Bock war ganz Ohr. Dieses Spiel machte ihm einen Heidenspaß. Je mehr sich die anderen verzettelten, um so sicherer wurde seine Position.

»Der Wachtmeister Asch soll das Gastspiel einer Wehrbetreuungstruppe in Frontnähe organisieren.«

»Der Wachtmeister Asch?« fragte Bock ungläubig.

»Wer denn sonst? Das ist doch eine typische zbV-Angelegenheit. Oder trauen Sie das Asch nicht zu?«

»Zutrauen schon, Herr Hauptmann. Aber das ist doch nicht in ein paar Stunden erledigt. Das kann unter Umständen längere Zeit in Anspruch nehmen. Und dann sind wir hier ohne zbV.«

»Aber wer sagt das, Hauptwachtmeister! Haben Sie denn immer noch nicht begriffen? Solange Asch mit der Wehrbetreuungssache zu tun hat, und er soll das gründlich tun, solange vertritt ihn hier bereits der Unteroffizier Krause.«

»Jawohl«, sagte Bock, der langsam zu verstehen begann, nicht ohne Respekt.

Asch nahm seinen neuen Auftrag entgegen wie jeden anderen Auftrag auch. Ihn konnte nichts mehr überraschen. Er war eben Spezialist für ungewöhnliche Befehle.

Er hatte in diesem Scheißkrieg Stoßtrupps geführt und Latrinen ausgehoben, Verwundete versorgt und Gräber angelegt, erbeutete Kraftwagen wieder flottgemacht und feindliche Panzer abgeknallt, im Hinterland requiriert und Brunnen gebaut, eine Schneiderwerkstatt organisiert und alte Zeitungen in Pelzersatz verwandelt. Jetzt also würde er das Gastspiel einer Wehrbetreuungstruppe in Frontnähe organisieren. Warum auch nicht?

Er ließ sich ein Krad geben und fuhr damit in die Etappencity. Witterers Hinweise waren ziemlich eindeutig gewesen: zu organisieren war eine Wehrbetreuungstruppe, die zur Zeit in der Schule untergebracht war und bei der sich eine Sängerin befand, die Lisa Ebner hieß. Soweit war alles klar.

Asch ging ohne Umstände auf sein Ziel los. Er erkundigte sich nach Lisa Ebner und fand ihre Unterkunft mühelos. Dort drang er nach kurzem Klopfen ein.

Das Mädchen mit den großen, naiven und doch gierigen Augen war entsetzt, denn es war noch nicht vollständig angekleidet. »Warten Sie gefälligst draußen«, rief Lisa Ebner, »bis ich fertig bin.«

»Ich habe nicht viel Zeit«, sagte Asch, fest entschlossen, ohne jeden Zeitverlust seinen Auftrag zu erledigen.

»Manieren haben Sie auch nicht.«

»Ich kann mir diesen Luxus nicht leisten, Fräulein.«

»Sehen Sie denn nicht, daß ich noch nicht ganz angekleidet bin?«

»So was übersehe ich grundsätzlich«, sagte Asch. »Außerdem bin ich verheiratet, falls Sie das interessiert.«

»Das interessiert mich ganz und gar nicht!« rief Lisa wütend. »Drehen Sie sich doch wenigstens um.«

»Den Gefallen werde ich mir tun«, sagte Asch und drehte sich um. Das Mädchen hinter seinem Rücken raschelte mit den Kleidern. Das schwarzhaarige Kind mit den Teetassenaugen war wütend, hastige Bewegungen verrieten das deutlich. Dann fiel ein Pantoffel, dann noch einer.

»Kommen Sie von Hauptmann Witterer?« fragte das Mädchen Lisa.

»Erraten.«

»Ein nobler Mann. – Oder etwa nicht?«

»Ich kann das nicht so beurteilen. Mein Verhältnis zu Hauptmann Witterer ist vermutlich ein ganz anderes als das Ihre.«

»Das mit dem Verhältnis können Sie sich schenken«, sagte Lisa und stampfte mit dem Fuß auf, vermutlich, um den Sitz ihres Schuhes zu verbessern. »Davon kann gar keine Rede sein!«

Asch betrachtete die abgegriffene Holztür, vor der er stand. Die Wand daneben, einstmals grün gestrichen, war verwittert, und ihr Putz begann abzubröckeln. Eine Bude – und darin dieses Mädchen, das aus der Heimat kam. Warum kam es hierher?

»Warum sind Sie eigentlich hier?«

»Und Sie?«

»Ich muß!«

»Und ich bin freiwillig gekommen.«

»Darauf sind Sie wohl noch stolz, was?«

Lisa Ebner schnaubte empört durch ihr zierliches Näschen. »So ein Exemplar wie Sie hätte mir Hauptmann Witterer ersparen können.«

»Das glaube ich kaum, Fräulein. Von meiner Sorte gibt es hier ziemlich viele. Das werden Sie schon noch merken. – Sind Sie jetzt endlich fertig?«

»Drehen Sie sich nicht herum!«

»Dann geben Sie mir einen Stuhl.«

Sie zögerte. Dann schob sie ihm einen Schemel zu. Asch setzte sich, immer noch mit dem Gesicht gegen die abgegriffene Tür, und wartete. Wieder raschelte hinter seinem Rücken ein Kleid. Dann scharrte ein harter Gegenstand, vermutlich eine Flasche, über eine Holzfläche. Kurz danach sog Asch den Duft eines schweren Parfüms ein. Er schnupperte.

»Sie stürzen sich in Unkosten«, sagte er.

»Nur, um Sie nicht riechen zu müssen!«

»Ich verdufte hier sofort, wenn ich einige konkrete Auskünfte bekomme.«

»Welche?«

»Wann, an welchem Tag und zu welcher Uhrzeit können Sie mit Ihrem Haufen zu uns herauskommen? Wie viele Personen kommen? Müssen Sie abgeholt werden, oder haben Sie ein eigenes Fahrzeug? Wie lange dauert die Vorstellung? Welche Sonderwünsche haben Sie?«

»Das alles geht mich gar nichts an, Herr! Das müssen Sie mit unserem Manager besprechen. Das ist unser Zauberkünstler, und der liegt ein Stockwerk tiefer in der Offiziersunterkunft.«

Asch erhob sich. »Das hätten Sie mir auch gleich sagen können, ohne mich erst stundenlang an die Wand zu stellen! Adieu!«

»Warten Sie! Jetzt können Sie sich umdrehen!«

Langsam drehte er sich um. Er stutzte. Dann verzog sich sein zusammengepreßter Mund zu einem anerkennenden Lächeln.

Das Mädchen mit den großen Augen war hübsch. Aber das allein war es nicht, das ihn erstaunen ließ. In dem Kleid, das das Mädchen trug, einem glatten, dunkelblauen, leicht in den Hüften gerafften Kleid, erinnerte es ihn lebhaft an seine Elisabeth. Auch Elisabeth trug solche Kleider mit Vorliebe. Und hieß es nicht auch noch Lisa?

»Nun?«

»Bemerkenswert«, sagte Asch ehrlich. »Sie erinnern mich lebhaft an jemand.«

»An wen?«

»An einen Menschen, den ich liebe.«

Lisa Ebner sah ihn mit großen Augen an. Dann sagte sie leichthin: »Das ist nichts Neues. Das sagt ihr alle. Das ist eine optische Täuschung. Das kommt daher, weil ihr inzwischen vergessen habt, wie eine Frau aussieht.«

Asch nickte wenig überzeugt. »Kann schon sein«, sagte er. »Kann aber auch nicht sein.«

Die Kaserne hatte Vierbein wieder. Ihre dumpfe Geschäftigkeit riß ihn aus dem Schlaf. Er lag lange wach, bevor es für ihn Zeit wurde, aufzustehen.

Er war auf irgendeiner Unteroffiziersstube gelandet. Der Offizier vom Dienst hatte ihn in der vergangenen Nacht, als sich Vierbein bei seiner Ersatzabteilung meldete, hier eingewiesen. »Schlafen Sie sich erst einmal gründlich aus – alles andere erledigen Sie morgen.«

Die beiden anderen Unteroffiziere, in deren Zimmer er lag, machten ihm sofort klar, daß das ihre Unterkunft sei. Er sei lediglich hier Gast, also geduldet. »Oder sollst du etwa zur Ersatzabteilung versetzt werden?«

»Ich hole nur Ersatz ab. Ich verschwinde hier so schnell wie möglich.«

»Das ist ein feiner Zug von dir«, sagte der eine Unteroffizier.

Und der andere Unteroffizier sagte: »Damit du das weißt: Wir sind kein Ersatz, wir nicht. Wir liefern nur welchen.«

Die beiden, in deren Zimmer Vierbein ein Nachtquartier gefunden hatte, hießen Bartsch und Ruhnau. Sie selbst nannten sich »Bomben« oder »Kanonen« oder »Panzerkreuzer« — je nachdem, als was sie sich gerade fühlten. In der Stadt hießen sie »die siamesischen Etappenzwillinge«, denn es gab nichts, was sie nicht gemeinsam taten. Daß sie stets gemeinsam austreten gingen, war bekannt; daß sie sich sogar gemeinsam an Frauen ergötzten, soll Tatsache gewesen sein.

Jedoch handelte es sich hierbei lediglich um ein auf Freundschaft respektive Kameradschaft basierendes Schutz- und Trutzbündnis. Diese »Bomben« waren nämlich, besonders außerhalb der Dienstzeit, außerordentlich unternehmungslustig, »Draufgänger« also oder »Nachtjäger« oder »Minensucher«. Einer allein hätte dabei leicht unter die Räder geraten können; zu zweit sicherten sie sich gegenseitig ab.

»Wie lange willst du bleiben, Vierbein?«

»Ein paar Tage.«

»Viel los ist in diesem Nest nicht. Wenn du eine Flasche Schnaps hast, darfst du dich uns mal anschließen. Für zwei Flaschen Schnaps wird mindestens eine Nummer garantiert.«

Der Unteroffizier Vierbein begab sich in den Waschraum. Bartsch und Ruhnau ließen sich Wasser auf ihr Zimmer bringen. Als Vierbein zurückkam, lagen die beiden Unteroffiziere schon wieder auf ihren Betten.

»War eine anstrengende Nacht«, sagte der eine.

»Und diese Vorgefechte, Mensch! Die wußte offenbar noch gar nicht, daß der Krieg bereits in vollem Gange ist.«

Vierbein machte sich fertig, um sich beim Hauptwachtmeister der Stabsbatterie zu melden. Er versuchte, seinen Stiefeln ein wenig Glanz zu verleihen, aber es gelang ihm nicht. Er transpirierte leicht.

»Brauchst du nicht«, sagte Bartsch. »Hauptsache, dein EK glänzt.«

Und Ruhnau sagte: »Für Helden haben wir hier eine Schwäche.«

»Außerdem ist der Spieß ein Trottel. Du mußt nur einen Bogen um den Chef machen, dann kannst du hier anstellen, wozu du lustig bist.«

»Doch keine Bange — Oberleutnant Schulz hat augenblicklich schwer zu tun. Der ist jetzt sozusagen die Seele vom ganzen Misthaufen.«

»Wer?«

»Oberleutnant Schulz. Kennst du den nicht? Der war hier früher mal Spieß.«

»Der ist immer noch ein Spieß. Diesmal gleich für die ganze Ersatzabteilung.«

Vierbein nickte. Er kannte Schulz — und wie er ihn kannte! Der hatte ihn einst geschliffen, bis ihm »das Wasser im Arsch kochte«. Nach allen

Regeln der Kunst. Doch Vierbein trug ihm nichts nach, natürlich nicht. Schulz hatte doch nur seine Pflicht getan, sogar etliches mehr als seine Pflicht.

Der Unteroffizier Vierbein begab sich auf die Schreibstube der Stabsbatterie und meldete sich beim Hauptwachtmeister. Der blätterte Vierbeins Papiere durch und sagte dann: »Na, ja!« Minuten später sagte er dann: »Von mir aus!«

Vierbein blieb erwartungsvoll vor der Schranke stehen.

»Sie können bei der Stabsbatterie bleiben, bis Sie Ihren Auftrag erledigt haben.«

»Bin ich vom allgemeinen Dienst befreit, Herr Hauptwachtmeister?«

Der Spieß sah jetzt hoch. »Was denn, was denn?« fragte er verwundert. »Sie sind doch nicht etwa vergnügungslüstern, wie?«

»Nein, Herr Hauptwachtmeister!«

»Na also, Mensch. Mach doch, was du willst! Sieh zu, daß du deinen Kram hier zusammenkriegst. Alles andere geht dich doch nichts an. Bevor du dann wieder abhaust, kommst du noch mal hierher. Ansonsten: Urlaub bis zum Wecken.«

»Danke.«

»Ist doch selbstverständlich. Wir wollen doch leben! Oder etwa nicht? Na, siehst du. Und wenn du was brauchst, kommst du zu mir.«

Vierbein nahm seine Papiere wieder an sich und verabschiedete sich von dem Hauptwachtmeister der Stabsbatterie. Der schien ein gutmütiges Haus zu sein, eine Seele von Spieß. Immer leben und leben lassen! Und volles Verständnis für den Mann, der von der Front kam.

Unteroffizier Vierbein überlegte kurz, ob er in die Kantine gehen und bei Asch anrufen sollte. Doch er beschloß, das später zu tun. Zuerst wollte er seinen Auftrag so gut und so schnell wie nur irgend möglich in die richtigen Kanäle leiten.

Er begab sich zum Abteilungsstab, zum gleichen Gebäude, in dem einst Luschke noch als Major residiert hatte. Er bat darum, sich beim Adjutanten melden zu dürfen. Nach langem Warten, zwischen Akten, die dumpf rochen, und Schreibern, die sich maßlos langweilten oder private Telefongespräche führten, wurde er in das Zimmer des Adjutanten hineingelassen.

Der Ersatzabteilungsadjutant, ein Leutnant der Reserve, im Zivilberuf Likörfabrikant, schien reichlich aufgeregt zu sein und hatte, wie er sofort einleitend bekanntgab, nur wenig Zeit. »Sehr wenig Zeit, Unteroffizier.«

Vierbein trug das Anliegen des Regiments vor: Funksprechgeräte und dazu ausgebildetes Personal. Angefordert von Oberst Luschke. Anforderung bestätigt vom AOK.

»Haben wir«, sagte der Leutnant. »Haben wir alles. Nur im Augenblick nicht. Im Augenblick geht hier alles drunter und drüber. Der Kommandeur heiratet in diesen Tagen.«

Vierbein, der auf Anhieb keine rechte Erklärung dafür fand, was die Hochzeit des Kommandeurs mit der Personal- und Materialanforderung seines Regimentes zu tun hatte, sagte: »Es liegt eine besondere Dringlichkeit vor.«

»Bei uns auch, mein Lieber«, sagte der Adjutant und drückte seine zwei Zentner gegen die gutgepolsterte Sessellehne.

»Herr Oberst Luschke hat fest angenommen, daß es keinerlei Schwierigkeiten irgendwelcher Art dabei geben würde, Herr Leutnant.«

»Es gibt auch keine Schwierigkeiten! Wer redet denn davon? Uns kann doch niemand vorwerfen, daß wir Schwierigkeiten machen, noch dazu der Front. Nee, mein Lieber! Im Gegenteil, ganz im Gegenteil! Nur ein paar Stunden werden Sie schon noch warten müssen.«

»Selbstverständlich, Herr Leutnant«, sagte Vierbein erleichtert.

»Na, sehen Sie! Hat das Regiment ein halbes Jahr gewartet, dann werden Sie doch auch noch einen halben Tag warten können.«

»Jawohl, Herr Leutnant.«

»Sie ahnen ja nicht, was hier alles los ist. Der Kommandeur heiratet in diesen Tagen – aber das sagte ich ja wohl schon. Er ist gerade dabei, ein paar Tage freizumachen, ohne so richtig in Urlaub zu gehen. Wir können uns das hier nämlich vor lauter Arbeit gar nicht leisten. Aber sein Vertreter wird am Nachmittag schon zur Verfügung stehen – und dann bearbeiten wir Ihren Fall als ersten. Halten Sie sich also abrufbereit.«

»Ich halte mich abrufbereit bei der Stabsbatterie«, sagte Vierbein und begab sich zur Tür, wobei er nahe daran war, über den Teppich zu stolpern.

»Noch eins«, sagte der Leutnant leutselig. »Glückwunsch zum EK Eins.«

»Danke«, sagte Vierbein und ging.

Kaum war er wieder bei der Stabsbatterie angekommen, wurde er sofort zur Schreibstube befohlen. Der vorhin so überaus menschenfreundliche Hauptwachtmeister war um Grade kälter geworden. Er sah Vierbein an, als sehe er ihn zum erstenmal.

»Sie sollen sich sofort bei Oberleutnant Schulz melden«, sagte der Spieß. »Haben Sie denn was ausgefressen?«

»Dazu war wohl noch keine Gelegenheit, Herr Hauptwachtmeister.«

»Das kann man bei euch nie so genau wissen. Kaum seid ihr eine Stunde in der Heimat, dann habt ihr auch gleich irgendein blödsinniges Ding gedreht. Neulich war einer hier, der hat innerhalb von zwanzig Minuten einen Mann zusammengeschlagen und ein Mädchen so gut wie vergewaltigt. Aber bei uns ist das nicht zu machen, bei uns herrscht Ordnung.«

»Auch an der Front, Herr Hauptwachtmeister, ist das nicht zu machen. Auch dort herrscht Ordnung.«

Der Spieß, immer um seinen ruhigen Posten besorgt, schluckte das mühelos. Er erhob sich und sagte: »Dann will ich Sie mal melden.«

Er begab sich an die Tür des Chefzimmers, klopfte dort kurz und dezent, lauschte dann, ob »Herein« gerufen werde. Er lauschte mehrere Sekunden lang. Schließlich wurde »Herein« gerufen. Er flitzte in knappem Bogen in das Chefzimmer.

Dort erhob sich ein kurzes Gebrüll, und der Hauptwachtmeister flitzte wieder, abermals in knappem Bogen, hinaus. »Warten Sie gefälligst!« fuhr er Vierbein an.

Vierbein wartete. Er kannte diese Sorte Kettenreaktion zur Genüge. Er war das letzte Glied; er schluckte den Anbrüller gehorsam und ohne Verwunderung. Der Krieg hatte ihm, wenigstens in diesem Punkt, Gelassenheit beschert.

Er fragte sich, was wohl jetzt kommen würde. Er durchforschte jede Phase der letzten Stunden, von der Landung bis zu diesem Augenblick. Vierbein wartete. Er sah den tiefgebeugten Rücken des Schreibers. Er betrachtete den Hauptwachtmeister, der geschäftig in Papieren herumblätterte, dabei aber sprungbereit dasaß. Schulz, sagte sich Vierbein, scheint immer noch der Alte zu sein; er setzt sich durch, und wenn es sein muß, mit . . .

Die Tür des Chefzimmers wurde aufgestoßen und prallte gegen die Wand. Dort stand der Oberleutnant Schulz – breit und gewichtig, breiter und gewichtiger noch als damals. Seine Uniform war prächtig. Alle Anwesenden standen stramm. Seine Stimme klang fanfarenartig wie eh und je.

»Das ist doch unser Vierbein!« rief er aus.

Unteroffizier Vierbein bestätigte ihm das.

»Kommen Sie her, Sie Waisenknabe.«

Vierbein ging zu ihm hin, baute sich vor ihm auf und meldete laut und mit aller ihm zu Gebote stehenden Korrektheit: »Unteroffizier Vierbein, dritte Batterie Artillerieregiment Luschke, kommandiert zur Artillerie-Ersatzabteilung zwecks Abholung von Personal und Geräten.«

Oberleutnant Schulz lachte männlich. »Meine Schule!« rief er aus. »Ganz meine Schule! Was, Vierbein?«

»Jawohl, Herr Hauptwachtmeister«, sagte der.

Schulz schien vor Gelächter schier zu zerbersten. Er wieherte wie ein Brauereipferd. Dann sagte er, indem er Vierbein auf die Schulter schlug: »Immer noch der alte Geist, was? Der alte, gute Geist! Hauptwachtmeister! Aber inzwischen, mein Lieber, sind wir ein paar Dienstgrade hochgeklettert.«

»Jawohl, Herr Oberleutnant«, sagte Vierbein, immer noch maßlos überrascht über soviel unerwartetes, ihm entgegensprudelndes Wohlwollen.

»Sehen Sie ihn sich an, Hauptwachtmeister!« sagte Schulz. »Das war einmal der krummste Kerl meiner Batterie. Und jetzt — Unteroffizier. Und was für ein Unteroffizier! Das EK Eins hat er auch schon.«

»Allerhand, Herr Oberleutnant«, sagte der Spieß und mimte Bewunderung.

»Wofür haben Sie das bekommen, Vierbein?«

»Panzer abgeschossen, Herr Oberleutnant. Sieben Stück.«

»Meine Schule!« rief Schulz aus. »Da können Sie mal sehen, Hauptwachtmeister! Das war der krummste Kerl! Und jetzt — sieben Panzer. Und Unteroffizier. Kommen Sie 'rein, Vierbein!«

Vierbein, immer noch leicht verwirrt, folgte dem Oberleutnant in das Chefzimmer. Schulz ließ sich in den massiven Sessel fallen und wies Vierbein einen Stuhl an. Der setzte sich gehorsam.

»Zigarre?« fragte Schulz.

»Danke — nein, Herr Oberleutnant.«

Schulz lächelte überlegen. »Immer noch der alte Milchknabe, wie? Na, macht ja nichts. Die Hauptsache: Sie konnten zeigen, daß wir Sie hier zum Mann gemacht haben.«

Der Oberleutnant zündete sich eine Zigarre an, wobei Vierbein aufmerksam schwieg. Schulz pustete das Streichholz aus und warf es hinter sich. Dann lehnte er sich zurück.

»Sehr männlich sehen Sie noch immer nicht aus«, taxierte Schulz. »Aber das ist ja weiter kein Schönheitsfehler. Das EK Eins gleicht vieles aus. Und natürlich auch die Unteroffizierstressen.«

Oberleutnant Schulz wartete nicht erst auf eine Bestätigung seiner Ansicht durch Vierbein. Er hielt das für überflüssig. Er war überzeugt davon, daß Vierbein ihn verehrte.

»Das haben Sie sich wohl in Ihren kühnsten Träumen niemals vorgestellt, mein Lieber, daß Sie mir noch einmal so gegenübersitzen würden.«

»Nein, Herr Oberleutnant. Bestimmt nicht.«

»Ihr alter Spieß ist doch kein Unmensch, Vierbein«, sagte Schulz, und sein glattes Gesicht glänzte wohlgefällig. »Und ich muß gestehen, Ihr Anblick befriedigt mich sehr. Da sieht man es doch wieder einmal, daß nichts umsonst war. Wir haben Sie zurechtgebügelt, Vierbein. Wir haben Sie zu dem gemacht, was Sie sind. Und der Erfolg gibt uns recht.«

Vierbein schwieg artig.

»Oder etwa nicht, Vierbein?«

»Doch, Herr Oberleutnant. Gewiß.«

»Vielleicht werde ich Sie mal im Offizierskasino herumreichen, Vierbein. Die sollen mal staunen, was so alles aus meiner Schule kommt. Die werden staunen, verlassen Sie sich darauf. Und dann erzählen Sie die Sache mit den sieben Panzern.«

»Da ist nicht viel zu erzählen, Herr Oberleutnant.«

»Nur keine falsche Bescheidenheit, mein Lieber. Und wenn ich sage: erzählen! – dann erzählen Sie, verstanden! Mit allen Schikanen.« Seine Stimme klang genau wie einst – posaunenhaft und gefährlich wohlwollend.

»Jawohl, Herr Oberleutnant«, sagte Vierbein gehorsam.

»Ja«, sagte Schulz befriedigt. »So ist das nun einmal. Die Besten setzen sich durch. Sehen Sie mich an! Als der Krieg anfing, wurde ich Offiziersanwärter. Dann kam ich zur Kriegsschule, bestand sie mit Auszeichnung. Selbstverständlich. Wurde Leutnant. Landete schließlich wieder hier und bekam die Stabsbatterie. Jetzt, wo der Kommandeur heiratet, vertrete ich ihn. Praktisch ist das hier meine Abteilung, Vierbein.«

»Da wird Ihre Frau Gemahlin aber sehr stolz sein, Herr Oberleutnant«, sagte Vierbein naiv.

Schulz schnappte sofort ein. »Was geht Sie meine Frau an, Mensch!«

»Ich dachte nur, Herr Oberleutnant . . .«

»Meine Frau geht Sie gar nichts an, Vierbein. Merken Sie sich das gefälligst. Wir sind hier im Dienst. Den privaten Seich können Sie sich sparen.«

»Jawohl, Herr Oberleutnant.«

Vierbein hatte, ohne es zu ahnen, den wundesten Punkt von Schulz berührt. Dessen Wohlwollen zerplatzte wie ein Luftballon. Dieses Thema war für ihn tabu. Es war eine glatte Herausforderung, ihn daran zu erinnern. Denn seine Frau war sein Kreuz – heute mehr noch als früher. Es tat ihm tief in der Seele weh – oder eben dort, wo er den Sitz der Seele vermutete –, wenn die Rede auf sie kam.

Schulz drückte seine Zigarre aus. Es stank dumpf. »Was wollen Sie eigentlich hier, Vierbein?« fragte er.

Unteroffizier Vierbein berichtete. Er trug alles das vor, was er bereits dem Abteilungsadjutanten vorgetragen hatte. Er betonte noch einmal die Dringlichkeit seines Anliegens und den persönlichen Wunsch von Oberst Luschke, daß diese Angelegenheit reibungslos und schnell erledigt werden möge.

»Da ich«, sagte Schulz mit Würde, »den Kommandeur gerade vertrete, wird mir persönlich die Sache zur Entscheidung vorgelegt werden müssen. Ich werde dann sehen.«

»Wenn ich Herrn Oberleutnant bitten dürfte . . .«

»Solange die Angelegenheit läuft, Vierbein, die ich in Vertretung des

Kommandeurs bearbeiten werde, gehören Sie natürlich automatisch zur Stabsbatterie, deren Chef ich nach wie vor bin. Verstanden?«

»Jawohl, Herr Oberleutnant«, sagte Vierbein ergeben.

»Und das im alten Geist! Vergessen Sie nie: meine Schule!«

Hauptmann Witterer stand in guter Deckung hinter dem zweiten Geschütz und blickte forschend feindwärts. Hinter ihm stand der Unteroffizier Krause, der zur Zeit auf zbV trainierte, und blickte seinen Batteriechef diensteifrig an. Der Posten, der sich neben ihnen, frei im Gelände, stapfend hin und her bewegte, schien an allem, was er sah, desinteressiert zu sein.

»Sehr bemerkenswert«, sagte Witterer bedeutsam, nachdem er das Fernglas abgesetzt hatte.

»Jawohl«, echote Krause, ohne sich darüber ganz klar zu sein, was eigentlich hier so »bemerkenswert« wäre. Doch er tat, als wüßte er, was Witterer meinte; schaden konnte das nie. Wer sich als Vorgesetzter fühlt, freut sich immer über das Verständnis seiner Untergebenen.

Die feindlichen Linien lagen auf den gegenüberliegenden Hügeln offen vor ihnen. Herausfordernd offen, fand Witterer. Einige Deckungslöcher und Verbindungsgräben waren deutlich zu erkennen. Auch der Gegner hatte größere Teile seiner Stellungen an die Häuser eines Dorfes »angelehnt«. Mehrere Menschen bewegten sich dort ganz ohne Scheu durchs offene Gelände.

»Das ist ja kaum zu glauben«, sagte Witterer. »Die reinste Völkerwanderung! Und das soll nun ein Krieg sein.«

»Außerdem hat der Gegner drüben gar keine Artillerie — das kommt noch hinzu«, sagte Krause und spielte Mephisto.

Der Posten sagte nichts, dachte sich aber seinen Teil. Er versuchte immer wieder, sich warm zu stapfen. Im übrigen interessierte ihn nur, daß er in einer knappen halben Stunde abgelöst werden würde. Seine Skatfreunde warteten vermutlich schon ungeduldig auf ihn, was ihm schmeichelte. An mehr zu denken, hielt er für überflüssig.

»Wann war hier das letzte Feuergefecht?« fragte Hauptmann Witterer den Posten.

»Feuergefecht?« fragte der zurück, und es klang beinahe so, als wisse er gar nicht, was das sei. »Mit wem denn?«

»Ein Sauhaufen«, murmelte Witterer.

Und Krause fügte bereitwillig hinzu: »Jawohl — total versaut.«

Witterer sah auf das Geschütz, und zwar ungläubig, denn er sah die weiße Panzerfigur mit den Abschußstrichen auf dem Rohr. Dann betrachtete er den hohen, mit Zeltbahnen abgedeckten Munitionsstapel, der neben dem Geschütz lag. Hierauf spähte er feindwärts, noch forschender als vorher. Und Krause spähte mit ihm.

Witterer sagte: »Sämtliche Staffelführer zu einer Besprechung zu mir. Sagen wir in einer Stunde. Ort: Nahprotzendorf, Unterkunft Wedelmann.«

Krause wiederholte Wort für Wort des Befehls. Und er wiederholte richtig. Witterer glaubte erneut davon überzeugt sein zu dürfen, Krause sei der geborene zbV. Es bereitete ihm Genugtuung, sich schon wieder einmal nicht getäuscht gehabt zu haben.

Während Krause zum Telefon trabte, um sämtliche Staffelführer beziehungsweise deren Stellvertreter zusammenzutrommeln, inspizierte Witterer die Feuerstellung. Er hatte sich davon überzeugt, daß ihm der Feind eine eingehende Inspektion ermöglichte. Die Bedienungsmannschaften der Geschütze und der MG, die Beobachter, Entfernungsmesser und Nachrichtenleute bekamen das ohne Verzögerung zu spüren.

Er war gerade dabei, beim vierten Geschütz die Munition nachzuzählen, die Zündköpfe zu überprüfen und sich davon zu überzeugen, ob auch die Geschoßhülsen, wie befohlen, hauchartig eingefettet waren, als ihm Krause meldete: »Staffelführer unterrichtet, wie befohlen.«

Der Hauptmann dankte, erlöste die Geschützbedienung von seiner Gegenwart und begab sich zügigen Schrittes zur Unterkunft des Oberleutnants Wedelmann. Der saß an einem Tisch und sah kaum auf. Vor ihm lag eine russische Sprachlehre, daneben Notizheft und Bleistift.

»Umgekehrt wäre wohl richtiger«, sagte Witterer munter. »Es wird nämlich langsam Zeit, daß die Leutchen hier Deutsch lernen.«

»Die Leutchen hier«, sagte Wedelmann, keinesfalls sonderlich freundlich, »befinden sich schließlich nicht in Deutschland.«

Witterer hielt diese Bemerkung für einen Scherz und lachte höflich kurz auf. Er war, wenn die Umstände es ihm erlaubten, immer auf gute Stimmung bedacht. »Das ist doch wohl Ansichtssache«, sagte er dann und lachte abermals und wieder kurz.

Wedelmann war zu sehr Offizier, um einem Hauptmann, der noch zu allem Überfluß sein Batteriechef war, zu widersprechen. Er glaubte nämlich nach wie vor an die Macht der Disziplin und den Wert des Gehorsams.

Witterer ersuchte Unteroffizier Krause, den zur Zeit amtierenden zbV, ihn mit Wedelmann allein zu lassen und jede Störung zu unterbinden. Erst wenn sich die Staffelführer vollzählig versammelt hätten, sei ihm Meldung darüber zu erstatten.

Während Krause draußen vor der Hütte die Funktionsunteroffiziere abfing und sie zwar nicht ungeschickt, doch mit unüberhörbaren Befehlstönen in eine andere Hütte dirigierte, weihte Hauptmann Witterer Oberleutnant Wedelmann in die Lage ein – so wie er sie sah. Und er war entschlossen, gar keinen Zweifel darüber aufkommen zu lassen, daß seine Ansicht die richtige war.

»Lieber Herr Wedelmann«, sagte er, »in Kürze werden sich die erstarrten Fronten wieder auflösen, und dann gehen wir endlich erneut in den Bewegungskrieg über.«

»Da haben Sie recht«, sagte Wedelmann und versuchte, das ohne Ironie zu sagen. »Das kann passieren.«

»Und glauben Sie – die Truppe ist bereit?«

»Was bleibt ihr anderes übrig?«

»Nun gut, lieber Wedelmann – nehmen Sie ruhig an: die Truppe ist bereit. Dann frage ich mich aber: Ist sie auch vorbereitet?«

»So ziemlich auf alles, schätze ich.«

»Aber ist diese Vorbereitung systematisch betrieben worden?«

»Immerhin haben wir bereits einige Monate Krieg mit allen Schikanen geführt.«

»Zugegeben! Aber dann haben Sie einige Monate Winterschlaf gehalten und alles wieder vergessen.«

»In einem Tag, schätze ich, sind wir wieder drin. Fast neunzig Prozent unserer Leute sind kampferfahren.«

»Selbst das kann man verlernen! Haben die verlernt, wie man eine richtige Kehrtwendung macht, werden sie auch verlernt haben, wie man dem Gegner eins vor die Nuß knallt. Leuchtet Ihnen das nicht ein?«

»In gewisser Weise schon«, sagte der Oberleutnant vorsichtig. »Man darf jedoch nichts vom Zaun brechen. Die Front ist kein Exerzierplatz, und mit Gewalt werden Sie hier nichts ausrichten. Vorschriften sind oft nur noch als Lokuspapier geeignet.«

»Herr Wedelmann – der Krieg ist nun einmal kein Kinderspiel.«

»Wem sagen Sie das?« fragte der Oberleutnant Wedelmann ein wenig resigniert.

»Worauf es mir ankommt«, sagte Witterer mit deutlicher Betonung jeder Silbe, »ist folgendes: Ich rechne mit Ihrer Unterstützung, zumindest mit Ihrer Zustimmung, wenn ich jetzt darangehe, die Truppe wieder kampffähig zu machen.«

Der Unteroffizier Krause erschien und meldete die vollzählig versammelten Staffelführer. Seine Meldung war kurz und wurde laut vorgetragen. Wedelmann war verwundert.

»Dann wollen wir beginnen«, sagte Witterer unternehmungslustig. »Herein mit ihnen!«

Krause salutierte. Aber er ging noch nicht. »Auch Wachtmeister Asch?« fragte er, betont korrekt.

»Ist der denn da? Ich denke, der organisiert die Wehrbetreuung.«

»Er ist bereits wieder zurück, Herr Hauptmann. Er muß erst morgen wieder hin.«

»Was meinen Sie, Herr Oberleutnant?« fragte Witterer kulant und ließ deutlich durchblicken, daß er eine Ablehnung erwartete.

»Wachtmeister Asch«, sagte Wedelmann ruhig, »ist der zbV der Batterie. Vorläufig wenigstens noch. Es ist üblich, daß der zbV an den Staffelführer-Besprechungen teilnimmt.«

»Wenn Sie meinen . . .«, sagte Witterer gedehnt und vermochte nicht ganz zu begreifen, daß sich der Oberleutnant die Chance, seine Anschauungen denen des Chefs anzugleichen, so einfach entgehen ließ.

»Ganz abgesehen davon ist Wachtmeister Asch ein erfahrener Soldat. Es ist immer empfehlenswert, sich seine Meinung anzuhören.«

»Worauf warten Sie denn noch?« fragte leicht gereizt der Hauptmann seinen Unteroffizier Krause. »Wir wollen endlich anfangen.«

Die Staffelführer — die der Geschütze, MG, Funker und Fernsprecher, für Munition und Verpflegung, der Hauptwachtmeister und der Schirrmeister, zbV Asch und zbV Krause — schoben sich in den engen Raum. Mitten unter ihnen ließ sich auch der Obergefreite Kowalski mit großer Selbstverständlichkeit hereinschieben.

Auf einen Wink von Witterer versuchten die Anwesenden, sich zu setzen. Einige, darunter natürlich Soeft, erbeuteten die Sitzflächen, andere ließen sich auf das Stroh fallen, das einen stattlichen Teil des Fußbodens bedeckte. Der enge Raum war jetzt prall gefüllt mit Menschen. Es roch sofort durchdringend nach Männerschweiß und dumpf-stickigen Kleidern.

»Machen Sie das Fenster auf, Krause«, sagte der Wachtmeister Asch.

Krause zögerte kurz, blickte fordernd zu Hauptmann Witterer hinüber, der sich aber in seine Notizen vertieft hatte.

»Hören Sie neuerdings schlecht, Unteroffizier Krause?« fragte der Wachtmeister Asch.

Krause stieß, Undefinierbares murmelnd, das Fenster auf. Kowalski grinste genußvoll. Die Staffelführer verfolgten diese Szene nicht ohne Anteilnahme.

Hauptmann Witterer blickte hoch. »Herrschaften«, sagte er, »wir haben jetzt die längste Zeit auf der faulen Haut gelegen.«

»Wen meint er eigentlich mit ›wir‹?« fragte Kowalski gedämpft.

»Bald wird es hier wieder Saures geben, und darauf müssen wir, zu allem entschlossen, vorbereitet sein.«

»Darf eigentlich geraucht werden?« fragte Soeft in einem Anflug von Disziplin. Große Worte pflegten ihn immer ein wenig feierlich zu stimmen, ohne daß das natürlich irgendwelche praktischen Folgen hatte.

»Natürlich«, sagte Wedelmann. »Fragen Sie nicht so dumm.«

Soeft reichte sein wie immer prallgefülltes Lederetui herum. Er bot auch

Hauptmann Witterer eine Zigarre an, doch der dankte kurz. Kowalski spuckte das abgebissene Ende seiner Zigarre mitten unter die Staffelführer. Streichhölzer zischten auf. Und kurze Zeit danach quollen mächtige Rauchwolken durch das kleine Fenster ins Freie.

»Es kommt also jetzt darauf an«, sagte Witterer mit Energie, »daß wir den Karren wieder flottkriegen. Und zwar in kürzester Zeit. Noch heute werde ich eine Alarmübung für die ganze Batterie ansetzen. Morgen vormittag dann noch einmal dasselbe, und zwar bis zur vollen Marschbereitschaft. Mit allem Material. Restlos.«

»Ausgeschlossen«, sagte Soeft überzeugt. »Dann muß ich ja erst einmal meinen Kolchos auflösen.«

»Was müssen Sie?« fragte Witterer, der sich verhört zu haben glaubte. »Ihren Kolchos auflösen? Was ist denn das?«

»Unteroffizier Soeft«, sagte Wedelmann erklärend, »hat im Laufe des Winters so etwas wie eine Privatfarm für die dritte Batterie organisiert. Dadurch waren wir verpflegungswirtschaftlich so gut wie autark.«

Soeft nickte nicht ohne Stolz. Witterer sah ihn an wie einen Wunderknaben. »Darüber werden wir uns noch zur gegebenen Zeit ausführlich unterhalten.«

»Gerne, Herr Hauptmann«, sagte Soeft bereitwillig.

Witterer, noch immer nicht ganz Herr seiner Überraschung, fand nur schwer den Faden wieder. »Also«, sagte er. »Eine Alarmübung bis zur vollen Marschbereitschaft. Und die werden wir so zwei- bis dreimal wiederholen, so lange etwa, bis wir die Zeit von einer halben Stunde erreichen. Das ist wohl angemessen.«

Der Wachtmeister Asch setzte zu einem Einwand an. Doch Wedelmann, der ihm gegenübersaß, schüttelte den Kopf. Asch zuckte mit den Schultern und schwieg.

»Befassen wir uns nunmehr mit dem Normalverbrauch eines Kriegstages«, sagte Witterer.

»Entschuldigen Sie bitte, Herr Hauptmann«, sagte Wedelmann korrekt und so ganz bewußt den Untergebenen ein gutes Beispiel bietend, »aber dieser Ausdruck ist uns völlig unbekannt.«

»Sie werden doch einen gewissen täglichen Durchschnitt an Materialverbrauch errechnet haben – oder etwa nicht?«

»Jede derartige Rechnung«, sagte Wedelmann weiterhin unerschütterlich korrekt, »wäre ungenau. Sicherlich meinen Sie die Ausrüstungs-Normzahlen.«

»Kleben wir doch nicht an Worten!« rief Witterer mit einer bei ihm ungewohnten Großzügigkeit. »Ich will wissen: Wie lange reicht unser Kraftstoff aus?«

»Für etwa zwei Wochen.«

»Die Munition?«

»Für ungefähr vier Wochen.«

»Und die Verpflegung?«

»So drei bis vier Monate«, sagte Soeft gelassen.

Witterer stutzte abermals und starrte Soeft kurz an. Dann ermannte er sich wieder und sagte: »Nach meinen Informationen hat der Nachschub im allgemeinen gut geklappt. Eine allgemeine Bevorratung, die über die Zeitspanne von zwei Wochen hinausreicht, ist unnötig. Demnach, Herrschaften, haben wir zuviel Munition.«

Die versammelten Unterführer schwiegen erwartungsvoll. Wedelmann schien unruhig geworden zu sein. Asch streckte sein Kinn vor.

»Die Luft hier ist zum Schneiden dick«, sagte schließlich der Hauptwachtmeister Bock. »Außerdem ist mir zu heiß.« Und er zog seinen Mantel aus.

Seinem Beispiel folgten mehrere. Auch Witterer entledigte sich seines Mantels. Sein falten- und fleckenloser Uniformrock über der gutgewölbten Brust war erschreckend leer von Orden und Ehrenzeichen.

»Wo waren wir doch gleich stehengeblieben?« fragte der Hauptmann.

»Bei der Munition«, sagte Krause. »Wir haben nach den Berechnungen von Herrn Hauptmann für zwei Wochen zuviel.«

»Besser zuviel als zuwenig«, sagte Wedelmann bremsend.

»Herrschaften«, sagte Witterer, »ich habe mich heute eingehend davon überzeugt, daß die Munition verrottet. Einfach verrottet!«

»Wir lagern sie aber vorschriftsmäßig, Herr Hauptmann«, sagte der Wachtmeister Asch aufreizend ruhig.

»Wir haben hier Ziele mehr als genug. Ich habe mich gerade vorhin persönlich davon überzeugt. Warum nehmen wir sie nicht unter Feuer? Munition ist doch in ausreichender Menge vorhanden!«

»Und außerdem«, sagte Krause, »hat der Gegner in unserem Abschnitt keine Artillerie.«

Asch blickte zu Wedelmann hinüber. Der wich seinem Blick aus. Er schien seine knochigen Finger zu betrachten, die auf seinen Knien lagen.

»Herr Hauptmann«, sagte Asch sodann, »seit Wochen ist hier in unserem Frontabschnitt kein Schuß mehr gefallen — wenn man vom regelmäßigen Einschießen der MG und von vereinzelten Gewehrschüssen auf streunende Hunde absieht.«

»Das besagt doch nichts anderes, als daß hier tief geschlafen wird«, sagte Witterer. »Und das gleich auf beiden Seiten.«

»Ein paar hundert Meter vor uns«, sagte Asch, »liegt die Infanterie. Zum Teil in elenden Drecklöchern. Wenn diese Soldaten abgelöst werden, ziehen sie sich in einige Hütten in der Nähe zurück. Der Infanterie gegenüber liegt der Feind, in Sichtweite, unter genau denselben Bedingungen in

Drecklöchern. Auch er hat seine Hütten. Die Infanterie, unsere Infanterie, hält unter diesen Umständen Feuergefechte für sinnlos.«

»Seit wann ist es denn sinnlos, Wachtmeister Asch, dem Feind Verluste beizubringen?«

»Weil uns der Feind, Herr Hauptmann, genau dieselben Verluste beibringen kann.«

»Daß so was im Krieg alle Tage vorkommt, Wachtmeister, davon haben Sie wohl noch nichts gehört?«

»Herr Hauptmann«, sagte Asch, »jede Kampfhandlung muß doch einen Sinn haben. Entweder man ist gezwungen, seine Stellung zu verteidigen, oder es besteht die Absicht, den Gegner aus seiner Stellung zu vertreiben. Nichts davon trifft hier zu. In unserer Situation ist jede Einzelaktion sinnlos. Die Infanterie hat das genau begriffen. So beschießt sie zum Beispiel die Essenholer der Russen nicht, und die Russen beschießen unsere Essenholer auch nicht.«

»Ist hier eigentlich noch Krieg«, fragte Witterer ironisch, »oder wird hier ›Mensch ärgere dich nicht‹ gespielt?«

»Wir vermeiden unnötiges Blutvergießen – das ist alles.«

»Und Sie vergessen dabei, Sie Menschenfreund, daß wir dem Gegner artilleristisch überlegen sind.«

»Das kann sich über Nacht ändern«, sagte Asch unbeirrt. »Wenn wir etwa dem Gegner die Unterkünfte zusammenschießen, dann wird auch er prompt Artillerie auffahren und dann unsere Unterkünfte zusammenschießen. Und die kämpfende Truppe muß dann ausschließlich in ihren Drecklöchern hausen.«

»Wachtmeister Asch«, sagte Witterer scharf. »Ihnen fehlt die notwendige Härte. Und darüber hinaus scheint es Ihnen an Kampfgeist zu fehlen. Ich finde das in höchstem Grade bedenklich. Wir führen hier doch keinen Krieg, um in Ruhe unsere Mahlzeiten einnehmen zu können. Bei uns wird scharf geschossen!«

»Ich empfehle dringend«, sagte Wedelmann ruhig, »keinerlei Einzelaktionen zu unternehmen, ohne vorher den Infanteriekommandeur unseres Frontabschnittes zu verständigen.«

»Den werde ich gleich mal heimsuchen«, versprach Witterer. Und er sah seine Unterführer entschlossen an und war dann ehrlich betrübt, so bitter wenig Kampfgeist zu entdecken. Und er sagte sich wieder einmal: Welch ein Sauhaufen! Und er schwor sich: Das wird sich ändern!

»Und was Wachtmeister Asch anbelangt . . .«

»Richtig – was den Herrn anbelangt, so interessiert mich zu erfahren, wie weit das Gastspiel der Wehrbetreuungstruppe vorbereitet ist.«

»Grundsätzliche Bereitschaft ist vorhanden«, sagte Asch und gab sich gleichgültig. »Organisatorische Einzelheiten müssen noch geklärt werden.«

»Dann klären Sie sie, Wachtmeister! Möglichst bald. Die schnelle und gründliche Durchführung von dienstlichen Aufträgen halte ich für weitaus wichtiger als Volksreden über höchst zweifelhafte Frontgepflogenheiten. Merken Sie sich das gefälligst!«

»Das merke ich mir«, sagte der Wachtmeister Asch aufreizend ruhig. »Jawohl.«

Der Oberleutnant Wedelmann ging, ein Päckchen unter den Arm geklemmt, auf das Haus zu, in dem das Mädchen Natalie wohnte, das Natascha genannt wurde. Einige Soldaten, denen er begegnete, grinsten; und die, die ihn kannten, grinsten verständnisinnig. Übriggebliebene Dorfbewohner taten, als sähen sie ihn nicht.

Er stieg, endlich am Ziel, durch den stallartigen Eingang, eine unangenehm knarrende, geländerlose Treppe hinauf, bewegte sich vorsichtig über den brüchigen Bretterboden und klopfte dann an die schmale Tür.

»Augenblick«, rief die Stimme von Natascha. »Etwas warten, bitte. Bin gleich fertig.« Es war eine volle, warme, ein wenig guttural klingende Stimme.

»Gerne«, sagte Wedelmann.

Ihm war, als höre er durch die verhältnismäßig dünne Türe hindurch das Mädchen hantieren. Offenbar wurde ein etwas schwerer Gegenstand, eine Kiste vermutlich, zur Seite geschoben. Dann klang es, als werde Papier zerrissen.

Wedelmann lächelte ein wenig über den Eifer des Mädchens, den er bis auf die baufällige Diele hinaus deutlich zu verspüren glaubte. Aber so sind sie nun einmal, die Frauen! sagte er sich. Überall auf der Welt! Sie räumen auf, sie machen sich schön — das Nahen eines männlichen Wesens, gleich welcher Art, alarmiert sie automatisch. Jawohl, so waren sie — er, Wedelmann, hatte darüber nachgedacht.

Aus derartigen denkerischen Grundübungen riß ihn das Auftauchen von zwei neugierigen Augen unter wirrem Blondhaar. Diese Augen, die ihn von der Holztreppe her heftig musterten, gehörten zu einem Kindergesicht. Es war das Gesicht eines kleinen Mädchens von etwa zehn Jahren.

»Na du!« sagte Wedelmann freundlich.

»Schweinehund«, sagte das Kind, nicht minder freundlich auf deutsch.

Wedelmann war perplex. »Was heißt das?« fragte er. »Was willst du? Ich sage zu dir: Guten Tag.« Und Wedelmann sagte nochmals mit deutlicher Betonung; und er sagte das sehr herzlich: »Guten Tag.«

»Guten Tag, Schweinehund«, sagte das Kind gleichermaßen herzlich.

Wedelmann schüttelte heftig und überaus irritiert den Kopf. Was ging hier vor? fragte er sich. Aber er vermochte sich diese seine Frage nicht zu beantworten. Das ist halt Rußland, dachte er. Dann klopfte er wieder an die schmale Tür.

»Sofort!« rief Natalie. »Bitte, nicht ungeduldig werden.«

Sie will also, sagte er sich, einen guten Eindruck machen, denn sie duldet nicht, daß ich sie überrasche. Diese Frauen! Aber warum tut sie das eigentlich? Einen praktischen Sinn hat das doch wohl kaum, denn schließlich ist sie ja so gut wie unnahbar. Und seine Absichten konnte er doch vergleichsweise als ehrenwert bezeichnen. Aber daß es sich hier lediglich um eine reine, mehr geistige Freundschaft handeln könnte, wobei »Freundschaft« eine reichlich großzügige Bezeichnung war, das hat sie ihm ausdrücklich, innerhalb der ersten Viertelstunde bereits, klargemacht. Und dennoch! Und dennoch! Was bezweckte sie eigentlich mit diesem Arrangement des Wartenlassens? Das konnte doch nur, folgerte Wedelmann kühn, pure Koketterie sein.

Natalie öffnete die Tür. Sie schien ein wenig außer Atem, denn ihre Augen glänzten heiß, und ihr volles Gesicht war leicht gerötet. Die Haare hingen ihr ein wenig wirr in die Stirn.

Wedelmann war gelinde enttäuscht: sie hatte sich nicht schöngemacht für ihn! Aber wenn sie sich nicht auf sein Erscheinen vorbereitet hatte – was hatte sie dann getan?

Sie bat ihn in ihr winziges Zimmer, das mehr eine Kammer war. Er kannte die wenigen Gegenstände, die sich in diesem Raum befanden, bereits: ein Bett, ein Tisch mit ein paar Büchern und einigen Schreibheften, ein klappriger Stuhl, ein Ofen. In einer Ecke eine flache Kiste, mit sauber zugeschnittenem Zeitungspapier abgedeckt. Äußerst primitiv, das alles – aber außerordentlich sauber. Wohltuend sauber.

»Setzen Sie sich«, forderte sie ihn in ihrem Schuldeutsch auf. »Bitte.«

Er ließ sich mit Vorsicht auf ihr Bett nieder. Diese Sitzgelegenheit war ihm schon bei seinem ersten Besuch zugewiesen worden, mit der glaubhaften Begründung, daß der Stuhl sein Gewicht nicht vertragen hätte.

»Wollen Sie Tee?« fragte sie.

Er bejahte und sah aufmerksam zu, wie sie mit dem Kessel, der auf dem Ofen stand, hantierte. Sie hatte breite Schultern und war, wie Wedelmann sah, wohl abgerundet ... Doch das, sagte sich Wedelmann korrekt, hat mich nicht zu interessieren.

»Ich hatte einen echten Samowar ...«, begann sie.

»Ich weiß«, sagte Wedelmann mit Eifer, und im Grunde war er heilfroh, seine Gedanken nunmehr mit anderen Dingen beschäftigen zu können. »Ich weiß das. Sie hatten einen echten Samowar, aber die Deutschen haben ihn requiriert. Und dann hatten Sie mehrere Tassen und etliche Gläser. Auch die haben die Deutschen requiriert. Jetzt haben Sie nur noch ein Glas und eine Tasse. Ich weiß das alles.«

»Sie sind verstimmt«, sagte Natalie und betrachtete ihn aufmerksam. »Sie sind verärgert. Ärgern Sie sich über sich selbst? Oder haben Sie Kummer? Oder was ist sonst los?«

»Was soll mit einem Schweinehund schon los sein!« sagte Wedelmann und bemühte sich zu lächeln.

»Ah!« rief Natalie aus. »Sie sind unserer armen Kleinen begegnet. Sie ist Ihnen über den Weg gelaufen.«

»Sie ist mir nachgestiegen.«

»Sie dürfen dem Kind nicht böse sein. Irgend jemand hat ihm das häßliche Wort beigebracht.«

»Deutsche, vermutlich.«

»Sicherlich. Wer denn sonst? Das Kind weiß nicht, was es da ausspricht. Es kann nur das eine deutsche Wort. Und das sagt es dann eben zu jedem Deutschen. Sie sollten der armen Kleinen nicht böse sein.«

»Vermutlich haben die Deutschen ihre Eltern totgeschlagen!«

»So ist es!« sagte Natalie mit Nachdruck. »Genauso!«

Wedelmann nahm die Tasse, die sie ihm reichte, wortlos entgegen. Er setzte sie auf seinen Knien ab. Er betrachtete das Mädchen, sosehr er sich auch dagegen zu wehren glaubte, mit Wohlgefallen.

Natalie war mittelgroß. Ihre Figur war ein wenig voll und gut ausgeprägt. Ihre langgliedrigen Hände verrieten eine mühsam gebändigte Nervosität. In den dunklen Augen schimmerte Zärtlichkeit und Kühle zugleich.

»Sie hassen uns alle, nicht wahr?«

Natalie schüttelte den Kopf. Ihr eng anliegendes Haar bewegte sich dabei kaum. »Das nicht. Aber wie kann ich euch lieben?«

»Verstehen auch nicht — nicht einmal das?«

»Warum müßt ihr hier sein?«

»Lassen wir das doch«, sagte Wedelmann. »Es hat keinen Zweck, daß wir darüber reden. Reden wir von irgend etwas anderem.«

»Es gibt nichts anderes!«

Wedelmann stellte seine Tasse behutsam ab und zog dann aus seiner Manteltasche das schmale Päckchen, das ihm Soeft zur Verfügung gestellt hatte. Er hielt es ihr hin.

Sie zögerte. Ihre Hände spielten noch ein wenig nervöser als sonst. Dann sagte sie: »Ich habe nichts dafür gegeben. Was soll ich dafür tun?«

»Nichts«, sagte Wedelmann, »gar nichts.« Verstand sie denn nicht, wie sehr er ihr zugetan war, völlig selbstlos, wie er glaubte. »Nehmen Sie es so. Als Geschenk. Es ist Schokolade.«

Sie streckte die Hände aus. »Nur als Geschenk?« fragte sie. »Ohne Verpflichtung?«

»Aber ja!« rief Wedelmann und war ehrlich entsetzt über ihr Mißtrauen. »Sie beschenken mich doch auch! Spüren Sie denn das nicht?«

»Ich Sie beschenken – womit?«

»Durch Ihre Gegenwart! Dadurch, daß ich hiersein darf. Bei Ihnen bin ich wie in einer anderen Welt. Ich vergesse, was vor der Hütte steht, in der Sie hausen. Ich denke anders. Ich atme anders. Ich bin ein anderer Mensch. Das ist ein großes Geschenk!«

Sie griff nach seiner Teetasse, die er abgestellt hatte, beugte sich vor, weit vor, so daß er ihren Atem in seinem Gesicht zu spüren vermeinte, und reichte ihm die Tasse. Sie sagte: »Danke.«

Wedelmann verschüttete ein wenig Tee, als er trinken wollte. Sie lachte auf, und auch er lachte ein wenig. Dann wurde sie plötzlich dunkelrot im Gesicht, und es war, als sei sie über sich erschrocken.

Es klopfte zaghaft und kaum vernehmbar. Natalie erhob sich hastig, ging auf Zehenspitzen zur Tür und öffnete sie vorsichtig. Sie sah hinaus. Dann, spürbar erleichtert, nachdem sie den Besucher erkannt hatte, sprach sie einige russische Worte, die sehr freundlich klangen, und öffnete ganz.

Das kleine Mädchen mit den neugierigen Augen stand in der Tür. Es staunte Wedelmann an. Natalie zog das Kind in das Zimmer herein.

Die Kleine, von einem sackartigen Gewand umhüllt, trat maßlos verlegen von einem Bein auf das andere. Sie preßte die gefalteten Händchen auf den Bauch und ließ kein Auge von Wedelmann. Dann lächelte sie zutraulich und ungemein rührend. Ihr Mund öffnete sich und sagte kindlich: »Schweinehund.«

»Das Kind hat Sie gern«, sagte Natalie.

»Das höre ich«, sagte Wedelmann unsicher.

Natalie riß das Päckchen auf, das der Oberleutnant gebracht hatte, brach ein Stück Schokolade ab und reichte es der Kleinen. Die war entzückt, griff zu, betastete die Schokolade erregt und stammelte einige Worte. Dann biß sie gierig hinein.

Natalie schob sie sanft auf Wedelmann zu und redete dabei lebhaft, nahezu beschwörend in russischer Sprache auf sie ein. Und zweimal war das deutsche Wort »danke« zu hören.

Das Kind streckte ein Händchen aus, Wedelmann entgegen, und sagte artig: »Danke, Schweinehund.«

Wedelmann zuckte zusammen. Er blickte Natalie hilflos und verärgert zugleich an. Die nickte ihm freundlich zu. Er ergriff die Hand des Kindes und versuchte, das zart zu tun.

Dann lief das Kind überglücklich hinaus.

»Es ist manchmal ganz angenehm«, sagte Wedelmann bitter, »ein Schweinehund zu sein.«

»Nicht böse sein«, sagte Natalie und legte ihre Hände behutsam auf die seinen.

Seine Hände griffen nach ihren Fingern, tasteten sich zu ihren Handgelenken vor, ihren Arm hoch.

Sie riß sich heftig los. Die Tasse fiel zu Boden und zerbrach. »Nein!« rief sie. »Das nicht. Bitte: das nicht!« Und ganz leise, kaum noch vernehmbar: »Bitte.«

Wedelmann war verwirrt. Er richtete sich steif auf und lehnte sich zurück. »Bitte um Entschuldigung«, sagte er. »Ich wollte Sie nicht kränken. Ich habe mich benommen, wie . . .«

Es klopfte heftig an der Tür. Wedelmann schrak auf. Er hatte den, der da klopfte, nicht kommen hören; und er hätte ihn, der knarrenden Dielenbretter wegen, kommen hören müssen.

Auch Natalie geriet erneut in Verwirrung. Ihre unruhig gewordenen Hände strichen das Kleid glatt, obwohl alles an ihr in Ordnung war. Eine leichte, fleckige Röte bedeckte ihr volles Gesicht. Und ehe sie noch ein Wort sagen konnte, wurde die Tür vorsichtig geöffnet.

Der Wachtmeister Asch streckte seinen Kopf vorsichtig herein. »Störe ich etwa?« fragte er.

»Aber nein!« riefen Natalie und Wedelmann fast gleichzeitig.

Asch grinste freundlich. »Tut mir leid«, sagte er. »Aber diese Störung war wirklich nicht zu vermeiden. Der Oberst will sich an Ihrem Anblick erbauen, Herr Oberleutnant. Und das möglichst bald.«

»Sofort«, sagte Wedelmann bereitwillig und erhob sich. Er war froh, die für ihn maßlos peinliche Situation auf diese Weise beenden zu können.

Asch nahm inzwischen gemütlich seinen Platz ein. »So eilig ist es ja nun auch wieder nicht«, sagte er. »Aber wenn Sie durchaus wollen — ich halte Sie nicht auf. Ihren Wagen habe ich mitgebracht, der steht unten. Ich werde Sie hier würdig vertreten.«

»Sie kommen natürlich mit, Asch«, sagte der Oberleutnant Wedelmann fordernd.

»Muß das sein?« fragte Asch und betrachtete Natalie mit Wohlwollen.

»Dürfen wir uns verabschieden, Fräulein Natalie?« fragte Wedelmann wie ein vollendeter Kavalier und hatte einige Mühe, die erstaunten Blicke zu übersehen, mit denen Asch ihn musterte.

»Kommen Sie, bitte, bald wieder«, sagte Natalie leise.

»Auf Wiedersehen, Natascha!« sagte Asch grinsend. »Ich warte dann unten«, rief er dem Oberleutnant zu, ehe er hinausging.

Wedelmann folgte ihm auf die Bretterdiele hinaus. Vorsichtig stiegen sie hintereinander die geländerfreie Treppe hinunter. In der offenen Haustür stand das Russenkind und strahlte Wedelmann an.

»Wiedersehen, Schweinehund«, sagte das Kind herzlich.

»Wiedersehen, Rotznase«, sagte Asch unbekümmert.

Wedelmann wartete noch, bis sich Asch entfernt hatte. Dann stieg er in den offenen Kübelwagen ein und ließ sich in der Nähe der Etappencity zu Oberst Luschke fahren.

Seine Gedanken waren, während der Wagen durch die ausgefahrenen Geleise kroch, bei Natalie, die dieser Asch einfach »Natascha« genannt hatte. Und das nach knapp fünf Minuten. Wie unkompliziert doch dieser Asch war. –

»Erst zum Regimentsstab – oder gleich zum Kommandeur?« fragte der Kraftfahrer. Und er mußte seine Frage wiederholen, ehe er eine Antwort bekam.

»Direkt zu Oberst Luschke«, sagte Wedelmann.

Der Wagen leierte über die strapazierte Straße. Der Himmel hing schwer hernieder. Er war vollgepumpt mit Schnee, mit schwerem, feuchtem Frühlingsschnee. Wedelmann dachte unentwegt über dieses Mädchen Natalie nach.

»Wir sind da«, sagte der Kraftfahrer.

Wedelmann sprang aus dem Wagen. »Wärmen Sie sich beim Regimentsstab auf«, sagte er. »Wenn ich hier fertig bin, komme ich Sie abholen.«

Er ging in das Holzhaus hinein, in dem der Regimentskommandeur sein Zimmer hatte. Er traf Luschke am Kartentisch. Der Oberst hatte sich, weit vorgebeugt, auf die Unterarme gestützt.

»Kommen Sie näher, Wedelmann«, rief ihm Luschke zu. »Hier habe ich die Karte von unserem Frontabschnitt. Was sehen Sie?«

»Dasselbe wie vor drei Monaten, Herr Oberst.«

»Sie werden immer witziger, Wedelmann, Ihr Gehirn scheint langsam eingefroren zu sein. Aber wir kriegen Tauwetter, mein Bester. Das läßt mich für Sie hoffen.«

Wedelmann lächelte seinem Kommandeur mit Vorsicht zu. Und der lächelte verkniffen zurück. Sie verstanden sich gut, hielten es aber für völlig unangebracht, darüber ein Wort zu verlieren.

»Und was sehen Sie nun wirklich, Wedelmann?«

»Immer noch den alten Blödsinn, Herr Oberst. In unserem Abschnitt beult sich die Front aus. Die Armee hat hier einen stumpfen Keil in den Gegner hineingetrieben, und so ziemlich in der Spitze dieses Keiles liegen wir. Eine Zurücknahme der Front in unserem Abschnitt wäre eine Begradigung gewesen. Das hätte automatisch die Linien dichter gemacht und die Truppen entlastet.«

»Sie werden staunen, Wedelmann – die Armee hat das inzwischen auch schon gemerkt.«

»Ich staune, Herr Oberst.«

»Die Armee hat erkannt, daß es besser ist, eine Frühjahrsoffensive mit einer möglichst massierten Stoßkraft und ohne hinderliche Frontbeulen zu beginnen.«

»Also aus einem begradigten Frontabschnitt heraus.«

»Genau das ist es, Wedelmann«, sagte das Knollengesicht befriedigt und nickte seinem Lieblingsschüler zu. »Ehe hier der Rummel von neuem losgeht, werden wir uns vom Gegner lösen und weiter rückwärts eine neue gerade Frontlinie beziehen.«

Wedelmann betrachtete nachdenklich die Karte. »Da wir hier am weitesten vorgeprellt sind, werden wir auch am weitesten zurück müssen. Annähernd vierzig Kilometer, schätze ich.«

»So ungefähr. Wir suchen neue Stellungen weiter rückwärts — wenn es soweit ist, bekommen Sie genaue Angaben. Dann werden wir uns in einer Nacht absetzen; ganz überraschend, ohne daß der Russe irgend etwas davon merkt.«

»Ein Kinderspiel«, sagte Wedelmann überzeugt.

Luschke kniff die Augen zu. »Für Sie vielleicht, Wedelmann. Aber auch für Hauptmann Witterer? Er ist reichlich unerfahren.«

»Das gleicht der durch Energie wieder aus, Herr Oberst.«

»Hoffen wir es«, sagte das Knollengesicht nachdenklich. »Aber solange Sie bei der Batterie sind, kann ja nicht allzuviel passieren. Immerhin: das ist eine Geheime Kommandosache, Wedelmann. Vorläufig wissen im Regiment nur wir beide von diesem Plan. Denken Sie immer daran, wenn Sie mit aller Vorsicht Ihre Vorbereitungen treffen. Ihre Batterie wird die letzte sein, die zusammen mit der Infanterie das Gelände räumt.«

»Meine Batterie? Herr Oberst meinen die Batterie von Hauptmann Witterer?«

»Lieber Wedelmann«, sagte Luschke und grinste süffisant, »spielen Sie hier nur nicht die gekränkte Leberwurst. Wenn ich überzeugt davon bin, daß die dritte Batterie Sie entbehren kann, werden Sie schon merken, wofür ich Sie vorgesehen habe. Und dann wird Ihr Gesicht noch dümmer aussehen als jetzt, wenn das überhaupt möglich sein sollte. Bis dahin aber, Wedelmann, reißen Sie sich gefälligst am Riemen. Ich verlasse mich ganz auf Sie.«

Die Unteroffiziere Bartsch und Ruhnau, die siamesischen Etappenzwillinge, geruhten Vierbein in ihre Obhut zu nehmen, nachdem der ihnen in Form einer Flasche Schnaps Tribut gezollt hatte. Beim Mittagessen weihten sie ihn in die ersten Geheimnisse der Heimatfront ein.

»Du mußt dich unentbehrlich machen«, sagte Ruhnau.

»Und dann möglichst auch unsichtbar«, sagte Bartsch.

Vierbein löffelte seinen Eintopf und nickte ohne sonderliches Interesse, aus purer Freundlichkeit. Er wollte die beiden »Nachtjäger«, wie sie sich mit besonderer Vorliebe nannten — »Bei mir steht jetzt Nummer 59 auf der Abschußliste!« —, nicht kränken.

»Ich verwalte Gasmasken«, sagte Ruhnau. »Das ist eine todsichere Angelegenheit.«

»Und ich bin hier Hallenmeister«, sagte Bartsch. »Solange die Kaserne steht, sitze ich fest.«

»Und wenn ein Bombenangriff kommt?« fragte Vierbein kauend, eigentlich nur, um zu zeigen, daß er Anteil nehme und das Vertrauen, das ihm die siamesischen Etappenzwillinge entgegenbrachten, zu würdigen wisse.

»Bomben!« rief Bartsch mit leichtem Entsetzen. »Dann werde ich glatt brotlos.«

»Wenn es wenigstens Gasbomben wären«, sagte Ruhnau versonnen.

Und plötzlich ging ihm ein Kronleuchter auf, und er begann zu begreifen, daß die Folgen eines Gasangriffs für ihn blühende Konjunktur bedeuten würden. »Aber dann, Mensch! Dann wäre bei mir ja Hochbetrieb. Ich müßte vermutlich sogar anbauen lassen. Möglich sogar, daß dann die ganze Kaserne ein einziges Gasmaskenlager werden würde. Auf alle Fälle hättest du, Bartsch, eine neue, ganz dicke Beschäftigung.«

»Ich will keine Beschäftigung, ich will einen Posten.«

»Das meine ich doch damit!«

Bartsch winkte eine Ordonnanz herbei und drückte der wortlos und nach kurzem Ermunterungsblick seinen leeren Teller in die Hand. Der Mann verschwand sofort. Vierbein wußte nicht gleich, wie er diesen Vorgang zu deuten habe, denn auf dem Tisch vor ihm stand eine fast vollgefüllte Terrine.

Die Ordonnanz erschien wieder und stellte vor Bartsch einen bis zum Rand vollgefüllten Teller ab. Es schien genau derselbe Eintopf zu sein, den alle aßen. Aber als der Unteroffizier prüfend sein Essen umzurühren begann, kamen dicke Fleischbrocken zum Vorschein.

»Der Küchenbulle spurt«, sagte Ruhnau und nickte Bartsch zu. Und Bartsch nickte Ruhnau zu. Sie waren sich wieder einmal völlig einig.

Der aufmerksam gewordene Vierbein erlaubte sich eine Bemerkung. »Allerhand Reichweite für einen Gasmaskenverwalter oder für einen Hallenmeister. Wie macht man das eigentlich?«

Ruhnau fragte: »Du bleibst bestimmt nicht hier?«

»Nein. Ganz bestimmt nicht.«

»Und du willst weder Hallen noch Gasmasken verwalten?« fragte Bartsch. »Jetzt nicht und später auch nicht?«

»Niemals! Mein Wort darauf.«

»Dann ist es gut.«

Die siamesischen Etappenzwillinge, die sich nunmehr als »Minenräumer« fühlten, kauten mit Ausdauer, wenn auch ohne sichtbaren Genuß. Bartsch sonderte einige fette Fleischbrocken umständlich ab. Ruhnau warf einen abgenagten Knochen in hohem Bogen hinter sich.

Dann sagte einer der beiden Blockadebrecher: »Wir sind hier Vertrauensleute — verstehst du?«

»Nein«, sagte Vierbein aufrichtig, »nie davon gehört.«

»Kennst du unseren Kommandeur?«

»Nein. Ich weiß nur soviel, daß der in diesen Tagen heiratet.«

»Dazu wird er ja gerade noch fähig sein«, sagte der, der zufällig seinen Mund zum Sprechen frei hatte. Und die beiden »Wasserbomben« sahen sich genüßlich grinsend an.

Ruhnau bestellte sodann drei Glas Bier und erlaubte Vierbein, sie zu bezahlen. Bartsch vertrat die Ansicht, daß auch Zigarren nichts schaden würden. Vierbein durfte sie ebenfalls bezahlen. Die Waren, die der Kantinenpächter persönlich herbeischleppte, hatten fast Friedensqualität.

»So ist das hier«, sagte Bartsch qualmend. »Der Kommandeur hat von Tuten und Blasen keine Ahnung.«

»Und der Adjutant«, sagte Ruhnau, nachdem er an seinem Bier geschlürft hatte, »hilft ihm dabei.«

»Und deshalb braucht der Kommandeur jemand, der hier den ganzen Laden für ihn schmeißt.«

»Und das ist unser Oberleutnant Schulz.«

»Verstehe«, sagte Vierbein ahnungsvoll.

»Und da Schulz nicht alles allein schmeißen kann, braucht er Unterstützung.«

»Und diese Unterstützung sind wir!«

Vierbein nickte. Jetzt hatte er begriffen. Die siamesischen Etappenzwillinge verwalteten hier nicht nur Material, sie waren auch die Spür-, Spiel- und Wachhunde von Schulz. Sie hatten sich gesucht und gefunden.

»Das ist nämlich so«, sagte Bartsch, der die zweite Lage Bier, natürlich wieder auf Vierbeins Kosten, anrollen ließ. »Nachdem wir hier Heimatkriegsgebiet geworden sind, mit Hydrierwerk, Flak, dem Ersatzladen, einem Kriegsgefangenenlager und so — hatten wir eine Ortskommandantur dringend nötig.«

»Na, und wer ist würdig, Ortskommandant zu werden? In diesem Fall der Kommandeur des garnisonältesten Truppenteils.«

»Unser Trottel also!«

»Und damit praktisch Schulz — besonders jetzt, wo der Oberidiot mit seiner Heirat beschäftigt ist.«

Vierbein trank sein Bierglas mit einem Zug leer. Er verschluckte sich dabei ein wenig, und die siamesischen Etappenzwillinge beklopften kameradschaftlich seinen Rücken.

»Keine einfache Sache«, sagte Bartsch. »Aber wir schaukeln alles.«

»Wir sind einfach nicht zu entbehren«, sagte Ruhnau. »Und außerdem wissen wir ziemlich viel.«

Vierbein begann, seine Situation langsam zu übersehen. Wo er hinsah, stand Schulz. Erfreulich war dieser Anblick nicht, vermeidbar war er auch nicht. Schulz mußte offenbar hingenommen werden wie ein Naturereignis. »Reichlich kompliziert«, sagte er nachdenklich.

Die beiden »Nachtjäger« waren durchaus anderer Ansicht. »Ein ganz klarer Fall«, sagte der eine. »Du kannst hinspucken, wo du willst, du wirst ihn immer treffen.«

»Gegen Schulz ist hier kein Kraut gewachsen«, sagte der andere überzeugt.

»Der Kommandeur«, erklärte Ruhnau nachsichtig, »ein richtiger Reserveheini, versteht nichts von Ausbildung. Schulz kann das aus dem Effeff.«

»Von Papierkrieg«, sagte Bartsch überlegen, »hat der auch keine Ahnung. Aber Schulz beherrscht ihn wie kein zweiter.«

»Außerdem ist der Kommandeur zugereist und kennt in dieser Gegend kein Aas. Schulz aber hat hier schon in jedes Scheißhaus hineingerochen.«

»Und dann will der Oberidiot heiraten; da braucht er Schulz erst recht wie das tägliche Brot. Sollte mich nicht wundern, wenn der erste Kommandeursprößling die großen Ohren und die breite Fresse von Schulz hat.«

Vierbein fühlte sich hinreichend aufgeklärt. Er schluckte die respektlosen Bemerkungen der »Draufgänger« mit Haltung. Er enthielt sich jeglicher Zustimmung, ließ aber auch keine Ablehnung durchblicken. In seinen durch des Führers Feldzüge ausgedehnten Dienstjahren hatte er immerhin schon kapiert, daß es viele Dinge zwischen Kasernenhof und Front gab, über die man besser schwieg.

Er bestellte noch eine dritte Lage und zog sich dann zurück, um sich rechtzeitig »am frühen Nachmittag«, wie ausdrücklich befohlen, beim Stab der Ersatzabteilung melden zu können. Hier wartete er im Vorraum geduldig und in der ihm eigenen guten Haltung wortkarg und dienstbereit eine knappe Stunde. Dann durfte er bei Oberleutnant Schulz sein Männchen machen.

Schulz saß, im Vollbesitz seiner Würde, an dem gleichen Schreibtisch und in demselben Raum, von wo aus einstmals der Abteilungskommandeur Luschke seine Kaserne bis in den allerletzten Winkel hinein beherrscht hatte. Es schien, als sei sich Schulz dieses Ehrenplatzes durchaus bewußt; darüber hinaus bemühte er sich, keinen Zweifel aufkommen zu lassen, daß er ihn wie kein zweiter verdient habe. Hoch aufgerichtet thronte er in seinem Sessel, die Arme weit ausgestreckt, so daß die Hände beinahe die Schreibtischecken umspannten.

Vierbein brachte seine Meldung vor. Er sprach laut und deutlich, doch keineswegs langsam. Anzug und Auftreten entsprachen genau den seit des seligen Wilhelms Zeiten kaum geänderten Vorschriften.

Schulz lauschte dieser militärischen Solodarbietung nicht ohne Genuß und nickte dann zustimmend. »Noch nichts verlernt!« sagte er mit Anerkennung. »Aber ich habe das auch nicht anders erwartet, Vierbein. Wer einmal durch meine Schule gegangen ist, der liegt noch im Massengrab stramm — oder er ist es nicht wert, die gleiche Uniform wie ich zu tragen.«

Nachdem der Oberleutnant ausgesprochen hatte, was er für unbedingt nötig hielt, ließ er den Unteroffizier stehen, wo und wie er stand. Schulz blätterte in Papieren herum und tat, als denke er dabei angestrengt nach. Dabei wußte er genau, was er sagen wollte; er hatte sich das lange und, wie er glaubte, gründlich überlegt.

»Die Anforderungen des Regiments Luschke«, sagte sodann der Oberleutnant, der vorher noch einmal klargestellt hatte, daß er zwar nur vorübergehend, aber doch mit allen Vollmachten, den durch Hochzeitsvorbereitungen verhinderten Kommandeur vertrete, »sind formal in Ordnung.«

Nunmehr machte er eine Kunstpause, sah Vierbein durchdringend an, sah dann spähend durchs Fenster, sah hierauf erneut und mit Ausdauer in seine ausgebreiteten Papiere. Wer ihn ahnungslos und bar jeglicher Erfahrung mit Vorgesetzten betrachtete, mußte annehmen, er kämpfe gerade um letzte Entscheidungen.

»Formal«, sagte Schulz abermals, und er sagte das sehr gedehnt, »ist alles in Ordnung. Theoretisch könnte also die Übergabe von Menschen und Material schon erfolgen. Nun bin ich aber ein Mann der Praxis, Vierbein.«

Der Unteroffizier wagte nicht zu widersprechen. Schulz, das stand fest, war ein Mann der Praxis; nur verstand nicht jeder dasselbe darunter wie er. »Dann muß ich also«, sagte Vierbein behutsam, »Herrn Oberst Luschke melden . . .«

». . . daß alles in bester Ordnung ist«, warf Schulz ein.

Jetzt verstand der Unteroffizier gar nichts mehr, und er war so frei, das auch zu sagen.

Schulz lächelte überlegen, doch ohne die winzigste Spur von Herzlichkeit. »Ich als Mann der Praxis«, erklärte er tönend, »kann es nicht verantworten, lediglich Menschen und Material zu liefern. Ich will ausgebildete Menschen liefern und erprobtes Material. Können Sie mir folgen, Vierbein?«

»Ich glaube schon«, sagte der und gab sich kaum Mühe, zu verbergen, wie verwundert er war.

Der Oberleutnant Schulz, ganz seinen, wie er glaubte, tiefen und grundsätzlichen Gedankengängen hingegeben, überhörte Vierbeins unkorrekte Ausdrucksweise.

»Unteroffizier Vierbein«, sagte Schulz nun mit umwerfender Logik, »Sie haben doch warten gelernt, also werden Sie warten! Die Ausbildung der Soldaten und die Erprobung der Funksprechgeräte müssen zuerst einmal abgeschlossen sein, ehe ich es verantworten kann, sie der Front zur Verfügung zu stellen.«

»Und wann wird das sein, Herr Oberleutnant?«

»In vier oder fünf Tagen. Dann findet das Scharfschießen statt. Vierundzwanzig Stunden später bekommt das Regiment alles, was es braucht.«

»Ich werde das Herrn Oberst Luschke melden«, verkündete Vierbein; und er legte jetzt sogar Wert darauf, durchblicken zu lassen, daß es gar nicht ungefährlich sein könnte, dem Herrn Oberst eine derartige Meldung zukommen zu lassen.

Schulz, in unverzeihlicher Unkenntnis der guten Verbindungswege, über die der Oberst Luschke verfügte, nahm diese Erklärung gelassen hin. Und er dachte: Melde das ruhig, mein lieber Schwan. Die Post nach Rußland braucht mindestens eine Woche. Und bis das Knollengesicht den Braten riecht, zu dem ich Vierbein verarbeiten werde, geschieht hier, wie sich das ja auch gehört, genau das, was ich will.

»In der Zwischenzeit«, sagte Schulz und rieb sich die Hände, »werden Sie sich mal bei uns betätigen. Das kann Ihnen gar nichts schaden. Schließlich sind Sie ja bis zur Erledigung Ihres Auftrages zur Ersatzabteilung kommandiert. Und die Ersatzabteilung, mein Lieber, bin zur Zeit ich.«

Vierbein stand da wie ein in die Erde gerammter Pfahl. Im Augenblick vermochte er nicht konsequent zu denken. Er starrte Schulz an, und der legte das als Ergebenheit aus.

»Wir werden schon das Geeignete für Sie finden«, versprach der Oberleutnant. »Ein Dummkopf sind Sie ja gerade nicht.«

»Darf ich Herrn Oberleutnant für heute nachmittag um Urlaub bitten?« fragte Vierbein mit letzter Korrektheit.

»Aber warum nicht!« rief Schulz polternd. »Wir sind ja schließlich keine Unmenschen. Sie kommen von der Front, Sie wollen sich endlich mal ausschleimen. Ich habe volles Verständnis dafür. Aber seien Sie ja vorsichtig, Freundchen. Lassen Sie sich keinen Tripper oder sonst was anhängen. Dabei kenne ich keinen Spaß, Vierbein. Darauf steht bei mir grundsätzlich Bau. Denn ich betrachte das als Selbstverstümmelung. Kapiert?«

Schulz entließ ihn schließlich, nicht ohne vorher noch, aus der Überfülle seiner praktischen Erfahrungen schöpfend, bemerkt zu haben, daß man heutzutage auch bei »verheirateten Frauen und selbst Bräuten« vorsichtig sein müsse, da niemand so genau wissen könnte, wo der Krieg »hingespuckt« habe.

Der Unteroffizier Vierbein, der ahnte, daß er sich glücklich schätzen durfte, Schulz zuerst entronnen zu sein, verließ in Eile die Kaserne. Er begab sich, nahezu im Laufschritt, zum Café Asch. Er achtete nicht auf die Menschen, die ihm begegneten. Er betrachtete nicht einmal den jungen Frühling, der bereits auf den Bäumen saß, lediglich Vorgesetzte übersah Vierbein nicht.

Im Café Asch wurde der »Urlauber« bereits mit Ungeduld erwartet. Ingrid, jeder Zentimeter eine Kriegsbraut, warf sich ihm entgegen, umarmte ihn heftig, küßte ihn. Dann schob sie ihn ein wenig von sich, betrachtete ihn mit leuchtenden Augen. Als sie sein EK I erblickte, küßte sie ihn abermals.

»Ich bin sehr stolz auf dich«, sagte sie zärtlich.

»Und ich freue mich, daß Sie da sind«, sagte der alte Asch und streckte dem »Urlauber« seine Hand entgegen. »Daß Sie auch noch ein Held sind, stört mich dabei gar nicht.«

Vierbein wurde sodann durch das jetzt am frühen Nachmittag nur spärlich besuchte Lokal hindurch in die hinten im ersten Stock gelegenen Wohnräume geleitet. Ingrid hielt seine Hand, und der alte Asch hatte seinen Arm um die Schultern des Gastes gelegt.

»Erzähle!« sagte Ingrid, kaum daß sie saßen.

»Er muß essen«, sagte der alte Asch. »Essen und trinken. Ich kenne das.«

»Ich muß gleich wieder weg«, berichtete Vierbein mit Eifer und war überzeugt davon, Eindruck zu machen. »Ich muß eine wichtige Meldung weiterleiten.«

»Morgen ist doch auch noch Krieg«, sagte Vater Asch und öffnete eine neue Zigarrenkiste.

»Diese Meldung duldet aber keinen Aufschub«, erklärte Vierbein. »Jetzt wollte ich nur kurz guten Tag sagen.«

»Ach was«, sagte der alte Asch. »Jetzt sind Sie zunächst einmal hier, und hier bleiben Sie. Der Führer kann warten. Soll der nicht auch mal Soldat gewesen sein? Eben! Also hat er warten gelernt.«

»Aber wenn die Meldung wichtig ist!« sagte Ingrid mit Anteilnahme. »Du kannst ihn doch nicht daran hindern, Vater, seinen Pflichten nachzukommen.«

»Pflichten? Wenn ich das schon höre! Die hat er auch uns gegenüber.« Der alte Asch entkorkte eine Flasche. »Als Soldat jedenfalls hat er seine Pflicht getan, und wie ich sehr vermute, sogar noch einiges darüber hinaus; jetzt darf er einen saufen.«

»Ach, Vater!« sagte Ingrid vorwurfsvoll. »Dir fehlt jede Begeisterung.«

»Das ist ein Fehler, auf den ich ziemlich stolz bin. Trinken wir darauf.«

Sie tranken sich zu und lächelten sich an. Sie waren sehr glücklich darüber, einander so nahe zu sein. In ihren Blicken lag Freude und Zärtlichkeit.

Vierbein erzählte kurz von Herbert Asch. Er versprach einen ausführlichen Bericht in einer ruhigen Stunde. »Jedenfalls«, sagte er, »geht es uns gut, wir sind gesund, die Stimmung ist ausgezeichnet, die Verpflegung reicht aus. Zu Befürchtungen ist kein Anlaß.«

»So was Ähnliches steht auch in der Zeitung«, sagte der alte Asch. »Und es gibt immer noch welche, die das glauben.«

Vierbein drückte die Hand des Mädchens, das dicht neben ihm saß, zärtlich und dennoch fest. Er war überglücklich, sie zu spüren; reine Freude, sie zu sehen; wundersam, ihre Stimme zu hören.

»Kinder, Kinder!« sagte Vater Asch nach langer Pause und betrachtete die beiden mit Verwunderung.

»Brauchst du Papier?« fragte Ingrid. »Papier und Tinte?«

Vierbein nickte. Der alte Asch schüttelte heftig den Kopf und genehmigte sich einen Übergroßen. »Langsam befürchte ich«, sagte er, sich schüttelnd, »wir gewinnen den Krieg wirklich.«

Ingrid und Vierbein achteten nicht auf ihn. Sie bereiteten die Meldung gemeinsam wie eine feierliche Handlung vor. Das Mädchen brachte Tinte und Papier herbei. Vierbein setzte sich zurecht und prüfte die Feder. Dann begann er zu schreiben.

Er tat das langsam, fast ein wenig umständlich. Ingrid stand jetzt neben ihm, hatte sich behutsam auf seine Schultern gestützt und sah ihm interessiert zu.

Nachdem Vierbein seine Meldung für Oberst Luschke aufgesetzt hatte, las er sie noch einmal gewissenhaft durch. Er brachte ein Komma an und zog eine Zahl sorgfältig nach. Dann erst unterschrieb er sie.

»Die Meldung geht direkt an den Oberst«, sagte Ingrid mit naivem Stolz und blinzelte ihrem Vater zu.

»Na — und?« fragte der. »Ist das schon was? In meiner Korrespondenz sind mehrere Briefe an einen richtigen General. Der war hier in dieser Gegend Autovertreter, ehe ihn der Krieg so nach und nach zum General gemacht hat.«

»Jedenfalls ist er jetzt General, Vater.«

»Und ich habe an ihn geschrieben. Laufend. Und zwar Mahnbriefe. Der ist nämlich nicht nur General, der hat auch Schulden wie ein General.«

Vierbein leistete sich ein schwaches außerdienstliches Lächeln. Asch nahm es, überrascht und erfreut zugleich, zur Kenntnis. Ingrid übersah das taktvoll.

»So«, sagte sie zufrieden, nachdem sie ihm behilflich gewesen war, das Papier zweimal zu falten. »Und jetzt bringen wir beide den Brief mit deiner Meldung zur Post.«

»Das genügt nicht«, sagte Vierbein. »Die Meldung eilt sehr. Sie muß in die Nachbarschaft zum Flugplatzkommandanten, und von dort geht sie dann direkt nach Rußland.«

»Muß das wirklich sein?« fragte Ingrid und vermochte kaum, soviel Mühe sie sich auch gab, ihre wachsende Enttäuschung zu verbergen. »Wir verlieren dadurch einen ganzen Nachmittag!«

»Es muß sein«, sagte Vierbein, ehrlich betrübt, den frohen Erwartungen Ingrids nicht entsprechen zu können. Und er fügte hinzu: »Leider.«

Der alte Asch schob die Kognakflasche impulsiv von sich. »Das sind vielleicht Zeiten!« sagte er grollend. »Seitdem wir schon wieder einmal ein Heldenvolk geworden sind, haben nur noch wenige alle Tassen im Schrank. Unsereins verdient zwar gut, lebt aber wie ein Hund. Und irgendwo taucht immer einer auf, der erwartet, daß wir auf Pfiff reagieren. Und was tun wir? Wir gehorchen! Das liegt uns im Blut. Maulkorb, Peitsche, Hundekuchen!«

»Es ist eben Krieg, Vater!«

»Das sage ich ja. Aber ihr könnt meinen Lieferwagen nehmen und zusammen abbrausen. Ich brauche Puddingpulver für die sogenannten Torten.«

»Danke, Vater.«

»Danke, Herr Asch.«

»Danken wir unserem Führer!« sagte der alte Asch. »Dem verdanken wir ohnehin alles.«

Hauptmann Witterer, der mit kühnem Schwung auf seine ersten Ziele lossteuerte, hatte sich den Unteroffizier Soeft in seine Hütte bestellt. Soeft erschien ohne sonderliche Verzögerung, was Eingeweihte als bemerkenswert empfanden. Nur noch Oberleutnant Wedelmann hatte sich einer ähnlich bevorzugten Behandlung durch den Verpflegungskönig rühmen dürfen.

Soeft trat ein, salutierte kurz und nicht sonderlich korrekt. Dann sah er sich nach einer Sitzgelegenheit um. Der Unteroffizier Krause, der hier zbV werden sollte und wollte und der Witterer wie ein Schatten überallhin zu folgen bereit war, zog sofort einen Stuhl herbei.

Hierbei machte der Unteroffizier Krause den Versuch, Soeft zutraulich anzugrinsen. Soeft grinste, um Grade weniger zutraulich, zurück. Der kleine Pinscher Krause, so dachte Soeft, muß sich erst noch mächtig am Riemen reißen, ehe ich ihm hier die erste Sonderstulle schmiere.

Aber dieser Krause war gar kein Pinscher. Er war ein Mann mit heimlich kochendem Ehrgeiz und wild auf eine möglichst glänzende und möglichst rasche Karriere. Er war 1938 aus der katholischen Kirche ausgetreten, weil die ihn an einem flotten Fortkommen zu hindern schien; und er würde natürlich erneut in sie eintreten, wenn sich die Zeiten, was ja niemand so genau wissen konnte, wieder einmal ändern sollten. Mit der Partei hatte er es auch versucht, aber die wußte seine Persönlichkeit nicht zu schätzen. Seitdem es jedoch in der Wehrmacht einen Witterer für ihn gab, bekam der Krieg, und damit seine Offizierslaufbahn, ein ganz anderes Aussehen. Mit Überzeugung oder sonstigen inneren Vorgängen hatte das alles nicht das geringste zu tun. Er war lediglich ein Mann der Tat, der Tatsachen.

Krause war als neuer Mann, frisch gebackener Unteroffizier und vielversprechender Offiziersanwärter mit der 3. Batterie nach Rußland gezogen. Und er wurde behandelt wie ein Neuling. Denn er war mitten in einen Haufen hineingeraten, der sich in zwei Feldzügen — Polen und Frankreich — gründlich kennengelernt hatte.

Und diese 3. Batterie war, wie Hauptmann Witterer sehr richtig ausgeführt hatte, ein Sauhaufen. Zwar erfolgreich, außerordentlich erfolgreich sogar, aber mit der Disziplin war es nicht weit her. Gleich zu Beginn hatte zum Beispiel seine Geschützbedienung den Versuch gemacht, ihn, den Unteroffizier Krause, zu duzen. Nun, er hat ihnen gezeigt, woher der Wind weht. Mit Vierbein konnte man so was machen, aber nicht mit ihm!

»Ich habe gar nichts dagegen, Krause, wenn du hier zbV wirst«, sagte Soeft völlig ungeniert durch die Gegenwart von Hauptmann Witterer. »Aber das eine mußt du dir gleich merken: In meine Verpflegungsstaffel quatscht mir keiner hinein.«

»Ich etwa auch nicht, Soeft?« fragte Witterer belustigt.

»Herr Hauptmann«, sagte der Unteroffizier Soeft souverän, »werden bald merken, daß bei mir alles klappt, und mir dann, wie ich es gewohnt bin, freie Hand lassen.«

»Wenn Sie in meinem Sinn arbeiten, Soeft — warum nicht?«

»Unteroffizier Soeft«, sagte Krause eifrig und nicht ungeschickt nach beiden Seiten lavierend, »ist durchaus in der Lage, ein ganzes Regiment zu versorgen.«

»Wie machen Sie das eigentlich, Soeft?«

Der wehrte bescheiden ab, hob seinen gewaltigen Riechkolben und kniff die Augen zu. »Alles Beziehungen, Herr Hauptmann!«

»Schon mal Schwierigkeiten gehabt?« fragte Witterer, nicht ohne Mißtrauen.

»Immer!« sagte Soeft unbekümmert. »Das gehört doch mit zum Geschäft.«

»Und Oberleutnant Wedelmann? Hat er derartige Schwierigkeiten gedeckt?«

»Völlig unnötig, Herr Hauptmann. Er hat sie überhaupt nicht zur Kenntnis genommen. Er wußte nämlich genau, daß ich ganz allein damit fertig werde — immer vorausgesetzt, man läßt mir freie Hand.«

»Nur Wachtmeister Asch hat sich gelegentlich einzumischen versucht«, sagte der Unteroffizier Krause aus dem Hintergrund.

Es ist ihm aber nicht sonderlich gut bekommen«, erklärte Soeft mit überlegener Ruhe. »Ich habe ihn einfach auf halbe Ration gesetzt, und da kam er bald wieder ins Gleichgewicht.«

»Dieser Asch«, sagte Hauptmann Witterer, »scheint sich überall einmengen zu wollen.«

»Bisher hat ihn auch niemand zurückgehalten«, sagte Krause, das Feuer schürend.

Soeft drehte den Daumen und wartete ab. Er hätte sich bequem in dieses Blasebalggespräch einschalten können, aber er sah keinen zwingenden Grund. An dem Feuerchen, an dem die beiden sich zu wärmen gedachten, würde er, Soeft, schon rechtzeitig seine Suppen kochen. Dabei gehörte er keinesfalls zu den Gegnern des Wachtmeisters Asch — ganz im Gegenteil!

Soeft respektierte in der 3. Batterie, von Wedelmann abgesehen, nur sich selbst und eben Asch. Asch war zwar ein sturer Hund, aber er hatte den sechsten Sinn. Darin glich er ihm. Soeft witterte Verpflegung auf sieben Meilen. Asch witterte frühzeitig, wo der Krieg hinspuckte. Mit ihm unmittelbar anzubinden, war beinahe Selbstmord.

»Sehen Sie sich diese Bude an«, sagte Witterer zu Soeft.

Soeft sah sie sich an. Sie war wie alle anderen auch; vielleicht ein wenig geräumiger, möglicherweise um eine Nuance sauberer. Aber auch diese Bude stank nach nassem, am Feuer getrocknetem Leder, nach verfaulenden Kleidern, nach Männerschweiß und Tabaksqualm.

»Das ist ein Stall, aber nicht die Unterkunft eines Hauptmanns!« stellte Witterer fest.

Soeft nickte. Er unterdrückte die Bemerkung: Sie haben wohl einen Palast erwartet! Und das gelang Soeft mühelos. Er war nicht der Mann, der einer Pointe wegen auch nur ein Pfund Butter riskierte. Er konnte, wenn er wollte, ein großer Schweiger sein. Im Augenblick wollte er das.

»Der Unteroffizier Krause meint, Sie könnten mir da helfen, Soeft.«

»So«, sagte der, »meint der Unteroffizier Krause das?«

»Wenn das einer kann, dann doch nur Soeft«, sagte Krause mit Eifer. »Bei deinen Beziehungen!«

Soeft schwieg. Die Situation war ihm halbwegs klar. Hauptmann Witterer wollte seine Bude ausstaffieren. Warum er das wollte, war vorerst nebensächlich. Durchaus denkbar, daß er ein Mann mit Wohnkultur war – wer lacht da? Möglich aber auch, daß er Damenbesuch empfangen wollte. Warum denn nicht? Das Wehrbetreuungsmädchen mit den großen Augen wird vielleicht mal erproben wollen, wie es sich im Bereich der feindlichen Artillerie liebt. Ist wohl eine neue Nuance!

»Was meinen Sie dazu, Soeft?«

»Möglich ist ja alles«, sagte der, »bei den Preußen, beim Führer und beim lieben Gott.«

»Zunächst einmal«, sagte Krause, »könnten wir ein paar Bogen Papier gut gebrauchen. Weißes Papier. Als Tapetenersatz gedacht.«

»Verstehe«, sagte Soeft. »Einwickelpapier für Verpflegung. Nun gut, ich besorge drei Rollen. Die werden vorerst langen.«

»Und dann Klebstoff, Soeft. Am besten Tapetenleim.«

»Unsinn, Krause«, sagte Soeft sachverständig. »Ich liefere einige Schachteln Reißzwecken. Das ist viel praktischer. Du heftest die Bogen an die Wand – warum willst du kleben? Wir bleiben ja doch nicht ewig.«

»Kleben ist aber sauberer!«

»Wenn du sauber heftest, Krause, genügt das vollkommen. Und wenn Stellungswechsel kommt, rollst du die Tapete wieder ein. Bis zum nächsten Chefsalon.«

»Einverstanden«, sagte Hauptmann Witterer. »Machen Sie das so, Krause. Und was können Sie mir sonst noch bieten, Soeft?«

»Was haben Sie sich denn vorgestellt?« fragte der Verpflegungskönig neugierig.

»Nun«, sagte Witterer tastend, »vielleicht einen Samowar, ein paar Decken, zwei Stühle.« Er holte tief Luft und gab Soeft Gelegenheit, ihn zu unterbrechen, worauf der aber verzichtete.

Das legte Witterer zu seinen Gunsten aus und fuhr mit seinen Inventarwünschen fort. »Vielleicht dann noch eine Art Klappbett und an Stelle des verfaulten Strohs eine Matratze. Auch brauche ich Tassen, Gläser, Teller – von jeder Sorte zwei. Und wie wär's mit einem Kopfkissen?«

»Genehmigt«, sagte Soeft großzügig.

Witterer atmete erleichtert aus. Dieser Soeft war einfach unbezahlbar! Eine schier unerschöpfliche Quelle. Das war ja gar kein Staffelführer – das war ein Warenhausdirektor! Und, die günstige Stunde nutzend, tastete er sich noch weiter vor. »Haben Sie auch einen Teppich, Soeft? Einen kleinen?«

»Ich werde einen von meinen abgeben«, sagte der.

Krause warf Witterer einen triumphierenden Blick zu, und der Hauptmann nickte befriedigt.

»Und noch eins, mein lieber Soeft. Sie wissen doch, daß ich alle Vorbereitungen für ein Gastspiel einer Wehrbetreuungstruppe treffen lasse?«

»Das ist mir bekannt«, sagte Soeft, spürbar interessiert. »Soweit ich informiert bin, haben Sie da den Asch zum Gärtner gemacht.«

Witterer stutzte kurz. Aber er ließ sich von seinem Anliegen nicht ablenken. »Jedenfalls«, sagte er, »möchte ich, wenn die Künstler kommen, anschließend an die Vorstellung eine kleine private Geselligkeit geben. Was meinen Sie dazu?«

»Das wird sich machen lassen«, sagte Soeft versonnen und streckte die Beine weit seitwärts aus. »Für Wehrbetreuung habe ich schon immer eine Schwäche gehabt.«

Soeft dachte an die glücklichen Tage in Frankreich. Und er dachte an sie, wie immer, nicht ohne Rührung. Herrgott, waren das Zeiten! Das war noch Wehrbetreuung! Wie da dieses Mädchen – hieß es nicht Yvonne? – mit den langen Beinen und dem prallen Hintern . . .

»Ich dachte da an einen kleinen Imbiß«, sagte Witterer, »und an ein paar gute Getränke.«

Soeft riß sich von seinen Frankreicherinnerungen los, was ihm niemals leichtfiel, und nickte. »Kaviar und Krimsekt«, sagte er.

Witterer horchte auf. Sein sonst so glattes Gesicht zeigte Spuren von Begeisterung. »Das wäre gar nicht schlecht«, sagte er. »Das wäre sogar ausgezeichnet. Und das könnten Sie zur Verfügung stellen, Soeft?«

»In jeder Menge«, sagte der gelassen. »Wer Kaviar und Krimsekt nicht kennt, dem wird das schon schmecken. Für mich ist das nichts. Ich ziehe gekochten Schinken und französischen Champagner vor. Aber trockenen Champagner! Kein süßes Zeug, nichts farbiges. Und auch die Temperatur muß genau stimmen. In meinem Privatgepäck habe ich ein Spezial-Champagner-Thermometer.«

Witterer schwieg respektvoll, und Krause nickte seinem Hauptmann triumphierend zu. Hatte er zuviel versprochen? Zuwenig! War der Mann ein Verpflegungsgenie? Er war eins! Und es wollte Krause scheinen, als habe er persönlich den Kaviar in Büchsen gefüllt und den Krimsekt auf Flaschen gezogen.

»Ja, dieses Frankreich!« seufzte Soeft tief und versuchte vergeblich, seine Beine noch weiter seitwärts auszustrecken. »Ich vermisse es sehr. Ich hatte drei Kellereien an der Hand, dazu eine Delikatessen-Tauschzentrale – meine ureigene Erfindung. Von meinem Lokal wollen wir da erst gar nicht reden. Wie gesagt: Frankreich! Dort konnte man sich noch entfalten. Hier aber verkümmern meine ganzen Talente.«

»Na, na, Soeft«, sagte Witterer belustigt. »Was Sie hier aus diesem Land alles 'rausholen, reicht mir schon.«

»Nichts gegen Frankreich!« sagte Soeft nahezu feierlich. »Und Sie werden das ja auch gewiß verstehen, Herr Hauptmann. Denn Sie kennen die Bedeutung der Wehrbetreuung.«

»Das ist doch selbstverständlich«, sagte Witterer. »Der Soldat braucht Abwechslung, und die soll er auch haben.«

»Ihre Worte in des Führers Ohr!« sagte Soeft. »Auf solche Worte habe ich im letzten halben Jahr vergeblich gewartet.«

»Wehrbetreuung ist hier wohl ein völlig vernachlässigtes Gebiet gewesen, was?«

»Völlig vernachlässigt, Herr Hauptmann«, echote Krause.

»Kein Verständnis dafür«, sagte Soeft. »Leider. Als ich hier einen Puff einrichten wollte ...«

»Einen — was?« fragte Witterer, ehrlich überrascht.

»Einen Puff!« sagte Soeft; und das hörte sich an, als vertrete er hier ein ehrliches, ja geradezu patriotisches Anliegen. »Ein Bordell. Ein Freudenhaus. Verschiedene Worte für die gleiche Sache.«

»Verstehe«, sagte Witterer ein wenig hilflos.

»Als wir kurz vor Weihnachten hier festsaßen, habe ich gleich gewußt, daß es Monate dauern werde, bis wir wieder flottkommen würden. Gleich damals hätte alles für die Freizeitgestaltung vorbereitet werden müssen. Kurz: ich war bereit, einen Puff zu organisieren.«

»Aha«, sagte Witterer, immer noch hilflos.

»Das wäre gar nicht so leicht gewesen«, versicherte Soeft mit ungewohntem Eifer. »Stellen Sie sich mal die Schwierigkeiten vor! In diesem Land! Nur Jungfrauen und alte Weiber. Wenn Sie hier eine fragen, was Sexualität ist, dann verwechselt sie das mit einer elektrischen Lichtleitung. So rückständig sind die hier. Von Frankreich jedenfalls keine Spur. Aber ich hätte es geschafft; ich schon!«

»Sicherlich«, sagte Witterer.

»Material war zwar nicht reichlich, aber für kleinere Einheiten gerade ausreichend vorhanden. Das hat sich in den letzten Monaten bei einigen Stäben ganz deutlich gezeigt. Ich kenne mehrere Einheiten, die haben ein halbes Dutzend Nutten auf der Lohnliste. Und warum ist das nicht hier an der Front möglich? Hier haben wir das doch am nötigsten.«

»Und wer hat damals deine Pläne sabotiert, Soeft?« fragte der Unteroffizier Krause lauernd. Und er strahlte gelinde, da er die Antwort wußte.

»Natürlich Asch«, sagte Soeft mit ehrlichem Bedauern. »Der Wachtmeister Asch ist gewiß ein guter Organisator — das kann ihm keiner abstreiten. Aber für diese Sorte Organisation fehlt ihm eben das letzte Gefühl.«

»Er ist verheiratet«, sagte Witterer. »Ich kenne seine Personalpapiere. Offenbar ist er sogar schwer verheiratet.« Und der Hauptmann beglückwünschte sich insgeheim, gerade diesen schwerverheirateten Asch der offensichtlich ein wenig erlebnislüsternen Lisa assistiert zu haben. Das, fand er, war ein guter, wenn nicht gar genialer Schachzug.

»So ist das ja nun auch wieder nicht«, sagte Soeft. »Der ist, alles was recht ist, ein richtiger Mann. Der hat gar nichts gegen die Weiber. Der ist nur für die freie Wildbahn und grundsätzlich gegen jede Organisation auf diesem Gebiet.«

»Interessant«, sagte Witterer nachdenklich.

»Noch in Frankreich«, sagte Soeft, wieder in Erinnerungen schwelgend, »war das wesentlich anders. Da konnte ich mich fast mühelos durchsetzen. Auch Wedelmann hat beide Augen zugedrückt. Und Asch hat zwar mein Haus nicht frequentiert, aber auch nicht sabotiert. Mehr wollte ich ja gar nicht.«

»Wie war das?« fragte Witterer verwundert. »In Frankreich hatte die Batterie ihren eigenen Puff?«

»Allerdings«, sagte Soeft stolz. »Und das war so gut wie ausschließlich mein Verdienst, wobei ich aber den Anteil des Hauptwachtmeisters nicht schmälern will. Seine Verwaltungsmaßnahmen waren durchaus brauchbar. Und niemand hat die Wichtigkeit eines derartigen Unternehmens bestritten.«

»Außer Asch!« warf Krause ein.

Soeft produzierte eine wegwerfende Handbewegung. Sein Lieblingsthema riß ihn mit. »Sehen Sie«, sagte er, »so ein Puff ist eine wehrkrafterhaltende Institution.«

»Wie meinen Sie das?« fragte Witterer, für den dieses Gespräch neu war.

»Einmal«, führte Soeft mit großer innerer Anteilnahme aus, »fördern die Mädchen die Stimmung der Truppe. Gut geliebt – gut gelaunt. Nicht zuletzt deshalb auch: Wehrbetreuung. Dann aber besteht auf seiten jedes Mannes, Soldaten, ein gewisses körperliches Bedürfnis. Diesem Bedürfnis, das im Stellungskrieg automatisch wächst oder auch mit der Entfernung von der Front prozentual zunimmt, muß Rechnung getragen werden. Habe ich recht?«

»Hm«, sagte Witterer.

»Der verantwortungsbewußte Truppenführer«, sagte Soeft so, als diktiere er an einer diesbezüglichen Vorschrift, »darf derartigen Problemen nicht ausweichen. Der Körper fordert also sein Recht. Primitive Naturen neigen in einem solchen Stadium zu Vergewaltigungen. Feinfühlige, die seltener auftreten, fahnden nach der Liebe. Gleichgültige aber stürzen sich auf das erste beste Weib, das sich ihnen anbietet. Und hier, genau hier, liegt das Problem. Es besteht nämlich die Gefahr der Geschlechtskrankheiten, die ja den Mann automatisch kampfunfähig machen. Somit handelt es sich einwandfrei um Wehrkraftzerstörung. Und um das zu vermeiden, müssen Puffs eingerichtet werden.«

»Klingt logisch«, sagte Witterer zögernd. »Klingt durchaus logisch.«

»Das ist es auch«, stellte Soeft mit Überzeugung fest. »Oder glauben Sie etwa, Herr Hauptmann, die paar Wehrbetreuungshäschen schaffen da auch nur annähernd einen Ausgleich?«

»Langsam, Soeft, langsam!« sagte Witterer warnend. »Lassen Sie diese Vergleiche. Sie sind mehr als kühn. Hier handelt es sich immerhin auch um Damen der Gesellschaft.«

Soeft grinste ungekränkt. »Warum sagen Sie das mir, Herr Hauptmann? Sagen Sie das doch lieber dem Wachtmeister Asch. Der wird das nötiger haben. Denn der sitzt schließlich an der Quelle. Sie haben ihn doch selber hingeschickt.«

»Sie hätten genausogut zu mir kommen können«, sagte Lisa Ebner und sah sich mißbilligend um. »Oder glauben Sie etwa, Sie können mich herumkommandieren wie Ihre Soldaten?«

»Ich kommandiere keine Soldaten herum«, sagte Asch reichlich unfreundlich. »Das überlasse ich anderen.«

»Geht das gegen Hauptmann Witterer?«

»Fragen Sie ihn doch, ob er sich betroffen fühlt. Aber verschieben Sie das auf später. Zunächst einmal: Setzen Sie sich!«

Lisa Ebner betrachtete Asch, als sei der ein Wundertier und noch dazu aussätzig. Dann betrachtete sie abermals ihre Umgebung. Und wieder schnaubte sie mißbilligend durch ihr zierliches Näschen.

Sie befanden sich im Hauptraum des Soldatenheims I in der Etappencity. Er hatte eine gewisse Ähnlichkeit mit einem stark ramponierten Wartesaal dritter Klasse in abgelegenen Garnisonstädten. Was fehlte, waren lediglich die Fahrpläne. Immerhin hingen einige Reklameplakate, allerdings solche mit Durchhalteparolen, an den abgegriffenen Wänden. Auch der Führer fehlte nicht.

Es waren nur wenige Soldaten anwesend, denn die Stunde der wahren Fürsorge war noch nicht gekommen. Das vielbegehrte, kampfkraftstärkende Viertel Mischwein wurde immer erst nach Einbruch der Dunkelheit ausgegeben. Auf den Spätnachmittagstee oder die Brotsuppe verzichteten alle Eingeweihten großzügig. So waren denn die Anwesenden zumeist Irrläufer.

In einer Ecke plärrte ununterbrochen ein Lautsprecher. Niemand hörte auf ihn. Pausenloses Rundfunkgebrüll gehörte zu diesem Krieg wie die Luft zum Atmen.

Lisa Ebner schob sich in eine Bank und setzte sich Asch gegenüber. Automatisch zog sie ihr Kleid zurecht, denn sie hatte das ein wenig peinliche Gefühl, jede ihrer Bewegungen werde genau verfolgt. Sie gab sich Mühe, Asch mit Herablassung zu mustern, was den aber nicht sonderlich zu genieren schien.

»Ihre Angestellte«, sagte sie, »bin ich nicht.«

»Hat auch niemand behauptet«, sagte Asch.

»Dann behandeln Sie mich gefälligst anders!«

»Wie denn? Wie ein rohes Ei?«

»Sie sind unmöglich!« rief Lisa, und ihre großen Augen funkelten beleidigt. »Sie sind einfach impertinent! Mancher wäre glücklich, hier mit mir zu sitzen. Sie aber glauben wohl noch, mir eine Gnade zu erweisen. Was denken Sie sich eigentlich?«

»Fragen Sie mich lieber nicht danach.«

»Oder ist das etwa Ihr Trick?«

»Mein liebes Fräulein Ebner«, sagte Asch und betrachtete gelassen seine Hände. »Ich bin verheiratet.«

»Das sagten Sie schon einmal. Diese Walze können Sie also abstellen. Oder gehört das etwa auch zu Ihrem Trick?«

Asch stützte sich auf seine Unterarme, beugte sich über den Tisch vor und sah sie groß an. »Liebes Fräulein«, sagte er, »als Frau interessieren Sie mich gar nicht. Nicht so viel! Für mich sind Sie lediglich ein Verhandlungspartner, wie etwa einer vom Verpflegungsdepot oder vom Sargmagazin. Ich habe die Absicht, mit Ihnen eine dienstliche Angelegenheit zu besprechen — das ist alles. Für private Dinge bin ich doch nicht zuständig — ich nicht.«

»Soll das vielleicht wieder eine Ihrer Spitzen gegen Hauptmann Witterer sein?«

Asch schüttelte langsam seinen Kopf und deutete damit unmißverständlich an, daß er sie für »schwer von Begriff« halte. »Ich habe einen meiner Kameraden in die Unterkunft Ihrer Wehrbetreuungstruppe geschickt, damit sich hier jemand blicken läßt — wer, ist mir völlig wurscht —, der berechtigt ist, mit mir zu verhandeln. In Ihre Behausung wollte ich nicht kommen, um kein Idyll zu stören. Ich habe nun angenommen, Ihr männlicher Begleiter, der Zauberkünstler und Gepäckträger, würde erscheinen. Daß Sie persönlich hier aufkreuzen würden, damit habe ich wahrlich nicht gerechnet. Außerdem ist mir das gleichgültig.«

»So!«

»Völlig gleichgültig.«

»Nun gut«, sagte Lisa Ebner mit mühsamer Entschlossenheit. »Mir soll das nur recht sein. Jedenfalls haben wir uns bei der Gruppe in die organisatorische Arbeit geteilt. Das Sondergastspiel bei Ihnen soll ich vorbereiten, das ist so abgemacht. Sie werden also, ob Ihnen das nun gefällt oder nicht, mit mir vorliebnehmen müssen.«

»Ich nehme, wie Sie sehen, mit Ihnen vorlieb«, sagte Asch friedfertig und lehnte sich wieder zurück.

Dann hielt er nach Schwester Betty Umschau und winkte ihr zu. Sie näherte sich ohne Eile und türmte sich dann vor ihnen auf. Asch sah ihr freundlich entgegen.

»Sie sind doch gewiß Schwester Betty?« wollte Asch wissen und musterte die schwere, mütterliche Person mit schnell zunehmender Herzlichkeit.

»Woher wollen Sie das wissen, Herr Wachtmeister?« fragte die resolut.

»Nach der Beschreibung, die ich bekommen habe, müssen Sie Schwester Betty sein.«

»Sie haben von mir eine Beschreibung bekommen?« fragte die umfangreiche Schwester entsetzt.

»Ich soll Sie von Unteroffizier Soeft grüßen. Ich bin in seiner Batterie.«

»So sehen also die Freunde von diesem gerissenen Straßenhändler Soeft aus. Hätte ich mir wesentlich anders vorgestellt! Aber Sie machen ja einen ziemlich normalen Eindruck, Herr Wachtmeister.«

»Das täuscht«, sagte Lisa Ebner mit Überzeugung.

»Sollte mich auch sehr gewundert haben!« rief Schwester Betty und nickte dem Mädchen lebhaft zu. »Aber da Sie nun schon mal hier sind, will ich Soeft nicht enttäuschen – also: Was wollen Sie trinken?«

»Wenn ich wählen kann«, sagte Asch, munter geworden, »dann ein Bier. Aber eins, das zischt! Seit Monaten habe ich keins mehr getrunken.«

»Sollen Sie haben«, sagte Schwester Betty mit rauher Herzlichkeit. »Und Sie, Fräulein?«

»Einen Kaffee?«

»Warum nicht«, sagte die resolute Schwester. »Sollen Sie haben. Der Räuberhauptmann Soeft wird schon wieder für Nachschub sorgen.«

Die Schwester trabte davon, und der Bretterboden, über den sie ging, gab nach. Das ganze Soldatenheim schien zu schwanken. »Sie erinnert mich an meine Schwiegermutter«, sagte Asch.

»Auch das ist nur eine optische Täuschung«, sagte Lisa Ebner leicht gereizt. »Frauen in Frontnähe sind offenbar immer nur so was wie Ersatz. Wir erinnern an irgend jemand! Wenn wir jung sind, an das Fräulein Braut, wenn wir alt sind, an die Frau Mutter. Langsam hört das auf, komisch zu wirken.«

»Sie scheinen ja bereits eine ganze Menge Erfahrungen gesammelt zu haben«, sagte Asch. »Wie lange sind Sie denn schon in diesem Geschäft?«

»An der Front bin ich jetzt zum erstenmal.«

»Sie sind nicht an der Front, sondern hinter der Front«, korrigierte Asch freundlich. »Und wo haben Sie sich vorher betätigt?«

»In Lazaretten.«

»Das ist gut«, sagte Asch. »Da gehören Sie schon eher hin. Aber dort werden Sie ja wohl kaum Ihren Hauptmann Witterer kennengelernt haben.«

»Er ist nicht *mein* Hauptmann! Habe ich Ihnen das nicht schon gesagt? Er gehört zu meinen Bekannten — das ist alles.«

»Kennen Sie eigentlich noch mehr von dieser Sorte?«

»Selbst auf die Gefahr hin, daß Sie das beunruhigt — eine ganze Menge! Zum Beispiel Major Bär. Und auch Hauptmann Runge. Und Major von Falckenstein. Und dann auch . . .«

»Mir genügt das«, sagte Asch unfreundlich.

»Namen wie diese kann ich Ihnen dutzendweise nennen!«

»Legen Sie sich eine Liste an, vervielfältigen Sie sie und verteilen Sie sie dann an alle Interessenten — sozusagen als Befähigungsnachweis, als Leistungszeugnis, oder wie Sie das immer nennen wollen.«

Lisa Ebner sah ihn mit großen, ganz großen Augen an. Und diese Augen waren dunkel und traurig. Es waren, glaubte Asch feststellen zu können, Kinderaugen. Und sie füllten sich langsam, ganz langsam mit Tränen.

»Warum sagen Sie so etwas?« fragte sie leise und fast hilflos. »Wofür halten Sie mich? Warum glauben Sie, daß ich . . . daß ich . . .«

Lisa begann zu weinen. Dicke Tränen rollten über ihr Gesicht und tropften auf die schlechtgescheuerte Tischplatte. Und sie weinte völlig lautlos, mit leichtgeöffnetem Mund. Ihre Schultern blieben regungslos.

»Weinen Sie doch nicht!« sagte Asch reichlich unbeholfen. »Warum weinen Sie denn?« Und er sah sich maßlos verlegen in der Bretterbude um und war heilfroh, daß nur wenige Soldaten anwesend waren, die zudem offenbar gar nicht bemerkt hatten, was an seinem Tisch vor sich ging.

Lisa weinte weiter. Lautlos. Bewegungslos.

»Nehmen Sie sich doch zusammen«, sagte Asch. »Mein Gott, wenn hier jeder gleich weinen wollte . . .«

Schwester Betty bewegte sich umständlich auf ihren Tisch zu, stellte einen Kaffee ab, der stark duftete, stellte dann vor Asch einen Krug Bier hin. Dann musterte sie die beiden mit steigendem Unmut.

»Er ist doch ein Busenfreund von diesem Wegelagerer Soeft«, sagte sie schließlich mit großer Überzeugung. »Man merkt das deutlich! Aber machen Sie sich nichts daraus, Fräulein. Er ist hier in der Gegend bestimmt nicht der einzige Mann.«

»Fehlt jetzt eigentlich nur noch«, sagte Asch streitbar, »daß auch Sie hier anfangen zu heulen, Schwester Betty!«

»Darauf können Sie so lange warten, wie der Krieg dauert, Jüngling!« Und damit bewegte sich die machtvolle Schwester schnaubend wieder fort.

Lisas Tränenstrom war noch nicht erschöpft. Asch kam sich hilflos vor. Instinktiv faßte er nach seinem Taschentuch, aber er hatte noch Geistesgegenwart genug, es ihr nicht hinüberzureichen, denn es war alles andere als sauber.

»Beruhigen Sie sich doch endlich«, sagte er. »Ich wollte Sie nicht beleidigen. Wirklich nicht.«

»Doch!« sagte Lisa heftig.

»Nun gut, wenn Sie das glauben, dann will ich mich entschuldigen. Ich bitte also um Entschuldigung. Ich habe Sie nicht beleidigen wollen. Entschuldigen Sie bitte.«

Lisa sagte nichts. Aber ihre Tränen rollten nicht mehr. Sie stauten sich in ihren großen Augen, die jetzt sanft glänzten.

»Sehen Sie«, sagte Asch lebhaft, »wir sind hier nicht gerade verwöhnt, Fräulein Ebner. Und wir haben vieles verlernt. Wir kennen nur die Kameraden — und auch die lediglich vom Fressen und vom Sterben.«

»Damit habe ich nichts zu tun.«

Lisa rieb sich mit den flachen Händen die Tränenspuren aus dem Gesicht. Ihre Haut, sah Asch mit Wohlgefallen, war frei von Puder. Sie glänzte jetzt ein wenig rötlich, war aber glatt und gesund.

Sie zog einen Spiegel aus ihrer Handtasche und blickte hinein. Was sie dort sah, schien sie zu beruhigen. Sie schnaubte kurz zweimal durch ihr zierliches Näschen; dann versuchte sie wieder, Asch trotzig anzublicken.

»Lassen Sie Ihren Kaffee nicht kalt werden«, sagte der.

Lisa trank gehorsam mit etwas hastigen Bewegungen. Sie war ein überaus ansehnliches Mädchen. Blutjung, fast noch naiv.

Asch wünschte plötzlich lebhaft, sie möge — so wie sie jetzt vor ihm saß — bleiben. Daran dachte er, als er einen großen Zug aus seinem Bierkrug tat. Und dieser Gedanke ließ ihn nicht los.

»Sie müssen«, sagte er dann, »auch mal vesuchen, sich in uns hineinzudenken. Da ist zum Beispiel das ewige Thema Nummer eins: Die Frauen! Viele gute Gedanken dabei, niedergelegt in einigen Millionen Feldpostbriefen. Aber doch nicht nur diese guten Gedanken allein! Da gibt es dann noch die Bilder in den Armeezeitungen, zerlesene Magazine, schwüle Liedchen über den Soldatensender. Daneben die Nacht- und Latrinengespräche und die Vorstellungen unter Alkohol. Und dann tauchen plötzlich Frauen auf, in persona — laufen uns einfach über den Weg. Auch Sie mengen sich hier unter die Soldaten. Verhältnis etwa: eins zu hunderttausend. Gelegentlich passiert mal was — oder wollen Sie das etwa leugnen? Und die günstigste Gelegenheit ist immer bei den wenigen, die noch ein eigenes Zimmer und so was wie ein eigenes Bett haben. Das spricht sich schnell herum. Sie gelten also bei vielen grundsätzlich als Offiziershure. Und der Geschlechtsneid ist wie der Brotneid hier besonders stark ausgeprägt. Rechnen Sie damit! Dagegen ist nun mal kein Kraut gewachsen.«

»Mit Kerlen, die das denken, wollen wir nichts zu tun haben!«

»Sie können sich Ihre Betrachter nicht aussuchen.«

»Gott sei Dank gibt es immer noch Männer, auf die man sich verlassen kann.«

»Es kränkt mich nicht sonderlich«, sagte Asch gelassen, »daß Sie mich dieser Sorte nicht zuzählen.« Er trank aus seinem Krug, bedächtig und mit Genuß.

Dann, nachdem er sich den Mund abgewischt hatte, fragte er: »Und Hauptmann Witterer – auf den können Sie sich verlassen?«

»Ich habe Hauptmann Witterer in Deutschland kennengelernt. Er war damals sehr nett zu mir, sehr ritterlich. Und da er über große Beziehungen verfügte – Major Bär ist eng mit ihm befreundet –, bat ich ihn darum, mir behilflich zu sein, einen Vertrag für Gastspielreisen an der Front zu bekommen.«

»Warum? Sind derartige Verträge finanziell günstiger?«

»Das auch. Aber darum ging es mir gar nicht. Ich wollte dabeisein. Ich wollte etwas erleben. Viel von der Welt sehen! Verstehen Sie das nicht?«

»Nein«, sagte Asch aufrichtig. »Dafür fehlt mir jedes Verständnis. Also gut: Jetzt sind Sie dabei! Und was erleben Sie? Was sehen Sie von der Welt? Einen Dreck! Sie sitzen hier mit einem schäbigen Wachtmeister und lassen Ihren Kaffee kalt werden. Sie treten in Bretterbuden und Scheunen auf, angestaunt von einigen hundert Landsern, für die Sie, wie Sie selbst sagen, Braut-Ersatz sind. Und betreut von Hauptmann Witterer.«

»Es ist doch alles nicht so schmutzig, wie Sie glauben, Herr Asch. Vielleicht haben Sie zuviel Unerfreuliches erlebt – das hat Sie ungerecht gemacht. Aber der Krieg hat doch auch seine zwei Seiten; die einen verkommen in ihm, die anderen wachsen über sich hinaus. Es wird bestimmt noch Männer geben, die im Kern ihres Wesens sauber geblieben sind.«

»Durchaus möglich. Sie müssen nur verstehen, sich die richtigen herauszusuchen. Vielleicht ist das gar nicht einmal so schwer.«

Lisa Ebner sah ihn groß an. Sie legte ihre schmalen Hände um die Kaffeetasse. Sie öffnete den Mund, um etwas zu sagen, aber sie kam nicht dazu.

Sie wurden gestört. Der Unteroffizier Krause, im weitgeöffneten Übermantel, kam auf sie zu. Er warf einen kurzen Blick auf Asch. Dann musterte er das Mädchen intensiv.

»Fräulein Lisa Ebner?« fragte er.

Sie nickte ein wenig verwundert, auch neugierig, das nicht zuletzt, weil sie spürte, daß sich der Wachtmeister Asch noch mehr als sie gestört fühlte.

»Sie werden erwartet«, sagte der Unteroffizier Krause.

»Ich habe noch einiges mit Fräulein Ebner zu besprechen«, sagte Asch abweisend.

»Herr Hauptmann Witterer«, sagte der Unteroffizier Krause und tat, als existiere der Wachtmeister für ihn gar nicht, »hält sich bereits in Ihrer Unterkunft auf, Fräulein Ebner.«

»Das ändert nichts daran«, sagte Asch ruhig, »daß unsere Besprechung noch nicht beendet ist.«

»Kommen Sie mit, Fräulein Ebner?« fragte Krause hartnäckig.

Die sah auf Asch, und der schüttelte den Kopf. Und dieses Kopfschütteln bereitete ihr Freude. »Ich komme später«, sagte Lisa Ebner.

»Dann werde ich eben warten«, sagte Krause und nahm an ihrem Tisch Platz. Er breitete den Übermantel weit aus und sah sich verlangend im Raum um. »He, Schwester!« rief er ungeniert laut.

Schwester Betty bewegte sich auf ihn zu, baute sich auf, sah Krause fragend an und schwieg.

»Na — wie wär's mit einem Kaffee, Schwester?«

»Wir haben keinen«, sagte die unbewegt.

»Und die Dame?«

»Sind Sie eine Dame?« fragte Schwester Betty zurück.

»Dann geben Sie mir ein Bier.«

»Sie bekommen Tee oder gar nichts«, sagte die Schwester. »Das hier ist ein Soldatenheim, aber doch kein Vergnügungsetablissement. Und wenn Sie glauben, daß auch Sie ein Bier bekommen müßten, nur weil der Wachtmeister eins hat, dann irren Sie sich aber gewaltig. In diesem Laden hier befehle ich und sonst niemand.«

Krause sah der abrauschenden Schwester verblüfft nach. Dann wandte er sich wieder Lisa Ebner und Herbert Asch zu, die sich, wie er bemerkt zu haben glaubte, verständnisinnig zublinzelten. Und das war eine Situation, die zumindest als nicht unbedenklich bezeichnet werden mußte. Er überlegte längere Zeit, was nun zu geschehen habe.

Schließlich sagte er: »Herr Wachtmeister, Sie wollen also Fräulein Ebner daran hindern, einer Aufforderung von Herrn Hauptmann Witterer zu entsprechen?«

»Unteroffizier Krause«, sagte Asch. »Mir ist nichts davon bekannt, daß Hauptmann Witterer dazu berechtigt ist, an Fräulein Ebner Aufforderungen irgendwelcher Art ergehen zu lassen.«

»Sie sabotieren also einen ausdrücklichen Wunsch des Batteriechefs?«

»Wünsche kann man nicht sabotieren. Sie sollten immer erst gründlich nachdenken, Krause, ehe Sie Ihrer Vorliebe für Allgemeinplätze folgen. Empfehlen Sie das auch Hauptmann Witterer.«

»Das werde ich melden!« sagte Krause mit Schärfe.

»Mach, daß du hier wegkommst«, sagte Asch. »Oder ich beklopfe dir deine Finger so, daß du gar nicht mehr in der Lage bist, eine Meldung hinzuschmieren.«

Dem Unteroffizier Vierbein war jeder Befehl heilig, und der Wunsch eines Vorgesetzten war ihm Befehl, besonders dann, wenn dieser Vorgesetzte Wedelmann hieß. Doch in seiner grenzenlosen Einfalt ließ er sich dazu verleiten, ausgerechnet bei seinen Stubenkameraden Bartsch und Ruhnau die Adresse von Frau Lore Schulz zu erfragen.

Die siamesischen Etappenzwillinge witterten Unrat und waren begeistert. Sie sahen sich an und verstanden sich sofort. Sobald die Rede auf »Weiber« kam, schienen sich ihre Hirne automatisch gleichzuschalten.

»Mensch!« rief Bartsch. »Du willst eine von unseren besten Adressen! Aber doch nicht ohne Honorar!«

»Wenn du willst«, sagte Ruhnau mit breitem Grinsen, »liefern wir gleich eine Gebrauchsanweisung mit.«

»Ich habe lediglich einen Auftrag durchzuführen«, verkündete Vierbein reserviert. »Alles andere interessiert mich nicht!«

»Das ist gut«, sagte Bartsch mit brüllender Begeisterung. »Das ist sogar sehr gut! Die Tour kennen wir. Fühl mir mal den Puls, sagte die Dame zu mir, aber greif nicht gleich so tief daneben.«

Ruhnau fand das hinreißend komisch und trumpfte seinerseits auf. »Und gerade noch gestern sagte ich zu einer: Leg dich doch mal ins Bett, ich will weiter nichts als nachmessen, ob es nicht etwa zu kurz gebaut ist!«

Die »Bomben« schienen sich halb totlachen zu wollen und sahen sich mit kleinen Augen zwinkernd an. Das waren so ihre kleinen Späße und Alltagsfreuden.

Schließlich erhielt Vierbein, nachdem er nahezu feierlich versprochen hatte, beim Cafetier Asch eine Flasche Schnaps für die »Nachtjäger« lockerzumachen, die Adresse von Lore Schulz. Mit den besten Wünschen! Und Grüßen von Bett zu Bett.

Vierbein verstand derartige Feinheiten nicht. Für ihn war Lore Schulz Ehefrau, noch dazu die eines respektgebietenden Vorgesetzten, und damit tabu. Kein schmutziger Gedanke im Zusammenhang mit ihr!

Außerdem hatte sich Vierbein für Lore Schulz eine zwar stille, doch echte Verehrung bewahrt – sie hatte ihm schon immer ein wenig leid getan, so wie es auch für ihn Zeiten gegeben hatte, wo er sich selber leid tat. Sie war gut zu ihm gewesen – und er war ihr dankbar.

»Während er sich zum Ausgang fertig machte, waren gerade die beiden »Freibeuter« dabei, den Feldzugsplan für die kommende Nacht festzulegen. Im Offizierskasino war »geselliges Beisammensein mit Damen« vorgesehen. Diesmal: Damen der Ingenieure und leitenden Verwaltungsangestellten vom Hydrierwerk. Die siamesischen Etappenzwillinge waren dabei vom Organisator Oberleutnant Schulz für Sonderaufgaben vorgesehen.

»Aber sei diesmal vorsichtiger«, sagte Bartsch warnend zu seinem Busenfreund. »Du darfst nicht noch einmal dem Adjutanten, wenn er total blau ist, eine Lokusbrille als Ersatz für einen Lorbeerkranz umhängen. Kann doch mal sein, daß der vorzeitig nüchtern wird und sich dann herausstellt, daß der gar nicht weiß, was Spaß ist.«

»Und wer hat letztens die Kabine der Damentoilette zugeriegelt und den Haupteingang abgesperrt, so daß Schulz gezwungen war, eine Ordonnanz hinten durch ein Entlüftungsfenster einsteigen zu lassen? Wenn er dich dabei erwischt hätte, könntest du jetzt deinen Rucksack packen und dein Testament machen. Denn ausgerechnet auf die eingesperrte Dame hatte er ein Auge geworfen. Wenn nicht alle beide!«

Vierbein war bemüht, diesen Gesprächen zu entfliehen. Er umhüllte sorgfältig die Kognakflasche, die ihm Oberleutnant Wedelmann mitgegeben hatte, mit besserem Packpapier und zwei Meter Kunstbindfaden. Die beiden »Wolkenschieber« sahen ihm dabei interessiert zu.

»Wird vermutlich reichen«, sagte der eine.

»Für einmal bestimmt«, versicherte der andere.

»Damit ihr Bescheid wißt«, sagte Vierbein unfreundlich. »Ich habe lediglich den Auftrag, diese Flasche abzugeben.«

»Das glauben wir dir aufs erste Wort!« riefen die beiden »Zerstörer« feixend.

»Ich bin nämlich für heute abend zu Asch eingeladen. Bei Frau Schulz halte ich mich keine Minute lang auf. Merkt euch das!«

Vierbein entfernte sich in guter Haltung und überhörte alle ermunternden Worte, die ihm noch nachgerufen wurden. Er verließ die Kaserne und begab sich in die kleine Stadt. Er suchte die Ritterstraße 12, fand das Haus auch in der Nähe des Marktes und las die Türschilder aufmerksam. Dort stand:

Oberleutnant Schulz
Erster Stock
dienstlich 1 x, außerdienstlich 2 x klingeln

Vierbein stieg in den ersten Stock hinauf und klingelte nach kurzem Überlegen zweimal. Dann trat er einen großen Schritt zurück und nahm eine straffe, wenig verbindliche Haltung an.

Er war bemüht, keinen Zweifel darüber aufkommen zu lassen, daß er sich hier eines sozusagen dienstlichen Auftrages entledigte – nichts sonst. Und er war auch darauf gefaßt, daß es Oberleutnant Schulz persönlich sein könnte, der ihm die Türe öffnete. In diesem Fall, so hatte er sich fest vorgenommen, würde er ohne zu zögern die Kognakflasche »mit Grüßen von Herrn Oberleutnant Wedelmann an Herrn Oberleutnant Schulz und Frau Gemahlin« überreichen. Ehrenbezeigung produzieren. Kehrt. Abtreten.

Er wartete, nicht ohne daß sich dadurch seine Spannung vergrößerte, noch ein wenig. Dann klingelte er abermals. Wieder: zweimal — außerdienstlich also! Kurz danach hörte er Schritte. Und die Tür, auf der »Oberleutnant Schulz« stand, öffnete sich aufregend langsam.

Vierbein atmete tief aus, als er Lore Schulz sah. Spürbar erleichtert grüßte er und sagte dann: »Darf ich Sie sprechen?«

»Herr Vierbein!« rief Lore Schulz überrascht. »Sie leben noch! Welch eine Überraschung. Der nette Herr Vierbein als angenehmer Schreck in der Abendstunde. Wo kommen Sie denn her?«

»Wenn Sie mir erlauben«, sagte Vierbein mit Eifer, »so möchte ich . . .«

»Warum kommen Sie nicht herein? Oder glauben Sie etwa immer noch, ich beiße? Sie können doch hier nicht gut auf dem Korridor stehenbleiben.«

»Doch«, sagte Vierbein mit steigender Verlegenheit. »Warum denn nicht! Ich wollte doch nur . . . ich wollte nicht stören.«

»Kommen Sie herein«, sagte Lore Schulz und lächelte ihn an. »Sie stören niemals. Und mich schon gar nicht.«

Sie öffnete die Tür weit, und Vierbein, unschlüssig, stolperte schließlich über die Schwelle in die Wohnung hinein.

Lore Schulz lachte herzhaft auf. »Der erste Fehltritt«, sagte sie belustigt. »Sie haben schon immer ein besonderes Talent für so etwas gehabt.«

Vierbein murmelte einige Worte, die wie eine Entschuldigung klangen. Er weigerte sich, seine Sachen im Flur abzulegen. Die Mütze in der Hand, das Koppel eng um die Uniform, so betrat er das Wohnzimmer. Nach zweimaliger Aufforderung nahm er auf der Kante eines Stuhles Platz und sah sich vorsichtig um.

»Wenn Sie etwa meinen Mann suchen«, sagte Lore Schulz amüsiert, »so werden Sie kein Unglück haben — er ist, wie üblich, nicht da.«

»Ich bewundere Ihre Einrichtung«, sagte Vierbein unbeholfen.

»Wenn das alles ist, für das Sie Bewunderung empfinden — meinetwegen. Sie sehen also, daß wir auf einer — heißt es nicht so? — sozial höheren Stufe stehen als früher. Wir sind jetzt Offiziers geworden. Man macht sich eben!«

Vierbein fand zum erstenmal Zeit, Lore Schulz näher zu betrachten: sie hatte sich kaum verändert. Sie war wohl ein wenig fülliger geworden, und das nicht nur im Gesicht, aber ihr Mund schien schmaler und ihre Augen lagen ein wenig tiefer — doch sonst: so gut wie einst!

»Wir sind älter geworden — was, Herr Vierbein?«

»Man wird reifer«, sagte der und war bemüht, das mit Entschiedenheit zu sagen.

»Wie man es nimmt«, sagte sie, und das klang resigniert und doch so, als belustige sie sich über ihre Resignation. »Sie sind also reifer geworden und ich älter. Aber machen wir deshalb jetzt andere Dummheiten als früher?«

Vierbein wußte darauf keine Antwort. Er nahm das Päckchen, das er sich über seine Knie gelegt hatte, und hielt es Lore Schulz hin. »Für Sie«, sagte er. »Mit herzlichen Grüßen von Herrn Oberleutnant Wedelmann.«

Ihre Augen leuchteten ein wenig auf. Und dieses Aufleuchten war frei von Bosheit. »Mein Gott«, sagte sie mit naiver Freude. »Von Wedelmann! Das ist doch wohl nicht möglich. Der gute, dumme Kerl. Denkt immer noch an mich. An mich! Ist ja kaum zu fassen. Wie geht es ihm denn?«

»Gut, natürlich«, sagte Vierbein. »Den Umständen entsprechend.«

»Und er hat mich nicht vergessen?«

»Nein«, sagte Vierbein. Und er fühlte sich versucht, hinzuzufügen: sieht wohl nicht so aus. Aber taktvoll, wie er nun einmal war, unterließ er diese Bemerkung. Außerdem war er entschlossen, alles zu tun, um seinen Aufenthalt hier nicht unnötig zu verlängern. Und so machte er denn Anstalten, sich wieder zu erheben.

»Sie wollen doch nicht etwa schon gehen?«

»Ich muß wohl«, sagte Vierbein mit Überzeugung. »Außerdem möchte ich vermeiden . . .«

»Daß mein Mann Sie hier trifft?« Lore Schulz lachte ein wenig spöttisch. »Lieber Herr Vierbein, das brauchen Sie keinesfalls zu befürchten. Der Oberleutnant Schulz ist ein vielbeschäftigter Mann. Dagegen verglichen war der Hauptwachtmeister Schulz so gut wie immer in Urlaub.«

»Jedenfalls werden Sie doch wohl heute abend im Offizierskasino . . .«

»Woher wissen ausgerechnet Sie denn, was die vornehmen Leute tun? Wer hat Ihnen das erzählt?«

»Zwei Unteroffiziere von der Stabsbatterie. Ich liege auf ihrer Stube. Sie heißen Bartsch und Ruhnau.«

»So«, sagte Lore Schulz, und das klang bitter. »Sie kennen also diese beiden Herren. Und von ihnen haben Sie Ihre Informationen.«

»Gewissermaßen.«

»Auch Informationen über mich?«

»Sozusagen.«

»Daher also!« sagte Lore Schulz verächtlich. »Dann verstehe ich manches. Deshalb haben Sie es so eilig. Nun gut — ich will Sie auch nicht länger aufhalten.«

Vierbein erhob sich hastig. »Natürlich«, sagte er unbeholfen, »glaube ich nichts von dem, was da so behauptet wird. Kein Wort.«

»Sie trauen mir das nicht zu?«

»Keinesfalls«, sagte Vierbein ehrlich.

Lore Schulz lächelte dankbar. »Ich glaube Ihnen«, sagte sie. »Ihnen glaube ich das schon. Sie sind kein Einheitskaliber. Und das freut mich.«

Vierbein versuchte eine Verbeugung, die beinahe gelang. In diesem Augenblick verehrte er Lore Schulz aufrichtig. Und sie spürte das genau.

»Ich will ganz offen zu Ihnen sein«, sagte Lore Schulz, die ihn zur Tür hin geleitete. »Ich gehe natürlich heute abend nicht in das Offizierskasino. Heute nicht und niemals werde ich dort hingehen. Da passe ich nämlich nicht hin. Und das hat man mir auch mit aller Deutlichkeit schon oftmals zu verstehen gegeben.«

»Wer denn?«

»Mein Mann, Herr Vierbein.«

»Ach so«, sagte der hilflos.

»Als wir noch in der Kaserne wohnten«, sagte Lore, »hatte ich immerhin ein paar Freunde. Besser wohl: Bekannte. Aber das hat sich sehr geändert. Damals war mein Benehmen nur manchmal unmöglich – heute bin ich einfach unwürdig. Sehen Sie: Mein Mann hat sich, wovon er fest überzeugt ist, laufend entwickelt, zu Höherem, wie er sagt. Ich aber bin, wovon er noch mehr überzeugt ist, zurückgeblieben.«

Vierbein wußte nicht, was er hierauf antworten sollte. Er öffnete den Mund, sprach aber nichts. Doch von seinem Gesicht war ehrlicher Protest abzulesen.

»Ich will Sie wirklich nicht aufhalten«, sagte Lore Schulz. »Denn Sie haben gewiß Freunde, die sich um Sie kümmern. Ich beneide Sie darum – aber ich gönne es Ihnen auch. Ihnen schon, Herr Vierbein.«

»Danke sehr«, sagte der verwirrt.

»Ich habe eine Bitte«, sagte Lore Schulz. »Und wenn es geht, erfüllen Sie sie mir, ja? Wenn Sie einmal in den nächsten Tagen eine Stunde Zeit haben oder eine halbe oder auch nur wenige Minuten, dann bitte, rufen Sie mich an. Wir treffen uns irgendwo, und Sie erzählen mir ein wenig davon, wie es Ihnen geht, was Sie draußen so machen. Und auch von Oberleutnant Wedelmann berichten Sie mir dann. Wollen Sie?«

»Aber ja. Natürlich.«

»Wirklich, Herr Vierbein?«

»Bestimmt«, versicherte der und meinte es überaus ehrlich. »Ganz bestimmt.«

Der Unteroffizier Vierbein begab sich sodann in das Café Asch, wo er bereits erwartet wurde. Anton, der Oberkellner, eilte im Lokal auf ihn zu und sagte: »Sie sind schon alle oben!«

Vierbein eilte die Treppe hoch, die zur Privatwohnung des Cafetiers führte. Ingrid öffnete ihm, hielt ihm dann in braver kriegsbräutlicher

Pflichterfüllung den Mund zum Kuß entgegen — sie wußte, was sie einem »Fronturlauber« schuldig war. Und darauf sagte sie: »Du hättest ruhig etwas früher kommen können.«

»Ich hatte noch einen Auftrag zu erledigen«, sagte Vierbein nicht ohne Würde.

»Das entschuldigt dich natürlich«, sagte Ingrid und verriet keinerlei Neugier, Einzelheiten über seinen Auftrag zu erfahren.

Im großen Zimmer unter den Veteranenbildern, am weißgedeckten Tisch sitzend, wartete bereits der alte Asch auf ihn, dazu Werkmeister Freitag und seine Tochter Elisabeth, die Frau des Wachtmeisters Asch. Mutter Freitag war nicht erschienen und wurde entschuldigt. Sie mußte auf das Asch-Baby aufpassen.

Vierbein erhielt einen Ehrenplatz. Steif und stolz saß er da. Und alle Anwesenden gruppierten sich erwartungsvoll um ihn.

»Wir wollten sogar Ihren Stuhl bekränzen, Herr Vierbein«, versicherte der alte Asch augenzwinkernd. »Aber wir haben dann doch, trotz Ingrids energischem Protest, davon Abstand genommen. Das hätte Sie nämlich nur am Sitzen gehindert. Das haben Auszeichnungen manchmal so an sich. Ein ferner Verwandter von mir hat das Ritterkreuz — seitdem lehnt er es ab, seinen Kragen, außer beim Schlafengehen, zu öffnen. Selbst beim Waschen soll das so sein! So streng sind manchmal die Bräuche.«

Die Anwesenden lachten. Sie waren gekommen, um Vierbein erzählen zu hören, und forderten ihn dazu auf. Der jedoch war kein Erzähler. Es war ihm sichtlich peinlich, sich im Mittelpunkt des Interesses zu fühlen.

Der alte Freitag erkannte das schnell und begann zu fragen. Das war weit eher nach Vierbeins Geschmack. Er antwortete gewissenhaft. Nur mühsam zogen die Väter dann mit vereinten Kräften einige Tatsachen aus ihm heraus, die sie dann allerdings bedenklich stimmten.

»Der Kriegsverlauf ist nicht zuletzt eine Frage des Materials«, sagte der alte Freitag. »Wenn jetzt schon die Armeen ausgeleierte Fahrzeuge haben, die nicht mehr hundertprozentig verläßlich sind, wird ihnen der kommende Frühjahrsdreck um so mehr zusetzen, und in einem Jahr sind sie dann schrottreif.«

»Ich bin keinesfalls in der Lage«, sagte Vierbein, ehrlich bemüht, keinerlei Mißverständnisse durch seine Erzählungen aufkommen zu lassen, »konkrete Angaben über unseren Batteriebereich hinaus zu machen. Unsere Fahrzeuge allerdings sind stark abgenutzt, aber sie sind schließlich auch in ungewöhnlicher Weise strapaziert worden.«

Asch vertrat die Ansicht, nur der Führer allein habe die vollständige Übersicht. Freitag war der Meinung, daß die kommende Entwicklung den Soldaten vorn an der Front bereits in den Knochen läge.

Ingrid und Elisabeth benutzten die günstige Gelegenheit, Vierbein zur

Seite zu ziehen. Aber sie kamen gar nicht dazu, ihre persönliche Neugier zu befriedigen, denn im Treppenflur erhob sich ein mächtiger Lärm.

Kurz danach stand Anton, der Oberkellner, mit verzweifelten Gebärden im Türrahmen. Und hinter ihm grinsten die Gesichter von Bartsch und Ruhnau. Die siamesischen Etappenzwillinge hatten »stark geladen«. Ihre Augen glänzten, ihre Stimmen krächzten, und man vermeinte die Alkoholfahne zu riechen, die ihnen voranwehte.

»Wir kommen unseren lieben Vierbein besuchen«, röhrte Ruhnau.

»Denn wir wollen sein Gewissen erleichtern«, gurgelte Bartsch.

»Ich denke, ihr seid im Kasino beschäftigt«, sagte Vierbein, dem dieser Auftritt außerordentlich peinlich war.

»Wir waren im Kasino beschäftigt! Aber wir sind geflogen. Schulz hat uns hinausgefeuert.«

»Und jetzt brauchen wir dringend Trost. Jetzt ist deine Flasche Schnaps fällig, Vierbein. Zieh sie deinem Schwiegervater aus dem Kreuz. Das hast du uns versprochen.«

»Das habe ich nicht versprochen!« sagte Vierbein konsterniert. »Ich habe nur gesagt, ich werde mit Herrn Asch darüber reden.«

»Dann rede doch mit ihm, Mensch! Da sitzt er.«

»Unnötig«, sagte der alte Asch. »Ihr bekommt keinen Tropfen Alkohol mehr. Ihr seid ja jetzt schon sternhagelvoll.«

»Dann«, sagte Ruhnau bockig, »gehen wir zu Frau Schulz.«

»Jawohl, das machen wir«, versprach Bartsch. »Und die muß dann die Schnapsflasche herausrücken, die ihr Vierbein vorher gebracht hat.«

»Was hast du?« fragte Ingrid nicht ohne Schärfe.

»Eine Buddel Schnaps hat er ihr gebracht! Und warum soll er nicht? Das haben andere auch gemacht!« Und damit trollten sich die siamesischen Etappenzwillinge. Ihr Lärmen war noch lange zu hören.

Der neue Tag kroch müde über den Horizont. Er kroch auf den Posten zu, der sich gegen das Rohr des Geschützes gelümmelt hatte.

Der Posten fand: Das war ein Morgen wie hundert andere vorher auch. Dicke Wolken hatten die Sonne aufgeschluckt. Und der Frost fraß sich gierig in die Erde hinein.

Vielleicht wird es schneien, dachte der Posten. Vielleicht wird es auch nicht schneien. Hauptsache: Es regnet nicht. Wenn es hier erst mal anfängt zu regnen, wird der Winter weggespült. Und das ist Waschwasser für den Krieg.

Der Posten sah über die Mulden hinweg, den jenseitigen Hügel hinauf. Und er sah, wie dort, nur wenige Kilometer von ihm entfernt, ein Mann durch den Schnee stapfte. Auch ein Posten.

Und dieser Posten, dachte der Posten, hat ein asiatisches Gesicht und spricht russisch; sein Schädel ist kahl und seine Uniform braun – aber er macht dasselbe wie ich. Genau dasselbe.

Komisch, dachte der Posten. Macht genau dasselbe!

Der Frühaufsteher Soeft hatte die vergangene Nacht in der Etappencity zugebracht. Das kam öfters vor. Einem Soeft standen immer mehrere Betten gleichzeitig zur Verfügung.

Während er sich rasierte, hielt er mit einem seiner Freunde, dem Ersten Schreiber eines Verpflegungslagers, ein privates Morgengespräch. Der Feldwebel lag noch auf seinem Strohsack und betrachtete seinen Geschäftspartner lauernd.

»Gute Rasiercreme«, sagte Soeft. »Fünf Tuben davon könnte ich gebrauchen.«

»Was sind sie dir wert?«

»Eine Mastgans.«

»Haben wir in Konserven«, sagte der Feldwebel und tat uninteressiert.

»Konserven!« sagte Soeft verächtlich. »Frisch geschlachtet, frisch zubereitet – das erst macht den Genuß aus. Es gibt viele, die sich alle fünf Finger danach lecken würden.«

»Drei Tuben für eine Mastgans und nicht eine mehr«, sagte der Feldwebel. »Du kannst ja doch nicht mehr allzuviel mit deinem lebenden Inventar anfangen.«

»Warum nicht, du Wucherer?«

»Weil wir wohl bald Stellungswechsel machen! Das sieht nämlich ganz so aus. Der Stabsintendant beginnt schon heimlich zu verlagern.«

Soeft setzte das Messer ab. »Darüber«, sagte er, »wollen wir uns mal eingehend unterhalten.«

Der Bursche, der Luschke wie jeden Morgen das Waschwasser brachte, sah den Oberst bereits am Kartentisch sitzen. Und es sah aus, als schliefe er dort. Dünner Nachtschweiß lag auf dem müden Knollengesicht.

»Starren Sie mich nicht an«, sagte der Oberst. »Oder haben Sie noch niemals einen unrasierten Mann gesehen?«

Der Bursche stellte eilig die Schüssel mit dem Wasser ab und verschwand.

Luschke griff nach den Morgenmeldungen und blätterte sie durch: Wetterbericht – Wetter voraussichtlich unverändert. Munitionsmeldungen – Bestände unverändert. Sonderbefehl vom AOK – erhöhte Agententätigkeit festgestellt. Vorsichtsmaßnahmen überprüfen, eventuell verschärfen. Verlustmeldungen – keine Verluste.

Der Oberst schob die Papiere beiseite und starrte auf die Karte. Wie jeden Morgen. Und wie jeden Morgen sagte er: »Scheiße.«

Dann begab er sich an die Wasserschüssel, die auf einem Schemel stand, und tauchte dort seinen Kopf hinein. Mehrmals.

Der gleiche Tag stand in der Heimat auf wie ein robuster junger Mann nach langem Schlaf. Die Sonne war sofort da und beleuchtete die kleine Stadt.

Und sofort wurde auch die Kaserne wach.

Wie in all den Jahren vorher wälzten sich die Soldaten aus ihren Betten. Eine Trillerpfeife beendete ihren Schlaf. Der Unteroffizier vom Dienst brüllte.

Die Soldaten schienen älter geworden zu sein. Einige hatten Bäuche, und ihre Schultern hingen schief. Viele der nackten Beine waren krumm und dünn.

Aber sie alle wurden behandelt wie junge Rekruten. Und so ließen sie sich auch behandeln. Nicht wenige glaubten, das müsse so sein.

Der Unteroffizier Vierbein stand im Waschraum mitten unter ihnen. Er hatte den Oberkörper entblößt und ließ Ströme von Wasser darüber rinnen. Die Soldaten beobachteten ihn mißtrauisch.

»Das tut gut«, sagte Vierbein.

Und der Soldat, der neben ihm stand, ein Mann mit vielen Falten im Gesicht und mit Händen, die lang und dünn waren und vor Kälte zu zittern schienen, sagte: »Als ich so jung war wie Sie, tat mir das auch gut.«

»Sie sind doch noch kein alter Mann!« rief Vierbein.

»Ich bin Soldat«, sagte der. »Ich habe Krampfadern, einen Senkfuß, Magengeschwüre, zwei Kinder, die langsam verkommen, und eine Frau, die fremdgeht – aber ich bin Soldat.«

Und Vierbein schwieg.

Der Wachtmeister Asch schrieb einen Brief an seine Frau. Und wie immer schrieb er, daß es ihm gutgehe, daß seine Gedanken bei ihr seien und daß sie sich keine Sorgen zu machen brauche. Alles, so schrieb er, wird gut werden.

Wedelmann verspeiste inzwischen sein Frühstück. Er aß langsam und ohne sonderlichen Genuß. Zwischendurch schlürfte er das heiße braune Wasser, das Kaffee genannt wurde.

»Sie sind zu beneiden«, sagte Wedelmann dann. »Sie wissen, wo Sie hingehören.«

»Das wissen Sie doch auch ganz genau, Herr Oberleutnant.«

»Sie haben Frau und Kind.«

»Und Sie haben Deutschland und den Führer.«

»Machen Sie keine Witze, Asch!« sagte Wedelmann streng.

»Herr Oberleutnant«, sagte der Wachtmeister, »haben Sie Deutschland schon mal gesehen? Und haben Sie sich schon mal den Führer richtig angesehen?«

»Mit Ihnen rede ich über diese Dinge nicht, Asch.«

»Mit wem dann, Herr Oberleutnant? Mit Oberst Luschke? Mit Hauptmann Witterer? Oder mit dem Unteroffizier Vierbein? Keine große Auswahl – für so große Gedanken!«

»Schreiben Sie Ihren Brief und lassen Sie mich in Ruhe«, sagte Wedelmann verärgert. »Sie sind kein schlechter Kerl, Asch, aber ein guter Deutscher werden Sie nie.«

»Vielleicht doch«, sagte Asch, »wenn es einmal ein gutes Deutschland gibt.«

Der Obergefreite Kowalski streikte zunächst, als ihn Unteroffizier Krause »am frühen Morgen«, so gegen acht Uhr, aus tiefstem Schlaf zu wecken wagte.

»Hau ab«, sagte Kowalski, »oder ich atme dich ein.«

Krause schlug einen streng dienstlichen Ton an. Kowalski drehte ihm die Kehrseite zu.

»Das melde ich Hauptmann Witterer!« rief Krause.

»Einen Dreck wirst du«, sagte Kowalski. »Du wirst es doch nicht wagen, deinem Hauptmann als Schlappschwanz unter die Augen zu treten. Ein Unteroffizier, der sich bei einem Obergefreiten nicht durchsetzen kann! Das gibt es nicht – jedenfalls nicht bei Witterer.«

Krause, der einsah, daß Kowalski genau wußte, wo die Hirsche wechseln, wurde kameradschaftlich und schaltete auf die gönnerhafte Tour. »Das kannst du mir doch nicht antun, Mensch!«

»Und ob ich das kann!« sagte Kowalski und zog sich die Decken über den Kopf.

»Kowalski«, sagte Krause und legte nunmehr, so schwer ihm das auch fiel, eine noch sanftere Walze auf, eine mit verlockenden Tönen. »Ganz große Sache! Das siehst du nicht alle Tage.«

»Was denn?« fragte Kowalski, neugierig geworden.

»Du wirst staunen«, versprach Krause im Verschwörerton. »Ich sage nur so viel: ganz große Sache!«

»Na schön«, sagte Kowalski und erhob sich umständlich. »Dann will ich mal kein Spielverderber sein.«

Ingrid Asch saß dem Vater gegenüber am Kaffeetisch. Der alte Asch las im *Völkischen Beobachter* und amüsierte sich.

»Der Krieg wird immer totaler«, sagte er. »Sogar unser Führer schläft nur noch auf einem Feldbett. Was sagst du dazu?«

Ingrid sagte nichts. Sie rührte ihren Kaffee um, und das dauerte geraume Zeit. Sie hatte gar nicht darauf geachtet, was ihr Vater gesagt hatte. Sie dachte nach.

»Der schläft in einem Feldbett«, sagte der alte Asch abermals und in herausforderndem Ton. »Möchte nur wissen, wer das glaubt. Der General, den ich kenne — das ist der mit den Schulden —, ließ sich mal an einer Feldküche fotografieren. Unterschrift: Der General teilt das Essen mit seinen einfachen Soldaten. Einen Dreck teilt der! Sie höchstens mit ihm, aber er nicht mit ihnen! Zufällig weiß ich nämlich, daß der ganz wild auf Gänseleberpastete ist, getrüffelt natürlich. Der hat sich in seinem letzten Urlaub zwei Kisten davon organisiert.«

Ingrid dachte immer noch nach und überhörte sogar die Anspielung auf den geliebten Führer.

»Bist du krank, Kind?«

»Vater«, sagte Ingrid Asch mit sorgenvoller Miene, »glaubst du, daß Johannes mich betrügt?«

»Vierbein? Bestimmt nicht. Und wenn schon, dann höchstens mit der Hure Krieg. Und das hast du ihm ja ausdrücklich erlaubt.«

»Sprich, bitte, nicht so.«

»Mein liebes Kind«, sagte der alte Asch bedächtig, »wenn ich an deiner Stelle wäre, dann wüßte ich, was man tun muß, um nicht betrogen zu werden. Aber als dein Vater sage ich dir: Warte ab, bis alles vorbei ist. Du bist noch sehr jung. Eine alte Jungfer wirst du bis dahin bestimmt nicht.«

Das Mädchen Natascha saß in ihrer engen Kammer am Fenster, hatte sich ein Brett über die Knie gelegt und darauf ein Blatt Papier. Sie malte große Buchstaben. Und sie tat das ernsthaft und konzentriert wie ein Kind, das schreiben lernt.

Und sie schrieb: Wedelmann, 3. Batterie, 4 Geschütze, 32 Fahrzeuge. Und das alles strich sie wieder aus, heftig. Dann schrieb sie wieder: Wedelmann.

Auf ihrer sonst so glatten Stirn entstand eine Längsfalte und vertiefte sich. Sie hatte den Kopf vorgebeugt, und ihre breiten Schultern waren rund und gleichmäßig. Sie atmete schwer.

Dann schrieb sie weiter und setzte hinter Wedelmann die Worte: Größe 178, Gewicht 140 Pfund, Augen blau, Haare dunkelblond, Nase gerade, Mund schmal, Zähne vollständig.

Sie lachte kurz auf; und sie horchte diesem Lachen ein wenig verwundert nach. Dann wurde sie ganz plötzlich wieder ernst. Und mit hastigen Bewegungen strich sie alles durch, was sie bis dahin geschrieben hatte.

Entschlossen drehte sie das Blatt Papier um.

Und nunmehr schrieb sie: 1. Artillerieregiment, Kommandeur Oberst Luschke; 3 Infanterieregimenter, Kommandeure Hanke, Niekisch, von Behringer; 1 Panzerregiment, ausgerüstet mit Panzern IV, Kommandeur Schwaiger.

So schrieb und schrieb sie, bis das Blatt mit Zahlen und Namen bedeckt war. Dann betrachtete sie es lange.

Plötzlich stand sie auf, öffnete die Ofentür und warf das Blatt ins Feuer. Und sie starrte – lange, intensiv, wie gebannt – in die Flammen.

Hauptmann Witterer stand neben seinem Kameraden, einem Hauptmann der Feldgendarmerie. Sie befanden sich auf einem Hügel vor der Etappencity. Und hinter ihnen, in angemessenem Abstand, standen Krause und Kowalski.

Vor ihnen hoben zwei Männer eine Grube aus. Sie schaufelten langsam, aber mit gleichmäßigen Bewegungen. Zwei Feldgendarmen sahen ihnen dabei zu, leicht auf ihre Gewehre gestützt.

»Genügt das nicht schon?« fragte der Hauptmann der Feldgendarmerie.

Der eine der beiden Feldgendarmen trat auf die schaufelnden Männer zu und sah nur kurz in die Grube. Dann nickte er und sagte: »Genügt wohl schon.«

»Na also«, sagte der Hauptmann der Feldgendarmerie. »Worauf warten wir denn noch?«

Einer der Feldgendarmen ging auf die beiden Männer in der Grube zu, nahm ihnen die Schaufeln ab und warf sie achtlos zur Seite. Dann lud er seinen Karabiner durch. Der andere Feldgendarm tat das gleiche.

Hauptmann Witterer ging noch ein wenig näher an die Grube heran. Dort knieten jetzt die beiden Männer, und er sah die gebeugten Nacken.

»Meine Männer«, erklärte der Hauptmann der Feldgendarmerie, »zielen immer auf den Hinterkopf. Ein Schuß genügt zumeist.«

Ein Schuß genügte. Der Hinterkopf der Männer in der Grube wurde aufgerissen. Hirn spritzte zur Seite, und wäßrigrotes Blut drang aus der Wunde. Sie sackten zusammen und rutschten ab.

»Einschaufeln«, befahl der Hauptmann der Feldgendarmerie.

Der Obergefreite Kowalski spuckte aus und ging davon.

Der Oberleutnant Schulz richtete sich in seinem Bett hoch, gähnte herzhaft, stieß dann die Arme zur Seite und dehnte seinen Brustkorb. Dann betrachtete er seine Frau, die verschlafen aus den Kissen blinzelte.

»Ich möchte nur wissen«, fragte Schulz, »wovon du immer so müde bist.«

»Von dir nicht«, sagte Lore Schulz anzüglich.

»Das weiß ich«, sagte Schulz streng.

»Wenn du das nur weißt!« sagte sie böse. »Und vielleicht machst du dir auch mal Gedanken darüber.«

»Lore«, sagte der Oberleutnant Schulz und betrachtete sie betrübt, »ich vertrete zur Zeit den Kommandeur. Ich amtiere also als Kommandeur.«

»Dann bin ich die Kommandeuse!«

»Du weißt ja noch nicht einmal, wie man Spargel ißt.«

»Sie schmecken mir aber trotzdem!«

»Hast du, wie ich dir befohlen habe, im Lexikon gelesen? Weißt du jetzt, was eine Exzellenz ist, was Konversation bedeutet und was man unter Etikette versteht? Nichts weißt du.«

»Aber daß du spinnst, das weiß ich!«

»Du bist mein Unglück«, sagte Schulz und tat, als erschüttere ihn diese Erkenntnis tief. Er erhob sich und stellte sich, von seinem langen Nachthemd umweht, vor sie hin. »Du hast nicht das Format, die Frau eines Offiziers zu sein, geschweige denn die eines Kommandeurs. Und was noch schlimmer ist: Du gibst dir gar keine Mühe – du willst einfach nicht!«

»Du und dein Kasino«, sagte sie, »ihr könnt euch begraben lassen.«

»Das wirst du noch einmal bereuen«, sagte er, tief gekränkt. »Und genau besehen, ist das ein Scheidungsgrund.«

»Ich werde dir noch ganz andere Scheidungsgründe liefern«, sagte sie boshaft. »In Kürze.«

»Ich soll mich Ihnen zur Verfügung stellen«, sagte Soeft und blinzelte Lisa Ebner zu.

Lisa musterte verwundert den seltsamen Vormittagsgast, der mit kaum noch faßbarer Selbstverständlichkeit bei ihr eingedrungen war und Platz genommen hatte. Gemessen an seinem Benehmen, war selbst der Wachtmeister Asch ein halber Kavalier.

»Verfügen Sie über mich«, ermunterte sie Soeft, und seine kleinen Augen funkelten.

»Schickt Sie Hauptmann Witterer?«

»Natürlich. Oder glauben Sie, ich bin von alleine gekommen?«

»Das ist doch möglich.«

»Nicht bei mir«, versicherte Soeft. »Ich habe das nämlich nicht unbedingt nötig. Auf diesem Gebiet liegen bei mir zahlreiche Angebote vor. Die Auswahl ist gar nicht einmal so klein, wenn man weiß, wo die Quellen fließen. Und ich weiß das. Im übrigen sind Sie nicht unbedingt mein Typ.«

»Was wollen Sie eigentlich von mir!«

»Ihnen Ihre Wünsche erfüllen«, sagte Soeft und spielte Kalif von Bagdad. »Was brauchen Sie? Seife, Strümpfe, Pelzschuhe? Delikatessen?«

»Und was wollen Sie dafür haben?«

»Die Rechnung präsentiert Hauptmann Witterer«, sagte Soeft zutraulich grinsend.

»'raus!« rief Lisa Ebner.

»Langsam, langsam«, besänftigte sie Soeft. »Sie sind dabei, ein Vermögen zu verschenken.«

»Jetzt geht mir ein Licht auf!« rief Lisa Ebner empört. »Sie schickt dieser Wachtmeister Asch, um mich zu kränken. Denn Sie beide sind doch dick miteinander befreundet. Das hat schon die Schwester im Soldatenheim gesagt. Sie kommen von Asch! Das ist ganz klar.«

»Jetzt gehe ich aber wirklich«, sagte Soeft leicht verwirrt. »Sie scheinen mich völlig zu verkennen! Das ist mir noch nie passiert.«

Der Posten in der Feuerstellung wurde abgelöst. Und der neue Posten sah aus wie der alte, bewegte sich wie der, dachte das gleiche.

Vielleicht gibt es Schnee, dachte er. Vielleicht gibt es aber auch keinen Schnee. Die Hauptsache jedenfalls ist, es regnet nicht. Denn wenn es regnet, ist das wie Waschwasser für den Krieg. Der wird dann wieder munter und macht sich auf die Socken.

Und der Posten sah über die Mulde, zu den Hügeln hinauf, in denen sich der Gegner vergraben hatte.

Jetzt dachte er: Diese Schweine, diese armen Schweine. Und du bist auch ein armes Schwein!

Viele arme Schweine auf der Welt.

Einmal in der Woche, zumeist am Donnerstag, pflegte Unteroffizier Soeft persönlich die Feuerstellung heimzusuchen. Er benahm sich dabei wie ein General und wurde auch von nicht wenigen wie ein solcher respektiert. Und gelegentlich schien es sogar, als nehme er, der Verpflegungskönig, die Huldigungen seiner Untertanen entgegen.

In Wirklichkeit aber hatte Soeft bei diesen Besuchen nichts anderes im Sinn, als Gefräßigkeitsgrad und Geschmacksrichtung seiner Verpflegungsteilnehmer zu testen.

Soeft, an Gefolge gewöhnt, hatte diesmal den zbV-Anwärter, also Unteroffizier Krause, aufgefordert, ihn bei seinem Inspektionsgang zu begleiten. Krause begriff sofort, daß das eine Auszeichnung besonderer Art war, und beeilte sich, seine Bereitwilligkeit zu bekunden. — »Sage mir nur, wo ich dich erwarten soll, Soeft.«

»Du kannst mich abholen kommen«, sagte Soeft prompt, denn er versäumte es niemals, jedes erkennbare Entgegenkommen auch so weit wie möglich auszunutzen.

Krause fand sich frühzeitig in den »Lager- und Verwaltungsräumen« des Verpflegungstrosses in der Fernprotzenstellung ein. Geduldig wartete er im sogenannten »Vorzimmer«, wo gerade eine von Soefts russischen Hilfskräften Brote stapelte. Währenddessen ließ sich im »Hauptbüro« der Verpflegungskönig von einem seiner russischen Küchenaushilfsmädchen das zweite Paar Stiefel neu einölen. Dabei plauderte er mit dem Hilfskoch über die Zubereitung von Nierenbraten.

Etwa eine Viertelstunde später durfte auch Krause an dieser Unterhaltung teilnehmen. Der zbV-Anwärter befürwortete dabei, auf Soefts zwar indirekte, doch unüberhörbare Aufforderung hin, die Anschaffung einer zweiten großen Bratpfanne. Als dann Soeft neben dem Feldküchenwagen noch zusätzlich einen Feldküchenbegleitwagen forderte, enthielt sich Krause vorerst jeder Äußerung zu diesem gewiß heiklen Punkt.

»Ein Feldküchenbegleitwagen«, sagte Soeft, »würde auch bei einem erneuten Vormarsch oder auch Rückmarsch — die Richtung spielt ja dabei keine Rolle — alle Komplikationen spielend lösen. Denn wenn ich die warme Verpflegung in jeder beliebigen Situation auf unserem hohen Standard halten will, brauche ich den Feldküchenbegleitwagen.«

»Da magst du recht haben«, sagte Krause behutsam und kam sich höchst diplomatisch vor.

»Ich habe recht«, sagte Soeft schlicht. »Denn in dieser Materie kenne ich mich aus. Nehmen wir doch einmal an, es soll Schnitzel geben. Die kann man doch nicht mit der Feldküche durch die Gegend kutschieren. Praktisch brauche ich, um der ganzen Batterie mehrere Gänge anzuliefern, zwei Wagen mindestens: einen Bratwagen, der laufend partieweise die Schnitzel herstellt, und einen Transportwagen, der die Schnitzel, ebenfalls partieweise, zu den einzelnen Bedienungen und Staffeln transportiert.«

»Das leuchtet mir ein«, sagte Krause zustimmend und nickte noch dazu.

Soeft pflegte auf seinem Spezialgebiet beinahe so etwas wie eine blühende Phantasie zu entwickeln. Und es war nie ratsam, es sei denn, man beabsichtigte einen Hungerstreik, den weitgespannten Plänen des Verpflegungskönigs leichtfertig zu widersprechen. Denn ganz abgesehen von Soefts unbestrittenen praktischen Erfolgen, hatten alle Landser der Batterie im Handumdrehen herausbekommen, welch ein begnadetes Feldküchengenie in ihren Reihen weilte. Zu behaupten, daß er vergöttert wurde, war sicherlich übertrieben; daß er jedoch eine gewisse Verehrung genoß, war unbestreitbar.

»Du wirst also«, sagte Soeft zu Krause, »den Chef langsam darauf vorbereiten müssen, daß einiges geschehen muß, wenn er den Krieg ohne wesentliche Gewichtsabnahme überstehen will.«

»Natürlich werde ich das versuchen«, sagte Krause tastend, »denn schließlich bin ich ja kein Asch.«

Soeft grinste süffisant. Und dieses süffisante Grinsen erinnerte lebhaft an Oberst Luschke, was gar kein Zufall war, denn ihm hatte der »Generalfeldküchenmarschall« es abgesehen. Und ähnlich wie der Oberst, den selbst ein Soeft zu respektieren nicht abgeneigt war, vermied es der Verpflegungskönig, sich frühzeitig den Preis für seine Forderungen diktieren zu lassen: Er tat, als habe er den Namen Asch nicht vernommen.

Sie begaben sich in die Feuerstellung und gingen die Geschütze ab, für die »Rauch- und Freßwarenalarm« gegeben worden war. Niemand schien zu fehlen. Soeft teilte zunächst den einzelnen Bedienungen zusätzliche Zigaretten aus seinen Sonderbeständen zu, wobei er aber auch Zigarrenraucher nicht vergaß. Dann ließ er sich über besondere Lücken in der Versorgung berichten. Schon wieder einmal waren Streichhölzer Mangelware. Und Soeft versprach Abhilfe innerhalb von vierundzwanzig Stunden. Und damit hatten die Soldaten die begehrten Zündhölzer schon so gut wie in der Tasche.

Dann verkündete der Magentröster den aufhorchenden Bedienungen, daß er schon wieder einmal bereit sei, ein sonntägliches Sonderfressen — »frei nach Schnauze« — anzuliefern. Er kramte sein Notizbuch hervor und fragte: »Also — was wird gewünscht?«

»Leber!« rief die erste Geschützbedienung, die sich zwischen Munitionsbunker und Alarmloch eng und erwartungsvoll um ihn geschart hatte. Einigen lief das Wasser im Munde zusammen; sie sahen, rochen und schmeckten die Leber bereits — sie fraßen sie in sich hinein.

Soeft sah die Soldaten betrübt an. Sein gewaltiger Riechzinken hob sich, und seine kleinen Augen blickten trübe, als sei er soeben tief in seinem Innersten schwer verwundet worden. »Was soll das?« fragte er dann tadelnd.

»Wir möchten gerne Leber!« riefen die Landser und machten sich um ihren Sonntagsbraten Sorgen. »Du hast doch selbst gesagt . . .«

»Was für Leber?« fragte Soeft mit leidender Stimme. »Vom Schwein oder vom Kalb? Gebraten oder gekocht? Süß-sauer oder wie?«

Die Soldaten staunten ihren Soeft wieder einmal an, als wäre er ein höchst kurioses Fabeltier, eine Art Verpflegungseinhorn, ein weißer Delikatessenwalfisch. Sie nickten sich zu, stießen sich an und blinzelten ihrem Verpflegungsgenie vertrauensvoll entgegen. Fast jeder wußte, daß Soeft ein Schieber war, aber keiner trug ihm das nach – schob er doch für sie mit. Es lebe Soeft! Durch ihn leben wir auch!

Schließlich einigte sich die erste Geschützbedienung auf Kalbsleber, mit Zwiebeln gedünstet, was Soeft gelassen in sein Notizbuch schrieb.

Die zweite Geschützbedienung verlangte Wellfleisch mit Sauerkraut. Die dritte bekundete Appetit auf Hammel mit Bohnen. Und der Geschützführer vier lehnte sich gegen das Rohr seiner Kanone, grinste seiner Bedienung unternehmungslustig zu und sagte mit weiter Geste: »Für uns – Kaviar.«

»Kaviar«, schrieb Soeft, ohne mit der Wimper zu zucken. Und dann ließ er die maßlos verblüfften Landser stehen.

»Langsam«, sagte Krause, »machen sich die Burschen einen Sport daraus, bei dir die unmöglichsten Dinge zu bestellen.«

»Bei mir ist kein Ding unmöglich«, sagte Soeft. »Auf diesem Sektor habe auch ich sportlichen Ehrgeiz.«

»Du verwöhnst die Kerle doch nur!«

»Mein lieber Freund und Kupferstecher«, sagte Soeft und blieb stehen, »das laß gefälligst meine Sorge sein. Der Soldat hat ein Anrecht auf ein Schwein im Kessel, solange meine Kanone noch Gulasch kocht. Und zur Zeit liegen wir hier auf dem Bauch und warten. Worauf eigentlich? Um mit Untergewicht zu kämpfen und zu sterben?«

»Schließlich haben wir Krieg, Soeft.«

»Ich scheiße auf den Krieg«, sagte der schlicht und herzlich. »Zunächst mal will ich gut essen. Leben und leben lassen! Und deshalb tue ich, was sich lohnt, um dieses Leben so angenehm wie nur möglich zu gestalten. Wer mich dabei nicht stört, wird immer einen vollen Bauch haben. Oder hast du etwa dagegen irgend etwas einzuwenden?«

»Natürlich nicht«, beeilte sich Krause beizupflichten.

»Das würde dir auch nicht sonderlich gut bekommen«, sagte Soeft überzeugt. »Wer keine normale Verdauung hat oder wenigstens das Verlangen danach, der ist mein persönlicher Feind.«

Sie begaben sich zu den Fernsprechern, ließen sich von hier aus mit den Beobachtern verbinden, hielten sich dann längere Zeit beim Schirrmeister in seiner provisorischen Werkstatt auf. Dann notierte Soeft die Wünsche der Munitionsstaffel. Und selbst der Sanitätsunteroffizier, den Soeft konsequent nur mit »Sanitätsgefreiter Neumann« anzureden pflegte, durfte sich eine Gruppe aussuchen, bei der er Sonntag speisen wollte.

»Und was will der Batterietrupp haben?« fragte Soeft den zbV-Anwärter.

»Vielleicht Entenbraten?« fragte Krause vorsichtig zurück.

»Warum nicht.«

»Ich werde mich, wenn du damit einverstanden bist, bei Hauptmann Witterer nach seinen Wünschen erkundigen.«

»Das tu mal«, sagte Soeft. »Aber möglichst bald. Bis morgen mittag spätestens müssen alle Bestellungen bei mir eingelaufen sein. Mein Geschäftskamerad bei der Fleischerkompanie wartet nicht länger.«

»Du kriegst bis dahin bestimmt Nachricht«, versicherte Krause. »Und soll ich mich auch noch erkundigen, was Hauptmann Witterer trinken will?«

»Von mir aus!« sagte Soeft großzügig. »Aber wenn du dann schon dabei bist, Erkundigungen einzuziehen, dann kannst du auch hintenherum nachfragen, wie es eigentlich mit Stellungswechsel ist.«

»Stellungswechsel?« fragte Krause überrascht. »Wie kommst du darauf? Hier sitzen wir doch fest wie angeleimt — mindestens noch so lange, bis die große Schneeschmelze mit dem obligaten Frühjahrsdreck vorbei ist.«

»Vielleicht«, sagte Soeft. »Vielleicht auch nicht. Jedenfalls habe ich beim AOK einiges läuten hören. Der Stabszahlmeister, der mir verpflichtet ist, macht offenbar Anstalten, seinen Kram nach hinten zu verlegen.«

»Das ist das Neueste, was ich höre«, sagte Krause ehrlich verwundert. »Hauptmann Witterer weiß vermutlich noch gar nichts davon.«

»Mir genügt, wenn ich das weiß«, sagte Soeft. »Aber dein Witterer wird das schon auch bei Gelegenheit erfahren, hoffentlich mit näheren Einzelheiten. Mach also deine Ohren auf und benachrichtige mich rechtzeitig, wenn du brauchbare Angaben über Frontbegradigung hörst. Denn schließlich muß ich nicht nur meine Vorräte, sondern auch mein ganzes Kolchos verlagern.«

Krause nickte und dachte nach. Soeft schien, wie immer, gut orientiert zu sein. Frontbegradigung? Nicht ausgeschlossen. Nichts war ausgeschlossen — das ist nun mal so im Krieg. Und ein Soeft war schon wieder einmal, dank seiner zahlreichen Kreuz- und Querverbindungen, besser orientiert als ein Batteriechef.

»Mein Kolchos«, sagte Soeft, »ist ein Wertobjekt ersten Ranges. Wir können es unter keinen Umständen leichtfertig aufgeben. Wenn es ganz schlimm kommt, biete ich es der Panzerdivision als Tauschobjekt an. Die haben dort gerade erstklassige Konserven hereinbekommen.«

Das Kolchos des Unteroffiziers Soeft lag etwa zwölf Kilometer hinter der Front und war als Interessenobjekt des zuständigen AOK deklariert worden. Soeft hatte sich Original-Verbotstafeln besorgt, die sichtbar anbringen lassen und dann den ganzen Hof einem Unteroffizier und drei Mann, die mit ziemlich einwandfreien Ausweispapieren versehen worden waren, unterstellt. Oberleutnant Wedelmann hatte beide Augen zugedrückt und alle Verantwortung Gott und seinem Verpflegungsgenie zugeschoben.

Zur Zeit befanden sich im Kolchos Soeft noch vier Kühe, neun Schweine, siebzehn Schafe, neunzehn Enten und achtundzwanzig Hühner, die zum Teil Eier legten. Alles lebende und tote Inventar diente Soeft zum Teil als Tauschobjekt mit anderen Einheiten, zum Teil als Zusatzverpflegung für die eigene Batterie. Von hier kamen auch einige jener »kleinen Geschenke«, die bekanntlich die Freundschaft – bei Soeft: Geschäftsfreundschaft – erhalten.

»Hauptmann Witterer«, sagte Soeft bohrend, »muß sich langsam darüber klarwerden, welchen Umfang seine Batterie in Wirklichkeit hat.«

»Der weiß das vermutlich, wenn er auch nicht alles wissen will – verstehst du?«

»Damit kann ich ihm keine Extraente braten«, sagte Soeft warnend. »Ihm solche Feinheiten beizubringen, ist Aufgabe des zbV. Wenn der aber seinen Aufgaben nicht gewachsen sein sollte ...«

»Wir werden gut zusammenarbeiten, Soeft – darauf kannst du dich verlassen.«

»Hoffentlich, Krause. Wenn du genau weißt, woher der Wind weht, wirst du auch richtig segeln. Aber paß auf, daß du nicht ins falsche Boot hineingerätst.«

»Keine Sorge, Soeft!«

»Wer sagt denn, daß ich mir Sorgen mache, Mensch? Aber an deiner Stelle würde ich warten, bis der Rückenwind stark genug ist.«

»Witterer wird sich durchsetzen, davon bin ich fest überzeugt.«

Soeft grinste ausgedehnt und legte seine Stirn in Querfalten. Dann sagte er: »Werden wir leben, werden wir sehen! Also: Kolchos und Feldküchenbegleitwagen – diese beiden Dinge interessieren mich zunächst. Sieh zu, wie weit du kommst. Wenn das zu lange dauert, kann ich ja mal den Wachtmeister Asch dafür einspannen!«

»Nicht nötig«, sagte Krause schnell. »Ich werde schon sehen, wie ich das am besten hinbiege.« Und dann fügte er hinzu: »Außerdem würde Asch das ja auch gar nicht machen.«

»Soll ich es mal versuchen?«

»Soeft«, sagte Krause, und das klang nahezu beschwörend, »es ist natürlich klar, daß man mit Gegenströmungen rechnen muß. Aber wenn ich deine Unterstützung habe, in diesen und auch in anderen Dingen, dann werden wir uns schon durchsetzen. Aber du mußt dich entscheiden!«

»Entscheiden? Für wen?«

»Für Asch oder mich!« forderte Krause.

Soeft strahlte wie ein zufriedenes Wickelkind, aber seine kleinen Augen funkelten listig. »Mein lieber Schwan«, sagte er, »ich bin Geschäftsmann.

Das mußt du dir merken. Und ich halte immer zu dem, mit dem sich die besten Geschäfte machen lassen. Gib dir also Mühe – und die Sache ist geritzt!«

Soeft tippte Krause gegen die Brust und ließ ihn dann stehen. Erbärmlich falsch pfeifend, begab er sich zu seinem Verpflegungslager. Er stand nahezu andächtig inmitten seiner Säcke und Kisten. Sein Riechkolben hing fast senkrecht zur Erde, was starke Konzentration bedeutete.

Diesmal hatte er den bemerkenswerten Einfall, seine Lebensmittelvorräte in drei Gruppen einzuteilen: a) unter allen Umständen zu befördern, b) bevorzugt zu befördern, c) erst befördern, wenn Zeit und Raum vorhanden. Und er beschloß, Gruppe a) sofort zu verladen.

Auch Krause faßte, durch Soefts Radikalforderungen inspiriert, einen Beschluß: die Situation, seine Situation, innerhalb der Batterie mußte so schnell und so gründlich wie nur irgend möglich geklärt werden. Die große, langersehnte Chance war da, unverkennbar – er durfte sie unter keinen Umständen wieder aus den Händen geben. Er war doch kein Trottel! Er war ein Mann mit gesundem Ehrgeiz – sagte er sich. Er bejahte das Ausleseprinzip, auch Führerprinzip genannt.

Und er hatte einfach keine Lust mehr, hier als einer von vier Geschützführern, als irgendeiner unter zwanzig Unteroffizieren zu versauern. Sollte er darauf warten, bis ihm irgendwann einmal ein Panzer vor das Rohr kroch? Er wollte befördert und ausgezeichnet und Offizier werden! Wozu denn sonst war so ein Krieg gut!

Krause pirschte sich mit allen Spielregeln der disziplinierten Untergebenen an Hauptmann Witterer heran. Der saß in seiner Unterkunft neben dem Telefon und sah überaus nachdenklich aus. Er erteilte seinem persönlichen zbV die Erlaubnis, Platz zu nehmen.

»Ich bin soeben mit Unteroffizier Soeft bei den einzelnen Staffeln gewesen«, berichtete Krause mit dem vertraulichen Eifer eines Schülers, der das stete Wohlwollen seines Lehrers erstrebt.

»Gut«, sagte Witterer reichlich teilnahmslos.

»Unteroffizier Soeft organisiert für jede Bedienung einen Extra-Sonntagsbraten.«

»Schön«, sagte Witterer und spielte zögernd mit dem Telefonhörer.

»Die Sonderleistungen von Unteroffizier Soeft sind einmalig. Aber er will sich selber übertreffen. Er hat bemerkenswerte Ideen. Doch zu ihrer Verwirklichung braucht er unter anderem einen Feldküchenbegleitwagen.«

»Einen – was?«

»Feldküchenbegleitwagen, Herr Hauptmann.«

»Ist mir neu. So ein Fahrzeug ist mir noch in keiner Vorschrift begegnet. Und ich kenne mich da aus. Ich habe selbst, wie Sie wohl wissen, einige bedeutende Vorschriften ausgearbeitet.«

»Unteroffizier Soeft«, sagte Krause, »will ein Experiment versuchen, von dem er sich sehr viel verspricht.«

»In meiner Batterie? Lieber Krause, das eine müssen Sie sich merken, das ist grundsätzlich: Bei eventuellen Unklarheiten ist bei mir letzten Endes immer das entscheidend, was in der Vorschrift steht. Die Vorschrift ist die Bibel des Soldaten – nur durch sie wird eine Konzentration der Kräfte erreicht, die jeden Gegner, der ohne planvolle Zielstrebigkeit auf die Dauer verloren ist, todsicher auf die Knie zwingen wird.«

Krause schwieg, machte aber den kühnen Versuch, zustimmend zu schweigen, was ihm beinahe auch gelang. Immerhin drückten seine Gesichtszüge entschlossene Ergebenheit aus. Daß ihm diese seine erste Attacke im Sinne von Soeft nicht gleich gelang, fand er bedauerlich – entmutigen jedoch ließ er sich dadurch nicht.

Witterer, immer noch von dem Telefongespräch, das er vor wenigen Minuten mit Oberst Luschke geführt hatte, ziemlich beeindruckt, fragte plötzlich: »Wer ist Unteroffizier Vierbein?«

»Das Schoßkind von Wachtmeister Asch«, sagte Krause prompt.

»Aha!« sagte Witterer und war sich gar nicht klar darüber, daß er nach dem »Wer« gefragt hatte, nicht nach dem »Was«. Und er überhörte auch, daß die Antwort des Unteroffiziers Krause alles andere als eine sachliche oder gar erschöpfende Auskunft war.

»Ist dieser Unteroffizier Vierbein eigentlich kommandiert oder beurlaubt?«

»So genau weiß das wohl niemand«, sagte Krause und kam sich überaus listig vor. »Offiziell und nach Personalaufstellung gilt er als kommandiert.«

»Wer hat ihn dazu namhaft gemacht?«

»Der Wachtmeister Asch, vermutlich – offiziell also Oberleutnant Wedelmann.«

»Dieser Asch«, sagte Witterer, »geht mir langsam auf die Nerven.«

»Das kann ich durchaus verstehen«, versicherte Krause mit Nachdruck.

Hauptmann Witterer übersah diesen speziellen Fall, auf den er soeben aufmerksam gemacht worden war, nicht ganz. Das gestand er sich, wenn auch ungern, ein. Das Telefongespräch mit Oberst Luschke war keinesfalls geeignet gewesen, die allgemeine Übersicht zu erleichtern.

Warum, so mußte sich jetzt Witterer fragen, hatte der Oberst entscheidenden Wert darauf gelegt, daß dieser Vierbein im Besitz von »ausreichenden« Papieren war. Was empfand Oberst Luschke als »ausreichend«? Und wofür sollten diese Papiere ausreichen?

Er telefonierte mit Hauptwachtmeister Bock und erhielt die Auskunft, daß Vierbein lediglich Kommandierten-, keineswegs aber Urlaubspapiere mitgegeben worden seien. Über den Spezialauftrag, den dieser Unteroffizier im Auftrag des Kommandeurs zu erledigen hatte, war Bock nur unzureichend informiert. Hierauf röhrte der Hauptwachtmeister einiges von »Materialtransport« und »Geheimhaltung«, was den Hauptmann sehr mißtrauisch machte.

Witterer versuchte hierauf, mit Oberleutnant Wedelmann zu telefonieren. Aber der war nicht zu erreichen. Er habe sich, so hieß es, in das Dorf begeben. Wohin genau, wußte keiner. Nachforschungen ergaben, daß Wedelmann ein kleines Päckchen unter den Arm geklemmt hatte und mit der Bemerkung »so zwei bis drei Stunden« losgezogen sei. Zustände waren das!

Nach weiteren, aber nunmehr völlig ergebnislosen Recherchen sah sich dann Witterer genötigt, nunmehr den Wachtmeister Asch nach Art und Umfang von Vierbeins Kommandierung zu befragen. Aber auch dieser Asch war nicht greifbar. Er halte sich, so lautete die Auskunft, in der Etappencity auf — »zwecks Erledigung seines Spezialauftrages«.

»Zustände sind das!« rief Witterer empört.

»Das sieht Wachtmeister Asch durchaus ähnlich«, versicherte Krause. »Der wird sich vermutlich schon wieder einmal ausgedehnt bei den Damen von der Wehrbetreuung aufhalten. Der scheint sich dort ausgesprochen wohl zu fühlen. Denn nach allem, was ich gesehen habe . . .«

»Na, was haben Sie denn gesehen?«

Krause, der jetzt endlich Gelegenheit dazu bekam, über Asch auszupacken, und der diese Gelegenheit für günstig hielt, erzählte bereitwillig und ziemlich ausführlich. Er berichtete mit viel Phantasie, doch in korrekten militärischen Satzgebilden, von seinem Zusammentreffen mit Asch im Soldatenheim und von dem seiner Meinung nach reichlich weitgehenden Einfluß, den der Wachtmeister auf Fräulein Lisa Ebner offensichtlich auszuüben bestrebt gewesen sei.

»Jedenfalls, Herr Hauptmann, war sein Verhalten derartig herausfordernd, daß ich erwogen habe, mich zu beschweren.«

»Schreiben Sie das mal in Form einer Meldung auf«, ordnete Witterer an. »Vielleicht erweist sich das für später als nützlich. Und jetzt sorgen Sie dafür, daß Oberleutnant Wedelmann gefunden wird. Er soll mich vertreten. Dann mobilisieren Sie Kowalski. Wir fahren in die Stadt und sehen uns eine Wehrbetreuungsveranstaltung an.«

Das erste öffentliche Auftreten des Frontkabaretts »Die vier Pinguine« fand im ehemaligen sowjetischen Kulturhaus in der Etappencity statt.

Der Vortrags-, Theater- und Filmsaal war bereits eine halbe Stunde vor Beginn gefüllt. Fröhlicher Lärm und mächtige Rauchwolken stiegen zur Decke. Feldgendarmerie, »Kettenhunde« genannt, betätigte sich mit entschlossenen Gesichtern als Platzanweiser. Einer schrie: »Rauchen verboten.« Ein Landser schrie zurück: »Das will ich schriftlich sehen!«

Alle Stäbe, Werkstatt- und Nachschubkolonnen hatten zahlreiche Abordnungen geschickt. Auch einige Angehörige von Fronttruppenteilen waren zu sehen. Die Dienstgrade waren diesmal in der Mehrzahl.

Die vordersten zwei Reihen waren für Stabsoffiziere reserviert. Selbst drei richtige Generale mit ihren engeren Mitarbeitern wurden erwartet. Eine Musikkapelle begann flotte Weisen zu spielen, die alle von Herms Niel zu sein schienen. Wenn die Pauke »bum-bum-bum« machte, trampelten einige Landser im Takt mit den Stiefeln und freuten sich über den Lärm, den sie verursachten.

Einer der »Kettenhunde« schrie wieder: »Rauchen verboten!«

Und ein anderer stellte ein Schild auf, wo nachgelesen werden konnte: Rauchen verboten. Der Ortskommandant.

Prompt schrie ein Landser: »Für den Ortskommandanten ist das Rauchen verboten!«

Hauptmann Witterer hatte sich vor den Seiteneingang fahren lassen. Hier beurlaubte er großzügig den Unteroffizier Krause und auch den Obergefreiten Kowalski »für die Dauer der Veranstaltung«. Er ließ die beiden Soldaten stehen und suchte die Garderobenräume.

»Also dann los«, sagte der Unteroffizier Krause, »gehen wir hinein.«

»Ich bin beurlaubt«, sagte Kowalski. »Ich mache daher, was ich will.«

Krause entfernte sich mit mißbilligendem Gemurmel. Er wies am Saaleingang seine Eintrittskarte vor, die ihm Hauptmann Witterer zur Verfügung gestellt hatte. Gewillt, sich wehrbetreuen zu lassen, betrat er den Saal und setzte sich erwartungsvoll in die vorletzte Reihe.

Kowalski sah auf seine Uhr und stellte fest, daß noch ein wenig Zeit vorhanden war. Er begab sich hierauf, ebenfalls durch den vorher von Witterer benutzten Seiteneingang, zu den Garderobenräumen. Er suchte die Türschilder nach dem Namen von Charlotte ab, fand ihn, klopfte an, ging hinein und grinste freudig: Charlotte saß im Abendkleid vor einem Spiegel.

»Haben Sie viel Phantasie?« fragte er. »Dann stellen Sie sich vor, ich bringe Ihnen jetzt einen Blumenstrauß.«

»Meine Lieblingsblumen sind Nelken«, sagte Charlotte und musterte ihn kühl.

»Erraten!« sagte Kowalski und streckte seine leere Hand aus. »Drei Dutzend!«

»Sie sind vielleicht großzügig«, sagte Charlotte. »Der geborene Kavalier.«

»Darf ich Sie nach Schluß der Vorstellung ausführen?« fragte Kowalski. »Wie wär's denn mit einem intimen Souper?«

»Was ein Souper ist, wissen Sie auch?«

»Klar – das ist doch was zum Essen!«

Egon, der Zauberkünstler, öffnete, ohne anzuklopfen, die Tür und steckte seinen Kopf in die kleine Garderobe. »Alles fertig?« fragte er geschäftig. »Wir fangen in fünf Minuten an.«

»Ich bin schon lange fertig«, sagte Charlotte.

»Das sieht man!« versicherte der Obergefreite Kowalski und kam sich galant vor.

»Immer diese Garderobenbesuche!« rief Egon unwillig. »Wir wollten das doch nicht machen, Charlotte!«

»Ich bin nicht stark genug, diesen Bullen von Kerl hinauszuschmeißen.«

Der Zauberkünstler maß Kowalski, der sich vor ihm aufbaute, zunächst herausfordernd. Dann wurde er verlegen, denn er witterte den Schläger. Und er sagte sich, daß seine Person zu wertvoll sei, um sich in Gefahren zu begeben.

»Ihre Kraft reicht vermutlich auch nicht aus«, sagte der Obergefreite gemütlich. »Wollen Sie das mal ausprobieren?«

»Hier geht es zu wie in einem Taubenschlag«, sagte Egon verärgert und zog sich beschleunigt zur Tür zurück. »Bei Viola scheint sich das halbe Offizierskorps der Armee versammelt zu haben. Und aus der Garderobe von Lisa ist eben einer 'rausgeflogen. Und zwar in hohem Bogen. All das wollten wir doch unbedingt vermeiden!«

Charlotte zuckte mit den Schultern. Kowalski machte Anstalten, sich die Ärmel aufzukrempeln. Egon verließ die Garderobe kopfschüttelnd und knallte die Tür hinter sich zu.

»Allerhand Konkurrenz auf einmal, was? Dem schlägt das sichtlich auf den Magen. Aber gegen Uniformen ist nun mal kein Kraut gewachsen! Wenn das die Zivilisten merken, werden wir uns hier vor lauter Freiwilligen nicht mehr retten können.«

»Wenn Sie nicht bald gehen«, sagte Charlotte, »werden Sie im Saal keinen Platz mehr bekommen.«

»Keine Bange!« sagte der. »Für mich sind Plätze reserviert.«

»Wenn Sie jetzt nicht gehen, Herr Kowalski, gehe ich!«

»Davor will ich mich bewahren«, sagte der Obergefreite mit Pathos, produzierte eine nahezu mittelalterliche Verbeugung und entfernte sich dann.

Er wandelte zum Haupteingang, organisierte sich dort eine Eintrittskarte und betrat den Saal. Er sah sich zunächst prüfend um; er peilte die Lage. Dann ging er zielstrebig nach vorn auf die erste Reihe zu und setzte sich dort, genau in die Mitte.

Ein »Kettenhund« segelte sofort hinterher und erklärte: »Diese Plätze sind reserviert.«

»Na, fein«, sagte Kowalski und nickte zustimmend.

»Sie sind für den General reserviert, Mann!«

»Na – und?« fragte Kowalski und lehnte sich erwartungsvoll zurück.

»Hören Sie etwa schwer?«

»Aber ganz und gar nicht! Das geht in Ordnung. Ich komme eben vom General. Ich soll ihm seinen Platz freihalten.«

Kowalski schlug die Beine übereinander und grinste dem Feldgendarmen kameradschaftlich-gönnerhaft zu. Der schluckte diese Zutraulichkeit konsterniert, brauchte aber mehrere Sekunden dazu. Dann erst zog er sich zurück.

Der Obergefreite Kowalski verschränkte seine Arme. Er kannte seine Pappenheimer! Der Witz war uralt, aber ewig wirksam. Niemand war so leicht bereit, möglicherweise mit einem richtigen General anzubinden.

Kowalski blickte erwartungsvoll auf den Vorhang, dann auf seine Uhr, wobei er feststellte, daß die vorgesehene Anfangszeit bereits wesentlich überschritten worden war. Er schüttelte mißbilligend den Kopf.

Unmittelbar neben ihm waren noch einige Plätze leer. Ein wenig weiter wimmelte es von »Raupenschleppern«, also Stabsoffizieren, darunter befanden sich zahlreiche Sanitäts- und Verwaltungsdienstgrade. Weiter hinten saßen die Unteroffiziere und Mannschaften, dichtgedrängt, Kopf an Kopf. Und hinten seitwärts, gegen die Holzwand gelehnt, sah Kowalski den Wachtmeister Asch stehen.

Der Obergefreite winkte den Feldgendarmen, der die vorderen zwei Reihen zu bewachen hatte, mit kurzen Handbewegungen herbei. Der war zunächst verblüfft, zögerte dann ein wenig, kam aber schließlich doch.

»Sehen Sie den Wachtmeister dort hinten?« fragte Kowalski den »Kettenhund« und zeigte auf Asch.

»Jawohl«, sagte der Feldgendarm.

»Den holen Sie her«, ordnete Kowalski mit entwaffnender Selbstverständlichkeit an. Und als der Feldgendarm den Mund zu einem geharnischten Protest öffnen wollte, erklärte der Obergefreite: »Das ist nämlich der Sohn vom General.«

»Ach so«, sagte der Feldgendarm, zog sich zurück, begab sich zu Asch und wies ihn in die vorderste Reihe.

»Setz dich, du Armleuchter«, sagte Kowalski grinsend. »Mach es dir bequem. Wir sind hier ganz unter uns Generalssöhnen.«

»Dich reitet der Teufel«, sagte Asch und nahm Platz. »Aber mir ist das gleich. Mehr als 'rausfliegen können wir hier nicht. Und darauf verstehe ich mich – ich habe das gerade eben mal wieder geübt.«

»Du warst das also!« sagte Kowalski. »Das hätte ich mir beinahe denken können. Witterer hat dich aus der Garderobe dieses Mädchens mit den Teetassenaugen gewuchtet.«

»Woher weißt du das schon wieder?«

»Man hat eben seine Verbindungen«, sagte Kowalski und tat reichlich geheimnisvoll. Dann sah er erneut auf seine Uhr und schüttelte abermals den Kopf, ausgedehnter noch als vorher.

Wieder winkte er, diesmal mit noch kürzeren Handbewegungen, den Feldgendarmen herbei, der auch prompt kam. »Sagen Sie dem diensttuenden Offizier«, forderte ihn Kowalski auf, »daß er anfangen lassen soll. Es wird höchste Zeit. Der General kommt erst später.«

Der Feldgendarm, sein immer wieder heimlich, aber heftig aufsteigendes Mißtrauen erneut bekämpfend, verschwand nach hinten. Er vermochte es sich einfach nicht vorzustellen, daß jemand existieren könnte, der auch nur den Versuch wagen würde, ihn derartig über den Löffel zu barbieren. Das gab es einfach nicht – am wenigsten in der Armee, in der er, der Schrecken aller Saboteure, Dienst tat.

Also um seinen inneren Halt ringend, begab sich der »Kettenhund« tatsächlich zum Wehrbetreuungsoffizier und meldete dem, »daß der Herr Sohn des Herrn Generals mitteilen lassen, der Herr General werde erst später erscheinen, und daß der Herr Sohn des Herrn Generals meine, man könne jetzt anfangen«.

»Der Herr Sohn kann mich mal«, sagte der Wehrbetreuungsoffizier und gab dann das Zeichen zum Beginn.

Der Saal verdunkelte sich langsam, und die Landser riefen »Ah!«. Einige zischten. Ein hagerer Stabsoffizier sah sich mißbilligend um.

»Jetzt geht's los«, sagte Kowalski und stieß Asch an.

»Du merkst aber auch alles«, sagte der und lehnte sich erwartungsvoll zurück.

Nochmals riefen alle Landser »Ah!«, als sich der Vorhang teilte und Frau Charlotte im Abendkleid, sanft von Scheinwerfern bestrahlt, sichtbar wurde. Sie lächelte in die Menschenmenge hinein und ließ sich gelassen betrachten.

»Kaum zu fassen!« rief ein Soldat laut und ehrlich begeistert.

Einige lachten lärmend. Und derselbe hagere Stabsoffizier, der sich vorher tadelnd umgedreht hatte, stand nunmehr auf, stand in voller Größe da und blickte streng in die freudig bewegte Landserschar.

»Buh!« rief einer im sicheren Schutz der Menge.

»Buh!« riefen mehrere.

Und der hagere Stabsoffizier lief, noch im Halbdunkel deutlich sichtbar, rot an. Er machte Anstalten, den Mund zu öffnen. Aber ehe er noch dazu kam, begann Charlotte zu sprechen.

»Liebe Freunde«, sagte sie, und ihre warme, mütterliche, ein wenig spöttische Stimme setzte sich mühelos durch, »wir wollen uns heute ein wenig unterhalten und dabei versuchen, den Krieg zu vergessen!«

»Schon vergessen!« sagte Kowalski vor sich hin; und er sagte das dennoch so laut, daß es Charlotte oben auf der Bühne hörte.

Sie blinzelte in den Saal hinein und erkannte den Obergefreiten, der ihr freudig grinsend zunickte. Charlotte lächelte und plauderte munter weiter. »Wir alle hier oben«, sagte sie, »bringen euch einen Gruß aus der Heimat. Wir sind hier stellvertretend für alle Frauen, die gerne bei euch sein möchten. Für eure Mütter und eure Schwestern.«

»Und die Bräute!« rief einer begeistert.

»Auch für die sind wir hier«, sagte Charlotte. »Aber die vertreten wir nur symbolisch.«

»Schade!« riefen mehrere. Und einer seufzte tief und im ganzen Saal deutlich vernehmbar. Der hagere Stabsoffizier zuckte zusammen.

Charlotte kündigte dann Lisa Ebner an. Und während sie das tat, betrat Hauptmann Witterer auf Zehenspitzen und mit knarrenden Stiefeln den Saal und setzte sich an die Ecke der zweiten Reihe auf einen eigens für ihn reservierten Stuhl.

»Der Chef ist aufgekreuzt!« sagte Kowalski, dem dieser Auftritt nicht entgangen war. »Was meinst du, soll ich ihm einen Platz bei mir anweisen lassen?«

»Der sitzt dort gut genug«, sagte Asch ablehnend.

Lisa Ebner trug ein glattes schwarzes, an den Hüften leicht gerafftes Kleid. Ihre Augen schienen noch größer als sonst zu sein. Ihre langen, schlanken Hände glitten nervös über die Gitarre, noch ehe sie zu spielen begann.

»Die Kleine hat bestimmt Lampenfieber«, sagte Kowalski sachverständig. »Sie hätte vorher einen kräftigen Steifen trinken sollen.«

»Vielleicht hat sie dich erkannt«, sagte Asch. »Und man muß schon ein Pferd sein, um deinen Anblick gelassen zu ertragen.«

Lisa Ebner sang zuerst ein Volksliedchen, von der Liebe, von der Treue und von einem Kranz aus Wiesenblumen, der — ach! — einmal verwelkte. Doch in jedem Frühling blühten die Blumen erneut, und die Sonne erlösche nie. Darum lieben!

»Das haut mich glatt um«, sagte Kowalski, nicht im mindesten gerührt. »Wiesenblumen! Bin ich eine Kuh?«

»Genau das!« sagte Asch. »In meinen Augen bist du schon immer ein Rindvieh gewesen.«

Lisa Ebner sang noch ein zweites Liedchen, nicht minder gefühlvoll, mit ihrer kleinen, süßen Stimme. Der Beifall war nicht übermäßig groß. Hauptmann Witterer erhob sich und applaudierte mit Ausdauer, was Asch dazu veranlaßte, seine Beifallskundgebungen schroff einzustellen.

»Aber jetzt!« sagte Kowalski und rutschte tiefer in seinen Stuhl hinein. »Jetzt wird es endlich menschlich.«

Charlotte kündigte Viola an, die Tänzerin. Mit knappen, deutlichen Worten. »Berühren ist streng verboten«, sagte sie, und im Saal erhob sich erwartungsvoller Lärm. Ein Landser stieß einen gellenden Pfiff aus. Und der hagere Stabsoffizier zuckte abermals zusammen. Ein Feldgendarm schoß wie ein Habicht durch den Saal, stieß aber, als er den Pfeifer greifen wollte, auf empörte Ablehnung.

Charlotte lächelte mit unverhüllter Ironie. Dieses lebhafte Interesse hatte sie erwartet. Und ehe sie abtrat, blickte sie spöttisch zu Kowalski hin, der sich sofort manierlich aufrichtete und dann höchst überrascht war, als er sich bei dieser Bewegung ertappte.

Viola trat auf und stellte sich, bei leicht abgedunkeltem Scheinwerferlicht, in Positur. Sie hatte ein Kostüm an, das ungarisch aussah oder doch so ähnlich. Balkan auf alle Fälle. Dazu trug sie rote Stiefel.

»Viel ist nicht zu sehen«, sagte Kowalski leicht enttäuscht. »Aber das kommt wohl noch. Sie tanzt ja mehrmals.«

Viola hüpfte temperamentvoll über die Bretter, warf die Arme, die Beine, rollte die Augen und ließ die Locken fliegen. Als sie fertig war, rasten die Zuschauer. Die Balken schienen zu beben. Viola warf Kußhändchen. In den hinteren Reihen mußte einer mit Gewalt zurückgehalten werden.

Nach Viola trat Egon, der Zauberkünstler, auf und produzierte sich eine halbe Stunde lang. Dabei gab er sich redliche Mühe, das Publikum direkt an seinen Darbietungen zu beteiligen, ließ Karten ziehen, verteilte Ringe, suchte Tücher und drückte einem Stabszahlmeister, zum allgemeinen Gaudium, Goldstücke aus der Nase. Als aber Kowalski Anstalten machte, sich an seinen Kunststücken zu beteiligen, allein in der Absicht, ihn anzuschmieren, schnitt ihn Egon mit abweisender Miene.

Später dann, bei ständig steigender Stimmung, rezitierte Charlotte ein paar beinahe ordinäre Verse von Ringelnatz, Lisa sang muntere Schelmenliedchen, und Viola produzierte sich in immer leichteren Gewändern. Der Beifall, selbst der aus den vorderen Reihen, wurde orkanartig. Das Frontkabarett »Die vier Pinguine« wurde enthusiastisch gefeiert.

Asch entwich dem Tumult und begab sich direkt über die Bühne zu den Garderobenräumen. Er fand Lisa Ebner vor einem Spiegel sitzend. Sie kämmte sich die Haare und blinzelte ihm zu.

»Nun«, fragte sie neugierig, »wie habe ich Ihnen gefallen?«

»Ausgezeichnet«, sagte Asch, und das klang ehrlich. »Ganz ausgezeichnet! Aber jetzt müssen Sie in Ihre Unterkunft zurück.«

»Muß ich? Wir sind doch eingeladen!«

»Habe ich mir doch gedacht!« rief Asch. »Aber daraus wird natürlich nichts. Dafür sind Sie zu schade. Viel zu schade.«

»Meinen Sie das im Ernst?«

»Kommen Sie schon! Ich begleite Sie.«

»Wenn Sie mich begleiten, dann komme ich«, sagte Lisa Ebner und lächelte ihm zu. Sie zog den Mantel über, den er ihr hinhielt. Dabei schien sie ein wenig das Gleichgewicht zu verlieren, stolperte und klammerte sich an ihn.

»Vorsicht!« sagte Asch und hielt sie am Arm fest. »Bleiben Sie, wo Sie sind.«

»Sie sind sehr stark«, sagte Lisa Ebner.

»Nicht sonderlich«, sagte Asch. »Aber so stark immerhin, daß ich bei Ihnen nicht schwach werde.«

»Wirklich nicht?«

»Kommen Sie doch endlich!«

Kaum hatten sie das »Haus der Kultur« verlassen, tauchte Hauptmann Witterer bei den Garderobenräumen auf. Er suchte nach Lisa Ebner, fand sie aber nicht. Hierbei prallte er auf Kowalski, der eine Stinkwut hatte, weil der Feldgendarm von vorhin auf den Einfall gekommen war, ein paar anzügliche Fragen an ihn zu richten.

»Haben Sie Fräulein Ebner gesehen?« fragte Witterer.

Kowalski, der sich in Charlottes Garderobe, die mächtig belagert war, hineindrängen wollte, sah ihn verständnislos und immer noch kochend vor Wut an. »Warum fragen Sie mich danach? Wenden Sie sich doch an den Wachtmeister Asch!«

»So«, sagte Witterer. »Meinen Sie!«

Der Unteroffizier Vierbein verfolgte die müden Morgenbewegungen der siamesischen Etappenzwillinge mit spürbarer Mißbilligung. Nahezu verächtlich sah er zu, wie sich Bartsch und Ruhnau ihren Betten entwanden, die Mäuler sperrangelweit aufrissen, um zu gähnen, und dann in der Stube herumtorkelten.

»Daß ihr euch nicht schämt!« rief Vierbein.

Bartsch sah den bereits angekleideten Vierbein ausdruckslos an, mit verschwommenen Augen. Er und Ruhnau litten fürchterlich unter den Nachwirkungen riesiger Mengen Alkohol dritter Qualität.

»Mensch!« stöhnte Bartsch und hielt sich am Bettpfosten fest. »Was wir so durchmachen müssen!«

»Jawohl!« röhrte Ruhnau. »So ein Krieg ist kein Kinderspiel.«

»Ihr benehmt euch wie die letzten Wilden, ihr versoffenen Kerle«, sagte Vierbein und war fest entschlossen, die Verachtung, die er für das außerdienstliche Benehmen dieser »Rohrkrepierer« empfand, auch auszusprechen. »Wie die gesprenkelten Wildsäue. Was hattet ihr euch eigentlich gestern abend gedacht, als ihr bei Asch hereingeplatzt seid und euch dort wie die Elefanten im Porzellanladen aufgeführt habt. Nun? Antwortet endlich, ihr Knallköppe! Was habt ihr euch dabei gedacht?«

»Was denn, was denn! Denken sollen wir auch noch?«

Die beiden »Zerstörer« ließen sich nebeneinander auf eins der Feldbetten nieder und betasteten ihre schmerzenden Schädel. Sie starrten dabei auf den Fußboden, und es war, als sähen sie dort entsetzliches Gewürm herumkriechen. Einer stöhnte.

»Hör nur«, sagte Bartsch schließlich, »hör doch nur, wie dieser Vierbein mit uns redet.«

»Laß ihn reden«, sagte Ruhnau. »Das legt sich wieder.«

»Ich denke gar nicht daran, mir von euch alles versauen zu lassen! Es tut mir leid, aber jetzt muß ich verlangen . . .«

»Vierbein«, sagte Bartsch, »wenn du wüßtest, was wir wissen, würdest du jetzt heulen.«

»Und zwar vor Mitleid, Vierbein.«

»Denn sieh mal, Vierbein«, sagte Bartsch mit Dulderstimme, »wir sind jetzt Todeskandidaten.«

Ruhnau nickte schwer dazu. »Du kannst jetzt schon für uns einen Kranz bestellen.«

»Erweise uns die letzte Ehre, Vierbein – ein richtiger Held an unserem Grab, das gibt den gramgebeugten Eltern Auftrieb.«

Vierbein verlor angesichts von so viel heulendem Elend seine ganze aufgestapelte Wut. »Was ist denn passiert?« fragte er.

»Wir sind auf den Hund gekommen«, sagte Bartsch. »Und das ist unser Untergang.«

»Denn der Hund war der falsche Hund.«

»Von wem und was redet ihr?« fragte Vierbein.

»Von dem Hund, dem wir gestern abend im Offizierskasino den Schwanz mit einem Toilettendeckel festgeklemmt haben. Aber dieser Hund gehörte nicht, wie wir gedacht haben, der Frau vom Stabszahlmeister, die Schulz nicht leiden kann, sondern ausgerechnet der Braut vom Kommandeur.«

»Und damit noch nicht genug! Nicht Schulz oder sonst wer spürte den heulenden Hund in der Damentoilette auf, sondern ausgerechnet der Kommandeur, der seiner Braut bis an die dazugehörige Tür Geleitschutz gegeben hatte. Verstehst du jetzt?«

»Noch nicht ganz«, sagte Vierbein, dem es nicht auf Anhieb gegeben war, das Ausmaß der Tragödie völlig zu übersehen.

»Ganz einfach! Die Braut vom Kommandeur hat geheult, der Kommandeur war empört, und Schulz brüllte wie in seinen besten Zeiten. Er schwor, die Schuldigen zu finden. Das war unser Schulz seinem guten Ruf schuldig. Und er hat sie gefunden.«

»Und deshalb flogen wir — wie Raketen!«

»Geschah euch recht!« sagte Vierbein.

Die beiden »Haubitzen« schüttelten vorsichtig ihre bleischweren Köpfe. »Wenn wir den richtigen Hund erwischt hätten, würde sich Schulz halb totgelacht haben. Der hat solchen Humor! Wenn aber Schulz gelacht hätte, hätte er uns auch nicht 'rausgeschmissen. Diese Sorte Spaß versteht er wirklich. Und wenn er uns nicht 'rausgeschmissen hätte, wären wir auch nicht zu Asch gekommen. Und wenn wir nicht zu Asch gekommen wären . . .«

»Da siehst du also, Vierbein: Alles wegen diesem falschen Hund!«

Vierbein versuchte, mit viel Energie seine Wut wiederzufinden. Aber der Anblick der beiden bejammernswerten Gestalten, die im Nachthemd auf dem Feldbett saßen und wie betäubt von tiefem Schmerz in die Gegend glotzten, hinderte ihn daran.

»Bedaure uns!« rief Bartsch. »Denn wenn Schulz so bleibt, wie er gestern war, oder auch nur annähernd so, dann kann das Fürchterlichste eintreten, das Entsetzlichste, das Grausamste.«

»Am Ende versetzt er uns sogar«, sprach Ruhnau mit verlöschender Grabesstimme.

»Hoffentlich nicht zu uns an die Front«, sagte Vierbein, aufrichtig besorgt.

Die beiden siamesischen Etappenzwillinge schreckten hoch. Sie wurden ruckartig nüchtern. Es war, als würden Kübel eisigen Wassers über sie ausgeschüttet.

Das Wort »Front« machte sich in ihren Gehirnen breit, schien durch ihre Blutbahnen zu fließen, sich an ihren Knochen abzulagern. Sie hatten das Gefühl, von einem heftigen Fieber ergriffen worden zu sein.

Vierbeins armselige persönliche Sorgen, die sie durch ihren turbulenten Auftritt bei Asch am gestrigen Abend verursacht hatten, existierten im gleichen Augenblick für sie nicht mehr. Sie lehnten es sogar schroff ab, in dieser ihrer höchst bedenklichen, wenn nicht gar lebensgefährlichen Situation Vierbein irgendwelche Hilfestellung zu gewähren.

Panikartig zogen sie sich an und rasten zu ihren Dienststellen. Hier saßen sie sprungbereit. Sie lauerten auf ein Wort, auf irgendein Wort von Schulz. Aber das kam nicht. Die steigende Nervosität, die sie mehr und mehr beherrschte, raubte ihnen sogar jeden Appetit, und das empfanden sie selbst als ein höchst bedenkliches Zeichen.

Schließlich, kurz vor der Mittagspause, pirschten sie sich an den Hauptwachtmeister heran. Der behandelte sie durchaus neutral, was sie wieder hoffen ließ. Es gelang ihnen bei dieser Gelegenheit, zu erkunden, daß sich Schulz überhaupt noch nicht bei der Stabsbatterie habe sehen lassen — er halte sich, hieß es, beim Abteilungsstab auf, um dort die laufenden

Geschäfte zu erledigen und die letzten Vorbereitungen zur Hochzeit des Kommandeurs persönlich zu treffen. – Damit blieb alles offen. Nichts war klar zu übersehen. So ziemlich alles war möglich.

»Das haut mich noch um!« sagte Bartsch grübelnd. »Dazu gehören vielleicht Nerven.«

Ruhnau nickte eifrig und würgte an seinem Mittagessen. »Was ich schon immer gesagt habe: Der Krieg ist verdammt hart.«

»Hört mal, ihr beiden Blindgänger«, sagte Vierbein. »Wollt ihr nicht Herrn Asch anrufen und euch wegen gestern abend entschuldigen? Und dann wäre es angebracht, wenn ihr Fräulein Ingrid Asch sagen würdet, daß euer Gerede von Frau Lore Schulz, der Flasche Schnaps und mir purer Blödsinn war.«

»Richtig, Menschenskind!« sagte Bartsch und schien wieder ein wenig aufzuleben. »Die Dame Schulz hat ja noch die Flasche Schnaps, die uns zusteht.«

»Ihr wart also gar nicht mehr bei Frau Lore Schulz?« fragte Vierbein.

»Wir holen das bei Gelegenheit nach«, versprach Ruhnau.

»Untersteht euch«, sagte Vierbein warnend. »Wenn ihr mir weiter in die Quere kommt, kann ich sehr ungemütlich werden. Dann sollt ihr mich mal kennenlernen!«

»Wirklich?« fragte Bartsch neugierig.

»Wenn ihr zu uns an die Front versetzt werden solltet«, versprach Vierbein, »dann werdet ihr noch euer blaues Wunder erleben. Das garantiere ich euch!«

Sobald das schreckliche Wort »Front« gefallen war, ergriff die siamesischen Etappenzwillinge erneut wilde Nervosität. Sie würgten die Reste ihres Mittagessens hinunter, kippten eilig ein Bier hinterher und verschwanden dann. Auf der Gasmaskenkammer steckten sie die Köpfe zusammen und hielten Kriegsrat.

»Ich will jetzt endlich wissen, woran ich bin«, sagte Bartsch. »Das hält ja kein Schwein aus.«

»Nicht einmal ein Unteroffizier.«

»Du willst doch nicht etwa witzig werden?« fragte Bartsch ungnädig. »Dazu ist nicht die geringste Veranlassung.«

Und dann beschlossen sie mit letzter Kühnheit, nach langen, verzweifelten Beratungen, Schulz direkt anzurufen. Sie ließen sich, mächtig aufgeregt, mit dem Abteilungsstab verbinden. Der Adjutant meldete sich.

»Würden Herr Leutnant so freundlich sein und Herrn Oberleutnant Schulz fragen, ob wir heute nachmittag gebraucht werden?«

»Wenn Sie gebraucht werden«, sagte der Adjutant, wie immer um militärische Korrektheit bemüht, »wird Ihnen das Herr Oberleutnant Schulz schon sagen.«

»Jawohl, Herr Leutnant. Wenn wir nicht gebraucht werden, wollten wir wegen der Filter zum Auslieferungslager fahren.«

»Ach so«, sagte der Adjutant. »Moment mal.«

Ein paar aufregende Minuten vergingen. Bartsch, der den Hörer hielt, an den auch Ruhnau sein Ohr preßte, zitterte leicht. Er merkte es nicht einmal.

Die tausend Gasmasken, die in den Regalen lagerten, schienen sie anzugrinsen. Es stank nach Gummi und Chlorpulver. Ruhnau wurde es übel, und er riß ein Fenster auf.

Bartsch atmete gepreßt. Er mußte sich setzen und hatte das Gefühl, er sei in Schweiß gebadet. Er lauschte angestrengt in den Hörer hinein. Er war, was ihm noch nie passiert war, nahe daran, zu beten.

Plötzlich meldete sich der Adjutant wieder. »Nein«, sagte er. »Sie werden heute nachmittag nicht gebraucht.«

Bartsch legte den Hörer ab und sah Ruhnau an. Ruhnau sah Bartsch an und prüfte automatisch nach, ob der Hörer auch richtig abgelegt worden war. Sie schnauften und dachten nach.

»Was bedeutet das? Heißt das nun, daß Schulz uns wirklich nicht braucht oder daß er von uns nichts mehr wissen will? Ist jetzt alles in Ordnung, oder ist nichts in Ordnung? Ist das Ganze nur aufgeschoben, oder kommt es auf unser Konto? Hat er alles vergessen, oder will er uns schmoren lassen?«

»Ach ja, Mensch! So ein Krieg kann verdammt grausam sein!«

So blieb ihnen denn, schien es, nichts anderes übrig, als zu warten. Wie angenagelt saßen sie auf ihren Plätzen. Und fürchterliche Gedanken machten sich in ihnen breit. Sie grübelten und grübelten – doch alles war vergebens.

»Dieser Vierbein bedroht uns! Uns! Mit der Front. – Mir wird ganz schlecht, wenn ich nur daran denke!«

»Wenn man jetzt wenigstens einen Schnaps hätte!«

»Oder mehrere!«

»Wir sollten unseren Vorrat beim Brückenwirt aufbrauchen. Und das möglichst schnell. Wer weiß, wieviel Zeit uns noch bleibt?«

»Fahren wir doch hin! Wir müssen ja sowieso in die Stadt. Wegen der neuen Filter. Schließlich haben wir das ja dem Oberleutnant Schulz gemeldet.«

Das – so wollte es ihnen scheinen – war das erlösende Wort! Tätigkeit, so sie nicht in strapaziöse Arbeit auszuarten drohte, lenkte auch sie angenehm ab. Und ein kräftiger Schnaps würde ihre arg strapazierten Seelen trösten. Sie bestiegen ihren Opel Blitz, der ihnen als Transportwagen zugeteilt war, und brausten in die Stadt.

Als sie in der Nähe des Brückenwirtes angekommen waren, beschlossen sie, daß die Ölleitung defekt war, worauf sie den Wagen in eine ihnen hinreichend bekannte Werkstatt fuhren und dort abstellten. Sie berechneten die Dauer der Reparatur auf drei bis vier Stunden.

Sie kehrten beim Brückenwirt ein und forderten ihre Vorräte. Sie erhielten drei Flaschen Schnaps; die vierte behielt der Wirt als »Lagergebühr«. Sie nannten ihn »Gauner«, »Haderlump« und »Erzschwein«, was den nicht weiter störte. Dieser offensichtliche Mangel an Feingefühl veranlaßte sie dazu, einen Lokalwechsel vorzunehmen.

Dann ließen sie sich, eine Straße weiter, im Café »National« nieder, bestellten Tee, gossen ihn unter dem Tisch aus und füllten die Tassen mit Schnaps. Gleich nach dem ersten Schluck wurde neuer Lebensmut in ihnen wach. Bei der zweiten Tasse sah ihre Situation bereits leicht rosig aus.

Also befeuert, begannen sie sich für ihre Umgebung zu interessieren. Sie entdeckten zwei Mädchen, die offensichtlich entschlossen waren, einen dienstfreien Nachmittag so angenehm wie nur irgend möglich zu verbringen. Die beiden »Tiefflieger« forderten die »Damen« auf, an ihrem Tisch Platz zu nehmen. Und die »Damen« zögerten nicht lange. Auch für sie wurde Tee bestellt.

Als die erste Schnapsflasche leer war, drängten die beiden »Raketen« auf Duzfreundschaft. Gegen Ende der zweiten Flasche wurden sie langsam intim, worauf die »Damen« kicherten und das Serviermädchen sich zu räuspern begann. Es räusperte sich nicht mehr, als ein Zwanzigmarkschein in ihre Bluse gesteckt wurde. Sie war zwar nicht bereit, zu dulden, daß eine der »Haubitzen« nachprüfte, ob der Geldschein auch vollkommen sicher untergebracht war. Doch sonst duldete sie alles.

Bei der dritten Flasche wurde es überaus lebhaft. Ab und zu kreischte ein Mädchen auf. Bartsch und Ruhnau hatten alle Hände voll zu tun. Und die Wirtin, die vorsichtshalber alarmiert worden war, hob im Hintergrund beschwörend ihre massigen Arme gen Himmel.

»Haben Sie Zimmer zu vermieten?« fragten die Draufgänger.

»Pfui!« rief die Wirtin. »Sehe ich so aus?«

»Ja!« sagten die siamesischen Etappenzwillinge überzeugt.

Darauf drohte die Wirtin mit Polizei, Wehrmachtsstreife und Überfallkommando. Und als sie gar Anstalten machte, das Telefon zu benutzen, entschlossen sich die »Superbomben« zu einem radikalen Stellungswechsel. Sie boten den »Damen«, die inzwischen wieder ihre Kleider geordnet hatten, den Arm und schwankten mit ihnen hinaus.

Draußen, ein paar Häuser weiter, stand eine verlassene Pferdedroschke. Die siamesischen Etappenzwillinge, die sich nunmehr als »Jagdspringer« bezeichneten, erklärten die Droschke als »requiriert« und verstauten ihre Begleiterinnen im Wagen. Bartsch stieg unternehmungslustig dazu.

Ruhnau behauptete, sich nach dem Kutscher umsehen zu wollen, aber der war nicht greifbar und hatte offenbar in irgendeiner Kneipe in der Nähe Station gemacht. Da löste der Unteroffizier die Leine vom Laternenpfahl und bestieg schwankend den Bock.

»Alles auf die Plätze!« rief Ruhnau. »Rennen Nummer eins!«

Er schwang die Peitsche, und der Gaul setzte sich gehorsam in Bewegung. Über das Straßenpflaster rollten die Räder für Ruhnaus Sieg. Der Droschkenkutscher, der den Lärm um seinen Wagen gehört hatte, stürzte aus einer Kneipe und blickte fassungslos auf das Bild, das sich ihm bot. Der Unteroffizier auf seinem Kutschbock war ein ihm völlig neuartiger Anblick, und er rief: »Halt, halt!«

Ruhnau gab dem Gaul die Peitsche, und der trabte an. Der Droschkenkutscher trabte hinterher, mit wilden Gesten und alarmierenden Rufen. Im Wageninnern kreischten die »Damen«, und Bartsch hißte triumphierend eine Art Flagge, die aus einem Wäschestück bestand.

Also in Bewegung versetzt, verließ dieses vielfach angestaunte Gefährt die Stadtmitte, von dem Gelächter der zahlreichen Zuschauer, den anfeuernden Rufen von Ruhnau, dem Gekreisch der »Damen« und den Flüchen des nachstrebenden Kutschers begleitet. Es bewegte sich in Richtung Vorstadt, genau auf die Kaserne zu.

Der Posten, ein junger, unerfahrener Spund mit Wasseraugen und Eselsohren, riß den Mund weit auf und staunte.

»Das große Tor auf!« rief Ruhnau. »Ich fahre einen Offizier!«

Der Posten stürzte zum großen Kasernentor und zerrte es auf. Als das Gefährt passierte, spritzte der Posten an seinen Platz zurück und versuchte dort sogar, eine Ehrenbezeigung zu machen. Worauf ihm Bartsch aus dem Wageninnern, offenbar wieder mit einem Wäschestück, aber diesmal mit einem anderen, gönnerhaft zuwinkte.

Die schwankende, rumpelnde, ächzende Droschke hielt vor dem Gebäude der Stabsbatterie. Der Gaul schnaubte, Ruhnau sprang vom Bock und rief: »Jetzt nichts wie weg!«

Und sofort verschwanden die »Torpedoboote« im Batterieblock.

Das alleinstehende Gefährt, aus dem zwei reichlich betrunkene und ziemlich zerzauste »Damen« herausblinzelten, fand sofort interessierte Betrachter. Einige Soldaten lehnten sich aus den Fenstern des Batterieblocks, unter ihnen auch der baß erstaunte Vierbein.

Ruhnau und Bartsch stürmten in ihr Zimmer, schier berstend vor Gelächter. Sie stürzten zu Vierbein ans Fenster und brüllten vor Vergnügen. Sie stießen sich gegenseitig an, streckten die Finger aus und drohten vor Freude zu ersticken.

Dann sagten sie: »Los, Vierbein! Du hast Damenbesuch! Mach, daß du 'runterkommst!«

»Ihr seid ja besoffen!« sagte Vierbein.

Inzwischen erhob sich am Kasernentor ein heftiges Geschrei. Dort war, schnaufend und angefüllt mit einer echten Fuhrmannswut, der Kutscher eingetroffen und wollte passieren. Der Posten aber schien fest entschlossen, das Eindringen dieses unflätig schimpfenden Zivilisten mit allen Mitteln zu verhindern.

»Jetzt aber ich!« rief Bartsch. »Ihr, Ruhnau und Vierbein, sorgt dafür, daß die Weiber wegkommen. Steckt sie auf irgendeine Unteroffiziersstube! Was zögerst du, Vierbein? Du weißt wohl nicht, was Kameradschaft ist?«

Und Bartsch trabte in den Kasernenhof hinunter, auf das Tor zu. Hier an der Wache war der Posten fast soweit, sein Gewehr zu entsichern, um dem vor Roßlenkerwut schäumenden Eindringling die geheiligte Kaserne zu verwehren.

»Was ist denn los?« fragte Bartsch. »Bei wem liegt denn der Igel in der Badewanne?«

Der vor Empörung nahezu bebende Kutscher, der Bartsch, der im verdeckten Wagen gesessen hatte, natürlich nicht wiedererkennen konnte, stürzte sich hoffnungsvoll auf diesen überaus freundlichen Unteroffizier. Er sprudelte sein heftiges Verlangen nach seiner Droschke heraus. Bartsch stellte sich dumm, was ihm auch überzeugend gelang, und fragte, um Zeit zu gewinnen, nach Einzelheiten.

Dann, nachdem er sich minutenlang alles angehört hatte, was er bereits wußte, verkündete Bartsch mit Großmut: »Ich werde mich persönlich für Sie einsetzen!«

Er begab sich mit dem ob so viel Fürsorge sichtlich gerührten Kutscher auf die Wache und ließ ihm einen Passierschein ausstellen. Dann gab er vor, bei der Suche behilflich sein zu wollen. Er führte den Kutscher auf Umwegen um mehrere Blocks herum und erst nach geraumer Zeit an die Stelle, wo die nunmehr leere Droschke stand.

Der Kutscher stürzte auf seinen Gaul zu und machte Anstalten, ihn zu umarmen. Bartsch, hinter ihm, sagte gemütsvoll: »Ich kann Sie gut verstehen. Mein Vater ist nämlich auch Droschkenkutscher.«

»Sie sind hier der einzige Mensch!« sagte der immer noch japsende Rosselenker sichtlich gerührt.

»Das mag sein«, antwortete Bartsch mit unübertrefflicher Bescheidenheit.

»Es ist eine Schande«, sagte Hauptmann Witterer, »daß ich so etwas überhaupt erst noch befehlen muß. Das versteht sich doch von selbst!«

»Jawohl!« sagte der Hauptwachtmeister Bock. »Eigentlich versteht sich das von selbst.«

»Wenn das so weitergeht«, sagte Hauptmann Witterer, »werde ich anordnen müssen, wann sich die Burschen auf die Latrinenstange setzen dürfen und wann nicht.«

»So weit kommt das noch«, sagte der Hauptwachtmeister mit überraschend feiner und daher von Hauptmann Witterer nicht erspürbarer Ironie. Er schob den Zettel, den Witterer unterschreiben sollte, widerwillig und zögernd über den Tisch, wie einer, der soeben einen ungedeckten Scheck ausgestellt hat.

Der Hauptmann griff nach dem Kopierstift, der auf der Tischplatte lag, überzeugte sich kurz davon, ob der auch gut gespitzt worden war. Dann unterschrieb er, schwungvoll und mit großen, offenbar kühnen Kurvenbuchstaben: Witterer. Diese seine Unterschrift betrachtete er etwa vier Sekunden lang, und zwar mit schlicht-stolzem Wohlgefallen, ehe er den Zettel wieder seinem Bock zuschob.

»So«, sagte er, und er versuchte das mit Überzeugung zu sagen, »das wird hoffentlich klappen!«

Er hatte soeben den Batteriebefehl 18/42 unterschrieben, den im Sprachgebrauch des Hauptwachtmeisters als »Gasmaskenbereitschafts-Batteriebefehl« bezeichneten. Darin wurde den Soldaten der 3. Batterie — Batterie Witterer! — ausdrücklich noch einmal befohlen, Bezug nehmend auf Heeresverordnungsblatt — HVB — von wer weiß wann, daß die Gasmaske grundsätzlich immer »vom Mann mitzuführen« sei beziehungsweise, etwa bei Schlaf, Austreten oder Körperpflege, »in unmittelbarer Nähe des Mannes« aufbewahrt und in Bereitschaft gehalten werden müsse.

Bock wußte, daß die Batterieangehörigen fluchen würden, wenn er ihnen diesen Befehl bekanntgab. Aber er würde es ihnen schon deutlich machen, daß es allein Witterer war, der diesen Befehl ausgebrütet hatte. Und bei der Bekanntgabe würde er es sich nicht nehmen lassen, wenigstens doch den Dienstgraden gegenüber, vom Unteroffizier an aufwärts, vieldeutig zu grinsen. Das konnte er sich allemal leisten und diesmal sogar vor seinem eigenen Gewissen verantworten. Denn Befehle wie dieser waren eine indirekte Schikane. Kein normaler Soldat, selbst ein Vierbein nicht, schleppte pausenlos seine Gasmaske mit sich herum!

Aber Witterer war an diesem trüben Tag von einem ungewöhnlichen Tatendrang erfüllt. Offenbar war er entschlossen, die Mißstimmung des gestrigen Abends — vermutlich, sagte sich der Hauptwachtmeister, hatte irgend etwas mit den Wehrbetreuungshäschen nicht geklappt — in steil hochgekurbeltes Soldatentum umzusetzen.

»Als nächstes«, sagte Witterer, »bereiten Sie einen Kampfausrüstungs-Batteriebefehl vor.«

»Jawohl«, sagte der Hauptwachtmeister gedehnt.

»Ich will, daß über die Gasmaske hinaus in Zukunft jeder Mann meiner Batterie jederzeit voll kampfverwendungsfähig ist. Das heißt also, er hat ständig mit sich zu führen: eine Waffe, entweder Karabiner oder Pistole; aber Pistole kommt nur für Unteroffiziere, eigentlich nur für Portepeeträger in Frage. Dazu: scharfe Munition, mindestens zwei volle Magazine beziehungsweise vier Rahmen. Außerdem: Stahlhelm, Verbandspäckchen, Hundemarke und Soldbuch, letzteres mit Blutgruppenangabe, die alle auswendig zu wissen haben. Drohen Sie Stichproben an. Ferner: Seitengewehr.«

»Jawohl«, sagte der Hauptwachtmeister noch gedehnter.

»Und achten Sie mir darauf, daß die Seitengewehre nicht geschärft oder als Säge ausgearbeitet worden sind. Wenn ich einen von meiner Batterie dabei erwische, daß er mit dem Seitengewehr Brot schneidet oder Holz spaltet, buchte ich den Kerl ein. Bei mir geht nämlich alles nach Vorschrift, Hauptwachtmeister. Streng nach Vorschrift. Nur so kommen wir weiter.«

»Jawohl.«

»Kennen Sie das Transportmerkblatt 17 C, Verladen von Pferden, Fütterung derselben bei längerem, also mehr als zwölfstündigem Transport?«

»Vermutlich«, sagte der Hauptwachtmeister, ohne zu zögern. Natürlich kannte er dieses Merkblatt nicht — warum sollte er das auch? Seine Batterie war schließlich vollmotorisiert. Aber wenn er etwas nicht wußte, sagte er regelmäßig »vermutlich«, was gleichbedeutend war mit: Keine Ahnung!

»Das ist ein Musterexemplar von einem Merkblatt«, sagte Witterer. »Sie sollten es auswendig kennen. Das ist durchdacht, mein Lieber, bis zum letzten Schwanzhaar. Daran können Sie ermessen, was eigentlich eine Vorschrift bedeutet. Kopfarbeit, Verehrtester, Kopfarbeit! Und wissen Sie, Bock, wer dieses Merkblatt verfaßt hat? Ich.«

»Jawohl«, sagte der Hauptwachtmeister und heuchelte schamlos Bewunderung.

»So«, sagte Witterer, »das wär's wohl.« Er sah verlangend um sich, aber er fand im Augenblick nichts, womit er sich beschäftigen konnte.

»Ist eigentlich mein Wagen schon da?« fragte er.

»Steht draußen«, sagte der Hauptwachtmeister.

»Was? Steht draußen? Warum meldet sich der Kerl nicht bei mir?«

»Herr Hauptmann haben lediglich befohlen: soll vorfahren.«

»Und sich melden! Das gehört doch automatisch dazu, Hauptwachtmeister. Bei mir allemal. Machen Sie das Ihrem Sauhaufen klar. Von mir aus durch einen Batteriebefehl.«

Bock leistete es sich, hierauf gar nicht zu antworten. Das war nicht sonderlich gewagt, denn Witterer machte Anstalten, alle Vorbereitungen für seinen Abmarsch zu treffen, und zwar ganz im Sinne seines Batteriebefehls: er schnallte sich seine Dienstpistole um, behängte sich mit Gasmaske, Kartentasche und Stahlhelm. Dann betastete er seinen Rocksaum, in dessen Futter vorschriftsmäßig ein Verbandpäckchen eingenäht worden war. Dann marschierte er, elastisch wie immer, hinaus.

Draußen meldete der Unteroffizier zbV Krause den Wagen fahrbereit. Auch er war in voller Kriegsbemalung. Kowalski saß bereits am Steuer und blinzelte seinen beiden Helden zu. Verglichen mit deren Ausrüstung sah er eher aus wie ein friedlicher Zivilist.

»Wo haben Sie Ihre Gasmaske?« fragte Witterer.

»Hinten im Wagen«, sagte Kowalski prompt, obwohl er genau wußte, daß hinten im Wagen keine Gasmaske war.

»Warum tragen Sie sie nicht am Körper?«

»Viel zu umständlich«, sagte Kowalski. »Die stört doch. Entweder ich fahre den Karren hier, oder ich binde mir eine dicke Gasmaske vor den Bauch und setze mich hinten 'rein — eins von beiden geht nur.«

»Wenn ich den Batteriebefehl recht verstanden habe, Herr Hauptmann«, sagte der Unteroffizier Krause, der nicht umhinkonnte, auf einen brauchbaren Kontakt mit Kowalski Wert zu legen, »dann genügt es ja wohl, wenn die Gasmaske griffbereit, also in unmittelbarer Nähe, lagert.«

»Also los!« sagte Witterer. »Dann zeigen Sie mal, was ein Cheffahrer ist. Geschützstellung.«

Er saß noch nicht ganz, da fuhr Kowalski bereits an. Witterer wurde nach hinten gerissen und hatte den Bruchteil einer Sekunde lang das bedrückende Gefühl, sein Herz drohe zu zerbrechen. Dann sprang der Wagen vorwärts und brauste los, daß hinten der Straßendreck fontänenartig hochstrudelte. Kowalski schien entschlossen, keine Pfütze auszulassen. Er rauschte durch das Schneewasser und deckte den hinten sitzenden Krause mit Dreck ein.

Als Kowalski auch die Nahprotzenstellung durchraste und Anstalten machte, quer über das freie Feld mitten in die Feuerstellung hineinzufahren, brüllte Witterer: »Sind Sie denn ganz von Gott verlassen!«

»Wieso ich?« fragte Kowalski.

»Deckung, Mensch!« rief Witterer. »Sie sind doch hier nicht als Zielscheibe engagiert.«

Kowalski preschte auf einen Kugelbaum zu, trat kräftig auf die Getriebebremse, zog zusätzlich noch die Handbremse und hielt dann genau drei Zentimeter vom Baumstamm entfernt.

»Alles aussteigen!« rief er. »Endstation.«

Witterer wußte nicht genau, ob er jetzt fluchen oder lachen sollte. Lachen, sagte er sich, wäre wohl männlicher gewesen. Wie soll man denn sonst auf dieses Frontschwein Kowalski, der schon mehr eine Frontsau war, reagieren! Aber seine Laune war alles andere als rosig, was nach dem gestrigen, völlig versauten Abend ja auch kein Wunder war. Also zog er es vor, Sphinx zu spielen. Er schraubte sich, auf Deckung achtend, aus dem Wagen. Krause ahmte, einem Spiegelbild vergleichbar, fast jede seiner Bewegungen nach.

»Fahren Sie in volle Deckung«, befahl Witterer.

Kowalski nickte und karrte den Wagen mit erbärmlich würgendem Motor rückwärts. Er schaukelte sich durch das Gelände und verschwand hinter einem Haus. Dort würgte er den Motor ab.

Witterer lief nunmehr, dicht von Krause gefolgt, auf das zweite Geschütz zu; sie hüpften, zum heimlichen Gaudium der Alarmposten, wie zwei Hasen durchs Gelände. Unmittelbar neben der Stellung sprang Witterer in einen Laufgraben; Krause sprang sofort nach und beinahe Witterer ins Genick. Erst im allerletzten Augenblick vermochte er seinem Körper eine Drehung zu geben und plumpste daraufhin mitten in den Grabendreck. Der in unmittelbarer Nähe stehende Alarmposten fand diese Darbietung sehr unterhaltsam.

Witterer, jetzt mit entschlossenem Kämpfergesicht, angelte sich seinen Feldstecher von der Brust. Er lehnte sich, duckend und mit der gebotenen Vorsicht, über den Rand des Grabens und äugte angestrengt feindwärts. In diesem Augenblick erst, so wollte es ihm scheinen, war er endlich wirklich mitten im Krieg; und er durchkostete diese erhabenen Minuten und kam sich vor wie ein Chirurg, der zum erstenmal das Skalpell ansetzt und doch genau weiß, daß ihm selbst die schwierigste Operation überzeugend gelingen wird. Er beschloß, in einem Feldpostbrief oder auch in mehreren eingehend darüber zu schreiben.

Da waren sie also, die feindlichen Linien. Ferne, krummlinige Laufgräben, ähnlich diesen hier. Einzelne Löcher in den gegenüberliegenden sanft gewellten Hügelketten. Viele Trampelpfade in der Gegend. Und alles schien zu schlafen.

Plötzlich sagte Witterer: »Das ist doch nicht möglich! Sehen Sie sich das doch mal an, Krause.«

Krause griff bereitwillig nach dem Fernglas, das ihm Witterer hinüberreichte. Und er sah konzentriert hindurch. Schnee rollte in seinen Ärmel, begann dort zu tauen und rann als kleines Wässerchen auf den Ellenbogen zu. Doch Krause war fest entschlossen, diese Kleinigkeit nicht zu beachten.

»Nun?« fragte Witterer ungeduldig und unüberhörbar unfreundlich. »Sehen Sie denn nichts?«

»Nichts Besonderes, Herr Hauptmann. Jedenfalls nichts, was mir als Besonderheit auffällt.«

»Mann!« sagte Witterer, noch um einen Grad unfreundlicher. »Geradeaus auf dreitausend. Baumgruppe. Fünf Strich links davon Kugelgebüsch. Erkannt?«

»Erkannt, Herr Hauptmann.«

»Na — und? Was bewegt sich dort von rechts nach links?«

»Ein Mann«, sagte Krause. »Vermutlich ein Essenträger. Er will zu den Laufgräben hin, die am linken Hügel liegen.«

»Und der Kerl geht aufrecht durch die Gegend! Das ist doch eine glatte Herausforderung!«

»Gewiß«, sagte Krause ahnungsvoll und wußte jetzt nicht genau, was er tun sollte: bremsen oder die Zügel locker lassen. »Jawohl, Herr Hauptmann. Eine Herausforderung ist das schon. Aber die machen das seit Wochen jeden Mittag so.« Und er fügte hinzu, sich noch immer nicht klar darüber, welche Haltung hierbei einzunehmen empfehlenswert war: »Auf unserer Seite ist das nicht anders.«

Witterer nahm, reichlich schroff, dem zbV Krause das Fernglas ab. Abermals sah er, konzentriert, hindurch. Er stellte das Glas auf allerfeinste Schärfe. Der Anblick des geruhsam dahintrottenden feindlichen Essenträgers ließ ihn die Zähne aufeinanderbeißen. Der Gegner! Herausfordernd mitten im Schußfeld. Der Kerl ging sozusagen vor den Mündungen der Kanonen seiner Batterie — der Batterie Witterer! — seelenruhig spazieren. Das war zuviel!

Und Witterer sagte, ohne die Augen vom Fernglas zu nehmen: »Feueralarm.«

Krause zuckte zusammen. Er hatte eine ausgedehnte Schrecksekunde zu überwinden. Dann rief er, ganz Befehlsübermittler, dem Posten zu: »Feueralarm.«

»Was?« fragte der zurück. »Was ist los?«

»Feueralarm!« rief Krause.

Der Posten zuckte mit den Schultern. Warum nicht? sagte er sich. Vermutlich will der Alte einen Probealarm loslassen. Das ist zwar eine Belästigung, aber dagegen kann man nichts machen. Er setzte die kleine, rauh wimmernde Handsirene in Tätigkeit und begann, wie in solchen Fällen vorgesehen, die Munition abzudecken.

Witterer nahm von diesen ihm selbstverständlich erscheinenden Vorbereitungen offenbar keinerlei Notiz. Er behielt den Gegner im Auge. Und er lächelte kühl.

Die zweite Geschützbedienung war in verhältnismäßig kurzer Zeit zur Stelle. Denn den Soldaten war die Ankunft Witterers nicht unbemerkt geblieben; der Lärm von Kowalskis Wagen hatte sie brutal aus ihrem Vormittagsschlaf gerissen. Dann hatte Kowalskis persönliches Erscheinen in ihrer Hütte dafür gesorgt, daß sie restlos wach wurden.

»Macht euch auf einiges gefaßt, Burschen«, hatte Kowalski verkündet. »Den Neuen juckt das Fell.«

Die Bedienung nahm ihre Plätze ein und machte das Geschütz feuerbereit. Der Geschützführer, Unteroffizier Rauch, ein brauchbarer Befehlsausführer mit ausgeprägtem Hang zu zivilistischer Bequemlichkeit, begab sich zu Witterer. »Herr Hauptmann befehlen?«

»Sehen Sie Ihr Ziel?« fragte Witterer und gab erklärende Einzelheiten.

»Ziel erkannt«, sagte der Unteroffizier.

»Dann los!« sagte Witterer. »Geben Sie die einleitenden Feuerbefehle.«

»Im Ernst?« fragte der Geschützführer und übersah die beschwörende Handbewegung von zbV Krause hinter Witterers Rücken.

»Sie sind wohl vom Hahn bestrampelt!« rief der Hauptmann mit, wie er glaubte, echt soldatischer Empörung. »Seit wann ist denn der Krieg ein Spaß!«

Der Geschützführer kniff die Lippen zusammen und trabte zu seiner Bedienung. Die Zielansprache, die er dort gab, war, fand Witterer, zwar zutreffend, doch zu umständlich. »Mehr Tempo«, rief der Hauptmann. »Mehr Öl auf die Lampe!«

»Entfernung dreitausend«, sagte der Geschützführer ruhig, angelte sich dann seine Schußtafel aus dem Ärmelumschlag und blätterte dort nach.

»Ziel aufgefaßt«, meldete der Richtkanonier.

Der Geschützführer kommandierte den Aufsatz. Dann sah er wieder, und mit ihm die Bedienung, zu Witterer hinüber, der vom mannshohen Laufgraben aus jede Bewegung »seines« Gegners genau verfolgte. Ihn hatte das Jagdfieber gepackt, lag ihm in den Knochen, spannte seine Muskeln, ließ sein Herz, sein Soldatenherz, höher schlagen. Und er fand, daß das ein männlicher Zug von ihm sei.

»Wird's bald!« rief er.

»Aufschlagzünder«, kommandierte der Unteroffizier und zuckte kaum merklich mit den Schultern, während er seine Bedienung verlegen grinsend ansah. Die Soldaten machten erstaunte, ratlose Gesichter und kamen sich vor wie vor einem Film, der lustig sein wollte, über den aber niemand lachen konnte. Der Ladekanonier schob das Geschoß in das Rohr, und der Verschluß schnappte zu.

»Eine Gruppe!« rief Witterer.

Ein heftiger, trockener Knall zerfetzte die Mittagsruhe. Das Rohr wurde zurückgeschleudert und spuckte die leere Hülse aus. Dann zischte es langsam wieder in seine Ruhestellung zurück. Durch die Luft gurgelte das Geschoß.

Witterer, immer noch kühl lächelnd, hatte jetzt den Mund leicht geöffnet. Die Hand, die das Fernglas hielt, verkrampfte sich ein wenig. Er hatte den linken Fuß seitwärts gestellt und scharrte nun mit der Fußspitze durch den Grabendreck.

Dort, drüben am Hügel, in der Gegend des Essenträgers, etwa fünfzig Meter vor diesem, puffte eine blauschwarze Wolke hoch. Der feindliche Soldat, der maßlos überraschte Transporteur des Mittagsfraßes, Witterer sah das durch sein Glas genau, erstarrte zunächst. Dann blickte er wild um sich. Dann begann er mit hektischen Bewegungen zu laufen, in entgegengesetzter Richtung des Einschlags.

»Zu kurz!« rief Witterer. »Noch eine Gruppe!«

»Vier mehr«, ordnete der Geschützführer ergeben an. Und als das »Eingestellt« ertönte, kommandierte er: »Feuer!«

Der Schuß saß diesmal hinter dem Ziel. Der gegnerische Fraßtransporteur wechselte sofort die Richtung und begann, wie ein Känguruh zu hüpfen. Er stolperte, schlug lang hin, raffte sich wieder auf, jagte mit der Last weiter durch den tiefen Schnee.

»Der hat die Hosen gestrichen voll!« rief Witterer freudig erregt. »Wetten?«

»Bestimmt, Herr Hauptmann«, sagte Krause neben ihm.

»Weiter!« rief Witterer. »Einfach ausradieren!«

Der Geschützführer hätte jetzt, um die Gabelbildung zu beenden, »weniger« kommandieren müssen, und dann wäre, allem Anschein nach, das sogenannte Ziel kaum zu verfehlen gewesen. Aber der Kerl dort mit dem Essenkübel auf dem Rücken, der in wilden Sprüngen durch den Schnee keuchte, tat ihm leid. Und diese ganze Sache war ihm zu dumm. Sie kotzte ihn an.

Und er kommandierte: »Dasselbe noch einmal, Feuer!« Er beobachtete erst gar nicht, wie der Schuß lag. Er wußte, daß er nicht treffen würde. Und das war ihm die Hauptsache.

»Vorbei!« rief Witterer enttäuscht und stampfte mit dem Fuß auf. »Verdammte Sauerei!«

»Noch mehr?« fragte der Geschützführer.

»Bis Sie Ihr Ziel vernichtet haben!« rief Witterer. »Bis der Hampelmann dort drüben Kleinholz ist!«

Aber ehe noch der Unteroffizier Rauch seinen nächsten Feuerbefehl geben konnte, klingelte das Feldtelefon Alarm. Rauch bückte sich, sichtlich erfreut über diese Störung, und nahm den Hörer auf. Er meldete sich und sagte dann verkniffen grinsend: »Für Sie, Herr Hauptmann. Der Infanteriekommandeur.«

»Was will er denn?« fragte Witterer ungehalten.

Unteroffizier Rauch erkundigte sich hierauf beim Infanteriekommandeur befehlsgemäß, was er wolle. Als er die Antwort hörte, zog er die Stirn kraus und kniff die Lippen zusammen, um nicht noch mehr grinsen zu müssen. Dann sagte er laut und deutlich: »Der Infanteriekommandeur läßt fragen, welcher Idiot hier in der Gegend herumknallt. Er verbittet sich das energisch.«

Witterer, den die Geschützbedienung erwartungsvoll anstarrte, bekam einen Wutanfall und brüllte: »Sagen Sie dem Mann, er kann mich am Arsch lecken.«

»Herr Hauptmann Witterer läßt sagen, Sie können ihn am Arsch lecken«, sprach der Geschützführer genauso laut und langsam wie vorher in das Telefon hinein. Dann legte er den Hörer sorgfältig, fast liebevoll zurück.

Witterer kämpfte mit sich einen heroischen Kampf. Dann sagte er schroff und völlig überflüssig: »Feuer einstellen.« Er sprang aus dem Graben, betont elastisch und mit kühnem Schwung, und rief der Geschützbedienung zu: »Imponierend war das ja nicht gerade! Aber wir üben das noch. So was pustet man doch mit einem Schuß vom Teppich.«

Dann wandte er sich an zbV Krause und sagte, verhältnismäßig laut und so, daß es alle Anwesenden hören konnten: »Und jetzt wollen wir uns mal den Heini von der Infanterie kaufen!«

Aber er fuhr nicht zur Infanterie. Er beschloß vielmehr, ein vorbeugendes Telefongespräch mit Oberst Luschke zu führen. Und um sich darauf geistig ausgedehnt vorbereiten zu können, ließ er sich von Kowalski in die Fernprotzenstellung kutschieren.

»Heute war endlich mal was los!« sagte er, als er sich neben Kowalski durchschaukeln ließ.

Der grinste, denn er war wie immer genau im Bilde. »Das kann man wohl sagen.«

»Das Verfahren, das wir heute ausprobiert haben«, sagte Witterer und schien tatsächlich stolz auf seine Leistung zu sein, »werden wir den Rösselsprung nennen.«

»Davon wird man noch lange sprechen«, sagte Kowalski überzeugt. »Darauf können Sie sich verlassen.«

»Und wie ist es hier eigentlich, so zur persönlichen Betreuung, mit den Mädchen«, fragte Witterer, den sein erstes echtes Fronterlebnis mächtig aufgekratzt hatte, »mit den einheimischen Mädchen?«

»Erkundigen Sie sich doch mal bei Oberleutnant Wedelmann danach«, riet Kowalski hinterhältig. »Vielleicht fühlt sich der dafür zuständig.«

Das deutlichste Echo des Feuerüberfalls, mit dem Hauptmann Witterer die gegnerischen Linien angekratzt und das sorgsam gehütete Gleichgewicht zwischen den Fronten gefährdet hatte, registrierten die Ohren von Oberst Luschke. Luschke notierte alles, was auf ihn zukam, mit kleinen, zierlichen Buchstaben sorgfältig auf seinen Schreibblock. Weiter tat er vorerst nichts.

Der erste, der Luschke von der Lektüre eines russischen Romans weg an den Kartentisch drängte, war Hauptmann Witterer. Er erlaubte sich, wie er sagte, Bericht zu erstatten, unaufgefordert, ganz von sich aus. Und es habe sich um ein Verfahren gehandelt, erlaubte er sich männlich zu scherzen, das man als »Rösselsprung« bezeichnen könne. Und Witterer ließ durchblicken, daß er glaube, eine gewisse Berechtigung zu haben, stolz zu sein.

Luschke ließ sich in seinen Birkensessel fallen, der hinter dem Schreibtisch stand. »Augenblick mal«, sagte er dann und legte den Hörer ab. Hierauf angelte er aus seiner Hosentasche ein riesiges weißblaues Schnupftuch, entfaltete es sorgsam und schneuzte sich kräftig. Mehrmals. Zwischendurch griff er, mit der linken Hand, zu seinem Notizblock.

Geraume Zeit verging, indessen Luschke das Taschentuch wieder zusammengefaltet und verstaut, sich den Schreibblock zurechtgelegt hatte und einen Bleistift dazu, und das alles nur, um nachzudenken. Dann nahm er den Hörer wieder auf und fragte: »Welche Uhrzeit? Welches Ziel? Wie war die Wirkung? Wie groß war der Munitionsverbrauch?«

»Nur drei Schuß«, sagte Witterer, der langsam zu ahnen begann, daß die ganze Angelegenheit weit komplizierter war, als er sich vorgestellt hatte. »Mehr nicht.«

»Herr Hauptmann Witterer«, sagte Luschke abgezirkelt und aufregend sanft, »ich habe Ihnen einige, wie ich glaube, exakte Fragen vorgelegt, und ich erwarte darauf keine Erklärungen, sondern nichts anderes als exakte Antworten. Wollen Sie sich bitte bemühen, diesem meinem Wunsch nachzukommen?«

Witterer bemühte sich, nunmehr kurz und erschöpfend, mit soldatischer Knappheit sozusagen, Luschke zufriedenzustellen. Er glaubte fest daran, daß ihm das gelingen würde. Schließlich waren seine Erfahrungen im Umgang mit den verschiedenartigsten Sorten von Vorgesetzten nicht gering.

Und Witterer glaubte aufatmen zu dürfen, als Luschke »Aha!« sagte. Aber er atmete nicht auf, da der Oberst, unmittelbar danach, erklärte, und zwar gefährlich sanft: »Sie hören noch von mir.«

Luschke wußte um die vernichtende Wirkung der Ungewißheit. Er machte daher keinerlei Anstalten, diese ziemlich heiße Angelegenheit irgendwie zu beschleunigen. Er warf drei, vier Worte auf seinen Notizblock, unterstrich davon eins und schob dann das Schreibzeug wieder von sich. Doch er begab sich nicht mehr zu seinem Großvaterstuhl zurück. Er blieb sitzen, wo er saß, langte sich seinen Roman herüber und versuchte weiterzulesen.

Kurz darauf kam, wie erwartet, der Anruf des Infanteriekommandeurs. Aber jetzt war es nicht mehr der Bataillonskommandeur, der sich bemühte, einen geharnischten Protest anzubringen, sondern der Kommandeur des Regiments.

»Das überrascht mich aber«, sagte Luschke. »Ich nahm an, Sie würden gleich die Division vorschieben.«

»Wir bereinigen die Sache am besten unter uns«, sagte der Infanterieoberst, »wenn das überhaupt noch möglich sein sollte.«

»Welche Komplikationen befürchten Sie denn, Herr Kollege?«

Der Regimentskommandeur der Infanterie, der die Bezeichnung »Kollege« ohne Überraschung hinnahm, denn er war sie von Luschke gewohnt, sagte: »Kurz nach der Sauerei, die sich Ihre dritte Batterie geleistet hat, setzte der Russe Granatwerfer ein. Drei meiner Soldaten wurden verwundet, darunter einer schwer.«

Luschke ließ den Bleistift, den er in der Hand hielt, fallen. »Was erwarten Sie jetzt von mir?« fragte er dann, und seine Stimme klang rauh. »Soll ich Ihnen mein Beileid aussprechen?«

»Ziehen Sie diesem Hornochsen den Hosenboden stramm, wenn das möglich sein sollte. Der Kerl muß doch besoffen gewesen sein! Eine andere Möglichkeit gibt es nicht!«

»Besoffen?« fragte Luschke nachdenklich, und seine linke Hand fuhr unruhig über die Kanten seines Notizblockes. »Da mögen Sie recht haben. Aber wenn der besoffen war, dann nicht vom Alkohol.«

»Verstehe ich nicht, Herr Luschke.«

»Wenn das alles ist, was Sie an diesem Krieg nicht verstehen, Herr Kollege, dann beglückwünsche ich Sie!«

»Ich kann mir nicht den Luxus leisten, Sie in diesem Punkt verstehen zu wollen, Herr Luschke«, sagte der Infanteriekommandeur. »Was mich diesmal allein interessiert: Werden Sie dafür sorgen, daß sich derartige Schweinereien keinesfalls wiederholen? Unter keinen Umständen kann geduldet werden, daß irgendeine Einheit Einzelaktionen unternimmt, die nicht vorher zwischen uns abgesprochen worden sind. Das, Herr Luschke, scheint mir vorerst wichtiger als allgemeine philosophische Betrachtungen über den Krieg.«

Luschke nahm den Bleistift wieder auf und trommelte mit ihm auf seinen Notizblock. »Herr Kollege«, sagte er mit einer derart öligen Liebenswürdigkeit, daß sie sich hart an der Grenze verletzender Ironie bewegte, »man kann auch diesen Fall von mehreren Seiten her betrachten. Und eine dieser Möglichkeiten sieht so aus: Einer meiner Offiziere entdeckt ein feindliches Ziel und nimmt es unter Feuer! Das ist alles. Und das soll im Krieg vorkommen.«

»Sie decken diesen Mann, Herr Luschke?«

»Ich lege Wert darauf, in meinem Bereich völlige Bewegungsfreiheit zu haben. Selbst in diesem Fall.«

Das rechte Augenlid von Luschke zuckte ein wenig, als er vernahm, daß der Infanteriekommandeur das Gespräch schroff abbrach. Nur noch ein heftiges Knacken in der Leitung — dann war alles still. Der Oberst legte, unbewegt, den Hörer zur Seite.

Dann zog er sich eine Aktenmappe näher, schlug sie auf und blätterte eine Anzahl Papiere durch. Schließlich fand er, was er suchte: eine Meldung des Unteroffiziers Vierbein, die ihn heute über seinen Freund, den Kommandanten des Feldflughafens in der Etappencity, erreicht hatte.

Luschke las alles, was Vierbein geschrieben hatte, noch einmal aufmerksam durch. Dann unterstrich er sorgfältig zwei Sätze. Hierauf verlangte er eine Verbindung mit Oberleutnant Wedelmann. Wedelmann, der offenbar auf einen Anruf seines Kommandeurs gewartet hatte, meldete sich sofort.

»Wie geht's denn, mein Lieber?« fragte Luschke mit verdächtiger Freundlichkeit.

Wedelmann glaubte zu wissen, was der Kommandeur hören wollte. »Als heute mittag diese Sache passierte, Herr Oberst, befand ich mich ...«

»Wovon sprechen Sie eigentlich, Wedelmann? Welche Sache? Mich interessiert keine Sache! Ich habe lediglich danach gefragt, wie es Ihnen geht.«

»Danke, Herr Oberst, gut«, sagte Wedelmann verblüfft.

»Na also! Das wollte ich nur wissen. Wenn ich andere Dinge wissen will, werde ich mir erlauben, danach zu fragen.«

»Jawohl, Herr Oberst.«

»Ich habe Nachrichten von Ihrem Vierbein, mein lieber Wedelmann.«

»Gute Nachrichten, Herr Oberst?«

»Raten Sie mal!«

»Ist irgend etwas passiert, Herr Oberst?« fragte Wedelmann bestürzt. »Ich kann mir das kaum vorstellen. Wenn das aber der Fall sein sollte, so kann ich mir nicht denken, daß die Schuld bei Unteroffizier Vierbein liegt.«

»Vielleicht liegt sie bei Ihnen, Wedelmann?«

Der schwieg. Er fahndete mit jagenden Gedanken nach einem Fehler, nach seinem Fehler, aber er fand ihn auf Anhieb nicht. Es war niemals leicht, in Gegenwart von Luschke einen klaren Gedanken zu fassen.

»Sie haben Vierbein lediglich Kommandiertenpapiere mitgegeben. Jetzt sitzt er bei der Ersatzabteilung fest. Reine Urlaubspapiere und dann zusätzlich noch einen ausschließlichen Transportbefehl — das wäre einfacher gewesen.«

»Sollen wir Urlaubspapiere nachschicken, Herr Oberst?«

»Es kommt darauf an«, sagte Luschke gedehnt. »Es kommt ganz darauf an, ob Vierbein seine Papiere abgeliefert hat oder sie bei sich in der Tasche herumträgt. Ist das letztere der Fall, kann die Panne verhältnismäßig einfach repariert werden. Wenn nicht, Wedelmann, werden die Komplikationen dadurch nur noch größer.«

»Was befehlen Herr Oberst?« fragte Wedelmann, mit bewährtem Trick den Stein von sich wälzend.

»Befehlen? Ich befehle Ihnen, Wedelmann, daß Sie keine Dummheiten machen.«

»Jawohl, Herr Oberst«, sagte Wedelmann und fühlte sich beschämt. Das hätte er doch wissen müssen: Mit Luschke war das Ballspielen mit der Verantwortung nicht zu machen! »Und was die andere Sache anbelangt ...«

»Interessiert mich nicht, Wedelmann! Im Augenblick interessiert mich das nicht. Im übrigen erinnere ich Sie an eins: In meinen Augen haben Sie die Verantwortung für die dritte Batterie, Sie allein – so lange, bis ich Sie dort ablösen lasse.«

Wedelmann wollte einen behutsamen Protest anbringen. Er wollte etwas von ungünstigen Umständen sagen, von unklaren Befehlsbefugnissen, doppelgleisigen Anordnungen. Aber er kam nicht dazu. Luschke geruhte, das Gespräch abzubrechen.

Wedelmann war von gelindem Groll gegen seinen sonst so überaus verehrten Obersten erfüllt. Erfüllt von unklaren, sich jagenden, überstürzenden Gedanken, drehte er sich vom Telefon weg. Der Wachtmeister Asch, der inzwischen hereingekommen war, hatte seinen Mantel abgelegt und ihn achtlos auf den Strohhaufen in der Ecke geworfen.

»Was wollte der Oberst?« fragte Asch. »Hat er uns zu den kühnen Taten unseres neuen Batteriechefs gratuliert?«

»Kein Wort davon«, sagte Wedelmann und ließ sich rückwärts in das Stroh fallen. »Vierbein sitzt zu Hause fest.«

»Der Kommandiertenpapiere wegen?« fragte Asch ahnungsvoll.

»Triumphieren Sie nicht gleich wieder, Asch. Zufälligerweise haben Sie wieder mal recht gehabt. Na schön. Haben wir also eine Dummheit gemacht. Aber das läßt sich korrigieren. Wir schicken einfach die Urlaubspapiere hinterher, per Flugzeug – morgen abend kann Vierbein sie haben.«

»Und Sie glauben, Hauptmann Witterer unterschreibt die?«

»Das Ausstellungsdatum der Urlaubspapiere wird natürlich das gleiche sein wie das der Kommandiertenpapiere. Damals aber war ich hier noch Chef, Asch.«

»Gut«, sagte der. »Dann werde ich alles Nötige veranlassen.«

»Tun Sie das, Asch«, sagte der Oberleutnant und streckte seine langen

Beine weit von sich. Er betrachtete seine Stiefelspitzen; und es schien fast, als wären sie ihm im Augenblick das Wichtigste auf der Welt.

Der Wachtmeister blieb vor Wedelmann stehen. »Und was ist mit Hauptmann Witterer, Herr Oberleutnant?«

»Was soll denn schon mit Hauptmann Witterer sein, Asch? Lassen Sie mich damit gefälligst in Ruhe. Ich habe meinen Kopf mit anderen Dingen voll.«

»Herr Oberleutnant«, sagte Asch hartnäckig, »Hauptmann Witterer hat einfach in die Gegend feuern lassen.«

»Er hat nicht einfach in die Gegend gefeuert, sondern ein Ziel beschossen, Asch!«

»Er hat einem Essenträger Beine gemacht! Mit einer Kanone.«

»Na schön – mit Steinen hat er nicht geschmissen!« Wedelmann machte Anstalten, sich wegzudrehen. »Warum regen Sie sich darüber auf?«

»Weil das glatter Irrsinn ist, Herr Oberleutnant. Das grenzt schon fast an Mord.«

Wedelmann richtete sich schroff auf. »Das letztere will ich überhört haben, Asch.«

»Sie scheinen in letzter Zeit sehr viel zu überhören«, sagte der Wachtmeister kühn.

»Was wollen Sie damit sagen?« fragte Wedelmann und erhob sich langsam. »Was soll das bedeuten, Asch? Ich bin doch nicht der Vorgesetzte von Hauptmann Witterer.«

»Aber doch auch nicht sein Popanz!«

Wedelmann, aufgereckt, mit leicht gerötetem Gesicht, machte einen Schritt auf Asch zu. Der wich nicht von der Stelle. Dicht standen sie einander gegenüber und sahen sich an. Und es schien ihnen fast, als sähen sie sich zum erstenmal.

Plötzlich lachte Wedelmann auf. Er stieß Asch, der sich das unbeweglich gefallen ließ, gegen den Oberarm und sagte: »Menschenskind, Asch! Lassen wir doch die Kirche im Dorf! Witterer ist hier Chef und damit unser Vorgesetzter. Das ist zu respektieren. Wir können ihn nur beraten – entscheiden muß er selbst. Und gewarnt haben wir ihn doch, Asch!«

»Und das genügt nicht!«

»Aber was wollen Sie denn, Asch! Wollen Sie ihn denn mit Gewalt daran hindern, Dummheiten zu machen?«

»Wenn keine andere Möglichkeit besteht – ja!«

Wedelmann schüttelte leicht betrübt den Kopf. »Mein lieber Asch, was wissen wir denn, was wirklich los war? Es kann alles völlig in Ordnung gewesen sein. Vielleicht mußte er so handeln, so und nicht anders – aus der Situation heraus. Na ja, möglich auch, daß er die Situation – wenig erfahren, wie er ist — verkannt hat, in gutem Glauben. Und nicht einmal ausgeschlossen sogar, daß ein Befehl, eine Anweisung vorlag, von der wir beide gar nichts wissen. Man muß die Entscheidung der Vorgesetzten respektieren, Asch. Wo kämen wir denn hin, wenn wir hier auf eigene Faust, über Witterers Kopf hinweg, Krieg führten?«

»Bestimmt nicht ins Massengrab!«

»Asch!« sagte Wedelmann. »Sie sind ja völlig verbohrt, Asch! Hauptmann Witterer scheint ein rotes Tuch für Sie zu sein. Was haben Sie denn nur gegen ihn? Das ist doch schon krankhaft!«

Asch lehnte sich leicht gegen die Tischplatte. »Herr Oberleutnant«, sagte er ruhig, »im Grunde denken Sie doch genauso wie ich. Sie können sich nur nicht so leicht von Ihren Prinzipien lösen. Zumindest wollen Sie nicht darüber sprechen — zu einem Untergebenen jedenfalls nicht. Aber in Wirklichkeit respektieren Sie ja auch keinen Menschen allein deshalb, weil er zufällig gerade Ihr Vorgesetzter ist.«

»Lassen Sie das, Asch«, sagte Wedelmann mit schroffer Ablehnung. »Das führt zu nichts.«

»Reden wir doch nicht immer um den Brei herum, Herr Oberleutnant«, sagte Asch. »Sie wissen doch genauso gut wie ich, was für eine Marke dieser Witterer ist. Das ist ein Aspirant für einen Schuß in den Rücken, wenn es überhaupt so etwas gibt. Sehen Sie, der Oberst führt diesen Krieg für sein Vaterland; er weiß im Augenblick nur nicht, wo sein Vaterland ist. Sie, Herr Oberleutnant, glauben an den Führer und an Großdeutschland; Sie wollen auch, daß der Krieg sauber bleibt. Aber dieser Witterer ist ein ganz anderes Kaliber. Der führt den Krieg des Krieges wegen. Der will, daß es knallt. Der will Menschen umlegen und Auszeichnungen durch die Gegend tragen. Und für so eine Kreatur bin ich mir zu schade, Herr Oberleutnant. Und so wie ich denken neunzig Prozent der Batterie.«

»Hören Sie auf, Asch«, sagte Wedelmann scharf. »Hören Sie sofort auf. Oder ich bringe Sie vor ein Kriegsgericht.«

»Nach Hauptmann Witterer«, sagte Asch verbissen. »Oder mit ihm zusammen!«

Wedelmann sah Asch mit fassungslosem Staunen an. Er hatte das Gefühl, leichenblaß geworden zu sein. Seine Hände, wollte ihm scheinen, zitterten heftig. Dann wandte er sich ab, griff seine Mütze und sein Koppel auf und eilte ins Freie.

Vor der Tür der Hütte blieb Wedelmann stehen und atmete tief. Er war sehr erregt. Die kühle Luft tat ihm wirklich gut. Er setzte automatisch seine Mütze auf und schnallte sich das Koppel um. Dann schritt er, ziellos und unruhig, in die Gegend hinein.

Er kam von der Hauptstraße des Dorfes ab. Er übersah, daß ihn einige

Soldaten seiner Batterie, die wie Hirsche ihr Revier wechselten, grüßten. Er achtete nicht darauf, wohin er sich bewegte. Plötzlich bemerkte er verwundert, daß er auf das Haus zuschritt, in dem Natascha wohnte.

Die Russin hatte ihn anscheinend kommen sehen. Sie hatte ein Tuch um die Schultern gelegt und stand vor der Tür. Sie lächelte ihm, als er vor ihr stand, ein wenig verlegen, aber unverkennbar herzlich zu.

»Wie schön«, sagte sie, »daß Sie mich besuchen.«

»Darf ich?« fragte Wedelmann mechanisch.

»Aber ja«, sagte sie, gab ihm, immer noch scheu, die kleine, feste, fleischige Hand, die er heftig drückte. Dann gab sie ihm die Tür frei und forderte ihn mit einer fast lustig erscheinenden Handbewegung auf, voranzugehen.

Auf ihrem Zimmer setzte sie sich ihm wie üblich gegenüber. Sie betrachtete ihn prüfend. Sie spürte seine Verlegenheit, seine Unruhe, und das machte sie großmütig. »Kummer gehabt?« fragte sie anteilnehmend.

»Sieht man mir das an?«

»Wir Frauen sehen das«, sagte sie.

»Sind Sie eine Frau?« fragte er und versuchte, was ihm aber sehr schwerfiel, diese Frage scherzhaft zu stellen. »Ich dachte, in meiner Gegenwart sind Sie ausschließlich Sowjetrussin.«

»Soll ich das sein?«

»Aber nein!« rief Wedelmann fast heftig. »Es tut mir gut, zu wissen, daß Sie sich Gedanken darüber machen, ob ich Kummer habe oder nicht. Und ich habe Ärger. Auch Sorgen. Das also, was Sie Kummer nennen. Der Dienst bringt das unweigerlich mit sich. Wenn es nach mir ginge, würde ich am liebsten nur bei Ihnen sitzen. Aber es geht nicht nach mir.«

»Werden Sie von hier fortmüssen?« fragte sie tastend.

»Wie kommen Sie darauf?« Wedelmann empfand diese Frage als ungewöhnlich. Was meinte sie damit? Von hier fortmüssen! Der große Stellungswechsel stand kurz bevor, aber das konnte sie doch nicht ahnen? Und abermals wollte er wissen: »Warum fragen Sie danach?«

»Immer werden Sie hier doch nicht bleiben«, sagte Natascha ausweichend. »Das ist doch so im Krieg. Das ändert keiner.«

Wedelmann sah sie prüfend an. Lange Sekunden vergingen so. Und er bemerkte, daß sie das erregte. Danach, warum es sie erregte, glaubte er nicht mehr fragen zu müssen. »Würden Sie mich vermissen, Natascha?«

»Ja«, sagte sie einfach. Und das klang ehrlich.

Er tastete nach ihrer Hand, und sie zog sie nicht fort. Er spürte die Wärme, die von ihr ausging. Er drückte diese Hand, und sie ließ es geschehen.

»Warum muß Krieg sein?« fragte sie.

»Ohne den Krieg wären wir uns nie begegnet.«

»Das sagen Sie so!« antwortete sie heftig und zog ihre Hand fort. »Das ist eine bequeme Ausrede und eine schlechte dazu. Wir hätten uns auf einem großen Sportfest begegnen können, auf einer Urlaubsreise, irgendwo in einem Theater, in einer Galerie. Muß denn erst immer Krieg sein, damit zwei Menschen aus verschiedenen Ländern einander treffen?«

»Habe ich den Krieg gemacht, Natascha?«

»Nein, das nicht. Aber Sie führen ihn!«

Am Tage nach dem großen Lärm um die entführte Pferdedroschke traf ein Droh- und Dankschreiben des Droschkenkutschers bei der Ersatzabteilung ein.

Hierin beklagte sich der heimgesuchte Rosselenker noch einmal bitter über den Raub seines Eigentums, ersuchte um Bestrafung des Schuldigen, drohte mit dem Ortsgruppenschulungsleiter, der ein Verwandter, und zwar ein naher, seiner Frau sei. Jedoch!

Jedoch, schrieb der Droschkenbesitzer weiter, könne er nicht umhin, in diesem Zusammenhang das verständnisvolle Eingreifen eines gewissen Unteroffiziers Bartsch anerkennend zu erwähnen. Besagter Unteroffizier Bartsch habe nicht nur Verständnis, sondern auch Hilfsbereitschaft gezeigt. Wenn einer seinen, des Droschkenkutschers, stark erschütterten Glauben an die großzügige deutsche Wehrmacht gefestigt habe, so sei das eben obengenannter Unteroffizier Bartsch gewesen, und sonst niemand. Trotzdem!

Trotzdem, war in des Droschkenkutschers Schreiben, bei dessen Abfassung ihm offenbar der nahe Verwandte seiner Frau, der Ortsgruppenschulungsleiter, behilflich gewesen sein mußte, weiter nachzulesen – trotzdem könne nicht von ihm, dem Besitzer eines Fuhrunternehmens, erwartet werden, daß er die ganze Angelegenheit verschweige, geschweige denn vergesse. Vielmehr erwarte er strengste Bestrafung der Schuldigen. Andernfalls!

»Andernfalls!« sagte der Oberleutnant Schulz mißmutig, nachdem er sich durch das umfangreiche Schreiben hindurchgelesen hatte. »Andernfalls – was?«

Der Adjutant des Abteilungskommandeurs, der Leutnant und Spirituosenhändler, der vor Schulz, der in Vertretung die Geschäfte des Ersatztruppenteils erledigte, nahezu strammstand, sagte: »Vermutlich soll dann der Verwandte in Erscheinung treten, dieser Ortsgruppenschulungsleiter.«

»Und wenn hier der Gauleiter persönlich aufkreuzt!« rief Schulz streitbar. »Wir weichen keinen Zoll!« Aber er meinte keineswegs das, was er sagte.

»Gewiß«, sagte der Adjutant, »gewiß.« Und auch er wußte genau, daß Schulz etwas wesentlich anderes gesagt hatte als das, was seine wirkliche Meinung war. »Immerhin ist zu bedenken, daß die Partei ...«

»Moment!« sagte Schulz souverän und telefonierte zunächst einmal mit seiner Stabsbatterie. Er ließ sich mit dem Hauptwachtmeister verbinden. Wie erwartet, wußte der von nichts; von rein gar nichts.

»Was jetzt so alles Hauptwachtmeister wird!« rief Schulz dröhnend in das Telefon hinein. »Sie haben wohl heftiges Verlangen nach Luftveränderung, was?«

Sichtlich befriedigt, trotz der negativen Auskunft, die er soeben erhalten hatte, spreizte er sich im Kommandeursessel. Dann schlug er mit der flachen Hand auf den Schreibtisch und stand gleichzeitig dabei ruckartig auf. Der Adjutant, dem die Schulzsche Energie immer wieder imponierte, wich unwillkürlich einen Schritt zurück.

»Wenn nicht dieser Brief da wäre«, sagte er sodann und wies mit der weit ausgestreckten Hand auf den Schreibtisch, »dieser Brief, aus dem einwandfrei hervorgeht, daß es ausgerechnet Bartsch war, der den Droschkenkutscher beruhigt hat, dann würde ich annehmen: Die Kerle, die sich das geleistet haben, waren Bartsch und Ruhnau! So was sieht ihnen nämlich ähnlich. Das ist ihr Stil!«

»Durchaus!« stimmte der Adjutant bei. »Aber es ist wirklich Bartsch gewesen, dem das Verdienst gebührt, einen Skandal vermieden zu haben.«

Schulz gab vor, nachzudenken. Auch diese Tätigkeit beherrschte er vorbildlich. Der Adjutant schwieg erwartungsvoll.

Dann sagte der Oberleutnant Schulz: »Unser Verhältnis zu den örtlichen Hoheitsträgern der Partei ist, soweit ich informiert bin, ausgezeichnet.«

»Jawohl. Es ist ganz ausgezeichnet«, beeilte sich der Adjutant zu versichern. »Und der Herr Kommandeur, den Sie, Herr Oberleutnant, jetzt vertreten, wird wünschen, daß das so bleibt.«

Schulz nickte. »Nun gut«, sagte er gewichtig. »Somit gibt es also nur noch zwei Möglichkeiten. Entweder wir finden die Schuldigen und verknacken sie nach allen Regeln der Kunst. Oder aber wir biegen die Sache ab und erledigen sie hintenherum!«

»Natürlich.«

»Der Unteroffizier Bartsch sofort zu mir.«

Der Adjutant beeilte sich, die Anordnung von Schulz weiterzugeben. Er brauchte nicht lange zu warten, bis er »Vollzug« melden konnte. Bartsch, sprungbereit, hatte auf diesen Befehl gelauert. Und mit großer Selbstverständlichkeit brachte er Ruhnau gleich mit.

Schulz schien sich darüber weiter keine Gedanken zu machen. Offenbar hatte er es gar nicht anders erwartet, als seine beiden Wachhunde gemeinsam antraben zu sehen. Sie bauten sich vor ihm auf und schielten ihn treuherzig an.

Schulz ließ die beiden Unzertrennlichen vorerst stehen, wo und wie sie standen. Er betrachtete sie lange. Dann warf er einen kurzen Blick auf das Droschkenkutscherschreiben und musterte dann, abermals mit einem langen Blick, seine beiden Draufgänger.

»Euer Konto«, sagte er dann, »ist voll!«

»Jawohl, Herr Oberleutnant!« riefen die beiden durchaus zustimmend. Und Schulz hätte sagen können, was er wollte, sie würden nicht gezögert haben, ihm zuzustimmen. So gut kannten sie ihn.

»Ich sollte euch an den Füßen aufhängen lassen!«

»Jawohl, Herr Oberleutnant.«

»Aber ich will noch einmal Gnade vor Recht ergehen lassen.«

»Jawohl, Herr Oberleutnant«, heulten die beiden Etappenschakale erleichtert.

»Das mit dem Droschkenkutscher«, sagte Schulz, »habt ihr sehr geschickt gemacht.«

Die beiden Heimatwildsäue blickten mit Staunen auf ihren Mentor. Sie mißverstanden ihn gründlich. Sie glaubten, er wisse alles, nehme nichts übel, habe sogar sein Vergnügen daran — humorvoll, wie er war. Sie grinsten ausgedehnt und stießen sich, kaum merkbar, an.

»Was gibt es da für Sie zu grinsen, Ruhnau?« fragte Schulz leicht verwundert. »Sie sind doch gar nicht in Erscheinung getreten. Soweit ich informiert bin, war es Bartsch ganz alleine, der den Droschkenkutscher beruhigt hat.«

»Ach so!« entfuhr es Bartsch.

»Was heißt das?« wollte Schulz sofort mißtrauisch wissen.

»Nichts, Herr Oberleutnant. Nur so!« antwortete Bartsch schnell und stieß Ruhnau in die Rippen.

»Hört mal, ihr beiden Wurzelsäue, ich will doch nicht hoffen, daß ihr schon wieder einmal eure dreckigen Flossen . . .«

»Aber nein, Herr Oberleutnant. Bestimmt nicht.«

»Niemals, Herr Oberleutnant. Wir doch nicht!«

Schulz, der Vielerfahrene, auf Mißtrauen trainiert und auf alles gefaßt, machte kleine Augen und begann nun wirklich nachzudenken.

»Wir haben nämlich ein Alibi, Herr Oberleutnant«, log Bartsch in Eile. »Wir haben fast den ganzen Nachmittag mit Unteroffizier Vierbein Karten gespielt.«

»Und zwar Skat«, fügte Ruhnau bieder hinzu.

»Vierbein spielt Skat?« fragte Schulz ungläubig.

»Nicht doll, Herr Oberleutnant. Wir haben ihm dabei die Hosen ausgezogen. Aber der wird an der Front seine Löhnung nicht los. Da mußten wir ihm eben helfen, Menschenfreunde, wie wir sind.«

Schulz zögerte einige Sekunden, ehe er dann, entschlossen, erklärte: »Also gut. Ich will vorerst einmal annehmen, daß das stimmt. Vielleicht spiele ich auch mal gelegentlich mit Vierbein ein paar Runden. Zunächst aber interessiert mich folgendes, Bartsch: Können Sie die Angelegenheit mit dem Droschkenkutscher aus der Welt schaffen? Und zwar restlos!«

»Leicht, Herr Oberleutnant«, versicherte der mit Eifer. »Das wird, wenn Herr Oberleutnant das so wünschen, bereinigt, und zwar mit allen Schikanen. Dem Kutscher rede ich gut zu und bezahle ihm zusätzlich noch den ganzen Zauber. Am Ende wird der überzeugt davon sein, einen guten Schnitt gemacht zu haben.«

»In Ordnung«, sagte Schulz, bemüht, die Erleichterung, die er empfand, nicht spüren zu lassen. »In drei Stunden habe ich Meldung, daß diese Angelegenheit erledigt ist. Restlos! Haut ab!«

Die siamesischen Etappenzwillinge sausten sichtlich erleichtert aus dem Zimmer.

Schulz nickte dem Adjutanten zu und sagte: »Sehen Sie, so müssen Sie den Laden schaukeln. Die beiden sind zwar Schlote, aber im Grunde unbezahlbar. Was liegt sonst noch vor?«

Der Adjutant meldete: »Der Schwiegervater des Herrn Kommandeurs.«

»Richtig!« sagte Schulz. Und dann, als überkomme ihn eine Erleuchtung, rief er: »Vierbein!«

»Unteroffizier Vierbein?« fragte der Adjutant mit behutsamer Skepsis. »Glauben Sie wirklich, Herr Oberleutnant, daß man das machen kann?«

»Ich kann das machen!« sagte Schulz überzeugt. »Lassen Sie Vierbein holen. Ich werde Ihnen mal demonstrieren, wie man so was macht.«

Während der Unteroffizier Vierbein gesucht und gefunden wurde, während die beiden siamesischen Etappenzwillinge sich alle erdenkliche Mühe gaben, ihn zu bearbeiten, während sie ihn beschworen, an seine Ehre erinnerten, an die berühmte Frontkameradschaft appellierten und ihn sogar nahezu kniefällig darum baten, er möge angeben, den ganzen gestrigen Nachmittag mit ihnen Skat gespielt zu haben — hierauf Vierbein: »Aber ich kann doch gar nicht Skat spielen!« —, während alles das geschah, vermittelte Oberleutnant Schulz dem Ersatz-Abteilungsadjutanten einen ungefähren Überblick über sein Improvisationstalent.

»Glauben Sie mir!« rief Schulz, von sich unerschütterlich überzeugt. »Meine Erfahrungen sind allen Situationen gewachsen. Der Schwiegervater des Kommandeurs wird aus dem Staunen nicht herauskommen und wird am Ende eisern davon überzeugt sein, daß seine Tochter eine prima Partie macht und daß sein Schwiegersohn ein Kommandeur ist, wie er im militärwirtschaftlichen Fachblatt steht. Und um das zu erreichen, ist Vierbein genau der richtige Mann. Meine Schule!«

Unteroffizier Vierbein, der von den siamesischen Etappenzwillingen, die immer noch flammende Appelle an seinen Frontkameradschaftsgeist richteten, bis zu den Abteilungsgeschäftszimmern geleitet wurde, ließ sich beim Adjutanten anmelden. Der erschien sofort und geleitete den Unteroffizier ins Dienstzimmer des Kommandeurs, in dem Schulz residierte.

»Na, Sie alter Skatspieler!« rief Schulz und verströmte Herzlichkeit. »Kommen Sie her. Setzen Sie sich. Setzen Sie sich doch schon, Vierbein. Das ist ein Befehl. So! Wie geht's?«

»Herr Oberleutnant, mein Auftrag . . .«

»Ehe ich das vergesse, Vierbein«, unterbrach ihn Schulz freundlich, »lassen Sie sich nicht von den beiden Blindgängern übers Ohr hauen. Beim Skat, meine ich.«

»Nein, Herr Oberleutnant«, sagte Vierbein, erleichtert darüber, die Wahrheit sagen zu dürfen; denn da er keinen Skat spielte, war es auch nicht gut möglich, ihn dabei über das Ohr zu hauen.

»Doch nun zur Sache«, meinte Schulz und lehnte sich gemütlich in seinen Sessel zurück. Dabei blinzelte er Vierbein freundschaftlich an, was den sehr beunruhigte. »Wie Sie wissen, mein Lieber, heiratet unser Kommandeur in diesen Tagen.«

»Jawohl, Herr Oberleutnant.«

»Schön. Und dabei brauche ich Sie, Vierbein.«

»Bei der Hochzeit?«

Schulz glaubte, einen Witz zu hören, und er lachte schallend auf. »Das könnte Ihnen wohl so passen, was? Immer noch der alte, wie? Vierbein, Sie werden doch nicht etwa mit der Frau Kommandeur . . .«

Vierbein wurde flammend rot, und Schulz weidete sich an dessen Verlegenheit. Abermals stieß er eine männliche Lache aus sich heraus. Er liebte solche Scherze. Bei anderen.

»Nun mal ganz im Ernst, Vierbein! Zur Hochzeit des Kommandeurs kommt auch der Schwiegervater. Trifft heute abend hier ein, rauscht übermorgen nach der Trauung wieder ab. Nun passen Sie mal auf, Bester! Der Schwiegervater ist nämlich Admiral — was für ein Admiral, weiß ich nicht. Aber Admiral ist er. Und zwar einer aus dem ersten Weltkrieg. Kapiert, Vierbein?«

»Noch nicht ganz, Herr Oberleutnant.«

»Sie, Vierbein, werden den Admiral betreuen. Das ist schon die ganze Chose.«

»Herr Oberleutnant meinen, daß ich als Putzer . . .«

»Vierbein«, sagte Schulz nicht ohne einen fernen Schimmer von Strenge. »Sie scheinen schon einiges von dem verlernt zu haben, was ich

Ihnen beibringen durfte. Wie kommen Sie auf Putzer? Unteroffiziere haben einen Putzer; die Ordonnanz der Offiziere wird als Bursche bezeichnet. Und je höher der Dienstgrad des Betreuten, um so höher natürlich auch der Dienstgrad seines Betreuers. Normalerweise müßten Sie Wachtmeister sein, um bei einem richtigen Admiral als Ordonnanz Dienst tun zu dürfen. Ist das klar? Verstehen Sie jetzt die Auszeichnung, die ich Ihnen zuteil werden lasse?«

»Jawohl, Herr Oberleutnant«, sagte Vierbein hilflos. Wieder begann er, den geradezu hochstaplerischen Methoden von Schulz zu erliegen, der es immer wieder fertigbrachte, seine ureigene Anschauung von den Dingen als unbezweifelbare Tatsachen darzustellen.

»Aber mein Auftrag«, sagte Vierbein dann.

»Der läuft doch«, sagte Schulz. »Oder was haben Sie sich gedacht? Während Sie Ihre Nachmittage mit Skatspielen vertrödeln, arbeiten wir auf Hochtouren, um die Front mit Material und Menschen zu versorgen. Und damit Sie hier nicht immer nur Skat zu spielen brauchen, mein Bester, wobei Sie ja doch nur verlieren, tue ich, was in meinen Kräften steht, um Ihnen ein paar angenehme Stunden zu bereiten.«

Vierbein saß ergeben auf der Kante seines Stuhles. Daß er beschäftigt werden mußte, erschien ihm logisch. Daß er sich ausgerechnet als Admiralsbetreuer betätigen sollte, ging ihm nicht ganz in seinen Kopf.

»Oder erwarten Sie etwa, Vierbein«, fragte Schulz lauernd, »daß wir Ihnen wegen Ihres EK Eins eine Extrawurst braten?«

»Natürlich nicht, Herr Oberleutnant.«

Schulz, den diese Antwort befriedigte, winkte dem Adjutanten zu, der sich bescheiden im Hintergrund aufhielt. Der Leutnant und Likörfabrikant entfaltete einen Zettel und verkündete: »Herr Admiral Jacoby ...«

»Wie heißt der?« unterbrach Schulz und kam sich überlegen vor. »Jacoby? Vielleicht noch Nathan mit Vornamen? Der hätte sich umtaufen lassen sollen!« Und er lachte selbstgefällig. Der Adjutant stimmte, wenn auch nur kurz, in dieses Lachen ein.

»Also: Herr Admiral Jacoby trifft siebzehn Uhr achtunddreißig ein. Kommandeur nebst zukünftiger Gattin empfangen ihn am Bahnhof. Ordonnanz dito. Herr Admiral wohnt im Deutschen Haus. Dienstwagen bereitstellen.«

»Und so weiter und so weiter!« rief Schulz. »Geben Sie Vierbein den Zettel. Der ist jetzt dafür verantwortlich, daß alles klappt.«

Vierbein nahm gehorsam den Zettel an sich. Er steckte ihn in seinen Rockaufschlag und machte Anstalten, sich zu entfernen. Doch Schulz hielt ihn zurück.

»Noch eins, Vierbein. Wie reden Sie eigentlich den Herrn Admiral an?«

»Mit: Herr Admiral, Herr Oberleutnant.«

»Falsch!« rief Schulz und genoß die Verblüffung der Anwesenden. »Ganz falsch.« Und jetzt brach der alte Spieß restlos mit ihm durch. »Offiziere der alten kaiserlichen Armee«, schnurrte er, »wurden, sobald sie den Generalsrang respektive den Admiralsrang erreicht hatten, konsequent mit Exzellenz angeredet. Womit, Vierbein?«

»Mit Exzellenz, Herr Oberleutnant.«

»Gut«, sagte Schulz, der immer mehr in Eifer geriet. »Das muß man wissen. Und das wollen wir gleich mal üben, damit keine Dummheiten vorkommen.«

Schulz, in voller Größe, straffte sich abermals und stand da wie ein Standbild. »Also, Vierbein, stellen Sie sich vor, ich bin Seine Exzellenz, der Herr Admiral. Können Sie sich das vorstellen?«

»Jawohl, Herr Oberleutnant«, sagte Vierbein verwundert.

»Gut!« rief Schulz und blickte um sich. »Hier«, er wies dabei auf den Läufer, »ist der Bahnsteig. Da stehen Sie, Vierbein, und warten auf Seine Exzellenz, den Herrn Admiral. Stellen Sie sich schon dorthin, Mensch!«

Vierbein stellte sich ergeben auf den Läufer.

»Hier«, sagte Schulz, der sich in seine schönsten Ausbilderzeiten zurückversetzt fühlte, »ist der Zug, der D-Zug, mit dem Seine Exzellenz, der Herr Admiral, eintreffen.« Er zeigte dabei auf den Schreibtisch, hinter dem er stand. »Und jetzt passen Sie genau auf, Vierbein. Der Zug rollt ein, der Herr Admiral schauen aus dem Fenster, Sie erkennen ihn, und da . . .«

»Erlauben Sie bitte eine Bemerkung«, mischte sich der Adjutant ein, »es ist doch immerhin wahrscheinlich, daß der Herr Admiral nicht in voller Uniform, sondern lediglich in Zivil . . .«

»Na — und?« rief Schulz grob, außerordentlich ungehalten über diese Störung. »Ob Uniform oder nicht Uniform, er bleibt doch immer Admiral! Und wird entsprechend angeredet. Das ist doch klar! Oder meinen Sie, es wird einer wagen, zu mir Herr Schulz zu sagen, wenn ich in der Badehose bin?«

Der Adjutant schwieg betreten. Er wollte noch einwenden, daß es ihm nicht um die Anrede gegangen sei, sondern lediglich um das Erkennen, aber er sah ein, daß es nicht ratsam wäre, Schulz noch einmal zu unterbrechen.

Der kam sofort wieder auf hohe Touren. »Also, Vierbein: Sie auf dem Bahnsteig, der Zug hier, der Admiral am Fenster. Was tun Sie?«

»Ich gehe auf den Herrn Admiral zu . . .«

»Mann Gottes, Vierbein! Hier — hier, Vierbein! — ist der Bahnsteig, hier lehne ich, der Herr Admiral, aus dem Fenster. Jetzt los!«

»Ich melde . . .«

»Melden Sie, Mann!«

Vierbein stand mitten auf dem Läufer stramm, sah Schulz ergeben an und brüllte: »Unteroffizier Vierbein für Seine Exzellenz als Ordonnanz eingeteilt.«

»Weiter, Vierbein!«

»Unteroffizier Vierbein bittet Seine Exzellenz um die Koffer.«

»Jawoll, Mann!« rief Schulz befriedigt. »So war es richtig. So muß es sein. Immer: Exzellenz! gebrüllt. Das macht Eindruck auf den Alten, ich kenne mich da aus. Wir werden der Marine mal zeigen, was das Heer so alles auf dem Kasten hat.«

Damit entließ er Vierbein in Gnaden, nicht ohne noch einmal dem staunenden Adjutanten versichert zu haben: »Da können Sie sehen, verehrter Kamerad – meine Schule! So was wie Vierbein gibt es so leicht nicht noch einmal. Wenn ich so daran denke, wie der damals . . .«

Der Unteroffizier Vierbein verließ, noch immer leicht benommen, die Abteilungsgeschäftszimmer. Hier lauerten bereits die siamesischen Etappenzwillinge auf ihn.

»Nun, wie war es denn?« fragte Bartsch, schier berstend vor Spannung.

»Doch wohl alles im Ring?« fragte Ruhnau besorgt.

Vierbein, schon ganz in Gedanken an Seine Exzellenz, den Herrn Admiral, leistete sich das Wagnis, die beiden Schleicher zu schneiden. Er übersah sie einfach. Sie folgten ihm noch, ihn erregt um Auskunft ersuchend, einige Meter. Dann blieben sie, erneut von Angst um die schöne Position befallen, stehen.

»Wenn uns dieser Bursche etwa bei Schulz hochgebunden hat«, sagte Bartsch drohend, »dann werden wir ihm hier einen Zauber bereiten, daß dagegen seine Fronterlebnisse harmlose Kinderspiele sind.«

»Am sichersten«, sagte Ruhnau, »werden wir das wohl dann erreichen, wenn wir Schulz klarmachen können, daß Vierbein versucht, an seiner Ehre herumzufingern.«

»Lore, ich höre dir trapsen!«

»Und wenn die Sache schiefgeht?«

»Darf nicht schiefgehen.«

»Wenn aber doch?«

»Dann ziehen wir alle drei zusammen an die Front. Aber unseren Spaß haben wir vorher gehabt.«

»Mensch, Mensch! Nur vorsichtig. Ich fürchte, da hört der Spaß auf.«

Die Scheune, die Asch in der Fernprotzenstellung entdeckt hatte, war verhältnismäßig geräumig und für eine Wehrbetreuungsvorstellung in Frontnähe durchaus geeignet.

Es bestand eigentlich nur ein Hindernis, diese Lokalität zu vereinnahmen, das allerdings war gewichtig: in dieser Scheune hatte Soeft einen Teil seiner Verpflegung gelagert; und hier parkten auch seine Transportwagen. Und ein Terrain, das Soeft beherrschte, durfte grundsätzlich als schwer vermint bezeichnet werden.

Der Wachtmeister Asch nahm als gegeben an, daß Soeft sich weigern würde, und zwar mit aller Entschiedenheit, diese Scheune zu räumen. Ein diesbezügliches Gespräch, davon glaubte Asch überzeugt sein zu dürfen, war völlig sinnlos. Und er beschloß, von vornherein mit schweren Geschützen aufzufahren.

Asch forderte Hauptmann Witterer auf, den vorgesehenen Schauplatz für die Wehrbetreuungsveranstaltung in Augenschein zu nehmen. Gleichzeitig wurden der Schirrmeister, der Gefreite, der die Bekleidungskisten verwaltete, der Munitionsstaffelführer und der Hauptwachtmeister gebeten, an der Besichtigung teilzunehmen.

Die also Geladenen trafen sich am frühen Nachmittag vor der Schreibstube, die sich neuerdings in einer der Unterkünfte des Verpflegungstrosses Soeft befand, weshalb der Schreibstubenunteroffizier sozusagen über Nacht einen ausreichend genährten Eindruck machte.

Zunächst standen die Männer herum und wußten nicht genau, was von ihnen erwartet wurde. Soeft, der nicht geladen war, was ihm nicht geheuer erschien, äugte interessiert aus seinem Hüttenfenster und verzehrte sich beinahe vor Neugier.

Als schließlich, pünktlich auf die Minute, Hauptmann Witterer aufkreuzte, von Unteroffizier Krause schattenhaft begleitet, konnte die Besichtigung beginnen.

»Also, Asch, jetzt zeigen Sie mal, wie weit Ihre Phantasie reicht«, forderte ihn Witterer skeptisch auf.

»In diese Richtung«, sagte Asch, wies auf die Soeftsche Scheune und ging dann voran. Die Männer folgten ihm neugierig.

Soeft glaubte nicht richtig zu sehen und steckte seinen Kopf weit aus dem Fenster. Als ihm klar wurde, welches Ziel Asch mit den Männern anstrebte, lief er rot an. Sein Kopf verschwand blitzschnell. Kurz danach stieß er die Tür seiner Hütte auf und trabte leicht erregt hinterher.

»Was soll der Unfug!« rief er unbeherrscht, als Asch vor dem Scheunentor haltmachte. »Hier ist für jeden der Eintritt verboten. Und zwar streng!«

»Etwa auch für mich?« fragte Witterer scherzend.

»In meiner Begleitung natürlich nicht«, sagte Soeft. »Aber sonst kommt mir hier keiner über die Schwelle, wenn ich nicht ausdrücklich meine Einwilligung gegeben habe. Oder es knallt!«

»Diese Scheune hier«, erklärte der Wachtmeister Asch ruhig, ohne

Soeft weiter zu beachten, »ist der einzige Raum im Batteriebereich, in dem eine Vorstellung der Wehrbetreuungstruppe möglich wäre.«

Soeft schob seinen riesigen Riechkolben interessiert vor. »Du willst doch nicht etwa über meinen Kopf hinweg bestimmen, Asch, was mit meinen Räumlichkeiten zu geschehen hat?«

»Warum nicht?« sagte Asch.

»Mensch! Du kannst mich doch wenigstens mal fragen!« beharrte Soeft.

»Tun Sie ihm schon den Gefallen, Asch«, sagte Witterer gereizt, denn der Anblick seiner streitbaren Unterführer tat ihm weh.

»Na gut«, sagte Asch widerwillig. »Dann frage ich dich eben. Haben Eure Majestät was dagegen, wenn hier . . .«

»Aber nicht im geringsten!« rief Soeft mit umwerfender Friedfertigkeit, worauf allgemeines Erstaunen um sich griff. »Das ist eine gute Idee von dir, Asch. Eine deiner besten.«

Witterer glaubte fast, sich verhört zu haben. Derartig willkürlich erscheinenden Gedankensprüngen war er kaum gewachsen. Er sah seinen Krause konsterniert an; und diesmal zuckte selbst der resigniert mit den Schultern.

Asch war der erste, der diese Verblüffung überwand. Er fragte sich, worauf Soeft eigentlich hinauswollte — denn der machte selbst noch mit dem Tod Geschäfte. Nun, der Preis, den Soeft verlangte, würde genannt werden; vielleicht war er gar nicht einmal zu hoch. Wachtmeister Asch stieß die Scheunentore auf. Auf der Tenne standen die Soeftschen Lastwagen. Dahinter stapelten sich Kisten, Säcke und Korbflaschen. Einige Feldgeräte waren in einem Seitenraum zusammengeschoben.

»Das räume ich alles weg«, sagte Soeft großspurig und schien die Führung dieser Expedition an sich reißen zu wollen. »Diese Lkw fahren wir draußen seitwärts an die Scheune heran, unmittelbar in die Nähe der kleinen, hinteren Eingangstür. Auf diesen Lkw könnten wir dann die Garderoben für die Künstlerinnen einrichten.«

»Daher also weht der Wind!« rief Asch und grinste ausgedehnt. »Du willst die Damen betreuen.«

»Von wegen!« Soeft versuchte, sich gegen diese Vermutung zur Wehr zu setzen. »Darauf lege ich nicht den geringsten Wert. Nur kann ich natürlich nicht dulden, daß Unbefugte in meinen Lkw herumturnen. Das muß ich persönlich überwachen. Ansonsten ist mein Interesse gleich Null!«

»Das trifft sich gut«, sagte Witterer. »Als Garderobe kommt natürlich nur ein beheizbarer Raum in Frage.«

»Ihre Unterkunft, Herr Hauptmann?« fragte Asch.

»Ich bin bereit, sie der guten Sache wegen zur Verfügung zu stellen.«

»Na siehst du«, sagte Asch und schlug Soeft, der seine Enttäuschung kaum verbergen konnte, auf die Schulter. Die beiden grinsten sich vielsagend an, und die Soldaten im Hintergrund grinsten ebenfalls.

»Kommen Sie endlich zur Sache, Asch!« forderte ihn Witterer unfreundlich auf.

»Wir sind mittendrin!« sagte der. »Das hier also ist die Scheune, die uns unser lieber Soeft so großzügig und selbstlos zur Verfügung gestellt hat. Drüben, an der einen Stirnwand, muß ein kleines Podium errichtet werden.«

»Meine Sache«, sagte der Munitionsstaffelführer sachlich. »Ich bin im Zivilberuf Zimmermann.«

»Deine Sache!« bestätigte ihm Asch. »Dann brauchen wir noch einen Vorhang und links und rechts davon so etwas wie Kulissen. Dazu werden Decken und Leinen benötigt.«

»Aha«, sagte der Gefreite, der die Bekleidungskisten verwaltete.

»Du hast es erraten«, bestätigte ihm Asch. Er entfaltete eine Handzeichnung. »Hier sind die ungefähren Maße eingetragen.«

»Und was soll ich dabei tun?« fragte der Schirrmeister. »Ich soll doch nicht etwa den Damen die Karosserie ausbeulen?«

Ein allgemeines freundliches Gelächter ertönte, an dem sich nur Witterer nicht beteiligte; und Krause daher natürlich auch nicht, was zu bemerken eigentlich überflüssig ist.

»Du, mein lieber Schirrmeister«, sagte Asch, »sollst für die nötige Beleuchtung sorgen. Autoscheinwerfer, von Autobatterien gespeist.«

»Und gedämpftes Licht nicht vergessen!« warf Soeft, dessen Interesse langsam wieder zunahm, sachverständig ein. »Auch rotes Licht kann nichts schaden.«

Der Schirrmeister, ein Mann der Praxis, nickte kurz. »Ich regele die Lichtstärke durch das Zwischenschalten von Widerständen. Wenn rotes Licht gewünscht wird, lasse ich eine zusammengeschaltete Galerie Schlußlichter aufleuchten.«

»Du bist der geborene Beleuchter«, sagte Asch. Selbst Witterer nickte zustimmend. Und Krause nickte noch heftiger.

»Und was wird von mir erwartet?« wollte der Hauptwachtmeister Bock wehrbetreuungswillig wissen.

»Du organisierst, Bock.«

»Was, zum Beispiel?«

»Nun – die Verteilung der Eintrittskarten.«

»Unnötig«, sagte Witterer. »Platz ist doch mehr als genug vorhanden.«

»Herr Hauptmann«, widersprach Asch lässig und gab sich keine Mühe, seine Abneigung gegenüber Witterer zu verbergen. »Wenn diese Scheune hier ausgeräumt ist, haben in ihr schätzungsweise zweihundert bis zweihundertzwanzig Zuschauer Platz. Unsere Batterie allein aber, die ja feuerbereit bleiben muß, kann doch höchstens siebzig bis achtzig Zuschauer stellen. Den Rest der Plätze müssen wir eben aufteilen — zwischen den Nachbarbatterien, der Infanterie, den Nachrichtenleuten.«

»Das sollte man machen«, erklärte der Hauptwachtmeister bereitwillig. »Ich arbeite einen Verteilerschlüssel aus.«

»Ich weiß nicht recht«, sagte Witterer zögernd. »Schließlich sind wir kein Wohlfahrtsinstitut.«

»Wir schaffen uns dadurch Freunde«, gab Bock zu bedenken. »Und die Infanterie, die jetzt eine Stinkwut auf uns hat ...«

»Beruht auf Gegenseitigkeit«, warf Krause ein.

»Also«, sagte Asch, »dann sind wir uns ja einig. Der Hauptwachtmeister stellt den benachbarten Einheiten insgesamt einhundertdreißig Eintrittskarten zur Verfügung. Die Saalkontrolle kann der Schreibstubenunteroffizier übernehmen. Für einen Parkplatz sorgt zusätzlich noch der Schirrmeister. Für einfachste Sitzgelegenheit ist unser Zimmermann zuständig.«

»Und ich«, sagte Soeft versonnen, »werde eine Damentoilette errichten lassen.«

»Eine — was, Soeft?«

»Eine Damentoilette! An alles hast du gedacht, Asch, nur daran nicht. Und das ist ein Fehler in der Organisation. Da zeigt sich wieder einmal, wie gründlich man sich in solche Sachen hineinversetzen muß. Das ist mir schon in Frankreich aufgefallen.«

»Ich glaube, das ist im Augenblick alles, Herr Hauptmann.«

»Wie kann man nur die Damentoilette vergessen!« sagte Soeft beharrlich. »Kein Einfühlungsvermögen. Dabei ist das von eminenter Wichtigkeit. Man stelle sich vor: Die Damen reisen hierher, werden dabei kräftig durchgeschaukelt, dann pinseln sie sich an, kurz vor dem Auftritt bekommen sie Lampenfieber, das schlägt sich nun auf ...«

»Schon gut, Soeft, schon gut!« sagte Witterer. »Dann bauen Sie eben das Ding — in Gottes Namen.«

»Wird errichtet«, versprach Soeft zufriedengestellt. »Mit allen Schikanen. In meiner Unterkunft.«

»Das ist nun wirklich alles«, sagte Asch. »Vorstellung morgen abend um zwanzig Uhr.«

Witterer nickte. »Ganz brauchbar, Asch. Scheint soweit alles in Ordnung zu sein. Nur kommt es natürlich letzten Endes auf unsere Meinung gar nicht an. Die endgültige Entscheidung liegt natürlich bei der Wehrbetreuungstruppe selbst.«

»Ich habe mir deren Wünsche vortragen lassen, Herr Hauptmann. Ich glaube zu wissen, was dort erwartet wird.«

»Mag sein, Asch. Mag durchaus sein. Immerhin würde ich es begrüßen, wenn ein Mitglied der Truppe, sagen wir Fräulein Ebner, persönlich unsere Vorbereitungen begutachten würde. Ich schlage vor, daß Sie die Dame für heute nachmittag zu uns herausbitten. Ich würde das selbst tun, aber ich kann hier im Augenblick, da ich wichtige Telefongespräche erwarte, nicht weg.«

»Ich halte das für überflüssig, Herr Hauptmann.«

Witterer überhörte diesen Einwand. »Nehmen Sie meinen Wagen, Asch, ausnahmsweise, und lassen Sie sich von Kowalski in die Stadt fahren. Jetzt ist es kurz nach drei Uhr — gegen fünf Uhr erwarte ich Sie mit Fräulein Ebner.«

»Ich werde sofort alle notwendigen Vorbereitungen treffen«, sagte Soeft unternehmungslustig. »Einschließlich Damentoilette.«

Der Hauptmann ließ Asch stehen und ging aus der Scheune hinaus. Die Soldaten folgten ihm. Asch blieb allein zurück, mit gesenktem Kopf.

Dann suchte Asch Kowalski auf, fand ihn wie üblich an der Feldküche und ersuchte ihn, den Chefwagen klarzumachen. Kowalski lehnte zunächst, wie zu erwarten gewesen war, jedes Ersuchen ab. Doch als der Obergefreite das Marschziel erfuhr, geriet er in Eifer. Fünf Minuten später fraß sich sein Wagen hastig durch den dreckigen Schnee.

Lisa Ebner lag auf ihrem Feldbett und las, als der Wachtmeister Asch eintrat. Sie richtete sich ein wenig auf, schob das Buch beiseite und lächelte ihm aufmunternd zu. »Welch ehrender Besuch!« rief sie spöttisch.

Asch reichte ihr die Hand und setzte sich unaufgefordert neben sie auf das Feldbett. Sie sah ihn groß an, rückte aber nicht zur Seite. Ihr kleiner Mund öffnete sich leicht und erwartungsvoll. »Was wollen Sie mit mir anfangen, Herr Wachtmeister?« fragte sie neugierig.

Und als er nicht antwortete, sagte sie leise: »Ich warte, Herr Wachtmeister.«

»Worauf?«

»Auf irgend etwas. Vielleicht darauf, daß Sie mich küssen?«

»Und was würden Sie dann tun, Lisa?«

»Das weiß ich noch nicht. Versuchen Sie es doch mal.«

»Ich bin kein Versuchskaninchen«, sagte Asch rauh. »Schon gar nicht für Sie.«

»Ich habe aber Kaninchen sehr gerne. Überhaupt — ich bin sehr tierlieb.«

Asch richtete sich auf und lehnte sich zurück. Er war entschlossen, dieses Idyll zu beenden. »Hören Sie mal . . .«, sagte er gedehnt.

»Ja?«

Asch schüttelte ärgerlich den Kopf, wie es Pferde tun, wenn der Futterbeutel zu tief hängt. »Versuchen Sie doch sachlich zu bleiben, Lisa.«

»Auch wenn es schwerfällt?«

»Auch wenn es schwerfällt! Ich bin nicht hier, um mit Ihnen Süßholz zu raspeln.«

»Nein?«

»Nein! Ich habe einen dienstlichen Auftrag. Ich soll Sie zu uns, das heißt zu Hauptmann Witterer hinausfahren. Offiziell, damit Sie unsere Vorbereitungen für Ihr Gastspiel begutachten.«

»Und inoffiziell?«

»Fragen Sie doch nicht so dumm! Jedenfalls bin ich hiergewesen und habe damit meinen Befehl ausgeführt. Jetzt kann ich also wieder gehen.«

»Ohne mich?«

»Selbstverständlich. Sie haben nein gesagt. Sie haben sich geweigert, dieser Einladung Folge zu leisten. Aus verständlichen Gründen.«

»Und wie sehen, Ihrer Meinung nach, diese Gründe aus?« fragte Lisa.

Asch erhob sich schroff. »Das fragen Sie noch? Sie wollen doch nicht etwa mit dem Feuer spielen, Mädchen?«

»Manchmal«, sagte Lisa Ebner kokett, »ist mir sehr kalt. Und dann möchte ich mich gerne wärmen.«

Asch ging auf das Fenster zu und lehnte sich mit dem Rücken dagegen. Er wollte nicht, daß Lisa Ebner sein Gesicht deutlich sah; und er wollte sie in vollem Tageslicht betrachten. Er sah in den primitiven Raum hinein und atmete den Duft, der von Lisa Ebner ausging.

»Sie sind noch so jung«, sagte er. »Blutjung sind Sie noch.«

»Und Sie – sind Sie ein alter Mann?«

»Sie sind viel zu schade für diesen Betrieb.«

Lisa Ebner hatte sich noch mehr aufgerichtet. Sie verlagerte das Gewicht ihres Oberkörpers auf die beiden Arme, die sich hinten aufstützten. Der Mund war leicht geöffnet, und ihre Zähne kamen zum Vorschein. Sie lächelte.

»Lieben Sie mich?« fragte sie zärtlich.

»Wo denken Sie hin, Mädchen!« sagte Asch schroff. »Ich mache mir nur Ihretwegen Sorgen. Ich will nicht, daß Sie hier vor die Hunde gehen.«

»Und was dann, wenn ich Sie liebe?« fragte Lisa verspielt.

»Dann versuchen Sie, mir das zu beweisen.«

»Und womit?«

»Womit! Sie bleiben hier, schließen Ihre Bude ab und schreiben einen Brief an Ihre Mutter.«

»Und was bekomme ich dafür?«

»Keine vorzeitigen Falten im Gesicht! Ihr Körper bleibt frisch und Ihr Gewissen sauber.«

Lisa Ebner ließ sich langsam wieder zurückgleiten. Sie entspannte ihren Körper und atmete tief. Ihre kleinen, festen Brüste hoben und senkten sich regelmäßig. Asch starrte sie gebannt an; und als sie das merkte, verstärkte sich ihr Lächeln noch.

An der Tür wurde heftig geklopft, und gleich darauf trat Kowalski munter ein. Hinter ihm sah Charlotte, die Ansagerin der Truppe, ins Zimmer. Lisa veränderte ihre Haltung nicht. Asch richtete sich, ein wenig verwirrt, hoch.

»Auf geht's!« rief Kowalski. »Habe mir erlaubt, eine Anstandsdame zu engagieren.« Und er blinzelte Charlotte unternehmungslustig zu.

»Ich finde«, sagte Charlotte, »es wäre nicht gut, wenn du allein mitfährst.«

»Wie es denn überhaupt nicht gut ist, daß der Mensch allein sei!« rief Kowalski in lärmender Fröhlichkeit.

»Fräulein Ebner«, erklärte Asch, »fährt überhaupt nicht.«

»Was denn, was denn!« rief Kowalski. »Nichts als anständige Lieder singen und dann noch Spielverderber sein?«

»Willst du wirklich nicht mitfahren?« fragte Charlotte ihre Kollegin neugierig.

»Sie will nicht!« sagte Asch. »Und ich kann das gut verstehen.«

Lisa Ebner rührte sich nicht. Sie sah Herbert Asch unentwegt an; und ihre schönen, immer ein wenig gierigen Augen schienen größer und größer zu werden. Doch sie sprach kein Wort.

»Zum Teufel!« rief Kowalski polternd. »Was soll das? Hat die Dame die Sprache verloren?«

»Was zu sagen war, habe ich doch bereits für sie gesagt, Kowalski.«

»Das sieht dir wieder einmal ähnlich, Asch! Du willst wohl einem altgedienten Obergefreiten die Tour vermasseln, was?«

»Herr Kowalski«, sagte Charlotte freundlich, »was verstehen Sie eigentlich unter: die Tour vermasseln? Das hat doch hoffentlich nichts mit mir zu tun?«

»Wo denken Sie hin!« rief Kowalski bieder.

Dann ging er auf Asch zu, der immer noch am Fenster stand, und begann, heftig auf ihn einzureden: »Du kannst doch nicht mich, deinen Freund, im Stich lassen.«

»Genau dasselbe könnte ich auch sagen, Kowalski.«

»Wie mit Engelszungen habe ich geredet! Den noblen Mann habe ich markiert. Und ich habe Eindruck geschunden, Mensch! Ich komme mir fast wie ein Kavalier vor. Und du willst mich wieder zur Sau machen? Asch, wenn du mein Freund bist . . .«

»Wie lange soll eigentlich dieser Kuhhandel noch weitergehen!« sagte Charlotte resolut.

»Mein Ehrenwort!« rief Kowalski.

»Du willst also nicht mitfahren, Lisa?«

Die sah nach wie vor nur Asch an und sagte deutlich: »Nein!«

»Gut«, sagte Charlotte, »dann fahren wir also nicht!«

»Verdammt!« rief Kowalski wutentbrannt, riß sich die Mütze vom Kopf und warf sie auf die Erde. »Das ist doch glatte Sabotage! Du sabotierst die Anordnungen von Hauptmann Witterer, Asch. Ist dir das klar? Ansonsten ist mir das ja scheißegal, aber diesmal geht mir das stark gegen den Strich. Ich fordere dich zum letztenmal auf . . .«

»Ist der immer so ordinär?« fragte Charlotte ironisch.

»Das macht bei ihm die Liebe«, sagte Asch freundlich und nickte Lisa zu.

Der Oberleutnant Wedelmann entzog sich der Unruhe, die sich über Nacht in seinem Frontabschnitt breitzumachen drohte, und flüchtete zu Natascha. Er vermochte es nicht zu ertragen, tatenlos, wartend, ohne Funktion in seiner Hütte herumzusitzen, während sich um ihn ein Gewitter zusammenbraute.

Natascha nahm ihn freundlich wie immer auf. Fast wollte es ihm scheinen, als sei sie freundlicher noch als sonst. Er erhielt den obligaten Tee vorgesetzt, lobte ihn, obwohl er schlecht war — von schlechter Qualität, doch köstlich zubereitet. Dann sahen sie sich lange an, ein wenig traurig, ein wenig zärtlich, ein wenig verträumt.

»Es wird wohl jetzt sehr unruhig werden?« fragte Natascha und betrachtete nachdenklich den leicht dampfenden Tee in ihrer Tasse.

»Keine Ruhe kennt der Krieg, er kennt höchstens die Rast.«

»Es ist wirklich schade«, sagte Natascha, und es war, als spreche sie vom Wetter, »daß es nun auch mit unserer Rast zu Ende zu gehen scheint.«

»Sie sollten sich darüber keine unnötigen Gedanken machen, Fräulein Natalie.«

»Sie dürfen Natascha zu mir sagen — wenn Sie das wollen.«

»Danke, Natascha!«

»Sie wollen mich beruhigen — Männer tun das wohl gerne; und sie glauben dann noch, daß es den Frauen gefällt. Aber wir wollen gar nicht mehr getröstet werden — wir wollen die Wahrheit wissen. Wir sind kein schwaches Geschlecht.«

»Die Wahrheit? Was ist Wahrheit? Warum soll ausgerechnet ich sie wissen? Ich kann nicht einmal so weit denken, wie ich sehe. Ich bekomme immer öfter das Gefühl, nur ein Spielball zu sein, eine Feder, ein Sandkorn.«

Natascha schüttelte langsam den Kopf. »Jetzt, glaube ich, unterschätzen Sie sich. Der einzelne kann, wenn er entschlossen ist, mehr tun als die Masse, die sich dumpf alles gefallen läßt.«

»Wollen Sie mir damit Mut machen, Natascha? Wollen Sie mir irgend etwas einreden? Aber was? Und wozu?«

»Ich mache mir Gedanken, das ist alles. Dazu habe ich meinen Verstand doch! Und seit einigen Tagen höre ich, daß sich die Front wieder regt. Es sind nicht mehr nur die Maschinengewehre, die sich tagtäglich einschießen; es sind Kanonen und Granatwerfer und wieder Kanonen. Das beunruhigt mich.«

»Woher kennen Sie die Unterschiede zwischen den einzelnen Waffen?« fragte Wedelmann verwundert. »Sie reden darüber wie ein Soldat.«

Natascha schien leicht zu erröten, was den ahnungslosen, vertrauensseligen Wedelmann entzückte. »Der Krieg lehrt uns diese Dinge«, sagte sie. »Bevor es ihn gab, habe ich studiert — ich wollte Lehrerin werden. Dann nahm mich der Krieg in die Schule. Und er hat mich gelehrt, wie man Kartoffeln stiehlt, Tee aus Wiesenkräutern zubereitet, Kühe melkt und Waffen unterscheidet.«

»Jedenfalls«, sagte Wedelmann, den Nataschas streitbare Argumente immer wieder in Verwirrung brachten, nicht zuletzt, weil er das Weibliche dadurch gefährdet glaubte, »jedenfalls dürfen Sie beruhigt sein, Natascha. Die Unruhe in unserem Frontabschnitt scheint auf einem Mißverständnis zu basieren. Die eigentliche Ursache ist vermutlich ein Dummerjungenstreich gewesen.«

»Wissen Sie das genau, oder glauben Sie das nur?«

»Zufälligerweise weiß ich das ganz genau. Irgendeiner bekam einen Anfall und veranstaltete ein Übungsschießen — worauf sich die andere Seite prompt an diesem Übungsschießen beteiligte. Aber weshalb reden wir denn überhaupt davon! Es gibt doch noch andere Themen.«

»Andere als den Krieg — welche?«

»Die Liebe, zum Beispiel.«

»Die Liebe im Krieg also! Was ist das schon? Haben Sie jemand, den Sie lieben — drüben in Deutschland?«

»Nein.«

»Und das soll ich Ihnen glauben?«

»Das müssen Sie mir sogar glauben! Es hat niemand für mich gegeben. Ein Offizier bei uns, müssen Sie wissen, ist so gut wie isoliert. Es gibt ganze Gesellschaftsschichten, von denen er ausgeschlossen ist. Es gibt andere, da soll er hineinheiraten. Aber wenn er niemanden findet, den er heiraten will?«

»Wollen Sie denn überhaupt heiraten?«

»Aber ja! Wissen Sie, Natascha, eine Frau kennen, zu der man gehört, ein Kind haben, das zu einem hochblickt, irgendwo ein Häuschen besitzen, in das man heimkehren kann — das ist das Leben!«

»Und es hat niemals für Sie eine Frau gegeben, die Sie gerne geheiratet hätten?« fragte Natascha mit sanfter Stimme; und ihre Augen schimmerten dunkel.

Wedelmann, eingesponnen in die Wärme, die von Nataschas Zimmer ausging, fern der Unruhe, die sich zwischen den Fronten auszubreiten begann, streckte seine Beine behaglich von sich und fühlte mit Befriedigung, wie sich sein Körper langsam entspannte, von den müden, in dicke Socken gehüllten Füßen bis zu den Muskeln in seinem Nacken.

»Doch«, sagte er dann, »es hat eine Frau gegeben, von der ich gewünscht hätte, sie möge meine Frau gewesen sein. Eigentlich gab es sogar zwei. Die eine war Serviermädchen in unserer Unteroffizierskantine — heißes Herz und klarer Verstand. Sie hat dann einen Unteroffizier geheiratet, der heute bei mir Wachtmeister ist. Sie haben ein Kind und sind, soweit man das heute überhaupt sein kann, glücklich. Und das haben sie auch verdient.«

»Und die andere?«

»Die andere? Das war eine seltsame Angelegenheit — sie hieß Lore. So etwas wie ein Hinterhofkind — wenn Sie wissen, was das ist, Natascha. Zuerst tat sie mir nur leid; denn sie war unglücklich verheiratet. Dann gefiel sie mir immer mehr — sie hatte einen fast kindlichen Appetit auf das Leben; und der wurde ihr nie gestillt. Dabei besaß sie das, was man bei uns ein sonniges Gemüt nennt — sie konnte natürlich sein wie ein Tier; wie eine Katze zum Beispiel.«

»Eine sehr sinnliche Dame, vermutlich«, sagte Natascha impulsiv.

Wedelmann überhörte leichtfertig dieses deutliche Anzeichen von Eifersucht. »Lassen wir das doch«, sagte er. »Das führt zu nichts. Und ich frage Sie ja auch nicht nach den Männern Ihrer Vergangenheit.«

»Sie können danach fragen«, sagte Natascha, und ihre Stimme klang spröde. »Ich war sogar verlobt. Der Mann, den ich geliebt habe, ist gefallen. Gleich in den ersten Tagen Ihres Krieges. Vielleicht waren Sie es, der ihn erschossen hat.«

»Schon möglich«, sagte Wedelmann und starrte sie an wie ein fremdes Wesen. »Nichts ist unmöglich.«

»Doch«, sagte Natascha, nicht minder starr, »eins ist unmöglich: daß ich jemals die Mörder meines Liebsten lieben könnte.«

Wedelmann schwieg; er setzte die Teetasse schroff ab, und sie klirrte. Auch Natascha schwieg; sie sah auf das Fußende ihres Bettes, auf dem der Oberleutnant steif saß. Und ihr war, als sähe sie die Kiste mit den Geräten, die unter ihrem Bett stand. Das befriedigte sie in steigendem Maße. Sie mußte sich dazu zwingen, wegzublicken.

Es kam kein rechtes Gespräch mehr zwischen ihnen auf. Wedelmann nahm mehrmals Anlauf zu dem Versuch, sich zu verabschieden, aber er schob den Abschied immer wieder hinaus. Auch Natascha war fest entschlossen, ihn, wenn er gehen wollte, nicht länger aufzuhalten; aber immer wieder sorgte sie dafür, daß selbst dieses quälend mühsame Gespräch nicht abriß.

Sie waren beide wie erlöst, als schließlich der Wachtmeister Asch auftauchte, um Wedelmann abzuholen.

»Ich muß Sie entführen, Herr Oberleutnant. Oberst Luschke hat sich angemeldet.«

»Dann allerdings ... Sie entschuldigen mich, bitte.«

»Bitte«, sagte Natascha.

Sie gaben sich kurz die Hand und vermieden es, sich dabei anzusehen. Sie sprachen kein Wort mehr. Natascha ging voran und öffnete, immer noch wortlos, die Tür.

»Reichlich kühl«, sagte Asch, als sie die Leitertreppe hinunterstiegen.

»Wenn Sie das Wetter meinen«, sagte Wedelmann, »dann muß ich Ihnen zustimmen.«

»Auch das Wetter ist kühl«, sagte Asch. »Stimmt genau. Es liegt viel Schnee in der Luft.«

Sie verließen das Haus, diesmal zufälligerweise, ohne ein freundliches »Schweinehund« einstecken zu müssen. Wedelmann registrierte das erleichtert. Asch schien ehrlich enttäuscht darüber zu sein, denn er hatte sich ein paar saftige Schimpfworte für den »Kindermund« zurechtgelegt.

»Der Oberst hat sich angemeldet?« fragte Wedelmann, als sie auf der Straße standen. »Was geht das mich an? Hauptmann Witterer ist der Batteriechef.«

»Oberst Luschke hat ausdrücklich verlangt, Sie zu sehen, Herr Oberleutnant. Er kommt direkt in die Feuerstellung.«

»So viel Eifer«, sagte Wedelmann und setzte über eine Pfütze, »ist mehr als verdächtig.«

»Es ist normal«, widersprach Asch. »Nach dem, was geschehen ist, habe ich Luschke erwartet.«

Wedelmann hielt es für richtig, sich nicht mit Asch in eine ausgedehnte Diskussion über diesen mehr als heiklen Punkt einzulassen. Er schritt kräftig aus; seine langen Beine bewegten sich in gleichmäßigem Rhythmus. Asch hatte einige Mühe, mitzukommen.

»Nehmen Sie Rücksicht auf einen alten Familienvater«, sagte der Wachtmeister.

»Nachrichten von zu Hause?« wollte Wedelmann wissen.

»Nur Nachrichten von der Infanterie«, sagte Asch. »Und die Kumpels vorn haben eine Stinkwut auf uns. Für die sind wir jetzt das rote Tuch. Sobald nur unser Name fällt, spuckt einer aus.«

»Kindereien«, sagte Wedelmann schroff. »Bleiben Sie mir mit diesem Thema vom Leib, Asch.«

»Wenn Sie das befehlen«, sagte Asch, »will ich Ihnen gerne diesen Gefallen tun. Aus alter Freundschaft, sozusagen. Aber glauben Sie im Ernst, Herr Oberleutnant, daß sich Oberst Luschke ein anderes Thema aussuchen wird?«

»Sie sind nicht Oberst Luschke, Asch.«

»Das bedaure ich manchmal. Aber dann gibt es wieder Zeiten, wo ich heilfroh bin, nicht in der Haut des Obersten zu stecken.«

Wedelmann verschärfte sein Schrittempo, soweit das möglich war, abermals. Asch ließ den Oberleutnant vorantraben. Er blickte besorgt himmelwärts, wo die dicken grauen Wolken hingen. Und auch der Rauch aus den Hütten, der sich über die Strohdächer hinwegquälte, schien das kommende Sauwetter anzukündigen.

In der Nahprotzenstellung, dicht neben Wedelmanns Unterkunft, parkte bereits der Wagen des Regimentskommandeurs. Oberst Luschke selbst stand vor einem Holzstapel und pißte. Hauptmann Witterer, in der Begleitung von Unteroffizier Krause, hielt sich in angemessener Entfernung auf und betrachtete die Tätigkeit des Obersten mit respektvoller Zurückhaltung.

Luschke stapfte auf die Anwesenden zu und ordnete dabei seinen Anzug. Seine Soldaten produzierten, als er sich ihnen auf Reichweite näherte, eine durchaus brauchbare Ehrenbezeigung. Der Oberst nickte grimmig. »Wenn sie genauso vollendet Krieg führen würden«, sagte er, »wie sie hier ihre Männchen bauen, könnte ich jetzt am Ofen sitzen und lesen.«

»Jawohl, Herr Oberst«, sagte Hauptmann Witterer, der sich, nicht zu Unrecht, in erster Linie betroffen fühlte.

Luschke hatte sich seine schäbige, zerknüllte Schirmmütze tief in die Stirn gezogen. Ein dicker grauer Kopfschützer umrahmte wulstartig sein Knollengesicht. Jetzt sprang die Kartoffelnase bedrohlich groß auf seine Betrachter zu.

»Sie kommen reichlich spät, Herr Oberleutnant«, sagte Luschke. »Mußten Sie gesucht werden? Aber wenn Sie bei einem Mädchen waren, Wedelmann, sind Sie entschuldigt.«

»Dann bin ich entschuldigt, Herr Oberst.«

»Gerne geschehen«, sagte Luschke und grinste.

Dann wandte sich der Oberst unmittelbar an Witterer.

»Herr Hauptmann«, sagte er, »Sie müssen wissen, daß ich großes Verständnis für die kleinen Dummheiten habe, Miniaturheilige irritieren mich immer, Monsterschweine übrigens auch. Die gute Dosierung macht es.«

»Verstehe das durchaus, Herr Oberst«, sagte Witterer verbindlich. »Wenn, zum Beispiel, einer überhaupt nicht trinkt, macht mich das mißtrauisch. Wenn einer säuft, ist er bei mir abgemeldet. Aber gelegentlich mal ein Gläschen – in Ordnung. Ähnlich ist es mit den Mädchen.«

»Das entspricht auch meinen Prinzipien, Herr Oberst«, sagte Witterer.

Der zog die Augenbrauen hoch. »Mag immerhin sein, Herr Hauptmann«, sagte er dann, »daß wir die gleichen Ansichten über die kleinen Mädchen haben. Was aber den Krieg anbelangt, Verehrtester, da gehen unsere Anschauungen offenbar stark auseinander. Aber auch schon sehr stark.«

Witterer steckte diesen deutlichen Vorwurf mit guter Haltung ein, was ihm auch schon dadurch erleichtert wurde, daß sich Luschke von ihm abwandte und mit kleinen, stampfenden Schritten auf die Feuerstellung zustrebte. Die Soldaten folgten ihm mechanisch.

»Die Karte«, sagte Luschke kurz.

Hauptmann Witterer beeilte sich, dem Regimentskommandeur seine Karte herüberzureichen. Luschke orientierte sich mit sicherem Blick im Gelände, ohne dabei sein Schrittmaß auch nur im geringsten zu verändern. Er strebte sofort auf das zweite Geschütz zu.

»Bitte, auf Deckung achten!« rief Witterer.

Der Oberst überhörte diesen Hinweis. Er stellte sich in der Nähe der Geschützstellung, etwa zehn Meter feindwärts, auf einen winzigen Hügel. Seiner Begleitung blieb nichts anderes übrig, als sich um ihn herum zu gruppieren.

Luschke starrte in das gegnerische Gelände. Dann sah er in die Karte. Hierauf sagte er: »Ist Ihnen eigentlich bekannt, Herr Hauptmann Witterer, welcher Art die Verdienste sind, die Sie sich durch Ihre Knallerei erworben haben?«

»Nein, Herr Oberst«, sagte der Hauptmann wahrheitsgemäß und vorsichtig erfreut darüber, daß Luschke soeben das Wort »Verdienste« gebraucht hatte, einen Begriff, der in Witterers Wortschatz eine große und ausnahmslos ehrende Rolle spielte.

»Es ist mir berichtet worden«, sagte Luschke, ohne den Blick von der Front zu nehmen, »daß der Gegner in der vergangenen Nacht Artillerie aufgefahren hat.«

»Das war zu erwarten«, sagte Asch. »Ist bekannt, um wieviel Einheiten es sich handelt?«

»Nein«, sagte Luschke. »Der Gegner war so frei, uns das nicht mitzuteilen.«

»Wir könnten versuchen, das zu erkunden, Herr Oberst«, schlug Hauptmann Witterer mit lobenswertem Eifer vor.

»Wie denn, Herr Hauptmann?« fragte Luschke interessiert, ohne sich umzuwenden.

»Wir könnten eine Patrouille losschicken, Herr Oberst.«

Luschke stand regungslos auf seinem kleinen Hügel. Er zog den Kopf zwischen die schmalen Schultern und schien zu lauschen. Plötzlich rauschte die Luft über ihnen auf. Ein dumpfes Krachen warf sich gegen die Erde. Dann segelten einige Metallsplitter grell pfeifend durch die Gegend.

Witterer hatte sich geduckt und war kurz davor, in volle Deckung zu gehen. Er war in den Knien leicht eingeknickt, und seine breiten Schultern hingen herab. Es sah beinahe aus, als mache er Anstalten, sich auf einen Lokus zu setzen.

»Wollen Sie etwa verreisen, Herr Hauptmann?« fragte Wedelmann kaum vernehmbar. Luschke stand unbeweglich da, wie ein Baum.

»Granatwerfer, mittleres Kaliber«, sagte Asch ruhig. Dann drehte er sich um, ging gelassen zehn Schritt zurück und verschwand in einem Deckungsgraben.

Der zweite Einschlag kam unmittelbar danach, lag wieder zu kurz. Luschke drehte sich um und musterte wortlos seine Begleitung. Witterer stand jetzt stramm da; Krause, neben ihm, stellte eine gleichermaßen vorbildlich erscheinende Haltung zur Schau. Wedelmann sah im höchsten Grade uninteressiert aus.

Luschke sah weiter, über seine Begleitung hinaus, zu dem Deckungsgraben hin, aus dem Asch geruhsam herausschaute. Der Oberst begann ausgedehnt zu grinsen. Dann sah er, mit völlig unverändertem Gesicht, Hauptmann Witterer an.

Der nahm das als Aufforderung, seine Vorgesetztenqualitäten zu beweisen. »Wachtmeister Asch«, rief er, »von Deckung war nichts befohlen.«

»Ist ja auch gar nicht nötig«, rief der zurück. »Seit wann denn wird so was befohlen?«

»Nehmen Sie sich gefälligst an uns ein Beispiel, Asch!«

»Warum denn?« rief der freundlich zurück. »Was Sie dort bieten, ist in meinen Augen eher alles andere als ein gutes Beispiel.«

»Das ist denn doch ...!« rief Witterer, blickte auf Luschke, der nach wie vor breit grinste, dann auf den regungslosen Wedelmann. »Was sagen Sie dazu, Herr Oberleutnant?«

»Dasselbe wie Asch«, antwortete der, verließ die Gruppe ebenfalls und begab sich, unter dem Krachen des dritten Einschlages, in das Deckungsloch.

Luschke lachte meckernd auf; und Witterer beschlich das fatale Gefühl, das Knollengesicht lache ihn aus. »Ihr seid vielleicht ein Haufen!« rief der Oberst in allerbester Laune. Dann stiefelte auch er rasch auf das Deckungsloch zu und verschwand darin.

Witterer und Krause, die einige Sekunden lang völlig allein und reichlich ratlos im Gelände standen, beeilten sich, nunmehr diesem Beispiel ihres Vorgesetzten zu folgen. Der vierte Einschlag des Granatwerfers, der in bedrohlicher Nähe saß, machte ihnen Beine. Sie stürzten sich, beinahe schon im Kopfsprung, in das jetzt vollgepfropfte Deckungsloch hinein.

»Schwungvoll wie immer«, sagte Luschke sanft.

Witterer setzte sich, unter den prüfenden Blicken des Obersten, seinen Stahlhelm gerade, der ihm verrutscht war. »Und das Koppel, Herr Hauptmann«, sagte Asch freundlich. Witterer zerrte sich das Koppel, dessen Schloß sich jetzt über der linken Rocktasche befand, gerade.

»Was sagten Sie da eigentlich vorhin, Herr Hauptmann?« fragte Luschke mit lauernder Liebenswürdigkeit. »Sie wollten eine Patrouille losschicken?«

»Immer vorausgesetzt, daß Herr Oberst zustimmen.«

»Das vorausgesetzt«, sagte Luschke. »Und wer sollte, Ihrer Meinung nach, diese Patrouille anführen? Doch nicht etwa Sie selbst?«

»Vielleicht ein kampferfahrener Dienstgrad, Herr Oberst?«

»Zum Beispiel?«

»Zum Beispiel Wachtmeister Asch.«

»Nicht freiwillig«, sagte der entschlossen.

»Und warum nicht, Wachtmeister Asch?« fragte Luschke neugierig.

»Ich bin kein Held um jeden Preis«, sagte der Wachtmeister.

»Wie sich das trifft«, sagte Luschke herzhaft grinsend. »Ich bin nämlich auch keiner.«

Der Admiral a. D. Jacoby, anzureden mit Seine Exzellenz, Schwiegervater des Kommandeurs der Artillerie-Ersatzabteilung, dem der Unteroffizier Vierbein als Ordonnanz zugeteilt worden war, entpuppte sich als ein richtiger Mensch. Denn Admiral Jacoby, seit über zwei Jahrzehnten schon des strammen Dienstes und der scharfen Disziplin entwöhnt, hatte die Segnungen der Leutseligkeit erkannt.

Als er in seinem Hotelzimmer angekommen war, und man hatte es sich nicht nehmen lassen, für ihn gleich zwei Zimmer zu reservieren, als er dann seine keinesfalls mehr als jugendlich zu bezeichnende Tochter und seinen zukünftigen Schwiegersohn, den Kommandeur »Spitzbauch«, verabschiedet hatte, blieb er mit Vierbein allein. Und sofort wurde er menschlich.

»Lassen Sie das doch, mein Lieber«, rief er jovial, als Vierbein Anstalten machte, die Koffer des Admirals, wie auf dem Dienstanweisungszettel nachdrücklich vermerkt, auszupacken. »Oder glauben Sie, ich bin schon zu alt dazu?«

»Nein, Euer Exzellenz!« rief Vierbein brav.

»Und lassen Sie doch das Exzellenz, wenn wir unter uns sind.«

»Jawohl, Euer Exzellenz.«

»Ist unter alten Kriegskameraden nicht üblich.«

Vierbein klappte mit den Hacken Zustimmung und packte dann weiter aus. Admiral Jacoby bestand darauf, ihm behilflich zu sein. Eine Viertelstunde später putzten sie gemeinsam, aus lauter Kameradschaft, die zahlreichen Orden des Admirals mit Silberwatte.

»Ganze Menge, nicht wahr?« sagte Seine Exzellenz und klimperte auf seiner großen Ordensschnalle wie auf einem Xylophon. »Wenn man erst Admiral ist, bekommt man diese Apparate mit der Post. Natürlich nicht alle. Einen Orden, diesen da, bekam ich von Seiner Majestät persönlich.«

»Euer Exzellenz kennen noch Seine Majestät«, sagte Vierbein mit ehrfürchtiger Bewunderung.

Der Admiral, der in dunkelblauem — richtiger wohl: marineblauem — Zivilanzug gekommen war, der aber seine Galauniform mit allem Zubehör in einem Spezialschrankkoffer mit sich führte, hatte nunmehr eine bequeme Hausjacke angezogen. Er blickte nach den Filzschuhen aus, die ihm der aufmerksame Vierbein sofort herantrug.

»Seine Majestät und ich«, sagte Seine Exzellenz beim Aufschnüren der Schuhriemen, »waren so gut wie befreundet, wenn ich diese kühne Formulierung gebrauchen darf. Ich durfte Seine Majestät gelegentlich bei auftauchenden maritimen Problemen beraten, und ich bin wohl berechtigt, zu sagen, daß Seine Majestät meinen Rat fast so wie den des Großadmirals schätzte.«

Der Unteroffizier Vierbein staunte. Der grauhaarige Alte mit dem Nußknackergesicht und dem dichten Wetterfaltennetz in der Haut war ein Mann wie aus dem deutschen Märchenbuch und damit ein Mann so recht nach Vierbeins Knabenherzen. Und daß ein großer Schlachtenlenker derartig freundlich sein konnte, empfand der Unteroffizier als wahre Beglückung.

Nachdem sich der Admiral nach Vierbeins Auszeichnungen erkundigt hatte und nach den Taten, die ihnen vorangegangen waren, verkündete der kaiserliche Seemann Jacoby jovial: »Und jetzt, mein lieber Kriegskamerad, wollen wir noch ein Gläschen auf die christliche Seefahrt leeren.«

Vierbein, auf den Ingrid Asch wartete, wagte vorsichtig einen Einwand. »Bitte Euer Exzellenz melden zu dürfen, daß der Zapfenstreich . . .«

»Keine Bange, mein Lieber. Solange ich hier bin, stehen Sie unter meinem persönlichen Schutz. Wenn Sie zu spät kommen, wenn Sie früher vom Dienst weg wollen, wenn Sie sonst einen Wunsch haben — keine falsche Bescheidenheit. Sagen Sie nur: Befehl vom Admiral. Ich decke dann alles! Wir Kriegskameraden halten doch zusammen!«

Vierbein war über diese Blankovollmacht, die ihm Seine Exzellenz so überaus großzügig erteilt hatte, zu reinster Dankbarkeit erstarrt. Und er beschloß feierlich, Idealist, der er war, dieses Vertrauen niemals zu mißbrauchen. Der Admiral klingelte währenddessen den Zimmerkellner herbei.

»Drei Karaffen und zwei Gläser!« befahl der Admiral. »Wir wollen Kirchenfenster trinken.«

»Kirchenfenster?« fragte der Kellner erstaunt.

»Sie sind nicht von der Waterkant, wie? Haben nicht bei der Marine gedient, sind niemals zur See gefahren, auch als Steward nicht? Auch niemals in Ostpreußen zur Jagd eingeladen gewesen?«

Der Kellner schüttelte den Kopf.

»Sollte mich auch wundern«, sagte der Admiral und musterte den bleichen, dürren, in typisch zivilistischer Manier krumm dastehenden Kellner. »Also: Kirchenfenster — besteht zu gleichen Teilen aus Rum, Arrak und Rotwein. Diese drei verschiedenen Farben erinnern an die Glasmosaikarbeiten in gewissen Gebäuden — daher: Kirchenfenster.«

»Jawohl, Euer Exzellenz«, sagte der Kellner devot und entschwand. Es verging eine geraume Zeitspanne, ehe er wiederkam. Doch die drei Karaffen hatte er wohlgefüllt mitgebracht, bestand doch Anordnung, Admiral Jacoby jeden — »aber auch jeden!« — Wunsch zu erfüllen.

Der Unteroffizier Vierbein vermied es, auf die Uhr zu sehen. Das Wohlwollen des Admirals schwellte ihm die Brust. Er fand nicht den Mut, den liebenswürdigen alten Herrn zu enttäuschen. Also mußte Ingrid warten — er opferte sich hier dem Soldatentum; und das tat er mit Überzeugung. Auch Dankbarkeit war in ihm — er hatte mit einem gottähnlichen Vorgesetzten gerechnet, und er hatte einen väterlichen Gönner gefunden.

Der Admiral Jacoby genoß die schlackenreine Verehrung, die ihm Unteroffizier Vierbein entgegenbrachte. Er war schon immer ein Freund seiner Untergebenen gewesen; und diese herzliche Kameradschaft, von Koje zu Koje, hatte er in all den langen Jahren, die seiner Pensionierung nach dem ersten Weltkrieg gefolgt waren, schmerzlich vermißt.

»Auch ich«, sagte er beim dritten »Kirchenfenster«, »habe meine Erinnerungen aus Frieden und Krieg niedergeschrieben. Aber sie dürfen natürlich nicht erscheinen, solange Seine Majestät und ich noch leben.«

Während der schmachvollen Zeit in der Weimarer Republik hatte er droben in Pommern, immer in Küstennähe, Kohl angebaut und sich dann, da er nicht einrosten wollte, an einem Zuckerrübentransportunternehmen beteiligt. Wobei es wohl unnötig ist, zu bemerken, daß es sich um ein Dampfschifftransportunternehmen gehandelt hatte. Mit dem Dritten Reich, dessen Führer einen peinlich niedrigen Dienstgrad besaß, kamen dann aber auch einige jener stolzen Tage wieder, an denen er seine Galauniform mit allem Zubehör tragen konnte.

»Der jetzige Oberste Befehlshaber«, sagte Admiral Jacoby, »ist natürlich mit Seiner Majestät nicht zu vergleichen — was aber kein Werturteil sein soll. Ich will vorerst damit nur sagen: Seine Majestät trug mit Vorliebe Marineuniform.«

Vierbein schwieg respektvoll und trank tapfer, mit kleinen Schlucken. Der Admiral stellte das vierte Kirchenfenster zusammen; und das leuchtete verheißungsvoll, als er es gegen das Licht hielt. Er schlürfte sodann das schwere Getränk voller Behagen. Auf seinem Seemannsgesicht leuchtete Flottenführerkühnheit auf.

»Ich habe gar nichts gegen diesen Krieg«, sagte Seine Exzellenz sodann, »wenn ich ihn auch nicht ganz unbedenklich finde.«

Vierbein, auf große Eröffnungen gefaßt, vergaß fast zu atmen. Er glaubte, die Weihe dieser Stunde zu spüren. Der Berater Seiner Majestät war soeben dabei, einem einfachen Unteroffizier der großdeutschen Wehrmacht, noch dazu einem des Heeres, eine weltgeschichtliche Lehre zu erteilen.

»Zu wenig Konzentration auf die Beherrschung der Meere«, sagte Seine Exzellenz. »Das kann sich unter Umständen sehr negativ auswirken. Ansonsten jedoch bringt auch dieser Krieg alle nationalen Kräfte auf den Plan. Und da kann ich nur sagen: Die gezeigten Leistungen sind durchaus respektabel.«

Dabei sah er versonnen und milde lächelnd in sein Glas. Jawohl — er war nicht unzufrieden, wenn er von den eklatanten Fehlleistungen im Aufbau und Einsatz der Marine absah. Aber sonst wurden endlich selbst die morschesten deutschen Knochen wieder munter. Mit seiner Tochter war das nicht anders; sie saß zu Hause erwartungsvoll, doch erfolglos herum, als dann der Krieg kam, verpflichtete auch sie sich. Und der Erfolg? Jetzt heiratet sie einen Kommandeur! Und wenn der auch nicht gerade ein Prachtexemplar war, Reservist obendrein, so war er doch immerhin ein Kommandeur.

»So ein Krieg«, sagte er dann, »ist eben der Vater aller Dinge.«

Nach dem fünften Kirchenfenster durfte sich der Kriegskamerad Vierbein verabschieden. Wiederkommen sollte er irgendwann morgen vormittag, so gegen zehn Uhr. Aber ohne Putzzeug. Und er möge einen Schneider ausfindig machen, der geeignet sei, eine Admiralsuniform aufzubügeln.

Unteroffizier Vierbein, leicht angeschlagen, schwankte mit letzter Haltung hinaus. Er wollte zu Ingrid Asch gehen, trotz der späten Stunde, aber die höllische Mischung aus Rum, Arrak und Rotwein machte ihm derartig zu schaffen, daß er sich, Erleichterung suchend, gegen eine Mauer lehnte.

Mit weichen Knien und, wie ihm scheinen wollte, kürbisgroßem Kopf ging er in die Kaserne und warf sich auf sein Bett. Bevor er einschlief, wallte kurz noch einmal Dankbarkeit in ihm auf; daß ihn das Schicksal zu Admiral Jacoby geführt hatte, den er »Väterchen« zu nennen beschloß, nahm er als Fügung des Himmels. Seine Ingrid würde, davon war er überzeugt, gleich ihm erfreut darüber sein.

Dann fiel ein bleischwerer Schlaf über ihn. Und Vierbein vergaß für Stunden alles: den ruhelosen Krieg und die unruhige Heimat, das Verlangen nach einem Mädchen, die Güte des Admirals und die betäubende Schwere der »Kirchenfenster«.

Als er erwachte, war es bereits taghell. Vor ihm stand der Unteroffizier vom Dienst, grinste wie ein Verschwörer, beugte sich vor und flüsterte: »Sei jetzt kein Spielverderber. Das würde dir Schulz nie verzeihen.«

Vierbein richtete sich hastig auf und verspürte stechende Schmerzen im Hinterkopf. Er hatte zuviel getrunken. Sein Mund war trocken, und die Augen schienen ihm den gewohnten Dienst zu versagen. Es verging viel Zeit, ehe ihm alles das klar wurde, was auf seiner Stube vor sich ging.

»Den Spiegel habe ich bereits abmontiert«, sagte der UvD und kicherte in sich hinein.

Jetzt erkannte Vierbein, mit Anstrengung, daß Unteroffizier Ruhnau mit pechschwarzem Gesicht in seinem Bett lag. Aber auch Unteroffizier Bartsch war rabenschwarz angepinselt worden. Beider Visagen waren wie Kommißstiefel mit reichlich viel Schuhcreme behandelt worden.

»Das ist ein Spaß!« flüsterte der UvD genießerisch und stieß Vierbein gegen die Schulter. »Sie sind heute nacht angepinselt worden, als sie total blau waren, nachdem sie versucht hatten, bei Lore Schulz einzusteigen. Und das tollste ist: Jeder glaubt, daß nur der andere mit Schuhcreme beschmiert worden ist, er aber nicht. Und solange sie nicht in einen Spiegel sehen, merkt keiner, was eigentlich los ist.«

Vierbein schüttelte mit heftiger Verwunderung seinen schmerzenden Schädel. Dann betrachtete er die schwarzlackierten Gesichter der beiden »Blockadebrecher« und fand, daß die Situation nicht einer gewissen Komik entbehrte.

»Schulz wartet schon mit einigen Herren auf dem Korridor«, sagte der UvD. »Gleich geht hier das Theater los. Und daß du nicht auf die Idee kommst, die beiden aufzuklären — in solchen Sachen versteht Schulz keinen Spaß.«

Vierbein entstieg, nicht ohne Mühe, seinem Feldbett und begab sich an die Waschschüssel. Hier tauchte er seinen Kopf tief hinein. Mehrmals. Dann betastete er seinen schmerzenden Schädel.

Der UvD ging inzwischen zur Tür und öffnete sie weit. Draußen stand Oberleutnant Schulz mit Begleitung. Er nickte erwartungsfreudig.

Der UvD setzte seine Signalpfeife an und trillerte darauf mit vollen Lungen. »Alarm!« rief er sodann. »Alarm!«

Die beiden »Stoßtruppführer«, deren Betten nebeneinander standen, schnellten hoch, rissen die Augen auf und starrten sich dann staunend an. Ihre Münder öffneten sich weit. Langsam dämmerte ihnen, was in der vergangenen Nacht geschehen war. Dann lachten sie brüllend.

»Alarm!« rief der UvD.

Die »Nachtjäger« brüllten immer noch vor Wonne; und jeder von ihnen war der irrigen Meinung, er allein habe Grund zu diesem Gelächter. Er allein – nur der andere war »schwarz«!

»Habt ihr nicht gehört, daß Alarm ist, ihr Mulatten!« rief Schulz anfeuernd. »Jetzt zeigt mal, was Tempo ist.« Und seine Schweinsaugen funkelten vor reiner Freude.

Die Unteroffiziere, leicht taumelnd, stürzten sich in ihre Klamotten, griffen nach dem Stahlhelm und sausten hinaus. Schulz und die Herren seiner Umgebung wieherten und drohten vor Lachen zu ersticken. Der Abteilungsadjutant, krebsrot im Gesicht, leistete sich die Freiheit, Schulz in die Seite zu stoßen, was der nicht zu bemerken schien. Vierbein im Hintergrund schüttelte langsam den Kopf.

Draußen auf dem Korridor erhob sich fröhlicher Lärm. Einige Dutzend Mannschaften umstanden die schwarzgesichtigen Unteroffiziere, denen ganz langsam zu dämmern begann, was mit ihnen geschehen war. Sie rasten beide auf den Wandspiegel neben der Flurtür zu und starrten, maßlos verwundert, hinein.

Dann stießen sie wilde Flüche aus und rasten wieder zurück, in ihre Stube, verfolgt von orkanartigem Gelächter.

Noch bebend vor Wut, derartig elend 'reingelegt worden zu sein, standen sie Schulz gegenüber. Ihre dunkelpolierten Gesichter hatten sich in wildverzerrte Fratzen verwandelt. Sie fühlten in sich das heftige Verlangen aufsteigen, Schulz an die Kehle zu springen. Aber so irrsinnig, das auch zu tun, waren sie nicht.

Schulz japste nach Luft und wischte sich eine Träne aus dem linken Auge. So gelacht hatte er schon lange nicht mehr! Das war endlich wieder einmal ein richtiger Männerspaß gewesen. Mehr noch: echter Soldatenhumor.

Doch dann, völlig übergangslos, wurde er plötzlich ernst. Er winkte seiner Begleitung zu, und diese entfernte sich. Dann fixierte er die »Bomben« ausgedehnt. »Das kommt davon«, sagte er bedrohlich leise, »wenn ihr eure dreckigen Pfoten nach Damen ausstreckt, die euch nichts angehen.«

»Wir haben uns doch lediglich in der Tür geirrt«, sagte Bartsch kleinlaut.

»Kommt bestimmt nicht wieder vor«, versprach Ruhnau.

»Und was war das für eine Flasche Schnaps, die ihr bei meiner Frau abholen wolltet?«

»Alles für Herrn Oberleutnant«, sagte Bartsch.

»Wir haben dabei bestimmt nur an Herrn Oberleutnant gedacht.«

»Was war das für eine Flasche Schnaps, ihr Halunken?«

Sie standen schwarz und dumm und stumm da und machten einen überaus kläglichen Eindruck.

»'raus mit der Sprache!« Und als Schulz immer noch keine Antwort bekam, sagte er: »Wenn ihr nicht mit mir reden wollt, ihr Strauchdiebe, dann werde ich euch einen anderen Batteriechef besorgen – ziemlich weit von hier entfernt.«

Es war, als würden die siamesischen Etappenzwillinge unter der dicken Schicht Schuhcreme erblassen. Sie standen starr da, und ihre Augen blickten blöd. Dann stieß der eine den anderen energisch an.

Und Bartsch sagte: »Es ist die Flasche, die der Vierbein Ihrer Frau mitgebracht hat.«

»Jawohl, Herr Oberleutnant«, sagte der Unteroffizier Vierbein tapfer aus dem Hintergrund.

Schulz blieb sekundenlang wie angewurzelt stehen. Er hatte sein Kinn vorgestreckt, und die Hände hingen ihm wie Dreschflegel herab. Dann drehte er sich, mit einer nahezu vollendeten Kehrtwendung, um und stelzte hinaus.

»Ihr Armleuchter!« sagte Vierbein verächtlich.

Bartsch zuckte mühsam mit den Schultern. »Laß nur, Kamerad«, sagte er, »schließlich kämpfen wir hier um unser Leben.«

»Ja«, sagte Ruhnau und nickte schwer. »So ein Krieg kann verdammt hart sein.«

»Du hast doch nichts zu verlieren, Kamerad. Du gehst ja wieder an die Front zurück. Bei uns ist das ganz was anderes.«

»Und das verstehst du doch – oder etwa nicht? Das verstehst du nicht? Wo bleibt denn da die berühmte Frontkameradschaft!«

»Ihr könnt mich alle am Arsch lecken!« rief Vierbein mit einer bei ihm völlig ungewohnten Schärfe.

»Das sind vielleicht Manieren!« sagte Bartsch betrübt.

»Und so was«, fügte Ruhnau hinzu, »will nun das Vaterland verteidigen.«

Die »Panzerkreuzer« begannen, sich gegenseitig in schöner Eintracht die Schuhcreme von den Visagen zu schrubben. Sie verwendeten dazu Terpentin und Seife, Bürsten und Scheuerlappen. Als das alles nichts half, nahmen sie Fleckenwasser.

Nach einer Stunde tauchte der UvD wieder auf, grinste die »Waschweiber«, wie er sie nannte, an und sagte zu Vierbein: »Sofort zu Oberleutnant Schulz.«

Vierbein nickte. Das hatte er erwartet; darauf war er vorbereitet. Und er war entschlossen, das, was jetzt kam, mannhaft zu überstehen und sich dabei nicht zur Sau machen zu lassen. Schließlich hatte er hier einen Auftrag zu erfüllen.

Er begab sich zunächst in das Geschäftszimmer der Stabsbatterie. Schulz hielt sich aber im Kommandostab auf; in seiner Eigenschaft als Vertreter des Kommandeurs. Also pilgerte Vierbein zum Hauptgebäude und meldete sich dort. Nochmals suggerierte er sich: Nicht zur Sau machen lassen!

Schulz, hinter dem früheren Schreibtisch von Luschke thronend, blickte Vierbein aufmerksam entgegen. Und der Unteroffizier bemerkte mit Verwunderung, daß der Oberleutnant nahezu friedlich aussah und keinesfalls so, als gedenke er jetzt eins seiner seit jeher schon berühmten Donnerwetter vom Stapel zu lassen.

»Vierbein«, sagte Schulz überraschend sachlich, »Sie werden sich heute an den Vorbereitungen zum Scharfschießen beteiligen.«

»Ich bitte um Entschuldigung, Herr Oberleutnant«, sagte Vierbein korrekt, »aber Seine Exzellenz, der Herr Admiral, hat mich zu sich befohlen.«

»Wir brauchen Sie aber hier, Vierbein.«

»Ich weiß nicht, Herr Oberleutnant, ob Seine Exzellenz, der Herr Admiral ...«

»Dem werde ich einen anderen Dienstgrad als Ordonnanz zuteilen. Bartsch oder Ruhnau oder gleich beide.«

»Seine Exzellenz, der Herr Admiral, haben aber ausdrücklich befohlen, daß ich heute punkt zehn Uhr ...«

»Na gut, Vierbein, das machen Sie dann noch. Aber am Nachmittag will ich Sie bei den Vorbereitungen zum Scharfschießen sehen. Sie werden daraus nur lernen können. Und außerdem sind Sie ja deswegen hier, Vierbein. Beim Scharfschießen werden wir auch die von Oberst Luschke angeforderten Funkgeräte einsetzen. Dann werden Sie sehen, wie diese Apparate funktionieren.«

»Jawohl, Herr Oberleutnant.«

»Vielleicht übernehmen Sie übermorgen beim Scharfschießen ein Geschütz, Vierbein. Wir feuern auf Panzerattrappen. Der General wird bei der Übung anwesend sein. Und dem können Sie dann zeigen, was eine Harke ist.«

Vierbein verstand. Der General hatte sich, offenbar überraschend in der letzten halben Stunde, zum turnusmäßigen Scharfschießen angemeldet. Das vermutlich war die große Chance für Oberleutnant Schulz, der zur Zeit den Kommandeur vertrat, endlich einmal zu zeigen, was für ein Kerl er war! Und der im Scharfschießen erfahrene, glücklicherweise anwesende und verfügbare Vierbein sollte ihm dabei behilflich sein. O ja,

Vierbein verstand, was hier gespielt wurde. Der langjährige Umgang mit Asch hatte selbst ihn ein wenig hellhörig gemacht.

»Was die andere Sache anbetrifft«, sagte Schulz gedehnt und spielte mit einem Briefbeschwerer, »so kann ich mir nicht gut vorstellen, daß ein derartig ausgezeichneter Soldat wie Sie, Vierbein, lebensgefährliche Dummheiten machen wird.«

Schulz schwieg hierauf, und Vierbein schwieg erstaunlicherweise auch. Jeder wartete darauf, daß der andere sprechen würde; aber beide warteten zunächst vergeblich.

Die Stille, die in dem Raume herrschte, war vollkommen. Dann drängte sich der Lärm der Kaserne herein: gesungenes Geschrei und geschriener Gesang. Der Oberleutnant stand auf und schloß persönlich das Oberfenster, mit kräftigem Ruck.

»Vierbein«, sagte er dann, »jetzt können Sie mir endlich einmal beweisen, daß Sie wirklich ein guter Soldat sind. Es sollte mich freuen, wenn Ihnen das gelingt.«

Der Oberst stand in der Kirche, ein wenig breitbeinig, den Oberkörper nach vorn gebeugt; und es war, als lehne er sich an ein Geländer. Dort, wo er stand, war früher einmal ein Hochaltar aufgebaut gewesen. Jetzt zischte an der gleichen Stelle ein Schneidbrenner.

Luschke starrte in die weiße, sich in eine Eisenplatte verbeißende Glut. Die Soldaten mit den dicken Schutzbrillen über den Augen werkten emsig. Die Anwesenheit ihres Kommandeurs hatte ihr Arbeitstempo erheblich beschleunigt.

Auf den Oberst zu, durch den weiten, von Fahrzeugen und transportablen Maschinen vollgestellten Raum, bewegte sich Hauptmann Witterer, elastisch wie immer. Er baute sich seitwärts vom Kommandeur auf — geradeaus stand der Schneidbrenner — und ließ seine Hand flott an den Mützenschirm segeln. »Hauptmann Witterer zur Stelle.«

Luschke tippte sich mit zwei Fingern gegen die Stirnseite und starrte weiter in den wilden Funkenregen. Heimlich bedauerte er die Soldaten seiner Werkstatt. Er wußte, daß sie ihn verfluchten, denn er hielt sich oft in ihrem Bereich auf, und seine bloße Anwesenheit löste automatisch Arbeit aus. Und nirgendwo war er so oft anzutreffen wie hier.

»Hauptmann Witterer zur Stelle!« meldete sich der neue Chef der 3. Batterie abermals.

»Halten Sie mich für schwerhörig?« fragte der Oberst, ohne aufzusehen.

Witterer beeilte sich, zu verneinen. Er stand noch eine kurze Zeitspanne stramm, rührte hierauf vorsichtig und beschloß dann, abzuwarten.

Luschke, immer noch in den Anblick der herauszischenden Stichflamme versunken, lächelte kaum spürbar. Die Leute seiner Werkstatt konnten nicht wissen, warum er sich so oft bei ihnen aufhielt — sie durften es auch gar nicht wissen. Er war zumeist gar nicht ihretwegen hier; was ihn hier immer wieder magisch anzog, war die alte, zerfallene Kirche. In ihr war ein Abglanz von Größe und Stille, wie sie auch zu dieser Landschaft gehörten, dieser zertrampelten, zerfetzten, von Todesfurchen durchzogenen Landschaft.

Der Oberst hob den Kopf langsam; es war, als beginne er die Soldaten seiner Umgebung forschend zu betrachten. Keiner wagte ihn anzusehen, alle beugten sich tief über ihre Arbeit. Witterer hielt es für angebracht, seine Haltung zu verbessern.

Doch Luschke sah zu den Wänden hinauf, über sie hinweg, dorthin, wo die fensterlosen Bögen in den offenen, traurigen Himmel ragten. Es war ihm, als griffen die riesigen Hände eines Toten nach Gott — vergeblich.

Dann wandte er sich schroff um, ging zwei kurze Schritte auf Witterer zu und fragte: »Wie lange Zeit braucht Ihre Batterie, um marschbereit zu sein?«

»Zweiundvierzig Minuten«, sagte Witterer prompt.

»Woher wissen Sie das so genau?«

»Ich habe das geübt, Herr Oberst. Vor drei Tagen brauchte die Batterie noch nahezu eine Stunde. Gestern haben wir zweiundvierzig Minuten erreicht. Ich will es aber in maximal dreißig Minuten schaffen.«

»Und Sie sind davon überzeugt, Herr Hauptmann Witterer, daß die Kerle Sie nicht übers Ohr gehauen haben?«

»Selbstverständlich, Herr Oberst. Die Meldungen, die mir darüber vorlagen ...«

»... sind von Ihnen überprüft worden?«

»Zum Teil, jawohl.«

»Zum Teil!« Luschke lachte kurz und befriedigt. »Hinter die letzten Schliche dieser Burschen werden Sie nie kommen, Witterer — vorläufig jedenfalls nicht. Ihr Soeft zum Beispiel, der braucht doch fast allein für seine Warenlager eine ganze Transportkolonne.«

»Unteroffizier Soeft hat aber schon nach fünfundzwanzig Minuten die volle Marschbereitschaft seiner Staffel gemeldet, mir persönlich beziehungsweise dem Hauptwachtmeister.«

»Nur so weiter«, sagte Luschke verkniffen, »und Sie schaffen es theoretisch noch in zehn Minuten. Jedenfalls, Herr Hauptmann Witterer, sollten Sie trotzdem versuchen, Ihren Laden in zwei bis drei Stunden wieder flottzumachen. Der erste Anlauf nach einer größeren Ruhepause ist immer etwas schwierig, wenn aber der Kriegskarren erst einmal rollt, dann besteht die Schwierigkeit fast nur noch darin, ihn wieder zum Stillstand zu bringen.«

»Jawohl, Herr Oberst«, sagte Witterer und tat, als habe er restlos alles, was sein Kommandeur soeben ausgeführt hatte, verstanden.

Der Oberst drehte sich um und ging auf einen Pfeiler in der hinteren Ecke zu. Witterer trabte beflissen hinterher. »Herr Hauptmann«, sagte Luschke, nachdem sie dort angekommen waren, »bereiten Sie sich mit Ihrer Batterie auf einen Stellungswechsel in drei Tagen vor. Das Marschziel liegt achtunddreißig Kilometer weiter hinten.«

»Hinten, Herr Oberst?«

»Bringt Sie das etwa aus Ihrem Gleichgewicht, Herr Hauptmann? Sie glauben doch nicht im Ernst, daß wir ausschließlich vorwärts marschieren? Im vergangenen Dezember ist eine ganze Armee getürmt, und zwar gleich einige hundert Kilometer – von Tula bis hierher. Und zwar kurz nachdem unser Führer verkündet hatte, daß der Feldzug im Osten beendet sei. Er hat sich eben – na, sagen wir: geirrt.«

»Jawohl, Herr Oberst.«

»Jetzt, vor der Frühjahrsoffensive, gruppieren wir hier um, schaffen uns eine Absprungbasis. Man kann aber auch sagen: Wir korrigieren endlich die Fehler, die vor drei Monaten gemacht wurden. Nennen Sie es Frontbegradigung, Herr Hauptmann.«

»Jawohl, Herr Oberst«, sagte Witterer mit der Unzufriedenheit eines kämpferischen Soldaten, der stets darauf brennt, dem Feind auf das Leder zu rücken.

»In drei Tagen also! Morgen erkunden Sie mit Wedelmann die neue Stellung. Einzelheiten bei meinem Adjutanten. Aber alles ohne Tamtam! Die Angelegenheit bleibt geheim. Wenn es soweit ist, marschieren wir in der Nacht – wir lösen uns vom Gegner im Schutz der Dunkelheit. Überraschend. Am nächsten Morgen müssen die Russen ins Leere starren.«

»Jawohl, Herr Oberst«, sagte Hauptmann Witterer und lachte anschließend kurz und kräftig, denn er stellte sich die dummen, die saudummen Gesichter der Gegner vor. Das war ja beinahe wie bei Karl May!

Luschke betrachtete Witterer mit Interesse; dessen Reaktionen bereiteten ihm heimlichen Spaß – und er fühlte bestätigt, was er schon immer geahnt hatte: es würde noch sehr spaßig mit Witterer werden. Hoffentlich nur spaßig.

»Was werden Sie eigentlich heute nachmittag unternehmen?« fragte Luschke lauernd.

»Wenn Herr Oberst Wert auf meine Gegenwart legen . . .«

»Davon will ich Sie verschonen«, sagte Luschke sanft.

»Dann«, sagte Witterer nicht ohne Stolz, »werde ich die letzten Vorbereitungen für die Wehrbetreuungsveranstaltung überprüfen, die, wie Herr Oberst ja wissen, morgen abend bei uns in der Protzenstellung stattfinden soll.«

Luschke schwieg erwartungsvoll und betastete den Pfeiler, neben dem er stand. Der Stein war krank; er hatte den Aussatz, und der fraß sich in ihn hinein. Nur einige Jahre noch — und er würde sterbend zusammenfallen.

»Ich darf annehmen, Herr Oberst halten es für richtig, wenn die angekündigte Wehrbetreuungsveranstaltung bei uns trotz der neuen Lage durchgeführt wird — schon gewissermaßen aus Tarnungsgründen.«

»Ich gönne den Soldaten jede Zerstreuung von Herzen. Ich finde nur, Herr Hauptmann, Sie selbst haben eine derartige Abwechslung am wenigsten nötig.«

»Wie soll ich das verstehen, Herr Oberst?« fragte Witterer leicht nervös.

»Richtig sollen Sie das verstehen.«

»Da ich nun schon einmal hier bin, Herr Oberst ...«

»Ich schätze es sehr, Herr Hauptmann, wenn sich meine Offiziere auch um das geistige und seelische Wohlergehen ihrer Soldaten kümmern. Und Ihr Hang zur Betreuung imponiert mir geradezu. Nur würde es mich betrüben, wenn Sie allzu einseitig vorgehen würden.«

»Jawohl, Herr Oberst.«

Und jetzt fragte Luschke mit zischender Schärfe: »Wann waren Sie im Lazarett?«

Witterer staunte ratlos, mehrere Sekunden lang. Der Schlangenblick Luschkes beunruhigte ihn stark. Und er sagte ein wenig mühsam: »Noch niemals, Herr Oberst. Ich bin völlig gesund.«

»Hier im Feldlazarett«, sagte Luschke aufreizend leise, »liegen einige Soldaten Ihrer Batterie — und zwar, laut Tagesmeldung, drei Stück. Verwundung, Erfrierungen, Lungenentzündung. Sind Sie nie auf den Gedanken gekommen, auch die mal zu betreuen?«

»Jawohl, Herr Oberst«, stotterte Witterer, »ich wollte ...«

»Dann lassen Sie sich durch mich nicht aufhalten«, sagte der Oberst kurz, wandte sich ab und betrachtete intensiv die verblichenen Reste einer Wandmalerei, durch die das Wasser schwarze, grausam entstellende Kanäle gezogen hatte.

Witterer fühlte sich entlassen, produzierte noch schnell eine Ehrenbezeigung ins Leere und eilte dann in beschleunigter Gangart hinaus.

Draußen, vor der Kirche, wartete der Unteroffizier Krause auf ihn, riß die vordere rechte Seitentür des Kübelwagens auf, in dem sich der Obergefreite Kowalski herumlümmelte. Witterer stieg wortlos ein. Krause flitzte nach hinten. Kowalski trat auf den Anlasser.

»Auf denn, zur holden Weiblichkeit«, sagte der Obergefreite gemütlich und legte den ersten Gang ein.

»Zum Lazarett!« rief Witterer.

Kowalski, ehrlich überrascht, kuppelte derart heftig ein, daß der Wagen in kurzen, wilden Sätzen vorwärtssprang. Er fing ihn wieder und sagte: »Kaum zu glauben!«

»Unterlassen Sie gefälligst Ihre dämlichen Bemerkungen, Obergefreiter!« rief Witterer heftig.

»So dämlich sind die gar nicht«, sagte Kowalski friedlich.

»Schnauze, Mensch!« rief der Hauptmann.

Kowalski zuckte mit den Schultern und gab Gas. Schon wieder einmal schien sich eine seiner Grunderfahrungen zu bestätigen: Diskussionen mit gewissen Vorgesetzten waren völlig sinnlos. Kein Hase wird jemals einen Jagdhund dazu überreden können, mit ihm gemeinsam Klee zu fressen.

Der Wagen schaukelte auf ein langgestrecktes Holzgebäude zu, vor dessen Haupteingang schlaff die Rote-Kreuz-Flagge hing. Witterer stieg aus, glättete die Falten seines Mantels und sagte zu Krause: »Lassen Sie sich zu Fräulein Ebner fahren. Entschuldigen Sie mich dort und sagen Sie, ich käme in etwa einer Stunde.«

Unteroffizier Krause wiederholte seinen Auftrag, vollständig und wortwörtlich. Kowalski hörte ihm interessiert zu und weidete sich an dessen Strammheit. Dann, kaum daß das letzte Wort verklungen war, gab er Gas und brauste davon, um mit der Dame Charlotte Mensch-ärgere-dich-nicht zu spielen.

Witterer begab sich indessen in das Lazarett, betrat den Vorraum und prallte hier auf eine Schwester, der seine Hauptmannswürde nicht sonderlich zu imponieren schien. Sie war damit beschäftigt, eine Menge Angaben, die auf länglichen Zetteln standen, in eine Liste zu übertragen.

»Bitte«, sagte Witterer dann betont unverbindlich, nachdem er mehrere Sekunden lang unbeachtet gewartet hatte, »ich möchte meine Soldaten besuchen.«

»Die Namen? Und auf welcher Station liegen sie?«

Witterer bekundete nunmehr, ehrlich empört, nicht voll respektiert zu werden, laut und deutlich sein Mißfallen über diese »unziemliche Art des Ausfragens«. Die Schwester wurde bockig und ebenfalls laut. Sie bellten sich gegenseitig an.

»Vergessen Sie nicht«, rief die Schwester, »wo Sie sich befinden!«

»Zum Donnerwetter!« rief Witterer. »Sind wir von der Front denn für euch da oder ihr für uns? Was ist denn hier für ein Saustall!«

Wie auf Stichwort tauchte bei »Saustall« ein Stabsarzt auf. Er machte durchaus den Eindruck, als habe er die Absicht, energisch zu werden. Doch als er den Rang Witterers erkannte, wurde er kameradschaftlich; und wie alle sich ihres Wertes bewußten Offizierskameraden verstanden sie sich bald. Bereits nach zehn Minuten hatte Witterer ziemlich genaue Angaben über seine Soldaten.

»Mir liegt viel daran«, sagte er, »daß meine Soldaten wieder gesund werden. Und das möglichst bald. Wir an der Front können jeden Mann gebrauchen — besonders jetzt.«

»Verstehe«, sagte der Stabsarzt.

Witterer nickte. Jetzt nämlich glaubte auch er erkannt zu haben, was der Oberst bezweckt hatte, als er ihn hierher dirigierte. Ein klarer Fall! Luschke, doch alles andere als zart besaitet, wollte, daß ihm seine Chefs eine kampfkräftige Truppe schafften. Denn jetzt war endlich wieder die Zeit gekommen, wo auf keinen Mann verzichtet werden konnte. Die Zeiten der Beurlaubten, Kommandierten und Kranken waren vorüber. Jetzt wußte Witterer, wozu er hier war.

Witterer, derartige Gedanken, die er für vortrefflich hielt, ausspinnend, achtete wenig auf seine Umgebung. Er wurde in einen größeren Raum geführt, der mit Kranken vollgefüllt war. Die meisten von ihnen lagen auf dicken Strohsäcken. Sogar Bettwäsche schien vorhanden zu sein.

Ein Mann, der sich in mehrere Decken eingehüllt hatte, blickte ihm bleich und ergeben entgegen. Das also war einer seiner Batterie. Witterer machte sich bekannt und stellte ein paar allgemeine Fragen. Die Antworten, fand er, waren brauchbar, wenn auch nicht ausgesprochen optimistisch. — »Wie fühlen Sie sich?« fragte er.

Der mit der Lungenentzündung sagte: »Schon viel besser, Herr Hauptmann.«

»Na, sehen Sie! In ein paar Tagen können Sie wieder bei uns sein — Sie freuen sich wohl schon darauf?«

»Jawohl, Herr Hauptmann«, sagte der Soldat schwach.

Witterer sah auf seine Armbanduhr, brachte noch ein paar ermunternde Worte an und verabschiedete sich dann. Der Mann mit der Lungenentzündung sah ihm ausdruckslos nach. Und er sah einen breiten Rücken über praller Hose und eine dicke Pistole über dem Hinterteil des Hauptmanns.

Der Besuch des Mannes mit den Erfrierungen verlief ähnlich. Auch hier fand Witterer, wie er glaubte, brauchbare Einsatzbereitschaft, vermißte aber Optimismus. Die linke Hand des Soldaten, die er begutachtete, war dick mit Watte verklebt. Eine graugrüne, scharfriechende Salbe drang wie Eiter durch die Verbände.

»Hauptsache«, sagte Witterer, »die rechte Hand ist ganz gesund. Oder sind Sie Linkshänder?«

»Nein, Herr Hauptmann.«

»Na, sehen Sie!« sagte der, wobei er aber nicht vergaß, einen Blick auf seine Armbanduhr zu werfen. Dann verabschiedete er sich auch hier.

Im Korridor blieb er stehen und atmete tief ein. Der Gestank der Frostsalbe bereitete ihm Ekel. Kranke Menschen waren einfach widerlich —

und der Raum war voll von ihnen gewesen. Sie hatten ihn angestarrt und gegen ihn angestunken. Nur nicht so dahinfaulen, dachte er angewidert. Das ist was für alte Weiber. Helden starben jung und glanzvoll oder niemals. Und vor allem: sie stanken nicht.

Kurz dachte er an Lisa und deren Lieblichkeit, noch kürzer an den Oberst und dessen Geschicklichkeit, die penetrantesten Dinge auf seine Untergebenen abzuwälzen. Dann aber dachte er, etwas länger, an die Verpflichtung des Frontsoldaten zur Kameradschaft. Nun wohl, die Kranken hatte er hinter sich gebracht — jetzt zu dem Verwundeten.

Er bekämpfte das heftige Verlangen nach einer Zigarette erfolgreich. Er betrachtete die abgelaufenen Bretter des Korridorfußbodens und hörte sie, als er darüber hinwegschritt, knarren. Er sah einen dunklen Flecken und blieb davor stehen. Blut, dachte er. Und es erfüllte ihn mit seltsamer Befriedigung, dort zu sein, wo Blut geflossen war. Wieder war er dem Krieg näher gekommen; und das bereitete ihm wonnigen Schauder.

Gereckt betrat er den Raum acht, in dem die Unterleibsverletzten lagen, und prallte zurück. Die mächtige Welle Gestank, die ihm entgegenflutete, benahm ihm den Atem. Es roch, so konstatierte er, nach gekochter Scheiße. Und darüber lag das Wimmern eines Mannes, den wohl das Fieber schüttelte. Der Kerl könnte sich doch zusammennehmen, dachte Witterer männlich.

Er schritt um einige Strohsäcke herum, ohne die darauf Liegenden weiter zu beachten, auf den Mann seiner Batterie zu, dessen Name, Bettnummer und Kurzbefund auf seinem Zettel standen: Aufriß der unteren Bauchdecke.

»Ich bin Ihr Chef«, sagte er. »Hauptmann Witterer.«

Der verwundete Soldat lächelte zaghaft aus seinem graugelben Gesicht. Die Augen lagen tief und glänzten fiebrig. Sein Mund war nur noch ein Strich.

»Wie geht es Ihnen denn, mein Lieber?«

Der Soldat schlug die Decke auf. Witterer sah dicke Verbände um die Hüften, durch die ein wäßriges Rot drang. Er beugte sich darüber und erweckte ganz den Eindruck, als verstehe er einiges davon.

»Na ja«, sagte er dann. »Könnte schlimmer sein.«

»Jawohl, Herr Hauptmann«, sagte der Soldat.

»Moment mal«, sagte Witterer und drehte sich um, denn die Tür war geöffnet worden. Dort stand der Unteroffizier Krause, und auf ihn ging der Hauptmann zu. »Nun?« fragte er.

»Fräulein Ebner bedauert«, sagte Krause.

»Was bedauert sie denn?«

»Sie kann heute leider nicht auf Herrn Hauptmann warten. Sie hat Dienst.«

»So«, sagte Witterer wenig erfreut. »Dienst hat sie. Auch ein Dienst!«

Er dachte nach. Über die Frauen dachte er nach, über das Verlangen, das sie erregen und das sie dann zu befriedigen zögern. Und während er über alles das und ähnliches nachdachte, hörte er wieder das Wimmern, das hohe, pfeifende, fiebrige Wimmern des Mannes in der Ecke. Und er dachte: Der Kerl könnte sich wirklich ein bißchen mehr zusammennehmen!

Und er sagte zu Krause, nachdem er auf die Armbanduhr gesehen hatte: »Um das herauszukriegen, haben Sie fast eine volle Stunde Zeit vergeudet?«

»Bitte um Entschuldigung, Herr Hauptmann«, sagte Krause. »Aber es ging nicht schneller. Kowalski war nicht aufzufinden.«

»Hat er sich schon wieder herumgetrieben?«

»Er war bei der einen Dame, die Charlotte heißt.«

»Was sind das hier nur für Zustände!« rief Witterer ungehalten, »das kann nicht mehr so weitergehen!«

Er ließ Krause stehen. Und der Blick, den er seinem zbV zuwarf, gab deutlich zu erkennen, wie wenig erfreut er war. Saufende Obergefreite und sich zurückhaltende Weiber — damit mußte man sich nun herumschlagen. Und doch, und doch! Diese betonte Zurückhaltung von Lisa konnte ein sicheres Zeichen dafür sein, daß sie fürchtete, sich an ihn zu verlieren. Diese Kleine. Hat Furcht vor ihm! Nun ja — war auch in gewisser Hinsicht verständlich!

Witterer begab sich wieder zu dem Verwundeten seiner Batterie zurück. Er beugte sich erneut über dessen Verbände und schüttelte dann den Kopf. Diesen Mann mußte er vorläufig abschreiben. Mit dem war kaum noch zur Frühjahrsoffensive zu rechnen. Er ließ ihn nach einigen ermunternden Worten liegen und eilte hinaus, von einer Welle Gestank verfolgt.

An seinem Wagen angekommen, sagte er, bevor er einstieg: »Wir brauchen jetzt jeden Mann, Krause. Jeden einzelnen. Wir müssen heranholen, was heranzuholen ist.«

»Auch den Unteroffizier Vierbein?« fragte Krause diensteifrig.

»Jeden!«

»Jawohl, Herr Hauptmann.«

»Veranlassen Sie das! Und Sie, Kowalski, Sie sind die längste Zeit bei mir Cheffahrer gewesen.«

»Jawohl«, sagte der und machte Anstalten, auszusteigen.

»Was fällt Ihnen ein!«

»Ich führe einen Befehl aus«, sagte Kowalski und hielt Witterer die Wagenschlüssel hin. »Und zwar mit Freuden.«

»Steigen Sie sofort wieder ein!« rief Witterer und verschluckte sich fast vor Wut. »Und wenn wir in der Protzenstellung angekommen sind, dann melden Sie sich bei mir — zur Bestrafung.«

»Aber gerne, Herr Hauptmann.«

Die Nachricht, daß Kowalski schon wieder einmal bestraft werden sollte, verbreitete sich mit gewohnter Schnelligkeit in der 3. Batterie und erregte gedämpfte Heiterkeit. Kowalski selbst amüsierte sich am meisten darüber und klärte jeden, der es hören wollte, lang und breit über die bemerkenswerten Eigenschaften des Batteriechefs auf. Und er nannte ihn »Rindvieh«.

Nachdem auch in Gegenwart des Hauptwachtmeisters diese Bezeichnung gefallen war, eilte dieser zu Hauptmann Witterer und erlaubte sich die Anfrage, ob es tatsächlich stimme, was er aber nicht glauben könne, daß Herr Hauptmann erklärt haben sollten, eine Bestrafung des Obergefreiten Kowalski in Erwägung zu ziehen.

»Stimmt genau«, sagte Witterer unfreundlich. »Kowalski wird bestraft.«

»Ich bitte, Herrn Hauptmann davon abraten zu dürfen.«

»Zwecklos, Hauptwachtmeister. Was ich gesagt habe, geschieht.«

»Bitte Herrn Hauptmann darauf aufmerksam machen zu dürfen«, sagte Bock leicht renitent, »daß es völlig zwecklos ist, den Obergefreiten Kowalski zu bestrafen. Es ist einfach sinnlos. Der macht sich nichts daraus. Das ist dem — mit Verlaub, Herr Hauptmann — scheißegal!«

»Dem werde ich einheizen!« rief Witterer rachedürstend. »Der soll mich kennenlernen. Ich lasse mich doch nicht von diesem Burschen behandeln wie . . . wie ein nasser Sack!«

Soviel Hartnäckigkeit bei einer Sache, die im Grunde — eben weil es sich um Kowalski handelte — so etwas wie ein unverrückbares Naturgesetz war, ging dem Hauptwachtmeister völlig wider den Strich. Die mangelnde Einsicht in diesem speziellen Punkt, die bei Witterer deutlich in Erscheinung trat, verbitterte Bock.

»Herr Hauptmann«, sagte der Hauptwachtmeister, »es ist erprobterweise das beste, überhaupt niemals auf das zu hören, was Kowalski quasselt. Im übrigen nämlich ist der Mann goldrichtig — das geborene Frontschwein. Im Einsatz einfach unbezahlbar.«

»Ich kann mich doch nicht andauernd von dieser Wildsau anrempeln lassen!«

»Herr Hauptmann, der hat bestimmt gemerkt, daß sich Herr Hauptmann über seine Bemerkungen ärgern — und deshalb läßt er sie erst recht vom Stapel. Sonst ist der ziemlich wortkarg.«

Witterer grollte; sein Unwille nahm immer mehr zu. Er begann, in seiner Unterkunft umherzuwandern. Er hatte Ähnlichkeit mit einem

Panther, der beutelüstern durch seinen Käfig pendelt. »Der wird eingesperrt!« rief er dann.

Bock zuckte ungeniert mit den Schultern und benahm sich zum erstenmal in Gegenwart seines neuen Chefs reichlich salopp. Er sagte: »Hat doch keinen Zweck!«

»Dann bringe ich den Kerl vor ein Kriegsgericht!«

»Dafür reicht das, was er sagt, erfahrungsgemäß nicht aus, Herr Hauptmann.«

»Genug der Belehrungen!« rief Witterer schroff. »Führen Sie diese Wildsau vor.«

Der Hauptwachtmeister zuckte abermals mit den Schultern, dann ging er nach einer mittelprächtigen Ehrenbezeigung hinaus. Er schüttelte mißbilligend den Kopf. Aus Erfahrung wußte er: So war die Batterie nicht zu führen. So nicht!

Bock ließ sich Zeit. Er trottete in seine Unterkunft und warf dort zunächst den Schreibstubenunteroffizier hinaus. Dann versuchte er, Oberleutnant Wedelmann telefonisch zu erreichen; das gelang ihm nicht. Auch Asch war unerreichbar. Er überlegte, ob er Luschke anrufen sollte — aber er ließ die Finger vom Apparat.

Nach Ablauf einer Stunde, nachdem immer noch nichts passiert war, brüllte ihn Witterer telefonisch an. Er verlangte Kowalski, lebendig oder tot. Der Hauptwachtmeister sagte, nachdem er den Hörer abgelegt hatte, »Ah!«. Dann schleppte er Kowalski herbei.

Kowalski war in allerbester Stimmung. Er schien getrunken zu haben — nachzuweisen war ihm das zwar nicht, aber es durfte mit Sicherheit angenommen werden. Als vermutlicher Alkohollieferant kam nur Unteroffizier Soeft in Frage, der stets seine aufrichtige Freude an Verwicklungen jeder Art fand.

Bock sah schwarz. Ehe er mit Kowalski zu Witterer ging, versuchte er, ihn zu bearbeiten. »Kowalski«, sagte er kameradschaftlich, »machen Sie jetzt keinen Unsinn.«

»Wo denken Sie hin, Herr Hauptwachtmeister«, versicherte der. »Ich werde mir doch meine Freude nicht verderben!«

»Bleiben Sie korrekt, Kowalski.«

»Bin ich doch immer!«

»Ausdrücklicher Wunsch von Oberleutnant Wedelmann«, log der Spieß unbekümmert.

»Im Ernst?« fragte Kowalski.

Bock überhörte in bewährter Manier, daß hier seine Wahrheitsliebe unmißverständlich angezweifelt worden war. Er sagte: »Ich habe vorher ausführlich mit Wedelmann telefoniert. Er wünscht, daß Sie Ihre Schnauze halten — wenigstens für fünf Minuten.«

»Zehn Minuten — weil's Wedelmann ist«, gestand Kowalski großzügig zu.

Bock schob den Obergefreiten vor sich in Witterers Unterkunft hinein. Kowalski meldete sich nahezu vorschriftsmäßig. Der Hauptmann umgürtete sich, setzte seine Mütze auf — streng nach Vorschrift: Bestrafender und Bestrafter im Dienstanzug — und stellte sich in Positur.

Er hob einen Zettel hoch und las von dort ab: »Ich bestrafe den Obergefreiten Kowalski mit drei Tagen verschärften Arrest, weil er wiederholt seinem Batteriechef und anderen Vorgesetzten seiner Batterie renitente und herausfordernde bis disziplinargefährdende Antworten gegeben hat.«

Scheiße, dachte der Hauptwachtmeister Bock im Hintergrund, alles Scheiße! Das ist doch kein Straftenor, das ist Wischiwaschi. »Weil« und »hat« stimmt zufällig; jede Begründung muß einen ganz konkreten Fall schildern, verlangt Luschke; sie darf nicht aus Allgemeinplätzen bestehen.

»Kraftfahrer Ihres Batteriechefs«, rief Witterer Kowalski zu, »sind Sie die längste Zeit gewesen. Ab sofort karren Sie Munition! Na — was sagen Sie jetzt?«

»Verbindlichen Dank, Herr Hauptmann«, sagte Kowalski.

»'raus!« brüllte der. »Aus meinen Augen!«

»Gerne, Herr Hauptmann«, sagte Kowalski, baute — Wedelmanns angeblicher Mahnung eingedenk — ein Männchen und entschwand.

Der Hauptwachtmeister Bock stampfte, ohne erst auf eine Weisung Witterers zu warten, hinterher. Er sah immer noch schwarz — diesmal zusätzlich noch für Hauptmann Witterer. Wenn Luschke diesen Straftenor in seine Hände bekam — und laut Regimentsbefehl war ihm über Bestrafung innerhalb achtundvierzig Stunden zu berichten — würde der Teufel los sein. Was dann kommen mußte, gönnte er Witterer; aber auch er, Bock, würde in die Schußlinie geraten.

»Herr Hauptwachtmeister«, fragte Kowalski neugierig, »wann und wo kann ich sitzen?«

»Nur langsam«, sagte der. »Das eilt nicht.«

»Laut Disziplinarstrafverordnung«, erklärte Kowalski unternehmungslustig, »ist der Strafvollzug so bald wie möglich durchzuführen. Und ich bin schon ganz wild darauf.«

»Machen Sie sich nicht mausig, Kowalski«, sagte Bock. »Vielleicht hat der Hauptmann nur einen Witz gemacht.«

»Aber doch nicht mit mir!« rief der Obergefreite mit Würde.

Der Hauptwachtmeister winkte ab und ging in seine Unterkunft hinein. Kowalski folgte ihm wie ein Schatten. Er amüsierte sich großartig.

»Was wollen Sie denn noch?« fragte der Hauptwachtmeister ärgerlich.

»Meine Strafe absitzen — sonst nichts.«

»Mensch, Kowalski, du bist aber ein hartnäckiges Luder!«

»Ich bestehe auf meiner Strafe«, erklärte der genußvoll, denn er kannte genau die Schwierigkeiten, die nun fällig waren.

Der Hauptwachtmeister ließ Kowalski stehen, wo er stand. Er angelte sich einen schweren Gummimantel vom Haken und zog ihn über. Dann ging er nach draußen zum Schuppen und machte seine Beiwagenmaschine startbereit.

Kowalski folgte ihm auch dorthin. Er stellte sich auf und sagte: »Ich würde an Ihrer Stelle die Ventile überprüfen lassen — sie klappern.«

»Gehen Sie mir aus dem Weg, Sie Klette!« Bock trat auf den Anlasserhebel, und die Maschine sprang an. Dann schwieg sie wieder.

»Zuviel Gas«, stellte Kowalski sachlich fest.

Bock nahm das Gas zurück, trat erneut den Anlasserhebel, und die Maschine sprang an. Er ließ den Motor warmlaufen und blickte dabei den Obergefreiten unfreundlich an.

Der trat näher und sagte: »Hören Sie die Ventile — sie klappern.« Und dann sagte er herzhaft grinsend: »Der Straftenor dieses Rindviehs war doch kompletter Mist, was? Geben Sie es ruhig zu. Ich kenne mich da aus. Aber wenn da auch nur ein Wort verändert wird, beschwere ich mich bei Luschke.«

»Bahn frei!« rief der Hauptwachtmeister, legte den Gang ein und kurvte mit hohem Tempo ab.

Bock segelte in die Nahprotzenstellung, um Oberleutnant Wedelmann aufzusuchen. Er fand ihn weder in seiner Unterkunft noch in der Feuerstellung. Auch Wachtmeister Asch war ausgeflogen. Der Hauptwachtmeister fluchte und suchte weiter. Schließlich tat er einem Obergefreiten leid, und der gab ihm den Geheimtip: Natascha.

Wedelmann und Asch saßen in der engen Bude der Russin und tranken Tee, diesmal aus gleichartigen, leicht angeschliffenen Gläsern, die der Oberleutnant besorgt hatte. Sie sprachen vom Krieg — bei Natascha war kein anderes Thema denkbar.

»So ein Krieg«, sagte Asch, »ist wie ein großes Scheißhaus — jeder muß mal hinein, aber nur eine bestimmte Sorte fühlt sich dort wohl.«

»Es wäre angebracht«, sagte Wedelmann tadelnd, »gewähltere Ausdrücke zu gebrauchen.«

»Aber doch nicht für diesen Dreck!«

»Für uns«, sagte Natascha ernsthaft, »ist dieser Krieg, den wir nicht angefangen haben, eine vaterländische Pflicht.«

»Auch wir«, erklärte Wedelmann, nicht minder ernsthaft, »führen diesen Krieg als nationale Notwendigkeit. Unser Angriff ist vorweggenommene Verteidigung.«

»Herrschaften«, sagte Asch verkniffen, »vor ein paar Jahren gab es in unserer Gegend einen Lustmörder, Schlapprosch hieß das Vieh, der hat vorher immer gebetet. Der war nämlich überzeugt davon, daß Gott ihn so gewollt hatte, wie er war.«

Natascha und Wedelmann schwiegen; und ihr Schweigen sagte deutlich: Du verstehst uns nicht. Sie saßen nebeneinander, ziemlich dicht nebeneinander, auf Nataschas schmalem Bett. Die Hände, seine Rechte und ihre Linke, berührten einander leicht. Und sie wichen dieser Berührung nicht aus.

Asch, der ihnen auf dem einzigen, bei jeder Bewegung ächzenden Stuhl gegenübersaß, schien sich zu amüsieren. In seinen Augen funkelten Ironie und Mitgefühl. Er lehnte sich zurück und schlug die Beine übereinander.

»Herrschaften«, sagte er, »wenn ich euch beide hier so vor mir sehe, weiß ich, was die Stunde geschlagen hat.«

»Wenn Sie gehen wollen, Asch — wir halten Sie nicht auf.«

»Ihr beide«, fuhr Asch unbeirrt fort, »marschiert in eine neue Zeit. Aber jeder in eine andere Richtung. Jeder von euch ist überzeugt davon, seine fertige Weltanschauung in der Tasche zu haben. Und was noch schlimmer ist: Jeder glaubt, seine Weltanschauung sei die einzig richtige.«

»Sie sollten wirklich gehen, Asch. Sie scheinen sich hier nicht mehr wohl zu fühlen.«

»Ich«, sagte Natascha, »höre zu. Mich interessiert, was er sagt. Meine Überzeugung ist nicht umzuwerfen.«

»Meine auch nicht!« sagte Wedelmann mit Eifer. »Und gerade deshalb ist es völlig unnötig, uns belehren zu wollen.«

»Das ist doch keine Belehrung«, sagte Asch mit freundlicher Gelassenheit, »das ist nicht einmal ein Versuch, aufklären zu wollen. Das dürfte bei euch beiden nämlich unmöglich sein. Denn es gibt heutzutage Hirne, die sind wie genormt. Und da sitzt ihr nun, ihr roten und braunen Parteiakrobaten — ihr liebt euch, nehme ich an, aber die Liebe zwischen den Menschen ist in eurer Welt eine zweitklassige Angelegenheit. Erst kommt die Sowjetunion oder das Reich, und beide wollen die Welt beglücken. Das Glück, das zwei Menschen finden können, zählt da wohl nicht. Und wozu, frage ich mich, zeugen die Menschen eigentlich Kinder? Um Vaterlandsverteidiger zu produzieren? Oder um in den Kindern weiterzuleben?«

»Sie wissen nicht, was Heimat ist«, sagte Natascha mit Stolz. »Ich verteidige sie, um dann ungestört in ihr leben zu können.«

»Und Sie werden vermutlich nie begreifen«, sagte Wedelmann, nicht minder stolz, »daß das Volk alles ist — und der einzelne nichts ohne sein Volk.«

»Hoffnungslos«, sagte Asch und stand auf. »Gott ist uns gemeinsam. Und die Liebe kann uns vereinen. Und alle Menschen können Geschwister sein. Es gibt nichts auf dieser Welt, was einen Krieg rechtfertigt. Nichts!«

Und Asch ging, ohne die beiden noch einmal anzusehen. Er schlug die Tür hinter sich zu und polterte die schmale, geländerlose Treppe hinunter. Die Haustür wurde geöffnet und zugeschlagen. Bedrückende Stille hockte im Raum. Fern an der Front spuckte ein MG.

»Er versteht uns nicht«, sagte Wedelmann betrübt.

»Einmal wird vielleicht auch er uns verstehen.«

Wedelmann bewegte langsam verneinend seinen Kopf. »Nein«, sagte er. »Dieser Asch ist ein hoffnungsloser Fall.«

Natascha ergriff mitfühlend seine Hand. Er bewegte seinen Oberkörper und sah sie an. In ihren Augen lag Erwartung und Furcht. Es waren sanfte, glänzende, dunkle Augen. Und auf sie drückte er seinen Mund.

Er spürte, wie ihre Augen sich schlossen. Ihre Hände, die er preßte, begannen zu zittern. Aber ihr Kopf bewegte sich nicht.

Lange blieben sie so, und keiner wagte sich zu rühren. Ihr Atem hauchte über sein heißes Gesicht. Seine Lippen glitten abwärts, und er fühlte, wie sich ihr Gesicht hob, sich ihm entgegenschob. Er berührte ihren Mund. Und da zuckte sie zurück.

Ihre Gesichter waren dicht voreinander. Und ihre Augen tasteten das Gesicht, das vor ihnen war, ab – wild und zärtlich zugleich. Sie atmeten kaum.

Dann stürzten sich diese Gesichter entgegen. Die Haut, die sie spürte, war heiß, und die Lippen waren trocken. Sie atmeten schwer.

»Ich liebe dich«, sagten sie.

Sie ließen voneinander und betrachteten sich erregt. Lange Zeit verging, in der sie sich nicht bewegten. Sie zuckten zusammen, als das MG an der Front wieder zu spucken begann.

»Komm mit«, sagte Wedelmann. »Komm mit uns.«

»Wohin?«

»Wir müssen zusammenbleiben«, sagte er, »solange es noch geht.«

»Wir sind doch beieinander.«

Wedelmann schüttelte den Kopf. »Nicht mehr lange«, sagte er. »Wir müssen hier fort. In den nächsten Tagen schon.«

Sie wich zurück, wie gestorben. Sie löste ihre Hände aus den seinen und sagte heftig: »Sprich nicht davon! Bitte, sprich zu mir nicht davon.«

»Wir müssen darüber reden«, sagte er.

»Nein.«

»Soll ich denn von dir fortgehen?«

»Nein.«

»Dann mußt du mitkommen.«

»Nein.«

»Doch«, sagte er. »Wir haben so wenig Zeit für uns – so bitter wenig

Zeit. Und wir müssen sie ausdehnen, solange es geht. Du mußt mit uns kommen. In zwei Tagen sind wir nicht mehr hier.«

In Nataschas Augen lag Trauer, und er glaubte, daß es Angst wäre, Angst um ihn, um sie beide, um ihre Liebe. Und das machte ihn glücklich. Niemals, sagte er sich, war ich so glücklich. Ich habe nicht gewußt, daß es das gibt. Herrgott, das habe ich nicht gewußt!

»Ich liebe dich«, sagte er.

Natascha schloß die Augen. Ihr Gesicht war bleich und ihr Mund klein und schmal geworden. Sie atmete tief ein. Ihre Wimpern zuckten kurz, als litte sie Schmerzen. Dann stieß sie, fast heftig, den Atem wieder aus.

Sie öffnete die Augen und sah ihn groß an. Dann fragte sie: »Wann müßt ihr weg?«

»Übermorgen nacht.«

»Ihr allein?«

»Alle Truppen, die hier liegen. Niemand bleibt. Die ganze Front wird in unserem Abschnitt zurückgenommen.«

»Wie weit?«

»Etwa vierzig Kilometer. Komm doch mit! Ich suche dir dort eine Unterkunft. Es werden dann noch Wochen vergehen, ehe der Krieg wieder an allen Frontabschnitten in Bewegung gerät. Und diese Wochen gehören uns. Natascha. Sie müssen uns gehören. Schau – du bist allein hier. Der Krieg hat dich durch einen Zufall hierher verschlagen. Es ist doch gleich, wo du dich aufhältst – die Hauptsache: wir sind zusammen.«

»Übermorgen nacht also«, sagte Natascha wie abwesend und vermied es, ihn anzusehen.

»Kommst du mit?«

»Ich liebe dich wirklich!« rief sie heftig. »Das mußt du mir glauben.«

»Ja«, sagte er. »Das glaube ich.«

Sie stürzte sich auf ihn zu; und es war, als wolle sie ihr Gesicht an seiner Brust verbergen. »Ganz gleich, was geschieht«, sagte sie atemlos und preßte sich an ihn. »Ganz gleich, was geschieht.«

Der Oberleutnant Schulz spielte Orkan. Er durchraste das Dienstzimmer seines Kommandeurs. Zwischendurch brüllte er auf. Der Adjutant nahm ihn ergeben hin wie eine Naturkatastrophe.

Schulz sagte sich: Jetzt ist es erreicht! Jetzt hatte seine Geduld zu Ende zu sein. Sein Ansehen war in Gefahr. Denn während er hier zugleich Chef der Stabsbatterie war und Stellvertreter des Kommandeurs, hatten sich Dinge ereignet, die sich einfach nicht hätten ereignen dürfen – jedenfalls nicht, solange er hier das große und entscheidende Wort führte.

Die von ihm angesetzten Bereitschaftsübungen waren glatte Versager gewesen. Auch der erste Luftschutzalarm mußte als Reinfall bezeichnet werden, und zwar nicht nur in militärischer Hinsicht, sondern nicht zuletzt auch deshalb, weil das Schild mit der humorvollen Kellerparole, die er sich ausgedacht hatte und die da lautete: »Es wird gebeten, sich nicht in die Hosen zu machen«, direkt über den Platz des Kommandeurs gehängt worden war. Ein Glück noch, daß der Reservemajor völlig ahnungslos darunter saß und nicht herausbekam, warum seine Umgebung pausenlos feixte.

Doch nicht genug damit! Seine siamesischen Etappenzwillinge hatten mehrmals versagt, und zwar überaus kläglich. Die Scherze, die sie sich leisteten, hatten kein rechtes Format mehr und ließen neuerdings keine reine Freude aufkommen. Versager, Blindgänger, Knallköppe! Und so was steht nun unter seinem Schutz.

Was jedoch der unbestreitbare Höhepunkt war: Vierbein! — ausgerechnet Vierbein schien einen strammen Druckposten bei diesem Admiral bezogen zu haben; dieses Ozeanroß ließ sich nicht, wie beispielsweise erwartet werden durfte, pausenlos beputzen, sondern strebte offensichtlich eine intime Waffenkameradschaft an. Scheißhaufen, diese Marine! Wenn er, Schulz, nicht diesen Vierbein morgen so dringend zum Scharfschießen brauchte, würde er ihm die Hammelbeine langziehen.

Doch dann, um das Faß zum Überlaufen zu bringen: diese schier unglaubliche Geschichte mit der Vergewaltigung. »Das ist doch kaum zu fassen!« rief Schulz dem Abteilungsadjutanten zu. »Das kann es doch gar nicht geben — schon gar nicht in der von mir geführten Abteilung. Das ist doch nicht normal!«

»Stimmt leider«, sagte der gut informierte Spirituosenhändler.

»Sind diese Weiber denn Schreckschrauben?« fragte Schulz. »Muß man ihr Gesicht mit einem Handtuch zudecken?«

»Wohl kaum. Sie sind sozusagen Durchschnitt.«

»Dann verstehe ich die Welt nicht mehr!« rief Schulz pathetisch.

Er verstand nach dem, was sich ereignet hatte, tatsächlich Teile dieser seiner Welt nicht mehr. In der vergangenen Nacht hatten drei Telefonmädchen in der Standortvermittlung, die zu seinem Befehlsbereich gehörte, unter einem fadenscheinigen Vorwand den Nachrichtenunteroffizier in den Keller heruntergelockt und ihn dann gemeinsam — vergewaltigt. Vergewaltigt.

Den technischen Vorgang an sich vermochte sich Schulz noch zu erklären. Viel praktische Erfahrung und eine auf diesem speziellen Gebiet kaum als gering zu bezeichnende Phantasie befähigten ihn dazu. Das Verfahren an sich würde recht umständlich gewesen sein, könnte aber dennoch bei energischer Handhabung zum Ziel geführt haben. Durchaus denkbar, daß drei entschlossene Mädchen in der Lage waren, einem windigen Kriegsunteroffizier die Hölle heiß zu machen, ohne daß der sonderliche Chancen hatte, ihnen zu entkommen.

Was sich Schulz aber nicht überzeugend zu erklären vermochte, war das: Wie konnte es überhaupt so weit kommen? Da wimmelte es in der Kaserne von Soldaten; und die noch nicht allzu zahlreichen Weibchen dazwischen mußten doch auf ihre Kosten kommen. Mußten! Wenn sie nur wollten! Und die drei wollten – das stand fest. Warum hatten sie denn nicht?

»Hier«, sagte Schulz meditierend, »liegt das Problem. Und es läßt sich nur so erklären, daß die Bürschlein, die heute die Uniform angezogen haben, richtiggehende Schlappschwänze sind. So was wäre früher bei uns nicht denkbar gewesen. Wir hätten es nie so weit kommen lassen.«

»Davon bin ich überzeugt«, sagte der Adjutant behutsam.

»Wissen Sie, was das ist?« fragte Schulz. »Wissen Sie, was sich hier deutlich abzeichnet? Mangelnde Kampfkraft! Das ist es.«

»Was hat zu geschehen?« fragte der Adjutant.

»Ganz einfach«, erklärte Schulz souverän. »Der Nachrichtenunteroffizier wird wegen erwiesener Unfähigkeit an die Front versetzt, und die drei bedauernswerten Mädchen bekommen Bartsch und Ruhnau zugeteilt. Vollzugsmeldung in vier Tagen.«

»Jawohl«, sagte der Adjutant gedehnt.

»Und um drei Uhr nachmittags«, befahl Schulz weiter, »melden sich alle Hauptwachtmeister der Ersatzabteilung bei mir. In der Sporthalle. Im Feldanzug. Ich werde die Kerle mal kräftig auf Schwung bringen – glauben Sie mir, ich kenne mich da aus: Wenn man den Unteroffizieren Wind macht, stürmt es bei der Mannschaft.«

Der Adjutant nickte und schrieb eine Notiz nieder. Auch er war überzeugt davon, daß sich Schulz besonders auf diesem Sektor genau auskannte. Der wußte, wie man Hauptwachtmeister am schnellsten und sichersten zum Galopp brachte.

»Alle Vorbereitungen für heute abend getroffen?« wollte Schulz wissen.

Der Adjutant entnahm seiner Mappe eine Anwesenheitsliste und, daraus resultierend, ein zweites Blatt mit einer sorgfältig ausgepinselten Zeichnung, welche die Sitzordnung für die Abendtafel darstellte. Im Kasino würde heute präzise acht Uhr die von Schulz organisierte Polterabendfeier im Offizierskameradenkreise für den Herrn Kommandeur und dessen Fräulein Braut stattfinden.

»Da fällt mir gerade ein«, sagte Schulz und tat, als sei ihm das wirklich gerade erst eingefallen, »daß wir nicht vergessen dürfen, Seine Exzellenz, den Herrn Admiral, besonders in unserm Kasino in vorbildlicher Weise zu betreuen. Wir werden Vierbein auch heute abend ausschließlich für Seine Exzellenz abkommandieren. Das wird Eindruck schinden.«

Der Adjutant hob sein wohlgenährtes Gesicht zu Schulz hoch. Er sah betrübt aus, doch nicht ergeben. Er nahm selbst diesen Oberleutnant erduldend hin, denn er liebte seinen Posten. Nur hier konnte er das sein, was er als Soldat bezeichnete, und zugleich seinen Spirituosenhandel en gros überwachen. Nein, von ihm waren keinerlei Einwände zu erwarten, schon gar nicht solche, die dazu geeignet gewesen wären, das unter erheblichen Opfern errungene Vertrauen zwischen ihm und seinen Vorgesetzten zu erschüttern.

»Vierbein wird«, sagte Schulz nicht ohne Eifer und rekonstruierte im Geist eine Szene aus einem sogenannten Kolossalfilm, den er vor kurzem besichtigt hatte und der seinem neuerdings stets steigenden Bedürfnis nach Repräsentation sehr nahegekommen war, »immer hinter Seiner Exzellenz stehen, wenn Seine Exzellenz stehen oder sitzen, und Vierbein wird hinter Seiner Exzellenz einhergehen, mit drei Schritt Abstand. Er bedient nur Seine Exzellenz, keinen anderen.«

»Jawohl«, sagte der Adjutant und sah aus, als litte er heftig unter Gallensteinen. Er nahm die erste sich bietende Gelegenheit wahr und zog sich zurück. Dieser Schulz plante immer nur – die eigentliche Ausführung überließ er dann ihm. Und der Adjutant, bereits fernsprechbereit, sagte sich, bevor er den Hörer abnahm, daß so ein Krieg keine leichte Sache sei.

Dann telefonierte er; zuerst mit seiner eigenen Firma und ordnete an, vorsorglich wie er war, daß fünfzig Flaschen Sekt anzurollen seien. Dann verständigte er den Abteilungsschreiber, einen Oberwachtmeister, davon, daß er, der Abteilungsschreiber, die Hauptwachtmeister zu verständigen habe: drei Uhr Sporthalle – Feldanzug. Hierauf befahl er dem Hauptwachtmeister der Stabsbatterie, für den Abend die Unteroffiziere Vierbein, Bartsch und Ruhnau abzustellen, dazu fünf weitere ausgebildete Ordonnanzen, weiter drei Küchenaushilfskräfte und zwei Mann zusätzlich als vorsorglichen Ersatz für Ausfälle.

Nachdem das alles geschehen war, begab sich der Adjutant in das Offizierskasino und überwachte dort wie ein gelernter Oberkellner alle Vorbereitungen. Hierbei war ihm eine gewisse Sachkenntnis, die aus nahezu zweijähriger Kasinoerfahrung kam, keinesfalls abzusprechen.

Schulz fand sich als erster, bereits eine halbe Stunde vor dem offiziellen Beginn, ein. Er trug eine gutsitzende Extrauniform und einen auffallend weißen Kragen. Natürlich kam er allein – seine Frau hielt er, was jedermann wußte und hinnahm beziehungsweise respektierte, für nicht gesellschaftsfähig. Er trug diese Entscheidung, die er ganz alleine gefällt hatte, wie eine schwere Last, doch selbstverständlich mit unveränderlich guter Haltung. Erst heute wieder hatte er eine erneute und, wie er glaubte, entscheidende Auseinandersetzung mit seiner Frau über diesen heiklen Punkt gehabt. Sie verstand ihn immer noch nicht!

Unmittelbar nach seiner Ankunft trafen in der Küche des Kasinos die Ordonnanzen, Hilfskräfte, die Aushilfskräfte und der Ersatz für die Aushilfskräfte ein. Schulz ließ sich, um die Temperatur der Getränke zu überprüfen, einen Kognak eingießen, einen doppelten. Dann schritt er, das nicht ganz geleerte Glas noch in der Hand, die Front der, wie er sie nannte, »Freß- und Sauftransportkolonne« ab, deren bewährte Anführer Bartsch und Ruhnau waren.

Die beiden »Langstreckenbomber« blickten ergeben und einsatzbereit zu ihm hoch. Der Rest versuchte lediglich, und zumeist vergeblich, die Brüste in den weißen Kasinojacken zu wölben. Schulz betrachtete sie überaus kritisch, das Kognakglas in der Hand. Kein Fleckchen, mochte es auch noch so winzig sein, entging ihm.

Hierauf überprüfte er die Güte der Speisen und die Temperatur weiterer Getränke. Er fand zwar hier und dort einiges auszusetzen, aber seine Tadel wurden gelegentlich durch anerkennende Worte abgelöst, was seine gute Stimmung deutlich verriet.

Aber diese gute Stimmung hielt nicht übermäßig lange vor. Sie sank ganz plötzlich auf den Nullpunkt, als er des Herrn Admirals ansichtig wurde. Denn: Seine Exzellenz kamen ohne Vierbein!

Schulz kurvte zweimal kühn um Seine Exzellenz herum, durfte beim erstenmal die Hand des ehemals kaiserlichen Beraters schütteln, was er auch herzhaft tat, wurde beim zweitenmal danach gefragt, wo denn seine Gemahlin sei. Das überraschte und verwirrte Schulz nicht wenig; und er wähnte, daß Vierbein die Stirn besessen haben könnte, während der Erledigung seines streng dienstlichen Auftrags halboffizielle Dinge zu berühren. Das wurmte ihn über alle Maßen. Das machte ihn wütend und unsicher.

Das führte sogar so weit, daß er es nicht wagte – er, Schulz, wagte es nicht! –, an Seine Exzellenz die entscheidende, ihn auf den Nägeln brennende Frage zu richten: Wo ist dieser Vierbein? Aber das wäre vermutlich zu kühn gewesen, vielleicht auch nur dämlich. Denn wenn Seine Exzellenz ein Luschke gewesen wäre, was aber erfreulicherweise doch wohl nicht zutraf, hätten Seine Exzellenz zurückfragen können: Sie wissen nicht, wo Ihre Soldaten sich aufhalten?

Nein – das nicht; so nicht! Schulz stürzte in die Küche, auf Bartsch und Ruhnau zu, die gerade intensiv die kalten Platten überprüften, und sagte: »Hört mal her, ihr Blindgänger. Schafft mir sofort diesen Vierbein herbei!«

»Jawohl!« riefen beide, nicht sonderlich erfreut.

»Und das mit Tempo! Wenn ihr das nicht bald schafft, habt ihr die längste Zeit Heimatluft geatmet.«

Die beiden »Zerreißmaschinen« würgten noch schnell ein paar Brote hinunter und gossen kurz zwei Gläser Sekt nach. Dann tummelten sie sich mißmutig.

Sie fanden Vierbein überraschend schnell und, wie erwartet, im Café Asch. Vierbein saß oben in der guten Stube mit Fräulein Ingrid, seinem Fräulein Braut, Hand in Hand auf dem Sofa. Der alte Asch hatte sich unter dem Vorwand, seinen Freund Freitag aufsuchen zu wollen, taktvoll zurückgezogen, um so die beiden Verliebten nicht zu stören. Er tat das beruhigt, denn daß die beiden Dummheiten machen würden, war kaum zu befürchten.

Bartsch und Ruhnau betrachteten das Idyll, das sich ihnen bot, mit freudigem Grinsen. Sie stießen sich an und zwinkerten sich genußvoll zu. Dann seufzten sie kunstvoll, was ihnen mächtigen Spaß zu machen schien.

Und der eine sagte: »Vierbein, du sollst sofort zu Schulz kommen. Jetzt ist es kurz vor neun Uhr. Was ist dir das wert, wenn wir dich erst um zehn Uhr gefunden haben?«

»Drei Flaschen Wein«, sagte Ingrid, die sich langsam daran gewöhnt hatte, die Alltagssprache der Zeit zu sprechen. »Drei Flaschen — für elf Uhr.«

»Geht nicht«, sagte Bartsch. »Zwei Stunden Suchen ist für uns zu riskant.«

»Eine Stunde wäre noch normal«, sagte Ruhnau. »Die könnten wir verantworten.«

»Ich komme natürlich, wenn es sein muß, sofort«, sagte Vierbein. »Wenn es mir auch nicht leichtfällt, immer wieder mitten aus meinem Urlaub herausgerissen zu werden.«

»Urlaub? Ich höre immer Urlaub! Du bist doch hierher kommandiert.«

Vierbein legte die Hand auf seine Brusttasche. Dort knisterten die Urlaubspapiere, die ihm heute gegen Abend ein Kraftfahrer des Kommandanten des Heimatflughafens überbracht hatte — frisch von der Front importiert. Er hatte darüber nachgedacht, was mit ihnen anzufangen war, und ihm war klargeworden, was von ihm erwartet wurde.

»Ich bin hierher beurlaubt«, sagte der Unteroffizier Vierbein fest. »Am Ende meines Urlaubs soll ich dann die ausgebildeten Nachrichtenleute mit den neuen Geräten mitnehmen.«

Bartsch und Ruhnau, die »Flammenwerfer«, wußten nicht recht, was sie mit dieser Auskunft anfangen sollten. Sie war ihnen zu eindeutig, zu unkompliziert, sie gab ihnen zu wenig Möglichkeiten, ihre Schafe ins trockene zu bringen. So taten sie denn, als hätten sie nicht gehört, und fingen wieder an zu handeln. Schließlich waren sie kurz davor, sich mit Ingrid auf die drei Flaschen Wein für neunzig Minuten Suchzeit zu einigen.

Aber Vierbein sagte: »Ich komme lieber sofort mit, dann ist das ausgestanden. Ein für allemal.«

»Aber warum willst du dich drängen, wenn du doch Urlaub hast, Mensch!«

»Das weiß Schulz vermutlich gar nicht. Und außerdem: Befehl ist Befehl!«

»Ach!« sagte Ingrid ärgerlich. »Das ist alles so umständlich und so wenig erfreulich! Wer soll sich da durchfinden?«

Vierbein legte beschwichtigend eine Hand auf ihren Arm, lächelte ihr zu und erhob sich dann entschlossen. »Ich komme bald wieder«, versprach er.

»Ich bin kein Gasthof«, sagte Ingrid böse, »wo du kommen und gehen kannst, wie du willst.«

»Ich werde mich beeilen!«

»Und ich gehe schlafen.«

»In einer halben Stunde«, versprach Vierbein, »bin ich wieder zurück. Lange dauert das bestimmt nicht, dann ist alles klar.«

Dann ging er, von Bartsch und Ruhnau geleitet, die ihm mächtig grollten und wenig schmeichelhafte Dinge sagten. Sie waren um ein brauchbares Geschäft gekommen – betrogen worden, sagten sie –, und das ärgerte sie. Was sie allein ein wenig versöhnte, war der Umstand, daß sie sich wenigstens doch erneut als gute, verläßliche Spürhunde von Schulz erwiesen hatten – der würde das gewiß anerkennend vermerken.

Doch Schulz fand weder Zeit noch Gelegenheit dazu, seine Trabanten zu rühmen. Der »Fall Vierbein« beschäftigte ihn stark. Er stürzte auf den Unteroffizier zu und fragte: »Warum haben Sie meinen Befehl nicht ausgeführt, Vierbein?«

»Bitte melden zu dürfen: Ich habe den Befehl von Herrn Oberleutnant ausgeführt.«

»Sie sollten Seine Exzellenz begleiten. Haben Sie ihn begleitet?«

»Ich habe mich bei Seiner Exzellenz gemeldet, aber der Herr Admiral haben gesagt: Begleitung unnötig!«

»Wer bestimmt hier, Vierbein«, sagte Schulz gefährlich ruhig, »dieser Admiral oder ich?«

Hierauf wußte Vierbein keine Antwort. Den Oberleutnant Schulz befriedigte das. Er wies mehrmals mit dem Daumen in Richtung Kasinoräume. Vierbein zögerte kurz, gehorchte dann aber. Das befriedigte den Oberleutnant Schulz noch mehr. Und er genehmigte sich einen Kognak, abermals einen doppelten.

Als er dann nach zehn Minuten die Gesellschaftsräume des Kasinos betrat, wo man im ausgeräumten Speisesaal bereits tanzte, sah er im Weinzimmer, und zwar ausgerechnet in der ausschließlich dem Kommandeur vorbehaltenen Schachecke, den Unteroffizier Vierbein sitzen — ausgerechnet Vierbein! —, ein Sektglas in der Hand und artig Männchen machen. Und neben Vierbein saß der Herr Admiral, Seine Exzellenz, dieser Armleuchter!

Schulz brauchte lange Sekunden, um seine wild aufsteigende Wut zurückzudämmen. Diese Saufkumpanei zwischen einem Unteroffizier und einem Admiral ging ihm wider den Strich. Er pirschte sich näher und winkte Vierbein, abermals mit dem abgespreizten Daumen, zu sich. Der entschuldigte sich beim Admiral, erhob sich gehorsam und folgte Schulz auf den kleinen Seitenkorridor, wo sich die Türen zu den Toiletten befanden.

»Sind Sie hier Gast, Vierbein?« fragte Schulz lauernd.

»Seine Exzellenz, der Herr Admiral, forderten mich auf, Platz zu nehmen, Herr Oberleutnant.«

»Und Sie haben es tatsächlich gewagt und Ihren Arsch in den Sessel des Kommandeurs gepflanzt!«

»Nach zweimaliger Aufforderung — jawohl, Herr Oberleutnant.«

»Wer bestimmt hier eigentlich?« fragte Schulz nach beliebter Spielart, »irgendein wilhelminischer Heringfischer oder ein großdeutscher Oberleutnant?«

Vierbein schwieg tapfer.

»Sie gehen sofort in die Kaserne zurück, Vierbein!« rief Schulz.

Der schnappte nach Luft, schloß kurz die Augen und öffnete dann seinen Mund weit: »Bitte Herrn Oberleutnant darauf aufmerksam machen zu dürfen, daß ich heute nacht nicht mehr in der Kaserne schlafe.«

Schulz staunte Bauklötze. War das Vierbein? Das konnte doch nicht Vierbein sein! »Hauchen Sie mich an«, befahl Schulz, »ich will nachprüfen, ob Sie besoffen sind.«

Vierbein hauchte. Schulz schnupperte und schüttelte dann, nach wie vor maßlos verwundert, den Kopf. »Sie sind ja gar nicht besoffen«, sagte er dann. »Was ist los mit Ihnen — sind Sie krank?«

»Ich bin auf Urlaub hier«, sagte Vierbein mit letztem Mut.

»Unsinn!« sagte Schulz rauh. »Sie sind kommandiert. Oder haben Sie etwa Ihr Gehirn an der Front liegenlassen?«

»Wenn Herr Oberleutnant erlauben«, sagte Vierbein, knöpfte die linke Brusttasche auf und entnahm ihr alle jene Papiere, die erst vor wenigen Stunden eingetroffen waren. Er hielt sie artig dem Oberleutnant entgegen.

Schulz, der aus dem Staunen nicht mehr herauskam, nahm sie verwundert und nahezu automatisch entgegen und blätterte sie durch. Er dachte, wie sein Gesicht verriet, angestrengt nach, doch vergeblich. Schließlich sagte er: »Ich muß besoffen sein!«

Dann gab er Vierbein die Papiere zurück, mit heftiger Bewegung, und ließ den Unteroffizier stehen. Vierbein, alles andere als glücklich, atmete tief aus. Dann verließ er mit schnellen Schritten das Kasino, gepeinigt von der Vermutung, Schulz werde, wenn er diesen Schock überwunden hatte, nach ihm suchen lassen.

Und sein Gefühl betrog ihn nicht. Kaum hatte er sich entfernt, stürzte Schulz wieder durch die Wirtschaftsräume des Kasinos, nach Vierbein brüllend. Vergeblich. Er ließ Bartsch und Ruhnau kommen und sagte zu ihnen: »Schafft mir sofort diesen Vierbein herbei, ihr Blindgänger! Oder ihr habt die längste Zeit Heimatluft geatmet.«

Während sich die beiden »Minensucher« fluchend auf den Weg machten, versuchte Vierbein, zu Ingrid Asch zu gelangen. Aber Ingrid war tatsächlich schon schlafen gegangen. Als Vierbein, leicht verzweifelt, sogar entschlossen war, in ihr Schlafzimmer einzudringen, hinderte ihn der alte Asch gemütlich daran. Und Vierbein erhielt den freundschaftlichen Rat, sich doch einfach dorthin zu begeben, wo er um diese Zeit noch willkommen sei und das finden könne, was ihm hier verwehrt wurde.

Und so kam es, daß der Unteroffizier Vierbein, nach längerem Umherirren, Frau Lore Schulz einen nächtlichen Freundschaftsbesuch abstattete. Und willkommen geheißen wurde!

Kriegsberichterstatter B. M. Eberwein, Sonderführer, traf beim Regiment Luschke mit der Weisung ein, die planmäßigen Absetzbewegungen — »ein neues Ruhmesblatt unserer Truppen« — journalistisch auszuwerten. Der Oberst schickte ihn unbesehen weiter zur 3. Batterie. Hier traf Eberwein am frühen Nachmittag ein.

Eberwein hielt sich für das As unter den Kriegsberichtern, und es gab nicht wenige, die ihm das glaubten. Er besaß viel Phantasie und noch mehr Bedenkenlosigkeit. Seine Nachrichten übermittelte er konkurrenzlos schnell. Die Methoden, die zu derartigen Rekordergebnissen führten, waren sein Berufsgeheimnis.

Hauptmann Witterer begrüßte den großen Eberwein auf das herzlichste, denn er fühlte sich geehrt. Daß gerade er, Witterer, es war, den Luschke durch die Entsendung dieses maßgeblichen Mannes auszeichnete, machte ihn stolz und zuversichtlich. Und er glaubte, nunmehr allen Grund zu haben, annehmen zu dürfen, daß ihm Luschke wohlgesonnen war. So also trog der Schein!

Nach einem kräftigen Begrüßungsschluck fragte Eberwein sachlich: »Wann also rollt der Laden hier an?«

»Morgen nacht«, sagte Witterer.

Eberwein begann zu rechnen. Er war gut genährt und verstand es, behutsam und forschend um sich zu blicken. »Morgen nacht schon! Wenn ich die Bilder und den Bericht übermorgen in Berlin haben will, muß ich mich beeilen. Ich fange am besten gleich nachher an.«

Witterer berichtigte seinen Besucher behutsam: »Morgen nacht erst. Nicht früher.«

Eberwein merkte sofort, daß er einem Anfänger gegenübersaß. Er faltete friedfertig seine rosigen Hände und sagte: »Improvisation ist alles! Auch bei uns. Dazu Inspiration. Wir denken im voraus. Wir überlegen uns, was geschehen wird, und konstruieren das vor.«

»Aha«, sagte Witterer, der langsam zu begreifen schien. »Gestellte Aufnahmen.«

»Laien«, korrigierte Eberwein, »benutzen diesen Ausdruck gerne. Wir Fachleute nennen diese Methode Vorsprungssystem.«

»Verstehe«, sagte Witterer nicht ohne Eifer. »Ich stehe Ihnen natürlich gerne zur Verfügung.«

»Ganz vorzüglich, Herr Hauptmann«, sagte der Sonderführer Eberwein. »Aber ich will Sie vorerst nicht persönlich bemühen. Mir genügt vorläufig, wenn ich ein paar tatkräftige Unteroffiziere zugeteilt bekomme. Mit denen bereite ich alles gründlich vor. Den Rest, die eigentlichen Aufnahmen, erledige ich dann in einer Viertelstunde.«

»Ich bin Ihnen gerne behilflich«, versicherte Witterer nahezu kameradschaftlich. »Und auf alle Fälle bitte ich Sie, heute abend bei unserer Wehrbetreuungsveranstaltung mein Gast zu sein.«

Eberwein quittierte diese Aufforderung mit herzlichen Worten. Seine blühende Phantasie begann sich sofort zu regen. Kapitelüberschriften formten sich in seinem verhältnismäßig schnell und reichlich kühn arbeitenden Gehirn: Schwere Batterie sichert den Rückzug – Die Panzerknacker der 3. kommen wieder auf Touren – Direkt von der Wehrbetreuungsveranstaltung in die Schlacht.

Witterer teilte Eberwein zuallererst Soeft zu, der auch ersucht wurde, für das persönliche Wohlergehen des Kriegsberichterstatters zu sorgen; ferner waren der Schirrmeister und zbV Krause mit von der Partie. Witterer selbst, stark interessiert, blieb an Eberweins Seite und schien gewillt, seinem verehrten Gast jedes Hindernis aus dem Wege zu räumen.

Der angesehene Berichterstatter des Krieges und sein eifriger Helfershelfer begaben sich im Chefwagen in die Nähe der Feuerstellung. Der Gefreite Dammhirsch hatte den Obergefreiten Kowalski abgelöst. Und Dammhirsch fuhr sie nach drei Kilometern in einen mannshohen Graben, und zwar gleich derart heftig, daß Eberwein glaubte, sämtliche Knochen gebrochen zu haben. Witterer hatte eine Vier-Zentimeter-Wunde an der Stirn und fluchte erbärmlich. Der Gefreite Dammhirsch war nach diesen seinen ersten drei Kilometern die längste Zeit Cheffahrer gewesen.

Nach Dammhirsch wurde der Obergefreite Trinkler Cheffahrer. Trinkler hatte die Angewohnheit zu spucken. Und zwar versuchte er immer über die Motorhaube hinwegzuspucken, was ihm während der Fahrt niemals gelang, vielmehr sprühte die Spucke zurück, zum Teil gegen die Windschutzscheibe, zum Teil den vorderen Wageninsassen, also auch Witterer, ins Gesicht. Nach dem ersten kräftigen Anschiß spuckte Trinkler nur noch seitwärts. Aber dann ging ihm, noch am Nachmittag des gleichen Tages, das Benzin aus. Witterer und Eberwein mußten zwei Kilometer weit zu Fuß laufen.

Am Abend war Kowalski wieder Cheffahrer.

Inzwischen hatte sich Eberwein, der Sonderführer, als kleiner Tyrann entpuppt. Wie nicht wenige Halbsoldaten legte auch er entschiedenen Wert darauf, für voll genommen zu werden. Er spielte mit den Landsern der 3. Batterie, die sich das stur gefallen ließen, nicht zuletzt weil Witterer scharf aufpaßte, Krieg.

Erstes Foto: Der entscheidende Augenblick! Hauptmann Witterer, Chef der erfolgreichen Batterie, stand, das Fernglas in der Hand, hoch aufgerichtet, feindwärts spähend, neben dem Geschütz. Es war vorsorglich ausgewählt, das vierte Geschütz, das hinter einem Hügel stand und daher vom Gegner nicht einzusehen war. Der Munitionsunteroffizier hatte in ungefährlichem Abstand von den fotografierten und fotografierenden Helden eine kleine Sprengladung montiert. Als er sie hochgehen ließ, fotografierte Eberwein. Erst bei der dritten Sprengung gelang die Aufnahme zur Zufriedenheit des Kriegsberichterstatters.

Zweites Foto: Gefährlicher Zwischenfall! Eine Zugmaschine drohte seitwärts in einen Graben hineinzurutschen. Aber die Soldaten sprangen rechtzeitig ab, und zwar mit kühnem Schwung — Aufnahme! —, stemmten sich der Zugmaschine in die Seite, mit letzter Kraftanstrengung: verzerrte Gesichter, verrutschte Helme, Stiefel, die sich gegen die Erde stemmten. Alles das, nachdem der Schirrmeister die gegenüberliegende Seite des Fahrzeuges mit Wagenhebern hochgepreßt hatte, von schräg unten seitwärts fotografiert.

Drittes Foto: Nachstoßender Panzer im Nahkampf erledigt! Ein russicher Stahlkoloß flammte auf; nur wenige Meter vor ihm, in einem flachen Deckungsloch, ein Soldat, der gerade im Begriff war, noch zusätzlich eine geballte Ladung auf ihn zu werfen. Dieser Panzer stand in der Nähe des Nahprotzendorfes, und zwar seit vier Monaten schon. Er war nur noch ein abmontierter, ausgeschlachteter Stahlsarg, ohne Gleisketten. Der Schirrmeister hatte ihn mit einem Kanister Benzin übergossen und dann angezündet. Er qualmte wunderbar. Der Unteroffizier mit der geballten Ladung Handgranaten aber war kein anderer als Soeft, der seine Rolle hervorragend spielte.

»Tüchtige Leute haben Sie in Ihrer Batterie, Herr Hauptmann«, versicherte Eberwein ehrlich, nachdem er zwei Dutzend gute Aufnahmen »im Kasten« hatte.

»Das Material ist nicht schlecht«, sagte Witterer.

Eberwein nickte: »Kunststück — bei der Führung!«

Witterer steckte dieses faustdicke Lob gelassen ein. Er kannte seinen Wert und hatte noch niemals an sich gezweifelt. Und er fragte sich, was wohl seine Freunde in der Heimat sagen könnten, wenn sie ihn möglicherweise auf der Titelseite des *Völkischen Beobachters* entdecken würden. An der Spitze seiner Batterie. Umtost von Granaten. Aug in Aug mit dem Feind!

Der Obergefreite Kowalski meldete sich, wie angeordnet, bei ihm ab. Witterer musterte ihn unzufrieden. Daß er diesen Kerl, der leider Gottes ein ganz vorzüglicher Kraftfahrer war, weiter als Cheffahrer behalten mußte, wurmte ihn mächtig.

»Kowalski«, sagte er, »Sie holen also die Damen ab. Der Wachtmeister Asch, der das Gepäck der Truppe transportieren wird, erwartet Sie bereits.«

»Und wann«, fragte Kowalski freundlich, »muß ich sitzen?«

»Das verschieben wir auf später«, sagte Witterer, »wenn wir wieder Ruhe haben. Und Sie können versichert sein, Kowalski — geschenkt werden Ihnen diese drei Tage nicht.«

»Ich habe auch nicht darum gebeten, Herr Hauptmann«, sagte Kowalski aufregend korrekt.

Witterer dachte kurz nach, ob hier etwa schon wieder eine der renitenten Äußerungen des Obergefreiten Kowalski gefallen war. Aber er kam zu dem Schluß, daß das — in Anbetracht der Formulierung und des Tonfalls — diesmal nicht zutraf. Ungeachtet dessen wuchs sein Widerwille gegen diesen ungehobelten Patron. Er haßte diesen Kerl, der ihn verdächtig wohlwollend angrinste, beinahe schon. Und er schwor sich, bei nächster Gelegenheit einen anderen, brauchbaren Cheffahrer ausfindig zu machen.

Kurz danach hatte Witterer eine kleine, aber, wie ihm scheinen wollte, nicht ganz unbedeutende Kontroverse mit Oberleutnant Wedelmann. Wedelmann, der am Vormittag die neuen Stellungen erkundet hatte, teilte mit, daß er keine Lust habe, die angesetzte Wehrbetreuungsveranstaltung zu besuchen.

»Wir Offiziere«, sagte Witterer wenig freundlich, »müssen den Soldaten immer Vorbild sein.«

»Gewiß«, sagte Wedelmann, »aber nicht unbedingt auch noch auf diesem Gebiet.«

»Wollen Sie denn meine Einteilung über den Haufen werfen?« fragte

Witterer. »Ich habe Sie vom Bereitschaftsdienst in der Feuerstellung für heute abend mit Vorbedacht befreit.«

»Wird dankend angenommen«, sagte Wedelmann. »Ich weiß schon, womit ich mich beschäftige.«

»Ich lege Wert darauf«, sagte Witterer, und er sagte das unmißverständlich als Befehl, »daß Sie heute abend teilnehmen. Im Anschluß an die Vorführung erwarte ich Sie in meiner Unterkunft zu einem geselligen Beisammensein mit den Künstlern.«

»Jawohl«, sagte Wedelmann mißmutig und legte den Telefonhörer zur Seite.

Witterer wußte genau, warum er auf Wedelmanns Gegenwart Wert legte. Er lächelte überlegen und mit Ausdauer. Dann ließ er sich den Hauptwachtmeister kommen und nahm einen ausführlichen Abschlußbericht über die getroffenen Vorbereitungen entgegen.

»Punkt acht Uhr also«, sagte Witterer. »Wenn es soweit ist, melden Sie die Anwesenden Oberleutnant Wedelmann, und der kann mir dann die Batterie melden.«

»Jawohl«, sagte der Hauptwachtmeister Bock und wußte jetzt, was Witterer wollte: das Schauspiel. Der ehemalige Batteriechef meldete, so eindeutig vor der versammelten Mannschaft seine zweitrangige Stellung demonstrierend, dem eigentlichen Batteriechef. Aber das behagte Bock nicht. »Und die Angehörigen der anderen Truppenteile?«

»Werden mitgemeldet.«

»Und wenn sich ranghöhere Offiziere darunter befinden?«

»Werden gebeten, sich von der Meldung auszunehmen.«

Bock ging mürrisch davon. Er war unzufrieden. Nicht nur mit Witterer, in Besonderheit mit sich. Er tat zu wenig, um diesen Neuling in seine Schranken zu weisen – das war es, was er sich neuerdings zum Vorwurf machte. Er hatte zuerst immer an den »neuen Besen« gedacht und daran, daß sie gut und gerne kehren – mit dieser Ausdauer allerdings hatte er nicht gerechnet. Bißchen viel Staub, den dieser Anfänger da aufwirbelte.

Witterer bereitete sich inzwischen weiter intensiv auf den Abend vor. Er ließ sich aus der Feldküche das von Krause bestellte heiße Wasser kommen. Er rasierte sich gründlich, nahm dann ein Fußbad und beschnitt seine Fingernägel. Schließlich entnahm er seinem Koffer Nummer zwei seine bessere Uniform, auch frische Socken und eine neue Garnitur Unterwäsche und stieg in sie hinein. Hierauf sprühte er sich mit Kölnisch Wasser ab. Ein längerer Blick in den Spiegel überzeugte ihn davon, daß er eine stattliche Erscheinung sei. Er war sicher: ihm mußte Lisa verfallen!

Dann ließ Witterer seine Unterkunft ein wenig herrichten. Der von Krause speziell dafür eingeteilte Soldat, der nach genauen Richtlinien arbeitete, schleppte eine Menge noch neuer Decken an, breitete sie über den Tisch, die Stühle, das Feldbett. In einer Ecke wurde, auf einer länglichen Kiste, so etwas wie ein Büfett eingerichtet: zahlreiche von Soeft gelieferte Flaschen, dazu Gläser, eine Schale mit Süßigkeiten, eine andere mit kleinem Gebäck. Witterer probierte von jedem etwas, nickte zufrieden und nahm sich vor, Soeft ein großes Lob zu spenden.

Nunmehr überlegte er, wo Lisa Ebner sitzen würde. Und er kam zu dem Ergebnis: natürlich unmittelbar neben ihm, auf dem Feldbett, das jetzt beinahe wie eine Couch aussah. Und es war ihm, als säße sie bereits dort: klein und zierlich, katzenhaft geschmeidig und immer verspielt. Süße Person! Zwei oder drei Stunden später, so gegen Mitternacht, würden die Gäste das Feld räumen. Für Ausweichquartiere hatte der brave Soeft gesorgt. Nur er blieb dann allein zurück – mit Lisa.

Und Witterer lächelte, zufriedener noch als Minuten vorher, seinem Spiegelbild zu.

Dann trafen die ersten Besucher ein und begannen sich in der Wehrbetreuungsscheune breitzumachen. Infanterie saß friedlich neben Artillerie, und selbst Sanitätsdienstgrade wurden stillschweigend geduldet. Auf einem klavierähnlichen Apparat, den Soeft organisiert hatte, klimperte ein Unteroffizier freundliche Weisen, die gelegentlich von den Soldaten mitgesungen wurden, insbesondere immer dann, wenn sich der Melodie ein möglichst handfest-ordinärer Text unterlegen ließ.

Draußen, unmittelbar vor der Scheune und im Hof, spielte der Hauptwachtmeister Bock Verkehrspolizei. Und er war glücklich, nicht wenige zu finden, die auf ihn hörten. Die bevorstehenden Genüsse stimmten friedfertig.

»Nur nicht drängeln, Kameraden!« rief er, obwohl weit und breit niemand zu sehen war, der drängelte. »Wer eine Eintrittskarte hat, findet auch einen Platz.«

Soeft, in freudiger Erwartung der Wehrbetreuungsdamen, betrachtete den Hauptwachtmeister nachdenklich und amüsiert. Schließlich sagte er zu Krause, der neben ihm stand: »Der Spieß trainiert wohl schon für den Frieden.«

»Wieso?« fragte Krause.

»Der geborene Ausrufer für Rummelplätze.«

»Nur nicht drängeln, Kameraden!« rief Bock mit jovialer Geschäftigkeit.

Doch dann mußte der Hauptwachtmeister in die Scheune hinein, um einen Streit zu schlichten, der zwischen fremden Nachrichtenleuten und eigenen Kraftfahrern ausgebrochen war, denn die Kraftfahrer seiner Batterie hatten sich kurzerhand zwei vordere Sitzreihen reserviert. Sie beanspruchten etwa dreimal soviel Plätze, wie normalerweise für sie nötig gewesen wären. Sie erwarteten ihre Freunde von der benachbarten Werkstattkompanie, denen sie sich erkenntlich zeigen wollten.

Bock zeigte Verständnis dafür und tat, als sei alles mit seiner Einwilligung geschehen. Er wäre auch, sagte er sich, ein Idiot gewesen, wenn er seine Kraftfahrer, mit denen er als Troßführer besonders eng zusammenarbeiten mußte, hier im Stich gelassen hätte. So kanzelte er denn die fremdstämmigen Nachrichtenleute ab und verwies sie in die hintersten Reihen.

»Ihr von der Dritten«, rief einer erbost, »bildet euch wohl ein, hier Vorfahrtsrechte zu haben – wie?«

»Schweinigeln Sie nicht immer gleich«, rief Bock zurück. »Wir sind hier nicht auf einem Herrenabend!«

»In der Klippschule sind wir aber auch nicht!«

Bock, von den anerkennenden Blicken seiner Kraftfahrer verfolgt, eilte wieder hinaus. Ein Major der Infanterie traf ein, mit kleinem Gefolge. Der Hauptwachtmeister salutierte, nachdem er bemerkt hatte, daß der Major das Ritterkreuz trug, meldete irgend etwas Allgemeines und geleitete den Ehrengast zur vordersten Reihe.

Kurz danach trafen noch vier weitere höhere Offiziere ein, darunter ein Hauptmann von der Panzertruppe mit Hund. Bock verweigerte dem Hund den Zutritt. Der Hauptmann widersetzte sich energisch. Bock blieb standhaft. Dann erschien, auf drei Meter Entfernung nach Kölnisch Wasser duftend, Hauptmann Witterer. Die beiden Offizierskameraden verstanden sich sofort. Der Hund durfte hinein.

Pünktlich traf die Wehrbetreuungstruppe ein. Der Wachtmeister Asch transportierte auf einem kleinen Laster das Gepäck und den Zauberkünstler. Der saß vermummt hinten im Laderaum, wie fast immer von der Furcht gepeinigt, sich zu erkälten, was Arbeits- und eventuell sogar Gagenausfall bedeuten konnte. Ihm stand, glaubte er, ein menschenwürdiges Fahrzeug zu, kein Viehtransportmittel. Er litt erbarmungswürdig und machte böse Augen.

Kowalski aber transportierte die Damen. Er saß, gespreizt wie ein Pfau, hinter dem Steuerrad, das er nahezu graziös mit zwei Fingern der linken Hand bewegte. Den rechten Arm hatte er um die Lehne des rechten, vorderen Sitzes gelegt, wo ansonsten der Platz des Batteriechefs war.

Neben Kowalski saß Charlotte, die Ansagerin, und lächelte nachsichtig. Hinter ihnen schaute Lisa Ebner mit großen, neugierigen Augen aus einem Fahrerpelz für Riesen heraus. Die Tänzerin Viola daneben schien zu schlafen, so blasiert und gleichgültig schaute sie drein.

Sofort wurde Kowalski mit seiner Last von einer Menge interessierter Landser umringt. Und er kam sich vor, als gälten die bewundernden und prüfenden Blicke, die die Soldaten auf die Mädchen warfen, ausschließlich ihm. Bock, Soeft und Krause, Schirrmeister, Muni-Staffelführer und der Koch, dazu der Sanitätsunteroffizier und der Schreiber, sie alle machten

Anstalten, den Damen zu helfen. Und selbst Kowalski zeigte sich nicht abgeneigt, Charlotte den kleinen Koffer zu tragen, was allgemein auffiel. Doch dann überließ er Krause das Vergnügen, sich als Gepäckträger zu produzieren.

Witterer bahnte sich eine Gasse, hatte ein herzhaftes Kasinolächeln aufgesetzt und rief: »Willkommen, die Damen!« Er drückte drei Hände, die von Lisa besonders fest, und wollte dann wissen: »Zuerst ein Schnäpschen gefällig — zum Aufwärmen?«

Charlotte, die die Führung der Wehrbetreuungsgruppe widerstandslos übernommen hatte, nachdem der einzige Mann des Ensembles, der Zauberkünstler, dauernd unter seinen Minderwertigkeitskomplexen litt, unter der schlechten Witterung, der entwürdigenden Behandlung, schüttelte den Kopf. »Nein«, sagte sie. »Erst die Arbeit — dann, vielleicht, das Vergnügen.«

»Die Damen«, sagte Witterer verbindlich, »werden sich zurechtmachen wollen — vielleicht in meiner Unterkunft.«

»Wir«, entgegnete ihm Charlotte, »sind zurechtgemacht genug. Wir brauchen keine Vorbereitungen.«

»Außerdem«, sagte der Wachtmeister Asch, »existiert unmittelbar neben dem Podium ein provisorischer Vorraum. Der wird vermutlich genügen.«

»Wenn die Damen«, warf Soeft geschäftig ein, »vielleicht erst mal schnell auf die Toilette wollen ...«

Charlotte lachte schallend auf. Die Tänzerin Viola bekam kleine Augen und betrachtete Soeft, wie ganz kleine Mädchen Zwerge im Märchenbuch betrachten. Lisa war ein wenig rot geworden und sah zu Witterer hinüber. Der schien verärgert zu sein.

»Ich zeige den Damen liebend gerne den Weg«, versicherte Soeft.

»Sie scheinen aber auch an alles gedacht zu haben«, sagte Charlotte mit sanfter Ironie.

»Fangen wir jetzt an«, fragte der Wachtmeister Asch in die peinliche Stille hinein, »oder machen wir hier weiter Konversation?«

Er ging voran, und die Damen folgten ihm. Ihnen folgte Witterer. Soeft überrundete sie alle, öffnete den Nebeneingang zur Scheune, schlug dort die Decke zurück und fabrizierte eine einladende Geste.

»Wenn dieser Krieg aus ist«, sagte Asch zu ihm, »solltest du Portier in einem Stundenhotel werden.«

»Mein Wunschtraum!« sagte Soeft und lächelte selig. »Und das möglichst in Paris.«

Witterer verabschiedete sich — »bis nachher!« — von den Damen, sah Lisa Ebner noch einmal in die großen, schönen Augen, und zwar, wie er glaubte, tief! Dann eilte er zum Haupttor und betrat die Scheune. Niemand meldete ihm. Wedelmann war noch nicht da, und Bock hatte sich verdrückt. Das traf Witterer mitten ins Soldatenherz.

Noch tiefer traf ihn dann der Anblick des Majors der Infanterie, an dessen dünnem Hals herausfordernd das Ritterkreuz blitzte. In diesem Augenblick kam sich Witterer geradezu nackt vor. Und der Infanteriemajor sagte dann noch zu allem Überfluß: »Sie also sind unser Scharfschießer!« Und das hörte sich genauso an, als habe er »Scharfscheißer« gesagt.

Jedenfalls war Witterer froh, als die Vorstellung begann. Und während die Stimmung in der Wehrbetreuungsscheune, wie nicht anders zu erwarten gewesen war, immer mehr anstieg, während das blitzende Ritterkreuz des Infanteriemajors Witterer immer mehr schockierte, während Kriegsberichterstatter Eberwein, den Kowalski in volkstümlicher Ausdeutung seines Namens »Schweinepisse« nannte und auch so anredete, einige seiner berühmten Momentaufnahmen »schoß« — währenddessen wurde Lisa Ebner von Asch erfolgreich betreut.

Die eindeutigen Vorbereitungen, die Witterer in seiner Unterkunft getroffen hatte, waren dem Wachtmeister bekannt. Die nicht minder eindeutigen Blicke, mit denen Witterer Lisa Ebner bei ihren Vorträgen verfolgte, waren unverkennbar. In den Augen des Wachtmeisters Asch war Hauptmann Witterer zu schlecht für Lisa Ebner und sie zu schade für ihn. Und dementsprechend gedachte Asch zu handeln.

Er hatte zunächst viel wertvolle Zeit verbraucht, um gegen die verstiegenen Forderungen des Zauberkünstlers anzukämpfen. Dem war es zuerst zu kalt; dann stellte er fest, daß die Luft in der Scheune schlecht war; danach tadelte er die mangelhafte Montage der Scheinwerfer; hierauf verlangte er, daß der Abstand zwischen Bühne und Publikum größer zu sein habe. Später beschwerte er sich über die Ungerechtigkeit des Publikums, das die Damen aus eindeutig erotischen Beweggründen vorzog, seine Leistungen aber nicht im geringsten zu würdigen verstand.

»Was denn, was denn!« rief Kowalski aufgebracht und versuchte sich als Beschützer der Weiblichkeit. »Denkst du denn etwa, deinetwegen werden wir eine Sonderveranstaltung organisieren: Nur für Schwule!«

»Sie widern mich an!« rief der Zauberkünstler.

»Da habe ich ja Glück gehabt«, sagte Kowalski und blinzelte Charlotte zu.

Als die Vorstellung unter großem Gejohle zu Ende ging, wobei sich Viola, schön und mürrisch, immer wieder vor den Vorhang rufen und betrachten ließ, hielt es Witterer für angebracht, den Herrn Major mit dem Ritterkreuz auf einen kurzen Versöhnungsschluck in seine Unterkunft zu bitten.

»Es kann auch ein langer Schluck sein, Sie Scharfschießer«, rief der

Major zustimmend. »Denn wer weiß, ob wir übermorgen noch in der Lage sind, einen zu heben.«

Witterer gab seinem Krause den Befehl, die Damen aufmerksam zu betreuen und dann, wenn sie mit allem fertig wären, in seine Unterkunft zu geleiten. Hierauf schraubte er sich an die linke Seite des Infanteriemajors und lächelte diesem kameradschaftlich zu. Der nahm das gelassen hin.

»Die eine«, sagte der Infanteriemajor, »hat einen Hintern wie ein Pferd. Ich liebe Pferde.«

»Auch ich reite ganz gerne«, versicherte Witterer und lachte männlich auf. Und er freute sich sichtlich, als auch der Infanteriemajor in dieses männliche Lachen einstimmte. Aber es war keine Spur Fröhlichkeit dabei.

»Mein lieber Scharfschießer«, sagte der mit dem aufregend funkelnden Ritterkreuz, »man muß immer scharf 'rangehen, wenn man nicht ins Hintertreffen geraten will — alte Infanteristenweisheit.«

»In der nächsten Zeit«, versicherte Witterer, »wird Gelegenheit mehr als genug sein, um zu zeigen, was man im Rohr hat.«

»Das ist mir scheißegal«, sagte der Infanteriemajor aufrichtig. »Wenn es nach mir ginge, würde ich den ganzen restlichen Krieg im Bett verbringen.«

»Kunststück«, sagte Witterer und kam sich sachverständig vor. »Sie haben ja auch schon das Ritterkreuz weg.«

»Dieses Stückchen Blech? Hat mich zweiundsechzig Soldaten gekostet, einen Schuß in die Hoden und ein schlechtes Gewissen auf Lebenszeit«, sagte der Major trocken. »Reicht mein schäbiges Leben aus, um das alles zu bereinigen?«

»So ein Krieg kann verdammt hart sein«, sagte Witterer und gab sich alle Mühe, seine Verlegenheit zu überspielen.

»Er ist hart«, sagte der Major. »Und dreckig und schäbig. Er ist einfach beschissen.«

Witterer war mit seinem seltsamen Gast in seiner Unterkunft angelangt. Er sah sich prüfend um und fand erneut alles wohlgeraten. Die Ecke, in der Lisa sitzen würde, streifte er mit einem kurzen, zufriedenen Blick.

Er bat den Infanteriemajor, Platz zu nehmen. Der tat das ächzend. Er sah sich leicht verwundert um und sagte dann: »Sieht fast so aus wie ein Frontpuff.«

Witterer lachte verlegen und dachte nach, was er tun müsse, um seinen wenig erfreulichen Gast so schnell wie möglich und keinesfalls kränkend wieder zu verabschieden. Dieser Mann war ihm nicht fein genug. Er hatte keine Manieren. Er mußte seinerzeit mit wenig Elan in den Krieg gestiegen sein.

Unteroffizier Krause, der zbV, erschien und war nervös. Er stolperte, als er zu einer Ehrenbezeigung ansetzte, über den Ersatzteppich.

»Nun – kommen die Damen bald?« fragte Witterer.

»Bitte Herrn Hauptmann melden zu dürfen: Die Damen sind schon wieder abgereist. Mit Wachtmeister Asch.«

»Verdammt!« rief Witterer. »Was heißt denn das schon wieder?«

»Doch kein Frontpuff«, sagte der Major versonnen.

»Sofort meinen Wagen!« rief Witterer.

»Bitte Herrn Hauptmann melden zu dürfen, daß Kowalski mitgefahren ist.«

»Regen Sie sich doch nicht auf, mein lieber Scharfschießer«, empfahl der Infanteriemajor. »Schreiben Sie ruhig die Damen für die nächsten Jahre ab. Gewöhnen Sie sich langsam daran: In einem Krieg werden immer mehr Menschen erschossen als gezeugt. Und wenn Sie sich noch soviel Mühe geben.«

Der Wachtmeister Asch gab dem Kraftfahrer des kleinen Lasters das Zeichen, langsamer zu fahren. Die Etappencity war erreicht. Der Zauberkünstler, der hinten auf seinem Koffer saß, müde und böse und immer noch gepeinigt von der Furcht, sich erkälten zu können, seufzte erleichtert auf.

Kowalski schaukelte mit seinen drei Damen gemütlich hinterher. Er ließ keins der tiefen Schlaglöcher aus, die auf seinem Weg lagen. Der Wagen quietschte und krächzte. Kowalski war überzeugt davon, daß das seine Insassen köstlich amüsierte.

»Wir sind da!« rief Asch nach hinten.

»Jetzt geht es los!« sagte Kowalski.

Asch war abgesprungen und lud bereits das Gepäck der Truppe ab. Der Zauberkünstler half ihm, wenn auch mit Widerwillen, dabei. Kowalski sah erwartungsvoll zu.

»Dann wollen wir uns langsam verabschieden«, sagte Asch.

»Du bist wohl nicht ganz normal!« rief Kowalski ehrlich entsetzt. »Ich fühle mich noch lange nicht wehrbetreut genug. Außerdem habe ich Soeft drei Flaschen Sekt entsteißt. Das allein ist ein Ereignis. Das muß gefeiert werden.«

Asch vermied es, Lisa Ebner, die ihn unverwandt betrachtete, auch nur flüchtig anzusehen. Er schüttelte den Kopf und sagte: »Wir wollen die Damen nicht länger belästigen.«

»Ich bin sowieso noch verabredet«, sagte Viola, die es liebte, ihr eigentliches Tagewerk immer erst um Mitternacht zu beginnen. »Nehmt mein Gepäck nach oben mit, Kinder. Ich habe es eilig. Bis auf morgen dann!«

»Die verdient wohl nicht schlecht!« sagte Kowalski und sah ihr staunend nach, wobei es besonders ihre Hüften waren, die ihn interessierten. »Wie die schaukelt!« sagte er anerkennend. »Die muß in ihrem früheren Leben ein Kamel gewesen sein.«

»Nicht nur in ihrem früheren Leben«, sagte Charlotte trocken. »Aber was ist nun mit euch, ihr Heldensöhne? Wollt ihr hier anfrieren oder verschwinden oder noch auf ein Gläschen mitkommen?«

»Ich bin schon oben«, sagte Kowalski und raffte diverse Gepäckstücke zusammen.

»Und Sie, Herr Asch?« fragte Charlotte spöttisch. »Wollen Sie hier unten auf Ihren Busenfreund warten?«

Asch war unentschlossen. »Ich weiß nicht recht«, sagte er, »wozu das gut sein soll.«

»Um ein Versprechen einzulösen«, sagte Lisa Ebner; und in ihrer sonst so sanften Stimme klang ein wenig Ärger mit.

»Welches Versprechen?«

»Wenn wir unmittelbar nach der Vorstellung, so hieß es, gleich wieder in die Stadt zurückfahren, würde ein Wachtmeister Asch, so hieß es doch weiter, sehr glücklich darüber sein. Dann könnten wir, wurde sodann gesagt, noch ein wenig zusammen plaudern und eine Flasche Sekt trinken.«

»Wer hat das gesagt?« fragte Asch ehrlich erstaunt.

»Ich«, sagte Kowalski, »wer denn sonst? Und habe ich dir nicht aus der Seele gesprochen?«

»Ganz abgesehen davon«, erklärte Charlotte überlegen, »daß ich nicht glaube, daß einer von euch beiden weiß, was eine Seele ist, sind wir nur dieses Versprechens wegen sofort weggefahren.«

»Jawohl«, sagte Lisa Ebner entschieden. »Sonst nämlich wären wir noch bei Hauptmann Witterer geblieben. Und mir tut es jetzt schon leid, daß ich nicht geblieben bin. Ich lasse mich nämlich nicht gerne anlügen — in diesem Punkt schon gar nicht.«

»Ich fühle mich nicht betroffen«, sagte Kowalski, jetzt schwer bepackt. »Ich sage immer genau das, was andere denken.«

Und damit setzte sich der Obergefreite in Bewegung, und Charlotte folgte ihm lachend. Auch Lisa Ebner ließ Asch stehen, drückte die Gitarre an die Brust, so daß sie aufklang, und ging den beiden nach. Der Zauberkünstler war schon seit längerer Zeit verschwunden; fast schien es, als habe er sich selbst hinweggezaubert.

Asch stand geraume Zeit nachdenklich allein im Freien. Dann schlug er entschlossen mit der flachen Hand auf einen Kotflügel seines kleinen Lasters. Er bückte sich, belud sich mit den restlichen Gepäckstücken, die auf der eiskalten Erde herumlagen, und ging dann in die Unterkunft hinein.

Er begegnete niemandem in den leeren Korridoren. Hinter Holztüren ertönte unruhiges Schnarchen.

Asch stieß die Tür auf, die in das Zimmer von Charlotte und Viola führte. Dort kniete Kowalski bereits vor dem Ofen und blies in das noch schwelende Feuer hinein. Der Wachtmeister ließ sich von Charlotte die Gepäckstücke abnehmen, die hier hineingehörten.

»Und den letzten Koffer«, sagte Charlotte vieldeutig lächelnd, »bitte nebenan abgeben.«

Asch nickte dem grinsenden Kowalski zu, ging wieder hinaus und schloß die Tür hinter sich. Dann begab er sich, ohne anzuklopfen, in Lisa Ebners Zimmer. Hier stellte er den Koffer ab.

»Sonst noch einen Wunsch?« fragte er.

Lisa Ebner sah ihn nur groß an. Dann tat sie, als sei er nicht da. Langsam, mit deutlichen, abgezirkelten Bewegungen knöpfte sie sich den Mantel auf, zog ihn aus und warf ihn über das Bett.

»Warum wohl, glauben Sie«, sagte Lisa dabei, »bin ich nicht bei Hauptmann Witterer geblieben?«

»Weil Sie vernünftig sind. Viel vernünftiger, als ich befürchtet hatte.«

Lisa Ebner antwortete hierauf nicht. Wieder sah sie ihn kurz, prüfend, fragend an. Dann ließ sie sich auf ihr Feldbett fallen, hob die Beine und streifte sich die Schuhe ab, ohne sie erst aufzuschnüren. Sie beugte sich vor, ergriff ein Paar Hausschuhe, die in einer Ecke standen, hob dann wieder Bein nach Bein und zog sie sich über.

Dann sagte sie heftig: »Ich habe es satt, vernünftig zu sein.«

»Schlafen Sie gut«, sagte Asch. »Und seien Sie froh, daß Sie allein schlafen können. Morgen früh werden Sie wieder geregelten Appetit auf ein vernünftiges Leben haben.«

Lisa Ebner stand auf, hastig und so, als habe sie einen plötzlichen Entschluß gefaßt. Jetzt sah sie ihn groß und sehr lange an. Und noch während sie ihn ansah, griff sie nach ihrem Pullover, streifte ihn hoch und zog ihn sich über den Kopf. Sie ließ ihn dort, wo sie stand, fallen. Ihre Haare waren erregend wirr, und ihre Augen glühten.

»Was soll das, Lisa?« fragte Asch ruhig.

»Ich kann machen, was ich will!«

»Sie werden sich erkälten«, sagte Asch betrübt.

Sie blickte ihn immer noch an, nur ihn. Und ihr kleiner, sehniger Körper reckte sich hoch. Er sah den Ansatz ihrer Brust, ihre weißen Schultern, die zarten, schmalen Arme.

Asch ging auf sie zu, legte ihr seine Hände auf die Schultern und drückte sie auf das Feldbett. Sie setzte ihm keinerlei Widerstand entgegen. Sie ließ sich fallen und sah ihn an.

Asch setzte sich neben sie. »Lisa«, sagte er ganz ernsthaft, »Sie gehören zu den seltenen Mädchen, die geliebt werden – mit vielen will man nur ins Bett gehen. Mit Ihnen aber werden nicht wenige ein ganzes Leben lang zusammen sein wollen. Ich habe bisher nur zwei Frauen getroffen, denen ich das sagen konnte und denen ich das auch gesagt habe.«

»Wer ist die andere Frau?«

Asch lächelte. Dann sagte er weiter: »Werfen Sie sich doch nicht einfach weg, Lisa. Sie sind viel zu schade dafür.«

»Ich liebe aber!« sagte sie überzeugt.

»Wenn Sie glauben sollten, Witterer zu lieben, dann wissen Sie nicht, was Liebe ist.«

»Nicht Witterer!« rief sie heftig. »Dich!«

»Lisa!«

Sie warf sich ihm mit einer wilden Bewegung an die Brust. Es war, als versuche sie, dort ihren Kopf hineinzuwühlen. Ihre kleinen, nervigen Hände griffen nach seinen Schultern. Ihr Haar duftete schwer, und ihr Atem war heiß. Ihr ganzer Körper schien zu glühen.

»Dich liebe ich«, sagte sie kaum vernehmbar.

Herbert Asch atmete den Duft ein, der von ihr ausging. Seine Hände, die immer noch auf ihren nackten Schultern lagen, griffen fest zu. Er beugte vorsichtig seinen Kopf hinunter, bis seine Lippen ihr Haar berührten.

Dann schob er sie von sich und sagte: »So geht das nicht, Lisa.«

Sie starrte ihn hilflos an. »Warum nicht?«

»Du weißt nicht, was du willst.«

»Doch!« sagte sie heftig, und ihre Augen füllten sich mit Tränen, schnell, unaufhaltsam; und diese Tränen lösten sich und flossen über ihr schmales, zärtlich-gieriges Gesicht. »Ich weiß, was ich will. Und ich kann auch nicht anders. Ich bin so. Und so will ich bleiben. Und du mußt mich so nehmen, wie ich bin.«

»Vergiß nicht, daß ich verheiratet bin.« Er spürte, daß er sich hier zur Wehr setzen mußte, mit aller Kraft, die ihm noch gegeben war, mit Härte, mit Brutalität, wenn es nicht anders ging.

Asch löste sich von ihr ganz. Er stand auf, wich von ihr zurück, bis der kleine Tisch zwischen ihnen stand. Und er tat, als sehe er sie fest an; aber er sah auf die nackte Wand neben ihrem Gesicht.

»Was denkst du dir eigentlich, Lisa!« sagte er hart. »Du benimmst dich wie eine Katze. Wie eine streunende Katze! Schämst du dich denn gar nicht!«

Auf ihrem blassen Gesicht lag Entsetzen. Ihre Tränen flossen nicht mehr. Ihre Lippen zuckten, und er sah, daß sie die Zähne aufeinandergebissen hatte.

»Wie redest du mit mir!« sagte sie noch schluchzend.

»Wie du es verdienst! Dieser Krieg dauert noch zwei, drei Jahre — wenn er vorbei ist, bist du dreiundzwanzig. Erst dreiundzwanzig! Willst du dann eine alte Hure sein?«

»Geh hinaus! Geh sofort hinaus.«

»Morgen«, sagte Asch, »bist du nicht mehr hier. Und auch ich bin ein paar Dutzend Kilometer weiter und eine Nacht näher am Ende dieses Scheißkrieges.«

»Ich will dich nie mehr wiedersehen! Nie mehr.«

»Das wird wohl so sein«, sagte Asch. Er ging langsam zur Tür, mit hängenden Schultern.

Bevor er ging, drehte er sich noch einmal um. Er sagte: »Sieh zu, daß du nicht unter die Räder kommst. Das wäre schade.«

Er öffnete die Tür hastig, stolperte in den Korridor hinaus, schloß dann die Tür hinter sich. Er stand unbeweglich da. Dann hob er die Hand und ließ sie über die Holzwand gleiten, hinter der Lisa Ebner lag. — »Mußte sein«, sagte er dann laut.

Asch versuchte aufzulachen und setzte sich in Bewegung. Er ging auf das Schild zu, das besagte: Beschlagnahmt von der Ortskommandantur. Belegt mit zwei Frauen.

Hier klopfte er und wartete dann. Nach einer kurzen Pause klopfte er abermals. Die Tür öffnete sich, und Kowalski erschien. Er war in Hemdsärmeln.

»Kommst du mit?« fragte Asch. Und er war überzeugt, völlig vergeblich gefragt zu haben. Ein Kowalski kannte keine Komplikationen — schon gar nicht in der Liebe.

Aber der Obergefreite sagte: »Ja — natürlich. Sofort.«

Dann verschwand er wieder und erschien nach knapp fünf Minuten im Korridor. Er war wortkarg. Sie wanderten durch die schlafende Wohnscheune, die Treppe hinunter, ins Freie hinaus.

Vor dem Eingang blieben sie stehen. Asch sah zum Himmel hoch, der grau und schwer und erdrückend tief herabhing. »Ein Sauwetter braut sich zusammen«, sagte der Wachtmeister. »Das wird morgen eine teuflische Nacht.«

Auch Kowalski schien in den Anblick des Schnee- und Wasserhimmels versunken. Es war, als sauge er prüfend die feuchte, naßkalte Luft ein. Doch dann sagte er versonnen: »Dieses Weib ist eine glatte Gefahr, Asch.«

Der Wachtmeister, der sofort begriff, daß Kowalski von Charlotte sprach, sagte: »Die sah aber nicht so aus.«

»Doch«, versicherte Kowalski. »Doch!« Und dann fügte er, sehr zögernd, hinzu: »Noch ein paar Tage mit der, und ich wäre ein anständiger Mensch. Ist das nicht sagenhaft!«

»Du und ein anständiger Mensch! Das glaubst du doch wohl selbst nicht, Kowalski.«

»Bis heute abend habe ich das auch nicht geglaubt«, versicherte er. »Aber ich war in großer Gefahr.«

»Verwechselst du dich da auch nicht mit der Dame?«

»Keinesfalls, Asch.« Kowalski griff nach dem Arm seines Freundes und sah ehrlich betrübt aus. »Sieh mal, Menschenskind — ich wollte sie, wie sich das ja auch gehört, anständig verzupfen.«

»Und das soll dir nicht gelungen sein, Kowalski? Du kommst doch nicht etwa langsam ins Greisenalter?«

»Mensch!« sagte Kowalski und seufzte schwer. »Ich kenne mich beinahe selbst nicht mehr. Mich hat der Krieg auf dem Gewissen. Und dieses Weib! Ich wollte sie, wie gesagt, verzupfen. Und die war auch gar nicht abgeneigt. Aber als ich kurz davor war, fragte sie mich doch, was ich eigentlich von einer Ehe halte. Nur das Beste, sagte ich, besonders bei anderen.«

»Hat sie dir eine geklebt?«

»Viel schlimmer, Mensch. Die hat gelacht. Die hat schallend gelacht! Und jetzt frage ich mich, ob die etwa über mich gelacht hat?«

»War denn noch einer im Zimmer?«

»Du nimmst mich nicht ernst, Asch«, klagte Kowalski. »Und sie nimmt mich auch nicht ernst. Niemand nimmt mich ernst. Ich komme mir langsam vor wie ein Hanswurst.«

»Du hast wohl zuviel getrunken, Kowalski.«

»Das wird es sein«, sagte der wesentlich erleichtert. »Das muß es sein. Ich bin vollkommen besoffen. Denn nüchtern wäre mir das ja auch nie passiert. Nie!«

»Nun komm schon, du Lebemann. Witterer wird vermutlich mit Sehnsucht auf dich warten. Und auf mich auch.«

»Diesem Witterer«, sagte Kowalski, »ziehe ich noch einmal das Fell über die Ohren, daß es nur so kracht. Allen Witterers auf dieser Welt.«

»Du suchst wohl eine Lebensstellung — was?«

»Allen Witterers!« rief Kowalski streitbar. »Denn die sind schuld, wenn ich heute abend nicht zum Zug kam. Und das brauche ich mir nicht gefallen zu lassen. Du wirst schon noch sehen, wie ich mit dieser Null Schlitten fahre.«

Die Nacht, die über der Front lag, war schwer und naß. Am Horizont schienen Himmel und Erde zusammenzukleben. Der Schnee, durch den der Posten watete, war zäh wie Brotteig.

Der Posten umkreiste das Geschütz. Er bewegte sich, um warm zu werden. Er hatte die Hände tief in die Manteltaschen gesteckt. Sein Gesicht, vom hochgestellten Kragen umhüllt, schien eine graue, breiige Masse zu sein.

Dann stand er still und lauschte in die Nacht. Und die Nacht schien ebenfalls stillzustehen, um zu horchen, wie er atmete. Und da war es ihm, als höre er das Dröhnen ferner Motoren.

»Blödsinn«, sagte er dann. Denn das wie durch Decken gedämpfte Gedröhne kam von der russischen Seite. Und die Russen, davon war er überzeugt, schliefen. – Sollten sie doch schlafen!

Soeft hatte die kleinen Augen selig geschlossen und den Mund weit aufgerissen. Sein riesiger Riechkolben ragte zur Decke aufwärts. Er brüllte das Lied von den willigen Mädchen, die so heiß waren, daß sie keine Unterwäsche zu tragen brauchten.

»So wie sie Gott erschaffen hat,
so setzte sie die Truppe matt.
Da rief der große General:
Noch – ein – mal!«

Und mit Soeft sangen die Freunde des engeren Kreises, der Hauptwachtmeister und der Schirrmeister. Und auch der Sanitätsunteroffizier, den mit »Sanitätsgefreiter Neumann« anzureden sich Soeft niemals entgehen ließ.

Dicke Rauchschwaden lagen im Raum. Die Tischplatte war naß von verschüttetem Schnaps. Und Soeft sagte schwer: »Saufen ist immer besser als keine Weiber!«

»Und wenn schon Leichen, dann Schnapsleichen«, sagte der Hauptwachtmeister.

Soeft nickte. »Morgen nacht geht der Krieg wieder los. Aber das eine sage ich euch: Verpflegung ist immer wichtiger als Munition. Und am wichtigsten ist Soeft.«

»Das bring Witterer bei!«

»Das besorgt für mich der Krieg – der hat schon ganz anderen Schreiern die Fresse poliert.«

Die Nacht, die über der Heimat lag, schien friedlich und still. Ein früher Frühling schlich sich durch die blauschwarze Dunkelheit herbei. In den Straßen der kleinen Stadt hatte der Krieg alle Lichter gelöscht.

Der Unteroffizier Vierbein saß Lore Schulz gegenüber. Jetzt war er entschlossen, auch hier tapfer zu sein. Und Lore Schulz schien bereit, sein erwachtes Heldentum nicht erst lange auf die Probe zu stellen.

»Herr Vierbein«, sagte sie, und die Stehlampe warf mildes Licht auf ihr erwartungsvolles Gesicht, »gehöre ich für Sie auch zur Ersatzabteilung?«

»Ich glaube, Frau Schulz«, sagte Vierbein und staunte über seine eigene Kühnheit, »Sie gehören zur kämpfenden Front.«

»Wer weiß«, sagte sie gedehnt. »Ich lasse mich nämlich gerne besiegen.«

Und dann fügte sie, noch gedehnter, hinzu: »Wollen Sie das nicht mal ausprobieren?«

Oberst Luschke lag angekleidet auf seinem Feldbett und vermochte nicht zu schlafen. Sein Knollengesicht war schweißnaß. Er hatte die Hände über den Schlafdecken gefaltet; aber er betete nicht.

Später warf er die Decken ab und wälzte sich von seinem Lager. Er tastete sich sicher zu seinem Kartentisch, griff dann hoch, bis seine Hände die elektrische Lampe fanden, die von der Decke herabbaumelte. Er knipste sie an. Sie brannte nur matt, denn der Strom der Batterie war schwach.

Die schmalen Säbelbeine des Obersten steckten in langen Wollsocken. Die Reithose war ihm tief heruntergerutscht, denn er hatte zum Schlafen die Träger gelöst. Das Eiserne Kreuz I. funkelte matt auf seiner Feldbluse, die über der Brust tiefe Falten schlug.

Luschke sah aus wie ein müder, abgearbeiteter Zwerg; und das wußte er auch. Sein schmächtiger Oberkörper hing über der Karte, er hatte sich auf seine Hände gestützt. Er betrachtete die dünnen Linien der Rückzugsstraßen, auf denen seine Batterien morgen nacht marschieren würden.

Sorgen hatten sein Gesicht gezeichnet.

Er griff nach den Meldungen, die noch am späten Abend auf seinen Tisch gelegt worden waren: Truppenbewegungen des Gegners in diesem Frontabschnitt wahrscheinlich; Wetterbericht unverändert; feindlicher Agentensender im Divisionsbereich angepeilt; unzureichende Transportmittel beim Feldlazarett; Straßenzustand unverändert; grundsätzliches Verbot jeder eigenen Truppenbewegung vor Anbruch der morgigen Nacht.

Er schaltete das Licht wieder aus, trat an das Fenster, riß dort den Vorhang zurück und starrte in die Dunkelheit. Vereinzelte Schneeflocken taumelten vom Himmel. Sie fielen gegen die Fensterscheibe und zerschmolzen.

»Da braut sich eine dicke Scheiße zusammen«, sagte Luschke brummig.

Der alte Asch kam aus Ingrids Schlafzimmer, ging behutsam über den Korridor in das Wohnzimmer hinein. Dort saß der alte Freitag hinter einer Flasche Wein und blinzelte ihm entgegen.

»Sie schläft«, sagte der alte Asch. »Und sie schläft allein.«

»Du bedauerst das doch nicht etwa?«

»Ich hätte Verständnis dafür«, sagte der alte Asch nachdenklich. »Denn ich hätte es getan.«

Der Werkmeister Freitag schlürfte ein wenig Wein. Dann sagte er: »Wie Vierbein erzählt, soll es an manchen Frontabschnitten ganz ruhig sein. Beinahe so ruhig wie hier.«

»Warum nicht? Oder glaubst du, die Jungens sind wild darauf, zu schießen?«

»Sie werden nicht gefragt.«

»Aber sie machen den Krieg. Und wenn sie nicht wollen, findet er auch nicht statt.«

»Haben wir den ersten Weltkrieg gewollt?« fragte Freitag.

»Natürlich nicht.«

»Dann hat er also nicht stattgefunden!«

Der Cafetier Asch schnitt eine neue Zigarre an. Nachdem er sie umständlich angezündet hatte, fragte er: »Warum folgen wir eigentlich, wenn dieser Führer befiehlt?«

»Nationaleigentümlichkeit, Mensch! Bei uns sind nämlich Befehle heilig. Und zwar alle Befehle. Gleichgültig, ob es Ehrenmänner, Idioten oder Verbrecher sind, die sie geben.«

Das Mädchen Natascha preßte sich an den Oberleutnant Wedelmann. Ihre vollen Brüste drängten sich gegen ihn. Er glaubte zu fühlen, daß sie zitterte.

»Geh nicht«, sagte sie.

Wedelmann löste sich sanft. »Ich muß gehen. Morgen wird ein anstrengender Tag für uns sein. Und dann wird eine Nacht kommen, in der wir uns nicht sehen werden. Aber dann haben wir wieder Zeit für uns.«

»Geh nicht«, sagte sie abermals; und sie sagte das bittend und fordernd zugleich.

Wedelmann beugte sich ihr entgegen, und seine Lippen suchten ihren Mund. Sein Kuß war scheu und zärtlich, als wäre es der erste Kuß. »Es muß sein«, sagte er dann.

Sie schüttelte heftig den Kopf. »Du solltest mich nie verlassen. Niemals. Du solltest immer bei mir bleiben.« Und sie fügte, fast lautlos, hinzu: »Ich will nicht mehr allein sein.«

»Ich liebe dich wie niemand sonst.«

»Wie ich diesen Krieg hasse!« rief sie plötzlich wild.

»Auch ich hasse ihn«, sagte Wedelmann, und er wußte nicht, was er sagte. Er streichelte zart ihre bebenden Hände und ging dann leise hinaus.

Sie sah ihm nach. Und sie sah noch immer auf die geschlossene Tür, als er schon lange gegangen war. Sie lauschte wie verloren in die Dunkelheit hinein.

Dann legte sie die flachen Hände auf ihr Gesicht und preßte es heftig. Sie ließ die Hände höhergleiten, über ihre Haare hinweg. Dann kniete sie nieder, und es schien fast, als sei sie gefallen.

Sie bückte sich tief. Sie tastete nach der Kiste, die unter ihrem Bett lag. Sie öffnete sie hastig, riß einige Kleidungsstücke heraus, ein Tuch, Strümpfe und ein zerknülltes Kleid. Dann holte sie ein Kästchen hervor, erhob sich und stellte es auf den Tisch.

Es war ein Kurzwellensender.

Das Gebrüll in Soefts Unterkunft, das für Gesang gehalten wurde, schwoll wieder an. Jetzt war das Lied von dem Mädchen in Hamburg fällig, das für Geld alles machte. Sie grölten es mit Inbrunst.

»Sie hat mir das Herz nicht gebrochen,
sie hat mir den Mut nicht geknickt,
ich hab ihr die Ehe versprochen,
und da hat sie mich herzhaft beglückt.«

So sangen sie – oder doch so ähnlich, denn sie wählten natürlich das Soeftsche Original, in dem die Worte »Mut« und »beglückt« durch andere, wesentlich deutlichere Bezeichnungen ersetzt worden waren.

Und während sie noch mit überschäumender Sangeslust in heimatlichen Erinnerungen schwelgten, betraten Asch und Kowalski die verqualmte und nach Schnaps duftende Wohnhöhle und grölten sofort kräftig mit, nicht ohne sich zwischen den Versen glasweise zu stärken.

»Daß ihr noch lebt!« sagte Soeft, nachdem das Gebrüll verklungen war.

»Sterben kann schließlich jeder«, sagte Asch gelassen und goß ein Wasserglas mit Rum voll.

»Wir aber«, versicherte Kowalski grinsend, »haben sogar für Nachwuchs gesorgt.«

Sofort wurde er mit fröhlichem Gebrüll aufgefordert, Einzelheiten zu berichten. Doch der spöttische Blick von Asch hielt Kowalski von der Preisgabe seiner Liebesabenteuer zurück.

»Herrschaften«, sagte der Obergefreite, »soviel steht jedenfalls fest: Wo ich mich hinlege, kann ein Witterer nicht mehr landen. Er hätte mir höchstens dabei das Licht halten können.«

»Er wird dir Feuer unter dem Hintern machen!« sagte der Sanitätsunteroffizier überzeugt.

Lore Schulz spielte schon wieder mit Vierbeins Händen, die sie liebte. Sie liebte alle Hände, die sie für »schön« hielt. Und die, die zärtlich zu ihr gewesen waren, liebte sie besonders.

»Mein Leben ist immer sehr einsam«, sagte sie. »Das kannst du mir glauben.«

»Das glaube ich dir«, versicherte Vierbein. Er war soweit, ihr alles zu glauben.

»Ist das überhaupt ein Leben!« sagte sie. »Ich werde hier eingesperrt. Ich darf nicht ins Kasino. An die Offiziere, heißt es, reiche ich nicht heran; Unteroffiziere, heißt es dann, stehen zu tief. Mannschaften kommen überhaupt nicht in Frage. Alle Zivilisten sind schäbig. Was bleibt mir da!«

»Ich habe einen Freund«, sagte Vierbein nachdenklich, »und der ist Admiral.«

Lore Schulz richtete sich auf und staunte ihn an. »Wirklich?«

»Und mein Freund, der Admiral, ist so gut zu mir, wie es noch keiner gewesen ist, der eine Uniform trug. Und wenn ich den Admiral um etwas bitte, wird er es tun. Bestimmt.«

»Was soll er denn tun?«

»Er ist der Schwiegervater des Kommandeurs. Er ist extra zur Hochzeit hierhergekommen. Und ich werde von dir erzählen. Ich werde ihm sagen, wie schön du bist und wie gut und wie lustig. Und dann werde ich ihn bitten, daß er dich als seine Tischdame anfordert.«

»Das willst du für mich tun?« fragte Lore Schulz aufgeregt.

»Das tue ich gerne für dich«, sagte Vierbein. »Denn das hast du verdient.«

Und er fügte kaum vernehmbar hinzu: »Und ihm gönne ich das!«

In dieser Nacht lief auf dem Postamt der kleinen Stadt ein dringendes Telegramm ein. Es lautete: Unteroffizier Vierbein – Urlaub sofort abbrechen – zum Truppenteil in Marsch setzen – Witterer, Hauptmann und Batteriechef.

Hauptmann Witterer, bereits schwer angeschlagen, saß immer noch dem Major der Infanterie gegenüber. Dessen Magen schien ein riesiges Loch zu sein, und das wollte sich nicht füllen. Er trank und trank und zeigte nicht die mindeste Wirkung.

»Ich schlafe nur sehr wenig«, sagte der Ritterkreuzträger.

»Soldaten brauchen wenig Schlaf«, sagte Witterer todmüde. Und zbV Krause, der neben ihm saß, nickte schwer.

»Scheiße«, sagte der Infanteriemajor. »Ich schlafe wenig, weil ich nicht schlafen kann. Und wer kann schon in dem Dreck schlafen! Aber einmal werde ich zusammenbrechen – irrenhausreif. Und darauf freue ich mich schon jetzt!«

»Morgen nacht geht es los«, sagte Witterer, immer darauf bedacht, seinen Dauergast zum Gehen zu verleiten. »Da werden wir alle Kräfte brauchen.«

»Morgen nacht türmen wir auch endlich einmal auf Befehl«, sagte der Major. »Doch wenn der Russe nicht nachstößt, ist das ein Spaziergang.«

»Befürchten Sie Komplikationen, Herr Major?« fragte Witterer, plötzlich aufmerksam geworden. Und auch Krause, der Schatten, spitzte die Ohren.

»Der ganze Krieg besteht nur aus Komplikationen«, sagte der Ritterkreuzträger gleichgültig.

»Jedenfalls wird doch unsere Führung genau wissen . . .«

»Scheiße«, sagte der Infanteriemajor überzeugt und kippte den Inhalt eines vollen Wasserglases in sich hinein. »Auf Landkarten Krieg führen ist ganz was anderes als im Dreck liegen. Blut ist kein Rotstift. Hier krepieren, dort mit dem Radiergummi schaben! Der eine kotzt seine zerschossene Lunge in den Schnee, der andere, weil er zuviel Rotwein gesoffen hat.«

»Und wenn der Russe wirklich nachstößt . . .«

»Dann spielen Sie eben wieder Scharfschießen, Freundchen!«

»Sei doch froh«, sagte Charlotte zu Lisa Ebner, die neben ihr auf dem Bett saß, »daß du es nicht getan hast.«

»*Er* hat es nicht getan!«

»Dann schreibe ihm morgen eine Karte und bedanke dich bei ihm.«

»Ich hätte ihm gezeigt, wie sehr ich ihn liebe. Und er hätte es niemals vergessen.«

»Kindchen«, sagte Charlotte lächelnd, »was ist: niemals? Drei Tage? Ein Jahr? Solange der Krieg dauert? Zeiten wie diese machen das Gedächtnis krank. Wir alle leiden darunter. In Polen fiel mein Mann – bin ich ihm treu geblieben?«

»Das ist zwei Jahre her.«

»Es waren knapp zehn Monate vergangen, als ich bei einem anderen schlief.«

»Wenn du ihn geliebt hast . . .«

»Nach zwei weiteren Monaten schlief ich wieder bei einem anderen. In den nächsten zwei Monaten mit drei oder vier anderen.«

»Warum?«

»Ich war auf der Rutschbahn«, sagte Charlotte aufrichtig. »Ich konnte nicht mehr bremsen.« Und sie betrachtete nachdenklich ihre Kleider, die verstreut auf dem Stuhl und auf der Erde lagen. »Aber jetzt«, sagte Charlotte, »will ich nicht mehr.«

»Was willst du wirklich, Charlotte?«

»Heiraten«, sagte die einfach. »Ich will endlich wissen, wo ich hingehöre. Und diese Kerle, die mich mit den Augen ausziehen, widern mich an. Wenn der Krieg ein Gesicht hätte, würde ich ihm dort hineinspucken.«

Der Oberleutnant Schulz schäkerte mit dem Fräulein Braut seines Kommandeurs. Die Dame war noch recht munter, ihr zukünftiger Gemahl jedoch war eingenickt und schnarchte melodisch in seinem Sessel.

Schulz produzierte das, was er Charme nannte. »Meine Gnädigste«, sagte er und saß breit und wohlgefällig vor ihr, die an seiner massigen Stattlichkeit Gefallen zu finden schien. »Meine Gnädigste, Ihr zukünftiger Herr Gemahl kann sich in jeder Lebenslage auf mich verlassen. Aber auch in jeder Lebenslage.«

»Wir beide schätzen Sie sehr, Herr Schulz.«

»Es ist mir eine Ehre«, erwiderte der tönend und war nahe daran, ihr zuzuzwinkern.

»Das freut mich«, sagte sie herzlich.

Sie war eine schmale, fast dürre Person. Sie war bleich und hellblond; und ihr Innenleben schien gleichermaßen bleich und hellblond zu sein. Doch ihre Augen strahlten wie in freudiger Erwartung. Für Schulz war sie eine Dame, nicht zuletzt, weil sie der Kommandeur zu ehelichen gedachte; und für Damen hatte er eine Schwäche.

»Er schläft«, sagte sie, bewegte ihren Kopf ein wenig seitwärts, auf den schnarchenden Kommandeur zu, und lächelte Schulz an. Sein breitschultriges Entgegenkommen gefiel ihr. Für sie war er ein Teil, ein nicht unwichtiger Teil ihres zukünftigen soldatischen Mannes.

»Sie erlauben«, sagte Schulz. Er klingelte; eine Ordonnanz erschien, und Schulz befahl kurz: »Die beiden Tiefseetaucher sollen kommen.«

Die Ordonnanz verschwand. Kurz danach tauchten Bartsch und Ruhnau dienstbereit auf und machten Männchen. Sie schwankten bereits ein wenig, waren aber durchaus noch einsatzbereit.

»Ihr beiden Schlauchboote werdet den Herrn Kommandeur nach Hause transportieren. Mit der gebotenen Vorsicht! Und daß ihr mir keine Dummheiten macht, ihr Kanarienvögel. Morgen ist Scharfschießen, da will ich euch auf dem Posten sehen.«

Die siamesischen Etappenzwillinge grinsten, denn sie hatten verstanden.

»Wenn Gnädigste gestatten«, sagte Schulz hierauf und versuchte sich als Kavalier, »dann geleite ich Gnädigste nach Hause.«

»Vor ihrer Haustür blieb ich stehn
und wollte nicht nach Hause gehn.
Dann lud sie mich zum Kaffee ein,
und ich steckte den Schlüssel 'rein!«

Soeft und sein persönlicher Gesangverein grölten, nunmehr mit letzter Inbrunst, dieses Lied, das der Verpflegungskönig mit rudernden Armbewegungen dirigierte, wobei er mit letzter Kraftentfaltung bemüht war, sein Gleichgewicht zu bewahren.

»Der Sanitätsgefreite Neumann«, sagte Kowalski lallend, »singt wie eine besoffene Sau!«

Der Schirrmeister, randgefüllt mit Alkohol, erhob sich taumelnd, rutschte aus, fiel hin, erhob sich erneut und röhrte: »Du bist schuld, du Tripperspritzenhengst, wenn ich auf meinen Hintern gefallen bin. Verstanden! Sing jetzt, du Filzlaussucher.«

»Leck mich doch am Arsch!« sagte der Sanitätsunteroffizier mit müder Zunge.

»Du singst!« brüllte der Schirrmeister.

»Wenn du mich nicht in Ruhe läßt«, sagte der Sanitätsunteroffizier böse, »dann melde ich Hauptmann Witterer, daß du immer versuchst, mich vor Mannschaften lächerlich zu machen.«

»Buh!« schrie Asch.

»Buh!« schrien alle Anwesenden.

»Mit Mannschaften meint der Trottel mich«, sagte Kowalski lallend. »Der weiß nicht, daß ich noch vor den Stabsoffizieren rangiere. In gewissen Betten sogar noch vor der Generalität.«

»Ich werde dir deinen Hauptmann Witterer geben!« rief der Schirrmeister und angelte nach seinem Koppel, das hinter seiner Sitzkiste lag. Er riß seine Pistole aus der Tasche und richtete sie auf den Sanitätsunteroffizier. »Nimm die Flossen hoch, Witterer!« schrie er.

Der Sanitätsunteroffizier sah seinen Widersacher mit glasigen Augen an. Auf seinem Mondgesicht lag panische Angst. Seine Hosen schienen voll zu sein.

»Feuer«, kommandierte der Hauptwachtmeister Bock.

Der Schirrmeister schoß. Der Sani schnellte hoch. Der Schirrmeister schoß abermals. Der Sani warf sich in den Stubendreck. Der Schirrmeister schoß noch einmal. Der Sani brüllte auf.

»Ich bin verwundet!« schrie er.

Asch stürzte sich sofort auf ihn. Kowalski grinste verächtlich. Soeft beugte sich interessiert vor. Der Hauptwachtmeister veränderte seine Haltung nicht um einen Zoll. Der Schirrmeister stand da wie in den Boden gerammt.

»Kleiner Kratzer am Hintern«, sagte Asch sachverständig.

»Genau darauf habe ich auch gezielt«, erklärte der Schirrmeister. »Dem werde ich seinen Witterer geben!«

Nun stürzte sich auch Kowalski auf den immer noch wimmernden Sanitätsunteroffizier. Gemeinsam mit Asch legte er ihn über den Tisch und zog ihm die Hosen vom Gesäß. Der Hintern leuchtete grauweiß im Schein der Petroleumlampe.

»Jetzt Jod!« sagte der Obergefreite genußvoll.

Und der Hauptwachtmeister erklärte ungeniert: »Antrag auf Verwundetenabzeichen stelle ich morgen vormittag. Im Kampf mit Partisanen!«

Der Wachtmeister Asch aber sagte: »Der erste auf der neuen Verlustliste. Weitere folgen in Kürze.«

Die Nacht, die über der Front lag, begann sich langsam wieder zu verkriechen. Jetzt schienen Erde und Himmel miteinander verschmolzen zu sein. Es schneite.

Die Flocken fielen wie Wassertropfen. Dünn. Vereinzelt. Kaum wahrnehmbar.

Der Posten am Geschütz hatte sich unter einer Zeltbahn verkrochen. Er starrte feindwärts. Und er horchte angestrengt, mit nahezu geschlossenen Augen.

Das ferne Dröhnen der Motoren war näher und näher gekommen. Es waren schwere Motoren, und ihr Klang war dumpf. Der Posten glaubte zu sehen, wie sich die Fahrzeuge des Gegners durch den Dreck der Straßen wühlten.

Waren es Fahrzeugkolonnen? Schwere Zugmaschinen mit Geschützen? Oder Panzer?

»Blödsinn«, sagte der Posten dann. »Was wird das schon sein!« Und er wußte, daß in der Nacht jedes Geräusch viermal so laut klang wie am Tage. Das beruhigte ihn wieder. Er war jetzt nur noch müde, hundemüde, sterbensmüde — warum sollten es die Russen nicht auch sein?

Und der Schnee fiel weiter. Lautlos. Und er verwandelte sich in Wassertropfen.

Dünn. Vereinzelt. Kaum wahrnehmbar.

Als der Krieg langsam wieder anzurollen begann, verschwand als erster der Kriegsberichterstatter. Sonderführer Eberwein, immer noch von Kowalski populär »Schweinepisse« genannt, brauchte den unmittelbaren Krieg gar nicht, um zündend über ihn schreiben zu können. Das direkte Fronterlebnis überließ er Kollegen mit überdimensionalem Ehrgeiz und minimaler Phantasie. Er hatte, wie er glaubte, seinen Solokarpfen im Kasten.

Der zweite, der sich frühzeitig auf die Socken machte, war Soeft. Er allerdings gedachte wieder zurückzukommen. Er leistete sich lediglich den Luxus, den allgemeinen, mit allen erdenklichen Kniffen getarnten, reichlich geheimnisvoll vorbereiteten und angekündigten Stellungswechsel eines ganzen Frontabschnittes für sich persönlich um zwölf Stunden vorzuverlegen. Vor Einbruch der Dunkelheit war jede Truppenbewegung verboten; Soeft aber begann seine Truppen schon am frühen Nachmittag zu bewegen.

Daß er niemand um Erlaubnis ersuchte, war selbstverständlich. Er verlagerte zunächst auf seinem neuen Henschel-Achttonner alle Delikatessen, Spirituosen und Rauchwaren. Bei dieser günstigen Gelegenheit schickte er, mit dem vorletzten Güterzug von der Etappencity aus, drei Kisten an eine Tarnadresse in der Heimat – zur Ergänzung seines privaten Lagers.

»Wenn du drei Kisten schicken willst«, sagte der Oberwachtmeister, der Vertraute und Gehilfe des Bahnhofskommandanten, »mußt du fünf Kisten anliefern – vierzig Prozent für Väterchen, das ist neuerdings die Taxe.«

»Langsam artet das bei euch in Wucher aus«, sagte Soeft vorwurfsvoll.

»Wenn du nicht willst«, sagte der Bahnhofshengst unerschütterlich, »dann willst du eben nicht. Dann mach wenigstens die Verladerampe frei, damit andere zum Schuß kommen.«

Soeft betrachtete die Stapel Kisten, Säcke und Koffer auf dem Güterbahnsteig mit wachsendem Unwillen. Das Verladekommando saß untätig herum, rauchend und dösend, und wartete auf den vorletzten Transportzug. Der Bahnhofskommandant stelzte durch die Gegend wie ein Hahn auf dem Misthaufen.

»Eine Kiste für drei Kisten, wie üblich«, sagte schließlich Soeft, »dazu aber ein Paket mit Delikatessen für dich ganz privat.«

»Mit Kaviar?« fragte der Oberwachtmeister sachlich.

»Mit zwei Pfund Kaviar«, sagte Soeft.

»Na schön«, sagte der Oberwachtmeister und tat, als leide er unter diesem Entschluß, »dann will ich nicht so sein! Man tut ja schließlich, was man kann. Und auf Grund unserer alten Freundschaft, Soeft ...«

»Du kannst deine Honigfresse ruhig wieder abschalten, du Gauner«, sagte Soeft kameradschaftlich. »Wir sind doch ganz unter uns Pastorentöchtern.«

Nachdem diese Transaktion abgeschlossen war, startete Soeft mit seinem Spezziallieferwagen, dem Henschel und dem Ford zu seiner ersten offiziellen Verlagerungstour. Die Proteste des Hauptwachtmeisters Bock, der Komplikationen befürchtete, wies der Verpflegungskönig zurück.

»Das kannst du doch nicht machen, Soeft!« beschwor ihn der Hauptwachtmeister.

»Ich kann das«, sagte der und legte, wie vorher beim Ford, ein Kettenschloß in den Sperrhaken, der sich an der Rückwand des Henschel befand. Soeft drehte den Spezialschlüssel herum und steckte ihn in die Tasche. Dabei grinste er zufrieden. Er war ein Mann mit stets wachem Mißtrauen; er sicherte sich lieber dreimal zuviel als einmal zuwenig — war doch immerhin möglich, daß noch andere Soefts in der Gegend herumtigerten.

»Du weißt doch genau«, sagte der Hauptwachtmeister, flehend und fordernd zugleich, »daß sich unsere Batterie laut Marschbefehl erst um zweiundzwanzig Uhr mit dem ganzen Troß in Bewegung setzen darf. Und die Geschützstaffel frühestens um Mitternacht. Das ist dir doch bekannt, Soeft.«

»Mir ist nur bekannt«, sagte Soeft gelassen, »daß du ziemlich schnell die Hosen voll hast.«

»Jede unnötige Truppenbewegung soll unbedingt vermieden werden, Soeft!«

»Meine Truppenbewegung ist nötig«, sagte der, »und daher unvermeidlich.«

»Es ist damit zu rechnen«, sagte der Hauptwachtmeister hartnäckig und zitierte dabei aus dem Divisionsbefehl, »daß der Feind jede unserer Bewegungen beobachtet.«

Soeft nickte und bestieg seinen Spezziallieferwagen. »Und eben deshalb«, sagte er, »fahre ich jetzt los. Denn wenn der Feind tatsächlich, was ich aber nicht glaube, da die Kerle in den Stäben gerne spinnen und auch genügend Zeit dazu haben, unsere Bewegungen beobachtet, dann wird er wissen, daß dein fleißiger Soeft Tag für Tag durch die Gegend kutschiert, nur damit du deine Wampe vollkriegst. Wenn ich heute aber nicht kutschiere, Mensch, dann wird der Feind mißtrauisch werden und sich sagen: Da muß doch was im Rohr sein! Kapiert?«

»Mach doch, was du willst!« rief der Hauptwachtmeister ärgerlich und doch gottergeben. »Auf deine Verantwortung. Ich jedenfalls weiß von nichts.«

»Und das glaubt man dir auch aufs Wort«, sagte Soeft und gab das Zeichen zur Abfahrt.

Eine knappe Stunde später war Oberst Luschke am Telefon, machte den Hauptwachtmeister Bock Soefts wegen kurz fertig und verlangte Witterer zu sprechen. Der war im Augenblick nicht aufzutreiben, sosehr sich Bock auch Mühe gab, ihn zu finden.

»Er soll mich sofort anrufen«, sagte Luschke. »Und vergessen Sie nicht, Hauptwachtmeister — ich habe *sofort* gesagt!«

Bock versicherte, genau verstanden zu haben. Er legte leicht bebend den Hörer ab und verfluchte Soeft mit fürchterlichen Wortgebilden. Dann setzte er alle erreichbaren Untergebenen in Trab und ließ außerdem nach Witterer telefonieren, bis die Drähte rauchten.

Hauptmann Witterer, wie immer von Krause schattenhaft begleitet, der deshalb von den Landsern neuerdings »Arschwärmer« genannt wurde, war fest davon überzeugt, jetzt endlich seiner ersten großen Stunde entgegenzugehen. Seitdem er Uniform trug, und eigentlich schon Jahre vorher, hatte er dem Fronterlebnis mit Verlangen entgegengesehen — jetzt war er also kurz davor, einzusteigen! Nahezu beschwingt überwachte er die Vorbereitungen zum Stellungswechsel, und zwar intensiv.

Er veranstaltete mit der Munitionsstaffel Verladeübungen, bis den Leuten die Zunge 'raushing. Er zwang den Koch dazu, bereits auf dem fahrbereiten Lkw zu kochen. Er kroch sogar in die Unterkünfte der Landser hinein und besichtigte das Gepäck — das heißt: er ließ es wieder auspacken. Er sortierte und unterschied ziemlich scharf zwischen nötigem und unnötigem Gepäck. Und er gab Befehl — Krause schrieb das eifrig nieder —, daß das von ihm als unnötig bezeichnete Gepäck vom Transport auszuschließen sei.

Die Soldaten staunten Bauklötze.

Danach exerzierte Hauptmann Witterer mit den MG-Bedienungen, und zwar eine volle Stunde lang. Dabei war er nahe am Verzweifeln, denn je länger er exerzierte, um so langsamer wurden die Leute. Und seine Stimme wurde immer schärfer.

»Aufschreiben, Krause«, rief er schließlich. »Alle Mann aufschreiben! In der neuen Stellung werden wir das weiterüben. Bis die Fetzen fliegen!«

Krause schrieb das auf. Der Hauptmann wippte unternehmungslustig in den Knien. Die Bedienungsmannschaften standen stramm und glotzten ihren Chef an. Lediglich der Unteroffizier sah himmelwärts.

»Hier bin ich, Mensch!« rief Witterer.

»Es schneit«, sagte der Unteroffizier ruhig.

Es schneite. Die Schneeflocken, die zur Erde taumelten, waren groß und schwer und vollgesogen mit Wasser. Sie fielen lautlos, vorerst noch in großen Abständen.

»Es schneit tatsächlich«, sagte nun auch Krause.

»Das sehe ich!« rief Witterer. »Darauf braucht mich niemand aufmerksam zu machen. Na — und wenn es schneit! Und wenn der Schnee zentnerweise fällt — was ändert das? Und wenn wir hier bis zum Stehkragen durch den Dreck waten müssen, wir werden auf jeden Fall einen Stellungswechsel hinlegen, der sich gewaschen hat.«

»Jawohl, Herr Hauptmann«, beeilte sich Krause zuzustimmen; aber sonderlich wohl war ihm nicht dabei.

»Wenn einer von euch Kerlen versagt«, rief Witterer den Leuten zu, »dann reiße ich dem den Hintern bis zum Scheitel auf, und zwar persönlich.«

Ein Melder keuchte herbei, in solidem Galopp. Er atmete schwer, obwohl er sich nicht sonderlich angestrengt hatte. Sein Keuchen war geschickte Mache.

»Herr Hauptmann sollen Oberst Luschke anrufen, und zwar sofort.«

»Das heißt doch wohl«, korrigierte Witterer streng, »Herr Oberst Luschke ersucht mich, mit ihm telefonisch in Verbindung zu treten, und zwar ohne Verzug.«

»Jawohl«, sagte der Melder, »so heißt das.«

Hauptmann Witterer warf noch einen vernichtenden Blick auf die glotzenden MG-Bedienungen, dann einen weiteren, diesmal zufriedenen Blick auf die hohen Munitionsstapel in der Feuerstellung, dann schritt er, von »Arschwärmer« Krause gefolgt, auf die nächstgelegene Fernsprechstelle zu.

Diese Fernsprechstelle gehörte zu den Beobachtern seiner Batterie und befand sich in einem kleinen Heuschuppen, den die Soldaten mit Brettern, Lehm und Decken zu einer primitiven Notunterkunft ausgebaut hatten. Eine fensterlose Höhle, angefüllt mit Menschenleibern und Ausrüstungsgegenständen.

Witterer sagte zu den Anwesenden, die nur geringe Notiz von ihm zu nehmen schienen: »'raus mit euch, an die frische Luft! Ich will telefonieren.«

»Los, 'raus!« rief Krause. »Aber mit Tempo. Frische Luft wird euch guttun!«

»Gehen Sie auch gleich mit, Krause«, ordnete Witterer an.

Die Soldaten schoben sich murrend aus der Höhle. Krause folgte ihnen, wie ein Schäferhund der Herde folgt. Er bellte dabei wie ein Spitz, aber kein Landser nahm Notiz davon.

Nachdem so der Hauptmann vorsorglich jeden Zuhörer entfernt hatte, griff er zum Fernsprecher und ließ sich mit dem Obersten verbinden. Nach zwei Minuten meldete sich Luschke. Und seine Stimme klang, wie immer, sanft und schnurrend.

»Hauptmann Witterer hier. Ich soll Herrn Oberst anrufen.«

Luschke räusperte sich zunächst einmal. Dann sagte er, unverändert milde: »Herr Hauptmann, was meinen Sie wohl, wozu Befehle erteilt werden?«

»Um befolgt zu werden, Herr Oberst«, antwortete Witterer prompt.

»Wie schön Sie das wieder gesagt haben, Herr Hauptmann«, schnurrte der Oberst sanft. »Und das sollten Sie denn auch – und zwar möglichst bald – Ihren Soldaten sagen.«

»Jawohl, Herr Oberst.«

»Denn Ihre mir so überaus wertvollen Erkenntnisse, Herr Hauptmann, scheinen sich leider in Ihrer Batterie noch nicht ganz herumgesprochen zu haben. Wissen Sie eigentlich, wo sich der gute Soeft herumtreibt?«

»Vermutlich in der Protzenstellung, Herr Oberst.«

»Sie vermuten, Herr Hauptmann? Mir wäre lieber: Sie wüßten! Denn wenn Sie nämlich wüßten, was Ihr Soeft jetzt treibt, dann wüßten Sie auch, daß sich Ihre Batterie einen Dreck aus Ihren Befehlen macht, Herr Hauptmann. Soeft karrt nämlich bereits Verpflegung nach hinten, und zwar mit einem Aufwand an Fahrzeugen, als hätte er drei Generale zu versorgen.«

»Ich werde sofort, Herr Oberst ... Wenn das stimmt, Herr Oberst, dann sperre ich den Kerl ein!«

»Wenn das stimmt? Bezweifeln Sie etwa meine Angaben, Herr Hauptmann? Nein? Wie liebenswürdig von Ihnen. Und einsperren wollen Sie? Mein lieber Schwan – sorgen Sie gefälligst für Ordnung in Ihrem Beritt, aber doch nicht gleich mit scharfer Munition. Haben Sie schon mal was von Vertrauen gehört? Von Zusammenarbeit? Haben Sie gehört! Na, sehen Sie. Aber was das ist, wissen Sie vermutlich nicht ganz genau?«

»Jawohl, Herr Oberst.«

»Na schön. Und noch schöner wäre es, wenn Sie so was nicht nur wissen, sondern sich auch noch entsprechend benehmen würden. Zusammenarbeit und Vertrauen! Fragen Sie Wedelmann. Erkundigen Sie sich beim Wachtmeister Asch. Lassen Sie sich ruhig von Ihren Soldaten beraten. Die alle haben schon mal hingerochen, wenn es hier stank. Und per Zufall weiß ich, daß selbst ein Soeft früher niemals abgerauscht ist, ohne seinen Chef vorher verständigt zu haben. Das sollte Ihnen zu denken geben.«

»Jawohl, Herr Oberst.«

»Herr Hauptmann Witterer«, sagte nunmehr Luschke bedrohlich leise, »wenn Sie mir meine dritte Batterie versauen, dann gnade Ihnen Gott; immer vorausgesetzt, daß Gott noch irgend etwas mit diesem Deutschland zu schaffen hat. Sie haben dort eine Menge ausgezeichneter Soldaten – *mit* ihnen sollen Sie Krieg führen, aber nicht *gegen* sie. Wenn es irgendwelche Reibereien gibt, Witterer, und es zeigt sich dann, daß Sie sie vom Zaun gebrochen haben – Mann! Dann werden Sie Knollengesicht kennenlernen, aber bis in die letzten Falten hinein.«

Und damit beendete der Oberst das Ferngespräch. Witterer hielt noch mehrere Sekunden lang den Hörer in der Hand und starrte in die düstere Wohnhöhle hinein. Er war getroffen und sogar erschüttert worden – zerstört war er noch nicht.

Hauptmann Witterer hatte seine Ausbildungsgastspiele bei der zum Kampf vorgesehenen Truppe unterbrochen und sich in seine Unterkunft zurückbegeben. Hier machte er Zwischenbilanz. Der Unteroffizier Krause half ihm dabei, im allgemeinen mit listiger Vorsicht, aber auch, wenn er unmißverständlich dazu aufgefordert wurde, durch lebhafte Zustimmung. Das Telefongespräch mit Knollengesicht schlug immer noch heftige Wellen.

»Ich bin hier der Chef«, sagte Witterer. »Und ich verlange Vertrauen.«

»Das ist doch selbstverständlich«, sagte Krause und gab sich vertrauensvoll.

»Vor allen Dingen ist Zusammenarbeit wichtig«, sagte Witterer.

»Jawohl, Herr Hauptmann«, sagte Krause, zusammenarbeitsbereit.

»Ich hoffe«, sagte Witterer sodann, »ich kann mich in jeder Beziehung auf Sie verlassen.«

Krause sah seinen Chef ergeben an, und diese Ergebenheit schien echt. Es war wie ein Bekenntnis ohne Worte. Witterer nickte zustimmend.

Dann sagte er: »Ich hoffe außerdem, Krause, Sie sind sich darüber im klaren, daß das, wofür Sie vorgesehen sind, eine besondere Vertrauensstellung ist?«

»Selbstverständlich, Herr Hauptmann«, versicherte Krause feierlich.

»Nun gut«, sagte Witterer, »wir werden sehen.«

Dann schritt er im Raum auf und ab, um endlich seiner schleichenden Unruhe, die ihn nach dem Telefongespräch mit Oberst Luschke befallen hatte, Herr zu werden. Dabei legte er sich die Hände leicht geballt auf den Rücken. Das Kinn hatte er vorgestreckt und die Augen ein wenig zugekniffen.

Plötzlich blieb er stehen, sah Krause groß und fordernd an und fragte: »Kennen Sie eigentlich Oberst Luschke näher? Was ist das für ein Mann?«

Krause begriff die Größe der Stunde. Mit dieser Frage wurde ihm das Vertrauen ausgesprochen. Er durfte, von einem Hauptmann dazu aufgefordert, ein Urteil über einen Obersten abgeben. Und damit, erst damit, war er wirklich zu Witterers rechter Hand, zu seinem Berater, seinem Intimus geworden.

»Es gibt wohl niemanden«, sagte Krause mit der hier gebotenen Vorsicht, »der Herrn Oberst Luschke näher kennt.«

»Auch Oberleutnant Wedelmann nicht?«

»Das ist wohl kaum anzunehmen, Herr Hauptmann, wenn auch einwandfrei festzustehen scheint, daß der Herr Oberst unseren ehemaligen Oberleutnant Wedelmann besonders schätzt.«

»Als Mensch?«

»Doch wohl mehr als Batteriechef — seiner Leistungen wegen. Die Erfolge der Batterie werden ausschlaggebend gewesen sein.«

»Aha«, sagte Witterer, der sich nicht im mindesten genierte, mit Krause derartige Dinge zu besprechen. Aber hier, das fühlte er genau, näherte er sich dem springenden Punkt.

Und Witterers Bewegungen wurden noch ein wenig hastiger. Dann erstarben sie ganz. Plötzlich war ihm, als sei er jetzt kurz davor, genau zu wissen, was hier eigentlich gespielt wurde. Und er sagte sich: Witterer, du bist ein Mann, der schon manchen Sturm erlebt hat, und einige Generale als unmittelbare Vorgesetzte dazu. Du bist mit den schwierigsten Bürostrategen fertiggeworden – du wirst auch noch mit einem Luschke fertigwerden; wenn auch nicht auf Anhieb, so doch nach und nach.

»Der Oberst«, sagte Witterer dann, mehr für sich, »ist scharf auf Zusammenarbeit und Vertrauen. Das ist zwar Schmus, aber das soll er haben.«

»Und ihm imponiert Tapferkeit«, sagte Krause ganz ruhig und kaum vernehmbar.

»Soll er auch haben! Und nicht zu knapp.«

Nunmehr sagte Krause scheinbar unvermindert ruhig, und doch ahnte er, der seine innere Erregung kaum noch zu bändigen vermochte, daß diese seine nun folgende Behauptung so ziemlich der stärkste Köder war, der Witterer vorgeworfen werden konnte: »Was der Herr Oberst aber noch nicht hat, ist das Ritterkreuz.«

»Mann!« sagte Witterer nur, erstaunt und befriedigt zugleich. Und er fügte überzeugt hinzu: »Genau das ist es. Der springende Punkt.«

»Der Herr Oberst«, sagte Krause und hielt sich, Bescheidenheit mimend, klugerweise im Hintergrund, »stand schon einmal im Spätherbst letzten Jahres kurz vor der Auszeichnung durch das Ritterkreuz. Aber der Divisionskommandeur stand vor ihm auf der Liste.«

Witterer nickte; aber er nickte nicht Krause, sondern sich selbst bestätigend zu. Und er sagte sich: Daher also weht der Wind! Der alte Knabe scheint sich eingeredet zu haben, daß so ein Ritterkreuz mit einer gewissen Sicherheit nur dann fällig ist, wenn die Leistungen seiner Truppe, speziell bei der 3. Batterie, nicht nachlassen. Und solange ein Wedelmann hier Chef war, schienen diese Leistungen auch weiterhin garantiert zu sein.

Das also ist es, sagte sich Witterer jetzt, maßlos erleichtert: Luschke bibbert um sein Ritterkreuz! Und er glaubt nicht, daß ich, Witterer, mindestens alles das kann, was Wedelmann auch konnte. Und genau darin hat sich der Oberst getäuscht. Und das muß ihm klargemacht werden. Soll er sein Ritterkreuz kriegen! Meinetwegen noch das Eichenlaub dazu. Mir genügt vorerst, wenn für mich dabei das EK I abfällt oder das Deutsche Kreuz in Gold.

Daher: Zusammenarbeit! Daher: Vertrauen! Soll er haben! Soll er alles haben. Witterer lachte auf, kurz und befreit. Seine sonst schier grenzenlose Überlegenheit kehrte langsam wieder zurück.

Und er befahl: »Bitten Sie Oberleutnant Wedelmann zu mir. Der Wachtmeister Asch kann ebenfalls kommen.«

»Jawohl«, sagte Krause gedehnt. »Wenn Herr Hauptmann meinen ...«

»Vorher«, ordnete Witterer an, »stellen Sie eine Verbindung mit der Ortskommandantur in dem Etappennest her, und zwar mit der Unterkunft. Versuchen Sie, Fräulein Ebner an den Apparat zu bekommen.«

»Jawohl, Herr Hauptmann.«

Und während Krause mit Eifer und nicht ohne Geschick telefonierte, breitete Witterer seine Karte vor sich aus und betrachtete die Einzeichnungen: jetzige Stellung – neue Stellung – Marschweg. Nunmehr begann er sich wieder auf das Erlebnis Krieg, das durch Luschkes fernmündliche Pöbeleien eine nicht unwesentliche Trübung erfahren hatte, ausgiebig zu freuen.

Das Telefon klingelte heftig. Die erwünschte Verbindung mit Lisa Ebner war hergestellt. Witterer schaltete prompt um, und aus dem erlebnisfreudigen Heldensohn wurde ein frohgelaunter Kavalier.

»Bedaure aufrichtig«, sagte er, »daß Sie gestern abend nicht noch geblieben sind.«

»Ich bedaure das auch«, sagte Lisa Ebner.

»Hat Ihnen der Wachtmeister Asch wenigstens noch angenehme Gesellschaft geleistet?«

»Ich habe ihn hinausgeworfen!«

»Wirklich?«

»In hohem Bogen!«

»Na bravo«, sagte Witterer erfreut.

»So erfreulich finde ich das gar nicht, Herr Hauptmann.«

»Natürlich nicht«, stimmte der mit Eifer zu. »Jedenfalls hätten Sie bei uns bestimmt einen netteren Abend verbracht.«

»Das steht absolut fest. Eigentlich schade, daß wir ihn heute abend nicht nachholen können. Wir packen bereits.«

»Vielleicht kann ich am Nachmittag noch kurz vorbeikommen? Vor Anbruch der Dunkelheit werden Sie ja auch nicht fahren.«

»Ich würde mich freuen«, sagte Lisa Ebner ein wenig steif.

»Auch ich freue mich«, sagte Witterer und lächelte so überaus verbindlich dabei, als stünde sie unmittelbar vor ihm. Dieses Gespräch belebte ihn abermals sichtlich. Sich endlich wieder gewürdigt zu fühlen und noch dazu von einer begehrenswerten Frau, die doch genau wußte, was Männlichkeit war – das gab ihm weiteren Auftrieb. Und als er den Hörer zur Seite legte, war er endlich wieder ganz von sich überzeugt.

Er empfing Wedelmann und Asch stehend, ging sogar zwei Schritte auf sie zu, gab ihnen die Hand, was den Oberleutnant belustigte und den Wachtmeister überaus mißtrauisch machte. Krause verzog sich nach hinten in Ofennähe. Hier horchte er aufmerksam. Niemand schien seine Anwesenheit überhaupt zu bemerken.

»Meine Herren«, sagte Witterer mit geschäftiger Freundlichkeit, »ich habe Sie hergebeten, um mit Ihnen noch schnell ein paar allgemeine Dinge zu besprechen. Aber setzen Sie sich doch.«

Wedelmann und Asch setzten sich. Witterer blieb vor ihnen stehen und lächelte auf sie herunter. »Also, meine Herren – die Vorbereitungen zum Stellungswechsel sind so gut wie abgeschlossen. Da Sie aber beide bei der Batterie keine allgemeinen Funktionen mehr auszufüllen haben, erlaubte ich mir, für Sie Spezialfunktionen vorzusehen.«

»Was stellen Sie sich darunter vor, Herr Hauptmann?« fragte Wedelmann.

»Ganz einfach – da Sie beide nicht führen, werden Sie eben kontrollieren.«

»Sollten wir hier bei der Reichsbahn sein?« fragte der Wachtmeister Asch. Und er stellte diese Frage unverkennbar an seinen Oberleutnant. Wedelmann zuckte nur mit den Schultern.

Witterer schien entschlossen, diese Bemerkung zu überhören – und er versicherte sich, daß das so ziemlich die letzte dreckige Bemerkung dieses Asch war, die er überhören würde. Er sagte: »Ihre Aufgabe besteht nicht zuletzt darin, mich in meiner Tätigkeit als Batteriechef zu unterstützen. Sie, Herr Oberleutnant, begeben sich mit Anbruch der Dunkelheit in die neue Stellung – dort überwachen Sie die Ankunft der Batterie. Sie, Wachtmeister Asch, nehmen sich ein Krad und begleiten damit alle marschierenden Teile der Batterie, zuerst die Protzenstellung, dann die Feuerstellung.«

»Als eine Art Wachhund, vermutlich.«

»So ungefähr, Wachtmeister. Wenn auf dem Marsch Pannen eintreten, gleich welcher Art, sorgen Sie dafür, daß sie behoben werden. Oder fühlen Sie sich nicht stark genug dafür?«

»Stark genug schon«, sagte der Wachtmeister Asch unbekümmert, »aber nicht dämlich genug. Was Sie mir zugedacht haben, Herr Hauptmann, gehört bereits zum Aufgabenbereich jedes einzelnen Staffelführers und zusätzlich zu dem des Schirrmeisters.«

»Wachtmeister Asch«, sagte Hauptmann Witterer überlegen, »und was dann, wenn unvorhergesehene Umstände eintreten?«

»Seit wann«, sagte Asch beharrlich, wobei er sich wieder an Wedelmann wandte, »gibt es eigentlich einen Wachtmeister für besondere Umstände?«

»Der Fall ist doch klar, Asch«, sagte der Oberleutnant Wedelmann, ohne jetzt im geringsten zu verbergen, wie ungehalten er war. »Merken Sie das immer noch nicht?«

»Ich bin manchmal schwer von Begriff«, sagte Asch. »Und denke immer, es müßten noch mehr so dämlich sein wie ich.«

»Meine Herren«, sagte Witterer nicht ohne Überzeugungskraft und bekam es noch einmal fertig, die privaten Randbemerkungen des Wachtmeisters Asch zu überhören, »es gibt zwei Dinge, auf die ich ganz besonderen Wert lege: Vertrauen und Zusammenarbeit.«

»Kommt mir irgendwie bekannt vor«, murmelte Asch.

»Und daran«, sagte Witterer fordernd, »appelliere ich jetzt noch einmal. Vertrauen und Zusammenarbeit! Dazu kommen dann noch Disziplin und Tapferkeit. Denn, meine Herren«, und nunmehr wurde Witterer nahezu privat, »ich will jetzt endlich einmal eine Batterie sehen, die funktioniert. Die soldatischen Qualitäten müssen jetzt zum Vorschein kommen. Und ich erwarte, daß Sie ein gutes Beispiel geben.«

»Sonst noch was?« fragte Wedelmann und erhob sich.

»Offiziell nichts mehr«, sagte Witterer. »Inoffiziell nur noch eins, und zwar an Ihre Adresse, Wachtmeister.«

Asch, der sitzen geblieben war, sah neugierig zu Witterer hoch. »Und das wäre?« fragte er.

»Ihre menschlichen Qualitäten«, sagte Witterer, und das klang fast ein wenig verächtlich, »interessieren mich nicht sonderlich. Sie haben die Wehrbetreuungsveranstaltung brauchbar organisiert, dafür belobige ich Sie. Daß Sie sich dabei menschlich nicht sonderlich erfreulich benommen haben, wie mir Fräulein Ebner telefonisch mitgeteilt hat, das bedaure ich zwar, aber ich trage es Ihnen nicht nach. Aber ich darf wohl nunmehr in Besonderheit erwarten, daß Sie wenigstens noch in den kommenden Stunden und Tagen Ihre soldatischen Qualitäten, die Ihnen nachgerühmt werden, zeigen. Bin ich verstanden worden?«

»Vollkommen«, sagte Asch und erhob sich langsam.

»Über Disziplin«, sagte nunmehr Witterer abschließend mit Schärfe, »werden wir beide uns später eingehend unterhalten.«

»Gerne«, murmelte Asch grimmig und nicht allzu leise, ehe er mit Wedelmann abtrat.

»Und wir zwei beide«, sagte Witterer, der sich als überlegener Sieger wähnte, kurz danach zu seinem Krause, »wir werden mal dem Iwan einen Abschiedsgruß hinpfeffern, an den er noch lange denken wird.«

Der Hauptmann ließ sich mit Krause von Kowalski in die Feuerstellung fahren, alarmierte zwei Geschützbedienungen, wies ihnen, knapp drei Minuten später, Ziele an und befahl dann: »Feuerüberfall!«

Heftige Detonationen warfen die Rohre zurück, die Geschosse fauchten feindwärts und krepierten drüben am Hügel, mitten in einer Häuserreihe.

Dort fraß sich eine Stichflamme Bahn, dicker schwarzer Rauch quoll empor.

»Weiter so!« rief Witterer kampflüstern aus seinem Deckungsloch.

Und zu Krause, der sich neben ihm duckte, sagte er: »Jetzt können wir endlich! Jetzt kommt es ja nicht mehr darauf an. Jetzt kann der Iwan ruhig Artillerie anrollen; ehe die hier eintrifft, sind wir längst über alle Berge.«

Doch dann gurgelten plötzlich schwere Brocken auf sie zu. Sie jaulten dumpf und bedrohlich. Witterer verschwand ganz in seinem Deckungsloch. Um ihn herum schien die Erde an mehreren Stellen zugleich aufgerissen zu werden. Splitter surrten hell.

»Die haben Artillerie«, sagte Krause maßlos verwundert.

Am zweiten Geschütz schrie ein Mann auf. Ein anderer, nur wenige Meter von Witterer entfernt, stand starr da. Aus seinem Hals sprühte eine Blutfontäne; vermutlich war seine Schlagader getroffen.

»Volle Deckung!« brüllte Witterer.

Noch einmal rauschten die Geschosse auf sie zu, wühlten sich in den Boden, schleuderten Splitter und Dreck.

»Sanitäter!« schrie ein Mann, mit sirenenartigen, weit auseinandergezogenen Tönen.

»Verdammte Sauerei!« rief Witterer, nachdem er sich einigermaßen wieder gefaßt hatte. »Was war denn das! Befehl an Beobachter: Sie sollen die feindliche Batterie ausmachen. Und dann hauen wir diesen Schweinen den ganzen Laden zusammen!«

Ein Verwundeter wurde in einer Zeltbahn vorübergetragen. Ein anderer kroch mit hastigen Bewegungen durch das Gelände und schrie wie ein Tier. Der Geschützführer sprang auf ihn zu und versuchte ihn einzufangen.

»Der Kerl soll sich zusammennehmen«, sagte Witterer hart. Und seine Bemerkung war deutlich zu hören, denn die Geschütze des Gegners schwiegen, und es war fast, als hätte es sie nie gegeben.

»Splitter im Kopf, vermutlich«, sagte der Geschützführer und hielt den tobenden Verwundeten fest.

Witterer stieg aus dem Deckungsloch und begab sich nach hinten. Krause trottete ihm nach.

»Ich möchte nur wissen«, sagte Witterer, nachdem er wieder bei seinem Pkw angelangt war, »woher der Iwan plötzlich Kanonen hat? Das geht doch nicht mit rechten Dingen zu!«

»Warum soll er denn keine Kanonen haben?« fragte Kowalski und startete den Motor. »Und wie er damit schießen kann, werden Sie schon noch merken. Das hier war doch nur der Anfang.«

Das für neun Uhr vormittags von Oberleutnant Schulz in Vertretung des Kommandeurs der Artillerie-Ersatzabteilung angesetzte »Scharfschießen mit gleichzeitiger Erprobung der Funksprechgeräte« hatte um elf Uhr noch nicht begonnen.

Bereits seit sieben Uhr früh standen die Geschütze in Stellung. Um acht Uhr wurde Feuerbereitschaft gemeldet. Um acht Uhr und fünfzehn Minuten gaben die Funksprechgeräte an, einsatzbereit zu sein. Gegen neun Uhr traf Oberleutnant Schulz ein, mit dem Abteilungsadjutanten und dem Unteroffizier Vierbein.

Um zehn Uhr ließ der Sicherheitsoffizier melden, daß Sicherheit vorhanden sei. Nahezu zur gleichen Zeit teilte der Zieloffizier der Schießplatzkommandantur mit, daß die Schleppziele, vier an der Zahl, bewegungsbereit in ihren Ausgangsschuppen stünden. Um zehn Uhr dreißig Minuten wurde telefonisch die Ankunft des Generals für voraussichtlich elf Uhr angekündigt.

Schulz, jeder Zoll ein Kommandeur, beschloß, die Zeit bis dahin zu nutzen. Er ließ Geschützexerzieren veranstalten, daß es nur so rauschte. Er stand mit gezogener Taschenuhr dabei und verfolgte mißtrauisch jede Bewegung seiner Ersatzsoldaten.

»Ich werde euch krummen Kerle schon hinbiegen!« rief er genußvoll. »Ich habe schon ganz andere Kerle hingebogen! Noch einmal dasselbe!«

Der Unteroffizier Vierbein saß ein wenig abseits auf einem Hügel. Er vergaß für Minuten, daß er von Schulz als Paradepferd der Abteilung mitgenommen worden war. Die milde Frühlingssonne lächelte ihn an, durchwärmte ihn angenehm, blieb auf seinem jungen, ein wenig melancholischen Gesicht liegen. Und Vierbein träumte vor sich hin.

»Noch einmal dasselbe, ihr trüben Tassen!« rief Schulz. »Und reißt euch am Riemen, oder ich bügle euch Transusen die Kerbe aus dem Arsch. Fertig? Stellung!«

Die vier Geschützbedienungen werkten verbissen. Sie kurbelten die Rohre, hoben die Holme, legten die Sperrbolzen ein, wuchteten die Lafette heran. Metall klang gegen Metall, Schweiß floß in Strömen, und Schulz lachte rauh und verächtlich.

»Fünf Sekunden über die Normalzeit!« rief er. »Das wollen nun Kanoniere sein! Unter meiner Leitung ausgebildet! Kuhscheiße seid ihr! Was seid ihr?«

»Kuhscheiße, Herr Oberleutnant!« brüllten die Geschützbedienungen.

»Noch einmal dasselbe!« rief Schulz. »Stellungswechsel!«

Vierbein auf seinem Hügel schien das alles nicht zu hören. Er stützte sich auf seine Hände und legte den Oberkörper rückwärts. Er sah in das Gelände hinein, sah sanfte Hügel, ein paar Birken und das saftige Grün der Wiesen. Ihm war, als liege er auf einem Teppich.

Und dann schien es ihm, als sehe er mitten auf diesem Teppich, dicht vor sich, Lore Schulz knien. Und er sah ihre Augen, die nahezu geschlossen waren, und ihren Mund, der sich langsam öffnete. Die Augen schimmerten grünlich, und der Mund war blutrot. Dann blieb diese blutrote Stelle, weitete sich, wurde zu einem breiten, naß leuchtenden Flecken und schien nur noch Blut zu sein. Das Grün der Wiese verblich mehr und mehr, wurde grau, dann weiß und immer weißer, war schließlich Schnee. Schnee, wie er in Rußland lag.

Ihn fröstelte. Und er griff sich an die Brust, als wolle er nahezu automatisch überprüfen, ob auch sein Waffenrock vorschriftsmäßig geschlossen sei. In seiner Tasche knisterte ein Stück Papier. Es war das Telegramm eines Hauptmanns Witterer, der ihn zur Front zurückrief.

»Der Herr General kommt!« rief ein eigens dazu eingeteilter Posten.

»Jetzt nehmt euch zusammen, ihr Armleuchter!« brüllte Schulz. »Zeigt dem General, daß ihr mehr könnt als nur Verpflegung empfangen. Und das eine sage ich euch, ihr ausgeleierten Nilpferde, wenn das nicht klappt, dann schleife ich euch so frontreif, daß euch das Sterben nur noch Spaß machen wird!«

Die Ersatz-Geschützbedienungen, zumeist aus älteren Soldaten bestehend, keuchten heftig und ordneten, von flinken Unteroffiziersaugen überwacht, ihre Kleidung. Die Hilfskräfte, wie Fernsprecher, Schreiber, Melder, Sicherheitsunteroffiziere, Schießplatzunteroffiziere und Sanitäter, bauten sich ein wenig seitwärts auf; ihnen schloß sich der Unteroffizier Vierbein an. Auf dem sogenannten Feldherrnhügel standen die Offiziere, unter ihnen: Adjutant, Ausbildungsoffizier, Batteriechef, Batterieoffizier, Sicherheitsoffizier, Schießplatzoffizier, Sanitätsoffizier. Vor allem: Oberleutnant Schulz.

Der General erschien mit »engerem« Gefolge, das in zwei Pkw verstaut war. Er war ein kleiner, untersetzter, etwas dicklicher Herr mit einem Generalvertretergesicht und Gutsinspektorengang. Ein brauner Dackel folgte ihm unmittelbar, lief dann auf Schulz zu und machte Anstalten, gegen dessen Stiefel zu pinkeln.

Der Oberleutnant Schulz meldete, nach einleitenden Kommandos, mit weithin schallender Stimme. Die Offiziere salutierten. Die Mannschaft stand starr. Von einer fernen Kirche her erklang das Zwölfuhrläuten.

»Guten Morgen, Soldaten!« rief der General.

»Guten Morgen, Herr General!« riefen die Soldaten.

Der nickte wohlwollend, gab Schulz die Hand und sagte dann jovial: »Na, dann zeigt mal, was ihr könnt!« Hierauf stellte er sich erwartungsvoll vor das Rudel Offiziere, mitten auf den Feldherrnhügel.

Damit, es war mittlerweile zwölf Uhr und fünfzehn Minuten geworden, konnte das für neun Uhr angesetzte »Scharfschießen mit gleichzeitiger Erprobung der Funksprechgeräte« beginnen. Aber es begann nicht.

Zunächst einmal versagten die Zielschlepper. Dann, als sie nicht mehr versagten, war keine Sicherheit vorhanden. Als schließlich Sicherheit vorhanden war, wurde an einem Geschütz, durch unvorsichtige Handhabung mit Munition, die Visiereinrichtung beschädigt. Das Visier wurde ausgewechselt. Doch dann war wieder keine Sicherheit vorhanden. Schließlich, nachdem erneut »Sicherheit« gemeldet worden war, riß das Schleppseil der Zielattrappe.

Der General, zuerst leutselig mit seiner Umgebung plaudernd, verstummte schließlich ganz. Er versuchte streng zu blicken, blickte aber nur reichlich albern in die Gegend hinein. Sodann schnaufte er unwillig. Hierbei hieb er sich mit den Lederhandschuhen in aufreizendem Rhythmus gegen die Reithose.

Der Oberleutnant Schulz war nahe daran zu zerplatzen.

Dann aber, nach einer überaus peinlichen Dreiviertelstunde, löste sich der erste Schuß. Er ging kilometerweit daneben. Der zweite Schuß lag näher, ging aber auch noch daneben. Keiner der ersten acht Schuß traf, und der erste Zielwagen rollte völlig unbeschädigt in Deckung.

»Große Pleite!« sagte der General und malträtierte weiter seine Lederhandschuhe und mit ihnen seine Reithose.

Schulz lief hochrot an und biß die Zähne zusammen. Als auch der zweite Zielwagen ohne jeden Treffer vorübergerollt war, ballte er die Hände wutentbrannt zu Fäusten.

»Ganz große Pleite!« sagte der General.

Da rief Schulz, seinen wohl einzigen und, wie er fest glaubte, unschlagbaren Trumpf ausspielend: »Den nächsten Anlauf übernimmt der Unteroffizier Vierbein!«

Der Unteroffizier Vierbein begab sich an das zum Schießen vorgesehene Geschütz und musterte die Bedienung. Die Bedienung musterte ihn auch. Sie waren sich herzlich gleichgültig.

Vierbein wußte von der ersten Stunde an, was kommen würde. Er konnte nichts mit der Bedienung, und die konnte nichts mit ihm anfangen. Zwischen ihnen gab es keinen Kontakt – zwischen ihnen lagen Welten.

Der Unteroffizier Vierbein gab gleichmäßig seine Kommandos. Schuß um Schuß löste sich. Keiner traf. Auch der dritte Zielwagen rollte unbeschädigt in Deckung.

»Eine Riesenpleite«, sagte der General.

»Diese verfluchte Frontniete«, würgte Schulz.

»Eine riesengroße Pleite!« sagte der General höchst ungehalten. »Völlig unbrauchbar. Unter aller Kritik.«

Und er blickte Schulz, in den Knien wippend, vernichtend an; während der Generalsdackel freudig mit dem Schwanz wedelte, sagte der General: »Wohl nicht der richtige Posten für Sie, Oberleutnant.«

Dann ging der General. Und hinter ihm trabte sein Dackel. Und hinter dem Dackel folgte kopfschüttelnd und mit düsteren Mienen das »engere« Gefolge.

Zurück blieb Schulz. Und die Offiziere, die ihn umstanden, schienen sich um ein frischgeschaufeltes Grab versammelt zu haben. Die Stille, die sie alle umgab, war erdrückend.

Plötzlich brüllte Schulz auf: »Vierbein!«

Und als sich der Unteroffizier vor ihm aufbaute, brüllte Schulz weiter: »Das vergesse ich Ihnen niemals! Niemals! Sie haben mich hineingeritten. Sie haben geschossen wie eine gesengte Sau, nur um mir zu schaden. Aber das werde ich Ihnen schon noch eintränken, Sie Arschloch! Sie sind geliefert. Erledigt. Aus. Begraben.«

»Herr Oberleutnant . . .«

»Sie begeben sich sofort in die Kaserne, Unteroffizier Vierbein! Und zwar zu Fuß. Die neun Kilometer bis dorthin haben Sie in neunzig Minuten geschafft. Um drei Uhr melden Sie sich bei mir. Machen Sie bis dahin Ihr Testament, Sie Saukerl!«

Der Unteroffizier Vierbein machte eine Kehrtwendung, daß Schulz der Sand auf die Hosen spritzte. Dann setzte er sich unverzüglich in Marsch. Er trottete einsam über die Chaussee, auf die kleine Stadt zu.

Die Pkw der Offiziere überholten ihn und besprühten ihn mit Staub. Aus einem blickte Schulz drohend heraus. Dann überholten ihn die Geschütze und die Lkw der Hilfskräfte. Dicke Staubwolken hüllten ihn ein.

Und Vierbein marschierte. Und je länger er marschierte, um so verschlossener wurde sein Gesicht. Die Frühjahrssonne brachte ihn zum Schwitzen. Der Schweiß sammelte sich unter seiner Feldmütze und rann dann, Spuren in der Staubschicht hinterlassend, über sein Gesicht. Er sah aus, als weine er. Doch er war entschlossen, nicht zu weinen.

Um zwei Uhr und fünfunddreißig Minuten erreichte er die Kaserne. Er spülte sich den Schweiß und den Dreck vom Körper. Pünktlich um drei Uhr stand er im Dienstanzug vor Oberleutnant Schulz.

»So«, sagte der und wippte in den Knien, »dann wollen wir mal!«

»Bitte melden zu dürfen«, sagte Vierbein ruhig, »daß ich sofort zu Seiner Exzellenz, dem Herrn Admiral, muß.«

Schulz stutzte — das war richtig; und das hatte er ganz vergessen. Das versaute ihm das Konzept. Und er wollte sein Opfer, wollte Vierbein haben. Mußte dieser Kerl zum Admiral?

»Das machen Bartsch und Ruhnau«, ordnete Schulz an. Aber die siamesischen Etappenzwillinge waren im Moment nicht aufzutreiben, und

Schulz sah schließlich ein, daß Seine Exzellenz, der Herr Admiral, nicht gut warten konnte. Sonstiger, noch fragwürdigerer Ersatz kam, wegen der Wichtigkeit des zu betreuenden Gastes, nicht in Frage. Außerdem war es höchste Zeit!

»Nun gut«, sagte Schulz knurrend, »gehen Sie also zu Seiner Exzellenz, in drei Teufels Namen! Um vier Uhr ist die kirchliche Trauung, da bilden Sie noch Spalier, Vierbein. Aber um fünf Uhr ist der Zauber vorbei. Und zwanzig Minuten später stehen Sie wieder hier, Sie Mistvieh! Aber dann!«

»Bitte Herrn Oberleutnant fragen zu dürfen, ob die Funker und die Funksprechgeräte marschbereit sind.«

»'raus!« brüllte der Oberleutnant.

Schulz, jetzt zu allem entschlossen, sah Vierbein geradezu mordlüstern an. Daß er diesem Sauhund einen derartigen Druckposten verschafft hatte, reute ihn mächtig. Er hätte sich vor Wut in den Hintern beißen können!

Er sah auf die Uhr. Die Zeit drängte. Wie gut, daß er, vorsorglich wie immer, seine beste Uniform – die große Paradeuniform, mit allen Ehrenzeichen, noch mit langer Hose, dazu Lackschuhe und Extrasäbel – bereits in die Kaserne hatte bringen lassen. Er erledigte noch ein paar Unterschriften, erkundigte sich dann behutsam, ob etwa schon der General ... Aber der hatte noch keinerlei Entscheidung getroffen.

Ein wenig erleichtert zog sich Schulz flott um, bestieg dann den Dienstwagen, der schon seit einer halben Stunde auf ihn gewartet hatte, und ließ sich in das Hotel Exzelsior fahren, wo sich die Hochzeitsgäste vor dem Kirchgang, seinem Organisationsplan entsprechend, versammeln sollten. Ganz Wucht und Würde, betrat er die Halle.

Und hier war es ihm, als träfe ihn der Schlag!

Er sah – und er glaubte seinen Augen nicht zu trauen; bei allem, was ihm heilig war (was war ihm eigentlich heilig?), er traute seinen Augen nicht! Denn er sah Lore, seine Frau. Im Abendkleid! Neben ihr stand Seine Exzellenz, der Herr Admiral!

Es war Schulz, als müsse er in den Erdboden versinken! Seine Lore, diese Ausgeburt von Faulheit und Borniertheit, diese undisziplinierte, völlig würdelose Person! Dieses Luder! Und ausgerechnet mit Seiner Exzellenz, dem Herrn Admiral.

Schulz, kaum noch Herr seiner Sinne, zerrte sie zur Seite. »Was willst du Mensch hier?«

»Nimm deine Flossen von der Dame«, sagte sie. »Du bist hier nicht zu Hause.«

»Wie kommst du hierher?«

Und Lore ließ sich den ältesten Witz nicht entgehen, den sie auf Lager hatte, und sie sagte: »Durch die Tür.«

Aber er lachte nicht. Sein Gesicht war ganz und gar Kasernenhof. Und er öffnete den Mund weit, ganz weit, und es war, als sei er entschlossen, sie anzubrüllen, kübelweise Kasernenhofblüten über sie auszugießen.

»Mein lieber Herr Oberleutnant Schulz«, sagte da Seine Exzellenz, der Admiral. »Ich beneide Sie um Ihre Gattin.«

»So«, sagte der perplex.

»Warum haben Sie sie uns denn bisher vorenthalten? Wenn mich nicht mein lieber junger Kriegskamerad Vierbein . . .«

»Vierbein«, sagte Schulz ehrlich entsetzt, »immer wieder dieser Vierbein!«

Dann geschah es, daß sich Schulz, aufs tiefste getroffen fühlend, völlig vergaß. Er ließ Seine Exzellenz, den Herrn Admiral, stehen. Und er suchte die Ordonnanz Vierbein, fand sie in einer Ecke, schritt auf sie zu wie ein entschlossener Vernichter.

»Vierbein«, sagte er, und was er sagte, war kaum noch hörbar, so drohte ihn die nackte Wut zu ersticken. »Jetzt ist bei mir Feierabend. Jetzt sind Sie endgültig geliefert. Wir gehen jetzt beide sofort in die Kaserne.«

Der Unteroffizier Vierbein holte tief Luft und sagte dann entschlossen: »Bitte Herrn Oberleutnant melden zu dürfen, daß ich Heimaturlaub habe. Und der geht heute abend zu Ende. Heute nacht noch muß ich wieder zur Front zurück mit einem Transportflugzeug. Ich bitte um die Zuteilung der Funker und der Funksprechgeräte.«

»Ich werde Ihnen was scheißen!« brüllte Schulz so laut, daß die ganze Hochzeitsgesellschaft erstarrte.

Mit Einbruch der Dunkelheit begann sich die deutsche Front aufzulösen, um sich dann, nach Nachtmärschen, etwa vierzig Kilometer weiter hinten, wieder neu zu formieren.

Und zunächst rollte alles planmäßig an. Die Organisation schien wieder einmal zu funktionieren.

Nicht gerade planmäßig funktionierte vorerst lediglich das Wetter. Es schneite. Es schneite unaufhörlich. Aber noch war der Schnee nicht dicht und nicht naß genug, um ernsthafte Komplikationen hervorzurufen.

Und ein Witterer sagte überlegen: »Leichter Tarnschleier — durchaus programmgemäß.«

Jedenfalls: Die Front begann sich in Bewegung zu setzen. Zuerst rollten die Stäbe an, und zwar zuallererst die höheren und hohen Stäbe, sofern sie nicht schon weit genug hinten waren. Ihnen folgten gemächlich die Vermessungstrupps, Wettereinheiten, die Spezialfunkwagen, die Archiv- und Kartenwagen, die Fahrzeuge mit dem persönlichen Gepäck und die besonderen Verpflegungseinheiten.

Der Hauptmann Witterer stellte sich auf einen Hügel und horchte in die beginnende Nacht. Allerorten dröhnten die Motoren. Fahrzeuge formierten sich zu langen Schlangen und schaukelten in die Dunkelheit hinein. Langsam füllten sich die Wege, alle Wege im Frontbereich.

Witterer wähnte sich dem großen Erlebnis Krieg noch näher als sonst. Es war ihm in diesen Minuten, als könne er alles, was geschah, überschauen. Er war — lauschend auf seinem Hügel stehend — nahe daran, sich mit einem Feldherrn zu verwechseln.

»Hören Sie«, sagte er zu Krause. Und erneut horchte er mit stiller Begeisterung in die Nacht. »Der Krieg rollt wieder.«

Und der Krieg rollte wirklich. Die Dorfstraßen und Feldwege, auf denen sich die Fahrzeugschlangen in Bewegung setzten, waren wie Bäche und Wassergräben. Aus ihnen speisten sich die Flüsse der Nebenstraßen. Und von hier aus floß das Arsenal des Krieges zu den Strömen der Hauptstraßen hin.

Den höheren und hohen Stäben und ihren Spezialkolonnen folgten die mittleren Stäbe. Und nun rollten die Werkstätten, die Bäckerei- und Fleischereikompanien, die Feldlazarette, Nachrichteneinheiten, Feldgendarmerie, Munitionskolonnen.

Nur die dünne Linie der kampfbereiten Front stand noch: Infanterie, dahinter Artillerie, dazwischen Panzerabwehr.

»Wir«, sagte Witterer nicht ohne Stolz, »tragen die Verantwortung für Hunderttausende.«

»Jawohl«, sagte Krause, »das ist ein erhabenes Gefühl.«

Die Nacht schien restlos ausgefüllt durch das Gebrüll der Motoren. Und in allen Himmelsrichtungen schien dieses Gebrüll zu sein. Es reichte bis weit über die Horizonte hinaus.

Der Hauptmann Witterer sah auf das Leuchtzifferblatt seiner Uhr; er hatte das in dieser Nacht schon oft getan. Es war jetzt kurz vor elf. Er nickte, stieg von seinem Feldherrnhügel hinunter, ging auf die Protzenstellung zu. Unteroffizier Krause, der »Arschwärmer«, folgte ihm dicht auf den Fersen.

In der Fernprotzenstellung stauten sich, auf dem großen Hof, die Fahrzeuge. Noch standen sie stumm und regungslos da. Die Kraftfahrer und deren Begleiter lümmelten gegen die Motorhauben oder hockten im Führerstand. Die meisten von ihnen rauchten. Kaum einer redete.

Der Hauptwachtmeister Bock stand mit dem Wachtmeister Asch in der Mitte des Hofes. Auch sie rauchten, aber redeten nicht. Sie starrten auf die ruhig dahinsegelnden Schneeflocken.

»Alles fertig?« fragte Witterer tönend.

»Alles fertig«, sagte der Hauptwachtmeister.

»Ist eigentlich Soeft schon zurück?«

»Jawohl. Vor einer Stunde. Der ist dann aber gleich wieder gefahren.«

»Mit dem werde ich noch gesondert abrechnen«, sagte der Hauptmann. »Der wird sich vielleicht wundern.«

Witterer sah abermals auf seine Uhr. »Noch drei Minuten«, sagte er. »Dann geht es los.«

»Es wäre besser«, sagte Asch ruhig und laut in die Dunkelheit hinein, »wenn es erst in drei Stunden losginge.«

Witterer stutzte, ging dann auf den Wachtmeister zu. Der Hauptwachtmeister gab den Weg bereitwillig frei. Die Soldaten horchten interessiert.

»Geben Sie hier eigentlich Befehle, Asch — oder wer?«

»Der sollte sie geben, der die Situation übersieht. Organisationspläne am grünen Tisch sind fast immer Scheiße.«

»Wachtmeister Asch«, sagte Hauptmann Witterer und fühlte sich maßlos überlegen. »Kein Krieg ist ohne Organisation denkbar.«

»Ohne Improvisation auch nicht«, sagte Asch.

»Die Marschbefehle für heute nacht, Wachtmeister Asch, sind von unseren fähigsten Köpfen durchdacht worden. Was hier abrollt, ist ein Meisterwerk der Strategie.«

»Was diese sogenannten fähigen Köpfe ausgebrütet haben, ist in meinen Augen viel eher ein starkes Stück Dilettantismus. Sie haben nämlich das Wetter nicht mit einkalkuliert, und auch sonst noch verschiedenes nicht.«

»Kritik steht Ihnen nicht zu, Asch.«

»Ist denn nachdenken verboten?« fragte der renitent in die Dunkelheit hinein.

Der Hauptwachtmeister Bock, immer wieder bemüht, Komplikationen in seinem Bereich soweit wie irgend möglich auszuschalten, rief: »Es ist jetzt genau elf Uhr, Herr Hauptmann.«

»Abmarsch!« sagte Witterer scharf.

Aber ehe noch der Hauptwachtmeister Bock dazu kam, den Abmarschbefehl zu geben, war wieder der Wachtmeister Asch zu vernehmen. »Herr Hauptmann«, sagte er, »die Straßen sind überfüllt. Seit dem Morgen schneit es. Alle Wege machen jetzt Schwierigkeiten. Eine normale Marschgeschwindigkeit unter diesen Umständen ist nicht aufrechtzuerhalten.«

»Worauf warten Sie eigentlich noch, Hauptwachtmeister?« fragte Witterer ungehalten.

»Was da der Wachtmeister Asch behauptet«, sagte Bock vorsichtig, »ist nicht ganz unrichtig.«

»Wenn wir jetzt abmarschieren«, sagte Asch sofort hinterher, »werden wir schon nach wenigen Kilometern irgendwo eingekeilt sein. Dann liegen wir auf der Straße fest und würgen uns die Motoren heiß. Wenn wir aber einfach abwarten, bis der Verkehr flüssig wird ...«

»Schluß jetzt!« brüllte Witterer. »Halten Sie gefälligst Ihre vorlaute

Fresse, Asch! Und Sie auch, Hauptwachtmeister! Bei mir ist Befehl immer noch Befehl. Merkt euch das. Und wenn der Befehl lautet: Abmarsch elf Uhr – dann wird um elf Uhr abmarschiert. Und wenn es Scheiße regnet.«

»Jawohl«, sagte der Hauptwachtmeister pampig.

Und der Wachtmeister Asch sagte: »Dann marschieren wir also. Aber wenn wir nicht nach spätestens drei Kilometern steckenbleiben, will ich Arsch heißen.«

»Aufsitzen!« rief der Hauptwachtmeister. »Motoren anlassen! Abmarsch.«

Der Troß rollte langsam aus dem Hof, auf die Dorfstraße zu. Die schwerbepackten Fahrzeuge fuhren ohne Licht. Nur wenn einer der Kraftfahrer auf den Bremshebel trat, leuchteten die Stopplampen glutrot auf. Die Motoren heulten und würgten. Den Abschluß bildete der Wachtmeister Asch auf seinem Krad.

»Ich bewundere Herrn Hauptmanns Geduld«, sagte Krause.

»Die ist jetzt am Ende«, sagte Witterer.

Er sah der davonrollenden Kolonne nach. Dann begab er sich zu seinem Pkw, in dem der Obergefreite Kowalski saß und schlief. Er schnurrte dabei wie ein zufriedener Kater.

»Hier ist Krieg«, sagte Witterer, »und der Kerl pennt. Wachen Sie auf, Mensch!«

»Was ist denn los?« fragte Kowalski und war übergangslos wach. »Gibt es Sonderverpflegung?«

»Alles Gepäck verladen?« fragte Witterer.

»Hast du alles Gepäck verladen, Krause?« fragte Kowalski.

»Jawohl«, sagte der. »Das Sturmgepäck von Herrn Hauptmann liegt hinten im Wagen; das persönliche Gepäck transportiert Soeft.«

»Sturmgepäck?« fragte Kowalski interessiert. »Was ist denn das? Nie davon gehört.«

»Auch das werde ich Ihnen noch beibringen, Kowalski«, sagte Witterer grimmig und tastete die Gepäckstücke ab. »Sie haben noch verdammt viel zu lernen.«

»Man lernt nie aus«, brummte Kowalski gemütlich vor sich hin. »Auch ein hoher Dienstgrad schützt vor Dummheit nicht.«

Witterer hatte keine Zeit, den Kowalskischen Monologen nachzuhorchen. Er hörte, daß sich ein Motorrad auf sie zuwürgte. Die Ventile klapperten aufdringlich laut.

Es war der Wachtmeister Asch. Er schaukelte sich auf Witterer zu, hielt unmittelbar vor ihm und schaltete den Motor aus.

»Der Troß sitzt fest«, sagte er dann. »Keine zwei Kilometer von hier.«

»Da freuen Sie sich wohl«, sagte Witterer bissig.

»Keine Veranlassung dazu.« Asch war überaus sachlich. »Die Straßen sind total verstopft. Das war vorauszusehen. Der Neuschnee ist fast zehn Zentimeter hoch. Die Fahrzeuge müssen Spur fahren, wenn sie weiterwollen. Aber sie können nicht weiter. Auf den Wegen ist kein Zentimeter mehr frei. Die Kolonnen stauen sich.«

»Und Sie halten hier Volksreden, Asch!«

»Ich berichte lediglich.«

»Hauen Sie hier ab, Mensch! Kümmern Sie sich um den Troß. Fahren Sie bis zur Hauptstraße, und sehen Sie nach, wer da den Verkehr behindert.«

»Ich war bereits dort«, sagte Asch.

»Na — und?«

»Dort fädeln sich jetzt erst immer noch die Kolonnen ein, die schon um neun Uhr rollen sollten. Sie haben also mehr als zwei Stunden warten müssen.«

»Dann warten Sie eben auch! Auch zwei Stunden. Und wenn es sein muß, zwanzig Stunden. Und wenn Sie ganz unfähig sind, dann warten Sie dort, bis Sie verfaulen oder der Krieg aus ist. Aber bei mir wird jeder Befehl ausgeführt!«

»Wirklich jeder?« fragte Kowalski gedehnt.

»Fresse, Mensch!« rief Witterer.

Asch startete sein Krad und schaukelte davon. Krause schien bereit, ihm — auf Befehl — nachzuspringen. Witterer stieß heftig mit dem rechten Fuß gegen die Hinterradbereifung.

»Luft ist genügend vorhanden«, sagte Kowalski.

»Aufschreiben, Krause«, sagte Witterer wütend. »Alles aufschreiben. Wort für Wort.«

Krause setzte sich hinten in den Wagen, schaltete eine Taschenlampe an, blendete deren Schein geschickt durch eine Decke ab und schrieb. Witterer ging auf dem leeren Hof auf und ab. Kowalski zündete sich umständlich eine Zigarette an.

»Man kann sich auf niemand mehr verlassen«, sagte Hauptmann Witterer dann. »Total versauter Haufen! Hoffentlich ist wenigstens der Oberleutnant Wedelmann inzwischen schon in der neuen Stellung angelangt.«

»Das ist anzunehmen, Herr Hauptmann«, sagte Krause mit Eifer. »Herr Oberleutnant Wedelmann ist, wie vorgesehen, bereits um drei Uhr gestartet. Mit Beiwagenkrad, einem Lkw und der Dolmetscherin.«

»Mit wem, Krause?«

»Mit seiner Dolmetscherin. So jedenfalls bezeichnete Oberleutnant Wedelmann die Dame, die ihn begleitet.«

»Er hat eine sogenannte Dolmetscherin!«

»Na klar!« sagte Kowalski breit, und es war, als unterhalte er sich ausschließlich mit Krause. »Und warum soll er nicht! Sie würden doch auch.

Jede Einheit hat Dolmetscher. Soeft persönlich hat sogar gleich zwei Stück von der Sorte. Er nennt sie Küchenhilfskräfte. Wirklich noch niemals was davon gehört?«

Witterer schwieg und dachte nach. Dieser Punkt, fand er, war einige Überlegungen wert. Und er fragte: »Brauchbare Person — diese Dolmetscherin?«

»Und wie!« sagte Kowalski. »Aber ob die sich von jedem gebrauchen läßt . . .«

»Jedenfalls«, sagte Witterer und lachte kurz männlich auf, »steht so was einem Chef ja wohl zu.« Dann nahm er neben Kowalski Platz und setzte sich den Stahlhelm auf.

»Wohin?« fragte Kowalski. »In die neue Stellung?«

»Da kommen Sie doch nicht durch, Kowalski.«

»Ich komme überall durch.«

»In die Feuerstellung natürlich«, sagte Witterer. »Schließlich haben wir dort noch eine Menge überzähliger Munition liegen.«

Und als er das gesagt hatte, schien über der Front der Himmel aufzubrechen. Eine riesige Stichflamme jagte über den Horizont. In kurzen Abständen brachen neue Stichflammen hervor. Dann wurde die Luft zerfetzt, knallte wieder zusammen. Geschosse orgelten wild durch die Nacht.

»Auch die scheinen eine Menge überzähliger Munition zu haben«, sagte Kowalski trocken.

Witterer lehnte sich vor und lauschte angestrengt. Und auch er erkannte, daß es der Gegner war, der Iwan, der dieses nächtliche Trommelfeuer entfesselt hatte. Seine Geschosse stürzten sich wild kreischend auf die deutsche Front.

»Woher haben die plötzlich Artillerie?« fragte Krause.

»Vermutlich vom Weihnachtsmann«, sagte Kowalski.

»Ach was!« rief Witterer und tat überlegen. »Was heißt das schon! Die Kerle werden uns für dumm verkaufen wollen. Die machen Lärm. Die haben irgendwas gemerkt und schießen jetzt aus allen Knopflöchern. In spätestens zehn Minuten geht ihnen die Puste aus. Und in einer Stunde reisen wir! Planmäßig.«

Wieder flammte der Himmel grell auf. Mehrmals. Immer wieder. Die Geschosse jaulten, wimmerten in hohen Tönen und heulten wild. Nur wenige Kilometer vor ihnen schien an vielen Stellen die Erde aufzuflammen, als breche dort ein Vulkan durch.

»Also zur Feuerstellung«, sagte Kowalski ruhig.

»Langsam«, sagte Witterer. »Werden Sie mir nur nicht wild. Das beste wird wohl sein, wir fahren zunächst zum Regimentsstab.«

Der Oberst Luschke hockte – und das geschah, noch ehe der große Lärm der Front begann – vor seinem Kartentisch. Er schien zusammengesunken und sah beinahe aus wie ein Trunkener, der nicht mehr die Kraft hat, sich zu bewegen. Aber seine scharfen, listigen Augen wanderten unablässig über die Karte.

Seit drei Stunden rollte sich die Etappe nach hinten auf. Luschke und sein engerer Stab rollten nicht mit – er zählte sich nicht zur Etappe. Es ging langsam auf Mitternacht zu. Er wartete; worauf er wartete, wußte er nicht. Aber sich vom Gegner absetzen, das stand fest, würde er erst, wenn die Fronttruppen in Bewegung gerieten.

Er klingelte seinen Adjutanten herbei. Der erschien sofort, feldmarschmäßig, doch ohne Männchen zu bauen. Luschke duldete nicht, daß sein Stabsbereich mit einem Exerzierplatz verwechselt wurde. Der Adjutant benahm sich daher folgerichtig wie ein uniformierter Zivilist. Er hatte jetzt nichts anderes mehr zu tun, als auf neue Befehle seines Kommandeurs zu warten. Alles war im Fluß.

»Das Wetter?« fragte Luschke.

»Schnee nimmt an Dichte immer mehr zu. Dabei sinkt das Barometer langsam auf Sturm.«

»Die Situation auf den Straßen?«

»Alle verstopft.«

Der Oberst nickte kurz. Das war vorauszusehen gewesen; ein Sauwetter und dazu blockierte Marschkanäle. Diese nächtliche Völkerwanderung war pure Idiotie – dem Spatzengehirn eines Auch-Strategen entsprungen. Überraschungsmomente? So ein Krieg war doch zuletzt auch nichts anderes als eine große Rechnung. Aber Phantasten sind schon immer schlechte Rechner gewesen.

»Meldungen von den Batterien?«

»Keine von Besonderheit. Bisher läuft alles planmäßig.«

»Sonst noch was?«

»Draußen wartet ein Unteroffizier von der Abwehr und bittet um die Erlaubnis, Herrn Oberst sprechen zu dürfen.«

»Ein Unteroffizier von der Abwehr will mich sprechen? Türmt denn dieser Verein nicht mit?«

»Der Verein bestimmt, Herr Oberst – aber der Unteroffizier sieht nicht so wie ein Mitglied aus.«

»Na schön – ist das alles?«

»Der Kommandant des Feldflughafens hat angerufen. Er hat Nachricht von Unteroffizier Vierbein. Die Ersatzabteilung macht Schwierigkeiten.«

»Schwierigkeiten – dem von mir geschickten Unteroffizier?«

»Scheint so, Herr Oberst.«

Luschkes Augen wurden ganz klein, was ein sicheres Zeichen von

Konzentration war. Er streckte auf der Karte seine Finger lang aus und trommelte ein wenig in gedämpftem Marschrhythmus.

Dann fragte er: »Ist das Fernsprechnetz stark belastet?«

»Es ist frei wie nur selten sonst«, sagte der Adjutant. »Die Stäbe rollen jetzt, und die Leitungen stehen noch. Kaum einer telefoniert.«

»Dann schaffen Sie mir sofort eine Verbindung mit dem Kommandeur der Artillerie-Ersatzabteilung. Sagen Sie: dringendes Führungsgespräch. Meinetwegen: Führungsblitzgespräch. — Worauf warten Sie denn noch?«

»Herr Oberst, wenn . . .«

»Wenn hier der Krieg wieder losgeht, mein Lieber, brauche ich die neuen Geräte. Und der Krieg fängt schon an, sich zu bewegen — ich spüre das in den Knochen. Treten wir also telefonisch den Pennbrüdern in der Heimat in den Hintern, solange wir das überhaupt noch können. Oder halten Sie mich etwa für feinfühlend?«

Der Adjutant verneinte und verschwand. Der Unteroffizier der Abwehr erschien und blieb bescheiden an der Tür stehen. Im Nebenraum schrie der Adjutant dermaßen laut, als mache er den Versuch, in der Heimat — auch ohne Telefon — gehört zu werden.

»Schließen Sie die Tür ganz«, sagte der Oberst zu dem Unteroffizier der Abwehr, »und kommen Sie näher. Vorläufig beiße ich noch nicht.«

Der Unteroffizier kam näher. Er sah aus wie ein kurzsichtiger Schullehrer. Jede seiner Bewegungen verriet den ewigen Zivilisten. Die Uniform schien er nur aus Versehen zu tragen. Er blinzelte Luschke verlegen an, und es war, als wolle er um Entschuldigung bitten, daß er überhaupt lebe.

»Wie kommen Sie zur Abwehr?« fragte Luschke mild.

»Ich bin«, sagte der Unteroffizier mit bescheidenem Lächeln, »im Zivilberuf Elektroingenieur gewesen, in Königsberg. Außerdem beherrsche ich die russische Sprache. Ich habe vor dem Krieg für meine Firma in Sowjetrußland Funkstationen montiert.«

»Und warum reisen Sie jetzt nicht mit Ihrem Haufen rückwärts?«

»Jetzt, Herr Oberst«, sagte der Unteroffizier und sein Lächeln verstärkte sich ein wenig, »in diesen Stunden, gibt es hier so etwas wie Ruhe. Die meisten Stäbe sind unterwegs, und das ist günstig, denn so brauche ich niemanden zu übergehen. Und daß gerade Sie da sind, Herr Oberst, ist ein angenehmer Zufall für mich.«

»Ob das angenehm ist, wird sich erst noch herausstellen«, sagte Luschke. »Arbeiten Sie eigentlich für den Sicherheitsdienst der Gestapo oder für die Spionageabwehr?«

»Mit einer politischen Polizei«, sagte der Unteroffizier und sah Luschke offen an, »habe ich nichts zu tun. Und ich will auch nichts mit ihr zu tun haben.«

»Das macht Sie mir schon sympathischer.«

»Ich weiß das, Herr Oberst«, sagte der Unteroffizier friedlich. Und dann zitierte er: »Die Schornsteine rauchen noch!«

»Werden etwa meine Telefongespräche abgehört?« fragte Luschke bedrohlich leise.

»Viele Telefongespräche werden abgehört«, sagte der Unteroffizier. »Und es werden immer mehr werden. Die Entwicklung tendiert eindeutig dahin.«

»Danke für den Hinweis«, sagte Luschke knapp.

»Ich habe ihn gern gegeben«, versicherte der Unteroffizier.

Luschke schien hinter dem Kartentisch noch mehr in sich zusammengesunken zu sein. Aber seine Augen blitzten hell. Sein Knollengesicht begann verwegen zu leuchten.

Er sagte: »Wir jagen also das gleiche Wild.«

Der Unteroffizier nickte: »Solange unsere Schornsteine noch rauchen.«

Luschke lachte lautlos. Seine Schultern zuckten. Er sah aus wie ein grimmiger Nußknacker. Von seiner Sorte existierten mehr, als er dachte, mehr noch, als er jemals zu hoffen wagte. Das zu wissen, tat gut.

»Ist das alles, was Sie mir sagen wollten, Herr Unteroffizier?«

»Nicht ganz«, sagte der. »Aber das war wohl das Wichtigste.«

Das Telefon klingelte schrill. Luschke hob den Hörer ab und horchte hinein. Dann sagte er und grinste dabei seinen Besucher an: »Ein Führungsblitzgespräch mit der Heimat läuft an. Wenn Sie wieder abhorchen wollen, dann nehmen Sie den Kopfhörer.«

»Nicht mehr nötig«, sagte der Unteroffizier und wehrte mit sanfter Handbewegung, so als ziere er sich, ab.

»Wer ist da?« fragte Luschke dröhnend in den Apparat hinein. »Sie, Schulz! Ich traue meinen Ohren nicht! Sollten Sie etwa schon Kommandeur sein?«

Der Oberst horchte mit spürbarem Genuß. Die sonst so überaus selbstbewußte Stimme von Schulz klang aufgeregt. Daß es immer noch einen Luschke für ihn gab, bereitete ihm offenbar Qualen.

»Kaum zu fassen!« rief der Oberst ironisch. »Ihr Kommandeur heiratet also gerade, und Sie vertreten ihn. Sie sind wohl der geborene Vertreter?«

Schulz, am anderen Ende der Leitung, schwitzte Blut und Wasser. Als ihm gemeldet worden war, daß ein Oberst Luschke am Apparat sei, hatte er das für einen gelungenen Kasinoscherz gehalten. Aber die sattsam bekannte Rasiermesserstimme, die er dann zu hören bekam, brachte ihm in Sekundenschnelle bei, daß es ernst war. Verdammt ernst!

»Oberleutnant Schulz«, sagte der Oberst, »Sie scheinen mich gründlich vergessen zu haben. Das tut mir in der Seele weh. Aber ich bin gerne bereit, Ihr Gedächtnis aufzufrischen.«

»Herr Oberst«, sagte Schulz mit Eifer und glaubte, noch in allerletzter Sekunde die gefährliche Kurve genommen zu haben, »was die Anforderungen des Herrn Oberst betrifft, so werde ich natürlich sofort ...«

»Herr Oberleutnant Schulz«, sagte der Oberst, »wenn Sie dort Schwierigkeiten machen sollten ...«

»Niemals, Herr Oberst«, versicherte Schulz.

»Wenn Sie dort auch nur die geringsten Schwierigkeiten machen sollten, Schulz, dann fordere ich Sie persönlich an. Haben Sie mich verstanden?«

»Jawohl«, gurgelte Schulz.

»Und wenn ich Sie persönlich anfordere, Schulz, dann kriege ich Sie auch!«

»Noch heute nacht«, sagte Schulz, »wird alles Gewünschte in Marsch gesetzt. Noch heute nacht!«

»So eilig«, sagte der Oberst, »ist es ja nun auch wieder nicht.«

Und damit beendete Luschke, genußvoll grinsend, sein Führungsblitzgespräch mit der Heimat. Daß seine Stimme ausreichte, etliche hundert Kilometer weiter ein wuchtiges Heimatkriegsroß zum Galopp zu bringen, befriedigte ihn sehr.

Luschke wandte sich wieder seinem Besucher zu, der immer noch, bescheiden wie bei seinem Eintritt, den Obersten anblinzelte. Er hatte einen Notizzettel aus der Tasche gezogen und wartete ergeben darauf, wieder angesprochen zu werden.

»Schießen Sie schon los«, sagte Luschke und lehnte sich erwartungsvoll zurück. »Sie scheinen ja ein ganz besonders dickes Ding im Rohr zu haben.«

»Herr Oberst«, sagte der Unteroffizier, und er schien zutiefst zu bedauern, daß er das, was nun kam, sagen mußte. »Im Bereich dieses Frontabschnittes gab es drei sowjetische Agentensender. Wir haben fast alle Sendungen abgehört, die meisten davon entschlüsselt, und dann zwei Sender nach Peilungen ausgehoben.«

»Sprechen wir also vom dritten Sender«, sagte Luschke aufmerksam.

»Der Standort des dritten Senders«, erklärte der Unteroffizier, »ist bisher nicht auszumachen gewesen. Erst heute vormittag gelang eine annähernde Peilung.«

»Was verstehen Sie unter annähernd, Herr Unteroffizier?«

»Abweichungen bis zu zwei Kilometer sind möglich.«

»Und wo, vermuten Sie, befindet oder befand sich dieser Sender?«

»Ungefähr dort«, sagte der Unteroffizier leise, »wo die Nahprotzenstellung Ihrer dritten Batterie ist.«

Luschke kniff die Augen zu. Dann schabte er sich mit der linken Hand intensiv sein Kinn. Schließlich sagte er: »Dort, wo die Nahprotzenstellung meiner dritten Batterie ist, werden Sie viele Einheiten vorfinden: Infanterie, Pak, Nachrichten, Werfer, Panzer.«

»Gewiß«, sagte der Unteroffizier. »Ganz gewiß.«

»Aber?«

»Herr Oberst — erst heute am späten Nachmittag habe ich mit meinen Leuten die Funksprüche dieses dritten Senders entziffern können. Und dann stellte sich heraus, daß dieser Sender besser informiert war als die beiden anderen. Er hat bereits vor vier Tagen gemeldet, daß eine Zurücknahme der Front um etwa vierzig Kilometer geplant war.«

»Verstehe langsam«, sagte Luschke, mehr zu sich.

»Nun wurde aber, Herr Oberst, die Zurücknahme der Front erst vor fünf Tagen einem kleinen Kreis bekanntgegeben — bis zum Regimentskommandeur einschließlich. Erst drei Tage später wurde dieser Befehl offiziell als Geheime Kommandosache bis zu den Kompaniechefs weitergeleitet.«

Luschke sah den Unteroffizier groß an. »Ihre Frage lautet also: Haben Sie sich mit einem Ihrer Offiziere, vermutlich mit einem von der dritten Batterie, vor vier Tagen über die Zurücknahme der Front unterhalten?«

»Diese Frage, oder doch eine ähnliche Frage wie diese, Herr Oberst, habe ich in dieser Nacht bereits zwei anderen Regimentskommandeuren gestellt.«

»Und die Antworten waren natürlich negativ.«

»Natürlich«, sagte der Unteroffizier. »Aber ob diese Antworten jeder Nachprüfung standhalten, steht wohl auf einem anderen Blatt.«

»Und wenn ich auch noch nein sage?«

»Bitte, Herr Oberst«, sagte der Unteroffizier, »mißverstehen Sie mich nicht. Ich richte keine Frage an Sie. An Sie nicht. Die Schornsteine sollen möglichst ungehindert weiterrauchen. Aber vielleicht halten Sie es für richtig, wenn Sie persönlich dieser Sache nachgehen. Zu Ihrer eigenen Sicherheit — oder um eine Bestätigung zu finden — oder was immer Sie zu finden glauben.«

»Sie sind beinahe zu gerissen, um anständig zu sein«, sagte Luschke nach längerer Pause.

»Das eine bedingt wohl heute das andere«, sagte der Unteroffizier mit kaum spürbarer Resignation. »Aber vielleicht bin ich auch nur ein Dummkopf. Oder die Sowjets sind Idioten.«

»Diese Sorte werden Sie in jedem Lager antreffen. Aber was veranlaßt Sie zu solchen Vermutungen?«

»Es geschieht nichts, Herr Oberst! Die Stäbe rollen und verstopfen die Straßen. Doch an der Front geschieht nichts. Und deshalb frage ich mich, ob ich ein Dummkopf bin. Die Sowjets wissen seit Tagen, daß wir Stellungswechsel machen. Der Funkverkehr auf der Gegenseite wurde schlagartig lebhafter. Agenten haben Truppenbewegungen gemeldet. Daß der Gegner zusätzliche Artillerie aufgefahren hat, steht doch ebenfalls fest. Aber es geschieht nichts!«

Der Oberst erhob sich und nickte dem Unteroffizier zu. »Kommen Sie«, sagte er. »Wir wollen mal den Krieg beschnuppern.«

Beide gingen hinaus. Luschke, gebückt, schritt eilig voran. Ab und zu blitzte seine Taschenlampe auf. Ein Posten rief sie an, stand dann stramm, als er den Oberst erkannte.

Luschke strebte auf die Kirche zu, die er insgeheim »seine« Kirche nannte. Der Schnee fiel jetzt in dichten Flocken und wurde zu Wasser, als er die Uniform berührte. Dennoch war die Nacht hell. Denn der Mond beleuchtete die Wolken, und der Schnee schimmerte wie ein nasses Seidentuch.

Der Oberst leuchtete die zerfallenen Stufen an, die zum Turm hinaufführten. Dann standen sie auf einer Plattform und sahen durch die riesigen Löcher der Kirchenruine.

»Horchen Sie«, sagte der Oberst. »Dort hinaus. Dort liegt die Front. Und was hören Sie? Nichts.«

»Es geschieht nichts«, sagte der Unteroffizier, und das klang beinahe verzweifelt.

»Jetzt horchen Sie dort hinaus! Motorenlärm. Dort liegen die Straßen, die nach hinten führen. Sie sind verstopft. Dort stauen sich die Fahrzeuge, seit drei bis vier Stunden schon. Und mit jeder Minute fast, Herr Unteroffizier, erhöht sich das Gefahrenmoment.«

»Und der Russe weiß das, meinen Sie, Herr Oberst?«

»Jeder, der die Front kennt, weiß das. Aber dieses Wissen im richtigen Augenblick zu verwerten, das kostet Nerven. Den Gegner bis auf günstige Schußposition herankommen lassen oder darauf warten, bis er sich festgerannt hat — Nerven kostet das. Nerven! Das ist am Schreibtisch nicht zu erlernen. Und wenn das wirklich zutrifft, was Sie vermuten, Unteroffizier, wenn der Gegner wirklich Kräfte massiert hat, um hier nachzustoßen, dann — gnade uns Gott.«

Der Unteroffizier schwieg. Er starrte in die leuchtende aber undurchsichtige Nacht. Es schien, als bereite es ihm Mühe, zu atmen.

»Wenn ich dort drüben wäre«, sagte Luschke, »dann würde ich warten.«

»Wie lange?«

»Etwa bis Mitternacht«, sagte der. »Also noch fünfzehn Minuten.«

Sie stiegen wieder abwärts und gingen in die nahe Unterkunft des Obersten zurück. Luschke betrachtete nachdenklich seine Karte und riß sie dann vom Tisch. Er faltete sie achtlos und mit heftigen Bewegungen zusammen.

Er rief den Adjutanten herein. Und er befahl: »Der Oberleutnant Wedelmann soll sich bei mir melden. Sofort!«

Dann wandte er sich wieder dem Unteroffizier der Abwehr zu und sagte: »Ich habe mich gefreut, Sie kennenzulernen. Und ich hoffe, wir bleiben in Verbindung.«

»Damit die Schornsteine rauchen«, sagte der Unteroffizier und lächelte scheu.

»Und in spätestens einer Stunde«, sagte der Oberst dann, »wird sich herausstellen, ob Sie wirklich ein Dummkopf sind oder nicht. Aber ich fürchte fast, Sie sind keiner!«

»Wenn Sie also unbedingt darauf bestehen«, sagte der Kommandant des Heimatflughafens zu Unteroffizier Vierbein, »dann sollen Sie Ihren Willen haben.«

»Ich *bitte* um die Erlaubnis, mitfliegen zu dürfen«, sagte Vierbein überaus korrekt.

Der Kommandeur des Heimatflughafens, intimer Freund des Kommandanten des Frontflughafens, der wiederum ein intimer Freund des Regimentskommandeurs Luschke war, betrachtete den Unteroffizier Vierbein mit väterlichem Wohlwollen.

Der Kommandant horchte in die Nacht. Sein kahlgeschorener Schädel glänzte rosig unter der Schreibtischlampe. Draußen auf der Rollbahn dröhnten einige Flugzeugmotoren. Aus den Hallen klang Montagelärm. Es war kurz nach Mitternacht.

»Unteroffizier Vierbein«, sagte der Kommandant freundlich, »Sie müssen ja noch nicht fliegen. Sie können, wenn Sie wollen, getrost noch ein paar Tage hierbleiben — tun Sie das doch ruhig. Und ich bin sogar gerne bereit, Ihnen schriftlich zu bestätigen, daß keine brauchbare Transportmöglichkeit vorlag.«

»Danke«, sagte Vierbein. »Aber ein Telegramm ruft mich zurück.«

»Ein Telegramm von Oberst Luschke?«

»Nein.«

»Wenn es nicht direkt von Oberst Luschke kommt, würde ich es an Ihrer Stelle als nicht abgeschickt betrachten. Ganz im Ernst, lieber Vierbein: Natürlich kriegen Sie von mir jederzeit einen Platz in irgendeiner Maschine — von mir aus sogar ein Extraflugzeug. Für Oberst Luschke tue ich das gerne. Aber ganz unter uns gesagt: Der Zeitpunkt ist denkbar ungünstig. Die Front verlagert sich in dieser Nacht nach hinten. Sie geraten womöglich mitten in den großen Stellungswechsel hinein.«

»Vielleicht werde ich gebraucht«, sagte Vierbein naiv.

Der Kommandant sah langsam von seinem Schreibtisch hoch. Und er betrachtete Vierbein mit ehrlicher Verwunderung. »Gebraucht?« fragte er dann gedehnt. »Wozu? Der Krieg kann doch sicherlich ein paar Stunden auch ohne Sie auskommen.«

Und der Kommandant dachte: Gebraucht! Glaubt noch daran, daß er gebraucht wird! Weiß nicht, daß Generale mit Divisionen rechnen. Ahnt nicht, daß es Nächte gibt, in denen einige Tausende Vierbeins draufgehen, ohne daß auch nur ein Kommandeur schlechter schläft. Hat sich einreden lassen, daß er Weltgeschichte macht! Aber ein kleines Kapitel Weltgeschichte wird mit Millionen Liter Blut geschrieben. Was ist da schon ein Vierbein.

»Vielleicht«, sagte der Kommandant langsam, »geraten Sie gerade jetzt in ein heftiges Durcheinander. Sie werden vermutlich dort nur herumstehen und abwarten müssen, bis alles wieder ruhiger geworden ist.«

»Ich werde meinen Truppenteil schon finden«, sagte Vierbein zuversichtlich. Er hatte seinen Befehl, und Befehle befolgte er — schnell und genau, wie es die Vorschrift gebot.

»Tun Sie also, was Sie nicht lassen können«, sagte der Kommandeur abschließend und klingelte seinen Adjutanten herbei, der auch sofort kam. Der Adjutant sah ganz so aus, als habe er soeben ein Erlebnis besonderer Art gehabt; aber niemand schien das beachten zu wollen.

»Der Unteroffizier Vierbein«, sagte der Kommandant, »fliegt mit einer der nächsten Maschinen an die Front. Am besten mit einer Kiste, die in den frühen Morgenstunden am Ziel ist.«

»Geht in Ordnung«, sagte der Adjutant, blieb aber stehen und sah ganz so aus, als wünsche er brennend, befragt zu werden.

»Was haben Sie — gibt es irgendwas Besonderes?«

»Draußen«, sagte der Adjutant, und es schien fast, als verkünde er ein Geheimnis, »vor der Halle eins, steht ein Admiral, ein richtiger Admiral. Aber vermutlich einer aus dem ersten Weltkrieg. Und zwar mit einer Dame.«

»Nanu!« rief der Kommandant erstaunt. »Irren Sie sich auch nicht? Wenn ich nicht genau wüßte, daß Sie Antialkoholiker sind, müßte ich jetzt annehmen, Sie wären besoffen. Ein Admiral! Wie sollte der hierherkommen?«

»Bitte melden zu dürfen«, sagte Vierbein korrekt, »daß Seine Exzellenz, der Herr Admiral, mich hierhergebracht haben.«

»Respekt«, sagte der Kommandant. »Ihr Onkel — oder so was?«

Vierbein verneinte. »Seine Exzellenz, der Herr Admiral, ist der Schwiegervater des Kommandeurs der Artillerie-Ersatzabteilung, der heute geheiratet hat. Ich war Seiner Exzellenz als Bursche zugeteilt.«

»Allerhand!« sagte der Kommandant und wunderte sich sehr. »Den muß ich sehen.«

Gemeinsam mit Vierbein begab sich der Kommandant zur Halle eins.

Der Adjutant, der ihnen neugierig folgen wollte, erhielt den Befehl, sich um die Flugbereitschaft der Maschinen zu kümmern.

Die Nacht, die über dem Flugplatz lag, war kühl und klar. Die Sterne schienen tief herabzuhängen. Der Himmel glich einem Tuch aus Samt.

Vor dem großen Tor der Halle eins promenierte Seine Exzellenz, der Herr Admiral, mit Lore Schulz, der er — ganz Kavalier der alten Schule — seinen Arm geboten hatte. Er plauderte angeregt, und Lore Schulz hörte ihm andächtig zu.

Der Kommandant des Heimatflughafens schritt auf Seine Exzellenz zu, bat gehorsamst um die Erlaubnis, sich vorstellen zu dürfen. Der Admiral streckte ihm seine Hand entgegen. Der Kommandant ergriff sie und erklärte dabei, es sei ihm eine Ehre, Seine Exzellenz in seinem Bereich begrüßen zu dürfen. Und er stehe ganz zur Verfügung Seiner Exzellenz. Lore Schulz und Vierbein bestaunten diese überaus zeremonielle Szene.

»Aber ich bitte Sie, verehrter Herr Kamerad«, sagte der Admiral überaus herzlich. »Sie sind im Dienst, und Ihre Zeit wird knapp sein. Ich bin nur gekommen, um meinem lieben, jungen Kameraden von der Artillerie Lebewohl zu sagen. Er hat dringend ein Gefährt gebraucht, und ich habe meinen Schwiegersohn, den Kommandeur, dazu inspiriert, uns seinen Personenkraftwagen zur Verfügung zu stellen. Das sind wir unserem Freund doch schuldig.«

»Gewiß, Exzellenz«, sagte der Kommandant, und auch er fand den alten, offenbar ein wenig schrulligen, aber doch erfreulich kameradschaftlichen Seebären recht sympathisch. »Ich finde es großartig, daß Seine Exzellenz unserem Unteroffizier Vierbein das Geleit geben.«

»Ich habe schon oft Truppen verabschiedet«, sagte Seine Exzellenz würdig. »Ich habe, soweit mein persönlicher Dienst bei Seiner Majestät das überhaupt zuließ, niemals versäumt, die Kriegsschiffe vor dem Auslaufen zu inspizieren und zu Offizieren, Unteroffizieren und Mannschaften zu sprechen.«

»Es wird mir eine Ehre sein«, versicherte der Kommandant, »wenn Euer Exzellenz geruhen, den Flugplatz und seine Einrichtungen zu besichtigen.«

Der alte Seebär strahlte; er reckte sich hoch und kam sich vor wie in alten Zeiten. »Sie waren bereits Offizier unter Seiner Majestät?« vermutete er.

Der Kommandant bejahte das nicht ohne Stolz. »Kampfflieger«, sagte er, »im Geschwader Immelmann.« Das stimmte zwar nicht ganz, hörte sich aber gut an — genau besehen, war er damals so etwas wie ein Flugsicherheitsoffizier gewesen, von den Kameraden im Kasino scherzhaft »Strohbesen« genannt, womit seine Tätigkeit als bewährter Rollbahnspezialist glossiert wurde.

»Kampfflieger also«, wiederholte Seine Exzellenz. »Im Geschwader Immelmann. Unter Seiner Majestät. Das spürt man. Das vergißt man auch nicht, Herr Kamerad. Denn damals der Oberste Kriegsherr – wenn ich dagegen heute ... Aber lassen wir das.«

»Ich stimme speziell in diesem Punkt mit Eurer Exzellenz völlig überein.«

»Freut mich«, sagte der. »Freut mich außerordentlich.«

Dann wandte sich Seine Exzellenz, der Herr Admiral, an Frau Lore Schulz. »Wenn Sie erlauben«, sagte er galant, »so würde ich gern mit dem Herrn Kameraden von der Luftwaffe ein kleines Viertelstündchen ...«

»Aber bitte«, sagte Lore mit Eifer. Es beglückte sie immer wieder, sich als Dame respektiert zu fühlen. Dieser Abend voll aufregender Erlebnisse, so wollte ihr scheinen, war für sie der glücklichste seit langem.

»Und Sie leisten unserem jungen Frontkämpfer solange Gesellschaft, nicht wahr, gnädige Frau?«

Die »gnädige Frau« Lore Schulz errötete bis hinter die niedlichen Ohren. »Aber ja!« sagte sie nur. Und sie pries sich glücklich, daß die Beleuchtung nicht ausreichte, zu verraten, wie überaus verlegen sie war.

Seine Exzellenz, der Herr Admiral, und der Offizier Seiner Majestät, der jetzige Flugplatzkommandant, schritten glücklich in die Halle eins hinein.

Lore Schulz sah ihnen begeistert nach. Vierbein starrte in die Dunkelheit, auf den breiten Streifen der Rollbahn, der sich immer mehr zu verengen schien und sich dann im bläulichen Schwarz der Nacht verlor. Hoch über ihnen kreiste ein Positionsscheinwerfer.

Ein Lautsprecher dröhnte auf: »Unteroffizier Vierbein zum Adjutanten.«

Vierbein nickte, als sei es nötig, dieses Gebrüll zu bestätigen. »Ich werde mich beeilen«, sagte er zu Lore Schulz.

»Laß dir ruhig Zeit«, sagte sie und blinzelte ihn an. »Ich laufe dir bestimmt nicht weg, mein Kleiner.«

Vierbein lächelte ihr zu, zärtlich und ein wenig wehmütig. »Wie schön«, sagte er, »daß du mitgekommen bist.«

»Und eine andere an meiner Stelle – das wäre noch schöner, nicht wahr?«

»Du bist gut«, sagte er ein wenig unbeholfen, »und du bist aufrichtig. Ich weiß das. Und ich werde das niemals vergessen. Dich werde ich niemals vergessen.«

»Ach, mein Kleiner«, sagte Lore, »ich bin wohl wirklich ein großes Luder – aber bei dir war ich es keine Sekunde lang.«

Und der Lautsprecher in ihrer Nähe brüllte dieses Gespräch erbarmungslos zusammen. Er schrie nach Vierbein. Und Vierbein eilte zum Adjutanten.

»Ihr Abflug«, sagte der Adjutant, »verschiebt sich um eine volle Stunde. Sie nehmen nicht das dritte, sondern erst das neunte Flugzeug.«

»Darf ich fragen . . .«

»Die Artillerie-Ersatzabteilung hat angerufen. Ein Oberleutnant Schulz war am Apparat. Sie fliegen nicht allein. Zwei Unteroffiziere und zehn Mann kommen mit. Ein Lkw mit Soldaten und Material ist bereits unterwegs.«

»Die Funksprechgeräte«, sagte Vierbein, und seine Stimme klang glücklich.

Der Adjutant schüttelte den Kopf, denn er wunderte sich schon wieder; diese Nacht schien voll von wundersamen Dingen. »Mensch«, sagte er, »Sie freuen sich wie über einen Orden.«

»Jetzt habe ich meinen Auftrag ausgeführt«, sagte Vierbein.

»Na — von mir aus!« sagte der Adjutant und zuckte mit den Schultern.

»Sie leben ja noch«, sagte der Oberst grimmig und musterte Witterer interessiert. »Das freut mich aber.«

Der Hauptmann, in voller Kriegsbemalung, versuchte eine vorschriftsmäßige Ehrenbezeigung zu produzieren. Aber sie gelang nicht vollendet. Er verhedderte sich im Trägerband der Gasmaske, und seine Hand erreichte den Stahlhelm nur mit Mühe und Not.

»Der geborene Krieger«, sagte Luschke. »Wenn Sie sich so am hellen Tag bei den Russen sehen lassen, bekommen die Angst.«

»Bitte Herrn Oberst melden zu dürfen . . .«

»Moment«, sagte Luschke und stoppte des Hauptmanns Eifer mit ausgestreckter Hand, wie ein Verkehrsschutzmann. Er telefonierte. Er verlangte eine Verbindung mit dem Divisionsstab, bekam sie aber nicht. Seine Linke betrommelte die Karte, die vor ihm lag, und diese kurzen, hastigen Bewegungen schienen Nervosität zu verraten. Doch seine Stimme klang ruhig wie immer.

»Ich brauche den General«, sagte Luschke. »Mit Servierkellnern verhandle ich jetzt nicht.«

Draußen brodelte die Front wild. Die Stichflammen aus den Geschützen lösten einander so schnell ab, daß das Auge nicht folgen konnte: der Horizont flackerte grell. Unter den Einschlägen, die immer näher zu kommen schienen, begann die Hütte des Obersten kaum spürbar zu beben.

Der Oberst warf den Hörer hin. Dann hakte er sich den Kragen auf. Er beugte sich kurz über die Karte und schnaufte dann verächtlich.

»Sie kommen von der Front«, sagte er zu Hauptmann Witterer. »Wie sieht es dort aus?«

»Bitte Herrn Oberst melden zu dürfen, daß ich es vorzog, direkt zu Herrn Oberst . . .«

»Sie waren gar nicht vorn?«

»Ich habe den pünktlich erfolgten Abmarsch meiner Protzenstellung überwacht und zusätzlich noch die ersten Marschbewegungen, als das gegnerische Feuer . . .«

»Schon gut«, sagte der Oberst kurz.

»Wenn Herr Oberst glauben . . .«

»Ich mache Ihnen keinen Vorwurf, Herr Hauptmann. Möglicherweise haben Sie durchaus richtig gehandelt. Einiges von dem, was vorne vorgeht, ist mir bekannt. Ändern hätten Sie dort nichts können – im Augenblick jedenfalls nicht.«

»Ich wollte fragen, Herr Oberst, ob wesentliche Änderungen eintreten.«

Der Oberst knöpfte sich den Rock auf. Er schritt an Witterer vorbei zur Tür, öffnete sie spaltbreit und rief: »Kaffee und eine Zigarre.« Dann ging er wieder zum Kartentisch zurück.

»Wo ist Oberleutnant Wedelmann?« wollte er wissen.

»Bereits in der neuen Stellung.«

»Wen hat er bei sich?«

»Einen Pkw, einen Lkw und fünf Soldaten, Herr Oberst.«

»Und sonst niemand?« Und da Witterer sichtlich eine Antwort hinauszögerte, und das mit einer geradezu aufreizenden Pause, fragte der Oberst scharf: »Und sonst niemand, Herr Witterer?«

»Eine Dolmetscherin«, sagte der langsam.

Luschke setzte sich, schlürfte ein wenig von dem Kaffee, der ihm gebracht worden war. Dann biß er die Zigarre an, spuckte den Tabakrest aus und übersah das Streichholz, das ihm der Hauptmann diensteifrig hinhielt. Er rauchte kalt.

Dann sagte er: »Die Lage ist noch völlig ungeklärt und reichlich unübersichtlich. Seit Mitternacht hat der Gegner starke Artillerieverbände und einige Werfereinheiten angesetzt. Was danach folgt, ist ungewiß. Ihre Meinung, bitte.«

»Ein Bluff vermutlich, Herr Oberst. Der Iwan . . .«

»Sagen Sie bitte, der Gegner.«

»Der Gegner, Herr Oberst, hat unsere Truppenbewegungen bemerkt und verschießt nun, um sie zu stören, seinen gesamten Munitionsvorrat. Er wird sich bald erschöpft haben.«

»Ich entsinne mich, Herr Hauptmann, Ihrer Schießversuche vor wenigen Tagen, die Sie witzigerweise Rösselsprung nannten. Noch damals hatte der Gegner in diesem Frontabschnitt kaum nennenswerte Artillerie. Einer Ihrer Wachtmeister bezeichnete, und ich möchte das durchaus sinnvoll nennen, Ihre Tätigkeit als ›Aufforderung zum Tanz‹. Nun, mir scheint, dieser Aufforderung wird jetzt Folge geleistet.«

»Die Artillerie, Herr Oberst«, sagte Witterer und beglückwünschte sich heimlich zu seiner Geschicklichkeit, »die der Gegner in unserem Frontabschnitt eingesetzt hat, muß er zwangsläufig von einem anderen abgezogen haben. Das gleicht sich, auf das Ganze gesehen, wieder aus.«

»Herr Hauptmann«, sagte Luschke und beroch seinen Kaffee, während der Tisch, an dem er saß, leicht erzitterte, »das sogenannte große Ganze ist manchmal kaum mehr als ein großer Selbstbetrug. Hier aber, in unserem kleinen Abschnitt, ist der Teufel los — das große Ganze pennt ruhig weiter.«

»Wenn aber das Artilleriefeuer des Gegners aufhört, wenn er sich leergeschossen hat, dann . . .«

Der Oberst hob die Hand und horchte. Auch Witterer beugte sich vor und wagte kaum zu atmen.

Sie hörten nichts.

Der Oberst löschte das Licht und ging an das Fenster. Er riß den Vorhang zur Seite und stieß das Fenster auf. Außer fernen Motorengeräuschen hörten sie nichts.

Die Front schwieg.

»Na also, Herr Oberst«, sagte Witterer erleichtert.

»Bisher«, sagte der Oberst am Fenster und sog die frische Luft ein, »hat der Gegner unsere vordersten Stellungen beschossen. Die Verluste der Infanterie hielten sich, wie man so trefflich sagt, in Grenzen — unsere Verluste dürften mit mäßig bezeichnet werden. Die Absetzbewegungen auf den Straßen verlaufen, wenn auch nicht gerade planmäßig, so doch wenigstens ohne gefährliche Störungen. Die Marschdisziplin ist brauchbar und nicht gefährdet.«

»Also werden sich auch die Fronttruppen planmäßig absetzen können.«

»Wenn nicht . . .«

Luschke schwieg. Artilleriefeuer wurde erneut vernehmbar. Wieder schossen Stichflammen über den Horizont.

»Schwach«, sagte Witterer. »Nicht sehr überzeugend. Sie erschöpfen sich immer mehr.«

»Das«, sagte Luschke kaum vernehmbar, »ist unsere Artillerie. Dazwischen — hören Sie? — Infanteriefeuer.«

»Tatsächlich«, sagte Witterer erstaunt.

Luschke schloß das Fenster, zog den Vorhang vor, ging zu seinem Kartentisch und schaltete Licht ein. Auf seinem Knollengesicht schien sich eine dünne Schweißschicht zu sammeln.

Er sagte: »Das bedeutet: Der Gegner greift an.«

»Und was jetzt?« fragte Witterer reichlich ratlos und ohne es verbergen zu können.

»Wenn der Gegner wirklich angreift«, sagte Luschke, »dann gibt es immer nur zwei Möglichkeiten: wir werden halten oder überrannt werden.«

»Und die befohlenen Absetzbewegungen?«

»Die müssen vermutlich rückgängig gemacht werden. Oder nur gestoppt. Oder aber, wir werden uns, wenn der Gegner nachstößt, was anzunehmen ist, kämpfend absetzen. Überlappungssystem. Auch eine Art Rösselsprung, Herr Hauptmann.«

»Verstehe, Herr Oberst.«

»Das freut mich aber«, sagte der rauh. »Und noch mehr wird mich freuen, wenn Sie mich in Kürze aus Ihrer Feuerstellung anrufen und dann die Güte haben, mir mitzuteilen, wie es dort aussieht.«

»Jawohl, Herr Oberst«, sagte Witterer und entschwand. Sein Gang war voller Elastizität. Schon wieder einmal war ihm, als gehe er einer seiner großen Stunden entgegen.

Luschke zündete sich erst jetzt, allein in seinem Zimmer, seine Zigarre an. Sie brannte schief und schmeckte ihm nicht. Er legte sie zur Seite und ließ sie ausgehen.

Der Adjutant erschien mit den ersten Funkmeldungen. Luschke blätterte sie durch: Feind greift an auf Höhe 234, am Bahndamm, beim kleinen Teich – praktisch also in großer Breite. Mittelstarke Infanterieeinheiten. Vorerst kein Raumgewinn. Vorerst keine Panzer gemeldet. Vorerst keine größeren eigenen Verluste.

Immer dasselbe, sagte sich Luschke. Vorerst immer das Tobsuchtszellensymptom: Der Irre rennt mit dem Kopf gegen die Wand, die gibt, weil sie aus Gummi ist, ein wenig nach, gleitet dann aber wieder in die alte Stellung zurück. Der Irre rennt erneut an, und die Gummiwand wird strapaziert. Ist sein Schädel aus Eisen und sein Schwung groß genug und das Material, gegen das er immer wieder anrennt, brüchig, wird er einmal durchstoßen.

»Der Divisionskommandeur ist immer noch nicht erreichbar«, meldete der Adjutant. »Und sein Ia ...«

»Der Ia der Division ist privat ein braver Mann und im Amt ein Papagei des Generals – geschenkt!«

»Oberleutnant Wedelmann ist eingetroffen.«

»Soll 'reinkommen, der Wunderknabe. Versuchen Sie inzwischen meinen verehrten Kollegen von der Infanterie an den Apparat zu bekommen.«

Der Adjutant nickte. Er benahm sich immer mehr wie ein Zivilist, kam und ging ohne Ehrenbezeigung und stand niemals stramm, sprach nicht militärisch. Und das war ganz im Sinne von Luschke.

»Ich brauche eine Arbeitskraft, aber keinen Hampelmann«, hatte er gesagt.

Wedelmann erschien, groß, schlank, ernst wie immer, und er brachte, da er barhäuptig war, einen Deutschen Gruß an.

»Keine Verrenkungen«, sagte Luschke. »Im Augenblick findet hier kein Parteitag statt. Setzen Sie sich. Und sehen Sie zu, daß Sie gut sitzen.«

Der Oberleutnant nahm gehorsam Platz. Der Oberst Luschke, so wollte ihm scheinen, war leicht nervös. Wedelmann hatte Verständnis dafür – die Lage sah alles andere als rosig aus; er spürte das.

»Was meinen Sie wohl, Wedelmann, warum ich Sie herkommen ließ?«

»Soll ich wieder die dritte Batterie übernehmen, Herr Oberst?«

»Das könnte Ihnen so passen, Mensch! Vor ein Kriegsgericht stellen will ich Sie!«

Wedelmann schwieg artig und erwartungsvoll. Er vermutete, daß das, was er soeben gehört hatte, einer der grimmigen Scherze des Obersten war. Kein sonderlich gelungener Scherz übrigens – doch kein Wunder bei der augenblicklichen Situation.

»Sie kommen aus der neuen Stellung, Wedelmann?«

»Jawohl, Herr Oberst. Mit einem Krad. Mit einem anderen Fahrzeug durchzukommen, ist so gut wie unmöglich. Fünfunddreißig Kilometer in knapp neunzig Minuten.«

»Brauchbares Tempo. Wenn Sie geahnt hätten, weshalb ich Sie herkommen ließ, wären Sie vermutlich langsamer gefahren. Wie ist die Marschdisziplin?«

»Vorläufig noch in Ordnung. Eine leichte Nervosität ist allerdings unverkennbar. Wenn der Gegner Flugzeuge einsetzen sollte . . .«

»Wedelmann«, sagte Luschke und lehnte sich zurück, »ich habe Sie herkommen lassen, um Ihnen eine Geschichte zu erzählen. Ihre Motorradfahrt zu mir wird eine kleine Strapaze gewesen sein, und die werden Sie vermutlich noch zweimal in dieser Nacht über sich ergehen lassen – aber das ist diese Geschichte auch wert.«

Wedelmann schwieg erwartungsvoll. Er war ehrlich gespannt, und diese Spannung war echt; er ahnte nicht das geringste von dem, was Luschke ihm erzählen wollte. »Es ist die Geschichte von einem Funkgerät, das kein deutsches war und das dennoch genau in dem Raum stand, in dem sich jene Nahprotzenstellung befand, in der ein Garant des Führers Dienst tat. Und dieses Funkgerät plauderte alles aus, was des Führers Liebling wußte.«

Wedelmann war kalkweiß geworden. »Das ist unmöglich, Herr Oberst.«

»Das ist erwiesen, Herr Oberleutnant.«

»Nein!«

»Der dieses Funkgerät bedient hat, wußte alles das, was außer des Führers Heldensohn nur noch ein alter, knollengesichtiger Trottel wußte.«

»Nein«, sagte Wedelmann abermals.

Der Oberst Luschke verzog den Mund, als versuche er zu grinsen. Aber sein Gesicht blieb, bis auf diesen verzerrten Mund, unbewegt. In seinen kleinen Augen lagen Trauer und Kälte.

»Ich werde, wenn das stimmt, jede Konsequenz daraus ziehen«, sagte Wedelmann matt.

»Nur eine«, sagte der Oberst. »Alle anderen überlassen Sie mir.«

Wedelmann erhob sich steif.

»Das mit den anderen Konsequenzen«, sagte der Oberst, »das ist ein Befehl. Ein Befehl von mir, Wedelmann!«

Dem Wachtmeister Asch war das, was nun kommen würde, bekannt. Er hatte das alles schon einmal, in weit größerem Maßstab vor ein paar Monaten, im Dezember 1941, erlebt.

Damals war, angeblich um Moskau einzukassieren, eine ganze Armee zu weit vorgeprellt – ihre Spitzen tasteten sich bis nach Tula vor. Und dann türmte diese ganze Armee. Und der Wehrmachtsbericht meldete: Planmäßige Zurücknahme der Front.

Damals wurden die Straßen zu fünfhundert Kilometer langen Reihengräbern für Menschen und Fahrzeuge. Stabsoffiziere verloren erstmals an Haltung und büßten Führerglauben ein. Und es sickerte durch, daß Hitler mindestens einen kommandierenden General »zur Sau gemacht« habe – gegen den Vorgang an sich hatten die Landser gar nichts einzuwenden, daß aber die gesamte Generalität dabei feige Männchen machte und sonst nichts, das gab zu denken.

Seit jenen Tagen kursierte in der Fronttruppe der Slogan: Auch Generale haben einen Hintern, und der will getreten sein!

Asch fuhr zum fünften Male in dieser Nacht die Kolonne des Hauptwachtmeisters Bock ab, die sich in den letzten zwei Stunden kaum drei Kilometer vorwärtsbewegt hatte. Die schwerbeladenen Fahrzeuge taumelten über die strapazierte Straße. Ihre Räder wühlten sich durch den immer tiefer werdenden Schneedreck. Die Kühler kochten; und die Schneeflocken, die auf sie fielen, zischten kaum vernehmbar auf.

Wieder saß die Kolonne fest. Einige Kraftfahrer schalteten ihre Motoren ab. In seiner Pkw-Limousine pennte der Hauptwachtmeister Bock. Der ferne Lärm an der Front störte ihn gar nicht.

Der Wachtmeister Asch schlängelte sich mit seinem Krad nahezu mühelos durch und hielt neben dem Wagen des Spießes. Er klopfte an die geschlossene Fensterscheibe. Bock schreckte hoch.

Dann fragte der Hauptwachtmeister durch eine kleine Luftluke: »Willst du dich aufwärmen, Asch?«

»Taugt dein Rum was, Bock?«

»Angeblich echt Jamaica«, sagte der, »schmeckt auch beinahe so. Hat mich jedenfalls eine Kiste Zigarren gekostet.«

Der Wachtmeister Asch nahm die Flasche und trank. »Gar nicht schlecht«, sagte er dann. »Wenn ich nachher schiffe, wird das Grog sein.«

»Immerhin scheint festzustehen«, sagte Bock, »daß wir diese Nacht auf der Landstraße verbringen werden.«

»Immer noch besser als im Chausseegraben. Oder gar im Massengrab.«

»Wenn wir erst auf der Hauptstraße sind«, sagte Bock und gab sich zuversichtlich, »dann schaffen wir die restlichen dreißig Kilometer in zwei Stunden.«

»Du bist der geborene Rennfahrer«, sagte Asch. »Vergiß aber nicht, daß man nur so schnell marschiert wie das langsamste Fahrzeug. Und das immer noch unter der Voraussetzung, daß man uns marschieren läßt. Aber da gibt es das Wetter, das dem Führer nicht gehorcht, und die Sowjets, die so gar keine Rücksicht auf uns nehmen, und unsere Generale, von denen sich noch keiner die Flossen angefroren hat.«

»Ich will jetzt pennen«, sagte der Spieß. »Die Nacht ist noch lang.«

»Du wirst jetzt nicht pennen«, sagte Asch, »sondern auf deine Fahrzeuge aufpassen. Ich fahre voraus, um zu sehen, was eigentlich los ist.«

»Du mit deinen ewigen Vergnügungsreisen«, sagte der Hauptwachtmeister ärgerlich. »Aber einmal wirst du dir dabei deinen Schädel einrennen, und ich werde dann sagen: Geschieht ihm recht!«

Hierauf stieg Bock aus und ging seine Kolonne ab, Fahrzeug um Fahrzeug. Die Soldaten waren mißmutig; sonderlich müde waren sie nicht. Der Lärm an der Front beunruhigte sie. Sie wollten fahren, weiterfahren, in die neue Unterkunft einrollen. Bewegungslos und eingekeilt auf der Landstraße liegen, war, wie sie wußten, nicht ungefährlich.

Der Wachtmeister Asch verließ seine Kolonne, fuhr an einer endlos erscheinenden Kette von Lastwagen vorüber. Nur wenige Pkw waren zu sehen. Kaum ein Soldat hielt sich im Freien auf. Auf einer Strecke von etwa drei Kilometern standen die Fahrzeuge still. Diese Zufahrtsstraße schien ein totes Gleis zu sein.

An der Abzweigung zur Marschstraße drei allerdings herrschte reges Leben. Hier spielten bis an die Zähne bewaffnete Feldgendarmen, die »Kettenhunde« also, Verkehrspolizei. Und ein Major dirigierte sie.

Asch fuhr dicht heran. Die Situation wurde ihm sofort klar: Der Major blockierte mit seinen Verkehrstruppen alle Zufahrtsstraßen — bis auf eine. Und auf der rollte seine Division. Und sobald nicht rassereine Kolonnen den Versuch wagten, sich einzufädeln, schien der Major zu explodieren.

Der Major war ein mittelgroßer, kantiger Mann. Das Gesicht über dem großen Pelzkragen war brutal. Wenn er sich herausgefordert fühlte, stieß er schneidende Befehle aus.

Dieser Mann, fand Asch, war energisch bis zum glatten Mord. Er kannte diesen Typ. Der setzte sich durch! Und wenn er tatsächlich auf ernsthaften Widerstand stieß, würde er die Pistole ziehen. Und von ihr Gebrauch machen.

Solange dieser Mann hier die Kreuzung beherrschte, davon war Asch überzeugt, würden die Kolonnen auf den Zufahrtsstraßen eher vermodern, als daß er sie passieren ließe. Der Major, sagte sich Asch, mußte also weg. Aber womit war das zu erreichen?

Asch fuhr auf die Kreuzung, gedachte in die Hauptmarschstraße einzubiegen und wurde sofort gestellt. Ein Feldgendarm blockierte ihn mit weit ausgebreiteten Armen. »Halt!« rief er. Und sofort, wie magnetisch angezogen, stürzte der Major herbei.

»Melder!« rief Asch, der die Gebräuche genau kannte.

»Darf passieren«, sagte der Major.

Asch gab Gas und fuhr in die Hauptmarschstraße ein. Die Wagen, die er überholte, rollten langsam vorwärts. Schon drei Kilometer weiter schienen sie aufeinander aufzuprallen. Dort war die Straße wieder blockiert.

Um einen Lkw herum tummelten sich Soldaten. Sie fluchten und schrien. Ein Offizier mengte sich ein. Auch er fluchte.

»Was ist hier los?« fragte Asch.

»Achsenbruch«, sagte ein Soldat. »Überladen. Natürlich ein Freßwagen von irgendeinem Stab.«

»In den Graben kippen«, befahl der Offizier.

Der Kraftfahrer des ausgefallenen Lkw weigerte sich, diesem Befehl nachzukommen. Andere Kraftfahrer brüllten ihn nieder. Ein anderer Pkw versuchte zu überholen, rutschte links ab und krachte gegen einen Baum.

»Beide Fahrzeuge in den Graben kippen«, befahl der Offizier.

Ein großer Henschel rollte langsam an, schob sich auf den Laster mit dem Achsenbruch zu. Und mit seiner Stoßstange drückte er den Wagen vor sich vorwärts, bis der von der Straße rollte, dann sein Gleichgewicht verlor und über eine kleine Böschung abkippte.

»Straße frei!« rief der Offizier. »Anrollen!«

Asch fuhr weiter, wich entgegenkommenden Kradfahrern aus. Nur noch Kräder, stellte er fest, konnten fast völlig ungehindert in jeder Richtung passieren. Große Fahrzeuge, die überholen wollten, liefen sich tot –

die dichtgeschlossenen Kolonnen sperrten sie automatisch aus. Und mit Sicherheit kam einmal der Augenblick, wo die Straße für sie zu eng wurde.

Zwei Feldgendarmen auf Krädern, dicht nebeneinander, preschten aus der entgegengesetzten Richtung an den Kolonnen entlang. »Alle Fahrzeuge scharf rechts 'ran!« riefen sie. »Fahrbahn freimachen. Motoren abstellen. Der General will nach vorn.«

Bereitwillig taumelten die schweren Laster scharf an die rechte Seite der Fahrbahn. Asch schlängelte sich hinter einen kleinen Omnibus. Sirenen ertönten. Ein geländegängiger Pkw mit Ketten, hochgeschlossen, brüllte vorbei.

Ein Soldat lehnte sich aus seinem Laster hinaus und sah dem Generalswagen nach. Dann sagte er zu Asch: »Vorn scheint die Scheiße ganz schön dick zu sein.«

»Vielleicht halb so wild«, sagte Asch, »da doch ein richtiger General nach vorn fährt.«

»Kannst recht haben«, sagte der Soldat; und er blickte wieder angestrengt vorwärts und war nur noch daran interessiert, möglichst schnell weiterzukommen. Aber die Straße vor ihnen schien immer noch blockiert zu sein.

Asch legte den ersten Gang ein und wollte an dem kleinen Omnibus vorbeirollen. Die Straße war hier noch unübersichtlicher als sonst, und er schaltete seinen Schweinwerfer ein, und in dem schmalen Lichtstreifen sah er hinten auf dem Omnibus Gepäckstücke, die ihm bekannt vorkamen. Er bremste, schaltete das Licht aus und dann den Motor wieder ab. Er öffnete die Tür neben dem Beifahrer und rief in die Dunkelheit des kleinen Omnibusses hinein: »Na, ihr Heldentöchter! Wie geht es euch denn?«

»Das ist doch nicht etwa Herr Asch?« fragte eine dunkle, jetzt ein wenig müde klingende Stimme, die unverkennbar zu Charlotte gehörte.

»Das ist mein Geist!« sagte der Wachtmeister und stieg ein.

»Sie!« sagte Viola mißmutig, hüllte sich dichter in ihren Pelz und drückte sich in ihre Ecke. »Sie haben uns noch gefehlt.«

»Ihnen doch wohl bestimmt nicht!« sagte Asch. »Außerdem glaubte ich immer, Sie werden von Stabsoffizieren persönlich transportiert.«

»Können Sie uns behilflich sein, Herr Asch?« fragte der Zauberkünstler und schien jede Kontroverse völlig vergessen zu haben. Er gab sich den Anschein, nicht nachtragend zu sein. In Wirklichkeit aber hatte er nur Angst. »Wir sitzen hier fest und kommen einfach nicht weiter. Ist das nicht grausam?«

»Was denn, was denn?« rief Asch munter. »Sie haben doch nicht etwa erwartet, daß der Krieg lieblich ist?«

»Herr Asch«, sagte der Zauberkünstler mit hochkomprimierter Herzlichkeit, »wenn Sie uns weiterhelfen . . .«

»Ich an Ihrer Stelle«, rief jetzt Lisa Ebner dem sich als männlich bezeichnenden Mitglied ihrer Truppe zu, »würde jeden anderen bitten — diesen Herrn nicht!«

»Freut mich«, sagte Asch, »daß Sie noch so munter sind, Lisa.«

»Uns ist kalt«, sagte Charlotte. »Hunger haben wir auch.«

»Keinen Durst?« erkundigte sich Asch. »In meiner Feldflasche ist Kognak.«

»Geben Sie her!« sagte Charlotte.

»Gehen Sie hier 'raus!« rief Lisa Ebner.

»Wenn Sie uns helfen . . .«, beschwor ihn der Zauberkünstler.

»Ruhe!« schrie Asch. Und sofort trat Ruhe ein.

»Hören Sie nichts?« fragte Asch dann. Aber sie hörten vorerst nichts.

»Alle sofort 'raus!« rief Asch. Und er rief das mit so viel Bestimmtheit, daß die Insassen des kleinen Omnibusses eilig ausstiegen, der Kraftfahrer, der sofort spurte, allen anderen voran.

Sie standen im Freien und horchten. Auch an den lahmgelegten Fahrzeugen standen die Soldaten und sahen aufwärts. Hoch über ihnen, offenbar auf sie zu, schwebte ein surrendes Geräusch. Es schob sich näher und näher.

»Ein Flugzeug«, sagte der Zauberkünstler bang.

»Eine sogenannte Nähmaschine«, erklärte Asch. »Eine der ältesten Kisten der Sowjets. Von dort aus werden die Bomben noch mit der Kohlenschaufel geworfen.«

Lisa Ebner stand dicht neben Asch. Sie versuchte zu erkennen, was sich in seinem Gesicht widerspiegelte. Aber dieses Gesicht unter dem Stahlhelm war grau, verwischt und konturlos.

Die »Nähmaschine« surrte jetzt unmittelbar über ihnen. Und plötzlich lag ein schwirrendes, pfeifendes Geräusch in der Luft. Der Zauberkünstler segelte in den Chausseegraben. Lisa Ebner klammerte sich an Asch; ihre kleinen Hände umspannten heftig seinen Arm.

»Keine Gefahr für uns«, sagte Asch.

Die Bombe heulte hernieder und krepierte etwa dreihundert Meter vor ihnen, dicht neben der Straße. Wie ein Scheinwerfer, der überhell aufflammt und dann für immer erlischt. Danach ein dumpfer Knall. Ein Mensch schrie wild auf.

»Mein Gott«, sagte Lisa Ebner.

Asch löste sich robust von ihr.

Die Schreie vor ihnen, dort, wo die Bombe krepiert war, wurden lauter, schienen sich zu vervielfältigen, wurden von Schreien abgelöst, die frei von Schmerzen waren. Befehle wurden durch die Nacht gebrüllt. Und der

Himmel schien erfüllt von Gesurr, das aus allen Richtungen zu kommen schien.

Dann dröhnten wieder die Motoren von einigen hundert Lkw auf. Die Kolonnen wollten weiterrollen, wollten die von nassem Schnee verklebte Straße hinter sich bringen, wollten die Flugzeuge über sich los sein.

Weiter so, sagte sich Asch, mehr davon, und dann noch eine aufplatzende Front — und die Panik ist fertig.

»Vielleicht komme ich später noch einmal wieder«, sagte Asch und ging zu seinem Motorrad.

»Du bleibst nicht?« fragte Lisa Ebner, die ihm nachgegangen war.

»Ich kann nicht«, sagte Asch. »Ich werde bei meiner Truppe gebraucht.«

Dann bestieg er sein Motorrad, riß den Gang 'rein, gab Gas und preschte davon. Er fuhr auf den Major zu, der immer noch mit wilden Stoßbefehlen die Kreuzung beherrschte.

»Herr Major«, sagte Asch. »Zwei Kilometer von hier liegt ein General fest.«

»Verflucht«, sagte der Major. »Welcher General?«

»Weiß ich nicht«, sagte Asch. »Jedenfalls hat der General befohlen, daß Sie sich sofort bei ihm melden sollen. Mit drei Feldgendarmen.«

»Ich?«

»Der Major an der Kreuzung, hat der General gesagt.«

»Verflucht!« rief der Major. Dann befahl er drei von den sechs Feldgendarmen zu sich, verwarnte seine restliche Verkehrsstreitmacht mit heftig bellenden Worten und brauste davon.

Der Wachtmeister Asch bog in die Seitenstraße ein, in der auch die Kolonne des Hauptwachtmeisters Bock immer noch blockiert war. Dort fahndete er nach dem ersten Offizier in Kreuzungsnähe und fand sehr bald einen schimpfenden Oberleutnant vor.

»Herr Oberleutnant«, sagte Asch, »die Gelegenheit ist jetzt günstig. Die Kreuzung ist vorübergehend vorgesetztenfrei.«

Der Oberleutnant verstand, trabte nach vorn und riß an der Kreuzung die Befehlsgewalt an sich. Er stoppte die Kolonnen der Division des Majors und gab den Weg für seine Firma frei.

Als nach einer halben Stunde der vor Wut schäumende Major zurückkam, rollten gerade die Fahrzeuge der 3. Batterie auf die Hauptstraße. Die dahinter kamen, sahen in die Pistolenmündung des tobenden Majors.

Der Wachtmeister Asch aber fuhr weiter, auf die Feuerstellung der 3. Batterie zu.

Seine Exzellenz, der Herr Admiral, und sein verehrter Kamerad, der Kommandant des Heimatflughafens, ehemals Offizier Seiner Majestät, hatten ihre nächtliche Besichtigung beendet.

»Was ich gesehen habe, Herr Kamerad«, erklärte Seine Exzellenz nahezu feierlich, »hat einen nachhaltigen Eindruck auf mich gemacht, der vielleicht nur noch vergleichbar ist mit meiner Besichtigung der ersten kaiserlichen U-Boote nach erfolgreicher Feindfahrt.«

»Es war eine glückliche Zeit«, versicherte der Kommandant.

Seine Exzellenz nickte. »Für uns Soldaten bestimmt.«

Sie schritten gemeinsam, nunmehr ganz um ihren Wert wissend, auf die Halle eins zu, vor der sie schon von weitem im Licht der Scheinwerfer Frau Lore Schulz mit dem Unteroffizier Vierbein stehen sahen.

»Unser junger Kamerad von der Artillerie«, sagte Seine Exzellenz überzeugt, »ist so recht ein Sinnbild unserer Gegenwart, ein echter deutscher Soldat — bescheiden und tapfer.«

»Und immer gehorsam«, sagte der Kommandant zweideutig.

»Er verkörpert eben die echten Werte des Soldatentums«, stellte der Herr Admiral fest. »Er gehorcht. Das ist doch das wichtigste!«

»Wenn aber«, sagte der Kommandant vorsichtig, »einmal Befehle erteilt werden, die ein Verbrechen fordern?«

»Das, mein lieber Herr Kamerad«, sagte Seine Exzellenz nahezu feierlich, »ist doch wahrlich kein Problem. In Deutschland gibt es so etwas nicht — hat es nie gegeben, wird es auch nie geben.«

Der Kommandant zog es vor, zu diesem Punkt zu schweigen. Der alte Seebär war ein prächtiger Soldat und ein guter Mensch — schon diese beiden Eigenschaften waren nicht alltäglich. Und sein Gemüt war von edler Naivität. Das zu zerstören, wäre grausam gewesen.

Und so sagte der Flugplatzkommandant, nach einem anderen Thema suchend: »Eine äußerst bemerkenswerte Person, die Sie da mitgebracht haben.«

»Diese Dame«, sagte Seine Exzellenz, »ist die charmante Gattin eines hervorragenden Offiziers, der zur Zeit meinen Schwiegersohn, den Kommandeur, vertritt. Überaus charmant, wie wohl schon angedeutet, und sehr fraulich. Freilich nicht die alte Schule unserer Offiziersdamen. Aber es haben sich ja nicht nur die Methoden der Kriegsführung ein wenig geändert, auch wohl doch die Sitten und Gebräuche in den Kasinos.«

»Das kann man wohl sagen«, versicherte der Kommandant und sah zu Vierbein und Lore Schulz hinüber, die ihm verdächtig dicht beisammenstanden.

»Eine wahrhaft beispielgebende Dame«, sagte Seine Exzellenz, der Herr Admiral, nicht ohne seemännische Rührung. »Keine Spur von Hochmut oder etwa gar falschen Stolzes auf die bedeutenden Leistungen ihres Herrn Gemahls. Vielmehr echtes Gefühl für die Sorgen und Nöte der Untergebenen. Sie erinnern sich gewiß noch, wie Ihre Majestät, die Kaiserin, verwundete Soldaten aufsuchte und pflegte, und daß Ihre Königlichen Hoheiten, die Prinzessinnen, sogar regelmäßig in den Lazaretten Dienst taten?«

»Gewiß«, sagte der Kommandant«, ich erinnere mich. Und ich weiß leider aus unserer Gegenwart kein ähnliches Beispiel anzuführen. Weder die Damen der Reichsleiter noch die der Gauleiter . . .«

»Aber ich bitte Sie, lieber Herr Kamerad — sehen Sie sich doch einmal unsere sympathische Frau Schulz an! Was tut sie denn anderes? Sie verläßt ein Fest, um einem Soldaten, der an die Front fährt beziehungsweise fliegt, das Geleit zu geben. Das nenne ich beispielhaft!«

Der Kommandant vermochte nur noch zu nicken. Als Seine Exzellenz und er sich Vierbein und dessen Begleiterin näherten, nahm der Unteroffizier Haltung an. Lore Schulz lächelte.

»Nun — wie steht's?«

»Abflug in fünfundzwanzig Minuten«, meldete Vierbein. »Aber die Soldaten und die Geräte sind noch nicht da.«

»Werden schon kommen«, sagte der Kommandant. »Und wenn sich das hinauszögern sollte, nehmen Sie eben ein späteres Flugzeug.«

Seine Exzellenz lachte herzlich. »Nur keine Bange, mein Lieber. Der Krieg läuft Ihnen nicht weg. Ihnen bestimmt nicht.«

Langsam rollte eine neue Maschine aus der Halle. Sie kroch bebend auf die Startbahn zu. Als sie diese erreicht hatte, blieb sie stehen und zitterte in den Flanken.

Der Lautsprecher brüllte: »Maschine Siegfried achtzehn. Bestimmungsort zweihundertneunundsiebzig. Ladung wie üblich. Dazu Hauptmann Lehmann. Dazu Stabsarzt Doktor Winter und zwei Mann. Dazu Unteroffizier Vierbein und zwölf Mann. Abflug in zweiundzwanzig Minuten.«

»Erstaunlich exakte Befehlsausgabe«, sagte Seine Exzellenz, der Admiral.

»Ähnliche Startbefehle hatte ich schon damals, beim Geschwader Immelmann, eingeführt.«

Ein Lastkraftwagen brauste, von den Verwaltungsbaracken kommend, auf die Rollbahn zu. Er hielt, in der Nähe der Transportmaschine, mit kreischenden Bremsen. Ein Mann im Offiziersmantel sprang heraus.

Und dieser Mann kommandierte wie auf einem Kasernenhof: »Absitzen! Antreten!«

»Mein Mann«, sagte Lore Schulz überrascht.

»Ein tüchtiger Mann«, versicherte Seine Exzellenz, der Herr Admiral; und er war ehrlich begeistert. »Ein eminent tüchtiger Mann.«

»Scheint mir auch so«, sagte der Kommandant.

Vierbein aber sagte nichts.

Der Oberleutnant Schulz stand groß und breit mitten auf der Rollbahn und schien sich durchaus bewußt zu sein, daß viele Augen auf ihm ruhten. Er war dabei, den Halbsoldaten von der Luftwaffe ein Schauspiel zu bieten, und überzeugt davon, daß die ihn mit Ehrfurcht anstarrten.

Der Kraftfahrer, von den Blicken des Oberleutnants verfolgt, flitzte um den Lkw, entriegelte die abschließende Querwand und kippte sie ab. Soldaten sprangen herunter, zerrten Gepäckstücke mit sich und traten vor Schulz an.

Einer der zwei Unteroffiziere, von einem neulackierten, im Scheinwerferlicht glänzenden Stahlhelm bekrönt, kommandierte den anderen Unteroffizier und die zehn Soldaten, ließ ausrichten, befahl Blickwendung, meldete Schulz:

»Zwei Unteroffiziere und zehn Mann angetreten.«

Es war, wie Vierbein maßlos erstaunt feststellte, der Unteroffizier Ruhnau, der diese Meldung machte. Und der andere siamesische Etappenzwilling, der Unteroffizier Bartsch, stand im Glied.

Der Oberleutnant Schulz tippte sich kurz gegen die Mütze, röhrte »danke«, ließ dann rühren. Er sagte: »Ich erwarte also von euch, daß ihr mir und meiner Abteilung im Felde keine Schande macht. Jetzt 'rein mit euch in die Kiste.«

Er drehte sich, während die Soldaten ihr Gepäck auf das Flugzeug zerrten, suchend um. Und Vierbein wußte sofort, daß er es war, der hier gesucht wurde. Aber Schulz schien ihn gar nicht zu sehen. Er starrte auf seine Frau, die lächelnd über ihn hinwegsah. Dann bemerkte er Seine Exzellenz, den Admiral, und den Kommandanten des Flugplatzes.

Schulz ging auf die beiden Offiziere zu, salutierte, durfte Hände drücken. Er sagte: »Ich habe mir erlaubt, die Soldaten und das Gerät persönlich anzuliefern. Die Angelegenheit ist nicht nur dringend, auch wichtig.«

»Das nenne ich noch Verantwortungsbewußtsein«, sagte Seine Exzellenz, der Herr Admiral.

»Wenn Oberst Luschke davon erfährt«, versicherte der Kommandant, »wird er seine helle Freude daran haben.«

»Das hoffe ich«, sagte Oberleutnant Schulz mit vollem Ernst.

Danach bewegte sich Schulz auf seine Frau zu und blieb direkt vor ihr stehen. »Wer hat dich denn hierhergebracht?« fragte er forschend.

»Natürlich immer wieder dieser Vierbein«, sagte Lore Schulz.

Der Oberleutnant verschnaufte kurz; in seinem prüfenden Blick lagen Verachtung und Drohung zugleich. Mechanisch strich er mit den Händen an seinem Koppel entlang, als gäbe es dort Falten zu glätten; aber der Mantel saß prall auf ihm.

»Unteroffizier Vierbein«, sagte der Oberleutnant Schulz sodann und wippte ein wenig in seinen Knien. Und der also Aufgeforderte stellte sich gereckt vor ihn hin.

Da Schulz die rechten Worte nicht gleich fand, blickte er lediglich scharf und vieldeutig auf seinen Untergebenen. Und der glaubte, noch in den letzten Minuten, eine ihn vernichtende Katastrophe befürchten zu müssen.

»Unteroffizier Vierbein«, sagte Schulz abermals und schwieg wieder.

Seine Exzellenz, der Herr Admiral, lauschte interessiert und mit spürbarer Anteilnahme – er hielt den Oberleutnant für einen großen Soldaten, den Unteroffizier für einen tapferen Krieger und die Zeit für gewaltig. Nur der jetzige Oberste Befehlshaber gefiel ihm nicht ganz. Doch: Deutschland über alles!

Der Kommandant tat, als müsse er sich um das startbereite Flugzeug kümmern. Lore Schulz trat ein wenig näher, als habe sie die Absicht, sich an der Auseinandersetzung zwischen Schulz und Vierbein zu beteiligen. Der Unteroffizier stand da wie ein Baum, der dafür vorgesehen war, von einem Blitz getroffen zu werden.

Das Licht der Scheinwerfer flutete durch die Nacht. Die Flugmotoren brummten in müder Regelmäßigkeit. Die Soldaten der Verladekommandos werkten im Zeitlupentempo. Der Pilot unterhielt sich schreiend mit einem Mechaniker – doch sie führten kein technisches Gespräch; sie tauschten nur Adressen aus.

»Unteroffizier Vierbein«, sagte jetzt der Oberleutnant Schulz, »trotz größter Schwierigkeiten war es mir möglich, dem Regiment an der Front zwei Unteroffiziere und zehn Mann und sechs Funksprechgeräte zur Verfügung zu stellen.«

»Jawohl, Herr Oberleutnant«, sagte Vierbein automatisch.

»Trotz größter Schwierigkeiten«, wiederholte Schulz hartnäckig, als wolle er gerade diesen Begriff dem Unteroffizier einprägen. »Sie haben ja selbst gesehen, Vierbein, wie groß die Schwierigkeiten hier sind. Ich habe, kurz entschlossen, Ihnen jede erdenkliche Gelegenheit gegeben, diese Schwierigkeiten kennenzulernen; und ich glaube, Sie haben sie kennengelernt.«

»Jawohl, Herr Oberleutnant.«

»Das uns zugeführte Menschenmaterial ist schlecht, und es wird von Monat zu Monat immer schlechter. Das erschwert natürlich die Ausbildung erheblich. Und das erfordert die besten Ausbilder. Sie werden das gemerkt haben, Vierbein. Haben Sie das gemerkt?«

»Jawohl, Herr Oberleutnant.«

Schulz nickte gewichtig. Es war, als sammle er nunmehr alle Kräfte, um ein letztes, das größte und gefährlichste Hindernis zu überspringen. »Dabei verfolgen wir selbstverständlich immer nur ein Ziel: der Front das bestmöglich ausgebildete Menschenmaterial zuzuführen. Ich hoffe, das ist Ihnen klargeworden.«

»Jawohl«, sagte Vierbein.

»Wenn Ihnen das, wie Sie mir jetzt ausdrücklich versichern, klargeworden ist, dann werden Sie das alles auch, hoffe ich« – und jetzt holte Schulz noch einmal tief Atem und ließ dann die Katze ganz aus dem Sack –, »Herrn Oberst Luschke klarzumachen verstehen.«

Und ehe noch Vierbein hierauf antworten konnte, beugte sich Schulz ein wenig vor und sagte, ganz intim, so von Kamerad zu Kamerad: »Wenn Herr Oberst Luschke Sonderwünsche hat – wir erfüllen sie jederzeit. Ich persönlich verbürge mich dafür. Und wenn ich auch, wie diesmal, die größten Schwierigkeiten überwinden muß. Aber ich habe nicht gezögert und sogar zwei meiner besten und verläßlichsten Unteroffiziere mitgeschickt – ich trenne mich nur höchst ungern von ihnen. Aber für Herrn Oberst Luschke habe ich es getan. Das dürfen Sie ihm melden.«

Der Unteroffizier Vierbein, der noch immer nicht seiner großen Verwirrung Herr geworden war, schwieg. Er vermochte das, was sich soeben Schulz hier geleistet hatte, nicht in vollem Umfange zu begreifen. Er kam nicht einmal dazu, sich zu fragen, was wohl alles dazu geführt haben mochte, daß Schulz sogar seine siamesischen Etappenzwillinge verstieß.

Der Lautsprecher brüllte auf: »Maschine Siegfried achtzehn startet in fünf Minuten. Alle Passagiere an Bord.«

Der Unteroffizier Vierbein bat um die Erlaubnis, sich verabschieden zu dürfen.

»Die Schornsteine rauchen noch«, sagte der Kommandant und bat, Oberst Luschke und den Kommandanten des Frontflughafens mit diesen Worten von ihm zu grüßen.

»Ich beneide Sie, mein lieber junger Kamerad«, sagte Seine Exzellenz, der Herr Admiral, und ihm war, als verabschiede er große Teile der Kaiserlichen Marine. »Sie dürfen für Deutschland kämpfen. Machen Sie Ihrem Vaterland alle Ehre!«

»Melden Sie Herrn Oberst Luschke von mir: Befehl ausgeführt«, sagte Schulz.

Lore ging auf Johannes Vierbein zu, sah ihn fest an, beugte sich dann schnell vor und küßte ihn mitten auf den Mund. »Armer Kleiner«, flüsterte sie. Und in ihren Augen standen Tränen.

Vierbein trabte auf die Maschine zu, verschwand in ihrem Bauch, sah kurz in die blassen Gesichter der Soldaten, von denen die der siamesischen Etappenzwillinge besonders blaß waren. Er versuchte, sich an ein Kabinenfenster zu klemmen. Aber er sah nichts als einen flirrenden Propeller.

Langsam rollte die Maschine an, zitterte heftig, ging auf volle Fahrt und erhob sich dann mühsam taumelnd von der Erde.

Das, was Vierbein Heimat nannte, versank in Dunkelheit.

Der Wachtmeister Asch näherte sich der Feuerstellung der 3. Batterie. Je weiter er nach vorn kam, um so spärlicher wurde der Verkehr; unmittelbar hinter den vordersten Linien ruhte er fast ganz. Lediglich Sanitätswagen und Munitionslaster wühlten sich hier durch den Dreck.

An der Front lärmte ein Krieg, der offenbar nur schwer wieder seine Augen aufbekam. In der Ferne bellten Kanonen wie müde Hunde. MG spuckten sich monoton leer. Die Einschlagserien der Werfer hörten sich an, als würden Kohlen in einen Schacht gekippt.

Die Augen hatten sich an die Nacht gewöhnt. Und der nasse Schnee, der in immer dichter aufeinanderfolgenden Flocken fiel, schien kaum mehr als ein Schleier zu sein. Bald würde der Schnee in Regen übergehen.

Asch fuhr in das Dorf hinter der Front ein, in dem sich immer noch die Nahprotzenstellung der 3. Batterie befand. In der Feuerstellung, nur wenige Meter davor, würgte eine Zugmaschine; wenn ihr Motor zu ersterben drohte, wurden heftig fluchende Stimmen laut. Ansonsten schien der wieder losgelassene Krieg diesen Abschnitt der Front kaum zu beachten.

Der Wachtmeister sah den Pkw des Chefs vor der Hütte stehen, in der bisher Wedelmann und er gehaust hatten. Asch lehnte sein Krad daneben und ging hinein. Vor dem Ofen saß der Obergefreite Kowalski und trocknete seine Socken.

»Was machst du hier?« fragte Kowalski. »Hast wohl Sehnsucht nach uns gehabt?«

»Wollte nur mal sehen, ob ihr schon fertiggemacht worden seid.«

»Bei uns kaum eine Spur davon«, sagte Kowalski. »Die lassen uns jetzt einfach aus. Witterer lebt richtig auf.«

Es war so, wie Asch es vermutet hatte: Zuerst ein paar Breitseiten auf den gesamten Frontabschnitt, dann Bildung von Schwerpunkten. Und keiner dieser Schwerpunkte berührte den Raum der 3. Batterie.

»Unser Witterer«, sagte Kowalski, »glaubt jetzt langsam, daß die Sowjets vor ihm Angst haben.«

»Großer Munitionsverbrauch?« vermutete Asch.

»Es geht«, sagte der Obergefreite und wedelte mit seinen Socken vor dem Ofenloch. »Neuerdings spart unser Held sogar. Der hat nämlich endlich herausgekriegt, daß die Sowjets immer dann mit absoluter Sicherheit schießen, wenn er auch schießt. Das ging ihm dann ordentlich auf die Nerven.«

Asch setzte sich neben Kowalski auf die Erde und streckte seine Hände dem Feuer des Ofens entgegen. »Die Sowjets«, sagte er, »werden versuchen, die Front zu durchstoßen.«

»Nicht bei uns«, sagte der Obergefreite. »Das wollen sie Witterer nicht antun.«

»Aber irgendwo links oder rechts von uns. Und dann haben wir sie plötzlich in der Seite oder gar im Rücken.«

»Und auf diese große Scheiße bist du wohl scharf, was? Du willst sehen, wie Witterer mit vollen Hosen herumläuft. Oder weshalb bist du sonst hierhergekommen?«

Asch grinste Kowalski an. »Ich habe die eine Hälfte der Batterie auf den richtigen Weg gebracht, jetzt muß ich mich um die andere Hälfte kümmern.«

»Vergiß dabei nicht«, sagte Kowalski, »daß Witterer auf meiner Abschußliste steht.«

»Mach keinen Unsinn«, warnte Asch. »Womöglich gefährdest du die ganze Batterie.«

»Ich will ihm doch nur mal auf den Zahn fühlen«, sagte Kowalski grimmig. »Wenn der faul ist, stellt sich das ja doch früher oder später heraus, und am besten ist doch immer: so früh wie möglich!«

Asch wärmte sich noch ein wenig, dann ließ er Kowalski sitzen und ging wieder in die Nacht hinaus. Die Situation war völlig unverändert. Die Front lärmte zu beiden Seiten; im Abschnitt vor ihm war verhältnismäßig Ruhe. Zwei oder drei Kilometer weiter ratterte ein MG. Dann fielen vereinzelte Gewehrschüsse.

In der Feuerstellung der 3. Batterie würgte immer noch die Zugmaschine. Sie versuchte, ein Geschütz aus seiner Stellung herauszuzerren, aber ihre Räder mahlten sich fest und auch die Raupenketten glitten immer wieder ab. Soldaten stemmten sich, ohne sonderliche Anstrengung allerdings, wie Asch sofort bemerkte, gegen die Seitenwände. Witterer stand daneben und schrie Kommandos.

Asch stellte sich in die Nähe von Witterer und sah zu.

»Stehen Sie hier nicht herum!« rief ihm der Hauptmann zu. »Packen Sie lieber mit an!«

»Zwecklos«, sagte Asch. »Der Boden ist viel zu stark aufgewühlt. Er ist wie Seife.«

»Das zu beurteilen überlassen Sie gefälligst mir!« rief Witterer.

»Das ist reine Erfahrungssache«, sagte Asch. »Lassen Sie mich das mal machen.«

Und ohne die Zustimmung des Hauptmanns abzuwarten, übernahm Asch mit großer Selbstverständlichkeit das Kommando.

»Motor abstellen. Drei Mann holen Reisigbündel.«

»Na klar!« sagte der Kraftfahrer. »Nur so. Das habe ich doch schon vor einer halben Stunde gesagt.«

»Wie kommen Sie überhaupt hierher, Asch?« fragte Witterer böse.

»Mit meinem Krad«, sagte der.

»Sollten Sie nicht bei der Marschkolonne Bock sein?«

»War ich!« sagte Asch.

»Na – und? Hat die Kolonne schon die neue Stellung erreicht?«

»Die liegt auf der Marschstraße drei fest. Da ist vorläufig nichts zu machen. Und da ich ja auch die Geschützstaffel begleiten sollte ...«

»Wie Sie sehen, marschieren wir noch lange nicht.«

»Daß alle Pläne umgeworfen werden, konnte ich ahnen. Theoretisch jedenfalls, sollten jetzt die Geschütze anrollen.«

»Ist es denn schon so spät?« fragte Witterer ehrlich erstaunt. Dann sah er, während ihm Krause leuchtete, auf seine Uhr.

»Tatsächlich!« rief er dann. »Machen Sie hier weiter, Asch. Ich muß mit dem Kommandeur telefonieren.«

Während Witterer auf das nur dreißig Meter entfernte Deckungsloch zusprang, in dem sich der Feldfernsprecher befand, machte Asch das Geschütz klar. Er ließ Reisigbündel unter die Ketten legen und schob zwei leere Geschoßkörbe nach.

»Langsam anrollen«, sagte er.

Der Kraftfahrer gab Gas, die Raupenketten rutschten noch ein wenig, fraßen sich dann fest. Langsam wälzte sich die Zugmaschine vorwärts und schleppte das Geschütz hinter sich her, bis beide verhältnismäßig festen Boden unter den Rädern hatten.

»In Ordnung«, sagte Asch, nickte den Soldaten zu und ging dann Witterer nach, der im Deckungsloch telefonierte.

»Jawohl, Herr Oberst«, sagte Witterer. Und er sagte das noch dreimal. Dann rief er Krause zu: »Die Karte!«

Krause entfaltete die Karte des Hauptmanns, sorgte für Beleuchtung und hielt einen Bleistift bereit. Witterer griff danach und kreuzte auf seiner Karte eine Stelle an, die, wie Asch sah, etwa auf dem halben Weg zwischen der alten und der neuen Stellung lag. – Dann sagte Witterer noch einmal: »Jawohl, Herr Oberst.«

Hauptmann Witterer entstieg dem Deckungsloch wie ein Feldherr. Sein Mantel saß tadellos auf der gestrafften Gestalt. Erdreste, die Witterer an den Ärmeln und Schultern klebten, ließen ihn als gepflegten Draufgänger erscheinen.

»Die Staffelführer zu mir«, befahl er.

Er schien außerordentlich zufrieden mit dem soeben geführten Telefongespräch zu sein. Er blickte, nahezu herausfordernd, zu den Hügeln hinüber, in denen sich die Stellungen der Gegner befanden. Und Witterer bedauerte in diesem Augenblick aufrichtig, daß dieser Gegner offenbar nicht die Kraft besaß, anzurennen.

»Die dicksten Brocken«, sagte er zu Krause, »dürfen sich natürlich wieder einmal die Nachbarregimenter herauspicken.«

»Vielleicht ersticken sie daran«, sagte Asch ruhig.

»Ach was!« sagte Witterer und gab sich überlegen. »Der Iwan versucht überall anzurennen, kommt aber nirgends durch.«

»Bis jetzt nicht«, korrigierte Asch. »Mit einem einzigen Anlauf ist noch niemals eine Front durchbrochen worden.«

»Wir haben in sie hineingefunkt, daß es nur so rauchte«, sagte Witterer. »Wenn es bei den anderen genauso gut funktioniert wie bei uns, sagt in spätestens einer Stunde in diesem Frontabschnitt kein Iwan mehr piep!«

Der Wachtmeister Asch mischte sich unter die Staffelführer, die sich um Witterer versammelten. Krause rief sie nacheinander auf, und sie meldeten sich mit »Hier«. Es ging zunächst zu wie in einer Volksschule. Nur der Obergefreite Kowalski antwortete: »Mit allen Gliedern«; einige faßten das als einen Scherz auf und lachten gedämpft.

Dann, nach einer offiziellen Meldung, die Witterer lässig entgegennahm, begann die Befehlsausgabe. Und sie begann damit, daß sich Witterer von den einzelnen Staffelführern die Karten vorzeigen ließ. Danach sagte er: »Hoffentlich könnt ihr auch Karten lesen!«

Die Staffelführer nahmen diese nahezu ehrenrührige Verdächtigung schweigend und in brauchbarer Haltung hin. Nur Kowalski sagte: »Die einzigen Karten, die mich interessieren, sind Spielkarten.«

Witterer warf Kowalski einen scharfen, mißbilligenden Blick zu, und der wurde trotz des Halbdunkels von allen Anwesenden bemerkt, Kowalski selbst vielleicht ausgenommen. »Suchen Sie auf Ihren Karten«, befahl Witterer nunmehr, »unsere augenblickliche Stellung. Haben Sie sie? Vorzeigen!«

Die Staffelführer präsentierten gehorsam, doch mißbilligend, ihre Karten. Dort, wo die jetzige Stellung eingezeichnet war, hatten sie ihre Zeigefinger draufgelegt. Sie kamen sich vor wie Rekruten, die zu einem Bekleidungsappell angetreten waren.

»Und Ihre Karte, Asch?«

»Ich besitze keine, Herr Hauptmann. Ich brauche auch keine. Ich kenne das Gelände auswendig.«

»In spätestens zwölf Stunden«, befahl Witterer, »melden Sie sich bei mir mit einer Karte. Woher Sie die nehmen, ist mir gleichgültig. Und wenn Sie die einem General unter dem Hintern wegziehen.«

Kowalski lachte auf, und Witterer empfand kurz Genugtuung darüber, daß sein Witz verstanden worden war, noch dazu von Kowalski. Aber der sagte: »Das ist nicht der Hintern, den der General über der Karte hat, das sieht nur wie ein Hintern aus.«

»Wenn hier einer Witze macht, Obergefreiter«, sagte der Hauptmann streng, »dann bin ich das.«

»Jawohl«, sagte Kowalski, »ist bekannt.«

»Also, Herrschaften«, fuhr Witterer in seiner Befehlsausgabe fort, »wo die jetzige Stellung auf der Karte ist, das wißt ihr jetzt. Nunmehr wandert mal mit dem Zeigefinger achtzehn Kilometer, also achtzehn Zentimeter, nach Westen, also nach links. Dort liegt ein Dorf – Nikolski oder so ähnlich. Erfaßt?«

»Erfaßt«, murmelten einige Staffelführer widerwillig.

»Dort ist eine Höhe, die Höhe einhundertfünfundsiebzig – lacht da etwa jemand?«

Asch sagte: »In der Großen Deutschen Kunstausstellung hing ein Bild unter einhundertfünfundsiebzig, und das hieß: Das ist unsere SA.«

»Schreiben Sie sich das auf, Krause«, sagte Witterer. »Das ist ja beinahe schon Verächtlichmachung des Staates.«

»So was hat der Asch doch gar nicht mehr nötig, Herr Hauptmann«, sagte Kowalski grinsend.

»Was der nötig hat«, sagte Witterer mit Schärfe, »das weiß ich besser, und das wird er auch kriegen – sobald der Zauber hier vorbei ist. Jedenfalls: Höhe einhundertfünfundsiebzig – hat das jeder? Das ist unsere neue, vorübergehende Stellung. Hier setzen wir uns zunächst einmal fest. Dann werden wir weitersehen. Ist das klar?«

Das war klar. Die Staffelführer sagten es. Selbst Kowalski sagte nichts Zusätzliches. Asch meinte: »Achtzehn Kilometer – ungefähr vier bis fünf Stunden Marschdauer, wenn nichts Besonderes dazwischenkommt.«

»Das habe ich angenommen und bereits mit einkalkuliert«, sagte Witterer. Und dann befahl er:

»Abmarsch: sofort. Und ich bitte mir tadellose Marschdisziplin aus. Wehe dem, der aus der Reihe tanzt. Gnade Gott jedem, der etwa die Nerven verliert. Wer schlappmacht oder sein Fahrzeug ruiniert, den stelle ich vor ein Kriegsgericht.«

»Mensch«, sagte Kowalski zu Asch, »der macht vielleicht Sprüche!«

»Hoffentlich«, sagte Asch, »sind das wirklich nur Sprüche.«

»Sie, Wachtmeister, bleiben bei der Batterie«, befahl Hauptmann Witterer. »Ich fahre voraus!«

»Der verwechselt wohl die Richtungen«, sagte Kowalski trocken, »der meint hinten, wenn er vorn sagt.«

»Kann dir doch nur recht sein, Chauffeur!«

»Verlaß dich darauf: Dem bringe ich schon bei, was vorn, was ganz vorn ist.«

»Ich habe mit dir zu reden«, sagte der Oberleutnant Wedelmann und schob das Mädchen Natascha, das ihn umarmen wollte, von sich.

»Wie gut«, sagte sie, »daß du wieder da bist.«

»Ich werde nicht bleiben«, sagte Wedelmann.

Er hatte die fünfunddreißig Kilometer durch die späte Nacht mit seinem Krad in fast zwei Stunden zurückgelegt. Er war an den sich immer mehr stauenden Kolonnen vorbeigerast, hatte sich durch sie hindurchgewunden, war ihnen ausgewichen, mehrmals im tiefen Schnee steckengeblieben und hatte sich doch immer wieder, sein Motorrad mehr tragend als schiebend, hinausgewühlt.

Er sagte: »Ich habe jetzt alles gesehen – die schrottreif strapazierten Fahrzeuge, Menschen, die sich anbrüllen, dazwischen schreiende Verwundete. Und mitten auf der Straße lag eine Leiche, um die sich niemand kümmerte. Die schweren Wagen fuhren über sie hinweg und zerwalzten sie zu Brei.«

»Der Krieg ist furchtbar«, sagte sie.

Wedelmann ließ sich, ohne auch nur ein Stück seiner Ausrüstungsgegenstände abzulegen, auf einen Stuhl fallen, der in dem Zimmer stand, das er Natascha, um sie in seiner Nähe zu haben, leichtfertig besorgt hatte. Er war erschöpft, und er verbarg es nicht.

»Tee?« fragte sie scheu.

»Nein!« sagte er schroff.

Sie blieb vor ihm an der Wand stehen. Sie regte sich nicht. Aber ihre Augen waren voller Unruhe.

Der Oberleutnant sagte: »Ich weiß, wie es an der Front aussieht. Auf mehreren Stellen liegt schweres Artilleriefeuer. Infanterie rennt an. Verluste auf beiden Seiten. Der Druck verschärft sich von Stunde zu Stunde. Wenn ein größerer Durchbruch noch in dieser Nacht gelingt, ist die Katastrophe nicht mehr aufzuhalten.«

»Du sollst nicht immer daran denken«, sagte sie suggestiv.

»Ich werde daran denken, solange ich lebe«, sagte Wedelmann. Und fast unhörbar fügte er hinzu: »Und in diesem Augenblick wünschte ich aufrichtig, ich brauchte nicht mehr lange zu leben.«

»Das darfst du nicht sagen – nicht einmal denken darfst du's.«

»Tote«, sagte Wedelmann, »zu Hunderten. Zu Tausenden! Das hält kein Gewissen aus.«

»Wovon sprichst du?«

»Ich habe«, sagte der Oberleutnant, »nicht wenige Soldaten sterben sehen. Sie starben, und ich stand daneben und war auch bereit zu sterben – und mein Gewissen blieb rein. Aber das ist jetzt vorbei. Jetzt bin ich ein Schweinehund.«

»Niemals«, sagte sie.

»Ich bin ein Schweinehund.«

»Was ist geschehen?«

Wedelmann sah sie zum erstenmal bei dieser Begegnung voll an. In seinem Gesicht las sie Verzweiflung, auch Angst und Entschlossenheit.

Aber seine Bewegungen waren von beängstigender Gelassenheit. Sie waren langsam, dehnten sich zeitlupenhaft aus, und es war, als litte er dabei Schmerzen. Er griff nach hinten an seine Pistolentasche, öffnete sie, zog die Pistole heraus und legte sie vor sich auf den Tisch.

»Deck dein Bett auf«, sagte er.

Sie sah ihn maßlos verwirrt an. Sie bewegte sich nicht, aber in ihren Augen lag Angst, nackte Angst.

»Du sollst dein Bett aufdecken!«

Sie bewegte sich hastig, wie vorwärts gestoßen. Sie riß die Decken herunter, warf das Kissen auf die Erde, zerrte den Strohsack aus dem Rahmen.

»Den Strohsack aufreißen«, sagte Wedelmann.

Sie riß den Strohsack auf und schleuderte den Inhalt in die Stube.

»Mach den Schrank leer«, sagte Wedelmann.

Sie warf die Kleider auf das Stroh, ihre Wäsche dazu, auch ein Paar Schuhe.

»Räum deine Kiste aus«, sagte Wedelmann.

Sie blieb stehen, wo sie stand und wie sie stand: leicht gekrümmt, ein Tuch in der Hand, den Kopf geneigt. »Nein«, sagte sie.

»Also doch«, sagte Wedelmann, und es war ihm, als seien diese zwei Worte, die er soeben ausgesprochen hatte, ein Urteil. Dann schrie er: »Die Kiste!«

»Gut«, sagte sie, »gut«, gleichermaßen wild und zu allem entschlossen wie er.

Sie riß den Deckel ihrer Kiste hoch, beugte sich hinein, wühlte mit den Händen in Stoffen und Kleidern, dann zerrte sie aus der Tiefe der Kiste einen Kasten in der Größe eines Schuhkartons hervor.

Den stellte sie vor Wedelmann auf den Tisch, dorthin, wo seine Pistole lag.

Der Oberleutnant atmete schwer. Sein Gesicht schien bleich wie frisch gefallener Schnee. Eine seiner Hände tastete sich zu dem Kästchen vor und öffnete den Deckel.

Was er sah, war ein Funkgerät.

Wedelmann schien sich nicht mehr bewegen zu können. Seine Backenknochen traten stark hervor. Dann begannen seine Hände heftig zu zittern.

Langsam, als werde er hochgewunden, stand er auf. Seine Hände legten sich auf den Kasten mit dem Funkgerät, packten krampfhaft zu. Dann hob er diesen Kasten, hob ihn sich bis an die Brust, dann höher, zu seinem Kopf, noch höher, über seinen Kopf hinaus. Und dann schmetterte er ihn mit voller Wucht auf die Erde.

Es krachte dumpf. Das zersplitternde Glas und Metallteile rollten über den Fußboden. Natascha bewegte sich nicht; ihre Augen waren geschlossen. Aus einer Wunde an ihrem linken Bein sickerte Blut.

Wedelmann ließ sich wieder auf seinen Stuhl fallen.

»Ja«, sagte er dann. »Es ist wahr.«

Und nach längerer Pause sagte sie: »Es ist wahr. Und ich liebe dich.«

Wedelmann schloß die Augen, als wolle er es sich unmöglich machen, sie noch einmal ansehen zu müssen. »Du hast mich belogen. Du hast mich getäuscht und ausgenutzt. Du hast vor nichts zurückgescheut.«

Sie schüttelte den Kopf: »Wie wenig du mich kennst«, sagte sie.

»Kanntest!« sagte er hart.

»Ich habe dich niemals belogen«, sagte sie. »Niemals. Auch dann nicht, als ich dir sagte, daß ich dich liebe. Ich liebe dich! Und ich habe noch keinen Mann vor dir geliebt und werde niemanden so lieben können wie dich.«

»Und dann hast du den Menschen, den du angeblich liebst, zum Schweinehund werden lassen.«

»Ich habe dich niemals darüber im unklaren gelassen, daß ich mein Vaterland liebe, daß ich es mindestens genauso liebe, wie du das deine liebst.«

»Ich bin Soldat, und ich kämpfe dafür.«

»Und ich kann nicht Soldat sein und kämpfe auch für mein Vaterland. Soweit das in meinen Kräften steht. Ich will nicht schießen, ich kann nicht bei den Partisanen sein. Ich muß das tun, was ich am besten kann. Und wenn ich das nicht getan hätte, dann könntest du mich verachten.«

»Ich wollte dich lieben — nichts anderes.«

»Als wenn es die Liebe allein noch gäbe!« rief Natascha. Sie war lebhaft geworden, und ihre Stimme klang dunkel und stark. Es schien jetzt fast, als sei sie diejenige, die hier anzuklagen hatte.

»Ich habe dich nur geliebt.«

»Du hast Sowjetrussen getötet — ja oder nein?«

»Ich habe mit meinem Gegner ehrlich und offen gekämpft. Dabei hat es Tote gegeben — jawohl. Und zwar auf beiden Seiten. Machst du mir einen Vorwurf, weil ich noch lebe? Ich allein mache ihn mir. Und ich allein bin auch dazu berechtigt.«

»Gut«, sagte Natascha. »Du hast immer das getan, was du für deine Pflicht hieltest. Und genau das habe ich auch getan.«

»Selbst der Krieg«, sagte Wedelmann, »hat seine Gesetze, seine Gebote, seine seit Jahrhunderten festgelegten Spielregeln.«

»Dieser nicht!«

»Das ist ein Krieg wie alle andern auch.«

»Dieser nicht! Wir sind überfallen worden. Ihr habt uns ausgeplündert, Menschen erschossen oder verschleppt.«

»Ich habe niemanden ausgeplündert und keinen verschleppt. Ich habe gekämpft.«

»Wenn wir Deutschland überfallen hätten — was, meinst du, sollten dann eure Frauen tun? Zusehen? Oder euren Kampf unterstützen?«

»Frauen haben im Krieg nichts zu suchen.«

»Ach, aber der Krieg ist zu den Frauen gekommen. Und er zwingt die Frauen, an ihm teilzunehmen. Die einen drehen Granaten, die anderen pflegen Verwundete, wieder andere übermitteln Befehle — nun gut: ich habe eben Nachrichten gesammelt.«

»Bei mir.«

»Wo ich sie kriegen konnte. Ja — auch bei dir. Ich liebe dich wie keinen anderen Menschen sonst. Aber du bist auch Deutscher und als Deutscher ein Soldat Hitlers, und alle Soldaten Hitlers sind unsere Feinde.«

Wedelmann schlug mit beiden Händen vor sich auf den Tisch, so daß die Pistole zu hüpfen begann. »Genug jetzt!« sagte er laut.

»Genug jetzt«, sagte sie leise.

Wedelmann streckte seine rechte Hand aus und legte sie flach auf die Pistole. Sie fühlte sich kalt an, eiskalt. Er zog sie näher zu sich heran.

Natascha starrte in das verwüstete Zimmer hinein. Sie hatte sich, als sei sie jetzt ohne Halt, ein wenig vorgebeugt. Eine Haarsträhne fiel ihr ins Gesicht.

Sie sagte: »Mach jetzt, was du willst. Ich konnte nicht anders handeln. Du kannst mich erschießen, gleich hier — und vielleicht ist das das beste. Du kannst mich auch deinen Leuten ausliefern, und dann werden sie mich erschießen. Vielleicht werden sie mich vorher noch quälen und ausfragen, ehe sie mich töten. Das alles ist mir gleich. Aber was auch geschieht — ich weiß, daß ich für mein Vaterland sterbe. Und ich werde immer sagen: Ich habe dich geliebt.«

»Dieses Vaterland«, sagte Wedelmann kaum hörbar zu sich, »ist manchmal wie ein Strick.«

»Und wir werden wohl niemals daran denken, uns davon zu lösen.«

Wedelmann stand aufrecht da. Er umspannte seine Pistole fest und wog sie dann in der Hand. Noch einmal sah er Natascha prüfend an. Sie wich seinem Blick nicht aus. Und beide lasen in den Augen des anderen, was sie dachten.

»Ich will dich nie wiedersehen«, sagte Wedelmann. »Ich habe dich nie gekannt. Es hat dich niemals in meinem Leben gegeben.«

»Auch ich liebe dich über alles«, sagte sie, und die Tränen rannen aus ihren zärtlich-traurigen Augen.

Da ging Wedelmann hinaus in die Nacht, um zu verbergen, daß auch er weinte.

Das Flugzeug bohrte sich durch die Dunkelheit, auf die Front zu. Der Pilot saß mürrisch vor seinen Apparaturen und gähnte. Er hatte dieses Kutscherdasein satt.

Die beiden, die noch vor wenigen Stunden die Bezeichnung »siamesische Etappenzwillinge« stolz getragen hatten, saßen jetzt grau und wortlos in einer Ecke des Laderaumes und starrten vor sich hin.

Neben ihnen saß Vierbein, er hatte den Kopf ein wenig nach hinten gelegt, und es war, als schaue er hoch in den Himmel. Aber wo er auch hinsah, er sah nur gewellte Metallwände. Und der Himmel, schien es, war dennoch überall, auch unter seinen Füßen.

»Angefangen«, sagte Bartsch düster, »hatte es mit dem Hund von dieser zukünftigen Kommandeuse.«

»Wir hätten das Schild am Kasernentor niemals anbringen dürfen.«

»Was war das für ein Schild?« fragte Vierbein.

»Ein ganz harmloses, noch dazu in schwarzer, weißer und roter Farbe gehalten. Und darauf stand: Hunden minderwertiger Rasse, sogenannten Kötern oder Scherenschleifern, ist das Betreten des Kasernengeländes strengstens verboten.«

»Und das wurde sofort persönlich aufgefaßt!«

»Bei uns an der Front«, sagte Vierbein tröstend, »kann euch das nicht passieren. Im Vergleich mit dem Schulz und seiner Kaserne ist die vorderste Linie für uns alle noch das reinste Sanatorium.«

Und während der Unteroffizier Vierbein das sagte, brach einige hundert Kilometer weiter die Front auseinander, als sei sie an dieser Stelle dünn wie die Wand einer Streichholzschachtel gewesen.

Russische Infanterieeinheiten schoben sich durch und lagen dann, mitten in den deutschen Stellungen, verblutend auf ihren strapazierten Gesichtern. Andere Einheiten stießen sofort nach und stolperten über die ersten Wellen, die jetzt wie wahllos verstreutes Brennholz im Gelände lagen.

Dann setzten Panzer nach, rollten gegen die deutsche Artillerie an, verbissen sich, bis sie Schrott waren. Weitere Panzer rissen die freigelegten Flanken auf. In der kilometerlangen Front klaffte jetzt eine Lücke, die nicht viel breiter war als das Flußbett eines Stromes. Aber dieser Strom war aus Blut.

Das Flugzeug schien auf diese Lücke zuzurasen. Der Pilot kannte seine Navigationszahlen auswendig. Er hatte die Steuerung festgeklemmt und rauchte eine Zigarette. Diese ewige Kutschiererei ödete ihn an.

»Und dann«, sagte Bartsch nachdenklich, »hätten wir niemals mit dieser Lore Schulz anbinden dürfen.«

»Diese Person war unser Ruin!«

»So was von optischer Täuschung!«

»Was die sich geleistet hat, war glatter Betrug!«

»Frau Lore Schulz«, sagte Vierbein mit Überzeugung, »ist ein hochanständiger Mensch.«

»Davon sprechen wir doch die ganze Zeit, Mensch!«

»Genau das hat uns doch das Genick gebrochen.«

»Verstehe ich nicht«, sagte Vierbein.

»Über die sogenannten Anständigen stolperst du immer«, versicherte Bartsch.

»Die«, sagte Ruhnau, »sind unser Unglück.«

»Dabei haben wir ihr jede erdenkliche Chance gegeben. Wir haben ihr sogar einen genauen Terminkalender über die Tätigkeit ihres Mannes angeboten — und zwar immer für mindestens vierundzwanzig Stunden im voraus. Wenn da eine Frau nicht gleich zugreift, noch dazu eine von diesem Kaliber, dann ist irgend etwas faul.«

»Sie hat einen ganz schlechten Geschmack gehabt, denn wir waren ihr nicht sympathisch. Und so was ist niemals ungefährlich. Mensch, Vierbein, diese Weiber ruinieren noch die ganze Wehrmacht. Man muß ihnen grundsätzliche Einsatzbereitschaft befehlen, oder die ganze Sache geht schief.

Haben wir dir schon die Geschichte von dem Wachtmeister Reitter erzählt? Was — noch nicht? Also: Reitter hat die Tochter von unserem Stabszahlmeister gepimpert, und da der anerkannter Generalslieferant ist, kam Reitter prompt an die Front. Dann aber stellte sich heraus, daß das holde Stabszahlmeisterkind schwanger war, und der Wachtmeister Reitter wurde, zwecks Zwangsheirat, wieder in die Heimat zurückversetzt. Jetzt aber kam die Sache mit der Fehlgeburt, und da war der Wachtmeister überflüssig und kam prompt wieder an die Front. Doch jetzt kommt der Clou: In seinem nächsten Urlaub fertigte der Wachtmeister Reitter neuen Nachwuchs an ...«

»Bei uns an der Front«, sagte Vierbein, »kommen solche Sachen, Gott sei Dank, nicht vor.«

Und während der Unteroffizier Vierbein das sagte, versteigerte der Unteroffizier Soeft in einem Dorf im Hinterland gleich drei Wehrbetreuungsmädchen auf einmal. Gegenwert: eine Zugmaschine leihweise auf vierundzwanzig Stunden.

Soeft, ganz Geschäftsmann, garantierte zwar für unbeschädigte Anlieferung der Ware, auch für beste Qualität, nicht aber für Verhalten und Leistung. Das, so führte er aus, sei Angelegenheit des Empfängers beziehungsweise der Empfänger. Jedenfalls sei die Gelegenheit günstig, und seine Preise dürften als kulant bezeichnet werden.

Seine Geschäftspartner — Mitglieder einer »Lenkungsstelle für die Erfassung einheimischer Produkte«, flüchtig uniformierte Halbsoldaten mit

Parteigehirn – kannten Soeft ausreichend. Sie wußten aus Erfahrung, daß seine Angebote stets seriös waren – seriös ausschließlich im Handelssinn. Und so besiegelten sie dann durch Handschlag den Vertrag.

Für die nächsten vierundzwanzig Stunden stand also Soeft eine fast völlig neue, mithin überaus leistungsfähige Zugmaschine zur Verfügung. Und Soeft wußte genau, wofür er sie gebrauchen würde. In dieser Situation über ein Fahrzeug verfügen zu können, das geländegängig war, bedeutete nichts anderes, als von den Straßen unabhängig zu sein.

Jetzt würde er wieder einmal im großen Stil einkassieren! Ganze Fahrzeuge mit voller Ladung, die vorübergehend ausgefallen waren und verlassen im Graben lagen – die abschleppen. Umfang der Panik war gleichbedeutend mit der Höhe des Profits. Wenn alles planmäßig abrollte – planmäßig in seinem Sinne –, hatte knappe vierundzwanzig Stunden später die 3. Batterie einen steinreichen Mann in ihren Reihen.

Und das Flugzeug näherte sich diesem siedenden Kessel von Minute zu Minute immer mehr. Der Pilot stellte seinen Standort fest und wußte schon, ehe er noch zu rechnen begann, jede Zahl im voraus.

»Krieg«, sagte Bartsch wehmütig, »ist doch eine Sache der Männer! Warum dürfen sich da die Weiber einmischen?«

»Denkst du noch an unseren armen Freund Senkpiehl?« fragte Ruhnau.

»Der arme Senkpiehl! Er wollte nicht, und das war sein Unglück.«

»Im Grunde war er ein dummer Hund. Die Frau vom Hauptmann Wolf machte ihm eindeutige Angebote, und er war so blöd und sagte nein. Ab zur Front mit ihm!«

»Mensch, manchmal ist das Schicksal schon grausam.«

»Und nach Senkpiehl kam Kempka. Und der sagte nicht nein. Erwischt ihn doch der Hauptmann bei seiner Frau! Ab mit ihm zur Front.«

»Bleibt euch also gar nichts übrig«, sagte Vierbein mit einem überraschenden Anflug von Ironie, »als Helden zu werden.«

»Euer Bedarf ist wohl groß, was?«

»Jeder, der an der Front kämpft, ist ein Held«, sagte Ruhnau. »Steht alles in der Zeitung. Wo du hinspuckst, nur Helden. Na schön, sind wir also Helden!«

Und während der Unteroffizier Vierbein diese Gespräche über sich ergehen ließ, platzte die gefährliche Wunde in der Front weiter auf.

Noch mehr feindliche Panzer rollten dort hinein, von anderen Abschnitten in Gewaltmärschen herbeigeschleust. Sie rissen die Erde auf, und auch die Soldaten, die sich in den Weg stellten, rissen sie um. Feuer, Blut, Wasser, Schnee und Erde – alles das vermengte sich zum Brei des Krieges.

Es war, als wäre ein Damm gebrochen. Der Tod flutete in das Hinterland. Er spülte an die überfüllten Straßen heran, spülte über sie hinweg.

Zerstampfte, verbrannte und ausgeplünderte Fahrzeuge blieben liegen wie Geröll.

Nicht wenige wollten sich retten, solange sie noch glaubten, sich retten zu können. Die Panik war da! Sie warf sich über die Marschkolonnen, und die erzitterten wie unter einem wilden Fieber.

Fahrzeuge prallten auf Fahrzeuge. Pistolen wurden gezogen. Soldaten schrien, fluchten, brüllten, lachten, beteten, heulten, schimpften, weinten. Motoren jaulten, zerrten ihre Last von der Straße herunter, in den Sumpf hinein. Über ihnen allen aber kurvten die »Nähmaschinen«, hinter ihrem Rücken verschob sich die Front, kam näher, sprang wieder zurück, wieder vor, aber jetzt seitwärts. Überall war Front.

Dazwischen standen die wenigen Offiziere, die kühle Augen und ein kaltes Hirn hatten, die Unteroffiziere mit der Bierruhe und dem Fischblut, die Mannschaften ohne Furcht, ohne Hoffnung, ohne Illusionen.

Und mitten darin tummelte sich der Unteroffizier Soeft mit seiner Zugmaschine und hatte schwer zu tun, damit er nicht einkassiert wurde, worauf nicht wenige Offiziere wild zu sein schienen. Soeft lehnte alle diesbezüglichen Anforderungen rundweg ab und gab vor, unmittelbar im Auftrag des Kommandierenden Generals tätig zu sein. Zunächst schleppte er den kleinen Omnibus mit den Wehrbetreuungsmädchen — genaue Positionen hatte er von Asch bekommen — aus der Gefahrenzone, um ihn dann bei seinem Geschäftspartner abzustellen.

Der Hauptmann Witterer verschnaufte sich in einem Bauernhaus. Diese kleine »Verschnaufpause« dauerte inzwischen bereits nahezu zwei Stunden, was Kowalski als entschieden zu lang empfand. Die Vorschläge des Obergefreiten, doch endlich wieder die Feuerstellung aufzusuchen, wurden immer dringlicher und in der Formulierung, fand Witterer, immer penetranter. Dann entschloß er sich — endlich wieder einmal, wie er sagte — persönlich einzugreifen.

Das Flugzeug schaukelte in die letzten hundert Kilometer hinein. Am Horizont schien es bereits zu dämmern. Der Pilot stellte das mit einiger Verwunderung fest.

Er sah auf die Uhr. Noch zu früh für die Morgendämmerung, sagte er sich. Und er sagte sich weiter: Vielleicht brennt ein Benzinlager oder ein Dorf, oder ein Munitionsstapel ging in die Luft. Und er gähnte mit weit aufgerissenem Mund. Ach, dieser Droschkenkutscherkrieg war das reinste Schlafmittel.

»Aber an der Front«, sagte Bartsch, »gibt es doch auch Karbolmäuse. Sind die brauchbar?«

»Nach deiner ersten schweren Verwundung«, sagte Vierbein, »wirst du es wissen.«

»Und wie ist es mit den Stabshelferinnen?« fragte Ruhnau.

»Wo wir sind, gibt es keine Stäbe mit weiblichen Hilfskräften.«

»Und die Mädchen von der Wehrbetreuung? So eine Art Frontpuff, wie?«

»Mir noch nicht begegnet«, sagte Vierbein.

»Na — und die Kinder des Landes?«

»Keins davon gesehen.«

»Mann Gottes«, rief Bartsch ehrlich erschüttert, »das kann doch nicht dein Ernst sein!«

»Wenn das wirklich so ist«, sagte Ruhnau, »dann weiß ich jetzt auch, warum ihr solche Helden seid! Bleibt euch ja gar nichts anderes übrig.«

Langsam setzte das Flugzeug zur Landung an. Der neue Frontflughafen war erreicht. Der Pilot gähnte noch einmal herzhaft, dann klappte er den Mund zu und streckte das Kinn vor. Fliegen war ein Kinderspiel, starten war eine Routineangelegenheit — aber landen! Landen war Männerarbeit.

Das Flugzeug stand zitternd. Dann schwiegen die Motoren. Der Unteroffizier Vierbein war der erste, der auf die Rollbahn sprang. Und als er den hartgewalzten Boden unter sich fühlte, war er auf seine Weise glücklich.

»Willkommen in deiner Heimat!« rief ihn eine muntere Stimme an.

»Soeft! Mensch, Soeft!« rief Vierbein, lief auf den Unteroffizier zu und umarmte ihn.

»Nanu?« sagte der. »Sollte ich etwa über Nacht ein Weib geworden sein?«

»Mensch, Soeft!« rief Vierbein glücklich. »Großartig, daß du da bist. Kommst du mich abholen?«

»Sehe ich so dämlich aus?« fragte Soeft zurück. »Ich wollte hier nur mal die Lage peilen und, wenn möglich, neue Ladung aufnehmen. Kein echter Fuhrunternehmer fährt eine Strecke leer.«

»Wir sind deine Ladung, Soeft!«

»Da wäre ich schön blöd«, sagte der. »Du kommst noch früh genug zu Stuhl. Nimm deinen Kindergarten und geh zunächst mal einen saufen. Dann pennt ihr eine starke Runde. Dann erst meldest du dich mit deinen Säuglingen auf der nächsten Frontleitstelle. Bis dahin wird der dickste Dreck vorüber sein.«

»Was ist hier los, Soeft?«

»Alles, was nicht angebunden ist.«

»Nimm uns zur Batterie mit!«

»Bin ich ein Leichenbestattungsinstitut?« fragte Soeft. »Mensch, bleib, wo du bist, und freu dich darüber. Kein normaler Mensch ist auf eine Anzeige mit Trauerrand scharf.«

»Staffelführer sofort zu mir!« rief der Hauptmann und sprang, immer noch elastisch, aus dem Wagen. Dabei ließ Kowalski grinsend die Bremse los, die Räder rollten noch ein wenig, und Witterer stolperte heftig.

»Passen Sie doch gefälligst auf, Mensch!« rief Witterer.

»Habe genau aufgepaßt«, sagte Kowalski.

Der Hauptmann war, nach mehreren Telefonaten und einer erneuten »kleinen Verschnaufpause«, endlich in den frühen Morgenstunden in der Feuerstellung der 3. Batterie gelandet. Es war die Feuerstellung, die er mit Nummer zwei bezeichnete, achtzehn Kilometer westlich der alten, der Nummer eins.

Witterer, diesmal ohne Krause, denn der war in die neue Unterkunft vorgefahren, sah sich prüfend um. Die Geschütze standen ihm zu dicht aufeinander. Gewiß, die Feuerkraft der Batterie war dadurch größer geworden, aber damit hatte auch ihre Verwundbarkeit zugenommen. Er schätzte es am meisten, wenn Wirkung und Sicherheit genau aufeinander abgestimmt waren. Aber diese Feinheiten konnten die Unterführer nicht wissen.

Das Gelände lag ziemlich offen vor ihnen. Von Infanterie weit und breit keine Spur. Die Geschütze, hinter einem sanften Hügel so in Stellung gebracht, daß die Rohre wie neugierige Nasen herüberragten, waren feuerbereit.

Der Wachtmeister Asch meldete die Staffelführer. Er hatte das Kommando über die Gefechtsbatterie stillschweigend übernommen, und Witterer tat, als bemerke er das nicht. Die Lage, sagte sich der Hauptmann, ist verdammt ernst, und dieser Asch soll ja ein ganz brauchbarer Soldat sein — und immer noch besser, er reißt sich hier am Riemen, als daß er sich irgendwo anders als Klugscheißer betätigt.

»War irgendwas Besonderes?« fragte Witterer.

»Bis jetzt keine Feindberührung«, sagte Asch.

»Verdammt schade!« sagte der Hauptmann ehrlich. Viel erfreulicher wäre gewesen, er hätte jetzt schon eine paar stramme Abschußmeldungen »nach oben« weitergeben können.

»Kann aber noch kommen«, sagte Asch.

»Na, hoffentlich«, sagte Witterer.

»Ich habe einen Beobachter drei Kilometer weiter vorn angesetzt«, sagte Asch gelassen. »Er meldete anrückende feindliche Infanterie in Bataillonsstärke.«

»Wann? Wo?«

»Soeben. Marschrichtung genau hierher. In etwa einer halben Stunde haben Sie die von Ihnen so ersehnte Feindberührung.«

Witterer stand still und dachte nach. Feindliche Infanterie war gut — aber ein ganzes Bataillon war zuviel, war entschieden zuviel. Und wer weiß, fragte er sich, was da noch nachrollt. Außerdem liegt ein neuer Befehl von Oberst Luschke vor – und der muß durchgeführt werden.

Und er sagte: »Tut mir aufrichtig leid, daß ich Sie und mich um diesen Genuß bringen muß. Wir machen Stellungswechsel.«

»Doch wohl erst nachher«, sagte Asch.

»Sofort«, befahl der Hauptmann. »Karten 'raus! Neue Stellung: Neun Kilometer weiter in genau westlicher Richtung. Dort ein Kolchos. Drei Häuser sind eingezeichnet. Genau vor dem dritten gehen wir in Stellung. Kapiert?«

»Klar«, sagte Asch.

»Noch eine Frage?«

»Mir ist alles klar!« sagte Asch und sah zu Kowalski hinüber.

»Also dann los!« rief Witterer. »In die Hände gespuckt und am Riemen gerissen. Noch schnell ein paar Gruppen in die Gegend, um den Iwan zu stoppen, und dann nichts wie weg.«

»Wieviel Gruppen?«

»Fragen Sie doch nicht immer wie ein Klippschüler, Asch! Drei, vier oder fünf. Ganze Batterie!«

Und ihn überfiel die reine Freude an einer kräftigen Knallerei. Er rechnete emsig: Feindliche Infanterie etwa vier Kilometer entfernt, also Marschzeit bis hierher: etwa dreißig Minuten. Feuerüberfälle mit ganzer Batterie: zehn Minuten, Stellungswechsel: fünfzehn Minuten. Reicht! »Lassen Sie mich das mal machen«, sagte der Hauptmann.

Er gab die Feuervorbereitungskommandos, als befände er sich auf einem Exerzierplatz. Er hatte sie gut gelernt, sie waren, auch in der Reihenfolge, einwandfrei. Und seine Stimme klang schneidig.

Der Wachtmeister Asch telefonierte mit dem vorgeschobenen Beobachter, ließ sich die Position des vorrückenden Gegners geben, übertrug sie auf seine Karte. Diese Karte hielt er Witterer unter die Nase.

Der begriff und fragte, weit weniger schneidig als vorher: »Welchen Aufsatz, meinen Sie wohl, sollen wir geben?«

Asch schrieb eine Zahl auf den Kartenrand. »Damit anfangen!«

Witterer nickte. Er brüllte die Feuerkommandos und stand dabei fast stramm. Kowalski betrachtete ihn mit kleinen Augen. Der Hauptmann riß den Mund weit auf und befahl: »Feuer!«

Und ehe sich noch Asch vom Beobachter die Schußlage durchgeben lassen konnte, um danach seine Trefferkorrekturen anzubringen, brüllte der Hauptmann erneut: »Feuer!« Und noch einmal: »Feuer!« Und wieder: »Feuer!« Und immer wieder noch einmal: »Feuer!« – »Feuer!«

Seine Augen leuchteten, und er sagte: »Das werden die sich nicht hinter den Ofen stecken!«

Dann kommandierte der Hauptmann: »Stellungswechsel!«

Er blieb stehen, wo er stand, voller Befriedigung über das große Erlebnis, das er sich soeben verschafft hatte. Er beobachtete die Arbeit seiner Gefechtsbatterie und fand nichts Wesentliches, das er daran aussetzen konnte.

Er blieb immer noch auf seinem Platz stehen, als die ersten Fahrzeuge bereits anrollten. Der Wachtmeister Asch versammelte die Batterie fünfhundert Meter weiter an der Straße. Dann setzte er sich in Marsch.

Kurz danach stand der kriegerische Hauptmann allein auf weiter Flur.

»Dann wollen wir mal!« sagte Witterer zu Kowalski, der geruhsam neben dem Pkw stand und feindwärts sah.

»Wird auch langsam Zeit«, sagte der Obergefreite.

»Das lassen Sie gefälligst meine Sorge sein, Mensch!«

»Wie Sie wollen«, sagte der. »Aber vielleicht sehen Herr Hauptmann, wenn Herr Hauptmann wollen, mal dorthin.« Und Kowalski zeigte mit dem Daumen talwärts.

Dort auf den Hügel zu bewegte sich feindliche Infanterie weit auseinandergezogen. Es waren braungraue Männer. Einige warfen sich hin und begannen zu schießen.

»Jetzt aber nichts wie weg!« rief Witterer und sprang auf den Wagen zu und mit einem Riesensatz in ihn hinein.

Kowalski setzte sich an das Steuer, sah kurz zu Witterer hinüber, der sich, leicht aufgeregt, rückwärts aus dem Wagen bog. Und da drehte der Obergefreite den Benzinhahn zu.

»Machen Sie schon, Mensch!«

Kowalski trat auf den Starter. Der Motor sprang sofort an, versackte aber dann gleich wieder. Abermals strapazierte Kowalski den Starter.

»Was ist los?« rief Witterer wild.

»Nichts«, sagte der Obergefreite. »Der will wohl nicht.«

Die feindlichen Infanteristen hatten sich in den Dreck geworfen. Einzelne schossen, aber die Entfernung war noch zu groß, um Treffer zu erzielen. Die Kugeln pfiffen von allen Seiten auf das Fahrzeug zu.

»Bringen Sie Ihren Wagen in Ordnung, Sie verfluchter Saukerl!« rief der Hauptmann.

Kowalski sagte »jawohl« und stieg dann, mit aufreizend langsamen Bewegungen, aus dem Wagen. Er öffnete die Verschlüsse der linken Motorhaube, hob sie hoch, verriegelte sie und betrachtete dann angeregt den Motor.

»Beeilen Sie sich gefälligst!« brüllte Witterer.

»Immer mit der Ruhe«, sagte Kowalski und klemmte den Verteilerkopf ab.

Die feindliche Infanterie, starke gegnerische Kräfte wähnend, schwärmte aus und arbeitete sich dann in einzelnen Sprüngen vor.

Wieder schossen einige, aber die Entfernung war für Infanteriewaffen immer noch zu groß.

»Wenn Sie Mistvieh sich nicht beeilen«, brüllte Witterer, »dann bringe ich Sie vor ein Kriegsgericht.«

»Wer weiß«, sagte Kowalski und befingerte jetzt die Ventile, »ob Sie überhaupt noch Gelegenheit dazu haben werden.«

»Sie sind schon lange fällig!« röhrte Witterer. »Sie sind ein ganz gemeiner, hinterhältiger Hund.«

»Und soll ich Ihnen mal sagen, was Sie sind?« fragte Kowalski und richtete sich dabei zur vollen Größe auf.

»Quasseln Sie hier nicht! Machen Sie den Wagen wieder flott! Oder Sie sind geliefert.«

»Wir beide, Herr Hauptmann. Wir beide.«

Wieder pfiffen Infanteriegeschosse auf sie zu, diesmal mit höherem Ton, sirrend, scharf, gefährlich nah. Ein Geschoß durchschlug das hintere Kotblech. Das klang hell und hart. Witterer ging in volle Deckung.

»Wie ist die Bodentemperatur?« fragte Kowalski und öffnete jetzt die rechte Motorhaube.

Nunmehr hatte Kowalski, gerissen wie immer, einen ganzen Pkw zum Schutzschild. Aufmerksam äugte er zur feindlichen Infanterie hinüber. Sie kam näher, war aber noch nicht nah genug, um ernstlich gefährlich werden zu können. Kowalski hatte auch auf diesem Gebiet umfangreiche Erfahrungen sammeln können.

»Mensch!« stöhnte Witterer, spürbar weich geworden. »Bringen Sie doch endlich Ihre Mühle wieder in Gang.«

Kowalski schien der Anblick der Zylinderköpfe zu faszinieren. Er zog sein Seitengewehr heraus und schlug dagegen. Witterer mißdeutete dieses Geräusch und zuckte zusammen.

»Kowalski, Menschenskind!« sagte Witterer. »Sie sind doch ein guter Kraftfahrer, der beste . . .«

»Ich denke, ich bin ein ganz gemeiner, hinterhältiger Hund.«

»Kowalski!« rief Witterer beschwörend.

Jetzt sägte eine MG-Garbe den Boden auf, kaum zwanzig Meter von ihnen entfernt. Der Dreck spritzte, und es war, als habe er es nur auf Witterer abgesehen. Der lag dicht neben dem Pkw auf dem Boden, das Gesicht krampfhaft heruntergedrückt, und seine Hände suchten mit wild zuckenden Bewegungen nach einem Halt.

»Kamerad Kowalski!« stöhnte Witterer.

»Sie kommen immer näher und näher, Kamerad Witterer«, sagte der Obergefreite. »Jetzt können sie schon genau deinen großen Arsch sehen, Kamerad Witterer. Und sonst sehen sie nichts von dir, Kamerad Witterer.«

Wieder riß das MG den Boden auf. Vereinzelte Gewehrschüsse durchschlugen den hinteren Kasten. Witterer machte Anstalten aufzuspringen. Er taumelte hoch. Dann preschte er, wild und besinnungslos, jetzt ganz ohne Elastizität, davon.

Kowalski sprang in den Wagen, drehte den Benzinhahn auf, startete, und der Motor sprang sofort an. Er fuhr dem galoppierenden Witterer nach und zog ihn an Bord. Der schnaufte krampfhaft und klammerte sich an die Seitenwand.

»Ja«, sagte Kowalski befriedigt. »So ein Krieg kann wirklich ein großes Erlebnis sein.«

Der Oberst Luschke stand unmittelbar neben der Fahrbahn. Er hatte seine Hände auf den Rücken gelegt und das Kinn grimmig-forschend vorgereckt. Er stand da, als befände er sich auf seinem Kasernenhof und nicht etwa im Zentrum eines Hexenkessels. Er blinzelte ein wenig müde in aller Ruhe in die frühe Morgensonne hinein.

Niemand schien ihn zu beachten. Ihm aber entging nichts. Er betrachtete die abgerutschten Wagen, die schreienden Soldaten, die wild durch die Gegend preschenden Fahrzeuge.

Der Oberleutnant Wedelmann näherte sich seinem Kommandeur, bremste kurz vor ihm ab und produzierte, noch auf dem Motorrad sitzend, eine Ehrenbezeigung.

Der Oberst erwiderte sie nahezu feierlich.

Dann sagte er: »Guten Morgen, Herr Oberleutnant. Ich hoffe, Sie haben die Nacht gut überstanden.«

»Guten Morgen, Herr Oberst«, sagte Wedelmann und sah Luschke fest an.

»Stellen Sie Ihre Mühle beiseite, Herr Oberleutnant, und dann leisten Sie mir ein wenig Gesellschaft.«

Wedelmann lehnte sein Motorrad gegen die Wand eines Hauses, das in unmittelbarer Nähe stand. Dann ging er wieder auf Oberst Luschke zu und stellte sich neben ihn und schwieg.

»Wir haben noch einiges miteinander zu besprechen, Herr Wedelmann. Aber vorerst nicht das, was Sie denken. Wie sehen Sie die Lage?«

»Herr Oberst, ich habe bisher wenig Gelegenheit gehabt . . .«

»Ich weiß das — aber ich frage Sie trotzdem.«

Wedelmann zwang sich zur Konzentration und starrte auf die vollgestopfte Straße. »Ansätze zur Panik«, sagte er. »Wenn der Gegner in den nächsten zwei oder drei Stunden unsere neue Frontlinie erreicht, bricht der ganze Laden zusammen.«

Luschke nickte kurz. »Unsere Batterien«, sagte er, »gehen zurück, und zwar in Sprüngen von jeweils zehn Kilometern. Bisher hat alles einigermaßen geklappt. Keine nennenswerten Verluste. Keine außergewöhnlichen Erfolge.«

»Der kritische Punkt, Herr Oberst, ist vermutlich noch nicht erreicht. Die Nachtangriffe waren wohl mehr Verwirrungsmanöver. Erst die Angriffe bei Tag können erfahrungsgemäß zur Bildung von entscheidenden Schwerpunkten benutzt werden.«

»Als Soldat«, sagte Luschke und betrachtete den bleichen, schneeträchtigen Himmel, »haben Sie Ihre Qualitäten.«

Wedelmann verstand, stand still und schwieg.

»Übrigens hat mich vor kurzem eine Meldung Ihrer dritten Batterie erreicht. Man will dort Feindberührung gehabt haben, mit Infanterie, noch dazu mit Infanterie in Bataillonsstärke. Keine Verluste, aber Erfolge! Ein Dutzend sollen ins Gras gebissen haben. Nun mal ganz unter uns, Wedelmann — sind Sie der Meinung, daß dieser Witterer aufschneidet?«

»Herr Oberst, ich bin Oberleutnant, und Herr Hauptmann Witterer ist mein Batteriechef.«

Luschke wandte sein Knollengesicht Wedelmann zu, kniff die Augen zusammen und sagte kühl: »Herr Wedelmann, ich brauche keine Belehrung. Ich will eine Antwort hören.«

»Meine Antwort, Herr Oberst, heißt: ja.«

»Danke«, sagte Luschke hart.

»Zusätzlich aber erlaube ich mir zu bemerken . . .«

»Danke, Herr Wedelmann. Keine Opern! Das ganze Repertoire ist mir hinreichend bekannt.«

Dann hob der Oberst die linke Hand und winkte kurz: Sein Adjutant, der im Hauseingang gewartet hatte, eilte herbei. Luschke sagte: »Standort dritte Batterie feststellen. Auf dauernde Verbindung dringen. Meinen Pkw klarmachen. Befehl an alle Trosse: Sofort nach Ankunft in den neuen Stellungen eingraben, Verteidigungsbereitschaft mit allen Infanteriewaffen herstellen. Außerdem brauche ich den letzten Funkspruch von gestern nacht.«

Der Adjutant nickte, ging dann davon, wobei er sich ein paar flüchtige Notizen machte.

»Wir beide aber, Herr Wedelmann, haben doch wohl noch einiges miteinander zu besprechen.«

Luschke ging voran, auf das Holzhaus zu, das neben der Straße stand. Wedelmann folgte ihm. Auf der Tür war das Regimentszeichen dick mit Kreide hingemalt worden.

Der Oberst durchschritt einen größeren Raum, in dem der Adjutant mit den Soldaten seines Gefechtsstabes werkte. Jedermann war bemüht, Luschke zu übersehen, der liebte es nicht, wenn seine Soldaten ihre

Arbeit unterbrachen, um Männchen zu machen. Leerlauf war ihm zuwider, ganz gleich aus welchen Beweggründen auch immer.

Dann betrat der Oberst einen kleineren Raum, eine Art Zelle mit einem schmalen Gitterfenster. Er warf seine zerbeulte Mütze – noch nie hatte ihn jemand mit Stahlhelm gesehen – auf den wackeligen Tisch. »Ziehen Sie keine Schlüsse daraus, wenn ich Sie nicht auffordere, sich zu setzen«, sagte er. »Das Bett ist verwanzt. Der Stuhl kracht bei der nächsten Gelegenheit zusammen. Und auf dem Tisch sitze ich, wenn ich sitzen will, selber.«

»Jawohl, Herr Oberst.«

»Nicht weil ich Oberst bin! Aber meine Knochen verkalken langsam, das Blut wird träger, und die Muskeln sind nur noch mürber Zunder. Was mit meinem Hirn los ist, weiß ich noch nicht genau.«

Der Oberleutnant schwieg. Luschke betrachtete ihn aufmerksam. Es war, als wolle er ihn schätzen.

»Sehen Sie, Wedelmann, das gefällt mir wieder an Ihnen. Jeder andere hätte jetzt gesagt: Herr Oberst sind doch noch das blühende Leben – oder ähnlichen Quatsch! Aber Sie sind kein Kriecher. Und wenn Sie, was ich aber nicht glaube, einer sein sollten, dann haben Sie wenigstens Grips genug, um zu begreifen, daß Sie sich jetzt, in Ihrer augenblicklichen Situation, keine Fremdarschakrobatik leisten können.«

»Stimmt, Herr Oberst.«

Luschke kam näher, stützte sich mit beiden Händen auf den wackeligen Tisch und fragte dann lauernd: »Alles erledigt?«

Wedelmann straffte sich: »Alles stimmt. Der Sender hat existiert.«

»Und weiter, Wedelmann?«

»Ich nehme alle Schuld auf mich, Herr Oberst.«

»Kriegsgericht?«

»Jawohl, Herr Oberst.«

Luschke hob beide Arme in Schulterhöhe. Dann knallte er die Hände auf die Tischplatte. Das Holz ächzte in allen Fugen. Danach richtete er sich auf. »Ein Mädchen?« fragte er leise.

»Ja.«

»Verstehe«, sagte der Oberst. Dann sah er sich hilflos um, als suche er nach einem Halt. Er bewegte sich unruhig. Schließlich ging er ein paar Schritte auf das Fenster zu. Hier blieb er nur wenige Sekunden, drehte sich wieder um, schroff, und kam erneut auf Wedelmann zu.

»Mann!« sagte er. »Wissen Sie auch, was das bedeuten kann?«

»Ich bin bereit, Herr Oberst, jede erforderliche Konsequenz aus meinem Verhalten zu ziehen.«

»Sie sind also bereit. Herr Oberleutnant wollen Konsequenzen ziehen. Sieh mal einer an: Er ist bereit! Bereit, sich verhaften zu lassen, vor einem

Kriegsgericht zu stehen, sich an eine Wand zu stellen oder als Schütze Arsch in einer Strafkompanie Leichen zu vergraben und Minen auszubuddeln. Er ist zu allem bereit! Wie edel. Zum Kotzen edel! Aber Sie sind doch nicht allein auf der Welt!«

»Ich bedauere es aufrichtig, Herrn Oberst . . .«

»Ich scheiße auf Ihr Bedauern, Mann!« rief der Oberst grob. »Ich habe es nicht nötig. Ich werde damit auch noch fertig.«

»Ich nicht«, sagte Wedelmann ergeben. »Niemals.«

»Was heißt das?« fragte der Oberst und stellte sich dicht vor Wedelmann auf. »Heißt das, daß Sie jetzt nicht mehr Ihrem geliebten Führer in die Feldherrnaugen sehen können?«

»So ungefähr«, sagte Wedelmann schwach.

»Wenn Sie mich fragen, Wedelmann — ich habe niemals den Wunsch gehabt, in diese Kalbsaugen zu starren! Denn der Krieg, den ich führe, das ist sein Krieg nicht. Und wenn sein Wohlwollen Ihre einzige Sorge ist, Wedelmann, dann möchte ich Ihre Sorgen haben!«

»Ich verstehe Herrn Oberst nicht.«

»Sie werden mich jetzt endlich verstehen müssen«, sagte Luschke suggestiv. »Und da Sie etwas schwer von Begriff zu sein scheinen, jedenfalls in diesem speziellen Punkt, muß ich wohl deutlich werden. Hören Sie genau zu, Wedelmann: Dieser Krieg ist ein unsauberer Krieg.«

»Nein, Herr Oberst. Das darf nicht sein!«

»Nein, das darf auch nicht sein, Wedelmann! Aber es ist so. Und je klarer mir das wird, um so verächtlicher komme ich mir vor.«

»Herr Oberst!«

»Ich komme mir verächtlich vor, Wedelmann.« Der Oberst hob die Hände und ließ sie dann wieder fallen, und diese Gebärde der Verzweiflung berührte den Oberleutnant.

»Ich verehre Sie«, sagte Wedelmann kaum vernehmbar.

»Ich bin ein Luschke. Aber was ist schon ein Luschke! Es gab ein paar Dutzend davon auf der Welt. Kleine Leute, Pastoren, Beamte, Offiziere. Ehrliche Leute. Sie lebten sauber, zeugten anständige Kinder, starben still. Ich bin der letzte. Und ich lebe nicht sauber, ich habe keine Kinder gezeugt, und ich werde nicht still sterben.«

Wedelmann war maßlos verwirrt, seine Gefühle flossen wie wilde Ströme ineinander, vermischten sich und fanden keine Ruhe. Er liebte diesen Mann, aber er verstand ihn nicht. Er fühlte sich zu ihm hingezogen, aber er hatte Angst davor.

»Den letzten Luschke hat das eigene Vaterland zur Sau gemacht! Für wen tue ich meine Pflicht, Wedelmann, wer ist das? Der Mann, der diesen Krieg vom Zaun gebrochen hat, ist unehrlich. Und deshalb ist der ganze Krieg unehrlich.«

»Nein, Herr Oberst.«

»Ja, Herr Oberleutnant — ein Krieg ohne Ehre. Mit Berechnung vom Zaun gebrochen! Mit den Methoden eines Zuhälters geführt! Voller Verachtung für Menschenleben — für fremde genauso wie für eigene. Angefeuert durch besoffenmachendes Pathos. Geschürt mit den billigen Phrasen vom Ruhm. Das Heldentum der Amokläufer und ein Vaterland für Größenwahnsinnige. Und das ist das Gift, an dem die ganze Menschheit erkranken wird. Rettungslos.«

»Ich verstehe das alles nicht«, sagte Wedelmann hilflos.

»Es wird Zeit, daß Sie das verstehen lernen, Wedelmann. Begreifen Sie denn nicht, noch immer nicht, was hier geschieht? Der Dreck, der jetzt durch die Welt gespült wird, macht dreckig. Die einen schlachten tausend, die anderen zweitausend, dann wieder die einen fünftausend, die anderen dafür zehntausend. Hier wird geplündert, dort vergewaltigt. Erst brennende Häuser, dann zerbombte Straßenzüge, dann qualmende Städte. Erst Männerleichen, dann die der Frauen, dann die der Kinder. Kein Krieg mehr für Soldaten, Wedelmann. Man muß ein Tier sein, um ihn großartig zu finden.«

»Auch ich«, sagte Wedelmann, »hasse den Krieg.«

»Ist mir bekannt! Sie hassen den Krieg, lieben aber Ihr Vaterland. Und der Vater dieses Vaterlandes heißt für Sie Hitler. Und der Mann will Frontsoldat gewesen sein. Hat das wohl sehr schnell vergessen. Soldaten kämpfen — sie überfallen nicht, betrügen nicht, hassen nicht. Aber — erschießen sie Juden, plündern sie Landstriche kahl, pressen sie Zivilisten zum Kriegsdienst, legen sie serienweise Geiseln um?«

»Ich würde mich niemals an derartigen Aktionen beteiligen, Herr Oberst.«

»Glaube ich Ihnen, Wedelmann. Glaube ich Ihnen aufs Wort. Aber Sie werden weder gefragt noch benötigt. Es gibt Helfershelfer in Mengen. Verbrecher aus Instinkt und Mörder mit Weltanschauung. Und in diesem Klima, Wedelmann, da gehen die Soldaten ein, und die Kriminellen gehen aus sich heraus. Als im letzten Dezember die erste Panikwelle dieses Krieges unsere Truppen überfiel, da begannen schon die Verbrecher die Soldaten zu überspielen: Meutereien, Plünderungen, Schiebungen, Raubüberfälle, bis zum Kameradenmord, angeblich aus Notwehr. Denken Sie doch endlich nach. Werden Sie wach, realistisch, ganz kühl. Und erkennen Sie endlich, in welchem Umfang diese Welt versaut ist! Betäubt durch Lautsprecher, Gebrüll, blindgemacht durch Druckerschwärze. Da glauben Sie mit einem Menschen zu reden, und in Wirklichkeit liefern Sie sich einem Agenten aus. Und ich, Wedelmann, glaube jetzt mit einem Kameraden zu sprechen — habe ich einen Spitzel vor mir?«

»Herr Oberst!«

»Es ist gut, mein Junge.«

»Und was soll jetzt geschehen, Herr Oberst?« fragte Wedelmann nach langer Pause.

Oberst Luschke atmete tief aus. Er schien erschöpft. Aber seine Augen funkelten.

»Herr Oberleutnant Wedelmann«, sagte er und war nunmehr wieder ganz Kommandeur Knollengesicht, der Unnahbare, Listige, Überlegene, »als Soldat habe ich Sie immer geschätzt, als Mensch waren Sie mir niemals gleichgültig. Ich entnehme also Ihrem Bericht, daß Sie einen feindlichen Agentensender aufgestöbert haben, die dazugehörige Agentin ist Ihnen leider durch die Lappen gegangen.«

»Herr Oberst!«

»Wir werden diesen Bericht gemeinsam fixieren, wenn dieser ganze Rummel hier vorüber ist. Kein treues Dackelgesicht jetzt, Wedelmann — verdammt noch mal!«

Wedelmann war ehrlich erschüttert. Er begriff immer noch nicht, was hier mit ihm geschah. Er spürte nur eins: Dankbarkeit. Und noch etwas: Zuneigung. Mehr noch: Liebe.

»Im übrigen«, sagte Luschke, »muß ich Ihnen noch den Inhalt eines Funkspruches bekanntgeben. Sie können ihn nachher beim Adjutanten einsehen.« Nunmehr lächelte Oberst Luschke listig. »Herr Wedelmann! Ich gratuliere Ihnen zu Ihrer Beförderung zum Hauptmann. Mit dem heutigen Tag übernehmen Sie die Führung der Ersten Abteilung meines Regiments.«

Wedelmann starrte seinen Kommandeur ungläubig an. Nur langsam, ganz langsam wurde ihm klar, was hier mit ihm geschah. Er war jetzt fast nahe daran, weich zu werden, windelweich.

Luschke gab ihm keine Gelegenheit dazu. Er sagte: »Ich würde Ihnen raten, Herr Hauptmann Wedelmann, sich jetzt um Ihre Abteilung zu kümmern — speziell um die dritte Batterie.«

Hauptmann Witterer schien die Schlappe, die ihm der Obergefreite Kowalski — Gott sei gelobt: unter Ausschluß der Öffentlichkeit — in den frühen Morgenstunden beigebracht hatte, sehr schnell und recht gut überwunden zu haben. Er stürzte sich mit Eifer und voller Hoffnung auf Erfolge in den Krieg. Doch in seiner Betriebsamkeit lag Nervosität.

Er ließ sich von Kowalski, der fortan als Mensch für ihn nicht mehr existierte, was dem natürlich völlig gleichgültig war, in die Stellung Nummer drei fahren. Auf dem Weg dorthin prallte er auf einen Unteroffizier, der beim Anblick des Chefwagens der 3. Batterie von einem sich mühsam durch den Dreck mahlenden Lkw sprang.

»Kowalski!« rief der Unteroffizier. »Halt doch an, Kowalski!«

»Du hast uns gerade noch gefehlt«, murmelte der und fuhr weiter.

»Halten Sie doch an!« befahl Witterer.

Der Unteroffizier stolperte eifrig herbei, strahlte dabei Kowalski freundschaftlich an, was den nahezu zur Verzweiflung zu bringen schien. Er baute sich vor Witterer auf und rief: »Unteroffizier Vierbein meldet sich von seinem Kommando zur Artillerie-Ersatzabteilung zurück.«

»Sie sind also der Unteroffizier Vierbein«, sagte Witterer interessiert, und er wußte, daß der Soldat, der jetzt vor ihm stand und den er zum erstenmal sah, der erfolgreichste Geschützführer des Regiments Luschke war. Der sah zwar nicht aus wie der geborene Panzerknacker, war aber einer — das ging aus den Personalpapieren unzweideutig hervor. Wenn einer für die Batterie Lorbeeren sammeln konnte, dann dieser unscheinbare Jüngling. »Wer ich bin, das wissen Sie vermutlich.«

»Jawohl, Herr Hauptmann«, sagte Vierbein. Er wußte es. Der Wagen, den Kowalski fuhr, war der Chefwagen, also mußte das der Chef sein, der neue, der das Telegramm an ihn mit Hauptmann Witterer unterzeichnet hatte.

»Haben Sie Ihren Auftrag durchführen können, Unteroffizier?«

»Jawohl, Herr Hauptmann«, meldete der stolz. »Zwei Unteroffiziere und zehn Mann, dazu sechs Funksprechgeräte. Befinden sich zur Zeit abrufbereit auf dem Flugplatz.«

»Freut mich — für Sie«, sagte Witterer. »Im übrigen kommen Sie zur rechten Zeit. Geschützführer mit Kampferfahrungen werden dringend gebraucht. Steigen Sie ein, Unteroffizier.«

»Mußt du dich nicht erst bei Oberst Luschke melden?« fragte Kowalski suggestiv.

»Sie sollen einsteigen, Unteroffizier!«

»Wenn er aber erst zu Oberst Luschke muß«, sagte Kowalski hartnäckig.

»Einsteigen!«

Der Unteroffizier Vierbein beeilte sich, zu gehorchen, ohne an Widerspruch auch nur zu denken. Er verwunderte sich lediglich sehr über Kowalskis Umgangston mit dem neuen Chef. Man war zwar von Kowalski einiges gewohnt, doch bei Wedelmann war er lediglich vorlaut gewesen, auch immer deutlich — Frechheiten aber, geradezu Unverschämtheiten hatte er sich niemals geleistet.

Der Obergefreite kutschierte Witterer und Vierbein ohne sonderliches Tempo in die inzwischen bezogene Stellung. Die Marschstraßen waren leerer geworden, ein Großteil der stundenlang blockiert gewesenen Etappenfahrzeuge war dem unmittelbaren Druck der Sowjets vorerst entkommen. Die Kampftruppen beherrschten jetzt das Feld.

»Ein Idyll!« rief Kowalski, als er sich der Feuerstellung näherte. »Hier werde ich zunächst einmal abprotzen.«

Die Geschütze standen in der Nähe der Häuser des Kolchos, es waren nicht, wie in der Karte eingezeichnet, drei, sondern fünf Gebäude. Der Wachtmeister Asch hatte sie alle für die 3. Batterie beschlagnahmt und weiteren Interessenten erklärt, er mache Quartier für ein ganzes Regiment.

Die Feuerstellung bot ein nahezu friedliches Bild. Die Gegend, in der jetzt eifriger Gefechtslärm produziert wurde, lag kilometerweit entfernt. Nur ein paar Alarmposten hielten sich unmittelbar bei den Geschützen auf. Die restlichen Soldaten hatten sich in den Unterkünften breitgemacht, einige spielten Karten, die meisten schliefen, zwei rasierten sich. Einer beschnitt mit Andacht seine Fingernägel. Witterer mißfiel das alles sehr.

»Wo ist der Wachtmeister Asch?« fragte er. Und als der sich unmittelbar danach ohne sonderliche Eile näherte, rief er ihm entgegen: »Befinden Sie sich hier etwa auf Erholungsurlaub — oder was ist los?«

»Das ist ja Vierbein!« rief Asch überrascht. »Wie kommst du denn hierher, Kleiner?« Und er fügte sofort hinzu: »Du hättest ruhig noch dort bleiben sollen, wo du warst. Wir werden auch ohne dich fertig!«

»Jawohl«, rief Witterer. »Um auf der faulen Haut zu liegen, braucht man allerdings keine erfahrenen Geschützführer.«

Asch präsentierte seine Feuerstellung mit großer Bewegung. »Eine überaus gesunde Gegend, Herr Hauptmann. Der Krieg scheint um uns herumzukriechen.«

»Keine Feindberührung? Keine Erfolge?«

»Keine Erfolge, da keine Feindberührung«, sagte Asch. »Der Krieg findet fünf Kilometer weiter vorn statt. Künstlerpech.«

Witterer schwieg mißgelaunt. Die Situation mißfiel ihm gründlich. Der Krieg war in vollem Gange, aber seine Batterie war weit vom Schuß. Wie sollte er da zeigen, was seine Leute konnten!

»Was ist dort vorn los?« fragte er.

»Der übliche Rummel«, sagte Asch, »laut Beobachtermeldung. Infanteriezauber. Dazu einige Panzer.«

»Panzer?« fragte Witterer interessiert.

»Darf ich wieder mein Geschütz übernehmen, Herr Hauptmann?« wollte der Unteroffizier Vierbein wissen.

»Sie dürfen!« sagte Witterer gönnerhaft.

»Ach du meine Güte!« sagte Kowalski laut und sah Asch an. »Die Helden sind nicht mehr zu halten.«

»Unteroffizier Vierbein!« rief Witterer, dem soeben ein, wie er glaubte, genialer Einfall gekommen war. »Sie werden gleich mal zeigen können, was Sie auf der Latte haben. Sie sind ja genügend ausgeruht — also jetzt nichts wie 'ran!«

»Wie ist das zu verstehen, Herr Hauptmann?« fragte Asch ruhig.

»Wenn die Panzer nicht zu uns kommen, Wachtmeister, dann werden wir eben mal die Panzer heimsuchen. Drei bis fünf Kilometer sind ja keine Entfernung. Machen Sie Ihr Geschütz marschbereit, Vierbein! Der Iwan soll uns kennenlernen.«

»Jawohl, Herr Hauptmann!« rief der Unteroffizier bereitwillig. Er trabte auf sein Geschütz zu, kommandierte »Stellungswechsel« und begrüßte dann, während sie werkten, seine Kameraden kurz und herzlich. Die Soldaten nickten ihm zu, einer schlug ihm gegen den Oberarm, alle zeigten, wie sehr sie ihn mochten.

Das erfüllte Vierbein mit Glück. Er lachte den Kameraden zu, seine Knabenaugen strahlten. Jetzt erst, so wollte es ihm scheinen, war er endlich »zu Hause«.

»Ich werde mitfahren«, sagte Asch mit großer Selbstverständlichkeit und ging auf das Geschütz Vierbein zu.

»Herr Hauptmann werden natürlich nicht mitfahren«, sagte Kowalski herausfordernd.

»Ich leite diese Aktion persönlich«, erklärte Witterer.

Kowalski nickte. Dieser Witterer, sagte er sich, mag vielleicht ein Schweinehund sein, aber ein Dummkopf ist der bestimmt nicht. Der weiß ziemlich genau, bei wem die dicksten Kartoffeln wachsen. Ein Frontspaziergang mit Unteroffizier Vierbein und dann noch mit Wachtmeister Asch, das konnte eine verhältnismäßig sichere und lohnende Angelegenheit werden.

»Wachtmeister Asch«, sagte Witterer, »der Auftrag für Sie und Unteroffizier Vierbein, den ich persönlich überwachen werde, lautet: Vorfahren bis zum umkämpften Gelände, dort das Geschütz in Stellung bringen und in die Kampfhandlungen eingreifen. Hauptziele: Panzer.«

»Bin durchaus im Bilde, Herr Hauptmann.«

»Wachtmeister Asch«, sagte Witterer, dem diese bedingungslose Zustimmung des sonst so renitenten Unterführers nicht ganz geheuer erscheinen wollte, »haben Sie irgendwelche Einwände vorzubringen, Vorschläge zu unterbreiten?«

»Nein, Herr Hauptmann«, sagte Asch. »Das geht, meiner Meinung nach, alles in Ordnung. Auch zusammen mit Oberleutnant Wedelmann haben wir schon ähnliche Unternehmen gestartet. Vielleicht werden wir vorn wirklich gebraucht.«

»Worauf warten wir dann noch!« rief Witterer.

Der Wachtmeister Asch winkte die Zugmaschine ein. Der Unteroffizier Vierbein überwachte das Ankuppeln des Geschützes. Dann sprangen beide nach vorn zum Kraftfahrer. Die Bedienungsmannschaften kletterten über die Seitenwände hoch.

Die Zugmaschine rollte mühsam an, kam dann schnell auf Touren, hinter ihr schaukelte das Geschütz. Witterer, von dem grinsenden Kowalski gefahren, karrte hinterher.

Asch orientierte sich nach seiner Karte und wies den Kraftfahrer ein. Dann sah er zu Vierbein hinüber und lächelte ihn an. »War's schön zu Hause, Kleiner?«

»Später«, sagte Vierbein, »werde ich dir viel erzählen.«

»Freue mich darauf, Johannes.«

Dann konzentrierte sich Asch ausschließlich auf das Gelände. Es schien verlassen zu sein. Nur vereinzelte Transportfahrzeuge drückten sich unter Bäume und an Büsche.

Der Gefechtslärm kam immer näher.

»Wenn wir deine Zugmaschine nicht hätten«, sagte Asch zum Kraftfahrer, »säßen wir jetzt schon bis an die Eselsohren im Dreck.«

»Und außerdem ist meine Karre ein Retourbillett.«

»Einmal Hexenkessel und zurück«, sagte Asch. »Hoffentlich verbrennt sich niemand dabei den Hintern!«

Die schwere Maschine wühlte sich durch das Gelände. Vierbein stieg nach hinten und zählte die Munition nach. Kowalski, der hinterherfuhr, winkte dem Unteroffizier zu. Witterer fand das unangebracht, schwieg aber, da er sich geschworen hatte, kein persönliches Wort mehr mit Kowalski zu wechseln.

Nach drei Kilometern Querfeldeinfahrt ließ Asch in der Nähe eines Waldstückes halten. Er sprang ab und lief einen Hügel hinauf. Dort blieb er kurz stehen, um sich zu orientieren. Dann drehte er sich um, winkte dem Kraftfahrer zu und beschrieb mit beiden Armen einen großen Halbkreis.

Der Kraftfahrer verstand sofort. Er gab Gas und rollte, im weiten Bogen, auf den Hügel zu. Nur wenige Meter vor der Kuppe blieb er stehen.

»Gut so!« sagte Asch.

»Stellung!« rief Vierbein.

Die Bedienung sprang ab, die Kupplungshaken wurden gelöst, das Geschütz in Stellung gebracht. Zwei Kanoniere warfen die Munitionskörbe in den Schnee. Die Zugmaschine rollte, auf Anweisung von Asch, zurück, auf das Waldstück zu. Und am gleichen Waldstück stellte Kowalski seinen Pkw ab.

Der Hauptmann Witterer kam auf den Hügel und sah mit dem Fernglas in das Gelände vor sich. Was er dort erblickte, ließ ihn erstaunen. Die Landschaft, die zu seinen Füßen lag, schien Feuer und Erde zu spucken. Menschen waren kaum zu sehen, aber sie waren zu hören. Die von ihnen bedienten Kriegsapparate zerfetzten den Horizont.

»Halbrechts auf dreitausend«, sagte Asch. »Zwischen Kugelbaum und Scheune.«

»Donnerwetter«, sagte Witterer mit einer Stimme, die reichlich unnatürlich klang.

»Ziel erkannt!« rief der Unteroffizier Vierbein, schob dann den Richtkanonier weg und bediente selbst die Visiereinrichtung.

»Fünf Panzer«, sagte Witterer ungläubig.

»Acht!« korrigierte Asch und kniff die Augen zu.

»Los, Leute, los!« rief Witterer mit heller, aufgeregter Stimme. »Worauf warten wir denn noch?«

»Können wir anfangen, Vierbein?« fragte Asch.

»Panzergranaten!« kommandierte Witterer.

»Wir haben gar keine andere Munition mit, Herr Hauptmann«, sagte der Wachtmeister Asch. »Und das Kommando hat jetzt der Unteroffizier Vierbein.«

Vierbein wies den Richtkanonier ein. Dann formulierte er die einleitenden Feuerbefehle. Er schlug die Schußtafel auf und kommandierte den Aufsatz. Dann sagte er: »Feuer!«

»Zu kurz, viel zu kurz!« rief Witterer.

»Zu weit!« rief er nach dem zweiten Schuß. »Viel zu weit!«

»Der dritte Schuß«, sagte Asch, ohne das Ziel aus dem Auge zu lassen, »ist ein Treffer. Ich kenne Vierbein.«

Der dritte Schuß war ein Volltreffer. Drüben, beim Kugelbaum, flammte ein Panzer auf und stieß dann schwarzblaue Rauchwolken aus sich heraus.

»Jawohl!« brüllte Witterer. »So ist es richtig! So muß es sein! Weiter so!«

Vierbein beobachtete seine Bedienung. Und Asch betrachtete Vierbein. Er liebte diesen blassen, unscheinbaren, tapferen Kerl, er liebte ihn wie seinen Bruder.

»Der Panzer am weitesten links«, sagte der Unteroffizier.

»Jetzt«, sagte der Richtkanonier.

»Feuer!«

Der Panzer am weitesten links schien einen mächtigen Stoß zu bekommen. Es war, als pralle er von einer unsichtbaren Wand ab. Sein Turm segelte mehrere Meter durch die Luft. Dann schien es, als werde eine Gasflamme entzündet und sofort wieder mit einer nassen Decke erstickt.

»Jawohl!« heulte Witterer. »Jawohl!«

»Jetzt Tempo, Vierbein«, sagte Asch, denn er wußte, was kommen würde. Es gab kein Panzerrudel, das sich tatenlos den Hintern aufreißen ließ. Jetzt war Schnelligkeit gleichbedeutend mit Lebensverlängerung. Wer jetzt am langsamsten reagierte, biß zuerst ins Gras.

Noch ein dritter Panzer zog die Totenfahne auf. Dann rollten die restlichen fünf an. Von irgendwoher versuchte sich ein Granatwerfer einzuschießen. Plötzlich blühten rings um den Hügel die Pilze der Einschüsse auf.

Der Unteroffizier Vierbein löschte mit seiner Bedienung noch einen vierten Panzer aus. Dann krepierte, nur zwanzig Meter vor dem Geschütz, ein schwerer Koffer. Und eine Welle aus Dreck, Schnee und Eisensplittern warf sich gegen die Soldaten.

»'rein, was noch 'reingeht«, sagte Asch. »Und dann nichts wie weg!« Und er dachte grimmig: Diesem Witterer hat es doch glatt die Sprache verschlagen. Aber er fand keine Zeit, sich nach dem Hauptmann umzusehen. Jetzt ging es nur noch um Sekunden.

Das Geschützrohr spie Geschoß nach Geschoß feindwärts, dann glitt es zuckend zurück und stieß die leere Hülse aus. Die Munitionskanoniere rissen die Körbe auf und warfen die Panzergranaten dem Ladekanonier zu. Der schob sie in den Verschluß, als schöbe er Brote in den Ofen.

Ein fünfter Panzer blieb brennend liegen. Die restlichen drei, die immer näher kamen, schossen aus allen Rohren. Feindliche Geschosse rauschten von allen Seiten auf sie zu wie ein schwerer Regen.

»Nur noch zwölf Schuß«, sagte der Unteroffizier Vierbein.

»Alles 'raus!« rief Asch. »Dann Stellungswechsel. Ich hole die Zugmaschine.«

Asch sah sich um. Witterer war nicht da. Er war wie vom Erdboden verschwunden. Der Wachtmeister grinste verächtlich. Dann sprang er den Hügel hinunter, auf das kleine Wäldchen zu, um die Zugmaschine zu holen.

Aber die Zugmaschine war auch nicht da. Nur Kowalskis Pkw stand verlassen am Waldrand. Sonst nichts!

Asch brüllte! Kowalski kam aus dem Wäldchen und zog sich die Hosen hoch. Er machte einen überaus zufriedenen Eindruck.

»Wo ist die Zugmaschine?«

»Weg. Mit Witterer. Der hat nach mir geschrien wie ein Säugling nach seiner Mutter. Aber ich war gerade intensiv beschäftigt. Da nahm er die Zugmaschine, als Ersatz für den Chefwagen.«

»Los!« brüllte Asch. »Ihm nach.«

Kowalski verstand sofort. Er sprang in seinen Wagen und warf ihn an. Dann preschte er los.

»Vierbein hat keine Munition mehr«, sagte Asch, während sie wild schaukelnd durch das Gelände rasten. »Er wird jetzt völlig eingedeckt. Wenn er nicht sofort Stellungswechsel machen kann, ist er mit der ganzen Bedienung geliefert.«

»Dieses Schwein!« sagte Kowalski und trat das Gaspedal ganz durch.

Nach einem Kilometer Höllenfahrt kam die Zugmaschine in Sicht. Nach weiteren dreihundert Metern hatte Kowalski sie eingeholt. Er umfuhr sie und stellte dann seinen Wagen quer davor.

Asch sprang hinaus und lief auf die Zugmaschine zu. »Sofort umkehren!« brüllte er.

»Aus dem Weg!« brüllte Witterer zurück. »Ich hole Verstärkung.« Und zum Kraftfahrer gewandt: »Weiterfahren!«

»Umkehren!«

»Weiterfahren!«

Asch zog, ohne noch weiter zu überlegen, seine Pistole. Und diese Pistole richtete er auf Witterer. Und mit dieser gezogenen und entsicherten Pistole sprang er auf die Zugmaschine.

»'raus!« sagte er zu Witterer. »'raus mit dir!«

Der war bleich geworden und begann zu zittern. Asch packte ihn mit der freien Hand vor der Brust, hob ihn hoch und stieß ihn aus der Zugmaschine. Witterer knallte auf den Erdboden und blieb dort liegen.

»Sofort zurück!« sagte Asch zum Kraftfahrer.

Aber als er in der Feuerstellung ankam, war der Unteroffizier Vierbein gefallen.

Die Sonne versuchte zu leuchten, aber der Himmel blieb ohne Glanz. Es schneite nicht mehr, es regnete nicht mehr.

Die Straßen waren wie Schrotthaufen, und zwischen den Wracks aus Holz, Blech und Eisen lagen tote Menschen. Niemand kümmerte sich um sie. Alles, was das Licht des Tages erhellte, schien unbeachtet dahinzusterben.

Die Front stand still. Der Gegner hatte sich festgerannt. Die Verluste, die er beigebracht hatte, und die, die er hinnehmen mußte, waren nicht klein. Aber seit wann ist ein Krieg kleinlich?

Wieder patrouillierten die Posten, wieder sahen sie patrouillierende Posten auf der Gegenseite. Das Ziel, hieß es großspurig, sei erreicht worden. Und was immer auch erreicht worden war, es handelte sich um das Ziel. Die Posten wußten das, aber sie dachten nicht darüber nach.

Es war alles wie am Tag zuvor: Hier standen die Geschütze, dort lag der Feind. Eine Hütte sah aus wie die andere, und die Läusebisse juckten hier genauso heftig wie vierzig Kilometer weiter ostwärts. Was aber hatte sich verändert?

Ein paar tausend Fahrzeuge waren zu Schrott geworden. Ein paar tausend Menschen atmeten nicht mehr. Darunter einer, der Johannes Vierbein hieß und Unteroffizier gewesen war.

Der Unteroffizier Soeft hatte, mit der von ihm organisierten Zugmaschine, drei fremde Lkw abgeschleppt und in Sicherheit gebracht. Jetzt schlachtete er sie in der neuen Protzenstellung aus.

Soeft war kein blinder Abschlepper. Um das Kapital, das er in die ausgeliehene Zugmaschine investiert hatte, sinnvoll und nutzbringend anzulegen, war von ihm persönlich jede Ladung genauestens überprüft worden, ehe er das Abschleppseil anlegen ließ.

Er war mit seiner Ausbeute zufrieden. Der eine Lkw enthielt Marketenderware, der andere Bekleidung, der dritte eine komplette Zahnstation.

»Was willst du damit anfangen?« fragte der Hauptwachtmeister Bock, der ausnahmsweise bei der Auswertung zusehen durfte.

»Kann doch mal der Fall eintreten, daß ich Zahnschmerzen bekomme«, sagte Soeft.

»Kein gutes Tauschobjekt«, vermutete der Hauptwachtmeister.

»Kommt immer ganz darauf an, wer mit wem tauscht. Ein Freund von mir, ein Geschäftsfreund, versteht sich, hat auf dem Balkan ein komplettes U-Boot verscheuert. Ein anderer besitzt eine Villa am Atlantik. Außerdem ist zur Zeit der Kurs für Zahngold ziemlich hoch. Und, das garantiere ich dir, der zieht noch mehr an.«

»Kann nachher der Schirrmeister die Fahrzeuge ausschlachten?«

»Zwei Stück, wenn er mir dafür das dritte in Ordnung bringt. Ich brauche nämlich noch einen Lkw — bei dem Zuwachs!« Und er wies, nicht ohne Stolz, auf die aufgestapelten Kisten.

»Mensch!« sagte Bock unzufrieden, »dein Troß wird immer umfangreicher — und die Soldaten der Batterie werden immer weniger.«

»Die paar Verluste«, sagte Soeft, »fallen doch kaum ins Gewicht. Bei der Verpflegung jedenfalls nicht. Und der Nachschub an Menschenmaterial klappt ja immer noch am besten.«

Auf seinen Listen war der Name Vierbein und der von sieben weiteren Soldaten bereits durchgestrichen.

Der Wachtmeister Asch schaufelte mit dem Obergefreiten Kowalski ein großes Grab. Die Leichen der toten Soldaten lagen in Zeltleinwand verpackt daneben.

»Die ganze Batterie muß antreten«, sagte Kowalski. »Und dann werde ich herausschreien, was ich weiß.«

»Nein«, sagte Asch. »Das Begräbnis ist allein für die Toten.«

»Und der Schuldige?«

»Wird an einem anderen Ort zur Rechenschaft gezogen.«

Kowalski schüttelte mißbilligend den Kopf. Dann werkte er verbissen weiter. Andere Soldaten kamen hinzu und beteiligten sich wortlos an der Arbeit.

»Ich werde ihn heranschleifen«, sagte Kowalski. »Er soll sehen, was er angerichtet hat.«

»Du redest zuviel«, sagte der Wachtmeister Asch und maß das Grab aus. »Du kannst ihn gar nicht heranschleifen, weil er unterwegs ist. Er wertet seinen Sieg aus.«

Sie schaufelten weiter, mit schweren, weiten Bewegungen. Es waren jetzt schon fünfzehn Soldaten, die sich eingefunden hatten. Und immer neue kamen hinzu.

»Einmal«, sagte Kowalski, »werde ich auch sein Grab schaufeln — und zwar ganz alleine. Und das wird mir dann die schönste Beschäftigung in diesem Kriege sein.«

»Schluß jetzt«, sagte der Wachtmeister Asch und sah sich um. »Die Beerdigung findet in einer Stunde statt. Wer daran teilnehmen will, soll kommen.«

Die Wehrbetreuungsmädchen lagen in ihrem neuen Quartier dicht nebeneinander. Sie hatten die Nacht gut überstanden. Einige Stunden Schlaf hatten genügt, sie wieder munter werden zu lassen.

»Unsere Soldaten«, sagte Viola und massierte ihr Kinn, »das sind doch noch Kerle!«

»Du mußt das ja wissen!« sagte Charlotte. »Bei deinen Erfahrungen!«

»Dieser Herr Asch«, erklärte Lisa Ebner, »ist für mich unten durch. Denn er hat uns im Stich gelassen.«

»Er wird andere Dinge zu tun gehabt haben, als bei uns Kindermädchen zu spielen«, sagte Charlotte. »Außerdem soll gerade seine Einheit, wie man hört, entscheidenden Anteil daran haben, daß der Feind aufgehalten wurde.«

»Aber doch nicht Asch!«

»Die tapferen Kerle sollen sechs Panzer abgeschossen haben«, sagte Charlotte.

»Das wird sicherlich Hauptmann Witterer gewesen sein.«

Viola, die Tänzerin, horchte auf. »Ein tapferer Mann — aber auch ein starker Mann?«

»Das möchtest du wohl ausprobieren?«

»Gar keine schlechte Idee.«

»Dir kratze ich noch mal die Augen aus!« rief Lisa Ebner.

»Eifersüchtig, Kindchen?«

»Wütend!«

»Wegen der vielen verpaßten Gelegenheiten?«

»Sei jetzt endlich still, du Ferkel«, sagte Charlotte. »Nur noch ein paar Dutzend von deiner Sorte, und die ganze Front ist ein Saustall.«

Hauptmann Witterer stand stolz vor Oberst Luschke, der zusammengesunken in seinem Birkenholzsessel saß. Es schien, als habe er schwere Magenkrämpfe. Doch seine Augen waren klar und kalt.

»Sagen Sie das, bitte, noch einmal, Herr Hauptmann.«

»Mehrere feindliche Infanterieeinheiten beschossen. Genaue Erfolgszahlen nicht mehr einwandfrei festzustellen – vermutlich dreißig bis vierzig Mann gegnerische Verluste, dazu zwei bis drei MG.«

»Und weiter, Herr Hauptmann?«

»Sechs feindliche Panzer vernichtet.«

»Und das unter Ihrer ... Wie sagten Sie doch vorher so schön?«

»Unter meiner Führung, Herr Oberst.«

»Und die eigenen Verluste, Herr Hauptmann?« fragte der Oberst lauernd.

»Nur ein Unteroffizier und sieben Mann.«

»Gefallen?«

»Tot – jawohl. War unvermeidlich, Herr Oberst.«

»Nur ein Unteroffizier und sieben Mann, nur!« Und Luschke brüllte plötzlich mit mächtiger Stimme auf: »Nur – ein Unteroffizier und sieben Mann gefallen.«

Witterer erschrak, klappte die Hacken zusammen und starrte seinen Kommandeur an. Dann sagte er: »Es hätten mehr sein können. Die Lage war außerordentlich gefährlich. Aber die Erfolge rechtfertigten ...«

»Schon die gefallenen Soldaten bestattet?«

»Jawohl – Anordnung ist ergangen.«

»Briefe an die Angehörigen?«

»Jawohl – der Hauptwachtmeister entwirft sie. An die Angehörigen des Unteroffiziers wird zusätzlich ein Telegramm gesandt.«

»Gefallen für den Führer und Großdeutschland?«

»Jawohl, Herr Oberst – das ist ja wohl der übliche Wortlaut.«

Luschke sah Witterer mit harten Augen an. Dann sagte er: »Verschwinden Sie hier! Melden Sie sich bei Ihrem Abteilungskommandeur, bei Hauptmann Wedelmann.«

»Bei wem?« fragte Witterer ungläubig.

»Bei Hauptmann Wedelmann. Und jetzt gehen Sie mir doch endlich aus den Augen! Das EK werde ich Ihnen bei Gelegenheit nachwerfen!«

Die Soldaten umstanden das offene Grab. Es waren achtunddreißig – achtunddreißig von einhundertzwanzig Mann. Sie waren alle freiwillig gekommen. Sie hatten den Stahlhelm aufgesetzt und das Koppel umgeschnallt.

»Legen wir sie hinein«, sagte der Wachtmeister Asch.

Die Soldaten griffen wortlos zu, nahmen die Toten auf und transportierten sie in ihrer Zeltbahn bis an das offene Grab. Dort drin stand Kowalski und übernahm die Leichen. Er schichtete sie sorgfältig nebeneinander.

Als der Obergefreite damit fertig war, kletterte er wieder aus dem Grab heraus. Er stellte sich neben Asch und starrte in die Grube. Die Soldaten traten näher.

Der Wachtmeister Asch sagte: »Wir begraben hier den Unteroffizier Vierbein und seine Geschützbedienung. Niemand weiß genau, wie sie starben. Als wir sie auffanden, waren sie alle tot. Und fest steht nur eins: sie starben nicht gerne.«

Und der Wachtmeister Asch sprach weiter: »Es kann wohl gesagt werden, daß sie tapfer starben. Was aber Tapferkeit wirklich ist, weiß niemand von uns genau. Es kann die Stille vor dem Tod sein, die Ergebenheit in das, was Schicksal genannt wird. Ich habe niemand dieser acht schreien hören oder weinen sehen – der Krieg war zu laut.«

Nunmehr sagte der Wachtmeister Asch: »Wer will genau wissen, ob sie Opfer gebracht haben oder zum Opfer geworden sind. Ich spreche sie auch nicht mit Kameraden an, Johannes Vierbein war mein Freund – einige haben in den zweieinhalb Jahren Krieg mehrmals meinen Weg gekreuzt, und ich habe sie immer gerne gesehen, andere wieder kenne ich kaum. Aber unser Tod kann wie der ihre sein – das verbindet uns alle.«

Asch schwieg, und die Soldaten um ihn schwiegen auch. Ihre Gesichter waren unbeweglich. Niemand weinte.

Und der Himmel starrte grau und gleichgültig auf sie alle.

»Dieser Vierbein«, sagte der Unteroffizier Soeft und öffnete eine neue Kiste, »war schon immer ein armes Schwein.«

»Ein anständiger Kerl«, sagte Bock rauh.

»Meine Rede – der konnte gar nicht anders enden! Der war gezeichnet. Und ich habe mich manchmal gefragt: Wie wird der wohl ins Gras beißen?«

Der Hauptwachtmeister griff in die jetzt offene Kiste, nahm eine Tafel Schokolade heraus und biß hinein. »Ich habe an seine Angehörigen im Auftrag von Witterer geschrieben, daß er ein Held war – der war auch einer, wenn es überhaupt Helden gibt.«

»Und wenn es Schweine gibt – dieser Witterer ist eins.«

»Vierbein ist tot«, sagte Bock kauend, »aber Witterer lebt und ist hier Batteriechef – merkst du den feinen Unterschied?«

»Du hast recht. Lebendig machen können wir keinen. Wer lebt, hat mehr vom Leben!«

»Dennoch«, sagte Bock, »paßt dieser Tod zu Vierbein nicht ganz. Meiner Meinung nach hätte er etwas anders sterben müssen.«

»Wie denn?«

»Vielleicht erfrieren!« sagte Bock. »Der hat irgendwo Posten bezogen, er wird nicht abgelöst — und was geschieht? Er erfriert. Ein Vierbein erfriert lieber, ehe er seinen Posten verläßt.«

»Im Prinzip durchaus richtig«, sagte Soeft. »Nur eine Feinheit kommt hinzu: Er konnte seinen Posten gar nicht verlassen, selbst wenn er gewollt hätte. Sein eigener Hauptmann gab ihm keine Gelegenheit mehr dazu. Sagtest du was?«

»Die Schokolade ist tadellos!«

»Ich habe sechs Kisten davon.«

Die Hauptleute Wedelmann und Witterer standen vor dem frisch aufgeworfenen Grabhügel und betrachteten das Kreuz, auf dem ein zerschossener Stahlhelm hing.

Eine Tafel besagte: Hier ruht der Unteroffizier Vierbein mit seiner Geschützbedienung. Und es folgten die Namen der einzelnen Soldaten, sieben an der Zahl. Und darunter war zu lesen: »Sie fielen, weil sie Soldaten waren.«

»Sie fielen«, sagte Hauptmann Witterer, »für den Führer und Großdeutschland. Sie in Besonderheit, Herr Hauptmann, werden das zu würdigen wissen.«

»Der Unteroffizier Vierbein«, sagte der Hauptmann Wedelmann, »stand mir sehr nahe.«

»Wie wohl jeder Soldat der Batterie.«

»Wie kein anderer sonst.«

»Nun ja — aber Opfer müssen nun einmal gebracht werden.«

»Mit Vierbein starb der anständigste Mensch, den ich in meinem Leben kennengelernt hatte. Jetzt ist mir fast, als sei ohne ihn der Krieg nicht mehr sauber genug.«

»Aber ich bitte Sie, Herr Kamerad!«

»Ich bin Ihr Kamerad nicht!« sagte Wedelmann und ging.

Der Oberst Luschke betrachtete den Wachtmeister Asch lange. Dann sah er auf Wedelmann, der daneben stand. Er hatte sich ihre Berichte angehört und schwieg.

»Wir leben«, sagte er schließlich, »in einer großen Zeit. Und in großen Zeiten ist vieles ungewöhnlich. Wie groß diese Zeit ist, können Sie tagtäglich nachlesen.« Er griff nach einem Stapel Tagesbefehle, die auf seinem Tisch lagen, zog sie näher zu sich und hob Blatt um Blatt ab.

Er zitierte aus dem ersten Tagesbefehl: »Der Führer und Oberste Befehlshaber: Ich bin daher zu Euch geflogen, um alle Mittel zu erschöpfen, Euren Abwehrkampf zu erleichtern und ihn am Ende in einen Sieg zu verwandeln. Wenn mir jeder von Euch dabei hilft, wird uns das auch diesmal mit der Hilfe des Allmächtigen gelingen.«

Er zitierte aus dem zweiten Tagesbefehl: »Der Kommandierende General: Tage stärksten geschichtlichen Erlebnisses liegen hinter uns. Als uns der Führer im Hauptquartier sagte, daß unsere tapfere Abwehr seine Erwartungen übertroffen habe, und mir mit beiden Händen die Hand drückte, nahm ich diesen Händedruck als Dank für Euch, seine Soldaten.«

Er zitierte aus dem dritten Tagesbefehl: »Der Divisionskommandeur: Die Division hat in zahllosen schweren Kämpfen ebenso zahllose stolze Erfolge errungen. Das war nur möglich, weil jeder an seiner Stelle bedingungslos mitmachte. Möge es auch in Zukunft so bleiben.«

Vorliegende Zitate sind, mit geringen Veränderungen, authentisch.

Der Oberst schob die Papiere wieder zur Seite und blinzelte den Wachtmeister Asch an. »Das«, sagte er dann, »sind so ein paar Kostproben aus der großen Zeit, in der wir leben dürfen. Was halten Sie davon, Asch?«

»Muß ich das sagen, Herr Oberst?«

»Und Sie, Herr Hauptmann Wedelmann?«

»Dasselbe, Herr Oberst.«

»Noch eine Kostprobe«, sagte Luschke, »und diesmal zitiere ich einen Generalfeldmarschall: ›Ich fordere kategorisch von Euch allen, Soldaten und Angehörigen der mir unterstellten Truppen, den bewußt fanatisch gesteigerten und in jedem Fall bedingungslosen Willen zum Sieg. Als äußeres Zeichen unseres gemeinsamen Kampfeswillen befehle ich, jedem Tageslosungswort hinzuzusetzen: Kein Soldat darf besser sein!‹«

Wedelmann sah verlegen in eine Ecke und überprüfte automatisch den Sitz seiner Uniform. Asch ärgerte sich mächtig und gab ungeniert zu verstehen, daß er diese Zitate reichlich dämlich fand. Oberst Knollengesicht grinste vor sich hin.

Dann sagte er verkniffen: »Mein Tagesbefehl lautet: Macht doch diesen Witterer zur Sau und hört endlich damit auf, mit Euren Schweinehunden hausieren zu gehen.«

Das Telegramm, das berichtete, daß der Unteroffizier Vierbein gefallen sei, und zwar »für Führer und Großdeutschland, vorbildlich, tapfer und selbstlos, bis zum letzten Atemzug«, gelangte in die Hände des alten Asch.

Der las es und ließ es dann auf den Tisch fallen, an dem Ingrid Asch saß. Er sagte lange Zeit nichts. Dann schob er, wortlos, das Telegramm seiner Tochter zu.

Die entfaltete es. Sie wurde blaß und atmete schwer. Dann sagte sie: »Er war ein tapferer Soldat.«

»Jetzt ist er ein toter Soldat«, sagte der alte Asch. »Und es gibt viele hunderttausend davon.«

»Vorbildlich, tapfer und selbstlos, bis zum letzten Atemzug«, las Ingrid Asch.

»Und bevor er starb, rief er: Es lebe der Führer und Großdeutschland!«

»Viele sterben so«, sagte Ingrid mit stolzer Trauer.

»Man liest das!« sagte der alte Asch hart. »Man liest das immer wieder – in Telegrammen, Briefen und Zeitungsberichten. Wenn man ihnen glaubt, muß die Front voll von diesem Geschrei sein. Aber ich glaube ihnen nicht!«

»Vater!«

»Es muß welche geben, die ihn und sein großes Deutschland verfluchen, bevor sie sterben. Es muß sie geben! Oder wir werden alle krepieren.«

Es gab einen Menschen, der um Vierbein weinte. Das war Lore Schulz. Es existierte niemand sonst, um den sie weinen konnte.

»Für dieses Deutschland will ich nicht sterben«, sagte der Wachtmeister Asch.

»Wer fragt dich denn danach?« wollte Kowalski wissen.

»Es muß ein anderes Deutschland geben, für das es sich zu sterben lohnt.«

»Mensch!« sagte Kowalski. »Vielleicht gibt es sogar einmal ein Deutschland, in dem es Spaß macht zu leben!«

08/15 bis zum Ende

»Ich übernehme hier das Kommando«, sagte der fremde Oberst, der Hauk hieß oder der sich doch zumindest als »Oberst Hauk« vorgestellt hatte. Und er hatte das mit der unnachgiebigen Höflichkeit eines überzeugten Vorgesetzten getan.

Der Oberst Hauk betrachtete die Offiziere, die sich in dem Birkenwäldchen um ihn versammelt hatten. Sein flächiges, graubleiches Gesicht blieb regungslos. Müdigkeit lag in seinen Augen; doch sie entbehrte nicht einer gewissen Vornehmheit.

»Bin ich verstanden worden?« fragte der Oberst, und seine Stimme klang sanft fordernd.

Die Offiziere, bis auf einen, beeilten sich zu versichern, daß der Herr Oberst verstanden worden sei. Selbstverständlich. Der eine aber, der stumm blieb, steckte seine Hände tief in die Hosentaschen. Von dort angelte er zwei Taschentücher hervor, verglich sie sorgfältig miteinander und schneuzte sich dann kräftig in das schmutzigere der beiden. Diese Haltung verriet eine gewisse Konzentration.

»Ich habe mir zu fragen erlaubt«, sagte der Oberst nahezu monoton, »ob ich verstanden worden bin. Ich vermisse Ihre Antwort, Herr Leutnant.«

»Was beabsichtigen Sie eigentlich, Herr Oberst?« fragte dieser Leutnant und faltete sein arg strapaziertes Taschentuch sorgfältig.

»Durchzubrechen!« antwortete Hauk und richtete seine wasserblauen Augen auf den Offizier, dessen nicht unbedenklicher Mangel an Disziplin bemerkenswert schien.

»Mit allem, was noch krauchen kann!« sagte ein Oberleutnant, der, gleich einem Schatten, hinter Oberst Hauk stand. Er hatte sich die gespreizten Daumen in das Koppel gesteckt, wippte ein wenig in den Knien und streckte sein massives Kinn vor: Er sah aus wie ein mißlungener Nußknacker, dessen krachende Fröhlichkeit weit geringer war als die barbarische Schärfe seiner Brechwerkzeuge.

»Es ist gut, Greifer«, sagte Hauk sanft; und es war, als riefe er einen bissigen, aber ihm allzeit getreuen Hund zur Ordnung. Der Oberleutnant Greifer knurrte kurz, mit nahezu gemütlichen Untertönen, war dann aber still. Seine großen Hände umprankten das Koppel.

Der Oberst hob sein konturenloses Bleichgesicht, und die friedfertigen Knabenaugen schienen das frische Grün der zierlichen Birken interessiert zu betrachten. Fast war es, als beabsichtige er, ein hauchzartes Aquarell zu malen. Frühlingshafte Friedfertigkeit ging von ihm aus. Und die leichte Unruhe, welche die um ihn versammelten Offiziere befallen zu haben schien, nahm er überhaupt nicht zur Kenntnis.

»Meine Herren«, sagte er dann, »die Amerikaner haben uns eingeschlossen. Aber der uns vorgeschobene Riegel ist schwach. Wir können ihn, wenn wir alle unsere Truppenteile zusammenwerfen, ohne sonderliche Mühe sprengen.«

»Ohne Rücksicht auf Verluste – nicht wahr?« fragte der gleiche Leutnant. Und er sagte das mit einer Sachlichkeit, als gedenke er lediglich festzustellen, daß auf einen Mittwoch prompt ein Donnerstag folge. »Es wird also Tote geben.«

»Das«, erwiderte der fremde Oberst und streifte den als vorlaut zu bezeichnenden Offizier mit einem nachsichtigen Blick, »soll im Krieg alle Tage vorkommen.«

»Aber dieser Krieg ist so gut wie beendet«, sagte der Leutnant.

»Herr Leutnant«, sagte der Oberst, nachdem er kurz, wie unter gelinden, mit vorbildlicher Geduld ertragenen Schmerzen, die Augen geschlossen hatte, »wenn ich richtig informiert bin, führen Sie eine Batterie.«

»Ihre Informationen stimmen«, sagte der mangelhaft rasierte Leutnant.

»Ihr Name?«

»Asch.«

»Herr Leutnant Asch«, sagte der Oberst, »ich bin der ranghöchste Offizier in diesem Kessel. Ich habe mir die Reste eines Infanterieregiments unterstellt, weil ich es für meine Pflicht erachte, der Verantwortung nicht auszuweichen. Ich habe unsere Situation zu klären versucht und die Stimmung der Truppe nicht unbeachtet gelassen. Die Leute und ich, wir haben noch keine Lust, uns leichtfertig in Kriegsgefangenschaft zu begeben.«

»Haben Sie die mit Leute bezeichneten Soldaten einzeln befragt?« wollte der Leutnant Asch wissen; und er stellte diese Frage mit einer Höflichkeit, als bäte er um Feuer für eine Zigarette. »Und was soll mit den Mädchen geschehen?«

»Die Leute und ich«, sagte der Oberst unbeirrt sanft, nachdem er seinen Oberleutnant Greifer, der sich unternehmungslustig grinsend vorwärtsstürzen wollte, mit einer kaum wahrnehmbaren Handbewegung zurückgehalten hatte, »wir werden den Durchbruch auf alle Fälle wagen, und das nicht zuletzt des weiblichen Wehrmachtsgefolges wegen – wollen Sie mir Artillerie-Unterstützung verweigern?«

Der Leutnant Asch drehte sich herum und winkte einem stämmigen Obergefreiten, der sich in einiger Entfernung gegen einen Baum lümmelte. Der setzte sich langsam in Bewegung und kam mit der biederen

Bedrohlichkeit eines Neufundländers auf die Gruppe der Offiziere zu. Hier blieb er stehen, mitten auf der frisch grünen Frühlingswiese.

»Munitionsbestand?« fragte der Leutnant.

»Zweiundvierzig Schuß«, sagte der Obergefreite.

»Das ist alles«, sagte der Leutnant und sah Oberst Hauk mit höchst zweifelhafter Dienstbereitschaft an. »Das ist alles, was uns übriggeblieben ist.«

»Das muß genügen«, sagte der Oberst. »Wenn wir hier durch sind, können Sie wieder neue Munition fassen.«

»Wozu eigentlich?« fragte der Obergefreite bieder, und er kam sich vor wie ein Gärtner, der nicht einsehen will, daß er nach dem großen Regen noch einmal die Blumen gießen soll.

»Halten Sie gefälligst Ihre Fresse!« bellte der Oberleutnant Greifer hinter dem Rücken des Obersten hervor.

»Du sollst deine Fresse halten, Kowalski, und zwar gefälligst«, sagte der Leutnant Asch und blinzelte seinem Obergefreiten zu. Der lachte breit und lautlos, als habe er einen gelungenen Scherz gehört, wisse aber, daß es ihm als Mannschaftsdienstgrad nicht zustehe, sich ein Torfstechergebrüll zu leisten, sofern nicht seine Vorgesetzten unmißverständlich das Zeichen dazu gegeben hätten.

Die Offiziere, die den regungslosen Obersten Hauk umstanden, schienen halbwegs ehrlich entsetzt zu sein; und sie zögerten nicht, das auch deutlich zu zeigen. Sie murmelten Empörung, zwar kasinogedämpft, doch im Feldjargon. Ein dicker Major, der Hinrichsen hieß, schnaufte verächtlich und spuckte dann aus. Er wußte noch genau, was Soldatenehre war; und er zögerte nicht, zu verkünden, daß er es wisse.

»Notieren Sie also, Oberleutnant Greifer«, sagte der Oberst Hauk scheinbar ungerührt und mit seidiger Höflichkeit, die haarscharf an der Grenze vornehmster zynischer Verachtung war. »Batterie Asch – zweiundvierzig Schuß. Und wieviel Gewehre, Herr Leutnant, können Sie mir zur Verfügung stellen?«

»Keine«, sagte der Leutnant, um die gleiche Form der Höflichkeit, durchaus nicht ohne Erfolg, bemüht.

»Was soll ich darunter verstehen?« fragte der Oberst. Er glich einem Arzt, der einen schwierigen Patienten operationsreif zu machen gedenkt.

»Ich bin bereit, Artillerieunterstützung zu gewähren. Aber das ist schon alles, was ich verantworten kann.«

»Das so was wie Sie noch lebt!« rief der Oberleutnant Greifer, und er schien diese Situation zu genießen. »Sie gehören vor ein Kriegsgericht!«

Der dicke Major, der Hinrichsen hieß, nickte energisch. Mangelhaft ausgeprägtes Gefühl für Offiziersehre, so führte er aus, sei für ihn eine mehr als bedauerliche Erscheinung, er finde es empörend. Die restlichen

Offiziere hielten es für angebracht, sich nunmehr auch rein räumlich von diesem eindeutig renitenten Leutnant der Artillerie zu distanzieren. Der Oberst schlug sich einmal kurz mit einer zusammengerollten Zeitung, die er in der rechten Hand trug, gegen seine Reithose.

»Wird alles notiert«, rief der Oberleutnant Greifer mit grimmiger Freude.

»Halten Sie sich also mit Ihrer Batterie bereit, Herr Leutnant«, sagte der Oberst Hauk. »Die genaue Planung für unseren Durchbruchsversuch werde ich Ihnen rechtzeitig zukommen lassen. Bis dahin haben Sie Zeit, sich über Ihre Pflichten als Offizier Gedanken zu machen.«

Der strapazierte, staubbedeckte Befehlswagen des Divisionskommandeurs Generalmajor Luschke schien sich in dem Garten einer Schule zwischen Obstbäumen, die zu erblühen bereit waren, verkrochen zu haben. Der General hockte auf dem Trittbrett und reinigte sich mit einem großen Taschenmesser die Fingernägel.

»Meine Flossen sehen aus«, sagte der General, »als hätte ich persönlich den Versuch gemacht, die zwischen Moskau und Paris vergrabenen Soldaten meiner Division mit den Händen aus der Erde zu buddeln.«

»Der Krieg wird immer dreckiger, Herr General«, sagte der Leutnant Brack, der mit einem Bündel Funksprüche neben ihm stand. »Ich kenne keinen mehr, der völlig sauber geblieben ist.«

»Was werden Sie eigentlich tun, Brack, wenn dieser Krieg in den nächsten Tagen zu Ende geht?«

»Mich gründlich baden, Herr General.«

»Und sonst noch was, Herr Leutnant?«

»Endlich Dantes *Göttliche Komödie* zu Ende lesen — in der Originalsprache.«

Der General klappte sein Taschenmesser zu und richtete sich ein wenig auf. Und sein vielfach gefaltetes, zerknittertes und verwittertes Knollengesicht ließ an uralte Zwerge denken. »Sie haben es gut, Brack, Sie mit Ihren ausländischen Sprachen und den Verwandten in Übersee. Sie werden auswandern, vermute ich stark.«

»Durchaus möglich, Herr General. Alle meine Vorfahren sind Kaufleute gewesen, und zwar ehrenwerte Kaufleute. Wir waren immer bereit, in und mit Deutschland gute Geschäfte zu machen — nicht aber, für oder gegen gewesene oder zukünftige Geschäftspartner Kriege zu führen.«

»Vielleicht, lieber Brack, ist das der letzte Krieg, den Deutschland jemals geführt hat. Man muß aber versuchen, ihn wenigstens mit einigem Anstand zu Ende zu bringen. Oder, um in Ihrem Jargon zu bleiben: wir sollten uns unsere Kreditwürdigkeit nicht restlos verscherzen.«

Brack lächelte dezent und zog es vor, nichts zu sagen; in seinen klugen Augen schimmerte eine Ironie, die völlig frei von jeder Bosheit war. Und sie galt nicht dem General. Und der General, der seinen Leutnant kannte, gönnte ihm diese resignierende Ironie und dachte auch nicht den Bruchteil einer Sekunde lang daran, derartige Regungen jugendlichen Selbstbewußtseins mit seiner Person in Verbindung zu bringen.

»Bitte, die neuesten Hiobsbotschaften, Brack.«

»Ein Teil der Division ist abgeschnitten, seit gestern nacht. Darunter das Infanteriebataillon Hinrichsen und die Batterie Asch. Funkverbindung besteht nicht mehr.«

»Weiter.«

»Die Artillerieabteilung des Hauptmanns Wedelmann ist restlos aufgerieben worden. Eine Batterie geriet in Gefangenschaft, eine andere wurde zusammengeschossen, die dritte, eben die Batterie Asch, ist abgeschnitten.«

»Und Hauptmann Wedelmann?« fragte der General und befingerte seine brüchigen Stiefel, für die seit Wochen keine Schuhcreme mehr vorhanden gewesen war. »Was macht Hauptmann Wedelmann?«

»Er ist auf dem Wege hierher, Herr General. Leicht verwundet. Mit den Resten seines Abteilungsstabes. Er bittet um neue Verwendung.«

»Steht das in seinem Funkspruch — er bittet um neue Verwendung?«

»Wörtlich, Herr General. Von Hauptmann Wedelmann war doch wohl auch keine andere Reaktion zu erwarten.«

Der General Luschke erhob sich langsam, nachdem er festgestellt hatte, daß die Nähte seiner Stiefel aufzuplatzen drohten. »Ihre Reaktion, Herr Leutnant Brack, so vermute ich stark, wäre wohl wesentlich anders gewesen.«

»Wesentlich anders, Herr General«, sagte der Leutnant, ohne zu zögern. Und er sah Luschke offen an, mit einem Blick, wie ihn Seeleute haben, die in Wolken zu lesen vermögen, was in den Wetterberichten von morgen stehen wird.

»Und wie?«

»Ich würde vermutlich melden: Ich habe getan, was ich konnte, was mir befohlen wurde und was ich für meine Pflicht hielt — jetzt bin ich am Ende, und zwar endgültig. Ich bitte nunmehr um die Erlaubnis, abtreten zu dürfen.«

»Und wie wohl, glauben Sie, Herr Leutnant Brack, wäre meine Antwort ausgefallen?«

Die an sich schon ruhige, beherrschte Stimme des Leutnants Brack wurde noch stärker gedämpft, ohne an Deutlichkeit zu verlieren. »Sie, Herr General, würden sagen: Dann treten Sie doch ab!«

»Tun Sie das, Herr Leutnant«, sagte Luschke kurz. Und er beugte sich wieder zu seinen Stiefeln hinunter, mit denen er, das wurde ihm jetzt klar, nicht mehr lange würde marschieren können.

Der Leutnant Brack klappte kurz und kaum vernehmbar die Hacken zusammen. Dann verbeugte er sich knapp. Er legte das Bündel mit den Funksprüchen auf das Trittbrett des Befehlswagens, auf dem Luschke gesessen hatte, und entfernte sich. Er unterließ es dabei, den vorschriftsmäßigen Deutschen Gruß anzubringen. Derartige Freiübungen waren in der unmittelbaren Umgebung des Generals verpönt.

General Luschke blickte von seinen Stiefeln hoch und sah seinem Leutnant Brack, dem Ic-Offizier seiner Division, kurz nach. Dann griff er die Funksprüche auf und blätterte sie durch.

Mit dem heutigen Tag, so stellte er mit einem gedehnten, zugleich Befriedigung und Belustigung ausdrückenden Grinsen, das nur als »süffisant«, bezeichnet werden konnte, fest, legten gleich zwei Armeekorps Wert darauf, über ihn zu befehlen. Und diese Befehle deckten sich in mehreren Punkten nicht mit denen der Heeresgruppe. Und fast alle widersprachen einigen Grundsatzbefehlen des sogenannten Obersten Befehlshabers. Die Organisation ging in die Binsen; die militanten Freibeuter versuchten, die letzten intakten Kähne zu entern.

Der Schirrmeister des Divisionsstabes meldete sich bei Luschke. Er stampfte durch den von Kettenfahrzeugen zerwühlten Garten, baute sich in der Nähe des Generals auf und wartete, bis er angesprochen wurde. Er brauchte nicht lange zu warten.

»Also?« fragte Luschke.

»Fünfzig Kilometer, Herr General. Weiter reicht unser Benzinvorrat nicht mehr.«

»Er muß noch für sechzig bis siebzig Kilometer reichen«, sagte Luschke. »Treffen Sie Ihre diesbezüglichen Maßnahmen.«

»Wir haben alle Quellen ausgeschöpft, Herr General«, meldete der Schirrmeister. »Alle Tanklager in der Umgebung sind leer, alle Reserven verbraucht. Wir können höchstens noch die uns unterstellten Truppenverbände anzapfen – vielleicht die Panzerverbände.«

Knollengesicht betrachtete seinen Schirrmeister, der mitten in einem plattgewalzten Blumenbeet stand, als sei der krank geworden. Und der Oberwachtmeister verstummte; qualvolle Verlegenheit malte sich auf seinem runden Babygesicht. Er sah beinahe so aus, als habe er, wider seinen Willen, seine Windeln nicht sauberhalten können.

»Bleibt also nur noch eine Möglichkeit«, sagte der General nachsichtig. »Wir reduzieren unseren Fahrzeugbestand.«

»Jawohl, Herr General«, sagte der Schirrmeister erwartungsvoll.

»Der Kartenwagen kann weg, der Aktenwagen kann weg – und dann die mit dem Gepäck.«

»Auch das Offiziersgepäck, Herr General?«

»Raten Sie mal, Schirrmeister?«

»Jawohl, Herr General. Zuerst Offiziersgepäck weg!«

»Bestellen Sie den Herren meines Stabes einen schönen Gruß von mir. Zwei Aktentaschen — mehr wird nicht bewilligt. Der Rest den Göttern! Immer unter der Voraussetzung, daß es auch Götter gibt, die sich am Krieg bereichern wollen — was ich nach den letzten Erfahrungen gar nicht einmal für ganz ausgeschlossen halte.«

Der Schirrmeister entfernte sich, nachdem es ihm gerade noch gelungen war, die instinktive Aufwärtsbewegung seines Armes abzubremsen. Diesen Befehl des Generals weiterzugeben, das sah man ihm deutlich an, bereitete ihm gelinde Wonne. Und im unmittelbaren Bereich von Luschke waren noch Befehle heilig — nicht zuletzt, weil er nie welche gegeben hatte, die nicht auch für ihn volle Gültigkeit besaßen.

Der General stieg in den Befehlswagen und beugte sich über die Karte, vor der sein Ia, ein Major Horn, saß, der die seltene Eigenschaft besaß, sich jeden Kommentars enthalten zu können, und die noch seltenere Eigenschaft dazu, absolut einwandfreie Anordnungen treffen zu können, ohne Luschke vorher fragen zu müssen.

Der General schlug seinem engsten Mitarbeiter, der sich nicht umgedreht hatte, leicht auf die Schulter. Dann rief er Leutnant Brack zu sich. Luschke zog den intelligenten Jüngling zur Karte hin und tippte hier auf eine Stelle, die ein Wäldchen zeigte — Laubwald, ein freies Feld davor, Hügelkette rechts davon, links Ausläufer von Nadelwäldern, und das alles hinführend, einem spitz zulaufenden Spaten vergleichbar, zu einer Kreuzung.

»Hier, Herr Leutnant Brack, befinden sich das Bataillon Hinrichsen, die Batterie Asch, eine Nachrichtenkompanie, Pioniertrupps und eine Transportkolonne — abgeschnitten von den Amerikanern. Das ist Ihr Ziel. Sie werden es als Einzelgänger durch unsere schönen deutschen Wälder mit Sicherheit erreichen; denn wie Sie wohl wissen, führen Ihre amerikanischen Freunde fast ausschließlich auf Straßen erster Ordnung Krieg.«

»Das hat sich herumgesprochen. Und mein Auftrag, Herr General?«

»Keine Gewaltmaßnahmen mehr! Die Truppe soll sich in kleine Gruppen auflösen und versuchen, ins unbesetzte Gebiet durchzusickern. Wer durchkommt und dann immer noch nicht weiß, wo er hin will, der kann sich bei der Division zurückmelden. Und vergessen Sie nicht: In meiner Division gibt es keine Mädchen in Uniform. Alles, was weiblich ist, wird zuerst in Sicherheit gebracht. Aber unverzüglich danach die Soldaten.«

»Ich glaube Sie zu verstehen, Herr General.«

»Das hoffe ich auch stark. Und wenn ich Sie nicht mehr wiedersehen sollte, Herr Leutnant Brack — bitte versuchen Sie dafür zu sorgen, daß man recht bald wieder mit Deutschland gute Geschäfte machen kann. Und möglichst niemals mehr einen Krieg.«

»Ich werde alles tun, was in meinen Kräften liegt«, versicherte der Leutnant Brack.

»Ich bin nicht abgeneigt, Ihnen das zuzutrauen«, sagte Luschke und legte kurz die rechte Hand an die Mütze.

Der Leutnant Asch schlenderte, von Kowalski begleitet, durch das frisch grüne Birkenwäldchen, auf die Stellung seiner Batterie zu. Die Sonne schien mild und wärmte angenehm. Aber der Boden war noch feucht und roch dumpf. Der Frühling versuchte zart und beharrlich gegen den Krieg anzuhauchen, der seine letzten, wild schnaufenden Atemzüge tat.

»Mensch, das ist vielleicht ein komischer Haufen!« sagte der Obergefreite Kowalski. »Und ausgerechnet du läßt dich von diesem Verein als Mitglied keilen!«

»Glaubst du, ich bin ein Idiot?«

»Du bist Leutnant«, sagte Kowalski. »Aber das muß ja nichts mit deinem Verstand zu tun haben.«

»Jedenfalls«, sagte der Leutnant Asch, »haben wir noch zweiundvierzig Schuß Munition. Ob wir die nun in die Gegend knallen oder in die nächste Dunggrube werfen – darauf kommt es jetzt auch nicht mehr an.«

»Bis zur letzten Patrone! Mensch, wir sind vielleicht Helden. Wenn ich später mal meinen Kindern davon erzähle, werden sie vor Rührung dicke Tränen weinen.«

»Kowalski«, sagte der Leutnant Asch und blieb stehen, »du bist doch nicht gerade dämlich.«

»Ich bin Obergefreiter«, sagte der mit Würde.

»Trotzdem, Kowalski! Der Amerikaner hat unseren Haufen und noch einige andere dazu abgeschnitten. Dieser frisch zu uns von wer weiß woher zugestoßene Oberst Hauk will durchbrechen – er ist eisern dazu entschlossen, ob nun mit oder ohne Artillerie. Soll er doch!«

»Der will sich doch nur in Sicherheit bringen, Mensch! Du brauchst dir doch bloß seine Visage anzusehen – der geborene Viehhändler mit hoher Schulbildung. Kein Rammbock wie dieser Hinrichsen – mehr ein Zuhälter; der will, daß wir alle für ihn auf den Strich gehen.«

»Und wenn! Zurückhalten können wir ihn nicht.«

»Warum nicht? Ich schieße einfach dem Kerl ein paar Löcher in seine Reifen. Mit solchen Plattfüßen kann selbst ein Oberst nicht mehr laufen.«

Der Leutnant Asch lachte auf und schlug Kowalski auf die Schulter.

Der stolperte über ein paar Uniformteile, die zerstreut auf dem Boden herumlagen. Er gab einem dreckverschmierten Stahlhelm einen Fußtritt, und der rollte auf ein weggeworfenes Gewehr zu.

»Alles türmt bereits«, sagte Kowalski. »Aber der Leutnant Asch übt sich in treuer Waffenkameradschaft. Und wir, seine Kulis, dürfen mitüben.«

»Brennst du etwa darauf, dich in Gefangenschaft zu begeben, Kowalski?«

Der Obergefreite kniete sich nieder, hob einen Brotbeutel auf, durchsuchte ihn mit sicheren Griffen und fand den Rest einer Tafel Schokolade. Er überprüfte das Gefundene fachmännisch auf Brauchbarkeit. Dann warf er den Brotbeutel in hohem Bogen in ein Gebüsch.

»Ich habe dich gefragt, ob du jetzt schon in Gefangenschaft marschieren willst, du Leichenfledderer?«

»Ach scheiß!« sagte der gemütlich und beschnupperte die Schokolade. »Ich will in Zivil umsteigen. Das ist alles.«

»Hier – im freien Gelände?«

»Wo denn sonst, Mensch! Was bleibt mir denn anderes übrig? Meinst du etwa, ich baue mir hier erst ein Dorf hin?«

»Wenn wir in Zivil umsteigen, Kowalski – dann doch aber erst bei uns zu Hause!«

»Bei uns – zu Hause? Das ist weit, das ist verdammt weit – noch an die siebzig Kilometer.«

»Es lagen schon mal mehrere tausend Kilometer zwischen uns und unserem Städtchen – und den schäbigen Rest werden wir schließlich auch noch schaffen.«

Kowalski entblätterte jetzt die gefundene Schokolade und steckte sie sich in den Mund. Dann, dabei intensiv kauend, sagte er: »Schmeckt nicht – nichts schmeckt mir mehr.«

»Wenn es diesem Oberst Hauk gelingt, durchzubrechen – und das halte ich nicht für ausgeschlossen –, dann segeln wir einfach mit der kompakten Einheit hinterher. Und dann nichts wie Richtung Heimat. Dort Girlanden, Empfangskomitee und Ehrenjungfrauen. Auf dem Marktplatz ein Spruchband: ›Wir grüßen unsere heimgekehrten Soldaten.‹ Abends Frontsoldatenball in Bismarckshöh. Und das alles verdanken wir unserem geliebten Oberst Hauk.«

»Wir kommen nicht durch«, sagte Kowalski hartnäckig. »Wir kommen höchstens 'ran, aber nicht weiter. Und auf dieser Kreuzung sitzen zwei Amipanzer. Wer soll die wegpusten?«

»Wir«, sagte der Leutnant Asch. »Und dann nichts wie durch – mit dem ganzen Verein, mit allem Gepäck. Und im Heimatstädtchen dann: großes Wettabrüsten, mit anschließender Führerbeschimpfung.«

»Das gefällt mir nicht«, sagte Kowalski nachdenklich. »Und dann gefällt mir das wieder sehr gut. Das ist beinahe zu schön, um wahr zu sein. Doch mich stört die Fresse von dem Kerl; der sieht aus, als wenn er seine Gefühle zu Hause vergessen hat. Aber wer weiß, vielleicht liegen sie irgendwo in Rußland herum. Man kann das nie so genau wissen. Aber eins, Mensch, das weiß ich bestimmt: Dieser Krieg, das sage ich dir, ist im Eimer – endlich!«

»Das brauchst du mir nicht zu sagen – das merkt selbst ein Leutnant.«

»Wenn es nach mir ginge, Asch, dann solltest du den ganzen Haufen auflösen – jetzt gleich.«

»Es geht aber nicht nach dir, Kowalski.«

Sie machten einen Bogen um einen Stapel weggeworfener Munitionskisten. Die waren aufgerissen und durchwühlt worden, aber sie hatten nichts als Infanteriemunition enthalten – und die lag jetzt verstreut auf dem feuchten Waldboden herum.

»Ausverkauf in Großdeutschland«, sagte Kowalski. »Warum beteiligen wir uns nicht auch endlich daran? Seit Tagen haben wir keine Verbindung mit unserer Abteilung. Wo der Regimentsstab ist, weiß seit Wochen keine Sau mehr. Nur der General Luschke kutschiert noch gelegentlich durch die Gegend. Aber der allein wird den Endsieg auch nicht mehr aufhalten.«

»Ich weiß nicht recht«, sagte Asch nachdenklich, bog einen Weidenzweig und ließ ihn wieder zurückschnellen, »ich möchte nicht gerne in Zivil einem Luschke begegnen, wenn der noch eine Uniform anhat.«

»Auch das Knollengesicht wird nicht ewig Uniform tragen. Da kannst du ganz beruhigt sein. Also, was ist nun – steigen wir endlich in Zivil um, oder steigen wir immer noch nicht um?«

»Wir sind eingekesselt, Kowalski. Und wenn wir hier nicht 'rauskommen, schnappt uns der Amerikaner todsicher. Ob wir da Zivil oder Uniform anhaben, spielt dabei gar keine Rolle.«

»Ach was, Mensch! Und wenn ich nicht mehr will? Was dann? Was dann, wenn ich nicht mehr mitmachen will?«

»Dann kannst du die Amerikaner durch Stacheldraht besehen – während ich zu Hause einen auf den Endsieg saufen werde.«

»Na schön – dann saufe ich eben mit! Was macht man nicht alles aus Kameradschaft.«

»Also, Kowalski – dieser Oberst, der hier den Oberbefehl an sich gerissen hat, bekommt von uns Artillerieunterstützung. Ist die Kreuzung frei, brausen wir los. Immer Richtung Heimat. Auflösen können wir uns dann immer noch.«

»Und wenn das nicht funktioniert? Wenn unsere letzten Helden mit ihrem Oberst noch vor der Kreuzung steckenbleiben? Oder was dann, wenn die Kreuzung nur ein paar Minuten frei ist und wir mit der ganzen Batterie gar nicht aufs Tapet kommen?«

Der Leutnant Asch dachte kurz nach, dann nickte er zustimmend. »Gar nicht so unrichtig, Kowalski. Damit sollten wir auch rechnen. Aber diese Kugel ist nicht schwer zu schieben. Du klemmst dich unmittelbar hinter unsere Helden, und zwar mit einem Krad. Und wenn die Kreuzung frei ist, dann braust du los. Immer Richtung engere Heimat. Geradewegs nach Hause. Als Vorkommando.«

»Und du – was machst du mit den anderen?«

»Uns wird schon was einfallen. Viele Wege führen in meines Vaters Weinkeller. Und einen davon finde ich bestimmt.«

Hauptmann Schulz, stellvertretender Kommandeur der sich unaufhaltsam auflösenden Artillerie-Ersatzabteilung, dazu Stellvertreter des Ortskommandanten, begann, wie immer in den letzten Tagen, seinen Dienst damit, daß er sich über die eingegangene Post stürzte. Er erwartete sehnlichst ein Schreiben, das seine Beförderung zum Major verkündete. Aber es kam nicht.

»Alles nur Geseich«, sagte er angewidert und schob mir kurzer, hastiger Gebärde den Stapel Post auf seinem Schreibtisch zur Seite. »Elendes Geseich.«

Er war bitter enttäuscht. Daß diese seine Beförderung auf sich warten ließ, wurmte ihn mächtig. Er hatte seine Pflicht und Schuldigkeit getan – mit Fug und Recht durfte er sie auch von anderen erwarten, zumal dann, wenn es wie hier um die letzten entscheidenden Dinge im soldatischen Leben ging. Wenn einer, so hatte er diese Auszeichnung verdient. Warum also kam sie nicht? Es war doch höchste Zeit. Allerhöchste Zeit.

Der Hauptmann Schulz ließ sich schwer in seinen wohlgepolsterten Kommandeursessel fallen und begann zu grübeln. Auch das tat er nicht ohne Gründlichkeit. »Diese Heinis vom Personalamt«, sagte er dann, »sind nicht auf Draht.«

Hierauf jedoch, nunmehr intensiv danach forschend, warum eigentlich diese Heinis vom Personalamt nicht »auf Draht« waren, begannen andere, zwar artverwandte, doch weit deprimierendere Gedanken ihn zu überwältigen. Die Erkenntnis überfiel ihn mit Macht, daß der Krieg womöglich doch verheerendere Formen angenommen hatte, als er, Schulz, der anerkannte Lehrmeister des Nachschubs, basierend auf soldatischer Einsicht, Weitsicht und Zuversicht, jemals vermuten konnte. Er, und diesmal war der Krieg damit gemeint, schien selbst vor einem Personalamt nicht haltmachen zu wollen. Und das war grausam.

Schulz, bisher stets ein Vorbild und sich dessen auch voll bewußt, war jetzt nahe daran, den Glauben an die Wehrmacht zu verlieren. Diese sich immer wieder hinauszögernde Beförderung zerrte mächtig an seinen Nerven. Hinzu kam, daß er sein Lebenswerk, die Verwandlung von Zivilisten in Soldaten, außerordentlich gefährdet sah — das Material, das jetzt noch in seine Hände geriet, war von niederem Geist. Warum beförderte man ihn denn nicht! Nur er und seinesgleichen hätten vielleicht noch, so glaubte er, das Rad der Geschichte aufhalten können. (Er hatte in den letzten Jahren, zwischen anstrengendem Kasinodienst, einige *Schulungshefte für das Offizierskorps* gelesen — und das machte ihn gebildet.) So war er denn schon seit Tagen bereit, mit Haltung abzutreten. Die prekäre Situation des Vaterlandes, herbeigeführt durch die immer deutlicher zutage tretende Schlappheit von Halbsoldaten, gebot diesen Akt der Klugheit. Aber er wollte als Major seinen mehr als schlichten Abschied nehmen.

Und deshalb war er entschlossen, vorerst noch durchzuhalten.

Er schlenderte überaus unzufrieden, mit Elefantengang und grimmem Stabsoffiziersgesicht, zu den Diensträumen der Ortskommandantur. Er erwiderte Ehrenbezeigungen vergleichsweise korrekt, doch keinesfalls mit der freudigen Gespanntheit von einstmals. Die große Gelassenheit der Tiefenttäuschten begann sich mehr und mehr auf seinem kantigen Gesicht abzuzeichnen.

Der 1. Schreiber der Ortskommandantur, der Gefreite Stamm, ein kleines Kerlchen mit Fuchsaugen und von wieselhafter Beweglichkeit, empfing ihn mit einem Stapel von Meldungen, Gesuchen, Formularen, Fragebogen, Anträgen, Listen, Ausweisen, Aufstellungen. Schulz winkte angewidert ab, mit großer, nahezu klassischer Gebärde, einem Herkules vergleichbar, der es als Zumutung empfindet, Schweineställe auszumisten.

»Morgen«, sagte Schulz groß und nicht ohne Würde und unter Verzicht auf Betriebsamkeit. »Oder übermorgen.«

Der Gefreite Stamm, 1. Schreiber, nickte eselhaft, aber seine Augen funkelten listig. Ihm war es herzlich gleichgültig, wann er die Unterschriften bekam und ob er sie überhaupt noch einmal bekam. Er hatte seinen Schulz auf die vorliegenden Schreiben befehlsgemäß aufmerksam gemacht, alles andere ging ihn nichts an. Das zur Zeit in Mode stehende schlechte Gewissen von Vorgesetzten war das sanfte Ruhekissen für Untergebene; wenn die einen nichts tun wollten, taten die anderen erst recht nichts.

»Außerdem sind schon wieder neue Truppenteile in der Stadt«, sagte der Gefreite. »Ein Jahrmarkt für Militärpersonen!«

»Meinetwegen«, sagte Schulz, riß seinen großen Mund auf und gähnte. »Die kommen und die gehen auch wieder. Keine Sau kennt sich da noch aus.«

»Die Schilder an den Ortseingängen werden natürlich auch nicht beachtet«, sagte der so überaus bieder aussehende Gefreite Stamm, der es faustdick hinter seinen großen Eselsohren hatte; und er sagte das in einem sich nicht undiszipliniert anhörenden Plauderton und lediglich deshalb, weil ihn der Kommandant selbst einen Tag vorher nachdrücklich dazu aufgefordert hatte. »Wer liest denn auch heute noch, was irgendwo bei uns gedruckt wird?«

»Von mir aus!« sagte Schulz und zuckte mit den massigen Schultern.

Die Schilder waren, obgleich im Grundprinzip von höheren Heimatfrontdienststellen ausgebrütet, eine Erfindung des Ortskommandanten, der die den Verwaltungssoldaten eigene Gabe besaß, einen ganz scharfen Krieg auf dem Papier führen zu können. Sie waren, wie sich das auch gehörte, in gotischer Schrift gesetzt und besagten: »Jeder Truppenteil oder auch Teil eines Truppenteils, der sich länger als zwölf Stunden im Kommandanturbereich aufhält, hat sich unverzüglich zu melden und tunlichst um Quartiergenehmigung nachzusuchen. Wildes Quartiermachen wird nach den Kriegsgesetzen bestraft, und zwar mit der gebotenen Strenge.«

»Der Herr Kommandant«, sagte der Gefreite Stamm, »scheint Wert darauf zu legen, daß diese Anordnung peinlichst genau befolgt wird.«

»Kann er ruhig«, sagte der Hauptmann und befingerte seine Nase. Sie schien an ihrer Spitze kalt zu sein. Schulz führte das auf mangelhafte Blutzirkulation zurück. Und er dachte: So opfert man seine Gesundheit hin — und was ist der Dank? Sie zögern meine Beförderung zum Major hinaus!

»Heute liegen drei Anträge auf Quartiergenehmigung vor«, sagte der überaus verdienstvolle 1. Schreiber der Kommandantur und breitete umständlich die Unterlagen vor Schulz aus.

Der war völlig uninteressiert. Er sann seiner schweren Gesundheitsstörung nach, die ihm seine rastlose Dienstbereitschaft eingetragen hatte, und starrte auf die Lagekarte an der Wand. Die Amerikaner rücken beängstigend näher. Weiter so, und sie sind in drei Tagen hier, in zwei Tagen vielleicht schon, da zu bedenken ist, daß nicht überall ein Schulz sitzt, der noch bis zuletzt seine Pflicht tut. Die Armleuchter scheinen es fertiggebracht zu haben, diesen Krieg zu verlieren. Wer fragt da noch nach Quartiergenehmigungen? Drei Einheiten gaben sich korrekt, und die restlichen dreißig machten sich breit, ohne auch nur auf den Gedanken zu kommen, dafür den Segen der Kommandantur zu erflehen.

»Bringen Sie diesen Seich zum Kommandanten«, sagte Schulz. »Was gehen mich diese organisierten Drückeberger an!«

»Der Kommandant hat aber angeordnet, daß derartige Anträge fortan Ihnen vorzulegen sind, Herr Hauptmann.«

»Auch das noch!« sagte Schulz unwillig. Dann zeichnete er, kurz und schwungvoll und ohne auch nur ein Wort zu lesen, die Formulare ab. Er schob sie von sich, als widerten sie ihn an – nur so konnte ein aufrechter Soldat auf die Gesuche dieser kümmerlichen Etappenhengste reagieren.

Der Gefreite Stamm beugte sich vor und schob einen der drei Anträge wieder zurück, direkt vor Schulz hin. Der sah überrascht auf; dann griff er, noch ein wenig zögernd, nach dem Bogen Papier. Ein Stabszahlmeister, namens Brahm, mit einer Transportkolonne und vier Mann, direkt dem OKW unterstellt, ersucht um Zuteilung eines bereits bezogenen Quartiers in der Hindenburgstraße 13.

Schulz bequemte sich dazu, ein wenig nachzudenken. »Die Hindenburgstraße«, sagte er dann, »liegt am Stadtrand, dicht neben dem Stadtwald.«

»Jawohl«, sagte Stamm augenzwinkernd. »Und das Haus Nummer 13 gehört dem Kreisleiter.«

»Sollte der etwa schon getürmt sein?« fragte Schulz.

»Scheint so«, sagte der Gefreite und feixte ungeniert.

»Na ja«, sagte Schulz, »warum soll er auch nicht.« Er hatte ein gewisses Verständnis dafür; natürlich verurteilte er diesen Mann, doch in Grenzen. Denn schließlich hatte der keinen Kreis mehr, also brauchte er ihn auch nicht zu leiten. Die falschen Maßnahmen seiner Vorgesetzten hatten ihn so gut wie brotlos gemacht – im Grunde, sagte sich der neuerdings so belesene Schulz, ist das tragisch.

Seine eigene Situation, überlegte nunmehr Schulz, war der des Kreisleiters nicht ganz unähnlich. Das Oberkommando, dessen Personalabteilung seine Beförderung zum Major leichtfertig hinauszögerte, versagte offensichtlich, die Artillerie-Ersatzabteilung schmolz dahin, um die Ortskommandantur kümmerte sich kein Aas – also, was sollte er sich da noch am Riemen reißen? Für wen denn? Wer würdigte denn das? Ein Kommandant genügte für dieses Kaff. Ein Stellvertreter war da gar nicht nötig.

Immerhin! Man muß, dachte Schulz, die Kühe melken, solange sie noch volle Euter haben. Das ist angewandte Ökonomie. Und solange die Post einigermaßen funktioniert, kann immer noch ein Brief kommen, in dem dann steht: ». . . spreche ich Ihre Beförderung zum Major aus . . .«

»Eine Transportkolonne also! Was transportieren die Kerle eigentlich?«

»Nur noch das Wertvollste, vermutlich«, sagte der Gefreite und grinste vollmondgleich.

»Dieser Stabszahlmeister – Brahm heißt der Bursche wohl – soll sich mal bei mir melden.« Schulz lächelte mit der gerissenen Überlegenheit von Miniaturtyrannen. »Aber möglichst bald. Heute noch.« Und er dachte:

Denn wer weiß, was morgen los ist! Und wenn die Schafe dickste Wolle tragen, soll man sie scheren.

Dann erhob sich Schulz, gewichtig wie immer, um das übliche Vormittagsmännchen bei dem Kommandanten zu bauen, mit ihm die ebenfalls üblichen Blicke verschworener Gemeinschaft zu tauschen und dann zu melden: Keine besonderen Vorkommnisse!

Der Kommandant, ein jovialer Endvierziger, mit friedfertigen Rotweinaugen und gepflegter Baritonstimme, empfing seinen »lieben Schulz« wie einen Freund, bot ihm einen Platz an, drängte ihm eine Zigarre auf und erkundigte sich nach seinem Befinden.

»Gut«, sagte Schulz, ein wenig verwundert. Wohl war er kameradschaftliches Wohlwollen gewohnt, doch diese schier an Fürsorge grenzende Anteilnahme machte ihn mißtrauisch. »Ich bin ganz gesund, Herr Oberstleutnant.«

»Das freut mich«, sagte der mit einer Herzlichkeit, die beinahe schon beängstigend war, wenn auch nicht gerade für den sturmerprobten Schulz. »Das freut mich für Sie. Leider kann ich von mir das gleiche nicht behaupten, mein lieber Schulz. Meine Gesundheit läßt stark zu wünschen übrig.«

»Das tut mir aber leid«, sagte Schulz vorsichtig.

»Danke«, sagte der Oberstleutnant mit seiner schönen Singstimme und schien leicht gerührt zu sein. »Aber meine Nieren machen mir tatsächlich stark zu schaffen. Es wird allerhöchste Zeit, daß ich irgend etwas dagegen unternehme.«

»Jawohl«, sagte Schulz und war hellwach.

»Wie gut«, sagte der Oberstleutnant und strahlte Schulz mit nahezu väterlicher Güte, fast brüderlicher Zuneigung an, »wie gut, daß ich einen so ausgezeichneten Stellvertreter wie Sie habe. Das erleichtert die Sache kolossal. Sie übernehmen also die Kommandantur. Ich fahre heute noch nach Bad Kissingen.«

Schulz starrte den Oberstleutnant wortlos an. Er saß da wie ein Felsen – starr und grau. In seinem Innern gingen seltsame Dinge vor; er wußte nicht recht, ob er den geschickten Absprung des Alten bewundern oder verurteilen sollte.

»Also«, sagte der Oberstleutnant mit ein wenig mühsamer Jovialität, »wir sind uns einig. Es gibt, nach mir, keinen besseren Kommandanten als Sie, mein lieber Schulz. Sie werden die Sache schon schaukeln. Heute nachmittag besichtigen Sie die letzten ausgebildeten, für den Fronteinsatz vorgesehenen Leute, um sie zu verabschieden. Die Rede, die dabei gehalten werden soll, ist bereits ausgearbeitet und steht Ihnen zur Verfügung. Und dann bringen Sie endlich einmal ein bißchen Schwung in diesen Laden!«

Schulz schien die Sprache verloren zu haben. Der »Schwarze Peter« war ihm zugeschoben worden. Und wie wurde er ihn wieder los?

»In etwa vierundzwanzig Stunden«, sagte der Oberstleutnant, »trifft hier die sogenannte Panther-Division ein beziehungsweise die Reste davon.«

»Wer?« fragte Schulz tonlos. Daß ausgerechnet er den »Schwarzen Peter« gezogen hatte, ließ ihn zum erstenmal, wenn auch nur gering, an seiner soldatischen Geschicklichkeit zweifeln — nicht etwa an seinen soldatischen Qualitäten; sie standen auf einem ganz anderen Blatt. »Welche Division?«

»Die Panther-Division. Sie müssen sie doch kennen? Ihr Kommandeur ist der Generalmajor Luschke.«

»Kenne ich«, würgte Schulz nach längerer Pause hervor.

Die milde Frühlingssonne legte sich auch auf den mit spärlichen Haaren bewachsenen Schädel des Obersten Hauk. Er hatte seine Mütze abgenommen und trocknete sorgsam das nur mäßig durchnäßte Schweißfutter ab. Neben ihm auf dem Baumstamm saß der Oberleutnant Greifer und betrachtete seine großen Hände, die ihm sehr zu gefallen schienen.

»Die Vorbereitungen«, sagte der Oberleutnant, »sind so gut wie abgeschlossen. Hoffentlich kommen wir auch damit hin.«

Hauk nickte bedächtig, als bestätige er die Diagnose eines jüngeren Kollegen, halte aber zugleich die Möglichkeit für bestehend, daß sie nicht vollkommen zutreffe. »Es wird ausreichen«, sagte er ruhig. Und noch ruhiger, ganz langsam, fügte er hinzu: »Es muß ausreichen.«

»Es ist nicht unwichtig«, gab Greifer zu bedenken, »wer den Haufen führt. Dieser dicke Major, Hinrichsen heißt er wohl, scheint nicht von Pappe zu sein. Man muß ihn nur noch kräftig anspitzen.«

»Ist vorgesehen«, sagte der Oberst Hauk.

Und während er das sagte, wanderten seine Blicke zum Forsthaus, in dessen Nähe sie saßen. Dort, auf der Holzveranda, lag ein Mädchen in einem Stuhl und sonnte sich. Es hatte die straffsitzende Bluse ein wenig geöffnet, den Rock seitlich aufgehakt und die Beine weit von sich gestreckt. Ihr sinnliches Puppengesicht glänzte, und das schwarze Haar hing ihr bis zu den Schultern herab.

»Diese Sorte«, sagte Greifer ungeniert, »ist rudelweise anzutreffen.«

»Nicht hier«, sagte Hauk.

»Aber zwanzig Kilometer weiter.« Greifer setzte seine stämmigen Beine auseinander und grinste. »Der Typ ist gut und brauchbar — aber beileibe keine Mangelware.«

Das Mädchen Barbara auf der Veranda dehnte sich, verlagerte dann ihre Hüften. Sie hatte stramme Schenkel; selbst Greifer, der sich ansonsten fraulichen Reizen gegenüber verdächtig gleichgültig verhielt, pflegte das nicht zu bestreiten. Sie richtete sich mit katzenartiger Verspieltheit auf, blinzelte zu den beiden Offizieren hinüber und hob die Hand.

Auch der Oberst hob die Hand und winkte ihr kurz zu. Greifer schwenkte, so überdimensionale Herzlichkeit demonstrierend, beide Hände. Und dabei sagte er: »Wir sollten sie abschieben.«

»Sie hat ihre Qualitäten«, sagte Hauk versonnen.

»Die haben andere auch. Und andere sind billiger.«

»Sie war nie sonderlich teuer.«

»Aber sie kann es werden«, sagte Greifer. »Es ist immer besser, zu halbieren, als durch drei zu teilen. Oder gar durch vier – falls wir den Stabszahlmeister Brahm mitrechnen wollen.«

»Soweit sind wir noch nicht«, sagte Hauk und drehte sein graubleiches, fast konturenloses Gesicht der spärlichen Frühlingssonne zu, ohne dabei irgend etwas anderes zu empfinden als mäßige Wärme – durch ein Barometer ausreichend bestimmbar. »Soweit – nicht.«

»Aber kurz davor! Die letzten Sprünge sollten wir ohne jeden unnötigen Ballast tun. Und diese Barbara ist Ballast.«

Das Mädchen Barbara auf der Veranda genoß die Frühlingssonne wie ein lauwarmes, wohlig erschlaffendes Bad. Der Krieg ging sie nichts an. Mit seinen Begleiterscheinungen wurde sie auf ihre Art fertig. Außerdem war er jetzt am Ende – sie spürte das deutlich. Nur noch Stunden, höchstens Tage, und er war überstanden.

Daß er gut, womöglich sogar lohnend überstanden werden würde, dafür war allein Hauk zuständig. Sie hatte für ihn getan, was sie konnte; und das war gewiß nicht wenig. Er würde auch für sie tun, was er vermochte – und das würde auch nicht wenig sein. Das waren so die Rechnungen, die der Krieg prompt bezahlte – wenn man Glück hatte. Glück gehörte schon dazu.

Barbara betrachtete Hauk, der kühl und grau und unnahbar dasaß, aufgerichtet, fast ein wenig steif. So war er immer, wenn er nicht allein war. Nur wenn er mit ihr allein war, war er anders, wesentlich anders. Sie lächelte, als sie daran dachte; aber in diesem Lächeln war keine Zärtlichkeit.

Barbara, die Sonne auf dem Körper fühlend, sah, wie ein dicker Offizier auf Hauk und Greifer zuging. Es war, als hüpfe ein riesiger Ball unbeholfen durch die Gegend. Sie hörte bis zu ihrem Platz hin das scharfe Klappen der Stiefelabsätze. Dann sah sie, blinzelnd, wie der Dicke seinen Arm hochhob, mit einer unvermutet kraftvollen, energiegeladenen Bewegung, dann schloß sie die Augen und hörte nichts mehr; der stramme dicke Stabsoffizier interessierte sie nicht, und es war ihr gleichgültig, was dort verhandelt wurde. – »Stehen Sie doch bequem, Herr Major Hinrichsen«, sagte der Oberst Hauk.

»Nehmen Sie ruhig Platz«, forderte ihn Greifer mit einladenden Bewegungen seiner großen Hände auf. Und er dachte: Ruh deinen Riesenarsch aus, Dicker – ehe du dich womöglich für immer ausruhst.

Hinrichsen, der Major, setzte sich zu Hauk und Greifer, auf einen Klotz, der in deren Nähe stand. Er schnaufte ein wenig, und auf seinem Vollmondgesicht glänzte der Schweiß.

Hauk und Greifer betrachteten diese Fleischmasse in Offiziersuniform nicht ohne Mißtrauen. Aber das Deutsche Kreuz in Gold, das auf dem Waffenrock des Majors prunkte, dazu das Infanterie-Sturmabzeichen, dazu die Nahkampfspange in Silber – das alles beruhigte sie sichtlich.

»Ich begrüße es, Herr Major Hinrichsen«, sagte dann der Oberst Hauk mit seiner gleichmäßig ruhigen, gelassenen, fast gleichgültig klingenden Stimme, »daß wir uns einig sind.«

»Kein echter deutscher Soldat«, sagte der Major Hinrichsen kraftvoll, »begibt sich freiwillig in Gefangenschaft.«

»Unsere Ansichten stimmen überein«, versicherte der Oberst Hauk und sah kurz zu Greifer hinüber, der gelinde vor sich hin grinste. »Mein Adjutant wird Ihnen nähere Einzelheiten unterbreiten.«

Greifer klappte eine Karte mit großen Maßstäben auf. Seine Pranken begannen zwischen den Geländezeichen hin und her zu fahren; und es war, als beabsichtige er, die Signaturen auszuradieren.

Greifer sagte: »x Uhr – Feuervorbereitung, mit Granatwerfern, Infanteriegeschützen, schweren Maschinengewehren in den Flanken.«

Der Oberst wußte: Es gab nur zwei Granatwerfer, kein Infanteriegeschütz, lediglich ein Maschinengewehr. Die Munition war knapp. Die Zeit hatte nicht ausgereicht, genaue Zielanweisungen zu geben.

Hinrichsen: »Jawohl. Das ist klar.«

Greifer sagte weiterhin: »x Uhr plus 15 Minuten – Frontalangriff durch das durch Freiwillige verstärkte Infanteriebataillon. Angriffsunterstützung von den Hügeln rechts der Straße – durch zusammengefaßte Einheiten. Ziel: die Kreuzung. Batterie Asch nimmt die dort stehenden Panzer unter direkten Beschuß.«

Der Oberst wußte: Das Infanteriebataillon war stark dezimiert und hatte kaum die Kampfkraft einer intakten Kompanie. Mit Freiwilligen war kaum zu rechnen. Angriffsunterstützung von rechts war unmöglich. Das Schußfeld der Batterie Asch war stark begrenzt.

Hinrichsen: »Jawohl. Dann schaffen wir es.«

»Sie werden es schaffen«, sagte der Oberst. »Ich weiß, daß ich mich auf Sie verlassen kann.«

Hinrichsen stemmte seine Zweizentnerfigur hoch, stand stramm und entschlossen da und drückte, nicht ohne Feierlichkeit, die schlaffe, glatte Hand, die ihm der Oberst herüberreichte. Greifer grinste, noch um Grade stärker als sonst. Sein Händedruck glich einem feierlichen Männerschwur.

»Und dieser Offizier von der Artillerie«, forderte nun Hinrichsen, »dieser Asch, der muß zur Rechenschaft gezogen werden. Es ist eine Schande! Es ist so gut wie Verrat – in der schwersten Stunde unseres Vaterlandes.«

»Gewiß«, sagte der Oberst Hauk. Und dachte dabei: Keine Zeit mehr für solche Feinheiten. »Gewiß – sobald der Durchbruch gelungen ist, wird er sich verantworten müssen.«

»Vielleicht veranstalten wir ein Standgericht«, sagte Greifer bereitwillig. »Damit wir nicht ganz aus der Übung kommen.«

»Darüber reden wir später«, sagte Oberst Hauk ganz kurz.

Hinrichsen schwenkte seine Fleischmassen um einhundertundachtzig Grad herum und begab sich zu seinen Soldaten. Hauk und Greifer sahen ihm nach. Dann sahen sie sich an.

»Wenn einer«, sagte Greifer zuversichtlich, »dann der! Der kämpft noch für Großdeutschland. Seine Tapferkeit scheint im umgekehrten Verhältnis zu seinem Verstand zu stehen. Sein Verstand ist nämlich winzig.«

Hauk lächelte dünn. Er sah wieder zur Veranda hinüber, auf der das Mädchen Barbara in der Frühlingssonne lag. Er kniff seine Augen ein wenig zusammen.

»Wirklich ganz nett«, sagte Greifer, »aber zehn von dieser Sorte bekommen wir für den zehnten Teil, den sie jetzt womöglich beanspruchen könnte. Kein Betthase ist so viel wert.«

»Sie weiß sehr viel«, sagte Hauk, und es war, als spräche er zu sich.

»Ein Grund mehr«, sagte Greifer überzeugt, »dafür zu sorgen, daß sie mit dem, was sie weiß, nicht allzuviel anfangen kann.«

Der Oberst schien es für überflüssig zu halten, auf Greifers Bemerkungen zu antworten; fast sah es so aus, als registriere er sie gar nicht, als sei es weit unter seiner Würde, sie überhaupt zur Kenntnis zu nehmen. Aber Greifer wußte, daß der Oberst zwei glänzend funktionierende Ohren hatte.

»Ich habe bereits«, sagte Greifer gemütlich, »alles überflüssige Gepäck aus dem Wagen gefeuert – Ihr Einverständnis immer vorausgesetzt, Herr Oberst. Und die Dame hatte sich inzwischen ein Gepäck zugelegt – wie ein General. Kein unnötiger Ballast mehr! Ich fahre selbst.«

»Bringen Sie den Wagen an den Waldrand«, sagte der Oberst. »Und wenn die Kreuzung frei ist . . .«

»In dreißig Minuten?«

»In zwanzig Minuten.«

»Je früher, desto besser. Ich begebe mich also an den Startplatz.« Und Greifer ging in den Wald hinein, ohne noch einen Blick auf das Mädchen Barbara zu werfen, das er soeben von seiner Transportliste gestrichen hatte.

Der Oberst erhob sich langsam. Er stäubte seine Sitzfläche sorgfältig ab, setzte sich dann die Mütze auf und rückte sein Koppel gerade. Nunmehr schritt er auf die Veranda zu.

»Na, Mädchen«, sagte er.

»Na«, sagte Barbara und lächelte mechanisch.

»Ich komme gleich wieder«, sagte der Oberst und nickte ihr zu.

»Gut«, sagte sie.

»Du wartest dann hier.«

»Ich warte hier, bis du wiederkommst.«

Abermals nickte Hauk. Dann ging er, mit bedächtigen Schritten. Ohne sich umzusehen.

Er ging auf den Waldrand zu, an dem sich der Major Hinrichsen mit seinen Soldaten versammelt hatte, um von hier aus den Durchbruch bis zur Kreuzung zu wagen.

»Jetzt kann es losgehen«, sagte der Oberst.

Der Hauptmann Wedelmann stieg langsam, als trage er an einer erheblichen Last, aus seinem Kübelwagen. Er nickte seinem Kraftfahrer zu, und der tippte sich mit einem Finger gegen den Mützenrand. Wedelmann stampfte seine Füße wach und sah dann zu dem Divisionszeichen hinüber — ein schwarzer Panther auf weißem Grund —, das an der Tür des Schulhauses angehängt war.

Wedelmann, groß gewachsen, ausgemergelt, mit traurigem Dackelgesicht und müden Transportarbeiterbewegungen, wandte sich dem dritten Menschen zu, der im offenen Kübelwagen gesessen hatte und jetzt mit auffallend schmalen Händen an seinem großen Fahrermantel herumknöpfte. Dieser Mensch, blutjung offenbar noch, warf mit etwas hastigen Bewegungen, als müsse er sich schnell und rücksichtslos befreien, die Gummihülle ab. Und zum Vorschein kam ein Mädchen.

»Es wird nicht lange dauern, Magda«, sagte Wedelmann zu ihr. »Der General liebt schnelle Entscheidungen.«

»Denk nicht an mich, wenn du mit ihm sprichst«, sagte das Mädchen Magda mit dem erdfarbenen Madonnengesicht. »Du brauchst dir um mich keine Sorgen zu machen. Von hier aus komme ich schon weiter — bis zu deiner Heimatstadt. Und dort warte ich dann auf dich.«

»Und selbst wenn es ganz unangenehm werden sollte, Magda — in drei oder vier Tagen ist sowieso alles vorbei.«

»In zwei Tagen«, sagte der Kraftfahrer, als lese er in einer Preisliste für Socken.

Wedelmann hatte dieses stille Mädchen Magda mit den hilfeflehenden braunen Augen auf der Straße aufgelesen. Es stand am Ausgang einer in der gleichen Nacht erbarmungslos zerbombten Stadt, schmutzig, mit verbrannten Kleidern, allein und hilflos. Und still — nur ihre Augen schienen um Hilfe zu schreien. Ihre Eltern, Flüchtlinge aus dem Osten, hatten hier bei entfernten Verwandten Unterschlupf gefunden — jetzt waren sie alle tot, die Verwandten und die Eltern. Und Magda wußte nicht, was sie mit sich anfangen sollte. So kam sie zu Wedelmann. Das geschah vor fünf Tagen.

»In zehn Minuten«, sagte Wedelmann, »werde ich über meine weitere Verwendung Bescheid wissen — vorausgesetzt natürlich, daß sich der General auf seinem Gefechtsstand aufhält, was bei Luschke durchaus nicht selbstverständlich ist.«

Der Generalmajor Luschke hielt sich auf seinem Gefechtsstand auf. Er kniete, klein, gekrümmt, in faltenreicher, abgewetzter Uniform, im Obstgarten hinter dem Schulgebäude auf einer weit ausgebreiteten, blau und rot gestreiften Militärdecke. Neben ihm stand eine geöffnete Kiste, vor ihm lagen zwei Aktentaschen. Er schien Bekleidungsstücke zu sortieren, zu überprüfen, auszusondern.

»Willkommen, Wedelmann«, sagte er und sah kurz auf, ohne dabei seine Arbeit zu unterbrechen. Er überprüfte eine seiner Unterhosen, die völlig aus der ursprünglichen Form geraten und am Gesäß mehrfach geflickt worden war.

»Bitte Herrn General melden zu dürfen . . .«

»Wollen Sie mir mehr und andere Dinge melden als die, die bereits in Ihrem Funkspruch stehen? Nein? Dann melden Sie jetzt nichts mehr. Ich bin gar nicht begierig darauf, jeden Katastrophenbericht zwei- und dreimal zu hören. Ich bin vollkommen damit eingedeckt! Bis zum Jüngsten Tag!«

Luschke begutachtete einen Stapel von sechs Unterhosen, nacheinander, Stück für Stück; zwei davon wählte er aus, den Rest warf er achtlos zur Seite. »Was wollen Sie jetzt anfangen, Wedelmann?«

»Was Herr General befehlen!«

Luschke warf ein Paar Lackschuhe, ohne sie recht betrachtet zu haben, in hohem Bogen hinter sich. »Was Herr General befehlen!« wiederholte er gedehnt. »Befehlen soll ich — bis zur letzten Sekunde. Das nimmt mir niemand ab.« Fast leise fügte er hinzu: »Und das kann mir auch niemand abnehmen.«

»Wir«, sagte der Hauptmann Wedelmann, »der Rest meines Stabes, sind noch drei Offiziere, zwölf Unteroffiziere und zweiundvierzig Mann.

Zum Teil bewaffnet – etwa dreißig Gewehre und zwei Maschinengewehre. Der Munitionsbestand allerdings ...«

»Wenn Sie wieder zu Ihren Soldaten zurückkommen, Wedelmann, glauben Sie im Ernst, daß Sie dann dort immer noch zweiundvierzig Mann vorfinden werden?«

»Herr General!«

»Oder weniger?«

»Gewiß«, sagte Wedelmann in männlicher Weise betrübt, bemüht, deutlich erkennen zu lassen, daß er seiner Verantwortung nicht auszuweichen gedenke, »es kommt jetzt immer wieder vor, daß sich einige ... vereinzelte Soldaten selbständig machen ...«

»Desertieren!«

»Jawohl – unter normalen Bedingungen könnte man das so nennen. Aber ...«

»Wedelmann«, sagte der Generalmajor Luschke unverändert gelassen und warf in hohem Bogen seine Extrauniform zur Seite, »glauben Sie immer noch an Ihren Führer? An Großdeutschland? An eine germanische Weltherrschaft?«

Der Hauptmann Wedelmann antwortete hierauf nicht und stand nahezu stramm. Er sah aus, als habe er soeben ein vernichtendes Urteil über sich vernommen; er akzeptierte es, aber er versäumte nicht, das mit soldatischer Haltung zu tun.

»Ich habe eine Frage an Sie gestellt, Herr Wedelmann. Bekomme ich keine Antwort?«

»Meine Antwort«, sagte Wedelmann schwer, »heißt: Nein! Ich glaube an nichts mehr.« Und kaum noch vernehmbar fügte er hinzu: »An nichts mehr.«

»Das«, sagte Luschke gelassen, »ist wohl des Schlechten etwas zuviel. Immerhin: Sie glauben nicht mehr an diesen ... Hat seine Zeit gebraucht, Wedelmann, bis auch Sie sich diese Erkenntnis zu eigen gemacht haben. Ist uns allen sehr teuer zu stehen gekommen!«

»Ich verstehe das nicht«, sagte Wedelmann mit hilfloser Gebärde. Und er schämte sich seiner Schwäche nicht. »Ich verstehe mich nicht und nichts mehr. Es gibt doch nur noch eine Erklärung für alles, was geschehen ist: Wahnsinn!«

Der General zerrte ein prächtig gestreiftes Ordensband aus einer Schachtel, straffte es prüfend zwischen seinen Fäusten, zerriß es dann. Die Fetzen hingen, einen kläglichen Anblick bietend, herab. Luschke lächelte verächtlich. »Schlechte Qualität«, sagte er dann.

Der Generalmajor erhob sich ächzend, faßte sich dabei in die Seiten. Sein Gesicht war schmerzhaft verzogen. »Ich bin einer der jüngsten Generale Deutschlands«, sagte er, »und einer der ältesten Männer der

Armee. Zu jung zum Sterben — zu alt, um weiterzuleben. Vermutlich bin ich ein halbes Jahrhundert zu spät geboren worden.«

»Ohne Herrn General . . .«

»Lassen Sie das, Wedelmann! Keine Trinksprüche mehr — mir ist zum Kotzen zumute. Aber noch habe ich keine Zeit dazu. Ich muß ganz durch!«

Der General schob ein Paket Wäsche mit dem Fuß zur Seite, ergriff ein Bündel Feldpostbriefe und blätterte sie durch. Er sah aus, als habe er sich jetzt ausschließlich auf diese Tätigkeit konzentriert. Wedelmann, der ergeben vor ihm stand, hatte einen kurzen Augenblick lang das peinliche Gefühl, überhaupt nicht für Luschke und seine Welt zu existieren.

Dann sagte der plötzlich, wobei er die Feldpostbriefe achtlos auf die Erde fallen ließ: »Was würden Sie tun, Wedelmann, wenn dieser Krieg für Sie beendet wäre; jetzt, hier, in diesem Augenblick. Was würden Sie tun?«

»Heiraten«, sagte der, ohne sich zu besinnen.

»Dann tun Sie das doch«, sagte Luschke prompt und sehr sanft.

Wedelmann blieb regungslos stehen. In seinen treuen Dackelaugen spiegelte sich maßlose Verlegenheit — kein anderer als Luschke vermochte sie ihm in diesem Umfang zu bereiten; und der tat es immer wieder. Doch es ging viel heilsame Wirkung von dieser unbarmherzigen und treffsicheren Schocktherapie aus.

»Wenn Sie genau wissen, Wedelmann, wen Sie heiraten wollen — dann tun Sie das doch. Hier werden Sie nicht mehr gebraucht. Ihr Divisionskommandeur erteilt Ihnen gerne die erforderliche Heiratserlaubnis und sagt Ihnen, nicht ganz so gerne, doch ohne jedes Bedauern, adieu.«

»Herr General . . .«

»Adieu, mein lieber Wedelmann. Vielleicht sehen wir uns noch einmal in diesem Soldatenleben, aber es soll nur geschehen, wenn es sich unter keinen Umständen vermeiden läßt. Merken Sie sich das, bitte. Der nächste Gefechtsstand der Division und ihr letzter, vermute ich stark, ist unsere alte Garnisonstadt. Dort werden auch Sie Wurzeln zu schlagen versuchen, nehme ich an. Leben Sie also wohl! Und vergessen Sie Knollengesicht — löschen Sie es aus Ihrem Gedächtnis, wenn Sie können; und den ganzen Krieg dazu.«

Der Generalmajor Luschke kniete sich wieder nieder und begann mit sicheren Bewegungen, doch ohne jede Sorgfalt, den Rest seiner Sachen in die zwei Aktentaschen zu verstauen. Es war, als gebe es jetzt keinen Wedelmann mehr für ihn, als existiere nichts mehr auf der Welt als der knappe Inhalt zweier Aktentaschen.

Gnomenhaft und emsig, in eine zerknüllte, faltenschlagende ausgebleichte Uniform eingehüllt, ein kurzer gedrungener Nacken und Haare, die grau geworden waren – so sah Wedelmann zum letztenmal, wie er glaubte, seinen General.

Der Hauptmann stand noch einmal vor Luschke still. Er salutierte straff. Sekundenlang. Dann machte er eine scharfe Kehrtwendung und ging davon. Und im Gehen verlor er sichtlich an Haltung. Er ließ seine Schultern hängen, und die Stiefel schleiften durch den Staub. Seine Dienstzeit war beendet.

Er schritt durch den Obstgarten, durch das Tor auf die Straße zu, an der sein Kübelwagen stand. Der Kraftfahrer setzte sich, nach kurzem Blick auf den Hauptmann, hinter das Steuerrad und spielte mit dem Anlasser. Das Mädchen Magda sah Wedelmann mit großen Augen entgegen.

»Was nun?« fragte sie. »Was geschieht jetzt?«

»Wir werden heiraten«, sagte Wedelmann.

»Nein!«

»Wir werden heiraten. Ich will endlich wissen, wohin ich gehöre. Ich muß einen Menschen haben, an den ich mich halten kann.«

»Dann werden wir heiraten.«

Der Gefreite Stamm, hochbewährter 1. Schreiber der Ortskommandantur, hatte mehrere Klippen erfolgreich umschiffen müssen, ehe es ihm gelungen war, in diesem verhältnismäßig sicheren Hafen zu landen. Er hatte gehofft, hier die berühmte ruhige Kugel schieben zu können, und er schob sie auch – doch in den letzten Wochen schien sich dieses Militärmuseum in einen Durchgangsbahnhof verwandelt zu haben.

Das störte Stamms stark ausgeprägten Hang zum ruhigen Lebenswandel nicht unerheblich. Allein die Tatsache begann ihn zu versöhnen, daß einiges von dem vielen, das hier durchrauschte, durchgeschleust und eingelagert wurde, bei der Kommandantur hängenblieb. Im Mittelalter hieß ein ähnlicher Vorgang: Brückenzoll.

Der reichlich ungenierte Rückzug des angeblich nierenleidenden Oberstleutnants in die ruhigeren Gefilde von Bad Kissingen und die gleichzeitige, als ehrenvoll bezeichnete Ernennung des Hauptmanns Schulz zum Ortskommandanten bereiteten Stamm zunächst neuerliche Sorgen. Dann aber glaubte er erkannt zu haben, daß selbst Haudegen Schulz gar nicht die Absicht hatte, »bis zum letzten Atemzug«, wie vom Obersten Befehlshaber vorgesehen war, auf seinem Posten zu verharren. Auch das Kämpferherz des »Unentwegten« begann langsam ziviler zu schlagen.

»Die Frau Gemahlin, Herr Hauptmann«, meldete Stamm seinem neuen Kommandanten, der gerade die Liste mit den Verpflegungsvorräten bemerkenswert intensiv bearbeitete.

»Hier?« fragte Schulz und gab sich unangenehm überrascht. »In meinen Diensträumen?«

»Ihre Frau Gemahlin«, verkündete Stamm artig, »wartet bereits seit fünfzehn Minuten im Vorzimmer.«

»Soll weiter warten«, entschied Schulz nahezu souverän.

Und erneut beugte er sich über die Aufstellung der im Kommandanturbereich lagernden Verpflegungsvorräte. Und er zog vorsichtig in Erwägung, sie gegebenenfalls aufzuteilen — unter die Soldaten in erster Linie, dann aber auch unter die Zivilbevölkerung. In jedem Fall aber hatte sich diese Aufteilung, so plante er, nicht nur nach Bedarf, sondern auch nach der Würdigkeit der also Ausgezeichneten zu richten.

»Ihre Frau Gemahlin«, sagte der Gefreite Stamm, der sich immer noch nicht entfernt hatte, »plaudert inzwischen mit Herrn Stabszahlmeister Brahm.«

»Brahm — wer ist denn das?«

»Das ist der Führer jener Transportkolonne, die sich in der Hindenburgstraße 13 breitgemacht hat — im Haus des Kreisleiters.«

»Soll auch warten«, entschied Schulz, wieder nahezu souverän. Und langsam fand er Gefallen an dieser bedeutenden Rolle, die ihm hier kurz vor Ladenschluß noch zuteil wurde und die, davon durfte er überzeugt sein, eines Majors würdig war. Was aber nun die Verpflegungsvorräte anbelangte, so war, rechnete Schulz, durchaus in Erwägung zu ziehen, bestimmte Lebensmittel in ganz bestimmte Kanäle zu leiten — zum Beispiel: Mehl zentnerweise einem verdienstvollen Bäcker zur Verfügung zu stellen. In diesem Falle wohl seinem Bäcker — in weiser Voraussicht, und zwar, versteht sich, in Sorge um die Zivilbevölkerung.

»Darf ich darauf aufmerksam machen«, sagte Stamm, der noch immer nicht den Raum verlassen hatte, »daß sich Ihre Frau Gemahlin und der Stabszahlmeister bereits über das Thema Quartier unterhalten, wobei zu sagen ...«

»Was?« Schulz fuhr hoch, schlug mit der flachen Hand auf den Tisch, gab sich empört. »Da soll doch gleich ... Und was geht Sie das überhaupt an, Sie Schlot! Was nehmen Sie sich heraus! Es gibt Dinge, die Sie als Erster Schreiber der Kommandantur überhaupt nicht zu hören haben — verstanden? Und außerdem, Sie Eichhörnchen —, wie kommen Sie eigentlich dazu, meine Frau zu behorchen?«

»Nur im Interesse des Herrn Hauptmanns!« versicherte Stamm und machte einen recht treuherzigen Eindruck.

»Das will ich aber auch hoffen«, sagte Schulz mit jener polternden Gefährlichkeit, die nur überzeugten Vorgesetzten eigen ist. »Hören Sie mal zu, Stamm! So eine Kommandantur ist kein Mädchenpensionat — besonders nicht in solchen Zeiten, wo es um Kopf und Kragen geht. Da werden zuverlässige Mitarbeiter gebraucht, da wird Wert auf Geheimhaltung gelegt, da können Todesurteile ausgesprochen werden. Denken Sie daran! Ein Wort zuviel – und Sie machen niemals mehr Ihre Fresse auf, Sie Bottich! Kapiert?«

»Ich bin doch verschwiegen und zuverlässig«, röhrte Stamm und stellte einen Biedermann dar, der jedem Stadttheater zur Ehre gereicht haben würde.

»Das will ich auch stark hoffen«, sagte Schulz, spürbar erfreut über soviel Dienstbereitschaft. »Und jetzt holen Sie mir mal meine Frau 'rein.«

Stamm zog ab, Lore Schulz erschien. Sie ging auf ihren Mann zu, setzte sich auf seinen Schreibtisch und kreuzte die Beine übereinander. Sie sah ihn an, als gedenke sie ihn zu kaufen, sei sich aber noch nicht schlüssig, wieviel sie anzulegen habe.

»Was soll das!« sagte Schulz mißbilligend. »Das hier ist doch kein Puff!«

»Nein?« fragte Lore. »Bestimmt nicht?«

»Nimm deinen Hintern von den Kommandanturbefehlen herunter!«

»Und wo soll ich ihn sonst hintun? Gibt es einen besseren Platz für eure Befehle?«

»Ich habe dir schon mehrmals verboten, Lore, mich in meinen Amtsräumen zu besuchen, und zwar ausdrücklich! Es schickt sich einfach nicht. Darunter leiden automatisch Disziplin und Ansehen. Je größer ein Amt, um so wichtiger die Einhaltung von Formen. Das ist nachzulesen. Und ich erwarte, daß du dich endlich danach richtest!«

»Hast du Angst, daß ich dich überraschen könnte? Brauchst du nicht. Ich bin nicht eifersüchtig – auf dich nicht. Warum auch?«

»Was willst du hier, Lore? Was fummelst du in meinem Dienstbereich herum? Was hast du mit diesem Stabszahlmeister zu quatschen?«

»Der Mann braucht ein gutes Quartier, Fritz. Gib ihm doch eins – wo viel Platz ist. Kisten brauchen Platz. Und er hat so viel Kisten – viel zuviel Kisten für so einen kleinen Mann!«

Schulz schien hell empört zu sein. Sein kantiges Gesicht strahlte eine Ehrbarkeit aus, die verblüffend echt wirkte. »Nun aber 'raus! Du glaubst doch nicht etwa, daß ich, der Ortskommandant ... Du traust mir doch nicht etwa zu, daß ein Mann wie ich ...«

»Doch!«

»Was?«

»Einiges trau ich dir zu. Und wie ist das mit dem Familiensinn, Fritz – soll der nicht auch gepflegt werden? Also – verpflege deine Familie!«

»'raus mit dir!«

»In meinem Keller ist noch eine ganze Ecke frei«, sagte Lore.

»'raus — habe ich gesagt.«

»Und nicht wieder so'n primitives Zeug, Fritz — wie Kartoffeln oder Hülsenfrüchte. Immer konzentrierte Sachen. Flaschen. Konserven. Rauch- und Räucherwaren. Fett, Schokolade und Fleisch. Und wenn du Fallschirmseide besorgen kannst, denk an mich — ich trage so gerne Unterwäsche davon.«

»'raus!«

Sie hob die linke Hand und winkte ihm mit den Fingerspitzen zu. Dann wippte sie zur Tür. »Ich schick dir den kleinen Stabszahlmeister gleich 'rein«, sagte sie. »Sei nett zu ihm.«

»Einen Dreck werde ich!« rief Schulz ihr dröhnend nach. »Bei uns geht alles korrekt zu! Preußisch!«

Der Stabszahlmeister Brahm, ein kleines Männchen mit listigen Kognakaugen, näherte sich devot. Er ließ sofort erkennen, daß er bereit sei, Offiziere zu respektieren — daß auch er Offiziersuniform trug, so wurde deutlich, war lediglich ein Zufall; er fühlte sich ausschließlich als Beamter. Ergeben blieb er drei Meter vor dem Schreibtisch stehen.

»Das mit Ihrem Quartier«, sagte der Hauptmann Schulz und tat, als denke er intensiv nach, als sei überhaupt das intensive Nachdenken seine Lieblingsbeschäftigung, »das ist gar nicht so einfach, wie Sie sich das vorstellen.«

»Ich habe mir erlaubt, anzunehmen, die Kommandantur . . .«

»Da haben Sie durchaus richtig angenommen. Wenn Sie Quartier brauchen, werden Sie auch eins zugeteilt bekommen. In der Kaserne, im Hydrierwerk, in irgendeinem Lagerschuppen. Aber doch nicht gleich in der Villa des Kreisleiters!«

»Ich dachte, daß besonders für meine Zwecke . . .«

»Ich habe gar nichts gegen Ihre Gedanken«, sagte Schulz groß. »Aber ich habe da meine Verordnungen, meine Planungen, Vorschriften — und so weiter und so weiter. Und an die muß ich mich halten. Natürlich gibt es Ausnahmen . . .«

Der Stabszahlmeister lächelte und strahlte eine Vertrauensseligkeit aus, die geeignet schien, die stärksten Männer zu rühren. »Ich würde mir natürlich erlauben . . .«

»Wo denken Sie hin!« rief Schulz mit Emphase, und er schien ganz tief getroffen zu sein, und zwar in seiner Ehre. »Sie wollen mich doch nicht etwa bestechen! Sie — ich warne Sie! Versuchen Sie das ja nicht. Das kommt nicht in Frage! Niemals.«

»Ich wollte mir nur erlauben, Herr Hauptmann, bescheiden anzufragen, ob vielleicht die Möglichkeit besteht, zwei oder drei kleinere Kisten — allerdings solche wertvollen Inhalts — im Bereich der Kommandantur einzulagern. Bei allen sonstigen Vorteilen ist der mir jetzt zur Verfügung stehende Lagerraum ein wenig zu klein, so daß ich außerordentlich dankbar wäre, wenn Sie ...«

»Das allerdings«, sagte Schulz nicht ohne Herzlichkeit und offenbar froh darüber, daß sich sein furchtbarer Verdacht nicht bewahrheitet zu haben schien. »Das kann man natürlich machen. Wenn der Fall so liegt, dann freut es mich, Ihnen eröffnen zu können, daß ich diese Ihre Kameradenbitte zu erfüllen gedenke.«

»Verbindlichsten Dank, Herr Hauptmann.«

»Und da wollen wir nicht zögern. In meinen Bereichen wird schnell und gründlich gearbeitet. Also erledigen wir Ihr Gesuch möglichst gleich heute — ich kann, sagen wir in zwei Stunden, die Kisten abholen lassen.«

»Selbstverständlich, Herr Hauptmann. Und wenn Herr Hauptmann erlauben, dann habe ich noch eine Bitte besonderer Art.«

»Bitte!«

»Ich erledige gewissermaßen, dem Oberkommando unmittelbar unterstellt, einen geheimen dienstlichen Auftrag. Ich wäre Herrn Hauptmann sehr verbunden, wenn meine Dienststelle wohl unter dem Schutz der Kommandantur steht, aber hier nicht offiziell registriert wird. Ausschließlich aus Gründen der Geheimhaltung. Sie verstehen, Herr Hauptmann?«

»Will mal sehen, was sich machen läßt«, sagte Schulz gönnerhaft. »Ein Unmensch bin ich schließlich nicht. Und ein geheimer dienstlicher Auftrag ist ein geheimer dienstlicher Auftrag.«

»Vielen Dank, Herr Hauptmann.«

Schulz winkte ab. »Danken Sie mir noch nicht, Herr Stabszahlmeister Brahm. Erst wollen wir doch mal sehen, ob es sich überhaupt lohnt, Ihre Kisten im Kommandanturbereich unterzubringen.«

»Es wird sich lohnen, Herr Hauptmann.«

»Sollte mich aufrichtig freuen.«

»Mir fehlen immer noch Anweisungen«, sagte der lange, breitschultrige Amerikaner im Sessel, »wie ich mich als Killer zu benehmen habe.«

»Reden Sie doch keinen Unsinn, James«, sagte der Captain, der hinter dem großen Tisch stand. Und er sagte das nicht als Vorwurf, tat vielmehr so, als handele es sich um einen Scherz, den er aber nicht sonderlich glücklich fand.

»Wie ist das nun«, fragte James hartnäckig, »hat der General Eisenhower gesagt: Killt die Deutschen! — oder hat er das nicht gesagt?«

Der Captain Ted Boernes vom CIC, Sektionschef der amerikanischen Gegenspionage, ein kleiner, schmaler Mann mit zarten Händen und einer randlosen Brille, schüttelte ein wenig unwillig seinen großen Kopf. »Lassen Sie doch diese primitiven Schlachtparolen, James.«

»Immerhin handelt es sich um einen Ausspruch, besser: um eine Anweisung, für die kein Geringerer verantwortlich zu machen ist als der Oberste Befehlshaber der Vereinigten Alliierten Streitkräfte. Also, wie ist das: Soll nun gekillt werden — oder etwa nicht?«

Der Captain Boernes nahm umständlich seine dicke Brille ab und sah sich, wie hilfesuchend, im Raum um. Das schien seine Augen anzustrengen, denn er blinzelte lebhaft, fuhr sich dann mit der flachen linken Hand über die Stirn. Aber er sah auch ohne Brille ausgezeichnet.

Er betrachtete seine Mitarbeiter, die sich in der Halle einer Industriellenvilla um ihn herum versammelt hatten, mit ausdruckslosem Gesicht; doch seine Haltung verriet höchst strapazierbare Elastizität. Dennoch war er mit Erfolg bemüht, seine Kameraden und Kollegen wissen zu lassen, daß er einem erfreulichen Kompromiß nicht abgeneigt sei.

Es waren etwa zwei Dutzend Männer in abzeichenloser Uniform der Army, die sich um ihn versammelt hatten — ein bunt zusammengewürfelter Haufen, von dem wohltrainierte Bedrohlichkeit ausging. Sie kamen aus allen Ecken und Enden der Staaten, hatten die unterschiedlichsten Berufe, gehörten den verschiedenartigsten Konfessionen an — eigentlich war nur eins allen gemeinsam: sie sprachen ausgezeichnet deutsch.

»Unsere Aufgabe«, sagte der Captain, ehrlich bemüht, zu bagatellisieren, was nicht ernst genommen werden durfte, »hat nichts mit Holzhacken zu tun. Wir sind keine Killer.«

»Wenn ich irgendein Nazischwein erwische«, sagte James mit nahezu sportlichem Ehrgeiz, »womöglich gar auf frischer Tat, dann lege ich es um. Das ist klar. Aber der General hat nicht gesagt: Killt die Nazis! Er hat gesagt: Killt die Deutschen!«

»Wir sind keine Richter, James«, sagte der Captain mit sanft protestierenden Handbewegungen. »Und schon gar nicht Richter und Vollzugsbeamte in einer Person.«

James, kraftstrotzend und von lederner Gemütlichkeit, grunzte einige unverständliche Laute, die zwar als Protest gedacht waren, die aber durchaus verschiedenartig ausgelegt werden konnten. Der Captain hielt es für angebracht, sie als Zustimmung hinzunehmen. Dieser James, so sagte er sich nachdenklich, doch vorläufig noch mit Gelassenheit, ist ein Killer; man muß ihn also durch einen Bremser abschirmen — sein Einsatz durfte nur mit erhöhten Sicherheitsmaßnahmen erfolgen, denn er war hochexplosiv.

»Wir alle«, sagte nunmehr der Captain Boernes, entschlossen, sich langsam zum Kern seiner Ausführungen vorzutasten, »haben irgendeine Beziehung zu Deutschland.«

»Stimmt auffallend«, sagte wieder James. »Mir zum Beispiel sind in Deutschland die Eltern totgeschlagen worden — mit Knüppeln. Und meinen Bruder haben sie verheizt. Daran denke ich immer, wenn einer von den Deutschen redet, Captain – das sind meine Beziehungen zu diesem Sauvolk.«

»James«, sagte Boernes, mit Nachsicht tadelnd, »machen Sie einen Unterschied zwischen Deutschen und Nazis.«

»Gibt es den überhaupt, Captain? Und wie stellen Sie sich das praktisch vor? Soll ich das etwa riechen? Läßt sich das durch Messungen bestimmen? Oder tragen etwa alle Nazis Hakenkreuze auf den Hintern? Hier ist eine Rechnung zu begleichen, Captain – und ich werde kassieren, verlassen Sie sich darauf.«

Boernes legte wieder, betrübt wie ein sorgsamer Pädagoge, der sich an das Versagen der Schüler nur schwer gewöhnen kann, seine flache linke Hand auf die Augenpartie. Die Brille baumelte in seiner Rechten, die schlaff herabhing. »Was soll ich Ihnen hierauf antworten, James?«

»Ihre Angehörigen in Deutschland leben wohl noch, Captain? Und das stimmt Sie versöhnlich?«

»Nein«, sagte Ted Boernes einfach und setzte seine Brille wieder auf. »Keiner lebt mehr.«

James brummte unwillig in sich hinein. Dieser Captain Boernes war ihm zu kleinlich, zu weich, zu nachgiebig – ein tüchtiger Mann, gewiß, ein begabter Organisator, ein raffinierter Investigator, ein geschickter Koordinator. Aber: zu kleinlich, zu weich, zu nachgiebig, in jenem speziellen Punkt, auf den es letzten Endes allein ankam. Eben: alles andere als ein Killer!

»James«, sagte Boernes nunmehr und gab sich in entwaffnender Weise kollegial, »ich will nicht mit Ihnen rechten.«

»Hätte auch gar keinen Sinn, Captain!«

»Ich will nur an Ihren Verstand appellieren, James. In den nächsten Tagen, vielleicht morgen schon, erreichen wir die für uns vorgesehenen Bezirke. Jeweils zwei Mann meiner Dienststelle werden gemeinsam in den einzelnen Brennpunkten eingesetzt. Die Arbeit, die dann anfällt, ist enorm. Sie ist so groß, so differenziert, so kompliziert, daß zwei Mann allein sie gar nicht werden bewältigen können.«

»Dann fordern Sie doch Verstärkung an, Captain.«

»Das habe ich getan, James – und das ist abgelehnt worden. Und zwar nicht etwa deshalb, weil mein Vorschlag unakzeptabel erschien, sondern ausschließlich wegen Personalmangels. Wir müssen also allein fertig werden. Und fertig werden können wir letzten Endes nur, wenn wir Deutsche finden – Deutsche, keine Nazis –, die uns dabei helfen. Und es muß Deutsche geben, die das tun wollen und die auch in der Lage sind, das verläßlich zu tun. Es geht einfach nicht anders – also müssen auch Sie von vornherein damit rechnen!«

James versank noch tiefer in seinem Sessel. In seinem kantigen Gesicht zeichnete sich massive Verachtung ab. Er legte seine Füße auf den Tisch und verschränkte die Arme, als müsse er etwas tun, um seine Fäuste festzuhalten. Und er ließ so unmißverständlich durchblicken: eine weitere Auseinandersetzung mit Boernes halte er für völlig überflüssig.

Der Captain spürte diese massive Ablehnung genau. Er ließ seinen großen Kopf ein wenig sinken, betrachtete den schweren Teppich, auf dem er stand, atmete tief ein und griff dann, vorerst ohne den Blick zu heben, nach den Aktenstücken, die vor ihm auf dem Tisch lagen.

»Die Entscheidung«, sagte Ted Boernes, »ist gefallen. Hier habe ich alle Unterlagen für das Gebiet XXIII, das etwa der Größe eines deutschen Regierungsbezirkes entspricht und das uns unterstellt wird. Im Zentrum werde ich sitzen. Die Dienststelle am gleichen Ort werden Sie besetzen, James. Völlig selbständig, natürlich genau, wie es den Planungen entspricht. Ihnen gleichberechtigt zur Seite — James II.«

»Ausgerechnet!« sagte James I ungeniert.

Und er, ein vor Energie berstender Mittelgewichtsboxer in Uniform, drehte sich um und grinste einem kleinen, mondgesichtigen Männlein zu, das beinahe bescheiden hinten auf einem Holzstuhl saß und die Händchen artig übereinandergelegt hatte. Der — dieser James II, ein Schulmeister — hatte ihm gerade noch gefehlt; der sah aus wie ein Firmling, war zwar gerissen wie zwei Autoverkäufer zusammen, aber doch wohl bestimmt nicht der Mann, der mit Dynamit spielt wie andere mit Bleistiften. Komplikationen irgendwelcher Art waren wohl kaum von ihm zu erwarten — James I fühlte sich jetzt schon als Alleinherrscher.

»In diesen Aktenmappen«, sagte der Captain, ohne eindeutig von den Ausfällen seines James I Kenntnis genommen zu haben, »werden Sie Kolonnen von Namen finden. Dazu Ausschnitte aus Zeitungen, Mitteilungsblättern, Verordnungen. Ferner liegen dort Kopien von Partei- und Verwaltungsbefehlen. Einige Adreßbücher sind ebenfalls vorhanden.«

Boernes teilte die Bezirke unter seinen Mitarbeitern auf, indem er eine Nummer nannte und ihnen die dazugehörigen Aktenbündel zuwarf. Das geschah mit großem Schwung, ohne jede Feierlichkeit, beinahe mit dem flotten Verladen von Kommißbroten vergleichbar, und war in wenigen Minuten erledigt. Die Schleiflackplatte des Konferenztisches vor dem Captain war leer — bis auf einen letzten gebündelten Stoß Unterlagen.

»Dieser Teil unserer Arbeit«, sagte Boernes sachlich, »den ich den ›Zivilen Sektor‹ nennen möchte, scheint mir verhältnismäßig wenig Schwierigkeiten zu bereiten. Das ist alles einigermaßen übersichtlich und leicht zu korrigieren. Die eigentlichen Komplikationen beginnen vermutlich dort, wo wir die Reste der Wehrmacht durchsieben müssen, die versprengten, die getarnten und die sich geschlossen ergebenden Einheiten.

Aber für diese Fälle werden Sie noch rechtzeitig Spezialanweisungen bekommen.«

Die Amerikaner in den abzeichenlosen gelbbraunen Uniformen, deren Gleichförmigkeit durch verschiedenfarbige Tücher, Schlipse und Hemden wirkungsvoll aufgelockert worden war, ergriffen von ihren Aktenpaketen Besitz. Sie rissen die Hüllen auf, schlugen die Deckel zurück und begannen in den Unterlagen herumzublättern. Zunächst studierten sie die Karte, die obenauf lag – hier war ihr neuer Wirkungsbereich fein säuberlich, mit roter Tinte zierlich schraffiert, verzeichnet. Und damit hatten sie ihr »Los« gezogen.

»Und das«, sagte Boernes und warf das letzte Aktenstück James I zu, »ist die Nuß, die Sie zu knacken haben werden. Hoffentlich brechen Sie sich nicht die Zähne daran aus – aber soviel ich beurteilen kann, ist Ihr Gebiß ausgezeichnet und Ihre Verdauung gut.«

James II erhob sich ruhig, ergriff seinen Stuhl und schob ihn auf James I zu. Er setzte sich neben ihn, beugte sein kindliches Vollmondgesicht vor und sagte: »Fang an, Partner.«

James I grinste grimmig, fetzte mit zwei kräftigen Handbewegungen den Umschlag auf und zog die Karte hervor. »Wer weiß«, sagte er, »was das für ein Wanzennest sein wird. Aber ausräuchern werden wir es auf alle Fälle – was, Pastor?«

»Mal sehen, Partner«, sagte James II mit mädchenhafter Sanftmut.

Es handelte sich bei ihrem neuen Wirkungsbereich, wie sie mühelos aus den Unterlagen feststellen konnten, um eine kleinere Stadt – so an die dreißigtausend Einwohner; zwei Kasernen, ein Hydrierwerk, einige Barackenlager für Arbeiter, Gefangene und Soldaten. Militärische Formationen: eine Artillerie-Ersatzabteilung, ein Nachrichtenausbildungslager, ein Infanterie-Ersatzbataillon. Kommandantur. Partei: Kreisleitung, Ortsgruppe mit dem üblichen breiten Schwanz: NS-Frauenschaft, HJ, SA. Wenig Fliegerangriffe. Volkssturm wahrscheinlich, Widerstand möglich. Letztes Wahlergebnis: 97,2 Prozent.

»Schon verkauft – was, Pastor?«

»Hoffentlich, Partner«, sagte James II und lächelte mild.

»Es kann jetzt losgehen«, sagte der Oberst Hauk abermals und nickte kurz dem Major Hinrichsen zu. Dann lehnte er sich leicht, kaum wahrnehmbar, gegen eine Birke. Er sah aus, als ertrage er mit Gelassenheit die unsoldatisch milde Frühlingsluft.

Der massige Hinrichsen legte, nicht ohne Feierlichkeit, die Hand an den Stahlhelm. Dann begab er sich mit festen Kämpferschritten zu seinen Soldaten, die stumm herumstanden. Noch einmal betrachtete er prüfend das Gelände: Wald, der sich nach links hinzog, dann aber verlor; rechts Hügel, mit Sträuchern bewachsen; vor ihm eine ausgedehnte Mulde – freies Feld. Dahinter, in etwa tausend Meter Entfernung, die Kreuzung, auf der zwei amerikanische Panzer standen. Das war das Ziel!

»Fertig zum Schlachtfest, Herr Major?« fragte eine helle Stimme neben ihm. »Kann der Amoklauf beginnen?«

Der dicke Hinrichsen, intensiv damit beschäftigt, sich Stielhandgranaten in sein Koppel zu stecken, sah unwillig auf. Vor ihm stand der Leutnant Asch von der Artillerie, Stahlhelm und Maschinenpistole in den Händen. Und er machte ein Gesicht, als gedächte er lediglich einen Anstandsbesuch zu unternehmen.

»Was ist los?« fragte Hinrichsen ungehalten. Der Anblick dieses munteren Knaben erfreute ihn gar nicht. Das Kriegerhandwerk, sagte er sich, will mit Ernst getan sein. »Was wollen Sie hier?«

»Ihnen Gesellschaft leisten, Herr Major«, sagte der Leutnant Asch freundlich. »Damit der Spaziergang für Sie nicht so langweilig wird.«

»Und Ihre Batterie, Herr Leutnant?«

»Die schießt auch ohne mich gut.«

»Na schön«, sagte Hinrichsen grimmig, »dann wollen wir mal ausprobieren, wie lange es dauert, bis Sie Ihren Schwanz einkneifen.« Und er zog den Kinnriemen seines Stahlhelms um ein Loch enger.

»Alles fertig?« fragte der Oberst mit einer Stimme, als beabsichtige er lediglich, eine Runde Poker zu eröffnen.

»Alles fertig!« rief Hinrichsen und klemmte sich die Maschinenpistole unter den Arm. Er tastete seine Stielhandgranaten ab und korrigierte flüchtig den Sitz seines Stahlhelms.

Noch einmal sah der Major zurück: in der Nähe von Oberst Hauk, nur zwei Schritte hinten, stand der Oberleutnant Greifer und knetete seine großen Hände; hinter ihm parkte ein vollbeladener Kübelwagen. Einige Meter weiter zurück hockte der Obergefreite Kowalski gähnend vor einem Krad. Die restlichen hundert Soldaten seiner Einheit standen – klar zum Gefecht – bepackt, mit hängenden Schultern, wortlos in der Gegend herum. Es war, als habe sich der Krieg noch einmal formiert, um gemalt oder für Wochenschauen fotografiert zu werden.

Der Oberleutnant Greifer hob die Leuchtpistole und schoß einen dünnen, langen, zischenden Rauchfaden in die Luft. Fast im gleichen Augenblick kotzten sich rechts seitwärts zwei Granatwerfer leer. Auf der Kreuzung flammten Pilze aus Rauch und Dreck auf.

Der Obergefreite Kowalski stellte sein Gähnen ein, hob die rechte Hand und spreizte zwei Finger zu einem V. Asch nickte ihm zu. Dann stülpte er sich den Stahlhelm über den Kopf, spannte seine Maschinenpistole und stellte sich sprungbereit neben Hinrichsen auf.

»Die versprochenen schweren Maschinengewehre«, sagte Asch, »scheinen sich in Luft aufgelöst zu haben, Herr Major. Von Infanteriegeschützen ist auch weit und breit nichts zu hören. Oder sollten unsere Ohren nicht mehr funktionieren, Herr Major?«

»Und Ihre Scheißgeschütze, Leutnant?«

»Die schießen, wenn die Panzer auf uns zurollen — nicht früher. Aber die existieren wenigstens wirklich.«

»Halten Sie Ihre freche Schnauze!« sagte Hinrichsen grob. »Sie wollen doch nicht etwa behaupten, daß ein Oberst . . .«

»In spätestens fünfzehn Minuten, Herr Major, werden wir das genau wissen. Aber wenn Sie mich fragen — warum soll es nicht auch unter den Obersten Schweine geben?«

»Ich frage Sie aber nicht, Mann!«

Der dicke Hinrichsen war empört; er schnaufte vor Empörung. Dieser Kerl, sagte er sich ergrimmt, griff nach seiner Soldatenehre, nach seiner deutschen, nationalsozialistischen Soldatenehre. Dem würde er es zeigen! Immerhin: Der Bursche schien kein Feigling zu sein — vorläufig jedenfalls waren keine Anzeichen dafür zu bemerken.

»Los!« rief Hinrichsen tönend, einem entschlossenen Laiendarsteller nicht unähnlich, der einen gründlich mißverstandenen Kleist aus sich herausbrüllt. »Marsch, marsch!«

Der schwere Mann trabte an. Er hatte den dicken Kopf in die Fleischberge seiner Schultern eingezogen. Die Maschinenpistole baumelte in seiner rechten Hand. Asch setzte sich neben ihm in Bewegung.

Die Soldaten folgten dem Major, der vor ihnen wie ein Wasser witternder Elefant einherschaukelte. Sie versuchten, ihn einzuholen. Ihre in fünf strapaziösen Kriegsjahren müde gewordenen Beine bewegten sich automatisch, und ihre Augen spähten zur Kreuzung.

Dort prallten neue Granatwerferpilze aus dem Boden. Die ahnungslosen Amerikaner, die es sich am Straßenrand bequem gemacht hatten, rafften sich hoch, stoben pfeilschnell nach allen Richtungen auseinander und suchten volle Deckung. Einige waren bemüht, die plumpen Panzer, in denen die Anlasser röhrten, zu erklettern. Zwei fielen; der eine brach wie gefällt an den Ketten zusammen, der andere wurde vom Turm gefegt.

Hinrichsen steigerte sein Tempo. Er schnaufte stärker, atmete mit weitgeöffnetem Mund. Der Leutnant Asch neben ihm rief: »Die Amis türmen immer noch nicht, Major.«

»Kommt noch«, würgte der Dicke hervor und rannte weiter.

»Wenn wir die Feuerunterstützung hätten, die der Oberst versprochen hat . . .«

»Ach, scheiß! Wenn!« keuchte Hinrichsen. »Die Hälfte haben wir schon.«

Ein dünner Stahlregen zischte auf sie zu. Von der Kreuzung her bellten Maschinengewehre. »Volle Deckung!« brüllte Hinrichsen und wuchtete sich auf den Boden.

Die Soldaten ließen sich fallen und preßten sich an die feuchte Erde. Vor ihnen sägte eine MG-Garbe den frühlingsgrünen Rasen auf. Der laue Wind hauchte die heißen Gesichter der Soldaten an. Auf der Kreuzung schien ein riesiger Ameisenhaufen zu wimmeln.

»Wir bekommen keine Feuerunterstützung«, sagte Asch, der neben Hinrichsen lag. »Also hat uns der Oberst angeschissen!«

Hinrichsen schloß kurz, als blende ihn plötzlich hervorbrechendes Licht, die Augen, dann richtete er sich ein wenig auf und fixierte Asch scharf. Seine Stimme klang rauh; es schien seiner trockenen Zunge schwerzufallen, Worte zu formen. Er sagte: »Das gibt es nicht in der deutschen Wehrmacht, Leutnant!«

»Das hat es in diesem Verein schon immer gegeben«, sagte Asch hart. »Aber jetzt erst wird das ganz deutlich sichtbar.«

»Feuer frei!« brüllte Hinrichsen seinen Soldaten zu, nachdem er den Leutnant neben sich angestarrt hatte, als sei er Luzifer persönlich. »Immer auf die Kreuzung! 'raus, was 'raus geht!«

Hinrichsen, wie ein riesiger Klotz am Boden liegend, spähte, jetzt mit zusammengebissenen Zähnen, feindwärts. Das sinnlose Geballere der Amerikaner irritierte ihn. Er dachte: Die Kerle drüben bilden keine Punktziele, tasten keine Flächen ab; die knallen einfach ein Magazin nach dem anderen leer. Pausenlos. Und dann noch eins. Wieder eins. Kein System in dieser Ballerei. Man kann sich nicht danach richten, nichts berechnen. Keine einwandfreien Gegenmaßnahmen treffen. Stümper, Pfuscher, Dilettanten waren es, die hier Krieg führten.

»Das ist nicht wie auf einem Schlachtfeld«, sagte der Major schnaufend, »das ist wie an Rummelbuden.«

»Aber der Einsatz bleibt Blut — ob die sich nun dort drüben nach Ihren Scheißvorschriften richten oder nicht.«

»Der linke Flügel hundert Meter weiter vorarbeiten!« brüllte Hinrichsen. »Rechte MG Flankenschutz!«

»Keine Munition mehr!« rief ein Soldat zurück.

»Ein Schlachtfest, Hinrichsen!« sagte Asch. »Wir werden zu Wurst verarbeitet — und der Oberst will davon profitieren.«

Hinrichsen, dick und mächtig, stemmte sich hoch, riß sich vorwärts. Er preschte mit wilden, taumelnden Sprüngen davon. Er war allein auf freiem Feld, ganz allein. Ein riesiges Urtier stürmte seinen Jägern entgegen.

Asch starrte dem wie besessen spurtenden Major einige Sekunden lang nahezu fassungslos und nicht ohne Bewunderung nach, sprang dann hoch und lief hinter ihm her. Auch die Soldaten rissen sich vom Boden. Es war, als zöge der dicke Major alles, was noch krauchen konnte, mit unwiderstehlicher Gewalt hinter sich her.

Hinrichsen voran! Und ihm war, als werde er vorwärtsgestoßen, als sitze ihm eine mächtige Faust im Nacken, als trage er ein Banner, die Fahne des Reiches, und der Oberste Befehlshaber sehe ihm anerkennend nickend zu. Das alte Soldatenherz paukte wild gegen seine verfetteten Rippen, und der Schweiß lief ihm in Strömen über das dicke Gesicht. Und er hätte schreien können: Für Deutschland! Für den Führer! Für das Reich! Aber er konnte nicht schreien; er bekam keine Luft mehr.

Er taumelte ein paar Schritte, blieb dann keuchend stehen. Und ihm war, als schnelle die Landschaft vor ihm hoch, wie gezogen — einer Theaterkulisse vergleichbar, die zum Schnürboden hochgleitet. Er spürte feuchte Erde zwischen seinen Lippen; er war hingefallen.

»Weiter, weiter!« rief er gurgelnd.

Einige seiner Soldaten überholten ihn, mit verkrampften Zickzacksprüngen. Einer davon blieb plötzlich in der Nähe von Hinrichsen stehen, mitten im Laufen, ruckartig. Es war, als wäre er gegen eine Wand geprallt und dort festgeklebt.

»Was ist los?« rief Hinrichsen.

Da sprang aus dem Hals des Soldaten eine Blutfontäne, wie Wasser aus einem Gartenschlauch spritzt. Es war, als zische das Blut; kurz, wild, scharf. Dann fiel der Soldat um, fiel auf den Major, übersprudelte dessen Uniform mit klebrigem Rot.

»Schlagader«, sagte Asch. »Hoffnungslos!«

»Weiter, weiter!« brüllte Hinrichsen.

»Volle Deckung!« überbrüllte ihn Asch.

Der Major wollte sich hochstoßen, aber der Leutnant zerrte ihn wieder zurück. »Jetzt werden die Panzer rasiert«, sagte Asch. »Da wird freies Schußfeld dringend benötigt.«

Die amerikanischen Sherman-Panzer hatten sich umständlich in Bewegung gesetzt und rollten der deutschen Infanterie entgegen. Die Batterie Asch am Waldrand eröffnete das Feuer. Der erste Panzer flammte nach dem zwölften Schuß auf und brannte aus. Der zweite Panzer wendete nach dem achtzehnten Schuß, stark angeschlagen, und verschwand dann hinter der Kreuzung.

»Noch zweihundert Meter«, keuchte Hinrichsen neben Asch. »Wir schaffen es!«

»Sie haben Verluste«, sagte der Leutnant. »Mindestens zwanzig Mann.«

»Aber wir schaffen es!« gurgelte der Major, stur bis zum Krepieren. Und dann, mit verzerrtem Gesicht, schrie er: »Auf, marsch, marsch!«

Die Soldaten taumelten wie mechanische Puppen hinter ihm her. Einer überschlug sich im Laufen, prallte mit dem Kopf in den Sand, daß es staubte. Einem anderen sägte eine MG-Garbe das Gesicht auf; sein zerfetztes Hirn bespritzte die, die hinter ihm liefen. Ein dritter ließ plötzlich sein Gewehr fallen; als sei es glühend heiß geworden; er preßte beide Hände gegen seinen Bauch und krümmte sich zur Erde.

»Geschafft!« brüllte Hinrichsen. »Geschafft!« Und er stürzte sich haltlos, niederbrechend, als werfe er sich kühlem Wasser entgegen, in einen Chausseegraben an der Kreuzung; und hier blieb er, einer Ohnmacht nahe, Sekunden wie betäubt liegen. Die überlebenden Soldaten krochen heran, gruppierten sich um ihn.

»Die Kreuzung ist frei«, stöhnte der Major glücklich in sich hinein.

»Sie werden die Kreuzung nicht halten können«, sagte der Leutnant Asch. »Die Amerikaner formieren sich zum Gegenstoß.«

»Jetzt sichern!« kommandierte Hinrichsen sofort. »Zwei Gruppen auf den Hügel links. MG zu mir in den Graben. Zwei Gruppen Sicherung nach rechts.«

»Und auf der Kreuzung freie Durchfahrt«, sagte der Leutnant Asch. »Für die, die unser Fell verkauft haben.«

Hinrichsen blickte mit erstarrendem Gesicht auf den Wagen des Obersten Hauk, der, von Greifer mit einer seiner großen Hände gesteuert, auf die Kreuzung zubrauste. In Hinrichsens Augen, die von den Strapazen fiebrig groß und glanzlos geworden waren, zeichnete sich kindliche Ratlosigkeit ab. Er öffnete den Mund weit, brachte aber kein Wort hervor.

Der Wagen des Obersten schaukelte sich würgend auf die Kreuzung zu. Vorne saß Hauk, mit ausdruckslosem Gesicht, so, als lasse er sich zum Abendessen ins Kasino fahren. Hinrichsen stolperte auf ihn zu, wollte melden. Aber der Oberst winkte, ohne den Major anzusehen, kurz ab.

Greifer rief fast gemütlich: »Nur weiter so! Immer kräftig am Riemen gerissen! Wir sind gleich zurück. Wir holen Verstärkung.«

Und der Wagen brauste davon, mit heulendem Motor, der immer schneller und schneller auf Touren kam. Das Krad, auf dem der zäh grinsende Obergefreite Kowalski wie auf einer Latrine sitzend hockte, ratterte hinterher; aber das nahm Hinrichsen nicht einmal zur Kenntnis. Er starrte und starrte auf den Wagen des Obersten, hinter dem eine dicke graugelbe Staubwolke hervorquoll. Es war, als flattere dort eine riesige Fahne auf und verdecke den Himmel, an dem die milde Frühlingssonne hing.

»Endlich kapiert, Herr Major Hinrichsen«, sagte der Leutnant Asch. »Der Oberst ist getürmt.«

»Ein deutscher Oberst türmt nicht«, sagte der Major nahezu tonlos.

Dann war es, als entfliehe seinem Körper jegliche Kraft. Dort, wo er stand, ließ er sich fallen. Er plumpste auf seinen dicken Hintern und blieb unbeweglich sitzen. Über sein verschmutztes Gesicht rannen Bäche von Schweiß; und sie machten die Tränen unsichtbar, die er weinte, ohne es selbst klar zu wissen.

»Wir müssen die Kreuzung räumen«, sagte der Leutnant Asch. »Die Amerikaner kommen mit Verstärkung.«

»Das – gibt es in Deutschland nicht«, sagte der erschütterte Hinrichsen vor sich hin; und er glich einem hilflosen Greis, der zusehen mußte, wie sein Haus, für das er ein Leben lang gearbeitet hatte, in Flammen aufging.

»Lassen Sie die Kreuzung räumen! Es hat schon Verluste genug gegeben.«

»Dieses Schwein«, sagte Hinrichsen dumpf. »Dieses elende Schwein. Läßt uns hier verbluten und türmt.« Dann fuhr er Asch mit beiden Händen an die Brust; und diese Hände zitterten kraftlos. Er schrie: »Das kann doch nicht wahr sein, Leutnant!«

»Das ist die Wahrheit: Er ließ die Soldaten verbluten, um sicher türmen zu können. Aber er entkommt nicht. Er darf nicht entkommen. Den werde ich finden! Und einer von uns beiden wird dann vor die Hunde gehen.«

»In einer Zeit wie dieser«, röhrte Hauptmann Schulz mit seiner durchdringenden Kasernenhofstimme, »die eine große und entscheidende Zeit ist, müssen wir uns der Opfer würdig erweisen, die für Großdeutschland gebracht worden sind.«

Er ließ den Zettel, von dem er ablas, ein wenig sinken und hob seinen kantigen Kopf, um abermals die Soldaten zu mustern, die vor ihm angetreten waren. Eine graue, unpersönliche Masse starrte ihm entgegen; und von ihr ging wenig entschlossene Dienstbereitschaft aus. Nicht einmal der bedingungslose Respekt Vorgesetzten gegenüber war spürbar. Das in Besonderheit betrübte ihn.

»Unser Kampf«, so las er dann, während seine Wildschweinsaugen betrübt funkelten, weiter, »ist ein großer und einmaliger und über alle Zweifel erhabener. Dessen sollte jeder eingedenk sein, den die Vorsehung dazu bestimmt hat, seinem geliebten Vaterland in einer schweren Stunde zur Seite stehen zu dürfen.«

Wieder sah Schulz hoch, diesmal zögernder als vorher, sah über den gestampften Kies des Kasernenhofes zu den Soldaten hin, die hier nach Abschluß ihrer Ausbildung angetreten waren, damit sie der Kommandeur – also jetzt er, Schulz – verabschiedete, wie die Dienstanweisung es befahl, und wie es dem Soldaten Herzensbedürfnis ist; der Blitz in die Augen der Männer – und man wußte, daß man Vorgesetzter war. Doch er hatte sich diese Stunde weihevoller vorgestellt, erhebender, den ewigen Werten nahe, kurz: soldatischer. Aber es war, als spreche er gegen eine Wand.

»Unser geliebtes deutsches Vaterland«, so verkündete er nun, nachdem er tief Luft geschöpft hatte, »ist das Land, das von jeher die besten Soldaten der Welt hervorgebracht hat und das im Felde niemals besiegt worden ist. Und darauf dürfen wir unendlich stolz sein. Aber daraus erwächst auch jene heilige Verpflichtung, der sich niemand entziehen kann und entziehen darf.«

Das, fand Schulz, angeweht von der Feierlichkeit des Augenblicks, waren große und bedeutsame Worte – warum aber zündeten sie nicht? Er blickte, diesmal mit forschender Schärfe, zu den Soldaten hinüber und erkannte nunmehr voll Verwunderung, daß sie ihn nicht ansahen. Sie hingen nicht, wie doch erwartet werden durfte und wie es den Gepflogenheiten und doch auch der Vorschrift entsprach, an seinen Lippen. Sie sahen durch ihn hindurch! Es waren, so stellte er jetzt nicht ohne männliche Erschütterung fest, alte, müde, morsche Heimatkrieger. Die dort hatten keinen Schneid mehr im Leib; vermutlich waren sie durch langjähriges Familienleben mürbe gemacht worden, und das Zivilistentum lag ihnen wie eine Geschlechtskrankheit im Blut.

»So werden wir denn«, las er reichlich unkonzentriert, zwischen Erschütterung, Empörung und Verachtung schwankend, weiter, »die Fahne hochhalten und ihr folgen, solange noch ein Tropfen Ehrgefühl in uns ist. Und der Endsieg wird dann unser sein, weil er unser sein muß!«

Die meisten Soldaten standen da, grau, dumpf und gleichgültig, und starrten in die Gegend. Nur hinten am linken Flügel standen einige Schulkinder in Uniform, und ihre Augen, auf den Herrn Hauptmann gerichtet, leuchteten gläubig. Und als sie Schulz sah und ihren Wert erkannte, begann er wieder geringe Hoffnung zu schöpfen. Die sind noch nicht versaut, dachte er, die sind Rohmaterial, dämlich, aber willig – unsere deutsche Jugend; aus denen könnte man Soldaten machen, gute Soldaten, wenn man nur Zeit dazu hätte. Aber hat man Zeit? Früher einmal, da wurden noch Soldaten aus Zivilisten in drei Monaten geformt; heute müssen sie in schäbigen drei bis vier Wochen produziert werden. Daher diese altersschwachen Nieten! Daher diese jungen Springer, denen zwar die Begeisterung aus den Augen knallt, denen aber der soldatische Schliff fehlt.

Schulz faltete, unwillig über die mangelhafte Begeisterung und betrübt, wertvolles Material ungenützt zu sehen, den Zettel zusammen, den ihm der erholungsuchende Kommandeur großzügig überlassen hatte. Welch ein Seich, dachte er. Der hat sich vielleicht wieder einmal einen abgewimmert, dachte er dann. Und hierauf: Klingt aber eigentlich gar nicht schlecht; irgendwie sehr deutsch, aber auch schon sehr deutsch. Doch jetzt kann man Deutschland mit der Laterne suchen. Und die uniformierten Schuljungen machen den Kohl auch nicht mehr fett.

Der Hauptmann, angewidert durch allgemeines Versagen, animierte nunmehr eilig, doch nicht ohne gewisse Feierlichkeit, die vor ihm angetretenen Soldaten zu einem dreifachen »Hurra«. Auf den geliebten Führer, das Volk und das Reich! Hurra, hurra, hurra! Dann entschwand Schulz. Und war im Grunde seines Soldatenherzens froh, diese sturen Halbsoldaten, die jetzt irgendwo der kämpfenden Truppe zugeschoben werden sollten, nicht mehr sehen zu müssen. Sie kotzten ihn, den Vollsoldaten, an. Und die Kleinen in Uniform – eine Schande, wie hier wertvollstes Menschenmaterial vergeudet wurde. Nur drei bis vier Wochen Schliff noch, und zwar im alten Geiste, und sie hätten gespurt! Ach, das Mittagessen kam ihm hoch!

Alles kotzte ihn an. Er hatte einfach genug. Er war bedient! Es war kein Platz mehr in dieser elend zusammenkrachenden Welt für sein soldatisches Ehrgefühl nebst Pflichtauffassung. Lange Minuten verbrachte er, über diese tiefbetrübliche Entwicklung grübelnd, an seinem Schreibtisch. Er hatte den Kopf in beide Hände gestützt und war nahe daran, einzuschlafen.

Sein 1. Schreiber, der verdienstvolle Gefreite Stamm, wagte ihn zu stören. Er segelte, Diensteifer mimend, herbei und hielt zwei Listen ausgestreckt, in jeder Hand eine. »Ist das nicht ein Irrtum?« erlaubte er sich zu fragen.

»Was soll ein Irrtum sein?« fragte Schulz unwillig zurück. »Haben Sie schon mal bei mir einen Irrtum erlebt?«

»Der Warenposten vierunddreißig«, sagte der Gefreite Stamm geschäftig und legte Schulz mit schönem Schwung die Listen auf den Schreibtisch.

Schulz beugte sich vor, wobei er herzhaft gähnte, ohne die Hand über den weitgeöffneten Mund zu decken. Vor ihm lag die Aufstellung von im Kommandanturbereich lagernden Waren. »Auflockerungsplan auf Grund der sich immer mehr zuspitzenden besonderen Lage.«

»Was wollen Sie eigentlich«, fragte Schulz unwillig. »Das ist doch ganz prima formuliert – oder etwa nicht?«

»Formuliert schon, Herr Hauptmann. Aber der Warenposten vierunddreißig.«

Der Hauptmann war so gütig, sich diesen Posten näher anzusehen. Und dort stand: 3 Kisten Marketenderwaren, gemischt, Größe 90 x 60 x 60, eingelagert bei Schulz. Hierauf: genaue Adresse, Einlagerungsdatum, Kistenzeichen. Bemerkung: Lagerraum frei, da erfolgt laut Reichsdienstleistungsgesetz.

»Das, Sie Saftsack«, sagte der nunmehr erzürnte, doch sich keinesfalls beleidigt fühlende Hauptmann, »geht völlig in Ordnung! Oder glauben Sie etwa, Sie Tränentier, ich will mir diese Kisten vom Stabszahlmeister Brahm unter den Nagel reißen? Glauben Sie das etwa?«

Natürlich glaubte das der Gefreite Stamm. Er kannte Schulz, er kannte die allgemeine Lage, und er wußte, was eine günstige Gelegenheit war. Aber er beeilte sich, eine schöne, wohlgelungene Vertrauenskundgebung im kleinen Rahmen veranstaltend, zu versichern: »Nein. Natürlich nicht.«

»Na, also, Sie Gummihund«, sagte Schulz und grinste befriedigt. Dachte: Du doch nicht, mein Hirsch, du hast doch nicht das Kaliber, mir kräftigen Wind durch das Hemd zu machen; du nicht – und andere auch nicht! Ein Schulz weiß, wie Kisten geschaukelt werden!

»Sonst noch was?« fragte der Hauptmann.

»Der Volkssturm ...«

»Geht mich nichts an, Stamm! Was habe ich mit diesem Kriegerverein zu tun?«

»Der Ortsgruppenleiter ...«

»Geht mich auch nichts an! Bin ich in der Partei?«

Na, denn nicht, dachte Stamm gelassen; wenn du nicht willst, dann willst du eben nicht. Von mir aus! Kann mir doch nur recht sein! Ich habe weder den Krieg noch die Kommandantur erfunden; ich bewahre mich lediglich vor dem einen, indem ich mich beim anderen aufbewahren lasse. Und er drehte sich herum, um sich gemächlich mit wiegendem Seemannsgang zu entfernen.

»Stamm«, rief ihm der Hauptmann nach, »wie ist es denn so mit Ihnen? Noch nicht kriegsmüde?«

»Ich war schon kriegsmüde, ehe der Krieg überhaupt losging«, sagte der gemütlich und blieb erwartungsvoll an der Tür stehen.

Schulz zuckte, offenbar im Innersten getroffen, kurz zusammen. Aber er fing sich dann sofort wieder mit der ihm in solchen prekären Fällen eigenen Selbstbeherrschung. Und er beschloß, ganz Herr der Situation, diese unter normalen Verhältnissen geradezu als destruktiv zu bezeichnende Äußerung des Gefreiten Stamm zu überhören. »Na schön«, sagte er. »Dann werde ich Sie eben aus dem Wehrdienst entlassen.«

»Die paar Tage«, erklärte Stamm, »halte ich schon noch aus.« Und er sagte sich: Schau mal an! Wird der jetzt langsam menschlich, oder will der mich nur loswerden? Vermutlich weiß ich zuviel, und das stört ihn. Aber was weiß ich eigentlich?

»Sind Sie verheiratet?«

»Nein, Herr Hauptmann.«

»Und Ihre Eltern?«

»Sind jetzt in Rußland – in Schlesien.«

»Aber eine Braut werden Sie doch haben, Mensch.«

»Mehrere, Herr Hauptmann.«

»Na, sehen Sie! Und bei einer davon quartieren Sie sich ein. Bereiten Sie also Ihre Entlassungspapiere vor; ich unterschreibe. Und dann nichts wie: Ohne Tritt, marsch! Und dann 'rein ins Vergnügen, daß die Bettfedern krachen! Na, Sie Tintenkuli? Da staunen Sie, was?«

»Und ob, Herr Hauptmann.«

»Sie dachten wohl, ich bin der Krieg persönlich, wie? Falscher Irrtum, Freundchen! Das ist doch gar kein Krieg mehr. Denn zum Krieg gehören Soldaten – aber doch keine Waschweiber oder Wickelkinder. Und für Scheuerfrauen, Fußkranke und Armleuchter braucht man keine Kommandantur. Kapiert? Also hauen Sie schon ab, Mensch. Packen Sie Ihre Koffer. Aber die Warenlisten lassen Sie natürlich hier.«

»Natürlich«, sagte der Gefreite Stamm. Und er verstand, was gespielt werden sollte. Dieser Schulz, sagte er sich, ist doch ein ganz gerissener Bursche. Der hatte dem Krieg genau auf die Finger geschaut; und in die Tasche ließ er sich von ihm nicht stecken.

Die Warenlisten kannten nur sie beide. Und sie waren eine nahezu als genial zu bezeichnende Rückendeckung: sollte etwa einer, irgendeiner, noch eine Minute vor zwölf auf die Idee kommen, Schulz irgendwelche Schiebungen vorzuwerfen – auf die normalerweise Kriegsgericht stand –, dann holte der einfach die amtliche Liste aus der Tasche. Durchgesehen, nachgerechnet, gesiegelt und unterzeichnet! Mithin: amtlich! Und dann hatte er nicht geschoben, dann hatte er nur großzügig Lagerraum zur Verfügung gestellt. Alles für Großdeutschland – einschließlich Keller.

»Was glotzen Sie mich so an, Sie Bottich?«

»Es fällt mir wirklich schwer, mich von Ihnen zu trennen, Herr Hauptmann.«

»'raus!« sagte Schulz.

Und dann, den Kopf wieder in die Hände gestützt, die Wildschweinsaugen nahezu geschlossen, dachte der Hauptmann nach, wie er wohl diesen Ortskommandantensessel, den »Schwarzen Peter«, einem anderen, irgendeinem anderen, unter den Hintern schieben konnte.

»Seit Jahren schon mache ich die Arbeit von mindestens drei Stabsoffizieren«, sagte er vor sich hin, »aber Major bin ich immer noch nicht – da ist es doch kein Wunder, wenn man die ganze Freude verliert.«

»Das hier«, sagte Hauptmann Wedelmann mit weiter Handbewegung, wie sie Bauern eigen ist, die ihr Land zeigen, »ist die Stadt, in der ich vor dem Krieg Soldat war.«

»Es ist eine schöne Stadt«, versicherte das Mädchen Magda.

Wedelmann nickte zustimmend. Er betrachtete mit kritischen Blicken den Marktplatz, auf dem sie sich befanden. Papier und Holzreste lagen herum, ein leerer Kanister und ein Haufen Schrott, dazwischen Endsieg-Flugblätter stoßweise. Einige mit Staub bedeckte Wehrmachtsfahrzeuge standen verlassen da; einem davon schienen die Eingeweide herauszuhängen — es war geplündert worden. Niemand beachtete die Neuankömmlinge — jeder schien mit sich selbst genug zu tun zu haben.

»Hier war ich noch als Leutnant«, sagte Wedelmann. »Ich kenne hier alle Straßen, einige Lokale und die ganze Umgebung. Und es gibt auch in dieser Stadt einige, die mich kennen werden; und vielleicht gibt es sogar jemand, der uns helfen wird.«

»Bestimmt«, sagte Magda und sah ihn vertrauensvoll an. Sie glaubte ihm alles, was er sagte, und sie war bereit, ihm überall dorthin zu folgen, wohin er voranging. Und sie versäumte keine Gelegenheit, ihn ihren Glauben und ihre Bereitschaft wissen zu lassen.

»Wir werden sehen«, sagte Wedelmann. »Aber du darfst nicht zuviel erhoffen. Zwischen damals und heute liegen Jahre. Es kann Enttäuschungen geben.«

»Mach dir, bitte, um mich keine Sorgen. Und wenn wir im Freien schlafen müssen — es wird für mich keine Enttäuschung sein, wenn du nur neben mir bist.«

Wedelmann legte seine Hand auf die ihre und sah sie zärtlich an. »Sonderbar«, sagte er dann, ehrlich verwundert über das, was er empfand, »alles geht zu Ende, und wir fangen an. Und noch sonderbarer: Ich denke immer mehr an unseren Anfang und kaum noch an das, was hier beendet wird.«

»Es ist vieles sehr traurig — aber ich bin dennoch nicht unglücklich.«

Wedelmann drückte ihre Hand fest; und in diesem Augenblick war es ihm, als sei er mit Magda allein auf der Welt, als habe es niemals fünf bittere Jahre in Uniform gegeben und die traurigen Jahre vorher, als sei er nie verzweifelt, nie einsam, nie voller Furcht gewesen. Und selbst das dumpfe Gedröhn eines jetzt vorüberrollenden schweren Lastwagens, aus dem hinten ein betrunkener Landser heraushing, blöde Worte lallend, spuckend und winkend, störte ihn nicht. Und er wiederholte leise, was sie gesagt hatte: »Dennoch nicht unglücklich.«

Dann löste sich Wedelmann von ihr, unendlich behutsam, als löse er sich von einer Schlafenden, und zog dann, nahezu automatisch, seine Uniform zurecht. Er sagte: »Warte hier auf mich. Ich gehe dort in das Café. Ich kenne den Inhaber. Wenn einer uns weiterhelfen kann, dann vielleicht er.«

Das Café Asch — erstes Haus am Platz, Samstag und Sonntag Konzert, Lieferungen frei Haus — war geschlossen. Wedelmann drückte vergeblich die Klinke nieder. Er sah hoch, aber die Fenster waren ebenfalls geschlossen und die Gardinen dicht zugezogen. Er suchte den Seiteneingang und fand ihn mühelos. Hier klingelte er. Mehrmals. Eine Frau erschien nach geraumer Zeit, öffnete die Tür ein wenig, musterte den Hauptmann und schwieg mißtrauisch.

»Ich suche den Cafetier Asch«, sagte Wedelmann höflich.

»Warum?« fragte die Frau. »Wollen Sie ihn abholen?«

»Ich möchte ihn sprechen.«

»In welcher Angelegenheit?«

»Ist er zu Hause oder nicht?« fragte Wedelmann ein wenig ungeduldig. »Ich komme in einer privaten Angelegenheit. Wo kann ich ihn finden?«

»Es gibt ihn überhaupt nicht mehr«, sagte die Frau, »für niemand mehr!« Und sie knallte die Tür vor Wedelmanns Nase zu.

Wedelmann starrte überrascht auf die schweren, abgegriffenen Holzplatten. Dann schüttelte er den Kopf betrübt, doch nicht entmutigt, und setzte sich langsam ab. Mitten auf der Straße blickte er noch einmal hoch, zu den Fenstern hin, die, wie er wußte, zu der Privatwohnung des Cafetiers Asch gehörten oder doch einmal gehört hatten.

Dort wurde jetzt heftig ein Fenster aufgestoßen. Der alte Asch blickte heraus, sah kurz, als sei er um seine Sicherheit besorgt, nach beiden Seiten in die leere Straße hinein. Dann winkte er Wedelmann zu. »Sie sind es!« rief er unterdrückt. »Kommen Sie doch herauf.«

Wedelmann ging wieder auf die Haustür zu, wartete geduldig, und jetzt öffnete nach wenigen Minuten der alte Asch persönlich. »Nur immer 'rein!« sagte er ein wenig hastig. »Sie haben bei mir immer freien Eintritt.«

Sie reichten sich flüchtig die Hände. Asch zog seinen Gast sofort in den Hausflur, verschloß die Türe zweimal, riegelte sie zudem noch ab. »So«, sagte er befriedigt. »Damit wir ungestört sind.«

»Was ist los?« fragte Wedelmann. »Warum schließen Sie sich ein?«

»Damit ich nicht geklaut werde«, sagte der alte Asch augenzwinkernd. »Mein Haus – meine Burg. Die Zeiten sind rauh, und Einquartierungen werden langsam lebensgefährlich.«

Er führte Wedelmann nach oben, in den sogenannten Salon, und bot ihm hier einen Platz an. Er blieb vor ihm erwartungsvoll stehen und fragte: »Nun – wie steht die Schlacht? Sind Sie Vorkommando?«

»Ihr Sohn«, sagte der Hauptmann Wedelmann, »befindet sich vermutlich zur Zeit etwa achtzig Kilometer von hier entfernt.«

»Dann wird er ja bald eintreffen«, sagte der alte Asch freudig. »Ich habe schon, wie es sich gehört, in jeder Beziehung vorgesorgt.«

»Seine Batterie ist zur Zeit von den Amerikanern abgeschnitten.«

»Dann wird sich sein Eintreffen eben ein wenig verzögern«, sagte

Vater Asch, in diesem Punkt unentwegt optimistisch, nicht ohne Erzeugerstolz, und rieb sich die rosigen Konditorhände. »Schließlich ist er seines Vaters Sohn.«

»Ich hoffe mit Ihnen«, sagte Wedelmann verbindlich, »daß sich Ihre Wünsche erfüllen. Und da ich Ihren Herrn Sohn kenne, glaube ich auch, daß er durchkommen wird.«

Der alte Asch nickte zuversichtlich. »Na — und Sie, Hauptmann? Was gedenken Sie für den Endsieg zu tun?«

»Ich bin kein Hauptmann mehr«, sagte der, als verkünde er ein welterschütterndes Ereignis. »Ich habe meine Entlassungspapiere in der Tasche — von General Luschke unterschrieben.«

»Sieh mal einer an!« rief der Cafetier ehrlich überrascht. »Ausgerechnet Sie! Und das können Sie unserem Führer so ohne weiteres antun?«

»Es gibt für mich keinen Führer mehr«, sagte Wedelmann bitter. »Trotzdem wollte ich weiterkämpfen. Aber der General hat keine Verwendung mehr für mich.«

Der alte Asch lehnte sich aufmerksam, die klugen Kaufmannsaugen fest auf seinen Besucher gerichtet, in seinen Stuhl zurück. »Dieser General Luschke«, sagte er mit Anerkennung, »scheint genau zu wissen, wie die Hirsche wechseln.«

»Es ist mir nicht leichtgefallen«, versicherte Wedelmann. »Aber es ist geschehen — und jetzt will ich mir eine Unterkunft suchen, Zivil anziehen und dann heiraten.«

»Eine Braut haben Sie hoffentlich schon?«

»Eine Braut schon, aber keine Zivilkleider und auch keine Wohnung.«

»Können Sie von mir kriegen«, sagte der alte Asch großzügig.

»Sie wollen mir Zivilkleider besorgen?«

»Und eine Wohnung — vorausgesetzt, Sie wollen mit Ihrem Fräulein Braut bei mir wohnen. Ich habe noch einige Zimmer frei; das des Sohnes und das der Tochter zum Beispiel. Und ein paar echte Zivilisten stören mich und meine Kreise nicht weiter. Abeı Zivil ist Bedingung.«

»Danke«, sagte Wedelmann froh.

»Ich hoffe«, sagte der Cafetier Asch nachdenklich, einem erfahrenen Fischer vergleichbar, der auf weite Sicht seine Netze wirft, »Sie halten die Verbindung zu diesem General Luschke aufrecht — ganz privat, natürlich.«

»Privat immer«, sagte Wedelmann. »Ich verehre diesen Mann.«

»Das ist gut«, sagte der alte Asch, kühnen, weitreichenden Gedanken nachhängend. »Das können wir vielleicht noch mal brauchen — denn schließlich hat dieser General ja irgend etwas mit dem 20. Juli zu tun gehabt, wenn ich da nicht irre.«

»Er mußte in Untersuchungshaft — aber er war unschuldig.«

»Man konnte ihm, soweit ich informiert bin, nichts nachweisen«, korrigierte Asch sanft. »Aber lassen wir das vorerst. Wann wollen Sie einziehen?«

»Sofort, wenn Sie erlauben. Meine Braut wartet unten auf dem Marktplatz. Und wir wollen so schnell wie möglich heiraten, am liebsten heute noch, sofort, vorausgesetzt, man macht uns keine Schwierigkeiten.«

»Wer soll euch denn Schwierigkeiten machen?«

»Die Partei – zum Beispiel.«

»Ach! Diese Burschen sind jetzt schon über jede Schwierigkeit glücklich, die sie nicht haben; die machen alles, was man von ihnen verlangt, wenn es ihnen nicht gerade schadet. Und außerdem ist mir der Ortsgruppenleiter verpflichtet. Wenn ich ihn ansehe, steht der stramm.«

»Sind Sie immer noch mit diesen Parteileuten befreundet?« fragte Wedelmann leicht konsterniert.

»Die arbeiten für mich«, sagte der alte Asch ungeniert.

Dann ging er, genußvoll grinsend, ans Telefon, wählte eine Nummer, ließ sich mit dem Ortsgruppenleiter verbinden. Er sagte: »Komm doch mal 'rüber.«

Wedelmann staunte; und er verbarg sein Staunen nicht. Er nahm wortlos den Schnaps, den ihm der Cafetier eingeschenkt hatte, und stürzte ihn hinunter. »Ganz scharfe Sache«, sagte er, sich schüttelnd.

»Der Ortsgruppenleiter wird gleich antraben. Er hat es ja nicht weit. Vom Rathaus bis hierher – höchstens fünf Minuten.«

Nach vier Minuten klingelte es, und der Ortsgruppenleiter erschien. Er war ein Mann mit schlaffem, käsigem Gesicht und gutmütigen Dackelaugen. Er sah aus, als habe er in den letzten Tagen kaum geschlafen und dennoch schwer geträumt. Er watschelte herbei, reichte Asch schlaff die Hand und betrachtete dann den Hauptmann, allzeit mißtrauisch, mit fragenden Blicken.

»Das ist ein Freund von mir«, sagte der alte Asch. »Heißt Wedelmann, ist Student, altes Semester. Man muß sich die Uniform wegdenken. Er wohnt bei mir und will heiraten, und zwar so schnell wie möglich. Kannst du das machen?«

»Aber ja! Warum nicht? Wenn du das befürwortest . . .«

»Kann er schon vor drei oder vier Wochen geheiratet haben und seit zwei Monaten bei mir wohnen?«

Der Ortsgruppenleiter schien durch nichts mehr zu überraschen zu sein. Er zog sein trauriges Hundegesicht in tiefe Falten, offenbar dachte er nach. »Seit zwei Monaten bei dir wohnen – das geht. Vor drei Wochen geheiratet haben – das geht leider nicht. Anmeldeformulare kann man austauschen, aber Heiraten werden in ein Buch eingetragen, eine nach der anderen; da kann man nicht willkürlich zurückdatieren. Und die letzte Heirat war vorgestern.«

»Ist mir nur recht«, sagte Wedelmann. »Machen Sie sich keine Umstände meinetwegen. Ich lege Wert auf einwandfreie Papiere.«

Der Ortsgruppenleiter winkte ab und sank wie erschöpft in einen Sessel. Er griff zur Schnapsflasche und schenkte sich einen ein, trank den dann sofort mit angewidertem Gesicht aus. Er schüttelte sich heftig. Dann sagte er zu Asch: »Ist es nicht besser, wenn wir den alten Freitag 'rauslassen?«

»Kommt gar nicht in Frage«, sagte der Cafetier Asch fest. »Der bleibt dort, wo er ist. Der liegt dort genau richtig.«

»Wo ist er denn?« fragte Wedelmann interessiert.

»Im Gefängnis«, sagte der alte Asch mit großer Selbstverständlichkeit und so, als spreche er von den gängigen Kaffeepreisen in seinem Etablissement. »Der sitzt dort und erwartet seinen Prozeß — wegen Verächtlichmachung des Führers, Untergrabung des Wehrwillens und Hochverrat.«

»Dann müssen wir ihn herausholen«, sagte Wedelmann überzeugt.

»Warum denn?« fragte der alte Asch ehrlich verwundert. »Ich bin froh, daß ich ihn dort noch rechtzeitig hineingebracht habe.«

»Sie?«

»Na — wer denn sonst?«

»Aber das ist doch ... Das ist ja ...«

»Rückversicherung! Das allerneueste großdeutsche Gesellschaftsspiel. Schon mal was davon gehört?«

»Nein«, sagte Wedelmann perplex.

»Sie kommen doch nicht etwa vom Mond? Mann, was meinen Sie denn, was hier eigentlich los ist? Die Augen werden Ihnen noch übergehen!«

»Ja«, versicherte der Ortsgruppenleiter aus übervoller Brust, »das sind vielleicht Zustände! Da bleibt kein Auge trocken.«

»Und kein Beutel leer — wenn man nicht gerade auf den Kopf gefallen ist!«

»Ich verstehe das alles nicht«, gestand Wedelmann hilflos.

»Ist auch gar nicht nötig«, sagte der alte Asch listig. »Die Hauptsache: Sie kommen uns nicht in die Quere. Sie heiraten — und wir feiern. Jedem das Seine!«

Der dicke Major Hinrichsen saß immer noch im Chausseegraben an der Kreuzung und starrte vor sich hin. Er hatte sich die linke Hand gegen die blutverschmierte Uniform gepreßt, dorthin, wo sein Deutsches Kreuz in Gold hing. Und er schnaufte wie eine Lokomotive.

»Kommen Sie doch endlich«, forderte der Leutnant Asch. »Hier können Sie nicht sitzen bleiben. Die Amerikaner traben auf uns zu.«

»Alles ist Scheiße«, sagte Hinrichsen dumpf.

»Wir müssen zurück!« rief Asch. »Wir haben kaum noch Munition. Hier können wir uns niemals halten. Der Ami will die Straßenkreuzung wiederhaben, und er kriegt sie auch.«

»Dieses Schwein«, sagte Hinrichsen keuchend. »Läßt seine Soldaten verbluten und türmt!«

Asch kroch mit hastigen Bewegungen aus dem Graben hinaus, richtete sich vorsichtig auf und schrie den Soldaten zu: »Alles zurück zum Waldrand! Waffen liegenlassen! Dafür Verwundete mitnehmen!«

Die Soldaten erhoben sich sofort, als hätten sie diesen Befehl und keinen anderen seit Minuten schon erwartet. Sie rollten sich aus ihren Löchern, rissen sich hoch und arbeiteten sich sprungweise zurück. Einige schleppten Verwundete mit sich, andere zerrten sie neben sich her, keuchend, wimmernd, trampelnd, eingehüllt in Tücher aus Staub. Die Toten lagen verstreut und unbeachtet auf dem Feld herum.

Sofort begannen die Amerikaner wieder zu schießen. Sie streuten mit wilden Feuerfolgen die Kreuzung ab; es war, als tasteten spitze, nervöse, zuckende Finger nach Hinrichsen und Asch. Eine Granate krepierte und warf einen Klumpen Dreck gegen des Majors Gesicht.

»Das begreife ich nicht«, sagte der.

»Los!« brüllte ihn Asch an. »Auf, marsch, marsch!«

Hinrichsen saß breit und hilflos da. Selbst das ansonsten so bewährte Befehlsgebrüll, das Asch ausgestoßen hatte, zeigte keinerlei Wirkung. Sein graues Gesicht schien langsam grünlich zu werden. Und während Asch, sich vorstürzend, an ihm zerrte, wurde Hinrichsen speiübel. Plötzlich rebellierte sein Magen. Und der Major kotzte sich aus. Dann stierte er, gepackt und gebannt durch Versagen und Schande, auf die Erde. Es stank fürchterlich, aber er merkte es nicht.

»Los, los, Mann!« brüllte Asch auf ihn ein. »Seien Sie doch kein Feigling!«

Da hob der Major Hinrichsen sein graugrünes, verdrecktes, strapaziertes Gesicht und sah Asch an. Und in seinen Augen lag die ganze Traurigkeit verendender, hilfloser Tiere. Asch hätte heulen können vor Mitleid.

Aber er schrie: »Sie sind ein Feigling, wenn Sie nicht sofort mitkommen! Sie sind zu feige, Ihren Soldaten ins Gesicht zu sehen. Sie wollen lieber krepieren, als mit der ganzen Wahrheit weiterleben. Und wenn das so ist, Hinrichsen, dann sind Sie ein feiges Schwein!«

Der dicke Major ließ den Kopf, als habe er einen heftigen Schlag in das Genick erhalten, fallen. Dann war es, als pumpe er Luft in seinen mächtigen Körper. Er erhob sich; langsam, ganz langsam. Stand groß, breit, massig da. Wie ein Felsblock. Unbeweglich.

Dann setzte er sich in Bewegung, taumelte über den Grabenrand, ging mühsam, mit hängendem Kopf, über das Feld. Schritt für Schritt. Die

Maschinenpistole, die er am Riemen in der Hand hielt, schleifte durch den Dreck. Warum, dachte er, schießt keiner? Warum knallen sie nicht? Warum knallen sie mich nicht ab?

Und da kam in der Ferne, weit hinter seinem breiten Rücken, das helle Bellen eines Maschinengewehrs auf und wehte wie ein feiner Sprühregen auf ihn zu. Dann spritzte, in seiner Höhe, der Dreck in kleinen Klumpen zentimeterhoch, winzige Fontänen aus Erde – von rechts nach links. Und dann wieder: von links nach rechts. Grausamer, kindlich verspielter Tod. Endlich, dachte Hinrichsen, endlich!

Es war dem Major, als stippe jemand gegen seinen rechten Arm; kurz und fast sanft, freundschaftlich beinahe. Und dann schien ihm, als versuche eine Flamme, eine lautlose, zuckende, scharf züngelnde Flamme nach ihm zu greifen, packte ihn dann, fraß sich gierig in seiner Schulter fest, verwandelte sich dort in Feuchtigkeit, in dicke, klebrige, kochende Feuchtigkeit. Und das Blut floß an seinem Arm hinunter und tropfte auf die Erde.

»Es ist soweit«, sagte er, wie trunken vor dunklem Glück, und taumelte weiter. Und er versuchte, sich zum letztenmal, wie er glaubte, aufzurichten, Kraft in seine Schultern zu pumpen, sie geradezubiegen. Aber er vermochte nicht mehr, sein Gleichgewicht zu gewinnen. Rote, wild zitternde, immer dunkler und dunkler werdende Schleier legten sich über seine Augen. Dann hob sich der Erdboden, schwebte auf ihn zu und hüllte ihn ein. Er versank in einem Meer aus Wärme und Vergessen.

Als er wieder zu sich kam, lag er am Waldrand. Über sich sah er die Zweige der grünenden Birken, die weit in den blauen Frühlingshimmel hineinzuragen schienen. Es war, als zittere der Himmel unter seinem Blick. Dann sah er, graubraun, verschmiert von Dreck und Schweiß, das Gesicht des Leutnants Asch. Und in dessen Augen, die über ihm hingen, schimmerte grimmige Freude.

»Sie wiegen viel zuviel«, sagte der Leutnant Asch. »Ich kam mir vor wie ein Klaviertransporteur.«

Hinrichsen versuchte sich aufzurichten und verspürte stechende Schmerzen. Die Haut, die seine ganze rechte Körperhälfte umspannte, schien glashart und unbeweglich zu sein. Er drehte mühsam den Kopf und sah, daß sein Arm in einstmals weiße Verbände, durch die jetzt wässeriges Blut drang, verpackt war.

»Noch mal Pech gehabt, Major«, sagte der Leutnant Asch. »Das reicht nicht ganz zum Goldenen Verwundetenabzeichen.«

»Und die Soldaten?« fragte Hinrichsen matt.

»Alle, bis auf Sie, heil zurückgekommen«, sagte der Leutnant Asch und drückte Hinrichsen sanft zu Boden. »Nur die Hinreise hat siebzehn Tote gekostet und fünfundzwanzig Verwundete.«

»Dieses Schwein«, sagte Hinrichsen und griff aufstöhnend nach seinem Verband.

»Er wird dafür bezahlen«, sagte Asch. »Endlich haben wir einen von diesen Menschenmaterialverwaltern auf frischer Tat erwischt. Die meisten haben sich bisher hinter anonymen Befehlen verkrochen, dieser aber ist vor unseren Augen direkt ins Geschäft gestiegen. Das haben schon mehrere so gemacht — nur etwas eleganter und nicht ganz so auffällig. Aber dieser hatte es besonders eilig — daher dieses überstürzte Schlachtfest.«

Hinrichsen biß die Zähne zusammen. Und wieder versuchte er, sich aufzurichten. »Wir müssen hier weg«, sagte er. »Die Amerikaner werden nachstoßen.«

»Ach Quatsch«, sagte Asch grob. »Die sind gar nicht so scharf auf den Krieg wie Sie. Die sind Sieger, ohne Helden sein zu müssen — man könnte sie beinahe um diesen Zustand beneiden. Die Amis haben jetzt ihre Kreuzung wieder, und das genügt ihnen. Außerdem machen sie um Waldstücke immer große Bogen. Das haben viele gemacht, die nach Deutschland kamen. Das war schon bei Varus so, im Teutoburger Wald.«

Hinrichsen quälte sich dazu, ein wenig zu grinsen. Das gelang ihm nicht; doch Asch spürte seine Bemühungen und lächelte ihm zu. Er klopfte dem Major, als sei er sein Freund und als hätten sie beide soeben einen gelungenen Streich verübt, mit Herzlichkeit, doch außerordentlich behutsam gegen den linken Arm.

»Wir werden diesen Sauhund in Oberstenuniform fertigmachen«, sagte er überzeugt. »Wollen Sie mir dabei helfen?«

Hinrichsen versuchte, seinen verbundenen Arm zu heben. »Damit?« fragte er skeptisch: »Der Mann ist doch abgereist — wissen Sie wohin?«

»Ist doch immerhin möglich«, sagte der Leutnant Asch bedächtig und sah in den Wald, dorthin, wo das Forsthaus stand, »daß er seine neue Adresse zurückgelassen hat.«

»Unsinn!« stieß Hinrichsen hervor. »Ein Mann, der über Leichen geht ...«

»... muß nicht unbedingt ein kluger Mann sein, Major. Sehen Sie: Er hat ja nicht nur seine Soldaten im Stich gelassen — auch sein Freudenmädchen. Und diese Betthasen haben manchmal verdammt gute Ohren.«

»Aber selbst wenn Sie diese Adresse bekommen sollten — was ich bezweifle —, wie wollen Sie hier heraus? Wir sitzen in einer Falle.«

»Immer eins nach dem anderen«, sagte der Leutnant und erhob sich. »Können Sie noch denken?«

»Ich habe meinen Verstand im Kopf, nicht im Arm.«

»Nun gut. Dann kümmern Sie sich um die Soldaten. Ich werde mal inzwischen der kleinen Nutte auf den Zahn fühlen.«

Der Leutnant Asch tippte sich mit dem kleinen Finger gegen die Mütze, nickte noch einmal freundschaftlich zu Hinrichsen hinüber und schritt dann quer durch den Wald auf das Forsthaus zu.

Das Mädchen Barbara lag immer noch auf der Veranda, geringfügig entblößt, mit leichtgeöffneten Lippen und nahezu geschlossenen Augen. Sie lag in bewundernswerter Ruhe da, als liege sie auf der Terrasse eines Landhauses in der Sonne — ferienfaul.

»Ausdauer hast du«, sagte Asch und musterte sie grinsend.

Barbara richtete sich heftig auf und rief: »Was wollen Sie hier!« Und sie versuchte, mit hastig zugreifenden Händen die obersten Knöpfe ihrer Bluse zuzumachen. Auf ihrem Gesicht lag die Empörung kleiner Kinder, denen ein Spielzeug weggenommen werden soll.

»Immer mit der Ruhe, Mädchen«, sagte Asch. »Brich dir nur keine Verzierungen ab.«

»Wenn Sie hier nicht sofort verschwinden«, sagte Barbara und war, wenn auch vergeblich, um Würde bemüht, »dann rufe ich den Herrn Oberst.«

»Tu das mal«, sagte Asch, setzte sich gemütlich vor sie hin und schlug die Beine übereinander. Dann legte er sich seine Hände muschelartig hinter die Ohren und sagte: »Ich höre noch nichts.«

Barbara musterte ihn mit halbgeschlossenen Augen. »Ich rate Ihnen im guten«, sagte sie, »hier sofort zu verschwinden. Und wenn Sie weiter die Frechheit besitzen, mich zu duzen . . .«

»Kann ja pure Sympathie sein«, sagte der Leutnant.

»Das lasse ich mir nicht gefallen!« rief Barbara, offenbar entschlossen, dieses Gespräch abzubrechen. Und sie sah sich suchend um. »Wo ist der Herr Oberst?«

»Abgereist«, sagte Asch freundlich.

Es dauerte lange Sekunden, ehe sie ganz begriff, was sie soeben gehört hatte. Ihr Verstand war nicht sonderlich ausgeprägt; aber viele andere Vorzüge, die sie sichtlich besaß, machten das wett. Immerhin blickte sie jetzt in die Gegend wie ein Schaf, das einen Wolf sichtet, eben dies aber immer noch nicht glauben will. »Das ist doch nicht möglich«, sagte sie.

»Doch«, sagte er. »So was gibt es.«

»Aber das kann man doch nicht machen! Und ich — was soll mit mir geschehen?«

»Du wirst ihm natürlich nachreisen, Goldkind! Und zwar in meiner Begleitung.«

»Mit Ihnen!«

»Einen besseren kannst du doch gar nicht finden, Mädchen. Männlicher Schutz! Was willst du mehr?«

Barbara betrachtete Asch mißtrauisch. Sie hatte, so jung sie noch war, schon viele Männer kennengelernt, und fast alle trugen Uniform. Dieser trug auch Uniform, war aber ganz anders — es war gar nicht einfach, auf Anhieb zu sagen, zu welcher Sorte Mann der gehörte. Und das beunruhigte sie nicht wenig. »Hat der Herr Oberst Sie dazu bestimmt?«

»Das«, sagte Asch freudig, »das war sozusagen sein Vermächtnis.«

»Ich habe Sie beide noch einmal zu mir gebeten«, sagte der Captain Ted Boernes mit der ihm eigenen, liebevoll gepflegten Verbindlichkeit, »um ein paar interne Einzelheiten durchzusprechen.«

»Sie wollen uns doch nur ansägen, Captain«, sagte James I und blinzelte dem regungslosen James II zu, der intensiv an seinen Fingernägeln herumschnitt. »Aber in ganz bestimmten Punkten bin ich wie Eiche.«

»Mister James«, sagte Ted Boernes und beugte sich vor, also Entgegenkommen andeutend, »wir werden keine Zeit mehr zu Experimenten haben. Was wir tun, muß überzeugen — das muß sitzen.«

»Bei mir werden sie sitzen — verlassen Sie sich darauf.«

»James, wenn wir versagen sollten, dann kann sich das in fünf oder zehn Jahren katastrophal auswirken. Zur Zeit können wir uns alles leisten — einfach alles! Aber diese unsere Saat wird einmal aufgehen — und die Ernte ist immer das Wichtigste!«

»Ich bin nicht als Landwirt hier«, sagte James I reichlich unfreundlich. »Du etwa — Pastor?«

James II sah von seiner Beschäftigung nicht auf. »Kann man das so genau wissen, Partner?«

Der Captain trug seine kleine, zierliche Gestalt auf den dünnen Beinen zum Fenster. Dort sah er hinaus. Und er sah einen Fetzen Deutschland, einen Streifen jenes Landes, dessen Sprache er immer noch vollkommen beherrschte — und die seine Gedanken beherrschte. Und das Schlimmste war: er träumte deutsch.

»Captain«, sagte James I hinter seinem Rücken, »es wäre gut, wenn wir uns von Anfang an nicht mißverstehen würden.«

»Ich verstehe Sie schon richtig«, versicherte Ted Boernes, ohne sich umzudrehen.

»Sollte mich freuen«, sagte James I. »Mißverständnisse in unserer Situation könnten, zumindest, zu Unannehmlichkeiten führen. Sehen Sie, Captain — Sie sind hier der Chef, aber wir sind nicht Ihre Leibeigenen, sondern wir arbeiten lediglich mit Ihnen zusammen. Praktisch sieht das so aus: Sie fassen das Material zusammen, das wir und die anderen Gruppen Ihnen anliefern.«

»Ich kenne meine Aufgaben ziemlich genau, James.«

»Glaube ich Ihnen aufs Wort, Captain. Daß Sie intelligent sind, hat sich herumgesprochen. Aber Sie dürfen nicht vergessen, daß auch ich meine Aufgaben kenne, ebenfalls ziemlich genau. Was, Pastor?«

»Schon möglich, Partner.«

»Wenn wir nun alle drei, Captain, morgen oder übermorgen in der gleichen Stadt landen, dann ist das unsere Stadt — die gehört dann mir und dem Pastor. Wir beide werden dort den Laden schaukeln, wir beide allein. Sie, Captain, sind da so etwas wie ein Admiral auf dem Flaggschiff. Was aber mit dem Kahn im einzelnen geschieht, das ist ja dann wohl unsere Angelegenheit.«

»Schon gut, James«, sagte Ted Boernes besänftigend und wandte sich wieder seinen beiden direkten Mitarbeitern zu. »Ich weiß selbst am besten, daß man eine Tätigkeit wie die unsere nicht in allen Einzelheiten mit Richtlinien, Anordnungen und Befehlen erfassen kann. Es kommt immer auf die Persönlichkeit an. Letzten Endes muß jeder mit seinen eigenen Methoden mit seinem Auftrag fertigwerden.«

»Ihr Wort in Eisenhowers Ohr!« sagte James I befriedigt.

Der Captain setzte sich jetzt zu ihnen. Es sah aus, als warteten die drei Männer in salopper amerikanischer Uniform ein wenig gelangweilt auf einen Drink.

»Darf man fragen«, wollte Boernes höflich wissen, »wie Ihre erste Maßnahme aussehen wird?«

»Ganz einfach«, sagte James I gemütlich. »Ich werde eine Anzahl Zellen freimachen.«

»Und die Verwaltung, James? Der Bürgermeister zum Beispiel?«

»Die werden weiter verwalten — und wer Bürgermeister ist, der bleibt das auch. Bis ich brauchbare Nachfolger gefunden habe.«

»Und wenn der Bürgermeister gleichzeitig Ortsgruppenleiter ist — was oft vorkommt?« fragte nunmehr Ted Boernes, mit Erfolg bemüht, nicht wissen zu lassen, daß ihn die soeben vorgetragenen Ansichten nicht wenig schockiert hatten.

»Das vereinfacht die Angelegenheit doch nur, Captain. Wenn zwei Funktionen in einer Hand sind, spare ich eine Zelle. Aber das sind ja nur kleine Fische! Die eigentliche Schwierigkeit liegt hier: Wie kriege ich die Wehrmacht hinter.Stacheldraht?«

Der Captain, spürbar froh, dieses heiße Eisen »Zuständigkeitsbereich« nicht mehr anfassen zu brauchen und endlich andere Punkte berühren zu können, lächelte zufrieden. Er — er persönlich — hatte ein nahezu unzerreißbares Netz erfunden, durch dessen Maschen so leicht kein Nazi oder Nazisoldat schlüpfen konnte. Und der Oberste Befehlshaber, von dem allmächtigen Colonel Thompson dazu inspiriert, schien gewillt, diesen seinen Plänen zuzustimmen; sie würden vermutlich für den ganzen Bereich der US-Army Gültigkeit erlangen.

»Deutsche Offiziere«, sagte James II versonnen, »erkenne ich auf dreißig Meter Distanz. Auch wenn sie Sträflingskleider tragen.«

»Wir sollten«, sagte James I entschlossen, »zunächst einmal alles einbuchten, was nicht ganz einwandfrei ist. Dann erst kämmen wir diese Haufen durch.«

»Sie können doch nicht die ganze Bevölkerung einsperren, James!« rief der Captain leicht entsetzt.

»Warum denn nicht!« sagte James I und legte seine harten, sehnigen Hände auf die Sessellehnen. »Wenn es nicht anders geht – immer los! Oder sind nicht etwa die Juden ohne Ausnahme in KZ zusammengetrieben worden? Na also! Vergasen werden wir keinen – wir nicht.«

Den Captain fröstelte ein wenig; er sagte sich, daß er möglicherweise diesem vergleichsweise rauhen Klima hier nicht ganz und in jeder Situation gewachsen sein könnte. Er hatte einige Jahre in Kalifornien gelebt – dieser deutsche Frühling war härter als der Winter in San Franzisko. Er rieb sich leicht verlegen die Hände. Dann räusperte er sich.

Kurz darauf sagte er: »Ich glaube, eine recht brauchbare Fahndungsmethode entdeckt zu haben – sie ist einfach, nahezu primitiv, wie fast alles, was durchschlägt. Der springende Punkt sieht so aus: Jeder Deutsche muß im Besitz eines Passierscheines sein. Das ist ein ganz einfacher, unscheinbarer Zettel, der von der jeweiligen Gemeindekanzlei ausgestellt wird. Und darauf steht nur: X gehört zur Gemeinde Y. Gezeichnet: Z, Bürgermeister. Mehr nicht. Aber das ist schon der ganze Dreh.«

James II bekam sofort die Kurve. »Nicht schlecht«, sagte er. »Damit werden alle gezwungen, sich registrieren zu lassen. Die Einheimischen, die Evakuierten, die Flüchtlinge. Aber auch die Versprengten, die sich herumtreiben, und die, die sich verstecken wollen.«

James I machte eine große, wegwerfende Handbewegung. »Die Rechnung geht nicht auf«, sagte er. »Einige werden sich verkriechen. Andere werden sich zwei- und dreimal registrieren lassen. Wieder andere werden die kleinen, unscheinbaren Zettelchen fälschen.«

»Nun gut«, sagte der Captain ein wenig ungehalten. »Das alles wird vorkommen. Aber diese Aktion ist ja schließlich nur ein Anfang. Einen Tag später fordern wir neue Wohnungslisten an, damit nageln wir wieder einige fest. Dann kommt die Sache mit den Lebensmittelmarken. Dann fordern wir polizeiliche Neuanmeldung. Und so ziehen wir die Maschen immer enger und enger.«

»Es geht doch aber auch genau umgekehrt«, sagte James I beharrlich. »Ganz zuerst: engste Maschen. Keine Naziwanze kommt da durch. Großzügig werden können wir ja immer noch.«

»Diese soeben von mir erläuterte Grundmethode, James, ist auch für Sie bindend«, sagte Boernes nicht ohne einen Anflug von Schärfe.

»In Ordnung, Captain«, sagte James I unfreundlich. »Befehl ist Befehl. Immerhin wird es Ausnahmen geben.«

»Zum Beispiel?«

»Werwolf, Captain. Schon mal was davon gehört?«

»James«, sagte Boernes, und er hatte Mühe, das mit Gelassenheit zu sagen, »Deutschland ist müde; seine Soldaten sind es auch. Außerdem hat dieses Volk nicht die geringste Eignung dafür, Partisanen, Indianer oder so was Ähnliches zu spielen – in dieser Situation schon gar nicht.«

»Ich weiß, ich weiß – es ist mehr ein Volk der Dichter und Henker.«

»Meiner Ansicht nach«, sagte Boernes betrübt, »wird es bestimmt keinen Werwolf geben.«

»Ihre Ansicht«, sagte James I kalt, »ist da leider nicht maßgebend. Es existieren nämlich einige deutsche Armeebefehle, die sich den Luxus leisten, nicht im geringsten mit Ihren Anschauungen über deutschgermanische Nationaleigentümlichkeiten übereinzustimmen. Und es existiert Hitlers Werwolf-Befehl. Und was nun uns beide angeht, Captain, so sehe ich schon, daß unsere Ansichten in einigen Punkten auseinandergehen. Machen Sie sich also darauf gefaßt, daß ich mich in Zweifelsfällen immer an die Anordnungen unserer gemeinsamen Vorgesetzten halten werde!«

»James«, sagte Boernes konsterniert und nahm seine Brille ab. Er betrachtete sie mit hilflosen Augen, und seine feinen, nervösen Hände schienen einen festen Halt zu suchen.

»Sonst noch was, Captain?«

»Nein«, sagte der und sah betrübt vor sich hin, und es war, als bereite ihm das Teppichmuster zu seinen Füßen Unbehagen.

»Dann kann ich ja gehen«, sagte James I und ging.

Ted Boernes schüttelte kaum vernehmbar den Kopf. Sein schmales Gesicht war bleicher noch als sonst. Auf seiner hohen Stirn standen winzige Schweißtropfen.

»Stimmen Sie in allen Punkten mit James überein?« fragte der Captain nunmehr James II, der während der ganzen Unterredung seine Haltung nicht im geringsten verändert zu haben schien und der immer noch mit Hingabe seine Fingernägel manikürte. »Sind Sie mit allem einverstanden, was Ihr Partner sagte?«

»Nein«, sagte James II.

»Na, Gott sei Dank!« rief Ted Boernes erleichtert.

»Auch ich«, sagte James II sanft, »habe meine eigenen Anschauungen von den Dingen. Sie decken sich nicht mit denen von James – aber mit den Ihren auch nicht, Captain.«

Der Obergefreite Kowalski schaukelte sich mit seinem Krad in sanften Kurven durch die dichten Kolonnen.

Die Reste der Großdeutschen Wehrmacht zermahlten die strapazierten Straßen, dazwischen drängten sich Flüchtlinge, Verwaltungstransporte und Zivilfahrzeuge. Die Luft war angefüllt mit Motorenlärm, Männergebrüll und Benzingeruch — dünne Staubfahnen wehten über der Landschaft.

Kowalski schob sich gelassen, mit mäßigem, unverändert gleichbleibendem Tempo an dieser Raupenkette aus Elend, Angst und Geschäftigkeit vorbei. Er überhörte zaghafte Hilfeschreie ebenso wie dröhnendes Gefluche. Er las in den Gesichtern, die ihn anstarrten, anglotzten, über ihn hinwegsahen, wie in einer Zeitung. Und er kannte jede Zeile davon. Er hatte alles das kommen sehen — ihn verwunderte nichts davon.

Der Obergefreite, in einen weiten Kradmantel gehüllt, eingestaubt bis zum Sturzhelm, fuhr eine Zeitlang hinter einem bulligen Transportwagen her, der sich in unverschämter Weise breitmachte. Er schaukelte wie betrunken durch die Gegend, hielt sich ziemlich genau in der Mitte der Fahrbahn und tat, als gehöre ihm allein die Straße. Selbst auf wilde Hupkonzerte reagierte er nicht.

Kowalski gab Gas, schlängelte sich mühsam zwischen einer Baumreihe und dem schaukelnden Transporter durch, hielt dann, auf der Höhe des Führersitzes angekommen, das gleiche Tempo und brüllte: »Du kannst wohl nicht rechts fahren, du Arschloch!«

In dem Führersitz des Superlasters, der wie ein geländegängiger Eisenbahnwagen aussah, wurde heftig eine Scheibe heruntergekurbelt, ein dickes, verschwitztes Gesicht erschien dort, das in erster Linie aus einem riesigen, weitaufgerissenen Mund zu bestehen schien, und brüllte: »Selbst Arschloch!«

Doch plötzlich klappte der Riesenschlund zu, die zwei so überaus boshaften Äuglein funkelten, nunmehr nahezu freundschaftlich, Hände wurden weit ausgestreckt. Und der Obergefreite hörte über sich eine vergleichsweise lieblich-rauhe Stimme, die da ausrief: »Das ist ja Kowalski!«

»Soeft!« rief Kowalski überrascht und war nahe daran, sein Gleichgewicht zu verlieren. Aber er fing seine Maschine wieder, wenige Zentimeter vor einem breiten Baum.

Inzwischen gab Soeft, der unvergleichliche Verpflegungskönig von einst, seinem Kraftfahrer ein Zeichen. Der fuhr den riesigen Transporter dicht an den rechten Chausseerand und hielt dort, immer noch den gesamten Verkehr blockierend, an. Soeft stieg aus, ohne im geringsten darauf Rücksicht zu nehmen, daß sich die Fahrzeuge hinter seinem Monstrum stauten, und ging auf Kowalski zu.

»Du alter Gauner!« rief Kowalski. »Was machst du hier?«

»Du alter Betrüger!« rief Soeft. »Was machst du hier?«

Sie hieben sich auf die Schultern und lachten sich zu, lauernd der eine, unbekümmert der andere. Dabei betrachteten sie sich prüfend und versuchten herauszubekommen, warum sie sich eigentlich derartig kameradschaftlich gebärdeten.

»Auch selbständig gemacht?« fragte der Unteroffizier Soeft.

»Und wie!« sagte Kowalski. »Für mich hat ein ganzes Bataillon den Weg freigekämpft – für mich und einen Oberst. Jedenfalls war hinter mir der Laden wieder dicht. Ich wollte mich noch bei dem Oberst bedanken, aber der hatte ein derartiges Tempo drauf, daß selbst mir die Puste ausging.«

»Und jetzt, Kowalski?«

»Richtung Heimat!«

»Und so ganz ohne Gepäck?«

»Aber mit heilen Knochen! Und was das Gepäck anbetrifft – das besorge ich mir schon noch. Und wie wär's, Soeft, wenn du mir ein wenig dabei helfen würdest?«

»War ich schon jemals ein Unmensch?«

»Aber umsonst ist bei dir nicht einmal der Tod.«

»Würde auch stark meinem Geschäftsprinzip widersprechen«, erklärte Soeft mit Haltung. »Aber so was wie dich könnte ich im Augenblick gut gebrauchen. Komm, steig ein! Dein Krad verstauen wir hinten im Wagen.«

»Gemacht«, sagte Kowalski. »Bei dir weiß man wenigstens genau, wen man vor sich hat.«

Soeft lachte geschmeichelt. Er war sich seines besonderen Wertes wohl bewußt. Und dieser Kowalski war, so glaubte er, ihm ebenbürtig. Auch einer von denen, die den Krieg nicht so heiß auslöffeln, wie er angerichtet wurde. Parole: Absahnen und Schnaps trinken! Und dann ein Bett mit Wärmeflasche.

»Immer noch Unteroffizier?« fragte Kowalski.

»Wenn ich wollte«, sagte Soeft souverän, »könnte ich Major sein. Aber bin ich ein Idiot?« Er zog einen Schlüssel aus der Hosentasche, ging mit Kowalski um seinen riesigen Wagen herum, klopfte zweimal kurz und zweimal lang gegen die Karosserie, wobei er herzhaft und ausgedehnt grinste. Dann steckte er den Schlüssel in das Schloß und öffnete die Tür.

»Dort 'rein mit deiner Mühle!« forderte er den Obergefreiten auf. Und in den abgedunkelten Wagenschlund hinein rief er: »Pack mal mit an!«

In dem hinteren Teil des Wagens bewegte sich ein Mann in Kraftfahrerkombination, er kam näher, blinzelte unwillig in die Frühlingssonne, streckte dann seine Hände aus, ergriff Kowalskis Krad und zog es wortlos in den großen Bauch des Fahrzeuges hinein. Als das geschehen war, schloß Soeft wieder ab, winkte mit dem Schlüssel und setzte sich mit dem staunenden Kowalski in den geräumigen Führersitz.

»Avanti!« sagte er zum Kraftfahrer. Der nickte, hantierte mit flotten Händen an einigen Hebeln, gab Gas und fuhr los. Dabei feixte er affenartig und produzierte Geräusche, die als vergnügtes Gelächter gedeutet werden konnten.

»Ich staune«, sagte Kowalski.

»Das habe ich auch erwartet«, sagte Soeft und kraulte sich sein Kinn.

»Ich staune, weil dein Wagen verhältnismäßig leer ist, Soeft. Das bin ich nicht bei dir gewohnt. Dir kann doch unmöglich der Stoff ausgegangen sein. Eher geht die Welt unter.«

»Man muß«, sagte Soeft und zog ein prall gefülltes Zigarrenetui aus seiner Brusttasche, »seiner Zeit immer um eine Nasenlänge voraus sein. Versuche die mal — echt Cuba; aus Beständen des Reichsmarschalls.«

»Du hast vermutlich inzwischen genügend Vorräte gehamstert, so daß es dir jetzt auf ein paar Kisten mehr oder weniger gar nicht ankommt. Anders ist die Leere in deinem Transportwagen gar nicht zu erklären.«

»Kisten«, sagte Soeft geringschätzig, »das war einmal! Das ist doch Kuliarbeit. Nun ja — damals hat sich das, en gros, immerhin noch gelohnt. Aber doch heute nicht mehr! Was willst du denn heute mit einem Kistenlager anfangen? Jeder Heini kann dir das wegrequirieren, wenn er einigermaßen geschickt ist, über die nötigen Leute verfügt und eine lockersitzende Pistole hat. Und für die wilden Bestände, die jetzt an jeder Straßenecke herumliegen, brauchst du ja riesige Transportkolonnen und eigene Silos, um wenigstens das Wichtigste unterzubringen. Nee, mein Lieber — das ist nichts mehr für Väterchen Soeft.«

»Was dann?«

Soeft sah Kowalski grinsend an. Er angelte in seiner Hosentasche herum und zog dann einen funkelnden Ring hervor. »Klein — aber oho! Das Vermögen in der Aktentasche.«

»Schmuck also!« sagte der Obergefreite.

Soeft nickte nicht ohne Stolz. Er war mit sich zufrieden, und das sah man ihm an. »Schmuck — oder doch Teile davon; Brillanten, Perlen und so was. Auch Gold natürlich — reines Gold.«

»Und du kennst dich in diesen Dingen aus, Soeft?«

»Einigermaßen. Man lernt eben um, lernt dazu — man muß doch auf dem laufenden bleiben. Und außerdem habe ich prima Sachverständige an der Hand.«

Kowalski machte ein reichlich dummes Gesicht, was Soeft mit einiger Genugtuung zur Kenntnis nahm. Und als der Obergefreite mit unmißverständlicher Kopfbewegung auf den Kraftfahrer des Unteroffiziers wies, schmunzelte Soeft befriedigt.

»Dieser Heini hier neben mir«, sagte er ungeniert laut, »spricht kein Wort Deutsch. Den haben sie mit Gewalt zum Freiwilligen gemacht. Das ist ein Ehrenarier, so was wie ein germanischer Pole aus dem ehemaligen Korridor. Ein prima Kraftfahrer, sonst aber saudumm. Meistens unterhalte ich mich mit ihm auf französisch. Paß mal auf.«

Und Soeft stieß seinen Kraftfahrer an, zwinkerte ihm gönnerhaft zu und fragte: »Kapiert?«

»Yes«, sagte der und grinste freudig zustimmend.

»Na, siehst du!« rief Soeft befriedigt. Und er sagte, nunmehr wieder zu Kowalski gewandt, einer kameradschaftlichen Umarmung nahe: »Das Eiserne Zweiter Klasse habe ich ihm vor fünf Wochen persönlich verliehen. Das Eiserne Erster Klasse bekommt er, kurz bevor ich hier den Laden dichtmache. Gewissermaßen anstelle einer Abfindung. Du glaubst gar nicht, wie scharf er darauf ist! Wenn ich ihn dekoriere – und vor zehn Tagen bekam er das Infanteriesturmabzeichen –, macht er sich beinahe in die Hosen. Aber schließlich bin ich ein Menschen- und auch Polenfreund. Und mit der Ehre sind doch immer noch die besten Geschäfte zu machen.«

»Du bist vielleicht eine Marke«, sagte Kowalski.

»Man tut, was man kann«, sagte Soeft und sog genußvoll an seiner Zigarre. Er stieß den Rauch in gutgeformten Ringen aus sich heraus.

»Und warum«, wollte Kowalski wissen, »erzählst du mir das alles? Doch nicht, um damit zu prahlen – so dämlich bist du doch nicht.«

»Nee«, sagte Soeft mit Inbrunst. »Das sind wir beide nicht. Drum!«

»Also, 'raus mit der Sprache – was für ein Geschäft hast du mir vorzuschlagen, Soeft?«

»Jungchen«, sagte der befriedigt, »wir zwei beide verstehen uns. Und wenn dieser Asch nicht gewesen wäre, hätten wir bestimmt schon früher zusammengearbeitet – dessen bin ich sicher.«

»Keine Opern, Soeft!«

»Also, paß auf! Jetzt, wo es um den Endsieg geht, wachsen mir langsam die Geschäfte über den Kopf. Man muß sich verteufelt beeilen, ehe hier endgültig Kassenschluß ist. Deshalb brauche ich zuverlässige Mitarbeiter.«

»So einen wie mich!«

»Du hast dich selbständig gemacht, Kowalski – das spricht für dich. Ich arbeite schon seit ungefähr drei Monaten selbständig. Und zwar hier in diesem Raum. Wenn du willst, kannst du mitmachen.«

»Wieviel Prozent?«

»Fünfundzwanzig.«

»Zuwenig – eben weil fünfundsiebzig Prozent für dich zuviel sind.«

»Und meine Unkosten, Mensch? Ich habe eine eigene Schreibstube, ein Dokumentenlager, eine Juwelierwerkstatt, zwei Bauernhöfe, drei Tankstellen und eine kleine Fabrik. Glaubst du, die alle arbeiten für mich umsonst? Das geht ins Geld, sage ich dir. Das will verdient sein. Und die Spesen werden von Tag zu Tag höher.«

»Dreiunddreißigeindrittel.«

»Abgemacht — weil du es bist.«

»Und was soll ich tun?«

»Du übernimmst den Kerl dort hinten. Der muß erst zahlen, ehe er seine neuen Papiere bekommt. Seine Papiere sind hier in dieser Brieftasche. Kostenpunkt: eine Perlenhalskette aus achtundvierzig Perlen, ein goldenes Armband mit zwölf länglichen Steinen.«

Kowalski stieß einen grellen Pfiff aus. »Wer ist der Mann?«

»Hast du ihn nicht erkannt? Der Kreisleiter aus unserem Heimatkaff. Der darf jetzt auf einem meiner Bauernhöfe Knecht spielen. Aber vorher muß er blechen. Und die Sachen, die er dir für diese Papiere übergeben muß, liegen in seinem Haus — Hindenburgstraße dreizehn.«

»Ein starkes Stück, Soeft.«

»Routineangelegenheit«, sagte der. »Das mache ich am laufenden Band so. Natürlich streng reell! Wer gut zahlt, der kauft gut ein. Das ist immer noch meine Devise. Also — wie ist das nun? Sind wir uns einig?«

»Und ob wir uns einig sind, Soeft!«

Soeft war nicht der Mann, der kostbare Zeit verschenkte. Er ließ anhalten, stieg aus, ging nach hinten, klopfte vereinbarungsgemäß, öffnete und ließ sich das Motorrad herausgeben.

»Das Geschäft mit Ihnen wickelt mein Freund Kowalski ab«, erklärte er dem Mann, der nach kurzem Zögern zustimmend mit dem Kopf nickte und dann sofort wieder im Bauch des Wagens verschwand.

»Laß dich aber nicht beschwindeln!« rief Soeft Kowalski zu, ehe er das Motorrad bestieg. »Such dir einen Mann, der was von Schmuck versteht — dann erst gib ihm die Papiere. Ich werde inzwischen anderswo absahnen!«

»Und wo treffe ich dich wieder, Soeft?«

»Warte auf mich unter der Heimatlinde — ich komme schon, um zu kassieren. Treffpunkt: Café Asch. Wenn dir inzwischen sonst noch was in die Finger gerät — immer festhalten. Aber nur ganz wertvolle Sachen! Ich übernehme jede Menge. In diesem Fall für fünfzig Prozent — weil du es bist.«

»Der Preis spielt wohl keine Rolle, was?«

»Soeft zahlt alles!« rief der grinsend und gab Gas.

»Damit rechne ich fest!« sagte Kowalski grinsend und sah ihm mit zusammengekniffenen Augen nach.

Der Leutnant Brack, Ic des Generalmajors Luschke, mit Sonderauftrag unterwegs, schritt auf das Forsthaus zu, in dem sich nach Angaben der Soldaten Leutnant Asch aufhalten sollte. Brack besaß den federnden Gang eines edlen Windhundes. Die vornehme Verachtung, die ihm eigen war, versuchte er hinter Gleichgültigkeit zu verbergen.

Er hörte von der Veranda her ein kurzes, heftiges Lachen. Diese hohe, fast ein wenig schrille Stimme gehörte einem Mädchen, was Brack mit leichtem Hochziehen seiner Augenbrauen zur Kenntnis nahm. Zwar waren Mädchen inmitten der Truppe durchaus nichts Ungewöhnliches mehr – allein Dinge, die lautes Lachen erzeugten, waren in den letzten Tagen immer seltener geworden.

Brack blieb stehen und versuchte, aus der Stimme des Leutnants Asch auf dessen Gemütsbewegung zu schließen. Aber das vermochte er nicht, bei Asch nicht – er hielt ihn für unberechenbar und nicht fähig, eine klare, eindeutige Stellungnahme zu beziehen. Asch war kein Parteigänger, er war ein Einzelgänger.

»Verlaß dich darauf, Mädchen«, rief Asch, offenbar gut gelaunt, »es wird schon sehr spaßig werden.«

»Deshalb brauchen Sie mir aber nicht gleich unter das Kinn zu fassen«, sagte das Mädchen und tat empört.

»Gewohnheitssache«, erklärte Asch unbekümmert.

Der Leutnant Brack lächelte mit feiner Ironie, die überaus distanziert wirkte. Er schritt nunmehr, feldmarschmäßig, wie er war, doch mit eleganten Bewegungen auf diese bemerkenswert munteren Gesprächspartner zu, stellte sich vor sie hin und sagte verbindlich: »Störe ich Sie etwa bei Ihren Kampfhandlungen, Herr Asch?«

»Kleine Vorgefechte«, sagte der, nickte Brack unbekümmert zu und gab ihm die Hand. »Wie kommen Sie hierher, Mann der Akten! Der General verfügt doch nicht etwa über Hubschrauber?«

»Anmarsch mit dem Wagen«, erklärte Brack, »dann kleiner Fußmarsch. Quer durch den Wald.«

»Ohne besondere Schwierigkeiten?«

»Die siegreichen Gegner der Reste unserer Führung fühlen sich offenbar in den berühmten deutschen Wäldern nicht sonderlich wohl.«

»Stimmt auffallend«, sagte Asch. »Die kämpfen sich mit Vorliebe an Autobahnen entlang.«

Brack lächelte wieder, was Zustimmung bedeuten konnte. Er verbeugte sich knapp, und es schien, als verbeuge er sich nicht etwa aus Überzeugung, mehr aus Gewohnheit vor Barbara.

»Kann ich Sie allein sprechen, Herr Asch?«

»Los, Mädchen«, sagte der zu Barbara, »schau mal die Tapeten an. Aber laß dir Zeit.«

Barbara erhob sich, stand kurz mit abweisender Miene da und beabsichtigte, so den Leutnant Asch fühlen zu lassen, wie sehr sie seine schlechten Manieren verachte. Der jedoch schien sie bereits vergessen zu haben. Hierauf reckte sie ihre Brust vor und ging.

»Köder«, sagte Asch kurz, nachdem sie, schier berstend vor Stolz und Ablehnung, davongerauscht war. »Damit will ich einen Haifisch fangen.«

»Ich habe Ihnen eine dienstliche Mitteilung zu machen«, sagte der Leutnant Brack, zu dessen Grundprinzipien es gehörte, sich niemals in die Angelegenheiten anderer einzumischen, schon gar nicht, wenn sie privater Natur zu sein schienen. »Ich komme im Auftrag von Generalmajor Luschke.«

»Wenn der General etwa glaubt«, sagte Asch angriffslustig, »daß ich mich mit meinem Haufen bis zu ihm durchkämpfe, dann hat er sich zum erstenmal geirrt.«

»Unterschätzen Sie bitte den General nicht«, sagte Brack und lächelte.

»Bisher habe ich mir einen derartigen Luxus auch noch niemals geleistet. Aber kann ich denn wissen, ob diesen großdeutschen Irrsinn selbst ein Luschke ungefährdet übersteht?«

»Der General«, sagte der Leutnant Brack, »läßt Ihnen sagen, daß Sie einpacken können.«

»Wörtlich?«

»Sinngemäß.«

»Herr Brack«, sagte der Leutnant Asch mit kaum unterdrücktem Mißtrauen, »ich bin zwar bei General Luschke immer auf überraschende Befehle gefaßt, wer garantiert mir aber dafür, daß Ihre Angaben tatsächlich stimmen?«

»Ihr gesunder Menschenverstand, Herr Asch.«

»Der sagt mir aber auch, daß ein Superpreuße wie Luschke so leicht nicht kapitulieren wird. Ich fürchte nämlich, daß sein Ehrgefühl noch stärker ausgeprägt ist als sein Verstand.«

»Hier irren Sie, Herr Asch. Mag immerhin sein, daß Luschke seine Ehre über alles stellt — aber er ist nicht der Mann, der das Leben seiner Soldaten dafür verbraucht.«

Der Leutnant Asch ging einen Schritt zurück, lehnte sich dann erwartungsvoll, fast lauernd, gegen einen Pfeiler. »Reden wir doch offen miteinander, Herr Brack. Sie haben doch schon vor einem Monat in Gegenwart von Luschke gesagt, daß der Krieg verloren sei und daß Sie es für sinnlos hielten, überhaupt noch einen Finger krumm zu machen. Das haben Sie doch gesagt?«

»Stimmt. Und hat der General widersprochen?«

»Er hat nicht zugehört.«

»Halten Sie ihn für taub? Ich halte Sie doch auch nicht für einen

Idioten, Asch. Sie denken doch genauso wie ich. Und Luschke weiß das. Auch er denkt wie wir. Nur kann er nicht so handeln.«

»Brack«, sagte der Leutnant Asch, »ich liebe diesen Mann — nicht als Vorgesetzten; Vorgesetzte liebt man nicht. Den Menschen Luschke will ich nicht enttäuschen; ich fürchte fast, für den könnte ich mich totschlagen lassen.«

»Ich verstehe Sie sehr gut«, sagte Brack. »Und ich übernehme die volle Verantwortung für das, was ich Ihnen als direkte Anordnung des Generals wiedergebe: Machen Sie Schluß.«

»Gut«, sagte der Leutnant Asch. »Ich werde also meine Batterie auflösen und dann die Parole ausgeben: Das Schiff sinkt — rette sich, wer kann!«

»Tun Sie das!«

»Und dann«, sagte der Leutnant Asch, »werde ich mich durchzuschlagen versuchen. Mit Damenbegleitung. Kommen Sie mit — Sie kennen ja bereits den Weg.«

»Ich komme nicht mit, Asch. Das hier war meine letzte Tätigkeit in der großdeutschen Wehrmacht.«

»Sie wollen sich gefangennehmen lassen?«

»Ich will endlich frei sein.«

Der Leutnant Asch betrachtete Brack lächelnd. »Soweit ich informiert bin, sind nicht nur Ihre Sympathien auf der anderen Seite — auch Ihre Banknoten.«

»Das eine schließt das andere nicht aus, Asch.«

»Ganz im Gegenteil, vermutlich.«

»Ich habe in Deutschland«, sagte der Leutnant Brack verbindlich, »bei meiner Mutter gelebt. Mein Vater, der von ihr geschieden ist, hat große Besitzungen in Südamerika und ist Mitinhaber einer angesehenen New Yorker Firma.«

»Na fein«, sagte Asch, »dann werden Sie so ziemlich der einzige unter uns sein, der mit dem Land seines Vaters, seinem Vaterland also, zufrieden sein kann.«

»Vielleicht«, sagte Brack, »werde ich auf meine Weise den Kameraden behilflich sein können.«

»Sie sind ein Gentleman«, versicherte Asch mit sanfter Ironie. »Aber ich rechne trotzdem mit Ihnen.«

»Bitte«, sagte Brack verbindlich, »verfügen Sie über mich.«

»Kommen Sie mit«, sagte Asch. »Ich will Sie mit einem Major namens Hinrichsen bekannt machen. Der Zufall hat uns zusammengewürfelt. Und ein Schwein hat uns beide und hundert Soldaten in einen Kochkessel geworfen. Ich selbst bin mit heiler Haut davongekommen — nicht aber dieser Hinrichsen.«

»Schwer verwundet?«

»Ich weiß das nicht genau, Brack. Wie ein Kinderspiel jedenfalls sieht die Sache nicht aus. Sein rechter Arm ist aufgesägt, die Schulter durchschossen. Ob die Knochen gesplittert sind, vermag ich nicht zu sagen.«

»Ich werde, wenn Sie das wünschen, auf ihn achten.«

»Sie sollen sich um ihn kümmern, Brack. Der Mann ist ein dummer Hund, aber ein ausgesprochener Held. Einer der letzten dieses Krieges — und außerdem ist er ... Doch das geht Sie nichts an. Sie würden das vermutlich auch gar nicht verstehen. Mir ist im Augenblick nur eins wichtig: Lassen Sie ihn nicht allein.«

»Ich werde für ihn sorgen, Asch, darauf dürfen Sie sich verlassen.«

»Nun gut«, sagte Asch. »Die Jagd kann also beginnen.«

»Die Treiber haben ihr Werk getan, die Jäger stehen bereit — wer seine Nase herausstreckt, wird abgeknallt. Was jetzt noch mit den Deutschen veranstaltet wird, ist eine Hasenjagd, Asch.«

»Nicht mit mir — ich jage eine Wildsau.«

Der Oberst Hauk, steif, graubleich, wie abwesend neben seinem Oberleutnant Greifer sitzend, entfaltete, ohne mehr dabei zu bewegen als seine Hände, eine grobe Bleistiftskizze. Er breitete sie über seine Knie und versuchte sie zu glätten. Greifer beugte sich seitwärts vor und studierte die Zeichnung.

»Wir müssen doch bald da sein«, sagte der Oberleutnant. Dann hob er seinen Kopf, als nehme er Witterung.

»Noch geradeaus etwa dreihundert Meter«, sagte Hauk. »Dann rechts ab — Frühlingsstraße. Frühlingsstraße Nummer drei.«

Sie befanden sich in einem großen, fächerartig auseinanderstrebenden Dorf, mitten auf der Hauptstraße. Auch sie war wie alle Wege in diesen Tagen ausgewalzt, zerwühlt, strapaziert; Papierfetzen, Uniformteile und Kistenreste lagen herum. Ausgeschlachtete Fahrzeuge standen an den Zäunen. Die eng aneinandergepreßten Häuser schienen dicht geschlossen zu sein; kaum ein Mensch bewegte sich zwischen ihnen.

»Die Zivilbevölkerung hat die Hosen gestrichen voll«, sagte Greifer und spuckte verächtlich aus. »Wette, daß die aus Bettlaken weiße Fahnen fabrizieren.«

»Unsere Zeit ist knapp«, sagte der Oberst kurz.

Greifer nickte grimmig und gehorsam. Er legte den ersten Gang ein, gab Gas und fuhr los. Nach fast genau dreihundert Metern sahen sie das Schild, das die »Frühlingsstraße« anzeigte: Landweg, Vorgärten, Einfamilienhäuser.

»Das zweite Haus«, sagte Hauk.

Greifer fuhr dicht an den Zaun heran, hielt unmittelbar am Gartentor und beugte sich forschend vor. »Stimmt«, sagte er. »Dort steht Willrich. So heißt die Dame doch?«

Der Oberst, den nahezu faltenlosen Sitz seiner Uniform überflüssigerweise überprüfend, stieg aus und begab sich mit kurzen, wie abgemessenen Schritten an das Gartentor. Hier blieb er stehen und sah kurz die Landstraße hinauf und hinunter, wobei er sich langsam einen Handschuh auszog.

Greifer folgte Hauk breitbeinig. Er blieb grinsend vor einem Schild stehen, das in schönen Druckbuchstaben die Beschlagnahme dieses Gebäudes verkündete: für Heeresgruppe Mitte. H. Qu. IVa. Es trug die Unterschrift von Stabszahlmeister Brahm und war durch ein Dienstsiegel abgestempelt.

»Sieht ziemlich echt aus«, grunzte Greifer zufrieden. »Der Kerl versteht sein Geschäft — das möchte ich ihm auch geraten haben.« Dann drückte er intensiv auf den Klingelknopf.

Die Klingel schrillte durch das Haus; aber dort regte sich nichts. Greifer blickte kunstgerecht erstaunt zu Oberst Hauk hin, der mit regungslosen Gesichtszügen dastand; er sah aus, als sei er völlig desinteressiert an allem, was geschah.

Dann drückte Greifer, sich vorbeugend, noch einmal auf den Klingelknopf; diesmal länger, härter, heftiger. Er schob dabei sein Nußknackerkinn vor. »Was denken die sich eigentlich«, sagte er. »Sollten die etwa den Krieg für beendet erklärt haben?«

»Aufmachen«, sagte Hauk ruhig.

Nunmehr sah Greifer die Dorfstraße hinauf und hinunter. Sie war leer. Sie schien völlig ausgestorben zu sein. Dieser Anblick befriedigte ihn. Er angelte ein riesiges Taschenmesser aus seiner Hose, ließ die Klinge aufspringen und schob sie in Schloßhöhe zwischen die Balken von Tür und Rahmen. Zweimal ruckte er zu, dann gab das Schloß nach, und die Tür sprang auf.

»Kinderspiel«, sagte Greifer gemütlich, klappte sein Taschenmesser wieder zu und versenkte es in die Hose.

Der Oberst schritt durch den Vorgarten auf die Haustür zu. Hier blieb er, wieder unbeweglich geworden, stehen. Greifer schlug mit der geballten Faust kräftig gegen die Holzfüllung.

Das ganze Haus dröhnte unter diesen Schlägen.

Neben dem Eingang wurde hastig ein Fenster aufgestoßen. Dort beugte sich eine Frau heraus und fragte überaus unfreundlich: »Sie wünschen, bitte?«

»Machen Sie auf«, sagte Greifer rauh, »oder ich verarbeite Ihre Bude zu Kleinholz.«

»Was wollen Sie!« rief die Frau; und ihre Stimme schraubte sich hoch. Ihr Gesicht war verzerrt – warum, ob aus Wut, Furcht oder Hysterie, wurde nicht klar.

Greifer wollte vorprellen, aber Oberst Hauk, seinen Trabanten mit kurzer Handbewegung abbremsend, trat in Aktion. Er deutete eine knappe, doch nicht unverbindliche Verbeugung an. »Sprechen wir mit Frau Willrich?« fragte er.

»Ja«, sagte die Frau, nun um Grade freundlicher.

»Hauk«, sagte der Oberst und verbeugte sich abermals knapp. »Oberst Hauk. Ich darf wohl annehmen, daß Ihnen mein Name nicht unbekannt sein wird.«

»Oberst Hauk! Das konnte ich natürlich nicht wissen«, sagte sie und war plötzlich sehr liebenswürdig geworden; aber auch diese scheinbar unmotiviert hervorbrechende Liebenswürdigkeit war unecht wie vieles an dieser Frau. »Kommen Sie doch, bitte, herein.«

»Durchs Fenster?« fragte Greifer grinsend.

Frau Willrich verschwand, schlug das Fenster zu und hantierte dann deutlich hörbar im Hause herum. Es hörte sich an, als werde ein schwerer Gegenstand zur Seite gerückt. Kurz danach wurde die Flurtür aufgeschlossen, dann der Schlüssel in die Haustür gesteckt, zweimal umgedreht, dann die Haustür entriegelt.

»Die Sache stinkt«, sagte Greifer überzeugt.

Der Oberst, aufgerichtet, abweisend, desinteressiert erscheinend, antwortete hierauf nicht. Er betrat das Haus und folgte der Frau Willrich durch die Diele in das Wohnzimmer. Greifer schob sich, Umschau haltend, hinterher.

»Bitte, setzen Sie sich doch«, sagte Frau Willrich mit spürbar gequälter Freundlichkeit.

Hauk verneigte sich, Dank andeutend. »Wir haben nicht die Absicht, gnädige Frau, Ihre Zeit übermäßig stark in Anspruch zu nehmen.«

»Aber ich bitte Sie!« sagte Frau Willrich und gab sich mit weiten Handbewegungen herzlich, ohne ihre Aufregung auch nur eine Sekunde lang verbergen zu können. Sie sah sich um, als suche sie nach einem Fluchtweg.

Greifer setzte sich breit vor sie hin und betrachtete sie eingehend, als gedenke er sie möglichst preiswert zu kaufen. Dann schob er sich die Mütze aus der Stirn.

»Wir benötigen lediglich«, sagte der Oberst Hauk mit seiner leisen, unpersönlichen Stimme, »eine Auskunft. Das ist eine Sache von zwei Minuten.«

»Gerne«, sagte Frau Willrich und sprang auf. »Aber ein Glas Likör werden Sie doch nicht ausschlagen?«

»Das nicht«, sagte Greifer breit. »Das werden wir nicht ausschlagen.«

Sie huschte hinaus, nicht ohne noch einmal ihren überraschend eingetroffenen Gästen gequält zugelächelt zu haben. Ihr volles Gesicht glich einer freundlichen Maske, ihr überreifer Körper, durch enganliegende Kleider deutlich zur Schau gestellt, war ohne Grazie.

»Die Sache stinkt ganz stark«, sagte Greifer überzeugt. »Wenn jemand so scheißfreundlich ist wie die, dann muß er ein sauschlechtes Gewissen haben, oder ich fresse einen Besen.«

»Sie werden keinen Besen zu fressen brauchen, vermute ich.«

Frau Willrich schraubte sich wieder, mit hastigen Bewegungen, in den Raum herein. An ihren fülligen Busen hatte sie ein Tablett gepreßt, auf dem eine vierkantige Flasche Cointreau und drei Gläser standen. Sie atmete hörbar, setzte ihre Last ab und begann mit unsicheren Händen einzugießen.

»Ein Kognak«, sagte Greifer, »wäre mir lieber.«

»Aber gewiß doch«, sagte Frau Willrich mit Eifer und eilte wieder hinaus.

»Diese Marke«, sagte Greifer und wies auf die Flasche, die vor ihnen stand, »kenne ich. Drei Kisten davon hat Brahm bei sich, und diese Flasche muß er abgezweigt haben.«

»Schön«, sagte Hauk, »wenn das alles sein sollte – kleinlich sind wir nicht.«

»Das ist bestimmt nicht alles«, sagte Greifer breit. »Denn jetzt wird die Dame, wenn ich nicht irre, Courvoisier anschleppen.«

Frau Willrich schleppte Courvoisier an, eine extra große, bereits zur Hälfte geleerte Flasche, bei deren Anblick Greifers Gesichtszüge bedrohlich erstarrten. Er griff nach der Flasche, betrachtete sie eingehend, stellte sie dann wieder hin. Seine Augen funkelten böse.

»Bringen Sie mir«, sagte die Frau nunmehr, »Nachricht von meinem Bruder?« Und es war deutlich zu spüren, daß es ihr einige Überwindung gekostet hatte, diese Frage zu stellen.

Greifer verschluckte sich und hustete. Er lief rot an, und seine Augen glotzten ungläubig. Er glaubte seinen Ohren nicht trauen zu dürfen.

»Wann«, fragte der Oberst, »haben Sie denn Ihren Bruder, den Stabszahlmeister Brahm, zuletzt gesehen?«

»In seinem Urlaub, vor etwa sechs Wochen.«

Der Oberst Hauk stellte, verhältnismäßig schroff, sein Glas ab. Greifer vermochte sich immer noch nicht zu fassen; sein Mund war leicht geöffnet. Frau Willrich umkrampfte ihre Stuhllehne; es kostete sie große Mühe, einigermaßen gelassen zu erscheinen.

»Sein letzter Brief«, sagte die Frau hastig, »erreichte mich vor ungefähr einer Woche. Ich weiß, Sie wollten sich hier mit ihm treffen. Das war wohl so verabredet, er deutete das an. Und ich habe Sie auch erwartet; Sie oder meinen Bruder.«

Sie schwiegen. Hauk saß regungslos da. Eine Uhr tickte heftig. Das ist ja beinahe wie im Kino, dachte Greifer und gab sich einen Ruck; man muß den Film schleunigst abstellen, sonst glaubt man noch, der ist echt!

»Gnädige Frau«, sagte da Hauk aufregend sanft, »Sie scheinen sich zu irren. Ihr Bruder muß in den letzten Tagen hiergewesen sein.«

»Aber nein«, sagte sie maschinenschnell, »wo denken Sie hin? Ich erwarte ihn täglich, gewiß, aber er kam nicht. Sie sind zuerst hier eingetroffen. Sicherlich wird auch er bald erscheinen.«

Der Oberst sah Greifer fordernd an, kurz nur, und dann nickte er ihm kaum merklich zu. Der erhob sich langsam, fast schien es, als winde er sich hoch. Nichts, gar nichts hatte sich an ihm verändert. »Das werden wir gleich haben«, sagte er und blieb stehen. Greifer verließ mit vorgeschobenen Schultern den Raum.

Greifer schob sich in die Küche und öffnete dort mit kräftigen Griffen die Schränke. Dann stieg er in den Keller hinunter, sah sich um, besichtigte die Regale. Hierauf begab er sich in das Schlafzimmer der Frau Willrich, sah unter die Betten, in die Nachtkästchen, in den Kleiderschrank. Er fand alles, was er suchte. Das Haus war menschenleer, aber prall gefüllt mit Marketenderwaren – mit seinen Marketenderwaren. Die Situation war klar.

»Eindeutig«, sagte Greifer, als er wieder in das Wohnzimmer zurückkehrte. »Genau das, was zu vermuten war.«

Der Oberst, immer noch unbeweglich mitten im Raum stehend, fixierte kalt die Frau, die nervös ihre Hände knetete. Dann sagte er: »Wir haben wenig Zeit. Sie werden uns jetzt mitteilen, wo Ihr Bruder ist.«

»Aber ich bitte Sie! Das ist doch empörend. Wie können Sie ...«

»Stabszahlmeister Brahm war hier«, sagte Greifer, zu Hauk gewandt. »Er hat ziemlich abgeladen. Sogar meine Spezialzigarren hat der Kerl abgezweigt. Als kleine Belohnung dafür, daß die Dame uns nichts sagt. Und dann hat sich der gute Brahm irgendwo in Sicherheit gebracht. Aber ich wette, die weiß genau, wo er ist. Und weiter wette ich, daß sie uns das sagen wird.«

»Geben Sie uns jetzt die Adresse des Stabszahlmeisters Brahm?« fragte Hauk. »Oder nicht?«

»Was wollen Sie eigentlich von mir?«

Der Oberst Hauk glättete, völlig überflüssig, seine gutsitzende Uniform. Dabei schien er durch die Wände hindurchzusehen. Es war, als befinde sich für ihn keine Frau Willrich in diesem Raum, als kenne er sie nicht, als habe es sie niemals gegeben. »Ich warte draußen, Greifer«, sagte er und ging.

»Wird geritzt«, sagte der breit und schien sich die Ärmel aufkrempeln zu wollen. Dann zog er, mit kräftigen Bewegungen des ganzen Körpers, seinen Sessel näher an Frau Willrich heran. Er nahm fast liebevoll eine Zigarre aus der Cellophanhülle und betrachtete, als interessiere ihn im Augenblick nichts anderes auf der Welt, die breite, buntbedruckte Bauchbinde.

Hierauf zog er mit sicherem Griff sein riesiges Taschenmesser aus der Hose und ließ es aufschnappen. Frau Willrich zuckte zusammen. Aber Greifer beachtete sie nicht. Er beschnitt geradezu feierlich seine Zigarre. Dann zündete er sie an. Genußvoll stieß er die erste Rauchwolke aus und lehnte sich, dabei die Beine scherenartig ausbreitend, zurück.

Dann sagte er: »Nun mal 'raus mit der Sprache. Wo ist Brahm?«

Die Frau antwortete ihm nicht.

»Wenn ich nicht sofort die Adresse von Brahm bekomme«, sagte Greifer, »dann lackiere ich dir deine Schnauze.«

Frau Willrich begann zu zittern. Sie überlegte krampfhaft, was sie tun sollte — sollte sie schreien? Ihr Haus lag ein wenig abseits; niemand würde sie hören. Sollte sie versuchen, ins Freie zu gelangen? Sie würde es nicht schaffen. Sie war diesem Mann, diesem bulligen, brutalen Kerl, ausgeliefert. Aber der war doch Offizier! Der konnte doch nicht . . .

Greifer nahm die Zigarre aus der rechten Hand in die linke, richtete sich auf und beugte sich vor. Dann schlug er ihr, ganz plötzlich, kurz, heftig ins Gesicht. Nun nahm er wieder die Zigarre von der linken Hand in die rechte, lehnte sich zurück und rauchte weiter. — »Ich warte nicht mehr lange«, sagte er.

Sie sah ihn mit weit aufgerissenen Augen an und schüttelte, von Entsetzen gepackt, den Kopf. Sie öffnete den Mund, und es war, als wolle sie schreien.

Da schnellte Greifer auf sie zu. Er ließ die Zigarre fallen, achtlos, als habe er sie vergessen. Er warf sich über die Frau und schlug ihr ins Gesicht. Kurz, hart, heftig; immer wieder.

Sie schrie gellend auf. Greifer, kniend, mit verbissenem Gesicht, schlug weiter, immer in dieses teigartig aufquellende Gesicht hinein. Kurz, hart, heftig. Immer wieder. Und wieder, bis sie nur noch wimmerte. Er fühlte Blut in seiner Hand, noch ehe sie haltlos abkippte.

Draußen vor dem Haus jaulte jäh ein Motor auf, plötzlich auf hohe Touren getrieben. Greifer richtete sich schwer atmend auf und ging ans Fenster. Er sah den Obersten Hauk vor der offenen Motorhaube, und es schien, als probiere der das Gasgestänge aus. Acht voll aufgespritzte Zylinder, dachte Greifer grimmig, machen viel Lärm; erwünschten Lärm. Dagegen kommt eine schrille Frauenstimme nicht auf.

Greifer grinste freudig mit offenem Mund. Dann ging er wieder in das

Zimmer hinein, ließ Kognak in ein Glas laufen und trank es aus. Hierauf bückte er sich, hob umständlich seine Havanna-Importe hoch, reinigte sie an seinem Ärmel, führte sie zum Mund und sog mit gedämpfter Gier. Aber die Zigarre brannte nicht mehr. Fluchend warf er sie auf den Teppich.

Nunmehr, durch einen weiteren Kognak gestärkt und sich wieder in Form fühlend, begann er die Willrich systematischer zu bearbeiten. Frauen, wußte er aus seiner reichen Erfahrung, sind zäh wie die Katzen. Aber er kannte die Feinheiten genau, die dieses Metier erforderte – er hatte sich, Leiter von Exekutionskommandos unter Oberst Hauk, hochbewährter Vollstrecker von Standgerichtsurteilen, ausführlich darin üben können.

Nach zehn Minuten war die Willrich erledigt. Sie hatte ihm zwar die Uniform mit Blut versaut, aber sie sprach. Sie nannte zuerst den Namen einer kleinen Stadt, die etwa dreißig Kilometer von diesem Dorf entfernt lag.

»Weiter«, forderte Greifer.

Dann sagte sie, stöhnend, kaum vernehmbar, mit gurgelnder Stimme: »Hindenburgstraße dreizehn.«

Greifer, der sie hochgezerrt hatte, ließ sie fallen. Sie krachte dumpf auf den Teppich und lag da wie ein Stück Holz. Er wischte sich sorgfältig die Hände an einem Sofakissen ab.

Dann, eine neue Zigarre aus der Cellophanhülle schälend, sagte er: »Warum nicht gleich so!«

Das zerrüttete Kasinoleben, das mehr und mehr schwindende Gemeinschaftsgefühl, das Verlöschen des Garnisonsgeistes – alles das empfand Hauptmann Schulz als stark deprimierend. Er litt darunter. Er verzog keine Miene, büßte kaum an Haltung ein, doch sein Soldatenherz, versicherte er sich, blutete.

Das Offizierskorps im Bereich der Kommandantur – seiner Kommandantur! – verlor fast täglich, stündlich beinahe schon, an Umfang und Ansehen. Die Ersatztruppenteile lösten sich auf; der eine Kommandeur fuhr zur Kur, der andere ging in Urlaub. Eine Versetzung folgte einer Kommandierung, und der wieder folgte eine Versetzung. Der tägliche Mittagstisch wurde immer weniger besucht. Schließlich waren nur noch drei Offiziere von etwa zwanzig übriggeblieben – er, Schulz, und zwei Nieten.

Was Schulz so stark ans deutsche Soldatengemüt ging, war die Schnelligkeit, mit der sich hier die Auflösung vollzog. Noch eine Woche vorher hatte es einen Herrenabend und einen Gesellschaftsabend mit Damen gegeben, daneben drei interne Feiern: Geburtstag, Beförderung, Ordensverleihung. Jetzt aber begann das Kasino zu veröden: der Weinkeller war leer, die sonstigen Vorräte gingen auch zur Neige, und über den Verbleib der Teppiche war noch nicht endgültig entschieden. Kurz: es konnte keine rechte Kasinostimmung mehr aufkommen. Und so sah sich denn Schulz bedauerlicherweise gezwungen, zu Hause zu speisen, bei seiner Frau Lore.

»Wie zierlich du den Löffel hältst«, sagte Lore und tat, als bewundere sie ihn.

»Man hat eben Manieren«, sagte Schulz abwesend, denn er dachte nach, über sich und sein Amt; das tat er öfters in diesen Tagen. Und wenn auch nichts Greifbares dabei herauskam — allein schon der Gedanke daran, daß er nachdachte, befriedigte ihn nicht wenig.

»Und wie du den kleinen Finger spreizt!«

»Gehört dazu.«

»Und wie du schlürfst!«

»Meine Sache«, sagte Schulz souverän und dachte weiter nach. Und er dachte: Ich denke und denke — also bin ich ein geistiger Mensch; der große Moltke war ähnlich.

Lore löffelte ihren Teller aus, stützte dann den Kopf mit beiden Händen und betrachtete ihren Mann mißtrauisch. »Fritz«, sagte sie, »wie ist das mit den drei neuen Kisten im Keller — kann ich die aufmachen?«

»Das ist Heeresgut«, erklärte Schulz abweisend. »Das gehört uns nicht, das lagern wir nur ein.«

»Flaschen können zerbrechen«, sagte Lore, »Rauchwaren können feucht werden, Konserven verrosten — besonders jetzt.«

»Als Ortskommandant bin ich für alles verantwortlich«, sagte Schulz und richtete sich zu vorschriftsmäßiger Haltung auf. »Als solcher hafte ich dafür.«

»Dann machst du eben einen anderen zum Ortskommandanten — dann haftet der.«

»Was du dir so denkst«, sagte Schulz, wobei er ein Streichholz anspitzte, um sich dann damit in den Zähnen zu stochern. »Wie stellst du dir das wohl vor?«

»Ganz einfach«, sagte Lore. »Du wirst eben auch krank.«

»Ein Schulz wird doch nicht krank!«

»Dann mußt du dir eben etwas anderes ausdenken, wenn du gesund bleiben willst.«

Schulz unterbrach seine erfolgreiche Beschäftigung und starrte seine Frau an, die anscheinend gleichgültig am Tisch saß und ihren leeren Teller zu betrachten schien. Sie spielte mit dem Löffel, zeichnete schöne, runde Figuren auf das Tischtuch und lächelte vor sich hin. Dann sagte sie: »Wenn nämlich die Amerikaner kommen und du bist hier noch immer Kommandant . . .«

»Ich will dir mal was sagen, Lore«, erklärte Schulz mit seiner jeden Untergebenen zum Schweigen bringenden Überzeugungskraft, die er sich in seinen langen Dienstjahren angeeignet hatte, »ich bin Soldat, und als solcher tue ich meine Pflicht.«

»Bis zur letzten Kiste!«

»Du verstehst mich nicht, du hast mich nie verstanden. Du weißt ja nicht einmal, was Ehre ist. Aber mir — mir ist das Pflichtgefühl angeboren.«

»Neben anderen Geburtsfehlern.«

»Ach!« sagte Schulz mit starker Handbewegung, als müsse er sich gegen alle Plagen seines Daseins stemmen. »Was rede ich überhaupt noch mit dir. Ich werde handeln!«

»Mit wem?«

Schulz erhob sich, warf die Serviette zur Seite — seitdem er Offizier geworden war, liebte er große weiße Servietten — und stelzte brustgeschwellt und kinnerhoben davon. Er schritt über den Marktplatz, auf dem lebhafter Durchgangsverkehr herrschte, zum Rathaus hin, in dem sich auch die Diensträume der Kommandantur — seiner Kommandantur! — befanden. Er ging an den Türen der Planungs-, Verwaltungs- und Abwicklungsstellen vorbei, hinter denen immer noch in heftigem Leerlauf gearbeitet wurde, auf sein Vorzimmer zu.

»Sind Sie immer noch da?« fragte er den Gefreiten Stamm, der ihm erwartungsvoll entgegengrinste.

»Kann mich so schwer trennen, Herr Hauptmann.«

»Neue Post gekommen?« fragte Schulz ohne sonderliches Interesse und lediglich, weil ihm gerade nichts anderes einfiel. Er erwartete zu dieser Stunde keine Post und daher auch nicht jenes Schreiben, das ihn so überaus stark beschäftigte. Doch als der Gefreite seine Frage bejahte, verlangte Schulz sofort, sie zu sehen. Und zwar: »Alles, was da ist!«

Er blätterte, zwar ohne sonderliche Hoffnung, doch mit bemerkenswertem Eifer, die Briefe durch, betrachtete einmal, zweimal die Anschriften, dann die Absender. Aber was er suchte, was zu erwarten er berechtigt war, was ihm zustand und daher auch kommen mußte, das fand er — natürlich! — nicht. Seine Beförderung zum Major hatte die Kommandantur immer noch nicht erreicht.

Das betrübte Schulz zunächst; dann hielt er es für richtig, sich darüber zu empören. Er warf die Briefe dem Gefreiten Stamm auf den Schreibtisch. »Elender Papierkrieg«, sagte er. »Ein Saustall obendrein. Wir hier tun unsere Pflicht bis zum Verrecken — und was macht das Oberkommando? Das Oberkommando pennt!«

»Und was soll mit der Post geschehen, Herr Hauptmann?«

»Von mir aus«, sagte der barsch, »können Sie sich damit den . . . Ach, machen Sie doch, was Sie wollen! Machen Sie das Übliche! Immer weitergeben, solange noch untergeordnete Dienststellen da sind.«

Schulz ging in sein Dienstzimmer, ließ sich hier ächzend in einem Sessel nieder und begann sodann zu grübeln. Er spielte dabei mit einem langen, sorgfältig gespitzten Bleistift. Nach geraumer Zeit, nachdem er an Moltke, den Saustall im Personalamt und auch an seine besondere Situation gedacht hatte, zusätzlich noch an Lore, glätteten sich seine Sorgenfalten ein wenig. Schließlich nickte er nahezu befriedigt vor sich hin.

Er erhob sich wieder, diesmal ohne dabei zu ächzen, und begab sich in den Vorraum zum Gefreiten Stamm. Hier fühlte er sich durch einen dreckbespritzten Soldaten an der unmittelbaren Umsetzung seiner Gedanken in die Tat gehindert und sagte unwirsch zu ihm: »Was wollen Sie? Das hier ist doch kein Wartesaal. Die Abwicklungsstellen der Kommandantur sind draußen.«

»Guten Tag, Herr Hauptmann«, sagte der Soldat breit und entblößte sein kräftiges Gebiß.

Schulz sah sich den biederen Besucher näher an. »Kennen wir uns?«

»Obergefreiter Kowalski«, sagte der grinsend.

»Ach ja«, erinnerte sich Schulz schwach. »Sie waren doch schon damals Obergefreiter?«

»Jawohl, Herr Hauptmann. Aber degradiert bin ich nicht worden.«

»Sie wollen mich doch nicht etwa besuchen, Kowalski?«

»Bestimmt nicht«, versicherte der. »Ich bin hier Vorkommando.«

»Na schön«, sagte Schulz, der keine Zeit zu verlieren gedachte und auch keine rechte Gelegenheit sah, seine Führerpersönlichkeit zu demonstrieren. »Meine Unterstützung sollen Sie haben — der Gefreite Stamm wird Sie einweisen. Aber später. Warten Sie draußen.«

»Habe warten gelernt«, sagte Kowalski und schaukelte sich aufreizend langsam hinaus.

Schulz sah dem Obergefreiten Kowalski nicht einmal mehr nach; der war völlig uninteressant für ihn. Er hatte ihn schon vergessen, ehe der noch die Tür hinter sich schloß. Er fragte Stamm: »Was macht eigentlich der Oberleutnant Nowack?«

»Der verwaltet Quartiere«, sagte Stamm.

»Soll zu mir kommen«, befahl Schulz und entfernte sich wieder.

Der Oberleutnant Nowack, Kanzleiangestellter aus Linz, sanftmütig und dienstbereit, treublickend und mit einer Haltung, die vom besten Untertanengeist geprägt war, näherte sich Schulz mit Vorsicht. Er hatte kein reines Gewissen; seitdem er die Uniform trug, hatte er kein reines Gewissen mehr — und in diesen turbulenten Tagen wußte er kaum noch, was ein Gewissen war. Sein Amt, das er mit Fleiß und Ausdauer verwaltete, von dem er neuerdings sogar beunruhigend zu träumen pflegte, war arg durcheinandergeraten. Jeder quartierte sich hier ein oder aus, wie es ihm gerade paßte, kam, wie er wollte, machte sich breit, wo er wollte, verschwand wieder, wann er wollte – nur bitter wenige meldeten sich an, kaum einer meldete sich ab. Es war einfach verheerend.

»Oberleutnant Nowack zur Stelle«, sagte er artig, doch nicht ohne einen gewissen militärischen Unterton.

»Nowack«, sagte Schulz nahezu feierlich und vergaß ganz, sich auch diesmal an der Unbeholfenheit seines doch mehr als fragwürdigen Offizierskameraden mit Wonne zu weiden, »die Situation wird immer kritischer.«

»Jawohl, Herr Hauptmann«, sagte der ergeben. »Die Situation wird immer kritischer.«

Schulz war nahe daran, zu sagen: Sie sind Offizier, Nowack, aber doch kein Papagei! – doch er unterdrückte diese Regung, räusperte sich nur kurz und sagte statt dessen: »Die Anforderungen, die man an uns stellt, werden naturgemäß immer größer.«

»Jawohl, Herr Hauptmann. Die Anforderungen werden immer größer – naturgemäß«, beeilte sich der Oberleutnant zu versichern: Und er, der schwergeprüfte, erst heimgeholte, dann heimgesuchte »Ostmärker«, ewige Zielscheibe fortgeschrittener Kasinofestlichkeiten, war heilfroh, daß ihn Schulz diesmal nicht anmeckerte und aneckte und streng dienstlich zur Sau zu machen versuchte, nur weil die Quartierlisten wieder einmal nicht stimmten, sein Koppel nicht richtig saß oder sein Haarschnitt zu einer eklatanten Herausforderung preußischer Maximen erklärt wurde.

»Die Front ist immer das Wichtigste!«

»Jawohl – die Front ist das Wichtigste, Herr Hauptmann. Immer.«

»Und deshalb, Nowack, werde auch ich dort gebraucht. Dieser ehrende Ruf hat mich erreicht, und ich zögere nicht, ihm zu folgen. Und Sie, Nowack, werden mich hier vertreten.«

»Jawohl, Herr Hauptmann – werde ich Herrn Hauptmann hier vertreten«, sagte Nowack automatisch. Dann erst, unter den forschenden Blicken von Schulz, dämmerte ihm langsam, ganz langsam, was das zu bedeuten hatte. Die Knie wurden ihm weich, seine Augen blickten entsetzt, als klaffe vor ihnen ein gigantischer Abgrund, und er stieß mit sich überschlagender Stimme hervor: »Ich soll Herrn Hauptmann vertreten?«

»Wer denn sonst?« fragte Schulz polternd zurück. »Einer muß das ja machen! Und warum nicht Sie, Nowack? Sie werden den Laden schon schaukeln. Schließlich sind Sie Offizier, und auf einen Offizier muß man sich verlassen können. Also – verlasse ich mich auf Sie!«

»Jawohl!« sagte der konsterniert.

»Es ist gut«, sagte Schulz. »Sie können gehen. In einer Stunde machen wir eine kurze Übergabeverhandlung; Sie dürfen sie vorbereiten. Und dann, wenn ich alles nachgeprüft und unterzeichnet habe, übernehmen Sie hier das Kommando.«

»Jawohl, Herr Hauptmann. Übernehme ich das Kommando.«

Nowack wankte, mit letzten Kräften um einigermaßen brauchbare Haltung bemüht, hinaus. Es war, als schleppe er an einer mörderischen Last. Schulz massierte sich zufrieden das Kinn. Dann rief er den Gefreiten Stamm herein.

»Stamm«, befahl er, »Marschpapiere für mich fertigmachen. In doppelter Ausfertigung — einmal blanko. Ich darf an die Front.«

»Dann haben Sie es ja nicht allzu weit«, sagte Stamm, nachdem er seine erste Überraschung überwunden hatte. »An die Front also. Und wohin genau?«

»Wohin, Mensch! Ohne nähere Ortsangabe. Zu irgendeinem der Regimenter, die unsere Ersatzabteilung beliefert hat. Klar?«

»Klar«, sagte Stamm und grinste verkniffen. Er nahm seinen Block und schrieb darauf: Division Luschke. Dann ließ er den zukünftigen Frontkämpfer allein und begab sich, überaus nachdenklich, in sein Vorzimmer.

Hier hatte sich bereits wieder der Obergefreite Kowalski eingefunden, stand breit und fordernd und grinsend da. »Hör mal«, sagte er zu Stamm, »ich brauche eine Karte von diesem Nest; aber die muß ziemlich genau sein.«

»Hast du keine Augen?« sagte der Gefreite. »Die hängt dort drüben an der Wand. Dort, wo unser Führer hängt.«

»Wenn der hängt«, sagte Kowalski, »dann bin ich beruhigt.«

Stamm blickte von seinem Schreibblock auf, und seine Augen wurden groß. Die beiden Soldaten musterten sich erst, dann zwinkerten sie sich vorsichtig zu, dann grinsten sie mächtig. Hierauf nickten sie; sie hatten sich erkannt.

Der Obergefreite Kowalski ging an die Karte und begann sie systematisch abzusuchen. »Ihr habt euch in den letzten Jahren ziemlich ausgedehnt«, sagte er.

»Dafür wurde ein Teil zusammengebombt — und das gleicht sich dann wieder aus.«

»Aber wir werden ja Deutschland wiederaufbauen; größer und schöner. Nach dem Endsieg. Und wir sind die Garanten der Zukunft — fragt sich nur, wer auf diese Zukunft scharf ist. Aber in dieser Scheißwelt ist die nächste Zukunft immer nur der nächste Krieg.

»Was suchst du eigentlich?«

»Die Hindenburgstraße.«

»Im Südosten; genau auf den Stadtwald zu.«

»Schon gefunden«, sagte Kowalski und begann, sich eine flüchtige Handskizze anzufertigen.

Stamm trat interessiert näher. »Was willst du ausgerechnet in der Hindenburgstraße?« fragte er.

Kowalski grinste ihn an. »Der Name ist mir so sympathisch.«

Der Leutnant Asch ging durchs Birkenwäldchen, und das Mädchen Barbara folgte ihm. Sie gingen an Soldaten, Fahrzeugen und Gepäck vorbei, dorthin, wo am Rand einer kleinen Wiese die Reste der Batterie Asch lagerten. Barbara, die an einem großen Koffer schleppte, versuchte vergeblich, Schritt zu halten.

»Sie gehen zu schnell!« rief sie.

»Irrtum«, sagte er. »Du läufst zu langsam.«

»Können Sie mir nicht wenigstens den Koffer abnehmen?«

»Du brauchst ihn ja nicht mitzuschleppen! Denn was habe ich gesagt, Mädchen? Handgepäck — habe ich gesagt. Wir wollen doch nicht verreisen — wir müssen türmen.«

Barbara produzierte, ohne sich sonderlich Mühe geben zu müssen, ein wütendes Gesicht. Aber dann wurde ihr sehr bald klar, daß er, der voranschritt, ihre mimischen Darbietungen gar nicht zur Kenntnis nehmen konnte. Und außerdem wurde ihr klar, daß er sie auch gar nicht zur Kenntnis nehmen würde — schimpfte sie, würde er lachen. Und von diesem Kerl wollte sie nicht ausgelacht werden.

Nach diesen und ähnlichen Erkenntnissen veränderte sie ihre Gesichtszüge erneut; sie wurden wieder völlig normal. Nur so etwas wie ein leidender Zug schien sich um ihre Lippen zu legen, und das gereichte ihr fast zum Vorteil.

»Du bleibst hier«, ordnete Asch an und zeigte auf einen Baumstumpf. »Ich brauche jetzt zwei oder drei Stunden Zeit für meine Kameraden.«

»Und was soll ich inzwischen tun?«

»Du kannst in den Spiegel sehen oder mit deinen Zehen spielen. Du könntest aber auch deinen Koffer leichter machen.«

»Fahren wir denn nicht Herrn Oberst nach?«

»Wie kommst du denn darauf, Kindchen? Wir *folgen* dem Oberst — von fahren war gar keine Rede.«

»Ich will aber nicht laufen!«

»Komm, komm! Sei vernünftig. Benutz mal deinen Hintern normal — schwenke ihn nicht immer, setz dich drauf! Ein Fußmarsch von einigen Kilometern wird uns nicht erspart bleiben. Und vielleicht finden wir dann irgendwo ein Taxi!«

Barbara setzte sich. Sie beugte sich vor, legte die Ellenbogen auf ihre

Knie und den Kopf in die Handflächen. Ihr Mund war fest geschlossen, und in ihren Augen funkelte Trotz.

Asch zog aus seinem Rock ein Meßtischblatt. Er warf es Barbara, die nicht auswich, vor die Füße. »Da«, sagte er. »Sieh dir das mal an. Dort, wo das grüne Kreuz eingezeichnet ist, befinden wir uns im Augenblick. Und jetzt versuche, dich zu orientieren, Zuckerkind. Damit du mir nachher genau sagen kannst, wohin wir müssen.«

Der Leutnant nickte dem trotzigen Mädchen mit den aufreizenden Formen zu und ging dann beschleunigt weiter, zum Waldrand hin. Hier lagerten die Soldaten seiner Batterie, beschäftigungslos, abwartend, gleichgültig. Einige spielten Karten, einer las in einer der vielen Frontzeitungen; die meisten saßen nur so herum.

Als sich Asch seinen Soldaten näherte, bewegten die sich kaum; sie sahen hoch und ziemlich gleichgültig zu ihm hin – es wurde deutlich, daß sie nichts Besonderes von ihm erwarteten; von ihm nicht und von niemandem mehr. Das Ende lag ihnen allen in den Knochen.

»Ich dachte schon, du kommst überhaupt nicht mehr zurück«, rief ihm der Wachtmeister Wehmuth gemütlich entgegen, ohne jede Rücksicht darauf, daß die Soldaten der Batterie zuhörten. »Du bist stillschweigend ausgestiegen, dachte ich.«

»Du denkst zuviel«, sagte der Leutnant Asch.

Wachtmeister Wehmuth grinste ungekränkt. Er führte zur Zeit die Geschäfte des Hauptwachtmeisters der 3. Batterie; von Zivilberuf war er Bäcker – »ein geborener Bäcker«, behauptete er immer wieder. Und in den letzten Nächten hatte er intensiv vom Brotbacken geträumt, was seiner Tagesstimmung sehr zugute gekommen war. Er benahm sich wie ein Optimist.

»Was gibt es Neues, Wehmuth?« wollte der Leutnant Asch wissen.

»Nicht viel«, sagte der. »In den vier Stunden, in denen du weg warst, ist hier so gut wie nichts passiert. Zwei Mann sind leicht verwundet worden. Vier haben starken Durchfall. Irgend so ein Idiot verlangte eine Munitionsaufstellung von uns; ich habe ihm aber gesagt, er soll mich ...«

»Weiter, Wehmuth!«

»Der Koch hat vier Zentner geräucherten Schinken empfangen. Zwanzig Sack Trockenkartoffeln haben wir dankend abgelehnt. Der Motor der zweiten Zugmaschine ist restlos im Eimer. Einer vom dritten Geschütz hat zu mir, dem Hauptwachtmeister, gesagt: Leck mich doch am Arsch! Aber das ist ja wohl nichts Besonderes; gedacht wird er sich das sowieso schon immer haben.«

»Und? Wieviel Soldaten sind inzwischen verschwunden?«

»Sechs«, sagte Wehmuth ungerührt. »Sechs haben Schluß gemacht und sind getürmt.«

»Sechs innerhalb von vier Stunden«, sagte der Leutnant Asch und sah seine Soldaten, die seinem Blick nicht auswichen, offen an. »Ganz schönes Tempo. Aber auch ziemlich idiotisch.«

»Finden Sie?« fragte ein Gefreiter laut.

»Das finde ich«, sagte der Leutnant Asch und betrachtete den Gefreiten.

»Bravo!« rief der Unteroffizier Hildebrandt markig. Hildebrandt, Endsiegsoldat aus Überzeugung, Nationalsozialist durch intensive Erziehung, begrüßte grundsätzlich alles, was nach Heldentum und Walhalla roch. Für ihn war es erst fünf Minuten vor zwölf; und er wußte, daß der Führer gefordert hatte, erst fünf Minuten nach zwölf die Waffen aus der Hand zu legen.

»Unter idiotisch«, sagte Asch, »verstehe ich in diesem Fall das Türmen ohne ausreichende Papiere. Auf die Papiere kommt es mir an — nicht darauf, daß die Burschen voreilig abgehauen sind.«

Der vorlaute Gefreite und der markige Unteroffizier Hildebrandt liefen beide rot an; der eine schämte sich, der andere war empört. Die Soldaten wurden lebhafter und rückten instinktiv näher.

»Kommt her!« rief der Leutnant. »Kommt alle her!«

Sie kamen von allen Seiten und sammelten sich um den Leutnant Asch. Sie ließen die Geschütze stehen, die Fahrzeuge, die Anhänger. Sie krochen aus den provisorischen Zelten, stiegen von den Munitionswagen, kamen von der Latrine. Sie umstanden den Leutnant — müde, dreckige, graue Gestalten.

Der Leutnant Asch, gegen einen Anhänger gelehnt, sah sie an. Einige wenige kannte er noch von Polen her. Mehr als ein Viertel dieser Batterie lag irgendwo in Rußland. Der Gefreite mit dem halben Gesicht war zum drittenmal bei der 3. Batterie; jeder Feldzug verwundete ihn schwer, und der nächste brachte ihn prompt wieder zu seiner alten Einheit. Sieben Neue waren da, Milchknaben, Kinder in Uniform; keiner älter als achtzehn Jahre.

»Was haltet ihr von der Lage?«

Die Soldaten sagten nichts. Sie warteten auf das, was kommen würde. Und kommen würde, das wußten sie, ein Befehl oder so etwas Ähnliches wie ein Befehl — eine Anordnung. Und die würden sie dann befolgen. Das war so, als der Krieg begann, das würde so sein, wenn er endete. Das hatte sich, zum mindesten bei Leuten wie Luschke, Wedelmann und Asch, als verhältnismäßig brauchbar herausgestellt.

»Die allgemeine Lage«, sagte der Leutnant Asch, »ist beschissen, und die Situation, in der wir uns befinden, ist das auch.«

Wenn sie sich später noch einmal an mich erinnern werden, dachte der Leutnant Asch, als er in die gleichgültigen, abwartenden, lauernden Gesichter starrte, dann wird das im Zusammenhang mit krepierenden

Granaten, primitivem Essen, verlausten Unterkünften und stinkenden Leichen sein. Einzelne werden mich vielleicht für einen vernünftigen Mann halten, andere für einen Feigling, nicht wenige für einen Egoisten, der besser fraß, anständigere Unterkünfte bezog und jetzt Schluß machte, vermutlich, weil er mit einem Mädchen schlafen wollte. Nun gut, er konnte das nicht ändern. Er hatte mit manchen von den Soldaten, die ihn umstanden, fünfeinhalb Jahre im Dreck gelegen. Im Dreck. Und was bedeutete das schon? Eben: Dreck!

»Worauf warten wir eigentlich noch?« fragte der Wachtmeister Wehmuth rauh. »Packen wir ein!«

»Einverstanden?« fragte der Leutnant Asch seine Soldaten.

»Einverstanden«, sagten die meisten von ihnen, ohne zu zögern.

»Also«, sagte der Leutnant Asch, »dann wollen wir uns zum letztenmal in die Hände spucken. Folgendes: Die Munition sprengen wir in die Luft. Die Geschütze machen wir unbrauchbar. Die Fahrzeuge bleiben stehen. Lebensmittel, Bekleidung, Marketenderwaren und was sonst verwendbar ist, verteilen wir unter uns; gleichmäßig. Ohne Unterschied. Der Wachtmeister Wehmuth wird jedem seinen Wehrpaß aushändigen. Den Rest aller Akten und Unterlagen verbrennen wir. Wer Wert darauf legt, bekommt Marschpapiere mit oder eine Bescheinigung, daß er aus der Wehrmacht entlassen ist.«

»Auch mit einem Datum, das zurückliegt?«

Der Leutnant Asch überlegte kurz. »Mit jedem Datum, das ihr haben wollt. Das stempeln wir ab, und ich unterschreibe. Es wird echt aussehen. Machen wir das so?«

»Das machen wir so«, sagten die meisten Soldaten.

»Bitte einen Vorschlag machen zu dürfen«, sagte der Unteroffizier Hildebrandt. Seine Stimme war hell und schneidend; sein kühn vorgerecktes Kinn verriet Entschlossenheit. Und ehe er noch die Erlaubnis erhielt, seinen Vorschlag zu unterbreiten, begann er: »Ich schlage die Bildung eines Sonderkommandos vor, das bei den Waffen bleibt, bis zuletzt.«

»Sie meinen — bis zum letzten Atemzug?« fragte der Leutnant Asch ruhig.

»Das habe ich nicht gesagt. Ich sagte: bis zuletzt.«

»Ach!« rief einer böse. »Halt doch deine Fresse!« Andere stimmten ihm bei. Nicht wenige Soldaten murrten aufgeregt. Viele warteten lediglich schon wieder — auf das, was nun kommen würde, auf den nächsten Befehl, die nächste Anordnung.

»Ihr Vorschlag, Unteroffizier Hildebrandt«, sagte der Leutnant Asch ohne jede Bosheit, »soll, wie jeder andere Vorschlag auch, in Erwägung gezogen werden. Sie verlangen also die Bildung eines Sonderkommandos?«

»Jawohl«, sagte Hildebrandt entschieden. »Das halte ich für notwendig. Das ist unsere verdammte Pflicht und Schuldigkeit.«

»Nun gut«, sagte der Leutnant, lächelte kaum vernehmbar, bitter und fast ein wenig boshaft. Er wandte sich an seine Soldaten. »Es werden also Freiwillige gesucht, die sich an einem solchen Sonderkommando beteiligen wollen. Wer macht mit? Vortreten!«

Der Unteroffizier Hildebrandt trat vor. »Also«, forderte er seine Kameraden auf. »Wer ist nicht feige und will mitmachen?«

Die restlichen vierundsechzig Soldaten der 3. Batterie, der Batterie Asch, standen da und rührten sich nicht. Nicht einer rührte sich. Hildebrandt fixierte sie, als wolle er sie in seinen Bann zwingen. Dann wandte sich seine fordernde Schärfe langsam in tiefe Verachtung. Seine Kehle war trocken — das allein hinderte ihn daran, kräftig auszuspucken. Er wandte sich ab und ging. Niemand hinderte ihn daran.

»Vorschlag Hildebrandt abgelehnt«, sagte der Leutnant Asch. »Fertigmachen zur Auflösung!«

Der Wachtmeister Wehmuth übernahm das Kommando. Er spielte zum letztenmal Kasernenhof; und zum erstenmal ließen sich das die Soldaten gerne gefallen. »Alles antreten!« rief er. »Los, los, ihr Endsiegakrobaten! Reiht euch ein! Stillstehen braucht keiner mehr.«

Ein Haufen mußte Verpflegung teilen. Ein anderer Trupp wurde als Sprengkommando eingeteilt. Eine dritte Gruppe, aus schreibgewandten Leuten bestehend, stürzte sich, unter Anleitung des Schreibstubenunteroffiziers, auf die Papiere. Andere sortierten Bekleidung, Wehrbetreuungsmaterial und solche Ausrüstung, die auch im Zivilleben verwendbar war. Aus unteilbaren Lebensmittelresten sollte der Koch ein letztes, schmackhaftes Fest- und Abschiedsessen zubereiten. Und einige arbeiteten Ratschläge für Marschrichtungen aus, fertigten Handskizzen an und empfahlen Unterkünfte.

»Die Organisation klappt«, sagte der Wachtmeister Wehmuth nicht ohne Stolz.

»Zum letztenmal — hoffentlich«, sagte der Leutnant Asch.

Er öffnete die mit zwei Schlössern gesicherte Kiste mit den Geheimakten, angelte einen Schnellhefter hervor und schlug ihn auf. *Führerbefehl!* »Um den Frieden zu erhalten ...« »Für die gerechte Sache ...« »Der uns aufgezwungene Krieg ...« »Die Verteidigung unseres Vaterlandes ...« »Für Volk und Reich ...« »Ich, Adolf Hitler ... Oberster Befehlshaber der Wehrmacht ... von der Vorsehung bestimmt ... Der Segen des Allmächtigen ...«

»Ins Feuer damit«, rief Asch angewidert und warf Wehmuth den Schnellhefter zu. Der goß darauf eine Flasche Benzin und zündete es an. Es qualmte stark.

Das nächste Aktenstück: Benachrichtigung von Hinterbliebenen.

Diese 3. Batterie, so sagte sich Asch, besteht seit 1937 — damals wurde sie, im Rahmen der allgemeinen Wehrpflicht, von irgendeinem Schreibstubenonkel für nötig befunden und daher aufgestellt. In dieser Batterie war er Rekrut, Gefreiter, Unteroffizier, Wachtmeister, dann Leutnant. Als Leutnant übernahm er sie, vor einigen Monaten. Er selbst: zwei Verwundungen, das EK I, das Deutsche Kreuz in Gold. Die Batterie: 56 Tote, 104 Verwundete, 17 Vermißte.

»Ich bedaure aufrichtig, Ihnen mitteilen zu müssen, daß Ihr Sohn, Bruder, Mann, Verlobter ... auf dem Felde der Ehre ... für den Führer und Großdeutschland ... getreu dem Fahneneid ... seine Pflicht bis zum letzten erfüllt ... als tapferer Soldat des Führers ... in unauslöschlicher Erinnerung.«

Sechsundfünfzigmal dasselbe! Immer wieder dasselbe. Allein in dieser Batterie.

»... in unauslöschlicher Erinnerung.«

Und der Leutnant Asch blätterte das Aktenstück durch und las die Namen der Toten — der Gefallenen. Und unter den Schriftstücken, durch einen Federzug eng mit den Toten und deren Hinterbliebenen verbunden, stand: Wedelmann, Oberleutnant. Witterer, Hauptmann. Und dann, zum Schluß: Asch. Leutnant Asch. Asch, Leutnant. Die Namen von Toten und darunter: Asch.

Der Wachtmeister Wehmuth, der neben ihm stand, nahm das Aktenstück aus der Hand des Leutnants, wog es schwer in seiner Rechten, sagte kein Wort. Und dann warf er es ins Feuer.

Und Asch ergriff die Geheimkiste, hob sie hoch, kippte den ganzen Inhalt über diesen Scheiterhaufen. Warf die Kiste hinterher. Stand da und starrte in die Flammen.

»Erledigt!« sagte er dann. »Für alle Zeiten!«

Die Soldaten hatten inzwischen alle Vorbereitungen für die Auflösung abgeschlossen. Es hatte mehrmals heftig gekracht, und dann waren die restlichen drei Geschütze der Batterie Asch samt Munition nur noch Schrott. Und auf dem Waldboden lagen vierundsechzig wohlsortierte, umfangreiche Haufen — Gepäckstücke und Verpflegungspakete. Die Soldaten standen abmarschbereit herum. Sie hatten Interessengruppen gebildet und waren verhältnismäßig guter Stimmung.

»Wenn wir noch ein Funkgerät hätten«, sagte der Leutnant Asch zu Wachtmeister Wehmuth, »dann würde ich jetzt folgenden Spruch durchgeben lassen: 3. Batterie löst sich selbständig auf. Stimmung der Truppe: zum erstenmal in diesem Krieg wirklich gut. Nieder mit Hitler!«

»Wie gut«, sagte der Wachtmeister, »daß wir kein Funkgerät mehr haben.«

Der Leutnant unterschrieb in Eile alles, was ihm vorgelegt wurde: Wehrpässe, Bescheinigungen, Soldbücher, Urlaubsscheine, Marschpapiere, Entlassungsscheine. Dann begann die große Verteilung; auch der Unteroffizier Hildebrandt, der mit dem »letzten Atemzug«, schloß sich nicht aus. Aber er ließ seine abgrundtiefe Verachtung deutlich spüren, während er einpackte.

»Macht's gut!« rief der Leutnant Asch seinen Soldaten zu. »Ich selbst habe noch einiges zu erledigen, werde mich aber danach in meine Heimatstadt, unsere ehemalige Garnisonstadt, durchzuschlagen versuchen. Wer kein besseres Ziel kennt, soll ebenfalls dorthin kommen. Wir werden dann schon sehen, wie wir uns gegenseitig aus dem Dreck ziehen.«

»Alles Gute, Leutnant Asch!«

»Bis zum nächsten Krieg!«

»Freunde!« rief der Leutnant Asch. »Als Zivilisten sehen wir uns wieder. Und solange wir noch Augen im Kopf haben, ein Hirn besitzen und unser Herz schlagen hören, wollen wir uns nur noch als Zivilisten begegnen. Und jetzt: Jeder für sich – Gott mit uns allen!«

Der einstige Hauptmann Wedelmann stand vor dem Spiegel mit verkniffenem, unzufriedenem, konzentriertem Gesicht. Er versuchte, seinen Schlips zu knoten. Das gelang ihm nicht. Nach vier total mißglückten Versuchen gab er seine Bemühungen resigniert auf.

Er verließ das ihm im Hause Asch zugeteilte Zimmer, ging auf den Korridor, an die nächstliegende Tür und klopfte dort an. Er wartete ergeben, mit hängenden Armen. Der Schlips hing ihm wie ein Strick um den Hals. Er klopfte erneut.

»Wer ist da?« rief eine sanfte Stimme.

»Ich«, sagte Wedelmann und kam sich erneut reichlich komisch vor. So ein Zivilleben, sagte er sich, ist doch weit komplizierter, als ich es jemals vermutet hatte; und vielleicht bin ich gar nicht für so eine Art Leben geboren. Es ist so kompliziert, allein so ein Schlips macht es dazu – eine Uniform war bequemer zu handhaben.

»Aber warum kommst du nicht einfach herein?« fragte Magda, nachdem sie die Tür geöffnet hatte. Sie lächelte ihn, immer noch ein wenig scheu, aber überaus zärtlich, an. Mit beiden Händen hielt sie sich den Bademantel zu, den sie sich umgeworfen hatte.

»Ich wollte dich nicht stören«, sagte Wedelmann verlegen. »Ich wollte dich nur etwas fragen. Entschuldige, bitte. Ich konnte natürlich nicht wissen, daß du auch noch nicht ganz umgezogen bist.«

»Aber das macht doch nichts«, sagte sie. »Du kannst doch jederzeit zu mir kommen.«

»Kannst du etwas für mich tun?« fragte er.

»Alles, was du willst«, sagte sie zart und ergeben.

»Dann binde mir meinen Schlips«, sagte Wedelmann. »Ich weiß nicht mehr, wie man das macht.«

Sie bewegte sich auf ihn zu, blieb dicht vor ihm stehen, hob, worauf sich ihr Bademantel öffnete, ihre Hände zu ihm hoch und legte sie um seinen Hals. »Wie jung du aussiehst«, sagte sie. »In Uniform warst du beinahe schon ein würdiger, gesetzter Herr.«

»Das sind nicht meine Kleider«, sagte Wedelmann hastig und wagte nicht, obgleich es ihn dazu drängte, sie näher zu betrachten. »Dieser Anzug gehört dem Sohn von Herrn Asch. Als der eingezogen wurde, war er, glaube ich, ungefähr zwanzig Jahre alt.«

»So siehst du jetzt auch aus!« rief Magda zärtlich-verspielt. »Kaum älter als zwanzig! Dagegen komme ich mir vor wie eine alte Frau.«

»Das sind ganz dumme Gedanken«, sagte Wedelmann, immer noch ehrlich bemüht, die Blöße, die sich ihm bot, nicht zur Kenntnis zu nehmen. Das war gewiß nicht die erste, die er so sah — aber da es sich hier um seine zukünftige Frau handelte, wollte er sie so nicht sehen.

»Mein Gott«, rief sie mit kindlichem Entzücken, »ich heirate einen Jüngling.«

»Das brauchst du ja nicht«, sagte Wedelmann, der sich ganz als Mann fühlte, leicht beleidigt.

»Das will ich aber!«

»Dann binde mir zunächst einmal den Schlips«, sagte er steif.

»Nichts leichter als das«, sagte sie mit naiver Fröhlichkeit und knotete, mit zwei, drei sicheren Griffen, seinen Binder, zog ihn fest und korrigierte noch kurz und zufrieden ihr Werk. »So! Gelernt ist gelernt.«

»Bei wem hast du das gelernt?« fragte Wedelmann sofort. »Wer hat dir das beigebracht? Wem hast du sonst noch den Schlips gebunden?«

Magda schreckte kaum vernehmbar zusammen, sah ihn groß an und schwieg. Sie spürte sein Mißtrauen, das immer wieder hervorbrach, fast körperlich; es bereitete ihr Schmerzen. Und ihr Blick glich jetzt dem eines Rehs, das sich verteidigungslos ergibt, ihre Haltung der eines treuen Hundes, der traurig ist. Tränen sammelten sich in ihren Augen.

»Bitte«, sagte Wedelmann hilflos, »so war das doch nicht gemeint.«

Magda schüttelte betrübt den Kopf. »Du weißt nicht, wer das ist, den du heiraten willst«, sagte sie. »Du machst dir immer wieder Gedanken darüber. Das bereitet dir Sorgen. Du glaubst manchmal, es könnte doch sein, daß ich ...«

»Laß das doch!« sagte er ein wenig schroff. »Das führt zu nichts.«

»Vielleicht sind wir dabei, einen großen Fehler zu machen«, sagte Magda angstvoll. »Und vielleicht wirst du ihn dann ein Leben lang bereuen. Das quält mich. Aber um mich geht es gar nicht. Ich denke nur an dich, und das eine wollte ich dir schon immer sagen: Du mußt mich nicht heiraten!«

»Ich will das aber!«

»Wir können das später immer noch tun«, sagte Magda leise.

»Wir werden das jetzt tun!«

Magda streckte scheu ihre rechte Hand aus und zögerte ein wenig, ehe sie ihre Fingerspitzen auf seinen Arm legte. Sie streichelte ihn zärtlich. »Sieh mal«, sagte sie behutsam, »du weißt nichts von meiner Vergangenheit – und ich weiß von deiner auch nichts.«

»Das«, sagte Wedelmann nicht ohne Schroffheit, »was man in diesem Zusammenhang eine Vergangenheit nennt, das gibt es für mich gar nicht. Ich wurde als Jüngling Soldat und war es bis heute. Ich kenne das kaum, was man gewöhnlich als Privatleben bezeichnet. Mehr ist dazu nicht zu sagen.«

»Nun gut«, sagte sie ergeben. »Und wenn du wissen willst, wo ich es gelernt habe, Schlipse zu binden, so ist das ganz einfach zu erklären: Mein Bruder war in der HJ. Dort gehören Halsbinden zur Uniform.«

»Vergessen wir das doch«, sagte Wedelmann nervös. »Das und alles, worüber wir vorher gesprochen haben. Und warum reden wir eigentlich immer und immer wieder über diese Vergangenheit! Wir wollen eine Zukunft haben.«

»Manchmal«, sagte Magda tapfer, »läuft uns die Vergangenheit nach und will uns nicht loslassen.«

»Darum sollten wir uns nicht kümmern«, sagte Wedelmann und wollte sie umarmen. »Das darf uns einfach nicht passieren!«

»Unten im Wohnzimmer von Asch«, sagte sie und entzog sich ihm sanft, »wartet eine Dame auf dich.«

»Auf mich? Eine Dame? Das muß ein Irrtum sein. Ich kenne keine Damen.«

»Eine Frau Lore Schulz«, sagte sie und sah ihn forschend an, doch ohne den geringsten Vorwurf.

»Ach so!« sagte er und versuchte seine Überraschung zu verbergen. »Frau Schulz – die Frau eines Kameraden.«

»Vielleicht braucht sie – deine Hilfe?«

»Das könnte sein«, sagte er und straffte sich, nicht sonderlich erfolgreich bemüht, seine Verlegenheit zu verbergen. »Da darf ich mich natürlich nicht verleugnen lassen. Aber ich werde sie abfertigen – so schnell wie möglich.«

»Kann ich mitkommen?«

»Es wird bestimmt nicht lange dauern, Kindchen.«

»Also soll ich nicht mitkommen?«

»Natürlich kannst du mitkommen, wenn du willst. Selbstverständlich.«

»Wenn es dir Freude macht«, sagte Magda mit jener sanften Hartnäckigkeit, wie sie nur liebenden Frauen zu eigen ist, »dann begleite ich dich gerne.«

Wedelmann blieb nichts anderes übrig, als zustimmend zu nicken. Er ging mit entschlossenen Schritten durch den oberen Korridor, die Treppe hinunter, durch den mittleren Korridor, in das Wohnzimmer hinein. Es war ihm anzumerken, daß er nicht mehr ausweichen und, wenn nötig, kurzen Prozeß machen wollte. Magda folgte ihm ergeben.

Frau Lore Schulz, wie immer ein wenig auffallend gekleidet, mit prallsitzender blauer Seide, lächelte den beiden zu. »Nein!« rief sie offenbar ehrlich überrascht aus, wobei sie eine überaus kokette, recht schwungvolle Bewegung mit dem Oberkörper vollführte. »Wie Sie aussehen, lieber Wedelmann! Wie ein Primaner.«

»Darf ich bekannt machen«, sagte Wedelmann förmlich und demonstrierte durch seine gemessene Verbeugung, daß gepflegte Kasinositten ihm immer noch eigen waren. »Wenn Sie erlauben ...«

»Nicht mehr nötig«, erklärte Lore Schulz. »Wir haben uns schon bekannt gemacht. Ihr Fräulein Braut hat mich bereits aufgeklärt. Und ich muß schon sagen, mein lieber Wedelmann, Sie haben keinen schlechten Geschmack bewiesen.«

»Wie geht es Ihnen?« fragte Wedelmann und nahm, also unmißverständlich andeutend, wohin er gehöre, unmittelbar neben Magda Platz.

»Man lebt!« sagte Lore lakonisch und zuckte mit den Schultern. »Man schlägt sich durch – manchmal schlägt man sich auch nur. Der Mensch gewöhnt sich eben an alles.«

»Und Ihr Mann?«

»Bis zum letzten Blutstropfen! Haben Sie etwas anderes von ihm erwartet? Der hat sich im Laufe der Jahre in einer Weise vervollkommnet, daß er nahe daran ist, vor sich selber strammzustehen. Neuerdings behauptet er, an die Front zu wollen.«

»Dann wünsche ich ihm viel Soldatenglück.«

»Und Sie, Herr Hauptmann – Sie wollen wohl nicht mehr kämpfen?«

»Nein«, sagte er kurz. »Für mich ist das vorbei; und zwar für immer. Mein Bedarf ist gedeckt. Meine Erfahrungen sind mehr als ausreichend. Und ich bitte Sie, mich nicht mehr Hauptmann zu nennen.«

»Ich kann Sie ja in Zukunft wieder mit Ihrem Vornamen anreden – wie war der doch gleich? Und wenn Sie eine Hausfreundin brauchen sollten ...«

»Frau Schulz«, sagte Wedelmann sichtlich schockiert und unmißverständlich um letzte Korrektheit bemüht, »wenn es die Umstände gestatten, eine Feier anläßlich unserer Hochzeit im kleinen Kreis zu veranstalten, werde ich mir erlauben, Sie einzuladen. Ich danke Ihnen also für Ihr Wohlwollen und Ihren Besuch. Ich will Sie nicht länger aufhalten.«

»Störe ich Sie so sehr, lieber Wedelmann?«

»Sie sind zu unserer Hochzeit herzlich willkommen«, sagte Magda tapfer.

»Ihr wollt wirklich heiraten?« fragte Lore versonnen und betastete mit dem linken Zeigefinger ihre Lippen. »Warum eigentlich?«

»Weil wir uns lieben«, sagte Magda.

»Das kann man doch auch, ohne verheiratet zu sein.«

»Wir können das nicht«, sagte Wedelmann frostig. »Wollen Sie das bitte zur Kenntnis nehmen.«

Lore lächelte ihm nachsichtig zu. »Lieber Wedelmann«, sagte sie, »wir beide haben uns doch immer gut verstanden – nach Ansicht meines Mannes sogar zu gut. Aber natürlich hatte er unrecht, wie immer bei mir in solchen Fällen. Oder sind Sie etwa anderer Ansicht? Wie man es auch immer nimmt – ich habe da meine Erfahrungen als Frau und Gattin; vielleicht kann ich Ihnen behilflich sein.«

»Kaum«, sagte Wedelmann.

»Sie sind sehr freundlich«, sagte Magda und ertrug diese Unterredung mit bestaunenswerter Tapferkeit. »Wir danken Ihnen.«

Lore Schulz stand auf, und auch Wedelmann erhob sich sofort. Sie strich mit katzenhaften Bewegungen das Kleid über den prallen Hüften glatt. Dann ging sie auf ihn zu, stellte sich vor ihm auf und sah ihn fragend an. »Sie sehen wirklich noch sehr jung aus, lieber Wedelmann. Sehr jung! Fast jünger als damals – erinnern Sie sich noch?«

»Nicht daß ich wüßte«, log Wedelmann mühsam.

»Vielleicht erinnern Sie sich noch einmal daran«, sagte Lore Schulz zutraulich. Sie zog an seinem Schlips, wie man an Klingelzügen zieht. Dazu lachte sie amüsiert. Dann sagte sie zu Magda: »Wenn Sie mich brauchen – ich bin Ihnen gerne behilflich. In jeder Beziehung.«

»Wir danken sehr«, sagte Wedelmann und blickte sie an, als habe er einen überaus hassenswerten Vorgesetzten vor sich.

Lore schien ihn gar nicht zu beachten. Sie griff nach Magdas Arm, als habe sie eine langjährige Freundin neben sich, und redete auf sie ein. »Ich kenne hier Gott und die Welt. Außerdem habe ich viel Zeit. Mein Mann ist nämlich nur Soldat, und das ist furchtbar; aber wenn Sie einen kriegen, der nur Familienvater sein will, ist das auch nicht ideal.«

»Ich werde schon allein fertig«, sagte Magda.

»Mit ihm?« fragte Lore sofort. Und sie freute sich mächtig über Magdas steigende Verlegenheit und über Wedelmanns würgenden Ärger. Die blutrote Zungenspitze glitt über ihre Lippen, und ihre Augen funkelten katzenhaft.

Dann sagte sie: »Ich rechne von vornherein mit Ihrer Bescheidenheit – und deshalb brauchen Sie mich erst gar nicht zu bitten; ich kümmere mich auch von ganz allein um Sie.«

Dann entfernte sich Lore Schulz, und es war, als schaukelte sie sich davon. Wedelmann starrte ihr wutentbrannt nach. Und Magda betrachtete Wedelmann.

»Sie ist sehr bemerkenswert«, sagte Magda dann.

»Sie ist unmöglich!«

»Hast du sie schon immer unmöglich gefunden?«

»Magda«, sagte Wedelmann höchst ernsthaft, nahezu feierlich, als sei er dabei, einen Schwur vorzubereiten, »ich versichere dir ...«

Sie lehnte sich an ihn, überaus behutsam, so daß er kaum ihren Körper spürte, und legte ihre Hand auf seine Lippen. »Still«, sagte sie. »Kein Wort mehr über dieses Damals! Es gibt doch kein Damals mehr für uns.«

»Du«, sagte er mit sofort erwachendem Mißtrauen, wie angefallen von seiner ansonst zwar spärlichen, in diesen speziellen Punkten jedoch arg verwilderten Phantasie, »glaube nicht, daß damit einfach alles abgetan ist. Du hast mir nichts zu verzeihen, denn es gibt nichts zu verzeihen. Und wenn du etwa eine große Geste machst, nur in der Hoffnung, daß auch ich eine große Geste machen werde ...«

Sie sah ihn mit Augen an, die aufzuschreien schienen; ihre kleinen Hände krallten sich an ihm fest, so daß er erschrocken mitten im Satz abbrach. Er sah die Tränen, die sich sammelten.

»Es ist alles so schwer«, sagte sie kaum vernehmbar.

Und er dachte: Mein Gott, wie schwer das doch alles ist! Als ich noch die Uniform anhatte und in einer Welt war, in der ich mich auskannte, in der ich mich mühelos zurechtfand, damals war vieles leichter. Alles war leicht!

Und er sagte: »Wir werden es schon schaffen!«

Er spürte ihren bebenden Körper in seinen Händen. Er preßte sich an sie. Und es war, als sei er es, der einen Halt suche. »Wir müssen es schaffen!« rief er.

Über die Waldlichtung schob sich ein amerikanischer Panzer; er dröhnte und bebte und mahlte sich durch den Sand. Der Turm mit den automatischen Geschützen drehte sich bedrohlich stumm. Die Rohre, scharf gegen den gleichgültigen Himmel sichtbar, schienen die Gegend gleich dicken, schwerfälligen, beängstigend unbeholfenen Fühlern abtasten zu wollen.

Die Soldaten am Waldrand erhoben sich stumm; es war, als wären sie dazu aufgefordert worden. Der Leutnant Brack beugte sich aufmerksam zu Major Hinrichsen hinunter, um dem Verwundeten behilflich zu sein. Der wehrte ab. »Danke«, sagte er. »Das kann ich noch allein.«

Der Panzer schien lauernd stehenbleiben zu wollen. Aber dann zeigten seine Rohre wie riesige Finger auf die beiden Offiziere. Und die Raupenketten begannen wieder, sich abzurollen. Der Koloß aus Stahl zitterte auf Hinrichsen und Brack zu — blieb vor ihnen stehen.

Langsam, bedrohlich langsam, öffnete sich eine Klappe auf dem Panzerkopf; und es war, als versuche jemand umständlich, im Zeitlupentempo, seinen Hut abzunehmen. Dann tauchte dort ein Amerikaner auf, ein langer Mensch mit verschwitztem, wildem, von einem Schildkrötenstahlhelm gekrönten Gesicht; er begann mit den Armen zu rudern und sie dann zur Seite zu stoßen. Er rief: »Aus! Total aus! Hitler tot!«

Der Leutnant Brack nickte Hinrichsen aufmunternd zu und ging dann drei Schritte vor, dem Panzer entgegen. Und er sagte in fließendem Englisch, mit ein wenig singenden, ineinander verwobenen Worten: »Wir geben uns gefangen. Wo sollen wir hin?«

Und der Leutnant Brack sagte das lässig, beinahe gleichmütig; und es war, als treffe er zufällig jemanden irgendwo in einer Hotelhalle und fühle sich nunmehr gezwungen, ein paar belanglose Worte an ihn zu richten.

Der Major Hinrichsen fühlte, daß er zu zittern begann. Die Knie wurden ihm weich, und die Sehschärfe seiner Augen schien nachgelassen zu haben. Doch seine Verwundung schmerzte ihn nicht; er dachte nicht einmal an sie.

Hinrichsen starrte auf das verzerrte Bild, das seine Augen registrierten: ein Amerikaner, aus einem Panzer herausbrüllend, offenbar glänzender Laune, wie von Gelächter geschüttelt und mit Handbewegungen, als erzähle er einen derben Witz. Und vor ihm ein deutscher Offizier, der lässig die Arme hängen ließ, überaus gleichgültig dastehend, als schaute er einem Tennisturnier zu, das ihn nicht sonderlich interessierte.

Keine wilden Schießereien, keine hocherhobenen Hände, keiner, der den Gefangenen die Mündung in das Kreuz drückte. Nichts dergleichen. Ein Frühling voller Sonne, Menschen in Uniform — irgendwo ferner, nahezu gemütlich klingender Motorenlärm. War das alles? Das war alles.

Der Mann im Panzer rief dem Leutnant Brack zu: »Alle zur Straßenkreuzung, in geschlossener Formation! Ohne Waffen, aber mit Gepäck. Auf der Straße nähere Weisungen abwarten!«

Brack nickte. Dann drehte er sich um und übersetzte den Soldaten die Anordnungen des Amerikaners. Und nun war es, als wäre soeben, endlich wieder und schon lange erwartet, ein Befehl erteilt worden: die Soldaten begannen sich zu regen, schoben sich in der Höhe des Leutnants aufeinander zu, bildeten, wie gewohnt, Dreierreihen. Sie waren in wenigen Minuten marschbereit; was sie auf den Kasernenhöfen gelernt hatten, bewährte sich auch in dieser Situation.

»Können Sie gehen, Herr Major?« fragte der Leutnant Brack höflich, wie es seine Art war, und besorgt, wie er es dem Leutnant Asch versprochen hatte. »Oder soll ich veranlassen, daß Sie in einem Lazarettfahrzeug abtransportiert werden?«

»Ich gehe«, sagte der Major Hinrichsen, »zusammen mit meinen Soldaten.«

Der Leutnant Brack zog es vor, sich jeder überflüssigen Bemerkung zu enthalten. Er gab Hinrichsen den Weg frei, und der setzte sich mit schweren Schritten an die Spitze der gefangenen Soldaten. Was der Major noch an Eigentum besaß, hing in einem Brotbeutel über seiner gesunden Schulter.

Brack, der lediglich eine Aktentasche mit sich herumtrug, begab sich an die Seite des schwerfällig dahinschreitenden Majors. »Bitte«, sagte er, »stützen Sie sich auf mich, wenn Ihnen Ihre Verwundung Schwierigkeiten macht.«

»Danke«, sagte der dicke Major und schritt aufrecht weiter, der schweigenden Kolonne voran.

Der amerikanische Panzer, der sich jetzt hinter dem Rücken der Gefangenen befand, brüllte auf, rollte an, begann erneut die Erde zu durchpflügen und pflügte sich seitwärts an der marschierenden Formation entlang. Die Raupen wirbelten eine Wolke aus dickem Staub auf, und der schwebte auf die Gefangenen zu, und es war, als wollte er sie einhüllen wie in einen Mantel.

»Es könnte als Kameradschaft bezeichnet werden, Herr Leutnant«, sagte der Major Hinrichsen, während sie nebeneinander über das Feld schritten, »wie Sie sich um mich bemühen. Aber das ist wohl nicht nötig – das ist vorbei. Jetzt muß jeder allein fertig werden; und Sie haben gewiß mit sich genug zu tun.«

»Der Leutnant Asch«, sagte Brack, »war sehr besorgt um Sie. Es war sein besonderer Wunsch, daß ich zu Ihrer Verfügung stehe. Und ich entspreche diesem Verlangen gerne.«

»Der Leutnant Asch«, sagte Hinrichsen, »ist tapfer und vielleicht auch anständig. Aber ein Offizier des Führers ist er nicht.«

»Sind Sie denn einer, Herr Major?«

»Nein«, sagte Hinrichsen fest. »Ein Mann, der eine Armee nur dann zusammenhalten kann, wenn er siegt, taugt nichts. Ein Mann, in dessen Armee es möglich ist, daß Verbrecher zum Oberst befördert werden, kann nicht wissen, was Ehre ist. Und ein Mann, der seine Soldaten verbluten läßt, obwohl er weiß, daß der Kampf sinnlos ist, muß selbst ein Verbrecher sein.«

»Sind Sie ein Gegner Hitlers?«

»Ich gehöre nicht mehr zu seinen Anhängern.«

»Dieser Leutnant Asch«, sagte Brack nachdenklich und schien dabei den schlürfenden Schritten der Soldaten zu lauschen, »scheint genau zu wissen, aus welcher Richtung jetzt der Wind weht.«

»Wäre ich kein Krüppel«, sagte Hinrichsen dumpf, »dann würde ich jetzt mit diesem Asch zusammen auf die Treibjagd gehen.«

»Wen will denn Asch abschießen?« fragte der Leutnant Brack neugierig.

»Einen Mörder«, sagte Hinrichsen kurz. »Und wenn so ein Schwein den Krieg nicht überlebt, ist vielleicht nicht alles sinnlos gewesen.« Und er verzerrte das Gesicht vor Schmerz.

Brack schwieg und beobachtete Hinrichsen vorsichtig. Er kannte diesen Offizier nicht; aber der Leutnant Asch – und den kannte er! – hatte gefordert, hatte mit bemerkenswerter Hartnäckigkeit gefordert, daß er sich um diesen Major kümmere. Warum geschah das? Lediglich, weil Hinrichsen verwundet war? Oder etwa gar, weil Hinrichsen »brauchbar« war – brauchbar für eine Sache, auf die Brack zielstrebig zuging, deren unvermeidliche Konsequenzen dieser Asch geahnt haben mußte und in die ihn der Generalmajor Luschke, direkt oder indirekt, hineinmanövriert hatte.

Die Kolonne der Gefangenen staute sich vor der Straßenkreuzung, kam zum Stehen. Amerikanische Soldaten schlenderten herbei und betrachteten die deutschen wie Ausstellungsobjekte auf einem Rummelplatz. Der Mann im Panzer sagte: »Hier warten! Sie werden abgeholt und in ein Lager übergeführt.«

Der Leutnant Brack übersetzte die Anordnungen des Amerikaners den gefangenen Soldaten. Die trabten gleichmütig auf den Straßengraben zu und ließen sich dort nieder; alles geschah ohne Hast, aber auch ohne Verzögerung. Es war, als hätten sie ihr Leben lang nichts anderes getan, als in Straßengräben herumzusitzen.

Brack ging auf den Panzer zu, stellte sich dort, eine Hand in der Hosentasche, auf, sah gelassen hoch und sagte: »Ich wünsche einen Offizier des CIC zu sprechen. Es ist wichtig.«

Der Amerikaner blickte erstaunt hinunter und wußte offenbar nicht recht, was er erwidern sollte. Daß er das Benehmen dieses Gefangenen zumindest als gegen die internationalen Soldatenspielregeln gerichtet empfand, wurde deutlich. Schließlich klappte er den Mund auf und sagte: »Es ist gut.«

»Es wird erst dann gut sein«, sagte Brack zwar hartnäckig, aber immer noch verbindlich, »wenn Sie diesen meinen Wunsch Ihrem Offizier mitgeteilt haben.«

Der Mann im Turm starrte den deutschen Offizier verblüfft an. Sein staubgraues Gesicht schien eine rotbraune Färbung anzunehmen. Dann jedoch nickte er, brüllte irgend etwas in den Panzer hinein, und der setzte sich wieder in Bewegung. Brack sah ihm kurz nach, dann drehte er sich herum und setzte sich neben den Major auf einen Steinhaufen.

»Ich möchte nicht, Herr Brack«, sagte Hinrichsen, »daß Sie ungewarnt in eine unangenehme Situation hineingeraten. Ich habe nämlich Ihr Gespräch mit dem Amerikaner nicht nur mitgehört, sondern auch verstanden. Denn ich spreche ebenfalls Englisch. Ich war über ein Jahr lang bei einer Firma in Southampton; Eisenwaren, speziell Werkzeuge.«

»Das stört mich nicht«, sagte Brack und sah den Major offen an.

»Sie sprachen vorher vom CIC — heißt das nicht ›Counter Intelligence Corps‹? Es handelt sich doch dabei um den amerikanischen Geheimdienst oder zumindest um eine ähnliche Organisation, nicht wahr?«

»Stört *Sie* das?«

»Jetzt nicht mehr«, sagte Hinrichsen. »Ich habe ...« Er suchte vergeblich nach passenden Worten, aber er fand keine; das schien ihn in arge Verlegenheit zu stürzen. Er bewegte die linke Schulter, und es sah so aus, als wollte er sich durch ein Gedränge schieben. »Ich habe«, sagte er mühsam, »mit ... dem ... abgeschlossen. Sie verstehen?«

»Nur zu gut.«

»Wenn Ihre Beziehungen ausreichen sollten, Herr Brack«, sagte jetzt Hinrichsen rauh, »dann nutzen Sie sie. Unbedenklich. Alle Mittel sind jetzt recht, um diesen Spuk zu beenden. Und wenn Ihnen dann einmal ein Mann über den Weg laufen sollte, der Hauk heißt — ein Oberst Hauk! —, dann packen Sie zu. Das ist der Mörder! Und ich werde dann Zeugnis ablegen, warum er ein Mörder ist. Ich und der Leutnant Asch.«

»So ist das also«, sagte Brack.

Ein Jeep brauste auf sie zu mit schrill singendem Motor. Er bremste schroff, segelte noch ein paar Meter mit blockierten Rädern über die Straße, hielt; Staub wirbelte hoch, und es war, als dampfe der Wagen. Ein Offizier, ohne Waffen, mit einer Feldmütze auf dem Kopf, die frisch aus dem Depot gekommen zu sein schien, beugte sich heraus und fragte: »Wer ist der Mann, der den CIC-Offizier sprechen will?«

Brack hob eine Hand in Kopfhöhe, mit einer kurzen, lässigen, fast grüßenden Armbewegung.

»Was wollen Sie?«

»Sind Sie der CIC-Offizier?«

»Nein. Was wollen Sie?«

»Einen CIC-Offizier sprechen, Sir! Das sagte ich doch bereits.«

Der Offizier schob sich die fabrikneue Feldmütze aus der Stirn und klappte seinen großen Mund zu; nach geraumer Pause klappte er ihn wieder auf: »Steigen Sie ein«, sagte er murrend.

»Es wird gebeten, zu erlauben«, sagte Brack und rollte sein klangreines

Oxford-Englisch dem erstaunten Amerikaner entgegen, wobei er auf Hinrichsen wies, »daß mich dieser verwundete Offizier begleiten darf. Ich muß darauf bestehen und werde dieses mein Verlangen an maßgeblicher Stelle zu begründen wissen.«

»Steigen Sie schon ein!« rief der Amerikaner und schob seine fabrikneue Feldmütze nunmehr wieder der Stirn entgegen.

»Herr Hinrichsen«, sagte Brack, beugte sich zu dem Major hinunter und gab ihm ritterlich Hilfestellung, »kommen Sie, bitte. Ich glaube, das Spiel kann beginnen.«

Die Türglocke schrillte. Und sie schrillte wieder. Aufdringlich laut. Der Cafetier Asch, der ohne jegliches Interesse eine mindestens sieben Tage alte Zeitung durchblätterte, zuckte ärgerlich mit den Schultern und versuchte, sich festzulesen. Aber das gelang ihm nicht. Was in der Zeitung stand, war ausgesprochener Bockmist, und die Türglocke schrillte immer heftiger.

Der alte Asch warf wütend die Zeitung weg, stand auf und versuchte, einen Entschluß zu fassen. Er schlich auf Zehenspitzen, als fürchte er, gefährlichen Lärm zu veranstalten, zum Fenster, verschob dort vorsichtig die Gardine und äugte hinunter. Dort auf der Straße vor seinem Haus sah er einen Soldaten im verdreckten Gummimantel stehen.

Die Türglocke schrillte unentwegt weiter. Sie klang immer aufdringlicher und schien, lauter und lauter werdend, das ganze Haus auszufüllen. Das monotone Geschrill zerrte zäh an den schon arg strapazierten Nerven des Cafetiers.

»Verflucht!« schrie der alte Asch und raste gleich einem Rachegott die Treppe hinunter, stürzte sich auf die Tür, drehte den dort steckenden Schlüssel zweimal herum und öffnete mit wildem Zugriff.

»Sind Sie denn ganz von Gott verlassen!« brüllte er den Soldaten auf der Straße an.

»Nur vom Führer«, sagte der Mann und grinste.

Der alte Asch, bebend vor Wut, fahndete, im Augenblick allerdings vergeblich, nach fürchterlichen Wortgebilden. Das verschaffte ihm genügend Zeit, um seinen Besucher zu erkennen. »Sie sind doch von der Batterie meines Sohnes«, sagte er, beruhigte sich alsogleich und schien nunmehr ehrlich um Freundlichkeit bemüht zu sein. »Sie sind doch Kowalski!«

»Scheint so«, sagte der und verstärkte sein Grinsen.

»Dann herein mit Ihnen. *Sie* sind willkommen.«

Der stämmige Kowalski schob sich durch die Tür und sagte: »Was ist los mit Ihnen? Verschanzen Sie sich hier, um dem Endsieg nicht zu nahe zu kommen? Oder haben Sie etwa Ihr Café in eine Festung verwandelt?

Ich würde das bedauern. Oder auch nicht. Je geringer der Verkehr, um so sicherer Ihre Vorräte!«

»Als wenn es darum ginge«, sagte der alte Asch und lotste den Obergefreiten nach oben.

»Es geht nur darum«, versicherte Kowalski.

»Es geht jetzt um Kopf und Kragen«, sagte der Cafetier. »Und glauben Sie, da werde ich meinen Hals freiwillig hinhalten? Ich schalte einfach ab. Ich halte mich, so gut es geht, aus der Pleite heraus. Das ist kaufmännisch gedacht – und ich bin Kaufmann, Herr Kowalski.«

»Wer zweifelt daran, Herr Asch?«

Sie gingen ins Wohnzimmer hinein, und hier ließ sich Kowalski sofort häuslich nieder. Er warf seinen Mantel über einen Stuhl, suchte mit sicherem Blick den bequemsten Sessel aus und pflanzte sich dort hinein. Er streckte seine Beine weit von sich und dehnte seinen Brustkasten. »So!« sagte er ächzend.

»Kommen Sie von meinem Sohn?«

»Was meinen Sie wohl, was geschieht, wenn Sie mir ein Gläschen Schnaps anbieten – ob ich wohl nein sage?«

Asch beeilte sich, eine Flasche Kümmel und ein Glas auf den Tisch neben Kowalski zu stellen. Der betrachtete das Glas, fand es zu klein und schob es dann verächtlich weg. Er trank direkt aus der Flasche.

»Ich bin hier als Vorkommando«, sagte er dann. »Ihr Schnaps ist nicht schlecht – haben Sie noch mehr von der Sorte?«

»Und mein Sohn?«

»Der kommt nach.«

»Es geht ihm also gut?«

»Gut ist wohl übertrieben – seit wann ist Scheiße gut? Ihr Sohn ist gesund, wenn Sie das meinen. Und das ist ja schließlich auch was wert.«

»Trinken Sie doch noch ein Gläschen, Herr Kowalski.«

»Dazu«, sagte der, »brauchen Sie mich nicht erst aufzufordern. Und das mit dem Gläschen – das ist doch wohl nicht Ihr Ernst? Eine große Zeit verlangt auch große Portionen!«

»Und wann wird mein Sohn hier sein?«

»Wenn er kommt, ist er da«, sagte Kowalski lakonisch und ließ Kümmel in sich hineinrinnen. »Und bis dahin werde ich hier meine Zelte aufschlagen.«

»Hier – in meinem Haus?«

»Wo denn sonst?«

»Das ist ganz ausgeschlossen! Wo denken Sie hin! Hier ist doch kein Westwall oder so was. Ich kann doch nicht mein Haus in ein Heerlager verwandeln lassen.«

»Groß genug ist es dazu«, sagte Kowalski, nachdem er sich anerkennend umgesehen hatte. »Und zeitgemäß ist das auch. Eben: Heimatfront. Aus Lokusfenstern werden Schießscharten!«

»Damit ziehe ich mir nur die Amerikaner auf den Hals.«

»Die kommen doch so oder so zu Ihnen — die werden sich bestimmt nicht den Anblick eines alten Nazis entgehen lassen wollen! Und wenn es dann endlich soweit ist, Herr Asch, werden Sie glücklich sein, Schutz im Hause zu haben.«

»Nun denken Sie mal scharf nach, Herr Kowalski«, forderte der alte Asch seinen Besucher auf. »Sie sind doch auch nicht gerade auf den Kopf gefallen — oder treiben Sie sich etwa mit Vorliebe in der Schußlinie herum? Na — also! Bei mir ist das nicht anders. Erst habe ich meinen ganzen Betrieb aufgelöst und die Bude zugesperrt. Dann war ich mit meiner Haushälterin allein ...«

»Sieht die nach was aus?«

»Sie ist Halbjüdin.«

»Drum«, sagte Kowalski und schluckte Kümmel.

»Dann kam der Hauptmann Wedelmann ...«

»Wer?«

»Ihr Hauptmann Wedelmann mit seiner Braut.«

»Was — der hat schon wieder eine Braut? Sieh mal an! So scharf wie der auf die wahre Liebe ist, möchte ich auch mal sein. Der geht vielleicht 'ran — und immer aufs Ganze, ob es sich nun um die Nazis handelt, den Krieg oder die Mädchen. Alles oder nichts! Der Hauptmann und seine letzte Kriegsbraut! Und die beiden wohnen bei Ihnen — im gleichen Zimmer?«

»Wo denken Sie hin! Er hat das Zimmer von meinem Sohn, sie das von meiner Tochter, und die ist ja auch an der Front, als Wehrmachtshelferin.«

»Diese Sorte Front kenne ich«, sagte Kowalski unbekümmert. Und dann schlug er vor: »Legen Sie doch einfach den Wedelmann mit seiner Braut zusammen. Und ich nehme dann das frei gewordene Zimmer.«

»Wenn es denn schon nicht anders geht«, sagte der Cafetier murrend, »dann werden wir Sie auch noch unterbringen. Und zwar so, daß wir mit dem Kuppeleiparagraphen nicht in Konflikt kommen. Darauf lege ich nämlich Wert. Mein Haus ist keine Burg — und ein Bordell erst recht nicht.«

»Na, meinetwegen«, sagte Kowalski. »Aber dem Wedelmann hätte ich das bequeme Vergnügen schon gegönnt, der hat das auch verdient — immer vorausgesetzt, daß seine Puppe nett aussieht. Oder? Wer hat ihn denn diesmal aufgegriffen?«

»Fräulein Magda«, sagte Asch aufrichtig, »ist ein ungewöhnlich sympathischer Mensch.«

»Wie äußert sich das?«

»Ich werde Herrn Wedelmann verständigen, daß Sie da sind.«

»Eilt nicht«, sagte Kowalski. »Auf Hauptleute und ähnliches Getier bin ich noch niemals scharf gewesen.«

»Herr Wedelmann ist jetzt Zivilist«, versicherte der alte Asch.

»Glaube ich nicht«, sagte Kowalski. »Der hat sich höchstens vorübergehend als Zivilist verkleidet. Oder meinen Sie, der kann aus seiner Haut? Und seine Haut ist die Uniform! Wie dem auch sei: Zunächst einmal wollen wir beide ein Geschäftchen machen.«

»Sie — mit mir? Mit einem alten Nazi?«

Kowalski grinste ausgedehnt und spielte mit der Schnapsflasche. Dann sagte er: »Sie sind der Vater von meinem Freund — und somit weiß ich auch, was mit Ihnen los ist. Aber im Grunde weiß ich das schon lange.«

Der Cafetier Asch goß nunmehr auch sich einen großen Kümmel ein und stürzte ihn hinunter. Dann trank er noch einen. Dann sagte er: »Also los — was ist im Rohr?«

Kowalski stand auf und ging zu dem Fenster, das auf den Marktplatz hinausführte; er winkte dem alten Asch, und der stellte sich neben ihn. »Schauen Sie da mal hin«, sagte er und streckte sein Kinn vor. »Dort, in der Nähe der Papierwarenhandlung, was steht da?«

Der Cafetier sah hinunter auf den verwüsteten, verdreckten, strapazierten Marktplatz, und er sah in der angegebenen Richtung einen riesigen, kastenartigen Lastwagen stehen. »Was ist da drin?« fragte er.

»Raten Sie mal«, forderte ihn Kowalski auf.

»Was wird schon drin sein — Freßkisten?«

»Kalt«, sagte Kowalski, »ganz kalt.«

»Na, dann Saufkisten!«

Kowalski sah den alten Asch nahezu mitleidig an. »Das raten Sie nie«, sagte er. »So weit reicht selbst Ihre Phantasie nicht!«

»Also was, Mensch! Veranstalten Sie hier keine Rätselstunden. Was ist da drin?«

»Ein Kreisleiter.«

»Ein — was?«

»Ein Kreisleiter. Ihr Kreisleiter, Herr Asch. Wollen Sie ihn haben — meistbietend, gegen Barzahlung?«

»Sie sind verrückt«, sagte der alte Asch überzeugt, ging an den Tisch zurück und goß sich erneut einen Kümmel ein. Aber er trank ihn nicht; es war, als fühle er sich zu schwach dazu. Dann ließ er sich mit pendelnden Bewegungen, wobei er die Beine von sich zu stoßen schien, in einen Sessel fallen.

Der Obergefreite Kowalski kam auf ihn zu, stellte sich vor ihm auf und wippte in den Kniekehlen. »Hindenburgstraße dreizehn«, sagte er. »Das stimmt doch?«

»Was besagt das schon!«

Kowalski griff in seine Brusttasche und angelte einen Stoß Papiere hervor, darunter einen Personalausweis. Den klappte er auf und zeigte auf das Lichtbild.

»Tatsächlich«, sagte der alte Asch sehr erstaunt. »Das ist der Kreisleiter.«

»Hiernach«, sagte Kowalski und schlug triumphierend auf die Papiere in seiner Hand, »hiernach heißt der Mann jetzt ganz anders, hat einen anderen Beruf, wohnt woanders.«

»Stark«, sagte der alte Asch mit leicht schaudernder Bewunderung. »Und warum haben Sie ihn hierhergebracht?«

»Ganz einfach«, erklärte Kowalski. »Der muß diese Papiere, ehe ich sie ihm aushändige, erst einmal bezahlen. Und der Gegenwert dafür liegt in seiner Wohnung in der Hindenburgstraße.«

»Verstehe«, sagte der Cafetier, richtete sich nun interessiert auf, griff nach seinem Glas und nippte nachdenklich daran. »Ich beginne langsam zu verstehen. Zug um Zug und ohne Verzögerung, also an Ort und Stelle. Sehen lassen kann er sich hier nicht mehr – also soll er des Nachts in sein Haus, dort das Bargeld . . .?«

»Bargeld!« Kowalski lachte rauh. »Wer läßt sich denn noch mit Papier bezahlen!«

»Schmuck?«

»Klar! Bringt er ihn, kriegt er die Papiere. Und er wird ihn bringen, weil er die Papiere haben will – haben muß!«

»Geht!« sagte der alte Asch überzeugt. »Das geht.«

»Aber wenn *Sie* ihn durchaus haben wollen«, sagte Kowalski und grinste unverschämt, »so als eine Art Rückversicherung – darüber läßt sich eventuell reden.«

Der alte Asch sah nachdenklich vor sich hin, griff automatisch nach seinem Glas, das ihm Kowalski vollgefüllt und zugeschoben hatte, und trank es aus. Dann fragte er: »Diese neuen Papiere für diesen Saukerl – die nageln ihn doch fest? Ich meine: Er kann wohl untertauchen, aber doch nur an einer ganz bestimmten Stelle.«

Kowalski nickte. »Der Mann«, sagte er, »dem diese neuen Papiere gehören, arbeitet – theoretisch – schon seit einigen Monaten auf dem Bauernhof eines meiner Geschäftsfreunde, und zwar als Knecht. Und das finde ich sehr sinnig.«

»Dann ist es doch sehr einfach«, sagte der gerissene Asch und blinzelte Kowalski über den Rand seines Glases zu. »Wenn wir ihn jederzeit wieder einkassieren können, eben weil wir genau wissen, wie er heißt, wo er sich aufhält, wo er gemeldet ist, dann ist das Ganze ein Kinderspiel.«

»Jetzt scheine ich von uns beiden der Idiot zu sein«, sagte Kowalski ratlos.

»Das scheint nicht nur so«, sagte der alte Asch überlegen. »Passen Sie mal auf, junger Freund: Sie kassieren zunächst einmal und geben ihm dafür die Papiere. Dann haut er ab. Wie die Situation sich hier entwickeln wird, wissen wir ja alle noch nicht. Nun kann ja sein, daß wir einen starken Trumpf brauchen, eine Gegenleistung, einen Preis. Na schön, dann haben wir ihn in der Hinterhand.«

»Sie sind vielleicht eine Marke!« sagte Kowalski mit Hochachtung.

»Alles Erfahrung«, versicherte der alte Asch. »Und gelernt ist gelernt! Schließlich ist das schon der zweite Zusammenbruch, den ich erlebe.«

»Aber beim dritten, und darauf können Sie sich verlassen«, rief Kowalski mit Emphase, »beim dritten bin ich es, der ganz groß abkassieren wird!«

Der Oberleutnant Nowack, vergleichsweise sonnigen Gemüts, mit noch nicht erschüttertem Vertrauen auf seine preußischen Waffenbrüder blikkend, nahm die Lage nicht ernst; aber sie war vollkommen hoffnungslos. Seitdem er, als Nachfolger von Hauptmann Schulz, in der Stadt Ortskommandant war, wurde das Chaos immer vollkommener. Die Würde, mit der er das trug, war beispiellos.

Die Hauptbeschäftigung des Oberleutnants Nowack, der entschlossen schien, nicht von seinem Schreibtisch zu weichen, bestand darin, daß er energisch und betrübt zugleich geradeaus blickte und also sprach: »Auch das wird uns nicht umbringen!«

Der Gefreite Stamm, der 1. Schreiber der Kommandantur, genoß diese Situation; der schier unerschütterliche Nowack am Schreibtisch, ein Superhiob Großdeutschlands, war für ihn der erbaulichste Anblick während seiner ganzen Kommißzeit. Er konnte sich von ihm nicht trennen.

»Bitte Herrn Oberleutnant melden zu dürfen«, sagte der Gefreite Stamm, »daß durchfahrende Einheiten das Verpflegungslager am Wasserturm ausgeplündert haben.«

»Das ganze Verpflegungslager?«

»Jawohl, Herr Oberleutnant.«

»Die Schuldigen werden aufgespürt und zur Rechenschaft gezogen werden«, verkündete Nowack nicht ganz ohne Überzeugungskraft; er blickte kurz hoch, zur Decke hin. Stamm hatte das fatale Gefühl, der Oberleutnant beabsichtige, dem lieben Gott einen freundschaftlichen Wink zu geben, wo der anzusetzen habe — andere Instanzen einzuschalten, hielt Nowack offenbar für völlig unnötig.

»Und das eine können Sie mir glauben, Stamm«, sagte der Oberleutnant nunmehr mit sonorer Stimme, »auch das wird uns nicht umbringen!«

»Außerdem«, sagte der Gefreite Stamm, »sind heute drei Angehörige der Kommandantur nach dem Mittagessen nicht mehr an ihre Arbeitsplätze zurückgekehrt.«

»Gleich drei?«

»Jawohl, Herr Oberleutnant.«

»Sie werden freiwillig zurückkehren oder von unseren Truppen aufgespürt werden. Das Gewissen wird ihnen keine Ruhe gönnen oder die Gerechtigkeit ihren Lauf nehmen«, verkündete der Waffenbruder Nowack. »Wenn sie innerhalb drei Tagen nicht zurück sind, Stamm, reichen wir einen Tatbestand wegen Fahnenflucht ein.«

»In drei Tagen?« fragte der Gefreite und amüsierte sich glänzend, denn er dachte: Was meinst du wohl, Freundchen, was hier eigentlich in den nächsten drei Tagen los sein wird?

»In drei Tagen, jawohl«, sagte Nowack und war bestrebt, das mit Entschiedenheit zu sagen. »Da kenne ich keinen Pardon! Drei Tage sind schließlich Vorschrift.«

»Umbringen«, sagte Stamm grinsend, »wird uns das ja nicht.«

»Sehr richtig!« versicherte Nowack. »Sie nehmen mir das Wort aus dem Munde.«

Der Gefreite Stamm trollte sich, glänzend gelaunt, in sein Vorzimmer, wo er zwei Mädchen beschäftigte, und zwar in erster Linie damit, daß er sie Aktenauszüge machen ließ. Für sein Privatarchiv, zur späteren persönlichen Verwendung.

Der Gefreite Stamm hatte in dem riesigen Panzerschrank, den er verwaltete, nichts weiter stehen als einen Rucksack, einen Lederkoffer, drei Flaschen Schnaps und ein halbes Dutzend Pariser Magazine. Die Geheimakten, die sich bisher dort breitgemacht hatten, lagerten im Keller. Stamm war jederzeit marschbereit, hatte sich mit allen erdenklichen Papieren ausgerüstet, sich befördert, ausgezeichnet und entlassen. Aber er konnte sich einfach nicht trennen! Denn was ihm hier geboten wurde, erfreute sein Herz.

Im Fernsprecher, der auf seinem Arbeitstisch stand, schlug das Läutwerk kurz an. Das war das Zeichen, daß der Oberleutnant Nowack zu telefonieren gedachte. Stamm hörte ungeniert mit. Und seine ehrliche Freude wurde nicht im mindesten dadurch getrübt, daß er schon im voraus wußte, welches der Inhalt dieses Telefongespräches sein würde — er selbst hatte den unerschütterlichen Oberleutnant dazu inspiriert.

Nowack wünschte mit dem Restkommando der Artillerie-Ersatzabteilung, die ihm theoretisch unmittelbar unterstand, verbunden zu werden.

Er verlangte den Offizier vom Dienst zu sprechen. Als der sich meldete, gab Nowack drei Befehle, wiederholte sie noch einmal und ließ sie sich dann wiederholen.

»Jawohl«, sagte der Leutnant der Artillerie bieder. »Das wird prompt erledigt.« Und damit beendete er das Ferngespräch.

Und der Gefreite Stamm, der ebenfalls, freudig grinsend, seinen Hörer beiseite legte, wußte, daß bereits damit alles erledigt war. Prompt! Der Leutnant der Artillerie würde weiterpennen oder weiter Skat spielen oder sich weiter mit einem Mädchen unterhalten. Das war jedermann im Ort, mit Ausnahme von Nowack, bekannt. Aber möglicherweise, so sagte sich Stamm, weiß das sogar dieser Nowack – aber er will es einfach nicht wissen; er gibt seine Befehle, schreibt sie unmittelbar danach als Aktennotizen nieder, und alles andere geht ihn dann nichts mehr an. Er hat seine Pflicht und Schuldigkeit getan, kann das sogar schriftlich nachweisen – Soldatenherz, was willst du mehr!

Wer weiß, fragte sich Stamm voll Wonne, wie lange das so noch weitergeht.

Und dann sammelte er eifrig neue Hiobsbotschaften zusammen, um sie Nowack zu überbringen. Der ließ alles über sich ergehen – und seine Sitzfestigkeit hatte Format.

»Soviel mir bekannt ist, Herr Oberleutnant«, sagte nunmehr der unermüdliche Stamm, »hat sich Herr Hauptmann Schulz noch nicht, wie geplant, an die Front begeben.«

»Das ist seine Sache«, sagte Nowack würdevoll. Dann aber wurde er unerwartet mißtrauisch und fragte, Stamm neugierig ansehend: »Was wollen Sie damit sagen?«

»Ich wollte Herrn Oberleutnant lediglich darauf aufmerksam machen. Es könnte doch sein, daß der Herr Hauptmann in der großen Eile vergessen hätte, Herrn Oberleutnant alle Listen zu übergeben. Zum Beispiel die Liste über die Verlagerung von Wehrmachtseigentum im Bereich der Kommandantur.«

»So, so«, sagte Nowack und begriff nicht auf Anhieb, welch ein Ball ihm hier zugespielt wurde. »Und was sonst noch?«

»Richtlinien über die Zusammenarbeit zwischen Kommandantur und Volkssturm.«

»Zusammenarbeit ist doch wohl selbstverständlich«, sagte Nowack mit der ihm eigenen Überlegenheit. »Da brauchen wir doch keine Richtlinien. Zu gegebener Zeit regelt sich das von ganz allein.«

Stamm amüsierte sich königlich. Zu gegebener Zeit! Es war höchste Zeit, allerhöchste Zeit! »Die Partei«, sagte er, »wird möglicherweise versuchen, den Volkssturm zu vereinnahmen.«

»Aber nicht, solange ich hier Kommandant bin!« behauptete Nowack kühn. Und unmittelbar danach sagte er: »Na – und wenn schon! Umbringen wird uns das auch nicht!«

»Kann man nicht so genau wissen«, murmelte Stamm und entschwand.

In seinem Vorzimmer betrachtete der Gefreite zunächst seine beiden weiblichen Hilfskräfte, und zwar mit Wohlgefallen, dann den Panzerschrank, in dem sein persönliches Marschgepäck ruhte, und das nachdenklich. Sollte er – oder sollte er nicht? Doch das war im Augenblick eigentlich mehr eine theoretische Frage, kein vordringliches Anliegen. Er war bereit; und bereit sein – hieß es nicht so? – war alles. Türmen konnte er immer noch. Aber der Schwank, der ihm hier geboten wurde, den gab es so leicht nicht noch einmal. Er entschied sich also weiter für seinen Logenplatz.

Stamm ließ sich, hartnäckig um Steigerung seines Vergnügens bemüht, mit dem Ortsgruppenleiter verbinden. »Herr Ortsgruppenleiter«, sagte er, »der Stadtkommandant, Herr Oberleutnant Nowack, legt Wert darauf, mit Ihnen die notwendigen Verteidigungsmaßnahmen zu besprechen.«

»Warum?« sagte der völlig desinteressiert. »Was heißt hier Verteidigungsmaßnahmen? Wer trifft Maßnahmen – und wer soll verteidigen?«

»Das«, sagte Stamm, »wird Ihnen sicherlich Herr Oberleutnant Nowack persönlich mitteilen. Er erwartet Sie in spätestens einer Stunde.«

»Hat doch keinen Zweck«, sagte der Ortsgruppenleiter resigniert. »Geht mich nichts mehr an. Wenn es erst soweit ist, regelt sich das doch von ganz allein.«

»Das zu beurteilen, werden Sie Herrn Oberleutnant Nowack überlassen müssen«, erklärte Stamm hoheitsvoll.

Der Ortsgruppenleiter murmelte noch etwas, das so ähnlich klang wie: »Ach – scheiß!« und beendete dann schroff das Gespräch.

Stamm begab sich händereibend zu Oberleutnant Nowack und teilte dem mit, daß der Ortsgruppenleiter die Absicht habe, den Herrn Stadtkommandanten aufzusuchen. In spätestens einer Stunde. »Er legt Wert darauf, mit Herrn Oberleutnant die notwendigen Verteidigungsmaßnahmen zu besprechen.«

»Auch das«, sagte Nowack, »wird uns nicht umbringen.«

Stamm wartete nicht ohne Spannung und mit viel Ausdauer auf das Erscheinen des örtlichen Hoheitsträgers. Aber er wartete vergeblich. Statt dessen erschien, erschreckend leise und völlig überraschend, ein General.

Der General war klein, dünnbeinig, untersetzt; dicht auf den Schultern saß ihm ein Kartoffelkopf, aus dem eine knollenartige Nase hervorsprang. Seine Augen blickten kalt und spöttisch. Stamm riß der Anblick dieses Mannes vom Stuhl hoch.

»Der Ortskommandant?« fragte der General sanft.

»Hier«, sagte Stamm und riß die Tür zum Nebenzimmer auf.

Der General ging mit gefederten Trippelschritten hinein, auf den Oberleutnant zu, der steif vor Erstaunen hinter seinem Schreibtisch saß. »Luschke«, sagte der General und tippte sich mit zwei Fingern an die schäbige Kopfbedeckung.

»Oberleutnant Nowack«, sagte der und flitzte hoch.

»Keine Freiübungen«, empfahl Luschke. »Unterrichten Sie mich über Ihre Situation.«

»Jawohl, Herr General«, rief Nowack mit überraschend tiefen Tönen, so als habe bei ihm, reichlich verspätet, jener Stimmwechsel stattgefunden, der ansonsten ein bemerkenswertes Ereignis bei Knaben zu sein pflegt.

Dann versuchte Nowack, einen Überblick über das zu geben, was er mit »Situation« bezeichnete. Und er versuchte das vergeblich. Der kühle, prüfende Blick des Generals irritierte ihn, und er begann zu stottern. »Wenn Herr General erlauben ... die Unterlagen ... im Vorzimmer ...«

»Erlaubt«, sagte Luschke.

Nowack stürzte, wie verfolgt von einer lautlosen Meute, zur Tür. Er riß sie hastig auf und rief Stamm herein. »Mit allen Unterlagen, Stamm!«

Der packte zusammen, was auf seinem Tisch herumlag. Er näherte sich in Eile und voller Neugier. Erwartungsvoll legte er die Listen und Aufstellungen vor dem General ab und blieb, Nowacks hinausweisende Handbewegung übersehend, daneben stehen.

Der General blätterte wortlos in den Papieren. Dann ging er, weiterhin wortlos, zur Stadtkarte, die an der Wand hing, blieb hier aber nur wenige Sekunden. Erneut begab er sich an den Tisch und beugte sich über die Unterlagen.

Dann, nach geraumer Pause, beendete er das lauernde, gefährlich erscheinende, den Atem beklemmende Schweigen. »Seit wann sind Sie hier Stadtkommandant, Herr Oberleutnant Nowack?«

»Genau besehen, seit heute, Herr General«, sagte der mit würgendem Eifer. Und er wußte nicht recht, ob er standbildhaft strammstehen sollte, oder ob es angebracht sei, durch hastige Bewegungen Energie und Ratlosigkeit anzudeuten. Er wußte überhaupt nichts!

»Und Ihr Vorgänger?«

»An die Front abkommandiert, Herr General.«

»An welche Front?« fragte Luschke interessiert. Und er erhielt von Nowack keine Antwort. Hierauf blickte der General, der Stamms Mitteilungsbedürfnis instinktiv erriet, den Gefreiten kurz an.

Der fühlte sich aufgefordert und sagte bereitwillig: »Herr Hauptmann Schulz befindet sich noch in der Stadt, Herr General.«

»Wer?« fragte Luschke ruhig und schien intensiv die Papiere, die vor ihm ausgebreitet lagen, zu betrachten.

»Herr Hauptmann Schulz«, sagte der Gefreite.

Der Generalmajor Luschke hob, ganz langsam wie im Zeitlupentempo, sein Knollengesicht, sah über Oberleutnant Nowack hinweg, sah den Gefreiten Stamm lange prüfend an. Seine Augen begannen zu funkeln. Aber seine Stimme blieb unverändert – leise, scharf, unüberhörbar.

Und er sagte: »Hauptmann Schulz meldet sich sofort bei mir.«

»Streng dein Gedächtnis etwas an, Mädchen«, sagte der Leutnant Asch zu seiner Begleiterin, »und wenn es dir auch noch so schwerfallen sollte.«

»Ich tue, was ich kann«, sagte Barbara störrisch.

»Viel kannst du nicht«, stellte der Leutnant Asch unfreundlich fest und sah sich prüfend um. »Erinnerst du dich wirklich an keine Adresse mehr?«

»Nicht genau«, sagte Barbara. »Nicht einmal so ungefähr. Ich habe doch schon alles gesagt, was ich weiß.«

Sie saß neben ihm im Beiwagen, in einen Staubmantel gehüllt, und betrachtete ihn mit steigendem Mißtrauen. »Herr Oberst Hauk«, sagte sie, »wird doch ausführlich . . .«

»Das hat er eben nicht!« erwiderte Asch. »Mit deinem miserablen Gedächtnis scheint er nicht gerechnet zu haben. Ich übrigens habe mir auch wesentlich mehr davon versprochen.«

»Jedenfalls«, sagte Barbara, »ist der Name dieses Ortes mehrmals genannt worden.«

»Auch dir gegenüber?«

»Nicht unmittelbar. Aber ich habe zugehört.«

Der Leutnant Asch hockte nachdenklich auf der Maschine, die er, kurz nach seinem Waldspaziergang mit Barbara durch die amerikanischen Linien, »für Sonderaufgaben« requiriert hatte. Der Ort, in dem sie sich befanden und dessen Name einigemal in von Barbara »zufällig« belauschten Gesprächen zwischen Hauk und Greifer gefallen war, schien wie ausgestorben zu sein. Er hatte ihn mehrmals durchfahren – von den Gesuchten keine Spur.

»Wie hieß diese Frau, zu der sie hinwollten?« fragte Asch.

»Das weiß ich auch nicht genau.«

»Vielleicht weißt du es wenigstens diesmal so ungefähr, Mädchen!«

Barbara schien ihr kleines Gehirn mitleiderregend anzustrengen; und Asch wünschte ihren Bemühungen aufrichtig Erfolg. Jeder der beiden war unzufrieden mit dem anderen – sie hatten wesentlich mehr voneinander erwartet. Aber sie ließen die Hoffnung nicht fahren, daß sich ihre Wünsche, teilweise wenigstens, noch erfüllen könnten.

»So ungefähr wie Billich – oder Zillich. Oder so ähnlich«, sagte Barbara und hatte kuriose Denkerfalten auf der Stirn.

»Du kannst aber auch den stärksten Mann schwach machen«, versicherte Asch.

»Kann ich auch«, sagte Barbara sofort, lachte dabei ein wenig mit dunklen, gurrenden, kaum vernehmbaren Tönen und blinzelte ihn vielversprechend an.

Asch schüttelte, wie über eine riesengroße, kaum wiedergutzumachende, doch nun einmal leider geschehene Sauerei, unwillig den Kopf, trat die Maschine an und fuhr mit Barbara zur Bürgermeisterei. Hier ließ er sich von einem zäh ausharrenden Gemeindeschreiber die Einwohnermeldekarten vorlegen. Er blätterte sie, von Barbara gelangweilt assistiert, durch.

»Es gibt in diesem Kaff niemand, der Billich oder Zillich heißt«, sagte er dann. »Hast du dich auch nicht verhört, Goldstück?«

»Schon möglich«, sagte Barbara.

Asch fluchte kurz und kräftig. Dann machte er sich erneut über die Kartei her und fand dann zwei Namen, die wenigstens so ähnlich klangen wie »Billich« und »Zillich«. Es handelte sich um einen, der Milch, und um jemand, der Willrich hieß.

»Kann es Milch gewesen sein?« wollte Asch wissen.

»Schon möglich«, sagte Barbara.

»Oder Willrich?«

»Auch möglich«, sagte Barbara.

»Ich möchte bloß wissen«, sagte Asch mißmutig, »worin deine Qualitäten bestehen – denn irgend etwas muß doch an dir dran sein.«

»Ist auch«, sagte Barbara ungeniert und lachte unterdrückt auf.

Der Leutnant Asch notierte sich die beiden Adressen und schob das Mädchen wieder in den Beiwagen hinein. Er fuhr zuerst zu Milch; das war ein greisenhafter, stotternder Rentner, der in einer schäbigen Wohnung hauste. Asch sah auf den ersten Blick, daß der für Unternehmungen dieser Art nicht in Frage kam. Dann fuhr er zu Willrich, Frühlingsstraße 3.

Das Haus, vor dem sie hielten, schien verlassen zu sein. Asch klingelte, offenbar vergeblich. Er stieß das Gartentor, das nicht verschlossen war, auf. Er klingelte nunmehr an der Haustür; wieder vergeblich. Dann ging er um das Gebäude herum, versuchte in einige Fenster hineinzusehen, betrommelte eine Scheibe – das Haus schien tatsächlich unbewohnt zu sein.

Asch wußte nicht recht, was er nun unternehmen sollte. Er sah kurz zu Barbara hinüber, die am Gartentor stand und sich mit nervösen Handbewegungen abzustauben versuchte. Er überlegte, ob er einfach umkehren und aufgeben sollte, ob es nicht das Beste sei, alles einzupacken, nach Hause zu fahren, den Krieg für beendet zu erklären.

Barbara schlenderte näher, betrachtete das Haus interessiert und stellte schließlich fest: »Ganz brauchbare Unterkunft.«

»Kann sein«, sagte Asch.

»Irgendwo schlafen müssen wir ja«, sagte Barbara. »Warum nicht hier?«

Asch sah sie kurz an, ging dann erneut um das Haus herum, diesmal zielstrebig und ohne noch lange Besichtigungen zu veranstalten, blieb vor dem Fenster neben dem Hintereingang stehen. Dann hob er den Ellenbogen seines rechten Armes und zerschlug damit eine Scheibe. Glas fiel klirrend zu Boden.

»Scherben bringen Glück«, sagte Barbara, die ihm gefolgt war, naiv.

Asch streckte vorsichtig seine Hand in die so geschaffene Öffnung hinein, entriegelte das Fenster und stieß es auf. Dann stieg er in das Haus hinein und sah sich hier um. Er befand sich in der gut eingerichteten, aber nicht gerade als sauber zu bezeichnenden Küche. Er ging durch sie hindurch, auf den Korridor hinaus, öffnete zwei Türen und sah hinein. Dann öffnete er eine dritte Tür; und die führte zum Wohnzimmer.

Und hier sah er einen Menschen, der in einer Blutlache lag. Ein verkrümmtes, langhaariges Wesen mit krampfhaft fortgereckten Armen. Die Beine der Frau schienen steif, fast wie versteint zu sein.

Asch blieb einige Sekunden regungslos stehen; und es war, als horche er angestrengt. Dann ging er auf die Frau zu, die wie ein Bündel am Boden lag, kniete nieder, beugte sich über sie.

Ein kurzes Betrachten, ein zupackender Griff genügten Asch, um festzustellen, daß sie tot war. Er hatte schon viele Tote gesehen; er besaß die Erfahrung eines Leichenbeschauers und die melancholische Gleichgültigkeit eines professionellen Totengräbers dazu. Aber dennoch war das hier eine Besonderheit, er verspürte das sofort, und es dauerte nicht lange, bis ihm klarwurde, worin diese Besonderheit bestand: Leichen, die auf Teppichen lagen, waren im Krieg selten.

Asch erhob sich und ging hinaus. Er schloß die Tür hinter sich sorgfältig. Er begab sich wieder durch den Korridor in die Küche.

»Soll ich etwa auch durchs Fenster steigen?« fragte Barbara, die von draußen hereinsah und bei dieser Gelegenheit ihren stattlichen Busen auf die Fensterbank ausgebreitet zu haben schien. »Wollen Sie mir unter die Arme greifen?«

»Nur langsam«, sagte Asch, der nach dem, was er soeben gesehen hatte, wenig Verlangen danach verspürte, sich an Barbaras Spielereien zu beteiligen. Er öffnete die Hintertür, die von innen verschlossen und verriegelt war, und ließ Barbara eintreten.

Die wollte sofort das Haus besichtigen und strebte, sich an ihm vorbeidrückend, zum Korridor hin. Sie war eine sehr unternehmungslustige Person, und da sie mit ihrer Lieblingsbeschäftigung bei Asch offenbar nicht zum Zug kam, drängte es sie nach anderer Tätigkeit.

»Geh in die Küche, Mädchen«, sagte Asch unfreundlich. »Dort bist du am besten aufgehoben. Weißt du, wie man Wasser heiß macht? Probier das mal aus. Geh schon!«

Barbara gehorchte schmollend und kam, nicht ohne ihn mit ihren Hüften wie unbeabsichtigt streifend, zurück. Sie öffnete den Küchenschrank, visitierte die Speisekammer und baute sich dann befriedigt vor Asch auf, der stumm und nahezu teilnahmslos am Küchentisch saß.

»Feine Sachen«, sagte sie. »Konserven wie in alten Zeiten. Auch Gänseleberpastete – getrüffelt; dieselbe Sorte, die der Herr Oberst Hauk bevorzugte. Und der verstand was davon.«

»Sieh mal an«, sagte Asch und wurde um Grade lebhafter. »Genau dieselbe Sorte!«

»Kaffee ist auch da«, sagte Barbara.

»Dann brau uns einen!« sagte er und stand auf. »Einen ganz starken – einen, in dem der Löffel steckenbleibt.«

»Das mache ich! Ich bin überhaupt sehr vielseitig.«

»Ich komme gleich wieder«, sagte Asch. »Und in der Zwischenzeit wirst du diese Küche nicht verlassen.«

»Warum eigentlich nicht?«

»Frag nicht so dumm, Mädchen. Koch lieber Kaffee – das steht dir besser.«

Und Barbara kochte Kaffee. Als der Leutnant Asch nach einigen Minuten wiederkam, trug er eine halbvolle Flasche Kognak unter dem Arm, stellte sie auf den Tisch, schob sie herausfordernd dem Mädchen entgegen.

»Feine Marke«, sagte Barbara sachverständig. »Kommt mir bekannt vor. Habe ich bestimmt schon mal getrunken.«

»Raucht dein Oberst eigentlich Zigarren?« wollte Asch wissen.

»Der raucht überhaupt nicht.«

»Bestimmt nicht?«

»Das muß ich doch am besten wissen!« sagte Barbara überlegen.

Asch nickte; sie mußte das wissen! Und er vermochte die Enttäuschung nicht zu verbergen, die ihm diese Antwort Barbaras bereitet hatte. Er setzte sich hin und betrachtete unzufrieden die Kognakflasche. Gäseleberpastete – wie der Herr Oberst sie bevorzugte? Kognak – der ihr bekannt vorkam? Zufall, Zufall. Und die aufgefundene Zigarre . . .?

»Zigarren«, sagte Barbara, »raucht nur Oberleutnant Greifer. Der versteht was davon.«

»Wirklich?« fragte Asch lebhaft. »Ganz dicke, mit Bauchbinde, in Cellophanhülle?«

»Nur solche«, sagte Barbara überzeugt. »Dem sind dicke Zigarren viel wichtiger als stramme Mädchen.«

»Das sieht dem ähnlich«, sagte Asch und dachte angestrengt nach.

Der Captain Boernes, der noch einmal mit James I und James II alle vorhandenen Unterlagen über jene Stadt, in der sie gemeinsam residieren würden, durchgegangen war, stand am Fenster und trommelte nervös gegen die Scheibe. Er war unzufrieden, unzufrieden, unzufrieden! Die polterigen Genickschußtheorien von James I und das nur als heimtückisch zu bezeichnende Grinsen von James II bereiteten ihm Sorgen.

Eine Ordonnanz erschien und teilte mit, daß ihn, ihn oder irgendeinen anderen CIC-Offizier, ein Leutnant Brack zu sprechen wünsche – ein deutscher Leutnant. »Soll ich ihn abwimmeln, Captain? Soll das Mister James erledigen?«

»Nein«, sagte Boernes nahezu schroff. »Das mache ich selbst. Solange wir noch nicht in Arbeit ersticken, werde ich mich um jeden Fall persönlich kümmern.«

Die Ordonnanz nickte gleichgültig und verschwand. Captain Boernes straffte sich ein wenig, ohne dabei aber das zu gewinnen, was man vorzügliche Haltung zu nennen pflegt, löste sich dann vom Fenster und schritt in den Raum hinein. Er lehnte sich leicht gegen eine Tischkante und sah nicht uninteressiert, doch keinesfalls erwartungsvoll auf die Tür.

Dort erschien ein deutscher Leutnant, jung, hochgewachsen, mit nahezu eleganten Bewegungen und einem länglichen Windhundgesicht. »Brack«, sagte der Leutnant und deutete, ohne dabei den forschenden Blick von Boernes zu lassen, eine Verbeugung an.

»Bitte«, sagte der Captain reserviert.

Der Leutnant Brack, zurückhaltend, fast desinteressiert erscheinend, ohne den mindesten Anflug von Servilität, bat in seinem leicht singenden Oxford-Englisch um die Auskunft, ob er mit dem zuständigen CIC-Offizier verhandele.

Der Captain Boernes lauschte diesem klangvollen, dahinplätschernden Englisch nach, ohne ganz sein Erstaunen und seine Bewunderung zugleich verbergen zu können. Er liebte diese Sprache, die seine Kameraden mit ihren kräftigen Kinnladen rücksichtslos zu zermalmen pflegten, er liebte sie beinahe wie seine Muttersprache.

»Boernes«, sagte er dann. »Captain Boernes, CIC. Aber sprechen wir doch deutsch miteinander. Ich ergreife jede Gelegenheit gern, um meine Kenntnisse wiederaufzufrischen. Was wünschen Sie von mir?«

»Gehört zu Ihrem Bereich, Captain, der Colonel Thompson? C. O. Thompson? Ich meine: Ist er erreichbar? Haben Sie mit ihm Verbindung?«

Ted Boernes, immer noch gegen den Tisch gelehnt, griff nahezu automatisch nach seiner Brille; aber noch nahm er sie nicht ab. »Wie war doch gleich der Name?« fragte er, allein um Zeit zu gewinnen.

»Colonel C. O. Thompson. Es war doch wohl geplant, ihn zum CIC-Chef für das von den amerikanischen Truppen besetzte Deutschland zu ernennen. Stimmt das?«

Ted Boernes nahm jetzt seine Brille ab. Seine wässerigen Augen, die durch Brack hindurchzusehen schienen, blieben unbeweglich. Nur der Mund öffnete sich gering.

Dann sagte er höflich: »Bitte, setzen Sie sich.«

Brack nickte kurz und nahm Platz. Er sah erwartungsvoll zu Boernes hoch. Und er spürte, daß er an einen Mann geraten war, der nicht unterschätzt werden durfte.

»Rauchen Sie?« fragte Boernes.

»Danke — nein«, sagte Brack höflich und schwieg dann erwartungsvoll.

»Colonel C. O. Thompson also«, sagte Ted Boernes langsam und zündete sich, höchst umständlich, eine Zigarette an. »Und wenn er existiert, wenn ich tatsächlich Verbindung mit ihm haben sollte — was würde sich dann daraus ergeben?«

»Dann würde ich Sie lediglich bitten, Colonel C. O. Thompson davon zu verständigen, daß ich mich bei Ihnen gemeldet habe. Ich möchte ihn gerne sprechen.«

»Privat?« fragte Boernes mit lauernder Aufmerksamkeit.

»Ich weiß nicht, ob dieser Vorgang als privat bezeichnet werden könnte, Captain. Ich kenne mich in Ihren Dienstvorschriften leider nicht aus. Ich muß die Entscheidung hierüber Ihnen überlassen.«

Ted Boernes setzte, nahezu zeremoniell, seine Brille wieder auf. Er verließ den Tisch und nahm ebenfalls in einem Stuhl, Brack unmittelbar gegenüber, Platz. »Kann ich Ihnen sonst was anbieten?« fragte er. »Wenn Sie schon nicht rauchen — vielleicht wollen Sie einen Whisky trinken, einen aus Schottland? Oder haben Sie Appetit auf Ice-Cream?«

»Vielleicht später«, sagte Brack überaus verbindlich.

Sie saßen sich gegenüber und belauerten sich mit vornehmer Zurückhaltung. Die Frühlingssonne warf grelle Lichtstreifen in den Raum; und der Rauch von Ted Boernes Zigarette zitterte sich dort deutlich sichtbar hinein. Draußen gurgelte ein Flugzeug in weißblauen Wolken. Und es war, als wäre der Krieg durch die dicken rotbraunen Teppiche, die unter ihnen lagen, erstickt worden.

»Was erwarten Sie von Colonel Thompson?«

»Meine sofortige Entlassung.«

»Die könnte ich, wenn ich wollte, auch verfügen.«

»Aber Sie kennen mich doch gar nicht, Captain.«

»Kennt Colonel Thompson Sie?«

»Ja. Besonders aber meinen Vater. Thompson und mein Vater sind Freunde.«

»Geschäftsfreunde?«

»Auch das. Mein Vater hat die amerikanische Staatsbürgerschaft.«

»Und Sie — wie kommen Sie in diese Uniform?«

»Vater und Mutter sind geschieden. Ich habe, bei der Mutter wohnend, noch in Deutschland studiert — als deutscher Staatsbürger; ich wurde dann sofort eingezogen.«

»Und dann fünf glorreiche Jahre Krieg?«

»Genauso.«

Ted Boernes nickte befriedigt. Jetzt sah er schon wesentlich klarer. Der Mann vor ihm gewann immer mehr an Profil. Er war zwar offensichtlich hochintelligent, aber keinesfalls gerissen. Er war kein gefährlicher Spieler, lediglich der Kassierer einer Rechnung, die zu bezahlen nicht schwerfallen würde, die zu bezahlen sogar gewinnbringend sein könnte — wenn es ihm gelang, den Angelpunkt dieses ganzen Vorganges zu entdecken.

»Können Sie sich einwandfrei ausweisen?« fragte der Captain jetzt geschäftig.

»Ich glaube schon«, sagte Brack und zog aus seiner Brusttasche ein schmales Bündel vorbereiteter Dokumente — Soldbuch, Führerschein, Briefe, Fotos, zwei Abschriften von Urkunden.

Boernes ordnete die Schriftstücke mit sicheren Griffen und begann, sich durchzuarbeiten. Dazwischen verlangte er ein Gespräch mit dem Hauptquartier. Colonel C. O. Thompson. Er stellte, so ganz nebenbei, als wolle er sich lediglich unterhalten, einige Fragen.

Ob er, Brack, schon in Amerika war? In den Vereinigten Staaten? Und wo dort? So, Milwaukee! Und von dort nach Chikago. Auch in Boston und New York gewesen? Sehr schön. »In Wisconsin waren Sie nicht?«

Brack lächelte verbindlich. »Milwaukee«, sagte er, »liegt doch in Wisconsin.«

Ted Boernes lachte kurz auf. »War eine kleine Scherzfrage«, sagte er.

Dann war die Leitung zum Hauptquartier frei, zu Colonel C. O. Thompson persönlich. Und die satte, kräftige Stimme des Chefs erklang. Sie drängte sich aus dem Fernhörer hinaus und schien den Raum füllen zu wollen. »Na, Ted — was macht Ihr Krieg?«

Ted Boernes überhörte diese Anspielung auf seine Herkunft; und er konnte sich um so leichter dazu entschließen, da er den Colonel kannte — der war wie ein Bär, grob, stark, aber gutmütig. Selbst wenn er einen erledigte, und das geschah von Zeit zu Zeit, urplötzlich wie ein mächtiger, blitzschneller Prankenhieb, blickten seine Augen immer noch kindhaft freundlich in diese böse Welt.

Captain Boernes redete erst etwa drei bis vier Minuten herum. Er gab einen kurzen, zwar phantasievollen, aber doch ziemlich nichtssagenden Bericht. Dann erbat er zwei höchst belanglose Auskünfte. Dabei dachte er: Das hier darf kein Privatgespräch werden, wenigstens kein ausschließliches. Er durfte einem so gefährlichen Mann wie C. O. Thompson keinerlei bequeme Angriffsflächen bieten. Also verbreitete er sich streng dienstlich.

Thompson unterbrach ihn gemütlich und sagte: »Sie haben doch noch irgend etwas Halbseidenes anzubieten, Ted. Sie reden heute so geschwollen einher.«

Boernes lachte kurz in den Apparat hinein. Dann, sich ausdrücklich dazu aufgefordert fühlend, deckte er seine Karten auf. Neben ihm stehe Brack, Frank Thomas Brack, Sohn des alten Charly Brack. Er, Ted, habe die Papiere geprüft, sie seien o. k. »Macht einen ganz brauchbaren Eindruck. Er möchte gerne mit Ihnen sprechen, Sir. Was sagen Sie dazu?«

Thompsons satte Stimme strahlte wohlwollendste Freundlichkeit aus — der Bär witterte Honig. »Haben Sie einen zweiten Hörer, Ted? Dann geben Sie ihn Brack und hören Sie mit.« Und dann, nachdem sich Brack eingeschaltet hatte, fragte er: »Hallo, Frank, sind Sie das wirklich?«

»Hallo, Mister Thompson. Hier spricht Frank Thomas Brack. Haben Sie Nachrichten von meinem Vater?«

»Ja, gute Nachrichten. Es geht ihm blendend. Die Geschäfte blühen, und die Gesundheit leidet nicht darunter. Sagen Sie, Frank, wann haben Sie den letzten Brief Ihres Vaters bekommen?«

»Vor vier Monaten — schwarz — über die Schweiz.«

»Den Brief, den er im November geschrieben hat?«

»Genau den.«

Und Thompson, nach kurzer Pause: »Ja, ich besinne mich — er schrieb ihn aus Buenos Aires.«

»Nein«, korrigierte Brack höflich, »aus Washington. Er besuchte Sie damals.«

»Richtig«, sagte Thompson, und das klang so echt, als entsinne er sich wirklich, während Ted Boernes Mühe hatte, nicht laut loszulachen. »Richtig, er war ja damals bei mir.«

»Und wie geht es Cora, meiner Schwester?«

»Nun«, sagte Thompson, diesmal ein wenig zögernd, »die hat inzwischen geheiratet.«

»Doch nicht etwa diesen Speckjäger aus Montevideo?«

»Nein, den nicht. Sondern mich.«

»Oh!« rief Brack überrascht. Der ansonsten so überaus maßvolle und überlegende Ted Boernes war jetzt nicht mehr zu halten. Sein unterdrücktes Lachen klang, als wiehere er in das Telefon hinein.

Und Colonel C. O. Thompson sagte übergangslos höchst ernsthaft und bärenstark: »Nun nehmen Sie sich mal zusammen, Ted! Ihr Chef ist doch keine Witzblattfigur.«

Captain Ted Boernes versicherte, gleichfalls ernsthaft, sofort, daß er nie daran gedacht habe, seinen verehrten Chef mit einer Witzblattfigur vergleichen zu wollen.

»Das kann ich mir auch nicht gut vorstellen«, sagte Thompson versöhnlich. »Sie haben doch Takt.«

»Zumindest Verstand«, versicherte Boernes mehrdeutig.

»Wenigstens damit rechne ich bei Ihnen, Ted — speziell in diesem Fall.«

Dann, nach abermaliger gegenseitiger Versicherung, daß man sich glänzend und in allen Punkten verstehe, endete das Gespräch sehr schnell. Und der Colonel gab abschließend folgende Richtlinien: »Brack kann zu mir ins Hauptquartier kommen, wenn er will; er kann aber auch bei euch arbeiten. Geben Sie ihm alle Freiheiten, die in Ihrer Situation zu verantworten sind.«

»Geht in Ordnung«, sagte Ted Boernes, schluckte diesen halbwegs salomonischen Spruch, der ihm in bewährter Manier die ungeteilte Verantwortung überließ, und legte den Hörer auf.

Er setzte sich bequem hin, wohl wissend, daß es immer gut und ganz im Sinne des mächtigen C. O. Thompson war, hier schnelle und großzügige Entscheidungen zu treffen. Er sagte: »Wie ist das nun mit uns beiden, Herr Brack — wollen wir zusammen arbeiten?«

»Zunächst«, sagte Brack ausweichend, »ist mir in Besonderheit eins wichtig: Was geschieht mit meinem verwundeten Kameraden, dem Major Hinrichsen?«

»Da sind wir nicht kleinlich«, sagte Ted Boernes. »Gute Mitarbeiter können wir immer gebrauchen. Und wenn Sie für ihn bürgen . . .«

»In dieser verrückten Zeit«, sagte Brack verbindlich, »bürge ich nicht einmal für mich.«

»Das«, sagte Captain Ted Boernes, nicht minder verbindlich, »lassen Sie getrost unsere Sorge sein. Man muß heute vieles wagen, um einiges zu erreichen.«

»Herzlich willkommen, Hochwürden«, sagte der alte Freitag in seiner Gefängniszelle und sah Pfarrer Westhaus mit jenem skeptischen Erstaunen entgegen, das Ungläubigen, die Wundersamem begegnen, zumeist eigen ist. »Sie wollen mir doch nicht etwa Trost spenden?«

»Ganz im Gegenteil«, sagte Westhaus ernsthaft, »ich brauche viel eher Ihren Zuspruch.«

»Mein Haus sei Ihr Haus!« rief der alte Freitag und breitete die Arme aus, doch nur, um auf die kahlen Wände seiner Zelle zu weisen. Er lächelte verkniffen und machte bereitwillig auf seiner Pritsche Platz.

Hochwürden Westhaus, ein hochgewachsener Mann mit einem ausgemergelten, durch lange Nachtwachen strapazierten Gesicht, zögerte nicht, setzte sich breit hin und lachte dann verlegen auf. »Das ist schon eine Sauerei!« sagte er überzeugt und nickte vor sich hin.

»Nicht fluchen, Hochwürden«, riet ihm der alte Freitag.

»So wie ich hier bin, bin ich sanft wie ein Lamm«, sagte der, und in den Augen schimmerte betrübte Ergebenheit. Doch sein Kinn war streitlustig hervorgereckt. Die Fäuste lagen auf seinen Knien.

»So wie ich Sie vor mir sehe«, sagte der alte Freitag, »genauso habe ich mir immer ein sanftes Lamm vorgestellt.«

»Herr Freitag«, sagte Hochwürden Westhaus, »ich bin nicht gekommen, um Ihnen meine Dienste als Seelsorger anzubieten, ich bin also nicht als Gefängnisgeistlicher hier – dieses Amt, das ich nur übernommen habe, weil ich der einzige Geistliche meiner Konfession am Ort bin, ermöglichte mir lediglich den Zutritt zu Ihnen.«

»Sie kommen zu mir«, sagte der alte Freitag, »und das freut mich. Vielleicht komme ich auch mal zu Ihnen.«

»Sie haben eine andere Religion«, stellte Hochwürden fest, »möglicherweise haben Sie überhaupt keine. Aber das hat mich in dieser Situation nicht zu interessieren.«

»Vergebet euren Feinden?«

»Waren wir jemals Feinde, Herr Freitag? Höchstens: Gegner! Aber was besagt das schon? Haben wir nicht sogar zwölf Jahre lang an dem gleichen Strang gezogen?«

»Und sind dabei keinen Schritt weitergekommen.«

»Aber wir haben gezogen!«

Der alte Freitag lehnte sich ein wenig zurück, bis er mit dem Rücken gegen die weißgekalkte Mauer stieß. Er sah in den trostlosen, kastenartigen Raum hinein und vermied es, in die forschenden Augen des Pfarrers zu sehen.

»Warum«, fragte er dann, »sind Sie hier?«

»Einmal, um Ihnen Grüße zu überbringen. Grüße von Ihrer Tochter und von Ihren Enkelkindern. Alles ist gesund und, soweit das heute überhaupt noch möglich ist, guter Dinge.«

»Hat sie Nachricht von ihrem Mann?«

»Keine direkte. Der Leutnant Asch, das hat ein Obergefreiter mitgeteilt, soll sich auf dem Weg hierher befinden. Er ist dabei offenbar durch irgend etwas aufgehalten worden. Aber er gehört ja wohl zu den Menschen, die einen wachsamen Schutzengel haben.«

»Ich danke Ihnen, Hochwürden«, sagte Freitag. »Es freut mich aufrichtig, daß soweit alles in Ordnung ist. Bei solchen Nachrichten nehme ich sogar wachsame Schutzengel in Kauf. Und weshalb sind Sie wirklich hier?«

»Um Sie zu ermahnen, Herr Freitag!« rief der Pfarrer, und das geschah mit Kraft.

»Mich?« fragte der alte Freitag ehrlich verwundert und änderte umständlich die Lage seines Gesäßes. »Warum mich? Ich sitze hier im Gefängnis. Ihre Ermahnungen werden jetzt andere nötiger haben.«

»Aussichtslos, zwecklos, sinnlos!« stieß Hochwürden Westhaus hervor. »Was dort«, und nun streckte er anklagend den rechten Arm aus, »vor sich geht, ist nicht mehr aufzuhalten.«

»Unsere Stadt«, korrigierte der alte Freitag ruhig, »liegt zu Ihrer Linken, Herr Pfarrer.«

Der nahm beschleunigt seinen Arm herunter. Er sah den Mann, der ihm dicht gegenübersaß, forschend und fordernd an. »Nun mal ganz ehrlich, Herr Freitag«, forderte er ihn auf, »sind Sie hier freiwillig drin — oder nicht?«

»Freiwillig nicht — aber gerne!«

»Es handelt sich um kein abgekartetes Spiel?«

»Die Karten lagen günstig, das ist alles. Betrug war nicht dabei. Ich war sozusagen fällig — gewisse staatsfeindliche oder auch hochverräterische Äußerungen konnte man mir zu Dutzenden nachweisen. So wurde ich denn zur allgemeinen Freude der staatserhaltenden Kräfte eingesperrt: Um mir den Prozeß zu machen, dazu scheint die Zeit wohl nicht mehr ganz auszureichen. Eigentlich bedauere ich das — ein größeres Forum habe ich mir immer schon gewünscht.«

»Und Ihr werter Busenfreund, der Cafetier Asch, dieser Erznazi ...«

»Hochwürden«, sagte der alte Freitag ruhig, »vergessen Sie bitte nicht, wo Sie sich befinden. Und nehmen Sie vor allen Dingen nicht an, daß ich bei Ihnen im Beichtstuhl sitze. Ihnen diese Seelenqual zu bereiten, bringe ich nicht übers Herz.«

»Verstehen Sie mich doch«, redete Westhaus eindringlich, mit beschwörenden Gesten, auf ihn ein. »Versuchen Sie doch, mich zu begreifen!«

»Versuchen Sie das doch mal bei mir, Herr Pfarrer. Soweit ich informiert bin, gehören derartige Bemühungen sogar zu Ihrem Beruf.«

»Das gehört zu meinem Amt, jawohl! Und nicht zuletzt deshalb bin ich ja auch hier. Ich will doch nichts anderes, als daß Sie mich verstehen; ich lege Wert darauf — ich bitte Sie sogar darum.«

»Langsam«, sagte der alte Freitag, »verstehe ich immer weniger.«

Hochwürden Westhaus holte tief Luft. Er streckte seine Arme aus und schien Anstalten zu machen, sie Freitag auf die Schultern zu legen. Aber der wich ihm geschickt aus.

»Hören Sie, Herr Freitag! Ich hoffe, Sie haben sich Gedanken darüber gemacht, was jetzt kommen wird.«

»Seit zwölf Jahren denke ich an nichts anderes.«

»Unsere Stadt«, rief Westhaus beschwörend, »ist ein Hexenkessel geworden! Fast alle schmoren darin mit ihren Ängsten, Gewinnsüchten, Geilheiten, geschüttelt von Mordlust oder verfaulend vor Gleichgültigkeit. Morgen schon oder übermorgen werden die Amerikaner kommen und allein durch ihre Ankunft das Feuer unter diesem Kochkessel des Satans auslöschen. Aber im Kessel selbst wird die Siedehitze vorerst bleiben, die Verbrennungen und Verbrühungen werden nicht gleich abnehmen, die Brandwunden noch lange nicht heilen. Das wird Wochen, Monate, ja vielleicht Jahre dauern, bis die Temperatur in unserer Stadt wieder normal ist.«

»Bis dann der nächste kommt, wieder ein neues Feuerchen entfacht und die guten Deutschen dazu bringt, sich in Reihen und Gliedern aufzustellen — zwecks Verheizung!«

»Das wird niemals mehr geschehen, Freitag, niemals mehr!«

»Sie glauben doch an das, was in der Bibel steht, Herr Pfarrer? Oder haben Sie etwa mitten in der Paradiesgeschichte aufgehört zu lesen?«

»Lassen wir doch das, Herr Freitag«, rief Hochwürden Westhaus abweisend. »Kommen Sie mir doch nicht mit Spitzfindigkeiten, wo es um nackte Daseinsfragen geht. Fest steht jedenfalls eins: Das Leben muß und wird weitergehen. Eine neue Ordnung hat aus dem alten Trümmerhaufen zu entstehen. Und wir beide werden uns hierzu zusammenfinden müssen.«

»Warum ausgerechnet wir beide, Hochwürden?«

»Sie wissen das genausogut wie ich, Herr Freitag. Die neue Zeit braucht Menschen, die vor dem Nationalsozialismus nicht auf dem Bauch gekrochen sind. Sie braucht humane, liberale, christliche Menschen.«

»Die KZ sind voll davon! Und außerdem sollten Sie niemals vergessen, daß nicht wenige nur deshalb nicht den Nazis in den Hintern gekrochen sind, weil die ihnen keine Gelegenheit dazu gaben. Die verhinderten Kriecher von gestern werden sich eifrig zwischen die Helden des Widerstandes drängeln. Gewohnheitsverbrecher, die auch im KZ saßen, werden sich als unentwegte Antifaschisten feiern lassen. Und wenn Sie es ganz genau wissen wollen, Herr Pfarrer — auch mich hat niemand aufgefordert, in die alleinseligmachende Partei einzutreten. Vielleicht ist das der eigentliche Grund, warum ich nicht drin bin.«

»Lassen Sie doch Ihre dialektischen Zungenübungen, Herr Freitag! Entscheidend ist im Augenblick doch nur, was in den allernächsten Tagen passieren wird: Uns beiden werden wichtige Entscheidungen zufallen, wenn erst die Amerikaner hier sind — Ihnen als altem Gewerkschaftler, mir als Repräsentanten einer dem Dritten Reich unangenehmen Institution.«

»Und wenn das tatsächlich so sein sollte«, sagte der alte Freitag überzeugt, »dann werden wir abrechnen. Haargenau — auf Heller und Pfennig.«

»Wir werden vergeben und vergessen«, sagte Hochwürden Westhaus nicht minder überzeugt, »und wir werden die Fehler der Vergangenheit mit Sanftmut korrigieren.«

»Das werden wir nicht!« sagte der alte Freitag hartnäckig. »Wer sich bereichert hat, den werden wir wieder arm machen. Wer hängen ließ oder gehängt hat, der wird auch hängen. Nur wer einem Irrtum verfallen war, ohne dadurch Blut zu vergießen, dem werden wir stillschweigend verzeihen.«

»Nein!« rief Westhaus heftig. »Nein, nein! Das heißt Mord durch Mord vergelten wollen. Aber das einzige, was jetzt kommen muß, ist die große Vergebung. Der Generalpardon. Die Absolution!«

»Herr Pfarrer«, sagte der alte Freitag hart, »wir haben jetzt die einmalige Chance, alle Schweinehunde Deutschlands auszuschalten oder sie doch für alle Zeiten zu stempeln. Tun wir das — dann werden wir endlich einmal aufatmen können. Tun wir das nicht — dann sind sie in zehn oder fünfzehn Jahren alle wieder da, mit ihren großen Schnauzen und ihrem kurzen Gedächtnis. Und sie werden sich gebärden, als sei überhaupt nichts geschehen; und die Menge wird ihnen zublöken, als hätte sie sie niemals feige, erbärmlich und stinkend im tiefsten Dreck liegen sehen.«

»Niemals wird das geschehen«, sagte Hochwürden überzeugt. »Wir sind so tief gesunken wie zu keinem Zeitpunkt unserer Geschichte. Diesen Anblick wird niemals jemand vergessen. So tiefe Wunden hat sich noch kein Volk geschlagen. Nur noch eine Forderung gilt jetzt: heilen, heilen, heilen!«

»Heil, heil, heil! Das ist alles, was daraus wird.«

»Dann trennen sich hier unsere Wege«, sagte Pfarrer Westhaus mit großem Ernst. »Die Kirche, deren Diener ich bin, ist ein Hort der Bedrängten und Verfolgten. Ich habe noch niemals jemandem die Tür gewiesen, der meiner Hilfe bedurft hatte. Es sind in den vergangenen Jahren viele zu mir gekommen: Juden, Sozialisten, Freidenker, Deserteure und Kommunisten. Und in den nächsten Jahren werden andere kommen.«

»Parteibonzen, Militaristen, Henkersknechte, Waffenfabrikanten – und Kommunisten.«

»Warum nicht? Wenn sie kommen, werde ich ihnen helfen, so, wie ich immer geholfen habe.«

»Dann, Herr Pfarrer«, sagte der alte Freitag unnachgiebig, »haben Sie recht: dann trennen sich unsere Wege!«

Der Oberst Hauk hob ein wenig die Hand, und der Oberleutnant Greifer trat kräftig auf den Bremshebel. Die blockierten Räder schlitterten kreischend über den Sandweg. Und dann blieb der Wagen, noch einmal kurz bockend, stehen.

»Das übernächste Haus«, sagte Greifer und reckte sein massiges Kinn vor. Er schaltete den Motor ab. Er streifte sich die Lederhandschuhe fester auf die großen Hände, die in den Gelenken knackten, was ihn grimmig zu amüsieren schien.

Der Oberst korrigierte flüchtig seinen Mützensitz und stieg dann aus. Es schien, als recke er sich hoch, um das Haus Hindenburgstraße 13 besser betrachten zu können. Greifer sprang aus dem Wagen und stellte sich in angemessenem Abstand neben ihn.

»Ganz stattlicher Kasten«, sagte der Oberleutnant nicht ohne Anerkennung. »Dieser Speckjäger Brahm hatte gar keinen schlechten Riecher.« Er angelte einen schwarzen, flachen Gegenstand aus seiner Manteltasche, legte beide Hände darauf und zog sie – kurz, kräftig – auseinander. Ein hartes, metallisches Knacken und Schleifen und Zuschnappen wurde vernehmbar.

»Möglichst nicht«, sagte Hauk ruhig.

»Nur für alle Fälle«, brummte Greifer gehorsam, sicherte seine Pistole und ließ sie wieder in die Tasche gleiten. Er schlug wie liebkosend, wie ein Pferdefreund auf blanke Flanken schlägt, gegen seinen Mantel in Hüfthöhe.

Sie schritten einträchtig nebeneinander durch die beginnende Dunkelheit auf das Haus Hindenburgstraße 13 zu. Es sah aus, als befänden sie sich auf einem geruhsamen Abendspaziergang. Die Schotterstraße unter ihren Stiefeln knirschte nahezu melodisch. Aus verhängten Fenstern brachen schmale Lichtstreifen, erreichten sie aber nicht.

Das schmiedeeiserne Tor, das zu dem Haus gehörte, war verschlossen. Der Oberst stellte das mit einem kurzen Griff fest. Sofort sprang Greifer das Gatter an, stemmte sich hinauf und ließ sich auf der anderen Seite wieder hinunter. Er entfernte zwei langstielige Sicherungshaken und öffnete die Torflügel weit.

»Brauchbar geölt«, sagte Greifer und sah sich unternehmungslustig nach weiteren Betätigungsmöglichkeiten um. »Überhaupt: ganz gepflegter Schuppen — hier kann man den Krieg sicher nicht schlecht überleben.«

»Mit Vorsicht«, sagte Hauk, und wieder klang das, was er sagte, außerordentlich teilnahmslos, als zwinge ihn lediglich lässig ausgeübte Höflichkeit, überhaupt etwas zu sagen. Er ging quer durch den Garten, über Blumenbeete hinweg, auf die Fenster zu, aus denen schmale Lichtstreifen brachen.

Stimmen wurden vernehmbar — rauhe, breite, dumpfröhrende Stimmen, die anschwollen und wieder abebbten, hervorgestoßen und gemurmelt wurden. Glas klirrte. Ein Stuhl fiel um. Eine Frau kreischte kurz auf. Krampfhaftes Gelächter erstickte alle übrigen Geräusche.

»Die Kerle saufen«, sagte Greifer. »Auf unsere Kosten.«

»Also los«, befahl Hauk.

Der bullige, breitbeinige Greifer warf sich gegen eine Tür; sie krachte in allen Fugen, und ein Riegel polterte zu Boden. Abermals rannte Greifer an, und die Tür gab nach, flog auf, knallte gegen die Wand. Das Stimmengewirr erstarb. Greifer rannte durch den Korridor auf die Tür zu, hinter der Licht war. Und die stieß er auf.

Da saß Brahm, der Stabszahlmeister, mit erstarrtem, erstauntem Gesicht, aus dem die blöden Augen hervorzuquellen schienen. Er saß ein wenig abseits. Drei oder vier besoffene Kerle lümmelten sich um einen Tisch herum. Und auf dem Tisch standen Flaschen, Gläser, Schüsseln mit Fleisch, aufgerissene Konservenbüchsen und Keksdosen, dort lagen Scherben, qualmten Aschenreste, verdunsteten Alkohollachen. Ein mäßig bekleidetes Mädchen glitt vom Sofa, wie Kinder über Rutschbahnen ins Wasser gleiten.

»Guten Abend, Herr Stabszahlmeister Brahm«, sagte der Oberst Hauk, der an der Tür stehengeblieben war.

Er erhielt vorerst keine Antwort. Eine Flasche kippte um, deren Inhalt ergoß sich über den Tisch, floß zu Boden. Es war, als pinkele jemand in die Stille hinein.

Greifer schob sich vor und inspizierte sofort, mit schnellen Augen und sicheren Griffen, die ausliegenden Marketenderwaren. Daß die Kerle seinen Dubouchet tranken, seinen sorgsam gehüteten Bisquit Dubouchet, das wurmte ihn mächtig, wie sein Nußknackergesicht deutlich verriet. Daran konnte auch die Tatsache nichts ändern, daß er keine von seinen Lieblingszigarren herumliegen sah.

»Na, Brahm«, sagte er mit gefährlicher Gemütlichkeit und griff instinktiv in seine Manteltasche, »da sind wir also! Sie haben uns wohl nicht so schnell erwartet, was?«

Brahm starrte mit Kalbsaugen auf die unerwarteten Besucher. Er nahm alle Kraft zusammen und versuchte sich zu erheben, was ihm nur mühsam gelang. Er quälte eine Standardmeldung hervor: »Stabszahlmeister Brahm mit zwei Kraftfahrern und einem Begleiter sowie zwei Lastkraftwagen befehlsmäßig eingetroffen.«

»Danke«, sagte der Oberst Hauk zeremoniell und tippte sich an die Mütze. »Damit haben Sie Ihren Auftrag erledigt.« Dann fügte er hinzu: »Wir haben nur noch einige dienstliche Fragen miteinander zu besprechen.«

»Jawohl«, stotterte Brahm. »Jawohl, Herr Oberst.«

»Also 'raus mit euch!« rief Greifer den Soldaten zu. »Aber Tempo, Tempo!«

Die Soldaten erhoben sich sofort, zwar taumelnd, doch mit unverkennbarem Eifer. Sie schienen heilfroh zu sein, aus dem unmittelbaren Bereich des Oberleutnants, der bei ihnen den Spitznamen »Der Ausradierer« trug, entkommen zu können.

»Und nehmt diesen halbnackten Sperling mit.«

Das zerzauste Mädchen erhob sich hastig und lief, wie gejagt von plötzlicher Angst, mit den Soldaten hinaus. Es ließ Schuhe und Strümpfe zurück. Und den Geruch von billigem Parfüm.

»Einen Geschmack haben die Kerle«, sagte Greifer grimmig, »daß es einer Sau graust! An der ist doch gar nichts dran, hinten nicht und vorne auch nicht. Und diese Nutte stinkt – wie ein ganzer Puff!«

»Zur Sache«, sagte Oberst Hauk.

»Bin schon dabei«, versicherte Greifer und schlug sich erneut liebevoll auf die Manteltasche. Er stellte sich vor Brahm auf und begann ihn – hart, hastig, stoßweise – mit Fragen zu überfallen. »Alle Kisten mitbekommen? Welche nicht? Welche sind angebrochen? Wo liegen sie? Gut verstaut?«

Brahm gab nicht minder hastig Auskunft im Gegenrhythmus. Er sprudelte seine Antworten wie ein gutfunktionierender Automat hervor. Dabei sah er, nahezu hilfesuchend, ergeben und verschüchtert wie ein Kaninchen, zu Oberst Hauk hinüber. Aber der stand mitten im Raum, schien gleichmütig den verwüsteten Tisch zu betrachten und nichts zu hören.

»Wir wollen das sehen«, verlangte der Oberst sodann.

»Und zwar in allen Einzelheiten!« rief Greifer sofort. »Also los, Sie alter Versteckspieler – machen wir doch mal Inventur.«

Brahm nickte mehrmals, überaus heftig, und es war, als sei ihm die Sprache abhanden gekommen. Er trabte voran, dicht von Greifer gefolgt, während der Oberst, wie immer leicht gelangweilt erscheinend, hinter den beiden einherschritt.

Sie gingen auf den Boden, in die Garage, in den Keller, ins Gartenhaus. Greifer überprüfte, während Brahm diensteifrig leuchtete, die Kisten und Säcke peinlichst genau, an Hand seiner Liste. Er suchte nach Beschriftungen und Schildern, kontrollierte die Gewichte, die Verpackung, die Verschnürung und die Unversehrtheit der Kistendeckel.

Nach etwa einer Stunde sagte Greifer: »Stimmt, Herr Oberst – im allgemeinen, im großen und ganzen.«

»Freut mich«, sagte der.

Hierauf setzten sie sich im großen Zimmer zusammen, rund um den Tisch, den Greifer, mit einer einzigen Armbewegung, leergefegt hatte. Der Oberleutnant beschnitt eine seiner Zigarren. Hauk schien seine Fingernägel zu betrachten.

Brahm betupfte sich mit einem riesigen Taschentuch seine Stirn. Er war in dieser knappen Stunde ein armer Mann geworden, wenn man, so dachte er, von seinem Anteil absah, den ihm der Oberst bewilligen würde. Aber es war noch einmal gut gegangen! Nur eine Frage bohrte jetzt noch in seinem Gehirn. Und die sprach er aus.

Er sagte: »Wie ist es nur möglich, daß mich Herr Oberst so schnell gefunden haben.«

»Da staunen Sie, was?« sagte Greifer, genießerisch seinen vermeintlichen Triumph auskostend. »War aber gar keine Hexerei! Ihre Frau Schwester war so gütig. Sie gab uns die Adresse – auf Anhieb. Und da sind wir nun.«

»Ja«, sagte Brahm konsterniert; und er dachte verbohrt: Dieses geschwätzige Stück Mist. Da sind sie nun! Und nur weil dieses Weib den Schnabel nicht halten konnte.

»Herr Stabszahlmeister«, fragte Hauk und lächelte karg, »wollen Sie Ihre Leute verdursten lassen?«

»Wenn Herr Oberst meinen ...«, sagte Brahm bereitwillig und erhob sich sofort, um die Anregung des Obersten, die für ihn Befehl war, auszuführen. Er schlurfte hinaus, nicht ohne eine Art Ehrenbezeigung angedeutet zu haben.

»Das«, sagte Hauk, nachdem sich Brahm entfernt hatte, »war ein Fehler, Greifer.« Und er sah seinen Mitarbeiter ganz kurz an. In diesem Blick lag Mißbilligung, unverkennbarer Vorwurf, tieftreffender Tadel.

»Verstehe nicht«, sagte der Oberleutnant sichtlich beeindruckt.

»Sie haben Brahm bestätigt, daß wir bei Frau Willrich waren.«

Greifer öffnete den Mund leicht und legte seine Stirn in Falten. Er sog konzentriert, doch ohne Genuß an seiner Zigarre. Dann sagte er langsam: »Verstehe.«

Und er verstand wirklich. Er folgerte: Brahm weiß jetzt, daß wir bei der Willrich waren. Wenn aber die Willrich abgekratzt sein sollte, was nicht ganz ausgeschlossen ist, dann wird Brahm sofort ahnen, wer das getan hat. »Verdammte Sauerei«, sagte Greifer zerknirscht wie ein williger und ehrgeiziger Schuljunge, der es kaum verwinden kann, bei einer einfachen Aufgabe versagt zu haben.

»Machen Sie hier reinen Tisch«, empfahl der Oberst Hauk sanft.

Greifer nickte und dachte verbissen nach, fest entschlossen, die Scharte wieder auszuwetzen. Die Auswahl unter den Möglichkeiten, die nunmehr in Betracht kamen, war nicht sonderlich groß. Und wie fast immer, so war wohl auch hier das einfachste das wirksamste, die Radikalkur das Allheilmittel. »Wir werden ihn zum Schweigen bringen«, versicherte er.

»Tun Sie das«, sagte Hauk und betrachtete seine Hände.

Greifer stand mit energievollen Bewegungen auf, ging zur Tür, die in den Nebenraum führte, wo sich die Soldaten aufhielten. Er öffnete diese Tür und ließ sie, damit Hauk Zeuge seiner schöpferischen Einfälle werde, offen. Breitbeinig, einen Arm in die Seite gestemmt, stand er da.

»Hört mal her, Leute«, sagte er zu den Soldaten, die ihn anstarrten, »noch ist der Krieg nicht aus, und bis dahin gibt es reichlich viel für uns zu tun. So ist das nun mal, und da kann man nichts machen. Aber euch Schlappschwänzen wird kräftige Bewegung gar nichts schaden!«

Die Soldaten regten sich nicht. Sie sahen dann kurz und wie hilfesuchend auf Brahm, aber der stand staunend und abwartend im Hintergrund. Dann sahen sie wieder auf Greifer, den »Ausradierer«, der jetzt eine Karte entfaltete.

»Lüftet gefälligst eure Hintern«, befahl der »Ausradierer« rauh und unmißverständlich, »und bemüht euch hierher. Oder soll ich euch Beine machen?«

Die Soldaten, die nur noch den Tod mehr zu fürchten schienen als Greifer, trabten herbei und gruppierten sich gehorsam um den Oberleutnant. Sie hatten vorher bei seinem Anblick alle Hoffnung fahrenlassen. Jetzt witterten sie mit dem allen langjährigen Landsern eigenen Instinkt, daß eine Möglichkeit zu bestehen schien, aus seinem Blickfeld zu kommen.

»Also, ihr Tagediebe! Beide Lastwagen, leer wie sie sind, setzen sich sofort in Marsch. Meldung hier, wo ich hintippe, auf der Kommandantur 426, bei Oberleutnant Ostermann. Marketenderwaren- und Verpflegungsempfang für Sonderstab Hauk. Der Stabszahlmeister wird euch eine entsprechende Bescheinigung mitgeben.«

»Jawohl«, murmelten die Soldaten.

»Und für die Reise«, sagte Greifer großmütig, »geben wir jedem von euch eine Kiste mit; eine von unseren Spezialkisten. Klar?«

»Jawohl, Herr Oberleutnant«, sagten jetzt die Soldaten. Jawohl, das war soweit klar, besonders das mit den Spezialkisten. Und außerdem war Befehl immer noch Befehl, besonders dann, wenn ihn der »Ausradierer« erteilte, und dann erst recht, wenn ein Oberst Hauk dahinterstand.

»Und euer Pipimädchen«, sagte Greifer breit, »könnt ihr auch mitnehmen.«

Die drei Soldaten und das verschreckte Mädchen trollten sich. Sie machten die beiden Lkw klar und empfingen von Brahm, der immer noch nicht seine Sprache wiedergefunden zu haben schien, die bewilligten Spezialkisten. Die Hoffnung, Greifer noch einmal entkommen zu können, setzte sich bei ihnen in Diensteifer um.

Greifer begab sich händereibend zu Hauk. Er war sehr mit sich zufrieden. Durch seine Maßnahmen kam er der vom Oberst gewünschten und damit befohlenen Lösung immer näher. Er war richtig stolz auf seine Einfälle.

Natürlich kannte er gar keine Kommandantur 426 und einen Oberleutnant Ostermann auch nicht; und der Ort, auf den er getippt hatte, war schon seit heute vormittag in der Hand der Amerikaner. Und die würden dann auch diese höchst überflüssigen Tagediebe vereinnahmen – wenn sie nicht doch noch einen Funken Verstand besaßen, was ja immerhin möglich war, und einfach irgendwo mit ihren Spezialkisten und dem Pipimädchen untertauchten.

»Gar nicht schlecht, Greifer«, sagte Hauk, und ein kleiner Schimmer von Anerkennung wurde in seiner sonst so gleichförmigen Stimme vernehmbar.

»Langsam«, sagte Greifer befriedigt, »kommen wir der Sache schon näher.«

Die zwei leeren Lastkraftwagen mit den drei Soldaten und dem Mädchen rollten durch das Tor des Hauses Hindenburgstraße 13, in die beginnende Nacht hinaus. Sie ratterten und schwankten, dann verschwanden sie, eine Wolke aus stinkenden Gasen zurücklassend. Brahm schloß hinter ihnen das Tor.

»Und jetzt«, sagte Greifer, der sich breitbeinig vor dem Stabszahlmeister aufstellte, »zu Ihnen – Sie alter Versteckspieler!«

Hauptmann Schulz, der seine Erregung hinter tadelloser militärischer Haltung verbarg, salutierte vorschriftsgerecht und sah, wie Dienstreglement und soldatisches Empfinden geboten, dem Generalmajor »offen und frei ins Auge«.

Luschke nahm die Meldung des Vollsoldaten Schulz mit Gelassenheit entgegen, als handle es sich um das Angebot eines Bananenverkäufers. Er hob die Rechte, die seine Handschuhe hielt, in Brusthöhe. Bei großzügiger Auslegung konnte diese Bewegung als »Deutscher Gruß« bezeichnet werden.

»Sie wollten, wie ich höre, abreisen?«

»Jawohl, Herr General. Ich wollte mich an die Front begeben.«

»Das trifft sich gut, Schulz. Die Front ist jetzt hier — also sind Sie da.«

»Mein Marschbefehl, Herr General . . .«

»Zeigen Sie ihn doch mal her, Schulz.«

Schulz griff mit einiger Hast in seine Brusttasche und angelte von dort die für ihn ausgestellten Marschpapiere hervor. Er hatte nie geglaubt, daß er sie gebrauchen würde. Er kannte nicht einmal ihren Inhalt. Immerhin konnte er sich wenigstens zu dem Einfall beglückwünschen, daß er sich hatte Marschpapiere ausstellen lassen. Er hielt sie dem General entgegen.

Luschke nahm sie, schlug sie auf und las. Sein Knollengesicht verzog sich zu einem ausgedehnten Grinsen. »Ich nehme an, Schulz, Sie wissen aus Ihren Papieren, welches Ihr Marschziel ist.«

»Jawohl, Herr General«, sagte der und dachte: Jetzt kommt der altbewährte Luschke-Trick! Knollengesicht wird den Befehl auf seine Art ausdeuten, also glatt umdrehen und dann, süffisant grinsend, die Papiere zerreißen. Man war dagegen machtlos; Luschke fand immer Argumente, die jeden Widerspruch von vornherein hinfällig machten. Also: Papierkorb!

Aber der General sah Schulz mit großen, spöttischen Augen an, faltete die Marschpapiere sorgfältig und gab sie dem Hauptmann wieder zurück. »Sehr aufschlußreich«, sagte er und ging zum Fenster.

Schulz, verwirrt trotz glänzender Haltung, wie immer durch Luschke mit Leichtigkeit aus der Fassung gebracht, betrachtete — zum erstenmal — seine Marschpapiere genauer. Und dort, er traute seinen Augen nicht, stand: Marschziel Division Luschke. In diesem Augenblick hätte er den Gefreiten Stamm, den Schreiber dieser Papiere, in der Luft zerfetzen können.

»Herr General«, sagte Schulz mühsam, »ich dachte . . .«

»Sie denken? Freut mich für Sie, Schulz. Wenn Sie erlauben, will ich das gleiche versuchen.«

Schulz produzierte eine knappe Verbeugung, wie er sie im Kasino gelernt hatte. Er tat das, mit dezentem Hackenschlag, hinter dem breiten Rücken der kleinen Gestalt des Generals. Luschke sah aus dem Fenster der Kommandantur auf den Marktplatz; und dieser Anblick schien ihn zu fesseln.

Dann drehte er sich kurz herum, schritt auf Schulz zu und sah an ihm hoch. »Schulz«, sagte er, »wer hat Ihnen eigentlich den Befehl erteilt, sich bei meiner Division zu melden?«

Schulz lief rot an, verlor stark an Haltung und begann zu stottern: »Meine vorgesetzte Dienststelle . . . telefonische Order . . . vor etwa vier Stunden . . .«

»Also melden Sie sich bei mir«, forderte Luschke ihn auf.

Schulz tat das. Er meldete, mit nahezu formvollendeten Einheitsformulierungen, seine Versetzung zur Division. Er ging noch einen Schritt weiter und bat, mit betont männlicher, ja geradezu soldatischer Entschlossenheit, um seinen Einsatzbefehl.

»Meine Division«, sagte Luschke, »ist nur noch ein Trümmerhaufen. Und wie sieht es in Ihrer Stadt aus?«

»Der zuständige Stadtkommandant, Oberleutnant Nowack ...«

»Ist ein Trottel«, sagte Luschke überzeugt.

Hauptmann Schulz stimmte unbedenklich zu. »Wenn aber Herr General«, sagte er, »den Gefechtsstand der Division hierher verlegen, dann sind Herr General, als höchster Dienstgrad im Bereich, auch automatisch Kommandant der Stadt.«

»Sie haben im Verlauf der Jahre einiges dazugelernt, Schulz«, sagte Luschke mäßig amüsiert, »aber immer noch nicht genug, um den Versuch wagen zu können, mich übers Ohr zu hauen. Ich avanciere hier nicht automatisch zum Stadtkommandanten, sondern die Stadtkommandantur untersteht mir. Sie verwechseln diesen Begriff mit dem eines Kampfkommandeurs.«

»Jawohl, Herr General«, sagte Schulz sofort. »Das werde ich wohl verwechselt haben.«

»Leisten Sie sich diesen Luxus nicht allzuoft in meiner Gegenwart, Schulz. Sonst verwechsele ich Sie auch mal.«

»Jawohl, Herr General«, beeilte sich Schulz ergeben zu versichern und klappte erneut mit den Hacken.

»Lassen Sie doch diesen Firlefanz«, sagte Luschke unwillig.

»Jawohl, Herr General«, sagte Schulz und schlug, ganz automatisch, die Hacken abermals zusammen.

Luschke verzog sein Knollengesicht, als habe er Schmerzen. Er hob die Augenbrauen und blickte kühl über Schulz hinweg. Dann schritt er zur Stadtkarte. Er streckte seinen rechten Zeigefinger aus und tippte auf die Karte.

»Erste und letzte Station dieses Krieges«, sagte er mehr zu sich. »Hier begann es – hier wird es aufhören. Ein Kreis scheint sich zu schließen; aber was hier wie ein Kreis aussieht, ist eine Schlinge.«

Schulz näherte sich dem General, und er tat das respektvoll. Er ging, sorgfältig sein Gewicht ausbalancierend, auf Zehenspitzen. Er öffnete den Mund und wollte sich eine Bemerkung erlauben.

»Behalten Sie Ihre Weisheiten für sich«, sagte der General. »Schalten Sie um auf Ihren Kasernenverstand. Sie kennen diese Stadt seit langen Jahren – wer kennt sie besser?«

»Herr General bestimmt.«

»Kennen Sie meine Division — beziehungsweise die Reste, die mir noch übriggeblieben sind?«

»Nein, Herr General.«

»Aber einer von uns beiden, Schulz, wird hier die Kommandantur übernehmen. Der andere wird sich um den Trümmerhaufen der Division kümmern müssen.«

»Jawohl, Herr General«, sagte Schulz ergeben und hatte das peinliche Gefühl, zu erblassen. Der alte Fuchs hatte ihn schon wieder einmal völlig mühelos überspielt, ihn mit zwei, drei Redewendungen eingekreist und gestellt. Und am Ende sah es beinahe so aus, als habe nicht der General befohlen, sondern er selber, Schulz, entsprechende Vorschläge gemacht.

»Damit wir uns nicht mißverstehen, Schulz«, sagte Luschke kühl. »Ich verlange von Ihnen nicht, daß Sie diese Stadt mit dem Thermopylen-Paß verwechseln — immer vorausgesetzt, Sie wissen, was das ist. Ich erwarte von Ihnen nicht, daß Sie hier einen Trojanischen Krieg inszenieren.«

»Jawohl, Herr General.«

»Also, Schulz, um ganz deutlich zu werden: Ich will keinen Saustall! Ich will keine Helden, aber ich will auch keine Hammelherde.«

»Natürlich nicht, Herr General«, sagte Schulz, obwohl er kein Wort verstand. »Selbstverständlich, Herr General.«

»Der Oberleutnant Nowack, Ihr Nachfolger auf dem Posten eines Ortskommandanten, der jetzt aber Ihr Vorgänger ist, kennt sich hier nicht aus. Er ist ortsfremd und beherrscht außerdem nicht einmal das militärische Einmaleins. Er läßt den Laden laufen. Aber ich will, Schulz, daß sich hier jemand um die Soldaten kümmert — bis zum letzten Augenblick. Essen, Bekleidung, Unterkunft, Fürsorge, Weitertransport, Einsatz bei Notstand — alles das will organisiert sein.«

»Verstehe«, sagte Schulz und glaubte einigen Grund zu haben, sich durch das Vertrauen des Generals geehrt zu fühlen. Der sprach mit ihm wie mit einem Kameraden. Das kam bei Luschke einer Auszeichnung gleich, ersetzte beinahe die so lang ersehnte Beförderung — Schulz war überzeugt davon. Meine soldatische Einstellung, sagte er sich, scheint hier erkannt worden zu sein. Und das verpflichtet.

»Keine wilden Einzelaktionen — planmäßige Organisation.«

»Planmäßige Organisation — jawohl, Herr General. Auch beim Volkssturm?«

»Bei allem, was noch Uniform trägt; und für jeden Zivilisten, der unserer Hilfe bedarf und dem Sie helfen können. Und seien Sie großzügig, Schulz!«

»Selbstverständlich, Herr General«, sagte Schulz und fühlte sich geehrt.

»Kümmern Sie sich um jeden Mann, der erreichbar ist. Verfügen Sie über jedes Lager, über alle Bestände im Bereich der Kommandantur. Schonen Sie nichts, horten Sie nichts, sorgen Sie für jeden erreichbaren Truppenteil.«

»Jawohl, Herr General«, sagte Schulz nahezu feierlich. Wie das in seinen Ohren klang, dieses: Nichts schonen ... nichts horten ... für alle sorgen! Ach, er würde niemand schonen, er würde schon dafür sorgen, daß niemand sein Schäfchen – daher: horten! – ungestört ins trockene brachte. Er war der rechte Mann dafür. Das hier, das war der Beginn seiner großen Stunde.

»Herr General können sich ganz auf mich verlassen«, versicherte er, ganz Soldat in großer Stunde.

»Das tue ich«, sagte Luschke und dachte: Was bleibt mir anderes übrig. Und weiter sagte er: »Ich hoffe, Sie werden mich nicht enttäuschen, Schulz. Und ich erhoffe das nicht zuletzt in Ihrem Interesse.«

Schulz stand stramm und produzierte wieder eine seiner knapp angedeuteten Kasinoverbeugungen. Er war überzeugt davon, damit eine besonders gute Figur zu machen. Und diese Überzeugung verstärkte sich noch, als er nicht das geringste Anzeichen von Mißbilligung bei Luschke bemerkte.

»Vergessen Sie das nie«, sagte der General, dessen Gedanken schon weit fort waren, bei seinen Lagekarten, den Divisionsbefehlen und letzten Anordnungen der diversen Hauptquartiere, die ihn noch erreicht hatten und die es klug zu überspielen galt, »Sie arbeiten hier im Bereich meiner Division. Sie sind mir also unmittelbar unterstellt. Alle sechs Stunden geben Sie einen Situationsbericht an meinen Gefechtsstand – den ersten in drei Stunden.«

»Und wo, Herr General, wird sich der Gefechtsstand der Division befinden?«

»Hier«, sagte der General, streckte den Zeigefinger der rechten Hand aus und tippte auf die Stadtkarte.

»Dort?« fragte Schulz ungläubig.

»Genau dort«, sagte der General. »Wie einst – als wir noch glaubten, es wäre Mai.«

Seine Fingerspitze zeigte auf die Artilleriekaserne.

Der alte Asch machte eine weite, wie zufällige Bewegung mit dem linken Arm und sah heimlich auf seine Uhr. Dann, scheinbar gelangweilt, betrachtete er den Zivilisten Wedelmann und seine Magda, die dicht nebeneinander auf dem Sofa saßen, hierauf wanderte sein Blick über Lore Schulz hinweg, die im Ledersessel hockte, zum Obergefreiten

Kowalski hin, von dem lediglich der breite Hintern sichtbar war, während sein Oberkörper tief im Büfett steckte.

»Sie suchen vergeblich, Kowalski«, sagte der alte Asch. »Die besten Sachen sind ausgelagert.«

»Warum eigentlich?« fragte der Obergefreite zurück, ohne seine Stellung zu verändern. »Für wen denn? Doch immer das Beste zuerst, Mann! Schließlich leben wir hier in keinem Sanatorium. Morgen schon kann sein, daß Ihre Blutpumpe nicht mehr funktioniert. Und wer wird dann Ihren Schampus saufen?«

»Einer von Ihrer Sorte, vermutlich.«

Der Obergefreite Kowalski richtete sich breit auf. »Herr — ich bin ich, und so wie ich bin, ist keiner. Darauf lege ich gesteigerten Wert.«

»Kowalski war«, sagte Wedelmann und versuchte freundlich zu lächeln, »schon immer Individualist.«

»Und das wollen Sie gemerkt haben, Herr Hauptmann?«

»Ich bin kein Hauptmann mehr«, erklärte Wedelmann ruhig.

»Kommt schon noch mal!« versicherte Kowalski bieder. »Also, wie ist das nun, Herrschaften, wird es eine Hochzeit geben, oder wird es keine Hochzeit geben? Ich muß mich geistig darauf einstellen. Gibt es eine Hochzeit, bestehe ich auf Schampus. Gibt es keine Hochzeit, nehme ich gleich Branntwein. Die eine Besäufnis ist feierlicher, die andere geht schneller — aber gesoffen wird auf alle Fälle. Also was nun, Herr Asch — Sekt oder Schnaps?«

»Mich müssen Sie da nicht fragen«, sagte der alte Asch ausweichend und sah wieder auf seine Armbanduhr.

»Wenn Sie mich fragen«, sagte Lore Schulz und dehnte sich erwartungsvoll, »dann werde ich Ihnen antworten, daß man Champagner trinken kann, auch ohne Hochzeit zu machen.«

»Ich frage Sie aber nicht«, sagte Kowalski. »Da Sie eine Dame des Offizierskorps sind, stehen Sie gesellschaftlich weit unter mir, denn ich bin nämlich Obergefreiter.«

»Sie sind ein Flegel«, sagte Lore Schulz und lächelte ihm zu.

»Auch ich finde Sie bombig«, versicherte Kowalski. »Und ich bin ein Mann der Tat. Aber ich habe heute noch einiges vor — auch das, was Sie denken, Frau Schulz, aber nicht nur das. Auf alle Fälle will ich endlich wissen, wie ich meine Zeit einteilen kann. Wird nun geheiratet oder nicht?«

Magda und Wedelmann sahen sich scheu an und griffen dann, beinahe heftig, als sei es nötig, schnell einen Halt zu finden, nach ihren Händen. »Die Entscheidung darüber«, sagte Wedelmann, »liegt leider nicht bei mir.«

»Bei Ihnen auch nicht, Fräulein Magda?«

»Nein, Herr Kowalski.«

»Aber ihr wollt doch beide heiraten! Na, also! Dann heiratet doch endlich!«

»Um zu heiraten«, sagte Wedelmann, »benötigt man einen Standesbeamten und zwei Trauzeugen. Und um gesetzlich verheiratet zu sein, braucht man eine Heiratsurkunde.«

»Nichts leichter als das!« behauptete Kowalski. »Kraft meiner Beziehungen erkläre ich Sie beide also für verheiratet. Prima Urkunde wird morgen nachgeliefert.«

»Sie sind wohl nicht mehr ganz normal, Herr Kowalski«, sagte der alte Asch nicht ohne Strenge.

»Kinderspiel«, versicherte Kowalski. »Morgen kommt nämlich mein Geschäftsfreund Soeft ...«

»Soeft?« fragte Wedelmann. »Doch nicht etwa der Unteroffizier Soeft, der vor mehreren Wochen schon ...«

»Genau derselbe! Und Sie machen ihm doch nicht etwa Vorwürfe, weil er sich etwas früher als allgemein üblich abgesetzt hat? Ob zwei Tage oder zwei Monate – was spielt das jetzt noch für eine Rolle? Das sollten Sie doch am besten wissen.«

»Ich bin nicht desertiert«, sagte Wedelmann mit Haltung. »Herr Generalmajor Luschke persönlich hat meine Entlassung verfügt, weil für mich keine Verwendung mehr besteht.«

»Wie sich das anhört!« rief Kowalski aus. »Der eine sagt gleich Scheiße, der andere meint, ein gewisser Geruch steige ihm in die Nase; der eine kotzt sich aus, der andere übergibt sich nur; einige krepieren, viele andere sterben den Heldentod. Aber die Machart ist schließlich immer die gleiche.«

»Soweit ich informiert bin, Herr Kowalski«, sagte der Cafetier Asch kühl, »wollten Sie doch noch irgend etwas anderes unternehmen? Glauben Sie nicht, daß jetzt der richtige Zeitpunkt dafür gekommen wäre?«

»Meinen Bonzen leime ich, wenn es mir in den Kram paßt«, entschied Kowalski.

»Aber uns paßt Ihr Ton nicht!« sagte Wedelmann gereizt.

Kowalski lachte ihn unbekümmert an. »Herr Hauptmann bleiben Herr Hauptmann«, sagte er. »Aber ich erlaube mir, Herrn Hauptmann zu raten, Herrn Hauptmann nicht allzusehr aufzuregen. Herr Hauptmann werden Herrn Hauptmann bestimmt noch gebrauchen, zumindest bei der Hochzeit von Herrn Hauptmann.«

»Sie sind unmöglich, Kowalski«, sagte Wedelmann entwaffnet. Und er lehnte sich zurück und schüttelte lächelnd den Kopf. Gegen Kowalski war kein Kraut gewachsen.

»Nun mal ganz im Ernst«, sagte der Obergefreite geschäftig. »Ihr könnt euch tatsächlich als verheiratet betrachten. Die Papiere besorge ich schon.«

»Herr Kowalski«, tadelte der alte Asch, »eine Heiratsurkunde mag vielleicht für den Augenblick genügen, aber doch nicht auf die Dauer! Denn außer dieser Urkunde muß zusätzlich noch eine gleichlautende Eintragung im Register des Standesbeamten existieren.«

»Und was dann, wenn gar kein Standesamtsregister mehr existiert? Das kann man sich doch unter den Arm klemmen und irgendwo verheizen — Soeft und seine Organisation erledigen das im Vorübergehen.«

Der alte Asch schüttelte betrübt den Kopf. »Genau das, was Sie sagten, Herr Wedelmann — dieser Kowalski ist unmöglich. Mit solchen Exemplaren kann man keine Kriege gewinnen.«

»Zuviel der Ehre«, sagte der.

»Ich will keine halben Sachen«, sagte Wedelmann. »Ich will eine gesetzlich einwandfreie Trauung mit den dazugehörigen amtlichen, unbezweifelbaren Dokumenten. Das willst du doch auch, Magda?«

»Ich werde immer das tun, was du für richtig hältst«, sagte Magda einfach.

»Rührend«, murmelte Lore Schulz und machte ein betrübtes Gesicht. Kowalski ließ sich, als sei er völlig entkräftet, krachend in den nächsten Sessel fallen, der nicht von ungefähr der bequemste Sessel des Hauses war.

Der alte Asch sah abermals heimlich auf seine Armbanduhr. Er zögerte noch kurz, dann aber sagte er: »Euer Entschluß ist wirklich endgültig?«

»Darüber gibt es keine Zweifel«, versicherte Wedelmann. »Nicht wahr, Magda?«

»Bei mir gibt es keine Zweifel.«

»Und ihr habt euch das ganz genau, ganz gründlich überlegt?«

»Da gibt es nichts zu überlegen«, erklärte Wedelmann fest. Und Magda, die seinen Blick spürte, nickte deutlich. Sie waren sich einig, in diesem Augenblick wenigstens.

»Wirklich rührend«, sagte Lore Schulz und betrachtete intensiv den Fußboden. Dann schien sie zu seufzen oder auch nur verwundert durch ihre Nase zu schnauben — ganz deutlich wurde das nicht.

Kowalski hatte sich ein ergebenes Schafsgesicht zugelegt und sagte schließlich: »Also doch Champagner.« Und das hörte sich an, als sei er ein wenig enttäuscht.

»Nun gut«, sagte der alte Asch mit der Entschlossenheit von Kaufleuten, die schweren Herzens einem nicht unbedenklichen Vertrag zustimmen. »Wenn ihr durchaus wollt, dann soll das auch geschehen.«

»Was — jetzt noch? Mitten in der Nacht?« fragte Lore Schulz überrascht, und ihre großen Kinderaugen glänzten.

»Die Nacht hat noch nicht begonnen«, sagte der alte Asch und erhob sich. »Es ist jetzt, wie man so sagt, erst spät am Abend – kurz vor neun. Bis neun Uhr aber wartet der Standesbeamte auf uns. Das habe ich von ihm verlangt, und das hat er mir auch versprochen.«

»Danke«, sagte Wedelmann herzlich und erhob sich ebenfalls. Er beugte sich liebevoll zu Magda hinunter, um ihr behilflich zu sein. Sie sah zärtlich zu ihm hoch und stellte sich neben ihn.

»Was soll das eigentlich alles?« polterte Kowalski. »Das ist doch pure Tierquälerei, Herr Asch. Sie wissen, daß der Standesbeamte wartet, und sagen uns kein Wort davon. Warum eigentlich nicht?«

»Sie würden das ja doch nicht verstehen, Herr Kowalski.«

»Und ob ich Sie verstehe! Sie wollten sich um den Schampus herumdrücken.«

»Sie haben es wieder einmal genau erraten«, sagte der alte Asch und lächelte zäh. Dann wandte er sich Wedelmann zu. »Sie brauchen zwei Trauzeugen. Darf ich mich zur Verfügung stellen? Und als zweiten Mann empfehle ich trotz gewisser Bedenken Herrn Kowalski.«

»Sehr einverstanden«, sagte Wedelmann zeremoniell. »Und ich danke Ihnen.«

»Große Ehre«, rief Kowalski und gab sich gerührt. »Muß aber ablehnen. Mein Bonze ruft! Den werde ich erst schnell rasieren, um dann pünktlich zur Feier zurück zu sein. Die Feier ist am wichtigsten! Als Trauzeuge wird mich, vermutlich liebend gerne, Frau Schulz vertreten.«

»Aber gewiß«, sagte die bereitwillig.

Wedelmann wurde steif, und er sah aus, als friere ihn. Magda griff impulsiv nach seinem Arm. Der alte Asch, dem keine dieser Bewegungen entging, betrachtete Kowalski wie einen Wurm.

Er sagte, sich abwendend, mit letzter Verbindlichkeit: »Wir können unmöglich von Frau Schulz verlangen . . .«

»Aber warum denn nicht!« erklärte die mit erlebnisbereiter Heftigkeit.

»Sie werden sicherlich nicht in der Lage sein, uns diesen Abend zu widmen, Frau Schulz.«

»Doch, Herr Asch! Nicht nur den Abend – die ganze Nacht, wenn es sein muß. Für Herrn Wedelmann tue ich das gerne; aus alter Freundschaft gewissermaßen.«

»Dann ist ja alles in Ordnung«, sagte Kowalski unbekümmert. »Also – macht es gut und laßt euch dabei Zeit. Immer mit der Ruhe. Ich werde eine knappe Stunde brauchen, bis ich meinen Bonzen über den Löffel balbiert habe.«

»Hauen Sie doch endlich ab!« sagte der alte Asch unfreundlich. »Niemand denkt daran, Sie aufzuhalten!«

»Bin schon weg«, sagte Kowalski. »Und die Sauferei beginnt erst dann, wenn ich wieder da bin. Das habt ihr mir versprochen — und ich nehme euch beim Wort! Kein Tropfen ohne mich — das ist Ehrensache! Und auf diese Sorte Ehre lasse ich nichts kommen!« Und damit ging er, lässig winkend, mit polternden Schritten.

»Und das ist nun der beste Freund meines Sohnes«, stellte der alte Asch nahezu erschüttert fest.

»Ein Kavalier — auf seine Art«, sagte Lore Schulz. »Der Gute wollte mir einen Gefallen tun — wo gibt es das noch?«

Magda ging tapfer auf sie zu und sagte: »Vielen Dank für Ihre Freundlichkeit. Es ist sehr nett von Ihnen, daß Sie unser Trauzeuge sein wollen.«

»Wir gehen schon nach unten«, sagte der alte Asch und öffnete mit einladenden, nahezu als galant zu bezeichnenden Bewegungen, doch mit mißmutigem Gesicht für Lore Schulz die Tür. »Ihr kommt nach, wenn ihr fertig seid.«

»Danke«, sagte Wedelmann, verbeugte sich höflich und wartete, bis die beiden den Raum verlassen hatten. Dann legte er seinen Arm um die Schultern von Magda und zog sie dicht an sich.

»Magda«, sagte er, »ich kann dir nichts versprechen. Ich weiß nicht, was kommt; ich weiß nicht, was werden wird. Nur eins weiß ich: Ich liebe dich.«

»Ich liebe dich auch — mehr brauchen wir nicht zu wissen.«

Er spürte ihre Wärme und ihre bedingungslose, tierhafte Zutraulichkeit. Sie fühlte seine hart zugreifende Hand und erriet das Zittern, das in ihm war. Es war ihm, als wären sie jetzt ganz allein auf der Welt.

»Wir werden mit unserer Vergangenheit fertig werden müssen — und wie wird unsere Zukunft aussehen?«

»Was in meinen Kräften liegt, soll geschehen.«

»Ich habe Angst«, sagte er leise.

»Ich auch«, sagte sie kaum vernehmbar, und es war, als spräche sie sich suggestiv Mut zu. »Aber diese Angst liegt nicht in uns — sie umgibt uns nur. Sie gehört zu unserer Gegenwart. Doch auch die wird einmal Vergangenheit sein.«

»Möglichst bald«, sagte er. »Möglichst bald!«

»Wenn wir nur keine Angst um unsere Liebe zu haben brauchen.«

»Ich bin schlecht«, sagte er in den leeren Raum hinein, »ich trinke manchmal, ich bin an den Frauen nicht vorübergegangen, ich habe getötet, ich habe mich mißbrauchen lassen und meinen Soldaten beigebracht, wie man stirbt — wie man für eine ehrlose Sache stirbt. An diesen Händen klebt Blut.«

»Keines Menschen Hände sind in dieser Zeit sauber geblieben — meine auch nicht.«

»Und jetzt, wo ich die Uniform abgelegt habe, frage ich mich sogar, ob ich ein Feigling, ein Verräter oder ein Narr bin.«

»Für mich bist du der beste Mensch in dieser Welt.«

Wedelmann ergriff ihre Hände, beugte sich zu ihnen hinunter und küßte sie. Und diese Hände legten sich auf sein Gesicht und betasteten es voller Zärtlichkeit. Sie schwiegen und atmeten schwer.

»Gehen wir«, sagte er dann und löste sich, fast ein wenig schroff, von ihr. Sie nickte. Dann schritten sie die Treppen hinunter, auf den Hausflur zu, in dem ihre Trauzeugen warteten.

»Darf ich bitten«, sagte der alte Asch und bot, numehr ganz Kavalier der alten Schule, Magda seinen Arm.

»Und wir beide?« fragte Lore Schulz und sah Wedelmann mit großen Augen an.

»Bitte«, sagte der steif.

Lore Schulz legte ihren Arm in den seinen, rückte dicht an ihn heran und sagte heiser: »Beinahe wie in alten Zeiten — nicht wahr?«

»Komm mal her, Barbara«, sagte der Leutnant Asch, der am Küchentisch im Hause Willrich saß. »Komm schon näher, Mädchen. Ich tue dir nichts.«

»Was wollen Sie jetzt wieder von mir?« fragte Barbara, die vorsichtig ihren heißen Kaffee, am Herd stehend, schlürfte. »Was wollen Sie mit mir anstellen?«

»Ich will mich nur ein wenig mit dir unterhalten.«

»Worüber?«

»Über dein Lieblingsthema. Über deinen Oberst Hauk.«

»Er ist nicht mein Oberst«, sagte Barbara störrisch.

»Das wäre wohl zu viel Glück für dich«, sagte Asch ruhig, »das hättest du, fürchte ich, nicht verdient. Aber noch mehr fürchte ich, daß es verdammt schwer sein wird, dir das beizubringen.«

»Warum darf ich eigentlich nicht ins Wohnzimmer hinein?«

»Du bist sehr neugierig, Kindchen. Du solltest dir das beizeiten abgewöhnen. Es könnte sonst sein, daß du mal dein niedliches Näschen in eine Sache hineinsteckst, aus der du es niemals wieder zurückziehen kannst.«

»Lassen Sie gefälligst diese plumpen Vertraulichkeiten«, sagte Barbara. »Wir sind noch lange nicht soweit; und wenn Sie sich nicht gründlich ändern, werden wir auch nie soweit kommen. Also — was ist eigentlich los? Warum haben Sie das Wohnzimmer abgeschlossen? Warum kann ich dort nicht hinein?«

»Du kannst in das Wohnzimmer nicht hinein, weil ich es abgeschlossen habe — ganz einfach. Und vorläufig bleibt das auch so, denn zunächst einmal wirst du mir ein paar Fragen beantworten. Dann werden wir weitersehen. Also! Wie ist das eigentlich mit deinem Oberst Hauk — woher kommt er, zu welchem Truppenteil gehört er, wo wollte er hin?«

»Woher soll ich das wissen? Unser Verhältnis war rein privater Natur.«

»Glaube ich dir gerne, Mädchen! Aber auch die privateste Natur ist niemals ganz von dienstlichen Bereichen zu trennen. Also los — was war er? Regimentskommandeur? Gehörte er zu irgendeinem Stab? Arbeitete er selbständig? Oder was war los mit ihm?«

»Er hatte immer Sonderaufträge — direkt vom OKW, vom Führer persönlich, glaube ich. Früher hat er wohl, soweit ich informiert bin, in Kasernen, Kommandanturen und Stäben, bei sogenannten Nachschubeinheiten, Soldaten für die Front frei gemacht.«

»Nicht schlecht«, sagte der Leutnant Asch aufhorchend. »Das paßt zu ihm. Erzähle weiter, mein Herz. Das also war früher — und was war zuletzt?«

»Bekomme ich dann auch den Schlüssel zum Wohnzimmer?«

»Bist du immer so hartnäckig?«

»Geben Sie mir den Schlüssel — oder ich sage kein Wort mehr.«

»So viel Ausdauer sollte eigentlich belohnt werden«, sagte Asch verkniffen und angelte umständlich einen Schlüssel aus seiner Hosentasche. »Hier. Aber trink vorher einen Kognak, einen doppelten.«

»Pah!« schnaubte die ahnungslose Barbara, nahm ihm den Schlüssel mit hastigem Griff aus der Hand und entschwand unternehmungslustig.

Der Leutnant Asch blieb gemächlich sitzen, zündete sich eine neue Zigarette an und wartete. Er sah aus wie ein Mann, der in die Stille hineinhorcht, ob ein Regen zu rauschen beginnt. Knapp drei Minuten später war Barbara wieder zurück — bleich, mit weit aufgerissenen Augen und einer Haltung, als wäre sie kurz und heftig zusammengeschlagen worden und nur mit Anstrengung fähig, sich auf den schwachen Beinen zu halten.

»Um Gottes willen!« sagte sie tonlos und griff kraftlos nach dem Türrahmen.

»Trink einen Kognak«, riet ihr Asch. »Und dann setz dich hierher.«

»Ich begreife das nicht!«

»Noch niemals vorher so was gesehen?«

»Nein«, sagte sie.

»Du scheinst um den Krieg einen ziemlich großen Bogen gemacht zu haben, Mädchen. Das gelingt nur wenigen. Aber so ein Krieg duldet höchst selten, daß man ihn übersieht.«

»Wer ist diese — tote Frau?«

»Unsere Gastgeberin — Frau Willrich.«

»Wer hat sie getötet?«

»Wenn ich das wüßte, genau wüßte — mein liebes Kind, dann würde ich mich eisern an die Bibel halten, an eine einzige Stelle allerdings nur: Auge um Auge, Zahn um Zahn!«

»Was werden wir jetzt tun?«

»Wir werden essen«, sagte der Leutnant Asch, der sich nur zögernd eingestand, dieser Barbara derartige Gefühlsregungen, gemischt mit Entsetzen, Hilflosigkeit und Empörung, niemals zugetraut zu haben. »Und dann werden wir schlafen — morgen ist auch noch ein Tag.«

»Hier essen — in diesem Haus schlafen?«

»Es gibt schlimmere Dinge. Man gewöhnt sich an alles. Das hier ist vergleichsweise harmlos. Soll ich dir mal erzählen, wie wir in einem engen Bunker, in dem vier stöhnende, brüllende, röchelnde, wimmernde Schwerverwundete lagen ...«

»Nein!« rief Barbara. »Ich will nichts davon wissen.«

»Das ist vielleicht auch besser für dich. Also los, betätige dich! Sieh nach, was du an Eßbarem hier findest — das wird gar nicht einmal so wenig sein, vermute ich. Schmore irgendwas zusammen, was den Magen angenehm füllt. Dazu einen leichten Wein — am besten Mosel; der Keller ist voll davon.« Und er stülpte sich seine Mütze auf.

»Wo willst du hin — bleib doch hier!« Sie stürzte auf ihn zu und umklammerte mit beiden Händen seinen rechten Arm.

»Ich will mal kurz in der Nachbarschaft meine Honneurs machen«, sagte Asch und löste sich von ihr.

»Ich will nicht allein bleiben!«

»Du bist ja nicht allein im Haus — und wenn du schreist, komme ich unverzüglich. Ich will nur kurz die nächsten Nachbarn mit meiner Anwesenheit beglücken. Nur so — um ein wenig zu plaudern. Sei also vernünftig, Mädchen, es dauert bestimmt nicht lange. In spätestens einer halben Stunde hast du mich wieder. Und ich habe dann ein prima Abendessen! Sind wir uns einig?«

Sie sah ihn groß an, sagte aber nichts. Und es schienen ganz andere Augen zu sein, die ihn diesmal ansahen. In ihnen lag die Zutraulichkeit kleiner Hunde, die sich angstvoll an ihren Herrn drängen. Es waren Augen, denen nur harte Herzen widerstehen konnten. Sie ließen auch ihn nicht gleichgültig.

»Wir sind uns also einig«, sagte er, nickte ihr aufmunternd zu, schlug ganz leicht mit zwei ausgestreckten Fingern gegen ihren Oberarm und ging. »Seltsames Mädchen«, sagte er verwundert zu sich, als er im Freien war.

Er ging zunächst zum zuständigen Gendarmen, der aber keineswegs bereit war, sich zuständig zu fühlen. Es mangelte ihm, unter anderem, wie er ausführte, an Direktiven. Er befühlte nervös sein Bürstenbärtchen und sagte: »Tut mir leid um die Frau, aber Tote gibt es hier täglich in Mengen. Das ist nun mal so im Krieg.«

»Und wenn ein Verbrechen vorliegen sollte?«

»Dann bin ich erst recht nicht zuständig, sondern allein die Mordkommission vom Regierungsbezirk. Normalerweise würde ich eine Meldung ›nach oben‹ machen müssen. Aber Verbindungen zu vorgesetzten Dienststellen habe ich keine mehr. Meine Schuld ist das nicht. Vielleicht gehen Sie zum Pfarrer – wegen des Begräbnisses.«

»Irgend etwas wird geschehen müssen!«

»Irgend etwas geschieht immer«, versicherte der Gendarm und zog sich wieder zurück, dorthin, wo er sich noch am sichersten fühlte – zu Muttern an den Küchenherd, in dem eine Ente schmorte.

Der Leutnant Asch ging, ohne über die Reaktionen dieses Hüters der öffentlichen Ordnung sonderlich erstaunt zu sein, zur Frühlingsstraße zurück. Einer der Nachbarn des Willrichschen Hauses war ein Arzt. Ihn suchte der Leutnant auf.

»Wollen Sie, bitte, mitkommen«, forderte der Leutnant den kleinen Mann mit den dicken Brillengläsern auf.

»Bedaure«, wehrte der ab. »Ich amtiere zur Zeit nicht. Ich befinde mich gewissermaßen auf Urlaub. Sie werden sich an meinen Vertreter wenden müssen. Ein recht tüchtiger Arzt, der Doktor . . .«

»Sie kommen sofort mit! Und zwar so wie Sie sind – in Filzpantoffeln und im Hausrock. Ausreden werden nicht akzeptiert. Sie können sich, wenn Sie wollen, kriegsdienstverpflichtet fühlen. Und wenn Sie nicht wollen, kommen Sie trotzdem mit. Zum Glück haben Sie es nicht weit, nur quer über die Straße zu Willrich.«

Der Arzt, den der Leutnant fest am Arm gepackt hatte, kam murrend mit, schnaufte Proteste, redete einiges von Freiheitsberaubung und Reichsärztekammer, alles Dinge, die keinerlei Beachtung fanden. Asch führte ihn ab wie einen widerspenstigen Hofhund und schob ihn in das Haus hinein. Höchst widerstrebend beugte sich hier der Arzt, immer noch protestierend, über die Leiche der Willrich und begann sie zu untersuchen.

Dann sagte er: »Soviel ich feststellen kann, ist sie an inneren Verletzungen gestorben, die durch Schlag oder Stoß herbeigeführt worden sind. Aber das hierfür benutzte Instrument muß stumpf gewesen sein, fast rundlich.«

»Stiefel?«

»Möglich«, sagte der Arzt. »Aber keine benagelten Stiefel. So ähnliche Stiefel, wie Sie sie tragen.«

»Das sind Offiziersstiefel«, sagte der Leutnant und sah zu seinen

Füßen hinunter, dann über den verschmierten Teppich zu der Leiche hin, vor der der Arzt kniete. »Wann kann das passiert sein?«

»Vor sechs bis acht Stunden, schätzungsweise – also am frühen Nachmittag; sagen wir: gegen zwei Uhr.«

»Wo waren Sie um zwei Uhr, Herr Nachbar?« fragte der Leutnant.

»Um diese Zeit pflege ich immer zu schlafen«, sagte der Arzt. »Ich halte sehr viel von einem ruhigen Nachmittagsschlaf.«

»Das glaube ich Ihnen aufs Wort.«

»Heute war hier um diese Zeit starker Lärm; Motorenlärm.«

»Haben Sie gesehen, wer ihn veranstaltet hat?«

»Ich schlief – oder versuchte doch wenigstens, das zu tun. Ich habe nichts gesehen, und ich will auch nichts gesehen haben. Ich bin in Urlaub, verstehen Sie? Kann ich jetzt gehen?«

»Gleich – nur noch eine Frage: Gibt es hier in der unmittelbaren Nachbarschaft jemanden, der um die fragliche Zeit vermutlich nicht geschlafen haben wird?«

»Doch«, sagte der Arzt. »Haus Nummer vier. Da wohnt eine Frau, die mehr Antworten weiß, als Sie Fragen haben.«

Diese Frau suchte der Leutnant Asch auf. Sie hatte Eulenaugen und einen breiten, schmallippigen Mund, der niemals stillstand – selbst wenn sie sich gezwungen sah zu schweigen, bewegten sich ihre Lippen immer noch. Sie schien mit Wonne bereit, alles zu sagen, was sie wußte, und nicht weniges dazu, das sie lediglich vermutete.

»Kein solider Mensch, diese Frau Willrich.«

»Sie ist tot.«

»So? Tut mir aufrichtig leid. Aber es verwundert mich nicht. Das hat so kommen müssen. Denken Sie an die Mühlen Gottes! Ich will ihr ja nichts Schlechtes nachsagen, aber . . .«

»Lebte Frau Willrich zurückgezogen, oder verkehrten bei ihr viele Menschen?«

»Wie man es nimmt, Herr Leutnant. Gelegentlich kamen abends sogenannte Verwandte, manche konnten sich erst am nächsten Morgen von ihr trennen. Und der Mann ist im Felde, müssen Sie wissen. Aber das geht mich ja nichts an.«

»Das finde ich auch. Und wie war das in der letzten Zeit – mehr Betrieb als gewöhnlich?«

»Das kann man sagen! Vor einigen Tagen hielt dort ein Lastauto, wieder am späten Abend. Und Kisten wurden abgeladen – aber genau gesehen habe ich nichts. Sie verstehen? Nachts sind alle Katzen grau! Na ja – es soll diesmal auch ihr Bruder gewesen sein. Der ist Stabszahlmeister; da ist das doch verständlich, das mit den Kisten?«

»Und heute – gegen Mittag?«

»Waren auch welche da! Aber nur ganz kurz; eine knappe Stunde etwa.«

»Im Auto?«

»Ja – ein Personenwagen. Zwei Mann – besser wohl: zwei Herren. Besonders der eine – ein ganz hoher Offizier.«

»Ein Oberst?«

»Schon möglich; ich kenne mich da nicht so genau aus.«

»Und beide gingen in das Haus hinein und blieben dort – ungefähr eine Stunde?«

»Der eine, der hohe Offizier, kam früher heraus; etwa zwanzig Minuten früher.«

»Haben Sie einen Wortwechsel gehört – Schimpfen, vielleicht sogar Schreien?«

»Nein.«

»Bestimmt nicht?« Und Asch dachte verbissen: Die Willrich muß doch geschrien haben – aber vielleicht hört diese geschwätzige, giftspritzende, mitteilungslüsterne Frau, die da vor dir hockt, schlecht. »Kein Geschrei gehört?«

»Nein, ich glaube nicht. Und außerdem war das ja wohl auch kaum möglich. Der Motor ging zu laut.«

»Welcher Motor?«

»Der vom Wagen! Der hohe Offizier ließ ihn laufen, fast zehn Minuten lang – wahrscheinlich wollte er was ausprobieren.«

»Das ist es«, sagte Asch und wurde noch hartnäckiger. Er quetschte aus dieser Frau unbarmherzig heraus, was sie wußte – und sie wußte nicht wenig. Sie wußte nur nicht, was eigentlich dahintersteckte, hinter dieser Ausfragerei; und das quälte sie sichtlich.

Als der Leutnant Asch die geschwätzige Frau verließ, glaubte er in der Lage zu sein, das rekonstruieren zu können, was sich am frühen Nachmittag in der Frühlingsstraße ereignet haben mußte: Ein Wehrmachtswagen hält, darin zwei Offiziere; beide gehen in das Haus hinein, bleiben dort etwas länger als eine halbe Stunde. Nach dieser Zeit kommt der eine – vermutlich Oberst Hauk – wieder heraus, wartet kurz, läßt dann den Motor an, treibt ihn auf Touren; etwa zehn Minuten lang. Dann kommt auch der zweite – vermutlich Oberleutnant Greifer – aus dem Haus. Beide steigen ein und fahren ab.

»Eine Mörderbande«, sagte der Leutnant Asch, wie geschüttelt von Ekel und Wut, als er sich in das Haus Willrich zurückbegab. Er verabfolgte einem Stein, der im Wege lag, einen kräftigen Fußtritt. Die Hände hatte er tief in die Hosentaschen gesteckt und dort zu Fäusten geballt.

Barbara schien sich ein wenig gefangen zu haben. Neu bemalt und frisch gepudert sah sie aus, als erwarte sie lediglich ein weiteres, aufregendes Abenteuer. Nur in ihren Augen lag immer noch deutlich sichtbar der ferne Widerschein des würgenden Entsetzens, das sie beim Anblick der Leiche gepackt hatte.

»Ist das Essen endlich fertig?« fragte der Leutnant Asch. »Ich habe meine Sonderration voll verdient.«

»Ich wohl auch«, sagte Barbara und versuchte ihn anzulächeln.

Asch quittierte ihre Bemühungen um Freundlichkeit, indem er ihr anerkennend zunickte. Und er sagte: »Zuerst die Arbeit, dann das Vergnügen. Bei mir ist Essen Arbeit. Aber bevor wir zum Vergnügen schreiten, Mädchen, wollen wir erst noch ein bißchen herumschnüffeln — in diesem Haus und in der Vergangenheit von einigen Leuten.«

»Wozu soll das gut sein?« fragte Barbara und schien durchblicken lassen zu wollen, daß sie an einem Aufschieben des angekündigten Vergnügens nicht sonderlich interessiert sei.

»Ich möchte nur wissen«, sagte Asch grübelnd, »was eigentlich ein Mensch wie diese Frau Willrich im Hirn haben muß, damit ihr jemand den Schädel einschlägt. Wüßte ich nicht, daß heute Menschenleben wegen einer Packung Zigaretten ausgelöscht werden — man könnte annehmen, sie wußte um einen Plan, ein Dokument oder so etwas Ähnliches.«

»Vielleicht ging es wirklich nur um eine Packung Zigaretten.«

»Oder um eine Adresse. Eine ganz bestimmte Adresse, die ein Menschenleben wert ist. Das wird es sein! Aber wenn ich die habe, dann kostet das zwei weitere Menschenleben! Mindestens. So treibt der Krieg die Preise hoch.«

»Vielleicht schon morgen«, sagte Captain Ted Boernes vom CIC verbindlich, »werden wir in unserem neuen Wirkungsbereich eintreffen.« Und er legte die Hände aufeinander, als erfüllten ihn Freude und Dankbarkeit.

Er wies James I und James II, seinen engeren Mitarbeitern, Plätze an. Die ließen sich umständlich, mit ernsten, skeptischen Gesichtern nieder und schienen entschlossen, unmißverständlich zu erkennen zu geben, wie randgefüllt sie mit Mißtrauen waren. »Partner« und »Pastor«, wie sie sich gegenseitig nannten, waren nicht gewillt, sich auch nur eine Brise Wind aus ihren geschwellten Segeln nehmen zu lassen.

»Unsere Truppen kommen gut vorwärts«, verkündete der Captain mit kameradschaftlichem Optimismus. »Der Widerstand der deutschen Wehrmacht wird immer geringer. Wenn alles klappt, können wir unter Umständen morgen abend schon in der uns zugeteilten Stadt die Befehlsgewalt übernehmen.«

»Sie haben sich da ein wenig versprochen, Captain«, korrigierte ihn James I ungeniert, »und zwar, als Sie ›wir‹ sagten. Denn nicht etwa wir drei werden in der Stadt die Befehlsgewalt übernehmen, sondern lediglich wir beide, der Pastor und ich.«

»Zwischen Theorie und Praxis ist bekanntlich ein Riesenunterschied — Partner —, nicht zuletzt auch bei uns beiden«, versicherte James II vielversprechend und grinste vor sich hin.

»Streiten wir uns doch nicht um Formulierungen«, beschwichtigte sie Ted Boernes. »Ob nun gesagt wird: Sie beide übernehmen die Befehlsgewalt oder wir vom CIC oder die Army oder Amerika — das ändert nicht das geringste an unseren gemeinsamen Aufgaben.«

»In meinem Bereich«, sagte James I gereizt, »gelten wohl Ihre Richtlinien, Captain; aber meine Anordnungen werden durchgeführt. Und ich werde sie verantworten.«

»Wenn er ›ich‹ und ›mein‹ sagt«, erklärte James II ungekränkt, »dann meint er immer ›wir‹ und ›unser‹ — mein Partner hat offenbar im Verlauf der Jahre einige Schwierigkeiten mit der deutschen Sprache bekommen.«

»Immer noch besser, Pastor, als wenn du Schwierigkeiten mit mir kriegst!«

»Ich habe in einem Warenhaus gearbeitet«, verkündete James II friedlich. »Und weißt du, womit ich mir meine zweihundert Dollar wöchentlich verdient habe? Ich hatte mir Gedanken darüber zu machen, wie man am besten die Konkurrenz ausschaltet. Nach der dritten Woche bekam ich meine erste Gehaltszulage.«

James I betrachtete den unscheinbaren »Pastor« verdutzt. Ted Boernes zwang sich zu einem Lachen, das fröhlich klingen sollte. »Freunde«, sagte er versöhnlich, »vergessen wir doch endlich einmal den Dienst und plaudern wir ein wenig miteinander. Ich habe den besten Whisky von der Welt bereitgestellt.«

»Sie stürzen sich aber in Unkosten, Captain«, sagte James I und versprühte Mißtrauen. »Was wollen Sie dafür?«

»Was mich zunächst interessiert«, sagte James II, »ist das: Sie haben fünf Gläser bereitgestellt. Soweit ich zählen kann, sind wir aber nur drei Mann.«

»Ich habe mir erlaubt«, sagte Ted Boernes geschmeidig, »zwei Gäste einzuladen — zwei deutsche Offiziere.«

»Planen Sie eigentlich Anbiederungsversuche, oder befinden wir uns hier etwa in einem Gefangenenlager?« fragte James I ironisch.

»Soviel ich weiß — nein«, sagte der Captain spürbar gekränkt. »Aber immerhin gehören wir zum CIC — ungewöhnliche Maßnahmen sollten bei uns die Regel und damit selbstverständlich sein.«

»Wie ist das, Captain«, fragte James II frei heraus, »wollen Sie uns etwa Helfershelfer andrehen?«

»Ich jedenfalls«, verkündete der unentwegt renitente James I, »bestehe darauf, mir meine Hilfskräfte selbst auszusuchen. Ich lasse mir niemand zuteilen oder aufschwatzen. Da ich für meinen Bereich die alleinige Verantwortung trage, will ich auch in ihm die größtmögliche Bewegungsfreiheit haben.«

»Das sollen Sie auch«, sagte der Captain und hatte sichtlich Mühe, seine gleichmäßige Freundlichkeit aufrechtzuerhalten. »Ich will Sie lediglich mit zwei deutschen Offizieren bekannt machen, die unsere Aufmerksamkeit verdienen. Der eine übrigens, ein Leutnant Brack, ist besonders bemerkenswert. Sein Vater ist amerikanischer Staatsangehöriger, ein angesehener Geschäftsmann und der Freund von Colonel C. O. Thompson.«

»Wie gut, daß Sie uns das rechtzeitig erzählen, Captain«, sagte James II grinsend. »Vor guten Geschäftsfreunden muß der Krieg natürlich abbremsen.«

»Auch Colonel Thompson«, verkündete James I, diesmal allerdings ohne sonderliche Überzeugungskraft, »wird keine Gelegenheit bekommen, seine Nase in meine Angelegenheiten zu stecken. Im übrigen lehne ich es natürlich nicht ab, mir sein großdeutsches Protektionskind einmal näher anzusehen.«

»Und was ist mit dem anderen Offizier?« wollte James II wissen.

»Für mich ein unbeschriebenes Blatt«, sagte der Captain. »Ein Major Hinrichsen, verwundet, aber nicht schwer verwundet – war früher einmal ein paar Monate in England, in einer Werkzeugfabrik, glaube ich; so eine Art privater Austausch von Direktorensöhnen. Der Leutnant Brack, dessen Schwester übrigens mit Colonel Thompson verheiratet ist, setzt sich intensiv für ihn ein.«

»Bin nur gespannt«, sagte James I höhnisch, »was hier noch so alles an Verwandten von höheren Offizieren eintrudeln wird. Am Ende artet dieser Krieg noch in ein Familientreffen aus!«

»Je verwandter – um so besser«, sagte James II verständnisvoll. »Und wenn wir schon mit einigen Deutschen zusammenarbeiten müssen, dann mit solchen. Eine kleine Geburtsurkunde ist immer noch besser als ein endloser Bekenntnismonolog.«

»Ich bin da ganz Ihrer Meinung«, sagte der Captain verbindlich. »Ich werde jetzt unsere Gäste zu uns bitten.«

Hinrichsen und Brack erschienen, wurden gemustert wie verkäufliches Zuchtvieh und dann, stark reserviert, willkommen geheißen. Captain Ted Boernes offerierte seinen Whisky, den besten der Welt. James I und James II schwiegen zunächst erwartungsvoll. Die beiden deutschen Offiziere taten das gleiche. Die erste gemeinsame Regung aller Anwesenden bestand darin, den Whisky hervorragend zu finden.

»Sie sind befreundet?« fragte James II; und er stellte diese Frage an die beiden deutschen Offiziere ins Leere. Einer von ihnen, so hoffte er, würde antworten – nicht uninteressant, von wem diese Antwort kam.

»Befreundet«, sagte Hinrichsen, »ist wohl nicht das richtige Wort. Wir tragen die gleiche Uniform und stecken in der gleichen Scheiße – das verbindet.«

»Ich weiß«, sagte James II, »einige nennen das Kameradschaft.«

»Immerhin finde ich das merkwürdig«, sagte James I mit der bei ihm selbstverständlichen Deutlichkeit. »Sie beide sind doch grundverschieden – nicht nur in der Figur, auch in den Bewegungen, in der Sprache, im Wesen. Und ausgerechnet Sie haben sich zusammengefunden.«

»So ein Krieg«, sagte Brack verbindlich, »spannt oft die seltsamsten Gegensätze zusammen. Wir haben uns nicht ausgesucht – man hat uns zusammengeleimt. Aber wir verstehen uns recht gut.«

»Eins haben wir übrigens beide gemeinsam«, sagte Hinrichsen. »Wir hassen den Nationalsozialismus.«

»Seit wann?« fragte James II prompt.

»Wenn Sie mich fragen«, sagte Hinrichsen offen, »dann antworte ich Ihnen: Seit heute mit Überzeugung.«

»Langsamer ging's wohl nicht mehr«, sagte James I sarkastisch. »Jedenfalls scheinen Sie den richtigen Zeitpunkt genau abgepaßt zu haben.«

»Immerhin bewundere ich Ihre Offenheit«, sagte Captain Ted Boernes herzlich. »Denn von hundert pflegen mindestens neunundneunzig auf diese Frage zu antworten: Schon immer!«

»Wird anerkannt!« sagte James I und tat, als sei er sachlich wie ein Unparteiischer beim Fußball. Er betrachtete Hinrichsen aufmerksam und begann bei ihm das zu wittern, was er am meisten schätzte: Energie, Durchschlagskraft, Ellenbogen. Für derartige Eigenschaften hatte er eine Schwäche – solche Leute waren Dynamit. Und Dynamit wurde, seiner Meinung nach, zur Zeit dringend benötigt.

Doch James I war nicht der Mann, seine Gedanken wie Karten offen auszubreiten. Er registrierte vorläufig nur. Er wandte sich an Brack und fragte: »Und Sie?«

»Mir konnte der Nationalsozialismus nichts anhaben«, sagte Brack ruhig. »Meine Erziehung war wie eine Isolierschicht. Ich habe schon in meiner Jugend Auslandsreisen gemacht, ich bin ein überzeugter Katholik, die meisten meiner Schulfreunde waren begeisterte Individualisten, meine Mutter lebt seit Jahren in der Schweiz, mein Vater ist Amerikaner, der zweite Mann meiner Großmutter, den ich immer geliebt habe, war Jude und wurde entsprechend behandelt – was konnte da der Nationalsozialismus einem Menschen wie mir anhaben?«

»Ich beneide Sie«, sagte Hinrichsen ehrlich. »Sie haben sich bewahren können.«

»Waren Sie in der Partei, Herr Hinrichsen?« James I schoß diese Frage ab wie einen Pfeil.

»Nein«, log Hinrichsen.

Und Hinrichsen log überzeugend; auf diese Frage hatte er sich vorbereitet — seine Antwort kam wohlüberlegt. Er war entschlossen, alles zu tun — alles! —, was ihm noch in seiner Situation zu tun übrigblieb, um einen Verbrecher namens Hauk an den Galgen zu bringen. Welche Mittel auch immer er anwenden mußte, um dieses sein, wie er fest glaubte, wichtigstes Ziel zu erreichen, war ihm gleich. Es durfte nichts geben, das ihn aufhielt! Und diese Entschlossenheit war deutlich spürbar; James I registrierte sie mit wachen Sinnen.

»Herr Brack«, sagte der Captain Ted Boernes, nachdem er erneut, zufrieden mit dem bisherigen Ablauf der Gespräche, die Whiskygläser nachgefüllt hatte, »ich freue mich, Ihnen mitteilen zu können, daß ich Ihnen völlige Entscheidungsfreiheit gewähren darf.«

»Was habe ich darunter zu verstehen?« fragte Brack.

»Drei Möglichkeiten gibt es für Sie, Herr Brack. Sie können diese Uniform ausziehen und in Zivil umsteigen. Das wäre, beschleunigt, der normale Vorgang: Entlassung aus Kriegsgefangenschaft nach vorheriger Überprüfung. Sie könnten dann tun und lassen, was Sie wollen, und sich überall in den von uns besetzten Gebieten aufhalten, wo Sie es gerade für richtig halten.«

»Und die andere Möglichkeit, Captain?«

»Ich verschaffe Ihnen freies Geleit zu Colonel Thompson. Er wird alles Weitere veranlassen. Soweit ich informiert bin, könnten Sie dann von dort aus beim Wiederaufbau der Wirtschaft, vielleicht als Treuhänder, eingesetzt werden.«

»Geschäftsfreunde unter sich«, murmelte James I in sein Whiskyglas hinein, ehe er es in einem Zug leerte.

»Bitte, die dritte Möglichkeit, Captain.«

»Sie bleiben bei uns und arbeiten mit uns zusammen — mit mir persönlich, wenn Sie wollen. Ich würde mich ehrlich darüber freuen, Herr Brack.«

»Es gibt aber dann noch«, sagte James II überaus sanft, »eine vierte Möglichkeit für unseren Herrn Brack.«

»Welche?«

»Sie behalten Ihre Uniform, werden wieder voll ausgerüstet und marschieren, möglichst noch heute nacht, durch unsere vordersten Linien hindurch — uns voran. Sie könnten dann unseren Empfang sorgfältig vorbereiten.«

»Du bist gar nicht so dämlich, wie du aussiehst, Pastor«, sagte James I mit Anerkennung. »Diese Idee könnte glatt von mir sein!«

»Ein ungewöhnlicher Vorschlag«, sagte Ted Boernes vorsichtig. »Ich weiß nicht recht, was Colonel Thompson dazu sagen würde.«

»Colonel Thompson«, sagte James I, den dieser zwar reichlich kühne, aber doch in seinen Augen keinesfalls als ungewöhnlich zu bezeichnende Vorschlag faszinierte, »ist doch lediglich ein Verwandter von Herrn Brack – sein Vormund ist er nicht.«

Hinrichsen war tief erregt und vermochte das nicht zu verbergen. Er saß – massig, stumm und unbeweglich – in seinem Sessel; seine Augen glänzten fieberhaft. Er starrte Brack an, der nachdenklich sein Whiskyglas betrachtete.

»Muß ich mich sofort entscheiden?« fragte der Leutnant.

»Natürlich nicht«, beeilte sich der Captain zu versichern.

»Dann lassen Sie mich, bitte, über diese Anregungen nachdenken.«

James I begann nunmehr auf seine Weise den Major Hinrichsen, der seinen verwundeten Arm behutsam auf die Sessellehne gelegt hatte, in die Zange zu nehmen. Das geschah ohne jede erkennbare Schärfe, doch völlig rücksichtslos. Seine Fragen prasselten in hohem Tempo auf den dicken, jetzt hellwachen Mann ein. Aber Hinrichsen sah nicht, daß sich der so sanfte James II, der mit seinem Sessel in den Hintergrund gerutscht war, von diesem Gespräch kurze Notizen machte.

»Wo haben Sie gelebt? Was haben Sie dort gemacht? Welches Einkommen, im Jahresdurchschnitt, haben Sie gehabt? Was haben Sie 1928 verdient? Und was 1936? Wann sind Sie in die Wehrmacht eingetreten? Wie kommt es, daß Sie Major sind? Welche Auszeichnungen besitzen Sie? Haben Sie in den besetzten Gebieten Dienst getan, wenn ja, wo und in welcher Stellung? Gehören Sie der NSDAP an, ihren Gliederungen, angeschlossenen Verbänden? Waren Sie Wehrwirtschaftsführer? Haben Sie Verwandte, die in hohen Parteidienststellen sitzen oder saßen – vom Ortsgruppenleiter an aufwärts? Sind Sie jemals rassisch oder politisch verfolgt worden? Waren Sie im Ausland? Sprechen Sie fremde Sprachen? Sind Sie vorbestraft? Haben Sie Ihre Religionsgemeinschaft gewechselt, oder sind Sie aus einer Religionsgemeinschaft ausgetreten?«

Hinrichsen, fest dazu entschlossen, über die Runden zu kommen, beantwortete jede Frage: prompt, mit Festigkeit – und die meisten falsch. Was er brauchte, war Zeit – vielleicht würde er in dieser Zeit Hauk finden, denn weit konnte der nicht sein. Alles andere war ihm gleichgültig. Was dann kommen würde, interessierte ihn einfach nicht mehr. Er wollte seine Rache; Rache für einen Verrat, für das Blut seiner Kameraden, für das zertrümmerte Weltbild. Er wollte Hauk. Sonst wollte er nichts mehr.

Und so sagte er: Nein, nein, nein! Nie in der Partei gewesen, niemals im besetzten Gebiet, kein Wehrwirtschaftsführer. Offizier? Schon im ersten Weltkrieg; alles andere ging automatisch. Er zeichnete mit hoher Energie ein freundliches Bild: Kaufmann, kein Militarist, niemals Nazi gewesen. Jetzt fest entschlossen, das Beharren in der Sinnlosigkeit zu bekämpfen, weitere Menschenopfer zu vermeiden, den Verrat an der aufrichtigen Gesinnung zu bestrafen. Und in diesem Augenblick hatte Hinrichsen sogar die feste Überzeugung, daß alle diese Argumente stimmten, daß sie sein ehrliches Anliegen waren, einer Mission vergleichbar.

Und genau das war es, was James I instinktiv herausspürte. Außerdem begeisterte ihn die Energie dieses Bullen. Er wollte diesen Rammbock haben. Und so fragte er: »Wollen Sie mit mir zusammenarbeiten?«

»Ja«, sagte Hinrichsen stark.

»Einverstanden, Captain?«

»Sie haben die Verantwortung«, sagte der geschmeidig, »ich gebe lediglich die Richtlinien. Sie müssen mit Ihren Mitarbeitern auskommen – nicht ich.«

»Ganz in meinem Sinne«, sagte James I. Dann nickte er Hinrichsen zu. »Wir werden mal sehen, wieweit Sie nazifest sind. Aber überlegen Sie sich das genau! Wenn Sie erst ja gesagt haben, gibt es dann bei mir nur noch zwei Möglichkeiten: entweder Sie sitzen in meinem Büro, oder ich lasse Sie gegen eine Wand stellen.«

»Ich habe mich bereits entschlossen«, sagte Hinrichsen und vermied es, Brack ins Gesicht zu sehen.

Das, was er Soldatentum nannte, war dem Hauptmann Schulz noch einmal in die Knochen gefahren. Ein Blick von Luschke hatte genügt, und er wurde wieder hart wie Kruppstahl. Er, dem es gegeben war, aus jahrelanger Erfahrung zu schöpfen, war überzeugt, zu wissen, was jetzt, in dieser entscheidenden Stunde, von ihm erwartet wurde.

»Alle zur Kommandantur gehörenden Offiziere zu mir!« rief er dem Gefreiten Stamm mit seiner vollendeten Kasernenhofstimme entgegen, und allein ihr Klang gab ihm das erhabene Gefühl von Macht und Größe. »Sofort!«

»Jawohl«, sagte Stamm gedehnt und betrachtete den röhrenden Heimatkrieger mit steigender Anteilnahme. »Und wie ist das mit den Restkommandos in der Kaserne?«

»Auch deren Führer melden sich bei mir.«

Der Gefreite Stamm, der dieses zwar reichlich verspätete, doch mit viel Überzeugungskraft veranstaltete Schauspiel militärischer Wiederauferstehung spürbar genoß, fragte jetzt: »Und der Volkssturm?«

»Richtig – so was gibt es ja auch! Also her damit.«

»Mit dem ganzen Volkssturm?«

»Idiot! Der Häuptling hat zu erscheinen.«

»Und wie ist das mit der Hitlerjugend? Die Nachwuchshelden haben sich nämlich zu Einsatzgruppen formiert und um Verwendung gebeten; besser wohl: ihren Einsatz gefordert.«

»Was soll ich mit diesen unausgebildeten Kindern?« Schulz war ehrlich empört, daß es sich hier nicht um ausgebildete Kinder handelte. »Ich kann diese Hosenscheißer doch nicht von heute auf morgen zu halbwegs brauchbaren Soldaten machen — selbst ich kann das nicht! Und mit zivilistischen Säuglingen führe ich keinen Krieg.«

»Und wenn diese Bengels auf eigene Faust Krieg führen, Herr Hauptmann?«

»Dann lasse ich sie einsperren!« rief Schulz groß. »Die ganze Hitlerjugend!«

Und jetzt erst, in diesem als erhaben anzusprechnenden Augenblick, war es ihm, als sei er wieder ganz der alte, gute, hochbewährte Schulz, weil er — endlich wieder! — einen Vorgesetzten über sich zu wissen glaubte, der forderte und forderte und forderte: allein schon durch seine Anwesenheit. Als diese Erkenntnis wie ein Kronleuchter in ihm aufflammte, schwellte soldatisches Glücksgefühl seine Brust: er konnte wieder befehlen! Und noch nie vorher in seiner gewiß doch beachtlichen Laufbahn war seine Macht so groß und so weitreichend gewesen.

»Diese Hitlerjungen«, sagte der Gefreite Stamm, »könnten immerhin als Melder für die Kommandantur Verwendung finden.« Und er dachte: Dann haben wir diese Milchknaben wenigstens unter Kontrolle; und die Dummheiten, auf die sie ganz scharf zu sein scheinen, können sie dann so leicht nicht machen.

»Diese Idee«, sagte Schulz souverän, »habe ich schon lange vor Ihnen gehabt; und ich finde sie ganz brauchbar. Quartieren Sie also den Nachwuchs irgendwo im Kommandanturgebäude ein — und das Oberkind soll sich bei mir melden.«

»Die Räume der Kommandantur reichen nicht aus«, gab Stamm zu bedenken.

»Dann nehmen wir die Bürgermeisterei dazu«, verkündete Schulz. »Und wenn es sein muß, beschlagnahmen wir die ganze Stadt.«

»Und der Ortsgruppenleiter, der sich hier zur Zeit ja auch als Bürgermeister betätigt?«

»Ist mir unterstellt!«

»Jawohl«, sagte Stamm und zog sich leicht konsterniert zurück. Er begriff nicht ganz, was hier vorging. Dieser Wandel war zu groß, kam zu überraschend und entbehrte zu sehr jeder Mitwirkung des gesunden Menschenverstandes.

Was mag diesen Etappenschakal wieder in einen Kasernenhoflöwen verwandelt haben? fragte sich der Gefreite Stamm. Steckte etwa dieser

General dahinter? Oder erlag Schulz einfach einem Mißverständnis? Schulz konnte organisieren, das stand fest. Aber er konnte, nach mehr als zehnjährigem Training, lediglich für den Krieg organisieren — aber nicht gegen ihn. Wer irrte hier eigentlich — er, Stamm, oder der Hauptmann oder etwa dieser General Luschke, der doch alles andere als ein Befehlsroboter zu sein schien?

Auch Schulz, nahezu feldherrnhaft hinter seinem Schreibtisch thronend, leistete sich eine Verschnaufpause und fand in ihr sogar Zeit, sich einige Gedanken zu machen. Er war, sagte er sich, ein Mann der Tat und als solcher doch wohl bekannt. Nichts selbstverständlicher, als daß Taten von ihm verlangt und auch erwartet würden. Diese Taten jedoch — entsprachen sie auch höheren Erwartungen? Ging er etwa hier und dort ein wenig zu weit, handelte er womöglich zu kühn, hielt er sich einwandfrei im Rahmen der ihm von Luschke zugeteilten Befehlsbefugnisse? Mit Luschke, das wußte er immer noch, war nicht zu spaßen. Und mit ihm wollte er auch nicht spaßen — er wünschte dessen Wohlwollen zu spüren.

Schulz griff zum Telefon, ließ sich mit der Artilleriekaserne verbinden und dort mit dem Gefechtsstand Luschke. Der General sei unterwegs, bei der Truppe, hieß es — zuständig bei Abwesenheit des Kommandeurs wäre der Ia. Schulz bekundete sein Verlangen, ihn sprechen zu wollen.

»Ah, Hauptmann Schulz«, sagte der Ia, der genau informiert zu sein schien. »Was haben Sie denn für uns? Sie wollen mir doch nicht etwa den ersten Lagebericht durchgeben? Der ist erst in einer Stunde fällig.«

»Nur ein paar Fragen«, sagte der Hauptmann Schulz, »wenn Sie gestatten. Nach den Anordnungen des Herrn Generals glaube ich, in meinem Bereich die volle Verfügungsgewalt zu haben.«

»Die haben Sie«, bestätigte ihm der anerkannte Vertreter des Generals Luschke. »Die Hauptsache ist, Sie schaffen wieder einigermaßen geordnete Verhältnisse. Sie wissen ja, daß der General Sauhaufen, gleich welcher Art, nicht leiden kann.«

»Ist mir bekannt«, versicherte Schulz. »Ich darf also auch über zivile Dienststellen verfügen — über die Bürgermeisterei zum Beispiel?«

»Dürfen Sie! Notstandsbefehle berechtigen immer zu ungewöhnlichen militärischen Maßnahmen. Kriegsrecht bricht Friedensrecht. Und wie Sie wissen, deckt der General alle Anordnungen, die seinen Weisungen entsprechen.«

Schulz nickte befriedigt vor sich hin; jawohl, das wußte er — Luschke war so! Wer in seinem Sinne Dienst tat, konnte sicher wie in Abrahams Schoß schlafen. Wer ihm aber in die Quere kam, wurde erbarmungslos gerammt. Es war, redete sich Schulz beharrlich ein, überaus ratsam, bei Luschke ein guter, mithin also verläßlicher Untergebener zu sein; das zeugte nicht nur von Disziplin, auch von Klugheit.

»Und die Partei – muß ich da etwa Rücksicht ...«

»Mann!« rief der Ia und lachte schallend. »Wie kommen Sie auf so was? Misten Sie diesen Saustall aus! Sie kennen ja die Grundprinzipien des Generals: Niemand schonen, wenn es unvermeidlich ist – aber keine sinnlosen Blutopfer!«

Schulz erklärte mit schönem Eifer, alles, aber auch alles verstanden zu haben. Er legte mit grimmiger Befriedigung haudegenartig lächelnd den Hörer ab. Noch einmal rekapitulierte er, die Stirn in Denkerfalten gelegt, was sich bei diesem Telefongespräch in seinem langjährig auf Vaterlandsverteidigung trainierten Gedächtnis aufgezeichnet hatte: keine Sauhaufen ... Notstand ... ausmisten ... nur sinnvolle Blutopfer!

Und der Gefreite Stamm, der dieses Telefongespräch im Nebenraum mitgehört hatte, sagte sich grübelnd: Da stimmte doch irgend etwas nicht! Die haben kräftig aneinander vorbeigeredet. Die gleiche Sprache, dieselben Worte – aber jeder schien etwas anderes darunter zu verstehen. Denn er hatte registriert: geordnete Verhältnisse ... militärisch ungewöhnliche Maßnahmen ... keine sinnlosen Blutopfer.

Schulz, frisch aufgepumpt mit Heldenblut, endlich wieder im Besitz eines befehlsgewohnten Vorgesetzten, der offenbar seine Qualitäten zu schätzen wußte, brannte darauf, seiner von Stunde zu Stunde anwachsenden Untergebenenmenge einmal zu zeigen, was eigentlich soldatische Pflichterfüllung war. Und ihm wollte jetzt scheinen, seine so heißersehnte Beförderung zum Major sei neuerdings nur noch davon abhängig, wie er sich als Stadtkommandant, als Ortskommandant – nein: als Kampfkommandant! – bewährte. Und er war fest entschlossen, sich ganz hervorragend zu bewähren.

Der erste, den der neuerwachte Schulz nach allen Regeln seiner Kunst fertigmachte, war sein einstiger Nachfolger, der jetzt sein Vorgänger war – Oberleutnant Nowack. Der stand klein und ergeben, nicht voll erfassend, was hier mit ihm geschah, vor seinem hochgereckten Offizierskameraden.

»Nowack«, sagte Schulz, »die Schlamperei, die Sie sich hier geleistet haben, muß endlich einmal abgestellt werden. Ihre Quartierlisten nämlich sind großer Mist. Keine Sau meldet sich bei Ihnen. Jeder Truppenteil macht sich hier breit, wo es ihm gerade paßt.«

»Aber, Herr Hauptmann ...«

»In zwölf Stunden, Nowack, spätestens in zwölf Stunden, stimmt Ihr Laden – oder ich bringe Sie vor ein Kriegsgericht.«

»Meine Leute ...«

»Die werden Sie gefälligst zusammentrommeln und mit ihnen die ganze Nacht durcharbeiten, bis Sie fertig sind! Oder ich mache Sie fertig! Was denken Sie sich eigentlich? Die Kameraden an der Front fallen – und

Sie wollen pennen. Das könnte Ihnen so passen! Aber in meinem Bereich gibt es das nicht.«

»Wenn Herr Hauptmann ...«

»Lassen Sie Plakate anfertigen; sofort. Glotzen Sie mich doch nicht so dämlich an, Herr Oberleutnant! Immer kräftig den Daumen drauf! Scheuchen Sie Setzer, Drucker und sonstige Hilfskräfte aus den Federn. Und dann 'ran an die Maschinen. Rote Plakate. Inhalt etwa: Diese Stadt wird zum Kampfgebiet erklärt. Sämtliche versprengten Truppenteile oder einzelne Soldaten haben sich umgehend auf der Kommandantur zu melden. Quartiermachen ohne Zuweisungsschein der Kommandantur wird geahndet, und zwar streng! Eisern! Die Anordnungen der Militärbehörden sind für jedermann, ohne Ausnahme, bindend. Ein Standgericht wird gebildet, um Verstöße auf der Stelle zu bestrafen. Gezeichnet: Für die Kampfkommandantur: Nowack, Oberleutnant.«

Nowack stand hilflos da. Seine sonst so glatte Uniform schlug starke Falten. Seiner Haltung nach schien er sich mitten in einem fürchterlichen Regen zu befinden, völlig schutzlos, durchweicht bis auf die Haut, bibbernd.

Dieser Anblick erfreute den Soldaten Schulz. »Hauen Sie schon ab!« rief er nicht ohne rauhe Freundlichkeit. Und dem Davonschlotternden sah er genußvoll nach.

Als nächstes Opfer dieses neuerblühten Soldatentums war der Ortsgruppenleiter und Bürgermeister ausersehen. Schulz, des Generals Weisungen eingedenk, war fest entschlossen, streng mit diesem nassen Sack ins Gericht zu gehen; streng, aber doch nicht ungerecht. Und es bereitete ihm eine Genugtuung ganz besonderer Art, endlich auch einmal der Partei, auf die er bisher immer soviel Rücksichten hatte nehmen müssen, kräftig den Marsch zu blasen. Jetzt waren die Fronten klar: erst kam die Wehrmacht, dann eine Weile gar nichts und dann — vielleicht, wenn er dazu Lust hatte! — die Partei.

»Was wollen Sie noch von mir?« fragte der Ortsgruppenleiter mürrisch und ohne jede Haltung, was mit einiger Verachtung zur Kenntnis genommen wurde.

»Das Bürgermeisteramt wird ab sofort mir unterstellt«, erklärte Schulz tönend und erwartete, sprungbereit, einigen, wenn auch nur formalen Widerstand. »Mir — und zwar in meiner Eigenschaft als Kampfkommandeur!«

»Warum nicht«, sagte der Ortsgruppenleiter resignierend. »Machen Sie, was Sie wollen.«

»Und die Partei?« fragte Schulz perplex.

»Mit der können Sie auch machen, was Sie wollen«, sagte der Ortsgruppenleiter müde und ging.

Schulz blieb, für lange Sekunden sprachlos, hinter seinem Schreibtisch stehen. Er begriff, schon wieder einmal, nicht ganz, was hier soeben stattgefunden hatte. Und er schüttelte heftig den Kopf. Da hatte er immer geglaubt, Deutschland sei ein soldatisches Volk – Scheiße! Diese Kerle hatten die Hosen voll, ehe noch der Feind in Sichtweite war. Sollten hier etwa gar die Vorgesetzten im Stich gelassen werden?

Der empörte Vaterlandsverteidiger stürzte sich in den Vorraum, dem Ortsgruppenleiter nach; aber der war schon gegangen. Schulz fand lediglich den Gefreiten Stamm vor und mit ihm jenen wenig Vertrauen erweckenden Reserveonkel in Offiziersuniform, der den örtlichen Volkssturm kommandierte.

»Sie wollten mich dringend sprechen, Herr Hauptmann Schulz?«

»Alarm!« rief der. »Alarm für Ihren ganzen Verein.«

»Aber das kann doch nicht ...«

»Wollen Sie etwa meutern?«

»Natürlich nicht – aber ... mitten in der Nacht?«

»Meinen Sie, der Krieg pennt, nur weil Sie pennen wollen? Es ist jetzt zweiundzwanzig Uhr – um dreiundzwanzig Uhr steht Ihr Verein auf dem Marktplatz. Wenn nicht, stehen Sie vor einem meiner Standgerichte!«

Damit verließ Schulz den reichlich verstört dreinblickenden Volkssturmhäuptling. Er fluchte kräftig; er verfluchte alle Ersatzsoldaten, Halbsoldaten und Aushilfssoldaten. Und er bedauerte sein Mißgeschick, mit diesen trüben Tassen die Heimat verteidigen zu müssen. Damit war doch kein Blumentopf, geschweige denn eine Tapferkeitsauszeichnung zu gewinnen!

Der Gefreite Stamm meldete ihm, daß der Hitlerjugendführer eingetroffen sei, mit Gefolge. »Ganz prächtiger Anblick, Herr Hauptmann! Soll ich Windeln anfordern?«

»Herein mit dem Säugling!« rief Schulz ungeduldig.

Der voreilig von Schulz als Säugling bezeichnete Hitlerjunge trat überaus stramm auf. Er straffte beim Anblick des Ortsgewaltigen seinen noch schmächtigen Körper – ganz nach Vorschrift: Kinn an die Halsbinde, Brust 'raus, Bauch 'rein, Arschbacken zusammengekniffen –, riß die Hand zum Deutschen Gruß hoch und brüllte: »Vierundzwanzig Mann als Melder zur Stelle!«

»Danke«, sagte Schulz angenehm überrascht und betrachtete den Knaben, der die militärischen Umgangsformen recht brauchbar zu beherrschen schien, mit steigendem Wohlgefallen. »Rührt euch!«

Heini, der Hitlerjunge, stellte den linken Fuß fort.

»Stillgestanden!« kommandierte Schulz. Und Heini stand vorschriftsmäßig still.

»Gar nicht so schlecht«, sagte Schulz und nickte kurz. »Dann komm mal näher, mein Sohn.«

Heini kam gehorsam näher, mit kurzen, abgezirkelten Exerzierschritten. Er blieb – zack! – stehen und strahlte Schulz ergeben an, was diesem sichtlich wohltat.

»Du weißt, worum es geht?«

»Jawohl, Herr Hauptmann«, sagte Heini, der Hitlerjunge, straff: »Um den Endsieg.«

»Sehr richtig«, sagte Schulz und nickte abermals, diesmal weniger kurz. »Und da brauchen wir jeden Mann.«

»Jawohl«, sagte Heini und fühlte sich als »Mann« angesprochen; und als solcher würgte er seinen aufsteigenden Stolz mit einiger Selbstbeherrschung hinunter. »Meine Kameraden und ich – wir stellen uns zur Verfügung.«

»Gut«, sagte Schulz zufrieden. »Das gefällt mir – und so muß es auch sein! Solange wir uns noch auf unsere deutsche Jugend verlassen können, ist nichts verloren.«

»Jawohl, Herr Hauptmann!« rief der Hitlerjunge Heini.

»Ich habe gleich einen Auftrag für dich, mein Sohn.«

Heinis Augen glänzten erwartungsvoll; es war ihm eine Ehre und ein Erlebnis besonderer Art, von einem höheren Offizier so überaus kameradschaftlich behandelt zu werden. Das war, so sagte er sich stolz, die großdeutsche Wehrmacht – so waren die echten Offiziere des Führers. Volksverbunden, vaterlandsliebend, pflichterfüllend!

»Du gehst jetzt«, sagte Schulz, »zu meiner Frau und teilst ihr mit, daß sie mir Essen bringen soll und Schlafdecken. Ich bleibe auf der Kommandantur.«

»Wir sind jetzt ganz unter uns«, sagte der Oberleutnant Greifer breit. »Das Haus ist leer, das Tor ist zu, die Fenster sind verhängt.«

»Fangen wir an«, sagte der Oberst Hauk. Er setzte sich an den Tisch, der in der Mitte des weiträumigen Zimmers stand. Er sah aus, als gedenke er ein Schläfchen zu tun.

Greifer setzte sich zu ihm und forderte mit einer flüchtigen Armbewegung den Stabszahlmeister Brahm auf, ebenfalls Platz zu nehmen. »Fangen wir also an«, sagte er geschäftig und angelte einen Bogen Papier aus seinem Ärmelaufschlag.

Brahm setzte sich, mit überaus vorsichtigen Bewegungen, als müsse er befürchten, sich auf spitze Nägel oder rohe Eier zu setzen. Das Licht, in das er hineinstarrte, brannte nur schwach. Klebriges Halbdunkel umgab ihn; und zwei Gesichter leuchteten ihm fahl entgegen – grob, gemütlich und brutal das eine; das andere kalt, konturenlos und unbeweglich.

»Ich weiß nicht recht«, sagte Brahm zögernd, »was die Herren von mir wollen. Ich habe doch alles richtig ausgeliefert.«

Hauk nickte Greifer fast unmerklich zu. Der stützte sich breit auf, neigte sich vor und sagte: »Stabszahlmeister Brahm, betrachten Sie sich als vor ein Kriegsgericht gestellt.«

Brahm schreckte hoch. Es war ihm, als flackere das Licht vor seinen Augen heftig; gleichzeitig spürte er in seinem Nacken die Kälte des Raumes.

»Aber das ist doch ...! Aber warum denn?«

Warum denn – das, dachte Greifer, ist die gleiche Frage, die ich kurz vorher an Oberst Hauk gestellt habe. Und der Oberst hatte ihm mit einem Satz klargemacht, warum hier dieses Theater stattfinden mußte. Es kam darauf an, zu wissen, was Stabszahlmeister Brahm wußte – und ob er vorgebaut und sich abgesichert hatte, und wie und womit. Das Urteil stand fest, aber die Aussagen, die wollte und mußte man haben. Nur durch sie konnte man wissen, wie weiterzudisponieren war, was zu geschehen hatte, womit gerechnet werden mußte. Sicherheit – darauf kam es an.

»Stabszahlmeister Brahm«, verkündete Greifer mit einer Sachlichkeit, die auf lange Übung in solchen Dingen schließen ließ, »Sie haben sich zu verantworten wegen Verrats von militärischen Geheimnissen, Hinterziehung von Wehrmachtsmaterial und Versuch zur Sabotage.«

Brahm schüttelte seinen Kopf heftig, als müsse er irgend etwas Gewaltsames tun, um endlich aufzuwachen. Das, sagte er sich, kann nur ein Witz, ein böser, viehischer Witz – aber immerhin doch lediglich ein Witz sein! Und er sah in das grinsende, zerklüftete, fleckige Kasperlgesicht von Greifer, in die fast ebenmäßig erscheinende helle Fläche, die das Gesicht des Obersten darstellte – und er sah in dessen kalte, ferne Augen. Und in diesem Augenblick war ihm erschreckend klar, was er schon immer instinktiv gewußt hatte: Der machte keine Witze, der nicht! Aber was wollte man von ihm?

»Erkennen Sie«, fragte Greifer, »die Zusammensetzung des Gerichtes an? Genau nach der Feldgerichtsordnung, Absatz: Schnellverfahren, Standgerichte. Ein Richter und zugleich Ankläger: Herr Oberst Hauk. Ein Protokollbeamter und zugleich Verteidiger: ich. Erkennen Sie das an?«

Der Stabszahlmeister Brahm machte eine hilflose Bewegung, einem verwundeten Vogel vergleichbar, der vergeblich aufzufliegen versucht. Greifer scheute sich nicht, diese Bewegung grinsend als Zustimmung auszulegen. »Na also!« sagte er.

»Um den Ausgangspunkt zu schaffen«, erklärte Oberst Hauk monoton, wobei er seine Hände zu betrachten schien, »habe ich folgendes festzustellen: Meine Dienststelle hat einen geheimen Sonderauftrag durchzuführen. Das hierhertransportierte Material gehört dazu.«

Greifer hatte erhebliche Mühe, vor lauter Grinsen seine mit einer knalligen Bauchbinde versehene Zigarre zwischen den Zähnen zu behalten. So ein dämliches Gesicht wie das von diesem Verwaltungshengst hatte er schon lange nicht mehr gesehen! Und der Oberst war wieder einmal in Hochform. Vor dem würden auch ganz andere Bottiche als dieser Brahm kapitulieren.

»Das«, sagte Brahm, seine qualvolle Hilflosigkeit bekämpfend, langsam schon wieder zäh, vorsichtig und nicht ungeschickt um Terrain bemüht, »das war mir nicht bekannt. Davon wußte ich wirklich nichts. Ich dachte . . .«

»Na, was dachten Sie denn!« fuhr ihn Greifer an. »Waren Sie etwa der Meinung, Sie karren hier Marketenderwaren durch die Gegend? In dieser Stunde der Entscheidung?«

»Ja«, sagte Brahm impulsiv, »das habe ich gedacht.«

Greifer bekam einen kurzen Hustenanfall. Fast hätte er vor Wonne seine Zigarre zerbissen. Dieser Aktenclown, fand er, war köstlich! Sagt einfach: Ja! Zum Schießen. Apropos: schießen. Greifer nahm sich schleunigst wieder zusammen und fragte lauernd: »Und was hat Sie auf derartige Gedanken gebracht?«

»Ich weiß das nicht. Immerhin sind einige Kisten aufgemacht worden, und es war immer Marketenderware drin.«

»Haben Sie alle Kisten aufgemacht?«

»Nur ganz wenige«, beteuerte Brahm und hob, als wolle er einen Pardon erbitten, seine Hände.

»Wir können ja mal, wenn Sie das durchaus wollen, einen Versuch machen«, erklärte Greifer und lachte rauh auf. »Wir setzen Sie auf eine Kiste, auf der Champagner steht, stecken eine Zündschnur hinein und brennen sie an. Sie werden kurz darauf mächtig erstaunt sein, wie wenig von Ihnen übrigbleibt.«

»Ich habe wirklich nichts davon gewußt«, versicherte Brahm. »Wäre mir das bekannt gewesen . . .«

»Es lag gar nicht die Absicht vor, Sie zu informieren. Sie bekamen zwei Wagenladungen zugeteilt und den Auftrag, das Material zu deponieren. Warum wurde das nicht einwandfrei durchgeführt?«

Jetzt begann kalter Schweiß Brahms Gesicht zu überziehen. Sein Kopf war schwer wie Blei und nur mit Mühe aufrecht zu halten. Er hatte vorhin zuviel getrunken. Er war nicht gesund. Sein Körper vertrug keine Strapazen. Hinzu kam die Angst — und er hatte jetzt Angst! Hauk und Greifer war alles zuzutrauen. Alles!

»Warum haben Sie dieses Haus als Lagerplatz ausgewählt?«

»Auf Anraten meiner Schwester, der Frau Willrich.«

»Wer, außer Ihrer Schwester, weiß noch davon?«

»Niemand.«

»Haben Sie irgend jemand Mitteilung davon gemacht, daß Sie hier Quartier bezogen haben? Kameraden zum Beispiel oder sonst irgendwelchen Weibern oder Dienststellen?«

»Nein«, sagte Brahm hastig. »Nein!« Es gab hier, glaubte er, keine andere Möglichkeit mehr, als »nein« zu sagen. Daß er auf der Ortskommandantur gewesen war, verschwieg er. Plötzlich schrie er angstvoll auf: »Ich versichere Herrn Oberst ...«

»Halt deine Fresse, Mensch!« sagte Greifer scharf. »Noch einmal in dieser Lautstärke, und wir verzichten auf jede weitere Aussage — und zwar für immer.«

»Die präzisen Fragen«, sagte Hauk teilnahmslos.

»Jawohl, Herr Oberst«, sagte Greifer und sah auf sein Blatt Papier. »Stabszahlmeister Brahm«, fuhr er dann in seinem improvisierten Verhör fort, »Sie sind also absolut sicher, daß niemand außer Ihrer Schwester weiß, daß Sie mit dem Material hier sind?«

»Absolut sicher«, beteuerte Brahm mühsam.

»Wo ist der Besitzer dieses Grundstückes?«

»Abgehauen — seit Wochen schon. Meine Schwester wußte davon — sie kannte ihn von früher her.«

»Hatten Sie mit Ihrer Schwester, der Frau Willrich, vereinbart, bevor Sie mit den Kisten verschwanden, daß sie uns abwimmeln sollte? Wollten Sie allein mit ihr teilen — oder mit wem etwa noch?«

»Meine Schwester«, log Brahm gequält, »sollte Ihnen die Adresse weitergeben. Aber ich habe sie zur Vorsicht ermahnt, vielleicht gab es deshalb Mißverständnisse.«

»Und wieviel Kisten haben Sie bisher weggegeben?«

Brahm rechnete, mit Anstrengung, nach: »Drei an meine Schwester, zwei habe ich selbst verbraucht, macht fünf. Dann bekamen die drei Soldaten und das Mädchen, die heute abend weggefahren sind, je eine Kiste — macht insgesamt neun.« Und Brahm konnte sich nicht verkneifen, hinzuzufügen: »Und in jeder Kiste waren nur Marketenderwaren.«

»Das stimmt alles nicht«, sagte der Oberst Hauk. »Es fehlen nicht neun Kisten, sondern zehn.«

»Und in der zehnten«, sagte Greifer, der sofort verstand, worauf sein hoher Herr und Meister hinauswollte, »befand sich Spezialgerät. Und ohne dieses Gerät ist unser Auftrag nicht durchführbar.« Und an dieser Kiste, sagte sich Greifer erwartungsvoll, wird sich dieser Auch-Offizier sein feistes Genick brechen.

»Das ist doch nicht möglich«, würgte Brahm hervor.

»Es fehlt«, sagte Greifer grinsend, »die Kiste XW 7, mit der Aufschrift: Bols, Cherry Brandy.«

»Aber drei Kisten Bols sind doch noch da!«

»Aber nicht die Kiste XW 7.«

»Es wird Zeit«, stellte Oberst Hauk fest, mit einer Stimme, als lese er ab, was seine Uhr anzeigte, »höchste Zeit.«

»Kommen Sie«, sagte Greifer zu Brahm, »wir werden mal gemeinsam nachsehen, ob wir nicht doch noch die Kiste finden.«

Sie stießen die Stühle, auf denen sie gesessen hatten, achtlos zurück. Ihre Gesichter wurden undeutlich; das Halbdunkel begann sie zu verschlucken. Brahm war bemüht, dem Oberst in den Mantel zu helfen. Greifer beförderte seine Pistole aus der Hosen- in die Rocktasche und schlug dann derb-zärtlich darauf wie ein Pferdefreund, der seiner Lieblingsstute auf die Flanken klopft. Dann begann er, erbärmlich falsch, jedoch nicht ohne freudige Leidenschaft, zu pfeifen.

»Kein Konzert«, sagte Hauk und ging voran. Brahm trottete ihm gehorsam nach. Greifer folgte breitbeinig.

Sie gingen durch den dunklen Garten zur hinteren Pforte hinaus, die mächtig quietschte. Sie gingen auf den Stadtwald zu, den sie nach zwei Minuten Fußmarsch erreichten. Hier blieben sie kurz stehen. Dunkelheit umhüllte sie eng. Aber der Wald war lautlos, leer von Menschen; selbst die Tiere schwiegen. In der Ferne rumorte, ohne Stärke, der ermattete Krieg.

»Mehr rechts halten«, sagte Greifer und stieß den zusammenknickenden Brahm mit dem ausgestreckten Zeigefinger in den Rücken. Der Oberst schritt über den Waldboden wie über einen Teppich.

Brahm versuchte in ein Gespräch zu kommen. Er beteuerte seine Unschuld, versuchte seiner Überzeugung Ausdruck zu geben, daß ein Mißverständnis vorliegen müsse, versicherte seine Dienstbereitschaft, seine Nützlichkeit, seine Ergebenheit, seine Treue, begann auf bereits geleistete Dienste zu verweisen.

»Halten Sie doch die Schnauze«, sagte Greifer.

Brahm duckte sich unter diesen Worten, die dicht hinter ihm gesprochen wurden. Es war ihm, als spüre er Greifers große Hände in seinem Rücken, auf seiner Haut, im Genick. Er beschleunigte seine Schritte und kam näher an Oberst Hauk heran. Aber sofort rückte Greifer nach. Brahm war es, als werde er eingeklemmt.

Dann blieb der Oberst plötzlich stehen. Er blieb so plötzlich stehen, daß Brahm gegen ihn getaumelt wäre, wenn Greifer nicht rechtzeitig zugegriffen hätte. Sie befanden sich auf einer Lichtung. Der Mond verbarg sich hinter schmutzigen Milchwolken. Es war, als halte die Nacht den Atem an. – »Hier«, sagte der Oberst Hauk.

Brahm wankte. Heiße Angst durchflutete ihn in mächtigen, stoßenden Wellen, die ruckweise gegen sein Hirn zu prallen schienen. »Herr Oberst«, sagte er, und seine Worte waren kaum hörbar; sie gurgelten aus ihm hervor und erstickten dann immer wieder, als würden sie ihm in den weitgeöffneten Mund zurückgeschlagen. »Was soll hier geschehen? Was soll hier mit mir geschehen?«

»Was immer mit Verrätern geschieht«, sagte Greifer.

Da taumelte Brahm auf den Oberst zu, klammerte sich an ihm fest, griff in dessen Ledermantel. Doch seine Hände, naß vor Schweiß und kraftlos vor Angst, rutschten, griffen aber immer wieder nach. »Das nicht«, winselte er, und Speichel sprühte von seinen zitternden Lippen, sprühte auf des Obersten Hände, die ihn wegstießen. »Das nicht!«

»Knallen Sie den Hund doch endlich ab«, sagte Hauk zischend.

Da zerfetzte die Luft um Brahm und schien sich gegen ihn zu werfen. Es war, als träfe ihn von seitwärts her ein kurzer, kräftiger Schlag. Seine Hände lösten sich. Er hielt sich einen Augenblick lang, als sei er aufgehängt worden, in der Luft. Er röchelte, verschluckte sich, schrie dann gurgelnd auf.

Noch einmal zerriß die Nacht in hell aufflammende Fetzen.

Dann brach Brahm zusammen. Er sackte auf die Erde, zuckte noch kurz mit den Beinen. Dann war alles still.

»Ich habe Leute gesehen«, sagte Greifer, »die mit mehr Haltung starben.«

In dieser Nacht, in der der Krieg, ermattet in den Lenden und denkfaul im Gehirn, schlaff und traumlos dahindämmerte wie nach gewaltigem Liebesgenuß, in dieser Nacht begann der Himmel den Samen der Zerstörung unfruchtbar zu machen. Aber die Menschen merkten das nicht.

Der Taumel hatte sie ergriffen, und sie überließen sich ihm willenlos: die Sieger und die Besiegten, die Rächer und die Gejagten, die Schreier und die Verstummten, die Geschändeten und die Schänder, die kindlichen Greise und die greisenhaften Kinder. In ihnen war kochender Triumph und würgende Angst; die Feigheit zerfetzte sie, und die Gier raubte ihnen den Verstand. An ihren Händen klebten Blut, Alkohol und Schweiß. Sie schrien, stöhnten, wimmerten, spien und lachten in diese Nacht hinein. Und niemand hörte ein Echo.

In dieser Nacht zerbrach Deutschland.

Ein Gauleiter mit fahlem Gesicht streifte sich bebend einen schäbigen Zivilanzug über. Hinter einer Scheune schoß sich ein SS-General eine Pistolenkugel in den reinrassigen germanischen Schädel. Ein Soldat zeugte ein Kind mit einem Mädchen, das er nie vorher gesehen hatte. Mütter beteten und Helden betranken sich. Ein General weinte, ein anderer fluchte, ein dritter arbeitete — in allen war Hoffnungslosigkeit.

Es war eine Nacht ohne Schlaf — und wer dennoch Schlaf fand, war dumm, trunken oder erschöpft. Die trainiertesten Hirne aber waren am ruhelosesten, und je mehr Gefühl einer besaß, um so stärker litt er. Und die Hemmungslosigkeit feierte Orgien.

Aber der Krieg, der die Menschen in diesen Taumel versetzt hatte, war nahe daran, zu sterben.

»Machen Sie Ihre Rechnung nicht mit dem lieben Gott«, sagte der Obergefreite Kowalski, »machen Sie sie lieber mit mir. Ich kassiere schneller.«

»Das Haus scheint belegt zu sein«, sagte der Kreisleiter.

Kowalski hatte den großräumigen Transportwagen am Anfang der Hindenburgstraße stehenlassen. Sie hatten sich dann an das Haus des Kreisleiters herangepirscht, von hinten her. Aber aus zwei Fenstern drängten sich strichartige Lichtstreifen ins Freie.

»Wir werden den Laden räumen müssen«, sagte Kowalski.

»Und wenn ich erkannt werde?« fragte der Kreisleiter besorgt.

»Dann werde ich eben allein fegen«, sagte Kowalski.

Sie schlichen sich näher und warteten lange Minuten. Kowalski dachte angestrengt nach. Der Kreisleiter wurde spürbar nervös.

»Fangen Sie hier nur nicht an, mit den Arschbacken zu zittern«, sagte Kowalski. »Das steht Ihnen als Hoheitsträger nicht zu.«

Dann öffnete sich in dem Haus Hindenburgstraße 13 die Tür. Drei Mann kamen heraus und entfernten sich schweigend in Richtung des Stadtwaldes. Offiziersschulterstücke blinkten kurz auf; sonst war nichts zu erkennen.

»Jetzt ist die Luft hier rein«, sagte Kowalski. »Traben Sie an. Ich starre derweil in den Mond und schlage mir das Wasser ab.«

»Ihr seid jetzt verheiratet«, sagte der alte Asch und hob sein Glas. »Aber ihr habt es ja nicht anders gewollt.«

»Des Menschen Wille«, sagte Lore Schulz und gab sich sentimental ,»ist sein Himmelreich. Aber es soll durchaus möglich sein, ohne Hochzeit dorthin zu gelangen.«

»Mir gefällt dieser Weg«, sagte Wedelmann und ergriff die Hand seiner jungen Frau. Und Magda schmiegte sich, ein rührendes Bild, an ihn. Es war ein Bild trauter Harmonie, und es hätte jedem Familienkalender zur Ehre gereicht.

»Ihr habt geheiratet, und ihr werdet bestimmt einmal Kinder haben«, sagte der alte Asch, und leichte Wehmut nagte an seinem verhärteten Kaufmannsherzen. »Mir ist das nicht anders gegangen. Aber dann habe ich meine Frau verloren — und was ist aus meinen Kindern geworden? Der Krieg frißt sie.«

»Unseren Kindern«, sagte Wedelmann überzeugt, »wird das erspart bleiben.«

»Na, denn Prost«, sagte der alte Asch, »trinken wir darauf, daß eure Kinder Plattfüße und triefende Augen bekommen — dann können sie wenigstens nicht so leicht eingezogen werden.«

»Keine Uniform mehr in meiner Familie«, sagte Wedelmann.

Darauf tranken sie. Die Gläser, die sie gegeneinanderstießen, klangen gut. Und ein wenig später trudelte der Gefreite Stamm von der Ortskommandantur ein, streckte beide Hände hoch auf — »Heil Hitler!« — und setzte sich ohne Umstände mit an den Tisch.

»Das trifft sich gut«, sagte er und griff nach einem Glas. »Ich muß mir mal schnell die Zunge anfeuchten, damit ich nachher besser telefonieren kann.« Er trank das Glas in einem Zug leer und fragte: »Sagen Sie mal, Herr Asch, ist nicht bei Ihnen ein Obergefreiter Kowalski abgestiegen?«

»Der ist jetzt geschäftlich unterwegs«, sagte der alte Asch. »Was wollen Sie von ihm?«

»Das weiß ich noch nicht genau«, sagte Stamm. »Vielleicht beteilige ich mich auch an seinen Geschäften.«

»Was ist eigentlich auf der Kommandantur los, Herr Stamm?« wollte Lore Schulz wissen. »Seit wann machen Sie dort Überstunden?«

»Ihr Mann«, sagte der Gefreite, »ist ganz groß in Form. Wie Mars persönlich. Der braucht dringend Ablösung. Wie wär's denn mit Ihnen, Herr Hauptmann Wedelmann?«

»Mein Bedarf ist gedeckt! Für alle Zeiten!«

Der Leutnant Asch kniete auf dem Teppich im Schlafzimmer der Frau Willrich. Und vor ihm kniete, das Hinterteil kühn ausgestreckt, Barbara. Dieser Anblick lenkte Asch von seiner Beschäftigung ab.

»Ist das alles?« fragte er und wies auf die Dokumente, Bilder und Briefe, die herumlagen.

»Alles, was ich gefunden habe — und ich war in allen Räumen dieses Hauses, nur nicht im Wohnzimmer.«

»Das genügt mir noch nicht«, sagte Asch.

»Mehr habe ich nicht«, sagte sie und kroch mit kühn vorgeschobener Brust auf ihn zu.

Asch erhob sich hastig und verließ den Raum. Er begab sich in das Wohnzimmer, sah sich hier um, trank dann einen großen Kognak, ehe er die Leiche der Frau Willrich zur Seite schob, um an ein Schränkchen zu gelangen. Das brach er auf und nahm alle Papiere an sich, die er fand.

Er ging wieder in das Schlafzimmer zurück, wo sich immer noch Barbara am Boden wälzte, mürrisch, gelangweilt, doch nicht müde, und er verstreute die eingesammelten Papiere auf dem Teppich.

Wieder, so schien es ihm, war nichts darunter, was ihm einen Hinweis gab, einen Hinweis darauf, wo die nächste Station für Hauk und Greifer sein könnte. Er schob ein paar Briefe durcheinander, las hier und dort ein paar Zeilen und lachte belustigt auf.

»Schau mal her«, sagte Barbara und hielt ein Foto hoch. »Die Willrich mit einem Mann in zärtlicher Umarmung — aber ihr Mann ist das nicht. Das ist nicht der Mann, der bei ihr an der Wand hängt.«

»Laß mich doch zufrieden mit diesen Kitschbildern«, sagte Asch verärgert. »Mich interessiert kein Liebesidyll — ich suche eine bestimmte Adresse.«

Barbara drängte Asch das Bild auf und sich an ihn heran. »Du hast aber auch gar keinen Sinn für Zärtlichkeit«, sagte sie.

Asch betrachtete, um sich nicht mit dem Anblick Barbaras beschäftigen zu müssen, das Foto. Dann sah er genauer hin und griff danach. »Dieser Mann«, sagte er grübelnd, »kommt mir irgendwie bekannt vor. Ich kenne ihn bestimmt — aber ich weiß nicht, woher.«

»Du kennst ihn?« fragte Barbara und blinzelte ihn an. »Du kennst ja nicht einmal mich.«

»Dann habe ich ja wohl noch mal Glück gehabt«, sagte Asch und steckte das Foto ein.

Der General Luschke stand neben dem Panzer und schlug leicht mit der flachen Hand gegen die schräge Stahlplatte. Der Offizier, der ihn begleitete, nickte schwer. Er sagte: »Kein Benzin mehr.«

»Und in den anderen Fahrzeugen?« fragte der General.

»Leer«, sagte der Offizier. »Kein Tropfen mehr. Wenn wir nicht noch heute nacht . . .«

»Geht nicht«, sagte Luschke. »Die Reserven meiner Division sind erschöpft. Andere Quellen existieren in meinem Bereich nicht.«

»Dann, Herr General . . .«

»Akzeptiert«, sagte Luschke, »sprengen Sie Ihre Särge in die Luft.«

»Wir haben auch kein Dynamit mehr, Herr General.«

»Dann schießen Sie sich gegenseitig über den Haufen.«

»Dazu reicht unsere Munition nicht mehr aus.«

»Dann«, sagte Luschke, »reißen Sie die Panzer mit Ihren Fingern auseinander.«

»Es ist also aus, Herr General?«

»Ja«, sagte der und starrte in die Dunkelheit. »Es ist aus. Ziehen Sie alle Konsequenzen daraus. Bringen Sie Ihre Leute in Sicherheit. Machen

Sie einen klaren Schlußstrich. Vermeiden Sie die Begegnung mit Irrsinnigen — und wenn sich das nicht vermeiden läßt, dann knallen Sie diese Endsiegakrobaten über den Haufen. Wenn schon Verlusten nicht ausgewichen werden kann, soll wenigstens versucht werden, sie so klein wie möglich zu halten. Gute Nacht.«

»Gute Nacht, Herr General.«

Luschke ging mit kurzen, fast zögernden Schritten auf seinen Wagen zu, hinter dem seine beiden Kradmelder warteten.

»Zur Kaserne?« fragte der Kraftfahrer.

»Licht«, sagte Luschke. Und als der Strahl einer Taschenlampe auf seine Hände fiel, schrieb er, über die Kühlerhaube gelehnt, einige Sätze auf seinen Notizblock. Er riß das beschriebene Blatt ab, faltete es zweimal und sagte dann zu einem seiner Melder: »Das geht an Wedelmann. Sie werden ihn in der Stadt beim Cafetier Asch finden, direkt am Marktplatz.«

Der Melder salutierte, griff nach dem Zettel, wiederholte seinen Auftrag und brauste dann davon.

»Weiter zur Infanterie«, sagte der General, und in seiner Stimme war keine Müdigkeit zu spüren.

Der gedämpfte Lärm, den die Hochzeitsgesellschaft veranstaltete, verstummte. Es klingelte. Kurz darauf klingelte es abermals.

»Das geht hier zu«, sagte der alte Asch wütend, »wie in einem Taubenschlag.«

»Vielleicht ist das Kowalski«, sagte Stamm und entfernte sich, um zu öffnen.

Als der Gefreite zurückkehrte, befand sich in seiner Begleitung Hochwürden Westhaus. »Ich habe nicht die Absicht zu stören«, verkündete der Pfarrer.

»Sie stören dennoch«, sagte der alte Asch. »Aber da Sie schon einmal hier sind, trinken Sie ein Glas Wein mit uns — auf unsere Jungvermählten.«

»Gerne«, sagte Westhaus und gratulierte mit wohlgesetzten Worten. »Sie werden, so darf ich doch annehmen, die kirchliche Trauung baldmöglichst nachholen wollen. Ich stehe gern zu Ihrer Verfügung.«

»Aber doch nicht gleich, Hochwürden!« rief der alte Asch.

»Ich kam«, sagte der Pfarrer und setzte sich, »um mich mit Ihnen zu unterhalten, Herr Asch — über Ihren Freund, den Herrn Freitag.«

»Macht er Ihnen Sorgen? Für seine Seele sind Sie doch nicht direkt verantwortlich. Und glauben Sie mir: Auf die Dauer gesehen, geht es dem besser als uns allen.«

»Kennen Sie ihn gut, Herr Asch?«

»Ich kenne ihn gar nicht – ich bin lediglich mit ihm befreundet.«
»Und – ist diese Freundschaft von Dauer?«
»Das will ich doch aber stark hoffen«, sagte der alte Asch.

Der Obergefreite Kowalski hatte, wie geplant, sein Wasser abgeschlagen. In den Mond starren konnte er nicht, denn der segelte hinter dreckigen Milchwolken einher. Kowalski lehnte sich gegen einen Baum und wartete.

Er dachte: Dieser Kreisleiter wühlt jetzt in seinem Bau herum; hoffentlich weiß er noch, wo er seine Grube graben muß. Aber er wird sich schon Mühe geben. Wir leben in einer Zeit, in der nicht wenige in Deutschland ihre flott zusammengehorteten Vermögen opfern würden, nur um ein armer, einfacher Mann zu sein.

Im Stadtwald fiel ein Schuß. Kurz darauf noch einer. Dann war es stiller noch als zuvor.

Kowalski dachte: Pistole, vermutlich Pistole 08. Entfernung: etwa achthundert Meter. Diese Kerle, dachte er, knallen in der Gegend herum – die haben noch immer nicht genug von dieser Scheißknallerei. Aber wenn es ihnen Spaß macht ...

Der Obergefreite wartete weiter. Er gähnte herzhaft mit weit aufgerissenem Mund. Dann schabte er sich den Rücken gegen den Baumstamm.

Bald darauf trabte der Kreisleiter herbei. Er war ein wenig außer Atem und sagte: »Alles in Ordnung – ich habe die Sachen gefunden.«

»Dann her damit«, forderte Kowalski.

»Zug um Zug«, sagte der Kreisleiter.

»Immer korrekt – was?« sagte Kowalski. Dann griff er nach dem Arm des Kreisleiters und rief unterdrückt: »Still!«

Sie lauschten. Schritte wurden vernehmbar. Zwei Mann dicht hintereinander kamen aus dem Stadtwald, gingen in geringer Entfernung an ihnen vorüber in das Haus hinein. Offiziersschulterstücke blinkten. Sonst war so gut wie nichts von ihnen zu erkennen. – »Hochinteressant«, sagte Kowalski.

»Kommen Sie doch schon«, drängte der Kreisleiter.

»Das interessiert mich aber«, sagte Kowalski störrisch. »Wenn drei Mann in den Wald gehen, dort Schüsse fallen und dann nur zwei Mann zurückkommen – dann interessiert mich das.«

»Mich aber nicht!« sagte der Kreisleiter. »Denn ich habe nicht soviel Zeit wie Sie. Ich habe heute nacht noch eine schöne Strecke vor mir.«

»Also los«, sagte Kowalski. »Meinetwegen! Ich habe ja nachher immer noch Zeit, mich in dieser Gegend einmal näher umzusehen.«

Der Volkssturm war auf dem Marktplatz angetreten. Die Richtung war schlecht, der Vordermann unzulänglich, die Haltung unter aller Sau. Zu allem Überfluß schoben sich die Zeiger der Turmuhr langsam auf zwölf, und der Haufen, der um dreiundzwanzig Uhr stehen sollte, stand immer noch nicht vollzählig da.

Hauptmann Schulz schnaubte Wut und Verachtung. Der Häuptling des Volkssturms wurde von Minute zu Minute kleiner. Nur die Männer bewahrten ihre Ruhe; es war, als ginge sie dieses ganze nächtliche Theater nichts an.

»Vierzig Minuten über der Zeit«, schnaufte Schulz, »wo gibt es denn so was?«

»Bei uns«, sagte ein Volkssturmmann aus dem Glied heraus.

»Wer war das?« fragte Schulz und stand sprungbereit da.

»Keiner«, sagte ein anderer Volkssturmmann, und mehrere lachten.

»Ihr Haufen«, sagte Schulz zu dem Häuptling, »ist unter jeder Kritik. Es ist ein Sauhaufen!«

»Wir haben das zuwenig geübt«, versuchte sich dieser zu entschuldigen.

»Ich werde dafür sorgen«, versicherte Schulz grimmig, »daß Sie genügend Zeit zum Üben bekommen — darauf können Sie Gift nehmen.«

Dann stellte sich Schulz breitbeinig vor den Volkssturm. »Leute«, verkündete er, und seine mächtige Stimme hallte von den Wänden des ansonsten leeren Marktplatzes wider, »ihr seid das letzte Aufgebot, aber ihr werdet nicht das schlechteste sein. Ihr steht unter dem direkten Kommando des Herrn Generalmajors Luschke, dessen Befehle ich euch zu übermitteln habe.«

Und dann ordnete Schulz an: »Doppelte Wachen an allen Ausgangsstraßen, doppelte Streifen mit dreistündiger Ablösung im gesamten Stadtbereich einschließlich Umgebung; ein Bereitschaftszug im Spritzenhaus. Alle verdächtigen Personen sind festzunehmen und auf der Kommandantur abzuliefern. Eine Klebekolonne meldet sich bei Oberleutnant Nowack zum Empfang von Plakaten.«

»Leute«, rief Schulz. »Über diese Stadt ist der Ausnahmezustand verhängt worden, und zwar von Herrn Generalmajor Luschke persönlich. Also los — auf die Posten!«

»Kann der Rest wegtreten?« fragte der Häuptling des Volkssturms naiv.

»Wo denken Sie hin!« bellte Schulz. »Der Rest wird kaserniert. Morgen früh fünf Uhr Wecken — und dann geht es erst richtig los. Bin ich verstanden worden?«

Er erhielt keine Antwort. Und er nahm an, daß den Volkssturmleuten vor lauter Bewunderung seiner soldatischen Fähigkeiten die Sprache weggeblieben sei. Das machte ihn stolz. Und Heini, der Hitlerjunge, stand mit leuchtenden Augen hinter ihm.

»Leute«, dröhnte der Schulz, »macht dem Herrn Generalmajor ja keine Schande — oder ihr könnt was erleben!«

»Wenn der Leutnant Brack«, sagte Captain Ted Boernes zu seinen späten Gästen, die sich von dem besten Whisky dieser Welt nicht trennen konnten, »Ihren Vorschlag tatsächlich annehmen sollte, James, dann werde ich nicht umhin können, vorher die Zustimmung von Colonel Thompson einzuholen.«

»Kann doch sein«, sagte James I und blinzelte dem »Pastor« zu, »daß Sie gar keine Verbindung kriegen.«

»Weil Sie keine Verbindung kriegen wollen!« ergänzte James II seinen »Partner«.

Die drei Amerikaner, die in bequemen Sesseln saßen, mild von einer Stehlampe beleuchtet, sahen sich an. Aber der Captain lächelte nicht. Er sagte: »Der Plan ist natürlich gut, aber . . .«

»Kein Aber, wenn der Plan gut ist, Captain.«

»Ungeahnte Möglichkeiten, Captain, wenn es uns tatsächlich gelingt, den Leutnant Brack in voller Uniform als Vorkommando loszulassen. Wenn der seine Augen aufmacht und dann noch seinen Verstand gebraucht, und dämlich ist der nicht — dann bekommen wir Hinweise, die einfach unbezahlbar sind.«

»Wir brauchen dann nur noch abzukassieren.«

»Und Ihre Dienststelle, Captain — wie wird sie dastehen? Ganz groß!«

»Schon möglich«, sagte Ted Boernes unentschlossen. »Durchaus möglich. Aber wenn die Sache schiefgeht, frißt uns Thompson auf.«

»Wenn!«

»Sprechen Sie doch mal mit Brack, Captain. Vielleicht ist er selbst so scharf auf die Sache, daß Sie ihn gar nicht mehr halten können. Auch nicht mit Gewalt. Und Gewalt werden Sie doch nicht gegen einen Verwandten des Colonels anwenden wollen? Das kann man doch nicht tun.«

»Ich werde also mit Herrn Brack sprechen«, sagte Ted Boernes. »Und was machen wir mit dem anderen, diesem Hinrichsen?«

»Den«, sagte James I, »kaufe ich mir morgen.«

Die Hochzeitsgesellschaft Wedelmann im Hause Asch hielt sich hinter den Fenstern auf, durch die der ganze Marktplatz zu übersehen war. Das Licht im Raum hatten sie ausgeschaltet, der besseren Sicht und der immer noch bestehenden Verdunkelungsvorschriften wegen. Drunten drängte sich der Volkssturm zusammen, gleich einer Herde Schafe, die in ein Unwetter geraten war.

»Ein erhebender Anblick!« rief der Gefreite Stamm und feixte. »Finden Sie nicht auch, Frau Schulz, daß Ihr Mann eine gute Figur macht?«

»Er sieht aus wie ein Hahn«, sagte Lore Schulz achselzuckend. »Er spielt eben gern Soldat – mein zwölfjähriger Bruder hat das auch mit Begeisterung getan, aber der blieb nicht immer zwölf Jahre alt.«

»Das, Herr Asch«, sagte Hochwürden Westhaus, »ist genau das, was vermieden werden muß. Aber damit solches wirksam geschehen kann, werden in erster Linie Menschen wie Sie gebraucht – Sie haben Verbindungen zu beiden Richtungen hin. Nutzen Sie sie aus! Gleichen Sie aus, ebnen Sie ein, glätten Sie die Wogen.«

»Herr Pfarrer«, sagte der alte Asch, »offiziell bin ich hier ein Nazi – und als solcher kann ich mir doch wenigstens einen Bruchteil von dem leisten, was uns vorgeworfen wird.«

Und während sie alle hinaussahen auf das seltsame Schauspiel ungeübten Soldatentums, das sich ihren Augen bot, betrat der Obergefreite Kowalski unbemerkt den Raum und rief munter: »Alles draußen antreten! Die Latrinen des Krieges sind noch zu reinigen!«

»Na endlich!« sagte der Gefreite Stamm. »Du wirst hier gebraucht.«

»Haben Sie denn nicht geklingelt?« fragte der alte Asch.

»Ist doch gar nicht nötig«, sagte Kowalski bieder. »Ich besitze einige Nachschlüssel.«

»Wie gefällt dir das Kasperltheater draußen?« fragte Stamm den Obergefreiten.

»Gar nicht«, sagte der. »Das einzige, was mir an Schulz gefällt, ist seine Frau.«

»Mir gefällt die gar nicht«, sagte Lore schmollend und gab ihre Bereitschaft zu erkennen, sich unter Umständen von Kowalski trösten zu lassen. Sie rückte ein wenig an ihn heran.

»Hör mal, Kowalski«, sagte Stamm, der sich zwischen die beiden Annäherungswilligen drängte. »Die Liebe wird nicht aufhören, aber auf den nächsten Krieg wirst du noch einige Jährchen warten müssen. Und was ein Genießer und Lebemann ist, der bevorzugt immer die seltenen Sachen.«

»Was willst du eigentlich, du Aktenkröte?« fragte Kowalski nicht uninteressiert.

»Betrieb machen«, sagte der. »Kehraus feiern! Alle Möglichkeiten einer prima Festivität sind gegeben – ich sitze direkt an der Quelle.«

»Dieses Kind«, sagte Kowalski, »sollten wir schaukeln. Du hast recht. Um die anderen Kinder können wir uns ja immer noch kümmern.«

Die stark lädierte Prunkvilla mit dazugehörigem Park, der sich in ähnlichem Zustand kriegerischer Verwahrlosung befand, war als Seuchenkrankenhaus getarnt worden. Das Zeichen des Roten Kreuzes war auf dem Dach, den beiden Giebeln je einmal und auf den beiden Breitseiten gleich zweimal, weithin sichtbar und wetterfest angebracht worden. An der Zufahrtsstraße stand ein riesiges Schild: »Achtung! Seuchengefahr! Betreten des Sperrgebietes bei strengster Strafe verboten!«

Das war die Zentrale der Organisation Soeft.

Der Unteroffizier Soeft saß, diesmal ausschließlich in seiner Eigenschaft als Organisationsleiter, mit seinen engsten Mitarbeitern zusammen. »Ich glaube nicht«, sagte er, »daß wir noch Patienten aufnehmen können — wir sind überbelegt.«

»Aber die Preise steigen von Stunde zu Stunde.«

»Mag sein«, sagte Soeft, »aber den Vorwurf, daß wir billig waren, kann doch wohl keiner machen?«

Die engsten Mitarbeiter des Chefs beteuerten, niemals an einen Vorwurf gedacht zu haben. Doch die neuen Angebote seien derartig verlockend, daß an eine, wenn auch nur geringe Ausdehnung gedacht werden sollte. »Ein Gauleiter wäre noch unterzubringen, und auch für den Adjutanten eines Reichsleiters spielt der Preis keine Rolle mehr.«

Soeft ließ sich die Angebote nennen. Sie interessierten ihn. Dann sagte er: »Unser Bauernhof ist voll belegt, ebenso unsere Transportagentur, die Tankstellen sind es auch.«

»Hier im Seuchensanatorium«, sagte der als »Chefarzt« eingesetzte Sanitätsunteroffizier, »ist auch kein Platz mehr — wenn wir eine nicht unbedenkliche Überbelegung vermeiden wollen.«

»Wir wollen sie vermeiden«, sagte Soeft. »Schließlich müssen wir ja auch noch ein Plätzchen für uns haben.«

Das angebliche Seuchenlazarett war die ureigene Erfindung des Unteroffiziers Soeft. Es bestand im Kern aus einer Anzahl echter, streng isolierter Kranker, die den Komfort des Hauses beglückt genossen und sich hüteten, nach Einzelheiten zu fragen. Ferner gehörte dazu das zahlreiche Bedienungspersonal, das ausnahmslos aus Soeft-Leuten bestand. Und einige wenige besonders gutzahlende »Privatpatienten« aus Wehrmacht, Wirtschaft und Partei fühlten sich in diesem Haus vor den Stürmen der Zeit einigermaßen geborgen.

»Ehe ich das vergesse«, sagte Soeft, »gleich morgen früh muß neben dem deutschen Text auf der Warntafel ein gleichlautender auf englisch aufgemalt werden. Um ansteckende Krankheiten machen die Amis große Bogen. Außerdem brauche ich eine kleine Ordenskollektion; ich muß noch ein paar Auszeichnungen verleihen.«

»Um noch einmal auf das letzte Angebot zurückzukommen — wir

wimmeln also den Gauleiter und den Adjutanten des Reichsleiters wieder ab?«

»Langsam«, sagte Soeft nachdenklich, »nur langsam. Vielleicht sollten wir versuchen, eine neue Unterbringungsmöglichkeit zu organisieren — ich verschenke nicht gern ganze Vermögen.«

»In letzter Stunde?«

»Ich muß sowieso noch weg«, sagte Soeft. »Um den Erlös für den Kreisleiter einzukassieren. Ich nehme die beiden Wertobjekte mit — vielleicht kann ich sie unterbringen. Macht für morgen früh einen Sanitätswagen fertig, wickelt die beiden in Verbandszeug und legt sie hinein.«

»Spesen werden extra berechnet?«

Soeft nickte. »Ich werde versuchen«, sagte er dann, »sie einem entfernten Freund von mir, einem Cafetier, in den Backofen zu schieben.«

»Sie sind also fest entschlossen?« fragte Hinrichsen und betrachtete mit Anteilnahme den Leutnant Brack, der sich marschfertig machte. »Sie wollen sich tatsächlich durch die vordersten Linien schleusen lassen, um dann . . .«

»Es ist eine Möglichkeit von vielen«, sagte der Leutnant. »Und ich finde, es ist die ehrenvollste.«

»Sagen Sie das noch mal«, forderte ihn der verwundete Major auf. »Hörte ich da soeben das Wort: ehrenvoll?«

»Wir verstehen jetzt alle etwas anderes darunter«, sagte der Leutnant Brack. »Und bei uns in Deutschland, wo jeder Kaminkehrer seine eigene Ehre hat, werde auch ich mir meine Auffasung von Ehre leisten dürfen.«

»Nennt man nicht das, was Sie tun wollen — Verrat?«

»Ich nenne das eine menschliche Reaktion, Herr Hinrichsen. Ich werde niemanden betrügen, aber ich werde einige davor bewahren, sinnlos dahingeopfert zu werden.«

»Hinzu kommt wohl dann noch«, sagte Hinrichsen und reichte mit seiner unverletzten Hand Brack das Koppel mit der Pistole hinüber, »daß Sie wissen werden, wo sich die Wildsäue verkrochen haben.«

»Das kommt wohl noch dazu«, sagte Brack.

»Und vergessen Sie nicht: Wenn Ihnen ein Mann über den Weg läuft, der Hauk heißt — das ist der Mann für mich!«

Immer noch kniete der Leutnant Asch auf dem Teppich im Schlafzimmer der Frau Willrich und sah die vor ihm ausgebreiteten Dokumente, Papiere, Briefe, Zettel und Fotos durch. Aber das, was er suchte, fand er nicht.

»Willst du die ganze Nacht aufbleiben?« fragte Barbara. Sie lag angezogen auf der einen Hälfte des Doppelbettes und rauchte eine Zigarette. Sie war müde, aber schlafen konnte sie nicht.

»Laß mich in Ruhe«, sagte Asch unwillig.

»Aber wenn ich dich gar nicht in Ruhe lassen will?« fragte Barbara.

Asch gab sich Mühe, diese Bemerkung, die nur eine unter vielen ähnlichen war, zu überhören. Er hatte jetzt, als Ergebnis seines Suchens, ein paar Fotos abgesondert. »Ich kenne den Mann«, sagte er, »aber ich weiß nicht, woher. Aber ich glaube, ich kenne ihn von meiner Heimatstadt her. Denn auf einem dieser Fotos ist ein Haus oben, das irgendwo bei uns stehen muß – vermutlich am Stadtwald. Aber ich weiß das nicht genau.«

»Was soll das?« fragte Barbara gähnend und reckte sich.

»Du hast recht«, sagte Asch resigniert, »was soll das alles? Es gibt nicht einen einzigen ernst zu nehmenden Anhaltspunkt. Vielleicht lasse ich mich wieder durch irgendeine lächerliche Kleinigkeit ablenken.«

»Laß dich ablenken«, sagte Barbara, richtete sich auf und begann ihr Kleid auszuziehen.

»Du wirst dich erkälten«, sagte Asch.

»Mir ist heiß«, sagte sie.

»Ich gehe jetzt schlafen«, sagte Asch. »Es hat ja doch alles keinen Zweck mehr. Morgen früh fahren wir zu mir nach Hause.«

»Nimmst du mich mit?«

»Warum nicht«, sagte Asch gleichgültig. »Ich bin ja schließlich kein Oberst Hauk.«

»Bleib doch hier«, sagte sie. »Ich habe Angst, allein im Bett zu liegen. Wo willst du hin?«

»Ich schlafe im Wohnzimmer – bei Frau Willrich. Wenn du Lust hast, kannst du ja nachkommen.«

Die Hochzeitsfeier für Wedelmann, das erkannte der alte Asch immer deutlicher, würde ihn teuer zu stehen kommen. Die Gäste vermehrten sich zusehends, und ihr Durst schien nicht zu stillen. In seinem verqualmten, von lebhaften Gesprächen erfüllten Wohnzimmer ging es viel heftiger zu als jemals in seinem Lokal.

»Herrschaften«, sagte der alte Asch mit biederen Rausschmeißertönen, »morgen ist schließlich auch noch ein Tag.«

»Und heute ist heute!« rief Kowalski, der mit Stamm eine neue Batterie Flaschen entkorkte.

Das junge Ehepaar Wedelmann saß mit Pfarrer Westhaus zusammen und ließ sich von ihm über den Segen der Mutter Kirche aufklären. Lore Schulz hörte nicht ohne Anteilnahme zu und seufzte gelegentlich gefühlvoll auf, besonders dann, wenn sie Wedelmann länger angeschaut hatte.

Kowalski und Stamm steckten die Köpfe zusammen und schienen sich gepfefferte Witze zu erzählen, denn sie wieherten von Zeit zu Zeit wie Brauereipferde.

»Es ist schon reichlich spät«, sagte der alte Asch.

»Es ist nie zu spät«, sagte Westhaus überzeugt.

Gegen ein Uhr traf Hauptmann Schulz ein, angefüllt mit Würde und Zorn. Er betrachtete die Anwesenden zunächst nicht, er stellte sich vor seine Frau hin und sagte: »Ich habe dich überall suchen lassen.«

»Und jetzt hast du mich gefunden«, sagte Lore ungetrübt.

»Ich arbeite schwer, während du dich hier amüsierst.«

»Über deine schwere Arbeit?«

»Setzen Sie sich doch, Herr Hauptmann Schulz«, sagte der alte Asch, ehrlich bemüht, jede Streitigkeit in seinem Hause zu vermeiden.

»Ich bin im Dienst«, sagte Schulz und setzte sich. Und als er sich setzte, sah er den Gefreiten Stamm. »Was machen Sie hier, Mensch?«

»Ich bin auch im Dienst«, sagte Stamm freundlich.

»Na, und Sie! Sind Sie nicht Kowalski?«

»Ich bin Kowalski«, sagte der. »Und ich bin auch im Dienst. Wir sind hier alle im Dienst – nur versteht jeder etwas anderes darunter.«

Der alte Freitag erfreute sich der besonderen Aufmerksamkeit des Gefangenenwärters Krawattke. Krawattke sorgte für ihn, als betreue er einen nahen Verwandten, der schwer krank war, aber nicht sterben durfte, weil er sein Testament noch nicht gemacht hatte.

»Soll ich noch eine Decke bringen oder zwei, Herr Freitag? Die Nacht ist kühl.«

»Sie können mein Nachtgeschirr ausleeren, Krawattke.«

»Aber gerne, Herr Freitag.« Krawattke tauchte bereitwillig unter die Pritsche und angelte dort das Nachtgeschirr hervor. Er hielt es wie ein wertvolles Paket fest am Körper. »Was meinen Sie wohl, Herr Freitag, wird jetzt wohl werden?«

»Wenn Sie hier nicht bald verschwinden, komme ich um meinen restlichen Schlaf.«

»Ich meine die politische Lage, die allgemeine Entwicklung.«

»Was schief liegt, kann sich auch nicht richtig entwickeln, Krawattke.«

»Sie haben gut lachen, Herr Freitag. Sie sitzen auf dem richtigen Pferd.«

»Und Sie, Krawattke, werden doch rechtzeitig umsatteln – oder etwa nicht?«

Krawattke starrte betrübt in Freitags Nachtgeschirr. »Wie soll ich das machen? Ich habe doch nichts anderes gelernt – als das hier.«

»Viel ist das nicht«, sagte der alte Freitag. »Aber Sie können sich beruhigen — Gefängniswärter wird es immer geben. Nur die Insassen wechseln laufend.«

»Das leuchtet mir ein«, sagte Krawattke und schöpfte neuen Mut. »Das beruhigt mich sehr. Und ich bin doch ein guter Gefängniswärter — oder nicht?«

»Sie sollten mich endlich schlafen lassen, Krawattke.«

»Im Grunde sind Sie ein guter Mensch«, sagte Krawattke dankbar. »Es sollte hier mehr von Ihrer Sorte geben.« Und damit schlurfte er hinaus.

»So«, sagte Greifer befriedigt, »das hätten wir also wieder einmal geschafft!« Und er stellte drei Flaschen Champagner auf den Tisch und betrachtete voller Stolz sein Werk.

»Ich habe«, sagte er, »das Beste herausgesucht, was wir in unseren Vorräten haben — Mumm Extra Dry verpackt wie Perlenkolliers. Und ich habe die Flaschen getragen wie neugeborene Kinder — vorsichtiger ging es schon gar nicht mehr. Die Temperatur wird auch gerade richtig sein.«

Der Oberst Hauk sagte nichts. Er sah nicht anders aus als sonst auch: bleich, konturlos, kühl; Augen und Lippen ließen an Fische denken. Er sah aus wie ein Standbild. Seine Hände lagen leicht verkrampft auf der Tischplatte.

Greifer fand vorerst keine Besonderheit im Benehmen seines hohen Herrn und großen Meisters. »Die dritte Flasche, Herr Oberst«, sagte Greifer und grinste breit, »ist für Brahm. Immer schön durch drei geteilt. Er soll nicht sagen, er hätte seinen Anteil nicht bekommen.« Und dann lachte Greifer schallend, denn er war der Ansicht, soeben einen prächtigen Witz vom Stapel gelassen zu haben.

Aber sein Lachen verstummte, als er sich das Gesicht des Obersten näher ansah. Es war ein Gesicht, das er genau kannte; hier sprachen selbst die winzigsten Regungen für ihn Bände. Und in den Augen, die ihn so oft mit kaltem Wohlwollen angesehen hatten, lag Wut.

»Was ist los, Herr Oberst?« fragte Greifer bohrend.

»Wissen Sie, Greifer, wem dieses Haus hier gehört?«

»Woher soll ich das wissen? Es ist für unsere Zwecke ausgezeichnet, und mir gefällt es hier.«

»Ich habe mich, während Sie den Sekt holten, hier näher umgesehen, Greifer. Mit folgendem Resultat: Dieses Haus hier gehörte einem Kreisleiter.«

»Verdammte Scheiße!« rief Greifer aus. Er begriff auf Anhieb, was das zu bedeuten hatte: Hier konnten sie nicht bleiben; das war eins der ersten

Häuser, in das die Amerikaner ihre Nasen hineinstecken würden. »Und das muß ausgerechnet uns passieren.«

»Peinlich«, sagte Hauk, und seine Fischaugen starrten ausdruckslos in die Weite.

»Aber wir werden schon noch etwas anderes ausfindig machen«, sagte Greifer mit der frischen Entschlossenheit eines Rolikommandoführers, »gleich morgen früh.«

»Und Transportmittel?« fragte Hauk.

»Verdammt!« sagte Greifer. »Auch das noch! Wie konnte ich nur unser großes Gepäck vergessen! Aber zwei Lkw werde ich auch noch requirieren — und wenn ich dieses ganze Nest hier umkrempeln müßte!«

»Bin ich hier Portier — oder was?« rief der alte Asch, als es schon wieder einmal klingelte.

»Portier können Sie vielleicht noch mal werden — wenn Sie Glück haben!« sagte Kowalski. »Also nehmen Sie die Gelegenheit wahr, um sich darauf vorzubereiten. Üben Sie!«

Der vielgeplagte Cafetier verließ die lärmende Hochzeitsgesellschaft Wedelmann; sie konnten sich voneinander und von den besten Flaschen des Kellers offenbar nicht trennen. Der alte Asch duldete die zahlreichen nichtzahlenden Gäste nur noch mit Grollen; und er versäumte keine Gelegenheit, seinen unerwünschten Besuchern zu zeigen, wie wütend er war — nur fand sich niemand bereit, davon Notiz zu nehmen.

Als der Cafetier wieder zurückkam, begleitete ihn ein verstaubter, übermüdeter Kradfahrer. »Der bleibt wenigstens nicht lange«, verkündete der alte Asch herausfordernd.

Der Kradfahrer ging auf Wedelmann zu, öffnete seine Meldetasche, holte von dort einen zweimal gefalteten Zettel hervor und übergab ihn. »Von General Luschke«, sagte er.

»Danke«, sagte Wedelmann. Er öffnete, ein wenig zögernd, den Zettel und las, was dort geschrieben stand. Und er wurde rot wie ein Schuljunge.

»Danke«, sagte er abermals und steckte sich den Zettel sorgfältig in die Brusttasche.

»Wie ist das eigentlich?« wollte Hauptmann Schulz wissen. »Haben Sie Hochzeitsurlaub, Herr Wedelmann — oder was?«

»Fragen Sie doch General Luschke danach«, empfahl ihm Wedelmann kurz.

Gleich danach klingelte es erneut. Der alte Asch fluchte ungeniert in Gegenwart von Pfarrer Westhaus. Lore Schulz kicherte amüsiert; sie hatte viel zuviel getrunken.

»Lassen Sie nur, Herr Asch«, sagte Kowalski großzügig. »Ich vertrete Sie in Ihrer Eigenschaft als Portier. Außerdem muß ich sowieso noch in den Keller hinunter – unser Stoff geht langsam aus!«

»Der Teufel soll Sie holen!« rief ihm der alte Asch nach.

»Für mich einen leichten Mosel, bitte«, sagte Hochwürden Westhaus.

Es verging geraume Zeit, ehe Kowalski wieder vollbeladen zurückkehrte. Er strahlte über das ganze Gesicht. »Herr Asch«, sagte er freudig, »Sie haben Einquartierung bekommen. Sieben Mann!«

»Sind Sie denn ganz von Gott verlassen!« rief der Cafetier entsetzt.

»Hier der leichte Mosel, Hochwürden.«

»Kowalski«, sagte der Cafetier Asch beschwörend, »das kann doch nicht wahr sein!«

»Die reine Wahrheit«, sagte Kowalski bieder. »Sieben Mann von der Batterie des Leutnants Asch. Und da ich Vorkommando bin, habe ich sie gleich hier eingewiesen – sie machen es sich im Café bequem.«

»In dieser Nacht«, sagte der alte Asch, »habe ich das schlechteste Geschäft meines Lebens gemacht.«

Die Worte, die der Generalmajor Luschke auf den Zettel geschrieben hatte, der für Wedelmann bestimmt war, lauteten:

Lieber Freund!
Wir haben uns benommen wie Helden und gelebt wie die Hunde, denn wir hatten vergessen, was Liebe ist.
Versuchen Sie, sie zu finden, und werden Sie glücklicher.
Und vergessen Sie *Luschke*

Als sich diese Nacht, in der der Krieg soviel an Kraft verlor wie in hundert Nächten nicht, langsam aufzulösen schien, zögerten viele, mit weitgeöffneten Augen in den neuen Tag hineinzusehen. Nicht wenige liebten den Schlaf, weil er ihr Gehirn mattsetzte; weit mehr wollten dem Taumel und der Trunkenheit nicht entrissen werden. Manche schämten sich auch – und unter ihnen waren sogar einige, die schämten sich für andere.

Es war der Tag, der kein Deutschland mehr sah.

Der langsam heraufdämmernde Tag sah mehr Leichen als der Tag vorher, mehr leere Flaschen, mehr schlaffe Gesichter; er sah zerwühlte Betten und strapazierte Körper, weggeworfene Orden und zertrümmerte Kisten. Hier lief Benzin aus und dort Blut und dort Schnaps. Die einen fluchten, als sie aufstehen mußten; die anderen beteten, und manche taten es, weil sie nur so noch Worte fanden. Viele zwangen sich dazu, nicht nachzudenken.

Im Stadtwald lag die Leiche des Stabszahlmeisters Brahm. Der alte Asch starrte schlaflos auf den Trümmerhaufen, den ihm die Hochzeitsgesellschaft zurückgelassen hatte. Pfarrer Westhaus konnte jetzt nicht beten, und der Gefangene Freitag wollte es nicht tun. In der Kommandantur schnarchte der Hauptmann Schulz; und seine Frau versuchte Wedelmann zu verführen. Kowalski und Stamm lagen betrunken im Keller.

Auf die Stadt zu bewegten sich: der Leutnant Asch und Barbara, beide mit Gesichtern, die eine schlaflose Nacht verrieten; der Leutnant Brack, blutjung und todernst; der General Luschke, der übermüdet neben seinem Fahrer zusammengesunken war und bewußtlos zu sein schien; der Unteroffizier Soeft mit einem komfortablen Krankenwagen, in dem sich seine letzte »Ware« befand. Und auf die Stadt zu, in weiter Entfernung noch, bewegten sich die amerikanischen Panzer.

Der Krieg taumelte vor Müdigkeit und Schwäche; aber noch einmal gelang es ihm, sich auf die kraftlosen Beine zu stellen.

James I hatte sich in diesen unruhigen Tagen zum Frühaufsteher entwickelt. Tatendrang verkürzte seinen Schlaf. Und er hielt es für ganz selbstverständlich, daß sich James II seinen Gewohnheiten widerspruchslos anschloß.

»Erhebe dich, Pastor«, rief er, »der Verbündete Hinrichsen hat uns dringend nötig.«

»Kannst du das nicht allein erledigen, Partner?«

»Wichtige Entscheidungen«, zitierte James I, »dürfen erst nach gemeinsamem Entschluß getroffen werden — laut Captain Boernes.«

»Sind wir hier in einer Firma?«

»Wir sind an dem größten Unternehmen der Gegenwart beteiligt, Pastor — hast du das immer noch nicht gemerkt? Unsere Blankovollmacht reicht für einige Millionen Dollar aus. Wenn Eisenhower will, kann er den halben Kontinent verschachern.«

James II reckte sich taumelnd und zerrte seine Schlafdecken zur Seite. »Du scheinst nur eine einzige Zeitung zu lesen, Partner — und das ist die falsche.« Dabei riß er den Mund weit auf und gähnte mehrere Sekunden lang.

»Wir werden unserem Verbündeten Hinrichsen mal auf den Zahn fühlen — taugt er was, und das hoffe ich, soll das auch sein Vorteil sein; taugt er nichts, trete ich ihm in den dicken Hintern.«

Sie begaben sich zu Hinrichsen, der in einem kleineren Raum schlief, auf Polstern, die unmittelbar über dem Fußboden ausgebreitet worden waren. James I rüttelte ihn wach. »Heil Hitler, Hinrichsen!« rief er grinsend.

Der dicke Hinrichsen starrte mit verklebten Augen auf die beiden Amerikaner. Dann massierte er sein schweißiges Gesicht mit der gesunden Hand, dabei schnaufte er.

»Was macht Ihre Verwundung?« fragte James II.

»Die wird mich nicht behindern«, sagte Hinrichsen.

»Na fein«, sagte James I und fuhr völlig übergangslos und sehr schnell fort: »Sind Sie bereit, eine amerikanische Uniform anzuziehen – eine ohne Dienstgradabzeichen?«

»Wenn es sein muß . . .«, sagte Hinrichsen gedehnt.

»Ich bin für Arbeitsteilung«, sagte James I, ohne sein Maschinengewehrtempo abzubremsen. »Wenn Sie zu unserer Dienststelle stoßen, sind wir drei. Womit wollen Sie sich beschäftigen – Verwaltung, Partei oder Wehrmacht durchkämmen?«

Hinrichsen dachte immer nur »Hauk«. Und so antwortete er prompt: »Wehrmacht – wenn ich wählen darf.«

»Gut«, sagte James I und warf ihm einen Bogen Papier zu. »Hier das Vernehmungsschema. In einer halben Stunde fangen Sie an.«

»In einer Stunde«, sagte James II und deutete auf Hinrichsens verbundenen Arm. »Außerdem muß er sich erst einarbeiten.«

»Na schön, ich bin ein verständnisvoller Mensch«, sagte James I. »Ich bewillige fünfundvierzig Minuten.«

Sie verließen Hinrichsen, und der starrte ihnen nach. Abermals massierte er sein Gesicht. Dann stemmte er langsam seine Fleischmassen hoch.

Eine Stunde später bereits saß er, nunmehr in abzeichenloser amerikanischer Uniform, die ihm brauchbar paßte, im Vernehmungsraum. James I und James II, deren Schreibtische etwa in vier Metern Entfernung von dem seinen standen, rahmten ihn ein. Die beiden Amerikaner schienen intensiv beschäftigt zu sein und bekundeten nicht das geringste Verlangen, sich um ihn zu kümmern.

James I hatte drei große Fragebogen auf Hinrichsens Tisch geknallt; sie waren, bis auf die Namen, völlig unbeschrieben. »Holen Sie aus diesen Burschen heraus, was Sie herausholen können«, hatte er gesagt. »Nehmen Sie sich Zeit, überhasten Sie sich nicht – aber für keinen länger als dreißig Minuten.«

Hinrichsen studierte die Fragen; sie waren zahlreich, und nicht wenige waren überflüssig. Aber so umständlich das System auch war – für harmlose Gemüter, die wie Schulkinder alles hersagten, was sie wußten, bedeutete dieses organisierte Frage-und-Antwort-Spiel ein zwar primitives, aber handfestes Netz. Menschen mit Fischverstand würden sich massenweise damit fangen lassen.

»Kann ich beginnen?« fragte Hinrichsen.

»Immer 'ran!« sagte James I. Und zu James II gewandt, sagte er grinsend: »Damit sich unser Verbündeter bei seinen ersten Gehversuchen nicht gestört fühlt, wollen wir uns verziehen und einen Drink nehmen.«

James II blinzelte seinem Partner kurz zu und ging dann mit ihm hinaus. Draußen lachten sie. Und Hinrichsen sagte sich: Sie haben das Feld geräumt – warum eigentlich?

Aber er hielt sich nicht lange bei derartigen Gedanken auf. Er betrachtete die drei Namen auf dem ansonsten leeren Fragebogen, die er vor sich ausgebreitet hatte – und ganz instinktiv wählte er den letzten.

In wohlklingendem, gutgesetztem Englisch beauftragte er den gleichgültig dreinschauenden amerikanischen Posten, der neben der Tür hockte, den deutschen Kriegsgefangenen hereinzuführen.

Es war ein Leutnant des Heeres, blutjung, hochaufgeschossen, dürr und zäh. Auf seinem Gesicht zeichnete sich Verachtung, auch Trotz, Furcht auch. Und der Wille wurde spürbar, in jeder Situation, also auch in dieser, männliche Überlegenheit zu beweisen.

»Welchen Dienstgrad haben Sie?« fragte Hinrichsen.

»Das«, sagte der Leutnant schroff, »können Sie sehen. Und ich habe es auch schon einmal gesagt. Außerdem steht das in meinem Soldbuch. Ich habe keine Lust, mich dauernd zu wiederholen.«

Hinrichsen betrachtete den Jungen vor sich aufmerksam. Kaum älter als zwanzig Jahre – von der Schulbank in die Kaserne, von dort an die Front, danach auf die Kriegsschule, wieder an die Front, jetzt den Amerikanern in die Hände geraten. Mein Junge, dachte Hinrichsen, sah ähnlich aus, dachte nicht anders, würde vermutlich genauso handeln – ich habe ihm nichts anderes beigebracht, nichts anderes beibringen können.

»Was wollen Sie denn eigentlich noch wissen?« fragte der Leutnant renitent. »Wieviel Fragebogen wollen Sie denn noch anlegen? Genügt denn der von gestern nicht?«

Hinrichsen begann gequält zu lächeln.

»Lachen Sie etwa über mich?« fragte der junge Leutnant nicht ohne Schärfe.

»Quatsch«, sagte Hinrichsen. Und er dachte: Daher jene Geste von James I, die so überaus großmütig aussah – »damit Sie sich nicht gestört fühlen!« Offenbar hatte ihm James einfach drei Gefangene zugeteilt, die bereits am Vortag von ihm nach allen Regeln der Kunst ausgequetscht worden waren. Und nun sollte sich herausstellen, ob sich die Aussagen, die Hinrichsen aufzeichnen konnte, genau mit denen deckten, die der routinierte James erzwungen hatte.

»Also«, sagte Hinrichsen, leicht belustigt, »halten wir uns nicht länger auf. Dienstgrad? Wann dazu ernannt? Seit wann Soldat? Welcher Truppenteil?«

Der Junge antwortete mürrisch. Und er setzte hinzu: »Langsam wird mir das zu dämlich – glauben Sie denn, es macht mir Spaß, immer die gleichen Antworten wiederzukauen?« Dann aber fragte er frei heraus: »Sind Sie eigentlich Deutscher?«

»Sie haben nichts zu fragen«, sagte Hinrichsen. »Sie haben nur zu antworten.«

»Also sind Sie Deutscher! Ich habe mir das gedacht.«

Hinrichsen biß die Zähne zusammen und griff nach seinem verwundeten Arm. Die triumphierende Frechheit dieses jungen Bengels tat ihm nahezu körperlich weh. Seine Augen wurden klein und kalt, und er ballte seine Fäuste.

»Sind Sie verletzt?« fragte der Junge. »Wohl aus einem Jeep gefallen oder unter die Räder einer Gulaschkanone geraten?«

Hinrichsen streckte seine beiden mächtigen Fäuste auf dem Tisch aus. Er öffnete sie langsam. Und er atmete tief und wie erlöst aus. Die quälende Peinlichkeit, die tiefinnere Verlegenheit, die ihm der Beginn dieser seiner ersten Vernehmung bereitet hatte, waren gewichen.

»Sie sind jung, Leutnant«, sagte er. »Und das ist für den Krieg nie ein Fehler. Aber Sie haben mit Ihrem Verstand nichts anzufangen gewußt – und das geht auf die Dauer nicht gut. Sie haben noch immer nicht begriffen, was mit Ihrem Deutschland passiert ist. Das Vaterland, Jüngling, ist zum Selbstmordkandidaten geworden.«

»Wollen Sie mich vernehmen, oder wollen Sie mit mir diskutieren, Herr Landsmann?«

»Ich war einmal dabei, junger Mann, wie im Osten russische Kriegsgefangene durch ein Sonderkommando verhört wurden.«

»Das wird vermutlich genau dasselbe gewesen sein wie ein Verhör deutscher Kriegsgefangener durch russische Sonderkommandos.«

»Mag sein – ich weiß das nicht; aber es ist möglich, weil im Krieg alles möglich ist. Jedenfalls hatten diese Gefangenen nur zu antworten. Wenn sie das nicht taten oder auch schon dann, wenn eine Antwort stockend kam, schlug man ihnen mit Gewehrkolben ins Kreuz. Wieviel solcher Hiebe würden Sie aushalten? Der eine Russe brachte es auf zweiunddreißig. Dann brach er zusammen, wurde mit kaltem Wasser begossen und unmittelbar danach weiterverhört.«

»Schon gut«, sagte der Leutnant rauh.

»Partei?«

»Nein.«

Stimmt, dachte Hinrichsen; der ist zu jung dazu. Schule, dann Krieg, dann Stacheldraht – mehr hat in seinem jungen Leben nicht Platz. »Waren Sie NS-Führungsoffizier?«

»Ja. Zweites Bataillon, Infanterieregiment 343.«

»Hauptamtlicher NSFO?«

»Nein – nur nebenamtlich. Hauptamtliche NSFO gibt es lediglich von der Division an aufwärts.«

Stimmt auch, dachte Hinrichsen. Er vervollständigte seine Notizen, blätterte noch einmal das Soldbuch des Jungen durch.

»Kennen Sie einen Oberst Hauk?«

»Nein.«

»Schade«, sagte Hinrichsen und entließ ihn.

Der zweite Offizier, ein Hauptmann der Luftwaffe, schien in politischem Sinn, und das hieß hier: in nationalsozialistischem Sinn, völlig harmlos zu sein. Er war Berufssoldat, mittleren Verstandes und von guter körperlicher Konstitution. Seine Vorschriftenkenntnis war ausgezeichnet, seine Haltung einwandfrei.

Er antwortete korrekt und höflich, genauso, wie es sich einem Vorgesetzten gegenüber geziemte. Und da es jetzt die Amerikaner waren, die sich in der Lage befanden, ihm Befehle erteilen zu können, betrachtete er auch die Amerikaner als Vorgesetzte – was ja auch schließlich nur folgerichtig war.

»Kennen Sie einen Oberst Hauk?«

»Bedaure sehr. Lediglich einen Hauptmann Haukwitz . . .«

»Schade«, sagte Hinrichsen. »Sie können gehen.«

Der dritte Offizier, ein Oberleutnant, näherte sich ergeben; hätte er einen Hut besessen, er würde ihn geschwenkt haben. Sein Lächeln erinnerte an niedere Angestellte, die um ihren Posten bangen. Er ging wie auf Gummisohlen.

Hinrichsen startete die üblichen Fragen. Soldat seit wann? Antwort: Reserve, automatisch eingezogen, kein Militarist. Partei? Nein, aber nein, niemals; das hätte er nie getan, vielmehr sei er immer schon dagegen gewesen. NSFO? Natürlich nicht! Er habe nie daran gedacht, im Gegenteil, ganz im Gegenteil! Seine Sympathien gehörten den Männern vom 20. Juli.

Hinrichsen durchblätterte schweigend das Soldbuch des Mannes vor ihm. Dann blätterte er in dem Wehrpaß herum, den dieser freundliche Herr ebenfalls besaß. Und hier stand, unter »Lehrgänge«, fein säuberlich eingetragen: 4. 7.–25. 7. Grafenberg.

Hinrichsen blickte nicht auf, er sah auch nicht mehr das Wort »Grafenberg« an. Er überlegte angestrengt, was er tun sollte, denn zufällig wußte er genau, was sich hinter dem Wort Grafenberg verbarg. Grafenberg war ein Schloß bei Kassel. Dort hatten Lehrgänge für ausgewählte

Offiziere stattgefunden, die später die »fliegenden Standgerichte« bildeten, deren fleißige Leichenproduktion dann die Rückmarschstraßen säumte — an Stricken baumelnde Landser, mit einem Schild auf der Brust: »Ich bin ein feiges Schwein, denn ich habe den Führer im Stich gelassen.«

»Ist irgend etwas nicht in Ordnung?« fragte der Oberleutnant besorgt.

»Kennen Sie einen Oberst Hauk?«

»Nein!« sagte der Oberleutnant schnell. »Bestimmt nicht.«

»Es ist gut«, sagte Hinrichsen. »Sie können gehen.«

Und Hinrichsen sah auf die Tür, durch die der Oberleutnant mit den sanften Nie-Nazi-Tönen und der Spezialstandgerichtsausbildung gegangen war. Immer noch klangen Hinrichsen die Worte des wackeren Mannes im Ohr, diese plötzliche, beinahe wie in schreckhafter Abwehr hervorgestoßene doppelte Verneinung, als er nach Hauk fragte, dieses: Nein — bestimmt nicht!

Die Tür, auf die Hinrichsen immer noch nachdenklich sah, ging auf, und James I und James II erschienen neugierig. »Na, Verbündeter — was haben Sie für Resultate erzielt?«

»Ein nebenamtlicher NSFO ist darunter.«

»Sehr gut«, sagte James I mit Anerkennung. »Stimmt ganz genau.« Und James II nickte, als sei seine Bestätigung dringend nötig.

»Wer von Ihnen beiden«, fragte Hinrichsen, »hat die mir vorgeführten Leute schon einmal vernommen?«

»Ich natürlich«, sagte James I nicht ohne Stolz und völlig ungeniert. »Oder dachten Sie etwa, wir lassen Sie ungeprüft auf die Untermenschen los?«

»Ich habe lediglich angenommen«, sagte Hinrichsen trocken, »daß Sie Ihr Geschäft einigermaßen verstehen.«

»Was heißt das?« fragte James I beleidigt.

»Das heißt vermutlich«, sagte James II freundlich, »daß du in seinen Augen ein Trottel bist.«

»Der dritte Offizier, den ich in Zukunft Oberleutnant Grafenberg nennen werde, hat eine Spezialausbildung für die sogenannten fliegenden Standgerichte.«

»Tatsächlich?« fragte James I erstaunt.

»Überlassen Sie den Mann mir«, forderte Hinrichsen. »Ich glaube, sein Namensgedächtnis muß dringend aufgefrischt werden. Kann ich den Mann haben?«

»Geschenkt«, sagte James I großzügig, grinste seinen »Pastor« an und beglückwünschte sich heimlich zu diesem, wie er glaubte, überaus wertvollen Mitarbeiter.

Der Generalmajor Luschke war, sozusagen über Nacht, zum bestgehaßten Mann in der Stadt geworden; er wurde beinahe so oft — wenn auch nicht mit soviel Überzeugung — verflucht wie der Führer. Der Hauptmann Schulz gab kaum noch einen Befehl, ohne den Namen des Generals zu erwähnen; und die wackeren Volkssturmleute nebst Verwandten schworen sich, ihn nie zu vergessen.

Während der General in der Kaserne schlief, schwer und traumlos, einem Toten gleichend, da ihm die Strapazen der letzten Nacht alle Energien aus dem schmächtigen Körper gezogen hatten, hausierte Schulz in seinem Namen.

»Heini«, hatte er zu dem Hitlerjungen gesagt, nachdem er in den frühen Morgenstunden, von der ausgedehnten Hochzeitsfeier bei Asch kommend, wieder auf der Kommandantur eingetroffen war, »Heini — jetzt kommt es darauf an . . .«

»Jawohl«, hatte der erglühend vor Vaterlandsliebe geantwortet, »jetzt wird es sich zeigen, ob wir ein Herrenvolk sind.«

»Jetzt, mein Sohn«, hatte Schulz mit schwerer Zunge gesagt, »kommt es darauf an, daß ich um sieben Uhr nüchtern bin, denn um sieben Uhr habe ich mir — im Auftrag von Herrn Generalmajor Luschke — den Volkssturm bestellt. Du weckst mich eine Viertelstunde vorher.«

Und eine Viertelstunde vor sieben versuchte Heini, der Hitlerjunge, seinen Kampfkommandeur mit viel Gebrüll und noch mehr Wasser gefechtsklar zu bekommen. Er brauchte, unerfahren im Umgang mit Vollsoldaten, wie er nun einmal war, volle dreißig Minuten dazu, da er sich immer wieder einschüchtern ließ.

Um sieben Uhr fünfunddreißig Minuten war es denn soweit; Schulz schritt, unrasiert und nicht ganz fest auf den Beinen, die Front »seiner Männer« ab. Er rügte zunächst alles, vom Stiefelputz bis zum Haarschnitt, bis ihm das nach kurzer Zeit langweilig wurde, zumal er schnell spürte, daß sich niemand seine Tadel zu Herzen nahm oder etwa gar vor Furcht beziehungsweise Ehrfurcht erschrak.

»Sauhaufen«, murmelte er nur. »Lauter Halbsoldaten.« Und er sagte zu seinem treuen Begleiter: »Daß du dir ja kein Beispiel an diesem Kriegerverein nimmst, Heini.«

»Bestimmt nicht«, sagte Heini, der Hitlerjunge. »Mein Beispiel ist der Führer.«

»Wie du willst«, sagte Schulz mürrisch.

»Und natürlich auch Sie, Herr Hauptmann«, versicherte Hitlers Heini treuherzig.

»Freut mich, mein Junge«, sagte Schulz und genoß, wenn auch nur wenige Sekunden schlackenlos, das erhabene Gefühl, bewundert zu werden.

Dann stellte er sich wieder breitbeinig vor den mürrischen, maulenden Volkssturmleuten auf und rief: »Männer! Ein hartes Stück Arbeit liegt noch vor uns, und gemeinsam, im Vertrauen auf den ... auf unsere Führung, werden wir das auch schaffen. Der Herr Generalmajor Luschke erwartet und fordert von jedem einzelnen von euch, daß er seine Pflicht tut, bis ...«

»Bis zum letzten Atemzug«, sagte Heini, der Hitlerjunge, hinter ihm leise und mit Inbrunst.

»... bis er nicht mehr seine Pflicht zu tun braucht.«

»Und wann wird das sein?« fragte einer.

»Darüber hat allein der Herr Generalmajor Luschke zu bestimmen«, verkündete Schulz.

Die Volkssturmleute murmelten dumpf. Ihr Kommandant drehte sich zu ihnen herum und blickte sie an. Sie nahmen überhaupt keine Notiz von ihm.

»Männer!« rief Schulz. »Es kommt jetzt darauf an, die Heimat zu verteidigen und die Frauen und Kinder. Wer will da zurückstehen?«

»Ich«, brummte einer, aber er wurde nur von seinem nächsten Nachbarn gehört.

»Wir werden als erstes«, verkündete Schulz, »drei bis fünf Kilometer vor der Stadt an allen Straßen und Wegen, mit Ausnahme der Fußwege natürlich, Panzersperren und Panzerfallen errichten. Ich gebe euch sechs Stunden Zeit dazu. Herr Generalmajor Luschke erwartet von euch, daß diese Zeit unter keinen Umständen überschritten wird.«

»Darf ich fragen«, mischte sich der Kommandant des Volkssturms ein, »woher wir das Bauholz ...«

»Sägewerke!« sagte Schulz groß.

»Die sind schon seit Tagen außer Betrieb. Die Holzvorräte sind zumeist zu wehrwirtschaftlichen Zwecken aufgebraucht worden. Die noch bis vorgestern vorhanden gewesenen Reste hat die Bevölkerung in der vergangenen Nacht requiriert.«

»Verfassen Sie einen Aufruf an die Bevölkerung«, befahl ihm Schulz. »Holzdiebstähle, insbesondere die von Bauholz, werden in Zukunft kriegsgerichtlich geahndet. Wer bereits entwendetes Holz zurücktransportiert, bleibt straffrei. Richten Sie eine Holzsammelstelle ein.«

»Darauf reagiert doch kein Aas!« sagte ein Volkssturmmann überzeugt.

Schulz stiefelte, von dem Hitlerjungen Heini wie von einem Schatten gefolgt, auf den vorlauten Mann zu. »Sie«, sagte er streng, »wollen Sie etwa den Verteidigungswillen unserer Bevölkerung anzweifeln?«

»Ich werde mich hüten«, sagte der eilig.

»Sie melden sich nachher bei mir«, ordnete Schulz an, »und zwar zur

Bestrafung durch den Herrn Generalmajor Luschke. Verstanden? So! Hat sonst noch jemand Lust, mit dem General anzubinden?«

Niemand bekundete ein derartiges Verlangen, was Schulz nicht weiter verwunderte. »Ist das jetzt alles?« fragte er und griff sich an den Kopf, der ihn stark schmerzte – sollten ihm etwa Kowalski oder Stamm gestern nacht minderwertigen Alkohol eingegeben haben? Wenn das tatsächlich ...

»Wir haben immer noch kein Holz für die Panzersperren und die Panzerfallen«, erlaubte sich der Kommandant ergeben zu bemerken.

»Herrgott«, rief Schulz aus. »Dann nehmen Sie eben die Bretter, die Sie vor dem Kopf haben – die werden bestimmt ausreichen!«

»Können wir vielleicht im Stadtwald das nötige Holz fällen?« fragte einer.

»Aber ja doch! Von mir aus könnt ihr die Bäume auf dem Marktplatz absägen. Hauptsache: die Panzersperren stehen um dreizehn Uhr.«

»Jetzt ist es aber doch bereits acht Uhr«, sagte der Kommandant, verzweifelt um Haltung ringend. »Und acht und sechs sind vierzehn.«

»Ach scheiß!« sagte Schulz. »Dreizehn Uhr und keine Minute später! Was kann ich denn dafür, daß ihr hier eine Stunde durch eure blöden Fragen vertrödelt? Dreizehn Uhr also – und am Nachmittag werden wir ein paar Geländeübungen veranstalten, mit der Panzerfaust und so! Jetzt macht endlich, daß ihr wegkommt.«

Schulz verschwand im Kommandanturgebäude. Heini, der Hitlerjunge, trabte hinter ihm her. »Besorge mir ein Bier, mein Sohn«, sagte Schulz. »Und zwar Flaschenbier. Aber eiskalt muß es sein! Alte Soldatenweisheit, Heini – Kater nur mit Alkohol bekämpfen!«

Während Heini in der Gegend herumschnüffelte, um Flaschenbier zu apportieren, füllte Schulz die Zwischenzeit damit aus, dem Oberleutnant Nowack und seiner Quartierabteilung kräftig aufs Dach zu steigen. »Sind Ihre Listen jetzt endlich vollständig?« wollte er wissen.

»So gut wie vollständig«, versicherte Nowack.

»Mist!« sagte Schulz. »So gut wie – das ist Mist! Sie müssen vollständig sein.«

Nowack hatte mit seinen Leuten die ganze Nacht gearbeitet. Seine Quartierlisten hatten sich in ungeahnter Weise vermehrt. Rein theoretisch »erfaßte« seine Dienststelle nunmehr etwa fünfmal soviel Quartiere, mit den dazugehörigen Einquartierten, wie am Tage vorher. »Man kann wirklich sagen, Herr Hauptmann«, versicherte Nowack tief gekränkt, »daß wir unser menschenmöglichstes getan haben ...«

»Alles Mist!« sagte Schulz ungnädig. »Sie sollen nicht Ihr möglichstes als Mensch tun, sondern als Soldat. Kapiert?«

Nowack war verstummt und blickte erschüttert zu Boden. Seine Soldaten, Hilfskräfte und die Angestellten beiderlei Geschlechts zogen es vor, unbeteiligt zu erscheinen. Dieser Nowack, wußten sie, war ein Trottel, aber eine Seele von Mensch. Schulz jedoch, und das glaubten sie ebenfalls zu wissen, war auch ein Trottel, zusätzlich aber noch hochexplosiv, was ratsam erscheinen ließ, seine Nähe oder gar eine unmittelbare Berührung mit ihm tunlichst zu meiden.

Schulz blätterte die Quartierlisten flüchtig durch. »Da haben wir es!« sagte er dann. »Wo ist der Nachweis über die Quartiere im Hause Asch?«

»Davon, Herr Hauptmann, wußte ich . . .«

»Natürlich!« sagte Schulz befriedigt. »Sie wußten schon wieder einmal von nichts. Aber ich — ich! —, ich soll wohl alles wissen, was? Darauf verlassen Sie sich immer wieder. Oder haben Sie etwa gemeinsam mit diesem sauberen Herrn Asch eine Schiebung vor?«

»Herr Hauptmann!« rief Nowack ehrlich entsetzt.

»Sieht beinahe so aus!« triumphierte Schulz. »Aber ich bin ja nicht so — ich nicht. Ich gebe Ihnen Gelegenheit, diesen Punkt zu bereinigen.« Und damit warf Schulz dem Oberleutnant die Quartierlisten vor die Füße und schritt von dannen.

Heini, der Hitlerjunge, hatte inzwischen das gewünschte Flaschenbier organisiert. Er hatte eine weiße Serviette auf dem Schreibtisch des verehrten Kampfkommandeurs ausgebreitet und ein frischgespültes Bierglas daraufgestellt. Daneben stand die Bierflasche, dahinter Heini.

»Nur eine Flasche?« fragte Schulz und griff zu.

»Drei weitere«, sagte Heini und verschluckte sich beinahe vor Stolz, »liegen auf Eis.«

»Bravo, mein Sohn«, sagte Schulz anerkennend. »Du machst dich. Du hast allerhand Qualitäten, Heini. Du hast glatt das Zeug zum Unteroffizier — vielleicht sogar zum Offizier.«

Heinis braves Kindergesicht bekam die Farbe einer überreifen Tomate. Er strahlte Schulz an, als throne vor ihm der Führer persönlich. Er fand, daß er in einer großen Zeit lebte, und war schier sprachlos vor Glück.

»Komm näher, mein Sohn«, forderte Schulz ihn auf. »Setz dich zu mir. Sag mal — dort, wo du die vier Flaschen Bier her hast, gibt es da noch mehr?«

»Jawohl«, sagte Heini.

Schulz nickte zufrieden. »Du kannst eine Flasche mittrinken«, sagte er. »Ich erlaube es dir — ausnahmsweise.«

Und Heini holte sich eine Flasche Bier und trank davon. Das Bier schmeckte ihm scheußlich, aber er kam sich vor wie ein Mann. Er fühlte sich geehrt — und was sind schon Magenschmerzen gegenüber der Ehre?

»Ja«, sagte Schulz und stellte die erste leere Flasche zur Seite, »die Situation ist ernst.«

»Jawohl«, sagte Hitlerjunge Heini, »wie bei Friedrich dem Großen – aber der siegte dennoch, weil er nicht feige aufgegeben hat.«

»Stimmt«, sagte Schulz, »das habe ich auch gelesen. Aber solange ein Mann Menschen hat, auf die er sich verlassen kann – Menschen wie dich, Heini –, ist noch nichts verloren.«

»Sie können sich auf uns alle verlassen«, versicherte Heini, »auf mich und meine dreiundzwanzig Kameraden.«

»Das«, sagte Schulz und griff nach einer neuen Flasche, »hoffe ich auch stark. Sieh mal, mein Sohn – ich bin bis über beide Ohren mit Arbeit zugedeckt. Und überall zugleich kann ich auch nicht sein. Da brauche ich eben Männer, die mich gewissermaßen indirekt vertreten, die für mich die Augen und die Ohren aufmachen. Verstanden, mein Sohn?«

»Noch nicht ganz«, sagte Heini, der Hitlerjunge, mit Eifer.

»Paß genau auf, mein Sohn«, sagte Schulz und nahm einen kräftigen Schluck. »Unsere Volkssturmleute sind brave Kerle, gewiß, aber nicht mit Leib und Seele bei der Sache. Und die legen doch jetzt die Panzerfallen und Panzersperren an.«

»Jawohl«, sagte Heini dienstbereit.

»Nun will ich aber wissen, Heini, wie die Arbeit läuft, wo sie gut vorwärtsgeht und wo sie stockt. Ich brauche also Beobachter, Berichterstatter, Kundschafter meinetwegen – kurz: Männer, auf die ich mich verlassen kann.«

»Uns«, sagte Heini begeistert.

»Erraten«, sagte Schulz zufrieden und öffnete die dritte Flasche. Und dann begann er mit dem ahnungslosen Heini sein Überwachungssystem aufzubauen. Daß es sich hier um ein kapitales Spitzelsystem handelte, war vorerst keinem von beiden klar.

Die Kolonne schien in eine Sackgasse geraten zu sein. Es war eine bunt zusammengewürfelte, dreckverschmierte, Staubfahnen produzierende Kolonne. Sie hatte keinen Anfang und kein Ende, keinen Führer und keine Marschroute. Fast jeder, der in ihr fuhr, hatte sich den Marschbefehl selbst gegeben; und der lautete: Bring dich in Sicherheit, Mensch!

Jetzt schien dieses Fließband der Furcht stillstehen zu wollen. Die Fahrer der Fahrzeuge, die mechanisch hintereinander herfuhren, traten auf die Bremsen und hielten dann. Einige fluchten; aber keiner war vorerst bereit, irgend etwas zu unternehmen.

Auch der Leutnant Asch würgte seinen Motor ab und brachte das Beiwagenkrad zum Stehen. Er schob sich die Mütze in das Genick und wischte sich sein verdrecktes Gesicht ab. »Wenn das so weitergeht«, sagte er, »schaffen wir die restlichen zehn Kilometer knapp in fünf Stunden.«

»Was ist denn jetzt schon wieder los?« fragte Barbara nervös.

»Wir sitzen fest.«

»Kannst du nicht die Kolonne umfahren?«

»Das kann ich nicht. Geschickt wie ich bin, habe ich mich einklemmen lassen.«

Der Leutnant Asch stieg aus, vertrat sich ein wenig die steif gewordenen Beine und sah dann die Kolonne entlang. Ein gigantischer Wurm schien sich über die Landstraße zu quälen. »Eine Völkerwanderung«, sagte er, »muß dagegen ein harmloses Transportunternehmen gewesen sein.«

»Wenn wir hier noch länger stehenbleiben«, sagte Barbara, »dann werden uns die Amerikaner einholen.«

»Und wenn sie dich sehen«, sagte Asch, »dann werden sie sich freuen. Sei großzügig – gönne ihnen dieses Vergnügen!«

Barbara richtete sich unwillig auf. Sie war in einen alten, beschmutzten Wehrmachtsmantel gehüllt, dessen viel zu lange Ärmel aufgekrempelt worden waren. Ihr kleiner Kopf verschwand beinahe unter dem großen Stahlhelm. Sie suchte nach einem Spiegel, fand aber keinen; auch ihre Handtasche, die sie neben sich gelegt hatte, fand sie nicht. Ihre Nervosität stieg.

»Nur ruhig«, sagte Asch und nickte ihr zu. »Bist ja bald von diesem faulen Zauber erlöst.«

»Werde ich wirklich bei euch bleiben können?« fragte Barbara.

»Mein Vater«, sagte der Leutnant Asch, »wird, wenn er dich sieht, sofort ein Schild anbringen: Herzlich willkommen.«

»Und deine Frau?«

»Die wird vermutlich die Blumengirlande dazu winden«, sagte Asch verkniffen, ließ sie allein und begann, die Kolonne abzuschreiten.

Er hatte das Gefühl, einem Heerzug von Zigeunern begegnet zu sein. Er sah kaum noch Munitionsfahrzeuge, keine Waffentransporte mehr, dafür Kisten, Kästen und Säcke. Der Krieg schien mit einer gigantischen Verladeübung enden zu wollen. Die Beteiligung weiblicher Streitkräfte an diesem »Unternehmen Götterdämmerung« war beachtlich.

An der Kreuzung erspähte Asch den Hemmschuh; dort blockierte ein wuchtiger Lastwagen die ganze Strecke. Neben ihm standen hilflos und haltlos zwei Wehrmachtshelferinnen und weinten. Ein Soldat hielt sich in der Nähe des Kühlers auf, schlug dort ungeniert sein Wasser ab und fluchte.

»Heult nur, ihr Transusen«, schimpfte er. »Aber solange euch kein Benzin aus den Augen fließt, ist das zwecklos.«

Der Leutnant Asch übersah die Situation sofort. Dem schweren Lastwagen war ausgerechnet an der Kreuzung der Sprit ausgegangen. Jetzt stand er unbeweglich; eine gutfunktionierende Straßensperre. Asch ging zum nächsten Fahrzeug und fragte: »Können Sie Benzin abgeben?«

»Nicht einen Tropfen!« sagte der befragte Kraftfahrer prompt und kaute dabei an einer schier halbmeterlangen Salami.

»Dann werden Sie eben hier versauern«, sagte Asch.

»Das werde ich nicht«, sagte der Kraftfahrer. »Wenn diese Blase dort vor mir nicht innerhalb drei Minuten weiterrollt, werde ich sie in den Chausseegraben quetschen.« Und dann kaute er genußvoll weiter.

Ehe sich noch Asch dazu entschließen konnte, das hier dringend benötigte Benzin mit Gewalt abzuzapfen, drängte sich ein Offizier mit verbindlich fordernden Formulierungen durch die gleichgültig herumstehende Menge; und Asch erkannte an der Stimme den Leutnant Brack. Der entleerte den nahezu vollen Kanister, den er mit sich schleppte, in den Benzintank des Lastwagens. Und der dazugehörige Soldat näherte sich erstaunt und hörte auf zu fluchen.

Asch stellte sich neben den augenblicklich schwerbeschäftigten Brack und fragte: »Können Sie eigentlich fliegen, Brack? Oder wie sind Sie sonst aus dem Kessel herausgekommen?«

Der sah überrascht hoch. »Und Sie, Asch«, sagte er dann, »scheinen neuerdings das Schneckentempo zu bevorzugen. Ich vermutete nämlich, Sie wären schon lange zu Hause.«

»Und da wollten Sie mich besuchen kommen, was?«

»Ich will zu General Luschke«, sagte Brack.

»Kann ich Sie mitnehmen? Ich habe hinten ein Krad mit Beiwagen stehen.«

»Dankend akzeptiert, Asch. Bis jetzt hat mich ein Lastwagen mitgenommen, aber der scheint ganz versessen darauf zu sein, ausschließlich im ersten Gang zu fahren.«

»Er wird nicht wissen, wo er hin will — er fährt nur noch so dahin; aus alter Gewohnheit.«

»Genau das«, sagte Brack zustimmend, und diese Zustimmung war nicht frei von bedauernden, bitteren, fast verächtlichen Untertönen. »Pure Gewohnheit ist es, die jetzt den Krieg automatisch verlängert.«

»Und aus welchem Grund verlängern Sie für sich persönlich diesen Krieg, Brack? Sie haben das doch am wenigsten nötig.«

Die heulenden Wehrmachtshelferinnen drängten sich zwischen sie. Ihre Gesichter waren frei von Puder, und ihre Haare hatte seit geraumer Zeit kein Friseur mehr zwischen den Fingern gehabt.

»Herr Leutnant«, sagte die eine, »was soll mit uns geschehen?«

»Sie können jetzt Ihre Fahrt fortsetzen«, sagte Brack höflich. »Mit dem Benzin, das ich Ihnen eingefüllt habe, werden Sie etwa hundert Kilometer weit kommen.«

»Aber, wo sollen wir denn hin, Herr Leutnant?«

»Danach müßt ihr uns nicht fragen«, sagte Asch, »sondern eure direkten Vorgesetzten.«

»Aber, es ist doch niemand mehr da!«

»In solchen Fällen«, sagte Asch, »ist es praktisch, ebenfalls den Laden zu schließen.«

»Meine Rede«, sagte der Soldat, der die heulenden Mädchen durch die Gegend karrte. »Seit drei Tagen meine Rede! Aber glauben Sie, irgendeine Sau nimmt uns auf? Man behandelt uns wie Aussätzige. Wir können nirgends landen.«

Brack und Asch sahen sich an und nickten sich zu. Sie verstanden sich sofort. Sie lotsten den Lastwagen der beiden Mädchen in den nächsten Bauernhof und machten dort Quartier. Und zwar mit Gewalt.

Dann begaben sie sich zu Aschs Beiwagenkrad, und hier begrüßte der Leutnant Brack das Mädchen Barbara überaus förmlich. »Ich hoffe«, sagte er, »ich bereite Ihnen nicht übermäßig viel Unannehmlichkeiten.«

»Im Frieden«, sagte Asch, »dürfen Sie sich dafür revanchieren — ich leihe mir dann von Zeit zu Zeit Ihren Mercedes aus.«

Als die schier endlos lange Kolonne langsam wieder anrollte, setzte sich Asch ab, lenkte auf das freie Feld und begann sich hier mit fauchendem Motor durch den Sturzacker vorwärtszumahlen. Seine Begleiter wurden durcheinandergeschüttelt wie Äpfel in einer Sortiermaschine.

Sie näherten sich der Stadt. Asch, fast ausschließlich auf das Gelände konzentriert, kam gar nicht dazu, sie näher zu betrachten oder gar freundliche Heimkehrgedanken auszusinnen. Und wieder staute sich die Kolonne: auf der Hauptstraße wurde von mürrisch werkenden Volkssturmleuten eine Panzersperre errichtet.

»Allerhand los hier«, sagte Asch und bremste ab. »Bei uns zu Hause scheinen jetzt sogar die Großväter schnell noch Krieg spielen zu wollen.«

»Halt!« rief ihnen einer der unrasierten Spätkrieger verhältnismäßig energisch entgegen. »Die Durchfahrt ist gesperrt.«

»Nimm die Latte zur Seite«, sagte Asch, »oder ich haue sie dir übers Kreuz!«

»Halt — oder ich schieße!« schrie der Heimatheld.

»Für dich heißt das nicht schießen, sondern scheißen!« rief Asch. »In die Hosen scheißen wirst du dir!«

»Alarm!« brüllte der Stadtverteidiger mit dem kindlichen Kriegerherzen. Und die arbeitenden Volkssturmleute erschraken, unterbrachen ihre Tätigkeit und sahen überrascht auf. Einer löste sich aus der Gruppe und kam auf das Beiwagenkrad zu.

»Ist das nicht der junge Herr Asch?« fragte er.

»Und ob ich das bin, alter Knabe!«

»Das ist aber fein«, sagte der, »da wird sich Ihr Herr Vater aber freuen. Doch hier durch können Sie nicht — höchstens zu Fuß. Befehl vom Kampfkommandeur.«

»Ihr seid wohl hier vollkommen verrückt«, erklärte Asch überzeugt. »Ihr gehört ins Gasthaus, aber doch nicht in den Schützengraben!«

Da griff der Leutnant Brack ein. Er stieg vom Rücksitz, ging auf den Volkssturmmann zu, der hier offenbar das Kommando an sich gerissen hatte, stellte sich vor ihm auf und fragte höflich: »Wissen Sie, wo sich der General Luschke aufhält? Wir müssen dringend zu ihm. Ich gehöre zu seinem Stab.«

»Das«, erklärte der Volkssturmmann sofort, »ist natürlich etwas anderes. Artilleriekaserne.« Und seinen Kameraden vom letzten Aufgebot befahl er mit beachtlicher Energie: »Weg freigeben!«

Brack lächelte Asch zu und stieg wieder auf. »Mit Höflichkeit, Herr Kollege, kommt man weiter.«

»Sogar im Irrenhaus«, sagte Leutnant Asch, gab Gas und brauste durch die Lücke auf die Heimatstadt zu.

»Trinken wir erst einen Begrüßungsschluck bei meinem Alten?« fragte Asch während der Fahrt. »Oder ist Ihre Sehnsucht nach dem Knollengesicht nicht mehr zu zähmen?«

»Bitte, wenn möglich, zuerst in die Artilleriekaserne«, sagte Brack höflich.

Der Leutnant Asch nickte nur, umfuhr die Innenstadt und landete nach knapp fünfzehn Minuten in der alten Kaserne. Sie war leerer, als er erwartet hatte. Lediglich ein paar Lkw mit dem Divisionszeichen Luschke standen am Stabsgebäude herum. Der Torposten döste vor sich hin und kümmerte sich um niemand. Offenbar wußte er selbst nicht, warum er überhaupt noch dort stand.

Asch ließ Barbara, die das ohne Murren hinzunehmen versuchte, im Beiwagen sitzen. Er ging mit Brack in das Stabsgebäude hinein, auf die Räume zu, zu denen die Divisionszeichen hinwiesen. Sie ließen sich, von einigen erstaunten Soldatengesichtern gemustert, beim Ia der Division melden.

Sie brauchten nicht zu warten. Der Ia kam sofort, ging auf sie zu, blieb vor Brack stehen, streckte ihm die Hand entgegen und sagte: »Mann Gottes — Sie reitet der Teufel!«

Brack lächelte verbindlich, trat dann ein wenig zur Seite und fragte den Ia: »Kennen Sie Leutnant Asch?«

»Und ob!« sagte der und gab Asch ebenfalls die Hand. »Ich kenne die Lieblingskinder des Generals nicht nur dem Namen nach. Aber sagt mir eins, ihr beiden Finalehelden — was habt ihr hier zu suchen?«

»Wir wollten Ihr kluges Gesicht sehen«, sagte Asch unbekümmert.

»Und dann wieder mal unserem General in die Augen blicken – wie es im Lesebuch steht.«

»Mein Auftrag«, sagte Leutnant Brack korrekt, »ist erledigt. Die Batterie Asch hat sich befehlsgemäß aufgelöst, und wir beide haben uns durchgeschlagen. Ich bitte um weitere Verwendung.«

Der Ia setzte sich und forderte die beiden Offiziere mit einer lässigen Handbewegung auf, ebenfalls Platz zu nehmen. »Daß Sie wiederkommen, Leutnant Brack – damit haben wir nicht gerechnet.«

»Jetzt sind Sie wohl sehr betrübt, was?« fragte Asch grinsend.

»Der General hatte, ganz im Gegenteil, mit Sicherheit angenommen, daß Sie ...«

»Was?«

»Lassen wir das!« sagte der Ia schroff. »Vielleicht sprechen Sie mit dem General darüber ...«

»Gleich?«

»Vorläufig nicht«, sagte der Ia. »Der General schläft. Er war zwei Tage und zwei Nächte pausenlos unterwegs – jetzt schläft er. Sie können dasselbe tun, Leutnant Brack.«

»Ich bin nicht müde«, sagte der. »Ich kann meine Arbeit sofort wieder aufnehmen.«

»Aber das eilt doch nicht, Herr Leutnant.«

»Und was soll ich machen?« wollte Asch wissen. »Etwa auch schlafen gehen?«

»Wenn Sie wollen – bitte!«

»Was ist hier eigentlich los?« fragte Asch. »Wie steht die letzte Schlacht? Kommen wir endlich dem Endsieg näher?«

»Wir sind kurz davor«, sagte der Ia müde. »Und der General ist bestrebt, eine korrekte Bilanz zu hinterlassen. Keine wilden Sachen mehr! Inventur und Auflösung des Lagers.«

»Waren Sie mal irgendwo Prokurist?« fragte Asch freundlich.

»Stimmt«, sagte der Ia. »Und ich will wieder irgendwo Prokurist werden und das dann möglichst ohne Unterbrechung bis an mein Lebensende bleiben.«

»Amen!« rief Asch herzhaft.

»Der General«, sagte der Leutnant Brack aufmerksam, »löst also, wenn ich recht verstanden habe, seine Division planmäßig auf?«

»Richtig«, sagte der Ia. »Und das sind seine internen Befehle: Kein Blutvergießen mehr, Waffen vernichten, Einheiten auflösen; wer sich der Gefangenschaft entziehen will, soll das tun. Aber alles das wohlüberlegt, planmäßig, in guter Ordnung.«

»Bravo«, sagte Brack leise.

»Das kann doch nicht ganz stimmen«, sagte Asch zweifelnd. »Der

Volkssturm läuft auf vollen Touren, macht sich breit und legt Panzersperren an.«

»Wo?« fragte der Ia erstaunt.

»Hier! Vor der Nase des Generals. Die Kerle werken an den Hauptstraßen wie Akkordarbeiter.«

»Ausgeschlossen!« sagte der Ia. »Das ist ganz ausgeschlossen. Eine derartige Anordnung ist niemals ergangen.«

»Vielleicht handelt es sich, gelinde ausgedrückt, um ein Mißverständnis – nicht wenige Idioten sind heutzutage uniformiert.«

»Sie müssen sich geirrt haben, Leutnant Asch. Sie werden die Gesamtsituation nicht beurteilen können. Vielleicht handelt es sich um ein Tarnmanöver, um eine Täuschung . . .«

»Kann sein«, sagte Asch. »In Täuschungen sind wir groß. Wir guten Deutschen hauen uns sogar von Zeit zu Zeit selber um die Ohren – daß es nur so kracht. Aber an Ihrer Stelle würde ich mich persönlich davon überzeugen, ob in Ihrem Bereich Irre oder Füchse werken.«

»Natürlich«, sagte der Ia, »natürlich werden wir dieser Sache nachgehen. Sicher ist sicher. Aber ich verspreche mir nicht viel davon.«

»So sehen Sie auch aus«, sagte Asch und grinste freundlich.

Der Obergefreite Kowalski richtete sich taumelnd auf, blinzelte dem matten Morgenlicht entgegen, griff sich hierauf mit beiden Händen an den Kopf und stöhnte. »Nie wieder Hochzeit!« murmelte er dann.

Er schüttelte seinen Kopf und litt fürchterlich. Er sah neben dem Bett, auf dem er lag, eine noch halbvolle Flasche Schnaps stehen. »Pfui Deubel!« rief er mit Abscheu, griff zu und trank.

Kowalski atmete schnell und fauchend durch den weitgeöffneten Mund. Der Mann, der voll angekleidet neben ihm lag, richtete sich ebenfalls auf und sagte: »Hoffentlich ersticken Sie!«

Der Obergefreite hielt die Luft an und behielt seinen Mund offen. Er erkannte, mit ehrlichem Erstaunen, Wedelmann. »Wie kommen Sie denn hierher?« fragte er naiv.

»Wenn Ihr Verstand genauso groß wäre wie Ihre Unverschämtheit, Kowalski – nicht auszudenken!«

»Moment mal«, sagte der und massierte intensiv seine Kopfhaut, »lassen Sie mich nachdenken. Wenn ich mich recht erinnere, dann hatten Sie doch gestern abend Hochzeit, Herr Wedelmann – oder soll ich Herr Hauptmann sagen?«

»Lassen Sie den Hauptmann«, sagte Wedelmann wenig freundlich.

»Nur langsam«, sagte Kowalski, »nur ganz langsam. Also: Sie hatten gestern abend Hochzeit, und die haben wir in der Nacht gefeiert – warum schlafen Sie dann jetzt in meinem Zimmer? Soviel ich weiß, pflegt man in der Hochzeitsnacht ...«

»Herr Kowalski«, sagte Wedelmann reichlich unverbindlich, »ich schlafe nicht in Ihrem Zimmer, sondern Sie schlafen in dem meinen.«

»Na schön — mir macht das ja nichts aus. Aber Sie — warum schlafen Sie nicht bei Ihrer jungen Frau?«

»Da schläft schon wer anders.«

»Nein!« rief Kowalski und riß die Augen weit auf. Das brachte selbst ihn, den schier Unerschütterlichen, aus der Fassung. »Wie ist denn so was möglich?«

»Das fragen Sie!« rief Wedelmann ärgerlich. »Wo Sie doch der allein Schuldige sind.«

»Ich!« Kowalski wich erschrocken zurück. »Ich werde doch nicht die Frau eines ... eines ... Wissen Sie, Herr Wedelmann, ich halte wirklich nicht viel von mir, aber so etwas — nie! Auch im größten Suff nicht!«

»Idiot!« sagte Wedelmann und lächelte gering.

»Ihre kameradschaftliche Anrede tut mir wohl«, versicherte Kowalski. »Aber sie hilft mir nicht weiter. Ich weiß nur, daß ich mich sternhagelvoll besoffen habe. Immer nach dem Motto: Genieße den Krieg, der Frieden wird furchtbar! Aber auf Einzelheiten besinne ich mich kaum noch; so gegen vier Uhr früh muß ich abgeschaltet haben.«

»Tauchen Sie Ihren Schädel in kaltes Wasser«, sagte Wedelmann. »Dort auf der Kommode.«

Der Obergefreite Kowalski wankte weg, taumelte auf die volle Waschschüssel zu, hängte dort seinen Kopf hinein und trank zunächst einmal das Wasser — er trank wie eine Kuh. Das dauerte lange Sekunden. Und immer, wenn er Luft holte, stöhnte er vor Wonne und Weh.

»In der vergangenen Nacht«, erzählte Wedelmann, »so gegen fünf Uhr früh, gaben Sie sich als Leichenbeschauer aus und wollten schlafen gehen.«

»Leichenbeschauer und schlafen gehen?« grübelte Kowalski verständnislos. »Wie komme ich denn darauf? Wie soll denn das zusammenpassen?«

»Woher soll ich das wissen? Jedenfalls bestand der Leichenbeschauer Kowalski darauf, schlafen zu gehen, hier im Hause Asch — und wissen Sie, mit wem Sie schlafen gehen wollten?«

»Doch nicht etwa mit Ihrer Frau?« fragte Kowalski entsetzt.

»Wenn Sie das versucht hätten«, sagte Wedelmann, »dann würden Sie jetzt nicht hier liegen, sondern in einem Lazarett.«

»Na, na«, sagte Kowalski beschwichtigend. »Aber mit wem wollte ich denn schlafen?«

»Mit Frau Lore Schulz.«

Kowalski stieß einen gellenden Pfiff aus und nickte dann. »Gar kein schlechter Geschmack«, sagte er überzeugt.

»Frau Schulz wollte oder konnte nicht mehr nach Hause gehen. Und Sie, Kowalski, erklärten tönend, sie bewachen zu wollen.«

»Sieht mir ähnlich«, sagte der.

»Frau Lore Schulz schien auch so gut wie einverstanden gewesen zu sein, jedenfalls lehnte sie Ihr Angebot nicht ab.«

»Ja, und wer zum Teufel, hat denn da seine Hand dazwischen gehalten?«

»Der alte Asch.«

»Der Mann ist mein Todfeind«, sagte Kowalski nahezu feierlich.

»Schließlich konnte der alte Asch nicht riskieren, Kowalski, daß seine Wohnung zu einem Absteigequartier wurde; das müssen Sie verstehen. Und da Sie sich weigerten, unten im Café zu schlafen, wo sich einige Landser der Batterie Asch aufhalten, da Sie unentwegt auf Ihre Freundschaft mit dem Leutnant Asch pochten und Sie sozusagen eisern darauf beharrten, als lieber Gast behandelt zu werden, blieb gar nichts weiter übrig, als Sie mit mir zusammenzulegen — während meine Frau ihr Zimmer mit Lore Schulz teilen mußte.«

»Verdammt!« sagte Kowalski und tauchte seinen Schädel mehrmals in das kalte Wasser. »Tut mir verdammt leid, Ihnen Ihre Hochzeitsnacht versaut zu haben. Aber am meisten leid, Herr Wedelmann, tue ich mir selber. Immer, wenn ich kurz vor dem Schuß bin, kommt irgend etwas dazwischen und versaut mir die ganze Tour. Das geht den ganzen Krieg durch so. Erinnern Sie sich noch an das schicke Wehrbetreuungsweib damals in Rußland? Die ganze Armee war scharf auf sie. Aber wer stieß bis ins Zentrum vor? Ich! Jedenfalls war ich kurz vor der letzten Hürde, aber da kam doch ...«

»Haben Sie wirklich kein anderes Gesprächsthema? Haben Sie sonst nichts zu tun? Es wird doch noch andere Beschäftigungen für Sie geben.«

»Verstehe«, sagte Kowalski. »Verstehe. Ich räume auch gleich das Schlachtfeld. Aber wen soll ich denn hier 'reinschicken? Etwa Lore Schulz?«

»'raus!« sagte Wedelmann nahezu gemütlich.

»Wenn ich so richtig überlege«, sagte Kowalski grinsend, »dann komme ich beinahe zu dem Schluß, daß mich nicht der alte Asch von der pompösen Lore ferngehalten hat — sondern Sie!«

»Verschwinden Sie hier, Sie Leichenbeschauer!« sagte Wedelmann. »Oder Sie selbst werden die Leiche sein, die beschaut werden kann.«

»Jetzt habe ich es!« rief Kowalski aus. »Jetzt weiß ich endlich, warum ich mir diesen Ehrentitel gab.«

Der Obergefreite suchte in Eile seine Sachen zusammen und salutierte dann übertrieben stramm. »Leichenbeschauer Kowalski meldet sich ab!« rief er. Und dann polterte er, noch etwas taumelnd, aber offensichtlich gut gelaunt, hinaus.

Kowalski begab sich zunächst zu dem in einer Seitengasse abgestellten Möbeltransportwagen der Firma Soeft. Der volksdeutsche Wehrmachtschauffeur, pennte im Führerhaus und war sofort, als der Obergefreite hineinsah, einsatzbereit.

»War Meister Soeft schon da?« fragte Kowalski. Und als ihn der des Deutschen unkundige Vaterlandsverteidiger verständnislos anstarrte, warf ihm der auf Staatskosten weitgereiste großdeutsche Obergefreite ein paar französische Sprachbrocken hin.

»Nei, nei«, sagte der germanisierte Kraftfahrer. »Soeft nix hier war. Keine Soeft. Keine Orden, nix.«

»Dann schlafe ruhig weiter, holdes Polenkind. Du verstehst mich nicht? Kuscheh. Mensch, kuscheh! Na, siehst du! Wenn ich französisch spreche, verstehen mich sogar unsere Kolonialpolen. Das kommt von der Bildung, Stanislaus.«

Kowalski verließ den verständnislos Grinsenden und schien einen ausgedehnten Morgenspaziergang unternehmen zu wollen. Er schritt, über den Marktplatz, die Göringstraße entlang, die Straße der SA hinunter, über den besonders schäbigen Julius-Streicher-Platz, auf die Hindenburgstraße zu. An dem Haus mit der Nummer 13 ging er ganz gemächlich, mit knappem Seitenblick, vorbei. Er spazierte dann mit leichter Beschleunigung, so, als habe er ein beinahe schon dringendes Geschäft zu erledigen, in den Stadtwald hinein.

Hier angekommen, überlegte er zunächst, auf einem Baumstamm sitzend, wo er anzusetzen habe. Er kniff die Augen zusammen, starrte auf den Waldboden und schien angestrengt zu rechnen. Dann sagte er: »Sie werden geradeaus gegangen sein — etwa achthundert Meter weit.«

Und dann begann er wie ein Jagdhund, der die Spur aufnimmt, zu suchen. Er ließ seine Nase hängen und fand einen schmalen Fußweg. Er ging zunächst, immer auf Spuren achtend, etwa zehn Minuten lang geradeaus. Von hier aus streifte er, weite Bogen schlagend, durch den Wald. Das verfaulte Laub des vorigen Herbstes klebte an seinen Stiefeln.

Nach ungefähr vierzig Minuten fand er, was er erwartet hatte: Am Rande einer schmalen Lichtung, in ein Gebüsch gestoßen, lag die Leiche eines Soldaten. Und Kowalski betrachtete sie eingehend. Er beugte sich darüber und stellte fest, daß es sich um einen Stabszahlmeister des Heeres handelte. Zwei Einschußstellen im Rücken, dem Genick zu, waren deutlich zu erkennen.

Kowalski zerrte den Leichnam aus dem Gebüsch und begann ihn gründlich zu durchsuchen. Der Mann war nicht, wie unter den Umständen zu vermuten gewesen wäre, ausgeraubt worden. In seinen Taschen befanden sich noch alle Gegenstände, die ein vergleichsweise hochgestellter Kriegsteilnehmer gewöhnlich mit sich herumzuschleppen pflegt: Korkenzieher, Taschenmesser, Kleingeld, Spielkarten, Fotografien, Gummischutzmittel, Bleistifte, Taschentuch.

Auch eine Brieftasche fand der Obergefreite Kowalski. Sie war ziemlich dick. Ein paar Bündel Banknoten steckten darin, eine Anzahl Dokumente und zwei — zwei! — Ausweise. Beide lauteten auf den Namen Brahm. Das eine war ein Soldbuch, wie es jeder Soldat bei sich tragen mußte, das andere aber ein Personalausweis, wie er Zivilisten zustand.

»Brahm heißt das arme Schwein«, sagte Kowalski nachdenklich. »Aber das jetzt so arme Schwein scheint ein ziemlich gerissenes Schwein gewesen zu sein. Der operierte mit Hintertüren. Brahm — Stabszahlmeister; Brahm — Geometer.«

Kowalski lachte unterdrückt auf. »Geometer ist gut«, sagte er. »Kein schlechter Beruf für die Übergangszeit.« Und er wog die beiden Ausweispapiere in seinen großen Händen.

Dann sagte er: »Der richtige Beruf für mich.« Und er steckte die Ausweise ein.

Der Obergefreite schob die Leiche wieder in das Gebüsch zurück und verdeckte sie sorgfältig mit Zweigen. Dann ging er durch den Stadtwald auf die Hindenburgstraße zu. Er beobachtete erneut, ein wenig abseits Zigaretten unter einem Baum rauchend, das Haus Nummer 13; aber er sah niemand — lediglich ein Wehrmachts-Pkw stand wie verlassen auf dem Gartenweg.

Als er wieder in die Stadt zurückkam, wartete bereits der Unteroffizier Soeft beim Möbeltransportwagen auf ihn. Soeft begrüßte ihn wie einen langersehnten Bruder, den in seine Arme zu schließen ihm Herzensbedürfnis war. Dann führte der Unteroffizier seinem Geschäftspartner den volksdeutschen Wehrmachtschauffeur vor: der strahlte, als befände er sich auf einem rauschenden Fest und sei hier anerkannter Mittelpunkt.

»Merkst du was?« fragte Soeft breit. »Ich habe meinem Trabanten schnell noch einen Orden verliehen — und zwar das Kriegsverdienstkreuz mit Schwertern, Erster Klasse natürlich. Mit kleinen Fischen geben wir uns doch nicht ab.«

»Tatsächlich«, staunte Kowalski ehrlich und tippte auf das fabrikneue Metallkreuz, worauf die weit weg abgefallene Frucht vom Baume Polens zum heroischen Standbild erstarrte. »Du, der freut sich glatt ein zweites Loch in den Arsch.«

»Dazu hat er noch Zeit«, sagte Soeft. »Einen Auftrag muß er noch für mich erledigen, und dann ist das Deutsche Kreuz in Gold fällig. Ich habe noch sieben Stück davon.«

»Kann ich nicht auch zwei bekommen?«

»Soviel du willst«, sagte Soeft großzügig. »Hast du das Geschäft für mich erledigt?«

»Klar«, sagte Kowalski. »Und bekomme ich jetzt meine Prozente – wie vereinbart?«

»Nein«, sagte Soeft freundlich.

»Sag das doch noch mal, du gesprenkelter Satan!«

»Nein – du kriegst die vereinbarten Prozente nicht. Du kriegst mehr.«

»Soeft«, fragte Kowalski mißtrauisch, »was soll mich das kosten?«

»Wir machen noch ein Geschäft zusammen«, sagte Soeft, »und dann bist du ganz fein 'raus.«

»Was für eins, du ausgekochte Wildsau?«

»Kowalski«, sagte Soeft mit herzanrührenden Untertönen, »wir sind doch alte Kameraden.«

»Komm mir nicht damit«, sagte Kowalski, »wenn ein Seelenverkäufer wie du von Kameradschaft spricht, dann ist eine ganz große Schweinerei im Rohr.«

»Mein lieber Kowalski – du bist doch mit dem Cafetier Asch eng befreundet.«

»Der ist mein Todfeind«, rief Kowalski aus, »der hat mir heute nacht die ganze Tour vermasselt. Stell dir doch mal vor: Die stramme Lore Schulz war ganz wild auf mich, will mich mit Gewalt in ihr Bett ziehen, und da kommt doch dieser Asch ...«

»Kowalski«, sagte Soeft, für den Zeit immer noch Geld war, »ich muß zwei Leute unterbringen. Und wenn du mir dabei unter die Arme greifst ...«

»Noch zwei Banditen?«

»Mensch!« rief Soeft beschwörend. »Von wegen Banditen! Höchst ehrenwerte Männer – wenn sie genauso charakterstark wie kapitalkräftig sind. Kleines Vermögen, Kowalski, wenn die Sache klappt!«

»Können denn Kreisleiter so viel aufbringen?« fragte Kowalski nicht uninteressiert.

»Der eine ist Gauleiter«, sagte Soeft nicht ohne Handelsstolz. »Wenn einer von dieser Sorte kein Vermögen besitzt, hat er seinen Beruf verfehlt – aber meiner, Freundchen, ist eine Leuchte!«

»So eine Art Zwangsarbeiterführer, was? Womöglich KZ-Lieferant und Judentransporteur?«

Soeft grinste ausgedehnt. »Meiner«, sagte er, »ist ein wahrer Freund der Menschheit. Er hat mir das lang und breit versichert. Sein Chauffeur durfte immer von seinen Zigarren rauchen; einer Tante seiner Frau, die mit einem Halbjuden verheiratet war, hat er die Betätigung in einer Munitionsfabrik erspart; und als er anläßlich einer Dienstreise mit einer

Pariser Nutte schlief, hat er ihr freiwillig den doppelten Betrag gegeben und sogar von einer Anzeige abgesehen — und das alles, obwohl sie eindeutig fremdrassig war. So ein Menschenfreund ist das!«

»Wir könnten es ja mal versuchen«, sagte Kowalski, nachdem er nachgedacht hatte. »Vielleicht lohnt es sich wirklich.«

Soeft war erfreut, wurde aber sofort mißtrauisch. Die Bereitschaft Kowalskis kam ihm etwas zu schnell und auf alle Fälle zu früh, denn der hatte ja nicht einmal nach der Höhe seines Anteils gefragt. Und das in Besonderheit entfachte Soefts stets schwelendes Mißtrauen zu hellen Flammen. »Wenn du mich etwa 'reinlegen willst, Kowalski . . .«

»Wo werde ich denn!« sagte der bieder. »Wir sind doch schließlich alte Kameraden.«

Der Oberleutnant Greifer betrat den Arbeitsraum der Ortskommandantur mit federnder Forschheit, verbeugte sich knapp vor Schulz und sagte: »Sie gestatten — Grafenberg.«

»Was wollen Sie?« fragte der Hauptmann Schulz unwillig.

Er betrachtete seinen Besucher kaum. Er starrte auf die Post, die heute morgen noch einmal, auf Umwegen, eingetroffen war. Sie hatte ihm viel Verdruß bereitet, obwohl er keinen einzigen Brief geöffnet hatte. Er brauchte das auch gar nicht zu tun, um schwer verärgert zu sein und mit dem Schicksal zu hadern — denn ein Brief, in dem möglicherweise seine Beförderung zum Major hätte drinstehen können, war nicht dabeigewesen.

»Ich komme«, sagte der Oberleutnant Greifer, der sich jetzt Grafenberg nannte, ein Name, den auch sein neuer Ausweis verzeichnete, »im Auftrag meines Chefs, des Herrn Oberst Hochheim.«

»Moment mal«, sagte der Hauptmann Schulz, ließ seinen sichtlich entrüsteten Besucher stehen und eilte ins Vorzimmer, wo der Gefreite Stamm saß und mit einer Papierschere hingebungsvoll seine Fingernägel reinigte.

»Stamm«, sagte Schulz mit fordernder Stimme, »ist das alles, was mit der Post kam?«

»Selbstverständlich«, sagte der.

»Haben Sie keinen Brief zurückgehalten?«

»Aber, Herr Hauptmann!« erlaubte sich Stamm mit dezenter Entrüstung zu bemerken.

»Ich meine — vielleicht Briefe an den früheren Kommandanten? Oder Briefe an den Kommandeur der Ersatzabteilung?«

»Nichts dergleichen«, sagte Stamm mit wachsender Neugierde. »Die gesamte Post für den Standort geht neuerdings Ihren Befehlen gemäß über die Kommandantur. Erwarten Herr Hauptmann einen wichtigen Brief?«

»Das kann man wohl sagen«, knurrte Schulz, der sich danach verzehrte, den Krieg als Major zu beenden. Das war sein innigster und gewissermaßen letzter Wunsch — ging er in Erfüllung, konnte geschehen, was auch immer; er würde es mit Würde, mit Majorswürde, zu tragen wissen.

»Erwarten Herr Hauptmann etwa ein Schreiben vom Heerespersonalamt?« fragte Stamm ahnungsvoll.

»Das geht Sie einen Dreck an!« rief Schulz rauh und wollte sich entfernen.

»Herr Hauptmann«, sagte Stamm freundlich, »es wird vermutlich heute noch einmal Post geben — am Nachmittag.«

»Woher wissen Sie das?«

»Sie soll unterwegs sein — laut Auskunft des Postamts. Aber ob sie durchkommt . . .«

»Stamm«, sagte Schulz eindringlich, »setzen Sie Himmel und Hölle in Bewegung, daß die Sache mit der Post klappt. Post ist wichtig. Alle Soldaten warten darauf — auf einen Gruß von ihren Lieben. Man soll sie nicht enttäuschen. Für einen Soldaten, Stamm, ist Post genauso wichtig wie Verpflegung — vielleicht noch wichtiger.«

»Verstehe«, sagte der Gefreite gepreßt und mußte sich schwer zusammennehmen, um nicht zu feixen.

»Am besten wird es sein«, sagte Schulz, »wenn sich der Oberleutnant Nowack persönlich darum bekümmert — der hat ja sonst nichts zu tun.«

»Der sammelt seine Knochen ein«, sagte Stamm freundlich. »Der ist bei Asch in hohem Bogen 'rausgeflogen, als er dort seine Nase in die Quartiere stecken wollte.«

»Das hat der alte Asch gewagt?«

»Der alte nicht — der junge Asch. Der ist vorhin gerade zurückgekommen, und Nowack lief ihm direkt in die Arme.«

»Den kaufe ich mir!« rief Schulz, automatisch bestrebt, seinen Ärger in Energie zu verwandeln. »Und wie ich mir den kaufen werde!«

»Wen eigentlich?« fragte der Gefreite interessiert. »Den Oberleutnant Nowack — oder den Leutnant Asch?«

»Beide!« rief Schulz, rauschte hinaus und schlug die Tür hinter sich zu. Er stürzte wie ein Löwe in sein Arbeitszimmer, dem Oberleutnant entgegen, der mitten im Raum stand. Er schien gewillt zu sein, seinen Besucher zu überrennen — aber der wich ihm nicht einmal aus. Schulz bremste sofort.

»Sie sind ja immer noch da!« rief er unwillig.

»Ich habe mein Anliegen immer noch nicht vorbringen können«, sagte der Oberleutnant Greifer-Grafenberg mit einer bei ihm höchst selten anzutreffenden Selbstbeherrschung.

»Dann bringen Sie es vor«, sagte Schulz und fläzte sich in seinen Sessel.

»Mein Name ist Grafenberg«, sagte Greifer und bewahrte Haltung; lediglich seine Hände zuckten ein wenig und schienen sich zu Fäusten ballen zu wollen.

Schulz starrte auf die ungeöffneten Briefe, die auf seinem Schreibtisch lagen, und fragte grob: »Na — und weiter?«

Greifer-Grafenberg schloß kurz die Augen. Jetzt waren seine Hände zu Fäusten geballt, und die Knöchel traten weiß hervor. Aber seine Haltung blieb einwandfrei, und seine Stimme klang überaus verbindlich. »Ich bin der Adjutant von Herrn Oberst Hochheim, der einen Sonderauftrag zu erledigen hat.«

»Soll er ihn erledigen!« sagte Schulz.

»Bedauerlicherweise!« sagte Greifer-Grafenberg, »sind unsere Transportfahrzeuge ausgefallen — zwei Lastwagen.«

Schulz drückte heftig auf den Klingelknopf. Der Gefreite Stamm erschien sofort. »Nehmen Sie doch endlich dieses Zeug hier vom Schreibtisch!« rief Schulz und wies mit einer Gebärde des Ekels auf die Briefstapel.

»Jawohl«, sagte Stamm und räumte ab.

Schulz wandte sich ein wenig erleichtert wieder seinem Besucher zu. »Ihre Transportfahrzeuge sind also ausgefallen — da haben Sie eben Pech gehabt.«

»Herr Oberst Hochheim«, sagte der Oberleutnant Grafenberg alias Greifer, mit den geringen Resten seiner Selbstbeherrschung, »ersucht um die Gestellung von zwei Lastkraftwagen mittlerer Größe, vier Mann und ausreichend Benzin beziehungsweise Dieselkraftstoff für dreihundert Kilometer.«

»Und sonst wollen Sie nichts?« fragte Schulz.

»Das genügt«, sagte Greifer-Grafenberg und atmete tief aus.

»Ja, glauben Sie denn, Herr Kamerad, ich bin hier der Weihnachtsmann?«

»In einer Stunde«, sagte der Oberleutnant und wippte ganz kurz in den Knien. »Spätestens.«

»Da können Sie warten, bis Sie schwarz werden«, sagte Schulz und kam sich maßlos überlegen vor. »Von mir kriegen Sie nicht einen Hosenknopf.«

»Ich mache Sie darauf aufmerksam«, sagte Greifer-Grafenberg mit rauher Stimme, »daß Sie unseren Einsatz gefährden.«

»Ihr Einsatz«, sagte Schulz in bravem Vertrauen auf seine mit weitreichenden Vollmachten ausgestattete Dienststellung und seinen eindeutig höheren Rang, »geht mich einen Dreck an.«

»Das wird sich ja wohl erst noch herausstellen«, sagte der Oberleutnant, nunmehr ganz Greifer, »wer hier der Dreck ist.«

»Was«, fragte Schulz in der festen Meinung, sich soeben verhört zu haben.

»Wenn nicht spätestens in einer Stunde das Gewünschte anrollt«, drohte Greifer massiv, »dann werden Sie baumeln.«

»Wie reden Sie denn überhaupt mit mir?« fragte Schulz konsterniert.

»Wie man mit Saboteuren und Vaterlandsverrätern reden muß – nicht anders.« Greifer war jetzt wieder ganz der alte; und er blickte Schulz an, als habe der bereits einen Strick um den Hals.

»Das ist ja doch wohl die Höhe!« gurgelte Schulz.

Greifer zog seine Taschenuhr hervor und verglich sie mit seiner Armbanduhr; hierauf blickte er auf die Wanduhr. »Sechzig Minuten«, sagte er. »Und keine Minute später.«

»Ich werde Sie verhaften lassen!« brüllte Schulz auf.

Greifer, der sich Grafenberg nannte, zuckte lediglich mit den Schultern. Dann stolzierte er hinaus und knallte die Tür derartig heftig hinter sich zu, daß Schulz zusammenzuckte.

Hauptmann Schulz brauchte Minuten, um sich wieder zu sammeln. Er brüllte nach seinem Heini, dem Hitlerjungen; aber der Hitlerjunge Heini war unterwegs. Dann brüllte er nach Oberleutnant Nowack; aber auch der war unterwegs. Dann ließ er sich, zornbebend und zu allem entschlossen, mit General Luschke verbinden. Es meldete sich der Ia der Division.

»Gut, daß Sie mich anrufen«, sagte der Ia. »Sie kommen mir zuvor.«

»Kann ich Herrn General sprechen?«

»Bedaure«, sagte der Ia. »Das ist jetzt unmöglich. Aber was ich fragen wollte, Herr Hauptmann – Sie halten sich doch genau an die Richtlinien des Generals?«

»Eisern«, versicherte Schulz.

»Stimmt es – daß Sie Panzersperren bauen lassen?«

»Panzersperren und Panzerfallen – jawohl.«

»Was soll das – wozu soll das gut sein, Herr Hauptmann Schulz?«

»Das ist doch ganz im Sinne von Herrn General«, tönte der mit Überzeugungskraft.

»Das glaube ich kaum«, sagte der Ia. »Sperren und Fallen für Panzer zu diesem Zeitpunkt, in dieser Situation – das sind doch Kindereien!«

»Wir haben aber auch Minen, geballte Ladungen und Panzerfäuste – das reicht bestimmt aus.«

Es vergingen mehrere Sekunden, ehe der Ia hierauf antworten konnte. »Herr Hauptmann Schulz«, sagte er dann, »treffen Sie bitte keine weiteren Maßnahmen. Und halten Sie sich zur Verfügung des Generals.«

»Wie soll ich das verstehen?« fragte Schulz tonlos.

»Das werden Sie, fürchte ich, schon noch rechtzeitig merken«, sagte der Ia und hängte ein.

»Deine Leute«, sagte der Cafetier Asch zu seinem Sohn, »können sich doch unmöglich in meinem Hause breitmachen!«

»Dein Schinken«, sagte Herbert Asch und säbelte eine fingerdicke Scheibe herunter, »beweist mir deutlich, wie verdammt hart dieser Krieg für dich war.«

»Wir bekommen nur unnötig Schwierigkeiten, Herbert«, versuchte der alte Asch seinem speisenden Sohn einzureden.

»Das ist noch gar nichts«, sagte der Leutnant, »gemessen an den Schwierigkeiten, die ihr uns bereitet habt.«

»Herbert«, fragte der alte Asch nahezu feierlich, »habe ich den Krieg etwa angefangen?«

»Dazu«, sagte Herbert Asch und befingerte prüfend die Härte der vor ihm liegenden Salami, »hast du ja gar keine Gelegenheit gehabt. Aber du hast am Krieg nicht schlecht verdient und zu allen Sauereien geschwiegen.«

»Ich bin schon immer ein eindeutiger Gegner des Nazismus gewesen, mein Junge, das wirst du mir nicht abstreiten können. Ich habe immer ...«

»Mit dem Maul, Vater! Und nur dreimal gesiebten Freunden gegenüber. Und immer hinter verschlossenen Türen.«

»Du verstehst mich nicht«, sagte der alte Asch unruhig und blickte hilfeflehend auf seinen gemütlich kauenden Sohn. Er angelte ein großes, blütenweißes Taschentuch aus seiner Hose hervor, entfaltete es, knüllte es, betupfte sich damit die Stirn. »Ich bin kein Held, ich bin Geschäftsmann. Und für wen wohl, meinst du, habe ich diese Geschäfte gemacht?«

»Für mich. Diese Walze kenne ich bereits, Vater.«

»Aber das ist doch wirklich so, Herbert! Deine Schwester Ingrid ist nach dem Tod von Vierbein zur Wehrmacht gegangen, hat dort einen strammen Offizier des Führers geheiratet und ist für das Geschäft verloren. Und dich habe ich schon immer als meinen Nachfolger gesehen.«

»Glaubst du denn im Ernst, Vater, dieser Krieg wird vor deinem Café haltmachen?«

»Er ist so gut wie beendet, Herbert.«

»Mag sein«, sagte der Leutnant Asch und spaltete ein mächtiges Stück Blutwurst ab, »daß der Krieg sein Ziel erreicht hat. Aber damit ist ja noch lange nicht Schluß. Das ist wie bei einem Motorbootrennen – ehe man die Kähne abdrosseln und zum Stehen bringen kann, sind sie weit über das Ziel hinausgeschossen!«

»Ich habe getan, was in meinen Kräften stand«, sagte der alte Asch beschwörend. »Und ich habe durch deinen Schwiegervater, den alten Freitag, eine brauchbare Rückendeckung.«

»Habt ihr euch diesen Kuhhandel gemeinsam ausgedacht?«

»Das ist doch bei uns gar nicht nötig – wir verstehen uns auch ohne große Worte.«

»Ich hoffe in deinem Interesse«, sagte der Leutnant Asch, »daß du dich in diesem Punkt nicht täuschst – der alte Freitag hat nämlich einen ziemlich dicken Kopf; er selbst verwechselt das gerne mit Charakterstärke.«

»Keine Sorge«, sagte der Cafetier überzeugt, »ich habe ihm geholfen, als er ins KZ kommen sollte – er wird auch helfen, wenn man mir an den Kragen will. Was mir aber wirklich Sorgen macht, mein Sohn – das ist deine Einstellung.«

»Mir macht lediglich mein Appetit Sorgen«, sagte Herbert Asch und würgte einen mächtigen Würfel aus Bierwurst, Butter und Brot hinunter.

»Ich hatte alles ausgezeichnet vorbereitet«, sagte der Cafetier eindringlich. »Deine Frau und die Kinder sind auf dem Lande. Der Keller war voll, das Haus war leer; kein Personal, kein Betrieb – bis auf weiteres geschlossen! Ich wir ganz allein in der Burg und habe auf dich gewartet. Dann kam Wedelmann mit seiner Braut – na schön, habe ich mir gesagt, warum nicht? Er hat einiges für dich getan, warum sollte ich mich nicht revanchieren?«

»Du bist ein edler Mann!« würgte der kauende Herbert Asch hervor.

»Dann kam dieser Kowalski. Wieder habe ich ein Auge zugedrückt; schließlich ist er dein Freund. Aber plötzlich kam der ganze Rattenschwanz; und ehe ich mich umsah, wimmelte es in diesem Haus von Menschen, die ich kaum jemals vorher gesehen habe. In jedem Bett schlafen mindestens zwei, und unten im Café hat sich deine ganze Batterie breitgemacht.«

»Das tut mir aber leid«, versicherte der Leutnant Asch kauend. »Du bist ein Mann des Friedens – und sie belästigen dich mit dem Krieg.«

»Deine Soldaten«, sagte der Cafetier eindringlich, »können doch auch in die Kaserne ziehen.«

»Was sollen die in der Kaserne? Hier finden sie es bestimmt gemütlicher.«

»Und warum hast du den Oberleutnant Nowack von der Kommandantur hinausgeworfen?«

»Weil ich allein über meine Leute verfügen will und sie nicht einfach wie ein Posten Kommißstiefel zu verschachern gedenke. Diese paar Leute, Vater, wissen im Augenblick nicht, wohin sie sich wenden sollen. Ihre Angehörigen sind im Osten oder tot oder irren ohne feste Adresse herum. Wo sollen die Soldaten hin – sie kommen im Augenblick nicht weiter.«

»Aber warum müssen sie ausgerechnet bei mir landen, Herbert! Es gibt neutralere Orte – die Kaserne, die Schule, die Baracken beim Hydrierwerk.«

»Sie haben nach mir gesucht«, sagte der Leutnant. »Sie wissen niemand sonst, an den sie sich wenden können. Sie sind also hier – und hier bleiben sie auch, solange sie der Krieg hierbleiben läßt.«

»Du hast dich aber sehr verändert, mein Sohn.«

»Ich weiß«, sagte der und nickte seinem bekümmerten Vater zu. »Früher einmal war ich ein fröhlicher Halunke – jetzt bin ich ein grinsender Schurke. Aber meine Energie läßt langsam nach; der Krieg liegt mir wie Syphilis im Blut. Und genau besehen habe ich eigentlich nur noch einen Wunsch: ich will ein Schwein hängen sehen!«

»Deine Moral«, sagte der alte Asch, »hat schwer gelitten.«

»Deine nicht«, versicherte Herbert grimmig.

»Und wie konntest du es wagen, mir dieses Mädchen ins Haus zu bringen?«

»Barbara? Gefällt sie dir?«

»Du bist verheiratet, du hast Kinder, und du schämst dich nicht, mit diesem ...«

»Ich war im Krieg, und dort war meine Frau nicht – aber Barbara war greifbar.«

»Soll das etwa ein Scherz sein?« fragte der alte Asch konsterniert.

Der Leutnant schlug den geöffneten Rock zur Seite und griff in die Brusttasche. Er zog ein paar Fotos hervor – es waren dieselben Fotos, die er im Hause der toten Frau Willrich gefunden hatte. Er breitete sie fächerartig aus und hielt sie seinem Vater entgegen. »Kennst du den Mann, der dort in die Kamera grinst – er kommt mir bekannt vor, aber ich weiß nicht, woher.«

Der alte Asch beachtete die Fotos nicht. »Ich habe mir zu fragen erlaubt, ob du dir mit mir Scherze leistest. Wenn man Damen vom Typ dieser Barbara ...«

»Kennst du den Mann oder kennst du ihn nicht?«

»Ich kenne ihn«, sagte der Cafetier nach einem flüchtigen Blick. »Aber ...«

»Wer ist dieser Mann?«

»Unser ehemaliger Kreisleiter. Aber ...«

»Warum ehemalig?«

»Weil er längst über alle Berge ist.«

»Weißt du das bestimmt?«

»Ganz bestimmt. Und das ist doch auch logisch. Oder glaubst du denn, der wird die Amerikaner mit wehenden Fahnen und einer markigen Rede begrüßen? Der ist schon vor zehn Tagen getürmt.«

»Immerhin noch besser, als irgendwo als Leiche herumliegen«, sagte der Leutnant Asch nachdenklich und steckte seine Fotos wieder weg.

Kurz danach erschien Barbara, rosig und überraschend frisch nach wohligem Bad, in einen weiten Bademantel gehüllt. Ihre Augen verrieten einen gesunden Appetit. Sie setzte sich dicht neben Herbert Asch und begann unaufgefordert in die aufgestapelten Wurst- und Räucherwaren hineinzugreifen.

»Wie im Paradies«, sagte sie essend.

»Ihre Kleidung scheint darauf hinzudeuten«, sagte der alte Asch.

Barbara ließ erstaunt ihren vollen Mund offen. Dann fragte sie naiv: »Mißfällt Ihnen das?«

»Sehr«, sagte der alte Asch.

»Mir gefällt's«, versicherte der Leutnant und schlug Barbara kräftig auf den Rücken, so daß sie sich verschluckte.

»Nur so weiter«, sagte Vater Asch bitter. »Es kommt ja jetzt sowieso nicht mehr darauf an – mein Café ist eine Kaserne, mein Haus ist ein Puff, und mein eigener Sohn ruiniert mir meine Geschäfte. Armes Deutschland!« Und er ging kopfschüttelnd hinaus.

»Er kann mich aber gar nicht leiden«, stellte Barbara betrübt fest.

»Bei mir ist genau das Gegenteil der Fall – und so gleicht sich das wieder aus.«

»Das beruhigt mich sehr«, sagte sie und sah ihn mit vielversprechenden großen Augen an.

Ehe sie noch dazukam, dieses große, eindeutige Versprechen auch nur teilweise in die Tat umzusetzen, galoppierten mit polternden Stiefeln Kowalski, Stamm und Soeft in das Zimmer. Und hinter ihnen schob sich, verbindlich wie immer, der Leutnant Brack in den Raum. Die unteren Dienstgrade lärmten und schrien, als befänden sie sich auf einem Bierabend.

»Wedelmann!« brüllte Kowalski auf dem Korridor. »Alarm!«

»Haltet eure Schnauzen«, sagte Asch. »Unser Café ist doch keine Kaserne.«

»Wir brauchen jeden Mann«, sagte der Gefreite Stamm.

»Wir rechnen mit Ihnen, Herr Asch«, sagte der Leutnant Brack.

»Ich frühstücke«, sagte der nahezu feierlich.

Wedelmann erschien ohne Rock, mit offenem Hemd, und seine nackten Füße steckten in den riesengroßen blumenbestickten Filzpantoffeln des Cafetiers Asch. »Was soll das Geschrei?« fragte er.

»Hoffentlich haben wir Sie nicht um Ihren Schlaf gebracht?« fragte Kowalski dröhnend und lachte dann wie ein angetrunkener Torfstecher. »Ihr müßt nämlich wissen«, klärte er seine Umgebung ungeniert auf, »daß hier vermutlich gerade eine gestörte Hochzeitsnacht nachgeholt wird.«

»Lassen Sie das!« sagte Wedelmann mit Schärfe, ohne seine heftige Verlegenheit überspielen zu können.

»Um gleich zur Sache zu kommen«, sagte der Leutnant Brack, »wir brauchen jetzt jeden erreichbaren Soldaten, der noch nicht ganz von allen guten Geistern verlassen ist. Wir müssen die letzten Kriegsmaschinen lahmlegen.«

»Ohne mich«, sagte Wedelmann fest.

»Und ohne mich«, sagte Asch freundlich.

»Aber Ihre Soldaten, Herr Asch?«

»Ohne mich und ohne meine Soldaten – wir spielen nicht mehr mit.«

»Das ist bedauerlich«, sagte der Leutnant Brack nach kurzer Pause. »Aber natürlich respektiere ich Ihren Entschluß. Dann müssen wir eben allein sehen, wie weit wir kommen. Gehen wir?«

»Wir gehen«, sagte Stamm; und Kowalski schloß sich ihm an. »Kommt der liebe Soeft nicht mit?«

Der saß bereits am Tisch und nahm an Aschs Heimkehreressen herzhaften Anteil. »Später«, sagte er mit vollem Mund. »Ich muß erst noch mit dem alten Asch ein Geschäftchen besprechen. Willst du nicht dabeisein, Kowalski?«

»Erst das Vergnügen«, sagte der, »dann die Arbeit.«

»Noch heute abend«, verkündete Captain Ted Boernes seinen engeren Mitarbeitern, »werden wir in unserem neuen Wirkungsbereich eintreffen.«

»Wird auch langsam Zeit«, sagte James I, »mich juckt es schon in allen Fingern.«

»Nehmen wir die Gefangenen, deren Vernehmung wir noch nicht ganz abgeschlossen haben, einfach mit?« fragte der aufmerksame Hinrichsen.

»Natürlich nicht«, sagte Boernes sofort. »Alle Vernehmungen sind abzuschließen oder doch vorläufig zum Abschluß zu bringen. Dann die Gefangenen mit allen Unterlagen der nächsten, also der hier fest ansässigen und damit zuständigen CIC-Dienststelle übergeben.«

»Wann reisen wir?« fragte James II.

»In etwa drei Stunden«, sagte der Captain. »Unsere Panzerspitzen werden gegen sieben Uhr abends die für uns vorgesehene Stadt erreichen. Die Truppen bleiben aber nicht dort, sondern stoßen noch am gleichen Abend weitere zehn bis zwanzig Kilometer nach Osten vor.«

»Moment mal«, fragte James II gedehnt, »heißt das etwa, daß wir in eine Stadt einziehen, die offen ist, die also nicht direkt durch unsere Truppen gesichert wird?«

»Du hast doch nicht etwa jetzt schon die Hosen voll, Pastor?«

»Die sind nicht so voll, wie dein Kopf leer ist, Partner«, sagte James II friedfertig.

»Herrschaften«, sagte der Captain, »ich glaube nicht, daß wir irgendwelche Bedenken zu haben brauchen. Natürlich werden Truppenteile in der Stadt hängenbleiben.«

»Nachschubsoldaten — keine Kampftruppen«, stellte James II mit sanfter Hartnäckigkeit fest.

»Alle Berichte besagen«, führte Boernes zuversichtlich aus, »daß es einen Widerstand der Deutschen praktisch gar nicht mehr gibt. Es finden kaum noch Kampfhandlungen statt.«

»Kaum noch — das heißt also soviel wie: einige wenige!« James II war nicht der Mann, der sich zu irgendwelcher Unvorsichtigkeit verführen ließ. »Und was dann, wenn eine dieser wenigen Kampfhandlungen ausgerechnet dort stattfindet . . .«

»Captain«, sagte James I empört, »sind Sie sich darüber im klaren, daß Sie mich mit einem Waschweib zusammengespannt haben?«

»Ein Waschweib ist immer noch mehr wert als ein Idiot«, sagte James II ungekränkt.

»Aber ich bitte Sie!« rief Captain Boernes beschwörend aus. »Die allgemeine Situation ist tatsächlich äußerst unkompliziert geworden. Unsere Truppen kassieren nur noch ein. Aber wenn auch nur die geringsten Bedenken bestehen, wenn irgend jemand glaubt, daß wir unsere Arbeit nicht sofort wirksam aufnehmen können, wenn die Überzeugung vorherrscht, daß es Komplikationen geben könnte — dann warten wir doch einfach. Wir können getrost mit unserer Arbeit genausogut erst morgen früh beginnen.«

»Antrag abgelehnt!« sagte James I unternehmungslustig. »Ich will noch heute abend meinen Spaß haben.«

»Ich«, sagte James II und faltete die Hände, »weiß die Vorfreude zu schätzen. Ich bin für Sicherheit — also für morgen früh.«

»Und Sie, Herr Hinrichsen?«

Der schreckte aus seinen Gedanken hoch. Seine Bewegung war so heftig, daß sein verwundeter Arm zu schmerzen begann; er brannte wie Feuer. »Ich?« fragte er. »Kommt es denn auf mich überhaupt an?«

»Auf Sie kommt es gar nicht an«, sagte James I grob. »Aber Ihre Antwort interessiert mich.«

»Je früher, um so besser. Wir brauchen die großen Fische.«

»Na also«, sagte James I befriedigt. Und er scheute sich gar nicht, hinzuzufügen: »Eine andere Antwort, Verbündeter Hinrichsen, wäre für unsere Zusammenarbeit auch nicht gerade günstig gewesen.«

»Und Sie?« fragte Captain Boernes direkt James II.

»Ich halte zwar nicht übermäßig viel von Demokratie«, sagte der.

»Aber ich fühle mich durch die Mehrheit überstimmt, schließe mich also an.«

»Nun gut«, stellte Captain Boernes spürbar erleichtert fest; denn er dachte an Brack, und es tat ihm wohl, den so kühn ausgeflogenen Schützling von Colonel Thompson, dem Einflußreichen, bald wieder unter seine Fittiche nehmen zu können. »Wir sind uns also einig. Abmarsch in drei Stunden.«

»Von mir aus sofort«, sagte James I und kam sich vor wie ein kühner Unternehmer. Das war, sagte er sich, Pioniergeist im zwanzigsten Jahrhundert – echt amerikanisch.

»Was werden Sie in der Zeit bis zum Abmarsch tun?« fragte Captain Ted Boernes neugierig.

»Darüber nachdenken, ob Ihre Frage berechtigt ist«, sagte James I grinsend.

»Und Sie – quälen auch Sie ähnliche Probleme?«

»Ich«, sagte James II genußvoll, »werde noch eine Runde auf Vorrat schlafen.«

»Und ich werde, Ihre Zustimmung vorausgesetzt«, sagte Hinrichsen höflich, »eine Vernehmung abzuschließen versuchen.«

»Welche?«

»Die jenes Oberleutnants, der in Grafenberg war.«

»Was versprechen Sie sich davon?«

»Das kann ich nicht genau sagen«, erklärte Hinrichsen vorsichtig. »Aber ich habe das Gefühl, der Mann weiß etwas, das vielleicht nicht uninteressant ist.«

»Nicht uninteressant – für wen?«

»Das«, sagte Hinrichsen verkniffen, »wird sich erst noch herausstellen.«

Hinrichsen begab sich in den nackten, kalten Raum, in dem die Vernehmungen stattzufinden pflegten. Hier setzte er sich breit hinter seinen Tisch und ließ sich den Oberleutnant mit dem Grafenberger Lehrgang vorführen.

Der schraubte sich heran, machte untertänige Friseuraugen und setzte zu einer Verbeugung an, als gedenke er Menuett zu tanzen. Er öffnete bereits den Mund, um so schneller und ungehinderter antworten zu können, falls er gefragt werden würde.

Doch Hinrichsen ließ ihn vorerst stehen, ohne ihn anzureden. Er blätterte, in bewährter Manier Konzentration vortäuschend, in leeren Fragebogen herum. Er schwieg dabei beharrlich; aber das Spiel seiner Hände verriet deutlich Nervosität.

Dann wurden diese geschäftigen Hände plötzlich ruhig. Sie lagen über den Fragebogen still nebeneinander; es waren schaufelförmige, wuchtige

Hände, und wer sie sah, mußte den Wunsch verspüren, nicht in sie hineinzugeraten. Und Hinrichsen hob den dicken Kopf. Und in seinen Augen lag so viel eisige Kälte und Entschlossenheit, daß der Oberleutnant kaum merkbar in den Knien zu zittern begann.

»Wir beide«, sagte Hinrichsen leise und lauernd, »haben einen gemeinsamen Bekannten, einen gewissen Oberst Hauk.«

Der Oberleutnant aus Grafenberg erblaßte so schnell und so vollständig, als wäre das sanfte Licht eines Scheinwerfers, der ihn bestrahlte, auf grelles Licht umgeschaltet worden. »Ich weiß nicht ...«, würgte er mühsam.

»Sie wissen genau, was ich meine.«

»Sie müssen mir glauben ...«

»Hören Sie, Freundchen«, sagte Hinrichsen rauh. »So kommen wir nicht weiter. Ich bin fest davon überzeugt, daß Sie einiges wissen. Denn als ich Sie heute morgen nach Hauk fragte, kam Ihre verneinende Antwort darauf zu schnell, zu hastig. Und es war eine doppelte Verneinung. Wer da nicht gerade auf den Kopf gefallen ist oder nur mit halbem Ohr zuhört – der muß mißtrauisch werden.«

Der Oberleutnant aus Grafenberg verlor immer mehr an Haltung. Auf seiner Oberlippe bildeten sich Schweißperlen. Er rang bereits die Hände und schien nahe daran, sich wie ein Wurm zu winden.

»Lassen Sie doch diese Verrenkungen«, sagte Hinrichsen. »Aus Ihren Papieren geht hervor, daß Sie einen Lehrgang in Grafenberg absolviert haben. Und wir wissen genau, was dort los war – Sie militanter Schnellrichter.«

»Sir«, rief der Oberleutnant aus Grafenberg mit den beschwörenden Herztönen von Ausgesetzten, »ich schwöre Ihnen, daß meine Tätigkeit untergeordneter Natur war. Ich war lediglich Beisitzer – ich hatte nichts zu sagen, nichts zu bestimmen, nur das Protokoll zu führen. Allein der Vorsitzende sprach das Urteil.«

»Das alles«, sagte Hinrichsen, der das Eis brechen fühlte, »will ich Ihnen glauben. Ich bin da nicht kleinlich. Ich weiß, daß in den meisten Fällen die Vorsitzenden von fliegenden Standgerichten Stabsoffiziere waren, zumindest Hauptleute. Und sie allein waren für das Urteil verantwortlich.«

»So war es, Sir«, versicherte der Oberleutnant, und es war, als spreche er einen Eid. »Genauso!«

»Es gab natürlich auch Ausnahmen«, sagte Hinrichsen und fixierte sein Opfer mit dem stumpfen Blick einer Riesenschlange. »Sondervollmachten, ungewöhnliche Situationen. Vielleicht war Ihre Tätigkeit nicht frei von solchen Ausnahmen? Man könnte das, wenn man wollte, eingehend nachprüfen. Aber ich will das möglicherweise gar nicht. Sie persönlich interessieren mich kaum – aber von diesem Oberst Hauk kann ich nicht genug wissen.«

Der Oberleutnant aus Grafenberg schwieg und atmete schwer. Er sah aus blassen Augen auf Hinrichsen, und sein Blick war so hilflos und hilfeflehend zugleich, als habe er auf der Fahrbahn mitten in der Hauptverkehrszeit seine Brille verloren und sei nun, ohne sie, so gut wie verloren und jedermann ausgeliefert.

»Sie können jetzt wählen«, sagte Hinrichsen erbarmungslos. »Entweder ich rolle Ihren Fall bis in die äußersten Winkel auf – oder Sie sagen mir alles, was Sie über diesen Oberst Hauk wissen. Und damit Sie mich ganz verstehen, Herr Oberleutnant aus Grafenberg – sage ich Ihnen das noch einmal: Sie persönlich interessieren mich wenig.«

»Ja«, sagte der Oberleutnant und atmete tief ein. »Oberst Hauk war der Vorsitzende eines jener Standgerichte, die ihre Einsatzbefehle unmittelbar vom Führerhauptquartier empfingen. Sie wurden, nach den Erfahrungen der Rückzüge in Rußland, unmittelbar an der Invasionsfront eingesetzt.«

»Eins noch«, sagte Hinrichsen, »ehe wir uns weiter über dieses Thema unterhalten – ich will alles wissen, restlos alles. Wenn Sie dabei Ereignisse berühren müssen, an denen Sie direkt beteiligt sind – dann betrachten Sie sich in diesem besonderen Fall als Kronzeuge nach britischem Recht. Sie stellen sich der Justiz zur Verfügung und sagen aus; das bewahrt Sie vor jeder Anklage und läßt sie straflos ausgehen. Wenn Sie das nicht wollen . . .«

»Ich will alles sagen, was ich weiß, Sir«, versprach der in Grafenberg auf Schnellurteile trainierte Oberleutnant mit resigniert ergebenem Schafsblick.

Hinrichsen zog sich den Schreibblock näher, schnaufte befriedigt und sagte: »Ich höre.«

Der Hauptmann Schulz saß regungslos, als habe ihn der Schlag getroffen, an seinem wuchtigen Schreibtisch in der Kommandantur. Er starrte vor sich hin. Und er hatte nach dem beängstigenden Telefongespräch mit Luschkes Ia das fatale Gefühl, Hiob nahe zu sein.

Vor ihm in respektvoller Entfernung stand Heini, der Hitlerjunge. Seine lodernde Bewunderung für den soldatischen Schulz hatte noch nichts von ihrer hohen Temperatur eingebüßt. Er hielt eine Bierflasche in der Hand und fragte ergeben: »Soll ich sie auf Eis legen?«

»Wen?« fragte Schulz aufdämmernd.

»Die Bierflasche«, sagte Heini.

»Nicht nötig«, sagte Schulz. »Die trinke ich so leer.« Und er griff danach mit einer automatischen Gleichgültigkeit, die überaus deutlich seine stark ramponierte seelische Verfassung kennzeichnete. Das Soldatische in ihm, tief in ihm, war verletzt worden.

»Soll ich meine Leute wieder auf die Panzersperren ansetzen?« fragte Heini.

»Nicht nötig«, sagte Schulz.

»Sollen sie weiter an der Ausbildung mit der Panzerfaust teilnehmen?«

»Sollen sie ruhig«, sagte Schulz. Und er trank an seinem Bier, verzog dabei das Gesicht, als schlucke er bittere Medizin. Er litt; und da er selbst am Bier keinen Geschmack mehr fand, wurde deutlich, wie sehr er litt.

»Herr Hauptmann«, fragte der Hitlerjunge Heini, dem nicht entgangen war, daß Schulz' Leiden das Ausmaß klassischer Tragödien erreicht hatte, »ist die Lage ernst?«

»Wir hätten sie gemeistert«, sagte Schulz. »Und für einen echten Soldaten, mein Junge, kann die Lage niemals so ernst sein, daß sie hoffnungslos ist. Das mußt du dir merken.«

»Siehe: Friedrich der Große.«

»So ist es«, sagte Schulz schwer. Dann, nach geringer Pause, in der er schon wieder einmal nachgedacht zu haben schien, und zwar intensiv, wie es ja auch von höheren Truppenführern erwartet wird, brüllte er nach dem Gefreiten Stamm.

Der Gefreite Stamm erschien nicht. An seiner Stelle kreuzte eine weibliche Hilfskraft auf und teilte mit, daß sich Stamm unten im Keller bei der Fernsprechvermittlung aufhalte. Er lasse aber sagen, daß die Post jederzeit eintreffen könne — und sie werde dann Herrn Hauptmann sofort zugestellt.

»So leicht«, sagte Schulz zu Heini, »geben wir uns nicht geschlagen.« Er schickte die weibliche Hilfskraft wieder hinaus, überaus mürrisch, mit kurzer Hundebesitzerbewegung, was um so bemerkenswerter war, da es sich um ein strammes Mädchen handelte, auf dem seine Blicke ansonsten mit verlangendem Wohlwollen geruht hatten.

»Mein lieber Junge«, sagte Schulz zu seinem braungewandeten Trabanten, »das mußt du dir merken: Es ist allein dem Versagen der mittleren Führung zuzuschieben, wenn wir uns am Rande des Ruins befinden.«

»Der Führer ist unantastbar«, hauchte Heini.

»Der Führer immer«, sagte Schulz, »und seine Soldaten sind es auch, insbesondere seine Offizierssoldaten. Aber man hat uns, den erfahrenen Troupiers, den Männern, die erst den Wind in die Segel bringen, den Weg zu den höheren Dienstgraden versperrt — und die niedere Generalität versagt kläglich. Tüchtigkeit wird nicht mehr gebührend belohnt. So versucht man auch, meine Beförderung zum Major zu hintertreiben«.

»Das ist ja eine Schweinerei«, sagte Heini empört.

»Und wenn mir jetzt hier alle Hände gebunden sind, mein lieber Junge, dann liegt das daran, daß ein General schläft und sein Ia defätistische Befehle durchzudrücken versucht.«

»Der General schläft?« Daß auch ein General Schlaf brauchte, schien Heini unfaßbar. Großdeutschland stand nibelungengleich im Endkampf — und ein General schlief!

»Wenn wir diese Stadt so gut wie kampflos aufgeben müssen, mein Sohn, dann — merke dir auch das — verdanken wir es einem gewissen Generalmajor Luschke.«

»Generalmajor Luschke — das werde ich mir merken!«

»Das tu!« sagte Schulz. »Und jetzt hole mir noch eine Flasche Bier.«

Heini enteilte, nicht ohne vorher die Hand zum Deutschen Gruß hochgestoßen zu haben. Auf dem Korridor traf er den Gefreiten Stamm, der ihn nachsichtig angrinste. »Herr Hauptmann Schulz hat nach Ihnen verlangt«, sagte Heini.

»Ein sehr einseitiges Verlangen«, sagte Stamm.

»Wissen Sie, was mit Meuterern und Saboteuren geschieht?« fragte Heini ernsthaft.

»Sie werden nicht in die Hitler-Jugend aufgenommen«, antwortete Stamm unbekümmert. »Schlechte Taten werden nicht selten belohnt — das liegt in der Zeit! Aber ehe du zerspringst, Kleiner, beantworte mir eine Frage: Wo hält sich deine Meute auf?«

»Meine Kameraden«, sagte Heini erhaben, »sind keine Meute.«

»Was sie sind, weiß ich selber — ich habe gefragt, wo sie sind.«

»Meine Kameraden«, verkündete Heini mit Stolz, »befinden sich auf dem Sportplatz, zwecks Ausbildung an der Panzerfaust.« Dann schritt er hocherhobenen Hauptes davon; neben seinem Knabenmund hatten sich einige winzige Fältchen der Verachtung gebildet.

Stamm schüttelte den Kopf, als sei der Witz von den Panzerfaustkindern, den er soeben gehört hatte, nicht unbedenklich. Er begab sich in sein Vorzimmer und nahm den Telefonhörer auf. »Verbindung mit Leutnant Brack«, sagte er. »Zur Zeit Spritzenhaus.«

Im Spritzenhaus, dem Hauptquartier des örtlichen Volkssturms, verhandelte der Leutnant Brack mit dem Häuptling der späten Vaterlandsverteidiger, und dessen gestauter Mißmut schwand immer mehr, je länger er sich mit diesem Besucher unterhielt. Dieser Brack, fand er, war ein erfreulich normaler Mensch; mit ihm konnte man reden.

»Es wird auch langsam höchste Zeit«, sagte der Anführer der Veteranen. »Selbst höhere Vorgesetzte müßten einsehen, daß man nicht mit Feldsteinen gegen Panzer schmeißen kann.«

»Um hier Korrekturen vorzunehmen, dazu ist es doch noch nicht zu spät«, sagte Brack verbindlich.

»Herr Leutnant«, sagte der Häuptling, der nun, da keine unmittelbare Gefahr für Leib und Leben mehr zu bestehen schien, seine Rolle als Finalheld wieder aufnahm, »ich hoffe sehr, daß die obere Führung unsere Verteidigungs- und Einsatzbereitschaft nicht anzweifelt.«

»Keineswegs«, versicherte Brack. »Ganz im Gegenteil – man appelliert zusätzlich noch an Ihre Vernunft.«

»Es liegt gewiß nicht an unserem Kampfwillen«, sagte der örtliche Führer der Endsiegtruppen, »aber die Kampfkraft ist nun mal – leider! – von materiellen Dingen abhängig. Und wir sind ja nicht einmal in der Lage, ein vorschriftsmäßiges Minenfeld anzulegen.«

»Davon bin ich überzeugt.«

»Und mit zwei Dutzend Panzerfäusten und zwanzig geballten Ladungen ist doch kein Panzerregiment aufzuhalten!«

»Bestimmt nicht!«

»Gegen die Materialüberlegenheit dieser Amerikaner ist ja schließlich auch der beste Soldat machtlos – genau besehen, hat das gar nichts mehr mit Soldatentum zu tun.«

»Bin ganz Ihrer Meinung«, versicherte Brack und lächelte herzgewinnend. »Aber wir werden gewiß noch später Zeit finden, unsere diesbezüglichen Erfahrungen auszutauschen. Ich glaube, wir haben es jetzt sehr eilig. Wenn wir bis zum Eintreffen der Amerikaner überzeugend abgerüstet haben wollen . . .«

»Wir dürfen also alle Verteidigungsmaßnahmen rückgängig machen?«

»Alle.«

»Befehl vom General?«

»Befehl vom Generalmajor Luschke – jawohl.«

»Dieser Luschke«, sagte der Kommandant, der den General noch vor knapp zwanzig Minuten mit schier unerschütterlicher Überzeugung zu verfluchen gewillt gewesen war, »scheint doch ein Mann mit einem klaren Blick für das Wesentliche zu sein.«

»Das ist er«, sagte Brack. »Aber ich darf Sie jetzt bitten, Ihre Anordnungen zu treffen.«

Der glücklicherweise um seinen persönlichen Beitrag zum Endsieg gebrachte Häuptling nickte und versuchte, einige Melder zu finden. Aber von den zwölf Mann des Bereitschaftsdienstes waren acht bereits unterwegs, davon sechs mit unbekanntem Ziel; und es war zu vermuten, daß sie nach Hause oder in ein Wirtshaus gegangen waren. Von den restlichen vier erklärte einer, schwer krank zu sein, zwei weitere ersuchten dringend um einen kurzen Urlaub, der letzte saß, angeblich mit Durchfall, seit drei Stunden auf der Latrine.

»Was soll ich da nur machen!« rief der Häuptling verzweifelt.

»Telefonieren Sie!« riet ihm Brack.

»Die meisten Verbindungen sind gestört. Nicht alle Fernsprechapparate funktionieren. Und Feldkabel haben wir zu unseren vorgeschobenen Panzersperren auch nicht ausgelegt.«

»Warum nicht?«

»Weil wir keine Feldkabel hatten!«

»Dann nehmen Sie einen Wagen oder ein Motorrad. Und damit fahren Sie dann selbst die einzelnen Stellungen ab.«

»Ich habe aber keinen Führerschein.«

»Mann Gottes«, rief Brack erschüttert. »Darauf kommt es doch in einer derartigen Situation nicht mehr an!«

»Fahren kann ich aber auch nicht«, erklärte der verspätete Held schlicht.

»Dann werde ich bei Ihnen Chauffeur spielen«, sagte Brack.

»Sehr liebenswürdig – hoffentlich können wir noch ein Fahrzeug auftreiben.«

Der Leutnant hatte einige Mühe, nicht in niederen Landserjargon zu verfallen. Er atmete auf, als er ans Telefon gebeten wurde. »Die Kommandantur.«

Brack nahm den Hörer auf und fragte: »Sind Sie das, Stamm?« Er war es. Der Leutnant hörte aufmerksam zu und fragte dann: »Kann ich diese Kinder als Melder verwenden?« Die Antwort, die er darauf erhielt, schien ihm zu mißfallen. »Unter keinen Umständen, Stamm? Ich brauche aber Melder.«

Stamm beschwor den Leutnant, unter keinen Umständen die heldischen Knaben für die Übermittlung von Befehlen zu verwenden, die eindeutig auf eine Art von Demobilisierung hinausliefen. »Diese Schulbanknibelungen«, sagte Stamm, »sind ganz scharf auf den Endsieg trainiert. Auf die normale Tour ist mit denen nichts zu machen. Ein Appell an den gesunden Menschenverstand ist völlig sinnlos – die wissen gar nicht, was das ist.«

»Ich kann sie doch nicht einsperren, Stamm!«

»Einsperren nicht – aber überlisten!«

»Kann ich ein Fahrzeug haben, Stamm? Wir müssen die vorgeschobenen Stellungen abfahren.«

»Soviel Fahrzeuge Sie wollen! Kowalski hat innerhalb einer knappen Stunde einen ganzen Wagenpark organisiert. Er ist gerade dabei, zwei Warenlager auszuräumen.«

»Ein geländegängiger Pkw wird genügen«, sagte der Leutnant Brack und hängte ein.

»Wir bekommen einen Wagen«, teilte er dem Volkssturmmann mit, der sich sofort, wenn auch mit Vorsicht, beglückt über diese Ankündigung zeigte. »Wenn der Pkw hier eintrifft, dann übernehmen Sie ihn, bitte, und holen mich ab. Ich gehe jetzt zum Sportplatz.«

Auf dem Sportplatz herrschte munterer Kommißbetrieb. Ein Feldwebel und zwei Unteroffiziere drillten unter der Leitung eines mäßig interessierten Reserveoffiziers die dreiundzwanzig Hitlerjungen nach allen Regeln der Kunst. Daß die Fetzen flogen!

Die kindlichen Krieger glühten vor militanter Begeisterung. Sie warfen sich mit Wonne in den Dreck, hüpften durch die Schlaglöcher, robbten über die Aschenbahn und pusteten gegen eine Kiste, die einen Panzer darstellen sollte, ihre »Ofenrohre« leer. Die Ausbilder hatten ihre helle Freude an soviel kaum noch erhoffter, wenn auch immer ersehnter Einsatzbereitschaft.

»Mal herhören!« rief Brack und stellte sich den jungen Helden in den Weg. »Die Ausbildung an der Panzerfaust ist für heute beendet.«

Der Reserveoffizier grüßte kurz und kam gar nicht auf die Idee, zu fragen, mit welchem Recht hier ein fremder Leutnant in die befohlene Ausbildung eingriff – solange er diente, war er Eingriffe jeder Spielart gewohnt. Die Ausbilder ließen von ihren Opfern ab. Die tapferen Hitlerjungen scharten sich erwartungsvoll um Brack.

»Ich habe einen neuen Auftrag für euch«, sagte der Leutnant zu den Jugendlichen, die sich unentwegt bemühten, zäh wie Leder, flink wie Windhunde und hart wie Kruppstahl zu sein. »Ihr werdet euch in Gruppen zu zwei Mann aufteilen und im Stadtbereich sämtliche Plakate mit den Anordnungen der Kommandantur entfernen.«

»Warum das, Herr Leutnant?« fragte einer mit eindeutig germanischem Herrenmenschengesicht.

»Um neue, andere, weit wirksamere Plakate anzukleben«, erklärte Brack unbekümmert.

»Ja – dann!« sagte der jugendliche Übermensch und schien zufrieden.

»Alle alten Plakate, beziehungsweise die Reste davon, werden im Spritzenhaus abgeliefert, beim Kommandanten des Volkssturms. Und dort wartet ihr dann auf weitere Befehle. Ist das klar?«

»Das ist klar!« riefen die kindlichen Helden diszipliniert.

»Dieses ganze mistige Nest«, sagte der Oberleutnant Grafenberg respektive Greifer, »scheint so gut wie abgeriegelt zu sein.«

Er warf, heftig verärgert, seine Handschuhe auf den Tisch und die Mütze dazu. Dann setzte er sich breit daneben; seine vorgestreckten Beine in den verstaubten Offiziersstiefeln scharrten unruhig über den Teppich. Sein Mißerfolg auf der Kommandantur wurmte ihn mächtig.

Oberst Hauk, der auf einem hochlehnigen Stuhl vor ihm saß, griff in die Brusttasche seines gepflegten Uniformrockes und zog mit zwei Fingern ein schmales silbernes Zigarettenetui hervor. »Sie haben sehr viel Zeit gebraucht, um das festzustellen«, sagte er.

»Ich habe getan, was ich konnte«, antwortete Greifer.

»Und nichts erreicht.« Hauk entnahm seinem Etui eine Zigarette, steckte sie sich zwischen die schmalen Lippen. Und dann drückte er, zwischen Daumen und Zeigefinger der Linken, das Etui wieder zu.

»Herr Oberst«, verteidigte sich Greifer eifrig, doch immer noch bestrebt, die Distanz zu wahren, »ich war zuerst auf der Kommandantur. Dort sitzt ein Trottel von Hauptmann und spielt Feldmarschall. Er hat Fahrzeuge zur Verfügung, aber er verweigerte sie mir konstant. Und da ich nicht Gewalt anwenden wollte . . .«

»Haben Sie auf unsere Sondervollmacht hingewiesen?«

»Ohne auch nur die geringste Wirkung damit zu erzielen! Die Kerle sind hier kurz vor der Panik. Ich habe dann zu requirieren versucht und bin dabei auf irgendeinen Leutnant aus dem Stab des Generals Luschke geprallt.«

»Luschke?« fragte der Oberst und zögerte, aus seinem Feuerzeug eine Flamme zu entlocken.

»Jawohl«, sagte Greifer knurrend vor Wut. »Und diese Kerle horten Lastwagen, räumen Verpflegungslager aus und spielen Transportunternehmen. Ein Unteroffizier namens Soeft . . .«

»Haben Sie erkunden können, Greifer, wie weit die Amerikaner inzwischen gekommen sind?«

»Ihre Spitzen waren vor etwa einer Stunde ungefähr dreißig Kilometer von hier entfernt.«

»Dann wird es Zeit«, sagte Hauk und erhob sich. Er nahm einen tiefen Zug aus seiner Zigarette, ehe er sie wegwarf. Und während er sich mit knappen, sicheren Bewegungen die Wildlederhandschuhe überzog, befahl er: »Machen Sie den Wagen klar.«

Greifer ließ sich sofort von der Tischplatte hinuntergleiten und ging nach draußen. Er startete den Wagen des Obersten und horchte kurz auf den Klang des Motors. Dann fuhr er vor dem Haupteingang vor.

Hauk schritt die Treppe hinunter, als schreite er absolut siegessicher, doch ohne das mindeste Zeichen von Triumph, zu einer Fuchsjagd. Er stieg zu Greifer in den Wagen und sagte: »Zur Kommandantur.«

Greifer gab Gas, und der Wagen rollte davon, durch die Stadt hindurch, über den Marktplatz, dicht am Café Asch vorbei. Er hielt vor der Kommandantur. Greifer sprang hinaus, segelte um den Wagen und öffnete seinem Oberst die Tür.

»Gehen Sie voran«, sagte der und setzte sich in Bewegung.

Greifer, jetzt wieder berstend vor Unternehmungsgeist, da er zu wissen glaubte, was nunmehr endlich fällig war, lief an dem Oberst vorbei, auf die Haupttür zu. Er öffnete sie und ließ Oberst Hauk passieren. Und so öffnete er alle Türen, bis zu jener Tür, die direkt in das Zimmer des Kommandanten führte.

Schulz, auf seinen Schreibtisch gelümmelt, blinzelte dem Oberst mit nicht mehr ganz klaren Augen entgegen. Als er sich erhob, klirrten unter seinem Schreibtisch einige Bierflaschen. Er richtete sich auf, und es gelang ihm, Haltung zu bewahren.

Der Oberst Hauk, nunmehr den Namen Hochheim führend, stellte sich vor Schulz auf und musterte ihn kühl. Schulz schien unter diesem schneidenden Blick auch noch die Reste seines einstmals so überaus soliden Selbstgefühls zu verlieren. Und das Schweigen des Obersten kam ihm vor wie Gebrüll.

Da sagte der Oberst mit einer Stimme, als lese er, völlig uninteressiert, den Barometerstand ab: »Zwei Lastwagen und vier Mann – sofort.«

Der Hauptmann Schulz öffnete langsam, so langsam, wie sich elektrische Schiebetüren öffnen, seinen großen Mund. Er begann mühsam: »Herr Oberst . . .«

»Kein Geschwätz«, sagte der.

»Wenn Sie nicht sofort spuren«, glaubte Greifer bemerken zu müssen, »stellen wir Sie vor ein Kriegsgericht.«

»Herr Oberst«, begann Schulz abermals, »ich werde natürlich versuchen . . .«

»Versuchen Sie«, sagte Hauk kalt.

»Und hüten Sie sich davor, keinen Erfolg zu haben«, verkündete Greifer. »Fangen Sie doch schon an! Ich werde Ihnen beratend zur Seite stehen.«

Schulz nickte, tief beeindruckt, dann beugte er sich vor und nahm den Hörer ab; er hob ihn hoch, seinem Ohr entgegen, und mitten in dieser Bewegung erstarrte er. Er blickte zur Tür, und es war, als sehe er dort eine Erscheinung.

Im Türrahmen stand der General Luschke, klein, untersetzt, das Knollengesicht vorgebeugt, wie ein Hund, der Witterung nimmt. Er betrachtete die Versammelten nicht ohne Interesse. Hinter ihm lugte der Gefreite Stamm hervor, diensteifrig und erwartungsvoll. Dann setzte sich Luschke in Bewegung und kam, mit kaum hörbaren Schritten, näher.

Schulz meldete automatisch: »Kommandantur keine besonderen Vorkommnisse.«

»Möchte nur mal wissen«, sagte Luschke, »was eigentlich alles in Ihrem Bereich geschehen muß, damit Sie einmal besondere Vorkommnisse melden.«

Greifer schoß herum, stand kurz wie ein Stier da, der ein rotes Tuch erblickt. Dann schnellte sein Arm hoch. Auch der Oberst Hauk salutierte, zwar absolut korrekt, doch um Grade legerer. Er sah Luschke abtaxierend und ohne auch nur im geringsten seine Ruhe zu verlieren, entgegen.

Schulz schraubte sich hinter seinem Schreibtisch hoch und röhrte: »Ich habe mich genau an die Anweisungen von Herrn General gehalten.«

»Sollte ich geistig umnachtet gewesen sein?« fragte Luschke zurück. Und als er, wie erwartet, hierauf keine Antwort erhielt, setzte er hinzu: »Man könnte es annehmen, wenn man sieht, was Sie in meinem Namen angerichtet haben.«

Der Hauptmann Schulz, wie alle brauchbaren Soldaten ansonsten optimistisch bis zum bitteren Ende, fühlte sich zutiefst getroffen. Bisher hatte er immer noch an einen Irrtum geglaubt, an ein Mißverständnis, an geringe Differenzen zwischen Befehl und Befehlsdurchführung. Seine doch vorbildliche Dienstauffassung, so wähnte er, würde ihm den rechten Weg gewiesen haben. Die niederschmetternden Feststellungen des Generals zogen ihm jedoch den Boden unter den Füßen fort.

»Ich habe getan«, würgte er hervor, »was ich für meine Pflicht hielt.«

»Was Sie für Ihre Pflicht halten«, sagte Luschke unbarmherzig, »ist in der Situation, in die wir glorreich hineingestolpert sind, pure Idiotie.«

Hauk räusperte sich zustimmend. Schulz sah zunächst aus wie ein tapfer Ertrinkender; dann schaltete er völlig ab, und ein in die Ecke gestellter Sack konnte nicht ergebener dastehen. Der General wandte sich dem Oberst zu.

»Hochheim«, stellte sich Oberst Hauk vor. »Oberkommando des Heeres, Führerhauptquartier.« Dann wies er auf Greifer: »Oberleutnant Grafenberg — mein Adjutant.« Und dann erklärte er: »Mit Sonderauftrag unterwegs.«

»Das Oberkommando des Heeres befindet sich nicht hier«, sagte Luschke ruhig, »und das Führerhauptquartier erst recht nicht. Sollten Sie sich etwa in der Marschrichtung geirrt haben?«

»Meine Transportfahrzeuge sind ausgefallen«, sagte der Oberst Hauk. »Ich ersuche um die Gestellung von zwei Lastkraftwagen und Begleitpersonal.«

»Gesuch abgelehnt«, sagte Luschke schlicht.

»Darf ich darauf aufmerksam machen, daß ich geheimes Archivmaterial zu transportieren habe, Herr General.«

»Sie dürfen darauf aufmerksam machen, Herr Oberst — aber es ist zwecklos.«

»Wollen Sie, Herr General, die Verantwortung übernehmen, wenn das Material . . .«

»Herr Oberst«, sagte Luschke hart, »wenn Sie Ihre Akten verbrennen, werden sie nicht in Feindeshand fallen. Diesen Rat kann ich Ihnen geben — und das ist alles, was ich für Sie tun kann.«

»Sind Sie, Herr General, bereit, mir diese Ihre Entscheidung schriftlich zu geben?« fragte Hauk bedrohlich leise.

»Das — und alles, was Sie sonst noch schriftlich von mir haben wollen«, sagte Luschke schneidend. »Zum Beispiel, daß der Krieg im Eimer ist — und zwar schon seit Monaten; restlos und überzeugend für jedermann, selbst für die Arschkriecher im Führerhauptquartier. Und daß ich mich weigere, das Blut eines einzigen meiner Soldaten für Ihre Papierkisten zu opfern — nicht einmal einen Finger werden sie dafür rühren.«

»Soll das heißen, Herr General, daß Sie den Kampf aufgeben?«

»Meine Soldaten und ich«, bellte Luschke heiser, »kämpfen nicht mehr für Ihre Kisten. Aber wenn Sie den Kampf unbedingt haben wollen — dann sollen Sie ihn auch kriegen! Schulz!«

»Herr General!« rief Schulz und stand stramm.

»Schulz, händigen Sie diesen Leuten alles aus, was sie brauchen, um ihren kämpferischen Geist zu befriedigen: Panzerfäuste, geballte Ladungen, Minen. Und dann ab mit ihnen, wo sie hingehören — den amerikanischen Panzern vor die Schnauze.«

»Die Amerikaner kommen!« rief der alte Asch. Er eilte die Treppen zu seiner Privatwohnung hinauf, öffnete die Tür zum Wohnzimmer. »Die Amerikaner kommen!«

»Bring sie ruhig mit 'rein«, sagte der Leutnant Asch, »vorausgesetzt, daß sie Whisky haben.«

Der alte Asch setzte sich schnaufend an den Tisch und fächelte sich mit einem seiner blütenweißen Taschentücher frische Luft zu. »Eine Stunde haben wir vielleicht noch Zeit — mehr bestimmt nicht.«

»In einer Stunde kann viel passieren«, sagte der Leutnant Asch, der neben Barbara saß. »In einer Stunde sollen in Auschwitz siebenhundertunddreißig Mann verheizt worden sein, in einer Stunde ist eine Frau fünfzehnmal vergewaltigt worden, in einer Stunde hat einmal meine Batterie zweihundertundvierzig Schuß in die Gegend geknallt.«

»Und in einer Stunde«, sagte der alte Asch beschwörend, »kannst du bequem deinen Soldaten, die unten mein Café bevölkern, ein neues Quartier zuweisen.«

»Vater«, sagte der Leutnant Asch, »ob sie von hier aus in die Gefangenschaft gehen oder von woanders, das ist doch gleich — warum sollen sie erst noch umziehen?«

»Die Amerikaner werden mein Haus durchsuchen!«

»Das werden sie so oder so tun — und dann ist es immer noch besser, wir geben ihnen einen Grund dazu.«

»Du ruinierst mich«, stöhnte der alte Asch.

»Natürlich«, sagte Herbert Asch. »Denn der Krieg, der hier verreckt, ist ja mein Krieg. Ich habe ihn angefangen, ihm applaudiert, mich in ihm gesund gestoßen!«

»Das geht alles vorüber«, sagte Barbara tröstend. »Nichts ist ewig. Bald werden Sie wieder Ihr Café aufmachen, und ich helfe Ihnen gerne dabei.«

»So etwas wie Sie hat mir gerade noch gefehlt«, sagte der Cafetier bissig.

»Und ob sie dir gefehlt hat!« sagte der Leutnant Asch munter. »Deine neuesten Stammkunden werden nämlich die amerikanischen Soldaten sein. Viel ändern wird sich dadurch im Café nicht – man wird eine andere Sprache sprechen, aber die Bedürfnisse werden so ziemlich die gleichen bleiben. Und die netten und willigen Mädchen sehen alle Soldaten gerne, ganz gleich, welche Uniform sie gerade anhaben.«

»Du schämst dich wohl gar nicht?« fragte der Cafetier betrübt.

»Schließlich bin ich dein Sohn«, sagte Herbert Asch.

Wedelmann und seine Frau Magda schauten in das Wohnzimmer hinein. Sie sahen aus wie junge Leute, die ihre erste Ferienreise antreten wollen und nicht wissen, wie sie das anfangen sollen. Sie blieben in der Tür stehen. »Dürfen wir uns verabschieden?«

»Wo wollen Sie denn hin?« fragte der alte Asch.

»Irgendwohin. Wir wollen Ihnen nicht zur Last fallen. Sie haben schon so viel für uns getan. Wenn die Amerikaner kommen ...«

»Sie wissen nicht, wo Sie bleiben sollen?«

»Wir werden schon irgend etwas finden«, versicherte Wedelmann. »Wir danken Ihnen sehr für Ihre Gastfreundschaft, und wir hoffen, sie Ihnen einmal entgelten zu können; aber jetzt dürfen wir Ihnen nicht zumuten ...«

»Sie bleiben natürlich hier!« sagte der Cafetier impulsiv.

»Vergiß nicht«, rief Herbert Asch amüsiert, »daß du Geschäftsmann bist!«

»Herr Wedelmann ist Zivilist«, verteidigte sich der alte Asch. »Und Zivilisten steht mein Haus jederzeit offen.«

»Danke«, sagte Magda zart und griff, was den Cafetier sehr verlegen machte, nach seiner Hand.

»Aber Sie müssen sich dann auch«, sagte der Hausherr rauh, »wie ein Zivilist benehmen!«

»So und nicht anders«, erwiderte Wedelmann.

»Hoffentlich«, sagte der Leutnant Asch. »Hoffentlich halten Sie das auch durch, Herr Wedelmann – immerhin sind Ihre Chancen nicht ungünstig. Ein paar Stunden nur noch, und dann kann keine Versuchung mehr auf Sie zukommen.«

»Und du, mein Sohn?« fragte der alte Asch. »Willst du dich nicht auch umziehen?«

»Ich habe es gar nicht eilig«, sagte der. »Solange hier noch Reste der großdeutschen Wehrmacht vegetieren, muß ich meine Soldaten vor jedem Zugriff bewahren — und das kann ich nur in Uniform.«

»Außerdem steht dir die Uniform gut«, sagte Barbara spontan.

»Du solltest mich erst mal im Badeanzug sehen, Kindchen — und daneben dann einen General!«

»Kann ich mir gut vorstellen«, sagte Barbara.

Im Treppenflur kam Lärm auf. Nagelschuhe polterten fröhlich. Stimmen, die sich mit kraftvoller Gemütlichkeit anbrüllten, wurden vernehmbar.

»Das kann nur dieser Kowalski sein«, sagte der alte Asch betrübt. »Seitdem der einen Nachschlüssel besitzt, bin ich meines Lebens nicht mehr sicher.«

Es war Kowalski, der das Wohnzimmer stürmte. Und hinter ihm schob sich der Unteroffizier Soeft, überaus freundlich grinsend, in den Raum. Sie sahen genauso aus, als hätten sie soeben den Endsieg ganz allein errungen.

»Kinder!« rief Kowalski. »Jetzt ist es endlich soweit. Wir haben es geschafft!«

»Und ich«, verkündete Soeft, »habe gerade noch im letzten Augenblick die Kurve bekommen!«

»Aber nicht in meinem Haus!« rief der alte Asch warnend.

»Kleine Fische«, sagte Soeft geringschätzig. »Das Haus, das ich mir unter den Nagel gerissen habe, hat achtzig Betten, und augenblicklich sind davon noch zweiunddreißig frei.«

»Das sieht dir ähnlich«, sagte der Leutnant Asch.

»Also los, Leute!« rief Soeft. »Ich bin da nicht kleinlich. Wer hat noch nicht, wer will endlich einmal! Immer 'rein in mein Feldlazarett.«

»Können Sie noch zwölf Soldaten unterbringen?« fragte der alte Asch, der sichtlich aufzuleben begann. »Nur zwölf!«

»Dreimal soviel — wenn ich will. Und ich will — ich kann mir den Luxus leisten.«

»Versuche mal sachlich zu werden, Soeft«, forderte ihn der Leutnant Asch auf. »Das fällt dir doch sonst gar nicht schwer.«

»Ihn hat der Siegesrausch erfaßt«, sagte Kowalski verständnisvoll. »Und wenn er im Überfluß saß, hat er schon immer kameradschaftliche Anwandlungen gehabt.«

»Also gut«, sagte Soeft, »dann wollen wir mal sachlich werden. Ich habe dringend eine prima Unterkunft für ein paar Geschäftsfreunde von mir gebraucht. Du sollst nicht immer so dämlich feixen, Kowalski. Und da hatte ich, als ich am Standortlazarett vorbeifuhr, einen meiner guten Einfälle. Ich verhandelte mit dem Chefarzt, und wir wurden uns im Handumdrehen einig. Kowalski lieferte ein mittleres Warenlager an, und dafür stehen uns jetzt alle leeren Betten zur Verfügung. Ist das klar? Und wer dort liegt, also inoffiziell krank ist, der kommt vorerst in kein Gefangenenlager.«

»Das geht tatsächlich«, sagte der Leutnant Asch nach kurzem Nachdenken. »Das ist immer noch besser, als in einem Café auf dem Fußboden herumzuliegen. Ich werde also meine Leute in dein Lazarett einliefern, Soeft.«

»Das kannst du tun«, sagte Soeft und kam sich vor wie der Kalif von Bagdad.

»Und Sie ziehen auch ins Lazarett, Herr Kowalski?« fragte der Cafetier hoffnungsvoll.

»Ich bleibe natürlich bei Ihnen«, erklärte der bieder.

»Das ist völlig ausgeschlossen«, sagte der alte Asch. »In meinem Hause dulde ich nur Zivilisten.«

»Ich bin Zivilist«, sagte Kowalski erhaben. »Und zwar von Beruf Geometer.«

»Daß ich nicht lache!« sagte der Cafetier todernst. »Sie können doch nicht einfach erklären, daß Sie Geometer seien. Das glaubt Ihnen niemand – oder haben Sie etwa Papiere?«

Kowalski griff grinsend in seine Brusttasche. »Prima Papiere!« sagte er und hielt ein Bündel Dokumente hoch. »Ich heiße nämlich neuerdings Brahm.«

»Wie heißt du?« fragte der Leutnant Asch verblüfft, und Barbara griff impulsiv nach seinem Arm.

»Brahm«, sagte Kowalski ahnungslos. »Irritiert dich das etwa?«

»Wo hast du diese Papiere her?«

»Gefunden – bei der Leiche eines Stabszahlmeisters.«

»Wo lag diese Leiche?«

»Was ist mit dir los?« fragte Kowalski verwundert. »Bist du krank?«

»Ich will wissen, wo du diese Leiche gefunden hast, Mensch!«

»Soeft«, sagte Kowalski ratlos, »einen Platz für Leutnant Asch in deinem Lazarett! Aber Isolierstation.«

Der Leutnant Asch war stark erregt. Er griff nach Kowalski mit festen Händen. Die Anwesenden umstanden ihn ratlos. »Beantworte jetzt endlich meine Frage!«

»Im Stadtwald«, sagte Kowalski und löste sich nicht ohne Anstrengung von Asch. »Sie haben ihn gestern nacht umgebracht.«

»Erzähle mir alles, was du davon weißt«, sagte der Leutnant Asch fordernd. »Alles!«

Und Kowalski erzählte, bedrängt von Asch; er versuchte, das so kurz, so sachlich, so erschöpfend wie nur irgend möglich zu tun. Und ehe er noch ganz geendet hatte, knöpfte der Leutnant Asch seinen Uniformrock zu, schnallte sein Koppel um und setzte sich die Mütze auf.

»Wo willst du hin?« fragte der alte Asch bestürzt.

»Das muß ich noch erledigen«, sagte der Leutnant Asch hart. »Erst dann wird der Krieg auch für mich aus sein.«

Oberst Hauk und Oberleutnant Greifer, eine schlanke Säule und ihr breiter Schatten, standen im Treppenhaus der Kommandantur. Sie hielten sich in der Nähe des Fensters auf, vermieden es aber, auf den Marktplatz hinunterzublicken. Das Bild kläglicher Verwirrung, das sich ihnen dort geboten hatte, erregte ihren Widerwillen.

»Was jetzt?« fragte Greifer in hilfloser Wut.

Hauk blickte flüchtig über die Ehrentafeln aus Kupfer: »Den Gefallenen des großen Krieges gewidmet« – gemeint war Weltkrieg Nummer eins. Welkes Laub, Lorbeer nicht unähnlich, hing kraftlos an ihren Rahmen aus Eichenholz. Der Oberst sah auf den dunkelbraunen Läufer zu seinen Füßen, und es war, als zähle er dort die verblaßten Quadrate.

»Wir können doch nicht einfach alles aufgeben!« knurrte Greifer.

»Davon ist noch nicht die Rede gewesen«, korrigierte ihn Hauk mit seiner leisen, schneidenden Stimme.

»Hoffentlich macht sich inzwischen niemand in unserem Quartier breit.« Greifer zerknüllte seine Lederhandschuhe, und es war, als treibe ihn sein gestauter Tatendrang dazu, sie zu zerfetzen. Seine Backenmuskeln zeichneten sich scharf ab, und das kantige Kinn war weit vorgereckt.

»Ein Lager ohne Bewachung zu lassen«, sagte Greifer, »grenzt beinahe schon an Leichtsinn.«

»Dann bewachen Sie es doch!« sagte Hauk, und sein flächiges Gesicht schien unergründlicher noch als sonst zu sein.

»Wie darf ich das verstehen, Herr Oberst?«

»Die Zeit wird knapp«, sagte Hauk und schlug mit seinen Lederhandschuhen wie mit einer Reitgerte einmal, zweimal, dreimal gegen seine Hosennaht. »Wir werden uns in die letzte Arbeit teilen. Sie begeben sich auf schnellstem Weg in unser Quartier zurück. Dort bereiten Sie die Verladung vor. Rechnen Sie mit drei Möglichkeiten: das gesamte Material auf zwei Lkw; die wertvollere Hälfte des Materials auf einen Lkw; eine kleine Auslese dann, wenn wir allein auf unseren Pkw angewiesen sein sollten.«

»Verstehe«, sagte Greifer. »Herr Oberst werden inzwischen persönlich ...«

»Ich will sehen, was sich machen läßt. Erwarten Sie mich in Kürze. Meinen Pkw brauche ich selber.«

»Selbstverständlich«, sagte Greifer, angelte aus einer Hosentasche die Autoschlüssel hervor und übergab sie dem Oberst. Dann stampfte er wie eine prall mit Dampf gefüllte Lokomotive davon.

Der Oberst Hauk rührte sich vorerst nicht. Zwei Soldaten, die nacheinander vorübergingen, grüßten ihn; er nahm überhaupt keine Notiz davon. Es war, als lese er die Namen auf den Gedenktafeln; aber er las sie nicht — er starrte ins Leere und dachte nach.

Dann begab er sich, fast automatisch, mit zwei Schritten an das Fenster und sah auf den Marktplatz hinunter. Was er dort sah, war das Chaos. Er sah Soldaten ohne Waffen, Zivilisten mit Paketen, verlassene und geplünderte Transportwagen. Dreck, Papierfetzen, Holzteile.

Und vor dem Rathaus staute sich die Menge. Dort rissen Soldaten die Seitenwände von Lastwagen herunter, sie warfen Kisten und Säcke auf die Erde. Und die Menschen, mit Körben und Beuteln, Krügen und Flaschen, Schaufeln und Harken, stürzten sich darüber, rissen die Kisten auf, zerschlitzten die Säcke, schlugen die Kanister an. Und Öl vermischte sich mit Zucker, Schnaps floß über den Reis, dünner goldgelber Honig versickerte in den Rinnen zwischen den Pflastersteinen.

Eine Orgie, zusammengebraut aus Gier, Hunger und dem Trieb, sich versorgen zu wollen.

Ein gespenstischer Ausverkauf der großdeutschen Wehrmacht.

Das Reich wurde ausgeplündert.

Der Oberst Hauk betrachtete dieses Bild nicht anders als eine Seite aus einem mäßig interessanten Briefmarkenalbum.

Dann sah er einen Mann, der sich rücksichtslos durch das Gedränge schob, auf die Kommandantur zu. Er war ein Leutnant der Artillerie. Und Hauk erkannte ihn und wußte, daß er Asch hieß.

Und auch ihn betrachtete der Oberst Hauk wie eine Seite, eine andere diesmal, nicht wesentlich interessantere, aus einem Briefmarkenalbum.

Dann drehte er sich vom Fenster ab, sah sich prüfend um und stieg dann wieder die Treppe zur Kommandantur hinauf. Aber er bog kurz davor links ab und verschwand hinter einer Tür, auf der »00« zu lesen war. Und er verschloß die Tür hinter sich nicht.

Der Leutnant Asch stürmte an dieser Tür vorbei, in das Vorzimmer der Kommandantur hinein. Nach kurzer Zeitspanne kam er wieder, begleitet vom Gefreiten Stamm; und der sagte »Hindenburgstraße dreizehn«. Und abermals lief der Leutnant an der knapp geöffneten Tür vorüber.

Hauk wartete noch einige Minuten, ehe er, völlig unverändert, von einem leichten Nasenrümpfen des penetranten Toilettengeruchs wegen abgesehen, wieder durch den Treppenflur schritt, hinausging und sich, wobei er nur unwesentlich sein Schrittempo steigerte, zu seinem Wagen begab. Er setzte sich an das Steuer, startete und fuhr davon.

Er zog mit brüllendem Motor eine kurze Kurve. Die Menschen, die vor seinen Kühler gerieten, sprangen zur Seite; aber er fuhr nicht in Richtung auf die Hindenburgstraße, er bewegte sich auf die Ausfallstraße der Stadt zu – feindwärts.

Die Straßen wurden breiter und leerer; die Häuser schienen zurückgesprungen zu sein, und die Menschen hatten sich verkrochen. Er begegnete einer kleinen Volkssturmeinheit, die zurücktrottete. Dann näherte er sich der Panzersperre 4 West.

Etwa fünfzig Meter davon stand ein Hitlerjunge mit einer roten Fahne und winkte. Hauk stoppte unmittelbar vor dem Knaben den Wagen. Der rief: »Achtung – Gefahrenzone!«

»Aus dem Weg«, sagte Hauk, und er sagte es mit einem Tonfall, als tadele er einen Barmixer, der zuviel Soda in den Whisky gekippt hatte.

Der Hitlerjunge sprang zur Seite, stand stramm und salutierte. Hauk hob seine Handschuhe kurz an seine Mütze und fuhr weiter, auf die Sperre zu.

Hier erhob sich, aus einem Deckungsloch, ein Volkssturmmann, trabte auf Hauk zu und setzte zu einer Meldung an.

»Überflüssig«, sagte Hauk. »Lassen Sie dieses Hindernis beiseite räumen.«

Der Volkssturmmann spielte Soldat und rief: »Bitte Herrn Oberst darauf aufmerksam machen zu dürfen ...«

»Zeitverschwendung«, sagte Hauk und sah über das freie Feld hinweg zum Horizont hin, auf dem sich die Staubfahnen der amerikanischen Panzer abzeichneten.

Der Volkssturmmann stand noch einige Sekunden lang ratlos auf der Chaussee. Dann rief er seine Kameraden herbei und befahl ihnen, die Sperrbalken wegzuschieben. Das geschah mühsam unter Fluchen und Ächzen, und das dauerte nahezu zehn Minuten.

Während dieser Zeit saß der Oberst wie eine Puppe hinter dem Steuerrad. Nur einmal, nach sieben Minuten etwa, drehte er sich langsam um. Aber die Chaussee, auf der er gekommen war, blieb leer.

Als die Sperre beseitigt war, gab der Oberst, der während der Wartezeit den Motor nicht abgestellt hatte, Gas und fuhr los.

»Der Kerl hat Mut!« sagte einer der Spätkrieger nicht ohne Respekt.

Der Oberst fuhr weiter, bis er die amerikanischen Panzer deutlich erkennen konnte. Dann hielt er kurz vor einem Gebüsch, sprang heraus, wieder ohne den Motor abgestellt zu haben, nahm seine Kommandoflagge ab und befestigte an deren Stelle ein weißes Tuch.

Langsam ließ er seinen Wagen weiterrollen. Die amerikanischen Panzer, die immer näher gekommen waren, hielten und richteten ihre Rohre auf ihn. Die begleitende Infanterie nahm hinter den breiten Stahlkolossen Deckung.

Hauk ließ seinen Wagen langsam auslaufen, entstieg ihm und schritt auf die Amerikaner zu. Vor einem Offizier blieb er stehen, legte seine Hand an die Mütze und sagte in einem Tonfall, als erkundige er sich im Kasino danach, ob auch die Butter frisch sei: »Ich ergebe mich.«

Der amerikanische Offizier, sichtlich beeindruckt von soviel Haltung und, wie er fest glaubte, unverkennbarem Preußentum, legte seinerseits die Hand an die Mütze. Nahezu feierlich standen sie einander gegenüber. Und es war, als seien sie gewillt, sich so in Öl malen zu lassen.

Es gab unter den amerikanischen Soldaten nicht wenige, die sich der Weihe dieses großen Augenblicks voll bewußt waren. Der Geist echten Soldatentums, daran schienen sie gewillt zu glauben, war mitten unter ihnen. Sie fühlten sich um ein erhabenes Erlebnis reicher.

»Darf ich«, fragte der amerikanische Offizier ritterlich, »um Ihre Waffen bitten, Colonel?«

Und der Oberst Hauk gewährte ihm diese Bitte.

Die Stadt wartete auf die Amerikaner. Die weißen Flaggen, einige in Taschentuchformat, nicht wenige in Bettlakengröße, lagen griffbereit. Die Straßen wurden immer leerer. Kinder aller Altersklassen lugten hinter den Gardinen hervor.

Große Teile des Volkssturms zogen sich wieder in das Privatleben zurück. Die Reste, die nicht mehr verständigt werden konnten, darunter die Sperrkommandos West, mit den Nummern 3, 4 und 5, machten sich darauf gefaßt, einer erdrückenden Übermacht weichen zu müssen. Der Hauptmann Schulz verkündete mit heroischem Ton, sich an die Front begeben zu wollen.

Der Leutnant Brack und der Obergefreite Kowalski entschärften, nachdem sie alle erreichbaren Warenlager an die Zivilbevölkerung und einheitslose Soldaten aufgeteilt hatten, die Sprengladungen an der Eisenbahnbrücke. Der Unteroffizier Soeft inspizierte sein Feldlazarett und überzeugte sich sowohl von der Bettqualität seines Einzelzimmers als auch von der Dienstbereitschaft einer jungen Schwester; die Ergebnisse befriedigten ihn sehr.

Der Ortsgruppenleiter, bereits in schlichtem Zivil, verbrannte achtundzwanzig Exemplare von Hitlers *Mein Kampf*, darunter befanden sich dreizehn, die in Leder gebunden waren. Er weinte lautlos und einsam. Seine Frau – es war seine zweite, da sich die erste in jenen glorreichen Tagen der Machtübernahme als nicht standesgemäß erwiesen hatte —, seine zweite Frau nannte ihn einen »dämlichen Idioten«.

Der Gefangenenwärter Krawattke machte Inventur und bereitete eine mehrseitige Übergabeverhandlung vor. Er zog seine beste Uniform an, denn er hatte beschlossen, die Sieger am Tor seiner Anstalt zu empfangen, wobei er den Schlüssel des Hauses auszuhändigen gedachte. Das alles geschah, nachdem der alte Freitag, sein derzeitiger Lieblingsgefangener, mit zwei zusätzlichen Wolldecken, einer doppelten Brotration und einem zuklappbaren Trageklosett versehen worden war.

Der Generalmajor Luschke vernichtete, von seinem Ia assistiert, die letzten »Geheimen Kommandosachen«. Lore Schulz las im Lexikon über Amerika nach. Und der alte Asch verstaute, vom Ehepaar Wedelmann tatkräftig unterstützt, seine besten Waren in die hintersten Ecken des Kellers.

Es begann zu dunkeln. Die Stadt schien verödet zu sein, doch in ihren Häusern brodelte Geschäftigkeit. Nur ein einziger Wagen rollte jetzt noch durch die Stadt.

In diesem Wagen saßen der Leutnant Asch und der Gefreite Stamm; und hinten lag der Oberleutnant Greifer — zusammengekrümmt, stöhnend und fluchend zugleich. Er umklammerte mit beiden Händen sein linkes Bein, aus dem Blut sickerte. Asch lenkte den Wagen auf die Artilleriekaserne zu.

In weiter Ferne dröhnten Motoren. Vereinzelte dumpfe Explosionen zerrissen immer wieder die Lärmschleier der Panzer. Aber noch kamen die Amerikaner nicht.

»Herr General«, sagte der Leutnant Asch und stieß Greifer vor sich her, »hier haben wir das eine Schwein.«

Luschke blieb hinter dem Schreibtisch sitzen, blickte kurz seinen Ia an, betrachtete dann Greifer, der sich auf dem Teppich krümmte. Dann sah er den Leutnant Asch groß und sehr lange an und fragte: »Ist der Mann schwer verwundet?«

»Nur eine Fleischwunde, Herr General«, sagte Asch. »Die Wade ist angeritzt.«

»Verbinden«, ordnete der General an.

Greifer wurde hinausgeschleppt. Er stöhnte und fluchte. Und Asch rief den Transporteuren nach: »Paßt auf, daß diese Sau euch nicht durch die Lappen geht!«

»Leutnant Asch«, sagte der Generalmajor Luschke, nachdem sie mit dem Ia allein waren, »was soll diese Veranstaltung?«

»Der Mann ist ein Mörder und ein Handlanger von Mördern.«

»Herr Leutnant Asch«, sagte der Ia, der Luschkes Schweigen als Hinweis nahm, einzugreifen, »unsere Zeit ist um. Jeden Augenblick können die Amerikaner kommen.«

»Um so mehr müssen wir uns beeilen«, sagte Asch hartnäckig.

»Mann«, sagte der Ia, »was muten Sie uns eigentlich zu!«

»Mörder dürfen sich nicht in den Frieden hinüberretten — ist das eine Zumutung?«

»Asch«, sagte der Ia, »wenn Sie Beweise haben, daß dieser Mann ein Mörder ist — warum haben Sie ihn dann nicht selbst erledigt? Warum bringen Sie ihn dann erst noch zu uns?«

»Weil es nicht angeht, einen Mörder zu ermorden — er muß abgeurteilt werden.«

»Aber doch nicht durch uns! Jetzt nicht mehr«, rief der Ia. »Wir haben abgeschlossen, mit allem.«

»Herr General«, sagte der Leutnant Asch eindringlich, »ich verlange Gerechtigkeit für tote, sinnlos geopferte Soldaten, für Verwundete und für brutal und vorsätzlich Ermordete. Ich verlange Standgericht über den Oberleutnant Greifer.«

Der Ia hob resigniert seine Schultern und ließ sie wieder fallen. Luschke saß klein und zusammengesunken in seinem Sessel; er hatte die Handflächen aufeinandergelegt, und in seinen leicht zusammengekniffenen Augen lag lauernde Kälte. Der Leutnant Asch sah den General offen, beinahe schon herausfordernd an.

»Berichten Sie«, sagte Luschke.

Der Leutnant Asch gab Bericht. Er erzählte kurz, was er erlebt hatte, was er wußte und was zu vermuten war. Er bot Beweise an. Er versuchte, seine Vermutung zu begründen. Er verlangte erneut das Standgericht.

»Wenn das stimmt«, sagte Luschke hierauf gedehnt, »wenn das auch nur in Teilen stimmt ...« Und er vollendete diesen Satz nicht. Seine schmalen Schultern mit den Generalsraupen schienen noch mehr herabzufallen als sonst. Seine Augen blickten klar und prüfend auf Asch. Dann sagte er zu seinem Ia: »Lassen Sie Brack und Kowalski suchen, mit allen noch verfügbaren Soldaten. Und lassen Sie dann noch diejenigen kommen, die Asch vorschlägt. Wenn die ersten hier eintreffen, beginnen wir sofort.«

»Aber, Herr General!« rief der Ia bestürzt.

»Wenn dieser Entschluß Ihr Gewissen belasten sollte«, sagte Luschke ruhig zu seinem Ia, »dann steht Ihnen selbstverständlich frei, sich als entlassen zu betrachten.«

»Ich bleibe«, sagte der sofort und begann unverzüglich, seine Befehle zu erteilen. Und er erteilte sie im Nebenraum mit jener unerschütterlichen Sachlichkeit, die er bereits in den ersten Tagen des Krieges besessen hatte. Es war, als werde das zu allen Zeiten so sein.

»Leutnant Asch«, sagte der General, »es ist viel Blut geflossen – soll das immer noch nicht aufhören?«

»Herr General«, sagte der Leutnant, »die Soldaten, für die ich Sühne fordere, sind nicht gefallen – sie sind ermordet worden. Sollen es die Mörder sein, die überleben?«

»Sie haben nur einen von den beiden.«

»Besser als keinen!«

»Leutnant Asch«, fragte der General und lächelte kaum merklich, »wer in des Teufels Namen hat Ihnen Ihre gemeingefährliche Hartnäckigkeit beigebracht?«

»Sie, Herr General«, sagte der Leutnant Asch.

Und die beiden lächelten sich mit ferner Ironie und unverkennbarem Einverständnis zu.

Knapp fünfundzwanzig Minuten später begann die Verhandlung. Der Oberleutnant Greifer, inzwischen sorgfältig verbunden, wurde hereingeleitet. Er erhielt einen Stuhl zugewiesen, der mitten im Raum stand.

Der Ia stellte sich neben den General, der an seinem Schreibtisch sitzen geblieben war. Die Fenster waren verdunkelt. Die Deckenlampe brannte spärlich. Die vorgeladenen Soldaten standen im Halbkreis eng nebeneinander.

»Ich eröffne«, sagte der Ia mit einiger Hast, doch um Sachlichkeit bemüht, »das provisorische Standgerichtsverfahren gegen Oberleutnant Greifer. Einberufer und zugleich Vorsitzender des Gerichtes: Generalmajor Luschke. Erster Beisitzer und zugleich Schriftführer: ich selbst, Major Horn, Ia der Division Luschke. Beisitzer: Oberleutnant Nowack, Ortskommandantur. Ankläger: Leutnant Asch. Verteidiger des Angeklagten: Leutnant Brack. Als Zeugen stehen zur Verfügung: Obergefreiter Kowalski, Gefreiter Stamm, Fräulein Barbara Brucks. Angeklagt sind: Oberst Hauk, in Abwesenheit; Oberleutnant Greifer. Die Anklage lautet: Mißbrauch der Befehlsgewalt aus persönlichen Motiven – über zwanzig Tote. Ferner: zweimaliger vorsätzlicher Mord. Wollen Sie sich dazu äußern, Angeklagter?«

»Alles Mist!« sagte Greifer mit angriffslüsterner Frechheit. Er hatte sich wiedergefunden, er spürte keine Schmerzen mehr, er wußte, daß er sich hier herauswinden mußte, um zu überstehen. Um zu überleben! Und er hatte erkannt, daß es jetzt fast nur noch allein darauf ankam, Zeit zu gewinnen. Die Amerikaner mußten bald eintreffen, jeden Augenblick fast – gewissermaßen sehnte er die Amerikaner herbei; und er besaß noch Kaltschnäuzigkeit genug, die Situation als äußerst komisch zu empfinden.

»Alles ganz großer Mist«, sagte er abermals.

»Ich muß Sie dringend ersuchen«, sagte der Ia, spürbar um Korrektheit bemüht, »sich eines anderen Tones zu befleißigen.«

»Warum denn?« fragte Greifer massiv zurück. »In meinen Augen ist das hier ein Affentheater. Und ich lehne es — unter anderem — ab, eine Offiziersnutte gegen mich aussagen zu lassen.«

»Noch ein Wort in dieser Richtung«, sagte der Ia, »und wir verhandeln ohne Sie weiter.«

Greifer stutzte kurz; er erkannte sofort, daß hier ein für ihn gefährlicher Punkt berührt wurde. Eine Verhandlung ohne ihn war gleichbedeutend mit einer kurzen Verhandlung — und er brauchte Zeit, soviel Zeit wie nur irgend möglich. Die eintreffenden Amerikaner mußten dieses Theater beenden — unter keinen Umständen ein Spruch dieses sogenannten Gerichts.

»Ich protestiere«, sagte Greifer, »gegen dieses Standgerichtsverfahren. Allein der Eröffnungsbeschluß entspricht nicht den Vorschriften. Außerdem mache ich darauf aufmerksam, daß es glatter Unsinn ist, wenn ein Ankläger auch zugleich als Zeuge auftreten will.«

»Protest abgelehnt«, sagte der Ia, nach einem kurzen, erwiderten Seitenblick auf General Luschke. »Die besonderen Umstände erlauben uns, von dem allgemein üblichen Verfahren abzuweichen. Beginnen wir. Bitte, Herr Leutnant Asch.«

Der sagte schnell, hart und sachlich: »Oberst Hauk, assistiert von Oberleutnant Greifer, hat aus eigenem Entschluß den Befehl über versprengte, eingekesselte Einheiten übernommen, diese neu formiert und mit bewußt falschen Angaben gegen den Feind angesetzt.«

»Was geht das mich an!« rief Greifer. »Seit wann ist denn ein Oberleutnant für die Befehle eines Obersten verantwortlich?«

»Sie haben der zum Durchbruch angesetzten Truppe Angaben über Feuerunterstützung, Munitionsbestände, Nachschub und die Positionen des Gegners gemacht, von denen Sie genau wußten, daß sie falsch waren.«

»Das können Sie nicht beweisen!« rief Greifer triumphierend.

»Das kann ich beschwören!« sagte der Leutnant Asch.

»Ich gebe zu bedenken«, warf der Leutnant Brack als Verteidiger des Angeklagten ein, »daß naturgemäß eine derartig prekäre Situation das Recht auf Irrtum nicht ausschließt.«

»Man kann sich einmal irren, auch zweimal — aber nicht zehnmal! Die zum Durchbruch angesetzte Truppe hat durch Oberleutnant Greifer mehrere Angaben erhalten, die grundfalsch waren. So wurde, unter anderem, Feuerunterstützung durch Infanteriegeschütze angekündigt — es waren aber gar keine Infanteriegeschütze da. Es war nach Lage der Dinge allerhöchstens die Chance vorhanden, die Kreuzung zu erreichen — sie zu halten war einfach unmöglich.«

»Eine Frage«, unterbrach der Ia. »Hätte der Führer der zum Durchbruch angesetzten Truppen die Zwecklosigkeit seines Vorgehens klar erkannt, wenn er die Wahrheit gewußt hätte?«

»Darüber gibt es gar keinen Zweifel«, sagte der Leutnant Asch. »Herr Major Hinrichsen hätte sich geweigert, die Aktion zu leiten, wenn er die genaue Situation gekannt hätte. Er hätte sich geweigert, um sinnloses Blutvergießen zu vermeiden. Es mußten aber über zwanzig Soldaten sterben, damit Oberst Hauk und Oberleutnant Greifer die Chance bekamen, an ihre Freßkisten heranzukommen.«

»Ich protestiere«, rief Greifer wild. »Einmal stammen die Zahlen nicht von mir, sondern allein von Oberst Hauk – ich habe sie lediglich weitergeleitet. Und von Freßkisten kann auch keine Rede sein!«

»Der Obergefreite Kowalski kann zu diesem Punkt aussagen«, erklärte Asch.

Kowalski schob sich vor. »Also«, sagte er breit, »ich kann bezeugen, daß der Oberleutnant Greifer persönlich im Wäldchen nacheinander alle dort vorhandenen Einheiten abgegangen ist. Die Zahlen sind daher bestimmt von ihm und von keinem anderen. Und wenn der Oberst allein von sich aus falsche Zahlen genannt haben sollte – dieser Herr stand dabei, ohne mit der Wimper zu zucken.«

»Vielleicht habe ich mich da verhört«, sagte Greifer, nur mit Mühe grinsend.

»Und was die Kisten anbelangt«, fuhr Kowalski fort, »so waren es Freßkisten, ohne Ausnahme. Ich habe sie begutachtet und dann unter die Bevölkerung verteilt.«

Der Leutnant Brack meldete sich. »Zwei Fragen, Obergefreiter Kowalski. Besteht die Möglichkeit, daß die Angeklagten Hauk und Greifer tatsächlich nur über die vorübergehend freigekämpfte Kreuzung fuhren, um Verstärkung zu holen? Dann: Besteht die Möglichkeit, daß einzelne Kisten vielleicht etwas anderes enthielten als Verpflegung – zum Beispiel Akten?«

»Haben wir Verstärkung bekommen?« fragte Kowalski zurück. »Lassen sich Akten aussaufen?«

»Ich protestiere abermals«, sagte Greifer krampfhaft. »Wir haben versucht, Verstärkung aufzutreiben, aber es gelang uns nicht. Wir haben weiterhin geheime Papiere in unseren Kisten gehabt – sie waren aber versteckt.«

»Zwischen Schnapsflaschen?« fragte Kowalski grinsend.

Der Ia sah Luschke an, und der General nickte ihm kurz zu. »Kommen wir zum nächsten Punkt«, sagte der Major drängend.

Und plötzlich herrschte für wenige Sekunden völlige Stille in dem schwacherleuchteten Raum. Das Gedröhn der fernen Motoren schien langsam näher gekrochen zu sein. Eine schwere, immer noch einige Kilometer entfernte Detonation zersprengte die lauschende Atemlosigkeit der Anwesenden. Eine Fensterscheibe klirrte leise.

»Weiter!« rief der Ia ungeduldig.

»Nächster Punkt«, sagte der Leutnant Asch, »ist die Ermordung der Frau Willrich.«

»Wo ist die Leiche?« fragte Greifer mit Hohn. »Wo ist ein medizinisches Gutachten? Wo ist der Totenschein? Solche Dinge gehören nun mal zu einem ordentlichen Verfahren, meine Herren! Aber das alles scheinen Sie nicht zu wissen. Das sind grobe Formfehler! Ein einziger davon genügt, um ein ausgesprochenes Urteil rechtsunwirksam werden zu lassen. Das alles sollten Sie sich merken!«

»Das einzige«, sagte der Ia, »was ich mir merke, ist die Tatsache, daß Sie über Formfragen der Militärgerichtsbarkeit ziemlich genau Bescheid zu wissen scheinen. Woher haben Sie Ihre Kenntnisse?«

»Raten Sie mal?« rief Greifer.

»Standen Sie schon einmal vor einem Gericht – oder saßen Sie auf der Richterbank?«

»Im Augenblick jedenfalls stehe ich vor einem Kegelverein – der nur noch nicht zu wissen scheint, daß schon ein anderer Verein draußen ansteht und die Kegelbahn benutzen will.«

»Der Fall Willrich, Leutnant Asch«, sagte der Ia.

»Frau Willrich wurde in ihrer Wohnung ermordet aufgefunden.«

»Ich kenne keine Frau Willrich«, sagte Greifer und fühlte sich überlegen. »Beweisen Sie mir das Gegenteil, Leutnant Asch!«

»Die Zeugin Barbara Brucks«, sagte der.

»Zeugin!« rief Greifer und grinste schiefmäulig und mit Hast. »Die kann doch weder für etwas noch gegen etwas zeugen – die kann überhaupt nicht zeugen!«

»Ich darf annehmen«, sagte der Verteidiger, Leutnant Brack, »daß der Angeklagte andeuten will, er halte die als Zeugin vorgesehene Barbara Brucks für nicht zeugniswürdig. Hierzu kann bemerkt werden, daß auch das Bürgerliche Gesetzbuch ...«

»Danke für die Belehrung, Herr Leutnant«, sagte der Ia. »Sie ist unnötig. Bitte, Fräulein Brucks.«

Barbara trat vor, ein wenig zögernd, als betrete sie eine Eisfläche. Sie sah zu Asch hinüber, und der nickte ihr zu. Und sie sagte: »In Gesprächen zwischen Oberst Hauk und Oberleutnant Greifer, die ich zufällig mitgehört habe ...«

»Zufällig!« rief Greifer. »Gehorcht hat diese Nutte! An Schlüssellöchern! Die ist doch nur böse, weil wir sie abserviert haben. Und wir haben sie abserviert, weil sie eine Nutte ist. Und die räudige Katze, die wir weggejagt haben, die soll jetzt die Möglichkeit bekommen, Offiziere anzusauen? Das gibt es doch bei keinem Gericht der Welt!«

»Halt die Schnauze, du Schwein!« rief Asch wütend.

»Keine privaten Unterhaltungen, bitte«, sagte der Ia sarkastisch. »Das Wort hat Fräulein Barbara Brucks.«

»In den Gesprächen, die ich mitgehört habe«, sagte Barbara Brucks hastig, »ist mehrmals der Name Willrich gefallen und der des Ortes, in dem Frau Willrich wohnte. Und zwar im direkten Zusammenhang mit Stabszahlmeister Brahm und ausgelagerten Kisten.«

»Ausgelagerte Kisten — eine bemerkenswerte Bezeichnung«, sagte der Ia. Und er sagte warnend zu Greifer, der den Mund öffnen wollte: »Unterbrechen Sie die Aussage nicht — oder ich werde Ihre Auslagerung veranlassen. Bitte weiter, Fräulein Brucks.«

»Wir fanden schließlich das Haus«, sagte der Leutnant Asch, als Barbara zögerte, »und darin die Leiche der Frau Willrich.«

»Vielleicht haben Sie sie produziert!« warf Greifer ein.

»Einige Stunden vor uns waren Hauk und Greifer in diesem Haus. Nachbarn können das bezeugen.«

»Sind die Nachbarn anwesend?« fragte Greifer. »Liegen ihre Aussagen vor — und zwar protokolliert und von einer Amtsperson gegengezeichnet? Und schön — nehmen wir ruhig an, wir hätten tatsächlich dieser Willrich einen Besuch abgestattet. Als wir sie verließen, lebte sie noch. Nach uns — Leutnant Asch mit dieser Dame!«

»Wir kamen Stunden später«, sagte der Leutnant Asch. »Wir fanden eine Leiche, die bereits kalt war. Ein von uns hinzugezogener Arzt untersuchte sie. Nach seinem Befund mußte der Tod ziemlich genau um die Zeit eingetreten sein, zu der sich Hauk und Greifer im Haus aufhielten.«

»Alles Blödsinn!« rief Greifer. »Wo ist der Arzt? Wo ist sein Befund? Und wie kommt dieses sogenannte Gericht dazu, alles für bare Münze zu nehmen, was irgendein Leutnant daherschwätzt? Ich beantrage, festzustellen, ob zwischen dem Leutnant und dieser Dame ein Verhältnis besteht, die haben ihre Aussagen offensichtlich miteinander abgesprochen. Und außerdem ...«

Greifer unterbrach plötzlich seinen Redefluß. Er lauschte. Das kam völlig überraschend; alles schwieg. Alle lauschten gleich Greifer.

Das Gedröhn der Motoren hatte sich näher geschoben. MG-Feuer zitterte kurz und krampfhaft auf; erstarb dann. Der brodelnde Motorenlärm schien intensiver zu werden, sich auf sie zuzuschieben — langsam, ganz langsam. Unaufhaltsam. Nervennagend.

»Außerdem — das!« sagte Greifer triumphierend.

Der Ia ließ den Zettel, den er in seiner Hand hielt, sinken. Er sah forschend und fordernd auf den General. Der saß da, als hörte er ein lärmendes, aber ihn dennoch gleichgültig lassendes Rundfunkkonzert, das abzustellen er als Zeitvergeudung empfand.

»Also weiter«, sagte der Ia. »Der dritte Fall – Stabszahlmeister Brahm.«

»Stabszahlmeister Brahm«, sagte der Leutnant Asch, »wurde ermordet in der Nacht von gestern auf heute. Seine Leiche ...«

»Leichen«, sagte Greifer, »gibt es nun mal im Krieg – die meisten entstehen durch direkte Feindeinwirkung. Aber es gibt auch andere Möglichkeiten, besonders in einer Zeit, in der Laien Justiz spielen und Soldaten zu Wegelagerern werden. So kann einer sterben, weil ein Urteil vorlag; er kann auf eine Mine treten; er kann von beutegierigen Landsern, die des Nachts herumstreunen, überfallen werden; er kann aber auch Selbstmord begehen. Suchen Sie sich das Passende aus.«

»Es war Mord«, sagte der Leutnant Asch. »Und der Obergefreite Kowalski kann das bezeugen.«

»Bezeugen!« rief Greifer. »Was will der denn schon bezeugen? Seine eigene Tat?«

»Ich habe in der vergangenen Nacht«, sagte der Obergefreite Kowalski, »drei Mann aus dem bewußten Haus in der Hindenburgstraße gehen sehen, in Richtung Stadtwald. Kurz darauf fielen dort zwei Schüsse. Später kamen zwei Mann wieder zurück – Hauk und Greifer. Die Leiche des Stabszahlmeisters Brahm lag im Wald.«

»Aus dem Revolvermagazin des Oberleutnants Greifer«, sagte der Leutnant Asch, »fehlen zwei Schuß. Der Revolver ist benutzt. Das Kaliber stimmt mit den Kugeln im Körper von Brahm überein.«

»Verantworten Sie sich, Oberleutnant Greifer!« forderte der Ia.

»Wenn überhaupt – dann vor den Amerikanern«, sagte der. »Die sind jetzt da! Machen Sie Ihre Ohren auf, meine Herren.«

Das brodelnde, kochende, dumpf brüllende Motorengedröhn war nahe. Die Fensterscheiben klirrten leise, in nervöser Hast, pausenlos. Dann zerkrachte und zersplitterte eine Wand aus Holz, Eisen und Glas – und es war, als geschehe das alles unmittelbar unter den Fenstern des dürftig erleuchteten Raumes, in dem die Menschen den Atem anzuhalten schienen.

»Das allein«, sagte Greifer hektisch und wies mit weit ausgestrecktem, verkrampftem Arm auf die Fenster, »ist jetzt nur noch wichtig! Das ist das einzige Argument, das jetzt noch zieht. Danach haben wir uns zu richten!«

Der General sah den Ia scharf an. Und der sagte, indem er seine Hände um die Tischplatte krampfte. »Die Verhandlung ist noch nicht beendet – sie wird auch nicht unterbrochen.«

»Wir sind am Ende«, rief Greifer, krampfhaft um die letzten Minuten kämpfend. »Und wir sind es, weil zuviel Versager unter uns sind. Weil die Behauptungen irgendeines durch günstige Zeitumstände zum Offizier beförderten Ehrabschneiders ernst genommen werden! Weil die Aussagen einer Nutte mehr wiegen als die verdienter Soldaten! Weil Deserteuren, Meuterern und Drückebergern geglaubt wird!«

Der Ia schnellte hoch, den Oberkörper vorgebeugt, auf Greifer zu. Der Generalmajor tippte leicht gegen den Oberarm seines Mitarbeiters. Und der setzte sich wieder.

»Während sich Verräter und Saukerle bereicherten«, rief Greifer mit zügelloser Berauschtheit, »haben wir uns bis zum letzten Atemzug eingesetzt. Wir wußten immer, was Pflicht war. Wir haben niemals feige kapituliert. Aber das alte Soldatentum, dem wir uns verschrieben haben, stört jetzt die Tätigkeit der Wegelagerer und Plünderer, der Feiglinge und Kriegsgewinnler. Deshalb wird versucht, uns Morde anzuhängen, deshalb sollen wir weggeräumt werden.«

Die Menschen im Raum schienen, ohne einen Schritt zu tun, zurückzuweichen. Das spärliche Licht flackerte wild. Die Fenster zitterten wie im Fieber.

Und der General lächelte wie ein Toter.

»Wir«, gurgelte Greifer hemmungslos, »sind keine Vaterlandsverräter! Die sind es, die uns einen Strick drehen wollen! Wir hatten einen geheimen, kriegsentscheidenden Auftrag durchzuführen — und der wurde sabotiert. Sabotiert von Schweinehunden, die die Heimat im Stich ließen! Die Deutschland verraten haben!«

Greifer keuchte. Die Menschen im Raum schwiegen. Das Gedröhn der schweren Motoren schwoll zu erbarmungslos auslöschender Lautstärke an. Dann wurden sie plötzlich abgeschaltet — und lastende Stille lag im Raum.

Und der General Luschke sagte: »Aufhängen!«

Zehn Minuten später hing der ehemalige Oberleutnant Greifer auf dem Exerzierplatz der Artilleriekaserne.

Die Amerikaner waren in der Stadt.

Die weißen Flaggen hingen aus zahlreichen Fenstern, als habe die gesamte Bevölkerung Wäsche zum Trocknen ausgehängt. Vereinzelte Bewohner begannen sich zu zeigen. Sie lächelten erleichtert oder angstvoll, ergeben oder apathisch, vertrauensvoll oder verachtend, freundschaftlich oder feige. »Endlich habt ihr uns befreit!« rief jemand.

Und ein anderer korrigierte mit Eifer den Rufer und schrie seinerseits: »Von den Nazis habt ihr uns befreit — endlich!«

Die Amerikaner hockten zumeist gleichgültig, zu ihrem Glück des

Deutschen nicht mächtig, auf ihren Fahrzeugen. Sie hatten beherrschte Siegergesichter aufgesetzt; aber es war ihnen anzumerken, daß auch sie nicht frei von Furcht waren. Sie witterten überall Werwölfe, Nazibestien und KZ-Schlächter – wie es ihre Armeezeitungen ihnen beharrlich und daher erfolgreich eingeredet hatten.

Draußen vor der Stadt ließ der Hauptmann Schulz die Reste der von ihm befehligten Soldaten, bestehend aus hilflosen Kommandanturangehörigen und ahnungslosen Volkssturmleuten, antreten. Er richtete sie persönlich aus und übergab dann sie und sich den staunenden Amerikanern. Hocherhobenen Hauptes, geschwellt von dem Bewußtsein, bis zum letzten Atemzug seine Pflicht getan zu haben, so marschierte er an der Spitze der Seinen in die Gefangenschaft.

Hinter ihm trottete Heini, der Hitlerjunge, und weinte herzzerreißend um sein verlorenes Heldentum.

»Heini«, sagte Schulz mannhaft, »hör jetzt endlich auf zu heulen! Ein echter Soldat heult nicht!«

»Jawohl, Herr Hauptmann«, schluchzte Hitlerjunge Heini ergeben.

»Und damit du endlich auf andere Gedanken kommst, Heini«, sagte der Krieger Schulz, »darfst du jetzt mein Gepäck tragen.« Und das geschah denn auch mit schöner Bereitwilligkeit.

Der Führer der siegreichen Truppen nahm mit vierundzwanzig Sherman-Panzern und zahlreichem Infanteriebegleitpersonal die Stadt und damit auch die Artilleriekaserne. Entschlossene Sieger durchstürmten die leeren Korridore.

Diverse Schnellfeuerwaffen zersägten den Putz der kalten Wände. Am Tor pinkelte einer den Hoheitsadler an.

Ein Captain, zwei Leutnants und sechsunddreißig schwerbewaffnete Männer nahmen den Generalmajor Luschke gefangen, der unbeweglich hinter seinem Schreibtisch saß. Neben ihm stand, gleichermaßen unbeweglich, der Ia, der sich als einziger, trotz Luschkes wiederholt ausgesprochenem Befehl, konstant geweigert hatte, sich von seinem General zu trennen.

Die Soldaten schoben die Leutnants vor und diese den Captain, und der sagte: »Herr General – Sie sind gefangen.«

Der Generalmajor Luschke erhob sich wortlos, rückte seine Uniform zurecht und schritt dann hinaus, gefolgt von sechsunddreißig Mann, zwei Leutnants und einem Captain.

Inzwischen hatten andere Sieger einen Infanteriebegleitwagen und zwei Jeeps auf dem Exerzierplatz auffahren lassen. Zwölf voll aufgedrehte Scheinwerfer legten grelles Licht auf den an einem Strick baumelnden Oberleutnant Greifer. Die amerikanischen Soldaten staunten, erschauerten, drängten sich näher.

»Dieser Offizier«, sagte einer, der auf Grund seiner Kenntnis zahlreicher Rundfunkkommentare um die tieferen Zusammenhänge wußte, »wird ein Widerstandskämpfer gewesen sein. Die Nazis haben ihn noch in letzter Minute umgelegt.«

Kurz hinter der sogenannten kämpfenden Truppe traf der CIC ein. Captain Ted Boernes, der in jeder Beziehung gründliche Vorarbeit geleistet hatte, bezog die Villa des Kreisleiters in der Hindenburgstraße. James I setzte sich, gemeinsam mit James II und Vertrauensmann Hinrichsen, in den Räumen der Ortskommandantur fest.

Auch diese Stadt, so glaubten die Amerikaner, gehörte ihnen.

Am späten Abend erschien der Führer der siegreichen Truppen in den Amtsräumen der CIC und erklärte: »Ich stoße noch heute nacht befehlsgemäß weiter ostwärts vor.«

»Lassen Sie sich nicht aufhalten«, sagte James I, dem die Freude, endlich völlige Aktivität zu haben, deutlich anzumerken war.

»Ich lasse nur spärliche Truppenverbände hier – in erster Linie zur Bewachung des Gefangenenlagers, das in der Artilleriekaserne errichtet wird.«

»In Ordnung«, sagte James I unternehmungslustig. »Wir sind ganz wild darauf, Sie auch weiterhin siegen zu sehen. Bleiben Sie also getrost am Feind.«

»Werden Sie sich auch um das Gefangenenlager kümmern?« fragte der Obersieger. »Ich meine: im Rahmen Ihres Spezialauftrags.«

»Aber selbstverständlich!« versicherte James I und blinzelte seinen Helfern zu. »Das gehört mit zu unseren Aufgaben, also wird das auch prompt erledigt.«

»Sehr schön«, sagte der hochrangige Panzerheld. »Das beruhigt mich. Ich lasse dort alles einliefern, was wir schon aufgegriffen haben und noch aufgreifen werden. Und achten Sie auf Kriegsverbrecher!«

»Immer«, sagte James I. »Ganz scharf!«

»Da ist in der Kaserne noch kurz vor Toresschluß ein Offizier aufgehängt worden. Möglicherweise ein Widerstandskämpfer. Wenn Sie Zeit haben, Mister James, nehmen Sie sich diesen Fall mal unter die Lupe.«

»Für solche ganz speziellen Fälle habe ich immer Zeit – verdammt viel Zeit.«

»Gut«, sagte der Sieger. »Ich werde Sie also verlassen und weiter vorstoßen. Und wie gesagt: Truppen bleiben hier nur in spärlicher Zahl zurück. Ein paar Verpflegungshaufen und knapp eine Kompanie zur Bewachung der Gefangenen im Camp. Aber passieren wird ja wohl nichts. – Die allgemeine Situation ist jetzt schon so weit gediehen, daß ein einziger unserer Soldaten ein ganzes großdeutsches Regiment aus dem Anzug stoßen kann. Sollte aber dennoch ...«

»Wir halten die Stellung. Und wenn hier was aus dem Leim geht, schreiben wir Ihnen eine Karte.«

In dieser Nacht schien die Stadt nicht schlafen gehen zu wollen.

Zahlreiche Flaschen wurden geleert. Auf den Sieg! Auf den Endsieg! Auf die Befreiung! Auf die Freiheit! Auf das Wohl Trumans, auf das des Generals Luschke, auf die Gesundheit des Führers, auf die von Eisenhower! Auf die amerikanischen Soldaten, die deutschen Soldaten, die Verbündeten von gestern, die Alliierten von heute, die Waffengefährten von morgen!

Manche tranken sogar auf den Frieden. Aber die meisten waren schon sehr betrunken, als sie das taten. Daher geschah es mit viel Überzeugung.

»Der General«, sagte der Leutnant Asch, der nunmehr der Zivilist Herbert Asch war und jetzt im Wohnzimmer über dem Café saß, »sah die ganze Zeit aus wie eine Sphinx. Und dann hat er weiter nichts gesagt als: ›Aufhängen!‹ Und kaum hatte er das gesagt, da hing das Schwein auch schon.«

»Grausam!«, sagte Barbara, die neben ihm saß.

»Gerecht«, sagte Herbert Asch.

»Grausame Gerechtigkeit«, sagte der alte Asch nachdenklich. »So weit sind wir gekommen.«

»Der General«, sagte Wedelmann, der die Hand von Magda fest umklammerte, als brauche er einen Halt, »hat als Mensch Hitler gehaßt – aber als Soldat mußte er für ihn kämpfen. Ich habe diesen Hitler geliebt – jetzt werde ich niemals mehr jemandem vertrauen können, der von mir verlangt, daß ich mein Leben einsetzen soll. Diese Welt ist voller Lügen! Die wenigen, die nicht lügen können, bekommen keinen Atem mehr. Unsere Generation ist schändlich verraten worden.«

»Das alles«, sagte Magda sanft, »ist jetzt vorbei – für immer.«

»Ich habe noch nicht das Gefühl, daß der Krieg völlig zu Ende ist«, sagte Herbert Asch. »Ich vermisse noch den endgültigen Abschluß. Wir haben nur ein Schwein hängen können – das zweite fehlt.«

»Ich verstehe das alles nicht!« sagte Barbara hilflos.

»Du machst dich unglücklich«, sagte der alte Asch bitter zu seinem Sohn. »Wie könnt ihr einen verblendeten Menschen umbringen – in den letzten Minuten des Krieges!«

»Wir haben keinen verblendeten Menschen aufgehängt, sondern einen viehischen Mörder. Und ob das drei Jahre, drei Monate oder drei Minuten vor Toresschluß geschehen ist, spielt dabei keine Rolle. Ich bereue nichts. Ich bin nur unzufrieden – in quälender Weise unzufrieden. Denn das Wichtigste fehlt. Dieser Mordbube war ja nur ein Werkzeug. Auf den Anführer kommt es aber an!«

»Was hat dieser Krieg aus dir gemacht, mein Sohn!« rief der alte Asch.

»Ein Schwein hat der Krieg aus mir gemacht!« sagte Herbert Asch grimmig. »Ein armes, hirnloses, schlachtreifes Schwein.«

»Und was soll ich sagen?« Wedelmann sah seinen Kameraden traurig an. »Ich bin wie gelähmt. Mein Verstand funktioniert einfach nicht mehr. Ich begreife nichts von dem, was um mich herum geschieht – und ich weiß nur eins: Ich will keinen Anteil daran haben!«

»Die Zeit heilt alle Wunden«, sagte Magda zart.

»Diese nicht«, sagte Wedelmann und schüttelte den Kopf. »An ihnen werden wir verbluten – wenn wir niemand finden, der uns hilft.«

»Niemand wird uns helfen«, sagte Asch hart. »Wir müssen allein fertig werden – mit uns selbst und mit dem, was uns umsteht. Auch mit dem, was auf uns zukommt. Aber jedem Anfang muß ein Ende vorausgegangen sein. Ein eindeutiges Ende. Und gerade das fehlt mir!«

James I war entschlossen, dieser nunmehr ihm unterstehenden Stadt zu zeigen, und zwar unverzüglich, wie eine echte Befreiung auszusehen habe. Kaum angekommen, begann er zu residieren. Er bezog die Ortskommandantur wie ein siegreicher Feldherr.

Sein erstes Opfer, so glaubte er wenigstens, war der Gefreite Stamm. Stamm empfing die Sieger im hellerleuchteten Korridor außerordentlich herzlich und mit dem Ruf: »Willkommen!«

James I, von James II und Mitarbeiter Hinrichsen begleitet, streckte seine Hand aus, als wolle er einen Bannfluch schleudern, und rief: »Gefangen!«

»Jawohl«, sagte Stamm, nicht sonderlich beeindruckt. »Gern zu Diensten – und ich kenne mich hier genau aus.«

»So?« fragte James I nicht uninteressiert und trat näher. »Sie wissen hier genau Bescheid?«

»Bis in den letzten Winkel hinein! Und in der Partei war ich auch nicht.«

James I musterte Stamm wie eine Ware, von der vermutet werden durfte, daß sie, ihres niederen Preises wegen, von nicht sonderlicher Qualität sei.

Er blickte, Zustimmung erheischend, zu James II hinüber, aber der zuckte lediglich, so seine Gleichgültigkeit andeutend, mit den Schultern.

Hinrichsen schwieg vorsichtig.

»Mann«, sagte James I zum Gefreiten Stamm, »ich kann Sie vielleicht brauchen. Aber wenn Sie mich zu hintergehen versuchen, lege ich Sie um.«

»Ich habe«, versicherte Stamm, »den Ehrgeiz, sehr alt zu werden.«

James I lachte; aber er lachte allein, was ihn jedoch weiter nicht störte. Der Gefreite gefiel ihm. Und er fragte grinsend: »Wer hat den Krieg gewonnen?«

»Die Vereinigten Staaten von Amerika«, sagte Stamm prompt.

»Und wer hat den Krieg verloren?«

»Die Deutschen.«

»Und wer ist der größte Feldherr aller Zeiten?«

»Der General Eisenhower.«

»Und wer ist der größte Verbrecher aller Zeiten?«

»Hitler!« sagte Stamm und grinste seinerseits.

James II, der diesem munteren Frage-und-Antwort-Spiel mit Staunen gefolgt war, fragte jetzt unwillig: »Was soll das eigentlich?«

»Ein neues Gesellschaftsspiel«, sagte James I. »Klappt doch großartig!«

Und er engagierte, nach nochmaliger wortarmer, dennoch eindringlicher Verwarnung, den Gefreiten Stamm als aushilfsweise Hilfskraft. Er ließ sich von ihm alle Räume zeigen, bezog dann die besten und richtete das große Büro des ehemaligen deutschen Kommandanten als gemeinsames Arbeitszimmer ein: drei Schreibtische standen mit geringen Zwischenräumen nebeneinander.

Eine der ersten Amtshandlungen von James I war die Bestätigung des Gefängniswärters Krawattke in seinem Amt, der sich hierauf in Eile selbst beförderte und »Gefängnisinspektor« nannte und bereitwillig erklärte, jeden von ihm gewünschten Treueid zu schwören. Innerhalb einer Stunde wechselte die Belegschaft des Gefängnisses; unter anderem wurde der Werkmeister Freitag entlassen und der Ortsgruppenleiter eingeliefert.

James I durcheilte, von zwei bulligen Militärpolizisten abgeschirmt, gleich einem Racheengel die Stadt. Er hatte, fand Stamm, die Energie eines kriegsunverbrauchten preußischen Feldwebels; und die Planmäßigkeit, mit der er vorging, war nur noch mit der eines vollausgeruhten Polizeibeamten zu vergleichen. Seine Anordnungen glichen Urteilen, und wo er hintrat, schien kein Gras mehr wachsen zu wollen.

Und während James I baggerartig aufzuräumen versuchte, schlief zunächst einmal James II an seinem neuen Schreibtisch Vorrat. Der Kampfgefährte Hinrichsen aber hatte sich im Funkwagen breitgemacht, der auf dem Marktplatz stand. Er raubte sämtlichen erreichbaren amerikanischen Einheiten im Umkreis von fünfzig Kilometern den Schlaf und fahndete zäh nach einem Oberst Hauk.

Einer der ersten Bewohner des Ortes, die James I in seinen Amtsräumen empfing – und er nannte diesen Vorgang: Audienz geben –, war Hochwürden Westhaus. Der herbeizitierte Priester ging auf den Amerikaner zu, verbeugte sich höflich und fragte: »Was kann ich für Sie tun?«

Diese Frage überraschte James I. Er sagte, ohne auch nur daran zu denken, seinem Besucher einen Stuhl anzubieten: »Wer hat hier eigentlich wen befreit, Herr Pfarrer?«

»Das«, sagte der freundlich, »kommt wohl ganz darauf an, von welchem Standpunkt aus man die Ereignisse betrachtet.«

»Herr Pfarrer«, sagte James I, »sind Sie eigentlich Parteigenosse?«

»Natürlich nicht«, sagte der.

»So natürlich ist das gar nicht.« James I gedachte mit diesem Mann, der die Segnungen der Befreiung offenbar nicht voll zu würdigen wußte, kurzen Prozeß zu machen. »Ein Nazi waren Sie also nicht – waren Sie ein Gegner des Nazismus?«

»Das kann man wohl sagen!«

»Das sagen heute alle«, erklärte James I souverän. Und es befriedigte ihn sehr, daß Hochwürden Westhaus, vermutlich von den Resten seines Gewissens dazu gezwungen, betreten schwieg. »Oder sind Sie etwa politisch verfolgt worden, Herr Pfarrer?«

»Nicht mehr als üblich«, sagte der Priester. »Die ständige Überwachung meiner Predigten, zwei Hausdurchsuchungen, ein Verhör durch die Gestapo.«

»Waren Sie im KZ? Sind Sie mißhandelt worden?«

»Ich wurde mehrfach verwarnt.«

James I zuckte kurz mit den Schultern. »Das«, meinte er, »kann heute jeder sagen! Und es ist verdächtig, daß Sie zwar bei der Gestapo waren, aber dort nicht behalten wurden – warum eigentlich nicht? Waren Sie den Leuten etwa wertvoll oder nur unwichtig?«

»Das zu beurteilen«, sagte Westhaus steif, »überlasse ich Ihnen.«

»Herr Pfarrer«, sagte James I, das genießend, was er glaubte als Überlegenheit bezeichnen zu können, »wir bringen den Männern der Kirche ein gewisses Vertrauen entgegen – aber kein blindes Vertrauen. Es hat Geistliche gegeben, die für Hitler beteten.«

»Gewiß«, sagte Hochwürden Westhaus, »wir haben ihn, als Staatsoberhaupt, ganz in unsere Gebete miteingeschlossen, offiziell, mit vorgeschriebenem Wortlaut – und wer wohl hätte diese Fürbitte nötiger gehabt?«

»Sie war doch völlig zwecklos!«

»Das zu beurteilen steht uns nicht zu.«

»Eine offene Frage, Herr Pfarrer – verdammen Sie die Nazis?«

»Nein«, sagte Westhaus aufrichtig. »Ich verabscheue den Nazismus, aber es steht mir nicht zu, Menschen zu verdammen.«

»Derartige Unterschiede«, sagte James I, »verwirren nur.«

Und er glaubte feststellen zu müssen, daß eine Fortführung dieses Gespräches zwecklos war, zeitraubend, ohne praktisches Ergebnis.

»Halten wir uns an Tatsachen. Kennen Sie einen Werkmeister Freitag?«

»Ein gerader, aufrechter Mann«, sagte Westhaus. »Ein Antifaschist.«

»Genauso einer wie Sie?«

»Ich bin Seelsorger«, sagte Westhaus mit Würde. »Die Politik beherrscht mein Amt nicht.«

James I entließ den Geistlichen mit ein paar allgemeinen, nichtssagenden Worten. Er beschloß, ihn von seiner Liste zu streichen. Mit tatkräftiger Unterstützung von dieser Seite war nicht zu rechnen.

»Kannst du nicht mit dieser Ausfragerei bis morgen warten?« wollte James II gähnend wissen.

»Du kannst ruhig schlafen gehen«, sagte James I.

»Und wenn ich wieder aufwache, hast du dein Dutzend Dummheiten voll!«

»Pastor«, sagte James I belustigt, »kümmere dich gefälligst um deinen Dreck. Du meinst wohl: Wer nichts macht, kann auch keine Dummheiten machen! Nimm dir ein Beispiel an Hinrichsen. Der kurbelt seinen Wehrmachtsladen an!«

»Weißt du, Partner, wie du mir vorkommst? Wie ein Kamel, das sich durstig an eine Tränke stürzt, deren Wasser aufgewühlt, also saudreckig ist. Warum wartest du nicht ab, bis das Wasser einigermaßen klar ist?«

»Komm 'runter von deiner Palme!« sagte James I ungekränkt. »Kümmere dich lieber um den Erhängten in der Kaserne. Wer das veranlaßt hat, der ist ein Kriegsverbrecher!«

»Das fällt nicht in mein Ressort«, verkündete James II gelassen. »Wehrmacht bearbeitet Hinrichsen. Aber der hat im Augenblick ganz andere Dinge im Kopf — und ich möchte gerne wissen, welche!«

»Muß ich denn alles allein machen!« rief James I.

»Wenn du durchaus willst«, sagte James II und bezog wieder seine Schreibtischschlafstellung, »dann mußt du eben!«

Der ehemalige Obergefreite Kowalski, jetzt im saloppen Zivilanzug, kreuzte im Café Asch auf. Er hatte sich mehrere Flaschen unbekannter Herkunft unter die Arme geklemmt und schloß die Tür hinter sich mit dem Fuß.

»Herrschaften«, sagte er und sah sich freudig grinsend um, »trinken wir auf das Wohl unserer lieben Amerikaner.«

»Daß Sie noch leben!« sagte der alte Asch sarkastisch.

»Und wie!« erwiderte der strahlend. »Jetzt beginne ich erst richtig.«

Kowalski stellte die Flasche ab und betrachtete aufmunternd die Anwesenden: die Wedelmanns, die er als Gartenlaubenehepaar bezeichnete, den jungen Asch, Barbara, die er für einen unentwegt munteren Betthasen hielt, den alten Asch.

»Immerhin«, sagte der mißgestimmte Cafetier, der inzwischen klar erkannt zu haben schien, daß nicht der geringste Grund vorlag, rosig in die Zukunft zu blicken, »immerhin haben Sie diesmal nicht meinen Keller geplündert — das nenne ich einen Fortschritt.«

»Unsere lieben Amerikaner«, versicherte Kowalski, »waren diesmal so frei.«

»Hast du dich etwa schon angebrüdert?« fragte Herbert Asch.

»Gar nicht erst nötig«, sagte der und ließ sich nieder. »Alle Menschen sind doch Brüder! Wenigstens auf dem Papier. Die Herrenmenschenrasse existiert nicht mehr — soweit sie germanisch ist, versteht sich. Endlich kann die Welt genesen! Fragt sich nur, wer von den Siegern das größte Talent besitzt, sich gesundzustoßen.«

»Sie haben doch nicht etwa geplündert?« fragte der alte Asch, der sofort wieder neue Komplikationen witterte.

»Ich und plündern!« rief Kowalski bieder. »Was trauen Sie mir eigentlich zu? Ich habe einen stark ausgeprägten Sinn für Gerechtigkeit — das ist alles. Ich ging an einem Jeep vorüber, der offensichtlich stark überladen war. Da habe ich ihn ein wenig erleichtert.«

»Einfach so?« fragte Barbara mit großen Augen.

»Ganz einfach so!« sagte Kowalski und produzierte eine schraubende, zugreifende, bergende Handbewegung.

»Kann man das?« fragte Herbert Asch.

»Aber leicht!« sagte Kowalski. »Auch unsere Wachtposten waren für die ruhige Tour — aber die Amerikaner scheinen auf diesem Gebiet besonderen Ehrgeiz entwickelt zu haben.«

»Warum lassen Sie nicht endlich die Finger von diesen Dingen?« fragte Wedelmann verständnislos. »Haben Sie denn immer noch nicht genug? Der Krieg ist doch aus!«

»Bei mir«, sagte Kowalski breit, »hat sich der Krieg noch nicht abgemeldet. Und wovon soll ich genug haben? Vom Saufen etwa? Niemals!«

»Sie enden bestimmt noch einmal im Zuchthaus«, sagte der alte Asch überzeugt.

»Ich war schon über fünf Jahre drin — genau ab ersten September neunzehnhundertneununddreißig.«

»Wie sieht es eigentlich draußen aus, Kowalski?« fragte Herbert Asch spürbar stark interessiert.

»Halbmond, ziemlich wolkenfrei und mäßig warm.«

»Red keinen Unsinn, Kowalski — du weißt genau, was ich meine!«

»Herbert«, sagte der alte Asch besorgt, »was geht dich das noch an. Das kann dir doch egal sein.«

»Höre auf deinen alten Vater!« sagte Kowalski. »Sei ein lieber, guter Sohn.«

»Wollen Sie hier etwa übernachten, Herr Kowalski?« fragte der Cafetier.

»Mitnichten!« versicherte der. »Ich gedenke mich heute bei Schulz einzuquartieren — ich muß doch die arme, einsame Frau trösten. Das betrachte ich als Kameradenpflicht.«

»Dann lassen Sie sich nicht aufhalten!« sagte der alte Asch.

»Was sind Sie doch für ein netter Mann!« rief Kowalski. »Sittenrichter und Tugendwächter — aber nur in den eigenen vier Wänden. Wenn bei Ihnen im Hause das Barometer steigt, dann schrecken Sie nicht einmal davor zurück, ein jungverheiratetes Ehepaar zu trennen, nur damit normale Menschen freudlos ihre Nächte verbringen. Schämen Sie sich gar nicht?«

»Sie wollen doch nicht etwa behaupten, Herr Kowalski, daß Sie wissen, was Scham ist?«

»Wir leben in einer Zeit des Spezialistentums — jeder das, was er am besten kann. Sie schämen sich. Ich nicht. Aber wie werden Sie eigentlich heute nacht Ihre Moral aufrechterhalten?«

»Im Prinzip genauso wie gestern«, versicherte der Cafetier. »Herr Wedelmann schläft mit meinem Sohn in einem Zimmer, im anderen schlafen Frau Wedelmann und Fräulein Barbara. Anders ist das bei mir nicht zu machen.«

»Und um so was zu erleben, führt man nun Krieg!« rief Kowalski und gab sich empört. »Aber wenn die Sache so ist, Herbert, dann hast du ja hier nicht allzuviel zu versäumen. Komm doch mit — wir gehen spazieren.«

»Aber doch nicht heute nacht!« rief Barbara.

»Ob er hier im Haus oder draußen ist, das bleibt sich doch im Grunde gleich. Sie haben ja so oder so nichts von ihm. Und wenn er schon die eine Freude nicht haben kann, dann gönnen Sie ihm wenigstens die andere. Wie ist das mit Ihnen, Herr Wedelmann — haben Sie Lust, sich anzuschließen?«

»Mein Bedarf an derartigen Spaziergängen ist gedeckt«, sagte der mit eindeutiger Ablehnung. Und Magda legte ihre Hand behutsam auf die seine.

»Also los!« rief Kowalski. »Letzter Aufbruch der Nation.«

»Lohnt es sich wirklich?« fragte Herbert Asch und war schon dabei, sich zu erheben.

»Ich glaube schon«, sagte Kowalski. »Draußen ist zur Zeit die reinste

Sommerfrische. Als wir in der Kaserne türmten, nachdem das Tauziehen mit Greifer veranstaltet worden war, stattete ich dem Lazarett Soeft einen Anstandsbesuch ab. Der veranstaltete dort eine Siegesfeier, und zwar mit einer Lautstärke, die meinen feinen Ohren nicht gefiel. Dann ging ich zu Kamerad Stamm.«

»Mitten durch die Amerikaner hindurch?« fragte Barbara aufgeregt.

»Halb so wild«, sagte Kowalski. »Auch Sieger müssen mal pennen – und die hier scheinen ganz besonders schlafbedürftig zu sein. Sie stellen ihre Wagen ab wie auf Parkplätzen und sind wild nach Federbetten nebst Inhalt. Und die wenigen Posten, die sich in den Ecken herumdrücken, scheinen froh zu sein, wenn ihnen niemand etwas tut.«

»Also so gut wie keine Streifen und nur wenige Posten«, stellte Asch fest.

»Aber das interessiert dich doch gar nicht?« rief der alte Asch.

»Und ob ihn das interessiert!« versicherte Kowalski. »Im großen und ganzen also: verhältnismäßig ruhiger Betrieb – die Amerikaner können sich das ja auch leisten. Der großdeutsche Heldenmut ist verrauscht. Das Vaterland kann endlich ruhig sein. Jedenfalls: Die Helden von den Nachschubkolonnen schlafen – und die Kampftruppen scheinen einfach durchgebraust zu sein. Nur in der Kaserne herrscht ziemlich Betrieb: dort werden Gefangene gehortet.«

»Und was ist mit Stamm?«

»Der Bursche ist schon wieder mittendrin! Der versteht sein Handwerk! Der hätte das Zeug dazu gehabt, Obergefreiter zu werden. Weißt du, was der jetzt macht? Der ist Laufbursche beim amerikanischen Geheimdienst!«

»Hast du ihn gesprochen?«

»Ich habe mir Informationen von ihm geben lassen. Und bei dieser Gelegenheit konnte ich etwas erfahren, was dir glatt die Sprache verschlagen wird, Herbert.«

»Was denn?«

»Trink erst noch einen. Und dann setz dich fest hin. Hierauf hole tief Luft.«

»Was denn, Mensch?«

»Weißt du, wer mit den Befreiern zusammen eingetrudelt ist? Und zwar in prima amerikanischer Uniform? Und betriebsam wie ein ganzer Bienenkorb? Na? Du wirst es nie erraten.«

»Das werde ich auch nicht, weil du es mir, da du diese Nacht noch überleben willst, gleich sagen wirst.«

Und Kowalski sagte ganz langsam, überaus genußvoll und nicht ohne Feierlichkeit: »Hinrichsen.«

»Du spinnst«, sagte Herbert Asch überzeugt.

»Hinrichsen – kein anderer«, sagte Kowalski und genoß die Verblüffung, die er seinem Freund bereitet hatte. »Der dicke Major Hinrichsen, der letzte Offizier des Führers, der großdeutsche Wehrmachtsnazi – mitten im amerikanischen Geheimdienst!«

»Das«, sagte Herbert Asch und erhob sich spontan, »muß ich sehen!«

James I spielte immer noch, obwohl es langsam auf Mitternacht zuging, den Statthalter in altrömischer Manier. Es bestand offenbar nicht die geringste Aussicht, daß seine Antinazienergien noch vor Morgengrauen erlahmen würden.

James II rechnete es sich als Verdienst an, diese Entwicklung frühzeitig erkannt zu haben. Mit müden Whiskyaugen im rosigen Kindergesicht hockte er hinter seinem Schreibtisch, sperrte beide Ohren auf und wagte es nicht, schlafen zu gehen. Die Radikalkuren seines Partners behagten ihm gar nicht.

»Du störst nur den Betrieb, Pastor«, sagte James I zwischen zwei seiner Unterhaltungen, die nichts anderes als indirekte Vernehmungen waren. »Geh doch endlich schlafen! Wenn dich die Nazis dösend hinter deinem Schreibtisch sehen, bekommen sie langsam wieder Oberwasser.«

»Und bei dir bekommen sie Untertemperatur – auch keine normale Angelegenheit.«

»Ach was!« rief James I mit der triebhaften Freudigkeit von Boxern, die den Sieg schon in der Tasche zu haben glauben, bevor sie noch die Handschuhe anziehen. »Ich mache diesen Burschen Feuer unter die Parteihintern!«

»Erst mußt du doch wissen, ob das, was du anschmorst, auch Parteihintern sind, James! Du teilst immer nur Fußtritte aus – du siehst gar nicht, daß du einige unserer Freunde vor die Köpfe knallst.«

»Höre mir mal zu, Pastor«, sagte James I, und es war, als rede er jetzt zu seinem kleinen Bruder, »du willst dich doch nicht etwa im Ernst an die Richtlinien von verhinderten Germanen halten, wie dieser Ted Boernes einer ist? Ich sage dir, die sind immer noch wie besoffen von ihrer Sehnsucht nach Deutschland, nach genau demselben Deutschland, das ihnen die Zähne ausgeschlagen und in die Fresse gespuckt hat – aber das alles haben sie offenbar sehr schnell wieder vergessen.«

»Partner«, sagte James II, und seine Augen waren jetzt hellwach, »soll das etwa heißen, daß du die gegebenen Richtlinien überspielen willst?«

»Quatsch!« sagte der. »Ich erweitere diese Anweisungen lediglich durch meine Erfahrungen und die besagen: Traue den Deutschen nicht über den Weg, denn sie haben einen Hitler groß gemacht! Das allein schon erledigt sie für alle Zeiten.«

»Du willst alle über einen Kamm scheren, James? Auch die Opfer des Nazismus?«

»Freundchen«, sagte James I, ohne auch nur das geringste an Überlegenheit einzubüßen, »ein kurzer Blick hinter die Kulissen genügt doch, um zu erkennen, was da eigentlich los war — oft nichts anderes als die Ausschaltung lästiger Konkurrenz.«

»Es gab eine ganze Menge ehrlicher Gegner!«

»Warum auch nicht? Aber die kannst du im Augenblick mit Laternen suchen. Oder glaubst du, die gehen mit ihrer Gesinnung hausieren? Na also! Und die meisten und besten Widerstandskämpfer sind sowieso tot. Fest steht jedenfalls, daß heute kein Aas mehr ein Nazi gewesen sein will; selbst dann nicht, wenn du es ihm einwandfrei nachweisen kannst.«

»Und du glaubst nicht, James, daß es so etwas gibt wie einen echten Gesinnungswandel — etwas Ähnliches wie eine Heilung durch einen großen Schock?«

»Aber doch nicht in Deutschland, Pastor! Hier sind die Burschen himmelhoch jauchzend oder zu Tode betrübt, Herrenmenschen oder Würmer. Und der alte Churchill, glaube ich, hat gesagt: Der Deutsche leckt dir entweder die Stiefel, oder er springt dir mit dem nackten Hintern ins Gesicht. Er hat's natürlich etwas feiner gesagt.«

»Du willst also damit erklären«, sagte James II bedächtig, »daß es unmöglich ist, zwischen sogenannten guten und schlechten Deutschen zu unterscheiden — von uns aus gesehen.«

»Du hast es erfaßt, alter Knabe!« James I zeigte sich hochbefriedigt. »Da es unmöglich ist, die sogenannten guten Deutschen herauszufinden, müssen wir uns eben an die halten, die brauchbare Deutsche sind — wohlgemerkt: brauchbar für uns. Halten wir uns also an den verläßlichen deutschen Untergebenen! Der Deutsche ist der beste Befehlsempfänger auf der Welt!«

James II, von dem alle Müdigkeit gewichen war, stemmte die Füße gegen die Kante der Tischplatte und begann, sich von dort abstoßend, behutsam zu schaukeln. »Was eigentlich glaubst du, entsprechend deiner Theorie, stellt unser Hinrichsen dar?«

»Der ist ein Nazi«, sagte James I prompt. »Aber er ist auch ein Befehlsempfänger — und solange er für uns gut arbeitet, habe ich gar nichts gegen ihn.«

»Und wie ist das mit diesem Werkmeister Freitag — willst du ihn nicht verhören, James? Immerhin haben ihn die Nazis eingesperrt — wegen Verächtlichmachung des Führers, glaube ich. Kein schlechtes Zeichen! Und vergiß nicht, daß wir hier einen neuen Bürgermeister brauchen.«

»Dieser Freitag wird auch keine Ausnahme sein«, sagte James I. »Vielleicht ist dieser Bursche nur ein Querkopf oder ein Großmaul, oder er geriet zufällig in ein Gedränge, jemand trat ihm auf die Zehen, er sagte ›Scheiße‹, und prompt fühlten sich die Braunhemden persönlich beleidigt. Auch so kann man Antifaschist werden!«

»Wir können einen Mann wie diesen Freitag nicht einfach abschieben, James, ohne mit ihm wenigstens ein paar Worte zu wechseln.«

»Aber ich bin grundsätzlich gegen ihn als Bürgermeister, Pastor! Denn was besagt seine Verhaftung? Er konnte sein Maul nicht halten! Also ist er vorlaut, unbedächtig, unklug. Sieht so etwa ein idealer Bürgermeister aus? Bei mir nicht! Ich halte mich da lieber an die zweite Garnitur, an die Befehlsempfänger — da weiß ich wenigstens, was ich habe.«

James II hörte auf, sich zu schaukeln. »Mich interessiert dieser Freitag aber«, sagte er hartnäckig.

»In Ordnung«, sagte James I nach kurzem Zögern und nickte dann vielversprechend. »Dann werden wir ihm mal das Hemd ausziehen, um nachzusehen, ob er braun ist.«

James I beorderte seine Militärpolizeieskorte, den Werkmeister Freitag »herzubitten«. Der einstige Gefreite Stamm, der sich in kurzer Zeit unentbehrlich gemacht zu haben schien, fertigte eine knappe, doch erschöpfende Wegskizze an. Er übergab sie den hünenhaften Menschentransporteuren, die sie brummend entgegennahmen, ihre Schildkrötenstahlhelme aufsetzten und stumm und bedrohlich davonschritten.

James I wandte sich, nicht zuletzt um die Wartezeit ein wenig zu verkürzen, an den ehemaligen Gefreiten Stamm, zwinkerte ihm gönnerhaft zu, grinste breit und begann zu fragen:

»Wer hat . . .«

»Die Vereinigten Staaten von Amerika!« rief Stamm prompt.

»Und wer hat . . .«

»Die Deutschen!«

»Und wer . . .«

»Der General Eisenhower!«

»Und . . .«

»Hitler!«

»Sie sind vielleicht eine Marke, Stamm«, sagte James I und genoß es sichtlich, daß seine Kleinstkinderpädagogik so überraschend schnell Früchte zeitigte. Aber das geschah nicht ohne Selbstironie — James war zu klug, um nicht zu merken, daß dieser Stamm ein Filou war. Aber Filous, sagte er sich, sind angenehmer als Führernaturen oder Kriecher — man kann wenigstens seinen Spaß mit ihnen haben.

Kurze Zeit darauf erschien der Werkmeister Freitag. Seine Ehreneskorte zog sich zurück. James I zwinkerte kurz James II zu — jetzt paß mal auf, alter Knabe! — und forderte dann seinen Besucher gönnerhaft auf, näher zu treten.

»Wo sind Sie beschäftigt, Herr Freitag — bei der Reichsbahn?«

»Ja«, sagte der. »Werkmeister — seit 1928.«

Das, fand James I, war ein klarer Fall — hier war der Mann nicht anzubohren. Er stieß sofort in einer anderen Richtung vor.

»Partei oder Gliederungen?«

»Ja«, sagte der alte Freitag. »Reichsluftschutzbund. Sonst nichts.«

Auch dieses Thema ließ James I sofort fallen. Er überlegte kurz, wo er jetzt anzusetzen habe. Aber ehe er noch die nächste Frage formulieren konnte, griff — höchst überraschend — der sonst so maulfaule James II in die Vernehmung ein.

»Warum sind Sie eingesperrt worden, Herr Freitag?« fragte er.

»Wegen Redensarten, die Hochverrat gewesen sein sollen.«

»Gewesen sein sollen!« warf James I ein, entschlossen, die Vernehmung wieder an sich zu reißen und deren Ablauf selbst zu bestimmen. »Und selbst wenn sie Hochverrat waren — sie kamen reichlich spät!«

»Stimmt«, sagte der alte Freitag ehrlich. »Es war alles viel zu spät. Auch Sie sind zu spät gekommen.«

»Sie waren schon immer ein Gegner des Nazismus?« fragte James II und wagte erneut den Versuch, seinen Partner aus dem Gespräch zu verdrängen.

»Gegner ist wohl zuviel gesagt«, bekannte der Werkmeister aufrichtig. »Ich war kein Freund von diesen Leuten — und das wieder war wohl zu wenig. Auch darin liegt so etwas wie Schuld.«

»Sie fühlen sich also schuldig!« sagte James I und schob seinen Oberkörper vor.

»Mitverantwortlich«, korrigierte der alte Freitag bescheiden.

»Also bereit, alle Konsequenzen aus dieser Vergangenheit Deutschlands zu ziehen!« stellte James II nicht ohne stillen Triumph fest. Und er nickte seinem Partner kurz und ermunternd zu, und es war, als wolle er damit sagen: Das ist doch unser Mann, Freundchen!

James I schien nicht im geringsten die Absicht zu haben, sich dieser Meinung des »Pastors« anzuschließen. Seine Theorie stand fest, und sie war, glaubte er sicher, wohlbegründet: Nicht die guten Deutschen wie Stecknadeln im Heuhaufen suchen — allein die brauchbaren Deutschen einspannen!

Er fragte lauernd: »Haben Sie Verwandte, die in der Partei waren?«

»Ja«, sagte Freitag ahnungslos. »Der Vater meines Schwiegersohns — der Cafetier Asch.«

»Wohnt der hier in dieser Stadt?« wollte James I sofort wissen.

»Ja.«

James I zog sich ein Aktenstück näher, schlug es auf, blätterte kurz darin. Dann hatte er gefunden, was er suchte — den Namen Asch. Er überlas flüchtig zwei Daten und eine Bemerkung. Dann schlug er das Aktenstück wieder zu.

»Sie können gehen!« ordnete er an.

Der alte Freitag lächelte karg und entfernte sich. James I nickte dem »Pastor« triumphierend zu. Der zuckte mit den Schultern.

»So weit kommt das noch!« rief James I überlegen. »Das kommt noch so weit, daß solche Leute Bürgermeister werden! Die verwandeln einfach ihre Politik in einen umschichtigen Familienbetrieb – mal der eine an der Krippe, dann wieder der andere an der Krippe! Das ist vielleicht ein Deutschland, Mensch! Glauben diese Kerle denn, sie können mit uns Karussell fahren?«

»Das geht nicht gut«, sagte James II und schüttelte langsam seinen Kopf. »Das kann doch nicht gut gehen! Gegen das, was du hier veranstaltest, sind ja Kolonialmethoden aus dem vorigen Jahrhundert ausgesprochen human.«

James I stand entschlossen auf. Breitbeinig, mit leicht vorgewölbten Schultern, die Arme nahezu in Boxerstellung, so stellte er sich vor dem kleinen James II auf. »Ich will dir mal was sagen: Dieses Sauvolk hat einen Krieg vom Zaun gebrochen, Länder verwüstet, Städte zerbombt und Millionen Soldaten und Zivilisten in den Tod geschickt. Und dann haben diese Verbrecher sechs Millionen Menschen einfach verheizt. Verheizt, mein lieber Mann! Sechs Millionen! Nur weil ihnen die Nasen nicht paßten!«

»Schon gut«, sagte James II abwehrend. »Schon gut!«

»Das ist niemals wiedergutzumachen!« brüllte James I auf. »Das merke dir endlich.«

Und plötzlich, ohne jeden Übergang, wurde er wieder ganz sachlich. »Bürgermeister in diesem Kaff«, sagte er, »wird irgendein Verwaltungsheini – kein halbseidener Antifaschist. Und jetzt werde ich mich mal persönlich um den Kriegsverbrecher kümmern, der die Leiche in der Kaserne produziert hat.«

Hinrichsen, einst – und wie lange war das schon her! – Major in der großdeutschen Wehrmacht, zu jedem Opfer bereiter Gefolgsmann des Führers, Nationalsozialist aus ehrlicher Überzeugung – und jetzt: Mitarbeiter der Amerikaner. Ausfrager, Zuträger, Spitzel – wie man es nimmt. Er saß breit vor einem Tisch und brütete über Namenkolonnen, die ihm von den Funkern vorgelegt worden waren.

Der Funkwagen der Amerikaner stand immer noch auf dem Marktplatz, dicht an der Hauswand des ehemaligen Kommandanturgebäudes, in dem jetzt der CIC residierte. Die Soldaten hatten den transportablen Empfängersender in das Haus verlagert und sich dort in einem Parterrezimmer breitgemacht. Auf einen von ihnen war das Los gefallen, Dienst zu tun; die anderen faulenzten.

Hinrichsen, der allein in einem Nebenraum saß, ging immer wieder die Namenkolonnen durch. Seine dicken Finger rutschten Zeile um Zeile abwärts. Aber was er suchte, fand er nicht.

»Heil Hitler, Herr Major Hinrichsen!« rief eine muntere Stimme hinter ihm.

Hinrichsen schnellte herum. Sein dickes Gesicht zeigte deutlich die maßlose Verblüffung, die ihn kurz und heftig beherrschte. Dann, nachdem er sich Mühe gegeben hatte, Gleichmut zu zeigen, fragte er: »Wie kommen Sie hierher, Herr Asch?«

»Das«, sagte Herbert Asch und hob die Hand zum Deutschen Gruß, »wollte ich auch gerade fragen.«

Kowalski schob sich näher und sagte breit: »Es ist uns eine Ehre, mit einem Vertreter der Siegermächte ...«

»Ruhe!« sagte Hinrichsen schroff und erhob sich. Er ging auf die Tür zu, die ins Nebenzimmer führte, in dem die Funker kampierten. Er rief ein paar englische Worte in den anderen Raum und zog dann die Tür fest ins Schloß. »So«, sagte er, »jetzt können wir uns ungestört unterhalten.«

Er bot den beiden Zivilisten, die erwartungsvoll herumstanden, Stühle an und setzte sich zu ihnen. Dann fragte er: »Da staunen Sie, was?«

»Staunen«, sagte Herbert Asch, »ist ein völlig unzureichender Ausdruck für das, was ich bei Ihrem Anblick empfinde. Wie haben Sie das nur geschafft! Was haben Sie angestellt, um sich diese Montur über den Leib ziehen zu können — bei Ihrem Vorleben?«

»Ganz einfach«, sagte Hinrichsen und bot seinen ungeniert zugreifenden Besuchern amerikanische Zigaretten an. »Gute Beziehungen! Leutnant Brack hat mich bei den Befreiern wärmstens und mit größtem Erfolg empfohlen, denn der Schwager von Leutnant Brack ist ein ganz hohes Tier in der US-Army.«

»Leutnant Brack kennt doch kaum Ihren Namen«, sagte Herbert Asch. »Er weiß gar nicht, wer Sie eigentlich sind!«

»Das war ja auch mein Glück!« Hinrichsen lachte auf, aber es war keine reine Freude in diesem Lachen. »Aber der Leutnant Brack, der sich so erfreulich für mich eingesetzt hat, scheint das nur getan zu haben, weil ihn ein anderer dazu, nicht minder intensiv, aufgefordert hat — und wer, meinen Sie wohl, hat ihm eine derartige Empfehlung gegeben?«

»Dann hat mich dieses Rindvieh total mißverstanden!« sagte Herbert Asch perplex.

»Du warst das, Mensch?« Kowalski amüsierte sich königlich. »Sag das doch noch mal!«

»Ich habe Brack lediglich gesagt, daß er sich um Sie kümmern soll, daß Sie ein anständiger Kerl sind, daß Sie es verdienen, wenn man sich für Sie einsetzt. Aber ich habe das alles nur gesagt im Hinblick auf Ihre Verwundung, in Erinnerung an den Totentanz vorher, den Sie wie ein Lesebuchheld aufgeführt haben. Ich konnte doch nicht wissen, daß Sie so schnell gesund werden beziehungsweise sich gesundstoßen würden — und gleich in diesem Ausmaß!«

»Er hat eben Format«, sagte Kowalski grinsend.

»Und glauben Sie denn, Herr Hinrichsen, das geht gut? Glauben Sie, das kann auf die Dauer so weitergehen? Und wenn ich daran schuld bin, daß Sie diese Montur übergezogen haben, dann werde auch ich dafür sorgen müssen, daß Sie sie bald wieder an den Nagel hängen.«

»Haben Sie dieses Schwein Hauk erwischt?« fragte Hinrichsen hart.

»Nein«, sagte Herbert Asch. »Den nicht. Wir haben Greifer eingefangen — und der baumelt jetzt hinter der Kaserne.«

»Wenigstens einer!« sagte Hinrichsen erbarmungslos. »Und das Obervieh?«

Herbert Asch zuckte mit den Schultern. Kowalski sah ehrlich betrübt aus. Alle drei rauchten sie heftig.

»Sehen Sie«, sagte Hinrichsen, »deshalb, allein wegen dieses Sauhundes, habe ich diese Montur angezogen. Und ich weiß genau, daß ich sie nicht lange werde tragen können, daß meine Stunden gezählt sind — aber das ist mir gleich. Ich dachte immer, vielleicht finde ich ihn so! Doch ich habe ihn nicht gefunden.«

»Er muß aber bei den Amerikanern sein«, sagte Herbert Asch. »Ich war ihm dicht auf den Fersen — er hat sich einfach in Gefangenschaft begeben, heute nachmittag, in unmittelbarer Nähe.«

Hinrichsen schüttelte den Kopf. »Ich habe mir von allen Gefangenen-Sammelplätzen im Umkreis die Namen der höheren Offiziere mitteilen lassen — hier sind sie! Und es ist kein Oberst Hauk dabei.«

»Kunststück!« sagte der ehemalige Obergefreite. »Das ist doch ganz einfach: Sie glauben sicherlich, ich heiße Kowalski, nicht wahr, von Beruf Obergefreiter — das stimmt aber nicht. Ich bin nämlich der Geometer Brahm. Laut Ausweis.«

»Das sähe diesem Miststück ähnlich«, sagte Hinrichsen. »Der bekommt es glatt fertig und wechselt seinen Namen.«

»Stimmt«, sagte Kowalski. »Der heißt nicht mehr Hauk — der heißt jetzt Hochheim.«

Hinrichsen griff nach den Listen mit den Namen. Er stürzte sich darüber, und seine dicken Finger, die jetzt leicht zitterten, glitten über Zeilen, blieben dann, noch ein wenig stärker zitternd, stehen. »Stimmt«, sagte er dann und atmete schwer. »Ein Oberst Hochheim existiert.«

»Können Sie an ihn heran?« wollte Asch wissen.

»Ich muß es versuchen«, sagte Hinrichsen.

»Können wir Ihnen dabei behilflich sein?«

»Ich weiß nicht«, sagte Hinrichsen grübelnd. »Vielleicht.«

Und jetzt war der dicke Hinrichsen wieder der Major Hinrichsen, der die Durchbruchtruppen angeführt hatte. Sein fleischiges Gesicht bekam harte Konturen. In seinen Augen lag kaltes Feuer, und die Falten, die auf seiner Stirn standen, verrieten hohe Konzentration. Er war fest entschlossen, die letzte Aufgabe, die er sich in seinem Leben gestellt hatte, mit gewaltiger Kraftentfaltung zu lösen.

»Ich werde ihn über den Haufen knallen«, sagte er.

»Erst müssen Sie ihn in Schußweite haben!«

»Das ist die eigentliche Schwierigkeit«, sagte Hinrichsen grübelnd. »Mit der müssen wir fertig werden!«

Der nächtliche Betrieb in der Artilleriekaserne, in der sich jetzt das Gefangenenlager befand, war mäßig. Drei Baracken am Rande des Exerzierplatzes stellten das »Camp« dar; und für diese Verwendung waren sie auch errichtet worden — nur hatte das Wachpersonal von einst genau die gleichen Uniformen getragen, wie sie die Gefangenen von heute trugen.

In diesen Baracken lagen die Landser, vorerst noch verhältnismäßig bequem, in provisorischen Holzbetten oder nebeneinander in voller Breite auf dem Fußboden. Sie versuchten zu schlafen, was aber nur wenigen gelang. Die meisten dösten vor sich hin.

Um diese Baracken herum zog sich ein Stacheldrahtzaun, und in zwei einander gegenüberliegenden Ecken standen Wachtürme, drei Meter zwanzig hoch. Dort oben, aber auch außerhalb des Drahtgeflechtes um das »Camp« kreisend, langweilten sich sechs amerikanische Posten. Immer wieder strebten sie zumeist schlüpfrige Nachtunterhaltungen an, aber der Stoff ging ihnen sehr schnell aus. Und außerdem waren sie müde. Das einzige, was sie schließlich noch interessierte, war ihre Ablösung.

Ihren Kameraden, etwa vierzig an der Zahl, stand die ganze Kaserne zur Verfügung. Aber sie zogen es vor, gebündelt zu fünf bis sieben, in unmittelbarer Nähe ihres »Chefs« zu schlafen. Und der, ein Leutnant, logierte im ehemaligen Offizierskasino. Dieser Leutnant, der kein sonderlich heftiges Verlangen danach verspürte, den Krieg unnötig zu dramatisieren, hatte nach bewährter Methode eine »deutsche Lagerverwaltung« eingesetzt — und die war für »alles« verantwortlich.

Wurden neue Gefangene angeliefert, was in dieser Nacht nicht allzuoft vorkam, ließ sie der diensttuende Sergeant vor dem Offizierskasino antreten und zunächst herumstehen. Dann meldete er sie zahlenmäßig, flüchtig unterteilt in Generale, Offiziere, Unteroffiziere und Mannschaften, dem »Chef«. Der Leutnant pflegte diese Zahlen dann, mehr grinsend als grimmig, in seine Liste einzutragen. Dann ließ er sie, mit einer lässigen Handbewegung, der »deutschen Lagerkommandantur« übergeben.

»Deutscher Lagerkommandant« war Hauptmann Schulz. Der amerikanische Leutnant hätte keinen Besseren finden können. Mit dem traumhaft sicheren Instinkt der Berufssoldaten, gleichgültig, welche Uniform sie zufällig gerade tragen, hatte er prompt die Schulzschen Qualitäten erkannt und keine Sekunde gezögert, sie zu nützen.

»Ich ernenne Sie zum deutschen Lagerkommandanten«, hatte der Leutnant gesagt.

»Ich danke Ihnen für das Vertrauen«, hatte Schulz geantwortet.

Und ab sofort war eine mustergültige Organisation, die getrost »preußisch« genannt werden konnte, gewährleistet.

Hauptmann Schulz' erste Amtshandlung bestand darin, daß er zwei besonders günstig gelegene Räume beschlagnahmte — einen für die »Deutsche Lagerleitung«, einen für den »Deutschen Lagerleiter«, also für sich. Dann schaffte er, immer eingedenk seiner Verpflichtungen als Offizierssoldat, gesonderte Unterkünfte a) für Generale, b) für höhere und Stabsoffiziere, vom Hauptmann aufwärts, c) für subalterne Offiziere. Den Rest teilte er in Hundertschaften auf — er hatte schon annähernd zwei und eine halbe zusammen. Und er ernannte »Hundertschaftsführer«, die er auch als Kompanieführer bezeichnete. Die Kompanieführer ihrerseits hatten wiederum Zugführer zu ernennen; und die durften »Stubenälteste« bestimmen.

Als Schulz einigermaßen übersehen konnte, was er geschaffen hatte, dürstete ihn nach Anerkennung, Vorgesetztenwohlwollen, Lob aus Kennermunde. Er begab sich in den tristen Barackenraum, in dem der Generalmajor Luschke untergebracht worden war. Er meldete sich mit der vorzüglichen, Untergebenen eigenen Strammheit, und es schien, als habe sich für ihn innerhalb der letzten Stunden nicht das geringste geändert.

»Bitte Herrn General darüber informieren zu dürfen, welche organisatorischen Maßnahmen getroffen worden sind.«

Der Generalmajor, der auf einem Strohsack saß, sah hoch. Dann meinte er:

»Sie können ruhig Luschke zu mir sagen. Auch ›Knollengesicht‹, wenn Ihnen das mehr Spaß macht.«

Schulz überwand seine erste Verwirrung mannhaft. Er sagte: »Herr General bleiben natürlich für mich immer Vorgesetzter.«

»Ich bin Ihr Vorgesetzter nicht mehr«, sagte Luschke. »Und das finde ich sehr angenehm.«

»Herr General sind der ranghöchste Offizier des Lagers!« röhrte Schulz, so Respekt demonstrierend.

»Einer ist das immer«, sagte Luschke gelassen. »Ich aber fühle mich jetzt nur als ein Kriegsgefangener unter vielen. Respektieren Sie das, bitte.«

»Ist darunter zu verstehen«, fragte Schulz tiefgekränkt, »daß Herr General meine Tätigkeit mißbilligen?«

»Keinesfalls«, sagte Luschke, »Ihre Tätigkeit mißbillige ich nicht; und ich finde es folgerichtig, daß gerade Sie sich derartig betätigen. Überall, wo Menschen wie Heringe zusammengepfercht werden, ist Organisation unerläßlich, jedenfalls: Organisation als Mittel zum Zweck. Der Zweck: Gemeinsam überleben! Dagegen habe ich nichts. Aber warum muß man denn immer wieder sein Dasein wie in Heringfässern führen!«

Schulz zog sich konsterniert zurück, buchte im Geiste den General ab, strich ihn einfach von seiner soldatischen Liste. Er begab sich in die Nachbarbaracke, wo der nächsthöhere Offiziersdienstgrad untergebracht worden war. Und hier, bei dem erst vor kurzem in dieses Sammellager eingelieferten Oberst Hochheim, hoffte er auf mehr Verständnis zu stoßen.

Bei Oberst Hochheim fand der Hauptmann Schulz nicht nur Verständnis — kameradschaftlicher Zuspruch wurde ihm zuteil! Zwar blieb der Oberst rein äußerlich reserviert, kühl, unnahbar, wie sich das ja auch für einen Obersten geziemte, aber sein Interesse an Schulz, an dem Amt, das dieser bekleidete, an den Maßnahmen, die er zu treffen gedachte, bewies eine Anteilnahme, die das Soldatenherz des Hauptmanns höher schlagen ließ.

»Ich bin jetzt überzeugt«, sagte Oberst Hochheim mit sanfter Anerkennung, »daß Sie der richtige Mann für diese Position sind.«

»Wenn Herr Oberst erlauben, werde ich Herrn Oberst laufend Bericht erstatten.«

»Ich bitte sogar darum«, sagte der Oberst, ehe er sich wieder auf seine Matratze legte und dort gleich einer Puppe liegenblieb und gegen die Decke starrte.

Schulz, um ein militärisches Erlebnis reicher, ging zur Lagerleitung, wo bereits vier persönlich von ihm ausgesuchte Hilfskräfte tatenlos herumsaßen. Schulz befahl dem einen, neue Listen vorzubereiten; der zweite durfte ihm dabei helfen; der dritte bekam Order, die Notlatrine zu überwachen und jede überflüssige Bewegung im Camp — neuerdings sagte Schulz nur noch »Camp« — zu unterbinden; der vierte hatte für die Sichtverbindung zum Camptor zu sorgen. Er selbst begab sich in das Zimmer für den Lagerleiter und machte Anstalten, eine erste Lagerordnung auszuarbeiten.

Nach geraumer Zeit, in der er zwölf Paragraphen entworfen hatte, kurz vor Mitternacht, wurde er an das Lagertor befohlen. Schulz griff seine Liste auf, darauf gefaßt, mit dem amerikanischen Kameraden, dem Herrn Leutnant, Vergleichszahlen auszutauschen. Er eilte hinaus, sofort von Scheinwerfern, als sei er ein Mime, erfaßt. Mit würdiger Haltung stolperte Schulz an das Tor.

Aber dort standen nicht nur, wie erwartet, der Leutnant und der Sergeant und ihre zwei Begleitposten — dort standen vielmehr außer den vier: zwei schwerbewaffnete Militärpolizisten, drei schlachtfeldreife Soldaten und vor ihnen, unverkennbarer Mittelpunkt, ein drahtiger Mann in abzeichenloser amerikanischer Uniform.

»Das ist der deutsche Lagerkommandant, Mister James«, sagte der Leutnant.

James I fragte: »Befindet sich unter den Gefangenen ein Generalmajor Luschke?«

»Jawohl«, sagte Schulz. »Baracke eins, Raum A.«

»Führen Sie mich zu ihm«, ordnete James I an.

Das Tor wurde geöffnet, die Begleitposten blieben dort stehen, und der stattliche Rest, mit Schulz und James I an der Spitze, bewegte sich auf die Baracke zu. Schulz trabte voran, riß zwei Türen auf und wies dann auf den General, der unbeweglich auf seinem Strohsack saß.

James I stellte sich vor Luschke auf, breitbeinig, sah zu ihm hinunter und fragte: »Haben Sie veranlaßt, daß kurz vor dem Eintreffen unserer Truppen ein Oberleutnant Greifer aufgehängt wurde?«

»Ja«, sagte Luschke einfach.

»Haben Sie irgend etwas zu Ihrer Verteidigung vorzubringen?«

»Nein.«

»Wenn das so ist«, sagte James I überlegen, seiner Sache ganz sicher und in einem Tonfall, als verkünde er ein Urteil, »dann sind Sie ein Kriegsverbrecher.«

»Ein — was?«

»Ein Kriegsverbrecher — zu registrieren bei uns unter: WC — war criminal. Wollen Sie sich verantworten?«

»Nein«, sagte der General und lächelte. »Vor Ihnen nicht.«

»Magda«, sagte Wedelmann und ließ die Spitzen seiner Finger zärtlich über den Arm seiner jungen Frau gleiten, »willst du immer noch nicht schlafen gehen?«

»Nein«, sagte Magda und sah in das Licht der Kerze, die auf dem Tisch im Wohnzimmer des Cafetiers Asch stand. »Nein. Ich bin noch gar nicht müde.«

Sie saßen dicht nebeneinander auf dem Sofa. Im Ledersessel, der in einer Ecke des Zimmers stand, lag der alte Asch, melodisch schnarchend, mit weit ausgestreckten Beinen. Barbara rumorte in der Küche; angeblich bereitete sie dort belegte Brote.

»Sie will uns nicht stören«, sagte Wedelmann horchend.

»Sie ist sehr rücksichtsvoll«, sagte Magda.

»Wenn sie nicht wäre«, sagte Wedelmann gedämpft, und es war, als sage er das allein zu sich, »könnten wir zusammen schlafen.«

»Wir werden noch sehr viele Nächte haben«, sagte Magda und blickte ihn dabei nicht an.

Wedelmann nickte. »Ich weiß jetzt, wie man leben muß«, sagte er. »Und das ist ganz einfach: Man muß nur anders leben als bisher. Anders!«

»Und wirst du alles vergessen können?«

»Ich habe alles vergessen«, sagte Wedelmann.

Magda öffnete den Mund, schloß ihn wieder. Doch dann, und es war ferne, mühsam eingestandene Angst in ihrer Stimme, fragte sie plötzlich: »Alles — auch Lore Schulz?«

Wedelmann ließ die Hand, die zart auf ihrem Oberarm ruhte, abwärts gleiten. In seinen Augen lag Trauer und Hilflosigkeit. »Du«, sagte er gequält, »du kannst nicht vergessen.« Und heftiger noch fügte er hinzu: »Du wirst auch das nicht vergessen können, was in deinem Leben war. Sollen wir denn niemals von unserer Vergangenheit loskommen!«

»Es ist alles so schwer«, sagte Magda tonlos.

»Hoffnungslos«, sagte Wedelmann.

Und sie starrten in das Licht der flackernden Kerze. Der alte Asch schnarchte unentwegt. Barbara hantierte immer noch in der Küche. Sonst hörten sie nichts.

»Wenn es dich belastet«, sagte Magda kaum vernehmbar, »wenn es dich auch nur ein wenig belastet, dann, bitte, fühle dich nicht an mich gebunden.«

»Wir sind verheiratet.«

»Aber unsere Ehe«, sagte Magda, »ist noch nicht vollzogen. Und der Segen der Kirche ist noch nicht ausgesprochen worden. Und es gibt ein Gesetz, wonach selbst das Sakrament der Ehe aufgelöst werden kann, wenn ... wenn die körperliche Vereinigung noch nicht erfolgt ist.«

»Du glaubst nicht an eine Zukunft mit mir? Du hast Angst davor?«

»Ich liebe dich«, sagte Magda leise. »Ich liebe dich so sehr, daß ich wünschen könnte, du sollst mit einer anderen Frau glücklich werden, wenn du es mit mir nicht sein kannst.«

»Ich liebe nur dich«, sagte Wedelmann hilflos. »Aber die Zeit, diese verfluchte Zeit, nimmt mir alles — meine Hoffnung, meinen Glauben, meine Stärke. Ich bin voller Unruhe, voller Angst. Ich finde keinen Übergang! Was soll ich nur tun?«

Und wieder schwiegen sie, und ihre Augen schienen keinen Halt zu finden. Die lauernde Stille um sie nahm zu. Das Schnarchen des alten Asch schien zu ersterben; auch von Barbara war nichts mehr zu hören. Unten in der Stadt dröhnte ein schweres Fahrzeug. Sonst hörten sie nichts – nur ihren Atem.

Dann, nach ausgedehnten Minuten, in denen sich die Flamme knisternd durch die Kerze fraß, vernahmen sie, wie unten in die Haustür ein Schlüssel eingesteckt wurde. Schritte, die unverkennbar zu Herbert Asch gehörten, polterten die Treppe herauf. Der alte Asch wurde sofort hellwach, und Barbara stürzte aus der Küche.

»Endlich – du Herumtreiber!« sagte der Cafetier, und er versuchte, das gutmütig brummend zu sagen.

»Ist es nicht gefährlich – da draußen?« fragte Barbara.

»Der ruhigste Spaziergang seit langem«, sagte Herbert Asch, setzte sich vor Wedelmann hin und sah den an. »Die Deutschen haben sich verkrochen, und die Amerikaner wissen das genau. Sie sind viel zu praktisch veranlagt und zu faul, um leere Straßen zu bewachen.«

»Dann haben Sie ja Glück gehabt«, sagte Wedelmann beiläufig. »Und Glück kann man immer brauchen.«

»Noch eine Kleinigkeit essen?« fragte der alte Asch, spürbar froh, seinen Sohn wieder im Bau zu haben. »Noch ein wenig trinken, ehe wir schlafen gehen?«

»Ach ja«, sagte Barbara mit naiver Aufrichtigkeit. »Gehen wir doch endlich schlafen.«

»Schlafen«, sagte Herbert Asch, »können wir immer noch. Diese Nacht aber, vermute ich, wird für uns alle sehr lang werden und ohne Schlaf sein.«

»Für mich nicht«, sagte Wedelmann, eine Forderung erfühlend und sofort entschlossen, sich dagegen zur Wehr zu setzen.

»Auch für Sie«, sagte Herbert Asch eindringlich.

»Um Himmels willen«, rief der alte Asch ahnungsvoll. »Du hast doch schon genug angestellt – du kannst heilfroh sein, daß du mit ganzen Knochen hier sitzen darfst.«

»Wir brauchen Sie, Herr Hauptmann Wedelmann«, sagte der Leutnant Asch.

»Nein!« rief Magda.

Barbara stellte sich hinter sie. »Soll denn der Unsinn niemals mehr aufhören?«

»Der Oberst Hauk«, sagte Herbert Asch eindringlich zu Wedelmann, »befindet sich hier – in dieser Stadt.«

»Der Oberst Hauk«, sagte Wedelmann schroff, »geht mich nichts an. Ich kenne ihn nicht, ich will ihn nicht kennenlernen – ich will nichts von ihm wissen.«

»Sehr richtig!« rief der alte Asch hastig.

»Gehen wir jetzt endlich schlafen – oder nicht?« fragte Barbara in ihrer naiven Art.

»Wir gehen schlafen, nicht wahr?« fragte Magda suggestiv ihren Mann.

»Los, los!« sagte Herbert Asch fordernd. »Aus dem Schußfeld, meine Damen! Das hier ist eine reine Männerangelegenheit – das geht euch gar nichts an.«

»Mein Sohn . . .«, begann der alte Asch.

»Auch für dich ist das nicht mehr das Richtige, Vater«, sagte Herbert Asch. »Misch dich hier nicht ein. Halte dir am besten deine Ohren zu – so kannst du wenigstens nachher mit reinem Gewissen sagen, daß du nichts davon gewußt hast.«

»Ich werfe dich hinaus, wenn du nicht . . .«

»Ich betrachte mich als hinausgeworfen«, sagte Herbert Asch starrköpfig. Und er beugte sich, rücklings auf einem Stuhl sitzend, die Arme über die Lehne verschränkt, Wedelmann entgegen. »Wir brauchen Sie!« sagte er.

»Nein«, sagte Wedelmann. »Ein Hauk ist das nicht wert.«

»Ein Luschke auch nicht?« fragte Herbert Asch. »Der General ist zum Kriegsverbrecher erklärt worden – wissen Sie, was das bedeutet, Herr Hauptmann Wedelmann?«

Der schwieg. Er sah auf Asch. Dann sah er auf Magda, die seinen Blick gesucht hatte. Er schwieg immer noch.

»Wollen Sie den General im Stich lassen?« fragte Herbert Asch bohrend. »Ach was – General! Wollen Sie Luschke im Stich lassen? Wollen Sie zusehen, wie ein Luschke – unseretwegen! – an die Wand gestellt wird? Wollen Sie das, Herr Hauptmann Wedelmann?«

Magda wich jetzt dem Blick ihres Mannes aus. Sie senkte ergeben den Kopf und sagte: »Tu, was du tun mußt.«

Und Wedelmann erhob sich und nickte Herbert Asch zu.

Captain Ted Boernes war einer der friedfertigsten Sieger von der Welt. Er wollte nicht, daß das Wort »Befreiung« mit breitem Grinsen ausgesprochen werde; ein gelindes Lächeln bei Hochintelligenten, sagte er sich, war gerade noch zulässig.

»Lieber Herr Brack«, erklärte er seinem Besucher, »rechnen Sie immer mit den menschlichen Schwächen – ich sage nicht, daß man sie unter allen Umständen verzeihen muß, ich will nur damit sagen, daß man sie niemals außer acht lassen darf.«

»Jedenfalls«, sagte Brack, der spürbar nervös dem Captain gegenübersaß, »ist dieser Mister James I alles andere als ein idealer Vertreter Ihrer Sache.«

»Unserer Sache«, verbesserte Ted Boernes geduldig, »denn Sie gehören doch dazu! Und ich glaube, Sie irren sich sehr, wenn Sie annehmen, der gute James I habe nichts mit Idealisten zu tun – er hat sogar sehr viel damit zu tun, er ist ein Idealist. Und gerade das macht ihn so gefährlich. Denn er ist, wie die meisten Idealisten, einer ohne Güte.«

»Theorien bringen uns hier nicht weiter, Captain! Sie verkennen die Situation.«

»Ich kenne aber meine Leute«, sagte Ted Boernes ohne jede Überheblichkeit. »Und nicht zuletzt sind es die Theorien, die zu den Erkenntnissen führen. Sehen Sie, Verehrtester – aber nehmen Sie doch Whisky, er ist der beste Whisky der Welt, kein amerikanischer. Wovon sprachen wir? Von den Idealisten – richtig.«

»Ist es nicht vielleicht doch besser, Captain, wir sprechen von Mister James I?«

»Ich bin gerade dabei«, sagte Boernes nachsichtig. »Also – diese Idealisten, in Reinkultur gezüchtet, flößen mir Furcht ein. Und sie sind verhältnismäßig leicht zu züchten. Sie können einer Kinderhorde ohne sonderliche Schwierigkeit einreden, daß es ehrenvoll sei, für die Freiheit zu sterben – was sterben ist, wissen sie alle, was unter Freiheit zu verstehen ist, weiß keiner. Hier nun kann die Vernebelung der Hirne immer wieder einsetzen: Freiheit ist Danzig, das Führerpaket, die Ausrottung der Juden, das Einsperren von Nazis, Freundschaft für die tapferen Sowjets, das Umlegen der Partisanenschweine.«

»Captain«, sagte Brack und sah auf seine Uhr, »wir haben nicht mehr viel Zeit zu verlieren.«

»Ich nutze die Zeit«, versicherte Ted Boernes freundlich und spann sofort wieder sein Garn weiter. »Man kann also Idealisten großziehen wie Flaschenkinder. Die Jugendlichen, gleich welcher Altersklasse, denken nicht konsequent, wollen nicht selber Entscheidungen treffen, besitzen nicht die Erfahrung oder sie vergessen sie schnell wieder – und sie wollen glauben können! Und so entstehen dann diese Herden von Idealisten, die dem jeweiligen Vaterland nützlich sind. Die andere Sorte Idealisten aber, die mir am Herzen liegt, ist ungleich schwerer anzutreffen, die nämlich, die ihrem Vaterland Ansehen verschaffen, durch ihre Güte, ihre Weisheit, ihre Unbestechlichkeit.«

»Mister Boernes«, sagte Brack, »Ihre Theorien in Ehren – und ich bin, wenn Sie immer noch Wert darauf legen, durchaus bereit, selbst Mister

James I einen gewissen Idealismus nicht abzusprechen. Aber ich glaube, daß Sie eingreifen müssen.«

»Überschlafen wir die ganze Angelegenheit«, schlug Captain Boernes vor. »Und schon morgen sieht die Sache völlig anders aus.«

»Kann sein«, sagte Brack. »Anders — noch verwickelter, noch unangenehmer, noch gefährlicher!«

Ted Boernes belächelte diesen jugendlichen Übereifer mit herzlichem Verständnis. Er war seiner Sache sicher. Er war darauf gefaßt, daß es mit James I Komplikationen geben würde, aber keinesfalls solche, die sich nicht bereinigen ließen — durch geschickte Retusche, durch Übernahme des umstrittenen Falles und: durch Abwarten.

»Sie fühlen sich hier wohl sehr sicher, Captain?« fragte Brack.

»Bin ich das nicht auch?«

Ted Boernes, der mit seinem kleinen Stab die Villa des Kreisleiters am Stadtrand bezogen hatte, in der Nähe des Stadtwaldes, Anschrift: Hindenburgstraße 13, fühlte sich überaus sicher. Ein großer Teil der von ihm eingesetzten Spezialtrupps arbeitete bereits; die ersten Meldungen, die ihn durch Funk erreicht hatten, sahen nach erfolgreicher Tätigkeit aus. Daß auch James I und James II nicht zu schlafen schienen, bewies die Anwesenheit von Brack deutlich — und selbst wenn sie Porzellan zerbrechen sollten, so war kein wertvolles Porzellan mehr in diesem Laden Großdeutschland; und es würde sich kitten lassen.

»Sie sollten sich nicht in Ihrer Burg verschanzen, sondern lieber diesem James auf die Finger sehen«, empfahl Brack reichlich grob.

Captain Ted Boernes verletzte dieser massive Vorwurf sichtlich. Er griff, ein wenig hastig, zu seiner dicken Brille, nahm sie ab, begann sie behutsam anzuhauchen und dann zu putzen. Das schien völlig automatisch zu geschehen.

»Tut mir leid, wenn ich Sie verletzt haben sollte«, sagte Brack.

»Aber ich bitte Sie!« sagte Ted Boernes mühsam. »Es ist schon mehrmals vorgekommen, daß Menschen, die absolut sicher sein konnten, daß ein gewichtiger Mann wie Colonel Thompson hinter ihnen stand — und sie waren mit ihm noch nicht einmal, wie Sie, verschwägert —, mich noch wesentlich anders zu behandeln versuchten. Ich nehme derartige Anstrengungen ansonsten mit Gelassenheit hin. — Ihnen aber ist es gelungen, mich zu überraschen.«

»Mister Boernes«, sagte Brack eindringlich, »ich weiß genau, wie ungewöhnlich diese Situation ist. Ich war vor ganz kurzer Zeit noch Leutnant in der Deutschen Wehrmacht. Dann wurde ich, nicht zuletzt durch Colonel Thompson, Ihr Verbündeter. Und jetzt sitze ich vor Ihnen und versuche bereits, Ihnen meine Meinung aufzudrängen.«

»Allerdings«, sagte der Captain, »wirklich sehr ungewöhnlich.«

»Aber notwendig!« sagte Brack. »Glauben Sie mir das doch! Sie mögen einen James I sehr gut kennen, aber in dieser Situation reicht das nicht aus, denn Sie kennen nicht seine Gegenspieler. Und die wieder kenne ich. Mister James hat ein paar gefährliche Fehler gemacht.«

»Welche – Ihrer Meinung nach?«

»Den schwerwiegendsten zuerst: er hat den Generalmajor Luschke als Kriegsverbrecher bezeichnet.«

»Nicht wenige Generale verdienen diese Bezeichnung.«

»Am allerwenigsten aber ein Mann wie Luschke!«

»James I würde an meiner Stelle jetzt sagen: Sie sind voreingenommen. Der General war Ihr unmittelbarer Vorgesetzter, und Sie respektieren ihn immer noch.«

»Er verdient auch, respektiert zu werden. Außerdem war Luschke an der Verschwörung des zwanzigsten Juli beteiligt.«

»Warum, so würde jetzt James I fragen, haben ihn dann die Nazis damals nicht aufgehängt?«

»Der General wurde festgenommen und mehrfach verhört. Aber er war zu schlau für sie – sie mußten ihn wieder laufenlassen.«

»Jetzt, lieber Brack, würde James vermutlich sagen: Bei den Verhören muß sich seine ›Unschuld‹ herausgestellt haben – er war also gar kein Rebell, das ist jetzt mit Sicherheit anzunehmen. Und das wieder heißt: Die Nazis selbst haben, nach intensiver Nachprüfung, seine Verläßlichkeit als Offizier des Führers nicht erschüttern können.«

»Alle Soldaten, die den General kennen, vernehmen mit Empörung, daß er als Kriegsverbrecher bezeichnet wird!«

»Alle?« fragte Ted Boernes behutsam. »Auch Sie?«

»Auch ich!« sagte Brack fest.

»Immerhin«, sagte Ted Boernes, »hat dieser General Luschke noch in letzter Minute einen seiner Offiziere aufhängen lassen.«

»Er hat nicht einen seiner Offiziere aufhängen lassen«, korrigierte Brack, »sondern einen Schweinehund, der das verdient hat. Ich war dabei, als es geschah.«

»Sie!«

»Ja. Und ich habe es gebilligt. Mehr noch: Auch ich habe das gewollt!«

Ted Boernes setzte jetzt wieder, höchst umständlich, seine Brille auf. Und es war, als hielte er es für höchste Zeit, seine Augen zu verbergen. Und er sagte sich: Wie bringe ich das nur dem Colonel Thompson bei! Dann fragte er offen: »Was wollen Sie eigentlich von mir?«

»Zwei Dinge«, sagte Brack fordernd. »Einmal: Sie sorgen sofort dafür, daß der General Luschke nicht mehr als Kriegsverbrecher bezeichnet wird. Das wird seine Freunde mit Genugtuung erfüllen. Zweitens: Sie stellen sofort den Oberst Hauk, der sich unter dem Namen Hochheim hier im

Gefangenenlager befindet, unter Anklage. Dann wird daran geglaubt werden, daß die amerikanischen Truppen wirklich um Gerechtigkeit bemüht sind.«

»Sie gebrauchten«, sagte der Captain gedehnt, »zweimal das Wort ›sofort‹. Ist das ein Zufall?«

»Nein«, sagte Brack. »Ich rate Ihnen, Ihre Entscheidungen sofort zu treffen.«

»Soll das eine Drohung sein?«

»Ich bitte Sie«, sagte Brack ausweichend, »meine Ratschläge ernst zu nehmen.«

»Ich werde eine Untersuchung einleiten«, sagte der Captain. »Gleich morgen früh.«

»Dann kann es zu spät sein, Mister Boernes!«

»Das zu entscheiden überlassen Sie, bitte, mir. Eine Untersuchung, die zum Erfolg führen soll, muß gut vorbereitet sein. Und wenn ich sofort, unverzüglich, in dieser Stunde noch alles das anordnen wollte, was Sie mir vorgeschlagen haben, dann könnte ich das nur, indem ich James I seines Postens enthebe. Und das kann ich nicht verantworten!«

Brack erhob sich. »Dann«, sagte er, »wünsche ich Ihnen eine gute Nacht — aufrichtig. Aber ich fürchte, Sie werden keine gute Nacht haben.«

Der Aufstand der Neunundzwanzig, der erste und vermutlich einzige bewaffnete Aufstand, der jemals gegen die westlichen Siegermächte stattfand, begann neunzig Minuten nach Mitternacht.

Er wurde geplant von Major Hinrichsen, geleitet von Hauptmann Wedelmann, durchgeführt von den Leutnanten Asch und Brack, organisiert von dem Obergefreiten Kowalski und dem Gefreiten Stamm. Der Unteroffizier Soeft, zum letztenmal in diesem Krieg auf deutscher Seite, sorgte für den Nachschub an Menschen und Material.

Der Aufstand dauerte drei Stunden.

»Ich liebe dieses Mädchen«, sagte der Obergefreite Kowalski groß und wies auf Lore Schulz, »aber ich bin bereit, auch diese Liebe zu opfern, um meine Pflicht zu erfüllen, wie es sich für einen echten deutschen Mann ja auch gehört.«

»Du bist doch wohl der schamloseste Kerl, der mir jemals begegnet ist«, sagte Lore Schulz lachend.

»Loben Sie ihn nicht!« sagte der Gefreite Stamm. »Der wird sonst größenwahnsinnig.«

»Da ich einer Herrenrasse angehöre, steht mir das auch zu!« sagte

Kowalski. Er rieb sich genußvoll die Hände. »Dann wollen wir den Ofen anheizen!«

Lore Schulz trat mißtrauisch auf ihn zu. »Dahinter steckt wirklich keine Schweinerei, Kowalski?«

»Mein großes Soldatenehrenwort«, versicherte der grinsend. »Wir haben lediglich einen kleinen gemeinsamen Nachtspaziergang unternommen. Jetzt aber sind wir hier bei unserem guten, unbesiegbaren Stamm, und der wird dir, mein Goldkind, die seltene Gelegenheit verschaffen, daß du ein wenig mit einem dieser smarten Amerikaner plaudern kannst.«

»Und das ist wirklich alles, was ihr von mir verlangt?«

»Das ist alles, mein Schatz.«

»Und wenn er mich hinauswirft?«

»Aber, aber!« Kowalski hob die Hände, als beabsichtige er, einen Schnellzug zum Stehen zu bringen. »Eher geht die Welt unter, als daß dich ein echter Mann hinauswirft! Du bist eine wahre Weide für Soldatenaugen, Kindchen. Und noch niemals hat ein harter Krieger eine Frau nach ihrer Nationalität gefragt – mit einer Ausnahme: Da hatten wir doch in Frankreich einen Oberleutnant, und der schlief mit einem Mädchen aus dem Elsaß, und zwischendurch, in den Kampfpausen, weißt du, bekam er es doch fertig, an das Nationalbewußtsein, das deutsche natürlich, der Kleinen zu appellieren. Und da wir zufällig im Nebenraum mithörten, kann ich dir ganz genau sagen, was . . .«

»Wir haben wenig Zeit, Kowalski«, mahnte Stamm.

»Also, dann mach's gut, Mädchen«, sagte der. »Aber paß auf, daß man noch was von dir übrigläßt.«

»Die paar Amerikaner!« sagte Lore überlegen.

»Nur ein oder zwei Divisionen von deiner Sorte im Einsatz«, versicherte Kowalski, »und wir hätten auch diesen Krieg gewonnen.«

»Höchste Zeit!« sagte Stamm.

»Worauf wartest du denn noch?« fragte ihn Kowalski.

Stamm ging entschlossen an die Tür, klopfte dort, wartete aber nicht ab, bis er hereingerufen wurde. Er öffnete und stelzte freundlich grinsend auf James I und James II zu. Der eine arbeitete heftig, der andere sah ihm gelangweilt dabei zu.

»Eine Dame«, verkündete Stamm.

»So spät noch in der Nacht?« fragte James II.

»Für solch eine Dame«, versicherte Stamm treuherzig, »kann es niemals zu spät sein!«

»Wofür halten Sie uns eigentlich?« fragte James II lauernd.

»Für Männer, vermute ich«, sagte James I unternehmungslustig. »Also mal herein mit der Dame!«

»Protestiere«, sagte James II mild.

»Ob ich deinem Protest stattgebe«, sagte James I, »wird sich erst herausstellen, wenn ich diese Dame besichtigt habe.«

Stamm nickte und verschwand. Dann erschien Lore Schulz, blieb kurz an der Tür stehen, so ihren Betrachtern Gelegenheit gebend, sich von ihren Vorzügen in Totalansicht zu überzeugen. Sie lächelte vorsichtig.

»Protest abgelehnt, Pastor!« verkündete James I. Dann sagte er zu Lore Schulz: »Kommen Sie doch näher – oder glauben Sie vielleicht, wir beißen?«

»Bestimmt nicht?« fragte Lore und gab sich naiv. Dann kam sie näher, und sie schritt dahin, wie Nachtlokalmädchen über Laufstege schreiten. Ihr Lächeln verstärkte sich, denn sie spürte die Wirkung, die sie, auf einen der beiden wenigstens, ausübte.

»Was kann ich Ihnen antun?« fragte James I bereitwillig.

»Darf ich mich setzen?«

»Wo Sie wollen!«

»Danke«, sagte Lore Schulz, ließ sich auf einem Stuhl nieder, stellte die Beine ein wenig schräg und reckte ihre stattliche Brust hervor. Sie handelte wie ein Kind, das einen besonders stattlichen Teddybären erblickt.

»Wo kommen Sie her?« fragte James II. »Hat Sie niemand angehalten? Sind Sie keiner Streife begegnet?«

»Warum sind Sie hier?« fragte James I und betrachtete versonnen ihre Beine.

»Ich freue mich, daß ich hier bin«, sagte Lore Schulz unbekümmert. »Sie gefallen mir.«

»Ich hoffentlich nicht«, sagte James II ablehnend.

»Mußt du hier eigentlich stören?« fragte James I den »Pastor«. »Ich denke, du bist müde – du bist todmüde, der vielen Arbeit wegen, die ich erledigt habe.«

»Langsam werde ich wieder munter«, sagte James II, und er hob seinen Kopf wie eine Maus, die die Katze wittert. »Ich muß etwas zu trinken haben.«

»Trinken ist immer gut«, sagte Lore.

James I klingelte Stamm herbei, befahl ihm, ein neues Glas zu bringen, was jedoch überflüssig war, denn der Gefreite hatte das Verlangte bereits mitgebracht. James I nickte zufrieden und verkündete sodann: »Ich will in der nächsten Stunde nicht gestört werden.«

»Wird prompt erledigt«, versicherte Stamm.

»Diese Anordnung«, sagte James II, »gilt nicht für mich – mich darf man stören.«

»Jawohl«, sagte Stamm und eilte hinaus.

James I rückte die drei Wassergläser zusammen, goß Whisky hinein und reichte dann eins davon Lore Schulz hinüber. Ein zweites schob er dem »Pastor« hin. Das dritte trank er in einem Zug leer.

»So!« sagte er dann. »Kommen wir uns also näher. Weshalb bereiten Sie uns dieses Vergnügen, Lady?«

»Ich will mich bedanken.«

»Freut mich. Und wofür?«

»Sie haben meinen Mann so nett behandelt.«

»Wir behandeln Männer von solchen Frauen immer nett«, sagte James I. »Wer ist Ihr Mann eigentlich«?

»Hauptmann Schulz. Er ist jetzt in Ihrem Gefangenenlager.«

»Woher wissen Sie das?« fragte James II sofort.

»So was spricht sich doch herum«, sagte Lore Schulz.

»Scheint so«, sagte James II verkniffen. »Und das Tempo, mit dem sich hier so was herumspricht, ist ganz erstaunlich.«

»Du scheinst wirklich sehr müde zu sein«, sagte James I. »Du sprichst wie im Traum, Pastor.« Und dann fragte er Lore: »Wohl sehr in Sorge, wegen Ihres Mannes – was?«

»Nicht sonderlich«, sagte Lore Schulz. »Er ist gut versorgt, und das beruhigt mein Gewissen.«

»Ein Gewissen haben Sie auch?« fragte James II. »Welch ein Luxus in diesen Zeiten!«

James I drehte sich herum und fixierte den »Pastor« scharf. Dann sagte er: »Du störst mich! Bist du etwa scharf auf ein paar Runden ohne Handschuhe?«

»In meinen Augen«, sagte James II, »bist du jetzt schon k. o., Partner.«

»Sie sind beide sehr lustig«, behauptete Lore und lächelte. »Lustige Männer gefallen mir immer besonders gut.« Und als draußen ein mäßiges Gepolter anhub, sagte sie: »Sie haben beide gute Zähne.«

»Seine«, sagte James I und stieß sein Kinn in Richtung des »Pastors« vor, »sind in Gefahr. Wenn er nicht bald ein anderes Gesicht macht, werde ich sie ihm einschlagen.«

»Was ist da draußen für ein Lärm?« fragte James II.

»Geh doch mal nachsehen«, forderte ihn James I grinsend auf.

»Sie wollen uns wirklich beide allein lassen?« fragte Lore Schulz aufreizend mild.

James II blieb. Er verkroch sich in seinen Sessel und schien noch kleiner zu werden, als er schon war. Seine Augen funkelten böse. Er beschnupperte seinen Whisky und schnaufte dann grollend.

James I rückte näher an Lore Schulz heran, und die wich ihm nicht aus. Sie plauderten, einander zugeneigt, ein wenig über den Vorzug guter Getränke, dann über die günstigen Gelegenheiten und die angenehmen menschlichen Schwächen, hierauf über die Ehen, die eigentlich keine waren und die der Sturm der Zeit zerbrach. Kurz: man kam sich menschlich und auch sonst näher.

»Sie gefallen mir gar nicht schlecht«, versicherte James I.

»Das«, sagte Lore katzenartig schnurrend, »beruht auf Gegenseitigkeit.«

»Ihr gefallt mir alle beide«, sagte James II grimmig.

Die Tür öffnete sich, und Hinrichsen trat ein. Er hatte immer noch die abzeichenlose amerikanische Uniform an, doch darüber einen offenen feldgrauen Militärmantel mit den Schulterstücken eines Majors der großdeutschen Wehrmacht. Nahezu feierlich ging er auf die beiden Amerikaner zu.

»Nanu?« fragte James I, der sein Erstaunen nur mühsam zu überwinden vermochte. »Was soll der Mummenschanz?«

»Das ist kein Mummenschanz«, sagte der Major Hinrichsen.

»Sie haben wohl einen zuviel gehoben?« fragte James I und wußte nicht recht, wie er auf diesen seltsamen Aufzug reagieren sollte.

»Also – machen Sie schon Schluß mit diesem Theater, Hinrichsen, und schlafen Sie Ihren Rausch aus.«

»Ich ersuche«, sagte Hinrichsen steif und unbeirrt, »um die Auslieferung des Gefangenen Oberst Hauk.«

»Was sagst du dazu, Pastor?« sagte James I, der langsam zu spüren begann, daß das, was er für ein Theater hielt, gar keine amüsante Darbietung war, sondern etwas wesentlich anderes, kaum Faßbares, schier Unglaubliches.

»Was sagst du dazu, Mensch!«

»Nichts«, sagte James II, und er schien, sich konzentrierend, ins Leere zu starren.

»Ziehen Sie sofort diese Scheißuniform aus!« rief James I erregt.

»Sie verkennen die Situation«, sagte Hinrichsen. »Wir, Angehörige der deutschen Wehrmacht, haben hier wieder den Befehl übernommen. Diese Stadt hat den Besitzer gewechselt – das kommt im Kriege vor.«

»Hinrichsen«, rief James I beschwörend, »Sie scheinen sich nicht im klaren zu sein, was hier für Sie auf dem Spiel steht. Wenn Sie nicht sofort mit diesem Maskenball Schluß machen, sind Sie morgen ein toter Mann.«

»Das ist meine Sache«, sagte der Major.

»Hinrichsen!« rief James I beschwörend. »Wenn Sie nicht sofort mit diesem ...«

»Aussichtslos«, sagte James II ruhig. »Im Augenblick nichts zu machen.«

James I stand, breitbeinig, mit eingezogenen Schultern, ein Klasseboxer vor dem vernichtenden Angriff, sprungbereit da. Lore Schulz wich angstvoll zurück. James II trank langsam, ohne seine Augen von Hinrichsen zu lassen, sein Glas leer.

Der Major öffnete die Tür. Draußen, im Vorzimmer, standen zwei bewaffnete deutsche Soldaten. Hinrichsen öffnete das Fenster. James I sprang hinzu und sah neben dem amerikanischen Funkwagen zwei bewaffnete deutsche Soldaten.

»Ihr Begleitpersonal«, sagte Hinrichsen, »ist bereits gefangengesetzt. Geben Sie jetzt den Oberst Hauk heraus?«

»Nein!« brüllte James I.

Der Leutnant Brack, ebenfalls in voller deutscher Uniform, umgeschnallt und bewaffnet, betrat den Raum. Er sagte zu Hinrichsen: »Soweit alles klar.«

Dieser Anblick schien James I die Sprache verschlagen zu haben. Er ballte seine Fäuste. Er versuchte seinen Mund zu öffnen.

»Zitiere jetzt nicht Shakespeare«, sagte James II bitter. »Spiel jetzt nicht Julius Caesar: Auch du, mein Sohn Brutus!«

»Ich bedauere diese Situation«, sagte der Leutnant Brack, »aber sie war unvermeidlich.«

»Es wird noch manches andere unvermeidlich sein«, knurrte James I. »Denn Sie glauben doch nicht etwa im Ernst, daß Sie ewig so weitermachen können!«

»Ewig nicht«, sagte der Leutnant Brack, »aber ein paar Stunden schon.«

»Und das reicht!« versicherte Hinrichsen hart. »Ich wiederhole also meine Forderung: Liefern Sie mir Oberst Hauk aus.«

»Oberst Hauk und Generalmajor Luschke«, sagte der Leutnant Brack.

»Niemals!« rief James I.

Der Leutnant Asch, ebenfalls in voller Kriegsbemalung, betrat den Raum. »Stellt doch dieses Gebrüll endlich ab«, sagte er gelassen. »Oder wollt ihr hier die ganze Nacht verbringen?«

»Ist denn hier der Teufel los!« rief James I entgeistert.

»Mich«, rief der Gefreite Stamm, der grinsend seinen Kopf durch die halbgeöffnete Tür steckte, »haben sie hier auch festgesetzt.«

»Und was geschieht«, fragte James II, »wenn wir Ihnen Oberst Hauk und den Generalmajor Luschke ausliefern?«

»Du verhandelst mit diesen Nazipartisanen nicht!« schrie ihn James I an.

»Was geschieht dann?« fragte James II unbeirrt.

»Dann«, sagte Hinrichsen, »stellen wir hier den alten Zustand in spätestens zwei Stunden wieder her. Und wir alle geben uns gefangen.«

»Darüber sollten wir reden«, sagte James II sachlich.

»Niemals!« gurgelte James I. »Ich trage hier die Verantwortung, und ich entscheide und ich sage: Niemals!«

»Dann«, sagte Hinrichsen, »werden wir auch das Wachpersonal des Gefangenenlagers einkassieren müssen. Das wird einen mächtigen Staub aufwirbeln, vielleicht wird es auch Tote geben – aber Sie wollen es ja nicht anders.«

»Verrückt«, sagte James I tonlos. »Total verrückt.«

»Sie sind also gefangen«, sagte der Major Hinrichsen zu den beiden Amerikanern. Und dann wandte er sich, zeremoniell, an Brack. »Herr Leutnant – bitte übernehmen Sie die Gefangenen und liefern Sie sie im Gefängnis ein.«

»Jawohl«, sagte der Leutnant Brack und tippte flüchtig mit zwei Fingern gegen seine Kopfbedeckung. »Kommen Sie also, meine Herren.«

Hauptmann Wedelmann, der die Operation der Neunundzwanzig leitete, wortkarg, zielbewußt und so, als habe er niemals, keine Sekunde lang, aufgehört, Befehle zu erteilen, stieg in das heikle Unternehmen mit einer Beherrschung, die unverkennbar die hohe Schule des Generals Luschke verriet.

Die Anordnungen Wedelmanns waren von gewohnter Präzision. Er benötigte kaum fünfzehn Minuten, um die Situation ziemlich lückenlos zu übersehen. Und dann beherrschte er sie mit traumhafter Sicherheit. Sein einziger Lebenszweck schien das Arrangement von Sandkastenspielen zu sein.

Der Major Hinrichsen war für Wedelmann lediglich eine schwerbewegliche Figur in diesem militärischen Schachspiel, wenn auch eine überaus wichtige. Die Leutnante Asch und Brack wurden von vornherein als äußerst verläßlich einkalkuliert. Der Obergefreite Kowalski erhielt als einziger freie Hand; mit seinen Sondertouren mußte von vornherein gerechnet werden.

Der stattliche Rest der Neunundzwanzig rekrutierte sich in erster Linie aus den Soeftschen Reserven. Die Beweggründe, die diese Soldaten veranlaßten, sich freiwillig zu melden, waren grundverschieden. Den einen behagte die Lazarettruhe nicht; sie waren gerade so schön im Schwung gewesen und wollten sich nicht abbremsen lassen. Andere wieder erhofften letzten Sieg und reiche Beute; für sie war diese Aktion ein zwar verspätetes, aber dennoch nicht hoffnungsloses Geschäftsunternehmen. Es gab einige, die dem Ruf des Hauptmanns Wedelmann folgten; mehrere, die sich unbedenklich dem Leutnant Asch anschlossen. Gar nicht wenige kamen, weil sie glaubten, ihr General hätte sie herbefohlen.

Der Unteroffizier Soeft ging sogar so weit, eins seiner fünf Waffenlager zu opfern. Er gestattete sich aus diesem Anlaß einige Formulierungen, die nahezu patriotisch klangen. Aber wer ihn auch nur ein wenig kannte, wußte, daß Soeft nichts anderes tätigte als eine seiner Transaktionen. Er wollte »im Geschäft« bleiben – wie das in der Praxis aussah, ahnte noch keiner. Und Wedelmann, der genau seine Aufgabe kannte, war das gleichgültig – er hatte ein Ziel zu erreichen, und das würde ihm auch gelingen; mit welchen Mitteln das geschah, war erst in zweiter Linie wichtig.

Die Operationen der Neunundzwanzig konzentrierten sich zunächst auf das CIC-Hauptquartier in der ehemaligen deutschen Ortskommandantur. Diese Aktion war nach vierunddreißig Minuten beendet, reibungslos, lückenlos, ohne irgendwelche Verluste, dank Hinrichsen und Brack, deren »Sondervollmachten« und Uniformen und Beherrschung der englischen Sprache unbezahlbar waren.

Der nächste und gleichzeitig der entscheidende Angriffspunkt war der amerikanische Truppenteil, der das deutsche Gefangenenlager zu bewachen hatte.

Wedelmann entwarf eine Handskizze und traf folgende Anordnungen:

1. x Uhr und null Minuten: Major Hinrichsen betritt in amerikanischer Uniform die Artilleriekaserne, verwickelt den Torposten in ein Gespräch.
   Bereitstellung der Gruppen Brack und Asch an den Geschäftshäusern gegenüber dem Kasernentor.
2. x Uhr und fünf Minuten: Major Hinrichsen betritt, möglichst in Begleitung des Postens, das Wachlokal.
   Gruppe Brack stößt sofort nach und nimmt die Mannschaft im Wachlokal gefangen.
   Ein gesonderter Trupp, unter Führung des Leutnants Brack, besetzt das Offizierskasino und stellt dort den amerikanischen Leutnant und seinen Sergeanten.
   Gruppe Asch stößt an der Wache vorbei in das Stabsgebäude hinein und setzt die dort stationierten amerikanischen Soldaten fest.
3. x Uhr und fünfzehn Minuten: Sicherstellung von Wachsoldaten und wachfreien Soldaten in den Zellen des Wachlokals beendet. Zwei Mann der Gruppe Asch übernehmen die Bewachung. Vier Mann der Gruppe Brack sichern den Eingang und die Straße zum Offizierskasino.
4. x Uhr und zwanzig Minuten: Major Hinrichsen trifft, immer noch in amerikanischer Uniform, am Tor des Gefangenenlagers ein und versucht, soviel amerikanische Posten wie nur möglich um sich zu versammeln. Gruppe Asch übernimmt Wachturm A, Gruppe Brack Wachturm B.
5. x Uhr und fünfunddreißig Minuten: Entwaffnung der Amerikaner beendet. Die gefangenen deutschen Soldaten erhalten volle Bewegungsfreiheit; was sie damit anfangen, bleibt ihnen überlassen.

Der Wagen des Generalmajors Luschke, gesteuert vom Obergefreiten Kowalski, fährt am Tor vor.

Oberst Hauk wird an Major Hinrichsen ausgeliefert.

6. Major Hinrichsen erhält freie Verfügungsgewalt über Oberst Hauk für die Dauer von fünfzehn Minuten.

Leutnant Brack steht Generalmajor Luschke zur Verfügung.

Leutnant Asch assistiert Major Hinrichsen.

Hauptmann Wedelmann kümmert sich um die gefangenen amerikanischen Soldaten.

Der Exerzierplatz ist freizuhalten.

Gruppe Asch sichert nach Norden und Westen, Gruppe Brack nach Süden und Osten.

Gefreiter Stamm sorgt für die Kurierverbindung.

7. x plus eine Stunde: Aktion Kaserne beendet. Völlige Auflösung.

Die Soldaten, die zur Bewachung der Amerikaner eingesetzt sind, warten noch weitere zehn Minuten, ehe sie sich absetzen.

Und der Hauptmann Wedelmann schloß seine Befehlsausgabe genauso, wie er es auf der Kriegsschule und bei Generalmajor Luschke gelernt hatte: »Ich selbst befinde mich mit einer Reservegruppe während der ersten dreißig Minuten am Tor der Artilleriekaserne, sodann am Tor des Kriegsgefangenenlagers.«

Der Exerzierplatz der Artilleriekaserne war planmäßig frei für Major Hinrichsen und Oberst Hauk – für die Dauer von fünfzehn Minuten. Scheinwerfer beleuchteten die festgestampfte ebene Erde. Sie leuchteten, von Autos und den Wachtürmen herunter, jene Fläche aus, die einst das Fließband gewesen war, auf dem Menschen zu Soldaten verarbeitet werden sollten.

Hinrichsen hatte den Oberst Hauk herbeischleppen lassen. Der stand jetzt, stumm, als horche er, mit halbgeschlossenen Augen mitten auf dem Platz. Er regte sich nicht. Seine Schultern hingen ein wenig herab – es war, als trage er mit letztem noch vorhandenen Hochmut an einer ihm ungewohnten Last.

Der Leutnant Asch brachte dem Major Hinrichsen, der immer noch in abzeichenloser amerikanischer Uniform war, Mantel, Koppel und Mütze. Der zog, mit steifem rechtem Arm, den grauen Wehrmachtsmantel an und begann ihn zuzuknöpfen. »Ihr Entschluß steht fest?« fragte Asch.

»Mein Entschluß steht fest«, sagte der Major Hinrichsen.

»Dann machen Sie es gut«, sagte der Leutnant Asch und zog sich zurück.

Hinrichsen ging auf Hauk zu, wuchtig, schwerfällig, in den letzten Schritten fast ein wenig taumelnd, als bereite es seinen Füßen Qualen, den massiven Körper zu tragen. »Wir nehmen Maschinenpistolen«, sagte er.

»Was wollen Sie von mir?« fragte Hauk.

»Ich will Sie abknallen«, sagte Hinrichsen. »Aber ich gebe Ihnen, obwohl Sie das nicht verdienen, die Chance, sich zu wehren.«

»Das ist Mord«, sagte der Oberst Hauk.

»Das ist Gerechtigkeit«, sagte der Major Hinrichsen.

Ein Soldat schleppte auf Anordnung von Leutnant Asch zwei Maschinenpistolen herbei, die amerikanischen Posten abgenommen worden waren. Er legte sie auf einen Wink von Hinrichsen auf die Erde, genau zwischen die beiden Offiziere.

»Wählen Sie«, sagte der Major Hinrichsen.

Der Oberst Hauk schwieg. Er starrte auf die Waffen zu seinen Füßen, dann blickte er auf Hinrichsen, sah aber sofort wieder weg. Er blinzelte in das Licht der Scheinwerfer hinein und sah zu beiden Seiten Mauern von Soldaten, von bewaffneten und unbewaffneten deutschen Soldaten. Diese dunkle, dichte, stumme Masse war wie eine Drohung.

»Wenn Sie versuchen sollten, auszukneifen«, sagte der Leutnant Asch laut über den ganzen Platz, »dann schieße ich Sie kurzerhand über den Haufen.«

»Wenn Sie Ihre Waffe nicht wählen wollen«, sagte Hinrichsen, »dann werde ich den Anfang machen.«

Er beugte sich schnaufend nieder und griff eine Maschinenpistole auf. Er überprüfte sie kurz mit fachmännischen Griffen. Er richtete sich auf und hielt sie Hauk entgegen. »Hier«, sagte er, »links über dem Abzug befindet sich der Sicherungshebel. Die Mechanik ist die gleiche wie bei unseren Maschinenpistolen — solange der Abzug gedrückt wird, schießt der Apparat. Die Visiereinrichtung entspricht ebenfalls der unseren; das Korn ist durch einen Ring geschützt, das Visier verstellbar. Beide Magazine sind voll.«

»Was Sie tun wollen, ist Mord«, sagte der Oberst leise.

»Ich morde nicht wie Sie — ich kämpfe.« Hinrichsen schob den Sicherungshebel zurück. »Und unsere Chancen sind gleich. Wir beide beherrschen diese Waffe nicht — wir kennen sie kaum. Und wenn Sie behaupten wollen, ich sei Ihnen an Kampferfahrung überlegen, dann will ich Sie erst gar nicht danach fragen, warum Sie keine Kampferfahrung gesammelt haben, dann sage ich Ihnen nur: Ich schieße mit der linken Hand — die rechte ist, dank Ihrer Vorarbeit — unbrauchbar.«

»Ich werde mich nicht wehren«, sagte der Oberst Hauk.

»Ich werde Sie dazu zwingen«, sagte Hinrichsen. »Wir nehmen eine Entfernung von hundert Metern.«

Hinrichsen klemmte sich die Maschinenpistole unter den linken Arm, drehte sich schwerfällig um und schritt gleichmäßig über den Exerzierplatz.

Und es war, als trotte er in Gedanken durch sein Jagdrevier, ein Mann, bar jeder Nervosität, der den Geräuschen der Nacht nachlauscht.

Und während der Major ausschritt, fragte Brack, der neben Asch stand: »Wird er es tun?«

»Er kann nicht anders«, sagte Asch. »Und ich verstehe ihn.«

»Muß er es tun?«

»Ich glaube: ja.« Der Leutnant Asch betrachtete Hinrichsen mit Mitleid. »Er bewegt sich zwischen den Zeiten. Seit er vor meinen Augen zusammenbrach, kennt er nur noch ein Verlangen: diesen Kerl dort abzuknallen; denn für ihn ist dieser Hauk nicht nur ein Mörder, er ist die Verkörperung jener Kräfte, die ihn, der ehrlich zu sterben bereit war, zu einem Schweinehund gemacht haben.«

»Warum wartet er nicht ab, bis dieser Hauk vor ein Gericht gestellt wird?«

»Er hat aufgehört, an die Gerechtigkeit zu glauben, Brack. Die Deutschen können einen Hauk nicht mehr verurteilen, und die Amerikaner werden es nicht tun. Also will er das selbst erledigen.«

»Ich kann das nicht mit ansehen, Asch.«

»Dann wenden Sie sich ab.«

»Ich werde eingreifen!«

»Wenn Sie das versuchen«, sagte der Leutnant Asch unmißverständlich, »dann werde ich Sie daran zu hindern wissen. Ich habe über zwanzig Tote gezählt, und einige davon krepierten vor meinen Augen — sie alle waren Hinrichsens Kameraden. Und diese Rechnung muß beglichen werden.«

Der Major Hinrichsen blieb stehen. Er drehte sich langsam um, zog seine Maschinenpistole in die Hüfte ein und rief Hauk zu: »Fertig!«

Hauk regte sich nicht. Die ihm zugeteilte Maschinenpistole lag immer noch zu seinen Füßen. Sein Gesicht im Scheinwerferlicht war fahlweiß; und es schien, als lebe er nicht mehr.

Hinrichsen stemmte seine Füße auseinander. Er klemmte sich die Maschinenpistole in die Hüftgegend. Dann berührte sein linker Zeigefinger kurz den Abzug. Drei Kugeln rissen den Erdboden links neben Hauk auf.

Hauk rührte sich immer noch nicht. Eine weitere Schußserie zerfetzte den in langen Jahren festgetrampelten Kies rechts von ihm. Hauk stand immer noch starr. Dann peitschten die Stahlmantelgeschosse unmittelbar vor ihm die Erde auf, erst sieben, dann fünf, dann drei Meter — als werde ein immer enger werdender Halbkreis gezogen.

»Feiges Schwein«, sagte Hinrichsen verächtlich.

Plötzlich beugte sich Oberst Hauk vor, auf die Maschinenpistole zu. Doch seine Bewegung erstarb, er griff die Waffe nicht auf. Hinrichsen lachte.

Da warf sich Hauk, als träfe ihn ein scharfer Schlag in das Genick, auf den Boden. Seine Hände packten die Maschinenpistole mit zuckenden, fieberhaften Bewegungen. Er schnellte hoch, riß sich den Kolben an das Kinn, drückte den Abzug durch, und der Lauf, hektisch pendelnd, spuckte Feuer.

Hinrichsen stand, ein wenig vorgebeugt, da, als horche er mit Andacht auf das schrille Gehämmer, das ihm entgegenflatterte. Er regte sich nicht. Sein Gesicht aber war eine Maske voller Triumph und Qual.

Hauk, wie überwältigt von dem wilden Schrecken, den ihm die tobende Waffe bereitet hatte, hielt inne. Und Hinrichsen jagte ihm, in kurzem Feuerstoß, eine Handvoll Blei in den Leib. Hauk taumelte.

Noch einmal schoß Hinrichsen. Dann brach Hauk zusammen und stürzte zur Erde. Er zuckte mit den Beinen und starb.

»Geschafft«, sagte Hinrichsen leise und ließ seine Maschinenpistole fallen. »Und jetzt ist alles zu Ende.«

Er fiel auf die Knie, und es war, als betete er. Aus seinem Mund sikkerte Blut, und seine Augen waren geschlossen.

»Herr General — Ihr Wagen!« rief der Obergefreite Kowalski. Luschke hielt sich am Tor des Gefangenenlagers auf, und es war, als sei er lediglich deshalb gekommen, weil hier die Aussicht besser war. Sein Ia, der Major Horn, stand hinter ihm. Beide betrachteten den Jeep, den Kowalski vorgefahren hatte, mit den prüfend zusammengekniffenen Augen von Ausstellungsbesuchern.

Hauptmann Wedelmann kam herbei, salutierte und verkündete: »Die Straße dreihundertsiebzehn, in südlicher Richtung, kann ohne besondere Schwierigkeiten befahren werden.«

»Was ist denn mit Ihnen los, Wedelmann?« fragte Luschke. »Verbringen Sie hier und in diesem Aufzug Ihre Flitterwochen?«

»Im Jeep befinden sich Waffen, Herr General«, sagte Wedelmann. »Auch amerikanische Mäntel und Stahlhelme.«

»Sprechen Sie Ihrer Frau mein herzlichstes Beileid aus, Wedelmann«, sagte der General und lächelte. »Einen von Ihrer Sorte kriegt sie bestimmt niemals mehr wieder.«

»Herr General werden mit dem Jeep etwa zwanzig Kilometer weit fahren können, über Landstraßen und Feldwege, ehe mit einem Zusammentreffen mit größeren Einheiten zu rechnen ist.«

Der General blickte kurz seinen Ia an, der immer noch unbeweglich, ohne ein Wort zu sagen, hinter ihm stand. Dann fragte Luschke: »Was soll das eigentlich alles, mein lieber Wedelmann?«

»Hier können Sie nicht bleiben, Herr General«, sagte der. »Denn hier sind Sie ein Kriegsverbrecher. Fahren Sie mit dem Jeep, so weit Sie kommen, dann verstecken Sie sich.«

»Mich verstecken — trauen Sie mir solche munteren Kinderspiele zu, Wedelmann?«

»Sie müssen sich in Sicherheit bringen, Herr General!«

»Sie haben doch nicht etwa dieses nächtliche Schauspiel meinetwegen veranstaltet, Wedelmann?«

»Zum Teil«, sagte Kowalski, da Wedelmann keine Antwort fand, »zum größten Teil. Sie, Herr General, sind praktisch durch unsere Schuld, eben weil wir auf ein Standgerichtsverfahren gedrängt haben, zum Kriegsverbrecher befördert worden.«

»Sie glauben doch nicht etwa im Ernst, Kowalski, daß ich mich von Ihnen oder einem Ihrer Sportsfreunde in derartige Situationen hineindrängen lasse?«

»Warum nicht!« rief der unbekümmert. »Auch Generale sind schließlich nur Menschen, wenn die meisten auch gar nicht mehr zu wissen scheinen, was eigentlich ein Mensch ist. Für sie ist ein Mensch im Krieg der Bruchteil einer Division; und im Bruchrechnen waren sie schon immer schwach. Und zwischen den Kriegen ist für sie der Mensch ein Kriegervereinskamerad, der Biere stemmt und sich glücklich schätzt, von ihnen Befehle erhalten zu haben.«

Luschke lachte mit geschlossenem Mund. Dann sagte er zu seinem Ia: »Ihr Jeep, Herr Horn — Sie können über ihn verfügen.«

»Ich bleibe bei Ihnen, Herr General«, sagte der, ohne zu zögern. »In der Nähe eines solchen Kriegsverbrechers fühle ich mich wohl.«

»Und die Flucht aus der Gefangenschaft?« fragte Wedelmann. »Selbst dann, wenn es gleichgültig ist, ob man Sie Kriegsverbrecher nennt oder nicht — die Flucht aus der Gefangenschaft ist immer ehrenwert.«

»Wohin?« fragte Luschke. »Zu meiner Truppe? Ich habe keine Truppe mehr. Und wo ist jetzt mein Vaterland? Wo ist Deutschland?«

»Denken Sie an Ihre eigene Sicherheit, Herr General!«

»Mir scheint, ich habe zwölf Jahre lang nur an meine eigene Sicherheit gedacht.«

»Dann vergessen Sie wenigstens nicht, daß wir Sie hier herausgehauen haben — damit Sie fliehen können!«

»Das werde ich niemals vergessen, niemals vergessen können! Ich habe nicht nur Menschen in den Tod geschickt — es hat sogar einige gegeben, die sich freiwillig für mich totschlagen lassen wollten. Für mich!«

»Jawohl, Herr General — allein für Sie!«

»Wer bin ich denn?« rief Luschke. »Einer von mehreren Tausenden Generalen; Blutabzapfer von Beruf, und zwar in großem Stil. Ich habe nicht geglaubt, aber ich habe zugelassen, daß Menschen geopfert wurden. Ich wußte, daß es Generale gab, die krank vor Ehrgeiz waren, die ihrer Karriere wegen über Leichen gingen, die Arschkriecher waren oder Konjunkturritter und Feiglinge. Wir alle sahen, daß ein gigantisches Verbrechen geschah — aber niemand wehrte sich dagegen, von wenigen Ausnahmen abgesehen, die dann auch prompt von denen, die sich Kameraden nannten, im Stich gelassen wurden.«

»In unseren Augen gehören Sie zu diesen Ausnahmen, Herr General. Wir sahen Sie schon seit Jahren so.«

»Ich bin ein Feigling gewesen, wie alle anderen auch. Ich habe Hitler im Kasino einen Lumpen genannt — aber ich hätte meinen Soldaten sagen müssen: Dieser Hitler ist ein Lump! Wir haben von den Nazis mit Verachtung gesprochen, wenn wir unter uns waren, aber wir hätten diesen Nazis vor aller Öffentlichkeit unsere Verachtung ins Gesicht schreien sollen.«

»Sie machen sich unnötige Sorgen, Herr General«, sagte Kowalski bieder. »Wir haben gleich gemerkt, was gespielt wurde, denn wir sind ja auch nicht auf den Kopt gefallen. Wir wollten doch in so einem Krieg gar nichts gewinnen, weder Vermögen noch Orden noch Ansehen durch Dienstgrade. Wir wollten uns unserer Haut wehren — und unsere Haut war stark gefragt; nur Sie allein waren nicht scharf darauf, General, und das haben wir frühzeitig gemerkt.«

»Ich danke Ihnen, Herr Kowalski«, sagte Luschke mit Würde und sank wieder in sich zusammen.

Dann jedoch reckte sich der kleine, schmalbrüstige, knollengesichtige General noch einmal hoch und sagte: »Dieser unser Krieg war ein Verbrechen — und da ich mitgeholfen habe, ihn zu führen, bin ich ein Kriegsverbrecher.«

Er ging in das Gefangenenlager hinein. Die Dunkelheit verschluckte ihn. Es war, als habe es ihn niemals gegeben.

»Kennen Sie Warsitz in Pommern, Asch?« fragte Hinrichsen und versuchte, sich aufzurichten.

»Nein«, sagte der Leutnant und drückte den Major auf das Feldbett zurück, auf dem er lag. »Nie davon gehört.«

»Wenn Sie einmal dorthin kommen sollten, dann fragen Sie nach dem Kaufmann Hinrichsen. Es ist möglich, daß man nicht viel Schlechtes über mich berichten wird.«

»Wer Ihnen Schlechtes nachsagt, Hinrichsen, dem schlage ich ins Gesicht.«

»So ist das«, sagte Hinrichsen, und das Sprechen schien ihm nicht leichtzufallen. »Noch vor einem Jahr hätte ich gesagt: Gehen Sie nach Warsitz, und dann werden Sie hören, wieviel Gutes man über den Kaufmann Hinrichsen berichten wird — ehrenwerter Bürger, Wohltäter, aufrechter Mann. Aber jetzt! Jetzt weiß ich, Asch, daß alles falsch war.«

»Regen Sie sich nicht unnötig auf, Hinrichsen«, sagte Asch. »Nachher weiß immer jeder, was er falsch gemacht hat — dieses Gesellschaftsspiel haben nicht erst die Nazis erfunden.«

Der Leutnant Asch hatte den schwerverwundeten Major Hinrichsen in ein Zimmer in der Kaserne geschleppt und dort auf das Feldbett gelegt. Er hatte ihn in Decken gehüllt und gab ihm zu trinken, was er verlangte. Asch wußte, daß Hinrichsen nicht mehr zu helfen war.

Durch die Fenster flackerte jäh aufblitzendes Scheinwerferlicht. Auf einem Schemel an Hinrichsens Kopfende stand eine dünne Kerze, wie sie ansonsten nur Weihnachtsbäume tragen. Der Raum war verwohnt, schmutzig, mit allerlei Gerümpel angefüllt. Die Kasernenblocks schienen Abfallbehältern zu gleichen.

»Als der erste Weltkrieg zu Ende ging«, sagte Hinrichsen, »war ich zwanzig Jahre alt, Leutnant bereits und seit Dezember neunzehnhundertsiebzehn ununterbrochen im Westen eingesetzt. Wir haben gehungert, geblutet und waren tapfer. Der Vater war gefallen, der Bruder war gefallen, und die Mutter sagte: Mach uns keine Schande! Das habe ich ehrlich versucht.«

»Dieser falsche Ruhm der Kriegermütter!« sagte Asch hart. »Diese billige Heldenmütter-Aufzucht. Diese seltsame Lust mancher Weiber, sich mit der Toten Tatenruhm und diesem Gefallen-für-das-Vaterland! abspeisen zu lassen. Wenn sie wüßten, wie ihre Söhne starben, sie würden erschauern und sich verfluchen, weil sie sie nicht mit Händen und Zähnen zurückgehalten haben.«

»Wenn die Mütter die volle Wahrheit wüßten«, sagte Hinrichsen, »wäre ihr Leben noch schwerer, als es ohnehin schon ist.«

»Also betrügt die Mütter und laßt die Weiber stolz sein!«

»Wenn Sie einmal nach Warsitz in Pommern kommen sollten, Asch, dann fragen Sie nach der Eisenwarenhandlung Hinrichsen. Jeder wird Ihnen sagen können, wo sie zu finden ist. Die Stadt ist klein — lebt von den Bauern der Umgebung, von einigen Fischern; Zuckerrüben, Kartoffeln, Fische. Damals, neunzehnhundertneunzehn, übernahm ich die Eisenhandlung meines gefallenen Vaters — sein Bild hing im Wohnzimmer. Mein Leben war einfach — arbeiten, essen, schlafen. Der Laden, das Gasthaus, die Kirche! Keine Spannungen zwischen uns, den Bauern,

Fischern, Kaufleuten und Beamten. Arbeiter hatten wir so gut wie gar keine, Sozialismus war kein Problem, Nationalismus eine Selbstverständlichkeit. Und immer schwarz-weiß-rot.«

»Aber als Sie nach England kamen, Hinrichsen, da ging Ihnen ein Licht auf?«

»Mein Onkel besaß in Stettin ein ausgedehntes Transportunternehmen, und der sagte zu mir: Du mußt was von der Welt sehen, Warsitz ist zu eng, Deutschland zu klein. So sagte der. Und ich fuhr nach England, nach Southampton, um dort ein Jahr im Eisenhandel zu arbeiten. Aber national waren die Engländer auch, jedenfalls die Kreise, in denen ich verkehrte. Ihr Deutsche, sagte mir Sir Castlerose, seid ein bewundernswertes Volk! Euer Stahlhelm etwa — Elite! Bestes Frontsoldatentum.«

»Und das ging Ihnen ein wie Honig, was?«

»Neunzehnhundertsechsundzwanzig heiratete ich, wie es sich gehört; Kinder wuchsen heran. Neunzehnhundertachtundzwanzig wurde ich Bürgermeister; eine höchst ehrenvolle Angelegenheit, denn ich war jung. Ich habe kräftig zugepackt, und die Losung hieß: Kameradschaft! Damit schafften wir alles. Bei den Wahlen neunzehnhundertdreißig hatten wir unter viertausend Stimmen nur einhundertachtzehn rote — wir konnten die bei uns mit Laternen suchen. Denn wir waren national, deutschnational vorwiegend.«

»Ihr habt ja eure damalige Welt mächtig mit Brettern vernagelt gehabt, Mann.«

»Wir waren mit unserer Welt zufrieden. Und wenn wir uns im Jahr etwa zwei- oder dreimal nach Stettin verirrten, konnten wir nur noch die Köpfe schütteln über so viel Desorganisation, Aneinandervorbeigerede und Parteipolitik. So was gab es bei uns nicht.«

»Wer nicht eurer Meinung war, wanderte aus, was?«

»Daß einer dagegen war, ein normaler, aufrechter Deutscher, das konnten wir uns einfach nicht vorstellen. Wir hielten die alten Bräuche aufrecht und die Fahne hoch. Und hoch die Biergläser, die wir auf das Wohl der Tapferkeit, der Ehre und des Ruhmes deutschen Frontsoldatentums leerten. Wir glaubten an Deutschland, Preußen, Pommern und Warsitz; schön abgestuft und immer der Reihe nach.«

»O deutsche Stammtischherrlichkeit!« sagte der Leutnant Asch und lächelte dabei dem fiebernden Hinrichsen zu.

»Arbeitslose kannten wir keine, Juden waren uns gleichgültig, die Kirche respektierten wir. Und langsam begann uns Adolf Hitler zu imponieren. Warum eigentlich, werden Sie wissen wollen? Schwer zu sagen, besonders jetzt. Damals hätten wir Ihnen vielleicht gesagt: Weil er sich als Kriegskamerad ausgab. Wissen Sie, was das heißt? Hat gleich uns im Dreck gelegen, gehungert, geblutet, ist ein einfacher, bescheidener, nationaler Mann — will das Beste. Der will solch verfahrenen Karren wie dieses Stettin aus dem Dreck ziehen. Will Sauberkeit, Anständigkeit, einfaches, gesundes Leben; so, wie es bei uns in Warsitz Brauch war. Das konnte uns recht sein.«

»Schon gut, Hinrichsen«, sagte Herbert Asch und zog ihm die Decke über die bebenden Schultern.

»Kommen Sie mir jetzt nicht mit Einwänden, Asch, wie: Das hätten Sie doch aber merken müssen, was mit dem los war. Scheiße! Einige waren dagegen aus Überzeugung. Einige, weil sie gar keine andere Wahl hatten, weil ihnen gar nichts anderes übrigblieb — sie waren nicht abgeneigt, ihre Geschäfte mit den Nazis zu machen, aber sie wurden abgewiesen. Und der stattliche Rest? Treu, brav, gläubig; wir trieften geradezu vor Vertrauen und Bereitwilligkeit. Da kam einer und appellierte an unsere Kameradschaft, an unsere Hilfsbereitschaft, an unsere Selbstlosigkeit.«

»Und das ging euch ein — bis in die tiefsten Tiefen der nationalen Herzen!«

»Sehen Sie, bei uns sah das etwa so aus. Neunzehnhundertdreiunddreißig haben wir gesagt: Soll er zeigen, was er kann! Nun, bei uns in Warsitz geschah auch einiges. Neunzehnhundertvierunddreißig kamen die ersten Vermessungsingenieure. Neunzehnhundertfünfunddreißig kamen die Beauftragten der Partei und der Wirtschaft und sagten: Hier bauen wir euch ein Hydrierwerk hin, das größte, das jemals errichtet wurde, das größte Hydrierwerk aller Zeiten. Und so schien es zu geschehen. In wenigen Wochen waren viermal soviel Arbeiter wie Einwohner in der Stadt; einige Wochen später: siebenmal soviel; dann: neunmal soviel. Neue Straßen wurden gebaut, Wohnbaracken entstanden, Unterkunftsschiffe ankerten auf der Oder. Und die Lastzüge rollten pausenlos Baumaterial an, Rohrleitungen, Kräne, Maschinen.«

»Und ihr habt gestaunt und mitverdient, die Hände zum Hitlergruß gereckt und immer, wenn eine Schweinerei sichtbar wurde, gesagt: Wo gehobelt wird, fallen Späne! Alles Ausnahmen! Aufbaugewinnler, Menschenschinder, Sklavenantreiber, Volksbetrüger — Ausnahmen, nichts als Ausnahmen!«

Hinrichsen griff nach der Hand des Leutnants Asch, so als suche er einen Halt. »Dann aber«, sagte er, »rollte dieser Krieg auf uns zu. Ich wurde sofort eingezogen und fand das auch völlig in Ordnung. Ich habe getötet und verlangt, daß sich meine Leute töten lassen — und ich habe nicht geduldet, daß mit mir irgendwelche Ausnahmen gemacht wurden, weder bei der Wahl der Unterkunft noch beim Essen, auch nicht beim Töten. Wäre ich krepiert, ich hätte das in Ordnung gefunden. Aber ich habe überleben müssen — bis heute.«

»Und morgen«, sagte der Leutnant Asch, »werden Sie das alles schon wieder vergessen haben — und einige Millionen mit Ihnen.«

»Als die rücksichtslosen Bombardierungen, mit denen wir angefangen hatten, wirkliches Format anzunehmen begannen, war eins der ersten Ziele der anderen Seite: Warsitz in Pommern. Neunzehnhundertzweiundvierzig bereits ebneten einige Zentimeter Sprengstoff mein Haus und mein Geschäft ein. Neunzehnhundertdreiundvierzig wurde meine Frau mit zwei Kindern ausradiert. Und neunzehnhundertvierundvierzig starben meine restlichen drei Kinder und meine Mutter. Das war also eine Familie, die Hinrichsen hieß.«

»Jetzt«, sagte Herbert Asch, »verstehe ich einiges.«

»Alles geopfert — alles fordernd. Und dem Tod nicht mehr ausweichen! Ich habe immer geglaubt und gerne geglaubt an die große, gute, gerechte Sache. Ich war wohl nicht schlecht, aber ich war dumm, und meine Dummheit ließ mich die Schlechtigkeiten, die mich umwucherten, nicht erkennen. Judenverfolgung, Massenhinrichtung, Schändung, Leichenraub, Mord — ja, alles Ausnahmen, Auswüchse, Entgleisungen, Einzelaktionen. Erst dieser Hauk hat mir die Augen geöffnet.«

»Er hat seine Quittung dafür bekommen.«

Hinrichsen richtete sich mit gewaltiger Kraftanstrengung ruckartig auf. »Wir«, röchelte er, »wir, die wir uns um Sauberkeit bemüht haben — soweit ein Krieg überhaupt etwas mit Sauberkeit zu tun hat —, wir sind betrogen worden. Wir waren wie Treibstoff, wie Brennmaterial, wie Zugtiere, wurden ausgewertet, ausgepreßt, ausgenutzt. Sie haben über unseren Idealismus gegrinst wie über die Arbeitswut eines Irren. Zuerst ließen sie sterben, um Ruhm zu erwerben; dann, um gut zu leben; schließlich: um überhaupt zu leben, um zu überleben. Sie düngten ihre Sucht nach Erfolg, ihre Lust an der Macht, ihren Ehrgeiz, Geschichte zu schreiben, mit dem Blut ihrer Soldaten, mit der Asche ihrer Opfer. Bis sie daran erstickten!«

»Das war so, das ist so, und das wird wohl immer so sein«, sagte Herbert Asch. »Denn auch das ist deutsch: diese willige Selbstdegradierung zum Herdenvieh — unter dem Schlächterruf: Disziplin. Oder: Vaterlandsliebe. Oder: Freiheit. Oder: Frieden. Die größten Worte und das lauteste Geschrei, die willigsten Hände, die gläubigsten Augen und die leersten Gehirne — Gott schütze uns vor diesen deutschen Selbstmördern!«

»Amen«, sagte Hinrichsen.

Als der Major starb, kroch der neue Tag am Horizont herauf. Asch löschte das mühsam flackernde Licht und faltete die Hände des Toten. »Gute Nacht, Kamerad Hinrichsen«, sagte er.

daten, Hilfskräfte und die Angestellten beiderlei Geschlechts zogen es vor, unbeteiligt zu erscheinen. Dieser Nowack, wußten sie, war ein Trottel, aber eine Seele von Mensch. Schulz jedoch, und das glaubten sie ebenfalls zu wissen, war auch ein Trottel, zusätzlich aber noch hochexplosiv, was ratsam erscheinen ließ, seine Nähe oder gar eine unmittelbare Berührung mit ihm tunlichst zu meiden.

Schulz blätterte die Quartierlisten flüchtig durch. »Da haben wir es!« sagte er dann. »Wo ist der Nachweis über die Quartiere im Hause Asch?«

»Davon, Herr Hauptmann, wußte ich . . .«

»Natürlich!« sagte Schulz befriedigt. »Sie wußten schon wieder einmal von nichts. Aber ich — ich! —, ich soll wohl alles wissen, was? Darauf verlassen Sie sich immer wieder. Oder haben Sie etwa gemeinsam mit diesem sauberen Herrn Asch eine Schiebung vor?«

»Herr Hauptmann!« rief Nowack ehrlich entsetzt.

»Sieht beinahe so aus!« triumphierte Schulz. »Aber ich bin ja nicht so — ich nicht. Ich gebe Ihnen Gelegenheit, diesen Punkt zu bereinigen.« Und damit warf Schulz dem Oberleutnant die Quartierlisten vor die Füße und schritt von dannen.

Heini, der Hitlerjunge, hatte inzwischen das gewünschte Flaschenbier organisiert. Er hatte eine weiße Serviette auf dem Schreibtisch des verehrten Kampfkommandeurs ausgebreitet und ein frischgespültes Bierglas daraufgestellt. Daneben stand die Bierflasche, dahinter Heini.

»Nur eine Flasche?« fragte Schulz und griff zu.

»Drei weitere«, sagte Heini und verschluckte sich beinahe vor Stolz, »liegen auf Eis.«

»Bravo, mein Sohn«, sagte Schulz anerkennend. »Du machst dich. Du hast allerhand Qualitäten, Heini. Du hast glatt das Zeug zum Unteroffizier — vielleicht sogar zum Offizier.«

Heinis braves Kindergesicht bekam die Farbe einer überreifen Tomate. Er strahlte Schulz an, als throne vor ihm der Führer persönlich. Er fand, daß er in einer großen Zeit lebte, und war schier sprachlos vor Glück.

»Komm näher, mein Sohn«, forderte Schulz ihn auf. »Setz dich zu mir. Sag mal — dort, wo du die vier Flaschen Bier her hast, gibt es da noch mehr?«

»Jawohl«, sagte Heini.

Schulz nickte zufrieden. »Du kannst eine Flasche mittrinken«, sagte er. »Ich erlaube es dir — ausnahmsweise.«

Und Heini holte sich eine Flasche Bier und trank davon. Das Bier schmeckte ihm scheußlich, aber er kam sich vor wie ein Mann. Er fühlte sich geehrt — und was sind schon Magenschmerzen gegenüber der Ehre?

»Ja«, sagte Schulz und stellte die erste leere Flasche zur Seite, »die Situation ist ernst.«

Bestrafung durch den Herrn Generalmajor Luschke. Verstanden? So! Hat sonst noch jemand Lust, mit dem General anzubinden?«

Niemand bekundete ein derartiges Verlangen, was Schulz nicht weiter verwunderte. »Ist das jetzt alles?« fragte er und griff sich an den Kopf, der ihn stark schmerzte – sollten ihm etwa Kowalski oder Stamm gestern nacht minderwertigen Alkohol eingegeben haben? Wenn das tatsächlich . . .

»Wir haben immer noch kein Holz für die Panzersperren und die Panzerfallen«, erlaubte sich der Kommandant ergeben zu bemerken.

»Herrgott«, rief Schulz aus. »Dann nehmen Sie eben die Bretter, die Sie vor dem Kopf haben – die werden bestimmt ausreichen!«

»Können wir vielleicht im Stadtwald das nötige Holz fällen?« fragte einer.

»Aber ja doch! Von mir aus könnt ihr die Bäume auf dem Marktplatz absägen. Hauptsache: die Panzersperren stehen um dreizehn Uhr.«

»Jetzt ist es aber doch bereits acht Uhr«, sagte der Kommandant, verzweifelt um Haltung ringend. »Und acht und sechs sind vierzehn.«

»Ach scheiß!« sagte Schulz. »Dreizehn Uhr und keine Minute später! Was kann ich denn dafür, daß ihr hier eine Stunde durch eure blöden Fragen vertrödelt? Dreizehn Uhr also – und am Nachmittag werden wir ein paar Geländeübungen veranstalten, mit der Panzerfaust und so! Jetzt macht endlich, daß ihr wegkommt.«

Schulz verschwand im Kommandanturgebäude. Heini, der Hitlerjunge, trabte hinter ihm her. »Besorge mir ein Bier, mein Sohn«, sagte Schulz. »Und zwar Flaschenbier. Aber eiskalt muß es sein! Alte Soldatenweisheit, Heini – Kater nur mit Alkohol bekämpfen!«

Während Heini in der Gegend herumschnüffelte, um Flaschenbier zu apportieren, füllte Schulz die Zwischenzeit damit aus, dem Oberleutnant Nowack und seiner Quartierabteilung kräftig aufs Dach zu steigen. »Sind Ihre Listen jetzt endlich vollständig?« wollte er wissen.

»So gut wie vollständig«, versicherte Nowack.

»Mist!« sagte Schulz. »So gut wie – das ist Mist! Sie müssen vollständig sein.«

Nowack hatte mit seinen Leuten die ganze Nacht gearbeitet. Seine Quartierlisten hatten sich in ungeahnter Weise vermehrt. Rein theoretisch »erfaßte« seine Dienststelle nunmehr etwa fünfmal soviel Quartiere, mit den dazugehörigen Einquartierten, wie am Tage vorher. »Man kann wirklich sagen, Herr Hauptmann«, versicherte Nowack tief gekränkt, »daß wir unser menschenmöglichstes getan haben . . .«

»Alles Mist!« sagte Schulz ungnädig. »Sie sollen nicht Ihr möglichstes als Mensch tun, sondern als Soldat. Kapiert?«

Nowack war verstummt und blickte erschüttert zu Boden. Seine Sol-

Dann stellte er sich wieder breitbeinig vor den mürrischen, maulenden Volkssturmleuten auf und rief: »Männer! Ein hartes Stück Arbeit liegt noch vor uns, und gemeinsam, im Vertrauen auf den ... auf unsere Führung, werden wir das auch schaffen. Der Herr Generalmajor Luschke erwartet und fordert von jedem einzelnen von euch, daß er seine Pflicht tut, bis ...«

»Bis zum letzten Atemzug«, sagte Heini, der Hitlerjunge, hinter ihm leise und mit Inbrunst.

»... bis er nicht mehr seine Pflicht zu tun braucht.«

»Und wann wird das sein?« fragte einer.

»Darüber hat allein der Herr Generalmajor Luschke zu bestimmen«, verkündete Schulz.

Die Volkssturmleute murmelten dumpf. Ihr Kommandant drehte sich zu ihnen herum und blickte sie an. Sie nahmen überhaupt keine Notiz von ihm.

»Männer!« rief Schulz. »Es kommt jetzt darauf an, die Heimat zu verteidigen und die Frauen und Kinder. Wer will da zurückstehen?«

»Ich«, brummte einer, aber er wurde nur von seinem nächsten Nachbarn gehört.

»Wir werden als erstes«, verkündete Schulz, »drei bis fünf Kilometer vor der Stadt an allen Straßen und Wegen, mit Ausnahme der Fußwege natürlich, Panzersperren und Panzerfallen errichten. Ich gebe euch sechs Stunden Zeit dazu. Herr Generalmajor Luschke erwartet von euch, daß diese Zeit unter keinen Umständen überschritten wird.«

»Darf ich fragen«, mischte sich der Kommandant des Volkssturms ein, »woher wir das Bauholz ...«

»Sägewerke!« sagte Schulz groß.

»Die sind schon seit Tagen außer Betrieb. Die Holzvorräte sind zumeist zu wehrwirtschaftlichen Zwecken aufgebraucht worden. Die noch bis vorgestern vorhanden gewesenen Reste hat die Bevölkerung in der vergangenen Nacht requiriert.«

»Verfassen Sie einen Aufruf an die Bevölkerung«, befahl ihm Schulz. »Holzdiebstähle, insbesondere die von Bauholz, werden in Zukunft kriegsgerichtlich geahndet. Wer bereits entwendetes Holz zurücktransportiert, bleibt straffrei. Richten Sie eine Holzsammelstelle ein.«

»Darauf reagiert doch kein Aas!« sagte ein Volkssturmmann überzeugt.

Schulz stiefelte, von dem Hitlerjungen Heini wie von einem Schatten gefolgt, auf den vorlauten Mann zu. »Sie«, sagte er streng, »wollen Sie etwa den Verteidigungswillen unserer Bevölkerung anzweifeln?«

»Ich werde mich hüten«, sagte der eilig.

»Sie melden sich nachher bei mir«, ordnete Schulz an, »und zwar zur

Der Generalmajor Luschke war, sozusagen über Nacht, zum bestgehaßten Mann in der Stadt geworden; er wurde beinahe so oft – wenn auch nicht mit soviel Überzeugung – verflucht wie der Führer. Der Hauptmann Schulz gab kaum noch einen Befehl, ohne den Namen des Generals zu erwähnen; und die wackeren Volkssturmleute nebst Verwandten schworen sich, ihn nie zu vergessen.

Während der General in der Kaserne schlief, schwer und traumlos, einem Toten gleichend, da ihm die Strapazen der letzten Nacht alle Energien aus dem schmächtigen Körper gezogen hatten, hausierte Schulz in seinem Namen.

»Heini«, hatte er zu dem Hitlerjungen gesagt, nachdem er in den frühen Morgenstunden, von der ausgedehnten Hochzeitsfeier bei Asch kommend, wieder auf der Kommandantur eingetroffen war, »Heini – jetzt kommt es darauf an ...«

»Jawohl«, hatte der erglühend vor Vaterlandsliebe geantwortet, »jetzt wird es sich zeigen, ob wir ein Herrenvolk sind.«

»Jetzt, mein Sohn«, hatte Schulz mit schwerer Zunge gesagt, »kommt es darauf an, daß ich um sieben Uhr nüchtern bin, denn um sieben Uhr habe ich mir – im Auftrag von Herrn Generalmajor Luschke – den Volkssturm bestellt. Du weckst mich eine Viertelstunde vorher.«

Und eine Viertelstunde vor sieben versuchte Heini, der Hitlerjunge, seinen Kampfkommandeur mit viel Gebrüll und noch mehr Wasser gefechtsklar zu bekommen. Er brauchte, unerfahren im Umgang mit Vollsoldaten, wie er nun einmal war, volle dreißig Minuten dazu, da er sich immer wieder einschüchtern ließ.

Um sieben Uhr fünfunddreißig Minuten war es denn soweit; Schulz schritt, unrasiert und nicht ganz fest auf den Beinen, die Front »seiner Männer« ab. Er rügte zunächst alles, vom Stiefelputz bis zum Haarschnitt, bis ihm das nach kurzer Zeit langweilig wurde, zumal er schnell spürte, daß sich niemand seine Tadel zu Herzen nahm oder etwa gar vor Furcht beziehungsweise Ehrfurcht erschrak.

»Sauhaufen«, murmelte er nur. »Lauter Halbsoldaten.« Und er sagte zu seinem treuen Begleiter: »Daß du dir ja kein Beispiel an diesem Kriegerverein nimmst, Heini.«

»Bestimmt nicht«, sagte Heini, der Hitlerjunge. »Mein Beispiel ist der Führer.«

»Wie du willst«, sagte Schulz mürrisch.

»Und natürlich auch Sie, Herr Hauptmann«, versicherte Hitlers Heini treuherzig.

»Freut mich, mein Junge«, sagte Schulz und genoß, wenn auch nur wenige Sekunden schlackenlos, das erhabene Gefühl, bewundert zu werden.

Offiziere stattgefunden, die später die »fliegenden Standgerichte« bildeten, deren fleißige Leichenproduktion dann die Rückmarschstraßen säumte — an Stricken baumelnde Landser, mit einem Schild auf der Brust: »Ich bin ein feiges Schwein, denn ich habe den Führer im Stich gelassen.«

»Ist irgend etwas nicht in Ordnung?« fragte der Oberleutnant besorgt.

»Kennen Sie einen Oberst Hauk?«

»Nein!« sagte der Oberleutnant schnell. »Bestimmt nicht.«

»Es ist gut«, sagte Hinrichsen. »Sie können gehen.«

Und Hinrichsen sah auf die Tür, durch die der Oberleutnant mit den sanften Nie-Nazi-Tönen und der Spezialstandgerichtsausbildung gegangen war. Immer noch klangen Hinrichsen die Worte des wackeren Mannes im Ohr, diese plötzliche, beinahe wie in schreckhafter Abwehr hervorgestoßene doppelte Verneinung, als er nach Hauk fragte, dieses: Nein — bestimmt nicht!

Die Tür, auf die Hinrichsen immer noch nachdenklich sah, ging auf, und James I und James II erschienen neugierig. »Na, Verbündeter — was haben Sie für Resultate erzielt?«

»Ein nebenamtlicher NSFO ist darunter.«

»Sehr gut«, sagte James I mit Anerkennung. »Stimmt ganz genau.« Und James II nickte, als sei seine Bestätigung dringend nötig.

»Wer von Ihnen beiden«, fragte Hinrichsen, »hat die mir vorgeführten Leute schon einmal vernommen?«

»Ich natürlich«, sagte James I nicht ohne Stolz und völlig ungeniert. »Oder dachten Sie etwa, wir lassen Sie ungeprüft auf die Untermenschen los?«

»Ich habe lediglich angenommen«, sagte Hinrichsen trocken, »daß Sie Ihr Geschäft einigermaßen verstehen.«

»Was heißt das?« fragte James I beleidigt.

»Das heißt vermutlich«, sagte James II freundlich, »daß du in seinen Augen ein Trottel bist.«

»Der dritte Offizier, den ich in Zukunft Oberleutnant Grafenberg nennen werde, hat eine Spezialausbildung für die sogenannten fliegenden Standgerichte.«

»Tatsächlich?« fragte James I erstaunt.

»Überlassen Sie den Mann mir«, forderte Hinrichsen. »Ich glaube, sein Namensgedächtnis muß dringend aufgefrischt werden. Kann ich den Mann haben?«

»Geschenkt«, sagte James I großzügig, grinste seinen »Pastor« an und beglückwünschte sich heimlich zu diesem, wie er glaubte, überaus wertvollen Mitarbeiter.

dann Stacheldraht — mehr hat in seinem jungen Leben nicht Platz. »Waren Sie NS-Führungsoffizier?«

»Ja. Zweites Bataillon, Infanterieregiment 343.«

»Hauptamtlicher NSFO?«

»Nein — nur nebenamtlich. Hauptamtliche NSFO gibt es lediglich von der Division an aufwärts.«

Stimmt auch, dachte Hinrichsen. Er vervollständigte seine Notizen, blätterte noch einmal das Soldbuch des Jungen durch.

»Kennen Sie einen Oberst Hauk?«

»Nein.«

»Schade«, sagte Hinrichsen und entließ ihn.

Der zweite Offizier, ein Hauptmann der Luftwaffe, schien in politischem Sinn, und das hieß hier: in nationalsozialistischem Sinn, völlig harmlos zu sein. Er war Berufssoldat, mittleren Verstandes und von guter körperlicher Konstitution. Seine Vorschriftenkenntnis war ausgezeichnet, seine Haltung einwandfrei.

Er antwortete korrekt und höflich, genauso, wie es sich einem Vorgesetzten gegenüber geziemte. Und da es jetzt die Amerikaner waren, die sich in der Lage befanden, ihm Befehle erteilen zu können, betrachtete er auch die Amerikaner als Vorgesetzte — was ja auch schließlich nur folgerichtig war.

»Kennen Sie einen Oberst Hauk?«

»Bedaure sehr. Lediglich einen Hauptmann Haukwitz . . .«

»Schade«, sagte Hinrichsen. »Sie können gehen.«

Der dritte Offizier, ein Oberleutnant, näherte sich ergeben; hätte er einen Hut besessen, er würde ihn geschwenkt haben. Sein Lächeln erinnerte an niedere Angestellte, die um ihren Posten bangen. Er ging wie auf Gummisohlen.

Hinrichsen startete die üblichen Fragen. Soldat seit wann? Antwort: Reserve, automatisch eingezogen, kein Militarist. Partei? Nein, aber nein, niemals; das hätte er nie getan, vielmehr sei er immer schon dagegen gewesen. NSFO? Natürlich nicht! Er habe nie daran gedacht, im Gegenteil, ganz im Gegenteil! Seine Sympathien gehörten den Männern vom 20. Juli.

Hinrichsen durchblätterte schweigend das Soldbuch des Mannes vor ihm. Dann blätterte er in dem Wehrpaß herum, den dieser freundliche Herr ebenfalls besaß. Und hier stand, unter »Lehrgänge«, fein säuberlich eingetragen: 4. 7.–25. 7. Grafenberg.

Hinrichsen blickte nicht auf, er sah auch nicht mehr das Wort »Grafenberg« an. Er überlegte angestrengt, was er tun sollte, denn zufällig wußte er genau, was sich hinter dem Wort Grafenberg verbarg. Grafenberg war ein Schloß bei Kassel. Dort hatten Lehrgänge für ausgewählte

»Sie haben ihm also gesagt«, behauptete Brack, »daß soweit alles in Ordnung ist — was sollten Sie ihm auch sonst wohl sagen? Etwa, daß gestern nacht eine riesige Schweinerei in Ihrer unmittelbaren Umgebung geschah, ohne daß Sie selbst etwas davon merkten, weil Ihr Quartier so angenehm abseits liegt? Daß in Ihrem Bereich ein ganzes Gefangenenlager für Stunden lahmgelegt wurde? Das alles klingt doch viel zu grausam und kann nicht gut für die empfindlichen Ohren eines Colonel Thompson bestimmt sein.«

»Wollen sich die Herren nicht setzen?« fragte der alte Asch geschäftig, da er die Gunst der Stunde und die Vorzüge der internen Verbindungen zu wittern begann.

»Ich sitze gerne gut«, sagte James II, wies auf einen bequemen Sessel und ließ sich ihn unterschieben. »Und Sie, Captain — sitzen Sie nicht gerne gut?«

Ted Boernes nahm Platz, und James I folgte grollend seinem Beispiel. Der Captain befingerte umständlich den Sitz seiner Brille, was ein Zeichen von Konzentration war. James I schien es, nach den Erfahrungen der vergangenen Nacht, nicht mehr für unbedingt notwendig zu halten, sein Hirn zusätzlich zu strapazieren.

»Darf ich den Herren irgendeine Erfrischung anbieten?« erlaubte sich der alte Asch zu fragen.

Doch niemand antwortete ihm — und das legte der gerissene Cafetier als ein positives Zeichen aus. Seine Anwandlungen von frommer Duldsamkeit waren stark im Schwinden.

Der Captain Boernes nahm jetzt seine Brille ab und schien sie intensiv zu betrachten. In seinen fahlblauen Augen lag Müdigkeit. Sein Gehirn arbeitete intensiv. Und um Zeit zu gewinnen, fragte er: »Wie konnten Sie mir das nur antun, Brack?«

Der zuckte, geringes Bedauern andeutend, flüchtig mit den Schultern. Herbert Asch fragte freundlich: »Was hat er Ihnen denn eigentlich angetan, Captain?«

»Das fragen Sie noch!« brauste James I auf.

»Warum soll er das eigentlich nicht fragen?« wollte James II, der tief in seinem Sessel saß, wissen. »Vielleicht weiß er wirklich nicht, was gestern nacht los war?«

»Was war denn los?« Herbert Asch gab sich, mit vollem Erfolg, naiv. Und er lächelte verkniffen James II zu, der, nicht minder verkniffen, zurückzulächeln schien.

»Ja, mein Verehrtester«, sagte James II gedehnt. »Das war eine bewegte Nacht!«

»In welcher Beziehung eigentlich?« fragte Herbert Asch bieder. »Sollte etwa Frau Lore Schulz . . .«

»Gehen Sie nicht zu weit, Mann!« rief James I scharf. »Es gibt Dinge, die Spaß machen, über die ich aber keine Späßchen dulde.«

»Wird respektiert«, sagte Herbert Asch entgegenkommend.

»Schweifen wir doch nicht ab«, sagte James II ruhig. Und er betrachtete dabei mit sichtlichem Wohlgefallen den Captain, der mit bemerkenswerter Ausdauer seine Brille putzte. »Also — wir haben gestern abend die Stadt besetzt, unsere Kampftruppen stießen in östlicher Richtung weiter. Und wissen Sie, was dann geschah?«

»Die deutschen Truppen eroberten die Stadt wieder«, sagte Herbert Asch. »Und das ist eigentlich kein ungewöhnlicher Vorgang — schließlich befinden wir uns im Krieg, und da kommen solche Dinge alle Tage vor.«

»Aber«, polterte James I los, »das geht denn doch wohl ...«

»Bitte, Mister James!« sagte der Captain; und er erteilte diese Rüge nicht ohne soldatische Entschiedenheit.

»So ist das«, sagte James II und tat, als denke er tief nach. »Das Kriegsglück ist eine Hure.«

»Stimmt«, sagte Herbert Asch, »der Krieg produziert Huren — unter anderem. Aber nicht nur Huren — auch Helden. Und einer davon war Hinrichsen.«

»Der gute Hinrichsen«, sagte James II und grinste ausgedehnt. »Der gute, brave Hinrichsen — eine Entdeckung meines Partners, des großen Nazihassers und Deutschenkenners.«

»Ach!« sagte James I verächtlich und wandte sich ab.

»Ist jetzt eine kleine Erfrischung gefällig?« fragte der alte Asch. Abermals erhielt er keine Antwort auf sein Angebot. Aber er begann dennoch am Büfett zu werken, stellte Gläser zurecht und entkorkte zwei Flaschen.

»Lassen Sie sich in Ihren Ausführungen, bitte, nicht stören«, sagte der Captain zu James II.

»Ja«, sagte der, »soweit ich die Situation übersehen kann, versuchten die Deutschen in der vergangenen Nacht, die Stadt wieder zurückzuerobern. Natürlich hat es Kämpfe gegeben.«

»Natürlich«, bestätigte Asch bereitwillig.

»Kämpfe, bei denen es nicht ohne Verluste abging.« James II blinzelte dem Captain zu, aber der war immer noch intensiv mit dem Putzen seiner Brille beschäftigt. »Verluste — auf beiden Seiten.«

»Sehr richtig«, sagte der Leutnant Brack. »Auf der deutschen Seite mußte ein Oberst namens Hauk in das Gras beißen. Und für die Amerikaner schlug sich der Verbündete Hinrichsen vorbildlich.«

»Was?« fragte James I maßlos erstaunt. »Wer?«

»Hinrichsen«, wiederholte James II gelassen. »Dein Hinrichsen, Partner. Der von dir persönlich ausgesuchte, mit einer ungewöhnlichen Vertrauensstellung bedachte Hinrichsen. Oder stimmt da irgend etwas nicht? Solltest du einen gefährlichen Mißgriff getan haben, Partner? Hast du womöglich einen Nazi . . .«

»Natürlich hat er das nicht«, sagte Brack. »Einem Mann, den Colonel Thompson für so überaus befähigt hält, unterlaufen niemals derartige Fehler.«

»Bremsen Sie ab!« sagte James I böse. »Zuviel Honig verdirbt mir den Magen – und wenn mein Magen nicht funktioniert, kann ich saugrob werden.«

Der alte Asch stellte volle Gläser ab. James II war der erste, der danach griff. Er hob das Glas, und es war, als hebe er es Asch und Brack und Wedelmann entgegen. Dann trank er es aus.

»Ein ausgezeichneter Tropfen«, sagte James II anerkennend. »Läßt sich trinken.«

»Das Beste, was wir anbieten können«, sagte der alte Asch mit Eifer.

»Auch mein Angebot«, sagte James II versonnen, »ist nicht schlecht.«

»Noch nicht gut genug«, sagte der Captain Boernes und setzte sich entschlossen seine Brille wieder auf.

Wedelmann erhob sich steif. »Wir stehen natürlich zu Ihrer Verfügung.«

»Das ist das mindeste«, sagte James I sofort. »Denn wenn wir gestern nacht gekämpft haben, müssen auch Gefangene dabei herausspringen.«

»Sie wollen mich doch nicht etwa gefangennehmen, Mister James?« fragte Brack interessiert.

»Dann wenigstens die beiden anderen«, forderte James I hartnäckig.

»Wir werden Sie bestimmt nicht lange behalten«, versprach James II. »Aber ein paar weitere Offiziere auf unserer Liste, noch dazu solche, die an den – hm – Kämpfen beteiligt waren, das macht sich bestimmt nicht schlecht.«

»Aber auf zwei mehr oder weniger kommt es doch bei Ihnen gar nicht an!« behauptete der alte Asch.

»In diesem Fall«, erklärte James II, »geht es gar nicht um Zahlen, sondern um Namen. Kann doch sein, daß die ganze Angelegenheit von irgendeiner Seite noch einmal aufgerollt wird – und dann brauchen wir Beweise. Und die haben wir, wenn wir schriftlich nachweisen können, wer alles durch unsere Organisation erfaßt worden ist.«

»Ich bin bereit«, sagte Wedelmann.

»Ebenfalls«, sagte Herbert Asch.

»Jetzt haben wir alles geklärt«, sagte Ted Boernes, »jetzt wollen wir gehen.«

»Meine Herren«, sagte der alte Asch und stellte sich vor die Tür. »Das dürfen Sie nicht tun.«

»Wir dürfen«, sagte James I und ging auf den Cafetier zu. »Wir dürfen alles.«

»Keine Sorge, Vater«, sagte Herbert Asch. »Wir sind bald wieder zurück.«

»Bitte nehmen Sie sich meiner Frau an«, bat Wedelmann den Cafetier.

»Meine Herren«, sagte der alte Asch groß, »ich biete Ihnen für diese beiden und für die vorzeitige Entlassung aller an den Kämpfen der vergangenen Nacht beteiligten Soldaten an: einen Gauleiter und den Adjutanten eines Reichsleiters. Und zusätzlich noch die jetzige Adresse eines Kreisleiters.«

Der Captain blieb überrascht stehen. »Was sagen Sie dazu?« fragte er seine beiden Begleiter.

»Dieses Angebot interessiert«, sagte James II und setzte sich wieder.

»Und Ihre Meinung, bitte?«

»Wenn es meiner Dienststelle gelungen sein sollte«, sagte James I fest, »und ich sage ausdrücklich: meiner Dienststelle, durch die Ereignisse der gestrigen Nacht mehrere höhere Parteiführer einzufangen, dann sieht die ganze Angelegenheit wesentlich anders aus.« Und er setzte sich ebenfalls wieder nieder.

»Ich bitte Sie also«, forderte Captain Ted Boernes den alten Asch auf, »Ihr Angebot näher zu präzisieren.«

»Kaufleute muß man zu Vätern haben«, sagte Herbert Asch, »wenn man Kriege überleben will.«

»Ihr alle«, sagte der Unteroffizier Soeft, auf der Treppe seines Lazaretts stehend, und das hörte sich an, als sei er tief erschüttert, »ihr alle seid ein ganz übler, hinterhältiger, verkommener Haufen — keine Ehre mehr im Leib und nur noch Gedanken an euren Profit.«

Soeft schneuzte sich heftig und schien Tränen nahe zu sein. »Das«, rief er, mit nahezu feierlicher Empörung, »nennt ihr Kameradschaft — womöglich gar Frontkameradschaft!«

»Halten Sie keine Volksreden, Soeft«, sagte der alte Asch, der vor ihm stand. »Es hört Ihnen sowieso niemand zu.«

»Ihnen habe ich nun vertraut«, klagte Soeft. »Und Sie wollen mich ruinieren.«

»Quatsch«, sagte der alte Asch. »Ich will Sie wieder ins Geschäft bringen.«

»Das«, sagte Soeft und gewann langsam, doch mit staunenswerter Sicherheit seine Haltung wieder, »das ist natürlich etwas ganz anderes. Aber das eine lassen Sie sich gesagt sein: Prozentual beteiligt werden Sie nicht!«

»Will ich auch gar nicht«, versicherte der alte Asch. »Ich bin froh, wenn ich aus dieser Situation einigermaßen heil wieder herauskomme.«

»Viel Kaufmannsgeist entwickeln Sie nicht mehr«, stellte Soeft mit einigem Bedauern fest. »Aber habe ich das nicht immer gesagt – die alte Generation ist total versaut! Die Geschäfte, die ihr euch nach dem ersten Weltkrieg geleistet habt, waren pure Stümperei. Was meinen Sie wohl, wie wir jetzt abkassieren werden!«

»Wir sind uns also einig?«

»Wenn ich mit den Amerikanern sofort ins Geschäft einsteigen kann, und zwar en gros – etwas anderes kommt gar nicht in Frage –, dann sollen Sie als Gratifikation gerne einen Gauleiter und einen Reichsleiteradjutanten zugeteilt bekommen.«

»Unter den Amerikanern gibt es bestimmt welche, die Sie mit offenen Armen aufnehmen werden, Soeft.«

»Das will ich auch stark hoffen!« sagte der zuversichtlich.

Der Generalmajor Luschke saß auf seinem Strohsack; und Major Horn, der unentwegte Ia, saß ihm auf einer Margarinekiste gegenüber. Sie spielten Schach – auf einer zusammenklappbaren buchgroßen Fläche; und die winzigen Figuren, die sie nach längeren Zwischenpausen bewegten, ließen sich in die Felder einstecken.

»Wie erfreulich«, sagte der Ia, »daß wir wenigstens dieses Schachspiel hinübergerettet haben.«

»Ich weiß nicht«, sagte Luschke nachdenklich und beendete eine kühne Springerkombination, »ob man auf die Dauer einem Kriegsverbrecher das Schachbrett lassen wird.«

»Dann spielen wir eben simultan weiter, Herr General. Wir haben ja Zeit genug gehabt, das zu üben.«

Der General nickte und lächelte karg. Sie hatten Zeit genug gehabt, sich mit den sonderbarsten Gedächtnisübungen einzulassen – es hatte Nächte gegeben, besonders in letzter Zeit, in denen sie nicht schlafen konnten, und dann spielten sie in der Dunkelheit miteinander Schach – durch Zuruf. Das geschah im Zelt, im Befehlswagen, unter freiem Himmel.

»Wenn ich überlege«, sagte der General und setzte zu einer neuen Springerkombination an, »wie kläglich wir versagt haben – pardon: wie kläglich ich versagt habe –, dann frage ich mich, wie ich eigentlich dazu komme, hier ruhig herumzusitzen und mit Figuren zu spielen. Ich sollte in irgendeiner Zelle nachdenken über das, was mit meiner Mithilfe geschehen ist – aber viel Zweck hat das auch nicht, ich würde zu keinen anderen Ergebnissen kommen als zu denen, die mich seit Jahren verfolgen.«

»Sie haben Ihre Pflicht getan, Herr General.«

»Seine Pflicht tun – das ist selbstverständlich; aber das genügt nicht für einen General.«

»Ihre Soldaten lieben Sie – und das haben sie in der letzten Nacht auch bewiesen. Es wird kaum einen zweiten General in Deutschland geben, der etwas Derartiges von sich behaupten kann.«

»Viele«, sagte Luschke und nahm einen Läufer zurück, »werden geliebt, ohne das auch nur im geringsten zu verdienen.«

»Für Ihre Offiziere waren Sie wie ein Vater.«

»Jeder Vorgesetzte«, sagte Luschke und versetzte einen Turm, »ist abhängig von seinen Untergebenen, von den unmittelbaren in erster Linie – aber die meisten wissen das nicht. Man kann nun, je nach Veranlagung, Leistungen herauspressen oder sie hervorlocken; das eine geht schneller, das andere ist sicherer. Ich habe mir die Mühe gemacht, jene Mühe, die die meisten scheuten, die sich aber immer lohnt, und mir Offiziere geleistet, die menschliche Qualitäten besaßen. Wedelmann zum Beispiel – ein NS-Parzifal in Miniaturausgabe. Oder Asch – ein Ableger des Götz von Berlichingen. Sie, Horn – ein Eckermann ohne Goethe.«

»Sie verkleinern Ihre Leistungen, Herr General.«

»Ein Regiment war Ihnen seit Monaten sicher, Horn, und Ihre Ernennung lag bei meinen Papieren; Wedelmann hätte schon längst Major sein sollen; Asch ist seit ein paar Tagen, ohne daß er es bisher weiß, Oberleutnant – aber ich liebte nun mal keine Veränderungen in meinem Fahrplan. Ich war kein Vater, Major Horn – im Grunde war ich genauso ein Vorgesetzter wie jeder andere: Ich lebte von den Leistungen meiner Untergebenen, und da ich ohne Rücksicht auf ein paar persönliche Unbequemlichkeiten hervorragende Untergebene bevorzugte, waren ihre Leistungen auch entsprechend.«

»Herr General«, sagte der Ia, »selbst Ihnen wird es nicht gelingen, unsere Verehrung für Sie einzuschränken.«

»Es würde mir vorerst schon genügen«, sagte Luschke lächelnd, »wenn Sie Ihre Aufmerksamkeit nicht einschränken würden. Sie sind nämlich in diesem Augenblick schachmatt, mein Lieber.«

James I war entschlossen, sein Gesicht zu wahren – und zwar um jeden Preis. Er ordnete für Hinrichsen, für seinen Mitarbeiter Hinrichsen, wie er verkündete, ein feierliches Begräbnis an. Und er fügte seiner Anordnung taktvoll, wie es die Stunde gebot, hinzu: in aller Stille.

James I fertigte, während die Grube für Hinrichsen gegraben wurde, eine Aktennotiz an. Er gedachte zunächst, für diesen »Fall« ein gesondertes Aktenstück anzulegen, stieß jedoch mit diesem Verlangen bei

James II auf ungewohnt heftigen Widerstand, so daß er sich gezwungen sah, allein zu handeln.

Die Aktennotiz trug den Vermerk: Personalverlust meiner Dienststelle beim Kampf mit versprengten Nazieinheiten.

Als Hinrichsen in die Grube gesenkt wurde, war James I als offizieller Vertreter des CIC anwesend. Neben ihm stand Brack. Die Kriegsgefangenen, die hier als Totengräber fungierten und unter denen sich keiner befand, der den gefallenen Major gekannt hatte, standen teilnahmslos herum.

James I sah auf seine Armbanduhr. »Vierzehn Uhr vierundfünfzig«, sagte er, »mitteleuropäische Zeit. Wir warten noch genau sechs Minuten.«

»Sie sind sehr für Pünktlichkeit«, sagte Brack mit bitterer Ironie.

»Ich bin korrekt«, verkündete James I, »besonders in diesen Dingen. Wenn in meiner Aktennotiz fünfzehn Uhr steht, dann stimmt das auch, auf die Sekunde genau.«

Sie warteten. Brack starrte in das offene Grab, James I auf seine Uhr, die Kriegsgefangenen-Totengräber in die Gegend hinein. Die Frühlingssonne verkroch sich eilig.

»Jetzt«, kommandierte James I.

»Er war kein Nazi«, sagte Brack, während die Erdbrocken und Steine auf den Sarg polterten.

»Natürlich nicht«, sagte James I. »Er war ein Angehöriger meiner Dienststelle.«

»Er war ein Nationalsozialist«, sagte Brack. »Und er tut mir leid.«

»Du wirst hier sicherlich Bürgermeister werden«, sagte der alte Asch zu seinem Freund, dem Werkmeister Freitag. »Und keiner hat das so verdient wie du.«

Der Werkmeister Freitag saß in seinem bescheidenen Wohnzimmer und betrachtete seinen Besucher verständnisvoll. »Ich bin gar nicht so wild darauf«, sagte er.

»Die Stadt braucht dich!« versicherte der alte Asch. »Du bist genau der richtige Mann!«

»Es wird bessere geben«, sagte der Werkmeister Freitag.

»Keinen, der dir das Wasser reichen kann! Denn jetzt beginnt eine neue Zeit.«

»Auch für dich, Asch?«

»Für uns alle! Wir haben die Sünden der Vergangenheit erkannt und bereuen sie. Wir haben Fehler gemacht, und das tut uns furchtbar leid. Aber wir wußten es eben nicht besser, denn wir sind ja verführt worden.«

»Durch einen Rattenfänger – nicht wahr? Wie die Kinder von Hameln? Oder war es Bingen?«

»Ist doch gleichgültig, wo das war – aber der Vergleich stimmt! Mißbrauchter Idealismus, schamlos ausgenutzte Vaterlandsliebe, vergewaltigter Glauben – genau das sind wir: das arme deutsche Volk!«

»Asch«, sagte der alte Freitag, »wenn ich nicht genau wüßte, was für ein durchtriebener alter Knabe du bist, und wenn du nicht zufällig der Schwiegervater meiner Tochter wärst – ich würde dich jetzt hier in hohem Bogen hinausfeuern.«

»Aber ich bin nun mal mit dir verwandt«, sagte der alte Asch freudig, »und auf meine Verwandtschaft bin ich stolz. Besonders jetzt, wo bei den Amerikanern ein neuer Wind weht und sie nunmehr ganz scharf darauf sind, nur noch völlig einwandfreie Nazigegner herauszustellen. Und du bist nun mal der größte Antifaschist in unseren Mauern. Ich beglückwünsche mich dazu.«

»Ich habe große Lust«, sagte der alte Freitag, »dich in die gleiche Zelle einzusperren, in der ich saß.«

»Tu das ruhig«, sagte der Cafetier entgegenkommend. »Mir schadet das nichts, und wer weiß, wozu das noch einmal gut sein kann.«

»Du mußt mir verzeihen«, sagte Wedelmann zu seiner jungen Frau. »Und später einmal wirst du mich gewiß auch verstehen können.«

»Ich verstehe dich jetzt schon«, sagte Magda.

»Ich habe zugesehen, wie Unrecht begangen wurde, und ich habe selbst Unrechtes getan. Ich wußte das nicht – aber es ist geschehen.«

»Niemand ist ohne Schuld«, sagte Magda leise.

»Wie soll ich das deuten?« fragte Wedelmann, der sofort wieder unruhig wurde. »Was ist denn deine Schuld? Du hast nichts mit dem Krieg zu tun gehabt, gar nichts – also, worin besteht das, was du Schuld nennst? In persönlichen Dingen?«

»Vielleicht im Nichtwissen!«

»Das mag sein«, sagte Wedelmann und fühlte sich ein wenig erleichtert. Er betrachtete seine junge Frau, die neben ihm saß, er sah das Profil ihres Gesichtes, das ohne harte Konturen war, er sah ihre vollen Lippen und die samtweichen Augen, in denen nur Zärtlichkeit lag. Und wieder fragte er sich: Wie mag sie wohl gelebt haben, bevor sie mich kennenlernte?

»Das Unrecht«, sagte sie, »ist wie eine Wolke aus Staub; sie beschmutzt auch die, die sie nicht erzeugt haben.«

»Ich weiß, was ich will«, sagte Wedelmann. »Ich will die Gerechtigkeit suchen und mich dann für sie einsetzen. Ich werde das Recht studieren, ich werde die juristische Laufbahn einschlagen. Wir werden Entbehrungen auf uns nehmen müssen, vielleicht müssen wir hungern. Aber ich will nur noch tun, was recht ist – mit klarem, wissendem Verstand.«

»Du bist ein großes Kind«, sagte Magda unendlich zärtlich. »Du bist mein großes Kind.«

»Sir«, sagte da Captain Ted Boernes in das Telefon hinein, »hier ist alles in bester Ordnung – wir beherrschen die Situation vollkommen.«

»Soll das etwa heißen«, fragte der Colonel Thompson zurück, »daß es Augenblicke gegeben hat, in denen Sie nicht Herr der Situation waren?«

»Es haben Kämpfe stattgefunden – mit versprengten deutschen Einheiten.«

»Wie geht es Brack?« fragte Thompson sofort.

»Gut«, sagte der Captain. »Er steht neben mir.«

Brack übernahm den Telefonhörer und meldete sich. Er tauschte ein paar konventionelle Redensarten aus. Er beantwortete ein paar nebensächliche Fragen.

Dann sagte er: »Ich staune über eure Organisation. Ich bewundere die Forschheit der Sieger. Und ich sehe, daß eure Größe alle Grenzen sprengt.«

»Ist irgend etwas nicht in Ordnung?« fragte Thompson besorgt.

»Ihr seid so kühn, so überlegen, so großartig – und Deutschland ist so arm, so verwirrt, so klein geworden.«

»Mein lieber Junge«, fragte Colonel Thompson, »macht man dir etwa Schwierigkeiten?«

»Ich persönlich lebe in voller Freiheit«, sagte Brack, »aber ich kann sie nicht genießen. Es gibt zu viele, viel zu viele, die sich nichts, aber auch gar nichts mehr unter Freiheit vorstellen können. Und im Grunde braucht Deutschland keine Befreier, sondern Ärzte, denn die Menschen hier sind krank.«

»Du brauchst dringend Luftveränderung«, sagte der Colonel nachsichtig. »Mach dich reisefertig. Komm zu mir – und in wenigen Wochen kannst du in der Schweiz oder schon in Amerika sein.«

»Ich bleibe in Deutschland«, sagte Brack.

»Was soll nun mit uns beiden werden?« fragte Barbara Herbert Asch.

»Ich bin kein Hellseher, Mädchen.«

»Wirst du zu deiner Frau zurückgehen?«

»Habe ich sie jemals verlassen?«

Barbara sah ihn fragend an. »Bin ich eigentlich ein sehr schlechter Mensch? Lohnt es sich wirklich nicht, mit mir zusammen zu leben?«

»Für mich nicht, Barbara. Aber ich bin ja nicht der einzige Mann auf der Welt. Und was heißt das schon – ein schlechter Mensch! Die Satten wissen nicht, was Hunger ist, aber sie urteilen über die Hungrigen. Die alten Weiber haben vergessen, was Liebe war; sie können daher kein Verständnis für die Liebenden haben. Wer den Krieg in einem Landhaus überstanden hat, kann nicht wissen, daß es möglich ist, auch die Moral auszubomben. Und der Krieg macht gierig und willig und haltlos.«

»Ich war damals, als es zum erstenmal geschah, willenlos vor Angst.«

»Und dann hast du dich langsam daran gewöhnt.«

»Ich habe mich niemals daran gewöhnt, Herbert – ich habe mich nur gezwungen, nicht darüber nachzudenken. Und es waren nicht viele, durch deren Hände ich gegangen bin.«

»Es waren auch nicht viele, die ich getötet habe«, sagte Herbert Asch. »Aber ich habe getötet! Es waren nicht viele – aber hast du sie geliebt? Nein? Dann hast du gehurt. Aber ich kenne keinen Menschen, der sauber aus einem Krieg herauskommt. Man kann wohl durch einen Krieg reicher werden, auch klüger, auch härter – aber sauber wird keiner bleiben.«

Der Hauptmann Schulz entwarf Lagerbefehl drei und Lagerbefehl vier und machte sich, in seiner Einzelunterkunft, Notizen für den Sonderbefehl »Deutsche Lagerpolizei, ein Organ der deutschen Lagerleitung«. Seine Schreiber ergänzten die Insassenlisten durch neue und neuartige Rubriken: Arbeitswilligkeit; wenn ja: außen oder innen; wenn außen: Arbeitskleidung und doppeltes Schuhwerk?

»Wir werden hier«, hatte Schulz wiederholt verkündet, »ein Musterlager errichten – die Amerikaner sollen mal sehen, was deutsche Organisation ist.«

Er vermochte auf jede Frage, die die Amerikaner eventuell stellen konnten, und sei sie auch noch so ausgefallen, erschöpfende Auskünfte zu geben – das war sein Stolz. Er hatte die ihm unterstellten Gefangenen aufgeschlüsselt nach Alter, Beruf, Religion, Dienstgraden, Landsmannschaften, Parteizugehörigkeit, Auszeichnungen, Sprachkenntnissen, Familienverhältnissen, Impfungen, Brillenträgern, Amputierten.

»Und wenn die Amerikaner fragen sollten, wer hier in meinem Lager Plattfüße hat – ich werde ihnen in spätestens zehn Sekunden die genauen Zahlen sagen.«

Schulz verwaltete und organisierte, er plante und baute vor. Er wußte, daß er bestrebt sein mußte, sich unentbehrlich zu machen – solange er hier in diesem Lager war. Und er wußte auch, daß er nicht allzulange hier in diesem Lager, in dieser Stadt, wo er bekannt war wie ein bunter Hund, bleiben würde – er würde schon die richtigen und sichersten Wege finden, die ihn zu seinem Beutegut führten, zu seinen Koffern und Lastwagen und zu einigen alten, an Beziehungen reichen Kameraden in Hessen, wo für ihn ein Posten auf dem Arbeitsamt eingeplant war.

Er schrieb an seine Frau Lore: »Ich bedauere als Mensch Deine Haltung zutiefst, als Soldat aber finde ich sie verächtlich und einer Offiziersgattin unwürdig. Ich muß also annehmen, daß Du Dich von mir losgesagt hast, und gedenke, daraus alle Konsequenzen zu ziehen.« Und so weiter und so weiter.

Einer seiner Schreiber stürzte mit allen Anzeichen des Entsetzens zu Schulz herein, und zwar ohne anzuklopfen. »In der Gerätekammer ist eingebrochen worden«, berichtete er.

Schulz sprang auf, überlegte kurz und stürzte dann, von zwei Schreibern gefolgt, hinaus, durch den Lagerhof, in jene Baracke hinein, in der sich Kowalski breitgemacht hatte. Schulz ließ die Eingänge blockieren und die Insassen draußen antreten. Dann durchsuchte er systematisch den Raum. Er fand natürlich nichts.

»Du mußt mich ja für einen ausgemachten Idioten halten, Schulz«, sagte Kowalski gemütlich. »Denkst du etwa, ich bin ein Anfänger?«

»Ich werde Sie an die Amerikaner ausliefern!« rief Schulz.

»Das sind vielleicht Feinheiten!« rief Kowalski. »Wie stellst du dir das praktisch vor?«

»Es fehlen zwei Schaufeln, eine Spitzhacke und eine Kneifzange.«

»Die Kneifzange brauche ich vermutlich, um mir damit die Hosen hochzuziehen.«

»Mit einer Kneifzange kann man Stacheldraht durchbeißen, mit Spaten und Hacken unterirdische Gänge schaufeln.«

»Wofür hältst du mich eigentlich, Schulz?« fragte Kowalski gemütlich. »Ich bin doch kein Akkordarbeiter. Ich komme hier schon 'raus, mein Bester, aber auf eine ganz andere Tour – verlaß dich darauf!«

»Das werde ich melden!«

»Tu das ruhig, Schulz. Dann werde ich deine neuen Brötchengeber über dich aufklären. Und was heißt denn schon: melden! Beweise mußt du haben! Hast du welche? Na siehst du, du Walroß!«

Und Schulz rauschte wutentbrannt davon.

»Bei uns zu Hause in Texas«, sagte James I nicht ohne Stolz, »gibt es Städte, die auf keiner Landkarte stehen, aber sie sind siebenmal so groß wie dieses Nest.«

»Und bei uns in Deutschland«, sagte Lore Schulz und gab sich naiv, »stehen neunmal so große auf der Landkarte – aber praktisch gibt es sie nicht mehr.«

»Wer hat den Bombenkrieg angefangen?« fragte James I.

»Die Deutschen«, sagte Lore Schulz.

»Und wer ist in den Krieg hineingezwungen worden?«

»Die Amerikaner!«

»Und wer ist der größte Verbrecher aller Zeiten?«

»Hitler.«

»Und wer ist der größte Feldherr des größten aller Kriege?«

»Eisenhower.«

»Und wer«, fragte James II aus seiner Ecke heraus, »ist der größte Idiot weit und breit? Du!«

»Geht es dir zu gut, Pastor?«

»Mir geht es sauschlecht – was aber ganz natürlich ist, bei dieser Umgebung!«

»Unser Pastor«, sagte James I und lachte Lore Schulz siegessicher zu, »leidet unter dem deutschen Klima. Vermutlich sehnt er sich nach Amerika – und ich werde schon noch dafür sorgen, daß er bald wieder dorthin kommt.«

»Nach Texas möchte ich auch«, sagte Lore Schulz. »Stimmt das, daß jeder Amerikaner ein eigenes Auto hat? Und einen Eisschrank?«

»Bei mir zu Hause in Texas stehen drei Autos und zwei Eisschränke«, versicherte James I.

»Ich hatte einmal achtzehn Kühlschränke«, behauptete James II ernsthaft. »Ich handelte nämlich damit. In letzter Zeit allerdings habe ich mich mehr auf Rindvieh spezialisiert.«

»Was seid ihr doch für feine Kerle!« rief Lore Schulz und gab sich begeistert.

»Aber einer von uns feinen Kerlen wird hier verschwinden müssen«, sagte James II. »Denn einer ist hier zuviel – und ich hoffe, ich werde das nicht sein.«

»Kampf bis aufs Messer, Pastor?«

»Bis zum letzten Fragebogen, Partner«, sagte James II, spuckte aus und verließ den Raum.

»O Herr«, betete Pfarrer Westhaus in der Ecke seines Arbeitszimmers, »hilf mir, damit ich helfen kann. Ich bin voller Schwäche, so gib mir Kraft. Die Hoffnung schwindet mehr und mehr, so stärke mich in meinem Glauben.«

Und Pfarrer Westhaus betete: »Die Menschen sind zu tief gefallen, wie soll man sie aufrichten? Sie sind nackend, womit sind ihre Blößen zu bedecken? Sie wissen nicht mehr, wo Du, mein Gott, zu finden bist, wohin soll ich sie führen?«

Weiter betete Pfarrer Westhaus: »Die Sünden waren groß, und die Strafen sind hart. Der Toten sind viele und die Verdammten ohne Zahl.«

Jetzt rief Pfarrer Westhaus: »Du hast Deutschland geschlagen, o Herr – und Dein Name sei gelobt. Du hast Millionen sterben lassen – und Dein Name sei gelobt. Du hast über die Menschheit Grauen und Furcht und Angst kommen lassen, damit sie endlich weiß, was Krieg ist. Dein Name, o Herr, sei gelobt!«

»Das alles«, sagte Westhaus erstickt, »damit in den Ohren für alle Zeiten das Gebrüll des Krieges klingt, damit die Augen blind werden von Tränen über das, was sie sehen mußten, damit die Menschen endlich wissen, was sie nie wieder tun dürfen. Niemals wieder! So ist es. Ist es so, o Herr?«

Und er vernahm keine Antwort.

An Stelle eines Nachwortes

Aus der Rede des Hauptmanns a. D. Schulz, gehalten anläßlich eines Soldatentreffens im Herbst 1954, im »Jahr der Rehabilitierung«.

Diese Rede stammt zwar aus dem Geiste eines Schulz, jedoch nicht ganz aus seinem Gehirn; ein der großen Sache ergebener Journalist, der nach einigen Verirrungen wieder zur wahren Kameradschaft zurückgefunden hatte, durfte mit Hand anlegen.

Kameraden!

Es ist eine Ehrenpflicht, endlich einmal vor aller Öffentlichkeit festzustellen, daß der deutsche Soldat, der immer noch der beste der Welt war und ist und das auch bleiben wird, daß also dieser deutsche Soldat niemals und zu keinen Zeiten versagt hat – er ist schmählich verraten und im Stich gelassen worden. Aber ein Soldat wie der deutsche überwindet selbst das.

Neunzehnhundertfünfundvierzig, als eine Welt über uns herfiel und uns am Boden zu vernichten gedachte, blieb das Schild des deutschen Soldatentums blank. Mit vorbildlicher Haltung und der hohen Verpflichtung stets bewußt, durchstanden wir diese schwersten aller Zeiten – vom Generalfeldmarschall bis zum letzten Grenadier. Denn in uns lebte, von den Alliierten vorerst nur mangelhaft gewürdigt, die Überzeugung, einen gerechten Krieg geführt und dem Abendland einen großen Dienst erwiesen zu haben.

Wir sind stark genug und erhaben über jeden schmutzigen Verdacht und können daher gelassen feststellen, daß es damals, in jenen grauen Tagen des Jahres neunzehnhundertfünfundvierzig, tatsächlich einige wenige Ausnahmen gegeben hat und daß Schwächlinge ihre Haltung verloren. Aber diese Periode, die mit »passiver Resignation« bezeichnet werden kann, hielt nur kurz an; sie dauerte lediglich von Mai bis Ende Juli neunzehnhundertfünfundvierzig – und nur ganz geringfügige Teile verfielen ihr.

Aber jene Tage können heute schon mit einem befreienden Lachen abgetan werden. Und die Schreiberlinge und Schmierfinken, die etwa das Gegenteil behaupten wollen, von östlicher Propaganda dafür bezahlt, verdienen nichts anderes als unsere Verachtung. Man sollte ihnen ihr

Gewäsch um die Ohren schlagen. Denn es ist einfach Lüge, wenn behauptet wird, es habe jemals Soldaten gegeben, die sich ihrer Uniform geschämt haben. Und keine echte deutsche Frau und Mutter konnte jemals gefunden werden, die den Tod auf dem Schlachtfeld als sinnlos empfunden hat. Denn unsere toten Kameraden sind Helden, und wer die Uniform beschmutzt, begeifert unsere Gefallenen.

In den besten Teilen unseres Volkes jedoch schlummerte der Wehrwille nie. Die Kämpfe im Dunkeln um Ehre und Ansehen waren hart, doch nicht erfolglos. Wir haben unsere Substanz zu bewahren gewußt und keine Gelegenheit versäumt, ihr zum Durchbruch zu verhelfen. Und heute darf festgestellt werden, daß der Gegner von einst niemals aufgehört hatte, uns Verständnis und kameradschaftliches Wohlwollen entgegenzubringen. Unsere eigentlichen Feinde waren im eigenen Vaterland vorzufinden, unverbesserliche Zivilisten mit niederen Instinkten und gewissenlose Hetzer im Sold fremder Mächte. Aber wir haben auch sie überwunden.

Die Periode der »tastenden Rehabilitierung« brach an, etwa ab Herbst neunzehnhundertachtundvierzig. Höhere Beamte dachten gar nicht mehr daran, uns zu verleugnen. Es gab auch wieder Richter in Deutschland. Und selbst Politiker begannen hellhörig zu werden. Die sichtlich zunehmende Aktivität vieler unserer Zeitungen und Zeitschriften wurde zunächst nur Eingeweihten kenntlich. Erst als die Garde unserer verläßlichen, so überaus verdienstvollen Kriegsberichterstatter beinahe lückenlos ins Treffen geführt wurde, änderte sich das Bild nahezu schlagartig. Und nunmehr begannen auch unsere Heerführer im ganzen Bundesgebiet, unter voller Titelnennung, in Illustrierten zwecks Aufklärung das Wort zu ergreifen.

Mit Stolz und Genugtuung durften wir erleben, daß sich in großen Teilen der Bevölkerung der Respekt vor einer unserer Generalforderungen einbürgerte, vor jener nämlich, die schlicht feststellte: Soldatentum ist allzeit verdienstvoll und immer ehrenwert. Und ein Bundesminister bekannte sich zum Gebot der Stunde und verlangte feierlich, daß das Soldatentum wieder eine Stellung im Staat erhalten muß, die nicht diskutiert werden darf.

In den überaus beachtenswerten Jahren neunzehnhundertneunundvierzig-neunzehnhundertfünfzig, die als die Periode der »sich anbahnenden Restauration« bezeichnet werden können, gelang es Offizieren und auch sonstigen Kameraden, und zwar solchen, die sich schon immer und mit Nachdruck zu uns und unseren ewigen Forderungen bekannt haben, entscheidende Schlüsselstellungen in Verwaltung, Wirtschaft und Politik zu erobern. In einigen Schulen verfielen sogar Lehrer, die nicht Frontsoldaten waren oder sich nicht dazu aufrecht bekannten, der Verachtung ihrer Schüler. Ja es gab sogar Buchhändler und Verleger, die sich fortan verantwortungsbewußt und standhaft weigerten, sogenannte pazifistische, also antideutsche und daher probolschewistische Literatur zu verbreiten.

Einmal angetreten, Kameraden, waren wir nicht mehr aufzuhalten. Der Periode der »fortschreitenden Einsicht« folgte die der »absoluten Durchdringung«. Schlagend bewiesen wir, daß der alte Geist noch in uns lebte. Es wurden Vereinigungen, Vereine und Verbände gegründet; Zeitungen, Zeitschriften und Buchverlage begannen für diese unsere Wahrheit Lanzen zu brechen; die Großveranstaltungen, Kameradentreffen und Tagungen rissen nicht mehr ab. Beamte, Wirtschaftler und Politiker, ja selbst durch die Nachkriegskonjunktur hochgespülte Chefredakteure, deren Verstand noch ausreichte, sich zu läutern, obgleich ihnen niemals die Ehre zuteil geworden war, eine Waffe zu führen, warben um unsere Gunst. Selbst Staatenlenker mit einwandfreier zivilistischer Vergangenheit lobten noch im hohen Alter die erhebenden Werte der Marschmusik. Und einer der ersten Männer des Bundes rief in einer unserer Versammlungen, die Arme ausbreitend: »Jetzt endlich kann ich wieder sagen: Deutschland!«

Das alles, Kameraden, erfüllt uns zwar mit Genugtuung, läßt uns aber kühl. Wir wußten schon immer, was wir wollten, und haben nie versäumt, unsere Pflicht zu tun. Wir werden unseren Weg gehen, der uns vorgezeichnet ist von Anbeginn, solange es ein verantwortungsbewußtes, kompromißloses, allzeit ehrenwertes Soldatentum in Deutschland gibt. Wir grüßen unsere Helden der großen Kriege in Ehrfurcht und Anerkennung — sie haben das Abendland vor dem Untergang bewahrt. Wir neigen uns vor unseren gefallenen Kameraden und geloben ihnen: Wir werden das Werk fortsetzen!

Nach diesen Worten des Hauptmanns a. D. Schulz erhob sich lebhafter Beifall. Nur wenige schwiegen. Keiner der Anwesenden protestierte.